ISBN 3-85476-068-x

A-1020 Wien


1. Auflage 2002
*Lektorat:* Erhard Waldner
*Illustrationen und Umschlag:* Linda Wolfsgruber
*Satz & graphische Gestaltung:* Michael Baiculescu
*Druck:* interpress, Budapest

# Alexandre Dumas

# Das große Wörterbuch der Kochkunst

Aus dem Französischen
von Veronika Baiculescu

Herausgegeben von
Veronika und Michael Baiculescu

Band 3, R bis Z

# R

## RADIESCHEN und RETTICH

Rettich gibt es in mehr als zehn verschiedenen Varianten und es ist wohl unnötig zu betonen, dass man alle ausschließlich roh verzehrt. Der Rettich gleicht im Aussehen der Steckrübe, schmeckt jedoch nicht süß, sondern scharf und regt den Appetit an. Es gibt weiße, rosige und rote, Radieschen genannt, sowie auch den kleinen grauen Sommerrettich, der etwas delikater schmeckt als die anderen.
Rettich stammt aus China und wir lesen in den Kapitularien Karls des Großen, dass der Monarch seinen Landverwaltern riet, diese Pflanzen auf seinen Ländereien anzubauen.
Man isst Rettich und Radieschen mit Butter und Salz als Hors-d'œuvre; sie wirken wie ein Apéritif, anregend, entzündungshemmend und schützen vor Skorbut.

## RAGOÛT

Die alte französische Küche brillierte vor allem durch ihre Ragoûts. Und es sind vor allem die Ragoûts, mit denen alle Küchen, vor allem die englische, sündigen.
Nie wird je eine andere Küche an unsere pikanten Saucen, an unsere feinen Blanquettes oder an unsere ▸ Sauce poulette heranreichen.
Machen Sie eine Reise um die Welt, Sie werden keinen Koch antreffen, sei er nun »Cordon rouge« oder »Cordon bleu«, der Ihnen ein Omelett machen könnte, das dem der einfachen Hausfrau gliche, die Kindern und Mann das Abendessen zubereitet.

Zuerst ein Wort über die Salpicons.
Sie bestehen aus Fleisch und Gemüse, aus Kalbsbries, Trüffeln, Champignons, Artischockenböden usw. Damit sie jedoch gut werden, müssen die zu gleichen Teilen beinhalteten Fleischsorten ebenso wie die verschiedenen Gemüsesorten gesondert gegart werden, so dass jede Zutat gemäß ihrer Festigkeit und Konsistenz genau richtig wird.

### *Gewöhnliches Salpicon*

Es besteht aus Kalbsbries, halbfetter Stopfleber oder ▸ Foie gras, aus Schinken, Champignons und Trüffeln, wenn es die Jahreszeit zulässt. Sie schneiden alle Zutaten in gleich große Würfel. Vor dem Servieren nehmen Sie eine gut reduzierte ▸ Espagnole, so viel wie nötig, werfen Fleisch und Gemüse hinein, stellen alles aufs Feuer, rühren um, lassen nicht aufkochen und servieren.
Ebenso bereitet man Salpicon aus Nockerln*, ▸ Godiveau, am Spieß gebratener Geflügelbrust, Hahnenkämmen oder Artischockenböden zu. Es hängt allein von der Jahreszeit und davon ab, was man gerade zu Hause hat.

### *Kalbsbries-Ragoût*

Sie wässern Kalbsbries (ein oder zwei Stück). Wenn alles Blut herausgeschwemmt ist, blanchieren* Sie es und bereiten eine Kasserole mit ein bis zwei Karotten, zwei Zwiebeln, einigen Streifen vom Kalb, einem gemischten Strauß Petersilie und Schnittknoblauch* vor. Das Bries würzen, in die Kasserole legen, mit einer kleinen Speckscheibe belegen, mit einigen Esslöffeln Suppe übergießen, so dass es nicht mit Flüssigkeit bedeckt ist, mit gebuttertem Backpapier zudecken und erhitzen. Dann mit Unter- und Oberhitze auf kleiner Flamme garen. Wenn das Bries fertig ist, nehmen Sie es aus der Flüssigkeit. Falls Sie keine andere Sauce dafür haben, passieren Sie den Fond aus der Kasserole durch ein Haarsieb. Möchten Sie eine weiße Sauce, verkneten Sie ein Stück Butter mit einer Messerspitze Mehl und einigen Champignons, geben diese Mischung zum passierten Fond, lassen ihn einmal aufkochen, entfetten ihn und fügen, wenn Sie möchten, einige Artischockenböden hinzu. Sie schneiden das Kalbsbries in Scheiben und legen es in diese Sauce, lassen nicht mehr aufkochen und binden knapp vor dem Servieren mit zwei Dottern, etwas sehr fein gewiegter Petersilie und etwas Zitronensaft, falls kein ▸ Kretzer vorhanden.

Zum Binden der Sauce gehen Sie folgendermaßen vor: Zuerst schlagen Sie die beiden Eier auf, trennen die Dotter vom Klar, lassen dabei Erstere ganz und sehen zu, dass weder Eiklar noch Keime darin bleiben. Sie zerdrücken die Dotter mit einem Löffel und verrühren sie mit etwas Wasser und Suppe. Wenn das Ragoût kocht, ziehen Sie den Topf an den Herdrand, halten den Kasserolenstiel mit der einen Hand und gießen mit der anderen die Ei-Legierung vorsichtig in das Ragoût, wobei Sie die Kasserole unablässig schwenken. Stellen Sie den Topf nun zurück aufs Feuer, schwenken Sie weiterhin und lassen Sie niemals aufkochen. Geben Sie sogleich ein Stückchen Butter dazu, damit Ihre Sauce cremig wird, und gießen Sie schließlich Zitronensaft oder Kretzer darauf. Die Sauce sollte weder zu dick noch zu dünn sein; nun können Sie servieren.

### *Ragoût à la financière aus Hahnenkämmen und -nieren*

Wenn Sie die Kämme in kochendes Wasser getaucht und, ebenso wie die Nieren, in einem ▸ Blanc gedünstet haben, dann überlegen Sie, ob Sie Ihr Ragoût licht oder dunkel haben wollen. Im ersten Falle geben Sie reduziertes ▸ Velouté in die Kasserole, im zweiten reduzierte ▸ Espagnole. Falls die Sauce zu dick sein sollte, geben Sie etwas Suppe dazu. Die Kämme sollten eine Viertelstunde lang köcheln. Knapp vor dem Servieren geben Sie Nieren, gewürfelte und vorgekochte Champignons sowie nach Belieben Artischockenböden und Trüffeln zum Ragoût. Binden Sie es wie ein ▸ Kalbsbries-Ragoût.

### *Ragoût aus Karpfen-Milch*

Sie nehmen die Fischmilch von 24 Karpfen, lösen sie von den Gedärmen, werfen die Karpfen-Milch in kaltes Wasser und wässern sie eine halbe Stunde lang. Das Wasser wechseln und auf den Herdrand stellen, wo die Karpfen-Milch bei schwacher Hitze so lange wässern sollte, bis sie weiß ist. In einer anderen Kasserole bringen Sie Salzwasser zum Kochen, lassen die Karpfen-Milch abtropfen und legen sie dann ins kochende Wasser. Nach einmaligem Aufwallen nehmen Sie den Topf vom Feuer und legen die Karpfen-Milch mit vier großen Löffeln roter oder weißer ▸ Sauce italienne in einen dritten Topf. Ein- bis zweimal aufkochen lassen, abfetten, mit Zitronensaft montieren* und entweder in einer Silberkasserole, in einer Schachtel oder in einem Pasteten-Blätterteig servieren.

*Karpfenzungen-Ragoût*

Etwa 500 gr Karpfenzungen blanchieren* und wie die Karpfen-Milch blanchieren. Dieselbe Sauce wie für Letztere zubereiten.

*Sellerie-Ragoût*

(nach dem Rezept von Doktor Rocques)

Sie kochen gehackte Sellerie wie etwa Endivien oder Spinat, würzen mit Pfeffer, Salz und Muskat, gießen mit guter Suppe auf und servieren die Sellerie mit goldbraun gerösteten Brotwürfeln. Wenn Sie ein Feinschmecker sind, können Sie auf dieses weiche Bett einige Fettammern oder Streifen vom roten Rebhuhn legen. Probieren Sie dieses Gericht, werte Mit-Gourmands, vielleicht wird es Sie ja befriedigen.

*Ragoût aus gefüllten Tomaten à la Grimod*

Nachdem die Tomaten entkernt worden sind, füllen Sie sie mit Wurstteig, den Sie mit Knoblauch, Petersilie, Schnittknoblauch* und Estragon gewürzt haben. Backen Sie die Tomaten in einer Tortenform.

Heutzutage ersetzt man den Wurstteig gern durch eine gute ▸ Sauce Duxelle und bestreut diese mit Bröseln.

Das Gericht wird in der Form serviert und mit Zitronensaft verfeinert.

## *TRÜFFEL-RAGOÛTS*

(Die Klassiker, Variationen und Rezepte höchster Güte)

Trüffeln nehmen unter allen Pilzen die erste Stelle ein. Sogar der Blätterpilz, der königliche »Fungus Caesarius«, wie er von unseren alten Botanikern genannt wurde, kommt erst danach. Statt, wie man öfter behauptet hat, schwer verdaulich zu sein, fördert die Trüffel die Magensäfte, was sie ihren pikanten Molekülen verdankt. Man muss sie jedoch maßvoll einsetzen, dann nährt sie, heilt und erwärmt allzu kalte Gemüter. Fleisch, Fisch, Gemüse und alle anderen Lebensmittel werden leichter, wenn man sie mit Trüffeln würzt. Dennoch gibt es Autoren, die diese Knolle nie zu genießen wussten und ihr vorwarfen, die Verdauung zu stören, Schlaflosigkeit zu verursachen oder etwaige Neigungen zu Schlaganfällen und nervösen Störungen zu verstärken. Wir haben recht viele Trüffel-Liebhaber befragt, alte wie junge, und haben von allen einstimmig bestätigt bekommen, wie wohl tuend die Trüffel sich auswirke. Einer von ihnen, ein Mann mittleren Alters, voller Esprit und Liebenswürdigkeit, wie eben wahre Gastronomen sind, sagte vor einigen Tagen zu mir:

»Wenn ich Trüffeln esse, werde ich lebhafter, fröhlicher und fühle mich wohler. Ich merke, wie sanfte, sinnliche Wärme durch meine Venen fließt und bald in meinen Kopf steigt. Meine Gedanken werden klarer und leichter. Wenn es mir gefällt, entwerfe ich sofort einige Verse für reiche Poeten, schreibe Reden für ängstliche Wissenschaftler oder faule Abgeordnete, dann schlafe ich ein. Meine Verdauung arbeitet ohne Schwierigkeit, mein Schlaf ist ruhig. Was man der Trüffel an Tugenden nachsagt, ist für mich eine alte Geschichte.«
Wer kennt nicht das unvergleichliche Aroma der Trüffel? Gibt oder gab es je einen Duft mit vergleichbarem Ruf? Die Römer liebten diesen Duft leidenschaftlich und forderten ihn von Afrika.
Juvenal rief dem Libyer zu: »Spanne deine Ochsen aus, behalte deine Ernte aber schick uns Trüffeln!«
»Die Trüffel regiert heute die Tafel, wohl nicht bei kleinen Soupers, doch bei den großen Banketten und wenn Minister dinieren. Sie zieht die ermüdeten Federn unserer Organe auf, belebt unser erstarrtes Blut, ja sogar unseren Geist ... Wie viele Widerstände wurden nicht schon durch ein gutes Trüffel-Ragoût überwunden, wie viele Zweifel ausgeräumt! Wer kann der Macht einer solchen Komposition widerstehen, die unsere Geschmacksnerven bezaubert, unseren Geruchssinn trunken macht? Ein Hoch der Trüffel aus dem Périgord! – Wie zauberhaft streichelt und schmeichelt uns ihr Duft, welch Genuss für unsere Gaumennerven! Sehen Sie den naschhaften Richter, der voller Wonne die duftenden Moleküle von Sarlat-Trüffeln genießt? Man könnte glauben, er sitze mit den Göttern zu Tisch. – Seine vor Freude glänzenden Augen sprechen das aus, was im Verborgenen seines Magens wirkt, eine tiefe innere Befriedigung, welche eine glückliche Verdauung verspricht.
Man wird uns entgegnen, dass Ärzte den Genuss von Trüffeln schärfstens verurteilt haben. Ja, aber haben sie nicht auch den Tee verdammt und den Kaffee? Neben wenigen traurigen Männern von schlechtem Geschmack finden wir so viele Feinschmecker und Genießer unter den Jüngern Aeskulaps! Ihre Namen reichen von Barthez bis Broussais. Alle sind sich darüber einig, dass jedes Regelwerk sich wandeln muss und alle Sekten, die das Feinschmeckertum verbindet, sich vereinigen werden. Wohl tuende Gastronomie, dies gehört zu deinen Wundern! Du überzeugst, du inspirierst und wenn du es willst, werden alle Ärzte, die man um einen Tisch mit köstlichen Gerichten gesetzt hat, zu Eklektikern!
Die Trüffel erhebt alles, was sie berührt, zum Schöneren. Nicht nur die feinsten Gerichte, denen sie neuen Charme verleiht, sondern auch die

einfachsten, die, von ihrem Aroma durchdrungen, erfolgreich auf den ausgesuchtesten Tafeln erscheinen dürfen.«

Ich stamme aus einer Zeit, in der man Trüffeln ganz besonders feierte. Die älteren Bourbonen, sagt man, regierten mit der Trüffel. Es gab am Theater zwei Königinnen, die den Einfluss dieser nennenswerten Knollen besonders schätzten: Mademoiselle Georges und Mademoiselle Mars.

An jedem Abend, an dem diese beiden Damen auftraten, vor allem zu Zeiten ihrer größten Erfolge, gaben sie bei sich für wenige Eingeweihte ein Souper. Sie kamen mit den Logen-Verehrern nach Hause zu ihren häuslichen Verehrern.

Bei der Georges aß man Trüffeln immer auf die gleiche Art.

Die Mars hingegen gab ihrem Koch freie Hand.

Bei Agrippine, der sinnlichsten aller Frauen, zog man aus der Trüffel alle Wunder, deren sie fähig ist.

Kaum war die Georges zu Hause, brachte man ihr, in einer Schüssel aus feinstem Porzellan, parfümiertes Wasser, mit dem sie sich die Hände wusch. Dann die Trüffeln, mehrfach gewaschen und abgerieben, in einem eigenen Gefäß, dazu eine kleine Gabel aus vergoldetem Silber und ein kleines Messer mit Perlmuttgriff und stählerner Klinge.

Und nun begann Agrippine mit ihrer exquisit geformten Hand, einer Hand wie von einer antiken Statue, mit Marmorfingern und rosigen Nägeln, auf geschickteste Weise die schwarze Knolle zu schälen, welche wie Schmuck auf ihr lag. Sie schnitt sie in papierdünne Blätter, streute gewöhnlichen Pfeffer darüber, einen Hauch Cayenne-Pfeffer, goss weißes Öl aus Lucques oder grünes Öl aus Aix darauf und reichte die Schüssel einem der Diener weiter, der diesen Salat anrührte.

Das übrige Mahl bestand, je nach Jahreszeit, aus Wildbraten, einer Poularde aus Bresse oder Le Mans oder einer feinen Pute aus Bourges.

Dann kam der Salat, für den das Souper nur den Prolog darstellte.

Man kann sich das Aroma dieser nur in Öl und Pfeffer angemachten Trüffel kaum vorstellen. Gabelweise stieß man in die Schüssel und aß die Trüffeln wie gewöhnlichen Salat.

Bei Mademoiselle Mars war das Auftragen ein viel komplexerer Vorgang, doch waren die Trüffeln nicht von so schönen Armen gewürzt und man vermisste die schönen Hände, die rosigen Nägel und vor allem die charmante Hingabe der Agrippine.

Das älteste Rezept, das wir unseren Lesern anbieten können, haben wir bei Apicius gefunden.

### *Trüffel-Ragoût nach Apicius*

Sie kochen die Trüffeln zunächst in Wasser, stecken sie dann auf einen Spieß und drehen sie fünf bis sechs Mal vor dem Feuer. Mit Öl, Zitronensaft, Kerbel, Pfeffer und Honig begießen. Wenn die Sauce kocht, wird sie mit Wein und Eiern gebunden.

### *Trüffel-Ragoût mit Champagner*

(Vuillemot)

Die Trüffeln werden mehrmals in warmem Wasser gewaschen, dann gebürstet und in eine mit Speckscheiben ausgelegte Kasserole gelegt. Salz, ein Lorbeerblatt und eine Flasche Champagner hinzufügen. Die Kasserole hermetisch verschließen und eine halbe Stunde kochen lassen. Die Trüffeln auf einer Serviette servieren.

Der Baron Thiry, ein bekannter Gastronom, will, dass man statt Champagner Wein aus Collioure nehme. M. Bignon, ebenfalls eine Autorität, bevorzugt Madeira oder Sherry. Da man nicht nur einmal in seinem Leben Trüffeln auf der Serviette essen wird, kann man hintereinander jeweils den anderen Wein dazu verwenden.

Wenn man aber der Trüffel ihr natürliches Aroma erhalten will, wickelt man jede einzlene in gebuttertes Backpapier und kocht sie in einem Dampfkessel.

Allen genannten Zubereitungsvorschlägen sei es erlaubt, die in der Asche gebackene Trüffel vorzuziehen. Man wickle sie in gebuttertes Backpapier und esse sie mit Isigny-Butter.

### *Trüffel-Ragoût*

Sie nehmen ein Pfund Trüffeln, oder so viel, wie Sie brauchen. Wenn Sie die Trüffeln selbst kaufen, suchen Sie möglichst runde aus, drücken Sie sie in ihrer Hand, denn man sollte bei mittlerem Druck ihren Widerstand spüren, Trüffeln sollten weder weich noch klebrig sein. Schnuppern Sie daran, um ihr Aroma zu prüfen. Sollten sie nach Käse riechen, werfen Sie sie zurück.

Nach eingehender Prüfung kommen die Trüffeln in kaltes Wasser. An der Oberfläche schwimmende sind von minderer Qualität als jene, welche auf dem Topfboden liegen bleiben. Nehmen Sie eine kleine Bürste, mit der Sie die Trüffeln von jeglichen Erdresten befreien, und werfen Sie sie nun in ein anderes, mit klarem, kühlem Wasser gefülltes Gefäß, denn in warmem Wasser würden sie ihr Aroma verlieren. Die Trüffeln nochmals abbürsten und die in den

Falten und Ritzen befindliche Erde sorgfältig mit der Messerspitze herauskratzen. Falls kleine Holzstäbchen in den Trüffeln stecken, ziehen Sie diese heraus. Ich sage dies, weil manche Händler es wagen, aus mehreren kleinen Trüffeln eine große machen, indem sie sie mit kleinen Spießchen zusammenstecken. Nun waschen Sie die Trüffeln ein drittes Mal, vielleicht sogar noch öfter, bis das Wasser, in dem sie liegen, ganz rein bleibt. Die schönsten hebt man auf, um sie auf einer Serviette oder gebacken zu servieren. Die anderen werden für die Trüffelsauce, von der ich gleich sprechen werde, gewürfelt oder in Streifen geschnitten.

### *Trüffel-Ragoût mit Espagnole*

Sie nehmen eine Hand voll Trüffeln, vielleicht mehr, falls sie mehr brauchen, und schneiden sie in Streifen oder Würfel, wie vorher angegeben. Mit einem Stück Butter auf ein sanftes Feuer stellen und anschwitzen lassen, dann mit einem halben Glas Weißwein und vier Esslöffeln reduzierter ▸ Espagnole ablöschen. Die Trüffeln auf kleinem Feuer garen, die Sauce entfetten und mit einem kleinen Stück Butter montieren*. Butter und Trüffeln sollten sich ganz verbinden, was man durch Passieren oder Schwenken der Sauce erreicht. Geben Sie nur keine Zitrone dazu, denn das würde die Sauce dünnflüssig machen.

### *Trüffel-Ragoût à l'italienne*

Sie schneiden die nötige Menge Trüffeln, wie die Vorigen, in dünne Streifen. In Butter anschwitzen, etwas fein gehackte Schalotte und Petersilie, Salz und Pfeffer hinzufügen. Mit einem halben Glas Weißwein und vier Esslöffeln ▸ Espagnole ablöschen. Die Sauce aufkochen lassen, entfetten und mit erstklassigem Olivenöl montieren*.

### *Trüffel-Ragoût à la piémontaise*

Die Trüffeln, wie oben angegeben, in feine Streifen schneiden, aber statt in Butter in Öl anschwitzen. Etwas zerdrückten Knoblauch hinzufügen, die Kasserole auf heiße Asche stellen, so dass die Trüffeln nur leicht zittern. Nach einer Viertelstunde mit Salz und etwas grobem Pfeffer würzen, die pikante Note mit etwas Zitronensaft unterstreichen und servieren.

### *Trüffel-Ragoût à la Périgueux*

Trüffeln klein würfeln und in Butter anschwitzen. Vier bis sechs Esslöffel rote ▸ Sauce italienne oder ▸ Espagnole und etwas Weißwein hinzufügen und mit einem Stück Vembre-Butter montieren*. Diese Sauce wird auf jungen Rebhühnern, Poularden, Hühnchen und mit Trüffeln gespickten Puten serviert.

### *Schmackhaftes Trüffel-Pulver*

Sie nehmen zu gleichen Teilen Mai-Schwämme, Morcheln, Steinpilze, Champignons und Trüffeln und schneiden sie in kleine Stücke. Die Pilze in der Sonne oder im Ofen trocknen, anschließend im Mörser zerstoßen und durch ein Haarsieb passieren.

Dieses Pulver wird jenen Gerichten, die man damit würzt, ein wundervolles Aroma und köstlichen Geschmack verleihen. Bewahren Sie es in einem Porzellangefäß oder einem hermetisch geschlossenen Glastiegel auf. Man mischt das Pulver mit frischen Champignons, mit Schnepfen-, Rebhuhn- und Drossel-Salmi, mit Steinbutt, Dorsch, Forelle und mit allen Arten von Ragoûts oder Gemüsegerichten.

### *Trüffel-Ragoût als Pudding*

Sie schälen zwei Pfund mittlere Trüffeln und schneiden sie in Streifen. Mit vier Unzen* Butter, einem großen Löffel aufgelöster Geflügel- ▸ Glace, einem halben Glas trockenem Madeira, Salz nach Geschmack, einer Prise grobem Pfeffer und einer Messerspitze geriebenem Muskat sautieren.

Nun nehmen Sie eine Süßspeisen-Form mit etwa 10 cm Tiefe und 18 cm im Durchmesser. Die Innenseiten leicht buttern, mit Mürbteig auslegen und darauf die Trüffeln in ihrer Sauce gießen. Die Teigränder befeuchten und mit einem runden Teigdeckel bedecken, wobei die Ränder fest zusammengedrückt werden, so dass das Trüffelaroma sich beim Erhitzen nicht verflüchtigt. Die Form in ein Tuch einschlagen, dieses verschnüren und in einen Topf mit kochendem Wasser legen. Nach eineinhalb Stunden kräftigen Kochens ist der Pudding gar. Vor dem Servieren lassen Sie ihn abtropfen, entfernen das Tuch und legen den Pudding auf einen Servierteller.

Werden die Trüffeln in Milch eingelegt, stockt diese leichter, wobei sie auch das Trüffelaroma annimmt. So erhält man Trüffelkäse.

*Pilzragoût à la Cussy*

Sie nehmen feste Champignons, waschen, bürsten und schälen schwarze Trüffeln; diese sollen gesund und von mittlerer Größe sein. Die Champignons und die Trüffeln in Scheiben von der Dicke eines Pappkartons schneiden. Sehr fein gehackten Knoblauch hinzufügen und alle Zutaten mit einem Stück Butter auf großer Flamme sautieren. Wenn die Butter geschmolzen ist, den Saft zweier Zitronen darauf träufeln, dann Salz, groben Pfeffer, geriebene Muskatnuss, vier Esslöffel erweiterte ▸ Espagnole und ebenso viel reduzierte dazugeben. Wenn das Ragoût aufkocht, ein Glas Sauternes oder Sherry hinzufügen, zwanzig Minuten weiter köcheln lassen und servieren.

*Ragoût aus weißen und schwarzen Trüffeln à la Rossini*

Sie schneiden weiße Trüffeln aus dem Piemont in sehr feine Streifen, gießen dann in Ihre Salatschüssel feines Olivenöl aus Aix, geben feinen Senf dazu, etwas Essig, Zitronensaft, Pfeffer und Salz. Die Zutaten schlagen, bis sie völlig vermischt sind, dann die Trüffeln hinzufügen.

Man kann auch unsere schwarzen Trüffeln auf diese Art servieren, wenn man der Sauce zwei Dotter und eine Knoblauchzehe beimengt, so ähneln sie dem zart-cremigen Geschmack der Piemonteser Trüffeln.

*Trüffel-Ragoût mit Parmesan*

Die Trüffeln in Öl marinieren, in sehr feine Streifen schneiden und mit Öl, Salz, grobem Pfeffer und Parmesan auf eine Silberplatte legen. Wenn mehrere Lagen aufeinander geschichtet wurden, den Teller auf heiße Asche und unter den Feldofen* stellen. Eine Viertelstunde genügt, um das Gericht gar werden zu lassen.

*Ragoût aus Mai-Schwämmen*

Es war die Lieblingsspeise dieses verweichlichten Direktors, dem wir Bonaparte und den 13. Vendémière verdanken. Er hielt sich zwei bis drei Individuen, die ihm in den Bouches-du-Rhône und der Isère Mai-Schwämme sammeln mussten.

So ließ sich Barras sein Lieblingsgericht servieren:

Man wäscht Mai-Schwämme, lässt sie abtropfen, schwenkt sie in Butter oder zerlassenem Speck, mit einem Bouquet garni*, Salz und Pfeffer. Mit Kalbs- ▸ Jus oder zur Hälfte reduzierter Bouillon aufgießen, auf kleiner Flamme ziehen lassen, entfetten und mit lichtem Jus oder mit einer Mischung aus Butter und Mehl legieren.

### *Endivienragoût mit dunkler Sauce*

Sie nehmen zwölf Endivien, putzen diese, entfernen alles Grüne und waschen die Endivien mehrmals in jeweils frischem Wasser, indem Sie sie an der Wurzel halten und wiederholt ins Wasser tauchen. Achten Sie darauf, dass etwaige Regenwürmer, die gern in diesem Salat hausen, entfernt werden. Den Salat abtropfen lassen und in reichlich kochendem Salzwasser blanchieren*. Wenn die Blätter sich unter leichtem Fingerdruck zerquetschen lassen, sind die Endivien gut blanchiert. Nun fischen Sie sie mit einem Schaumlöffel heraus und schrecken sie in einem Eimer mit kaltem Wasser ab. Abtropfen lassen und zwischen den Händen zusammendrücken, um möglichst alles Wasser herauszupressen. Wurzeln und dickere Fasern entfernen, die Endivien hacken und mit einem Stück Butter auf sanfter Flamme etwa eine Viertelstunde schwitzen lassen, dann mit vier Esslöffeln ▸ Espagnole und zwei Esslöffeln Suppe ablöschen. Die Endivien sollten mindestens eine Stunde lang dünsten und dabei ständig mit dem Holzlöffel umgerührt werden, womit man verhindert, dass sie am Topfboden kleben oder gar anbrennen. Wenn das Ragoût sämig und breiig ist, salzen Sie es und servieren.

### *Endivienragoût in lichter Sauce*

Sie bereiten das Ragoût wie oben zu, verwenden jedoch statt der ▸ Espagnole ▸ Velouté, und zwar etwas weniger davon als oben für die Espagnole angegeben. Sie montieren* das Ragoût schließlich mit Obers* oder eingekochter Milch, die Sie nach und nach dazugießen. Mit geriebener Muskatnuss und Salz würzen.

### *Endivienragoût, eine weitere Methode*

Falls Sie für die Endivien in lichter Sauce kein ▸ Velouté zur Verfügung haben, schwenken Sie den Salat in etwas Butter und fügen, wenn die Endivien angetrocknet sind, etwas Mehl hinzu. Mit Suppe aufgießen, salzen und die Sauce reduzieren lassen. Wie oben mit Obers* oder Milch fertig stellen und mit Muskat würzen wie eine gute ▸ Sauce Béchamel.

### *Wie man Endivien durch anderes ersetzen kann, wenn die Jahreszeit keine bereithält und man keine konserviert hat*

Sie nehmen das Herz von einem oder zwei Kohlköpfen, von denen Sie alles Grüne entfernt haben. Prüfen Sie mit der Nase, ob sie bereits nach Moschus riechen, wenn ja, nehmen Sie andere. Sie schneiden die Krautherzen in Viertel, entfernen den Strunk und die dicksten Fasern, schneiden das Übrige in sehr feine Streifen, werfen diese in Wasser und waschen sie gut. Im Sieb abtropfen lassen, wie die Endivien blanchieren*, nur etwas länger, abschrecken, das Wasser wie bei den Endivien ganz herausdrücken, ebenso fein hacken und wie oben das Ragoût zubereiten.

### *Spinatragoût*

Sie nehmen so viele Spinatblätter, wie Sie brauchen, entfernen die Stiele und die welken oder nicht mehr grünen und gefleckten Blätter. Waschen Sie die Blätter mehrmals in frischem Wasser und blanchieren* Sie sie dann in reichlich kochendem Wasser mit einer Hand voll Salz. Rühren Sie gut um und achten Sie darauf, den Schaum abzuschöpfen. Es sollte kein Wasser überschwappen, was Ascheteilchen in den Spinat befördern, den Geschmack beeinträchtigen und Krümel hinterlassen. Um festzustellen, ob die Blätter richtig blanchiert sind, drücken Sie sie zwischen zwei Fingern zusammen. Wenn sie sich leicht zerquetschen lassen, dann ist es gut. Dann nehmen Sie sie vom Feuer, werfen sie in ein Sieb, anschließend in einen großen Bottich voll kaltem Wasser, so dass sie sogleich abgeschreckt werden. Die Spinatblätter sollten zwei Stunden im kalten Wasser bleiben, dann wieder in ein Sieb geworfen und schließlich zu einer Kugel geformt und ausgepresst werden, wobei man nicht allzu fest drücken sollte. Sie hacken nun so viel Spinat wie Sie brauchen, klein und stellen ihn mit nur wenig Butter, gerade so viel, um ihn nicht anbrennen zu lassen, auf große Flamme. Mit dem Kochlöffel umrühren. Wenn der Spinat trocken und von schönem Grün ist, löschen Sie mit ▸ Espagnole ab. Ist das Ragoût für ein Entrée, dann lassen Sie es zu einem dicken Brei einkochen und streuen etwas geriebene Muskatnuss darauf. Schließlich mit etwas Butter montieren* und servieren.

### *Bretonisches Bohnenragoût*

Sie nehmen einen Liter Soissons-Bohnen, getrocknet oder frisch, putzen und waschen sie und stellen sie mit etwas Butter, aber ohne

Salz in kaltem Wasser aufs Feuer. Während die Bohnen kochen, gießen Sie ab und zu kaltes Wasser nach, das verhindert das Aufwallen und macht die Bohnen sämiger. Sind diese gar, lassen Sie sie abtropfen und geben sie mit einem Stück Butter, ein bis zwei Löffeln braunem ▸ Zwiebelpüree und ebenso viel ▸ Espagnole in eine Kasserole. Etwas groben Pfeffer und Salz dazu und mit einem Stück Butter montieren*.

### *Gurkenragoût*

Sie schneiden von drei Gurken jeweils die Endstücke ab und achten darauf, dass die Gurken nicht bitter schmecken. Schälen und vierteln Sie sie und entfernen Sie die Kerne. Nun formen Sie die Gurkenviertel wie die Schale einer Auster, putzen und runden sie ab und trachten danach, dass die einzelnen Stücke etwa gleich groß sind. In leicht gesalzenem Wasser blanchieren*, bis sie gar sind. In eine Kasserole kommen sechs bis acht Esslöffel ▸ Velouté, darauf die Gurken, dünsten und reduzieren lassen und schließlich das Fett abschöpfen. Abschmecken, mit einem Stück Butter montieren*, mit etwas geriebener Muskatnuss abschmecken und servieren.

### *Gurkenragoût in dunkler Sauce*

Die Gurken werden wie oben zubereitet, dann in einer Kasserole mit acht Esslöffeln reduzierter ▸ Espagnole, fett oder mager, gedünstet. Fett abschöpfen, reduzieren lassen, ein fingernagelgroßes Stück ▸ Glace hinzufügen, mit einem kleinen Stückchen Butter montieren* und servieren.

### *Chipolata-Ragoût*

Sie geben zwei Schöpflöffel reduzierte ▸ Espagnole, eine halbe Flasche Madeira, tournierte* Champignons, kleine, weiß gedünstete Zwiebeln, einige Kastanien, wie für eine Terrine zubereitet, und kleine Chipolata-Würstchen, die Sie vorher in Suppe gekocht haben, mit geviertelten Trüffeln und etwas grobem Pfeffer in eine Kasserole. Das Ragoût reduzieren lassen, vom Fett befreien und weiterverwenden.

### *Erbsenragoût mit Speck*

Sie nehmen höchstens ein halbes Pfund Schinken oder Speck, würfeln diese und blanchieren* die Würfel. In Butter knusprig braun anrösten. Ein Liter junge Erbsen wird mit einem nussgroßen Stück Butter in einem Gefäß mit der Hand verknetet. Etwas Wasser darauf gießen und die Erbsen darin sieben bis acht Minuten stehen lassen, um die Haut weich zu machen. In einem Sieb abtropfen und in einer Kasserole anschwitzen lassen. Wenn die Erbsen schön grün sind, gießen Sie einen Schöpflöffel ▸ Espagnole darüber, geben den Schinken oder Speck dazu, ebenso einen gemischten Strauß mit Petersilie und Schnittknoblauch* und lassen die Sauce einmal aufwallen. An den Herdrand ziehen und dort köcheln und reduzieren lassen. Wenn das Ragoût fertig ist, schöpfen Sie das Fett ab und kosten, ob es genügend gesalzen ist. Falls zu viel Salz darin ist, geben Sie etwas Zucker dazu, er wird dem Gericht die Schärfe nehmen. Nun können Sie servieren.

### *Godiveau-Ragoût*

Sie geben etwas ▸ Espagnole, so viel, wie für Ihr Ragoût vonnöten, in eine Kasserole und legen eine angemessene Menge ▸ Godiveau-Würstchen hinein. Nun kommen hübsch zugeschnittene Champignons und einige geviertelte oder in Achtel zerteilte Artischockenböden dazu. Das Ragoût fertig dünsten lassen, vom Fett befreien und reduzieren lassen. Etwas Zitronensaft oder ▸ Kretzer darüber gießen und das Ragoût als Garnitur für heiße Fleischtorten oder -pasteten oder auch als Zugabe für andere Ragoûts verwenden.

## RALLE

Es gibt zwei Arten von diesem Zugvogel, den Wachtelkönig und die Wasserralle bzw. die rote und die schwarze Ralle. Der Wachtelkönig heißt so, weil er im Mai mit diesen Vögeln kommt und im September mit ihnen fortfliegt, so dass man glaubte, er sei ihr Anführer.

Die Ralle ist etwa so groß wie eine Taube, mit langem Hals und Schnabel. Der Schnabel des Wachtelkönigs ist etwas breiter als der der Wasserralle. Er ernährt sich von Ginster und es versteht sich von selbst, dass er einer unserer köstlichsten Wildvögel ist.

Man serviert ihn gebraten, in Weinblätter sowie in ein großes Blatt Backpapier eingewickelt, ohne Speckstifte oder Speckscheiben, denn der Vogel ist selbst sehr fett. Eine halbe Stunde auf dem Spieß genügt.

Das Fleisch der Wasserralle ist weniger schmackhaft und man schätzt es folglich weniger. Man bereitet sie wie die anderen Wasservögel zu.

## RAPUNZEL

Dies ist eine Gemüsepflanze, die man, gemeinsam mit Rübe, Sellerie und weißen oder konservierten Endivien als ersten, zarten, schmackhaften Frühlingssalat isst.

## VOM RÄUCHERN

Das Räuchern kann als Mittel zum Konservieren von Fleisch, aber nur von festem Fleisch, betrachtet werden.

Um Fleisch gut zu räuchern, braucht man verschiedene Abstufungen von Rauch. Ist er gleich am Anfang zu stark, trocknet er das Fleisch aus und lässt es innen zäh werden. Man muss also zuerst schwachen Rauch erzeugen, der dann zunimmt, so dass das zu räuchernde Stück gut durchdrungen wird.

Zuerst muss man das Fleisch salzen, es dann trocknen, um es schließlich in den Kamin zu hängen, weit genug entfernt vom Feuer, damit dieses es nicht erfassen kann, aber nah genug am Rauch, damit dieser eindringen kann. Man lässt das Stück je nach Rauchentwicklung, Hitzeentfaltung und Fleischsorte mehr oder weniger lang hängen.

Dicker, aromatischer Rauch ist allem anderen vorzuziehen. Das Holz der Weißbuche und Eichenäste mit ihren Blättern geben ausgezeichnetes Räucherholz ab, während Fichte, Tanne und alle ähnlichen Hölzer dem Fleisch einen sehr unangenehmen Harzgeschmack verleihen. Auch der Wacholder erzeugt zarten, duftenden Rauch und man verwendet ihn fast immer.

Sie können zum Abschluss aromatische Kräuter wie etwa Lorbeer, Rosmarin, Kaffeebohnen, Gewürznelken oder Süßholz abbrennen; dies gibt dem Fleisch einen besonderen Duft und lässt es sehr gut schmecken.

Hier die einfachste Art verschiedene Produkte zu räuchern.

Rind

Man sollte vorzugsweise Rippen und Bruststücke auswählen. Sie tauchen das ausgesuchte Stück mehrmals in kochendes Wasser, aus dem Sie es schnell wieder herausziehen, reiben es mit einer Mischung aus Salz und etwas Salpeter-Salz ab und setzen es einen Monat bis sechs Wochen dem Rauch eines halb erstickten Feuers aus.

Schwein

Sie setzen die Schinken, die Sie räuchern wollen, acht Tage der frischen Luft aus, legen sie zehn Tage in Salzlake und tauchen sie in zerstoßenen, in Branntwein eingelegten Wacholder. Schließlich räuchern Sie die Schinken mit Wacholderzweigen. Sorgen Sie dafür, die

Schinken oder Würste während des Räucherns ab und zu umzudrehen, damit die enthaltenen Säfte nicht austreten und sich gleichmäßig verteilen können.

Fisch

Fische salzt man, spießt sie auf und setzt sie dem Rauch von Wacholder oder Eichenblättern aus. Große Fische hält man mit kleinen Stäbchen leicht geöffnet, die zarten werden in Papier oder Leinen eingeschlagen. Hering wird vierundzwanzig Stunden, Lachs drei Wochen lang geräuchert. Hecht und Aal brauchen höchstens vier Tage.

## RAVIGOTE

Dies ist eine pikante Sauce mit gehacktem Kerbel und Estragon. Man gibt Pimpernelle, Schnittknoblauch*, Salz, Pfeffer und Quatre-Épices* dazu, erhitzt diese Zutaten in einem ▸ Blond de veau, mit Essig und etwas frischer Butter, in einem Tongefäß. Achten Sie darauf, alles gut zu durchmischen und zu binden.

### *Öl-Ravigote*

Sie hacken oben genannte Kräuter fein und geben sie mit Öl, Essig, Salz und grobem Pfeffer in kalte Bouillon. Sie müssen lange rühren, um alle Zutaten gut zu vermengen.

### *Grüne Ravigote*

Sie nehmen zu gleichen Teilen Kerbel, Pimpernelle und Estragon, etwas Schnittlauch, Petersilie, Kresse und Brunnenkresse. Blanchieren* Sie die Zutaten auf sehr großer Flamme und schrecken Sie sie dann in sehr kaltem Wasser ab. Drücken Sie alle Flüssigkeit aus den Kräutern heraus und zerstoßen Sie diese im Mörser, wobei Sie etwas kalte ▸ Sauce à l'allemande beifügen. Wenn ein dicker Brei entstanden ist, passieren Sie diesen mit Hilfe eines Kochlöffels durch ein Haarsieb. Diese grüne Ravigote wird Legierungen, Saucen und Ragoûts beigemengt.

## RAVIOLI

Eine ausgezeichnete italienische Suppe, deren Genueser Rezept wir hier angeben wollen:

Sie nehmen ein Pfund Mehl und streuen es auf ein Brett oder den Tisch. Mit drei frischen Eiern verkneten. Sie geben Salz, etwas Wasser und die Eier in die Mulde in der Mitte des Mehlhügels und kneten unablässig, bis Sie einen glatten, festen Teig erhalten. Diesen rollen Sie papierdünn aus und bestreuen ihn so wenig wie möglich mit Mehl. Füllen Sie den Teig mit der unten beschriebenen Farce, die Sie in kleinen Portionen gleicher Größe auf dem Teig verteilen. Den Teig nun befeuchten und über der Farce zusammenschlagen, so dass eine Art Umschlag entsteht. Die Ränder gut zusammendrücken, aus dem Teig kleine, daumengroße Rechtecke ausschneiden und diese auf Tellern oder Kasserolendeckeln ablegen. Knapp vor dem Servieren blanchieren* Sie die Ravioli in Suppe. Wenn alle an der Oberfläche der Bouillon schwimmen und etwa fünf Minuten gekocht haben, lassen Sie sie abtropfen, gießen einen Schöpflöffel Suppe in die Soupière, legen eine Lage Ravioli darauf, bestreuen diese mit geriebenem Parmesan, gießen zerlassene Butter darauf und übergießen alles mit Suppe, so dass es darin schwimmt. So heiß wie möglich servieren.

Für die Fülle machen Sie Geflügel-Nockerln*, mischen etwas geriebenen Parmesan, etwas blanchierten und fein gehackten Borretsch, etwas gekochte Milch und Frischkäse darunter. Mit Muskatnuss und Zimt gut verrühren, zwei Dotter und groben Pfeffer hinzufügen.

Man kann die Ravioli auch in einer ▸ falschen Schildkrötensuppe blanchieren, serviert dann jedoch den geriebenen Parmesan in einer kleinen Schüssel neben dem Suppentopf.

## REBHUHN

Neben verschiedenen anderen Arten von Rebhühnern schätzt man vor allem vier, die man wegen ihrer besonderen Zartheit und ihres guten Geschmacks serviert. Es sind dies das graue und das rote Rebhuhn, die Bartavelle und das Felsenrebhuhn. Laut Vincent Leblanc sind in Bengalen alle Rebhühner weiß und fetter als die unseren.

Vor 1440 war dieser Vogel in Frankreich unbekannt. Es war René, König von Neapel, der ihn aus Chio in die Provence brachte.

Die Rebhuhnjagd wird üblicherweise mit Vorstehhunden gemacht. Diese nehmen die Spur auf, zeigen durch Stillstand an, wenn sie in die Nähe des Rebhuhns gelangt sind, und der Jäger durchbricht den Stillstand, indem er auf die Vögel schießt, so dass sie auffliegen. Erfahrene Jäger versichern, dass die besten Stunden für die Rebhuhnjagd von zehn Uhr bis Mittag sowie von zwei bis vier Uhr nachmittags sind; zu allen anderen Stunden sind Rebhühner ständig in Bewegung um Futter zu suchen und stehen nie still.

Man fängt Rebhühner auch mit der Schlinge oder in Netzen, wobei Letzteres vor allem für Wilderer gilt. Diese Mittel wendet man vor allem nachts an, wenn die von Jägern und Lichtern aufgescheuchten Tiere sich selbst darin verhängen. Das Netz der Wilderer bringt jedes Jahr enorme Zahlen dieser Vögel um.
Männliche Rebhühner lockt man auch mit Hilfe von zahmen Weibchen an, die man im Käfig großgezogen hat und dann in die Bezirke trägt, in denen es viele Hähne gibt. Diese Lockvögel nennt man »Chanterelles«, also »Quintsaiten«. Das männliche Rebhuhn kann man auch anlocken, indem man den Schrei des Weibchens nachahmt.
Junge Rebhühner unterscheidet man von den ausgewachsenen durch die letzte große Feder am Flügel. Während diese bei den jungen Tieren noch spitz zuläuft, ist sie bei den erwachsenen Vögeln abgerundet.
Die Epikuräer des letzten Jahrhunderts haben in höchster Instanz entschieden, dass unter den jungen Rebhühnern die grauen den roten vorzuziehen seien, während das erwachsene rote Rebhuhn dem grauen überlegen sei.
Letzteres wird dort mehr geschätzt, wo rote Rebhühner überwiegen, während in Regionen, wo es mehr graue Rebhühner gibt, das genaue Gegenteil gilt. Beide Arten sind fast gleich gut, nur dass das Fleisch der roten immer fetter ist.
Rebhuhnfleisch ist pikant, zart, aromatisch und leicht verdaulich. Alte Vögel muss man länger garen; weil ihr Fleisch jedoch mehr Osmazom* enthält, ist es schmackhafter als das von jungen Tieren. Ein mit anderem Fleisch gemeinsam gekochtes altes Rebhuhn macht die Suppe besonders würzig und kräftig.

### *Gebratene junge Rebhühner*

Sie sengen die jungen Rebhühner leicht ab, binden die Füße an die Schenkel, legen ein Weinblatt und eine Speckscheibe auf den Bauch, braten die Vögel bei mäßigem Feuer und servieren trocken mit einer ▸ Bigarade.

### *Rote oder graue junge Rebhühner à la parisienne*

Die Rebhühner ausnehmen, absengen und in einer Kasserole mit etwas Butter schwenken, ohne sie braun werden zu lassen. Mit einem Glas Weißwein, zwei Schöpflöffeln Suppe und einer Demi-Glace* aus reduzierter ▸ Espagnole aufgießen. Etwa eine Dreiviertelstunde lang köcheln lassen, die Sauce fast zur Gänze in einen anderen Topf gießen, reduzieren lassen und abfetten. Vor dem Servieren richtet man die Rebhühner auf einem Teller an, gibt ein Stück Butter in die Sauce, passiert diese und gießt sie über die Vögel.

### *Rote junge Rebhühner à la Périgueux*

Da das rote Rebhuhn weniger würzig schmeckt als das graue, schmort man es mit einer guten ▸ Sauce mirepoix. Zunächst alles gut anschwitzen lassen, dann mit zwei Glas Madeira, einem Glas Weißwein und einem kleinen Schöpflöffel Geflügelbrühe aufgießen. Die Vögel mit gebuttertem Backpapier bedecken, die Kasserole hermetisch abschließen und alles eine halbe Stunde köcheln lassen. Danach den Fond passieren und abfetten. Unter Zugabe von zwei Esslöffeln ▸ Espagnole-Demi-Glace* auf die Hälfte reduzieren. Vier Trüffeln in kleine Würfel schneiden und gemeinsam mit etwas Trüffelfond in die Kasserole geben. Etwas frische Butter, Zitronensaft und Piment-Pulver hinzufügen. Die Rebhühner auf einem Servierteller im Dreieck auflegen und zwischen jedes eine panierte Röstbrotscheibe stecken, die Oberseite der Vögel mit Ihrer Sauce Périgueux glacieren* und heiß servieren.

### *Junge Rebhühner à l'anglaise*

Sie füllen die jungen Rebhühner mit einer Farce aus ihrer Leber, Butter, grobem Pfeffer und Salz, wickeln die Vögel dann in Backpapier, stecken sie, ohne sie mit Speck zu belegen, auf den Spieß und braten sie etwas mehr als halb durch. Ziehen Sie die Glieder vom Körper weg, ohne sie jedoch abzutrennen, legen Sie die Vögel in eine Kasserole und platzieren Sie zwischen jeden Flügel und jede Keule und den Körper etwas Butter, die Sie mit entrindetem Brot, Schalotten, Petersilie, gehacktem Schnittknoblauch*, Salz, grobem Pfeffer und etwas Muskat verknetet haben. Nun gießen Sie mit einem großen Glas Champagner und zwei Schöpflöffeln Suppe auf, köcheln alles vorsichtig, ohne es zuzudecken, bis die Vögel vollständig gar sind, so dass die Sauce reduziert wird. Mit dem Saft und den Zesten* einer ▸ Bigarade abschließen.

### *Junge Rebhühner »en entrée de broche«*

Die Vögel ausnehmen, leicht absengen, die Füße an den Körper binden und auf ein Brathäkchen spießen. Die Brust mit Zitronenscheiben belegen, mit Speckscheiben bedecken, in Backpapier einwickeln, dessen Enden mit einer Schnur auf den Spieß gebunden werden, damit das Brathäkchen, auf dem die Rebhühner stecken, gut hält. Eine Dreiviertelstunde lang braten, auswickeln, abtropfen lassen, auf dem Servierteller anrichten, mit einem lichten ▸ Jus übergießen, pfeffern und ▸ Bigaraden-Saft darüber träufeln.

### *Salmi aus jungen Rebhühnern*

Sie bereiten drei junge Rebhühner vor, umwickeln sie mit Speckscheiben und braten sie nur ganz kurz auf dem Spieß an. Abkühlen lassen, die Glieder abtrennen, häuten, putzen und mit etwas Brühe in eine Kasserole legen. Auf heiße Asche stellen, so dass sie nicht gleich zu kochen beginnen. Nun hacken Sie sechs Schalotten, fügen eine Zitronen-Zeste* hinzu, legen dies alles in eine Kasserole, gießen etwas Champagner darauf und lassen aufkochen. Die Rebhuhn-Karkassen werden zertrümmert und in die selbe Kasserole gelegt, vier Schöpflöffel ▸ Blond de veau oder reduzierte ▸ Espagnole beigegeben, alles wird auf die Hälfte reduziert und diese Sauce durch ein Seihtuch getrieben. Die Glieder der jungen Rebhühner abtropfen lassen, anrichten und zwischen jedes ein in Butter angeröstetes Brotstück legen, die Zitronensauce darüber gießen.

### *Junge Rebhühner à la bourguignonne*

Drei junge Rebhühner am Spieß braten, dann tranchieren und die Teile in einer Kasserole in drei Esslöffeln Öl, etwas Rotwein, Salz, Pfeffer, dem Saft einer Zitrone und etwas von ihrer Schale sautieren. Anrichten, mit Sauce übergießen und servieren.

### *Rebhühner nach Hausfrauenart mit Kohl*

Sie legen zwei geschmorte Rebhühner in eine Schüssel, drücken Kohlköpfe, die vorher in Fett gedämpft wurden, in einem Leinentuch aus, schneiden sie auf und stellen sie rund um die Rebhühner auf. Mit Cervelat-Scheiben, durchwachsenem Speck in Streifen und Chipolata-Würstchen garnieren. Mit dem reduzierten Schmorfond übergießen und servieren.

### *Junge Rebhühner à la Montglas oder Salpicon im Bassin*

Sie schnüren drei junge Rebhühner bratfertig zusammen, belegen sie mit Speckscheiben und braten sie am Spieß. Abkühlen lassen und das Brustfleisch herauslösen, so dass ein Bassin oder eine Höhle entsteht. Das entnommene Fleisch würfeln, die Rebhühner in etwas Suppe erhitzen und bis zum Servieren warm halten. In eine Kasserole kommen ein Stück Butter, sechs bis acht fein gehackte rohe Trüffeln und ebenso viele Champignons. Trüffeln und Pilze mit Petersilie, Schnittknoblauch* und einigen Schalotten, alles fein gehackt, anrösten, mit einem großen Glas Weißwein und sechs großen Löffeln entfetteter erweiterter ▸ Espagnole aufgießen. Die Sauce aufkochen und reduzieren lassen, gut abfetten und zwei bis drei ▸ Foies gras sowie das Brustfleisch der Rebhühner gemeinsam hacken. Fleisch und Foies gras in die gepfefferte und gesalzene Sauce geben und zweimal aufwallen lassen. Die jungen Rebhühner mit dem Salpicon füllen und mit einem Wild- ▸ Fumet übergießen.

### *Sautierte Filets von jungen Rebhühnern*

Die Filets von vier jungen Rebhühnern herausschneiden, Haut und Sehnen entfernen. 75 gr Läuterbutter in einer Sautierpfanne zerlassen, die Filets eintauchen und in eine Schüssel legen. Salzen und mit Backpapier zudecken. Mit den Bürzeln ein ▸ Fumet zubereiten, dieses reduzieren lassen und vier große Löffel ▸ Espagnole hinzufügen; nochmals reduzieren lassen und vor dem Servieren abfetten. Die Filets sautieren, umdrehen, abtropfen lassen und kranzförmig rund um die Mitte des Serviertellers auflegen. Dazwischen einige herzförmig zugeschnittene und in Butter geröstete Brotstücke mischen, die Sauce mit Butter, dem Saft einer Zitrone sowie einem Esslöffel Olivenöl montieren* und binden. Die Filets mit dieser Sauce übergießen. Wenn es beliebt, mit einigen Trüffelstreifen abschließen und servieren.

### *Rebhuhn-Terrine mit Püree*

Drei Rebhühner mit Speckstiften spicken, die zuvor in Salz, Pfeffer, Fines Épices*, zerstoßenen und gesiebten Aromaten*, fein gewiegter Petersilie und ebensolchem Schnittknoblauch* gewälzt wurden. In der selben Kräutermischung garen und mit Erbsen, Linsen oder Kastanien servieren. Mit Würsten, Streifen von durchwachsenem Speck und Röstbrot-Stückchen garnieren.

### *Junge Rebhühner à la d'Artois*

Sie nehmen Flügel und Keulen von zwei bis drei am Spieß gebratenen jungen Rebhühnern, die aber nicht gespickt wurden. Diese Teile legen Sie mit etwas Fleischbrühe in eine Kasserole und erhitzen sie ohne aufkochen zu lassen. Nieren und Karkassen der Rebhühner werden zerstoßen. In eine Kasserole kommen ein Glas guter Madeira, dazu drei zerkleinerte Schalotten, drei Petersilienzweige und etwas ▸ Bigaraden-Schale. Lassen Sie dieses Gemisch einmal aufkochen und fügen Sie zehn Esslöffel reduzierte ▸ Espagnole oder ▸ Blond de veau hinzu. Auf großer Flamme kochen lassen, dann die zerstoßenen Karkassen darunter mischen und gut umrühren. Durch ein Seihtuch streichen und dieses Püree im Wasserbad warm halten. Die Rebhuhnkeulen und -flügel abtropfen lassen, auf dem Serviertеller anrichten und mit einigen in Butter geschwenkten Brotstückchen garnieren. Den Tellerrand mit in Öl gerösteten Brotstückchen belegen, die Sauce aus dem Wasserbad nehmen, den Saft von ein bis zwei Bigaraden und etwas grobkörnigen Pfeffer sowie ein Stück Butter hinzufügen. Diese Sauce gut passieren und auf die Rebhuhnteile gießen.

*Rebhühner, in der Glut gegart*

Sie rupfen und putzen junge Rebhühner und nehmen sie aus, binden die Glieder an den Körper und braten die Rebhühner mit sehr fein gewiegter Petersilie, fein gehacktem Schnittknoblauch* und fein gehackten Champignons in Butter an. Wenn die Vögel das Aroma der Kräuter gut aufgenommen haben, umwickeln Sie sie mit Backpapier und garen sie unter glühend heißer Asche fertig. Mit einem ▸ Coulis und Zitronensaft servieren.

## REGENPFEIFER

Es gibt davon zwei Arten: den goldenen Regenpfeifer mit gelbem Gefieder und den aschfarbenen grauen Regenpfeifer. Einige Autoren haben diesen Vogel mit dem Kiebitz verwechselt, der in den selben Regionen lebt, die selbe Kost braucht und sehr ähnliches Fleisch hat, wobei das des Regenpfeifers delikater schmeckt.

Regenpfeifer leben gern in Gruppen, sie sind Zugvögel und ernähren sich hauptsächlich von Regenwürmern. Man sagt, sie klopften ständig auf die Erde, um ihre bevorzugte Beute daraus hervorzulocken. Sie fressen auch gern Käfer und einige Weichtiere. Üblicherweise bauen sie keine Nester, sondern das Weibchen sucht auf der Erde oder im Sand eine kleine Vertiefung, in die es drei bis sechs Eier legt. Je nachdem, welcher Art Regenpfeifer das Weibchen angehört, werden seine Eier verschieden gefärbt sein.

Das Fleisch dieses Vogels ist leicht verdaulich und regt den Appetit an; da es jedoch sehr leichte Kost darstellt, werden Menschen, die sich viel bewegen, mit dieser Nahrung nicht zufrieden sein.
Man bereitet Regenpfeifer auf unterschiedliche Weisen vor; einige davon werden wir hier anführen:

### *Regenpfeifer mit Trüffeln*

Drei bis vier Regenpfeifer absengen, ausnehmen und putzen, mit einem Dutzend schönen, geschälten Trüffeln in eine Kasserole legen, dazu ein Bouquet garni*, etwas Basilikum, Salz und Pfeffer geben. Alle Zutaten in etwas Butter anrösten und mit einem Glas Champagner sowie einem Löffel reduzierter ▸ Espagnole ablöschen. Die Regenpfeifer dünsten, den Fond entfetten und mit den Trüffeln in eine zweite Kasserole legen. Die Sauce aus der ersten abseihen, die Vögel hübsch anrichten, darauf die Trüffeln schichten, die Sauce mit etwas Zitronensaft montieren* und servieren.

### *Regenpfeifer am Spieß*

Von vier gelben Regenpfeifern die Gedärme herausziehen und mit diesen eine Farce zubereiten, indem man geriebenen Speck, Pfeffer, Salz, Petersilie und Schalotten hinzufügt. Die Vögel damit füllen und dann auf ein Brathäckchen stecken. Mit Speckscheiben belegen und in Backpapier einwickeln, auf den Spieß hängen und braten. Papier und Speck entfernen, die Vögel anrichten und mit einem ▸ Trüffel-Ragoût übergießen.

## REH und REHBOCK

Eine Art kleiner Hirsch, obwohl eleganter in der Statur und geschickter und schneller in der Bewegung als dieser. Sehr scheu, lässt sich das Reh kaum zähmen. Man hat es bei sehr jungen Tieren versucht, aber ihr ungestümes und freiheitsliebendes Naturell ging mit ihnen bei erstbester Gelegenheit durch, so dass sie, vor allem Menschen gegenüber, denen sie abgeneigt waren, gefährliche Launen entwickelten.
Wie beim Hirsch erkennt man das Alter des Rehbocks an der Anzahl der Enden seines Geweihs. Um schmackhaftes und zartes Fleisch zu bekommen, muss man das Tier im Alter zwischen achtzehn Monaten und drei Jahren erlegen, dann ist es sehr gut, auch wenn die Qualität seines Fleisches zusätzlich davon abhängt, wo es lebt. Die besten Rehe kommen aus den Cévennen, den Ardennen, dem Rouergue und Morvan. Das beste

Fleisch ist zweifellos das vom jungen Reh oder Kitz, wenn es erst neun oder zehn Monate alt ist.
Wir werden nun einige Zubereitungsarten für dieses sehr bekannte und vom Jäger besonders geschätzte Wild aufzeigen.

### *Gebratenes Rehviertel*

Marinieren Sie Ihr Reh in Olivenöl, Rotwein, Petersilie, Gewürzen und einigen Zwiebelringen.
Dann häuten Sie das Filet und das Äußere der Keule und spicken diese Teile mit durchwachsenem Speck. Mit Butterpapier umwickeln, braten und mit einer ▸ Sauce poivrade als Hauptspeise servieren.

### *Rehpfeffer*

Beide Teile der Rehbrust werden mit Hilfe der Spicknadel mit fettem Speck durchzogen, mit Petersilie und zerlassenem Speck in der Kasserole angebraten und dann mit einem Strauß Fines Herbes*, Salz, Pfeffer, Lorbeerblatt und Limone gedünstet. Wenn das Fleisch gar, das heißt innen noch rosig ist, bereiten Sie eine Sauce aus angebratenem Mehl, einem Schuss Essig, einer Hand voll Kapern und einigen entkernten Oliven zu und servieren mit Röstbrotscheiben.

### *Gebratene Rehkeule*

Nachdem man eine Rehkeule geputzt und mit durchwachsenem Speck gespickt hat, lässt man sie einige Stunden lang in Salz und Olivenöl marinieren, steckt sie dann für eine Stunde auf den Spieß und benetzt sie während des Bratens immer wieder mit ihrer Marinade. Diese dient, vermischt mit Schalottensaft, auch als Sauce.

### *Rehkoteletts*

Die Koteletts herausschneiden, klopfen, einen Tag lang marinieren und dann in Öl braten. Wenn sie gar und von schöner Farbe sind, lässt man sie abtropfen und serviert sie mit einer ▸ Sauce poivrade oder ▸ Tomatensauce und serviert.

### *Rehschulter*

Das Schulterfleisch herausschneiden, häuten, wie oben spicken, marinieren, braten und servieren mit einer ▸ Sauce au pauvre homme.

*Rehschnitzel*

Das Fleisch zweier Rehschultern verwenden, häuten, in Filets zerteilen, in zerlassener Butter und mit Salz, Pfeffer, Knoblauch sowie Lorbeerblatt in einer Pfanne anbraten, knapp vor dem Servieren auf eine glühende Herdplatte legen, umdrehen, Butter hinzufügen und das Gericht mit ▸ Kretzer übergießen.

*Reh-Crépinettes*

Gebratene Reste vom Reh werden mit Kalbseutern, Trüffeln und Pilzen vermischt, in einer guten Sauce gedünstet und diese reduziert, bevor die Mischung ganz auskühlen sollte; diese Masse wird mit Butter verknetet und dann in etwa gleich große Portionen zerteilt. Diese werden je in ein Schweinsnetz eingehüllt und auf ein befettetes Blech gelegt, im Ofen gebräunt und mit einer ▸ Sauce ravigote mit Anchovis übergossen.

*Reh-Daube*

Das Reh nur einen Tag lang in ▸ Marinade einlegen, dann etwa fünf Stunden lang schmoren; die Sauce einkochen lassen und durch ein Seihtuch streichen, genügend Hirschhorn beifügen, um sie zu Gelée werden zu lassen, auskühlen lassen, das Reh damit maskieren* und servieren.

## REINETTEN

Dieser Apfel kommt in drei Varianten vor: in der weißen Sorte, auch französische genannt, der zum Verkochen am besten geeigneten Apfelsorte mit sehr süßem Fruchtfleisch und einer pikanten Säure, die besonderen Geschmack gibt; in der grauen Sorte, die gleich an zweiter Stelle kommt, und schließlich in der englischen oder kanadischen Reinette.

Das Apfelgelée aus Rouen wird mit Reinetten-Äpfeln gemacht.

## REIS

Reis kommt aus dem Orient und gleich nach dem Brot, was Gesundheit, Bekanntheit und Verbreitung anbelangt. Die Völker Asiens, Afrikas und Amerikas konsumieren beträchtliche Mengen davon und leben so sehr gesund. Reis wird auch in manchen europäischen Ländern viel gegessen. In bestimmten Ländern bereitet man aus Reis einen bernsteinfarbenen Wein zu, der ebenso angenehm schmeckt wie spanischer Wein. Vor allem

in China, wo Reis das erste Grundnahrungsmittel darstellt, trinkt man dieses berauschende Getränk.
Der Reis, den wir in Frankreich konsumieren, kommt aus Italien, dem Piemont und aus Carolina.

### *Reis-Soufflé*

Sie bereiten ein oder zwei Unzen* Reis vor, lassen ihn in etwas Milch mit Zitronenschale, Salz und etwas Butter auf kleiner Flamme aufgehen, übergießen ihn aber nach und nach, damit er fest bleibt, und fügen schließlich zwei Esslöffel Puderzucker hinzu. Wenn der Reis aufgeplatzt und die Flüssigkeit reduziert ist, geben Sie, einen nach dem anderen, einige Dotter dazu und lassen diese fest werden, ohne sie jedoch zu sehr zu erhitzen. Das Eiklar wird zu Schnee geschlagen und der Masse untergehoben, das Soufflé in eine Schüssel gehäuft, in den Ofen gestellt und, wenn es braun zu werden beginnt, mit Puderzucker glaciert*. Das Reis-Soufflé fertig backen, in einer Silberschüssel anrichten, mit einem Messer rund um den Reisrand ritzen, glacieren und servieren.

### *Reiskuchen à la bourgeoise*

250 gr Reis werden gewaschen und blanchiert* und in etwas kochender Milch mit Zitronenschale zum Aufplatzen gebracht. Der Reis sollte nach und nach übergossen werden, um fest zu bleiben. Auskühlen lassen und etwa ein Dutzend Makronen darunter mischen, wovon sechs aus Bittermandeln sein sollten; außerdem eine Messerspitze feines Salz, 125 gr Zucker, vier ganze Eier und die Dotter von vier weiteren, von denen das Eiklar aufbewahrt wird, einarbeiten. Eine Kasserole buttern, mit Bröseln bestreuen, das Eiklar zu Schnee schlagen und vorsichtig dem Reis unterheben. Diesen in die Kasserole geben, die als Form dient. Den Reis eine halbe bis Dreiviertelstunde vor dem Anrichten in den Ofen schieben und sofort nach dem Backen servieren. Die Makronen sollten fein zerbröselt in den Reis gemischt werden.
Auf dieselbe Weise macht man Nudel- oder Grießkuchen, nur lässt man die Nudeln nicht aufplatzen.
Der Kuchen kann mit folgender Sauce übergossen oder diese extra serviert werden:
In eine Kasserole kommt ein halber Esslöffel Mehl, das mit Obers* verrührt wurde, hinzu fügt man einen Kaffeelöffel Orangenblüten-

Wasser, etwas Salz, einen Esslöffel feinen Zucker und etwas Butter. Diese Zutaten aufs Feuer stellen und unter ständigem Rühren erhitzen. Den Kuchen, wenn er aus dem Ofen kommt, mit der Sauce maskieren*.

### *Mandelmilchreis*

Den Reis putzen und mit etwas Wasser in eine Kasserole geben, eine Prise Salz, etwas Zitronenschale, zwei Lorbeerblätter dazu und bei kleiner Flamme dünsten. 250 gr Mandeln zerstoßen, während des Stampfens mit etwas Wasser befeuchten, um zu verhindern, dass Öl austritt. Wenn die Mandeln fein zerstoßen sind, presst man sie fest in einem Tuch aus. Den Reis zuckern, mit der ausgepressten Mandelmilch verfeinern und auf kleiner Flamme fertig garen.
Vor dem Servieren sollten Zitronenschale und Lorbeer entfernt werden.

### *Apfelreis à la bonne femme*

Sie bereiten Reis wie für den Kuchen vor und verwenden dafür ganze, verquirlte Eier, buttern eine Kasserole und kleiden Boden und Wände je zwei Finger dick mit Reis aus. In die Mitte füllen Sie Apfelkompott, bedecken dieses mit Reis und backen den Apfelreis wie einen Kuchen.

### *Äpfel und Reis als Turban*

Eine leicht gebutterte Form wird mit 250 gr gekochtem Reis ausgekleidet. In die Mitte kommen sechs geviertelte und in Sirup gekochte Äpfel. Die Form auf eine Süßspeisenplatte stürzen und abnehmen. Rundherum stellt man, leicht schräg, blanchierte* Apfelviertel; der obere Reisrand wird mit zartrosa oder pistaziengrün gefärbten Reisbahnen geschmückt. Man kann stattdessen auch Engelwurz-Streifen auflegen. Um den Reis gießt man den Apfelsirup.
Ein außergewöhnliches Dessert, das ich an den Ufern der Wolga gegessen habe.

### *Reiskörbchen mit kleinen Früchten*

Der Reis wird in Form eines Körbchens oder einer Schüssel auf dem Servierteller arrangiert, nachdem er wie im obigen Rezept angegeben vorbereitet wurde. Den Reis mit Engelwurz-Streifen mosaikförmig schmücken, den unteren Rand mit Apfelsäulen umgeben. In den

Reisrand kommen kleine Früchte und zwölf sehr schöne Reinetten-Äpfel, die birnenförmig zurechtgeschnitten wurden, außerdem Marillen*, Feigen und kleine Borsdorfer Äpfelchen. Die Feigen werden nach dem Kochen zartgrün eingefärbt, aber verwenden Sie hierzu keine Spinat- ▸ Essenz. Die Marillen mit etwas in Wasser aufgelöstem Safran gelb und die Borsdorfer Äpfelchen mit Farbstoff karminrot färben. Zwischen die Früchte legen Sie, als Trauben getarnt, einige Reishäufchen, in die Sie mittelgroße Perlen von der Muskattraube stecken. Um Trauben nachzuahmen, formen Sie eine weitere Reisgruppe mit Korinthen und streuen schließlich zwischen all diese Früchte einige feinblättrige Pistazienkekse, rautenförmige hauchfeine Engelwurz-Stückchen oder zartgrün gefärbten Reis.

### *Glacierte* Reis-Timbale*

Eine Backform wird mit feinem Teig ausgelegt und dieser mit drei Vierteln vom vorhandenen Reis bedeckt. In die Mitte kommen acht geviertelte Reinetten-Äpfel, die zuvor mit zwei Unzen* Zucker, zwei Unzen Butter aus Isigny und zwei Esslöffeln Marillen*-Marmelade gedünstet wurden. Das verbleibende Viertel Reis darauf verteilen und mit einer weiteren dünnen Lage Teig bedecken. Die Timbale in einen schwach beheizten Ofen schieben und backen, bis sie goldgelb wird. Auf einen Servierteller stürzen, die Form abnehmen, die Oberfläche mit durchsichtigem Marillen-Gelée glacieren* und servieren.

### *Türkischer Reis*

248 gr Carolina-Reis werden gewaschen und blanchiert*, dann in vier Glas Milch mit 125 gr Zucker, der geriebenen Schale einer Zitrone, 125 gr Butter aus Isigny, sechs Unzen* gut gewaschenen Korinthen und einer Prise Salz bissfest gekocht. Wenn der Reis aufgeplatzt ist, nehmen Sie ihn vom Feuer, mischen acht Dotter darunter, gießen ihn in eine Silberkasserole oder in knusprigem Teig und stellen ihn zwanzig Minuten in den schwach beheizten Ofen. Dann bestreuen Sie den Reis mit Zucker, den Sie mit der roten Schaufel* glacieren*, um der Oberfläche eine schöne rötliche Färbung zu verleihen. Sofort servieren.

### *Türkischer Reis (andere Methode)*

Sie wählen 500 gr schönen Reis, den Sie mehrmals waschen, dann abtropfen und schließlich in guter Suppe aufplatzen lassen. Der Reis sollte nur wenig befeuchtet sein. Wenn er halb gar ist, fügen Sie etwas Safranpulver, ein Stück Butter, zerlassenes Rindermark und etwas Geflügel- ▸ Glace hinzu. Vermischen Sie alles gut und servieren Sie das Gericht in einer Suppenschüssel mit geläuterter Consommé.

### *Indischer Reis*

Der Reis wird mit einem drittel Glas Rum und etwas in Wasser aufgelöstem Safran gefärbt und gegart. Er wird wie oben beschrieben glaciert* und in einer Silberkasserole serviert.

### *Französischer Reis*

Reis waschen, blanchieren* und mit feiner Butter, Puderzucker und Milch dünsten. Einige Bittermakronen, etwas Orangenblüten-Wasser, blätterförmiges Praliné, Orangeat-Würfel, etwa zwanzig halbierte kandierte Kirschen und ebenso viele große Perlen von der Muskattraube, gut entkernt, sowie schließlich einige Streifen kandierte Engelwurz hinzufügen. Den Reis vor dem Servieren mit geschmolzenem Zucker glacieren* und mit einer Sauce aus Alicante- oder Val de Penas-Wein übergießen.

### *Reis à la Ristori*

Sie lassen ein Pfund gut gewaschenen Reis aufplatzen, reiben ein halbes Pfund Speck und schneiden einen Mailänder Kohl in Streifen. Letzteren mit dem Speck, etwas Salz, Pfeffer und einigen Fenchelkörnern anschwitzen lassen. Wenn der Kohl etwa eine Dreiviertelstunde lang gedünstet hat, geben Sie den Reis dazu und gießen nur sehr wenig auf, so dass der Reis kaum bedeckt ist. Eine weitere Viertelstunde dünsten und mit geriebenem Parmesan servieren.

### *Cochinat-Reis*

Sie tranchieren zwei Hühner und braten sie, gemeinsam mit einem schönen Bouquet garni*, zwei Gewürznelken, kleinen, sehr scharfen zerstoßenen roten Pfefferschoten und einer Messerspitze Safran in Butter. Die Hühnerteile mit Suppe aufgießen und dreißig in feine Streifen geschnittene Zwiebeln hinzufügen, wobei Sie die Streifen möglichst gleich lang schneiden sollten und Spitzen und Herzen der Zwiebeln weglassen. Die Zwiebeln anrösten, ohne sie zu bräunen, abtropfen lassen und zu den Hühnern geben. Auf großer Flamme kochen. Ein Pfund Reis waschen und blanchieren*, so dass er nur ganz leicht aufplatzt. Die Hühnerteile in einer Terrine servieren, den Reis in einer anderen daneben stellen. Die Hühner nicht entfetten, die Sauce sollte flüssig bleiben und nicht gebunden werden.

### *Butterreis mit Äpfeln und Korinthen*

360 gr Reis kochen und sehr sorgfältig gewaschene Korinthen hinzufügen. Dann zwölf Borsdorfer Äpfelchen vierteln und mit Puderzucker sowie Marillen*-Marmelade in feiner Butter dünsten. Nun buttern Sie eine zylindrische Form und füllen den Reis hinein, stürzen ihn jedoch sofort auf einen Teller. Den Reis mit Marillen-Marmelade glacieren*, die noch kochenden Äpfel in die Mitte des Zylinders gießen und sofort servieren.

### *Karamelisierter Reiskuchen*

Sie bereiten den Reis wie üblich (d.h. mit Milch, Butter und Zucker, Anm. d. Übersetzerin) zu, lassen aber zuvor den Zucker karamelisieren und mischen einen Löffel kandierte Orangenblüten dazu. Wenn das Karamel erkaltet ist, lösen Sie es mit einem halben Glas kochendem Wasser auf und gießen es in den Reis, den Sie, wie oben, zylindrisch geformt haben. Wenn der Reis auf den Servierteller gestürzt ist, glacieren* Sie ihn mit Puderzucker, den Sie mit Hilfe der roten Schaufel* anschmelzen, was Ihrem Kuchen Glanz geben wird. Servieren Sie sofort nach dem Glacieren.

Statt den Kuchen zu glacieren, kann man ihn auch mit Marillen*-Marmelade maskieren* und mit Bröseln aus Bittermandel-Makronen bestreuen.

Alle diese Kuchen sind sehr hübsche Nachspeisen.

### *Reis à la chancelière*

(nach dem Rezept der Präsidentin Fouquet)

Sie nehmen ein Tongefäß, das höher sein muss, als es breit ist, und geben ein halbes Pfund Reis hinein, den Sie sechsmal in lauwarmem Wasser gewaschen haben. Dazu kommen ein halbes Pfund Puderzucker, ein Achtel sehr frische Butter, drei Esslöffel weißer Honig, ein kleiner Löffel fein gemahlener Zimt und schließlich zwei Pinten* sehr frische Milch. Der Reis kommt mit dem wöchentlichen Brot in den Ofen und wird gemeinsam mit dem großen Zwölf-Pfund-Brot wieder herausgenommen. Der obere Teil des Gefäßes sollte leer bleiben, damit die Milch beim Kochen nicht überläuft, sondern immer wieder auf den Reis zurückfällt. Die Kanzlerin, Madame de Pontchartrain, hat lange Zeit von dieser wohl schmeckenden Speise gelebt. Dieses Reisgericht ist leicht und bei Lungen- oder Magenentzündung sehr bekömmlich.

## RÉMOULADE

Eine Sauce aus Anchovis, Kapern, Petersilie und Schnittknoblauch*, alle gesondert fein gewiegt. Mit Zitronensaft und einem Tropfen Öl begießen und mit einer Knoblauchzehe sowie den üblichen Gewürzen verfeinern.

### *Provençalische Rémoulade*

Sie wiegen Petersilie, zwei Schalotten sowie etwas Zwiebel und drücken diese Zutaten in einem Tuch aus, um alles Wasser herauszupressen. Sie hacken auch Essiggurken, Kapern und einen Anchovis, zerstoßen alle Zutaten sehr fein im Mörser und fügen ihnen vier hart gekochte Dotter, etwas blanchierte* Petersilie, Knoblauch und schließlich einen rohen Dotter bei. Ein Glas Olivenöl wird nun Tropfen für Tropfen dem Brei hinzugefügt, dann alles mit Salz, Pfeffer, Senf, einem Esslöffel guten Estragonessig und etwas Zitronensaft vermischt.

## RETTICH siehe RADIESCHEN

## RIBISEL*

Es gibt zwei Arten der Ribisel*: die grüne, die man als Sauersaft in der Saison der jungen Makrelen verwendet, und die rote, mit der man Konfitüren, Gelées, Kompotte usw. herstellt.

Die Säure der Ribisel erzeugt verschiedene Wirkungen. So wird davon der Appetit angeregt, weil die Magenwände vom Ribisel-Saft gekitzelt werden; sie erfrischt Fieberkranke und hilft ihnen, weil die Säure beruhigend wirkt.

Jedermann weiß, wie man Ribisel zubereitet. Ihr erfrischender Saft wird mit Zucker oder Honig gesüßt und mit Wasser verdünnt und ergibt so ein säuerliches Getränk, das jedem schmeckt und das im Norden die Limonade ersetzt. Destilliert man sie, könnte man auch Branntwein daraus herstellen.

Die hellrosa oder weißen Ribisel sind weniger sauer und angenehmer als die roten.

Bei den Konfitüren haben wir beschrieben, wie man Ribisel zu Gelée, Kompott, Sirup und anderem verarbeiten kann.

## VOM RIND

Man beklagt sich über den Niedergang der Kochkunst, welcher wohl viel eher den Herren als den Dienern zuzuschreiben ist.
Früher ließen große Feinschmecker wie Feldmarschall Richelieu, der Herzog von Nivernais und der Graf von Escur mindestens einmal pro Woche ihren Küchenchef kommen, um ihn über den neuesten Stand kulinarischer Entdeckungen auszufragen. Diese sachkundigen Gespräche zwischen Herren und Dienern trieben die Wissenschaft der Gastronomie in großen Schritten voran, weil sie dem Herrn die weiten Gefilde der praktischen Kochkunst, dem Koch aber die Lehren der Theorie nahe brachten.
Wenn der Herzog von Nivernais sich gezwungen sah, seine Küchenchefs zu wechseln oder wenn diese sich die eine oder andere Neuheit angeeignet hatten, die ihm brauchbar erschien, wies er die notwendige Geduld und Sorgfalt auf, sich acht Tage hintereinander von der neuen Speise servieren zu lassen und davon zu kosten, bis er die Sache zum Gipfel ihrer Vollkommenheit geführt hatte. Er hatte einen derart gut geübten Gaumen, dass er unterscheiden konnte, ob das weiße Fleisch eines Flügels sich auf der Seite der Galle befunden hatte oder nicht. Monsieur de Richelieu verstand seinerseits von der Praxis mehr als der beste Küchenchef. Eine Anekdote soll hier eine probatere Beweisführung liefern als jeder Dreisatz.
Es war während des Hannoveranischen Krieges, als das Land, das die französische Armee umgab, im Umkreis von achtzig Kilometern verwüstet darniederlag. Man hatte alle ostfriesischen Prinzen und Prinzessinnen, fünfundzwanzig an der Zahl, gefangen genommen, nicht zu vergessen eine recht stattliche Suite von Hofdamen und Kammerherren. Feldmarschall Richelieu hatte beschlossen, sich ihrer durch Freilassung zu entledigen, doch bevor er sie wirklich ziehen ließ, schwebte ihm vor, ihnen ein Souper auftischen zu lassen, ein Gedanke, der seine für den Proviant verantwortlichen Offiziere zur Verzweiflung trieb.
Wenn aber Monsieur de Richelieu etwas beschlossen hatte, musste die Sache durchgeführt werden. Er versammelte alle verantwortlichen Offiziere.
»Meine Herren, was haben Sie in der Kantine?«, wollte er wissen.
»Euer Gnaden, nichts.«
»Wie, nichts?«
»Überhaupt nichts.«
»Erst gestern habe ich vor meinem Fenster zwei Hörner vorbeiwandern sehen!«
»Das ist wahr, Euer Gnaden, es gibt einen Ochsen und ein paar Wurzeln. Aber was wollen Sie daraus schon machen?«

»Was ich daraus machen will? Bei Gott, das beste Souper der Welt natürlich!«
»Aber, Euer Gnaden, das wird niemals gehen.«
»Wie? Das wird nicht gehen! Rudière, schreiben Sie den Speisezettel, den ich Ihnen diktieren werde, um diesen Schwachköpfen von Chaillot die Arbeit zu erleichtern. Wissen Sie überhaupt, wie man einen Speisezettel schreibt, Rudière?«
»Nein, Euer Gnaden, ich gebe zu ...«
»Lassen Sie mir Ihren Platz und Ihre Feder.«
Und nun setzt sich der Generalissimus auf den Platz seines Sekretärs und improvisiert ein klassisches Souper, ein Menü, das Monsieur de la Poupelmière in seine Sammlung aufgenommen hat. Hier ist es, wie es im handschriftlichen Original aufgezeichnet wurde.

*Speisezettel eines ausgezeichneten Dîners*
*nur mit Ochsenfleisch*

Tafelschmuck
- Das große Tablett aus vergoldetem Silber mit der Reiterstatuette des Königs
- Statuetten von Duguesclin, Dunois, Bayard und Turenne
- Mein vergoldetes Tafelgeschirr mit Wappenrelief

Erstes Auftragen
- Ragoût mit gratinierter, gebundener Rindsbrühe
- Vier Hors-d'œuvres
- Gaumen von unserem Ochsen, à la Sauce Sainte-Menehould
- Kleine Pasteten von faschiertem Ochsenfilet mit Schnittlauch
- Die Nieren dieses Ochsen mit gerösteten Zwiebeln
- Kuttelfleck mit Sauce à la poulette und Zitronensaft

Statt der Suppe
- Ochsenhüfte garniert mit Wurzeln im Saft
- (Tournieren Sie die Wurzeln zu grotesken Formen, der Deutschen wegen)

Sechs Entrées
- Ochsenschlepp mit Maronenpüree
- Die Zunge als Ragoût à la bourguignonne
- Die Ochsenlider à l'estafoulade mit eingelegter Kapuzinerkresse
- Die Nuss unseres Ochsen, mit Sellerie gedünstet
- Knusprige Ochsenfleisch-Täschchen mit Haselnuss-Püree
- Röstbrot mit Ochsenmark (hier muss es das Munitionsbrot tun)

Zweites Auftragen

Gebratener Ochsenrücken (Sie werden ihn mit zerlassenem Mark begießen)

Endivien-Salat mit Ochsenzunge

Ochse à la mode mit Gelée blonde, gemischt mit Pistazien

Kalter Ochsenblutkuchen mit Jurançon-Wein (irren Sie sich nicht beim Wein!)

Sechs Nachspeisen

Glacierte Steckrüben im Bratensaft vom Ochsen

Ochsenmark-Pastete im Brotrand mit kandiertem Zucker

Aspik vom Bratensaft mit kandierten Zitronenschalen

Püree von Artischockenböden mit Saft und Mandelmilch

Hirnkrapfen, im Bigaraden-Saft mariniert

Ochsen-Gelée in Alicante-Wein und in Verdun-Mirabellen

Wenn diese Mahlzeit durch irgendeinen unglücklichen Zufall nicht sehr gut schmeckt, werde ich den Herren Maret und Rouquelière eine Geldstrafe von hundert Goldpistolen von ihrem Sold abziehen. Gehet hin und zweiflet nicht mehr. Richelieu

Monsieur Vuillemot, der diese Anekdote sehr gern erzählt, lässt sich die Gelegenheit, sie mit sachkundigen Kommentaren zu spicken, nie entgehen. Laut Aussage dieses geschickten Kochkünstlers ist die vom noblen Feldmarschall gewünschte Mark-Pastete eine ketzerische Speise. Der Rindsfuß mit Sauce à la poulette wurde in diesem Menü zu Unrecht vergessen. Die Hirnkrapfen sind ein Hors-d'œuvre und können niemals, auch nicht durch den Willen des unwiderstehlichen Herzogs, zur Nachspeise werden. Monsieur Vuillemot merkt an, dass Kuttelfleck à la mode de Caen sehr zum Nachteil des Ochsenmenüs im 18. Jahrhundert noch unbekannt war.

Ohne Rind, sagt Buffon, hätten wir große Mühe zu überleben. Die Erde läge brach, die Felder, ja sogar die Gärten blieben trocken und unfruchtbar. Der Ochse ist der Knecht, die Stütze des bäuerlichen Haushalts. Er verkörpert alle Kraft der Landwirtschaft und so betrachteten die Alten es als Verbrechen, sich von seinem Fleisch zu ernähren.

Plinius berichtet, dass ein Bürger verbannt wurde, weil er einen Ochsen geschlachtet hatte.

Valerius Maximus sagt das Gleiche. Die modernen Griechen aßen kein Ochsenfleisch, weil sie die Fron des Pflugtieres achteten.

In indischen Dörfern wird der, welcher Rindfleisch verzehrt, als ehrlos angesehen. Die Ägypter befragten das Rind Apis als Orakel. Vielleicht beinhaltet das jährliche Ausführen des fetten Ochsen in Paris noch einen Rest dieser Verehrung. Der Ochse ändert altersbedingt seinen Namen von Kalb auf Jungtier und schließlich auf Ochse. Es gibt mehrere Arten von verschiedener Größe und verschiedenem Körperumfang. So sind die ägyptischen beispielsweise fetter als die griechischen. In Frankreich liefern die Auvergne und die Normandie die besten Rinder. Als Amerika entdeckt wurde, fand man dort kein Rind vor. Aber als die Spanier es einführten, vermehrte es sich sehr schnell und wurde seitdem eine der Lieblingsspeisen der Amerikaner, die, ganz wie die Engländer, immer und überall die Überlegenheit des Rindes über andere Fleischsorten rühmen. Rind ist das meist gegessene Fleisch, es ist nahrhaft und man verdaut es leicht, wenn es von guter Qualität ist. Aber nicht jedes Land bringt gutes Rindfleisch hervor und die Qualität hängt auch von der Futterwiese ab.
Junge und fette Tiere geben ausgezeichnetes und für jeden geeignetes Fleisch, doch vertragen es Leute mit gutem Magen besser, die sich viel bewegen und dementsprechend ernähren müssen. Jene, die mehr sitzen, die Rekonvaleszenten und die schwachen Mägen dürfen erst nach sorgfältiger Prüfung ihrer Kräfte davon essen. Rindfleisch gibt auch die beste Bouillon.
Wir werden nun einige der zahlreichen Möglichkeiten aufzeigen, Rind zuzubereiten und es zu essen.
Die geschätztesten Teile sind die Hüfte, der Rücken mit Lende, die Nuss, die Beiriedschnitten, die Rippen und die Brust. Die Schulter gibt schlechteres Fleisch als die schmaleren Teile; Bauch, Hals und Kopf werden am wenigsten geschätzt, wohingegen das Filet mignon – der Lungenbraten bzw. das Lendenfilet – als größte Delikatesse gilt. Lassen wir das Hirn weg, das beim Rind selten gut ist, vor allem, wenn man, wie in Frankreich, die Gewohnheit hat, es zu erschlagen. Aus Zunge und Gaumen macht man verschiedene recht delikate Gerichte, die Nieren sind einer der gröbsten Teile im Rind, obwohl man gerade damit die in Champagner gekochten Nieren zubereitet. Da es die natürliche Bestimmung des Rindes zu sein scheint, Bouillon zu erzeugen, beginnen wir mit der Aufzählung der Gerichte, für die es gekocht wird.
Gekochtes Rind wird von den Größen der Gastronomie verachtet, die es als Fleisch ohne Saft bezeichnen. Aber es ist der Schutzengel der Armen und der kleinen Leute, für die es nicht nur ein Nachtmahl darstellt, sondern zwei. Wir erklären unter »Bouillon« die bestmögliche Art, diese zuzubereiten. Hier kümmern wir uns nur um das Fleisch.

Die gängigste Art, Rindfleisch zu servieren – und wir beeilen uns hier zu erwähnen, dass der schmackhafteste Teil für diesen Fall der Tafelspitz* ist –, die, wie wir betonen, gängigste Art, Rind zu servieren, ist, es nach dem Abtropfen auf einem mit Petersilie und entweder mit Bratkartoffeln oder einer Tomatensauce oder glacierten* Zwiebeln garnierten Teller anzurichten. Sie werden hier alle diese treuen Begleiter des Rindfleisches unter dem passenden Buchstaben wieder finden.

### *Rind, mit Kraut garniert*

Sie nehmen zwei bis drei Krautköpfe, vierteln, waschen und blanchieren* Sie sie. Wenn sie blanchiert sind, schrecken Sie sie kalt ab, binden sie zusammen, legen sie in einen Kochtopf, begießen sie mit Bouillon, wenn übrig gebliebener Schmorfond oder andere gute Fonds zur Verfügung stehen, nutzen Sie diese und geben Sie einige Karotten sowie zwei bis drei Zwiebeln dazu, von denen Sie eine mit drei Gewürznelken, einer Knoblauchzehe, Lorbeerblatt und Thymian gespickt haben. Um Ihrem Kraut Gehalt zu geben, fügen Sie Ihr Stück Schmorfleisch hinzu, lassen es drei bis vier Stunden köcheln, tropfen Ihr Kraut auf einem weißen Leinentuch ab, pressen es aus, indem Sie es nudelholzförmig zusammenrollen, um das Fett herauszudrücken, legen das Kraut rund um Ihr Fleischstück herum auf, übergießen alles mit reduzierter ▸ Espagnole und servieren.

### *Rind mit armen Rittern*

Wenn Sie keine Rindshüfte haben, nehmen Sie ein Lendenstück oder einen Teil davon. Legen Sie das zarte Filet (den Lungenbraten) weg, Sie werden es für ein Entrée brauchen können. Das verbleibende Lendenstück oder die Hüfte mit den üblichen Zutaten für den Schmortopf vorbereiten, zu einer Rolle schnüren, wie jedes Schmorfleisch vom Rind übergießen und garen. Sie schneiden weiche Brotschnitten pfauenschweif- oder herzförmig zurecht. Drei Eier aufschlagen und wie für ein Omelett verrühren, Salz und ein wenig Obers* hinzufügen, die Brotschnitten eintauchen und in Butter rösten, wobei Sie darauf achten, sie nacheinander umzudrehen, wenn sie goldbraun sind. Lassen Sie sie auf einem weißen Leinentuch abtropfen. Wenn das Fleisch gar ist, soll es abtropfen. Entfernen Sie die Fäden und legen Sie das Fleisch auf einen Teller, die Brotschnitten rundherum auflegen, mit einer ▸ Espagnole oder mit einer ▸ Sauce hachée übergießen und servieren.

## *Rind à l'écarlate*

Nehmen Sie eine ganze Hüfte oder einen Teil davon und lassen Sie das Fleisch drei Tage oder länger abhängen, damit es schön mürb wird. Die Hüfte auslösen, mit Speckstreifen spicken und mit Petersilie, Schnittknoblauch*, Pfeffer und weiteren Gewürzen einreiben. Dann reiben Sie das Fleisch mit einer Mischung aus sehr trockenem Salz und 30 bis 60 gr gereinigtem Salpeter-Salz ein, legen es mit Wacholder, Thymian, Basilikum, Schnittknoblauch, Knoblauch, Gewürznelken und Zwiebeln in eine Terrine, umwickeln diese mit einem Tuch und legen eine Schüssel darauf. Lassen Sie alles acht Tage lang ruhen, wonach das Fleisch umgedreht, mit der selben Sorgfalt wieder zugedeckt wird und nochmals drei oder vier Tage rasten soll. Nun nehmen Sie es heraus, lassen es abtropfen, gießen Wasser in einen Kochtopf, geben Karotten, Zwiebeln und ein Bouquet garni* dazu, setzen den Topf aufs Feuer und legen Ihr Fleisch in das kochende Wasser, nachdem Sie es mit weißem Leinen umwickelt und verschnürt haben. Lassen Sie es einige Stunden ohne Unterbrechung kochen. Dann nehmen Sie es heraus, um es in eine passende Schüssel zu legen, gießen den Kochsud darüber, lassen alles auskühlen und servieren die Rindshüfte wie einen Schinken auf einem Tuch, von grüner Petersilie umgeben.

Wenn Sie das Fleisch warm servieren möchten, legen Sie es auf einen Teller, übergießen es mit gutem, kräftigem ▸ Jus und garnieren mit geriebenem ▸ Kren.

## *Rindsrose mit Gelée oder à la royale*

Nehmen Sie eine Hüfte oder einen Teil davon, wählen Sie hochwertiges Fleisch mit schönem Fettrand. Sie würzen es, spicken es mit fettem Speck wie die Hüfte à l'écarlate – würzen Sie vor dem Spicken auch den Speck! –, wickeln das Fleisch in weißes Leinen und verschnüren dieses gut. Das umwickelte Fleisch im Schmortopf auf die Knochen der Rindshüfte legen und fünf oder sechs Karotten, vier Zwiebeln, zwei Knoblauzehen, ein Sträußchen Petersilie und Schnittknoblauch* sowie zwei Lorbeerblätter hinzufügen. Schließlich ein Stück von einer Kalbsstelze dazulegen. Mit einem Glas Weißwein und zwei bis drei Schöpflöffeln Bouillon aufgießen und nach Geschmack salzen. Lassen Sie alles auf großer Flamme aufkochen, dann bedecken Sie es mit drei Lagen gebuttertem Backpapier, verschließen den Topf fest mit seinem Deckel und lassen alles langsam etwa vier Stunden lang bei Ober- und Unterhitze schmoren. Wenn das Fleisch gar ist, lassen Sie es im Leinen auskühlen, passieren den Schmorfond durch ein feuchtes Küchentuch, um ihn zu entfetten, und lassen den klaren Fond auskühlen. Inzwischen schlagen Sie mit der Gabel zwei Eiklar mit etwas Wasser und gießen dieses in Ihren noch lauwarmen Fond. Umrühren, aufs Feuer stellen, bis er kocht, wegziehen, mit einem Deckel, auf den Sie einige glühende Kohlen legen, zudecken und den Fond eine Viertelstunde lang so stehen lassen. Heben Sie den Deckel weg. Wenn Ihr Fond klar aussieht, drehen Sie ihn nochmals durch ein nasses Tuch und lassen das Gelée auskühlen, um zu sehen, ob es zu fest oder zu flüssig ist. Im ersten Fall gießen Sie ein wenig Bouillon dazu, im zweiten stellen Sie es nochmals mit einer Kalbsstelze zu und klären es noch einmal wie oben beschrieben.

(Handschriftliches Originalrezept von V. de la Chapelle, kaiserliche Bibliothek)

»Wenn das Gelée nicht braun genug ist, können Sie etwas Rindersaft hinzufügen. Wenn Sie Ihr Fleisch mit verschiedenen Farben wie etwa Rot oder Grün schmücken wollen, können Sie für Rot etwas Cochenille*-Extrakt verwenden, nachdem Sie es auf einem schwachen Feuer ziehen haben lassen. Nehmen Sie nur wenige Tropfen, bis Sie die gewünschte Farbe erzeugt haben: Es ist besser, wenn die Farbe nicht zu kräftig wird. Wenn Ihr Gelée grün sein soll, nehmen Sie etwas Saft von rohem Spinat, ebenfalls nur sehr wenig, um die Klarheit Ihres Gelées nicht zu zerstören. Wenn Sie keine Cochenille-Läuse haben und Winter herrscht, können Sie diese leicht durch etwas Saft von zerstoßenen roten Rüben ersetzen, mit dem Sie ebenso verfahren wie für die Schildläuse. Gießen Sie das verschiedenfarbige Gelée jeweils in Gefäße, die es Ihnen ermöglichen, je nach Bedarf dünne oder dicke und verschieden geformte Gelée-Scheiben auszuschneiden, die Ihr Fleischgericht wie Rubine oder Smaragde schmücken werden. Nun wickeln Sie Ihr Fleischstück aus, putzen es auf allen Seiten, nehmen die obere Fettschicht ab, legen es hübsch auf einem Teller auf, garnieren es mit einer farbigen Bordüre aus abwechselnd grünem und rotem Gelée wie Diamanten aus einer Krone und servieren.«

### *Rosbif, Rondbif oder Cornebif*

Sie nehmen ein fettes Stück von der Rindskeule, das oberhalb der Hüfte abgenommen wurde, so dass der dicke Knochen sich in der

Mitte befindet. Dieser Knochen wird durchgesägt. 1-2 kg Salz trocknen, zerstoßen und sieben, einige feine Gewürze und Aromaten* darunter mischen, alle Fleischteile damit einreiben und mit dem Rest der Gewürze in eine Tonschüssel legen. Bedecken Sie alles zunächst mit einem Tuch, das Sie mit Schnur um die Schüssel festbinden, drücken Sie das Tuch fest mit einem Deckel auf die Schüssel und stellen Sie diese drei oder vier Tage lang an einen kühlen Ort. Dann drehen Sie das Fleisch alle zwei Tage in den Gewürzen um und wiederholen dies acht bis neun Tage lang. Nun können Sie es verwenden: Nehmen Sie das Fleisch heraus, lassen Sie es abtropfen und verschnüren Sie es. Geben Sie Wasser, Steckrüben, Karotten, Zwiebeln, vier Gewürznelken sowie vier Lorbeerblätter in einen großen Topf, lassen Sie diesen Sud aufkochen und legen Sie das Fleisch hinein, und zwar auf das Blatt einer Buttenpfanne, um es nach der Garzeit herausheben zu können, ohne dass es zerfällt. Das Fleisch drei Stunden lang schmoren, dann herausnehmen und schön auflegen. Mit dem mitgedünsteten Gemüse garnieren und dazu zwei Saucièren auf den Tisch stellen, wovon eine mit Buttersauce und eine mit ▸ Jus gefüllt sein sollte.
Vergessen Sie vor allem nicht, für die Gelatine zwei gehäutete Kalbsfüße mit in den Schmortopf zu legen.

### *Rind à la mode, Bürgerart*

Nehmen Sie vorzugsweise das mittlere, fette Stück der Hüfte. Spikken Sie es mit fettem Speck und legen Sie es mit zwei Karotten und vier Zwiebeln, von denen Sie eine mit zwei Gewürznelken, Knoblauch, Thymian sowie einem Lorbeerblatt gespickt haben, in eine Terrine. Salzen und pfeffern und mit einem großen Glas Wasser sowie einem halben Glas Weißwein oder einem Löffel Branntwein übergießen. Das Fleisch garen, bis es sehr weich ist; den Fond entfetten, durch ein Haarsieb passieren und servieren. Man braucht fünf bis sechs Stunden um ein gutes Rind à la mode zu Wege zu bringen.

### *Rindszunge, ▸ Sauce hachée*

Man muss die Zunge vierundzwanzig Stunden lang in kaltes Wasser legen, um sie zu schwemmen, wobei das Wasser mehrmals gewechselt werden muss. Tauchen Sie sie danach mehrmals in kochendes Wasser, um sie zu blanchieren*. Die Haut abkratzen und die Zunge putzen, dann mit fetten Speckstiften spicken und mit Pfeffer, Salz,

Muskat, Petersilie und gehackten Schalotten würzen. Die Zunge fünf Stunden lang in einem Schmorfond garen.

### *Schmorfond*

In einen Schmortopf oder einen Topf, in dem Sie ▸ Daube zubereiten, kommen Speckscheiben und ein zerteilter Kalbsfuß, um Gelatine zu erhalten (wenn Sie keinen Kalbsfuß haben, nehmen Sie ein schönes Stück gesalzene Speckschwarte). Fügen Sie Salz, Pfeffer, ein Sträußchen Petersilie, Schnittknoblauch*, Thymian, Lorbeerblatt, Gewürznelken, Zwiebeln und Karotten hinzu. Nun legen Sie auf diese Gewürzmischung Ihre Rindszunge und übergießen diese mit einem Glas Weißwein, einem halben Glas Branntwein sowie einem Glas Wasser oder Bouillon. Bedecken Sie alles mit gebuttertem Backpapier, schließen Sie Ihren Topf hermetisch mit einem Deckel ab, so dass nichts verdampfen kann und lassen Sie alles mehrere Stunden lang köcheln. Nun nehmen Sie die Zunge heraus, tranchieren sie der Länge nach, ohne sie ganz durchzuschneiden, arrangieren sie auf einem Teller, entfetten den Schmorfond und passieren ihn. Den passierten Fond auf einen ▸ Roux fließen lassen und reduzieren. Mit Schalotten, Petersilie, Pilzen und fein gehackten eingelegten Gurken verfeinern. Pfeffern, fünf Minuten aufkochen lassen und servieren.

### *Rindszunge, gespickt und gebraten*

Bereiten Sie Ihre Zunge wie für den Schmortopf vor. Garen Sie sie mit Speckscheiben, Bouquet garni* und zwei Zwiebeln, davon eine mit zwei Gewürznelken gespickt, in vier Esslöffeln Bouillon. Wenn die Zunge zu drei Vierteln gar ist, nehmen Sie sie heraus, lassen sie auskühlen, spicken sie auf der Unterseite mit fetten Speckstiften, mit durchwachsenen auf der Oberseite, braten sie dann eine Stunde am Spieß und servieren sie mit einer ▸ pikanten Sauce, welche gesondert in einer Saucière auf den Tisch kommt.

### *Rindszunge, gratiniert*

Schneiden Sie eine am Spieß oder im Schmortopf gegarte Zunge in sehr feine Streifen. Sie nehmen die Schüssel, in der sie angerichtet werden soll, gießen ein wenig Bouillon und einige Tropfen Essig hinein, fügen eingelegte Gurken, Petersilie, Schnittknoblauch*, Schalotten, etwas Kerbel, alles sehr fein gehackt, Salz, groben Pfeffer und Brotbrösel hinzu; die Zungenstreifen werden auf diese Mischung gelegt und mit den gleichen Gewürzen bestreut wie die, auf denen sie liegen, wobei die oberste Schicht aus Bröseln bestehen sollte. Die Schüssel auf eine schwache Flamme setzen, und zwar so lange, bis das Gratin fest geworden ist; vor dem Servieren mit etwas Bouillon übergießen.

Falls noch Zunge übrig ist, kann diese ebenfalls in Streifen geschnitten werden, die man à la Sainte-Menehould paniert und mit einer beliebigen Sauce und wie Kalbskoteletts mit Papillotten* dekoriert serviert.

### *Bifteck*

(nach der Methode von Monsieur de Cogué)

Die Biftecks müssen von den Rippen oder vom Lungenbraten (Filet) genommen werden. Nachdem Sie das von Ihnen bevorzugte Stück ausgewählt haben, putzen Sie es sorgfältig, so dass es völlig von Sehnen und Haut befreit wird. Schneiden Sie es dann in gleich dicke Scheiben (zwei bis drei Zentimeter dick) und drücken Sie jedes Stück vorsichtig flach und zu einer runden Form. Tauchen Sie die Biftecks in Olivenöl, wenn sie zarter werden sollen, oder auch in zerlassene, leicht gesalzene Butter. Entfachen Sie nun eine schöne, helle, heiße Glut ohne Ascheteilchen oder andere Fremdkörper, die Rauch erzeugen könnten. Legen Sie auf diese Glut den gut gereinigten Grill und darauf die wie beschrieben zurechtgemachten Biftecks. Beobachten Sie diese, aber rühren Sie sie nicht an, bis der Augenblick gekommen ist sie umzudrehen. Dieser Moment kündigt sich durch Bläschen an, welche sich auf der Oberseite des Fleisches bilden. Wenn sie umgedreht wurden, dürfen die Biftecks nicht mehr behandelt werden außer um sie fertig auf die Servierplatte zu legen. Man muss sie mit der Fingerspitze befragen und wird an einem gewissen Widerstand erkennen, dass sie fertig sind. Arrangieren Sie sie nun kranzförmig auf der Platte, würzen Sie sie mit Pfeffer und Salz und gießen Sie eine ▸ Sauce à la maître d'hôtel auf den Teller, also einfach ein mit etwas gehackter Petersilie und Zitronensaft verknetetes Stück frische Butter. Backen Sie Kartoffeln heraus, die Sie in kleine, rechteckige, fingerlange Stäbchen geschnitten und leicht gesalzen haben, garnieren Sie damit die Biftecks und servieren Sie sie heiß.

Die Biftecks mit ▸ Anchovis-Butter oder à la tomate werden in der gleichen Art zubereitet, nur ersetzt man die Sauce à la maître d'hôtel durch Anchovis-Butter oder ▸ Tomatensauce. Wenn man will, kann man auch statt der Kartoffeln leicht gesalzene und mit ein wenig Essig beträufelte Kresse oder große, in Längsstreifen geschnittene Essiggurken als Beilage reichen.

Anmerkung: Man muss sich davor hüten die Bifteck zu würzen, während sie noch auf dem Grill liegen. Dies wäre ein grober Fehler, von dessen Folgen wir Sie in Kenntnis setzen wollen. Das Salz, das sich in der Hitze auflöst, lässt das Fleisch bluten und entzieht ihm so den Saft, sein kostbarstes Gut. Sie werden dann bemerken, dass die Glut, auf der das Fleisch gart, von dessen Saft ganz begossen ist. Um dieser Unannehmlichkeit abzuhelfen kam die Idee auf, schräge Grillgitter aufzulegen, unter denen ein Becken zum Auffangen von Saft und Fett angebracht wurde. Diese Erfindung mag ein Mittel sein, Rauch zu verhindern, sie darf aber die Zubereitung in keiner Weise beeinflussen; diese muss so erfolgen, wie wir es beschrieben haben.

Hüten Sie sich auch davor, die Bifteck auf dem Gitter mehrmals umzudrehen. Man muss nur ein wenig Erfahrung und Verstand mitbringen, um sich einer Routine zu enthalten, die zur Folge hätte, die Güte der Speise zu beeinträchtigen. Befolgen Sie also die Methode, die wir aufgezeigt haben!

### *Kurz gebratenes (sautiertes) Rindsfilet*

Schneiden Sie Ihr Filet in Scheiben, dick wie die Breite von vier oder fünf Fingern, drücken Sie es leicht flach und geben Sie ihm eine runde Form. Nun legen Sie die Scheiben in eine Pfanne mit zerlassener Butter, bestreuen sie mit Salz und Pfeffer und setzen sie auf eine eher heiße Flamme. Wenn die eine Seite schön braun geworden ist, drehen Sie das Fleisch um, lassen es auch auf der anderen Seite braun werden, legen die Filets kranzförmig auf die Servierplatte, begießen sie mit der Butter aus der Pfanne, lösen mit etwas Bratensaft die am Pfannenboden angelegte Glace, fügen einen Löffel ▸ Espagnole hinzu, lassen diese einkochen und beträufeln sie schließlich mit Zitronensaft.

Das in seinem eigenen Saft oder in Madeira oder mit Oliven, Trüffeln, Pilzen, Krebsen oder mit ▸ Anchovis-Butter angebratene Rindsfilet wird immer auf die gleiche Art zubereitet, nur dass man beim Filet, das in seinem eigenen Saft sautiert wurde, etwas ▸ Glace vom Kalb und etwas Fleischsaft hinzufügt, um den am Pfannenboden haftenden Bratensatz abzulösen.

Dem in Madeira sautierten Filet fügt man statt dem Fleischsaft ein Glas Madeira und einen Löffel Espagnole hinzu.
Das mit Oliven sautierte Filet wird, wenn es bereits angerichtet ist, in der Mitte mit einem Olivenragoût garniert.
Beim Filet mit Trüffeln und mit Pilzen ergänzt man die Espagnole mit in Butter geschwenkten Pilzen oder Trüffeln.
Beim Filet mit Krebs- oder Anchovis-Butter wird der Espagnole die eine oder andere Butter beigegeben, ohne das Filet danach noch zu erhitzen. Schließlich werden alle diese Filets in derselben Art zubereitet und gebraten, nur die Bezeichnung ändert sich je nach den Zutaten, mit denen sie garniert werden.

### *Tournedos*

Wenn Ihnen eine Hälfte oder ein Viertel von einem Rindsfilet übrig geblieben ist, schneiden Sie das Fleisch in Scheiben, braten es, aber sehr vorsichtig, und schneiden Brotscheiben der gleichen Größe aus, die Sie in Butter goldbraun rösten. Arrangieren Sie diese kranzförmig auf der Servierplatte, legen Sie abwechselnd ein Filet und eine Brotscheibe auf und gießen Sie eine pikante Kräutersauce oder eine ▸ Sauce poivrade in die Mitte.

### *Rippenstück à la vieille mode*

Nachdem das Fleisch geputzt und mit gut gewürzten, mäßig fetten Speckstiften gespickt worden ist, braten Sie es kurz in Butter an. Wenn es halb gar ist, bedecken Sie den Topf und legen Glut auf den Deckel. Richten Sie Ihren Braten an und gießen Sie den entfetteten Fond aus dem Topf darüber.

### *Rippenstück mit Spinat*

Stecken Sie ein Stück von der hohen Rippe auf den Spieß und nehmen Sie es wieder ab, wenn das Fleisch englisch, also innen noch ein wenig blutig ist. Richten Sie es mit gedünstetem Spinat an.

### *Côte de bœuf à la provençale*

Putzen und spicken Sie ein Stück von der hohen Rippe und braten Sie es in Öl auf großer Flamme an, bis es halb gar ist. Dann decken Sie den Topf zu und legen Glut auf den Deckel, wobei Sie die Unterhitze drosseln: Die beiden Hitzequellen könnten die Sauce eintrocknen und den Braten verbrennen lassen. In einer anderen Pfanne rösten Sie dünne Zwiebelscheiben in Öl an; wenn sie schön gelb geworden sind, salzen und pfeffern Sie das Öl und fügen etwas Bouillon sowie ein paar Tropfen Essig hinzu.

### *Rippenstück in Malaga*

Putzen Sie ein schönes, dickes Rippenstück von der hohen Rippe und spicken Sie dieses mit mäßig fetten Speckschnitten. Wenn Sie das Fleisch gut mit Salz, Pfeffer und Fines Herbes* gewürzt haben, begießen Sie es mit einer halben Flasche Malaga und der einer halben Flasche entsprechenden Menge Bouillon. Danach seihen Sie die Flüssigkeit durch ein Tuch, achten darauf, dass kein Fett mit durchsickert, und lassen die passierte Flüssigkeit so einkochen, dass nur mehr ein Glas voll übrig bleibt, um es auf den Braten zu gießen. Achten Sie vor allem darauf, die Flüssigkeit nicht allzu stark zu salzen.

### *Rippenstück à la milanaise*

Putzen, spicken, pfeffern und salzen Sie Ihr Stück Roastbeef und dann garen Sie es in einem halben Liter Madeira und würzen mit Salz, grobem Pfeffer, Bouquet garni*, Karotten und Zwiebeln. Wenn das Fleisch gar ist, passieren und entfetten Sie den Fond und lassen diesen einkochen. Braten Sie darin Makkaroni an, die Sie vorher in einer Bouillon gekocht haben, geben Sie Butter und geriebenen Parmesan dazu, dann lassen Sie die Makkaroni weiterköcheln, richten das Roastbeef an, übergießen es mit seinem Fond und einem Stück frischer Butter und servieren heiß.

### *Rippenstück mit Gurken*

Sie schmoren ein Stück von der hohen Rippe, montieren* und garnieren es rundherum mit Gurkenstücken, glacieren* es und richten es an. Sie können das Fleisch ebenso auf einem Ragoût aus gefüllten Salatblättern oder auf Rotkraut à la flamande servieren.

### *Rippenstück mit glacierten Zwiebeln*

Wir haben vorhin gesagt, wie man eine Côte de Bœuf bzw. ein Rippenstück putzen und schmoren soll. Wenn das Fleisch gar ist, entfernen Sie die Fäden, lassen die Flüssigkeit abtropfen, legen das Stück im Ganzen auf die Servierplatte, legen glacierte* Zwiebeln rundherum auf und servieren das Gericht auf einer lichten Sauce, die Sie mit einigen Löffeln vom Schmorfond zubereitet haben.

### *Rippenstück oder Kammstück mit Wurzelwerk*

Nehmen Sie die Rippenstücke, spicken Sie sie mit fetten Speckstiften wie die Rindsnuss und würzen und schmoren Sie sie ebenso wie diese. Schälen Sie Karotten mit Ihrem Messer oder Schaber, und zwar eine ausreichende Menge, um Ihren Braten damit ganz zu bedecken. Die Karotten werden blanchiert* und in einer Kasserole mit einigen Löffeln von Ihrem Schmorfond oder mit Suppe gedünstet. Lassen Sie Letztere bis zur ▸ Glace einkochen, dann nehmen Sie einen Esslöffel Mehl sowie ein wenig Butter und machen daraus einen Roux, den Sie mit dem übrigen Schmorsaft ablöschen, wenn die Sauce goldbraun geworden ist. Lassen Sie diese Sauce ein wenig köcheln, bevor Sie sie entfetten und sie durch ein Tuch auf Ihre Karotten passieren, indem Sie das Tuch kräftig drehen. Stellen Sie alles wieder aufs Feuer, so dass Sauce und Karotten sich geschmacklich verbinden können. Geben Sie ein Stück Zucker und etwas Butter dazu, damit die Sauce schön mild wird. Schwenken Sie alles gut, bis die Butter ganz aufgelöst und aufgenommen ist, übergießen Sie Ihren Braten mit der Sauce und servieren Sie ihn.

### *Ochsenschlepp à la hochepot*

Sie nehmen einen Ochsenschlepp und schneiden ihn, von Wirbel zu Wirbel, in Scheiben. Wässern und blanchieren* Sie ihn. Legen Sie eine Kasserole mit rotem Fleisch aus und Ihren Schlepp darauf, dann würzen Sie mit Salz, Zwiebeln, Karotten sowie einem Bouquet garni* mit Lorbeerblatt, einer Knoblauchzehe, Thymian, Basilikum und zwei Gewürznelken. Mit Suppe aufgießen, so dass nur der untere Teil des Ochsenschlepps darin badet, der größte Teil jedoch frei bleibt. Sie bedecken das Fleisch mit Speckscheiben, lassen einmal aufkochen, decken dann alles mit einem runden Stück Backpapier sowie mit dem Topfdeckel zu und lassen das Fleisch bei mittlerer Unter- und Oberhitze vier bis fünf Stunden lang schmoren. Sie können beurteilen, ob der Schlepp gar ist, indem Sie ihn zwischen Ihren Fingern reiben. Wenn das Fleisch sich fast vom Knochen löst, lassen Sie die Flüssigkeit abtropfen und servieren das Gericht mit Wurzelragoût (siehe »Rippenstück mit Wurzelwerk«).

### *Ochsenschlepp Sainte-Menehould*

Sie garen zuerst Ihren Ochsenschlepp à la hochepot wie oben beschrieben, würzen ihn dann mit Salz und grobkörnigem Pfeffer, schwenken ihn in warmer Butter und legen ihn in Brotbrösel ein. Panieren Sie ihn zweimal und geben Sie ihm im Ofen oder auf einer heißen Platte Farbe. Sie können ihn nun nach Ihrem Gutdünken servieren, sei es auf Rotkraut oder einem Püree von weißen Bohnen, sei es auf einem Zwiebelpüree oder auf einer pikanten ▸ Sauce hachée auf italienische Art.

*Rindszunge auf italienische Art mit Parmesan*

Nehmen Sie eine Rindszunge, schneiden Sie das Zäpfchen weg und wässern Sie die Zunge zwei, drei oder mehr Stunden lang. Dann nehmen Sie sie aus dem Wasser und kratzen die Unreinheiten sorgfältig mit Ihrem Messer ab. Die geputzte Zunge in einem Kessel oder einem großen Kochtopf blanchieren*, dann auf einem weißen Leinentuch auflegen, häuten und mit in Salz, feinem Pfeffer und Aromaten*, Petersilie und Schnittknoblauch* gerollten fetten Speckstiften spicken. Nun die Zunge mit Karotten und Zwiebeln zum Kochen bringen, dann mit einem Glas Weißwein oder guter Bouillon übergießen. Die fertige Zunge vom Feuer nehmen und in ihrem Sud auskühlen lassen, bevor Sie sie in sehr feine Streifen schneiden. Eine feuerfeste Schüssel mit Parmesan bestreuen, darauf Zungenstreifen legen und abwechselnd, Schicht für Schicht, Zunge und Parmesan übereinander legen, bis alles verbraucht ist. Es entstehen drei oder vier Schichten Zunge und Käse, wovon jede mit etwas vom Schmorsaft begossen wird, in dem die betreffende Zunge gegart wurde. Mit einer Käseschicht abschließen, darauf etwas zerlassene Butter tropfen lassen. Den Parmesan im Ofen oder mit Glut auf dem Topfdeckel goldbraun werden lassen und servieren.

(Notiz des Monsieur Vuillemot)

»Es ist bedauerlich, dass man dieses Entrée nur selten zubereitet, denn wird es sorgfältig gemacht und wie obiges Rezept es vorschreibt, dann ist es köstlich. Ich möchte festhalten, dass dieses Gericht sowohl von den Herren Véry aus dem königlichen Palast wie auch von Grignon in der Passage Vivienne und von Borel aus dem ›Rocher de Cancale‹, in der Rue Montorgueil bei den großen Dîners, die man dort zwischen 1825 bis 1835 gab, überaus geschätzt wurde. Die Langlets, Michels, Lennevaux, alle gute Köche, sind nicht mehr. Ich habe die Idee gehabt, ihre guten Einfälle zusammenzutragen und habe wohl getan.«

### *Rindsgaumen, gratiniert*

Beschaffen Sie sich drei oder vier Rindergaumen, die Sie hautseitig auf einen Grill über rot glühende Asche legen. Grillen Sie sie so, dass sich die Haut leicht mit dem Messer entfernen lässt. Kratzen Sie das Weiße ab, das sich unter dieser Haut befindet, so dass keine Spur mehr davon haften bleibt. Entfernen Sie die Schnauze und das halsseitige Ende, auch den schwarzen Teil, der sich in der Mitte befindet, ohne die Gaumen zu sehr zu deformieren. Wässern und blanchieren* Sie Letztere und kochen Sie sie drei bis vier Stunden in einem ▸ Blanc. Lassen Sie dann die Flüssigkeit abtropfen und die Gaumen halb auskühlen. Zerteilen Sie sie vorsichtig mit dem Messer in zwei Hälften, als wollten Sie einen Speckmantel anheben, dann garnieren Sie sie mit einer gekochten ▸ Farce. Zu diesem Zwecke legen Sie Ihre Gaumenstücke auf, streichen mit der Messerklinge etwas von dieser Farce darauf, etwa so dick, wie die Stücke selbst sind, rollen diese zusammen, schneiden Überschüssiges an beiden Enden weg, gleichen ihre Länge aneinander an, belegen Ihren Teller mit etwa einer Fingerbreite der Farce, arrangieren Ihre Röllchen aufrecht stehend auf der Farce und lassen in der Mitte einen Hohlraum. Füllen Sie nun auch alle Zwischenräume zwischen den Röllchen mit Farce aus, Ihr Entrée soll wie der Fuß eines Turmes aussehen. Garnieren Sie den Hohlraum in der Mitte mit ganz feinen Speckscheiben und stecken Sie ein Brotstück in die Aushöhlung, so dass Ihre Röllchen in der von Ihnen vorgegebenen Position stehen bleiben. Nun zerlassen Sie ein Stück Butter, bestreichen damit die Röllchen, am besten mit einem Pinsel, und stellen den Teller unter heiße Glut oder in den Ofen. Wenn das Gratin goldbraun ist, entfernen Sie den Brotpfropfen und die Speckscheiben, lassen die Butter abtropfen, gießen eine ▸ Sauce italienne in den Hohlraum und servieren.

### *Rindsgaumen à l'italienne*

Dieselbe Zubereitung wie bei den Vorhergehenden. Sie garen sie auf die gleiche Weise, lassen die Flüssigkeit abtropfen, schneiden sie zu Schnitzeln oder in Vierecke und aus diesen kleine Kreise aus, etwa so groß wie ein Fünf-Francs-Stück. Lassen Sie fünf Servierlöffel rote ▸ Sauce italienne auf zwei Drittel ihres Volumens einkochen, werfen Sie dann die Rindsgaumen hinein und lassen Sie diese ein wenig dünsten. Den Topf schwenken, Zitronensaft hinzufügen und servieren.

*Rindsgaumen à la poulette*

Sie bereiten alles wie oben vor, schneiden die Gaumen rund oder filetförmig zu, legen sie mit drei Servierlöffeln ▸ Velouté in eine Kasserole, lassen sie dünsten, bereiten eine Legierung aus zwei Eiern zu, verrühren diese mit ein wenig Milch oder Obers*, ziehen die Gaumen vom Feuer weg, binden sie mit den Eiern, stellen sie, unter ständigem Umrühren, damit Ihre Legierung schön wird, aufs Feuer zurück, fügen Butter, einige Tropfen ▸ Kretzer oder Zitronensaft und etwas gehackte Petersilie hinzu und servieren. Wenn Sie Ihrem Teller eine Bordüre geben wollen, legen Sie korkenzieherförmig zugeschnittene, in Butter geröstete Brotstückchen auf den Rand.

Die Rindsgaumen à la ravigote werden auf die gleiche Weise gemacht, nur schwenkt man sie in einer kalten oder warmen ▸ Sauce ravigote.

*Rindsgaumen-Kroketten*

Garen Sie drei Rindsgaumen in einem ▸ Blanc, lassen Sie sie auskühlen und würfeln Sie sie klein, ebenso Pilze und Trüffeln, wenn gerade die passende Jahreszeit dafür ist. Lassen Sie vier Löffel ▸ Espagnole oder ▸ Velouté zur Demi-Glace* einkochen und werfen Sie alle Ihre kleinen Würfel mit etwas gehackter Petersilie hinein. Die Kasserole vom Feuer wegziehen und das Gaumen-Salpicon mit zwei Dottern sowie einem nussgroßen Stück Butter legieren. Auf einem Servierteller anrichten, mit dem Messerrücken auseinander streichen, aber nicht zu dünn, und kalt werden lassen. Wenn das Salpicon kalt geworden ist, schneiden Sie es in gleiche Rechtecke auf und geben diesen die Form, die Ihnen gefällt, also von Koteletts, Stäbchen oder kleinen Kugeln. Nun schlagen Sie drei Eier wie für ein Omelett, streuen etwas feines Salz dazu, tauchen ein Stück nach dem anderen in dieses Omelett, wälzen es dann in Brotbröseln, wobei jedes Stück seine Form behalten sollte, und legen die panierten Teile auf einen Teller. Streichen Sie die Brotbrösel durch ein Sieb, um die Kroketten dann ein zweites Mal in das Omelett zu tauchen und nochmals zu panieren. Einen Teller mit Bröseln bestreuen, die Kroketten darauf arrangieren und mit den restlichen Bröseln bedecken, damit sie nicht austrocknen. Wenn Sie sie servieren wollen, ziehen Sie die Kroketten aus dem Bröselberg heraus, legen sie auf einen Deckel, erhitzen das Backfett, das jedoch nicht verkohlen darf, und lassen alle Kroketten auf einmal hineingleiten, so dass sie gleichzeitig braun werden können. Nach dem Backen sollte das Fett eine Weile abtropfen, bevor Sie die Kroketten auf einem Teller auflegen und mit einem Strauß gerösteter Petersilie garnieren.

### *Rindsgaumen en cracovie*

Drei Rindsgaumen werden wie die Vorigen gegart, dann lässt man sie auskühlen. Die kalten Gaumen vierteln und jedes Viertel so vorsichtig in zwei dünnere Hälften teilen, als würden Sie eine Speckscheibe abnehmen, so dass Sie 24 Stücke erhalten. Blanchieren* Sie ein Kalbseuter im Wasser oder dünsten Sie es im Fleischtopf und schneiden Sie das Euter wie die Gaumen auf. Nun bereiten Sie ein Salpicon zu, wie wir es für die oben beschriebenen Kroketten beschrieben haben, streichen es daumendick über jedes Gaumenstück, rollen es ein, umwickeln jedes mit einer Scheibe vom Euter, panieren es wie die Kroketten oder tauchen es in ▸ Backteig, backen die Stücke wie die Kroketten heraus, richten sie auf die gleiche Weise an und servieren.

### *Rindsgaumen à la lyonnaise*

Garen Sie fünf oder sechs Gaumen in einem ▸ Blanc, wie es im vorigen Rezept gesagt wurde. Dann schneiden Sie fünf oder sechs Zwiebeln in Scheiben und rösten diese in Butter goldgelb an. Mit ein oder zwei Löffeln ▸ Espagnole aufgießen. Falls keine solche vorhanden ist, wenden Sie die Gaumen in etwas Mehl und gießen etwas Bouillon darauf. Die Gaumenstücke dünsten, dann zu Rechtecken oder Filets schneiden, in die Sauce legen, wenig salzen, mit grobkörnigem Pfeffer würzen und mit etwas Senf montieren*.

### *Kutteln (Gras-Double)*

Sie nehmen den dicksten Teil der Kutteln, legen ihn in lauwarmes Wasser, kratzen dabei sorgfältig alle Unreinheiten ab, entfernen ebenfalls sorgfältig die schwammigen Teile, legen die Kutteln nochmals in wesentlich heißeres Wasser, lassen dieses einmal aufkochen, putzen die Kutteln noch einmal und reiben sie schließlich mit Zitronensaft ein, bevor Sie sie sieben bis acht Stunden in einem ▸ Blanc garen lassen. Wenn die Kutteln gar sind, schneiden Sie sie rautenoder filetförmig zu. Möchten Sie sie »à la poulette« servieren, sehen Sie unter ▸ Rindsgaumen à la poulette nach, sollen sie »à l'italienne« sein, schlagen Sie beim ▸ Rindsgaumen à l'italienne nach.

*Kutteln à la mode de Caen*
(Vuillemot)

Nehmen Sie einen Rindermagen mit Lab- und Netzmagen, blanchieren* Sie ihn, nachdem er gut geputzt wurde, und legen Sie ihn eine Stunde lang in kaltes Wasser. Dann schneiden Sie den Magen in Portionen auf und würzen ihn mit Salz, Pfeffer und Quatre-Épices*. Schneiden Sie mageren Speck in dicke Würfel und mischen Sie alle Zutaten gut durch. Nun nehmen Sie einen großen Tontopf, garnieren ihn mit Karotten und Zwiebelscheiben, einem Bouquet garni* und Knoblauchzehen, legen zwölf blanchierte Schafsfüße sowie einen Kalbsfuß ohne Knochen und ganz oben die Kutteln darauf. Zwei in Scheiben geschnittene Karotten, eine Selleriewurzel und zwölf ganze Lauchstangen dazugeben, was den Rindermagen während der gesamten Garzeit mit der notwendigen Feuchtigkeit versorgen wird, damit er nicht austrocknet. Eine Flasche Weißwein, ein gutes Glas Cognac, zwei Liter Wasser und 300 gr Rindermark hinzufügen, alles mit gebuttertem Backpapier zudecken und mit einem Teigrand aus Wasser und Mehl abdichten. Einmal aufkochen, dann köcheln lassen, indem Sie rund um den Topf Glut aufschichten. Prüfen Sie zwölf Stunden später, ob die Kutteln gar sind, und servieren Sie alles heiß, nachdem Sie die obenauf liegenden Zutaten entfernt haben.

*Rindshirn*

Es wird genauso wie Kalbshirn (▸ Kalb) zubereitet. Wir haben jedoch bereits angemerkt, dass das Töten durch einen Keulenschlag fast immer ein Blutgerinnsel im Hirn hinterlässt, was die Güte desselben abmindert.

*Rindsgaumen im Netz*

Rösten Sie klein gewürfelte Zwiebeln in Butter an und würzen Sie diese mit etwas Muskat, Knoblauch, Lorbeerblatt, Salz und Pfeffer. Wenn die Zwiebeln weich sind, gießen Sie guten, mit einigen Dottern verquirlten Fleischsaft darüber und geben weich gegarte, in rechteckige, längliche Stücke geschnittene Rindsgaumen in diesen Fond. Lassen Sie alles auskühlen, wobei jedes Gaumenstück von diesem Guss überzogen sein sollte. Jedes wird nun für sich in ein Schweinsnetz gehüllt und auf schwachem Feuer auf den Grill gelegt oder im Ofen gebacken. Auf Tomaten- oder Zwiebelpüree servieren.

### *Streifen vom Rindsgaumen*

Schneiden Sie Zwiebeln in Scheiben, so dünn wie nur möglich, und rösten Sie sie in Butter an, bis sie schön golden angelaufen sind. Dann gießen Sie ein halbes Glas Rindsbrühe und ebenso viel ▸ Espagnole darauf, lassen alles dünsten und geben ganz frische Butter und drei oder vier Messerspitzen Zucker dazu; in der Zwischenzeit wurden die Rindsgaumen in feine Streifen geschnitten und kommen dann in diese Sauce. Weitere zwei bis drei Minuten köcheln lassen, bevor Sie anrichten: Um die Rindsgaumenstreifen herum legen Sie eine Kette aus goldgelb gerösteten Brotscheiben. Sie können die Gaumenstreifen durchaus auch mit Pilzen anrichten, Sie müssen nur statt der Zwiebeln Pilze nehmen und statt der Espagnole eine ▸ Sauce à l'allemande.

### *Rindsfuß à la poulette*

(Vuillemot)

Sie blanchieren* einen Rindsfuß etwa wie einen Kalbsfuß, wässern ihn 24 Stunden in kaltem Wasser, nehmen zwei Meter Zwirn (waschen Sie ihn, um ihm seinen Appreturgeschmack zu nehmen), verschnüren den Fuß wie eine Mumie, legen ihn in einen Kochtopf mit viel Wasser, Salz, grobkörnigem Pfeffer, Bouquet garni*, Karotten und Zwiebeln mit Gewürznelken und lassen alles langsam kochen, bis die Sehne des Rindsfußes auseinander bricht; lockern Sie nun den Zwirn, so dass der nun weiche Fuß anschwellen kann.

Jetzt bereiten Sie eine gute ▸ Sauce à l'allemande zu, geben tournierte* Pilze und gehackte Petersilie dazu, träufeln Zitronensaft hinein und legieren die Sauce mit einem guten Stück frischer Butter. Legen Sie den heißen Rindsfuß auf eine Servierplatte und gießen Sie die Sauce darüber. Man schätzt dieses gutbürgerliche Gericht sehr. Ein Rindsfuß à la poulette reicht für sechs mit gutem Appetit gesegnete Personen. Ein Gericht, das der gute Monsieur de Richelieu seinen Proviant-Offizieren wahrscheinlich nicht nennen konnte.

### *Ochse à l'anglaise*

(Vuillemot)

Nehmen Sie eine 4 kg schwere Ochsenhüfte und würzen Sie sie mit Salz und Pfeffer. Dann bestreichen Sie eine Serviette mit Butter und hüllen das Ochsenstück darin ein. Sie füllen einen Kochtopf mit Wasser, einer gehäuften Hand voll grobem Salz, acht Steckrüben, sechs großen Zwiebeln, von denen eine mit zwei Gewürznelken und einer Knoblauchzehe gespickt sein sollte, und lassen alles aufkochen. Wenn das Wasser sprudelt, legen Sie die Ochsenhüfte hinein und schließen den Kochtopf hermetisch ab; für 4 kg Ochsenfleisch veranschlagt man zwei Stunden Garzeit, also für 500 gr eine Viertelstunde. Nach dieser Zeit nehmen Sie das Gemüse heraus, passieren es durch ein Sieb, geben es mit einem schönen Stück frischer Butter in eine Kasserole, salzen und pfeffern, gießen das heiße Püree in eine Schüssel, nehmen die Ochsenhüfte aus dem Topf heraus, richten das Fleisch auf einer mit Petersilie garnierten Servierplatte an und servieren. Dieses – nach der Suppe aufgetragene – Gericht ist nicht schlechter als irgendein anderes.

*Roolpins*

(aus dem Holländischen von Monsieur de Courchamps)

»Sie nehmen 3 kg Rindfleisch, das von den hohen Rippen ist das beste; achten Sie darauf, dass es gut durchzogen ist, so dass Fettes und Mageres sich die Waage halten; faschieren* Sie alles, ungefähr so wie für eine Pastetenfülle, und würzen Sie die Masse mit Salz, Pfeffer, Quatre-Épices* und Muskat.

Sie werden sich außerdem gut geputzten Rindermagen beschafft haben, den Sie in Quadrate schneiden, etwa zwanzig Zentimeter oder ungefähr so lang. Diese füllen Sie mit der Fleischmasse, fügen die Ränder der Magenquadrate zusammen und vernähen diese mit einer dicken Nadel.

Wenn alle Taschen vorbereitet sind, nehmen Sie einen gut verzinnten Kessel und bringen darin Wasser mit einer gehäuften Hand voll Salz und einem Liter Essig zum Kochen; kochen Sie die Täschchen eine Stunde lang und stellen Sie ein großes Steingutgefäß bereit; lassen Sie die Taschen auf einem weißen Leinentuch abtropfen, gießen Sie so viel Essig darüber, dass sie bedeckt sind, und decken Sie den Topf erst zu, wenn alles ausgekühlt ist; Sie können nach fünfzehn Tagen davon Gebrauch machen. Wenn Sie nicht die ganze Menge verbrauchen, lassen Sie sie im Essig, nur muss man sie nach dieser Zeit eine Stunde lang in warmes Wasser legen, damit der Essig aufgesaugt wird.«

Garen und Anrichten der Roolpins

Sie nehmen so viele Roolpins, wie Sie brauchen, und schneiden diese in Scheiben wie Biftecks; legen Sie sie in eine Pfanne mit Butter und braten Sie sie fünf Minuten auf großer Flamme, wobei Sie sie von Zeit zu Zeit umdrehen sollten; Sie haben nun ebenso viele Scheiben schöner Reinetten-Äpfel vorbereitet, die Sie wie die obigen Stücke braten; richten Sie dieses Hors-d'œuvre kranzförmig an, indem Sie abwechselnd ein Stück von jeder Sorte auflegen; servieren Sie so heiß wie möglich.

### *Rindslende mit Filet (Lungenbraten)*

Man versteht darunter den Teil, den man entlang der oberen Rückenwirbel herausschneidet. Er besteht aus drei verschiedenen Stücken. Das erste, in dem sich das Filet befindet, ist das am meisten geschätzte. Wenn es fett und zart ist, brät man es am Spieß. Entfernen Sie davon alles Fett und die Haut, marinieren Sie es dann mindestens zwölf Stunden lang in gutem Öl mit Salz, Pfeffer, Lorbeerblättern und Zwiebelringen, stecken Sie es auf den Spieß und braten Sie es, je nach Größe, ein bis zwei Stunden. Man serviert diesen Teil des Lendenbratens in seinem Saft, mit einer Sauce aus diesem Saft, ein paar Tropfen Essig, Schalotten, Salz und Pfeffer. Servieren Sie diese Sauce in einer Saucière oder machen Sie einen leichten ▸ Roux, den Sie mit Bouillon oder mit Bratensaft und Wasser ablöschen. Mit Pfeffer, Salz, Schalotten, Essiggurken, Petersilie, Letztere drei fein gewiegt, sowie ein paar Tropfen Essig würzen.
Sie können die Lende auch mit Pastetchen garniert oder mit ▸ Kren oder auf Sellerie, auf Gurken oder gefüllten Salatblättern servieren.
Der Rindsrücken kann als erster Gang statt eines Hauptgerichts aufgetragen werden. Wahlweise kann er als Steak, à la Godard, gedünstet oder mit ▸ Sauce à l'allemande zubereitet werden.

### *Rindsrücken à la Godard*

Leihen wir uns das Rezept von demjenigen, der es erfunden hat. Hierfür entfernen Sie das Rückgrat, ohne jedoch den Rücken vollkommen zu entbeinen. Das Fleisch mit großen, gut gewürzten Speckstreifen spicken und zu einer schönen Form zusammenbinden. Mit einem Bouquet garni* sowie ausreichend Zwiebeln und Karotten in einen Schmortopf legen und mit guter Bouillon sowie einer Flasche Madeira aufgießen. Salzen, mit grobkörnigem Pfeffer bestreuen und alles auf kleiner Flamme so lange schmoren lassen, dass die Flüssigkeit fast zu einer ▸ Glace reduziert wird. Nehmen Sie den Topf vom Feuer und bereiten Sie nun ein Ragoût nach folgenden

Anweisungen zu: Vier große Löffel Fleisch- ▸ Glace in einen Topf geben und den reduzierten, entfetteten und passierten Fond des geschmorten Rindsrückens hinzufügen. Etwas Kalbsbries in Streifen schneiden, gedünstete Pilze, Artischockenherzen und kleine Eier würfeln. Das Ragoût vor dem Servieren entfetten und den Rindsrücken darin anrichten.

*Rindsrücken am Spieß*

(nach den Anweisungen von M. Beauvilliers, dem ehemaligen Koch vom Bruder des Königs)

Nehmen Sie das erste oder zweite Stück eines Rindsrückens, also Lende oder Beiried. Entfernen Sie das Rückgrat, ohne die Filets zu beschädigen. Dann legen Sie das Fleisch auf einen Teller und streuen etwas feines Salz darauf, gießen exzellentes Olivenöl darüber und fügen einige Zwiebelringe sowie einige Lorbeerblätter hinzu. Lassen Sie die Stücke zwei, drei Tage lang mürbe werden, wobei Sie sie sorgsam zwei- oder dreimal täglich umdrehen.

Wenn Sie Ihr Fleisch dann braten möchten, fädeln Sie es auf den Spieß oder legen es wie folgt auf das Brateisen. Sie schieben Ihren Spieß entlang des Rückgrats oder der Wirbelknochen durch den groben Teil des Rückens. Hüten Sie sich davor, ich muss es nochmals betonen, das feine Filet (den Lungenbraten) zu beschädigen. Befestigen Sie ein Brathäkchen oder kleines Eisenspießchen neben dem Filetstück am gröberen Teil der Lende und fixieren Sie dieses an beiden Enden fest mit einer Schnur auf dem großen Spieß, so dass Ihr Braten sich nicht drehen kann. Sie rollen den Braten so, dass die Seite mit dem Filet obenauf liegt und Letzteres, ebenso wie der Fettrand des Rückens, schön sichtbar ist, wobei Sie ein wenig von der Fettschwarte entfernen sollten. Befestigen Sie die Oberseite mit kleinen Brathäkchen, die da und dort im gröberen Fleisch festgemacht werden. Umwickeln Sie diesen Braten mit dickem Backpapier und garen Sie ihn auf großem Feuer, so dass er saftig bleibt.

*Rindsfilet à la royale, gedünstet*

(nach der Tradition von Vincent de La Chapelle, dem Chef-Koch König Ludwigs XV., vom Autor der »Mémoires de la Marquise de Créqui« wiedergegeben)

Man nimmt das Filetstück eines Rindsrückens, entfernt alles Fett und bindet es sorgsam zu der Form, die einem passend erscheint, denn es wird von Vorteil sein sich zu überlegen, ob man es als Folgegericht oder Auswechslung auf einem großen ovalen Teller oder als Entrée auf einem mittleren runden Teller servieren muss. In jedem Fall wird man einen Schmortopf mit fettem Speck und mit Kalbsnuss auslegen und fünf oder sechs Zwiebeln sowie zwei Gewürznelken mit einem Bouqet garni* dazugeben. Dann legt man das Filet in den Topf, bedeckt es mit Speckscheiben und gießt 750 gr ausgezeichnete Bouillon darüber, der man etwas Salz beigemengt hat. Zunächst lässt man alles auf einem stark erhitzten Herd aufkochen, dann schmort man das Filet sechs Stunden lang auf kleiner Flamme. Nach dieser Garzeit entnimmt man den Fond des Ragoûts und lässt ihn einkochen, bis er klar wird. Man schöpft das Fett sorgfältig ab und lässt eine klare Demi-Glace* entstehen, auf der man das Filet serviert, das schön braun geworden sein sollte. Wenn man seinem Filet ein noch schöneres Aussehen geben möchte, muss man es auskühlen lassen, um es noch geschmackvoller anrichten zu können. Man wärmt es in dem Saft auf, in dem es gedünstet worden ist. Es kann auch in Gelée serviert werden, wenn man daran gedacht hat, einen Kalbsfuß und 30 gr Hirschhorn in den Topf zu geben.

Nach diesen großen Rezepten werden wir Ihnen nun einige einfachere, nichtsdestotrotz ebenso gute nennen.

### *Rindsfilet à la bourgeoise*

Spicken Sie ein Filet reichlich mit Speck. Legen Sie es in einen Topf, in den Sie vorher Zwiebeln, Karotten, Sellerie, Artischockenherzen, ein Bouquet garni* und 250 gr Bouillon ohne Fett gegeben haben.

### *Rindsfilet mit Gurken*

Sie richten Ihr Filet für den Spieß her, spicken es und braten es mit Gurken, die Sie mit Geflügelfleisch und Rindermark gefüllt haben.

### *Rindsfilet mit glacierten Zwiebeln oder gefüllten Salatblättern*

Sie richten das Fleisch für den Spieß her, braten es wie oben, entfernen das Fett und servieren es umgeben mit gefüllten Salatblättern und glacierten* Zwiebeln.

### *Rindsfilet mit Eingelegtem*

Sie bereiten das Fleisch wie für den Schmortopf vor, spicken es mit Speck und braten es. Geben Sie Streifen eingelegter Gurken, Scheiben eingemachter Rüben, Zwiebeln, Karfiol*, Herzkirschen, schwarze Ribisel*, Elsbeeren, Mirabellen usw. in eine Kasserole und fügen Sie einige Löffel Fleisch- ▸ Glace und einen Löffel Essig hinzu. Diese Zutaten erhitzen, aber nicht aufkochen lassen, und sie dann sehr heiß zum Fleisch geben.

### *Rindsfilet mit eingelegten Gurken, Hausfrauenart*

Eine leichte Abänderung des Vorigen, die darin besteht, die Fleisch- ▸ Glace durch einen leichten ▸ Roux zu ersetzen. Gießen Sie eine klare Bouillon darüber, in der einige in Streifen geschnittene eingelegte Gurken schwimmen.

### *Rindsfilet mit Malaga*

Gleiche Vorbereitungen wie für das am Spieß gebratene Filet. Spicken Sie es großzügig und legen Sie den Topf mit reichlich Speckscheiben sowie einer Scheibe Kalbsnuss, einer Scheibe Rohschinken, Karottenstreifen, Zwiebelscheiben, Mai-Schwämmen, Artischockenherzen und einem Bouquet garni* aus. Nun betten Sie das Filet darauf und übergießen es mit zwei Glas Malaga-Wein sowie mit zwei bis drei Löffeln reduzierter Bouillon. Lassen Sie alles ein wenig mehr als zwei Stunden lang auf kleinem Feuer köcheln und passieren Sie dann die Sauce, um sie zu klären und ihr die richtige Konsistenz zu verleihen. Sehr zu empfehlendes Gericht.

### *Rindsfilet mit Madeira à la bourgeoise*

Den Braten aufspießen, mit seinem eigenen Saft und einer halben Flasche Madeira begießen, mit zerstoßener Rocambole – der spanischen Schalotte – und grobem Pfeffer würzen.

### *Rindskeulenschnitten*

Diese werden für Faschiertes* verwendet, mit Zwiebeln, Schnittknoblauch*, Salz, Pfeffer und Gewürznelken versehen und nach dem Garen mit ▸ Kretzer begossen.

# RISSOLEN

Rissolen sind Teigtäschchen, die man mit würzigem Faschierten* füllt und in Schmalz herausbäckt. Zunächst teilt man den Teig in kleine, ovale Portionen und belegt diese jeweils mit einem ▸ Godiveau aus Kapaunenbrust, Rindermark, Salz und Pfeffer, wobei die Zutaten sehr fein gehackt sein müssen. Wenn man den Teig zu Täschchen verschlossen hat, bäckt man diese in Schmalz heraus.

### *Feiertags-Rissolen*

Sie bereiten eine ▸ Farce zu und nehmen hierfür eine Kapaunenbrust oder ein Stück Kalbfleisch, das Sie auf dem Grill weiß braten. Dazu kommen Petersilie, Schnittknoblauch*, ein Champignon, etwas gekochter Schinken, in Obers* getauchtes Weißbrot und zwei rohe Dotter. Alle Zutaten im Mörser fein zerstampfen. Nun zerschneiden Sie eine sehr dünne Lage Blätterteig in kleine Rechtecke, auf die Sie jeweils eine kleine Portion der Farce legen. Jedes Rechteck mit einem weiteren Teigstück bedecken, die Ränder gut verschweißen und den überschüssigen Teig rund um die Täschchen entfernen. In sehr heißem Schmalz backen und als Hors-d'œuvre oder Beilage servieren.

### *Magere Rissolen*

Die Rissolen werden wie oben, aber mit einer mageren ▸ Farce zubereitet.

### *Rissolen aus Kalbseutern*

Blanchierte* Kalbseuter in Rechtecke schneiden, mit einer Farce belegen, die Ränder mit Ei bestreichen und zusammenfügen, in einen eher flüssigen ▸ Backteig tauchen und herausbacken.

### *Mark-Rissolen, glaciert*

Sie nehmen etwas Buttercrème mit 125 gr Rindermark und etwas Orangenblüte. Zucker erhitzen, etwas Obers* sowie drei bis vier Bittermandel-Kekse hinzufügen und alles gut zerstoßen, Rissolen formen, herausbacken, glacieren* und heiß als Nachspeise servieren.

### *Schokolade-Rissolen*

Einen feinen Mürbteig oder Blätterteig vorbereiten und dünn ausrollen. Rechtecke ausschneiden und folgendermaßen füllen: Etwas feine Buttercrème mit geriebener Schokolade vermischen, erkalten lassen, mit wenig Teig und viel Crème die Rissolen formen, herausbacken, mit der roten Schaufel* oder im Ofen glacieren und heiß servieren.

Man kann ebenso Rissolen mit Kaffee, Safran, Obers*, Reis, Mandeln, Pistazien, Haselnüssen und allen möglichen Früchten zubereiten.

*Rissolen mit Marillen*-Marmelade*

Sie bereiten einen Mürbteig aus einem Liter Mehl, einem Viertel Butter, einem Esslöffel Orangenblüten-Wasser, ein wenig sehr fein geriebener Zitronenschale, einer Messerspitze Salz und etwas Wasser zu. Aus dem dünn ausgerollten Teig kleine Rechtecke schneiden, diese mit Marillen*-Marmelade belegen, die Rissolen wie üblich fertig stellen und mit Zuckerglasur servieren.

*Rissolen aus Champignons und Mai-Schwämmen*

Champignons und Mai-Schwämme würfeln, in Butter anrösten, ein Bouquet garni* sowie eine Scheibe Schinken mitbraten, mit etwas Mehl bestäuben, mit reduziertem Schmorfond, zwei Esslöffeln ▸ Coulis, etwas Suppe und Salz aufgießen, das Ragoût köcheln lassen, entfetten, dann die Sauce binden, mit Zitronensaft montieren* und erkalten lassen. Kleine Häufchen von diesem Ragoût auf Mürbteigrechtecke legen, die Rissolen wie oben beschrieben fertig stellen und servieren.

## ROCAMBOLE (Spanische Schalotte)

Eine Art Knoblauch, der wild in südlichen Regionen Europas wächst. Rocambole findet man auch in Deutschland, Ungarn und Dänemark. Die Knollen werden als Gewürz verwendet, sie schmecken zarter als der Knoblauch. Man reicht diese kleinen Knollen, die zwischen den Blüten wachsen, auch als Rohkost.

Der französische Rocambole schmeckt fast immer scharf und leicht bitter, weshalb man ihn vor der Verwendung blanchieren* sollte.

## ROCHEN

Dieser Fisch muss gut abhängen, damit sein Fleisch mürbe wird. Der Transport vom Hafen nach Paris verbessert seine Qualität. Es ist übrigens der einzige Fisch, den man, selbst bei schwülem Wetter, zwei bis drei Tage aufbewahren kann.

Die beiden besten Sorten sind die Turbotine und der Buckelrochen. Man isst Rochen am besten in Salzwasser, Essig und mit einigen Zwiebelringen gekocht. Nach dem Kochen lässt man ihn abtropfen, zieht die Haut ab und serviert ihn mit einer weißen Kapernsauce oder haselnussbrauner Butter mit gerösteter Petersilie.
Rochenleber sollte nur zwei bis drei Minuten lang in kochendem Wasser bleiben, dann ist sie bereits gar.

### *Gebratener Rochen*

Sie häuten einen Rochen und schneiden ihn Filetstücke, ohne jedoch die Gräten zu entfernen. Legen Sie die Stücke in eine Marinade aus einem mit Mehl verkneteten Stück Butter, etwas Essig und Fines Herbes*. Die Marinade sollte etwas erhitzt werden, damit die Butter zergehen kann. Die Rochenstücke vier Stunden marinieren, dann in Mehl wenden und herausbraten.

### *Rochen à la Sainte-Menehould*

Sie bereiten aus einem Glas Milch, Salz, Pfeffer, einem mit Mehl verkneteten Stück Butter, zwei in Ringe geschnittene Zwiebeln, einem Bouquet garni*, einigen Gewürznelken, einer Knoblauchzehe und einem Lorbeerblatt eine Sainte-Menehould zu. Stellen Sie die Sauce aufs Feuer und rühren Sie um, bis sie aufkocht. Nun schneiden Sie einen Rochen in Filetstücke und dünsten diese in der Sauce. Nach dem Herausnehmen in Suppe tauchen, in Mehl wenden, in zerlassene Butter tauchen, nochmals bemehlen, grillen und mit einer ▸ Sauce Robert oder einer ▸ Kapern-Rémoulade servieren.

### *Junger fritierter Rochen*

Mehrere kleine Rochen werden gehäutet und in Salz, Essig, Zwiebeln und einigen Petersilienzweigen mariniert. Abtropfen lassen, in Mehl wenden und goldbraun herausbacken. Nochmals abtropfen lassen und mit einer Sauce aus schwarzer Gewürzbutter servieren.

## ROQUEFORT (Käse)

Ein Käse, den man in Roquefort, Rouergue, im Aveyron herstellt.
Er wird aus einer Mischung aus Ziegen- und Schafsmilch gemacht, erhitzt und dann geformt. Jeder Laib wird mit Riemen zusammengehalten, damit er nicht bricht, dann in Kellern sehr starkem Luftzug ausgesetzt und so getrocknet. Schließlich bedeckt man ihn mit einer Salzschicht und

legt nach drei bis vier Tagen Laib auf Laib dicht übereinander. Wenn sich an der Außenseite mehr oder weniger farbiger Flaum bildet, putzt man den Käse und kratzt den Flaum ab. Wenn dieser jedoch rot-weiß wird, ist der Käse reif und genießbar. Meist wird dieser Zustand nach drei bis vier Monaten Kellerlagerung erreicht. Wir empfehlen Roquefort als die zu Recht meist geschätzte unserer Hartkäsesorten.

## ROSSOLIS

Ein wohlschmeckender Likör, den man im vorigen Jahrhundert oft nach dem Essen einnahm. Hier das Rezept:

Man füllt eine Pinte* Weingeist oder guten Branntwein in eine Glasflasche und gibt zwölf Gewürznelken, drei lange Pfefferschoten, etwas grünen Anis sowie zerstoßenen Koriander dazu. Alle Zutaten sollten etwa zwei Stunden zusammen marinieren und werden dann durch ein Tuch passiert. Nun kocht man Zucker bis zum schwachen Flug*, nimmt ihn vom Feuer, gießt den Weingeist darauf, rührt mit dem Löffel gut um und passiert ihn dann durch einen Leinensack, in den man vorher ein Dutzend ganz belassene süße Mandeln gelegt hat. Wenn der Likör noch besser sein soll, zerstößt man im Mörser getrocknete Malve mit etwas Puderzucker, steckt diese Zutaten in ein Stück Watte, legt dieses auf den Boden eines Leinensacks und passiert den Likör zwei- oder dreimal durch.

### *Parfümierter Rossolis*

Sie kochen zwei Pinten* Wasser und zwei Pfund Zucker, bis die Flüssigkeit auf drei Viertel ihrer Menge reduziert wurde, dann geben Sie zwei Esslöffel Orangenblüten-Wasser dazu, lassen die Flüssigkeit kurz weiterkochen und heben Schnee von einem Eiklar mitsamt der zerschlagenen Eierschale unter. Der Schnee sollte gut mit dem Likör verrührt werden. Wenn die Flüssigkeit zu kochen beginnt, nehmen Sie den Topf vom Feuer und passieren sie mehrfach durch einen Leinensack, läutern sie, gießen guten Branntwein dazu, mehr oder weniger, je nachdem, wie stark Sie Ihren Likör haben möchten. Schließlich verfeinern Sie nach Geschmack mit Malven-Essenz oder einer aus Zimt, Gewürznelken und Vanille in Wein.

## RÖSTBROTSCHEIBEN

Es handelt sich hierbei um Brotscheiben, die man brät oder röstet und mit verschiedenen mageren oder fetten Zutaten belegt.

### *Röstbrot mit Kalbsnieren*

Wenn Sie den Kalbsnierenbraten fertig gegart haben, entnehmen Sie die Nieren, hacken diese mit etwas Fett, Petersilie, Limonenschale sowie Zucker und zerstoßen alles im Mörser. Nun schneiden Sie kleine Brotstücke ab, etwa so lang wie zwei Finger, belegen die Scheiben mit oben beschriebener Fülle, buttern eine Tortenform und legen das Brot hinein. Sie lassen das Brot im Ofen oder unter einem Deckel goldgelb anbraten, bestreuen es dann mit Zucker und glacieren es mit der roten Schaufel*. Auf einem Teller arrangieren und als Beilage oder nach den Hauptgängen servieren.

### *Röstbrot à la Richelieu*

Bereiten Sie ein Kalbsbries- ▸ Salpicon vor, wobei Sie Hahnenkämme und Artischockenböden würfeln, dann mit Fleischsaft aufgießen und schließlich das Salpicon dazugeben. Alle Zutaten in einem ▸ Blond de veau dünsten, würzen und schließlich mit Dottern und wenig Sauce binden. Abkühlen lassen, damit die Röstbrotscheiben belegen, diese mit geschlagenem Ei einreiben, rösten und mit einer Sauce aus reduziertem Blond de veau servieren.

### *Kapaunen-Röstbrot*

Aus Kapaun eine ▸ Farce zubereiten, mit Zucker und Limonenschale würzen, dünsten und wie die Obigen glacieren*.

### *Englisches Röstbrot*

Zwei Stück Kalbsbries blanchieren*, dann mit Champignons und Schinken fein würfeln. In Butter und einem Bouquet garni* rösten, mit Fleischsaft und Suppe aufgießen; wenn das Ragoût gar ist, mit ▸ Coulis binden. Die Sauce entfetten und bis zum Eintrocknen reduzieren. Diese Glace mit drei Dottern binden, auf länglich zugeschnittene Brotscheiben streichen und mit kleinen Eiern garnieren. Das Ragoût mit dem in Ei getauchten Messer glatt streichen und die Brotscheiben in sehr heißem Fett braten. Mit einer ▸ Essenz oder trocken servieren.

### *Röstbrot mit Gurken*

Sie würfeln Gurken und marinieren die Würfel eine Stunde lang in Essig, Salz und Pfeffer. Pressen Sie dann alle Flüssigkeit aus den Gurken und rösten Sie diese anschließend mit Schnittknoblauch* und Petersilie in Butter. Mit Fleischsaft und Suppe aufgießen, reduzieren lassen, mit drei Dottern binden und abkühlen lassen. Nun fügen Sie weitere zwei Dotter hinzu, verteilen das Gurkenragoût auf Brotscheiben, streichen es mit verquirltem Ei glatt, streuen Brotbrösel darauf und rösten alles goldbraun. Mit einer ▸ Essenz servieren.

### *Röstbrot mit Spinat*

Sie blanchieren* Spinatblätter, drücken sie aus und schwenken sie in Butter. Mit Suppe und ▸ Coulis aufgießen und die Sauce reduzieren, bis sie zur Glace eintrocknet. Sie sollten ständig umrühren, um zu verhindern, dass diese Glace anbrennt. Nachdem sie ausgekühlt ist, schneiden Sie schmale Scheiben Brot, verteilen darauf den Spinat, streichen alles mit der in Ei getauchten Messerklinge glatt, streuen Brotbrösel darauf, rösten das Brot goldbraun und servieren dieses Gericht mit einer guten Spinat- ▸ Essenz.

### *Eine andere Art, Spinat zu rösten*

Sie waschen Spinatblätter mehrmals, blanchieren* sie in kochendem Wasser und lassen sie dann abtropfen. Gut ausdrücken, dann fein hacken. Den Spinat mit Korinthen, kandierter Zitronenschale, Puderzucker, etwas Salz und Muskat, drei ganzen Eiern und fünf Dottern sowie etwas Obers* dünsten. Alles gut vermischen und auf dem Feuer trocknen lassen. Aus der Kasserole nehmen und mit zwei ganzen Eiern, etwas später mit zwei weiteren Eiern und etwas Kanaren-Wein gut vermischen. Eine Schüssel mit Mehl bestreuen, die Masse darauf verteilen und vollkommen erkalten lassen. Dann in fingerlange Streifen schneiden und diese in zerlassener Butter braten. Schließlich mit Puderzucker bestreuen und mit der roten Schaufel* glacieren. Mit etwas Butter, Essig und Kanaren-Wein eine Sauce zubereiten, diese mit Orangensaft auf die Spinatstreifen gießen und als Süßspeise servieren.

### *Röstbrot mit Fisolen**

Fisolen* in Salzwasser kochen, dann mit gehackter Petersilie und gehacktem Schnittknoblauch* in Butter schwenken. Mit Suppe aufgießen, salzen und pfeffern. Mit ▸ Coulis binden, die Sauce reduzieren lassen, drei Dotter hinzufügen und auf dem Feuer binden ohne aufkochen zu lassen. Auskühlen lassen, weitere zwei Dotter hinzufügen und gut binden. Die Fisolen auf Brotscheiben verteilen, mit einem verquirlten Ei glatt streichen, mit Bröseln bestreuen und goldbraun rösten. Nach den Hauptgängen servieren.

### *Röstbrot mit Schnepfen*

Fleisch und Eingeweide von Schnepfen fein hacken und mit Salz, Pfeffer und zerlassenem Speck vermischen. Zu einer feinen Masse zerstoßen und wie oben auf Brotscheiben streichen. In einer Tortenform backen, mit Zitronensaft beträufeln und servieren (entfernen Sie die Zitronenkerne, pressen Sie jedoch den Saft nicht aus).

### *Röstbrot mit Stopfleber*

Stopfleber in der Pfanne anbraten, dann mit Speck, drei bis vier Champignons, Fines Herbes* sowie Salz und Pfeffer fein hacken. Wie oben rösten.

### *Röstbrot mit Schinken*

Sie schneiden Schinken in acht gleich große Scheiben und wässern ihn zwei Stunden, um das Salz zu entfernen. Dann lassen Sie den Schinken in einer Kasserole anschwitzen, bis die Scheiben sich am Boden anlegen. Mit etwas ▸ Coulis vom Schinken aufgießen, die Sauce ein- bis zweimal aufkochen lassen, entfetten, durch ein Haarsieb passieren, einen Schuss Essig hinzufügen und mit grobem Pfeffer bestreuen. Nun schneiden Sie Weißbrot in Scheiben von der Größe Ihrer Schinkenscheiben und schwenken das Brot in Butter. Wenn es goldgelb ist, arrangieren Sie die Scheiben auf einem Teller, belegen sie mit dem Schinken und übergießen alles mit der Schinken- ▸ Essenz.

### *Röstteig mit Rindermark*

Sie bereiten aus Mandelteig einen Teigboden vor, den Sie zu länglichen Streifen, wie Röstbrotscheiben, schneiden. Jede Scheibe sollte einen fingerdicken Rand haben. Den Teig backen, mit einer Crème aus Rindermark bestreichen und mit Eischnee bedecken. Mit Zucker bestreuen, glacieren* und servieren.

### *Ungezuckerte Version*

In eine Kasserole kommt etwas feine Geflügel- ▸ Farce mit ▸ Blond de veau, fein gehackten Kräutern und einem Dotter. Alles gut vermischen und würzen. In Suppe gekochtes Rindermark in Scheiben schneiden; geröstetes Brot mit Farce und etwas Mark bestreichen, obenauf eine Lage Farce verteilen, mit Bröseln bestreuen, goldbraun rösten und ohne Sauce servieren.

### *Canapés*

Sie bereiten aus Kalbsbries ein ▸ Salpicon zu, würfeln Hahnenkämme und Artischockenböden, schwenken gewürfelte Champignons in Butter und gießen mit Fleischsaft auf. Nun kommt das Salpicon zu den anderen Zutaten und wird mit diesen gemeinsam gegart. Mit ▸ Blond de veau aufgießen, mit Dottern und etwas Sauce legieren. Wenn das Salpicon erkaltet ist, bestreichen Sie damit dünne Brotscheiben, glätten die Masse mit verquirltem Ei und braten die belegten Brotscheiben in Schmalz heraus. In einem Blond de veau servieren.

### *Röstbrot mit Eiern*

Sie lassen einen Viertelliter Obers* mit einem Stück Zucker aufkochen, mischen zerriebene Mandelkekse, Zitronenschalen, acht Dotter, zwei Eiklar sowie etwas mit Mehl verknetete Butter hinzu und kochen alle Zutaten im Obers. Mit dieser Crème bestreichen Sie sehr dünne Brotscheiben, geben jeder eine Haube aus Eischnee, glacieren* alles mit Zucker und servieren.
Sie können statt des Brotes auch Mandelteig verwenden.

### *Röstbrot mit Speck*

Würfeln Sie ein halbes Pfund Speck und eine Scheibe Schinken und zerstampfen Sie Speck und Schinken mit Petersilie, Schnittknoblauch*, vier Dottern und grobem Pfeffer zu einer einheitlichen Farce. Diese wird auf länglichen Brotscheiben verteilt und das belegte Brot geröstet. Auf eher salzigem, mit einem Schuss Essig verfeinertem ▸ Coulis servieren.

### *Röstbrot à la provençale*

Sie schneiden altbackenes Brot in feine Scheiben und entrinden es. Die entrindeten Brotscheiben in heißem Olivenöl rösten, wenn sie goldbraun sind, abtropfen lassen. Gewässerte Anchovis halbieren, das Brot in einer Schüssel auflegen, auf jede Scheibe eine Anchovishälfte geben, mit grobem Pfeffer bestreuen, mit Olivenöl begießen und nach den Hauptspeisen mit Orangensaft servieren.

*Röstbrot à la d'Antin*

Sie spicken ein Brot mit Schinken und Anchovis und schneiden es dann in längliche Scheiben, rösten es in zerlassenem Speck, würzen dann mit Öl, Zitronensaft sowie grobem Pfeffer und servieren.

*Holländisches Röstbrot*

Anchovis mit Petersilie, Schnittknoblauch*, Schalotten sowie Knoblauch fein hacken und mit gutem Öl vermischen. Diese Masse auf Röstbrotscheiben verteilen. Anchovis-Filets auf das Brot legen und diese mit Öl, Orangen und grobem Pfeffer servieren.

*Röstbrot mit magerer Fisch-Farce*

Karpfen mit Petersilie, Limonenschale, einigen Bittermandel-Keksen und etwas frischer Butter fein hacken. Mit etwas Zucker im Mörser zerstoßen, drei bis vier Dotter sowie in Obers* getauchtes Weißbrot hinzufügen und alles gut vermischen. Längliche Brotscheiben zurechtschneiden, mit der Farce bestreichen und die belegten Brotscheiben in eine gebutterte Tortenform legen. Im Ofen goldbraun backen, dann zuckern und mit der roten Schaufel* glacieren, anrichten und heiß als Beilage oder Zwischengericht servieren.

## ROTBARBE

Man nennt sie auch Rötling. Es ist ein Seefisch mit rotem Körper und sehr dickem Kopf, der vor allem im Mittelmeer lebt, wo man ihn vorzugsweise vom schlammigen Meeresgrund fängt. Die Rotbarbe kommt auch im Ozean vor, vor allem im Ärmelkanal, wird dort jedoch immer seltener.

Der Rötling war bei den Griechen und Römern sehr beliebt, nicht nur wegen seines hervorragenden Geschmacks, sondern auch wegen seiner schönen Farben. Vor allem die Römer erachteten ihn als Luxusgut und scheuten auch nicht vor astronomischen Preisen zurück, um ihn zu ergattern. Unter den alten Dichtern bringt uns Sueton bei, dass man zu seiner Zeit so sehr nach Rotbarben gierte, dass drei dieser Fische für tausend Sesterzen verkauft wurden (5.844 Francs). Dies zwang Tiberius, die Rotbarbe mit einer Luxussteuer zu belegen. Varro sagt, dass Hortensius in seinen Teichen eine horrende Zahl an Rotbarben schwimmen ließ und sie in kleinen Rinnen bis zu seinem Tisch leitete. Dort sah er ihnen beim Sterben in Tongefäßen zu und erfreute sich des Farbenspiels, das sich während ihres Todeskampfes ergab.

Man vergnügte sich zu jener Zeit unter anderem damit, einen dieser Fische in den Händen zu ersticken, um sich daran zu ergötzen, wie er die Farbe wechselte, in dem Maße, in dem sich das Blut ins Innere seines Körpers zurückzog. Sein Purpurrot wurde zu Violett, Blau und schließlich zu blassestem Weiß. Dieses barbarische Schauspiel fand an den bestgedeckten Tafeln statt. Man stellte Teller auf beheizte Platten, legte die Rötlinge darauf, bedeckte sie mit einer Glashaube und sah zu, wie sie auf kleiner Flamme langsam ihr Leben aushauchten. Die Gäste erfreuten sich des doppelten Vorteils, dieses Schauspiel mitzuverfolgen und den frischesten Fisch serviert zu bekommen.
Auch heute noch lieben Feinschmecker die Rotbarbe, ohne sie deshalb so zu bewundern, wie die Römer es taten. Ihr weißes, festes, wohlschmeckendes und mürbes Fleisch wird leicht verdaut, weil es nicht fett ist.
Die beste Art, Rotbarbe zuzubereiten, ist, laut M. de Courchamps, sie von den Kiemen her auszuweiden, ohne sie abzuschuppen, sie dann auf rot glühender Asche zu grillen und sie mit weißer Sauce, Kapern, kandierten Blüten der Kapuzinerkresse und zerdrückter Rotbarben-Leber zu servieren.
Man kocht diesen Fisch auch oft in ‣ Court-Bouillon, was wir nicht empfehlen, weil das Grillen von allen bekannten Zubereitungsarten diejenige ist, die der Rotbarbe am besten bekommt.

### *Rotbarben in der Kasserole*

Sie nehmen Rotbarben aus, schneiden die Köpfe ab, reiben eine Schüssel oder Tortenform mit Butter aus, die Sie vorher mit Salz, grobkörnigem Pfeffer, Fines Épices*, Petersilie und Schnittknoblauch* im Ganzen gewürzt haben. Nun legen Sie die Fische hinein, bestreichen sie auch auf der Oberseite mit der Gewürzbutter, begießen sie mit zerlassener Butter, panieren sie mit feinen Brotbröseln und backen sie im Ofen. Sie bereiten dazu eine Sauce hachée mit Schnittknoblauch, Petersilie, Champignons und Trüffeln zu, die Sie mit zerlassener Butter, Salz und Pfeffer in eine Kasserole geben. Mit etwas Fischsuppe aufgießen und auf kleiner Flamme köcheln. Wenn die Sauce zu dünn ist, binden Sie sie mit einem Krebs- ‣ Coulis, gießen sie dann in eine Schüssel, legen den Fisch rundherum auf und servieren das Gericht heiß als Entrée.

### *Gegrillte Rotbarben mit Anchovis-Sauce*

Wenn die Fische ausgenommen und ihre Köpfe entfernt worden sind, tauchen Sie sie in zerlassene, gesalzene Butter und grillen sie auf kleiner Flamme. In eine Schüssel legen und eine weiße Sauce zubereiten, für die Sie frische Butter, eine Messerspitze Mehl, ganzen Schnittknoblauch*, Salz, Pfeffer, Muskat, etwas Wasser und Essig sowie zwei Anchovis vermischen. Die Sauce binden, auf die Fische gießen und heiß servieren.

### *Marinierte Rotbarben*

Sie nehmen die Fische aus, entfernen jeweils den Kopf und filetieren sie. Legen Sie die Filets zwei Stunden lang mit Zwiebelringen, ganzem Schnittknoblauch*, einigen Lorbeerblättern, Salz, Pfeffer, Zitronensaft oder etwas Essig in eine Schüssel. Nehmen Sie sie dann heraus, wischen Sie die Filets ab, um sie in Mehl zu wenden und in feiner Butter zu braten. Wenn sie knusprig braun sind, servieren Sie die Rotbarben auf einer gefalteten Serviette auf einem Teller für Zwischengerichte.

### *Rotbarben-Filets mit Fines Herbes**

Sie bereiten die Fische wie oben vor, nehmen die Filets heraus und legen sie mit fein gewiegten Fines Herbes* in eine Kasserole. Nun kommen zerlassene Butter, Salz, Pfeffer, Petersilie und Schnittknoblauch*, fein gehackt, hinzu. Die Filets sollten eine Stunde lang in den Kräutern liegen und deren Aroma aufnehmen. Dann legen Sie sie auf heiße Asche, so dass die Butter schmilzt, wenden sie in sehr feinen Brotbröseln und backen sie.

Dazu bereiten Sie eine Rémoulade mit feinem Öl, einigen Kapern, fein gewiegter Petersilie, etwas Schnittknoblauch, einem Anchovis, Salz und Pfeffer zu, fügen etwas Senf und Zitronensaft hinzu und mischen alle Zutaten gut. Gießen Sie diese Sauce in eine runde Schüssel, stellen Sie diese mitten auf die Servierplatte, legen Sie die Fischfilets rundherum auf und servieren Sie das Gericht heiß.

## ROTE PFEFFERSCHOTEN

Man nennt sie wegen des strahlenden Rots ihrer reifen Früchte auch Gartenkorallen. Es gibt sie in vielerlei Variationen, als langen Pfeffer, Guinea-Pfeffer, Cayenne-Pfeffer usw. Die dicken, langen Pfefferoni, die man in europäischen Gärten züchtet, werden normalerweise, wie auch Oliven oder Kapern, in Salz und Essig konserviert. Auf den Antillen und in anderen heißen Regionen wachsen Pfefferschoten wild, sie sind sehr viel kleiner als die europäischen, aber extrem scharf. Eine dieser Sorten, der

wilde oder Nelkenpfeffer, ist etwa so groß wie eine Gewürznelke und auf der Zunge unerträglich. Allerdings mögen ihn die Drosseln und auch andere Vögel sehr und stopfen sich damit voll, weshalb man diesen Pfeffer auch Vogelpfeffer nennt.
Der Jamaika-Pfeffer ist ein Myrtengewächs, der auf den Antillen allgemein verbreitet ist. Der Baum trägt viele Blüten, die sich in violette Beeren verwandeln; sie schmecken süß, saftig und duften stark, erzeugen jedoch bei denen, die sie essen, starke Hitzen.
Tauben, Drosseln, Amseln und andere Vögel, die diese Beeren gierig fressen, nehmen das delikate Aroma in ihr Fleisch auf und werden sehr fett davon. Es sind diese vor der Reife gepflückten, in der Sonne oder im Backrohr getrockneten und zu Pulver vermahlenen Beeren, die man als eigenes Gewürz in den Geschäften kaufen kann. Auf den Antillen, besonders auf Jamaika, macht man mit den Ernten einträgliche Geschäfte.
Der Name dieses Gewürzes – Toute Épice – bedeutet, dass diese Beeren den Geschmack der vier hauptsächlich im Handel geführten Gewürze – Zimt, Pfeffer, Gewürznelken und Muskatnuss – in sich vereinen.

## ROULADEN

Gerollte und gefüllte Fleischscheiben.

### *Paupiettes*

Dies sind Fleischscheiben, die man mit einer Speckscheibe belegt, auf die man eine Lage ▸ Farce streicht. Man rollt das Fleisch ein, spießt es auf und brät es, nachdem man es mit Backpapier umwickelt hat. Sind die Rouladen gar, wickelt man sie aus, paniert sie, bäckt sie goldbraun und serviert sie mit einer ▸ pikanten Sauce.

### *Rindsroulade oder Kalbsroulade nach traditioneller Art*

Sie lassen eine Kalbskeule aus Pontoise gut abhängen, schneiden die Nüsse heraus, entfernen alle Häute und schneiden dünne Scheiben mageren Fleisches zurecht. Diese werden geklopft und dann auf einem in kaltem Wasser gewässerten Kalbsnetz aufgelegt. Auf die Fleischscheiben kommen geriebener Speck und Schinken, den Sie gemeinsam mit Salz, Pfeffer, Gewürznelken, Zimt, geriebenem Muskat, zerdrücktem Koriander, Petersilie, Schnittknoblauch*, Schalotten, etwas Knoblauch, Thymian, Basilikum, Champignons, filetiertem Kalbseuter, Kalbsbries und Butter püriert haben. Nun rollen Sie alles wie eine Wurst ein, verschnüren die Enden und die Mitte, bedecken die Roulade mit Speckscheiben, stecken ein Brathäkchen hindurch und befestigen dieses auf dem Spieß, nachdem Sie die Roulade auch mit Backpapier umwickelt haben. Sie braten die Roulade auf kleiner Flamme und begießen sie von Zeit zu Zeit. Wenn das Fleisch gar ist, entfernen Sie Papier und Speckscheiben, um der Roulade Farbe zu geben.

Mit einer ▸ pikanten Sauce oder einer ▸ Tomatensauce servieren.

## ROUX

Man verwendet Roux sehr oft, wenn man Fleisch dämpft, schmort o.ä. Er macht das Fleisch saftiger, weil man erreicht, dass die Säfte, die sich sonst im Schmorfond auflösen würden, im Fleisch bleiben.

Roux besteht ganz einfach aus Mehl, das man in Butter oder Fett brät. Durch ständiges Umrühren verhindert man Klumpenbildung.

Mit Roux färbt und bindet man auch Saucen.

Für weißen bzw. dunklen Roux siehe unter Saucen.

## RÜBE

Eine Pflanze aus der Familie des Mangold. Ihre Wurzel und vor allem ihre Blätter sind innen und außen von der Farbe des Blutes und die Blattstiele von einem dunklen Rot. Die Pflanze enthält mehr Zucker als alle anderen, so dass Chemiker zu Zeiten der Kontinentalblockade auf die Idee kamen, Rohrzucker durch Rübenzucker zu ersetzen. Ich erinnere mich, 1812 eine Karikatur des kleinen Königs von Rom und seiner Amme gesehen zu haben: Das Kind weinte und die Amme zeigte ihm eine Rübe mit den Worten: »Lutsch nur, mein Kind, dein Papa sagt, dass es Zucker sei.« Wie über alle großen Entdeckungen lachte man zunächst über diese, die uns von den Kolonien emanzipierte.

Es gibt fünf Rübenarten: die dicke rote, die kleine rote, die gelbe, die weiße und die gemaserte. Letztere kennt man heute unter dem Namen Feldrübe. So begeistert unser Volk Napoleon wegen seiner Siege lobte, welche Frankreich ein Drittel seines Blutes und ein Sechstel seines Territoriums kosteten, so wenig denkt es daran, dass es ihm ein Lebensmittel verdankt, welches heute alltäglich geworden ist. Man mischt die Blätter der Rübe mit denen des Sauerampfers, um dessen Säure abzumildern, und schätzt ihre großen weißen Blätter, die man Kardonen nennt und mit Vergnügen isst. Im Winter gart man sie in der Asche und legt sie dann in Essig ein. Die Deutschen essen sie in der Suppe. Im Norden lässt man sie gären und verwendet sie als Schutz gegen Skorbut.

Wenn man Rüben im Ofen gart, und das ist die beste Art sie zuzubereiten, muss man sie zuerst mit gewöhnlichem Schnaps waschen. Legen Sie sie sodann in den Ofen auf ein Backgitter, so dass sie an keiner Stelle mit den Ofenziegeln in Berührung kommen. Der Ofen muss wie für ein großes Bauernbrot vorgeheizt werden. Lassen Sie die Rüben über Nacht im ausgekühlten Ofen liegen und erhitzen Sie sie am nächsten Tag wieder auf dieselbe Weise und mit derselben Hitze. Sie sind erst wirklich gar, wenn die Haut fast verkohlt ist.

### *Rüben à la Chartreuse*

Schneiden Sie gelbe Rüben in Scheiben. Sorgen Sie dafür, dass sie, wie eben beschrieben, schön gar sind. Legen Sie auf jede Scheibe einen rohen Zwiebelring, von dem Sie das Innere von der Größe eines Ein-Franc-Stückes entfernt haben, fügen Sie Pimpernelle, Kerbel, Muskatnuss sowie feines Salz hinzu und bedecken Sie alles mit einer weiteren Rübenscheibe, gleich groß wie die Erste. Zwingen Sie Rübe und Zwiebel durch Druck, aneinander zu haften, backen Sie sie wie jedes andere Gemüse heraus und garnieren Sie sie mit gerösteter Petersilie.

Oft isst man Rüben als Salat mit Rapunzel, Feldsalat und Sellerie. Aber der beste Rübensalat wird mit kleinen glacierten* Zwiebeln, mit Scheiben der violetten Kartoffel, mit Artischockenherzen und gedämpften Soissons-Bohnen gemacht. Man fügt Blüten und Blätter der Kapuzinerkresse hinzu und erhält einen Salat, der geschmacklich dem russischen Salat gleichkommt.

Weiters kann man Rüben als Hors-d'œuvre, mit Oliven, Sardinen, mit einer Sauce aus Estragonessig, feinen Schalotten, Salz und Pfeffer und einer Garnitur aus gehackten Eiern servieren. In diesem Falle beträufeln Sie die Rüben auch mit etwas Öl.

### *Rüben à la poitevine*

Dünsten Sie gehackte Zwiebeln mit einem großen Stück mit Mehl verkneteter Butter, die sie rostrot anrösten. Streuen Sie eine Prise Quatre-Épices* darüber und garen Sie in diesem Gemisch einige dickere Rübenscheiben mit. Zum Zeitpunkt des Servierens gießen Sie einen halben Löffel Essig aus Orléans* darauf.

### *Rüben in Sauce Béchamel*

Schneiden Sie Ihre Rüben in sehr feine Scheiben und lassen Sie sie in einer ▸ Sauce Béchamel köcheln. Vergessen Sie nicht mit etwas Koriander und etwas Muskat zu würzen.

### *Rüben in der Kasserole*

Legen Sie Rübenscheiben mit Butter, Petersilie, gehacktem Schnittknoblauch*, etwas Knoblauch, Mehl, Essig, Salz und Pfeffer in eine Kasserole und lassen Sie alles eine Viertelstunde lang schmoren. Auch diese Zubereitung wird mit weißer Sauce serviert.

# S

## SABAIONE

Eine Crème aus Eiern und gezuckertem Weißwein, deren Ursprung dem Namen nach sarabaudisch oder savoyardisch sein muss. Man serviert sie meist in kleinen Töpfchen oder Sorbet-Schalen mit Biskotten.

## SAFRAN

So nennt man die Staubgefäße einer Pflanze aus der Familie der Krokusse. Man erntet sie rund um Paris und im Gatinais, wo der Safran von höherer Qualität ist.

Der Geruch von Safran ist äußerst penetrant und kann heftige Kopfschmerzen hervorrufen, ja sogar zum Tod führen. Sein bitterer, sehr aromatischer Geschmack hat allerdings nichts Unangenehmes an sich. Die Farbe ist kräftig und färbt alles gelb, womit der Safran in Berührung kommt. Safran gehört zu den beliebtesten Färbemitteln und die Alten liebten ihn als Gewürz. Die Römer versetzten ihn mit Alkohol und parfümierten damit ihre Theater. Man verwendet Safran in einigen Ländern als Gewürz oder um Nudelaufläufen Farbe zu geben.

Heute nimmt man ihn nur noch für ▸ Babas, ▸ Pilaw oder afrikanischen Reis.

### *Safranschaum*

Sie kochen süßen Rahm* mit etwas getrockneter Orangenblüte in Pulverform und mischen eine kräftige Safran-Lösung darunter.

Wenn die Mischung erkaltet ist, schlagen Sie sie heftig mit dem Schneebesen, füllen sie in Dessertschälchen, stellen diese auf Eis und nehmen sie erst vor dem Servieren wieder heraus. Dies ist ein ländliches Gericht, das uns aus der Patsche hilft, wenn wir viele Gäste bewirten, denn es bringt Menge und Vielfalt in die Süßspeisenfolge.

## SAGO

Eine stärkehaltige Knolle aus Indien, die man bei mehreren Palmenarten vorfindet. Sie ist farblos und von fadem Geschmack. Meist verwendet man sie in Suppen, wo sie durchsichtig wird und stark aufquillt. Man isst Sago vor allem als Brei oder in Milch, Zucker und Gewürzen gekocht. Es ist ein sehr leichtes Nahrungsmittel, angenehm, aber nicht sehr nahrhaft. Man empfiehlt es für Säuglinge, sehr alte Menschen, Rekonvaleszente, bei Schwindsucht und für alle Menschen mit schwacher Verdauung. Man stellt auch künstliches Sago aus Kartoffelstärke her.

## SALAT

Man meint damit Zubereitungen, die neben Salz und Pfeffer auch Öl oder Butter und Obers* und üblicherweise Essig verlangen.
Unter hygienischen Gesichtspunkten scheinen Salate zunächst schlechten Einfluss auf die Gesundheit zu haben. Sie bestehen aus rohen Kräutern, scharfen Gewürzen, Essig und sind, so könnte man meinen, schlecht verdaulich und reizen den Magen.
Die Erfahrung bestätigt dieses Vorurteil jedoch nicht. Es gibt wohl kaum ein Gericht, das in allen sozialen Klassen so weit verbreitet wäre wie Salat. Man hat ihn fast immer zur Hand und er schmeckt fast jedem. Kaum jemals verursacht er Unpässlichkeiten und es wäre ungerecht ihm zu misstrauen. Wie auch immer man den Salat zubereiten will, man sollte nie zu viel Essig verwenden. In verdienstvoll zubereitetem Salat verschwindet die Säure dieses Gewürzes, sie vermischt sich mit dem Geschmack der Kräuter, des Öles und der anderen Zutaten. Deshalb greift man gern zum Dotter, um die Wirkung des Essigs zu dämpfen. Man sollte ausschließlich Weinessig verwenden, der heutzutage viel zu oft durch jene Flüssigkeit ersetzt wird, die man durch Holzverbrennung gewinnt. Meist macht man sich nichts aus dieser Unterscheidung, deren Wichtigkeit wir der Öffentlichkeit gegenüber betonen müssen. Man sollte die Salatkräuter gesondert servieren, denn sie stammen teilweise von scharfen Pflanzen und werden schlechter verdaut als der Salat selbst. Mit dieser Maßnahme würde man vielen Menschen den Salat erst zugänglich machen.

Salat ist saisonabhängig. Gegen Ende des Herbstes isst man Endivien und man würzt sie nur mit einem Stück altbackenem Brot, das man mit Knoblauch eingerieben hat. Dieses legt man auf den Boden der Salatschüssel und rührt dann um, damit das Brot die Salatwürze aufnimmt. Diesem Salat fügt man keinerlei anderes Gewürz bei.
Später kommt der Escariol – eine Art Endivie, aber weniger zart, weniger geschmackvoll als die erste –, den man ebenfalls ohne Kräuter anmacht.
Wintersalat wird meist aus Feldsalat, Rapunzel und Sellerie zubereitet, die man in Streifen geschnitten hat. Manchmal verwendet man ausschließlich Sellerie, dann aber muss man sie mit Öl, Senf und Soja anrichten. Auch die Brunnenkresse ist ein Wintersalat, den man mit Rübenscheiben und einigen Olivenstreifen würzt.
Die Kapuzinerkresse erscheint zum Winterende. Man würzt sie wie die weißen Endivien und mischt Rübenscheiben darunter.
Kopfsalat kommt meist zu Ostern heraus. Diesen liebt man von allen Sorten am meisten. Man richtet ihn mit Kräutern, Vierteln von gekochten Eiern, manchmal mit marinierten Austern, Krebs-Schwänzen, Schildkröteneiern, Anchovis-Filets, gefüllten Oliven, manchmal auch mit ▸ Achards oder chinesischem Soja an. Dieser Salat braucht viel Öl, wobei das grüne Aramont-Öl das beste ist. Gleich danach folgt der weniger zarte und weniger saftige, aber süße römische Salat. Man serviert ihn nicht mit hart gekochten Eiern.
Salat macht man auch aus allem möglichen gekochten Gemüse, wie wir es bereits unter den betreffenden Stichworten angegeben haben.
M. Chaptal hat uns eine Methode überlassen, Salat anzurichten, die im Norden Europas zu den einfachsten gehört, was uns nicht daran hindern soll, diesem illustren Akademiker hier die gebührende Ehre zu erweisen. Die Sache besteht darin, den Salat mit gesalzenem und gepfeffertem Öl zu sättigen, bevor man den Essig hinzufügt, was den Vorteil hat, dass der Salat nie zu sauer wird, denn der Essig gleitet an den öligen Blättern ab. Wenn man also – was, wie man weiß, oft geschieht – zu viel Essig in den Salat getan hat, muss man dies nicht mehr bereuen, denn der Essig wird immer auf den Boden der Schüssel fließen, wo er, nach M. Chaptals höchst richtigen Berechnungen, auf Grund seines spezifischen Gewichts auf dem Grund, also unter dem Öl, bleiben wird.
Wir wollen hier auch bemerken, dass es sinnlos ist, Salz in Essig auflösen zu wollen, denn Essig wirkt nicht löslich auf Salz. Man mischt das Salz besser mit dem Öl und gießt diese Lösung zuerst auf den Salat.

## SALBEI

Ein aromatisches Kraut, das beträchtliche Heilwirkung in sich birgt, wenn man den Medizinern der Schule von Salerno Glauben schenkt. In der Küche verwendet man Salbei nur, um große Wildstücke zu marinieren und den Kochsud für Schinken und Würste zu würzen.

## SALEP

Der Name ist persischen Ursprungs und benennt die getrockneten Zwiebeln von Orchideen, welche in großer Zahl in Persien und ganz Kleinasien wachsen. Die Alten kannten diese Zwiebeln gut und Plinius wie auch Theophrastus erwähnen sie in ihren Schriften. Griechen und Römer schrieben ihnen vor allem aphrodisierende Wirkung zu, welche allerdings nur daher rührt, dass man ihnen verschiedene andere Aromen beifügt, etwa das von Ingwer, Malve, Moschus, Nelke usw. Es wird gesagt, ein Mann habe seinen Nahrungsbedarf für einen Tag gedeckt, wenn er eine Unze* dieser Substanz zu sich nehme und dazu etwa gleich viel in Wasser aufgelöste Gelatine tierischen Ursprungs. Auch decken sich die Orientalen bei jeder Reise mit Salep ein.

Um dieses zuzubereiten, erntet man Orchideenzwiebeln, wenn die Pflanze zu blühen beginnt. Man schält die Zwiebel und wirft sie in kaltes Wasser, wo sie einige Stunden liegt. Dann kocht man sie in Wasser, fädelt sie hernach auf Rosshaar, besser noch auf Baumwolle, und trocknet sie an der Luft. Die Zwiebeln werden halb durchsichtig, sehr hart und ähneln dem Tragant-Gummi. Man kann sie unendlich lange aufbewahren, ohne jegliche Veränderung befürchten zu müssen, wenn sie nicht feucht werden. Manchmal trocknet man sie auf Haarsieben oder Tüchern, statt sie aufzufädeln. Wenn man Gelée daraus machen will, reibt man sie zu Pulver, nachdem man sie leicht mit Wasser befeuchtet hat. Ohne diese Befeuchtung wären sie zu hart, als dass man sie reiben könnte. Dann löst man eine geringe Menge davon in kochendem Wasser auf, das man zuckert und aromatisiert und das beim Abkühlen zu fast durchsichtigem Gelée wird.

Salep-Pulver im Handel wird meist mit Kartoffelstärke verfälscht. Man erkennt die Fälschung jedoch sofort, wenn man 2,15 gr Salep in 225 gr destilliertem Wasser auflöst und dieser Lösung 1,90 gr verkalkte Bittererde beifügt. Diese Mischung geliert nach wenigen Stunden merklich, was nicht immer stattfindet, wenn das Salep verfälscht wurde.

Geoffroi sagt, man erhalte ein nach Blumenwiese duftendes, klebriges Substrat, wenn man auf Steinguttellern Wasser verdampfen lasse, in dem man Salep gekocht hat.

## SARDINE

Ein kleiner Seefisch von delikatem Geschmack, der überall vorkommt, hauptsächlich aber an den Küsten der Bretagne, wo Sardinen eine große Einnahmequelle darstellen. Schon im 12. Jahrhundert konnte man vom Sardinenfang reich werden, allein in Port-Louis fing man jährlich 4.000 Fässer davon.

Auch im Mittelmeer gibt es sie in großer Zahl, hauptsächlich vor Sardinien, das ja seinen Namen von diesem Fisch bezieht.

Nur Küstenbewohner können frische Sardinen essen und selbst hier muss man sie gleich nach dem Herausfischen einsalzen, denn sie verderben von allen Fischen am schnellsten. Kaum ist sie aus dem Wasser, stirbt die Sardine und wird sogleich von Fäulnis befallen. Zudem fördert die Dichte des Fangs eine schnelle Zersetzung. Daher streuen die Fischer gleich ausgiebig Salz darauf und trotzdem verderben jeweils beträchtliche Mengen.

Man bereitet Sardinen wie Heringe zu, salzt und räuchert sie ebenso. Jene aus nördlicheren Gewässern werden höher geschätzt, weil man sie mit Gewürzen und Kräutern einsalzt und sie daher besonders gut schmecken. Sie halten sich allerdings nicht lange und werden im verdorbenen Zustand als Köder für Makrelen, Merlan, Rochen und anderen Seefisch verwendet.

Unser guter König Henri IV., der einen guten Bissen zu schätzen wusste, hegte, scheint's, für Sardinen eine besondere Vorliebe. Nachdem er dem katholischen Glauben abgeschworen hatte, aß er an Fastentagen hauptsächlich diesen kleinen Fisch.

Pisanelli behauptet, dass die Sardine den Klang von Musikinstrumenten liebe und den Kopf aus dem Wasser strecke, um ihn zu hören. Trinker mögen Sardinen, weil sie zum Weitertrinken anregen und der Wein gemeinsam mit einigen dieser Fische angeblich besser schmeckt.

### *Gebackene Sardinen*

Sie nehmen frische Sardinen, schneiden Kopf und Schwanzspitze ab, streichen Fisch- ▸ Farce auf den Boden einer Form, legen die Sardinen darauf, bedecken sie mit der gleichen Farce, bestreichen die Masse mit verquirltem Ei, streuen Brösel darauf, bedecken alles mit einem Blatt Backpapier, backen den Fisch im Ofen, lassen dann das Fett abtropfen, gießen etwas mageres, lichtes ▸ Coulis darauf und verwenden dieses Gericht als Hors-d'œuvre.

## SAUCEN

So nennt man die flüssige Würzung einzelner Gerichte, der man Salz und feine Kräuter beimengt.
Es gibt sehr unterschiedliche Arten der Herstellung und wir werden hier nur jene Rezepte angeben, die am meisten gebräuchlich sind.

### *Aspik – Grand Aspic*

Legen Sie ein bis zwei Kalbsfüße, ein altes Rebhuhn, ein Huhn und auch Geflügelfüße, falls welche zur Verfügung stehen, in einen Kochtopf. Dazu kommen zwei bis drei Scheiben Schinken. Das Fleisch gut verschnüren, zwei Karotten, zwei Zwiebeln und ein gut gewürztes Bouquet* hinzufügen. Mit etwas Fleischbrühe aufgießen und alles leicht schwitzen lassen. Wenn das Aspik zu gelieren beginnt und gelb wird, gießen Sie mit Suppe auf, falls keine da ist, mit Wasser. Die Flüssigkeit sollte weiterhin reduziert werden, aufkochen, abgeschäumt und bei Bedarf gesalzen werden und drei Stunden köcheln. Dann wird der Fond entfettet und durch ein nasses Tuch passiert, das man auswringt. Auskühlen lassen, zwei ganze Eier aufschlagen und mit den Schalen verrühren, mit einigen Löffeln Fond aufgießen, einen Esslöffel Estragon hinzufügen und diese Mischung zum Aspik gießen. Das Ganze aufs Feuer stellen und mit dem Schneebesen bewegen. Wenn es zu kochen beginnt, den Topf auf den Herdrand ziehen, so dass die Flüssigkeit nur leicht zittert, den Topf zudecken und den Deckel mit glühender Asche beheizen. Wenn das Aspik hell und durchsichtig geworden ist, passieren Sie es nochmals durch ein fest verdrehtes, feuchtes Tuch, dessen Enden Sie an den vier Beinen eines Küchenhockers festbinden. Das passierte Aspik nochmals aufs Feuer stellen, zudecken und wieder den Deckel beheizen. Nach nochmaligem Passieren können Sie das Aspik weiterverwenden.

### *Aspik – kleine Sauce*

In eine Kasserole kommen ein großes Glas Fleischbrühe sowie die gleichen Kräuter, welche man auch für die ▸ Sauce ravigote verwendet. Den Topf eine Viertelstunde lang auf heiße Asche stellen, nicht aufkochen lassen, dann die Brühe durch ein Leinentuch passieren, nicht zu fest ausdrücken, einen Esslöffel Estragon-Essig sowie etwas groben Pfeffer hinzufügen und die Aspiksauce weiterverwenden.

*Back- oder Bratfett*

Aus Erfahrung weiß man, dass das beste Backfett jenes ist, das man vom großen Suppentopf abschöpft. Falls man jedoch dieses Suppenfett nicht zur Verfügung hat, ersetzt man es am besten durch fein gehacktes Rindsnierenfett, das man sorgfältig auslässt. Die Genannten eignen sich unendlich besser zum Braten und Backen als etwa Schmalz, das den Backteig aufweicht und, noch schlimmer, die Neigung hat aufzugehen und zu schäumen, über den Pfannenrand zu treten und sich ins Feuer zu ergießen, was äußerst gefährlich ist. Auch Öl hat diese Eigenschaft und ist ebenso gefährlich wie Schmalz, allerdings weicht es den Teig nicht auf. Zerlassene Butter kommt teuer und zeigt fast dieselben Unarten. Ich betone also nochmals, dass von allen Backfetten, was äußere Form, Geschmack und Sparsamkeit betrifft, das Suppenfett oder das Nierenfett zu bevorzugen sind.

So gehen Sie vor:

Wenn Ihnen Fett, wie wir es beschrieben haben, in ausreichender Menge zur Verfügung steht, läutern Sie es durch Erhitzen in einem Topf. Sie erhitzen es zunächst stark, legen einige Zwiebelringe und einige Stückchen Brot hinein und ziehen es dann auf den Herdrand, um es vier bis fünf Stunden langsam köcheln zu lassen wie etwa einen bürgerlichen ▸ Pot-au-feu. Dann entfernen Sie Zwiebeln und Brot und läutern das Fett, das ganz klar und durchsichtig sein muss. Gießen Sie die benötigte Menge in eine Pfanne und erhitzen Sie das Fett. Um zu sehen, ob es heiß genug ist, tauchen Sie einen Finger in Wasser und schütteln dieses über der Pfanne ab. Wenn das Fett brutzelt, ist es richtig.

Möchten Sie Fisch braten, halten Sie diesen beim Kopf und tauchen zunächst nur den Schwanz ins Fett. Wenn nach einer Sekunde die Schwanzspitze fast abbricht, können Sie den Fisch getrost ins Fett gleiten lassen, wobei Sie nicht vergessen sollten, ihn einmal umzudrehen.

*Backteig*

Sie sieben ein halbes Pfund Mehl, geben es gemeinsam mit zwei Esslöffeln Öl in eine Terrine und fügen Salz sowie zwei bis drei Dotter hinzu. Mit einer ausreichenden Menge Bier verdünnen, so dass der Teig flüssig genug ist. Er sollte sich wie Brei rühren lassen. Ein bis zwei Eiklar zu Schnee schlagen und in den Teig einarbeiten. Sie bereiten den Teig am besten zwei bis drei Stunden vor der Weiterverwendung zu. Ob der Teig schwer oder leicht wird, hängt von der

Menge Eischnee ab, den Sie einarbeiten. Sie können statt Öl auch Butter nehmen und heißes Wasser statt Bier. Warmes Wasser mit etwas zerlassener Butter ist sogar besser als Bier, nehmen Sie jedoch keinesfalls Weißwein. Öl macht den Teig knuspriger. Ein kleines Glas Cognac kann nicht schaden.

### *Bayrische Sauce*

Man verwendet diese Sauce für Fisch, vor allem für Zander. Sie nehmen vier Esslöffel guten Essig und reduzieren diesen auf dem Herd auf die Hälfte. Vom Feuer nehmen, drei bis vier Dotter darunter mischen, je nachdem, wie stark der Essig ist, außerdem ein eigroßes Stück Butter und ein kleines Stück ▸ Kren. Die Masse schlagen, etwas Salz und Muskat hinzufügen, auf ein mäßiges Feuer schieben, dann durch ein feines Haarsieb in eine andere Kasserole passieren. 100 gr Butter in kleinen Stückchen darunter mischen, diese Kasserole auf ein sanftes Feuer stellen und die Masse schaumig schlagen, ohne sie aufkochen zu lassen. Schließlich werden 100 gr Krebsbutter darunter gemischt.

### *Blanc*

Sie würfeln eineinhalb Pfund Rindsfett grob und legen es mit Karottenscheiben, ganzen Zwiebeln, wovon eine mit zwei Gewürznelken gespickt sein sollte, ein oder zwei Lorbeerblättern, einem Büschel Petersilie und Schnittknoblauch*, einer Knoblauchzehe und zwei geschälten und entkernten, in Scheiben geschnittenen Zitronen in einen Kochtopf. Alle Zutaten anbraten, aber nicht braun werden lassen. Wenn das Fett zu drei Vierteln gar ist, bestäuben Sie es mit einem Esslöffel Mehl und gießen mit Wasser auf. Gießen Sie außerdem etwas Salzwasser darauf, das Sie folgendermaßen herstellen:
Kochen Sie ein bis zwei Hand voll Salz in Wasser, schäumen Sie ab und lassen Sie das Wasser danach ziehen. Das Wasser läutern und weiterverwenden.

### *Brède-Sauce*

Sie nehmen Weißbrot, legen es in Milch ein und lassen beides etwa 45 Minuten köcheln, bis Brot und Milch einen dicken Brei ergeben. Dazu geben Sie zwanzig Körner weißen Pfeffer, Salz in ausreichender Menge und ein nussgroßes Stück Butter. Die Sauce in eine Saucière gießen und diese neben Wild auf den Tisch stellen.

### *Butter, gebunden*

Sie schlagen zwei Eier auf, trennen Dotter von Eiklar und geben die Dotter in eine Kasserole. Dann zerlassen Sie etwa 125 gr Butter, ohne sie braun werden zu lassen. Die Dotter werden mit dem Holzlöffel zerdrückt und verrührt und die Butter wird nach und nach über die Dotter gegossen. Die Kasserole auf eine kleine Flamme stellen, Zitronensaft hinzufügen und die Sauce als Legierung verwenden.

### *Anchovisbuttersauce*

Drei bis vier Anchovis gut waschen und mit einem Tuch abtrocknen, so dass alle Schuppen entfernt werden. Das Rückgrat entfernen und das Anchovisfleisch mit einem Stück Butter, etwa so groß wie ein kleines Ei, zerstampfen. Wenn alles gut püriert ist, durch ein Haarsieb drücken und auf einem Tuch auffangen. Inzwischen wurden acht Esslöffel ▸ Espagnole reduziert und ein Teil der Anchovis oder auch alle mit der Espagnole vermengt. Zwei Zitronen mitköcheln lassen, um überschüssiges Salz abzuleiten, die Sauce passieren und gut schwenken. Falls sie zu dick sein sollte, etwas Fleischbrühe hinzufügen und die Sauce verwenden.

### *Knoblauchbuttersauce*

Zwei Knoblauchzehen mit einem eigroßen Stück Butter zerstampfen; wenn alles gut püriert ist, die Butter auf ein doppelt bespanntes Haarsieb legen und mit dem Holzlöffel durch das Sieb pressen. Mit ▸ Velouté oder reduzierter ▸ Espagnole weiterverarbeiten.

### *Provençalische Buttersauce*

Sie nehmen fünf bis sechs Knoblauchzehen und zerstoßen sie wie für die Knoblauchbutter. Wie oben durch ein doppeltes Sieb drücken und mit dem Löffel alle am Sieb haftenden Reste aufnehmen. In ein Steingutgefäß füllen und etwas kaltgepresstes Olivenöl aus Aix darüber gießen. Öl und Knoblauch verrühren und dabei ständig Öl nachgießen. Ausgiebig salzen. Die Sauce sollte fest wie Butter werden, dann kann man sie weiterverwenden.

### *Court-Bouillon*

Ein Stück Butter mit Zwiebelringen, Karottenstreifen, zwei auseinander gebrochenen Lorbeerblättern, drei Gewürznelken, zwei Knoblauchzehen, Thymian, Basilikum und etwas Ingwer auf eine große Flamme stellen, damit die Zutaten leicht braun werden können. Es sollte sich etwas davon auf dem Topfboden anlegen. Mit zwei bis drei Flaschen Wein aufgießen und, falls die Court-Bouillon fetter ausfallen soll, etwas gutes Suppen- oder Bratfett hinzufügen. Aufkochen lassen und weiterverwenden.

### *Currysauce oder indische Sauce*

In eine Kasserole kommen sechs Esslöffel reduziertes ▸ Velouté, ebenso viel Fleischbrühe und ein Kaffeelöffel Curry-Pulver. Kochen Sie eine Messerspitze Safran in einem kleinen Gefäß auf. Wenn die Flüssigkeit sich gelb gefärbt hat, passieren Sie sie durch ein Tuch in Ihre Sauce. Den Safran gut mit dem Löffel durch das Tuch pressen, es kann ruhig ein Teil davon mit passiert werden. Aufkochen lassen und entfetten. Falls die Sauce nicht scharf genug ist, geben Sie eine Messerspitze roten Cayenne-Pfeffer dazu.

### *Erbsenpüreesauce*

Sie bereiten ein Erbsenpüree vor, wie es im Kapitel Suppen beschrieben wird, und lassen dieses mit einer ausreichenden Menge ▸ Velouté reduzieren. Wenn die Sauce dickbreiig ist, färbt man mit Spinatsud und montiert* mit einem Stück Butter sowie einer Messerspitze Zucker.

### *Erbsensauce als Entrée oder Zwischengericht*

Sie nehmen zwei Liter Erbsen, waschen sie und legen sie in ein Sieb. Wenn sie abgetropft sind, geben Sie die Erbsen mit einem Stück Butter in eine Kasserole, fügen einige Zweige Petersilie und einige halbierte Halme Schnittknoblauch* hinzu, stellen die Kasserole aufs Feuer und schwenken die Pfanne, sobald die Erbsen runzlig werden. Nun gießen Sie mit vier Esslöffeln Bouillon auf, legen ein bis zwei Scheiben Schinken dazu, lassen alles einmal aufkochen und ziehen es dann zum Köcheln auf den Herdrand. Wenn die Erbsen weich sind, schütten Sie sie in ein Sieb, entfernen den Schinken, zerdrücken die Erbsen mit dem Löffel oder passieren sie mit kräftigem Druck durch ein Seihtuch, wobei Sie sie immer wieder mit der Bouillon, in der sie gekocht haben, befeuchten. Das passierte Püree mit einem Stück Butter und zwei bis vier Esslöffeln ▸ Velouté köcheln lassen, bis Sie ein dickes Püree erhalten. Dieses entfetten, gut salzen, ein kleines Stück Zucker hinzufügen und mit einem Stück Butter montieren*.

Falls das Püree nicht grün genug ist, färben Sie es mit etwas Spinatsud.

*Espagnole*

Wie für die ▸ Grande Sauce legt man eine Kasserole vor allem mit Schinken- sowie auch Speckscheiben aus, legt eine Kalbsnuss darauf, gießt mit einigen Löffeln Fleischbrühe auf und gibt fünf bis sechs Karotten und einige Zwiebeln dazu. Das Ganze einmal aufkochen lassen und dann auf kleine Flamme ziehen, bis die Kalbsnuss ihren Saft abgibt. Wenn sich der Fond zur ▸ Glace einkocht, was man daran erkennt, dass er sich nahe dem Topfboden zu schönem Goldgelb verwandelt, zieht man die Kasserole vom Feuer und sticht das Fleisch mit der Messerspitze an, so dass der verbleibende Saft austreten kann. Mit Fleischbrühe aufgießen, die mit Rebhühnern, Kaninchen oder Hühnern in ausreichender Menge zubereitet wurde. Nun einen Strauß Petersilie und Schnittknoblauch* sowie zwei Gewürznelken je Kalbsnuss hinzufügen. Dazu kommen ein halbes Lorbeerblatt, eine Knoblauchzehe, etwas Basilikum und Thymian. Alles aufkochen lassen, dann auf den Herdrand ziehen und das Fett abschöpfen. Nach zwei Stunden wird die Espagnole wie jedes ▸ Coulis mit einem ▸ Roux gebunden. Wenn sie eher lichter als dick ist, lässt man sie eine weitere halbe bis Dreiviertelstunde lang köcheln, so dass der Roux sich gut mit der übrigen Flüssigkeit verbinden kann. Fett abschöpfen und die Espagnole durch ein Seihtuch in eine andere Kasserole passieren, welche nochmals aufs Feuer gestellt wird, damit die Sauce auf drei Viertel ihrer Menge reduziert wird. Die Espagnole verfeinert alle dunklen Ragoûts und wird dafür mit Madeira, Champagner oder Burgunder gestreckt, je nachdem, für welches Gericht man sie verwenden will.
Ich persönlich gebe keinen Wein in die normale Espagnole, schließlich kommt sie ja auch in Gerichte, für die kein Wein vorgesehen ist, und kann außerdem von einem Tag auf den anderen sauer werden, wenn man sie nicht sofort verwendet. Dies würde aber einen großen Verlust darstellen. Köche reduzieren aber reinen Wein nicht, weil er dann destilliert schmeckt und die geistigen Teile verdampfen. Daher reduzieren sie Wein nur gemeinsam mit einer Sauce zur Demi-Glace* oder lassen diese Mischung noch stärker einkochen, so dass sie schließlich ein daumendickes oder noch kleineres Klümpchen bildet.

### *Erweiterte Espagnole*

Falls Sie eine Espagnole für Kurzgebratenes oder als reine Sauce verwenden möchten, entnehmen Sie dem Topf mit der Espagnole zwei bis drei Schöpflöffel und vermischen drei Teile Sauce mit einem Teil Fleischbrühe. Würzen Sie mit Trüffelstückchen, die beim Putzen derselben übrig geblieben sind und die Sie gut gewaschen haben, sowie mit einigen Champignonstielen und reduzieren Sie die Flüssigkeit auf großer Flamme. Nun die Sauce sorgfältig entfetten und ihr, falls sie zu licht ist, mit ▸ Blond de veau Farbe geben, nochmals reduzieren, so dass die Konsistenz einer Sauce erreicht wird, durch ein Seihtuch passieren, ins Wasserbad stellen und bei Bedarf verwenden.

### *Estragonsauce, licht*

Nehmen Sie etwas von Ihrem ▸ Aspik (Grand Aspic) oder, falls keines vorhanden, ein wenig guten Fleischfond, der wie Aspik mehrmals passiert und geläutert werden sollte. Wenn der Fond schön klar ist, gießen Sie etwas Estragon-Essig hinzu und schneiden Estragonblätter rautenförmig zu. Die Blätter kochen lassen und vor dem Servieren ins Aspik werfen.

### *Estragonsauce, gebunden*

In eine Kasserole kommen vier bis sechs Esslöffel reduziertes ▸ Velouté, falls die Sauce hell sein soll, oder reduzierte ▸ Espagnole, wenn Sie sie dunkel haben wollen. Dazu gießen Sie einen Schuss Estragonessig und fügen rautenförmig zugeschnittene Estragonblätter hinzu. Die Sauce schließlich mit einem Stück Butter montieren*.

### *Fenchelsauce*

Einige Fenchelstiele putzen und fein hacken, dann auf einem Sieb abtropfen lassen. Nun geben Sie in eine Kasserole vier Esslöffel ▸ Velouté und ebenso viel ▸ gebundene Butter und erhitzen diese, wobei Sie den Topf ständig schwenken. Knapp vor dem Servieren werfen Sie den Fenchel hinein und schwenken weiter, so dass Fenchel und Sauce sich gut vermischen; gut salzen und mit etwas Muskat würzen.

### *Fleisch-Glace*

Sie nehmen ein bis zwei Kalbsfüße und Teile vom Kalbs-Karree* oder andere Kalbsteile, die beim Putzen abgefallen sind, wobei diese

»Abfälle« in größerer Menge auch die Kalbsfüße ersetzen können. Die Fleischteile in einen frisch verzinnten Kochtopf legen, vier bis fünf Karotten, zwei bis drei Zwiebeln, Petersilie und Schnittknoblauch* hinzufügen. Mit sehr guter Bouillon übergießen oder statt der Suppe guten Fleischfond nehmen. Nach dem Aufkochen abschäumen und mehrmals frisches Wasser nachgießen. Den Topf auf den Herdrand ziehen und – wenn das Fleisch im Begriff ist, sich von den Knochen zu lösen –, die Suppe durch ein Tuch passieren, das man zuvor befeuchtet hat. Sie wringen das Passiertuch sorgfältig aus, um alle Brühe herauszupressen. Die Brühe kalt werden lassen, läutern, dann zur Sauce reduzieren lassen, wobei die Flamme klein gehalten werden muss und durch ständiges Umrühren verhindert werden soll, dass sich etwas anlegt oder anbrennt. Die sich reduzierende Fleischbrühe sollte klar und hell bleiben. Salzen Sie nicht, denn sie wird würzig genug sein. Diese reduzierte, eingedickte Fleischbrühe wird Ihren Saucen und Ragoûts Körper geben und gebratenes oder gedünstetes Fleisch glacieren*. Machen Sie aus den Schwanzfedern einiger alter Hühner einen kleinen Pinsel, entfernen Sie den Flaum, die Federn sollten nur etwa zwei Daumen lang und gleichmäßig beschnitten sein, so dass keine länger ist als die andere. Binden Sie die Federn fest zusammen, waschen Sie den Pinsel in warmem Wasser, drücken Sie ihn aus und verwenden Sie ihn für das Bestreichen von Fleisch. Tauchen Sie den Pinsel jedoch niemals in die kochende Glace, sonst müssen Sie befürchten, einzelne Federteilchen in der Sauce wieder zu finden.

### *Fumet vom Wild*

In eine Kasserole kommen acht Esslöffel Fleischbrühe und die Knochen von zwei bis drei Rebhühnern, die Sie vorher mit dem Messerrücken zerstoßen haben. Dazu gießen Sie ein großes Glas Weißwein, lassen alles 45 Minuten köcheln, passieren die Flüssigkeit durch ein Seihtuch und reduzieren schließlich die Flüssigkeit auf die Konsistenz von Fleisch- ▸ Glace. Nun geben Sie vier bis sechs Esslöffel ▸ Espagnole dazu, lassen alles einmal aufkochen, entfetten das Fumet und verwenden es bei Bedarf.

### *Gourmet-Sauce*

In einer Kasserole kochen Sie die Menge eines zu drei Vierteln vollen Glases ▸ Glace und vier Esslöffel Tomatenpüree auf. Die Sauce sofort nach dem Aufkochen vom Feuer ziehen, um ihr nach und nach, unter ständigem Umrühren, 500 gr Krebsbutter in kleinen Portionen beizufügen. Wenn die Sauce gut gebunden ist, mischen Sie einen Esslöffel Essig und eine Messerspitze fein gehackten Estragon darunter, schließlich kommt noch ein Esslöffel voll fein gehackten, blanchierten* Schalotten hinzu.

### *Grande Sauce*

(nach M. de Courchamps)

Eine Kasserole buttern und mit Schinkenscheiben auslegen. Kalbfleisch in handliche Stücke schneiden und einige davon auf den Schinken legen. Mit vier bis sechs Esslöffeln Bouillon aufgießen, so dass das Kalbfleisch fast ganz bedeckt wird. Zwei tournierte* Karotten und eine große Zwiebel dazugeben, die Zwiebel später wieder entfernen, bevor sie zerkocht. Wenn der Kalbsfond zu Glace zerfällt, drosseln Sie die Flamme so gut wie möglich und umgeben den Topf mit glühender Asche, so dass die Glace weiter reduzieren kann. Sobald diese sich braun färbt, lösen Sie sie unter Zugabe eines Schöpflöffels kalter Bouillon vom Topfboden; sobald sie sich gelöst hat, füllen Sie den Topf mit weiterer Bouillon an.

Ist das Kalbfleisch gar, nehmen Sie es aus dem Topf und passieren den Fond durch ein Tuch. In einer weiteren Kasserole bereiten Sie einen ▸ Roux vor und gießen genügend Kalbsfond darauf, um eine recht flüssige Sauce zu erhalten, die einmal aufkochen soll. Auf dem Herdrand weiterköcheln lassen und von Zeit zu Zeit umrühren, so dass das entstehende Coulis von schöner Farbe ist. Eventuell mit Rinds- ▸ Jus aufgießen, um die Sauce zu vermehren. Es wird sich während des Kochens eine Haut bilden, die man nicht abnehmen sollte. Erst wenn die Sauce fertig ist, entfettet man sie, indem man sie durch ein Seihtuch passiert. Die passierte Sauce sollte bis zum völligen Auskühlen regelmäßig umgerührt werden, damit sich keine weitere Haut darauf bildet. Die Grande Sauce dient zur Verfeinerung kleiner brauner Saucen.

### *Jus vom Rind (Fleischsaft)*

Sie buttern eine Kasserole, legen, wie für ein Blond de veau, einige Scheiben Schinken und Speck auf deren Boden und geben Zwiebelringe sowie Karotten dazu. Darauf legen Sie saftige, zwei Finger dicke Scheiben vom Rind und gießen einen Schöpflöffel Bouillon darüber. Die Kasserole auf ein starkes Feuer stellen und das Fleisch, wenn es sich am Boden anzulegen beginnt, mit einem spitzen Messer anstechen. Der Herd sollte mit Asche gedämpft werden, so dass der Saft nicht zu schnell verdampft. Achten Sie darauf, dass Ihr Fleisch nicht anbrennt. Wenn es gut am Topfboden klebt, gießen Sie auf, schäumen ab, würzen mit Petersilie und Schnittknoblauch* und geben einige Champignon-Stiele dazu. Ist das Fleisch gar, entfetten Sie den Fond und passieren ihn durch ein Tuch. Sie können nun damit Suppen und Saucen kräftiger machen oder ihn für Entrées oder Zwischengerichte verwenden, die Saft verlangen.

### *Hummersauce*

Sie entnehmen einem mittleren Hummer Fleisch und Eier, würfeln das Fleisch und entfernen die Häutchen der Eier. Eier wie Fleisch kommen ohne Flüssigkeit in eine Kasserole; diese wird mit einem Stück Backpapier oder mit einem Deckel zugedeckt, damit der Hummer ohne anzubrennen köcheln kann. Die Hummerschalen waschen, die kleinen Beine vom Panzer nehmen und Letzteren wegwerfen. Wenn die Schalen gut gewaschen sind, trocknen Sie sie im schwach erhitzten Ofen und zerstoßen sie dann mit Butter, wie wir es bei der zweiten Version der Krebssauce angegeben haben. Ist die Hummerbutter fertig und kalt, mischen Sie diese in eine weiße Sauce und schwenken den Topf auf dem Feuer ohne die Sauce aufkochen zu lassen. Wenn Sie möchten, können Sie mit etwas Cayenne-Pfeffer oder mit grobem Pfeffer würzen. Gießen Sie die Sauce auf Ihren Hummer, mischen Sie gut durch und servieren Sie das Ganze in einer Saucière.

### *Ket-chop*

Sie nehmen zwölf Körbchen Champignons, waschen und putzen sie und schneiden sie so dünnblättrig wie möglich auf. Nun nehmen Sie eine neue Terrine, legen darin fingerdick Champignons auf, streuen etwas feines Salz darauf und wiederholen diesen Vorgang abwechselnd, bis alle Champignons verbraucht sind. Darauf streuen Sie eine Hand voll grüne Nuss-Schalen, bedecken die Terrine mit einem weißen Leinentuch, binden das Tuch mit einer Schnur fest und beschweren es mit einem Teller. Die Champignons sollten nun vier bis fünf Tage Zeit bekommen um ganz weich zu werden. Dann läutert man den entstandenen Saft und presst die Champignons mit aller

Kraft durch ein frisches Küchentuch. Diesen Vorgang kann man nur zu zweit bewältigen. Der Saft kommt in eine Kasserole und wird dort, unter Zugabe zweier Lorbeerblätter, reduziert. Nun garnieren Sie einen kleinen Kochtopf wie für eine ▸ Fleisch-Glace, fügen vier bis fünf zerstoßene Anchovis und einen Kaffeelöffel Cayenne-Pfeffer hinzu, lassen die Flüssigkeit zur Demi-Glace* reduzieren, entfernen die Lorbeerblätter und lassen alles auskühlen. Wenn das Ket-chop kalt ist, füllen Sie es in eine neue Flasche, verschließen diese gut und servieren Ihre Sauce zu Fisch.

### *Krebssauce*

Mit 125 gr Butter und 125 gr Mehl eine Saucengrundlage bilden, die Sie mit entfettetem, passiertem und erkaltetem Fischsud aufgießen. Wenn die Sauce gebunden ist, montieren* Sie sie mit 100 gr Butter, einem Stück Krebsbutter wie auch mit vier bis fünf Löffeln fein gewürfelten Krebs-Scheren und -Schwänzen.

### *Krebssauce, zweite Version*

Sie waschen 250 gr Flusskrebse mehrfach in wechselndem Wasser, legen sie in eine Kasserole und decken diese zu. Die Krebse in wenig Bouillon kochen und die Kasserole beim ersten Aufwallen kräftig schwenken, damit die untersten Krebse nach oben geschüttelt werden. Wenn alle schön rot geworden sind, ziehen Sie die Kasserole vom Feuer und lassen den Topf zehn Minuten zugedeckt stehen. Die Flusskrebse auf einem Sieb abtropfen und auskühlen lassen, dann das Fleisch herausschälen und die Schwänze als Garnitur aufbewahren. Das Körperinnere wegwerfen, nachdem Sie die kleinen Beinchen ausgelöst haben. Die Schalen gut waschen, auf ein Sieb legen und auf lauwarmem Herd oder einem Deckel, den Sie auf warme Asche gelegt haben, trocknen. Wenn die Schalen trocken sind, zerstoßen Sie sie im Mörser, geben ein eigroßes Stück Butter dazu und zerstoßen Schalen und Butter gemeinsam, bis man die Schalenstücke kaum mehr als solche unterscheiden kann. Falls die Krebsschalen nicht genug Farbe an die Butter abgeben, fügen Sie ein bis zwei kleine Orcanète-Wurzeln hinzu. Dann stellen Sie die Krebsbutter auf eine kleine Flamme und lassen sie etwa eine Viertelstunde lang langsam zergehen. Ist sie sehr heiß geworden, legen Sie ein eher feines Sieb auf ein Gefäß mit kaltem Wasser und gießen die Butter auf das Sieb. Die Butter wird im Wasser fest, danach können Sie sie auf einen Teller legen und für Krebssauce weiterverwenden. Nun mischen Sie die Butter mit drei Löffeln reduziertem und gut gewürzten ▸ Velouté und schwenken die Kasserole gut, bevor Sie die Sauce servieren.

### *Krebscrèmesauce für Steinbutt*

Sie passieren drei Glas ▸ Sauce Béchamel in eine flache Pfanne und reduzieren sie gemeinsam mit drei Esslöffeln Rohmilch-Rahm*. Fügen Sie dann einige Löffel Champignon-Kochsud hinzu. Wenn die Sauce schön cremig ist, ziehen Sie sie vom Feuer, geben 100 gr frische Butter und schließlich 50 gr Krebscrème dazu. Den Steinbutt mit einem Teil der Sauce maskieren*, der übrigen Sauce einige Esslöffel Krebs-Schwänze beimengen und sie dann in eine Saucière gießen. Den Fisch mit einigen Büscheln Petersilie garnieren.

### *Kretzer und wie man ihn konserviert*

Sie nehmen grüne Sauertrauben, bevor sie reif werden, und zupfen die einzelnen Perlen von den Stielen. Die Weinperlen mit etwas Salz im Mörser zerstampfen und den Saft durch ein Tuch herauspressen, indem Sie Letzteres auswringen oder mit einem Stein beschweren. Nun nehmen Sie ein oder zwei Säckchen aus Barchent, befeuchten diese und bemehlen die haarige Seite der Säckchen, die Sie offen aufhängen. Den Kretzersaft mehrmals in die Barchent-Säckchen gießen, bis er so klar wie Quellwasser wird. Zuvor haben Sie gut gereinigte Flaschen bereitgestellt oder neue besorgt, so dass kein anderer Geschmack den Kretzer beeinflussen könnte. Die Flaschen müssen nun folgendermaßen geschwefelt werden: Sie nehmen einen Korken, der auf alle Flaschen passt, und stecken ein Stück Draht hinein. Der Draht sollte die Oberseite nicht durchstoßen, an der Unterseite aber ein Häkchen bilden. Achten Sie darauf, dass der Draht nur bis zur Hälfte des Korkens geführt wird. An dem Häkchen wird nun ein geschwefelter Docht befestigt, wie man ihn für Fässer benützt. Dieser Docht wird angezündet und nacheinander in jede Flasche gesteckt. Wenn die Flasche voll Dampf ist, ziehen Sie den Docht heraus und verschließen die Flasche. Nach einem kurzen Augenblick können die Flaschen mit dem Kretzer gefüllt und wieder dicht verschlossen werden. Die Flaschen werden stehend im Keller gelagert. Wenn Sie den Kretzer verwenden wollen, entfernen Sie das Häutchen, das sich im Flaschenhals gebildet hat. Dieser Kretzer kann zum Beispiel Zitronensaft ersetzen. Man kann ihn ebenso gut für Erfrischungsgetränke oder für Punsch nehmen, wenn man ihn mit etwas Weingeist und Zitronenschale versetzt. Ein Glas davon hilft, bei Unfällen oder Stürzen den ersten Schock zu überwinden.

### *Linsensauce à la reine*

Sie fertigen nach der Methode, wie Sie Erbsensauce zubereiten, ein Linsenpüree an und gießen dieses mit ▸ Espagnole auf. Linsen müssen länger kochen als Erbsen, so dass das Püree dunkelbraun wird. Zum Schluss mit einem Stück Butter montieren* und das Püree dickbreiig werden lassen.

### *Marinade, gekocht*

Sie rösten ein bis zwei in Scheiben geschnittene Karotten, einige Zwiebeln, ein Lorbeerblatt, eine halbe Knoblauchzehe, etwas Thymian, Basilikum, Petersilie in ganzen Zweigen und ein bis zwei halbierte Halme Schnittknoblauch* in einem eigroßen Stück Butter an. Wenn das Gemüse braun wird, gießen Sie mit Weißweinessig und der doppelten Menge Wasser auf, salzen, pfeffern und lassen diese Marinade gut köcheln, bevor Sie sie durch ein Haarsieb passieren und weiterverwenden.

### *Mayonnaise-Sauce*

Sie gießen drei bis vier Esslöffel feines Öl und zwei Esslöffel Estragonessig in ein Gefäß. Fügen Sie Estragon, Schalotten, Pimpernelle, alle sehr fein gewiegt, Salz, groben Pfeffer und schließlich zwei bis drei Esslöffel Aspik-Gelée hinzu. Alles gut umrühren, um eine dicke Crème zu erhalten. Kosten Sie: Falls sie zu salzig oder zu sauer sein sollte, gießen Sie etwas Öl nach. Wenn die Sauce etwas dünner sein soll, zerhacken Sie das Gelée mit dem Messer und heben es nur locker unter die anderen Zutaten.

### *Muschelsauce*

Miesmuscheln putzen und mehrmals waschen, dann mit Knoblauch und Petersilie auf eine große Flamme stellen und die Kasserole von Zeit zu Zeit schütteln, bis die Muscheln offen sind. Dann lösen Sie das Muschelfleisch von der Schale und stellen es etwas abseits. Das Muschelwasser wird geläutert und als Grundlage für eine Buttersauce genommen. Das Muschelfleisch in diese Sauce geben und bis zur Weiterverwendung warm halten.

*Olivensauce mit gefüllten Oliven*

250 gr gefüllte Oliven in kochendes Wasser werfen, abtropfen lassen und zu einer reduzierten ▸ Espagnole ins Wasserbad legen. Fügen Sie zwei Esslöffel Olivenöl hinzu und servieren Sie bei Bedarf.

*Pikante Sauce*

Eine Zwiebel fein hacken und in Butter anrösten, ohne sie braun werden zu lassen, mit einem halben Glas Essig aufgießen und einen Strauß Petersilie, zwei Lorbeerblätter, etwas Thymian, Pfeffer und Gewürznelken hinzufügen. Die Flüssigkeit auf die Hälfte reduzieren, ihr ein Glas Suppe oder ▸ Jus und ebenso viel Zucker beimengen, dann aufkochen lassen und den Topf auf den Herdrand ziehen. Die Sauce nach einer Viertelstunde entfetten und durch ein Seihtuch passieren, zwei Esslöffel ganze Kapern und die gleiche Menge Essiggurken in kleinen Stücken hinzufügen.

*Roux*

In eine Kasserole kommt ein Pfund Butter oder mehr. Die Butter zerlassen, aber nicht bräunen. Sehr weißes und feines Weizenmehl sieben und so viel davon zur Butter geben, wie diese aufnehmen kann. Der Roux sollte wie fester Teig aussehen. Zunächst stellen Sie den Topf auf eine größere Flamme und rühren ständig um. Wenn der Roux heiß ist und Farbe anzunehmen beginnt, ziehen Sie den zugedeckten Topf auf heiße Asche, unter einen beheizten Ofen, so dass die Glut aus diesem Ofen auf den Topfdeckel fällt. Alle halben Stunden rühren Sie gut um, bis die Masse rotbraun geworden ist. Mit dieser Methode wird Ihr Roux nicht so bitter schmecken wie andere.

*Roux, weiß*

Sie zerlassen etwas von der feinsten Butter, die Sie haben, und verrühren diese mit Mehl. Das Mehl zuerst sieben, damit Unreinheiten und Klümpchen ausgesondert werden. Mehl und Butter auf ein sehr sanftes Feuer stellen; dieser Roux sollte ganz hell bleiben. Etwa eine halbe Stunde rühren und den Roux weiterverwenden.

*Salzwasser*

Sie salzen Wasser kräftig und legen in dieses Wasser einige ganze Halme Schnittknoblauch*, ganze Petersilienbüschel, ein bis zwei Zehen Knoblauch und zwei bis drei in Ringe geschnittene Zwiebeln. Dazu kommen Karottenschalen, Thymian, Lorbeerblätter, Basilikum und zwei Gewürznelken. Kochen Sie alle Zutaten 45 Minuten lang, schäumen Sie das Wasser ab, dann nehmen Sie den Topf vom Herd. Nun decken Sie den Topf mit einem Leinentuch zu und lassen das Wasser 30-45 Minuten ziehen, bevor Sie es durch ein Seihtuch passieren, wobei das Gemüse und die Gewürze im Topf bleiben sollten. Diese Suppe dient als Kochsud für Fisch und alles, was in Salzwasser gekocht werden muss.

### *Sauce à l'allemande*

Etwas Butter und fein gehackte Champignons in eine Kasserole geben, die Pilze gut dünsten, sechs Esslöffel erweitertes ▸ Velouté sowie zwei Esslöffel Fleischbrühe hinzufügen und die Flüssigkeit reduzieren lassen. Butter und blanchierte* Petersilie dazugeben, die Sauce passieren und schwenken, den Saft einer halben Zitrone und etwas groben Pfeffer beigeben, passieren und servieren.

Falls kein Velouté vorhanden, bestäuben Sie die Champignons mit etwas Mehl, gießen mit guter Bouillon auf und legen einen Kräuterstrauß mit Gewürznelke, einer halben Knoblauchzehe, Thymian und Lorbeer dazu, den Sie nach dem Dünsten wieder entfernen, wobei Sie dessen Saft jedoch über der Sauce ausdrücken. Die Sauce wie die ▸ Sauce hollandaise mit Pfeffer und Essig montieren*.

### *Sauce à l'aurore*

Sie nehmen etwas erweitertes ▸ Velouté und verfeinern dieses mit zwei Esslöffeln Zitronensaft, etwas grobem Pfeffer und geriebener Muskatnuss. Wenn die Sauce aufgekocht hat, passieren Sie vier hart gekochte Eier ohne Zugabe von Flüssigkeit durch ein Sieb und streuen diese Eier vor dem Servieren in Ihre Sauce. Lassen Sie diese nicht mehr aufkochen, sobald die Eier darin sind, und prüfen Sie, ob sie genug gesalzen ist.

### *Sauce à la bonne morue*

Sie wird wie die ▸ Sauce Sainte-Menehould zubereitet, aber weniger stark gebunden. Das von dieser Sauce begleitete Gericht sollte mit blanchierter* und fein gehackter Petersilie bestreut werden.

*Sauce à l'ivoire*

Sie nehmen ein Huhn, entfernen die Lunge und legen es in einen Kochtopf, der gut gereinigt wurde. Fügen Sie nun zwei Karotten, zwei Zwiebeln – wovon eine mit einer Gewürznelke gespickt ist – und ein Bouquet garni* hinzu. Mit zwei Schöpflöffeln Fleischbrühe oder klarer Suppe aufgießen. Den Schaum abschöpfen und den Topf an den Herdrand ziehen, so dass die Suppe nur leise köchelt. Nach fünf Viertelstunden oder eineinhalb Stunden passieren Sie die Brühe durch ein Tuch, schöpfen vier bis sechs Esslöffel davon in eine Kasserole, fügen vier Esslöffel ▸ Velouté hinzu und reduzieren diese Flüssigkeit zur Sauce. Wenn Sie servieren wollen, geben Sie ein eigroßes Stück Butter dazu, passieren und schwenken die Sauce und gießen einen Esslöffel Zitronensaft darauf.

*Sauce à la maître d'hôtel, kalt*

Sie geben ein Stück Butter in eine Kasserole, würzen mit gewiegter Petersilie, einigen Blättern Estragon, ein oder zwei Marienblätter, feinem Salz in ausreichender Menge, dem Saft von ein bis zwei Zitronen oder einem Schuss ▸ Kretzer und vermischen alle Zutaten mit Hilfe eines Kochlöffels.

*Sauce à la maître d'hôtel, gebunden*

In einer Kasserole werden zwei Esslöffel ▸ Velouté mit einem eigroßen Stück Butter, sehr fein gewiegter Petersilie und zwei ebenfalls sehr fein gehackten Estragonblättern vermischt. Die Sauce aufs Feuer stellen und gut mit dem Holzlöffel umrühren, um Velouté und Butter zu verschmelzen. Knapp vor dem Servieren passieren und schwenken Sie die Sauce und träufeln Zitronensaft oder etwas ▸ Kretzer darauf.

*Sauce à la matelote*

In eine Kasserole kommt ein Schöpflöffel ▸ Espagnole, die nach dem Erhitzen mit kleinen, in Butter gebräunten Zwiebeln, tournierten* Champignons und Artischockenböden vervollständigt wird. Wenn Sie die Sauce servieren möchten, montieren* Sie sie mit einem nussgroßen Stückchen Butter und rühren vorsichtig um, so dass die Butter gut von der Sauce aufgenommen wird, die übrigen Zutaten jedoch nicht zerdrückt werden.

*Sauce à la mirepoix*

Diese Sauce wird wie die ▸ Sauce à la poêle gemacht und unterscheidet sich von dieser nur durch die Menge der Flüssigkeit. Die Sauce à la mirepoix wird mit einem Viertelliter Champagner oder gutem Weißwein aufgegossen.

*Sauce à l'orange*

Sie halbieren Orangen und pressen sie über einem Sieb aus, das Sie auf ein Tongefäß platziert haben. Halbieren Sie nun die ausgepressten Orangenhälften und kratzen Sie alles Fruchtfleisch heraus. Die Schale wird in dünne Streifen geschnitten, blanchiert* und abgetropft, dann in einen gut gewürzten Rinds- ▸ Jus gelegt und mit einer Messerspitze grobem Pfeffer gewürzt. Die Kasserole auf dem Herdrand köcheln lassen, den Orangensaft hinzufügen und das Fruchtfleisch mit der Sauce übergießen. Sie können alle Filets mit dieser Sauce übergießen, die anderen Zutaten und Beilagen sollten jedoch außerhalb der Sauce serviert werden.

*Sauce à la peluche verte*

Vier Esslöffel reduziertes ▸ Velouté aufkochen und vor dem Servieren entfetten. In diese Sauce kommen blanchierte* Petersilienblätter, grober Pfeffer, ein Stück Butter und der Saft einer Zitrone. Letzterer sollte geschmacklich den Ton angeben.

*Sauce à la pluche*

Sie blanchieren* einige Zweige Petersilie, schrecken sie in kaltem Wasser ab und legen sie auf ein Sieb. In eine Kasserole kommen drei Esslöffel reduziertes ▸ Velouté und zwei Löffel Fleischbrühe. Die Flüssigkeit knapp vor dem Servieren reduzieren und die Petersilie hinzufügen. Falls die Sauce zu salzig sein sollte, geben Sie ein Stückchen Butter dazu. Passieren, schwenken und servieren.

*Sauce à la poêle*

Vier Pfund Kalbskeulenschnittchen und ein halbes Pfund Schinken würfeln, ebenso ein Pfund geriebenen Speck aufschneiden, fünf bis sechs Karotten würfeln und acht ganze Zwiebeln in einen Kochtopf legen. Dazu kommen ein dickes Büschel Petersilie und Schnittknoblauch*, darin versteckt drei Gewürznelken, zwei Lorbeerblätter, Thymian, etwas Basilikum und Majoran sowie drei Zitronen in

Scheiben, aber ohne Schalen und Kerne. Alle Zutaten gemeinsam mit einem Pfund feiner Butter in den frisch verzinnten Kochtopf legen und auf kleiner Flamme anbraten, dann mit Bouillon oder Fleischbrühe aufgießen. Aufkochen lassen, abschäumen und vier bis fünf Stunden köcheln lassen. Die Suppe durch ein Haarsieb passieren und weiterverwenden.

### *Sauce à la polonaise, kalt*

Sie pressen vier Zitronen und eine ▸ Bigarade über einer Saucière aus, würzen mit einer guten Messerspitze grobem Pfeffer, drei Kaffeelöffeln gutem Senf und sechs gehäuften Esslöffeln Zucker. Alle Zutaten gut verrühren und mit kaltem dunklen Wild servieren.

### *Sauce à la poulette*

In einer Kasserole wird reduziertes ▸ Velouté aufgekocht und mit einem Stück feiner Butter, blanchierter* und gewiegter Petersilie sowie Zitronensaft verfeinert. Wenn kein Velouté vorhanden ist, bereitet man etwas weißen ▸ Roux zu, gießt mit Suppe auf, legt einen Strauß Petersilie und Schnittknoblauch* dazu, lässt alles köcheln und reduzieren, entfettet die Sauce, passiert sie durch ein Seihtuch und verwendet sie nach Bedarf.

### *Sauce à la talpage – für Hasen- und Kaninchenbraten*

Sie lassen Speck aus, um damit einen ▸ Roux herzustellen, fügen Knoblauch und Schalotten hinzu, gießen mit Wein auf, salzen, pfeffern, grillen die Hasenleber, zerdrücken diese mit Essig und geben sie zur Sauce. Vor dem Servieren passieren Sie die Sauce und gießen den Bratensaft hinzu. Die Sauce sollte sehr pikant sein. Sie werden sich die Finger lecken! ...

### *Sauce au pauvre homme*

Fünf bis sechs Schalotten werden fein gehackt und mit einer Messerspitze sehr fein gewiegter Petersilie vermischt. Mit einem Glas Bouillon, Fleischsaft oder Wasser – Letzteres in etwas geringerer Menge – in eine Kasserole geben, mit zwei Esslöffeln Essig, Salz sowie einer Prise grobem Pfeffer würzen und die Schalotten garen.

### *Sauce au suprême*

Zwei oder drei Esslöffel reduziertes ▸ Velouté in einer Kasserole mit zwei bis drei Esslöffeln Geflügelsuppe aufgießen. Die Sauce bis zur Menge von drei Esslöffeln Velouté reduzieren. Vor der weiteren Verwendung fügen Sie ein eigroßes Stück Butter hinzu, stellen den Topf auf ein stärkeres Feuer, rühren um und passieren. Die Sauce sollte gut gebunden, jedoch nicht allzu dick sein. Wenn die Konsistenz richtig ist, nehmen Sie den Topf vom Herd, verfeinern mit Zitronensaft oder ▸ Kretzer, schwenken die Sauce und verwenden sie nach Bedarf weiter.

### *Sauce aus pürierten Champignons*

Sie nehmen zwei Körbchen Champignons, schälen diese und waschen sie gut in wechselndem Wasser, wobei Sie die Pilze vorsichtig zwischen den Händen reiben. Dann lassen Sie sie auf einem Sieb abtropfen und schneiden die Champignons in feine Streifen. Mit einem eigroßen Stück Butter in eine Kasserole geben und auf kleiner Flamme dünsten. Wenn die Pilze fast gar sind, mit vier Esslöffeln ▸ Velouté aufgießen und darin eine Dreiviertelstunde weiterdünsten lassen. Mit kräftigem Druck durch ein Seihtuch passieren und mit Crème fraîche montieren*, wobei das Püree licht bleiben sollte.

### *Sauce au vert-pré*

Zehn Esslöffel ▸ Velouté und vier Esslöffel Fleischbrühe reduzieren lassen, vor dem Servieren mit einem Stück Butter montieren* und mit einem nussgroßen Stück gestocktem Spinatgrün färben. Die Sauce passieren und verwenden.

### *Sauce aux hâtelets*

Etwas Petersilie, Schnittknoblauch* und einige Champignons fein hacken und mit Butter in eine Kasserole geben. Anrösten und mit Mehl bestäuben, dann mit einem Schöpfer voll Fleischbrühe aufgießen. Leicht salzen, mit grobem Pfeffer, einem halben Lorbeerblatt und geriebener Muskatnuss würzen. Die Sauce stark erhitzen und gut umrühren, bis sie zu dünnem Brei reduziert ist. Den Lorbeer entfernen, die Sauce mit zwei Dottern, die Sie in etwas Bouillon verquirlt haben, binden und weiterverwenden.

*Sauce Béchamel*

In eine Kasserole kommen etwas ▸ Velouté und etwas Fleischbrühe. Wenn Sie einen halben Liter Velouté nehmen, lassen Sie die Sauce auf großer Flamme aufkochen, rühren gut um und reduzieren sie auf zwei Drittel ihres Volumens. Zugleich reduzieren Sie eine Pinte* Crème fraîche auf ein Drittel und rühren diese nach und nach unter die Sauce, die unter ständigem Umrühren zu jener Konsistenz reduziert wird, die sie vor der Zugabe der Crème fraîche hatte. Die Sauce sollte breiig sein, wenn Sie sie durch ein Leinentuch passieren und vor dem Servieren im Wasserbad warm halten.

*Sauce Duxelle*

Sie wiegen Champignons, Petersilie, Schnittknoblauch* und Schalotten in gleichen Mengen fein und rösten sie mit Butter und ebenso viel geriebenem Speck an. Mit Salz, grobem Pfeffer, Fines Épices*, etwas geriebenem Muskat und einem Lorbeerblatt würzen, dann mit einigen Löffeln ▸ Espagnole oder ▸ Velouté aufgießen. Köcheln lassen und sorgfältig umrühren, wenn Sie meinen, dass Ihre Duxelle die richtige Konsistenz hat, und alle Feuchtigkeit aus den Kräutern verdampft ist. Die Sauce legieren, nicht mehr aufkochen lassen, nach Geschmack Zitronensaft beifügen. Die Duxelle in einer Terrine aufbewahren und zu allen Gerichten mit Papilloten* servieren.

*Sauce hachée*

Einen Teelöffel fein gehackte und blanchierte* Schalotten, die gleiche Menge Champignons und etwas fein gewiegte Petersilie gut mischen, mit vier bis sechs Esslöffeln ▸ Espagnole, der gleichen Menge Bouillon sowie vier Esslöffeln gutem Essig aufgießen und mit einer Messerspitze grobem Pfeffer würzen. Aufkochen lassen und entfetten. Kapern und Essiggurken fein hacken, so dass je ein Esslöffel davon zur Verfügung steht. Wenn Sie diese Sauce verwenden möchten, montieren* Sie sie mit der Butter von ein bis zwei Anchovis, passieren die Sauce und schwenken sie gut.
Kapern und Essiggurken sollten nicht aufkochen.

*Sauce hollandaise*

Sie wird mit der ▸ Grande Sauce und mit Butter gemacht. Gießen Sie sechs Esslöffel davon in eine Kasserole, mit einer gewürfelten Zitrone, von der Sie die weißen Häute und die Kerne entfernt haben.

Dazu kommen drei hart gekochte, ebenfalls gewürfelte Dotter, etwas fein gewiegte Petersilie, eine Messerspitze grober Pfeffer und ein Schuss guter Weißwein-Essig.

### *Sauce italienne, rot*

Einige gehackte Champignons, Zitronenscheiben (die Zitrone muss entkernt sein) und Schinkenwürfel mit einem Esslöffel fein gehackten Schalotten vermischen. Champignons und Schalotten sollten gewaschen und mit einem Tuch abgetrocknet werden. Die Mischung mit einem halben Lorbeerblatt, zwei Gewürznelken sowie einem Viertelliter Öl ergänzen und alles aufs Feuer stellen. Wenn die Zitrone und die anderen Zutaten fast gar sind, wird Erstere entfernt. Nun fügt man einen Löffel fein gewiegte Petersilie und einen Löffel ▸ Espagnole sowie einen halben Liter guten Weißwein hinzu, wobei der Wein nicht reduziert wurde. Mit grobem Pfeffer würzen, dann erst die Sauce reduzieren, entfetten, die Schinkenwürfel herausnehmen und die Sauce bis zur richtigen Konsistenz einkochen lassen.

### *Sauce italienne, weiß*

Sie bereiten diese Sauce ebenso zu wie die rote, nehmen aber statt der ▸ Espagnole etwas ▸ Velouté.

### *Sauce Périgueux*

Sie schälen zwei bis drei rohe Trüffeln, die Sie vorher sorgfältig gebürstet und geschält haben. Würfeln Sie die Trüffeln und decken Sie sie zu. In eine Sautierpfanne gießen Sie eineinhalb Glas dunkle Sauce und einige Esslöffel guten Kalbsfond. Geben Sie einen Teil der Trüffelschalen zur Sauce und stellen Sie die Kasserole auf ein starkes Feuer, wo die Sauce unter ständigem Umrühren reduziert wird. Wenn sie auf zwei Drittel ihrer ursprünglichen Menge reduziert ist, gießen Sie nach und nach ein Glas Madeira hinzu und passieren sie auf die Trüffeln. Zwei Minuten aufkochen lassen, dann vom Feuer nehmen.

### *Sauce poivrade*

Schneiden Sie eine Scheibe Schinken in zwölf kleine Würfel und geben Sie diese mit einem kleinen Stück Butter, fünf bis sechs Zweigen Petersilie, zwei bis drei halbierten Halmen Schnittknoblauch*, einer Knoblauchzehe, einem Lorbeerblatt, etwas Basilikum, Thymian und zwei Gewürznelken in eine Kasserole. Auf ein starkes Feuer stellen und, wenn die Zutaten gut angeröstet sind, eine Messerspitze feinen Pfeffer, zwei Esslöffel Essig und acht Löffel nicht reduzierte ▸ Espagnole hinzufügen. Gut umrühren und die Sauce aufkochen lassen, dann vom Feuer ziehen und auf dem Herdrand 45 Minuten lang köcheln lassen. Entfetten und durch ein Seihtuch passieren.

### *Sauce ravigote, weiß*

Sie putzen und waschen Kresse, Kerbel, Pimpernelle, Estragon, Schnittlauch, Sellerie und Marienblätter, geben alle Zutaten in ein Gefäß und gießen mit einem Achtelliter kochendem Wasser auf. Zudecken und 45 Minuten ziehen lassen. Den Sud passieren und mit sechs Esslöffeln ▸ Velouté in eine Kasserole gießen, wo er reduzieren und eindicken soll. Einen Esslöffel Weißwein und ein Stück Butter, etwa halb so groß wie ein Ei, hinzufügen, die Sauce passieren, gut schwenken und servieren.

### *Sauce ravigote, roh und kalt*

Sie bereiten dieselben Zutaten vor wie oben und wiegen sie fein. Dazu kommen ein Esslöffel ebenfalls fein gehackte Kapern, ein bis zwei zerdrückte Anchovis, etwas feiner Pfeffer und ausreichend Salz. Alle Zutaten werden im Marmor- oder Steinmörser vollkommen zerstampft und miteinander vermischt, dann mit einem Dotter verrührt und mit etwas Öl weiter verarbeitet. Von Zeit zu Zeit kommen ein paar Tropfen Weißweinessig dazu, bis alle Zutaten die Konsistenz einer Sauce bilden. (Falls Sie Ihre Ravigote sehr scharf möchten, fügen Sie noch etwas Senf hinzu.) Nun kann sie serviert werden.

### *Sauce ravigote, gekocht*

Die gleichen Zutaten wie oben werden – wie etwa Spinat – gewaschen sowie blanchiert* und dann in kaltem Wasser abgeschreckt. Die Kräuter auf einem Sieb abtropfen lassen und gut im Mörser zerstampfen. Nun durch ein feines Haarsieb drücken und mit Öl und Essig vermischen. Salzen und pfeffern, abschmecken und servieren.

### *Sauce ravigote, heiß, für Kalbshirn und andere Hirngerichte*
(nach einem Rezept von Urbain Dubois)

In eine Kasserole kommen ein halbes Glas Weißweinessig und ein Büschel Estragon sowie einige Schalotten und andere grobe Gewürze. Die Flüssigkeit auf die Hälfte reduzieren, dann einige Löffel helle, eher feste Sauce ravigote hinzufügen und diese Mischung einige Minuten kochen lassen. Durch ein Haarsieb passieren und warm halten. Einige Zweige Petersilie, ein bis zwei Estragonblätter, ein Pimpernellen- und ein Kerbelblatt sehr fein wiegen, diese Kräuter auf ein Eck eines Küchentuches legen, dieses Eck mit heißem Wasser befeuchten und den Kräutersaft auspressen, um ihn in die Sauce zu integrieren. Die Sauce vom Feuer nehmen und mit drei bis vier Esslöffeln gutem Olivenöl montieren*.

### *Sauce Robert*

Diese Sauce ist eine der appetitlichsten und leichtesten Saucen, und Rabelais, der ihren Erfinder, den Koch Robert, als verdienten Franzosen ansah, nannte diese Sauce »ebenso gesund wie notwendig«.

Trotzdem ist ihr Ruf unter Feinschmeckern nicht so gut, wie man glauben möchte, ist sie doch durchaus eine sehr fromme Sauce, was nicht bedeuten soll, dass das Feinschmeckertum der Religion abhold wäre. Fragen Sie Ihren Pfarrer und Sie werden den Beweis hören, dass die beiden Einstellungen gut zusammenpassen.

Kommen wir aber zu unserer Sauce zurück. Der Historiker Thiers (nicht der ehemalige Minister!), Pfarrer von Champrond in der Diözese von Chartres, der sich gegen einige Scharlatanerien kirchlicher Art aufgelehnt hatte, welche vom Domkapitel von Chartres jedoch erlaubt worden waren, machte sich die Herren Patin und Robert, der eine Richter, der andere Generalvikar des Bischofs von Chartres, zu Feinden. Der Pastor von Champrond schrieb nun eine Satire auf den Generalvikar und nannte sie »Sauce Robert«, eine Anspielung auf die von Rabelais erwähnte berühmte Zubereitung. Die Satire flog auf und Thiers musste bei Gefahr für Leib und Leben fliehen.

Doch wie bereitet man diese Sauce nun zu?

Sie schneiden sechs oder mehr große Zwiebeln in Würfel oder Ringe. Waschen Sie die Zwiebeln, um ihnen die Schärfe zu nehmen. Die Zwiebelscheiben oder -würfel mit einem Stück Butter in eine Kasserole geben und alles auf ein schönes Feuer stellen. Mit etwas Mehl bestäuben und Mehl wie Zwiebeln braun werden lassen. Wenn sie es sind, mit Bouillon aufgießen und weiterköcheln lassen,

Salz und groben Pfeffer dazu streuen und, wenn die Sauce die richtige Beschaffenheit hat, mit Senf montieren*.

### *Sauce Sainte-Menehould*

In einer Kasserole wird ein Stück Butter mit etwas Mehl verrührt und dann mit Milch oder Obers* aufgelöst, mit Petersilie und Schnittknoblauch*, einem halben Lorbeerblatt, einigen Champignons und Schalotten vermischt und diese Sauce aufs Feuer gestellt. Sie wird wie die ▸ Sauce Béchamel ständig gerührt, durch ein Tuch getrieben und nochmals aufs Feuer gesetzt. Fein gehackte Petersilie hinzufügen und mit etwas grobem Pfeffer würzen.

### *Sauce tartare*

Sie wiegen zwei bis drei Schalotten, etwas Kerbel und etwas Estragon sehr fein, legen alle Zutaten in ein Tongefäß und mischen sie dort mit Senf, zwei Dottern, einem Schuss Essig, Salz und Pfeffer, je nach Bedarf. Gießen Sie langsam Öl dazu und rühren Sie dabei ständig um. Falls die Sauce zu dick wird, gießen Sie etwas Essig nach. Kosten Sie, ob genügend Salz enthalten ist; falls es zu viel ist, mischen Sie noch etwas Senf und Öl dazu.

### *Sauce tortue*

Sie gießen einen Schöpflöffel reduzierte ▸ Espagnole sowie ein großes Glas trockenen Madeira mit einem Löffel Curry und einem halben Löffel Cayenne-Pfeffer in eine Kasserole. Die Flüssigkeit reduzieren, dann entfetten. Nun kommen Hahnenkämme und -nieren, Artischockenböden, Champignons, und je nach Jahreszeit ein Kalbsbries oder einige Stück Lammbries hinzu. Alles aufkochen lassen, so dass die Zutaten Farbe und Geschmack der Sauce annehmen können. Vor dem Servieren legieren Sie mit sechs bis acht ganzen Dottern und rühren vorsichtig um, so dass die Dotter nicht auslaufen. Diese Sauce begleitet alle Gerichte »en tortue«.
Aus Prinzip sollten alle Zutaten zuerst in Wein reduziert werden, bevor man sie in die Sauce wirft.

### *Sauce verte*

Sie bereiten diese Sauce wie die ▸ Sauce au suprême zu und mischen sie mit einer ▸ Sauce ravigote sowie etwas Spinat-Kochsud, den sie folgendermaßen herstellen:

Sie waschen und pürieren eine Hand voll Spinatblätter und drücken den Saft aus, indem Sie die Blätter in ein Tuch wickeln und dieses fest auswringen. Den Saft in eine kleine Kasserole geben und auf den Herdrand stellen. Er wird wie Milch aufgehen. An diesem Punkt gießen Sie ihn in ein Seihtuch, durch das er abtropfen soll. Vor dem Servieren verrühren Sie einen Teil des Spinatsuds oder alles davon mit Ihrer Sauce, gießen Zitronensaft oder ▸ Kretzer dazu, passieren die Sauce und servieren sofort, damit die Sauce nicht gelb wird.

### *Sauerampfersauce*

Sie nehmen zwei Hand voll Sauerampfer oder auch mehr, entfernen die Stiele und waschen die Blätter. Abtropfen lassen und sehr fein wiegen, dann mit einem Stück Butter, das zuerst schmelzen sollte, in eine Kasserole geben. Wenn der Sauerampfer gar ist, passieren Sie ihn mit kräftigem Druck durch ein Seihtuch, kratzen mit dem Messerrücken alles ab, was auf dem Tuch geblieben ist, und streichen möglichst allen Sauerampfer in eine Kasserole. Mit zwei bis vier Esslöffeln ▸ Espagnole aufgießen und die Sauce etwa 45 Minuten köcheln lassen. Achten Sie sorgfältig darauf, immer wieder umzurühren bzw. den Topf zu schwenken, entfetten Sie die Sauce nach der angegebenen Garzeit und schmecken Sie sie ab. Sie sollte dickbreiig sein, dann kann man sie weiterverwenden.

### *Schalottensauce à la béarnaise*

In eine kleine Kasserole kommen zwei Esslöffel fein gehackte Schalotten und vier Esslöffel feiner Essig aus Orléans*. Essig und Schalotten so lange köcheln lassen, bis sich der Essig zur Hälfte reduziert hat, dann die Kasserole vom Feuer ziehen und die Schalotten auskühlen lassen. Nun mischen Sie vierzehn Dotter darunter, zerdrücken diese mit dem Löffel und fügen vier Esslöffel gutes Öl hinzu. Die Kasserole auf ein sanftes Feuer stellen, umrühren und die Sauce eindicken lassen. Sobald sie die richtige Konsistenz hat, ziehen Sie den Topf vom Herd. gießen noch ein halbes Glas Öl dazu, wechseln jedoch die Beigabe von Öl mit je einem Spritzer Zitronensaft ab. Schließlich mit etwas Estragon oder fein gehackter Petersilie würzen und mit etwas ▸ Fleisch-Glace montieren*.

### *Sauce genannt à la génevoise*

Zwiebeln, Petersilie, Schalotten, Knoblauch, Lorbeer, Thymian und die Abfälle geschälter Champignons kommen mit einer Flasche Rotwein in eine Kasserole. Die Flüssigkeit auf ein Viertel reduzieren, mit einem Schöpflöffel Fleischbrühe und mit etwas Fischfond aufgießen, den Sie für diesen Zweck bereitgestellt haben. Behandeln Sie die Sauce weiter wie die reduzierte ▸ Sauce à la matelote und passieren Sie sie dann durch ein Seihtuch. Schließlich montieren* Sie die Génevoise mit Anchovis-Butter aus zwei Anchovis und 125 gr feiner Butter. Die Sauce sollte gut gebunden sein, um maskieren* zu können; verwenden Sie sie für Süßwasserfisch.

Wir können uns nicht enthalten, Ihnen folgende Schmährede eines übel gelaunten Gastronomen zu überliefern, die dieser gegen die Bewohner von Genf und deren Sauce richtete. Wir geben sie hier wieder, übernehmen jedoch keinerlei Verantwortung dafür, denn es genügt mir, bereits eine Stadt der Schweizer Eidgenossenschaft gegen mich aufgebracht zu haben; da muss es nicht auch noch die Hauptstadt sein.

Jener besagte Feinschmecker meint also: »Man muss wissen, dass jeder Genfer, den man um das Rezept der Sauce génevoise bittet, ein übrigens sehr Kosten sparendes und überaus einfaches Rezept, Ihnen jedes Mal ein nicht enden wollenden Vortrag über diese ruhmreiche Zubereitungsart hält, wobei er Sie beschwören wird, ja nicht zu versäumen, allen Fisch, den man mit der Génevoise servieren will, unbedingt in einer Court-Bouillon aus Champagner und Bordeaux zu gleichen Teilen zu kochen. Wir möchten hier alle Reisenden davor bewahren, dieses Rezept ernst zu nehmen, das in Genf selbst niemals angewandt wird, außer Fremden gegenüber, um diese zu beeindrucken und ihnen falsche Größe vorzuspiegeln. Wenn die Genfer jemals so viel Geld ausgeben, sich zwei Flaschen Champagner oder Bordeaux zu kaufen, dann tun sie es, um sie mit Freunden zu trinken, und nicht, um sie in ihrer winzigen Küche in einen Kessel zu gießen.«

### *Stachelbeersauce à l'anglaise*

Sie schöpfen mit beiden Händen so viele halb reife Stachelbeeren, wie Sie darin halten können, halbieren die Früchte und entfernen die Kerne. Die Stachelbeeren in Salzwasser – etwa wie Fisolen* – blanchieren*, abtropfen lassen und in eine Sauce aus vier Esslöffeln ▸ Velouté und ebenso viel Buttersauce geben. Diese Sauce wird wie die ▸ Fenchelsauce zubereitet, Sie können auch Fenchel dazugeben.

Sie wird, wie auch die ▸ Sauce à la maître d'hôtel, zu gekochten Makrelen serviert.

### *Tomatensauce*

Sie nehmen zwölf bis fünfzehn sehr reife, vor allem sehr rote Tomaten, entfernen die Stiele, halbieren die Tomaten und nehmen die Kerne heraus. Drücken Sie die Tomaten in Ihrer Hand aus, um alle Flüssigkeit aus dem Inneren und auch alle Kerne zu entfernen, die Sie wegwerfen. Die Tomaten nun mit einem eigroßen Stück Butter in eine Kasserole legen und mit einem Lorbeerblatt sowie etwas Thymian würzen. Die Kasserole auf gemäßigtes Feuer setzen und die Tomaten so lange rühren, bis sie zu Püree zerfallen. Während des Dünstens gießen Sie einen Löffel ▸ Espagnole oder, noch besser, etwas Suppenfett hinzu. Wenn die Tomaten zu Püree geworden sind, pressen Sie dieses durch ein Seihtuch und kratzen die Unterseite des Tuches mit dem Messer ab. Mit zwei Löffeln Espagnole in eine Kasserole geben und zu Brei reduzieren, gut salzen und mit einer Messerspitze Cayenne-Pfeffer würzen.

### *Trüffelsauce à la Saint-Cloud bzw. en petit deuil*

Sie würfeln eine Trüffel klein und schwenken diese Würfel in Butter; mit acht Esslöffeln ▸ Velouté und vier Esslöffeln Fleischbrühe aufgießen, die Sauce kochen und reduzieren lassen, entfetten und mit einem Stück Butter montieren*.

### *Velouté oder weißes Coulis*

Sie legen eine Kalbsnuss oder ein Stück vom Naturteil oder einen Teil der Kalbskeule in eine gebutterte Kasserole, geben einige Scheiben Schinken, einen Schöpflöffel Fleischbrühe, Karotten und Zwiebeln dazu. Auf großer Flamme aufkochen lassen und, wenn die Flüssigkeit so weit eingekocht ist, dass sie am Topfboden zu haften beginnt, nochmals mit Fleischbrühe aufgießen. Wenn alles gut kocht, ziehen Sie den Topf vom Feuer, fügen Schalotten, fein geschnittene Champignons – aber ohne Zitrone – und ein Bouquet garni* hinzu, wobei Letzteres herausgenommen, und über dem Topf zwischen zwei Löffeln ausgedrückt wird, wenn die Kräuter und Wurzeln gekocht sind. Das fertig gekochte Fleisch herausnehmen und inzwischen einen weißen ▸ Roux vorbereiten, um die Sauce zu binden. So bereiten Sie den Roux vor: Sie zerlassen 500 gr feine Butter, lassen sie jedoch nicht braun werden, rühren Weizenmehl unter und vermischen Mehl und Butter, bis die Butter völlig aufgesogen ist. Dann stellen Sie die Kasserole auf ein sanftes Feuer und rühren ständig um, damit der Roux licht bleibt. Riechen Sie am Mehl, um zu erkennen, ob es gar ist, dann gießen Sie den vorhin zubereiteten Velouté-Fond auf einen Teil des Mehls oder auf das Ganze und lösen dieses darin auf. Rühren Sie ständig um, weil sonst das Mehl auf den Boden absinkt und dort kleben bleibt. Das Velouté entfetten, passieren und wieder aufs Feuer stellen, nochmals entfetten, reduzieren lassen, in ein Gefäß gießen, passieren und schwenken.

### *Erweitertes Velouté*

Sie verfeinern das Velouté wie die erweiterte ▸ Espagnole, fügen jedoch nichts hinzu, das Farbe geben könnte.

### *Weintrauben-Sauce*

(sie begleitet hauptsächlich die gepökelte Rindszunge)

In eine Kasserole kommen ein Glas Essig, ein Strauß Petersilie, Thymian, Lorbeer, ganze Pfefferkörner und Gewürznelken. Die Flüssigkeit auf die Hälfte reduzieren und ihr dann zwei Glas ▸ Jus beimengen. Aufkochen lassen und mit einem Löffel in kaltem Wasser aufgelöster Stärke binden. Nach fünf Minuten durch ein Haarsieb in eine andere Kasserole passieren, zwei Esslöffel Ribisel*-Gelée und zwei Hand voll geschälte und in warmem Wasser gewaschene Korinthen sowie Smyrna-Trauben hinzufügen. Fünf Minuten auf gemäßigter Flamme kochen lassen und die Sauce auf die Rindszunge gießen.

### *Wildpüree*

Sie nehmen ein oder zwei am Spieß gebratene Rebhühner, einen jungen Hasen und eine Schnepfe und verarbeiten sie getrennt oder gemeinsam. Zunächst entnehmen Sie alles Fleisch und hacken es fein, geben das gehackte Fleisch in einen Mörser und zerstampfen es dort zu Püree. Nun kommt das Fleisch mit etwas reduzierter ▸ Espagnole und etwas Fleischbrühe in eine Kasserole und sollte ohne aufzukochen erhitzt werden. Wenn das Püree heiß ist, passieren Sie es mit Armeskraft durch ein Seihtuch, kratzen alles, was noch am Tuch kleben sollte, zusammen und geben das passierte Püree in eine weitere Kasserole, die Sie im Wasserbad erhitzen. Vor dem Weiterverwenden montieren* Sie das Püree mit Butter und würzen bei Bedarf mit ▸ Fleischglace nach. Servieren Sie das Wildpüree mit pochierten Eiern und Röstbrot oder in knusprigem Teig.

### *Zwiebelpüree-Sauce, weiß*

Etwa fünfzehn Zwiebeln in Ringe schneiden und diese mit einem Stück Butter in einer Kasserole anschwitzen, ohne sie braun werden zu lassen. Man sollte die Flamme sehr klein halten und die Zwiebeln ständig mit dem Kochlöffel bewegen, bis sie sich leicht mit dem Löffel zerdrücken lassen. Nun gibt man zwei bis vier Esslöffel ▸ Velouté dazu und köchelt weiter. Wenn alle Zutaten weich sind und die Flüssigkeit reduziert ist, passiert man die Zwiebeln durch ein Seihtuch und stellt das Püree erneut auf den Herd. Einen Drittelliter Obers* hinzufügen, das vorher bereits einmal aufgekocht hat, mit etwas geriebener Muskatnuss würzen und, wenn das Püree breiig geworden ist, weiterverwenden.

## SAUERAMPFER

Eine Gemüsepflanze, die ihren Geschmack der in ihr enthaltenen Oxalsäure verdankt und die sowohl für Köche als auch in der Medizin großen Nutzwert hat. Man macht daraus Suppen und Pürees.

### *Sauerampfer-Püree als Fastenspeise*

Sie hacken Sauerampfer, Porree, Kopfsalat und etwas Kerbel gemeinsam klein, legen die Mischung trocken in eine Kasserole und erhitzen sie unter ständigem Umrühren, bis das Gemüse weich ist. Geben Sie nun ein schönes Stück Butter dazu und rühren Sie weiter um, bis der Sauerampfer die Butter angenommen hat; salzen, groben Pfeffer hinzufügen und mit drei Eidottern sowie etwas Obers* binden.

### *Sauerampfer-Püree für Festtage*

Sauerampfer wie oben angegeben weich dünsten; wenn er zu Brei geschmolzen ist, Butter hinzufügen und so lange umrühren, bis der Sauerampfer in der Hitze zittert. Einen Schmorfond mit ▸ Jus, Bratensaft oder reduzierter Bouillon aufgießen und das Gemüse darauf servieren.

## SAUERTEIG siehe HEFE

## SCHAF

In den griechischen Bergen, auf Zypern, Sardinien und Korsika lebt eine inzwischen vom Blei der Jäger äußerst dezimierte Rasse von Schafen, von der man glaubt, sie sei die Begründerin der heutigen Arten. Dieses Schaf ist so groß wie ein Damhirsch und trägt riesige Hörner. Die Schafe am Kap der Guten Hoffnung, an den Ufern des Kaspischen Meeres und in Astrachan haben einen so dicken Schwanz, dass er bis zu zwanzig Pfund wiegt. Einige von ihnen ziehen eine kleine Schubkarre hinter sich her, damit die Wolle nicht auf dem Boden schleift und beschädigt wird. Es ist Don Pedro, dem König von Kastilien, zu verdanken, dass er die Barbarie-Schafe nach Spanien brachte, die der kastilischen Wolle ihren Ruf eintrugen. Die von diesen kostbaren Tieren eingebrachten Profite ließen den spanischen Adel dem Beispiel des Königs folgen und sie begannen ebenfalls, ihre Herden zu begutachten und zu züchten. Die Tage der Schur wurden als Festtage gefeiert. Aus diesen Gründen erhielten die Schafe, die Spanien 30 Millionen Rente einbrachten, auch den Beinamen »Kronjuwelen«. Ein reinrassiger Widder war unerschwinglich, man konnte dafür bis zu 500 Piaster hinlegen.

Im 15. Jahrhundert erhielt der englische König Edward IV. vom spanischen König dreitausend dieser schönen Schafe, aber das andere Klima machte ihre Wolle viel länger und weniger seidig. Allerdings erlaubten die besondere Pflege, mit der die Engländer ihre Herden behandeln, und die völlige Ausrottung der Wölfe, dass man sie ganzjährig im Freien halten konnte. Ab da war englische Wolle überaus geschätzt. Um das englische Volk ständig daran zu erinnern, wie wichtig dieser Handel für es sei, saß der Kanzler der Chamber of Lords früher auf einem mit Wolle gefüllten Sack, wenn er nicht noch heute darauf sitzt.

Wieder war es Spanien, das in Frankreich die Merinos einführte, eine Rasse, die sich bei uns, in Konkurrenz zum flandrischen Schaf, immer weiter ausbreitete.

Im Jahre 1822 behauptet Moorcroft bei den Tataren ein Schaf entdeckt zu haben, das den Neid der Europäer auf sich ziehen würde. Es ist ein häusliches Tier wie der Hund, das in den Höfen oder unter dem Dach seines Herrn lebt, alles frisst und sich von Küchenabfällen ernährt, von denen es alles, was man ihm vorsetzt, bis auf die Knochen verzehrt. Es ist klein, aber seine Eigenschaften, die Güte seines Fleisches, seine Zartheit und das Gewicht seiner Wolle stellen es auf die gleiche Stufe mit den kostbaren Rassen. Es wirft zwei Lämmer, kann zweimal geschoren werden und liefert drei Pfund Wolle.

In Frankreich kommen die für ihr Fleisch am höchsten geschätzten Schafe aus den Ardennen, aus Langres, Lacreau und von den Salzweiden. Die jungen Schafe nennt man Lämmer; ihr Fleisch ist sehr zart, aber weniger schmackhaft. Später wird das Fleisch männlicher Schafe, wenn sie nicht kastriert wurden, weniger geschätzt als das von weiblichen Schafen.
Schafe bedeuten für jedes Land eine große Nahrungsquelle, vor allem aber dort, wo es weder Gasthäuser noch öffentliche Küchen gibt. Ich spreche von Spanien, von den Ufern des Nil und von den arabischen Ländern. Wenn man mit vier bis sechs Arabern die Wüste durchquert, hängt ihr Preis davon ab, ob man sie mit Proviant versorgt oder ob sie sich selbst Nahrung beschaffen müssen.
Im ersteren Fall haben sie immer Hunger und es ist unmöglich sie zufrieden zu stellen. Wenn man vereinbart, dass man nicht für ihre Lebensmittel zuständig ist, essen sie zu Mittag eine Dattel, am Abend zwei, schnallen den Gürtel nach jeder Mahlzeit um ein Loch enger und das war's.
1833 reiste ich von Tunis zu einem römischen Amphitheater, das zwölf bis fünfzehn Meilen im Inneren der Wüste liegt. Ich verhandelte mit den Arabern, dass sie mich bis Djem-Djem bringen sollten, so heißt diese Ruine. Sie hatten zugestimmt, dass sie mir mein Reittier, also ein Kamel, besorgen und sich selbst mit Proviant versorgen würden. Ich hatte in einer Art Koffer aus Weißblech ein Stück gebratenes Fleisch mitgenommen, auch Datteln, Wein, Wasser und Branntwein. Nach der ersten Etappe ließen wir uns vor dem Übernachten zum Abendessen nieder und ich sah mit großem Erstaunen, wie meine Araber nichts als einige Datteln und eine Banane aßen. Ich schämte mich, im Vergleich zu ihnen, die kaum gegessen hatten, ein so luxuriöses Mahl zu mir zu nehmen, und gab ihnen drei Viertel meines Brotes, mein ganzes Fleisch, die Hälfte meiner Früchte und behielt nur Wein und Wasser. Ich kündigte ihnen auch an, dass wir am nächsten Tag alle gemeinsam ein Schaf essen würden und dass sie eines besorgen sollten, was mir leicht erschien, da ich überall, wo es etwas Gras gab, kleine Herden von fünf bis sechs Schafen gesehen hatte.
Man irrt sich, wenn man glaubt, dass die Wüste am Meer beginnt. Man findet erst zwölf bis fünfzehn Meilen landeinwärts Einsamkeit, Hunger und Durst vor.
Am nächsten Morgen weckte mich das Blöken eines Schafes. Einer meiner Männer war in der Nacht ausgezogen und hatte für fünf Francs ein schönes, etwa fünfzig Pfund schweres Lamm ergattert. Zwei Stunden später waren wir in Djem-Djem, wo wir vereinbart hatten, zu Mittag zu essen.

Ich hatte schon viel darüber gehört, wie man in der Wüste Schafe zubereitet, und wollte nichts von diesen Vorkehrungen versäumen. Da es erst zwei Stunden später gegart werden sollte und die Besichtigung des Amphitheaters nicht mehr als zwei Stunden in Anspruch nahm, konnte ich die Zubereitung bis ins kleinste Detail mitverfolgen.
Die Araber begannen mit dem Schlachten des Tieres, wobei sie alle vom Koran vorgeschriebenen religiösen Einzelheiten genau befolgten, dann öffneten sie ihm den Bauch, warfen die Därme weg und behielten das Herz, die Leber und die Lunge. Nachdem sie im Proviantsack gewühlt hatten, füllten sie das Schaf mit Datteln, Feigen, Rosinen, Honig, Salz und Pfeffer und nähten den Bauch sorgfältig wieder zu. Währenddessen gruben zwei der Männer, die nicht mit diesen Vorkehrungen beschäftigt waren, mit Hilfe ihrer Säbel eine zwei Fuß tiefe Grube aus, füllten diese mit trockenem Holz auf und zündeten es an, nachdem sie daneben weiteres trockenes Holz aufgeschichtet hatten. Auf das glühende Kohlenbett legten sie das ungehäutete Schaf und deckten es mit dem trockenen Holz zu, das sofort Feuer fing. Als es niedergebrannt war, lag das Schaf da wie eine Kastanie in einem Aschemantel. Da warfen die Araber einen Teil der Erde, die sie aus der Grube geschaufelt hatten, darüber und sagten mir, ich solle mir das Amphitheater gemütlich ansehen, das Schaf werde in eineinhalb Stunden gar sein. Nach eineinhalb Stunden kehrte ich zurück, denn ich hatte großen Hunger und vor allem große Lust, die Kochkunst meiner Führer zu probieren. Offenbar ging es ihnen wie mir, denn kaum sahen sie mich mit dem Araber zurückkommen, den ich mitgenommen hatte weil er ein wenig Italienisch konnte, gruben sie sofort ihr unterirdisches Feuer aus und zogen das Schaf heraus.
Es war wie eine Kartoffel gebraten, deren Schale verkohlt ist. Wenn man mit einem Dolch daran kratzte, kam seine Haut zum Vorschein, welche die schöne goldene Farbe eines guten Bratens hatte. Die verkohlte Wolle war verschwunden und man erahnte hinter dieser Haut, aus der kein Fett entkommen hatte können, saftiges, wohlschmeckendes Fleisch. Ich wusste nicht, wie ich das Schaf tranchieren sollte, und gab dem Anführer der Eskorte das Zeichen zu beginnen.
Der ließ sich nicht lang bitten, drückte Daumen und Zeigefinger aufeinander und schneller als der Schnabelhieb eines Geiers schnellte seine Hand vor, kniff zu und riss ein Fleischband herunter. Sofort taten es ihm die anderen nach und als ich sah, dass das Schaf verschwunden wäre, wenn ich mich nicht beeilte, meinen Anteil zu verlangen, gab ich ein Zeichen, dass man nun mich machen lassen sollte.

Ich schnitt also mit meinem Dolch eine Schulter herunter und legte meine Beute, wenig erpicht darauf, mich an diesem händischen Herumzerren zu beteiligen, auf einen der Teller meines Reise-Nécessaires. Wie ein bestraftes Kind aß ich abseits. Mein Araber hatte sein Versprechen gehalten und mir meinen Kanister voll kühlem Wasser zurückgebracht.
Ich muss sagen, dass ich in einigen der renommiertesten europäischen Restaurants, in denen ich Schaf gegessen habe, nie saftigeres Fleisch erhielt als das meines in der Asche gegarten Bratens, den ich jedem im Orient Reisenden empfehle.

### *Rosbif vom Schaf am Spieß*

Man nimmt das Hinterteil eines Schafes, bricht die Schenkelknochen, klopft die beiden Keulen mit dem Hackbeil, steckt die Stelzen-Enden ineinander, bricht die Rippen flankenseitig auf, rollt die beiden Seiten auf und steckt in jede ein Brathäkchen. Die Nieren mäßig vom Fett befreien und in den verlängerten Rücken ein Häkchen stecken. Nun das Rosbif auf ein Eisen legen, das kleine Häkchen an einem Ende und die beiden Stelzen am anderen gut befestigen. Ein Häkchen durch die Nuss beider Keulen treiben, ein anderes, großes, kreuzweise darüber legen und gut befestigen. Mit Fettpapier umwickeln. Eineinhalb oder zwei Stunden lang braten, dann auf Fleischsaft oder mit Fisolen* auf bretonische Art servieren.

### *Schafskeule am Spieß*

Eine gut abgehangene Keule klopfen, durch die Wade ein Brathäkchen stecken, ohne dabei die Nuss zu berühren, und die Keule eineinhalb Stunden lang braten. Dann das Ende der Haxe abschneiden, am Knochenende eine Manschette aus Papier anbringen und die Keule mit ▸ Jus oder in ihrem eigenen Saft servieren.

### *Geschmorte Keule*

Eine Schafskeule mit sehr dunklem Fleisch und weißem Fett auslösen, aber den Ärmelknochen belassen. Mit dicken Speckstiften, Fines Épices*, Salz, Basilikum, Pfeffer, Petersilie und Schnittknoblauch* spicken, die Keule verschnüren und in ihre ursprüngliche Form bringen. Wenn dies getan ist, einen Schmortopf mit einigen Rindsstücken, die beim Putzen abgefallen sind, und fünf oder sechs Zwiebeln und Karotten auslegen. Darauf die Keule platzieren, mit etwas Suppe und Branntwein begießen, einige Lorbeerblätter, Gewürznelken, eine Knoblauchzehe und Thymian dazulegen. Aufkochen lassen. Mit Backpapier zudecken und bei sanfter Unter- und Oberhitze vier bis fünf Stunden schmoren lassen. Glacieren* und auf Endivien oder mit seinem Saft oder jedem anderen beliebigen Ragoût servieren.

### *Schafskeule à l'anglaise*

(Rezept nach Vuillemot)

Eine wie oben beschriebene Keule wählen, das Stelzenende und die Kniesehne entfernen, die Keule klopfen, in Mehl wenden und in ein Tuch wickeln, dessen vier Ecken verknotet werden. Einen Koch- oder Schmortopf mit Wasser füllen und dieses aufkochen lassen, die Keule mit Salz und einige Steckrübenstreifen hineinlegen. Das Wasser kochend halten, die Keule umdrehen und eineinhalb Stunden lang kochen. Währenddessen die Rüben herausnehmen und zu Mus verarbeiten, welche austrocknen und dann mit Butter, Salz, Pfeffer usw. montiert* werden soll. Nach und nach mit Obers* oder reduzierter Milch anfeuchten, bis das Mus so beschaffen ist, dass man es zu einem Kegel aufschichten kann. Den Kegel formen, die Keule abtropfen lassen, auf den Teller legen und mit einer Buttersauce maskieren*, auf dic man Kapern streut, und servieren. Das Rübengericht und eine Saucière mit einer weißen Kapernsauce dazu stellen.

### *Gekochte Schafskeule*

Eine wie oben beschriebene Keule wählen, in einen Schmortopf mit kochendem Wasser legen, Karotten, Zwiebeln, Petersilie und Schnittknoblauch*, zwei Gewürznelken, Lorbeer, Thymian, Basilikum und zwei Knoblauchzehen hinzufügen. Zwei Stunden kochen, abtropfen lassen, glacieren* und mit einer ▸ Espagnole servieren.

### *Schafskeule »en chevreuil«*

Eine gut abgehangene Keule klopfen, die äußere Haut abziehen und das Fleisch wie eine Kalbsnuss spicken. Mit einer Hand voll Wacholderbeeren und einer Messerspitze Wiesenkräuter in ein Tongefäß legen. Darauf eine kräftige ▸ Marinade mit ausreichend rotem Essig gießen, die Keule darin fünf bis sechs Tage einlegen, abtropfen lassen, auf den Spieß stecken und mit einer ▸ Sauce poivrade servieren.

### *Geschmortes Schafsviertel*

Keule und Rücken werden bis zu den unteren Koteletts im Ganzen verwendet. Den Rücken entbeinen, ebenso die Keule bis zum Fußgelenk. Die Innenseite salzen, die Teile verschnüren und ihnen eine hübsche längliche Form verleihen. Das Fleisch in eine mit Speck und Gemüse ausgelegte längliche Bratform geben, leicht salzen und mit drei bis vier Gläsern Suppe aufgießen. Die Flüssigkeit bis zur ▸ Glace reduzieren, dann den Topf mit Suppe auffüllen. Aufkochen lassen, dann bei sehr schwacher Unter- und Oberhitze mindestens fünf Stunden schmoren; wenn das Schaf nicht mehr jung war, eher länger. Jedenfalls ist es ratsam, das Fleisch lieber eine Stunde früher zuzustellen, damit jede Furcht, man könnte ein halbrohes Schaf servieren müssen, ausgeräumt wird.

Wenn das Schaf innen gerade noch rosig ist, lässt man es auf einem Blech abtropfen und streckt den Schmorfond mit Weißwein. Aufkochen lassen, entfetten und eine dunkle Sauce hinzufügen. Alle Schnüre vom Schafsviertel entfernen, das Fleisch einschneiden, in der Servierschüssel anrichten, das Keulenende mit einer Papillote* versehen, kleine Zwiebeln rundherum auflegen, Zwiebeln und Fleisch mit dem Pinsel glacieren* und einen Teil der Sauce in die Schüssel gießen.

### *Schafsrücken »Sainte-Menehould«*

Man nimmt und gart diesen Rücken wie den à l'anglaise, der weiter unten beschrieben wird. Nachdem die Haut abgezogen wurde, wird er mit einer ▸ Sauce Sainte-Menehould bestrichen, dann in Brotbröseln und geriebenem Parmesan gewendet, mit Butter belegt und in den Ofen geschoben. Bräunen und mit einem hellen ▸ Jus servieren.

### *Schafsrücken à l'anglaise, paniert*

(Rezept nach Monsieur de Courchamps)

Man nimmt einen Schafsrücken, schneidet Hüften, Keulen und die ersten zwei bis drei Rippen weg, entbeint die großen Rippenstücke, rollt die Flanken auf, garniert diese mit kleinen Stücken des Schafes, die beim Putzen weggeschnitten wurden aber ohne Knochen, fixiert die aufgerollten Flanken mit Holzstäbchen statt der Brathäkchen, verschnürt den Rücken, legt einen Schmortopf mit einigen Scheiben vom Rind, fünf bis sechs Karotten, ebenso vielen Zwiebeln, zwei bis drei Gewürznelken, zwei Lorbeerblättern, zwei Knoblauchzehen, etwas Basilikum und Thymian aus, legt auf dieses Bett den Rücken, begießt ihn mit guter Suppe, lässt alles aufkochen und gart es dann drei Stunden lang bei Unter- und Oberhitze. Danach lässt man den Rücken abtropfen, legt ihn auf ein Kupferblech, entfernt die Holzspießchen, nimmt vier bis fünf Eidotter, zerlässt ein halbes Pfund Butter und schlägt diese mit den Dottern schaumig. Etwas Salz dazugeben, den Rücken in einem Stück häuten, mit den Dottern bestreichen und ihn auch darin wenden. Nochmals etwas Butter zerlassen, den Rücken damit begießen und im Ofen schön braun werden lassen. Nachdem das Fleisch mit Hilfe zweier Topfdeckel vom Blech genommen wurde, auf einem Teller anrichten, darunter einen hellen ▸ Jus gießen.

### *Kleine Schafsrücken »en carbonnade«*

Schneiden Sie drei Karree*-Stücke vom Schaf zwischen Hüfte und Rippen heraus (man nennt diesen Teil das Filet) und teilen Sie diese drei Karrees in sechs gleiche Teile, geben Sie ihnen die Form länglicher Herzen, man nennt diese Form Pfauenschwanz, entfernen Sie die Sehnen und Häutchen Ihrer Filets, spicken und garnieren Sie sie wie den Schafsrücken »Sainte-Menehould« und garen Sie sie. Dann sollen sie abtropfen und mit der roten Schaufel* getrocknet, glaciert und unter einem Wurzelragoût oder auf Endivien, ▸ Sauerampfer-Püree oder einer ▸ Tomatensauce serviert werden.

### *Ballförmige Schulter*

Eine Schafschulter wird entbeint, Speck zu großen Stiften geschnitten, gesalzen, gepfeffert und gewürzt; Petersilie und Schnittknoblauch* fein wiegen, Aromaten* durch ein feines Sieb passieren und die Speckstifte in dieser Gewürzmischung wenden. Damit die Schulter spicken, ohne die Haut zu durchstoßen. Mit einer Spicknadel eine Schnur durch die Haut rund um die Schulter ziehen und dieser die Form eines Balls geben. Eine Kasserole mit Karotten, Zwiebeln, einem Lorbeerblatt, Thymian, Basilikum und den zerhackten Schulterknochen auslegen, die Schulter mit der Schnur-Seite nach unten darauf legen, Suppe darüber gießen, Speckscheiben darauf legen und mit einem runden Stück Backpapier zudecken. Aufkochen und zwei bis drei Stunden lang mit Unter- und Oberhitze auf der Glut schmoren lassen. Abtropfen lassen, glacieren* und auf einem ▸ Püree von Sauerampfer oder von blanchierten* Endivien oder auch auf einem ▸ Wurzelragoût servieren.

### *Schafkoteletts natur*

Aus einem Karree*-Stück werden Koteletts gleicher Größe geschnitten, und zwar jeweils zwei Rippen dick; wenn das Karree zu groß ist, schneidet man dünner. Man entfernt den Rückenknochen, legt das Kotelett auf und zieht die Haut auf der Seite des Filetstücks ab. Leicht klopfen, putzen und das Innere der Rippe abkratzen. Vom Knochenende je nach Größe des Schafes etwa drei Daumen breit abschneiden; das Fleisch am Knochenende abschaben. Butter zerlassen, die Koteletts hineintauchen, auf den Grill legen und braten, dabei nur einmal umdrehen, weil sonst der darin enthaltene Saft verloren ginge. Mit einem hellen ▸ Jus servieren.

### *Panierte Schafkoteletts*

Wie die Vorigen, nur vor dem Braten panieren.

### *Schafkoteletts mit Soubise*

Sie schneiden eher dicke Koteletts zurecht, putzen diese, klopfen sie leicht, spicken sie mit ebenso viel Speck- wie Schinkenstreifen und legen die beim Putzen der Koteletts angefallenen Abfälle mit drei bis vier Zwiebeln, zwei Karotten sowie einem Strauß Petersilie und Schnittknoblauch* in eine Kasserole. Nun legen Sie die gut gewürzten Koteletts darauf, begießen sie großzügig mit Suppe, bedecken sie mit Speckscheiben und mit festem, gebutterten Papier, lassen alles aufkochen, decken die Kasserole zu, garen das Gericht auf der Glut mit Unter- und Oberhitze, lassen die fertig geschmorten Koteletts abtropfen und abkühlen, putzen sie dann nochmals und gleichen vorstehende Ecken und Enden aus. Schneiden Sie alles weg, was über die Speck- und Schinkenstreifen hinausragt, passieren Sie den Schmorfond durch ein Seihtuch und reduzieren Sie ihn dann bis zur ▸ Glace. Sie legen nun die Koteletts in diesen Fond, wenden sie darin, so dass sie auf beiden Seiten glaciert* sind, legen sie als Kranz um die Mitte der Servierplatte, gießen in den Innenkreis, den sie bilden, ein schönes Püree aus im ▸ Blanc gedünsteten Zwiebeln und garnieren den Tellerrand mit kleinen blanchierten* und in Suppe gekochten Frühlingswiebeln, und zwar so, dass Sie in die Stängel jeweils ein Zweiglein Petersilie stecken können.

*Kurz gebratene Koteletts*

Schneiden und putzen Sie zwölf Koteletts wie oben beschrieben, legen Sie sie mit zerlassener Butter in eine Sautierpfanne und stellen Sie diese auf den Herd. Sie braten die Koteletts unter mehrmaligem Wenden derselben, gießen die Butter ab und ersetzen diese durch etwas Kalbs- ▸ Glace oder reduzierten Kalbsfond und einen Schöpflöffel Bouillon, legen dann die Koteletts darauf und schwenken sie, damit sie diese Sauce gut aufnehmen. Wenn die Koteletts perfekt glaciert* sind, legen Sie sie kranzförmig um die Tellermitte und gießen die Glace darauf, die Sie zuvor mit zwei Esslöffeln Suppe und etwas guter Butter aufgelöst haben.

*Koteletts auf Gärtnerinnen-Art*

Nachdem die Koteletts wie oben beschrieben vorbereitet und angerichtet wurden, macht man ein Ragoût aus allem möglichen tournierten* Gemüse – etwa kleinen Karotten, kleinen Steckrüben, Champignons, Fisolen* und in Suppe gekochten Erbsen – das mit sechs bis acht Esslöffeln ▸ Espagnole in einer Kasserole köcheln und zum Ragoût reduziert werden soll. Fett abschöpfen und das Gemüse mit einem kleinen Stück Butter sowie einer Messerspitze Puderzucker montieren*. Dann in den von den kranzförmig aufgelegten Koteletts frei gelassenen Kreis gießen und darauf eine Karfiol*-Röschen* legen.

*Karree* vom Schaf à la Bedienerin*

Entfernen Sie den Rückenknochen von zwei Karree*-Stücken, spicken Sie diese wie die »carbonnades«, das eine mit Speck, das andere mit grüner Petersilie im Ganzen, stecken Sie ein Brathäkchen hindurch, legen Sie sie auf den Spieß und braten Sie sie eine Dreiviertelstunde, wobei Sie darauf achten sollten, das Fleisch zu übergießen, dann richten Sie die Karrees mit der Filetseite nach oben und einem hellen ▸ Jus auf einem Teller an.

*Karree* als Fricandeau*

Ein Schafs-Karree* putzen und mit durchwachsenem Speck spicken. Eine Kasserole mit den Putzabfällen und mit einigen Rindsabfällen auslegen, das Karree darauf legen, zwei Karotten, zwei Zwiebeln und ein Bouquet garni* dazulegen, mit einem Schöpflöffel Suppe übergießen, mit befettetem Papier zudecken und schmoren. Wenn das

Karree gar ist, abtropfen lassen, die Haut an den Außenseiten abziehen, das Filet oder das ganze Karree glacieren* und auf einem guten ▸ Sauerampfer-Püree oder einem Endivien-Ragoût servieren.

### *Geschnetzeltes vom Schafsfilet mit Gurken*

Von der Nuss einer kalten, gebratenen Keule Haut und Fett abziehen, die Nuss in Streifen schneiden und diese mit einem reduzierten, sehr heißen, aber nicht kochenden Ragoût aus Gurkenstreifen oder mit einem aus Endivien vermischen.

### *Filet mignon vom Schaf*

Man braucht die Lendenfilets von zwölf Schafs-Karrees*, die man putzt, spickt und wie die »carbonnades« vorbereitet. Wenn sie gar sind, glaciert* man sie, richtet sie auf einem Gurkenragoût mit ▸ Jus an und serviert.

### *Portugiesisches Schafs-Hachis*

Von einer bereits am Vorabend gebratenen Keule werden die Nuss und die untere Nuss herausgeschnitten, Sehnen, Fett und Haut entfernt und das Fleisch fein gehackt. In einer Kasserole etwas reduzierte ▸ Espagnole zur Demi-Glace* einkochen lassen. Das zerkleinerte Fleisch hinzufügen und auf dem Feuer schwenken, ohne aufkochen zu lassen. Etwas Butter und groben Pfeffer hinzufügen und, falls das Hachis nicht würzig genug ist, etwas Fleisch- ▸ Glace dazumischen. Sie richten Ihr Hachis auf einem mit einer Bordüre geschmückten Teller an, übergießen es vorsichtig mit einer reduzierten Espagnole, legen sechs bis acht pochierte Eier darauf und servieren.

### *Schafsbrust*

Zwei Schafsbrüste putzen und die Spitzen bzw. den roten Brustknochen entfernen. Das Fleisch verschnüren und, nachdem es gut gewürzt wurde, in einem großen Kochtopf garen. Wenn es gar ist, die obere Haut entfernen und nochmals putzen, die Ränder zurechtschneiden und abrunden. In Brotbröseln wenden, salzen und pfeffern, dann grillen und mit einer ▸ Sauce au pauvre homme servieren.

### *Schafshals »Sainte-Menehould«*

Sie putzen die blutigen Spitzen zweier Schafshälse, blanchieren* Letztere, verschnüren sie und wenden sie in einem Schmorfond aus

Fleischresten, Speckscheiben, drei Karotten, ebenso vielen Zwiebeln, eine davon mit zwei Gewürznelken gespickt, zwei Lorbeerblättern, Thymian, Basilikum, zwei Knoblauchzehen, einem Sträußchen Petersilie, Schnittknoblauch* und Salz. Mit Suppe oder Wasser aufgießen, den Topf mit Papier verschließen, aufkochen lassen und dann zwei bis drei Stunden bei Unter- und Oberhitze garen. Abtropfen lassen, auf ein Blech legen, zurechtschneiden, eine ▸ Sauce Sainte-Menehould darauf gießen, mit einer Mischung aus Bröseln und Parmesan panieren, nochmals übergießen, in einem gewöhnlichen Ofen bräunen, hübsch anrichten und mit einer guten roten ▸ Sauce italienne servieren.

### *Gegrillter Schafshals*

Man nimmt drei Hälse, entfernt die blutigen Spitzen, blanchiert* die Hälse, kocht sie, putzt sie und schneidet sie zurecht, lässt sie auf dem Grill schön braun werden und serviert sie mit einer ▸ Sauce poivrade oder einer ▸ Sauce au pauvre homme.

### *Glacierte* Schafschwänze mit Endivien*

Fünf fette Schafschwänze in lauwarmes Wasser legen, blanchieren* und kochen. Wenn sie gar sind, abtropfen lassen, abwischen, einschneiden, mit einer roten Schaufel* trocknen, glacieren* und auf Endivien, ▸ Sauerampfer-Püree oder einem anderen Ragoût servieren.

### *Schafschwänze »hochepot«*

Sechs Schafschwänze blanchieren* und in einem Schmorfond mit 250 gr grob gewürfeltem Speck mit Schwarte dünsten. Einige Karotten, Steckrüben, Selleriewurzeln sowie Zwiebeln blanchieren und in einem anderen Topf in Suppe zu Ende kochen, bis die Suppe zur ▸ Glace eingekocht ist. Dann das Gemüse mit einer ausreichenden Menge reduzierter ▸ Espagnole in eine Kasserole werfen, die Speckwürfel aus dem Schmortopf hinzufügen und alles zusammen mit einer halben Flasche Wein dünsten. Das Gemüse entfetten und den Fond reduzieren lassen, die Schafschwänze abtropfen lassen, glacieren*, wie weiter oben beschrieben, das Gemüse auf dem Teller anrichten, darauf die Schwänze arrangieren, mit dem Ragoût übergießen und servieren.

### *Schafschwänze »au soleil«*

Wenn die Schafschwänze im Schmortopf gegart sind, bereitet man eine ▸ Sauce aux hâtelets zu, lässt alles abkühlen und garniert die Schafschwänze mit der Sauce, ohne dass sie ihre Form verlieren. In Brotbröseln wenden, einige Eier schlagen und salzen, die Schafschwänze hineintauchen, panieren, herausbacken und auf gerösteter Petersilie anrichten, so dass die Spitzen in die Höhe stehen, und servieren.

### *Terrine aus Schafschwänzen*

Sechs Schafschwänze schmoren, 500 gr Speckwürfel aus der Schweinsbrust hinzufügen, sechs bis acht Truthahnflügel überbrühen und zur Hälfte entbeinen, den Flaum absengen, die Haut abziehen und anbraten.

100 geschälte Kastanien mit etwas Butter auf dem Feuer so lange rösten, bis sich die zweite Haut von selbst ablöst, dann in Suppe kochen und die fehlerhaften aussondern. Wenn die Schafschwänze gar sind, wird ein Teil ihres Schmorfonds durch ein sehr feines Sieb gestrichen; er soll die passierten und zu Püree verarbeiteten Kastanien anfeuchten. Der passierte Schmorfond wird mit zwei großzügig bemessenen Esslöffeln ▸ Espagnole versehen, reduziert und entfettet, die Schafschwänze und Truthahnflügel lässt man abtropfen und schichtet sie dann in einer Terrine mit grob gewürfeltem Speck sowie ganzen Kastanien auf. Das Püree mit Butter montieren*, abschmecken, auf die Terrine gießen und servieren.

Statt der Kastanien können, je nach Jahreszeit, Linsen oder Erbsen verwendet werden.

### *Schafsnieren-Spießchen*

Man öffnet zwölf gehäutete Schafsnieren von der Außenseite und steckt sie auf ein Holzspießchen. Unter mehrmaligem Umdrehen grillen, dann vom Spießchen nehmen, auf einem Teller anrichten, in jede Niere etwas kalte ▸ Sauce à la maître d'hôtel streichen, den Teller anwärmen, Zitronensaft darüber träufeln und servieren.

### *Schafschwanz mit Oliven*

Sie blanchieren* acht bis zehn Schafschwänze, schneiden die äußeren Zipfel ab und legen die Schwänze mit gutem Schmalz, zwei kleinen Zwiebeln und einem Stück Karotte in eine Kasserole. Anrösten, würzen und, wenn das Fleisch braun ist, mit etwas Mehl bestäuben. Mit heißer Suppe, Fleischsaft und Weißwein aufgießen. Die Flüssigkeit aufkochen lassen und nach zehn Minuten die Kasserole auf den Herdrand ziehen. Falls die Sauce nicht dunkel genug ist, geben Sie etwas Karamel dazu. Sind die Schafschwänze gar, passieren Sie die Sauce durch ein Seihtuch in eine zweite Kasserole, um sie sorgfältig zu entfetten, gießen mit einem Glas Weißwein auf und lassen sie reduzieren, bis sie cremig wird. Die Schafschwänze mit der Sauce maskieren* und nochmals auf den Herd stellen. Nach wenigen Minuten vom Feuer nehmen, ein Olivenragoût darüber gießen und auf einem Bett aus glacierten* Endivien oder Zwiebeln servieren: Dem Schafschwanz gefällt jede Beilage.

### *Schafsnieren in Champagner oder Sauce italienne*

Zwölf Schafsnieren häuten, in Streifen schneiden und mit Butter in der Kasserole bei großer Flamme braten, abtropfen lassen, in eine mit einem Glas Champagner verfeinerte und zur ▸ Glace reduzierte ▸ Sauce italienne legen und in dieser Sauce fertig garen, wobei die Nieren darin geschwenkt werden, ohne dass die Sauce kochen sollte. Mit Zitronensaft servieren.

### *Schafhirn*

Wird wie Kalbshirn zubereitet, ist aber weniger delikat.

### *Schafszungen in Papilloten**

Zwölf Zungen putzen, wässern, eine Viertelstunde lang blanchieren*, in kaltem Wasser abschrecken, abtropfen lassen, schälen und mit Speckscheiben, Zwiebeln, Karotten, einem Strauß Petersilie und Schnittknoblauch*, Knoblauch sowie einem Lorbeerblatt anbraten. Mit Suppe aufgießen, aufkochen lassen und drei Stunden lang kochen, auskühlen lassen, auf einen Teller legen und so viele Papiertüten drehen, wie Zungen vorhanden sind. Pilzstängel fein hacken, ebenso Petersilie und Schnittknoblauch, alles mit 250 gr Butter, Salz, Pfeffer, Fines Épices* und 75 gr geriebenem Speck in einer Kasserole anbraten und auf kleiner Flamme weiter garen, den Topf schwenken und gegen Ende der Garzeit zwei Schöpflöffel ▸ Espagnole oder ▸ Velouté hinzufügen, köcheln lassen, mit drei Dottern binden und diese Sauce auf die Zungen gießen; abkühlen lassen, je eine Zunge in eine Papiertüte stecken, wobei die Außenseiten Letzterer mit Öl bestrichen sein sollten, die Tüten mit dem Kräuterfond auffüllen, verschließen und auf sanfter Flamme goldbraun grillen, dann servieren.

### *Gratinierte Schafszungen*

Schafszungen wie oben in einem Schmorfond dünsten und darin abkühlen lassen, so dass sie Geschmack annehmen. Eine gekochte ▸ Farce auf eine feuerfeste Platte streichen, die Zungen öffnen, ohne sie auseinander zu schneiden, so dass sie wie Herzen aussehen, und auf die Platte legen; mit Farce bedecken, ohne die Form der Zungen zu zerstören, rundherum mit Farce umhüllen, diese glatt streichen und mit zerlassener Butter beträufeln. Aus Weißbrot geformte Korken in diese Butter tauchen und damit einen Rand bilden, damit das Gratin nicht auseinander läuft. In gut beheiztem Ofen mit Unter- und Oberhitze gratinieren und bräunen, aber nicht anbrennen lassen. Vor dem Servieren werden die Weißbrotkorken entfernt und durch andere, in Butter schön goldbraun geröstete ersetzt; mit einer schönen roten ▸ Sauce italienne übergießen und servieren.

### *Schafszungen in Parmesan*

Die Zungen in einem schwach gesalzenen Schmorfond garen und darin auskühlen lassen, halbieren, in eine Schüssel ▸ Espagnole oder ▸ Velouté gießen und darauf geriebenen Parmesan streuen. Auf diesen werden die Zungen aufgelegt, mit weiterer Espagnole übergossen, mit etwa so viel Parmesan und Brotbröseln bedeckt, wie man Käse auf den Schüsselboden gestreut hat, mit zerlassener Butter begossen und im Ofen bei Unter- und Oberhitze goldbraun gebacken.

### *Schafsfüße »à la poulette«*

Nehmen Sie ein oder zwei Bündel Schafsfüße, je nachdem, wie viele Sie zubereiten möchten. Entfernen Sie jeweils die Klauenspitzen, spalten Sie die Füße bis zum Knochengelenk und entfernen Sie den Teil zwischen den Klauen, auf dem sich ein kleines Wollknäuel befindet, das wir im Volksmund Wurm nennen. Sie putzen den oberen Teil des Fußes, sengen die Wolle ab, häuten ihn, entfernen den großen Knochen und blanchieren* dann die Füße, wischen sie mit einem Tuch ab, legen sie in einen Schmortopf, gießen ein ▸ Blanc darüber und dünsten sie fünf bis sechs Stunden darin. Abtropfen lassen, mit einem Schöpflöffel ▸ Velouté in eine Kasserole geben, köcheln lassen, salzen, mit grobem Pfeffer und blanchierter Petersilie würzen. Knapp vor dem Servieren legieren Sie die Sauce mit etwa drei Dottern, gießen einige Tropfen ▸ Kretzer, Essig oder Zitronensaft darauf und servieren.

Wenn kein Velouté vorhanden ist, bereiten Sie einen kleinen ▸ Roux zu.

*Schafsfüße in Sauce Robert*

Die Füße wie für die »poulette« vorbereiten und, wenn sie gar sind, in eine ▸ Sauce Robert legen, darin köcheln lassen, würzen, mit etwas Senf abschmecken und servieren.

*Schafs-Hachis à la Musketier*

Die Überreste eines Schafbratens fein hacken. Ebenfalls fein gehackte Champignons in Butter sautieren, bis die Butter sich in Öl verwandelt hat. Dann gießt man mit ein paar Löffeln Consommé und ebenso viel ▸ Espagnole auf und lässt alles auf die Hälfte reduzieren. Diese Sauce gießt man über das Hachis, mischt gut durch und richtet alles mit gerösteten Brotscheiben rundherum an. Wenn man keine Espagnole zur Verfügung hat, streut man etwas Mehl auf die Champignons, gießt mit Suppe, Salz, Pfeffer und Lorbeer auf und lässt die Flüssigkeit reduzieren.

## SCHALOTTE

Der lateinische Name, Ascalonia, gibt den Ursprung der Schalotte an: Sie kam mit den Kreuzfahrern über Syrien nach Europa.

Wie Zwiebel und Knoblauch wird sie für Saucen verwendet, entfaltet darin jedoch ihr höchst eigenes Aroma, viel feiner als das der beiden Erstgenannten. Die Schalotte eignet sich bestens für die Würzung von Essig- und Öl-Saucen, mit denen man kalte oder warme Artischocken isst. Es ist unmöglich, eine gute ▸ pikante Sauce ohne Schalotten zuzubereiten.

## SCHELLFISCH

Ein dem Kabeljau verwandter Fisch, den man auf die gleiche Art wie diesen an unseren Küsten fängt. Sein Geschmack hängt von seinem Alter, den Fischgründen, seinem Geschlecht und der Jahreszeit ab. Die meisten sind sechs bis sieben Meter lang und wiegen fünf bis sieben Kilogramm. Die Weibchen laichen auf hoher See und man trifft diesen Fisch zu manchen Zeiten in so hoher Zahl an, dass im Umkreis einer englischen Meile drei Fischer ihren Kahn zweimal täglich füllen können.

## SCHLEIE

Dieser Fisch (Cyprinus tincta) hat eine ganz eigentümliche Färbung, die ihn von anderen Fischen unterscheidet. Er ist von schwärzlichem Gelb-Grün. Es gibt zwei Arten, wovon die eine in Süßwasser und die andere im Meer lebt. Die Alten kannten die Süßwasser-Schleie nicht. Nur Cicero hat davon in seinem Buch der illustren Redner gesprochen. Dort zitiert er einen Redner, der wegen seiner einzigartigen geistigen Fähigkeiten den Namen Tincta erhielt.
Für die Zubereitung wählt man dicke, wohlgenährte Schleien. Sie schmecken mehr oder weniger delikat, je nachdem, ob sie aus fließendem, reinem oder stehendem Wasser kommen. Man bereitet sie auf alle erdenklichen Arten zu.

### *Schleie à la poulette*

Nachdem Sie die Schleie in fast kochendes Wasser getaucht haben, kratzen Sie Schlamm und Schuppen ab, schneiden den Fisch in Stücke und wässern diese. Dann buttern Sie eine Kasserole und erhitzen Butter und Fisch gemeinsam. Geben Sie einen Esslöffel Mehl dazu und vermischen Sie alles gut. Mit einer Flasche Weißwein aufgießen und mit Salz, grobem Pfeffer, einem Lorbeerblatt, einem Büschel Petersilie, etwas Schnittknoblauch*, kleinen Zwiebeln und Champignons würzen. Das Ragoût sollte auf größerer Flamme zügig dünsten und dann mit drei Dottern gebunden werden. Das Gericht mit Flusskrebsen, Seeteufelleber oder Karpfenzungen garnieren.

### *Gegrillte Schleie*

Sie kratzen, beim Schwanz beginnend, Schlamm und Schuppen ab, berühren dabei jedoch nicht die Haut. Die Fische werden innen mit einer Mischung aus Butter, Fines Herbes*, einer Knoblauchzehe, Petersilie und Schnittknoblauch*, fein gewiegt, Salz und Pfeffer bestrichen und in dieselbe Marinade gelegt, in der sie einige Stunden liegen und Geschmack annehmen sollen. Nach dem Herausnehmen tupft man die Schleien ab, wendet sie in Mehl und brät sie. Man kann sie auch mit gut gewürztem Wein in einer ▸ Court-Bouillon kochen und serviert sie mit einer Sauce aus Kapern und Kapuzinerblüten.

## SCHMALZ

Schweinefett, von großer Bedeutung in unserer Küche, vor allem als Backfett und zur Dekoration von massiven Sockeln kalter Nachspeisen.

### *Schmalzsockel*

Sie nehmen 2,5 kg Schafsnierenfett, hacken und zerlassen es auf kleiner Flamme. Nach zwanzig Minuten geben Sie sechs Pfund Schmalz dazu und zerlassen dieses mit dem Schafsfett. Danach passieren Sie das Fett durch ein frisches Tuch und fangen es in einer großen Terrine auf. Erkalten lassen und mit einem Schneebesen kräftig schlagen. Wenn das Fett starr wird, färben Sie es mit einer Lösung aus Preußisch-Blau oder gemahlenem Indigo. Den Saft zweier Zitronen hinzufügen und mit zwei überkreuzten Holzspateln weiterschlagen. Diese Masse dient zum Modellieren von Sockeln, die eine Galantine, einen kalten Schinken, ein Hirschkuhfilet oder ähnliche große Stücke tragen sollen.

## SCHMORTOPF

(nach einem Rezept der »Cuisinière de la ville et de la campagne«)

Man belegt den Boden eincs Topfes mit Speck, einem zerhackten Kalbsfuß oder einem schönen Stück nicht zu salziger Speckschwarte, um die Sauce mit Gelée zu versorgen. Salz, Pfeffer, Petersilienstrauß, Thymian, Lorbeer, Gewürznelken, Zwiebeln und Karotten dazu, auf dieses Bett das ausgesuchte Fleisch-Stück legen, das man dünsten will, sei es Pute oder Gans; ein Glas Weißwein, ein halbes Glas Branntwein und ein Glas Suppe darüber gießen und bei kleiner Flamme mehrere Stunden lang dünsten, nachdem man den Topf mit Butterpapier und einem Deckel fest verschlossen hat, damit nichts verdampfen kann.

### *Schmortopf Condé*

Man umwickelt das Schmorfleisch mit dünnen Scheiben von der Kalbsnuss oder vom Lamm und legt einige Speckstreifen darüber. Der Boden des Schmortopfs soll mit Speckstreifen und dünnen Fleischstreifen ausgelegt sein. Mit einem Glas Madeira begießen, würzen, pfeffern, salzen und mit Muskat bestreuen, einige in Scheiben geschnittene Trüffeln dazugeben und alles bei kleiner Hitze langsam dünsten. Dieses Schmorgericht eignet sich hervorragend für die Zubereitung von gefüllten Fasanen oder Rebhühnern. Weißwein verwendet man zum Dünsten von dunklem Fleisch.

## SCHNECKEN

Wir sprechen von der großen grauen Schnecke mit ihrem Haus auf dem Rücken. Der einzige Unterschied zwischen den verschiedenen Schnecken besteht darin, an welchem Ort man sie gesammelt hat. Weinbergschnecken gelten als die besten. Die Römer liebten sie so sehr, dass sie sie in eigenen Gehegen mästeten. Man fütterte sie mit gekochtem Wein und Weizen, um sie leichter verdaulich zu machen. Schnecken werden stark gewürzt, man bereitet aus ihnen Suppen für Lungenkranke zu. In mehreren Städten, vor allem in Nancy, kocht und isst man sie wie Austern in Paris.

### *Schnecken à la provençale*

Sie nehmen drei Dutzend Schnecken und lassen sie eine Zeit lang in einem Gefäß mit kaltem Wasser liegen, um sie danach mit einer festen Bürste abzureiben. Inzwischen bringen Sie in einem großen Kessel Wasser zum Kochen, um die Schnecken darin zu blanchieren*. Bevor Sie die Schnecken ins Wasser werfen, verschnüren Sie etwas Asche in einem Leinensäckchen und lassen dieses 15 Minuten im kochenden Wasser; erst dann geben Sie die Schnecken in den Kessel und lassen sie gerade nur so lange darin, bis sie sich leicht von ihren Häusern lösen, also etwa 12-15 Minuten lang. Nun legen Sie die Schnecken in kaltes Wasser, ziehen sie aus den Gehäusen und legen sie gleich darauf in warmes Wasser. In einer Kasserole rösten Sie einige Kräuter an: Petersilie, Champignons, Schalotten und die Hälfte einer Knoblauchzehe, die Sie zerdrückt haben. Diese Zutaten in gutem Öl mit Salz, Muskatnuss und etwas grünem Pfefferoni schwenken. Mit einem halben Esslöffel Mehl bestäuben und mit einem Glas Weißwein aufgießen. Wenn die Sauce zu kochen beginnt, werfen Sie die gut abgetropften Schnecken hinein und lassen sie darin auf kleiner Flamme gar werden. Die Sauce sollte eindicken und wird dann mit drei Dottern legiert. Die Schneckenhäuser mit der Mischung füllen, mit Bröseln verschließen, mit Öl begießen und eine Viertelstunde lang in den Ofen schieben. Die Schnecken sollten kochend heiß serviert werden.

### *Schnecken-Matelote à la bordelaise*

Nachdem die Schnecken abgebürstet wurden, werden sie in Butter geschwenkt, ohne sie braun werden zu lassen. Einen Esslöffel Mehl hinzufügen und mit einem Glas weißen Bordeaux und einem Glas Fleischbrühe aufgießen, salzen und pfeffern; mit Muskat und einem gemischten Strauß mit Thymian, Lorbeer und Basilikum sowie einer Knoblauchzehe würzen. Eine Zwiebel mit einer Gewürznelke spicken und ebenfalls zu den Schnecken geben. Die Schnecken sollten so lange dünsten, bis sie weich sind, dann wird die Sauce entfettet. Die Schnecken abtropfen lassen und in eine zweite Kasserole legen, in der sich zwei tournierte* und vorgekochte Champignons befinden. Die Sauce reduzieren lassen, mit drei Dottern legieren und mit kleinen Butterstückchen montieren*. Diese Sauce durch ein Seihtuch auf die Schnecken passieren, welche warm gehalten werden sollten. Einen halben Esslöffel blanchierte* Petersilie und Schnittlauch darüber streuen, mit Zitronensaft beträufeln und servieren.

### *Schnecken à la polonaise*

Nachdem die Schnecken, wie ich es bei »Schnecken à la provençale« beschrieben habe, vorbereitet und gekocht worden sind, werden sie grob gewürfelt. Vorher haben Sie in Suppe folgende Zutaten gekocht: ▸ Kren-Streifen, ebenso viele Petersilienwurzeln, eine gewürfelte Zwiebel, etwas Butter, Salz, Muskatpulver und grobkörnigen Pfeffer. Wenn das Wurzelwerk weich ist, geben Sie die Schnecken dazu und lassen sie ganz weich köcheln, bis die Suppe reduziert ist. Nun geben Sie einen Esslöffel ▸ Sauce à l'allemande und etwas Zitronensaft dazu, füllen die Schneckenhäuser zu drei Vierteln und füllen jeweils das obere Viertel mit einer Mischung aus Butter, fein gewiegter Petersilie, geriebenem Kren und sehr feinen Brotbröseln. Nach einer Viertelstunde, höchstens zwanzig Minuten im Ofen können die Schnecken serviert werden.

### *Erfrischende Bronchialsuppe aus Schnecken*

Wir entnehmen dem ausgezeichneten Buch von M. Plumeret, dem »Art de la cuisine française au XIX$^{\text{ème}}$ siècle«, das Rezept für die Schneckensuppe, die hier genauer als in irgendeinem anderen Kochbuch beschrieben wird.

Man nimmt ein Dutzend Schnecken, die man über Nacht in kaltes Wasser legt, bricht die Häuser auf, um die Schnecken herausnehmen zu können, ohne sie zu blanchieren*. Letzteres wäre schädlich, da man damit den Leim wegspülen würde. Die Schnecken mit einem Liter Wasser in eine Kasserole legen, einen geviertelten Salatkopf, einige Blätter Kerbel und Sauerampfer, zwei Datteln, vier Brustbeeren und sehr wenig Salz hinzufügen, gerade so viel, um die Suppe nicht fade schmecken zu lassen. Die Suppe sollte bis zum Aufwallen regelmäßig abgeschäumt werden. Dann ziehen Sie den Topf an den Herdrand und lassen die Suppe drei Stunden lang köcheln, so dass sie auf zwei Drittel ihres Volumens reduziert wird. Inzwischen lösen Sie zwei Unzen* Gummi arabicum* in einem halben Glas lauwarmem Wasser auf und gießen die Lösung in die Schneckensuppe, bevor Sie diese durch ein Tuch in eine Porzellan- oder Steingutschüssel passieren, worin sie bei Bedarf, ohne nochmals aufzukochen, erhitzt werden kann. Manche fügen dem Gummi arabicum auch ein Stück Kandiszucker hinzu, was man jedoch nur tun sollte, wenn man darum gebeten wird.

*Schnecken à la bourguignonne*

Sie nehmen Schnecken aus der Bourgogne, Terre rouge, die aus dem Franche-Comté sind noch delikater. In warmem Wasser putzen, dann in einer gestreckten ▸ Court-Bouillon kochen. Nach dem Kochen abtropfen lassen, ohne die Schnecken aus ihrem Haus zu nehmen.
Anschließend garnieren Sie die Schnecken mit einer Lage geriebenem Schweizer Käse, den Sie vorher mit Fines Herbes*, einem Hauch Knoblauch, Salz und Pfeffer verfeinert haben.
Die Schnecken schließlich auf dem Grill, in einer Pfanne oder in der Glut erhitzen. Am besten werden sie auf dem Grill.

## SCHNEPFE

Waldschnepfe, Moorschnepfe, Bekassine, so heißt die Erste unter den schwarzen Vögeln und die Königin des Moores. Ihr köstlicher Duft, ihr feines Aroma und ihr zartes Fleisch machen sie bei Feinschmeckern aller Klassen begehrt. Sie ist bedauerlicherweise ein Zugvogel, aber immerhin kann man drei Monate im Jahr davon essen.
Am Spieß ist die Schnepfe nach dem Fasan der vornehmste Braten. So sehr betet man diesen kostbaren Vogel an, dass ihm die selben Ehren erwiesen werden wie dem großen Lama. Mit gutem Zitronensaft benetzte Röstbrotscheiben nehmen seine Flüssigkeiten auf und werden von den inbrünstigen Verehrern mit Ehrfurcht verspeist.

Eleazar Blaze, ein großer Jäger und zugleich ein großer Koch, sprach mit folgenden Worten von der Schnepfe: »Sie ist ausgezeichnet, wenn sie fett ist, immer am besten zur Frostzeit, niemals nimmt man sie aus. Zerstampft man sie in einem Mörser, erhält man ein köstliches Püree; legt man auf dieses Püree gespickte Rebhuhnflügel, erhält man das höchste Ergebnis kulinarischer Kunst. Als die Götter noch auf die Erde herabstiegen, ernährten sie sich nur auf diese Weise. Nie sollte man die Schnepfe zu früh essen, ihr Aroma wäre dann noch nicht genug entwickelt und Sie hätten dann Fleisch ohne Geschmack und ohne Würze. Im Ragoût verbindet sich ihr Duft auf wunderbare Weise mit dem der Trüffeln. Am Spieß, mit einem Speckpanzer versehen, muss sie vom Auge des Jägers überwacht werden, denn eine gut durchgebratene Schnepfe ist rein gar nichts wert. Bleibt sie hingegen innen zart und rosig, dann stellt sie auf ihrem Bett von golden-ölig geröstetem Brot einen der delikatesten und schmackhaftesten Bissen dar, den ein Edelmann imstande ist zu sich zu nehmen.

Wenn er außerdem die Umsicht hat, seine Mahlzeit mit einem guten Burgunder zu begießen, dann darf er sich rühmen, ein hervorragender Denker zu sein.«

Ein Gerichtspräsident aus Avignon hatte einst beim Präfekten genachtmahlt. In seiner doppelten Eigenschaft als bekannter Feinschmecker und furchtloser Jäger speiste er immer mit Vernunft und Gewissen. Nachdem er, um die Verdauung zu fördern, sein Tässchen Kaffee eingenommen hatte, trank er gerade sein drittes Gläschen, um dem Kaffee die Passage zu erleichtern, als sein Gastgeber ihn fragt, ob er gut gespeist habe. »Aber ... ja ...« Die Antwort scheint nicht ohne Einschränkungen. »Ich habe recht gut gegessen.« »Ich errate es, Herr Präsident, es tut Ihnen leid um die beiden schönen Schnepfen, die noch nicht tranchiert worden sind.« »Na ja, ich hätte wohl noch meinen Teil davon gegessen.« »Warten Sie einen Augenblick, man wird sie Ihnen auftragen.« »Nach dem Kaffee? ... Nach dem Likör? ... Das ist unmöglich!« »Nichts ist unmöglich für einen Magen wie den Ihrigen.« Der Präfekt gibt Order, ein kleiner Tisch wird im Nebenzimmer gedeckt, man serviert die beiden Schnepfen und der überglückliche Präsident verspeist sie.

Man glaubt, dass unsere Ahnen die Schnepfe nicht kannten. Groß wie ein Rebhuhn, hat sie einen sehr langen Schnabel, schönes, buntes Gefieder und sehr große Augen. Man findet sie nicht nur auf dem gesamten alten Kontinent, sondern ebenso in Amerika. Sommers zieht sie in die Schweiz, nach Savoyen, in die Pyrenäen und die Alpen, wo man sie morgens am

Waldrand fängt. Ihr Flug ist edel und sie fliegt sehr schnell, aber man erzählt, sie sei dumm und sehe, außer in der Dämmerung, nicht gut. Das Fleisch dieses schwarzfüßigen Vogels ist so köstlich, wie das von wilden Vögeln eben ist, aber nicht nach jedermanns Geschmack. Schwachen Mägen, Gallenkranken und Melancholikern bekommt es nicht, dafür umso mehr den Sportlern und Bewegungsfreudigen. Im Herbst schmeckt die Schnepfe am besten und man behauptet, dass alles an ihr gut sei. Um kein anderes Wild wird so viel Aufhebens gemacht wie um die Schnepfe, obwohl ihr Geruch und Geschmack den Hunden missfallen, so dass sie diese nur widerstrebend apportieren.

### *Schnepfe am Spieß*

Sie nehmen vier Schnepfen, sengen ihre Federn ab, rupfen sie und häuten den Kopf. Die Füße des Vogels werden zum Kopf gehoben, vom Schnabel durchbohrt und zusammengehalten. Die mageren Vögel werden gespickt, die fetten mit Speck umwickelt. Nun ziehen Sie ein Brathäkchen hindurch, das an beiden Enden fixiert wird. Unter den Spieß werden mit grobem Pfeffer, grünem Öl und Zitrone gewürzte Röstbrotscheiben gelegt, die das Fett aufnehmen sollen. Nach einer halben Stunde sind Ihre Schnepfen gar; dann sollten sie auf dem Röstbrot angerichtet werden.

### *Eine weitere Art, Schnepfen am Spieß zu servieren*

Öffnen Sie die Vögel am Rücken und nehmen Sie diese ganz aus. Zur Hälfte werden sie nun mit klein gehacktem Speck, Petersilie, Schalotten, Lauch, grobem Pfeffer und Salz gefüllt. Dann näht man sie zu; alles Weitere wie oben. Engländern sollten Sie das Gericht mit einer ▸ Brède-Sauce servieren.

### *Salmi von der Schnepfe*

Stecken Sie die Schnepfen mit hochgebundenen Gliedmaßen auf einen Spieß. Man verfährt hier wie für das Rebhuhn-Salmi, das heißt, dass man das Gericht erst eine Viertelstunde vor dem Servieren zu Ende gart. Flügel und Schenkel der Vögel werden beiseite gelegt; zur Sauce kommen zwei Esslöffel ▸ Aspik, die Saucenterrine wird auf Eis oder in kaltes Brunnenwasser gestellt und die Sauce darin so lange gerührt, bis sie fest wird.

Ist die richtige Temperatur erreicht, dann tauchen Sie Schenkel und Flügel der Schnepfe, einen nach dem anderen, hinein, richten Sie die Stücke auf der Servierplatte an, bedecken Sie sie mit dem Rest der Sauce und garnieren Sie diese Ihre Vorspeise mit in Butter gerösteten Brotscheiben. Zur Dekoration werden rautenförmige Geléescheibchen rund um das Gericht aufgelegt.

### *Schnepfen-Salmi à la royale*

(nach Monsieur de Courchamps)

Drei Schnepfen werden geputzt und mit fettem Speck gespickt, der durch das Fleisch gezogen wird. Braten Sie nun Ihre Vögel am Spieß. Nach dem Auskühlen werden Flügel und Schenkel abgenommen, gehäutet, geputzt und mit ein wenig Suppe in einen Topf gelegt. Dieser wird auf heiße Asche gestellt, so dass das Gericht nie aufkocht.

In der Zwischenzeit schneiden Sie sechs Schalotten und einige Zitronen-Zesten* und legen beides in einen anderen Topf. Sie gießen Champagner dazu, lassen aufkochen, zerstampfen die Karkassen der Schnepfen und geben diese ebenfalls dazu. Nun fügt man vier Teelöffel konzentrierte Brühe oder Fleischfond hinzu; diese Sauce wird durch Einkochen auf die Hälfte reduziert und dann durch ein Tuch passiert.

Zu den Schnepfenstücken legen Sie in Butter geröstete Brotscheiben, zur Sauce kommt etwas Zitronensaft.

### *Schnepfen-Salmi mit Weißwein*

Nach dem Braten und Tranchieren werden die Schnepfen in eine Schüssel auf eine Kochplatte gestellt. Salzen, pfeffern, einige Schalotten hinzufügen, ein Glas Weißwein, Zitrone, Butter, mit Bröseln überstreuen und zehn Minuten köcheln lassen.

### *Schnepfen-Salmi nach Art der Jäger*

Nachdem die Schnepfen gebraten und vom Spieß befreit sind, werden sie tranchiert und gemeinsam mit den Innereien und der gehackten Leber, mit Lauch, Schalotten, Weißwein, Salz und fein gemahlenem Pfeffer in einen Topf gelegt. Zwei- bis dreimal aufkochen lassen und auf geröstetem Brot servieren.

An Monsieur Alexandre Dumas, in Paris.

»Verehrter Meister,

Sie bitten mich, Ihnen für Ihr großes Werk über die Kochkunst ein paar ureigene Rezepte aus meiner Heimat anzusagen. Was könnte ich Ihnen schon beibringen? Ihnen, dem größten Gelehrten, der schon seit langem über viel mehr verfügt als das bisschen Wissen, das ich mir mit meinen

jungen Jahren aneignen konnte! Nichts! ... Was mir mit meinem Mangel an Erfahrung auffallen mag, wird nicht einmal Ihr geringes Interesse auf sich ziehen.
Dennoch habe ich hier ein Gericht, das bei mir zu Hause sehr geschätzt wird, und ich habe es noch auf keiner Speisekarte entdecken können, was nicht heißt, dass es nicht in einem umfassenden Band bürgerlicher Küche enthalten sein könnte.
Nun, ich bringe es Ihnen auf gut Glück zur Kenntnis, in der Hoffnung, dass es Ihnen gefallen könnte:

*Mit Rum flambierte Schnepfen auf baskische Art*

Nachdem man sie, wie es sich gehört, geputzt und den Spieß unter dem Flügel durchgezogen hat, damit die Innereien nicht verletzt werden, setzt man die Schnepfen über ein ziemlich starkes Feuer. Das Fleisch dieser Vögel muss, wie das der Ringeltauben, scharf angebraten werden, damit sein Aroma erhalten bleibt.
In die Abtropfpfanne, die den Bratensaft auffängt, legt man kräftig mit Knoblauch eingeriebenes Röstbrot, das den Saft des Tieres wie ein Schwamm ganz aufsaugen wird.
Sind die Schnepfen gerade richtig gar, so dass das Fleisch hellrot bleibt, überlässt man sie dem Tranchiermeister, der zuerst sanft die Gliedmaßen abnimmt und dann mit einem kleinen Löffel das ganze Innere herauszieht.
Vorsichtig sucht er die Galle heraus, um sie zu entfernen, und zerdrückt dann in einer Schüssel mit einer Gabel die Gedärme. Nachdem dies geschehen ist, streicht er Letztere auf das Brot, pfeffert, salzt und gießt ein Glas guten alten Rum darüber. Sobald die Flüssigkeit Feuer gefangen hat, nimmt der mit dieser Aufgabe Betraute, meist ist es der älteste Jäger, während er mit der einen Hand den Löffel schwenkt um den Rum anzufächeln und die Heftigkeit der Flamme zu steuern, mit der anderen, die Gabel schwingende Hand jedes einzelne Stück des Vogels und streift es über die bläuliche Flamme.
Wenn das Opfer vollbracht, das Röstbrot zerteilt und unter jedes Fleischviertel gelegt worden ist, wird es sogleich den Gourmets gereicht, die sich um die letzten Tropfen dieser herrlichen Sauce zanken werden.
Das Beiwerk gilt hier mehr als die Hauptsache.
Hier haben Sie wirklich ein Gericht, wie es weder zarter noch köstlicher sein könnte. B.S.«

### *Schnepfen mit Trüffeln*

Man nimmt ein paar Schnepfen, sengt ihnen die Federn ab, öffnet sie vom Rücken her und nimmt sie aus, indem man die Gedärme herauszieht. Vorher muss man so viele Trüffeln schälen, wie sie für die zur Verfügung stehende Zahl an Schnepfen gebraucht werden. Diese Trüffeln werden mit fein gehacktem Speck, etwas Salz, Pfeffer, Fines Herbes*, Schnittknoblauch* und fein gewiegter Petersilie angebraten. Wenn sie zu drei Vierteln gar sind, müssen sie auskühlen. Dann hackt man die Gedärme der Schnepfen fein, vermischt sie mit den Trüffeln und füllt damit die Schnepfen. Der Rücken wird wieder zugenäht, die Flügel und Schenkel werden hochgebunden, die Vögel mit Speck umwickelt, auf einen Spieß gesteckt oder in einen Topf gelegt und mit Unter- und Oberhitze gegart.

### *Schnepfen »à la minute«*

Federn absengen, die Vögel putzen, mit einem großen Stück Butter in einen Topf legen und bei großer Hitze zustellen. Fein gewiegte Schalotten, geriebene Muskatnuss, Salz und groben Pfeffer hinzufügen. Nachdem die Schnepfen acht bis zehn Minuten gebraten wurden, träufelt man den Saft einer Zitrone darüber, gießt ein halbes Glas Wein dazu und streut ein paar Brotbrösel darüber. Man lässt einmal aufkochen und wenn die Flüssigkeit ein bis zwei Blasen geschlagen hat, kann serviert werden.

### *Schnepfen nach Art des Périgueux*

(nach Jules Gouffé)

Für diese Vorspeise bindet man drei Schnepfen die Glieder bratfertig zusammen, legt sie in einen Topf, bedeckt sie mit einer Speckscheibe, benetzt sie mit zwei Dezilitern Madeira und vier Dezilitern ▸ Sauce à la mirepoix. Man gart die Schnepfen, lässt sie abtropfen und befreit sie von den Schnüren. Die Vögel werden auf dem Servierteller so aufgelegt, dass sie ein Dreieck bilden und mit einer ▸ Sauce Périgueux mit Schnepfenaroma übergossen.

### *Schnepfen-Hachis im Röstbrot*

Braten Sie drei Schnepfen am Spieß. Wenn sie ausgekühlt sind, heben Sie das Fleisch von den Knochen, entfernen die Haut und den Magen, legen die Eingeweide beiseite und faschieren* das Fleisch so fein wie möglich. Zerstoßen Sie Knochen und Eingeweide, gießen

Sie ein Glas guten Champagner in eine Kasserole und fügen Sie drei bis vier gewiegte Schalotten hinzu. Wenn der Wein gerade aufzukochen beginnt, mischen Sie acht Esslöffel konzentrierte ▸ Espagnole darunter und lassen aufkochen. Nehmen Sie die zerstoßenen Karkassen (Knochen etc.) aus dem Mörser, geben Sie diese zur Sauce und rühren Sie um, ohne die Sauce zum Kochen zu bringen. Passieren Sie dieses Gemisch mit Armeskraft durch ein Seihtuch. Das Püree kommt in eine Kasserole und wird im Wasserbad warm gehalten. Schneiden Sie sieben oder neun Brotscheiben gleicher Länge und Breite zu Herzen oder Kreisen zurecht. Alle sollten etwa die Dicke dreier Finger haben. Rösten Sie das Brot in Butter golden an und schneiden Sie es auf der Seite, die dem Gast zugewandt sein wird, leicht ein. Sie höhlen die Brotscheiben aus, wie man eine Pastete von ihrer Fülle befreien würde, vermischen das faschierte Fleisch gut mit der Sauce, fügen ein schönes Stück Butter hinzu, kosten, ob der Geschmack angenehm ist, füllen damit die Brotrinden, arrangieren diese auf der Servierplatte und legen auf jedes Stück ein frisches, pochiertes Ei, um zu servieren.

### *Sautierte Schnepfenfilets*

Man nimmt vier, sechs oder acht Schnepfen, je nach Anzahl der Gäste, hebt die Filets von den Brustknochen und legt sie mit halb zerlassener Butter, Salz, grobem Pfeffer sowie Rosmarinpulver in eine Bratpfanne. Knapp vor dem Servieren stellt man die Pfanne auf ein starkes Feuer, lässt dann die Filets abtropfen, arrangiert sie kreisförmig am Rande des Tellers und legt zwischen jedes Filet ein Stück geröstetes Brot. In den Fond kommen ein Glas Weißwein für acht Schnepfen, ein Lorbeerblatt und eine Gewürznelke. Man lässt die Sauce reduzieren, fügt noch ein halbes Glas Weißwein und eine Tasse Bouillon hinzu, streicht alles durch ein Tuch und gießt die Sauce über die Filets.

### *Schnepfenterrine »à l'ancienne mode«*

(dieses Rezept ist fast genau so in den »Mémoires de la Marquise de Créqui« nachzulesen)

Vier Schnepfen werden nicht ausgenommen, nur der Magen wird entfernt. Dann spickt man die Vögel mit fettem Speck. Der Boden eines Schmortopfs wird mit Speckscheiben und geklopften Rindsschnitzeln ausgelegt. Dazu kommen Salz, Pfeffer, ein Bouquet garni*, in Scheiben geschnittene Zwiebeln, Karotten, Pastinaken, Schnittknoblauch* im Ganzen und gewiegte Petersilie, etwas Basilikum und Gewürze. Die Schnepfen werden bäuchlings auf dieses Bett gelegt und mit den gleichen Gewürzen bedeckt, zuletzt wird oben wieder mit Rinds- oder Kalbsschnitzeln und Speckscheiben abgeschlossen. Im geschlossenen Schmortopf mit Unter- und Oberhitze garen.

In eine Kasserole kommen Schinken- und Speckwürfel, werden kurz angebraten, mit Petersilie, Schnittknoblauch und gehackten Pilzen verfeinert und alles gut geröstet, mit Bratensaft oder, in Ermangelung dessen, mit guter Rindsuppe löschen. Wenn die Zutaten gar sind, wird die Sauce mit Kalbs- und Schinken- ▸ Coulis oder mit Mehl verkneteter und einem halben Teelöffel Kapern verfeinerter Anchovis-Butter gebunden. Sind die Schnepfen gar, nimmt man sie aus dem Schmortopf, lässt die Flüssigkeit abtropfen, richtet die Vögel in einer Terrine an und gießt die oben beschriebene Sauce darüber, die »sauce hachée« genannt wird.

### *Schnepfen-Salmi des Bernhardiner-Ordens*

(nach dem »Almanach des gourmands«, 1806)

»Man nimmt vier Schnepfen (die Mengenangaben werden der Anzahl und Größe der Vögel angepasst) und brät diese am Spieß, aber nur sehr kurz. Dann tranchiert man sie nach allen Regeln der Kunst und halbiert jeweils Flügel, Schenkel, Brust und Rücken, die man auf einem Teller beiseite stellt.

Auf dem Tranchierteller, der aus Silber sein muss, zerdrückt man Leber und Gedärme der Vögel, träufelt den Saft von vier fleischigen Zitronen darüber und bestreut alles mit den sehr feinen Zesten* einer Zitrone.

Darauf legt man nun die zur Seite gestellten halbierten Teile, würzt diese mit einer Prise Salz und mit gemahlenen Gewürzen (wenn man keine fertige Gewürzmischung hat, dann nimmt man feinen Pfeffer und Muskatnuss) sowie mit zwei Löffeln exzellentem Senf von Maille et Aclocque oder von Bordin und mit einem halben Glas sehr gutem Weißwein. Anschließend stellt man das Gericht auf einen Spirituskocher und bewegt die Stücke vorsichtig, so dass ein jedes die Würzung aufnimmt, aber keines am Boden kleben bleibe.

Das Ragoût darf niemals kochen; nähert es sich jedoch dem Siedepunkt, begießt man es mit einigen Tropfen exzellentem kaltgepress-

ten Öl, verkleinert die Flamme und rührt wieder einige Augenblicke lang um. Anschließend nimmt man die Platte vom Feuer und serviert sofort und ohne Zeremonie, denn dieses Salmi muss sehr heiß gegessen werden.
Es ist unerlässlich, sich dabei der Gabel zu bedienen, weil man sonst befürchten müsste, die in die Sauce getauchten Finger mit zu verschlingen.«

## SCHOLLE

Ein Seefisch, dessen Form einer Raute mit abgerundeten Ecken ähnelt. Die Augen der Scholle sitzen beide auf der linken Seite des Kopfes, sie kann ihr Maul sehr weit aufsperren. Die linke Seite ist von schwärzlichem Aschgrau, die rechte weiß. Schollenfleisch ist weiß, weich, sehr feucht und zart und dem Fleisch der Rotzunge vorzuziehen, verdirbt jedoch schnell.

### *Scholle à la bonne eau*

Sie kochen den Fisch 15 Minuten in drei Litern Salzwasser à la hollandaise, das heißt mit dem Wasser von Petersilienwurzeln, servieren die Scholle mit einem Teil ihres Kochsuds in einer Schüssel und garnieren sie mit blanchierter* Petersilie. Daneben stellen Sie eine Sauciere mit ▸ Sauce hollandaise.

### *Gratinierte Scholle*

Der feuchte, mürbe Fisch lässt sich wahrlich fast nur in gratinierter Form genießen.
Sie geben ein Stück Butter, fein gewiegte Fines Herbes* und Quatre-Épices* auf einen Teller, legen den Fisch darauf, begießen diesen mit Weißwein, streuen Brösel darauf und backen die Scholle mit Unter- und Oberhitze.

### *Scholle, Matelote normande*

Auf einen Teller, den Sie mit frischer Butter, Petersilie und Zwiebeln belegt haben, legen Sie eine auf dem Rücken mit Limone eingeriebene Scholle. Gießen Sie eine Flasche Apfelmost darauf, fügen Sie ein bis zwei Dutzend Austern, ein Dutzend Miesmuscheln sowie einige Garnelen hinzu und dünsten Sie alles auf sanfter Flamme. Nach dem Garen übergießen Sie die Scholle mit ihrem Schmorsud.

Bemerkung: Falls Sie eine wirkliche Matelote normande machen wollen, dürfen Sie den schäumenden Most ruhig durch Weißwein ersetzen. Der Wein verleiht dem Gericht seinen ganzen Charakter.

### *Scholle à la hollandaise*

Halbieren Sie eine Scholle der Länge nach und schneiden Sie dann jede Hälfte quer in sechs bis acht Teile. Die Scholle in Salzwasser mit Petersilie kochen und auf einem mit einer Serviette bedeckten Teller servieren.

Die Sauce werden Sie aus Gründen des Lokalkolorits nicht in einer Silbersaucière, sondern in japanischem oder chinesischem Porzellan servieren.

Für die Sauce putzen Sie Sauerampfer und behalten davon nur die Blätter. Diese werden in ein Sieb gelegt, welches Sie zweimal in kochendes Wasser tauchen. Die blanchierten* Blätter werden gemeinsam mit 250 gr frischer Butter im Wasserbad erhitzt, bis die Butter geschmolzen ist.

### *Schollenfilets à la Orly*

Vier kleine Schollen filetieren und mit Salz und grob gemahlenem Pfeffer in Zitronensaft marinieren. Aus Gräten und den Resten der geputzten Schollen bereiten Sie mit Weißwein eine gute Consommé zu. Die Schollenfilets werden in Mehl gewendet und goldbraun gebraten; dann mit der Consommé übergießen, aus der die Gräten entfernt worden sind und die klar sein sollte.

### *Gegrillte Scholle*

Die Fische ausnehmen, waschen, mit Öl bestreichen, salzen, pfeffern und auf einem kleinen Grill zubereiten. Mit weißer Kapernsauce oder mit brauner Sauce aus Wurzelsud, mit in Essig eingelegten Kapuzinerblüten, übergießen. Die Saucen jeweils mit Bröseln binden.

## SCHWAMM

Pflanzenart, zur Familie der Pilze gehörig. Es gibt verschiedene Arten davon und man muss sich davor hüten, die zum Würzen von Saucen geeigneten mit den giftigen zu verwechseln. Unter den als Nahrungsmittel beliebtesten Schwämmen wollen wir Folgende nennen:
Den essbaren Schwamm, der im Beet gezüchtet wird, mit weißem, kurzem und fleischigem Fuß. Auf diesem sitzt ein blassroter, mit einem leicht

zu entfernenden Häutchen überzogener Hut. Seine Lamellen sind vorerst rötlich, dann purpurrot oder schwarz, sein Fleisch ist fest und zerfällt leicht. Es handelt sich hierbei um die einzige Sorte, die man auf Pariser Märkten verkaufen darf.

Der Mai-Schwamm hat eine gelblich-weiße Oberfläche und einen fast kugelförmigen Hut von vier Zentimetern im Durchmesser. Man findet ihn sehr häufig im Frühling und Frühsommer auf Lichtungen, abgeholzten Flächen und trockenen Wiesen. Man bevorzugt ihn jung und frisch und so würzt er Ragoûts. Um ihn zu konservieren, fädelt man ihn durch den Fuß auf und lässt ihn austrocknen. Man hat ihn bis heute vergeblich zu züchten versucht.

Den falschen Mai-Schwamm erkennt man an seiner blassgelben, mit einem Stich ins Rötliche gehenden Farbe, an seinem sehr schmalen Fuß, an seinem konvexen, in der Mitte mit Zapfen versehenen, vier bis fünf Zentimeter breiten Hut. Sein Fleisch ist hart, aber recht schmackhaft und duftet angenehm.

Der Blätterpilz duftet und schmeckt sehr angenehm. Leider ist er leicht mit dem äußerst giftigen Fliegenpilz zu verwechseln. In Deutschland tötet man mit Letzterem Fliegen.

Es gibt noch eine beträchtliche Anzahl Schwämme, die dem Menschen als Nahrungsmittel dienen, aber man sollte sich nur an die halten, die wir gerade besprochen haben, denn die anderen schmecken nicht besonders oder aber lassen sich nur schwer von den giftigen unterscheiden.

Der Waldpappelschwamm ähnelt der klebrigen Trüffel sehr, auch wenn er fleischiger, trockener und pikanter ist. Kaum hat man ihn gepflückt oder ist er reif, wird die Unterseite seines Hutes schmutzig-weiß. Bricht man ihn, wird sein Fleisch weiß und bald darauf folgt ein blauer Schimmer. Wenn man den wässrigen Saft ausdrückt, wird dieser sofort blau und färbt das Leinen. In Russland, wo man ungeniert die allerschädlichsten Dinge isst, schätzt man diesen Schwamm sehr.

## SCHWARZWURZEL

Eine Gemüsewurzel, von der es zwei Arten gibt, eine graue und eine schwarze, wobei Letztere besser schmeckt. Man schält sie bis zum weißen Inneren, wirft sie in Essigwasser um sie zu reinigen und kocht sie dann in reichlich Salz- und Essigwasser. Gekocht lassen sie sich leicht zwischen den Fingern zerdrücken; dann nimmt man sie aus dem Topf, lässt sie abtropfen und serviert sie mit einer Buttersauce.

Für ein gehaltvolleres Gericht fertigt man einen lichten ▸ Roux an, gießt mit Fleischsaft auf, reduziert die Sauce und legt schließlich die Wurzeln hinein.
Um sie herauszubacken kocht man sie mit mehr Essig im Wasser, taucht sie in guten ▸ Backteig und legt sie in heiße Butter.

## SCHWEIN

»Es ist der König der schmutzigen Tiere«, sagt Grimod de la Reynière in seinem Lobgesang auf dieses Tier. Es ist auch das Tier, dessen Reich den ganzen Erdball umfasst und dessen Vorzüge kaum bezweifelt werden. Ohne Schwein kein Speck und infolgedessen keine Küche. Ohne Schwein kein Schinken, keine Wurst, keine Andouilles, keine schwarze Blutwurst, keine Charcuterie.
»Ihr wohlgenährten Doktoren der Medizin«, fährt Grimod de la Reynière beinahe lyrisch fort, »ihr verdammt das Schwein, welches doch unter dem Gesichtspunkt der Verdauungsstörung eine der schönsten Zacken auf eurer Krone darstellt.«
Und weiters, nun wieder im Plauderton: »Das Schweinerne schmeckt in Troyes und in Lyon weitaus besser als überall anderswo. Schinken und Schultern vom Schwein haben zwei Städten ihren Reichtum beschert: Mainz und Bayonne. Alles am Schwein ist gut. Welch unverzeihlicher Lapsus hat aus seinem Namen ein solch grobes Schimpfwort werden lassen?«
Wir aber fragen, welcher schnöde Lapsus Herrn Grimod de la Reynière vergessen hat lassen, dass wir dem überaus feinen Geruchssinn dieses Tieres die Trüffel verdanken! Wie aber dankt man dem Schwein, wenn es eine Trüffel gefunden und dem Menschen gestattet hat, diese in seinen Korb zu legen? Wie sollte man die Zähigkeit des tapferen Forschers und seine gastronomische Geduld nicht bewundern, die schließlich immer zum Irrtum führt, und zwar nicht, was den Erfolg der Suche betrifft, sondern das Resultat derselben. Stets sucht das Schwein so lange, bis es fündig wird, um sich dann schlagen und sich die Trüffel unter seinem Rüssel wegschnappen zu lassen.
Beim Stichwort Trüffel werden wir uns übrigens länger über diesen Rohstoff auslassen, den die Wissenschaft bis heute weder dem pflanzlichen noch dem mineralischen Reich zuzuordnen vermag, so dass die Trüffel irgendwo zwischen den beiden angesiedelt wurde.
Das Schwein stellte die Hauptnahrungsquelle der Gallier dar, die beträchtliche Herden hielten.

Die Römer bereiteten es ihrerseits im Ganzen, aber auf unterschiedliche Weisen zu, wovon eine darin bestand, ein Schwein auf der einen Seite zu kochen, die andere jedoch zu braten.
Eine zweite Zubereitungsart hieß die trojanische, in Anlehnung an das Trojanische Pferd, dessen Inneres voll mit Kämpfern war. Das Innere des Schweins wurde mit Feigenfressern, Austern und Drosseln gefüllt, dann alles mit guten Weinen und exquisiten Fleischsäften übergossen. Dieses Gericht wurde derart teuer, dass der Senat ein Luxusgesetz erfand, um es zu verbieten.
Athenäus spricht von einem Frischling, den man halb kochte, halb briet. Dieses Gericht wurde von einem Koch zubereitet, der es verstand, das junge Wildschwein auszunehmen und zu füllen, ohne ihm den Bauch aufzuschneiden. Er hatte an einer Schulter ein kleines Loch gebohrt, durch das er Wein fließen ließ und so die Innereien wegspülte. Das so von innen gewaschene Tier wurde anschließend vom Maul her gefüllt.
In Ägypten betrachtete man das Schwein als unrein und wer aus Unachtsamkeit eines berührt hatte, musste sich mitsamt seinen Kleidern im Nil reinigen. Nur an einem bestimmten Tag unter bestimmten Umständen durfte Schwein verzehrt werden, und zwar zu Vollmond, wenn das Tier Bacchus und Phoebus geopfert wurde. Wie jeder weiß, betrachten auch die Israeliten Schweinefleisch als unrein, was jedoch, wie ebenfalls bekannt ist, eher hygienische als religiöse Gründe hat.
Das Land, in dem Schweine den höchsten Grad an Zartheit und Wohlgeschmack erreichen ist China. Zu Unrecht behaupten die Jesuiten, dies liege daran, das man sie mit Menschenfleisch füttere. Schweinefleisch bildet in China die Grundlage aller Festessen und chinesische Schinken sind von deutlich höherer Qualität als anderswo auf der Welt.
Im Jahre 1311 starb der junge König Philipp, den sein Vater, Ludwig der Dicke, in Reims krönen hatte lassen, um ihn an der Regentschaft teilhaben zu lassen. Als der junge König durch eine enge Gasse ritt, verhedderte sich ein Schwein zwischen den Beinen seines Pferdes, das stürzte. Der junge Prinz stieß sich dabei so heftig den Kopf, dass er am nächsten Tag seinen Verletzungen erlag.
Fortan war es verboten, Schweine in den Straßen herumlaufen zu lassen. Nur die Furcht, dem heiligen Antonius zu missfallen, nahm die diesem Heiligen geweihte Abtei von der Regelung aus. Allerdings mussten die Schweine des heiligen Antonius ein Glöckchen um den Hals tragen.
1386 verurteilte der Richter von Falaise eine Sau zu Folter und Tod durch Erhängen, weil sie ein Kind getötet hatte.

Auch im Jahre 1394 wurde ein Schwein in der Gemeinde Roumaigne der Grafschaft Moraigne für dasselbe Verbrechen verurteilt.
Humbert, der Dauphin des Herzogtums Vienne, beschränkte, bevor er 1345 zum Kreuzzug aufbrach – um welchen Kreuzzug es sich handelte, soll die Wissenschaft klären –, Humbert beschränkte also den Hofstaat seiner Frau auf dreißig Personen, denen er aber ein Schwein pro Woche und zusätzlich dreißig in Salz eingelegte Schweine pro Jahr zugestand, was also drei Schweine für jede Person ausmachte.
Cuvier, den die Annahme, das Innere des Schweins ähnelte dem menschlichen, ärgerte und der dem historischen Irrtum der Medizin entgegenwirken wollte, welcher dazu geführt hatte, dass Chirurgen, denen man früher verbot Tote zu obduzieren, ihre anatomischen Studien am Schwein vollzogen, schrieb:
»Der menschliche Magen ähnelt in keinerlei Hinsicht dem des Schweines. Während er beim Menschen die Form eines Dudelsacks hat, ist ein Schweinsmagen kugelförmig. Die menschliche Leber besteht aus drei Lappen, beim Schwein ist sie lang und flach. Der menschliche Darm misst die fünf- bis achtfache Länge seines Körpers, während ein Schweinsdarm fünfzehn- bis achtzehnmal so lang ist. Das Darmnetz hat beim Schwein eine wesentlich größere Ausdehnung und birgt wesentlich mehr Fett. Und was schließlich für zarte Gemüter, die mit der Seele des Schweines nichts gemeinsam haben möchten, zum Trost gesagt werden kann, ist, dass dessen Herz beträchtliche Unterschiede zum menschlichen aufweist.
Zur Zufriedenheit aller Wissenschaftler und Schöngeister kann ich hinzufügen, dass der Hirnumfang beim Schwein wesentlich kleiner ist als beim Menschen. Was beweist, dass die intellektuellen Fähigkeiten des Schweines denen unserer Akademiker auf jeden Fall unterlegen sind.«
Neben dem Kaninchen ist das Schwein das fruchtbarste Tier der Welt. Vauban, bekanntermaßen großer Mathematiker, schrieb eine Abhandlung über das Schwein, der er den Titel »Meine Schweinerei« gab. Er hatte die Fruchtbarkeit einer einzelnen Sau für zwölf Jahre berechnet.
Diese belief sich, Kinder, Enkelkinder und Urenkel zusammengenommen auf 6.434.838 Schweine.
In Neapel betrachtete man das Schwein lange Zeit als heilige Person. Es war der einzige Straßenkehrer, den es im modernen Parthenope gab. Kaum ein Haus, wo nicht ein Schwein an einer Schnur gehalten wurde, deren Länge es erlaubte, dass das Tier den Vorplatz im Durchmesser von vierundzwanzig Fuß putzen konnte. Die frei herumlaufenden Schweine waren auch bei allen öffentlichen Banketten anwesend.

Ein Bonmot des Königs von Neapel betrifft einen seiner Brüder, Prinz Antonius, dessen Ruf zweifelhaft war. Als der Bruder eines Tages vor dem König über den Grafen von Sal… sagte: »Wir sind Freunde wie Schweine«, antwortete der König achselzuckend: »Ihr seid noch mehr Schwein als Freund.«
Prinz Antonius war in der Kammer einer Bäurin von einem ihrer Brüder überrascht worden, der sich mit einem Stock bewaffnet hatte. Der Prinz wollte durch ein Fenster flüchten, an das er eine Leiter gestellt hatte. Am Fuße derselben fand er jedoch den zweiten, ebenfalls mit einem Stock bewehrten Bruder vor. Er wurde von den zwei Brüdern, die höchst galant für die Ehrenrettung ihrer Schwester herbeigeeilt waren und es sich angelegen sein ließen, den Prinzen kräftig zu versohlen, derart traktiert, dass er zwölf bis fünfzehn Tage später an dieser Behandlung starb. Man bestattete ihn mit großem Pomp und der Leichenzug führte vom Königspalast zur Kirche Sancta Clara, wo sich die königlichen Grabmäler befanden. Man staunte aber nicht schlecht, als ein riesiges Schwein, das niemandem zu gehören schien, sich an die Spitze des Leichenzugs setzte und diesen anführte. Man unternahm alles um das Tier zu vertreiben, aber nichts auf der Welt konnte das Schwein von seinem Weg abbringen. Vor der Kirche Sancta Clara stand es von selbst still und erklomm dann die sieben bis acht Stufen, die ins Innere der Kirche führten. Mit aller Kraft versuchte man das unreine Tier zu verscheuchen, doch dieses schien sein Recht gut zu verteidigen. Die Schweizer Garde bedrohte es mit der Hellebarde und war drauf und dran das Schwein zu durchbohren, als sich eine Stimme aus der Menge erhob: »Unseliger! Seht Ihr denn nicht, dass dies die Seele des Prinzen Antonius ist?«
Nach dieser Erklärung beeilte man sich, dem Schwein die Pforten der Kirche zu öffnen und es an der gesamten Zeremonie teilhaben zu lassen. Es folgte dieser mit der Ruhe einer Seele, die weiß, dass ihre Gebete erhört werden.
Schwein gehört zu den in der Küche am meisten eingesetzten Fleischsorten. Fast alle Gerichte werden mit Speck oder Schinken zubereitet. Die anderen Teile werden weniger geschätzt, nur der Kopf gehört zu den sehr gesuchten Gerichten, wenn der Koch sein Handwerk versteht. Die Füße serviert man mit einer Sauce Sainte-Menehould oder mit Trüffeln gefüllt. Ohren werden im Menu de roi (siehe weiter unten) verarbeitet und die Brust lässt sich gut für Ragoûts verwenden. Schwein muss jung und fett sein und man muss es sorgfältig auf Trichinen untersucht haben. Die moderne Wissenschaft hat zur Erkenntnis geführt, dass mit Trichinen verseuchte Schweine aus Geiz entstehen.

Man muss beim Schwein nichts wegwerfen: aus dem Blut macht man Blutwurst, aus den Därmen Würste, aus den Fleischabfällen ebenfalls, oder man verarbeitet sie zu Fleischkäse.

## SCHWEINSKOPF

Der berühmte Beauvilliers und der illustre Monsieur de Courchamps haben beide genau dasselbe Rezept zur Zubereitung von Schweins- und Wildschweinkopf angegeben. Daher glauben wir am besten zu verfahren, wenn wir uns diesen beiden Meistern der kulinarischen Kunst anschließen.

Sie schneiden den Schweinskopf weiter unten als üblich ab, nämlich bei der Hälfte des Schulterstücks, und sengen jede Borste, jeden Flaum sorgfältig ab. Das Innere der Ohren putzen, indem Sie ein fast glühendes Stück Eisen einführen, um die Haare abzusengen. Nun waschen Sie den Kopf gut, putzen ihn nochmals, kratzen verbleibenden Flaum ab und entbeinen den Kopf. Achten Sie darauf, die Haut nicht zu versehren und keine Löcher in den Kopf zu machen, vor allem gilt dies für die Schwarte unter dem Rüssel. Verteilen Sie das Fleisch von den Schultern oder anderen fleischigen Teilen am Kopf dort, wo wenig davon vorhanden ist, so dass der Schweinskopf gleichmäßig gepolstert ist, und legen Sie diesen dann in ein irdenes Geschirr. Nun bereiten Sie ein gewürztes ▸ Salzwasser vor, lassen dieses abkühlen, läutern es und gießen es sodann auf den Schweinskopf, so dass dieser ganz davon bedeckt wird. Einige Hand voll Wacholderbeeren, vier Lorbeerblätter, fünf bis sechs Gewürznelken, zwei bis drei halbierte Knoblauchzehen, eine halbe Unze* Salpeterpulver, Thymian, Basilikum und Salbei hinzufügen, die Terrine mit einem weißen Leinentuch bedecken und ein zweites Gefäß darauf legen, um die Terrine völlig abzudecken. Der Schweinskopf soll acht bis zehn Tage marinieren. Wenn Sie ihn dann herausnehmen, lassen Sie die Marinade abtropfen und bereiten eine Farce zu, um damit den Schweinskopf zu garnieren. Für diese Farce nehmen Sie Schweinefleisch, entfernen Haut und Sehnen, geben etwa die gleiche Menge gut gewürzten Speck dazu und hacken alles sehr fein, so dass Fleisch und Speck nicht mehr zu unterscheiden sind.

Diese Farce wird im Mörser gut zerstampft und dann mit fünf bis sechs ganzen Eiern gut gebunden. Kosten Sie die Farce und würzen Sie, wenn nötig, nach. Legen Sie nun den Schweinskopf auf ein weißes Tuch und entfernen Sie die Gewürze, mit denen er versehen wurde.

Bevor Sie weiterarbeiten, sollten Sie größere Speckstifte gut mit Salz, Pfeffer, Quatre-Épices*, zerstoßenen feinen Aromaten* und fein gehackter Petersilie sowie Schnittknoblauch* würzen.
Die Fleischteile im Schweinskopf gut verteilen und mit den Speckstiften und der Farce garnieren, wobei die Speckstifte in geringem Abstand zueinander aufgelegt werden. Die Speck-Farce-Mischung sollte etwa daumendick aufgetragen und darauf die gut abgebrühte und geputzte Zunge gelegt werden. Nun eine zweite Lage Speck auflegen und zwischen diesen geschälte und in Streifen geschnittene Trüffeln sowie geschälte Pistazien platzieren.
Es sollten auf diese Weise mehrere Lagen entstehen, bis alle Farce, Speckstifte, Trüffeln und Pistazien verbraucht sind.
Nun vernähen Sie den Schweinskopf mit einer Spicknadel, geben ihm seine ursprüngliche Form wieder und wickeln ihn in ein neues Netz, das Sie ebenfalls vernähen und dessen beide Enden mit Schnur fixiert werden.
Einen Schmortopf mit Fleischresten, vor allem vom Kalb, auslegen, dann Zwiebeln, Karotten, zwei Lorbeerblätter, zwei Büschel Petersilie und Schnittknoblauch, einige Gewürznelken, etwas Knoblauch und drei Flaschen roten Burgunder hinzufügen. Den Schweinskopf darauf legen und den Topf vollständig mit Bouillon aufgießen, denn der Schweinskopf muss gut in diesem Fond schwimmen.
Aufkochen lassen, dann mit einer doppelten Lage gut gebuttertem Backpapier bedecken und mit dem Topfdeckel gut verschließen, um das Gericht bei Unter- und Oberhitze auf sehr sanfter Flamme schmoren zu lassen. Fünf bis sechs Stunden garen, je nach Größe des Kopfes und nach Alter des Tieres. Um zu prüfen, ob der Schweinskopf fertig ist, stechen Sie ihn mit einer Spicknadel an. Wenn diese sich leicht einführen lässt, können Sie den Topf vom Feuer nehmen. Lassen Sie die Zutaten im Topf, bis alles gerade noch lauwarm ist. Der Schweinskopf sollte im Netz auskühlen. Dann packen Sie ihn aus, entfernen das Fett an der Oberfläche sowie die Schnüre, putzen den Kopf, richten ihn auf einer Serviette an und servieren.

### *Schweinskopf nach Art von Troyes*

Sie bereiten den Kopf wie oben vor, füllen ihn jedoch nicht mit Farce, sondern nur mit Trüffeln und Pistazien.

### *Schinken au naturel*

Sie besorgen sich einen schönen Schinken, die aus Westfalen sind üblicherweise besser als die aus Bayonne. Den Schinken putzen, das heißt das Fleisch an der Oberfläche sowie die gelblichen Teile des Fetts entfernen. Den Hüftknochen wegnehmen und das untere Schienbein abschneiden. Den Schinken wässern, am besten mit Hilfe einer Spicknadel, die Sie in die Nuss stecken. Nun wird er in ein Tuch gewickelt, dessen vier Ecken man verknüpft, und in einen Topf gelegt. Mit Wasser aufgießen und vier bis fünf Karotten, ebenso viele Zwiebeln, vier Gewürznelken, drei bis vier Lorbeerblätter, zwei bis drei Knoblauchzehen und ein bis zwei Büschel mit Petersilie, Thymian und Basilikum hinzufügen. Aufkochen lassen und dann auf kleiner Flamme köcheln. Mit der Spicknadel prüfen, ob der Schinken gar ist; wenn er sich leicht durchstechen lässt, nehmen Sie ihn vom Feuer. Das Tuch aufmachen und nochmals, noch fester, verschnüren. Wenn der Schinken lauwarm ist, heben Sie die Schwarte ab, panieren ihn mit gesiebten Brotbröseln, legen eine Serviette auf einen Teller und den Schinken darauf.

### *Geschmorter Schinken*

(dieses Rezept stammt von Beauvilliers und wurde nur leicht abgewandelt)

Den Schinken putzen, den oberen Speckrand wegschneiden, den Hüftknochen entfernen und den Schinken wässern. Dann in ein Tuch wickeln, dieses gut verschnüren und den Schinken in einen mit Rind- und Kalbfleisch sowie Karotten, Zwiebeln, Schnittknoblauch*, Petersilie, Gewürznelken, Lorbeer, Thymian usw. garnierten Schmortopf legen. Mit Wasser aufgießen, aufkochen lassen und nach der halben Garzeit eine Flasche Weißwein darüber gießen (ein Champagner-Branntwein-Gemisch oder noch besser reinen Madeira). Decken Sie den Topf nicht zu, sondern lassen Sie den Schmorfond reduzieren. Den Schinken herausnehmen, abtropfen lassen, den Speck entfernen und mit einer reduzierten Kalbssauce glacieren*. Auf beliebigem Gemüse servieren.

### *Am Spieß gebratener Schinken*

Den Schinken wässern, putzen, mit Zwiebeln, Karotten, Lorbeer, schwarzen Ribiseln*, einem Liter Malaga oder Marsala in eine Terrine legen, mit einem Tuch abdecken und einen Tag und eine Nacht lang marinieren. Nun am Spieß braten und mit der Marinade übergießen. Wenn der Schinken gar ist, die Speckschwarte entfernen, mit Bröseln panieren und auf einer Sauce à l'anglaise sowie auf der passierten Marinade servieren.

### *Schweinsrücken*

Sie bereiten den Rücken wie ein Karree* vor, entfernen das Rückgrat bis zum Rippenansatz und salzen das Fleisch zwei Stunden vor dem Braten auf beiden Seiten leicht. Den Schweinsrücken auf einen Spieß stecken, gut durchbraten und mit einer ▸ Sauce poivrade übergießen.

### *Schweinskoteletts Sauce Robert*

Die Koteletts schneiden, klopfen, putzen, salzen, grillen und mit einer ▸ Sauce Robert servieren.

### *Schweinsohren en menu de roi*

Die Ohren absengen, innen mit einem fast glühenden Eisen putzen, den Flaum abkratzen, die Ohren waschen, blanchieren* und im Schmortopf garen, dann abkühlen lassen.

Einige in Streifen geschnittene Zwiebeln in Butter und einem ▸ Blond de veau dünsten und mit einem Schuss Essig verfeinern, dann als Sauce über die Schweinsohren gießen.

### *Schweinsohren mit Püree*

Wie oben zubereiten, dann mit Karotten, Zwiebeln, Petersilie, Schnittknoblauch*, Thymian, Lorbeer und Basilikum in Suppe kochen, abtropfen lassen und mit einem Erbsen- oder Linsenpüree maskieren*.

Ebenso werden Schweins-Schwänzchen mit Püree zubereitet.

### *Schweinsfüße à la Sainte-Menehould*

Als Ludwig XVI. aus Paris floh, um alsbald in Varenne verhaftet zu werden, erschienen zehn Broschüren, in denen die Gründe der Verhaftung erklärt wurden. Eine davon kam vom Enfant terrible der Revolution, Camille Desmoulins. Er behauptete, der König habe seinem Verlangen, Schweinsfüße à la Sainte-Menehould zu essen, nicht widerstehen können. Dies war eine Lüge, die in dieser Situation einer üblen Verleumdung gleichkam.

Der König hielt sich in Sainte-Menehould nur gerade so lange auf, dass er vom Sohn des Postmeisters Drouet erkannt werden konnte, der sein

Pferd sattelte und über Abkürzungen vor dem König in Varenne ankam. Er traf tatsächlich einige Minuten vor dem König dort ein und dieser wurde vor dem Rathaus verhaftet.

Da wir dies richtig gestellt haben – und es muss immer Platz für die Wahrheit sein – können wir nun zu unseren Schweinsfüßen zurückkehren.

Sie sengen die Füße, die ein Schwein haben kann, also üblicherweise vier Stück davon, ab, reiben sie ab, waschen sie in heißem Wasser, säubern sie gut, halbieren sie und legen die Hälften eng nebeneinander, um sie mit einem Stoffstreifen zusammenzubinden. Die beiden Enden des Streifens vernähen und die Füße in einem Schmorfond oder in Suppe garen. Abtropfen und auskühlen lassen, den Stoff entfernen und die Hälften voneinander trennen. Jede Hälfte in zerlassene Butter tauchen, mit Bröseln bestreuen, grillen und ohne Sauce servieren.

### *Pökelspeck mit Kraut*

Wir könnten die Schatten der Griechen und Römer beschwören, um zu beweisen, dass das Kraut von den ersten Völkern dieser Erde verehrt wurde. Cato, der unversöhnliche Feind aller Ärzte, selbst Heilkundiger, behandelte sein ganzes Haus ohne Unterschied mit Kraut. Das Wunderbare an dieser Sache war, dass sich sein Hausstaat dadurch um nichts schlechter fühlte.

Mit Ausnahme von Augustus waren alle Kaiser bis Vespasian Feinschmecker. Man muss auch zugeben, dass der dumme Claudius lobenswerterweise die Qualitäten von Kraut deshalb erkannte, weil er den Pökelspeck so sehr liebte. »Ehrwürdige Väter!«, rief er eines Tages bei seinem Eintritt in den Senat aus, »sagt mir, ich bitte Euch, kann man ohne Pökelspeck überhaupt leben?« Worauf die ehrwürdige Versammlung sich beeilte zu antworten: »Majestät, lieber sterben als keinen Speck essen zu können.«

Ab diesem Augenblick labten sich die diensteifrigen Senatoren an Speck mit Kraut.

Um einen Pökelspeck zu machen, schneidet man Schweinsbrust in Stücke, reibt sie mit feinem Salz ein, gibt etwas Salpeter-Salz dazu, legt die Stücke dicht nebeneinander in einen Topf, verstopft die Zwischenräume, deckt das Gefäß mit einem Tuch zu und verschließt es so hermetisch wie nur möglich. Nach acht bis zehn Tagen kann man den Pökelspeck verwenden und mit Kraut oder anderem essen.

### *Geräucherte Schweinszungen in Wursthaut*

Sie nehmen einige Schweinszungen, denen Sie ein Stück des Gaumenfortsatzes wegschneiden, brühen sie in kochendem Wasser ab, um die äußere Haut abziehen zu können, schichten sie dicht neben- und übereinander in ein Gefäß, salzen und geben etwas Salpeter-Salz dazu. Fügen Sie nun Basilikum, Thymian, Lorbeer, Wacholder und, nach Geschmack, einige Schalotten hinzu. Den Topf, wie für den Pökelspeck, gut verschließen und acht Tage an einen kühlen Ort stellen. Danach nehmen Sie die Zungen aus ihrer Marinade, lassen diese abtropfen, füllen die Zungen in Schweins-, Rinds- oder Kalbsdärme, verschnüren die Enden und räuchern die Zungen. Wann immer es Ihnen beliebt, können Sie diese Zungen mit einem Büschel Petersilie und Schnittknoblauch*, einigen Zwiebeln, Thymian, Lorbeer und Basilikum in mit etwas Wein versetztem Wasser kochen. Auskühlen lassen und servieren.

### *Schweinshirn*

Man bereitet es wie Kalbshirn zu und serviert mit einer pikanten Sauce, sei es Estragon oder Curry.

### *Frische Schweins-Émincés, kurz gebraten*

Sie schneiden ein oder mehrere Filets mignons vom Schweinslungenbraten zu flachen Schnitzeln und legen diese in eine Pfanne oder Tortenform. Die Filets werden mit einem Gemisch aus Brotbröseln, Fines Herbes*, Salz und Pfeffer paniert. In einer Kasserole rösten Sie fein gewiegte Schalotten in etwas Butter an, gießen mit dem Saft der Filets, Salz und Pfeffer auf und binden diese Sauce mit einem Stück mit Mehl verkneteter Butter. Vor dem Servieren kommt ein Esslöffel Senf zur Sauce.

### *Röstbrotschnitte mit Speck*

Sie schneiden die beiden Enden eines kleinen, weichen Brotes ab und füllen das Brot der Länge nach mit Schweinsfilet-Streifen und durchwachsenem Speck, indem Sie diese mit der Spicknadel durch das Brot ziehen. Nun schneiden Sie das Brot in Scheiben, tauchen diese in verquirlte Eier und braten sie auf kleiner Flamme. Sie servieren dieses Brot ohne Beilage oder mit einer ▸ pikanten Sauce.

## SEEANEMONE

Auch Seenessel genannt, weil sie der Brennnessel und der Anemone gleicht. Sie besteht aus einer fleischigen, sich leicht zusammenziehenden Masse, deren Scheitel von einer großen Anzahl Tentakeln gekrönt wird. In ihrer Mitte befindet sich eine Öffnung, die zugleich als Mund und als Anus dient. Die Seeanemone saugt sich mit ihrem Fuß entweder auf Sand oder an küstennahen Felsen in geringer Tiefe fest und haftet so stark daran, dass man sie eher zerreißt, als sie abschälen zu können. Seeanemonen findet man zahlreich an Frankreichs Küsten, wo man sie ihrer glänzenden, vielfältigen Farben wegen mit Blumen verwechseln könnte.

Duft und Geschmack der Seeanemone ähneln denen der Krabben und der Garnelen, deren Eigenschaften sie auch hat, und die Küstenbewohner im Süden Frankreichs sammeln und essen sie mit Begeisterung.

## SEEHECHT

Eine im Meer lebende Hechtart, sehr gierig und gefräßig. Diese seine Eigenschaft bringt ihn dazu, alles zu verschlingen, bis hin zu Manzanilla-Äpfeln, einem äußerst scharfen und heftigen Gift, das den Verzehr seines Fleisches zu einer gefährlichen Angelegenheit macht.

Ansonsten ist sein Fleisch weiß, fest, eher fett und dem Süßwasserhecht ähnlich. Man muss sich jedoch vor der Zubereitung vergewissern, dass seine Zähne wirklich weiß und die Leber gesund ist, wenn man nicht das Risiko einer Vergiftung eingehen will.

## SEE-IGEL

Eine runde Muschel, deren stachelige Schale ihr den Spitznamen »See-Kastanie« eingebracht hat. Die Stacheln dienen als Füße und wenn diese abgenützt sind, rollt das Tier wie eine Murmel. Wenn man die Schale öffnet, findet man ein kleines, salzig schmeckendes rotes Tier als Hausherrn vor. Die dunkelgelben Eier kleben an der Innenwand der Schale. Der See-Igel schmeckt etwa wie ein Krebs. Wem vor diesem lebenden Püree nicht ekelt, der schlürft es wie ein rohes Ei.

Die besten See-Igel findet man am Mittelmeer. Sie sehen die Stürme vorher und widerstehen diesen, indem sie sich an die kräftigsten Meerespflanzen heften. Mittels ihrer Saugnäpfe, deren man über zwölftausend gezählt hat, pumpen sie Wasser durch ihren Körper.

## SEETEUFEL oder QUAPPE

Häufig an der Genueser Küste, im Ärmelkanal und im Ozean vorkommender Fisch, der im Aussehen einer Kaulquappe ähnelt und ein sehr geschickter Fischer kleinerer Arten ist, was ihm den Beinamen »fischender Frosch« eingetragen hat.
Sein schmackhaftes, weißes Fleisch lässt an Froschfleisch denken und wie Letzterer wird er im Languedoc gern gegessen.

## SEEZUNGE

Die beste Seezunge ist von leingrauer Farbe und man fängt sie in den Gewässern vor Dieppe. Die aus Calais oder Roscoff können ihr nicht das Wasser reichen.

### *Gebratene Seezunge*

Sie nehmen ein schönes Exemplar, kratzen die Schuppen ab oder, noch besser, reißen die graue Haut herunter, nehmen den Fisch aus, indem Sie über den Kiemen einen kleinen Einschnitt anbringen, waschen ihn und lassen ihn abtropfen.
Nun schneiden Sie den Fisch am Rücken ein und ziehen die Messerklinge entlang der Wirbelsäule durch, um das Fleisch von dieser zu lösen. Knapp vor dem Servieren tauchen Sie die Seezunge in Öl und Mehl und braten sie. Das Fett sollte sehr heiß bleiben, denn der Fisch sollte, wie übrigens jeder gebratene Fisch, ganz steif und knusprig aus der Pfanne kommen. Wenn er ein schönes Braun erreicht hat, legen Sie den Fisch zum Abtropfen auf ein Leinentuch, streuen etwas feines Salz darüber, falten eine Serviette sauber auf der Servierplatte zusammen, legen die Seezunge darauf und ganze Zitronen oder ▸ Bigaraden dazu.

### *Seezunge à la flamande*

Den Fisch wie im vorhergehenden Rezept putzen, ihn dann in einen Fischkessel legen und mit Salzwasser (siehe beim Kapitel Saucen) übergießen. Die Seezunge kochen, abtropfen lassen und in einer Saucière zerlassene Butter oder eine Muschelsauce bereitstellen.

### *Im Ofen gebackene Seezunge*

Sie schneiden den Fisch am Rücken ein und heben das Fleisch beidseitig von der Wirbelsäule. Den Rücken mit fein gehackten, in Butter gerösteten und erkalteten Kräutern füllen. Den Boden der Servierschüssel mit Butterstückchen belegen und die Seezungen mit dem Rücken darauf betten. Den Fisch mit zerlassener Butter bestreichen, mit feinem Salz bestreuen und Fines Épices* hinzufügen; dann mit Brotbröseln panieren, mit etwas Weißwein oder Suppe begießen und im Ofen backen.

### *Gebackene Seezungen-Filets*

Sie marinieren Seezungen-Filets mit Salz und Pfeffer in Zitronensaft. Kurz vor dem Servieren wenden Sie die Filets in Ei, dann in Bröseln und backen sie in heißem Fett. Man sollte sie rund um eine ▸ Sauce rémoulade oder um eine 4Sauce Robert herum auflegen.

### *Sautierte Seezungen-Filets*

Zerteilen Sie zwei bis drei Seezungen so, dass aus jeder acht Filets entnommen werden können. Diese Filets mit Salz, Pfeffer, einer Schalotte oder einer Zwiebel, Petersilie und Trüffeln marinieren, alle Zutaten fein hacken und mit Zitronensaft versetzen. Nun legen Sie die Filets in eine gut gebutterte Sautierpfanne und stellen diese aufs Feuer. Wenn die Filets auf einer Seite fest geworden sind, drehen Sie sie um. Sind beide Seiten braun gebraten, arrangieren Sie die Seezungenfilets auf dem Servierteller, gießen die Butter aus der Pfanne darauf und geben ein halbes Glas trockenen Weißwein in die Pfanne. Darin kochen Sie Trüffelscheiben, bis die Flüssigkeit sich um die Hälfte reduziert hat, fügen etwas ▸ Espagnole hinzu, entfetten die Sauce und gießen sie über die Filets.

### *Seezungen-Filets à la Orly*

Seezungen sauber ausnehmen und putzen, den Rücken vom Kopf bis zur Schwanzflosse einschneiden und das Fleisch herausheben, so dass Sie vier Filets zur Verfügung haben. Die Filets zurechtschneiden und in einer Terrine mit feinem Salz, ganzer Petersilie, Schnittknoblauch* und Zwiebelringen sowie dem Saft von einer oder mehreren Zitronen marinieren. Die Filets sollten 45 Minuten in der Marinade liegen und öfter bewegt werden. Knapp vor dem Servieren lässt man sie abtropfen, wendet sie in Mehl und brät sie fest und goldbraun. Mit einer ▸ Sauce italienne mit Tomaten servieren.

### *Sautierte Seezungenfilets mit Sauce à la maître d'hôtel*

Wie oben beschrieben Filets zurechtschneiden und diese häuten, dann die Stücke zu Filets gleicher Größe schneiden und putzen. Inzwischen wurde Butter in einer Sautierpfanne zerlassen, die alle Filets auf einmal aufnehmen kann. Die Seezungenfilets in die Pfanne legen, mit feinem Salz bestreuen und mit etwas zerlassener Butter übergießen. Sie stellen die Pfanne erst knapp vor dem Servieren aufs Feuer und braten den Fisch auf beiden Seiten. Abtropfen lassen und mit einer guten ▸ Sauce à la maître d'hôtel servieren, die mit reduziertem ▸ Velouté montiert* und mit Zitronensaft verfeinert wurde.

### *Seezungen-Gratin*

Wie oben Filets entnehmen und diese häuten. Auf diesen Filets wird gekochte ▸ Farce verteilt, es kann Fleisch- oder Fisch-Farce sein. Legen Sie eine Schicht Farce von der Dicke einer Fünf-Francs-Münze auf. Nun werden die Seezungen-Filets vom dünneren Ende her zusammengerollt. Damit die Röllchen gleich groß und dick sind, sollten die dünneren Filets mit etwas mehr Farce bestrichen werden. Auf dem Boden einer feuerfesten Schüssel wird ebenfalls fingerdick Farce verteilt und die Filets werden so darauf gelegt, dass die Mitte der Schüssel frei bleibt. Nun werden alle Zwischenräume, außer dem Innenkreis in der Mitte, mit der übrigen Farce gefüllt, so dass sich dem Auge ein Ring mit gleichmäßiger und glatter Oberfläche darbietet. Diese wird mit der in warmes Wasser getauchten Messerklinge ganz glatt gestrichen. Das Gericht mit Brotbröseln bestreuen, mit Butter übergießen und im Ofen schön braun backen. Nach dem Backen wird überschüssiges Fett entfernt und in die Mitte eine ▸ Sauce provençale oder eine ▸ Sauce italienne gegossen.

### *Seezungen-Filets à l'italienne*

Sie nehmen gebratene kalte Seezungen oder die Reste vom Vortag, entnehmen die Filets, häuten diese und putzen sie sorgfältig. In eine Pfanne oder Kasserole kommt etwas Bouillon, darin werden die Seezungen-Filets auf heißer Asche vorsichtig erhitzt. Sie sollten nicht kochen. Knapp vor dem Servieren legen Sie den Fisch zum Abtropfen auf ein Leinentuch und arrangieren sie auf dem Serviertelller, so dass sie wie Jalousie-Streifen übereinander liegen. Eine ▸ Sauce italienne darüber gießen und servieren.

### *Seezungen-Filets à la Sauce de Provence*

Die Filets von zwei Seezungen entnehmen und jedes halbieren. Würzen, in Mehl wenden und in heißem Öl braten. Wenn sie fertig gebraten sind, abtropfen lassen und auf dem Servierteller mit Petersilie umgeben. Folgende Sauce wird neben der Seezunge serviert: Sie nehmen die Fischgräten und verrühren sie mit Kräutern in Weißwein. Daraus soll eine Fisch-Essenz entstehen, die Sie entfetten, durch ein feines Sieb passieren und schließlich zur Demi-Glace* reduzieren. Nun fügen Sie einen Esslöffel Tomatenpüree hinzu, für das Sie Tomaten gekocht und durch ein Seihtuch püriert haben. Zusätzlich kommt ein Löffel ▸ Tomatensauce zur Essenz. Diese Flüssigkeit einige Minuten einkochen lassen, den Topf auf den Herdrand ziehen und der Sauce 50 gr Butter in kleinen Stückchen beimengen. Die Butter sollte erst nach und nach in die Sauce gleiten, wobei Sie ununterbrochen umrühren. Wenn die Sauce gut gebunden ist, gießen Sie etwas Zitronensaft dazu und würzen mit einer Messerspitze Cayenne-Pfeffer.

### *Gegrillte Seezunge*

Sie häuten die Seezunge ganz, würzen mit Salz, Pfeffer und Zitronensaft, bestreichen sie dann mit zerlassener Butter und wälzen sie in Brotbröseln. Nun muss man sie auf kleiner Flamme grillen. Zugleich wird ein Anchovis mit einem Stück Butter weich gedünstet und diese Mischung mit einem Viertelliter trockenem Weißwein und Zitronensaft versetzt. Diese Sauce über die Seezunge gießen.

### *Seezunge, mit Austern gefüllt*

Sie schneiden den Rücken der Seezunge ein, entfernen die Wirbelsäule und sämtliche Knorpel. Füllen Sie die Seezunge mit etwas Fisch- ▸ Farce und einem gut getrüffelten Austern-Ragoût. Die Seezunge wird im Ofen mit Unter- und Oberhitze in einer gebutterten Pfanne gebacken. Sie würzen mit Salz, einer Karotten- sowie einer Zitronenscheibe und bedecken die Seezunge mit Speckscheiben. Mit einem halben Glas trockenem Weißwein oder mit Fischsuppe übergießen und mit Backpapier zudecken. Die gefüllte Seezunge wird auf einem Bett aus Austern- und ▸ Trüffel-Ragoût, die Sie zuvor zu gleichen Teilen vermischt haben, serviert und mit einer ▸ Sauce à l'allemande übergossen.

### *Seezunge à la mode de Trouville*

Sie entfernen die schwarze Haut von zwei frischen, sauberen Seezungen und teilen beide Fische in je zwei bis drei Teile. Eine Gratinierform buttern, den Fisch mit zwei Esslöffeln fein gehackter Zwiebel bestreuen und dann in die Form legen. Würzen, mit Apfelmost aufgießen, so dass nur die Oberfläche der Seezungen frei bleibt, und die Form auf ein sehr starkes Feuer stellen. Die Flüssigkeit einige Augenblicke kochen lassen, dann die Form in den Ofen stellen. Zehn Minuten später legen Sie den Fisch auf den Servierteller, kochen den Fischfond nochmals zwei Minuten auf großer Flamme, ziehen ihn dann vom Feuer und binden ihn mit 150 gr guter Butter oder mit einem kleinen Stück mit Mehl verkneteter Butter. Mit einer Messerspitze fein gewiegter Petersilie bestreuen und die Sauce auf den Fisch gießen.

### *Seezungen-Filets mit Mayonnaise*

Sie nehmen am Vortag gebratene kalte Seezungen, entnehmen die Filets, putzen diese und schneiden sie zu einer Länge von 5 Zentimeter. Kranzförmig um eine Tellermitte herum auflegen und mit Mayonnaise bedecken.

### *Seezungen-Filet-Salat*

Wie oben die Filets von gebratenen, kalten Seezungen entnehmen und wie bei einem Geflügelsalat vorgehen.

## SELLERIE

Dies ist die Pflanze, mit der sich die alten Völker beim Essen bekränzten, um die Macht des Weines zu mildern. Zu jenen Zeiten wurde sie »Ache« genannt. Die italienische Sprache hat sich ihrer bemächtigt und sie zu Sellerie verwandelt. Horaz sagt: »Füllen wir unsere Kelche mit diesem Wein, der die Schmerzen vergessen lässt, und ziehen wir den Duft aus diesen großen Schläuchen. Man beeile sich, uns Kronen aus Ache und Myrrhe zu bringen.«

### *Selleriesalat*

Volle, zarte und frische Sellerie, als Salat gegessen und mit aromatischem Essig angemacht, mit Öl aus der Provence und etwas feinem Senf ist wirklich köstlich. Sie weckt die Magentätigkeit, gibt Appetit und führt zu einer Art Regsamkeit, die mehrere Stunden anhält.

*Sellerie-Ragoût*
(aus dem »Wörterbuch der Nutzpflanzen« von Doktor Roques)

Kochen Sie fein gehackte Sellerie wie Endivien oder Spinat, würzen Sie mit Salz und Pfeffer sowie Muskat und gießen Sie gute Suppe dazu. Sie wird mit gebräunten Röstbrotscheiben serviert oder, wenn Sie eine Naschkatze sind, sogar mit ein paar Fettammern oder der Brust von roten jungen Rebhühnern. Versuchen Sie dieses Gericht, das Sie vielleicht zufrieden stellen wird.

*Sellerie mit Jus nach Art der Hausfrau*

Man putzt Selleriewurzeln und entfernt alle harten grünen Blätter, schneidet die Wurzeln in gleich lange Streifen und blanchiert* sie. Die Sellerie in einem lichten ▸ Roux schwenken und mit Suppe ablöschen, dann salzen, mit grobkörnigem Pfeffer und geriebener Muskatnuss würzen. Wenn die Sellerie gar ist, wird die Sauce mit Fleischsaft oder Butter gebunden.

*Geröstete Sellerie auf bürgerliche Art*

Nachdem Sie Ihre Sellerie geschält und blanchiert* haben (zum Rösten brauchen Sie pralle Selleriewurzeln), schneiden Sie die Blätter sehr nahe an der Wurzel ab und halbieren die Wurzel.

*Sellerie mit Rahm**

Sellerie schälen und wie beim ▸ Spargel mit Erbsen schneiden. Blanchieren* und in einem Sieb abtropfen lassen. In einer Kasserole mit Butter anbraten, eine Prise Stärkemehl darüber stäuben und mit Suppe ablöschen. Wenn die Sellerie gar und die Sauce eingedickt ist, wird diese mit in Rahm* verrührtem Eidotter gebunden; Muskatnuss hinzufügen und mit Röstbrotscheiben garniert servieren.

*Sellerie-Velouté*

Sellerie schälen, waschen, schneiden und blanchieren*, salzen und buttern. Nach dem Dünsten kalt abschrecken und in zehn Zentimeter lange Streifen schneiden. Mit Butter, Salz, Muskat und Pfeffer aufs Feuer stellen, mit ▸ Velouté übergießen, eindicken lassen und mit glacierten* Röstbrotscheiben servieren.

## SELTERSWASSER

Dieses Mineralwasser verdankt seiner Kohlensäure den doppelten Vorteil, verschiedenen Getränken, mit denen man es mischt, eine prickelnde Note zu geben, die zudem die Verdauung anregt. In Paris ist es schwierig, sich natürliches Selterswasser zu besorgen, das nichts von seinen Eigenschaften verloren hätte. Da man aber Mittel gefunden hat, es ganz genau zu kopieren und dieses Imitat gegenüber dem Original sogar besser schmecken zu lassen, hindert einen weder der heißeste Sommer noch der verlassenste Ort mehr daran, Selterswasser selbst herzustellen. Um künstliches Selters zu machen, genügt es, für jede Flasche 2 gr Sodiumbikarbonat mit 2 gr Weinsteinsäure zu mischen. Man wird die Korken sorgfältig an den Flaschen befestigen, bevor man diese in einen Keller oder an einen kühlen Ort legt, so dass das Gas, das durch die Mischung beider Salze erzeugt wird, weder den Korken wegschleudern noch die Flasche sprengen kann.

## SIEB

Ein Küchenutensil, das dazu dient, dicke Flüssigkeiten grob durchzufiltern. Manche haben sehr kleine Löcher, durch die man Bouillon oder gebundene Saucen streicht.

## SIRUP

Es gibt zwei Methoden, mit denen man Sirup kalt herstellen kann: Man lässt Zucker in Wasser – im Verhältnis 2 zu 1 – schmelzen, also etwa zwei Pfund in achtzehn oder zwanzig Unzen* Flüssigkeit, welche aus dem Saft von Limonen und Orangen oder aus Rosen- bzw. Veilchenwasser bestehen kann, die man durch ein feines Sieb passiert hat. Der Sirup wird kalt in Flaschen gefüllt.

Die zweite Methode besteht darin, eine Lage Zucker in ein Steingutgefäß zu füllen, darauf Früchte zu betten, wie etwa Ribisel*, Orangen oder Kirschen, darauf wieder Zucker zu legen und so fort, wobei die erste und die letzte Lage aus Zucker bestehen sollte. Der Zucker löst sich im Fruchtsaft auf und verwandelt sich binnen zwei Tagen in Sirup. Diese Art schmeckt sehr gut, hält sich jedoch nicht lange.

Sirup muss sehr sorgfältig hergestellt werden. Wird er ungenügend gekocht, kann man ihn nicht aufbewahren, kocht man ihn zu sehr, kandiert er.

Um Sirup zu kochen muss man folgendermaßen vorgehen: Sie geben Zucker in eine Flüssigkeit, und zwar im Verhältnis von einem

Pfund Zucker zu einer Pinte* Flüssigkeit, und lassen Letztere verdampfen. Mit dem Kochen konzentrieren sich die Säfte. Es gibt auch die Methode, den Saft verdampfen zu lassen, bevor man Zucker zugibt. Diese zweite Zubereitungsart gibt einen wohlschmeckenderen Saft, der sich aber wiederum nicht so gut hält.
Es muss immer doppelt so viel Zucker in die Mischung gegeben werden wie Fruchtsaft. Bei kalt hergestelltem Sirup sofort, bei heiß zubereitetem durch Verdampfung.
Wir geben hier für die Herstellung von Mandel-, Himbeer-, Sauertrauben-, Granatapfel- oder anderem Sirup kein spezielles Rezept an, denn diese ist Sache des Confiseurs, nicht des Kochs.

## SPANFERKEL

(aus einer alten Rezeptsammlung abgeschrieben)

Wenn Sie ein Ferkel auswählen, sehen Sie zu, dass es kurz, fett und jung ist, also als einzige Nahrung die Milch seiner Mutter erhalten hat, denn dann ist es gut. Die Tong-King-Sorten sind die besten und delikatesten von allen. Um es zu töten, müssen Sie es zwischen Ihre Knie nehmen, ihm mit der linken Hand den Rüssel zudrücken und das Messer am unteren Rand des Halses ansetzen, an dem Teil, den man »das kleine Herz« nennt. Das Messer muss eine dünne Klinge haben und sehr spitz sein. Führen Sie es gerade in den Körper, um direkt zum Herzen zu gelangen. Stechen Sie nicht durch die Schulter, denn das würde das Absengen erschweren, mangelndes Ausbluten würde das Fleisch dunkel werden lassen und es wäre weniger delikat. In einem Wasserkessel haben Sie warmes – nicht heißes – Wasser vorbereitet und etwas Harz bereitgelegt. Bevor das Ferkel ins Wasser getaucht wird, sollten ihm die Hauer entfernt werden, damit Sie sich beim Absengen nicht verletzen. Zuerst wird der Kopf ins Wasser getaucht. Wenn die Borsten sich von den Ohren zu lösen beginnen, ziehen Sie den Kessel vom Feuer und legen das ganze Ferkel hinein. Stellen Sie den Kessel auf den Tisch und legen Sie das Harz neben sich. Sie legen Ihre Hand flach auf dieses Pech, reiben damit das Ferkel ein, tauchen es mehrmals ins Wasser, bis keine Borste mehr darauf ist, ziehen ihm die Klauen ab, weiden es aus, aber öffnen es dabei nicht zu weit. Sie nehmen alles heraus, was der Körper enthält, nur die Nieren nicht, drücken Ihre Finger in den Bürzel, um den Dickdarm zu entfernen, schneiden den Hinterkopf ein, bringen vier Schnitte auf dem Hinterteil an, um den Schwanz zwischen Haut und Fleisch stecken zu können, stecken drei Spießchen hindurch, eines durch die Schenkel, um die Hinterbeine so zu formen wie die eines sitzenden Hasen, das zweite durch die Brust, um die Vorderbeine festzustecken, und das dritte auf der Höhe der Nieren, um zu verhindern, dass es einen Katzenbuckel macht. Wenn dies getan ist, legen Sie es in kaltes Wasser, lassen es gut abtropfen, lassen es trocknen und stecken es auf den Bratspieß. Falls noch vereinzelt Borsten darauf sind, sengen Sie diese mit Papier ab. Nach drei oder vier Umdrehungen am Spieß sollte das Ferkel mit Öl bestrichen werden, um die Haut knusprig werden zu lassen. Dies sollte während des Bratens mehrmals geschehen. Wenn es fertig ist, nehmen Sie es vom Spieß, schneiden es rund um den Hals ein, damit die Haut knusprig bleibt, und servieren es ganz heiß.

### *Gefülltes Ferkel à l'anglaise*

Der einzige Unterschied zum Vorigen ist, dass es mit einer Farce aus der gehackten Leber, in Milch getauchtem Weißbrot, Butter, Kalbseutern, Eiern, vor allem Eidottern, Kräutern und Gewürzen gefüllt wird.

### *Ferkel-Galantine*

(nach einem traditionellen Rezept)

Sie bereiten ein Ferkel wie oben vor, legen es in kaltes Wasser, lassen es dann abtropfen, entbeinen es, außer an den vier Füßen, und sorgen dafür, dass seine Haut ganz und ohne Löcher bleibt. Nun bereiten Sie eine gekochte ▸ Farce aus Huhn oder Kalb vor, breiten die Haut des Ferkels auf einem weißen Tuch aus, legen etwas Farce fingerdick darauf, garnieren diese mit fetten Speckwürfeln und legen Trüffelstreifen, Omelettstreifen, ganze Eidotter, Pistazien, süße Mandeln, Nüsse und Streifen vom gekochten Schinken dazwischen. Bedecken Sie alles wieder mit einer dünnen Lage Farce und füllen Sie in dieser Reihenfolge weiter, bis die Haut zwar schön prall, aber nicht zu sehr gedehnt ist. Achten Sie darauf, die natürliche Form des Tieres mit seinem Kopf und seinen Füßen zu bewahren, nähen Sie die Haut mit einer starken Nadel und grobem, guten Garn zu, fixieren Sie die vier Füße wie für den Spieß, reiben Sie das Ferkel mit Zitronensaft ein, bedecken Sie es mit Speckstreifen, wickeln Sie es in ein neues Leinentuch, das Sie an beiden Enden zunähen, und bereiten Sie einen Schmorfond aus den Füßen und den Abfällen vor, zu denen Sie einige Scheiben Rohschinken, eine halbierte Kalbsstelze, zwei Knoblauchzehen, zwei Lorbeerblätter, Salz, Karotten, Zwiebeln sowie einen Strauß Petersilie und Schnittknoblauch* beifügen. Auf dieses Bett wird das Ferkel gelegt und mit guter Suppe und einer Flasche Weißwein übergossen. Nun wird alles aufs Feuer gestellt und angebraten, dann auf den Herdrand gestellt, wo es drei Stunden lang leise köcheln sollte. In seinem Fond auskühlen lassen, auswickeln, die Speckstreifen entfernen und auf einer Servierplatte schön anrichten. Der Schmorfond wird durch ein Seidentuch getrieben und, wenn er nicht goldbraun ist, mit Zitronensaft verbessert. Reduzieren lassen und wie ▸ Aspik läutern. Richten Sie Ihre Geléescheiben wie eine Kette rund um den Tellerrand an, so dass sie wie Diamantenschmuck wirken, und servieren Sie diese Speise als Hauptgericht.

## SPARGEL

Es ist unnötig, diese Pflanze, die jeder kennt, zu beschreiben. Es gibt weiße, violette und grüne. Der weiße Spargel verflüchtigt sich am schnellsten, sein zarter Geschmack ist angenehm, aber sein Nährwert gering. Die aus Marchiennes, aus Belgien und Holland kommenden Sorten genießen hohe Reputation. Der violette Spargel ist der dickste und substanziellste von allen, der aus Ulm und aus Polen stammende ist der wahre Spargel. Der grüne ist dünner, aber man isst fast alles davon und er schmeckt sehr gut. In Italien, wo man einen eher seltsamen als raffinierten Geschmack beweist, bevorzugt man den wilden Spargel. Fleischfresser wie Katzen und Hunde lieben dieses Gemüse. Am besten bereitet man es über Dampf zu. Die Römer pflegten den Spargel sprichwörtlich zu nennen. Wenn man eine Angelegenheit schnell erledigt sehen wollte, sagte man: »Brauchen Sie dafür weniger Zeit, als nötig ist, um Spargel zu garen.« Es ist der weiße, den man in Frankreich am ehesten verwendet.
Nachdem man ihn gewaschen, geschält und in gleich lange Stücke geschnitten hat, wird er zu Bündeln verschnürt und in gesalzenem Wasser gegart, damit er knackig bleibt, und ganz heiß auf einem gefalteten Tuch aufgelegt, das das Wasser aufsaugen soll.
Man isst den Spargel mit Butter oder Öl. Wir werden zu diesem Anlass eine Anekdote über Fontenelle erzählen.
Fontenelle liebte Spargel sehr, vor allem den in Öl angemachten. Als der Abt Terrasson, der ihn im Gegenteil mit Butter bevorzugte, eines Abends bei Fontenelle zum Nachtmahl anklopfte, ließ dieser ihn wissen, dass er

ihm ein großes Opfer brächte, wenn er ihm die Hälfte seines Spargels abtrete, und er beauftragte die Küche, diese Hälfte mit Butter anzurichten. Knapp bevor er sich zu Tisch setzte, fühlte sich der Abt unwohl und erlitt einen Schlaganfall. Fontenelle sprang sofort auf, stürzte zur Küche und rief: »Jetzt alles in Öl; alles in Öl!«

### *Spargel in Öl*

Er wird kalt gekocht, dann mit der für Artischocken angegebenen Ölsauce gegessen.

### *Spargel in Butter*

Geben Sie zwei Teelöffel Mehl und ein wenig Wasser in eine Kasserole, salzen und pfeffern Sie mit grobem Pfeffer und reiben Sie Muskatnuss dazu. Erhitzen Sie das Mehl und löschen Sie mit dem Spargelkochwasser ab. Bereiten Sie vier Eidotter und 125 gr feine Butter vor und binden Sie Ihre Sauce, so dass der Eidotter stockt. Passieren Sie die Sauce, geben Sie einen Spritzer Zitronensaft dazu und servieren Sie.

### *Nach Audot gekochter Spargel*

Tauchen Sie ihn, wenn er in Wasser gar geworden ist, in den Jus eines im eigenen Saft geschmorten Kalbs-Schlussbratens, den Sie flüchtig entfettet haben.

### *Spargel mit Erbsen*

Man verwendet hierzu den kleinsten Spargel und schneidet alle zarten Teile in kleine Stücke. Kochen Sie sie, so dass sie bissfest bleiben, in Salzwasser, lassen Sie sie gleich danach auf einem Sieb abtropfen, schwenken Sie sie in einer Kasserole mit Butter, Salz, Pfeffer und Fines Herbes* oder bestreuen Sie sie in der Kasserole mit etwas Mehl und etwas Zucker, gießen Sie etwas Bouillon oder Wasser dazu, wärmen Sie kurz und servieren Sie.

### *Gebackener Spargel*

Entfernen Sie die harten Teile. Den Spargel dann in Salzwasser blanchieren*, herausnehmen und in kaltes Wasser legen, mit Mehl bestäuben, mit einem Faden in kleine Büschel zu je sechs oder sieben Stück zusammenbinden, die Sie in geschlagene Eier tauchen und herausbacken.

*Spargel Monselet*

Wie oben nur die zarten Teile blanchieren*, in einem klaren Kalbs- und Schinken- ▸ Jus zu Ende garen und zuletzt mit ein wenig mit Mehl verarbeiteter Butter legieren.

*Ragoût aus Spargelspitzen*

Kappen Sie die grünen Teile der blanchierten* Spargel und legen Sie sie mit einem Kalbs- ▸ Coulis in eine Kasserole. Lassen Sie die Sauce bei kleiner Hitze reduzieren, legieren Sie mit ein wenig Butter und Mehl, rühren Sie dabei ständig um. Etwas Zitronensaft verleiht diesem Gericht die ganz leichte saure Note.

*Spargel in Bratensaft*

Nehmen Sie den Saft eines am Spieß gebratenen Lammes, zum Beispiel einer Keule. Schneiden Sie Spargel, von dem Sie nur die Spitzen verwenden. Diese werden in zerlassenem Speck angebraten, mit Petersilie, fein gehacktem Kerbel, Salz, weißem Pfeffer und Muskatnuss gewürzt. Lassen Sie sie in einer Rindsbrühe auf sanftem Feuer köcheln, schöpfen Sie das Fett ab und servieren Sie heiß, nachdem Sie den Saft Ihres Lammbratens darunter gemischt haben.

*Rühreier mit Spargelspitzen*

Nützen Sie die Gelegenheit, wenn Sie einmal eine Hühnerbouillon gekocht haben. An einem solchen Tag salzen und pfeffern Sie ein paar geschlagene Eier und streuen Spargelspitzen dazu. Gießen Sie für sechs Eier ein halbes Glas, für zwölf ein ganzes Glas Ihrer Bouillon dazu. Nun braten Sie Ihre Rühreier wie immer, wobei Sie feststellen werden, dass sie durch die Zugabe des halben oder ganzen Glases Bouillon außerordentlich flaumig geworden sind.

*Spargel à la Pompadour*

Monsieur de Jarente, Staatsminister von Madame de Pompadours Gunsten, hinterließ unserem berühmten Schlemmer Grimod de la Reynière, dem würdigen Neffen seines Onkels, folgendes Rezept:

Wählen Sie drei Büschel schönsten dicken holländischen Spargel, also weiß mit violetten Spitzen. Putzen, waschen und kochen Sie ihn wie üblich, das heißt, indem Sie ihn in kochendes Wasser tauchen. Kappen Sie dann den oberen Teil der Stange, die Länge eines kleinen Fingers unterhalb der Spitze. Beschäftigen Sie sich nur mit den zartesten Teilen und werfen Sie den Rest der Stangen weg. Hüllen Sie besagte Teile in ein heißes Küchentuch, so dass sie während des Abtropfens warm bleiben, während Sie die passende Sauce zubereiten. Entnehmen Sie, teelöffelweise, die Hälfte der Butter aus einem Fässchen Vanvre- oder La Prévalais-Butter und geben Sie diese in eine Kasserole aus Silber. Fügen Sie einige Körner Salz und eine kräftige Prise ▸ Macis-Pulver, einen guten Löffel feinstes Mehl und zwei frische, gut verquirlte Eidotter mit vier Löffeln ▸ Kretzer hinzu. Wärmen Sie diese Sauce im Wasserbad, doch vermeiden Sie, dass sie zu fest und damit zu schwer werde. Legen Sie Ihre Spargelstücke in genannte Sauce und servieren Sie sie in einer geschlossenen Kasserole und als eigenen Gang, damit dieses vorzügliche Zwischengericht nicht auf dem Tische verschmachtet, sondern in all seiner Vollendung genossen werden kann.

## SPECK

Das Fleisch des Schweins ist großteils schwer verdaulich und unbekömmlich, vor allem für Menschen, die sich nicht viel bewegen. Wenn es aber vom Salz gehärtet und im Rauch getrocknet wurde, ist es noch viel schädlicher. So ist der Speck.

Ausgelassener Speck wird leicht ranzig und sauer und kann dem Magen nur abträglich sein, manchmal sogar Mund und Rachen aufrauen.

Speck nennt man ein Stück Schwein, bei dem an der Schwarte noch ein wenig Fleisch hängt und das man in den Topf tut. Speck von Schweinen, die mit Eicheln gefüttert wurden, ist fester, und daher besser als von jenen, die nur Kleie zu fressen bekommen haben.

Im Kapitel über das Schwein wurde bereits alles gesagt, was über den Speck und seine Zubereitung zu sagen ist.

## SPECKSCHNITTE, SPECKSCHEIBE

Sehr dünne Scheibe fetten, weißen Specks, mit der man Bratenfleisch belegt oder umwickelt. Man legt auch oft den Boden von Kasserolen damit aus.

## SPICKEN

Küchentechnischer Begriff, mit dem der Vorgang bezeichnet wird, Speckstreifen mit Hilfe der Spicknadel durch ein Stück Fleisch zu ziehen. Um Fleisch richtig zu spicken müssen die Speckstreifen halb so dick wie ein kleiner Finger sowie gut gesalzen und gepfeffert sein. Wenn man bloß die Oberfläche spicken will, verwendet man nur ganz dünne Streifen, die symmetrisch angeordnet und sogar zum Muster verwoben werden können.

## SPIESS

Der geistreiche Autor der »Mémoires de la Marquise de Créqui« schreibt, als er beim Artikel »Spieß« angelangt ist: »Derart bekanntes Utensil, dass jede Beschreibung sich erübrigt.« Man sieht schon, dass der Graf von Courchamps für Franzosen geschrieben hat. Hätte er für Spanier geschrieben, hätte er dieses Koch-Gerät mit einer langen Beschreibung bedacht, hoffend, dass die Landsleute von Don Quichote Lust verspüren könnten, damit Bekanntschaft zu schließen.

Ich habe tatsächlich, außer in einem Wörterbuch, in ganz Spanien keinerlei Spieß finden können, was dazu führt, dass man dort entsetzliche Bratengerichte macht; denn einen wahren Braten kann man nur am Spieß und auf Holzfeuer zubereiten, allerhöchstens noch auf einem Steinkohlenfeuer. Umso ärgerlicher muss einen dieser Umstand stimmen, da man bei jedem Schritt über Wildhasen stolpert, die von den Spaniern nicht gegessen werden, weil sie meinen, dass dieses Tier in der Erde wühle, um Kadaver auszugraben. Und die Rebhühner aller Schattierungen muss man à la »olla podrida«, also in gekochtem Öl essen, weil kein Spieß aufzutreiben ist.

In den alten Kochbüchern kann man sehen, dass alle Spieße und Spießchen der königlichen Küchen unter den Valois, ja auch noch unter Ludwig XIII., aus Silber waren. Spießchen nannte man das, was wir heute Brathäkchen nennen.

Spieße und Häkchen müssen peinlich sauber gehalten werden, denn wenn sie rosten, verleihen sie dem Fleisch, das sie durchbohren, ihren metallischen Geschmack.

## SPINAT

Man isst Spinatblätter nur gekocht.

Viel ist bereits über den Spinat gespöttelt worden, von dem man sagt, dass er keinerlei Nährwert besitze und dass er der »Magenbesen« sei. Dies ist ein Irrtum, denn der Spinat nährt sehr wohl und gefällt dem Magen durchaus. So sehr, dass er dessen Besen, ich darf mich nun auch dieser Wendung bedienen, nur in einem Sinne darstellt, nämlich dass er mit besonderer Leichtigkeit verdaut wird.

Es gibt verschiedene Arten der Zubereitung und wir wollen hier jene angeben, die uns am besten erscheinen.

### *Spinat nach alter Sitte*

Sie blanchieren* und hacken Spinatblätter und legen sie mit Butter und geriebener Muskatnuss in eine Kasserole. Wenn sie weich sind, fügen Sie ein Stück mit Mehl verknetete Butter, Zucker sowie Milch hinzu und servieren den Spinat mit in Butter geröstetem Brot.

### *Spinat à la maître d'hôtel*

Sie blanchieren* den Spinat in kochendem Wasser, schrecken ihn dann in kaltem Wasser ab, lassen ihn abtropfen und hacken ihn fein. Ohne weitere Zutaten in eine Kasserole geben und diese in ein Wasserbad stellen. Mit Salz, Pfeffer und Muskatnuss würzen, ein Stück Butter beigeben und umrühren.

### *Spinat mit Jus*

Wenn der Spinat weich gekocht ist, fügen Sie entweder zwei Löffel ▸ Blond de veau oder zwei Löffel zur ▸ Glace reduzierten Fricandeau- ▸ Jus hinzu. Vor dem Servieren kommt ein Stück frische Butter dazu, das auf dem Spinat zergehen soll. Mit geröstetem Brot servieren.

### *Spinat à l'anglaise*

Sie lassen Salzwasser in einem großen Kessel aufkochen und geben gewaschene und blanchierte* Spinatblätter hinein. Wenn diese weich gekocht sind, hacken Sie sie und geben sie mit Salz und Pfeffer in eine Kasserole. Gut umrühren; wenn der Spinat heiß ist, ein Stück Butter darauf zerlassen, diese gut mit dem Spinat vermischen und mit Röstbrot servieren.

### *Spinat mit Zucker*

Wenn der Spinat weich gekocht ist, salzen, ein Stück Zucker, etwas Zitronenschale und zwei zerstoßene Makronen hinzufügen. Den süßen Spinat von ▸ Löffel-Biscuit umgeben servieren.

### *Spinatcrème*

Sie mischen einen großen Löffel gekochten Spinat mit einem Dutzend geriebenen süßen Mandeln, etwas Limone, drei bis vier Bittermandel-Keksen, etwas Zucker, zwei Glas Obers*, einem Glas Milch und sechs Dottern. Die Mischung durch ein Seihtuch passieren, bei Ober- und Unterhitze backen und heiß servieren.

*Spinat-Rissolen*
(nach der Methode von M. de Courchamps)

Sie putzen und waschen Spinat sorgfältig und kochen ihn in einem Viertelliter Wasser. Abtropfen und auskühlen lassen. Mit Butter, der Schale einer Limone, zwei Bittermandelkeksen, etwas Zucker und Orangenblüten-Wasser im Mörser zerstoßen und pürieren. Einen Teigboden vorbereiten, den Sie in kleine Vierecke aufschneiden. Jeweils in eine Ecke derselben ein Häufchen Spinatfülle geben und die Rissolen zusammenrollen. Zurechtschneiden und in heißem Öl herausbacken. Wenn sie goldgelb sind, herausnehmen, abtropfen lassen, auf einen Teller schichten, mit Puderzucker bestreuen, mit der roten Schaufel* glacieren und heiß als Nachspeise servieren.

*Spinatfarbe*

1. Sie blanchieren* eine Hand voll Spinatblätter mit Petersilie und Schnittknoblauch*, geben diese Zutaten dann in kaltes Wasser, drücken sie aus, zerstoßen sie fein und passieren sie durch ein Tuch. Sollte die Mischung zu fest sein, gießen Sie mit etwas Suppe auf.
2. Spinat waschen, im Mörser pürieren, durch ein Tuch drücken, in einer feuerfesten Form auf den Herd stellen, zwei- bis dreimal aufkochen und abtropfen lassen.

*Spinat-Torte*

Die Spinatblätter gut putzen, die Stiele entfernen, mehrfach in wechselndem Wasser abspülen, dann in Wasser kochen. Abtropfen und auskühlen lassen. Den Saft herausdrücken, dann die Blätter gemeinsam mit kandierter Limonenschale, etwas Zucker und einem Stück leicht gesalzener Butter gut im Mörser pürieren. Eine Tortenform mit Blätterteig auslegen, den Spinat gleichmäßig darauf verteilen und mit einem Gitter aus Blätterteigstreifen belegen. Im Ofen backen, dann mit Zucker bestreuen, mit der roten Schaufel* glacieren und heiß servieren.

*Spinatsuppe*

Gut gewaschenen Spinat mit Wasser, Butter, Salz, einem kleinen Büschel Majoran, etwas Thymian und einer mit Gewürznelken gespickten Zwiebel zum Kochen bringen. Wenn die Suppe halb fertig gekocht ist, fügen Sie Zucker, eine Hand voll Rosinen und im Ofen getrocknete Brotstückchen hinzu. Die Suppe fertig kochen lassen und auf Brot servieren.

## STACHELFISCH

Er ist der Schrecken der Fischer im Ärmelkanal. Sein Rücken und die Kiemen sind mit unendlich spitzen Stacheln gepanzert, vor denen man sich weder beim Herausziehen des Netzes noch bei der Zubereitung genug in Acht nehmen kann. Falls man doch gestochen wird, muss man zunächst das Blut aus der Wunde saugen und sie dann mit einer Mischung aus Zwiebelsaft, der Leber des Stachelfisches, Salz und Weingeist einreiben. Diese Medizin steht in allen Häusern an der Küste von Cherbourg und Barfleur bereit.

### *Stachelfisch à la maître d'hôtel*

Entfernen Sie die grauenhaften Stacheln vom Rücken der Fische, nehmen Sie diese aus, waschen Sie sie und schneiden Sie sie auf beiden Seiten leicht ein. Nun marinieren Sie die Fische mit Petersilie und Salz in Öl und legen sie dann auf einen Grill. Die gegrillten Fische anrichten und entweder mit einer ▸ Sauce à la maître d'hôtel oder einer anderen Sauce übergießen, auf die Sie, wie Hugo sagt, Kapern regnen ließen.

### *Stachelfisch à la normande*

Sie bereiten die Fische wie oben beschrieben vor, schneiden ihnen Kopf und Schwanz ab und spicken sie mit Anchovis- und Aal-Filets. Dann dünsten Sie sie mit Karotten, Zwiebeln, Gewürznelken, Lorbeer und Basilikum in Butter und Petersilie. Nachdem die Fische gar sind, gießen Sie mit Weißwein auf und passieren den Fond durch ein feines Sieb in eine zweite Kasserole. Diese passierte Sauce wird mit Butter und Mehl gebunden und über die Fische gegossen. Mit Zitronensaft beträufeln und servieren.

### *Stachelfisch à la bordelaise*

Sie bereiten die Fische wie oben beschrieben vor und kochen sie mit Zwiebeln, Karotten, Petersilie, Lorbeer und Salz in Weißwein. Vor dem Servieren eine ▸ Sauce italienne darüber gießen.

## STECKRÜBE oder WEISSE FUTTERRÜBE

Dieses Gemüse hat seine Noblesse und seine Vorzüge: Es ist bekannt, dass die drei besten Sorten, die man anbauen kann, aus Cressy, aus Belle-Isle-en-Mer und aus Meaux kommen. Dennoch sind es die Rüben aus Freneuse und Vaugirard, welche heute, sei es aus Gründen der Intrigenwirtschaft oder aus denen der geschickten Vermarktung, den gesamten Bedarf von Paris abdecken.

Das erste Rezept, das uns in die Hände fällt, betrifft die Steckrüben à la d'Esclignac. Was hat wohl diesem Mann die Ehre verschafft, einem Steckrüben-Gericht seinen Namen zu geben?

Nichts ist in diesem Zusammenhang kurioser, als die Bücher großer Köche und ihre seltsamen Phantasien zu studieren, die sie dazu treiben, unsere großen Männer auf den Grill zu legen, zu braten oder als Sauce zu servieren.

Hier geben wir wieder, was wir in einem einzigen Buch unter dem Kapitel Suppen gefunden haben:

Suppe
- à la Demidoff
- à la John Russel
- à l'Abd-el-Kader
- zur Stadt Berlin
- à la Cialdini
- zum 15 September 1864
- zum Helden von Palestro
- à la Lukullus
- à la Wilhelm Tell
- à la Mont Blanc
- à la Magenta und Solferino
- zu den Dardanellen
- à la Dumas
- à la Theresa
- von der Gänsemutter
- à la Rothschild

Kommen wir von der Suppe zum Hors-d'œuvre, finden wir, ohne Hinweise auf das Motiv:

### GEBACKENES

Kleine Soufflés nach der Art von Kairo
Kleine Pâtés à la Turbigo
Kleine Pâtés Inkermann
Merlan-Filets à la Durando
Pastetchen à la Garibaldi
Gebackenes vom Kaiserlichen Prinzen
Gebackenes
- à la Louisiana
- à la Capodimonte
- à la Afrika

Gebackenes
- von der Neuen Welt
- von der florentinischen Blumenhändlerin

Kleine Pastetchen à la Titus
Soufflés à la Marc-Aurel
Pâtés Omar-Pascha
Kleine Häppchen wahrer Freunde
Stangen à la Palmerston
Kleine Soufflés à la Cellini
Kleine Soufflés der Sehnsucht

## ZWISCHENGANG

Steinbutt à la Lord Byron
Stör nach Ariost
Forelle zur Welteinheit
Fischsuppe auf botanische Art
Steinbutt-Filet Prinz Humbert
Stör zu den Vereinigten Flotten
Rindsrose à la Dante Alighieri
Rindsrose à la Napoleon I.
Rindsbraten à la Napoleon III.
Schafskeule Jean-Jacques Rousseau
Poularde von der Kameliendame
Junger Truthahn zum
europäischen Frieden
Gans à la Don Carlos
Spanferkel à la Washington
Schinken Königin Victoria
Rindsfilet à la Julius Cäsar
Huhn zu den fünf Mailänder Tagen
Schnepfe zum Venezianischen
Quadrilennium
Pyramide zur Rückkehr der Truppen
Poularde zu den Florentinern
des 27. September 1859
Geflügel-Brüste vom großen Poeten
Schildkröte à la Saïd-Pascha
Junges Huhn à la Nelaton
Kalbskopf à la Girardin
Fasanenbrust à la Kaiserin Eugénie
Kapaunen-Nieren à la Freundschaft
Filets mignons vom jungen Truthahn
nach Art der Erinnerung

## WARME ENTRÉES

Geflügel-Suprême à la Lukullus
Poularde à la Scipio dem Afrikaner
Wachtel vom Römischen Adler
Fettammer von der Unabhängigkeit
Poularde à la Prinz Albert
Schnepfe à la Prince of Wales
Hase à la Dante de Castiglione
Rotes Rebhuhn à la Maréchal Ney
Wild-Croustade drei Musketiere
Lerchen à la Gebrüder Bandiera
Lachs à la Don Juan
Poularde vom ersten Soldaten der
italienischen Unabhängigkeit
Rebhuhnküken à la Cimarosa
Kalbskotelett à la Doge von Venedig

## KALTE ENTRÉES

Galantine vom jungen Truthahn
à la König von Persien
Spanferkel à la Gemma (Gemma de
Vergy, die ihr eifersüchtiger Mann
zwang, das Herz ihres Liebhabers
zu essen)
Wachtel-Chaud-Froid à la Karl-Albert
Austerntöpfchen à la Raphael
Steinbutt-Filet à la lettore Fieramosca
Hummer-Mayonnaise
à la Nicolo dei Lapi
Pastete vom Entenküken
à la Michelangelo
Wild-Pastete à la Friedrich der Große
Thunfisch-Mayonnaise à la Vespucci
Chaud-Froid vom Lammbries
à la Brunellesco
Hummer à la Borgia
Fischmayonnaise von den vier Seehäfen
Kapaunen-Galantine à la Persano
(der Admiral Persano wurde
in der Schlacht von Lissa
geschlagen)
Wildschweinkopf à la Macchiavelli

BRATEN

| | |
|---|---|
| Gans à la Nelson | Fettammer vom Sultan |
| Junger Truthahn à la Tiberius | Huhn vom König von Rom |

Wir könnten die Liste dieses historischen Küchenchefs und zugleich ausgezeichneten Kochs noch fortsetzen und werden uns hier der Verwendung einiger seiner seltsamen Rezepte nicht enthalten, wobei wir ihn selbstverständlich zitieren wollen.
Kommen wir nun zu unseren Steckrüben zurück.

*In ▸ Jus glacierte* Steckrüben*

Sie wählen gleich große Rüben, die sich dafür eignen, in Birnenform gebracht zu werden, blanchieren* diese, lassen sie abtropfen und buttern den Boden einer Kasserole, die groß genug sein sollte, dass man die Rüben darin nebeneinander auflegen kann. Sie arrangieren die Rüben darin und braten diese in Butter und Zucker golden an, gießen mit hochwertiger Suppe auf, bestreuen sie mit zerstoßenem Zucker, würzen mit einer Messerspitze Salz und etwas Zimtrinde, lassen aufkochen, bedecken alles mit einem Stück gebuttertem Papier, stellen die Kasserole an den Rand des Ofens, so dass sie Unterhitze haben, legen den Topfdeckel auf die Kasserole und Glut darauf. Wenn die Steckrüben gar sind, decken Sie sie ab und reduzieren den Fond zur ▸ Glace, richten sie auf dem Teller an, gießen in die Kasserole etwas Suppe, um die Glace abzulösen, entfernen die Zimtrinde und gießen die Glace als Sauce auf die Rüben, als wäre es ein Kompott.

Ich entdecke gerade, dass ich ungerechterweise die Steckrüben à la d'Esclignac übersprungen habe, wo sie doch der Anlass für den langen Exkurs waren, dem wir uns hingegeben haben, beeile mich nun aber, dieses Unrecht wieder gutzumachen.

*Steckrüben à la d'Esclignac*

Sie nehmen 10 bis 13 Zentimeter lange Steckrüben, schneiden deren beide Enden ab, halbieren sie längs und tournieren* jede Hälfte, so dass sie die Form von Schnüren erhalten. Sie schnitzen mit der Messerspitze zwei kleine Rillen hinein, wie Schnüre sie haben, blanchieren* die Rübenbänder, legen sie wie die Vorigen in eine Kasserole, würzen und garen sie wie oben beschrieben, nur ohne Zimt. Wenn sie fertig sind, gießen Sie etwas ▸ Espagnole in die Kasserole, um die ▸ Glace abzulösen, fügen etwas Butter hinzu und gießen die Sauce über Ihre Steckrüben.

### *Steckrüben à la Picardie*

Sie geben Ihren Rüben eine beliebige Form, legen sie mit Zwiebeln, Salz und einem Stück Butter in einen Topf, dünsten sie, lassen die Flüssigkeit abtropfen, bereiten eine ▸ Sauce blanche zu, die Sie mit Maniok- oder Tapioka-Mehl binden, streuen eine Messerspitze Muskat darauf, fügen einen halben Löffel feinen Senf hinzu und gießen die Sauce über Ihre Rüben.

### *Steckrüben-Ragoût als Fleischunterlage oder Garnitur*

Nachdem die Rüben gleichmäßig und sauber aufgeschnitten wurden, werden sie in Wasser einmal aufgekocht und dann in Suppe oder ▸ Coulis und einem Strauß Fines Herbes* gegart. Anschließend gut würzen und das Ragoût entfetten.
Man serviert Steckrüben recht oft mit Schmorfleisch, einfacher ist jedoch folgende Zubereitungsart: Wenn das Fleisch halb gar ist, legt man die Rüben dazu, um alles gemeinsam zu Ende zu bringen, würzt gut und entfettet das Ragoût.

### *Steckrüben in jungfräulichem Ragoût*

Tournieren* Sie dreißig bis vierzig Steckrüben in gleich große Kugeln und blanchieren* Sie diese in kochendem, leicht gesalzenem Wasser. Nach dem Abschrecken kochen Sie die Rüben in einer Hühnerbrühe mit Knochenmark und Zucker, legen dann ein Stück frische Butter darauf und montieren* das Ragoût schließlich mit einer Legierung aus im Wasserbad geschlagenen Dottern.

### *Steckrüben-Püree als Garnitur für Suppen*

Legen Sie ein Ochsenviertel und ein Dutzend in Scheiben geschnittene Steckrüben in eine Kasserole, stellen Sie diese auf heftiges Feuer und rühren Sie sehr oft um. Wenn die Rüben zu zerfallen beginnen, fügen Sie ein ▸ Blond de veau hinzu, reduzieren dieses Gemisch zum Püree, das sie durch ein Seihtuch streichen, und machen bei Gelegenheit davon Gebrauch.

*Steckrübensuppe für Lungenkranke*
(nach M. de Courchamps)

Man kocht 1 kg Kalbsstelze mit 1,5 kg Kalbs-Beuschel* in zwei Litern gut gefiltertem Regenwasser, fügt eine halbe Unze* zerstoßene süße Mandeln hinzu und lässt auf die Hälfte reduzieren. Währenddessen gart man vierundzwanzig dreifach in Backpapier gewickelte Steckrüben in der heißen Asche und wickelt sie erst aus, wenn sie Saft gebildet haben, um sie dann in die Suppe zu befördern, wo sie um ein Viertel reduziert werden sollen. Nun fügt man 8 gr Kandiszucker und 12 gr Gummi arabicum*-Pulver hinzu, löst diese beiden ganz in der Flüssigkeit auf und hält diese Brühe im Wasserbad warm, um sie, je nach Bedarf, tassenweise oder auch löffelweise zu verabreichen.

## STEINBUTT

Juvenal hat in der gleichen Satire Kaiser Domitian und den Steinbutt verewigt, für den der Senat einberufen worden war. Die Sitzung dauerte lange und doch war die besprochene Angelegenheit derart wichtig, dass die ehrwürdigen Väter sich trennen mussten, ohne sich darauf zu einigen, welche Sauce den riesigen Fisch begleiten sollte. Mangels einer Entscheidung seitens des römischen Senats halten wir uns an das Rezept von Vincent de la Chapelle, einem ehrwürdigen Vater der französischen Küche. Nach allem, was wir von der antiken Kochkunst wissen, werden wir nicht wirklich bereuen, dass die hohe Versammlung, wie so oft, zu keiner Entscheidung gekommen ist.

Statt des Steinbutts von Domitian, der laut Juvenal seinesgleichen sucht, nehmen Sie den schönsten und größten, fleckenlosen, den Sie finden können. Er muss vor allem sehr dick, weiß und ganz frisch sein. Sie bringen auf dem Rücken, bis zur halben Länge, näher am Kopf als am Schwanz, einen drei bis vier Zoll langen Schnitt an, die Länge hängt von der Größe des Fisches ab, und heben auf beiden Seiten das Fleisch heraus. Auf der Länge des Einschnitts brechen Sie die Gräten heraus; den Kopf haken Sie mit einer Spicknadel und einer Schnur fest, welche Sie zwischen dem Rückgrat und dem Knochen der ersten Flosse festbinden. Nun den Steinbutt mit Zitronensaft einreiben und in den Buttkessel legen, wo Sie ihn mit gutem Salzwasser und ein bis zwei Pinten* Milch übergießen. Schließlich fügen Sie die Schalen von zwei bis drei entkernten Zitronenscheiben hinzu, deren Fruchtfleisch Sie, wie die Kerne, entfernt haben. Den

Steinbutt im Sommer sehr schnell erhitzen, weil er sonst zerfallen würde. Sobald der Sud zu zittern beginnt, verringern Sie die Hitze und garen den Fisch ohne ihn aufkochen zu lassen. Bedecken Sie den Kessel mit gebuttertem Backpapier und lassen Sie den Fisch in seinem Sud liegen, bis er auf den Tisch kommt. Erst eine Viertelstunde davor lassen Sie ihn abtropfen. Legen Sie eine Serviette auf einen Teller, unter die Petersilienbüschel geschoben werden, damit der Mittelteil des Steinbutts sich bauchig emporhebt, der Fisch aber ansonsten gerade aufliegen kann. Den Steinbutt auf den Teller gleiten lassen und mit einer großen Schere die fleischlosen Bartfäden und die Spitze der Schwanzflosse abschneiden. Um den Steinbutt herum wird büschelweise Petersilie aufgelegt, etwaige Risse in der Haut werden ebenfalls mit Petersilie kaschiert.

Neben den Teller stellen Sie eine Saucière mit weißer Kapernsauce und eine mit ▸ pikanter Sauce oder einem fetten ▸ Coulis oder auch mit Fischsud oder einer guten ▸ Sauce hollandaise.

Den Ausführungen von Vincent de la Chapelle ist noch hinzuzufügen, dass man mit einem Steinbutt als Zwischengang, zwischen Suppe und Braten eine Sauce hollandaise oder eine ▸ Austernsauce, eine fette ▸ Tomatensauce, eine weiße Sauce mit scharfem ▸ Kren, aber am besten eine Hummerbuttersauce ( ▸ Hummersauce) mit dem klein gehackten Fleisch des Hummers servieren sollte.

### *Steinbutt à l'anglaise*

Die Engländer, bekanntermaßen große Fischesser, haben für jede Art eine bestimmte Sauce festgelegt, mit der sie den betreffenden Fisch unabänderlich servieren.

So isst man mit Steinbutt eine ▸ Hummer- oder ▸ Garnelensauce. Mit gekochtem Lachs stellt man ▸ Petersiliensauce und oft auch ▸ Gurkensalat auf den Tisch, mit Kabeljau eine ▸ Austernsauce, dies wird hierzu von Feinschmeckern absolut verlangt! Mit Merlan bzw. Wittling serviert man eine Eiersauce, mit gekochter Makrele eine mit Petersilie oder mit Stachelbeeren; mit gebratenem Fisch wie Merlan, Forelle, Stint oder Seezunge serviert man eine Sauce aus ▸ Anchovis-Butter.

Man nimmt einen frischen, weißen, dicken Steinbutt aus, entfernt die Bartfäden und schneidet ihn auf der dunklen Seite entlang dem Rückgrat ein. Dann legt man ihn eine Stunde lang in ein Gefäß mit kaltem Wasser, lässt ihn danach abtropfen, bindet den Kopf fest, legt ihn auf den Einsatz eines Fischkessels, so dass er auf der dunklen Seite liegt, streut eine Hand voll Salz darüber und bedeckt ihn mit kaltem Wasser. Den Kessel auf ein großes Feuer stellen, um das Wasser zum Kochen zu bringen. Nach dem ersten Aufwallen auf den Herdrand ziehen und ihn bei gleichmäßiger Hitze 40 bis 50 Minuten köcheln, jedoch nicht kochen lassen.

Inzwischen kocht man einen Hummer in Salzwasser, lässt ihn abkühlen, entnimmt das Fleisch aus dem Schwanzpanzer, der ganz bleiben sollte, und schneidet dieses Fleisch in Scheiben, die man in eine kleine Kasserole legt. Beim Putzen abgefallene Fleischreste sowie das Fleisch der kleinen Beine würfeln und zudecken. Nun eine glatte Buttersauce (▸ Hummerbutter oder ▸ gebundene Butter) anfertigen, dieser das Hummer-Salpicon beifügen und die Sauce ins Wasserbad stellen.

Vor dem Servieren lässt man den Steinbutt abgetropfen; die Schnüre entfernen und den Fisch auf einen großen Teller gleiten lassen, in dessen Mitte ein ovales Brett gelegt wurde. In dieses zwei Löcher bohren und das Brett mit einer Serviette bedecken.

Man muss nicht betonen, dass die helle Seite des Steinbutts sichtbar sein sollte. Der gekochte Hummer wird in die Mitte des Steinbutts gelegt, auf die Hummerschalen kommen die Scheiben vom Hummerschwanz. Die Hummerschale mit einem Spießchen durchstoßen, das mit zwei Krebsen und einer Trüffel garniert wurde. Den Fisch mit Petersilie umgeben und die Sauce extra servieren.

### *Steinbutt-Kadgiori*

Dieses indische Gericht wird heute überall in England serviert, das eine indische Dépendance geworden zu sein scheint.

Sie schneiden aus einem kleinen, rohen Steinbutt Filets heraus, würfeln diese und braten sie leicht in Butter auf großer Flamme an, gerade nur zwei Minuten lang. Würzen und die Pfanne vom Feuer nehmen. Eine Zwiebel fein hacken und in Butter anrösten, aber nicht braun werden lassen. 500 gr gewaschenen Reis hinzufügen, der eine Stunde lang auf einem feinen Sieb abtropfen musste. Einige Sekunden, nachdem der Reis in die Pfanne gelangt ist, mit der dreifachen Menge seines Volumens an Fischsuppe aufgießen und zehn bis zwölf Minuten auf großer Flamme kochen lassen. Die Kasserole an den Ofenausgang stellen, so dass der Reis trocknen kann, dann die Steinbutt-Filets dazugeben. Diese mit einer Messerspitze Cayenne-

Pfeffer bestreuen und mit einigen Löffeln Sauce begießen. Drei hart gekochte und fein gehackte Eier sowie ein Stück Butter in kleinen Würfeln hinzufügen. Das Gericht in einer Schüssel anrichten und mit zerlassener, haselnussbrauner Butter übergießen.

### *Heiße dänische Steinbutt-Pastete*

Sie nehmen einen kleinen, frischen Steinbutt oder auch nur die Hälfte davon, je nach Anzahl der Gäste. Das Fleisch von den Gräten lösen und in lange, zwei bis drei Zentimeter breite Streifen schneiden. Diese in eine Terrine legen und würzen.

Fünf bis sechs Eier hart kochen, dann vierteln, salzen, pfeffern, mit Petersilie bestreuen und zudecken.

400-500 gr grobkörnigen Grieß sieben, so dass kein Mehl darin bleibt. Zwei Dotter damit verkneten, indem man den Grieß und die Dotter zwischen beiden Händen verreibt, die Masse dann auf ein Blech legen und im Trockenofen trocknen lassen. Nochmals zwischen den Händen reiben, um die groben Klumpen zu zerkleinern, und diesen Grieß in Salzwasser zu einem festen, trockenen Brei werden lassen. Folgende Zutaten werden nun getrennt fein gehackt: zwei weiße Zwiebeln, eine Hand voll grüne Petersilie, acht bis zehn frische essbare Pilze. Die Zwiebel in Butter anrösten, aber nicht braun werden lassen, die Pilze hinzufügen und rösten, bis sie trocken sind; nun mit einem Esslöffel Mehl bestreuen, mit einem halben Glas Weißwein aufgießen, ein Lorbeerblatt dazugeben und die Sauce bis zum Aufwallen umrühren, um sie dann einige Minuten köcheln zu lassen. Danach die gehackte Petersilie und die Steinbuttstreifen hinzufügen, die Kasserole zudecken, die Sauce zweimal aufkochen lassen, den Topf an den Herdrand ziehen und dort fünf Minuten stehen lassen, so dass Sauce und Fisch gemeinsam abkühlen können.

Nun mit 500 gr gutem Mehl und 250 gr Butter oder Schmalz einen Blätterteig herstellen, diesem sechs Tours* geben, also ihn sechsmal falten und wieder auswalken, dann rasten lassen, ein Viertel davon beiseite legen und den übrigen Teig mit dem Nudelholz auswalken. Es sollte ein Rechteck von 35 cm Breite und 70 cm Länge entstehen. Den Teig dann um das Nudelholz wickeln, um ihn auf einem Blech wieder auszurollen. Rundherum anfeuchten und die Mitte dick mit erkaltetem Grieß belegen, der ebenfalls die Form eines länglichen Rechtecks erhalten sollte, allerdings wesentlich schmaler als der Teig.

Auf dieses Bett legt man die Steinbuttstreifen und vermischt diese dabei mit der Pilz-Zwiebel-Sauce wie auch mit den Eiern und mit einem Dutzend blanchierter* Austern. Darauf und an die Seiten wird nochmals Grieß gelegt, so dass die Pastete eine runde, ebenmäßige Form erhält. Den Teig an den Rändern hochziehen und diese über der Pastete zusammenschlagen. Die Ränder befeuchten und gut verschweißen. Die Pastetenoberfläche befeuchten, dann das restliche Viertel Teig zu einem Rechteck auswalken und über die Pastete legen, so dass diese fast ganz eingehüllt wird. Nun mit verquirltem Ei bestreichen und in der Mitte der Pastete eine Öffnung anbringen, so dass der Dampf entweichen kann. Mit der Messerspitze ein feines Muster in den Teig ritzen und die Pastete in den mäßig geheizten Ofen schieben, nachdem man sie mit Backpapier bedeckt und dieses festgebunden hat. Die Pastete eineinviertel Stunden lang backen.
In der Zwischenzeit blanchiert man ein Dutzend Austern in etwa einem Glas Weißwein. Mit dem Fischkopf, den Gräten, Wein und Gemüse etwa einen Liter Suppe machen und mit dieser wie auch mit dem Kochsud der Austern eine kleine, lichte Sauce zubereiten, die mit drei Dottern gebunden und mit Butter, fein gewiegter Petersilie und Zitronensaft montiert* wird. Die Austern zur Sauce geben und gemeinsam mit der Pastete servieren.

### *Steinbutt mit gratinierter Crème*

Einen halben Steinbutt in Salzwasser kochen, dann abtropfen lassen, entgräten und die dunkle Haut abziehen. Das Fischfleisch in gleiche Portionen zerteilen, die man nebeneinander in eine Schüssel legt, dann mit einer dünnen Lage fein gehackten, gedünsteten Champignons bestreut und mit einigen Esslöffeln guter ▸ Sauce Béchamel maskiert*. Der Fisch sollte hügelförmig aufgeschichtet und mit der Sauce bedeckt, dann mit Bröseln bestreut und mit zerlassener Butter übergossen in den heißen Ofen geschoben werden, um zehn bis zwölf Minuten lang zu gratinieren. Die Schüssel nach dem Herausziehen auf einen Teller stellen und eine Bordüre aus Kartoffelpüree mit Eiern machen.

### *Steinbutt à la régence*

(nach einem alten Rezept des Palais-Royal)

In einer Kasserole werden zwei bis drei Pfund Kalbfleisch in Scheiben mit Speck belegt, gesalzen, gepfeffert und mit einem Büschel

Petersilie, Fines Herbes*, mit Gewürznelken gespickten Zwiebeln und zwei Lorbeerblättern garniert. Das Fleisch schwitzen lassen und, wenn es sich am Kasserolenboden anlegt, dortselbst mit frischer Butter und etwas Mehl einen ▸ Roux zubereiten. Mit Suppe aufgießen und das Angelegte mit dem Löffel lösen. Den Steinbutt mit Speck umwickeln und in 75 cl Champagner oder anderem Wein, dem Kalbsfond und den Kalbsscheiben obenauf garen. Dann auf heißer Asche ziehen lassen und mit einem Krebsragoût und einem ▸ Coulis aus Krebsen servieren.

### *Steinbutt, Matelote normande*

Einen jungen Steinbutt am Rücken einschneiden, das Fleisch von den Gräten lösen und zwischen Fleisch und Gräten eine gute, kalte ▸ Sauce à la maître d'hôtel streichen. Sechs große Zwiebeln würfeln und mit einem schönen Stück Butter, das zuvor mit Salz, grob gemahlenem Pfeffer, Thymian, geriebenem Lorbeer, fein gewiegter Petersilie und Muskatpulver verknetet wurde, auf eine Silberplatte legen. Den jungen Steinbutt auf die Zwiebeln legen, mit Salz bestreuen, Zitronensaft, etwas zerlassene Butter und eine Flasche moussierenden Cidre darüber gießen und alles bei ganz sanfter Unter- und Oberhitze garen. Während des Garens immer wieder übergießen.

### *Mit Parmesan gratinierter Steinbutt*

Nachdem der Steinbutt in ▸ Court-Bouillon gekocht wurde und bereits erkaltet ist, häuten und entgräten Sie ihn und legen die Fischteile in eine leichte ▸ Sauce Béchamel. Vorsichtig erhitzen, ohne aufkochen zu lassen, und auf einen feuerfesten Teller legen. Mit einem Gemisch aus Bröseln und geriebenem Parmesan bestreuen, mit zerlassener Butter übergießen und bei sanfter Hitze im Ofen gratinieren.

### *Junger Steinbutt, gebraten*

Ein bis drei Exemplare ausnehmen, waschen und abtropfen lassen. Den Rücken einschneiden; eine Schüssel mit Butter belegen, die Sie mit etwas Salz und Fines Épices* bestreuen. Die Fische in die Schüssel legen, mit Bröseln und Fines Herbes*, etwas Salz und Fines Épices bestreuen, mit etwas zerlassener Butter übergießen und ausreichend Wein unter die Fische in die Schüssel gießen. Auf dem Herd aufkochen lassen, dann mit Glut bedecken oder in einen großen

Ofen schieben, wenn ein solcher zur Verfügung steht. Sie prüfen mit dem Finger, ob der Fisch gar ist, was der Fall ist, wenn er unter dem Druck nachgibt. Mit dem Fischfond servieren oder abtropfen lassen und eine ▸ Sauce italienne dazugeben.

*Steinbutt mit Mayonnaise*

Von Steinbuttresten schneiden sie runde Filetstücke aus, legen diese in ein Gefäß und würzen sie mit Salz, grob gemahlenem Pfeffer, fein gehackten Kräutern, Öl und Estragonessig. Nun legen Sie die Fischstücke kranzförmig in die Tellermitte, umgeben sie mit einer Girlande aus hart gekochten Eiern, garnieren sie mit Anchovis-Filets, Essiggurken, Estragonblättern, Trüffeln, Rüben und Kapern, legen hübsche Gelée-Stückchen rundherum und in die Mitte eine Mayonnaise oder, noch besser, eine ▸ Sauce verte.

*Steinbuttfilets mit Bigaraden*

Einen jungen Steinbutt filetieren und die Filets in dünne Streifen schneiden; diese in Zitronensaft, Salz, grob gemahlenem Pfeffer und etwas Knoblauch einlegen. Knapp vor dem Servieren lassen Sie die Fischstreifen auf einem Küchentuch abtropfen, wenden sie in Mehl und braten sie goldbraun. Die Steinbuttstreifen auf einer Sauce aus Fisch- ▸ Coulis und dem Saft von ▸ Bigaraden servieren.

## STEINPILZ

Pilze von beachtlichem Umfang mit regelmäßig abfallendem Hut. Ihre Oberfläche ist trocken und tief eingeschnitten, der Stamm stark angeschwollen, das Fleisch weiß, von lockerer Substanz, das Aroma ist süß und die kulinarischen Eigenschaften sind angenehm, sagt man. Man unterscheidet zwei große Sorten: den roten und den schwarzen Steinpilz. Der rote ist von trockener Beschaffenheit, gibt aber auf Fingerdruck nach und hat ein feines, delikates, wohlschmeckendes und wohlriechendes Fleisch. Dieses ändert seine Beschaffenheit nicht, wenn es mit Luft in Berührung kommt. Den roten Steinpilz findet man im September und Oktober in der schönen Umgebung von Paris und man kann ihn sehr gut getrocknet aufbewahren, um ihn bei Bedarf in heißem Wasser wieder quellen zu lassen. In Ungarn bereitet man damit Saucen und ▸ Coulis zu. Der Steinpilz gilt als wärmendes Aphrodisiakum. Niemals sollte man vergessen, diese Pflanze aufzuschneiden, denn wenn sie in Berührung mit Luft ihre Farbe ändert, darf man sie nicht verwenden.

Der schwarze Steinpilz wird etwa 10 cm hoch und hat etwa 4 cm Durchmesser. Er wird dunkelbraun, ist von trockener Beschaffenheit, weich, sehr süß im Duft und von äußerst angenehmem Pilzgeschmack. Diese Sorte ist im Norden und in den temperierten Gebieten Europas weit verbreitet, wo man ihn sehr schätzt und wie den roten Steinpilz zubereitet.
Man pflückt diesen ausgezeichneten Pilz vor allem im Süden Frankreichs und in der Umgebung von Bordeaux. Man trocknet ihn hier jedoch nicht wie in Genua oder Italien; da man glaubt, dass er ein exzellentes Öl enthält, verkauft man ihn in kleine Blechkistchen eingeschlossen. Lassen Sie sich jedoch weder von gedruckten Prospekten noch von mündlicher Überlieferung in die Irre führen: Die Steinpilze von Bordeaux schwellen in Öl derart an, dass sie wie Schwämme aufgehen, denen man unmöglich ihre ursprüngliche Festigkeit wieder geben kann. Egal auf welche Weise man sie dann zubereitet, ob gegrillt, gebraten oder auf andere Art, sie werden praktisch unbekömmlich.

### *Schwarzköpfiger Steinpilz*

Nicht nur in der Umgebung von Bordeaux, sondern auch im ganzen Wald von Compiègne findet man besonders aromatische Exemplare dieser Gattung. Letztere schmecken besonders gut, weil sie im Schatten des Hochwalds zur Welt kommen. Vor allem im August wimmelt es dort nur so von ihnen.
Hier nun ein Rezept, von dessen Güte ich mich selbst überzeugen konnte.
(nach Vuillemot)

> Man entfernt die Stiele, hackt sie klein, gibt fein gewiegte Petersilie, Weißbrotflocken, Schalotten, frische Butter und eine fein gehackte Knoblauchzehe dazu. Aus diesen Zutaten formt man eine Paste, würzt mit Salz, Pfeffer und wenig scharfem Paprika, garniert damit die Unterseite der Steinpilz-Hüte, streut noch Brotbrösel darüber, gratiniert im heißen Ofen und serviert.

Man kann sie auch auf provençalische Art zubereiten: mit Olivenöl, Petersilie und gehacktem Knoblauch. Gut anrösten, etwas ▸ Fleischglace dazugeben und schön heiß servieren.

## STERLETT

Es gibt in Russland einen Fisch, für den die Russen ebenso schwärmen wie die Römer für die Seebarbe oder die Brasse.
Wir wissen, dass der römische Amphitryon Seebarbe und Brasse lebend zur Schau stellte, bevor sie den Gästen serviert wurden.

Da sie aber zwölf Meilen von der Küste bis Rom zurücklegen mussten, wurden sie von Staffel laufenden Sklaven gebracht, die sie in dem Wasser transportierten, in das sie frisch gefangen gelegt worden waren. Meist kamen die Sklaven gerade noch rechtzeitig, damit die Gäste sehen konnten, wie die Farben der goldenen, purpurroten und azurblauen Schuppen langsam dahinwelkten.

Bei einem Russen spielt sich das Nämliche oder noch Ärgeres ab, wenn es darum geht, seinen Freunden einen Sterlett zu servieren. Der Sterlett ist ein kleiner Stör (Acipenser rethenus) und für die Fürsten von Petersburg oder die Bojaren von Moskau gab es kein vergleichbares Gericht. Der große, gewöhnliche Stör fand ihre Anerkennung nur, weil er den Kaviar liefert.

Bevor es in Russland Eisenbahnen gab, musste ein Sterlett manchmal zwei- bis dreihundert Meilen reisen, um die Ehre zu haben, auf dem Tisch eines großen Seigneurs zu landen. Im eisigen Winter, wenn das Barometer auf 30 oder 32 Grad unter Null sinkt und der Fisch unter diesen Bedingungen im selben Wasser transportiert werden muss, das gleichmäßig null Grad haben sollte, muss man die Schwierigkeit überwinden, das Wasser regelmäßig aufzuheizen. Man hatte also Wagen, die ausschließlich für den Transport von Sterlett bestimmt waren, und es konnte geschehen, dass eine einfache Sterlett-Suppe, die man mit zwei bis drei solchen Fischen zubereitete, 6.000-8.000 Francs kostete.

### *Sterlett in Chablis*

Wir müssen nach der obigen Geschichte wohl nicht betonen, dass der Sterlett der beliebteste der russischen Fische ist. Man wählt ihn von mittlerer Größe, entfernt die spitzen Schuppen an den Seiten und am Rücken, schabt die anderen Schuppen von der Haut, nimmt den Fisch aus und wäscht ihn. Dann bringt man einen kleinen Einschnitt am Schwanzansatz an, um den Hauptnerv herauszuziehen, der entlang der Wirbelsäule verläuft. Dieser Nerv ist etwa so dick wie eine Holz-Stricknadel. Wenn das Ende frei liegt, packt man es mit einem Küchentuch, um den Nerv ganz herauszuziehen, aber vorsichtig und Zug um Zug. Nun schneidet man den Fisch quer in fünf bis sechs Teile und gibt diese in eine gebutterte Kasserole, legt einige Scheiben Petersilienwurzel darauf, fügt ein Lorbeerblatt und eine ungeschälte Knoblauchzehe hinzu, salzt den Fisch und gießt zu drei Vierteln mit Chablis und dem Saft von zwei bis drei Zitronen auf. Die Kasserole zudecken und auf eine große Flamme stellen, so dass der Kochsud auf die Hälfte reduziert ist, wenn der Fisch gar ist. Die Sauce entfetten, einige Löffel gute flüssige Fleisch ▸ Glace hinzufügen, etwas Bouillon und ein großes Stück mit Mehl verkneteter Butter dazugeben und mit Zitronensaft verfeinern. Die Sterlett-Stücke werden so auf den Servierteller gelegt, dass sie einen ganzen Fisch formen. Dieser wird beidseitig mit kleinen Arrangements aus Trüffeln, Champignons, Oliven und Quenelles* umgeben und mit seiner Sauce maskiert*. Die übrige Sauce wird in einer Saucière auf den Tisch gestellt.

Dieses Rezept haben wir der »Cuisine de tous les pays« entnommen, den kosmopolitischen Nachforschungen von M. Urbain Dubois. Es ist das einzige Kochbuch, in dem ich diese und die beiden folgenden Zubereitungsarten gefunden habe. Wir sind dabei, nach Russland zu schreiben, um das Rezept dieser berühmten, Ouka genannten Fischsuppe zu bekommen, für die man, wie wir bereits sagten, 6.000-8.000 Francs bezahlte. Heute kostet sie so viel wie eine Schildkrötensuppe und wenn M. Coste sich um die Ansiedlung von Sterlett in unseren Gewässern kümmert, wird sie bald nur so viel kosten wie eine gewöhnliche Suppe.

### *Kalte Sterlett-Pastete*

Wenn sich jemand in Sankt Petersburg darum kümmern wollte, gute kalte Sterlett-Pasteten zu machen, bestünde kein Zweifel daran, dass dieses Gericht bald von Feinschmeckern aller Länder auf die Tageskarte gesetzt würde. Ich hatte einige Male Gelegenheit, es zuzubereiten, und ich fand heraus, dass dieser Fisch sich hervorragend für diese Art der Verwendung eignet.

Man putzt einen Sterlett nach allen Regeln, schneidet ihn in mehrere Stücke und legt diese mit etwas Butter und einem Glas Weißwein in eine Kasserole. Dazu kommen einige Schalen von frischen Trüffeln und ein Büschel Petersilie mit anderen aromatischen Kräutern. Der Fisch wird sieben bis acht Minuten gedünstet, dann deckt man die Kasserole zu und zieht sie vom Feuer. Zehn Minuten darauf lässt man den Sterlett-Fond in eine Terrine abfließen und nimmt die Fischteile aus der Kasserole, um jedes Stück der Länge nach zu halbieren. Alle Gräten und Knorpel müssen sorgfältigst entfernt werden. Den Fisch nun in eine Schüssel legen und mit 500-600 gr rohen, geschälten und geviertelten Trüffeln vermischen. Mit Salz, Gewürzen, fein gewiegter Petersilie und einigen Esslöffeln Madeira würzen, das Gefäß verschließen und das Fischfleisch eine Stunde lang in den Zutaten marinieren.

Inzwischen schneidet man 300 gr Aal und ebenso viel entgräteten Hecht in Stücke und mischt dieses Fischfleisch, indem man es gemeinsam im Mörser zerstampft. Ebenso zerstößt man 500 gr frischen Speck und legt ihn zur Seite. Schließlich werden vier Trüffeln mit einer eigroßen Portion aufgeweichtem Brot und sechs Anchovis-Filets zerstampft. Nun mischt man die Trüffelmasse mit Fisch und Speck, würzt kräftig mit Salz und Gewürzen, püriert alles nochmals und gießt fünf Minuten, bevor man die Masse aus dem Mörser nimmt, etwas vom Sterlett-Fond hinzu. Eine Pastetenform mit Mürbteig auskleiden und Boden und Seitenwände mit dieser Farce bestreichen. Das Innere der Form mit dem marinierten Sterlett und Trüffeln, dann mit Farce in abwechselnden Lagen bis oben füllen. Die Pastete backen und eine halbe Stunde nach dem Herausnehmen durch eine Öffnung im Pastetendeckel gutes, schön gewürztes und mit Madeira verfeinertes Gelée einfüllen. Das Verhältnis von Madeira und Gelée sollte 1 zu 2 betragen. Die Pastete ganz auskühlen lassen, bevor man sie serviert.

*Sterlett-Bouillabaisse*

Sie töten einen kleinen Sterlett, putzen ihn und schneiden ihn in mehrere Stücke, die Sie auf Eis legen. Nun zwei Zwiebeln und das Weiße einer Stange Porree fein aufschneiden und mit gutem Olivenöl und zwei Knoblauchzehen in eine Kasserole legen, wo sie goldgelb angeröstet werden. Die Sterlett-Stücke dazulegen und einen kleinen Aal und sechs große Krebse hinzufügen, die der Länge nach halbiert wurden. Mit einem Büschel Petersilie, zwei roten Pfefferschoten, einer Messerspitze Salz, Zitronenscheiben, geschält und entkernt, und schließlich zwei Esslöffeln Tomatenpüree würzen. Den Fisch mit einer Mischung aus zwei Dritteln Weißwein und einem Drittel Fischsuppe schwimmen lassen, so dass die Oberseite sichtbar bleibt, die Kasserole auf ein starkes Feuer stellen und das Gericht zwölf bis vierzehn Minuten lang kochen lassen. Danach den Kochsud durch ein feines Sieb passieren und auf dickere Brotscheiben in eine Suppenschüssel gießen. Den Fisch auf einen Teller legen und zugleich mit der Suppe servieren.

## STINT

Er ist einer der delikatesten Fische, die man überhaupt essen kann.

*Gebratener Stint*

Sie nehmen eine ausreichende Anzahl dieser Fische, nehmen sie aus, schuppen sie ab und wischen einen nach dem anderen ab. Nun stecken Sie ein Spießchen durch die Augen der Fische, tauchen die aufgefädelten Stinte in Milch, wenden sie in Mehl und braten sie goldbraun. Eine Serviette auf dem Teller fälteln und die Fische darauf servieren.

*Stint à l'anglaise*

Sie geben zwei Esslöffel Öl in eine Kasserole, fügen Salz, Pfeffer und eine halbe, in Scheiben geschnittene, geschälte und entkernte Zitrone hinzu. Mit zwei Glas Weißwein und ebenso viel Wasser aufgießen. Diesen Fond eine Viertelstunde lang kochen lassen, dann die Fische hineinlegen, nachdem Sie diese ausgenommen, abgeschuppt und gut abgewischt haben. Die Fische garen, dann abtropfen lassen und mit folgender Sauce übergießen:

Sie blanchieren* eine Knoblauchzehe und zerdrücken sie mit dem Messerrücken. Den zerdrückten Knoblauch mit fein gewiegter Petersilie und klein gehacktem Schnittknoblauch* sowie zwei Glas Champagner in eine Kasserole geben. Die Sauce soll fünf Minuten kochen, dann mit einem Stück mit Mehl verkneteter Butter und einem Stück Butter ohne Mehl, etwas Salz und einer Messerspitze grobkörnigem Pfeffer gebunden werden. Wenn die Sauce zur richtigen Konsistenz reduziert ist, mit Zitronensaft verfeinern, abschmecken und servieren.

## STOCKFISCH

Wir haben bereits fast alles, was wir über den Stockfisch zu sagen haben, beim Kabeljau untergebracht. Es bleiben aber noch einige Details zum Stockfisch selbst und zu seiner Zubereitung zu sagen.

Ich kann mich hier nicht enthalten zu bemerken, so schreibt Anderson, dass diesem unersättlichen Fisch von der Natur ein einzigartiger Vorteil zugedacht wurde, den viele unserer Schlemmer gern mit ihm teilen würden. Und zwar, dass er, jedes Mal, wenn seine Gefräßigkeit ihn ein Stück Holz oder etwas anderes Unverdauliches hinunterschlucken ließ, seinen ganzen Magen ausspuckt, diesen vor seinem Maul umdreht und ihn, nachdem er ihn gründlich geleert und gut mit Meerwasser gespült hat, wieder an seinen Platz zurückholt und weiter frisst.

*Stockfisch-Brandade nach der Art von Montpellier*

Unter den Dingen, die wir beim Kabeljau weglassen zu müssen gemeint haben, sei hier eine Brandade vom Stockfisch genannt, die wir aus der »Cuisine de touts les pays« von Urbain Dubois gezogen haben.

Die Hälfte eines gesalzenen Stockfischs bereits gut aufgeweicht und dick, in Quadrate teilen, diese mit kaltem Wasser in eine Kasserole legen, den Topf aufs Feuer stellen und das Wasser einmal aufkochen lassen. Dann den Topf sofort zurückziehen. Eine Viertelstunde später den Stockfisch auf einem feinen Sieb abtropfen lassen, alle Gräten entfernen, das Fleisch und die Haut in Flocken reißen und in eine Terrine geben.

Zwei Esslöffel gewiegte Zwiebel und eine Knoblauchzehe in Öl anrösten. Wenn die Zwiebel goldgelb geworden ist, den Knoblauch herausziehen und den Stockfisch zur Zwiebel mischen, um ihn zu erhitzen. Dann im Mörser zerstampfen und, wenn alles zu Brei geworden ist, wieder in die Kasserole geben, wo die Paste mit dem Löffel verrührt und zugleich, nach und nach, eine halbe Flasche Olivenöl darunter gemischt wird. Wenn das Öl aufgesaugt ist, die Masse noch einige Minuten bearbeiten, den Saft einer Zitrone hinzufügen und nach und nach ein Glas Öl darunter mischen. Nun sollte die Masse gut gebunden und cremig sein. Wenn sie zu flüssig ist, zwei Esslöffel recht fester ▸ Sauce Béchamel unterheben. Im gegenteiligen Fall genügen ein paar Teelöffel gutes Obers*. Mit Pfeffer und Muskat, etwas Salz und, wenn nötig, mit etwas gewiegter Petersilie würzen. Zwei weitere Minuten rühren, mit dem Saft einer Zitrone abschließen. Nun sollte die Paste gehaltvoll, aber zart, glatt und wohlschmeckend sein. Sehr vorsichtig erhitzen, ohne umzurühren, als Hügel in die Mitte eines länglichen Serviertellers häufen, mit links und rechts je einem länglichen, zu drei Vierteln ausgehöhlten Röstbrot, dessen äußere Spitze an den Rand des Tellers geklebt wird. Die Paste mit ein paar Trüffeln bestreuen, mit zwei ganzen Krebsen und, zwischen diesen, einer runden Trüffel krönen. Das Röstbrot mit gebratenen Austern füllen und zwei Brathäkchen hineinstecken, welche man unten abwechselnd mit Fischfilets und Trüffeln umgibt; die Mitte füllt man mit kleinen Austernhäppchen.

Diese Speise kann bei einem Dîner statt dem Fisch gereicht werden.

## STÖR

Einer der größten Flussfische, den ich beim Stichwort Kaviar bereits ziemlich genau beschrieben habe. Er war in Frankreich sehr selten und hoch geschätzt und wiegt bis zu drei- oder vierhundert Pfund. 1833 gab ich einen Maskenball, an den sich noch einige meiner Zeitgenossen erinnern, man servierte ein gebratenes Reh und einen in ▸ Court-Bouillon gekochten Stör. Das Reh wurde zur Gänze, bis auf die Knochen, verschlungen, aber den Stör konnte man nicht aufessen, obwohl vierhundert Gäste dem Souper beiwohnten.

Eines Tages, an dem ein großes Dîner gegeben wurde, erhielt der Staatskanzler Cambarécès, der mit Murat, Junot, de Cussy und Talleyrand um den Ruf stritt, die beste Tafel von Paris zu bieten, zwei monströse Störe, wovon einer 162, der andere 187 Pfund wog.

Der Zeremonienmeister glaubte seine Hoheit von diesem bemerkenswerten Fall unterrichten zu müssen, denn wollte man beide servieren, würde der eine dem anderen schaden, trug man nur einen auf, dann war der zweite verloren, natürlich konnte man den Gästen seiner Hoheit nicht zwei Tage hintereinander Fisch von der gleichen Sorte servieren.

Cambarécès sperrte sich mit seinem Zeremonienmeister ein, der nach einer Viertelstunde strahlend das Zimmer wieder verließ.

Man hatte in der Tat eine Möglichkeit gefunden, wenn schon nicht beide aufzutragen, so doch beide zu zeigen und den ersten zu Ehren des zweiten zu opfern, ihn so zu opfern, dass damit der Tafel seiner Hoheit größte Ehre zuteil würde. Hier sei berichtet, was sich seine Exzellenz und sein Zeremonienmeister ausgedacht hatten:

Der Stör sollte gleich nach der Suppe aufgetragen werden.

Der weniger riesige wurde auf ein Blätter- und Blumenbett gelegt und ein Violin- und Flötenkonzert kündigte seinen Einzug an.

Dem Stör voran schritten der Flötist in der Uniform eines Küchenchefs, gleich hinter ihm die ebenso gekleideten beiden Geiger; der Fisch wurde von vier Fackeln tragenden Kammerdienern, zwei Küchenjungen mit ihren Messern und einem Schweizer Gardisten mit Hellebarde begleitet.

Der Stör lag auf einer kleinen, acht bis zehn Fuß langen Leiter, Kopf und Schwanz ruhten auf den Schultern der beiden Küchenjungen.

Zu den Klängen von Flöte und Geigen und unter den bewundernden Rufen der Gäste begann der Zug seine Runde um den Tisch.

Derart unerwartet war dieses Bild, dass man die Hochachtung vor seiner Exzellenz völlig vergaß und auf die Stühle stieg, um das Monstrum zu bestaunen.

Als jedoch der Rundgang um den Tisch beendet war, in dem Augenblick, da der Fisch hinausgetragen werden sollte, um unter dem Applaus der ganzen Gesellschaft zerteilt zu werden, stolperte einer der Träger und fiel auf ein Knie, während der Fisch auf seiner Seite von der Leiter rutschte und auf den Boden fiel.

Da brach ein langer Schrei der Verzweiflung aus tiefsten Herzen, besser aus tiefsten Mägen hervor. Einen Augenblick lang herrschte Unordnung und jeder gab seine Meinung zum Besten, doch dann übertönte die Stimme von Cambarécès den Tumult und er sagte mit der Schlichtheit, die eines alten Römers würdig gewesen wäre: »Servieren Sie den anderen.«

Da sah man einen zweiten Zug, gleich wie den vorangegangenen, hereinkommen, nur dass dieser von zwei Flöten, vier Violinen sowie vier Kammerdienern begleitet wurde, Applaus folgte dem Schmerzensschrei und man ließ den ersten Fisch verschwinden, der 25 Pfund weniger gewogen hatte als der zweite.

### *Stör in Court-Bouillon*

Der Stör, den Sie zubereiten wollen, muss nicht so groß sein wie die beiden, die der Staatskanzler servieren ließ. Sie nehmen den Ihrigen aus, entfernen die Kiemen, lassen den Fisch abtropfen und legen ihn dann in eine kräftige ▸ Court-Bouillon, die entweder mit Speck oder mit Butter zubereitet wurde. Der Stör muss, wegen seiner Dicke, stärker gewürzt werden als jeder andere Fisch. Garen Sie ihn mit Ober- und Unterhitze und übergießen Sie ihn oft. Nach dem Garen abtropfen lassen und mit einer mehr oder weniger gehaltvollen ▸ Sauce italienne servieren, die Sie in einer Saucière neben den Fisch stellen.

### *Stör am Spieß*

Sie nehmen ein Stück – einen wegen seiner Form »Ärmel« genannten Teil – vom Stör und ziehen Haut und knochige Platten ab. Das Fleisch wie eine ▸ Kalbsnuss spicken; für Fastentage spicken Sie es mit Aal und Anchovis-Filets. Bereiten Sie eine ▸ Marinade zu, in die Sie statt Essig Weißwein und sehr viel Butter geben. Den Stör oft mit dieser Marinade begießen, die durch ein Haarsieb passiert werden sollte. Wenn der Fisch schön braun und gar ist, servieren Sie ihn mit einer ▸ Sauce poivrade.

### *Gegrillter Stör für Festtage*

Sie schneiden einen Stör in Scheiben, die Sie in Weißwein, zerlassenem Speck, Salz, Pfeffer, etwas Lorbeer und etwas Milch garen. Auf kleiner Flamme langsam köcheln lassen, dann die Scheiben panieren und auf den Grill legen. Man kann dieses Gericht so, wie es ist, oder mit einer ▸ Sauce Sainte-Menehould servieren.

### *Störkoteletts in Papillotten**

Entfernen Sie Haut und knochige Platten und schneiden Sie den Fisch in fingerdicke Koteletts, die Sie in einem Stück Butter anbraten. Wenn die Koteletts weiß zu werden beginnen, drehen Sie sie um und gehen Sie weiter so vor, wie Sie es für ▸ Kalbskoteletts tun würden. Wenn Sie ein gehaltvolles Gericht herstellen wollen, fügen Sie feine Speckscheiben hinzu; unterlassen Sie dies an Fastentagen.

### *Stör-Fricandeau*

Sie nehmen ein Stück vom Stör, häuten es und entfernen die knochigen Platten. Das Fischfleisch mit dem flachen Hackmesser leicht klopfen und dann mit Speckstiften spicken, falls es ein Festtagsgericht werden soll. Eine Kasserole mit Schinkenscheiben, Kalbfleisch, einigen Karotten und Zwiebeln auslegen und ferner so vorgehen wie für ▸ Hecht-Grenadins. Falls es ein Fastengericht werden soll, spicken Sie den Stör mit Aal- und Hechtstreifen.

### *Stör mit Fines Herbes**

Sie nehmen einen dicken Stör und schneiden ihn in fingerdicke Scheiben, die Sie mit zerlassenem Speck, Pfeffer, Salz, Fines Herbes*, Petersilie und fein gehacktem Schnittknoblauch* in eine Kasserole legen. Alle Zutaten ein bis zwei Stunden lang köcheln lassen, gut umrühren, dann die Stör-Scheiben mit sehr feinen Bröseln panieren und auf den Grill legen. Auf einem Tuch servieren und eine pikante ▸ Sauce hachée oder eine ▸ Rémoulade dazustellen.

### *Stör mit Röstbrot*

Den Stör in feine Scheiben schneiden und diese mit Butter, Petersilie, Schnittknoblauch*, fein gehackten Schalotten, Salz und grobkörnigem Pfeffer in eine Kasserole legen. Die Störstücke umdrehen, sobald sie auf einer Seite gebraten sind, gut durchbraten lassen, dann herausnehmen. In die Kasserole kommt ein Stück mit Mehl verknetete Butter, dazu ein Glas Rotwein. Einen Moment lang aufkochen lassen, dann mit einigen fein gewiegten Kapern würzen. Nun nicht mehr aufkochen lassen und nach einem Augenblick mit in Butter gerösteten Brotstückchen servieren.

### *Glacierter* Stör*

Eine schöne Scheibe vom Stör auf einer Seite mit durchwachsenen Speckstiften spicken, dann mit einem halben Liter Wein, einem Büschel Petersilie, Schnittknoblauch*, Thymian, Lorbeer, Basilikum, drei Gewürznelken, einer Knoblauchzehe, Salz, Pfeffer, zwei Zitronenscheiben und etwas Suppe in eine Kasserole legen und in diesem Fond schmoren lassen. Wenn der Fisch gar ist, legen Sie ihn auf einen Teller. In einem anderen Topf bereiten Sie aus gewürfeltem Kalbfleisch und Schinkenwürfeln sowie etwas guter Suppe eine ▸ Glace zu. Wenn das Kalbfleisch weich ist, passieren Sie die Sauce durch ein feines Sieb und reduzieren sie, bis sie fast karamelisiert. Nun legen Sie die Stör-Scheibe in diese Glace, wenden sie darin und legen sie auf den Servierteller. Die Glace mit etwas ▸ Coulis mischen und vom Topfboden lösen. Diese Sauce durch ein Haarsieb passieren, mit Zitronensaft verfeinern und unter dem Stör servieren.

### *Stör-Pastete*

Sie nehmen zwei Scheiben vom Stör, wovon jede etwa die Dicke dreier Finger haben sollte, und spicken sie mit Anchovis. Nun bereiten Sie einen feinen Pastetenboden zu, belegen diesen mit Butterstückchen, bestreuen ihn mit Salz, Pfeffer, Fines Herbes* und Fines Épices* und legen die Stör-Scheiben darauf. Darauf streuen Sie wieder eine feine Lage obiger Gewürze, bedecken alles mit frischer Butter, verschließen die Pastete mit Teig und backen sie im Ofen. Wenn sie fertig gebacken ist, wird sie entfettet und mit einem pikanten Krebs- ▸ Coulis begossen. Heiß als Entrée servieren.

### *Suppe aus einem Störkopf*

Wenn der Störkopf gut geputzt ist, legen Sie ihn in einen Kochtopf, gießen mit Fischsuppe auf und würzen mit einem Bouquet garni* sowie einer Zitronenscheibe. In der gleichen Menge Suppe lassen Sie inzwischen Brot weich werden. Den Fischkopf auf der Brotsuppe anrichten und mit einem Fischmilch-Ragoût garnieren, dessen Rezept wir im Folgenden angeben.

Sie blanchieren* die Fischmilch in Wasser, braten sie dann mit etwas Butter, kleinen Champignons, Trüffelscheiben und Mai-Schwämmen an. Mit etwas Fischsuppe aufgießen und einen Strauß Fines Herbes* hinzufügen; alle Zutaten auf kleiner Flamme köcheln lassen. Wenn das Ragoût fertig ist, wird es entfettet und großzügig mit Krebs- ▸ Coulis gebunden. Die Fischmilch aus dem Ragoût nehmen und auf die oben beschriebene Suppe legen. Das Ragoût darüber gießen und heiß servieren.

Weiteres über den Stör lesen Sie bitte unter »Kaviar« nach.

## SUPPEN

Suppe nennt man jegliches Gericht, das zur Eröffnung einer Mahlzeit in einer Soupière serviert wird.

### *Große Consommé für Suppen und Saucen*

In einen Kochtopf kommen zwei Kalbsfüße, ein Stück Rindfleisch, ein Huhn oder ein alter Hahn, ein Wildkaninchen oder zwei alte Rebhühner und ein Schöpflöffel Bouillon. Umrühren. Wenn die Flüssigkeit zur ▸ Glace einzutrocknen beginnt, wird mit weiterer Bouillon aufgegossen und der Schaum abgeschöpft, damit die Suppe klar wird. Diese Consommé kochen lassen und immer wieder abschäumen, von Zeit zu Zeit nachgießen, Gemüse wie etwa Karotten, Zwiebeln, eine Selleriewurzel sowie einen Strauß mit Petersilie und Schnittknoblauch* hinzufügen. Mit einer Knoblauchzehe und einer Gewürznelke verfeinern und die Suppe vier bis fünf Stunden köcheln lassen, dann durch ein Tuch passieren und als Grundlage für Saucen und klare Suppen verwenden.

### *Bouillabaisse*

(nach M. Roubion, Restaurantbesitzer in Marseille)

Sie nehmen verschiedene Sorten Fisch, etwa Merlan, Knurrhahn, Drachenkopf, Steinbutt usw., und schneiden alles in Stücke.

Nun bereiten Sie eine Grundlage aus Zwiebeln, Knoblauch, gehackter Petersilie, Tomaten, Lorbeerblatt, Orangenschale, Pfeffer, Fines Épices* und ein bis zwei Glas Öl zu, je nachdem, wie dick die Bouillabaisse werden soll. Diese Zutaten in einer Kasserole andünsten, dann den Fisch dazulegen, je eine Messerspitze Salz und Safran hinzufügen, mit kochendem Wasser aufgießen, so dass der Fisch vollkommen bedeckt ist, und eine Viertelstunde lang auf großer

Flamme kochen, bis die Flüssigkeit um ein Viertel reduziert ist. Die Suppe wird auf Weißbrotscheiben gegossen und der Fisch auf einem anderen Teller serviert.

*Bouride und Aioli*

(nach der selben Quelle)

Sie bereiten den Fisch wie oben vor und legen ihn dann mit Knoblauch, einem Strauß Petersilie, Pfeffer, Fines Épices*, Lorbeerblatt, einem Stück Orangenschale und Salz in eine Kasserole. Dann gießen Sie mit kochendem Wasser und Weißwein auf und kochen alles eine Viertelstunde lang, bis die Flüssigkeit auf die Hälfte reduziert ist.

Nun bereiten Sie ein Aioli zu:

In einem Mörser werden ein bis zwei große Knoblauchzehen mit etwas Salz zerdrückt. Rühren Sie einen Dotter zur Mayonnaise und träufeln Sie etwas Zitronensaft dazu.

In einer Kasserole schlagen Sie zwei bis drei Dotter und verrühren darin das Aioli, gießen die Fischsuppe darauf und rühren die Bouride wie eine Crème auf dem Feuer, bis sie eindickt; kräftig schlagen! Brotscheiben mit Fischsuppe befeuchten und ins Aioli mischen. Der Fisch wird auf einem Extrateller serviert.

*Bouillabaisse nach der Art von Nîmes*

Verschiedene Sorten Fisch werden in eine Kasserole auf ein Stück frische Butter gelegt: zur Hälfte gekochter Aal, fast fertig gekochter Knurrhahn, in Scheiben zerteilte Seezunge, Brasse und Langustenschwänze. Würzen, fein gewiegte Kräuter darauf streuen und die Fische mit der folgenden Fischbrühe ganz bedecken:

Alle möglichen Sorten Fisch, etwa Rascassen, Sankt-Peters-Fisch, Wolfsbarsch und Merlan, werden in Wasser gekocht sowie eine Zwiebel, Karottenscheiben, Sellerie, ein Salatherz, Kerbel, Petersilie, ein halbes Lorbeerblatt, zwei Gewürznelken, etwas hochwertiges Öl oder Butter, Salz und Knoblauch hinzugefügt. Nachdem sie eine gute Weile gekocht hat, wird die Suppe durch ein sehr feines Sieb passiert. Sie wird als Grundlage für Fischsuppen und weiße Fisch-Saucen dienlich sein.

Mit dieser köstlichen Fischsuppe wird also unser oben beschriebener Fischtopf übergossen, dazu kommt ein Glas trockener Weißwein oder Madeira. Bei großer Hitze kochen lassen, damit die Flüssigkeit rasch reduziert wird.

In der Suppe wurde auch eine Seeteufel-Leber mitgekocht, die nun sehr fein püriert und mit drei Dottern sowie einem halben Glas gutem Öl vermischt wird.
Nun wird der Fisch auf dem Servierteller angerichtet, der Kochsud zurück aufs Feuer gestellt, mit der Leber legiert und dann durch ein feines Sieb getrieben, so dass die klare Suppe sich über den Fisch ergießt. Den Servierteller mit in Butter gerösteten Weißbrotscheiben garnieren.

### *Brotsuppe*

Sie nehmen ein als Suppeneinlage geeignetes Brot, reiben davon vorsichtig die Rinde ab, ohne das Innere zu zerstören, denn das brauchen wir noch, sei es für eine andere Suppe, sei es für große oder kleine Röstbrotwürfel oder -scheiben oder auch für ein Spinatgericht. Wenn Sie eine Charlotte oder eine Panade servieren wollen, schneiden Sie die Brotrinde in kleine, runde Stücke, lassen diese eine Viertelstunde lang in etwas Suppe ziehen, geben knapp vor dem Servieren Gemüse nach Ihrem Gusto dazu, gießen mit der übrigen Suppe auf und servieren alles kochend heiß.

### *Falsche Schildkrötensuppe*

In einen Kochtopf legen Sie 3 kg Schaffleisch oder 2 kg Sehnen und Fett, die vom Karree* abgeschnitten wurden. Dazu kommen Fischabfälle wie etwa die Köpfe und Gräten vom Merlan, Lachsreste, ein Karpfen oder seine Abfälle o.ä. Das Schaf wird mit diesen Resten in den Kochtopf gelegt, wie ein ▸ Blond de veau gewürzt und ebenso angeschwitzt, dann mit Wasser aufgegossen und gut abgeschäumt. Bei den Gewürzen und Kräutern sollte die Petersilie vorherrschen. Geben Sie außerdem ein paar Blätter Basilikum und etwas Majoran dazu. Das Schaf sollte weich gegart werden, bevor die Suppe durch ein Tuch passiert und mit einem Eiklar geläutert wird. Dann lassen Sie sie nochmals kurz aufkochen, um sie schließlich zum Rasten auf den Herdrand zu stellen. Noch einmal durch ein frisches Tuch passieren und so weit reduzieren, bis die Suppe kräftig genug ist, um ohne erneute Reduktion mit einem Glas Madeira verfeinert zu werden. Nun nehmen Sie einen am Vortag abgebrühten Kalbskopf, entbeinen ihn und legen ihn in kaltes Wasser, das Sie ein- bis zweimal erneuern. Den Kalbskopf blanchieren*, dann abschrecken, abwischen, putzen und in einem ▸ Blanc garen. Wenn er fertig ist, lassen

Sie ihn abtropfen und schneiden, zum Zeitpunkt seines Einsatzes, daumendicke Scheiben herunter, die in oben beschriebene Suppe gelegt werden. Dazu gießen Sie eine Dreiviertelflasche guten Madeira und streuen etwa einen gestrichenen Kaffeelöffel Cayenne-Pfeffer sowie ebenso viel Curry-Pulver darüber. Bevor Sie die Suppe anrichten, denken Sie daran, die Dotter von 15 frischen Eiern hartzukochen, so dass sie möglichst ganz bleiben, denn die Suppe wird dann vollkommen sein, wenn sich darin kleine Dottertrauben gebildet haben. Die Kalbskopfscheiben bilden die Grundlage der Suppe.

Wir haben hier beschrieben, wie man in Frankreich Schildkrötensuppe mit Schaf und Kalb zubereitet. Sehen wir nun, wie sie in Amerika und England mit einer Schidkröte gemacht wird.

*Englische und amerikanische Schildkrötensuppe*

Wenn möglich, beschaffen Sie sich eine lebende Schildkröte, die gerade erst aus dem Meer gezogen wurde, denn Schildkröten, die einige Zeit vor ihrer Zubereitung gefangen wurden und außerhalb ihres natürlichen Elements leben mussten, beginnen nach faulem Fisch zu riechen.

Wir haben an anderer Stelle bereits beschrieben, wie man sie fangen kann, und haben dort auch gesagt, dass man den Kopf mit Hilfe einer Schnur möglichst weit aus dem Panzer ziehen muss. Wenn möglich, sollte man den Kopf mit einem einzigen Hieb abschlagen, und zwar mit einem frisch geschliffenen Messer. Dann legt man die Schildkröte auf den Rücken, so dass der Halsansatz nach unten gerichtet ist, und lässt sie 10 bis 12 Stunden ausbluten. Nun muss man den Panzer knacken, indem man ein Messer zwischen die beiden Platten steckt und es entlang derselben führt, ohne jedoch Füße und Flossen abzuschneiden. Wenn der Brustpanzer abgelöst ist, entfernt man Fett und sämtliche Eingeweide, bewahrt sie jedoch auf. Dann schneidet man Füße und Flossen vom Panzer sowie alles Fleisch und alle Knochen, die an ihm haften. Das Fleisch schmeckt etwa wie eine Kalbsnuss und trägt auch diesen Namen. Fleisch und Knochen werden getrennt, das Fleisch kann später als Entrée oder Zwischengericht serviert werden oder gemeinsam mit den Knochen in die Suppe Eingang finden. Wenn beide Panzerhälften frei liegen und kein Fleisch mehr daran haftet, zerteilt man sie in Vierecke, wässert sie, kocht sie in viel Wasser und blanchiert* auch Flossen sowie Hals, um diese dann eine Stunde lang in kaltes Wasser zu legen und zu putzen.

Wenn die Panzerteile sich zart und weich anfühlen und die großen Gräten und Schuppen sich leicht ablösen lassen, lässt man die Teile abtropfen, putzt sie sorgfältig, legt die weichen Teile in eine Terrine und bedeckt sie mit dem vorher passierten Kochsud.

Die rohen Knochen werden zerhackt, mit dem Fleisch und den Flossen in einen Kochtopf gelegt und großzügig mit dem übrigen Panzer-Kochsud wie auch mit Bouillon und einigen Flaschen Weißwein übergossen. Die Suppe kochen lassen und abschäumen, dann den Topf auf einen Herdwinkel stellen, um die Suppe pfleglich weiter zu behandeln wie einen ▸ Pot-au-feu. Wenn Flossen und Füße gar sind, lässt man sie abtropfen, entbeint sie, legt sie in eine Terrine und bedeckt sie ebenfalls mit Kochsud. Den verbleibenden Sud entfettet man, passiert ihn und lässt ihn rasten.

Nun zur Zubereitung der eigentlichen Schildkrötensuppe:

Für acht bis zehn Personen kocht man 2-3 Liter Schildkrötensuppe und hält sie warm. Zwei mittlere Hühner werden tranchiert, ihr Fleisch wird gemeinsam mit den zerhackten Karkassen, den Flügeln, den Füßen und den geputzten Mägen in eine Kasserole gelegt. Dazu kommen 300-400 gr grob gewürfelter Rohschinken. Das Fleisch wird in Butter auf einer größeren Flamme goldbraun angeröstet, dann mit zwei Esslöffeln Pfeilwurz bestreut, nach zwei Minuten mit Schildkrötensuppe und einem Glas Weißwein übergossen, bis zum Aufwallen umgerührt und sodann auf die Herdseite gestellt, wo ein Kräutersträußchen und zwei Zwiebeln beigegeben werden. Wenn die Hühner gar sind, schöpft man das Fett vom Kochsud und passiert diesen durch ein feines Sieb in eine Kasserole, wo ein Teil des weichen Schildkrötenfleisches, die Flossen und ein ebenso großer Teil der beiden Panzer hinzugefügt werden. Alles sollte in kleine Rechtecke geschnitten worden sein. Die Suppe nochmals aufkochen lassen und ein Glas Sherry dazugießen. Falls die Suppe zu dick geworden sein sollte, strecken Sie sie mit Schildkrötenkochsud; sie sollte jedoch eine gewisse Konsistenz haben und leicht gebunden sein. Nach fünfundzwanzig Minuten wird Fett abgeschöpft sowie eine Messerspitze Cayenne-Pfeffer und ein Teil vom Schildkrötenfett hinzugefügt, das man zuvor blanchiert und in kleine Stücke zerteilt hat. Knapp vor dem Servieren gießt man eine Mischung aus einem Dreiviertelglas Sherry und je einer Prise Majoran, Basilikum, Pfefferkraut, Thymian und einem Zweig Salbei darüber, wobei keines dieser Kräuter überwiegen darf. Nun wird die Suppe um ein Drittel reduziert. Wenn die Kräuter frisch sind, zerstößt man sie nach dem Kochen und mischt sie dann unter die Suppe.

Das verstehe ich unter einer echten Schildkrötensuppe.

*Bisque*

(nach Durand)

Hundert Flusskrebse werden gekocht, die Scheren und Panzer im lauwarmen Ofen getrocknet, dann sehr fein zerstampft und in guter Suppe aufgekocht. Nach dem Aufkochen durch ein feines Sieb passieren und die Suppe aufbewahren. Das Krebsfleisch wird nun mit Hühnerbrust zerstampft und passiert, das so entstandene Püree mit der oben beschriebenen Suppe verrührt. Die Suppe sollte im Wasserbad erhitzt und in einer Terrine mit in Butter gerösteten Brotstückchen serviert werden.

(Vuillemot)

Vergessen Sie nicht, dieser exzellenten Suppe etwas frische Butter und Cayenne-Pfeffer beizugeben.

*Vongole-Suppe*

Dies ist die einzige gute Suppe, die ich in Neapel gegessen habe, und sie wird in einem Restaurant in Mergellina neben dem Schloss der Reine Jeanne zubereitet.

Sie geben vier Dutzend Vongole, also Venusmuscheln, wie man sie in Marseille und in allen französischen Häfen findet, in eine Kasserole, begießen sie mit drei Vierteln einer Flasche Weißwein und schwenken sie auf dem Feuer, bis sie sich öffnen. Lassen Sie sie auf einem Sieb abtropfen, entfernen Sie jeweils eine Schalenhälfte und bewahren Sie den Kochsud auf.

Nun hacken Sie das Weiße eines Porrees mit einer kleinen Zwiebel, fügen eine Knoblauchzehe hinzu und rösten alles in gutem Öl an. Mit dem Muschelkochsud und etwa einem Liter Fischsuppe aufgießen. Eine geschälte, zerdrückte Tomate, ein Sträußchen Majoran und einige Blätter grüne Sellerie hinzufügen. Die Suppe sollte nun zehn Minuten heftig kochen, dann entfernen Sie Majoran und Knoblauch und legen die Muscheln in die Suppe. Servieren Sie dazu kleine, in Öl angeröstete Brotscheiben auf einem Teller.

*Suppe à la reine*

Braten Sie zwei bis drei Hühner oder anderes Geflügel, dann trennen Sie das Fleisch von den Knochen, die Sie in eine große Bouillon werfen. Das Geflügelfleisch wird im Mörser zerstampft und fünf bis sechs Mandeln werden darunter gemischt, damit das Püree schön weiß wird. Außerdem fügen Sie noch ein Stück Weißbrot hinzu, etwa so groß wie ein Ei, wobei Sie das Brot kurz in die Suppe getaucht haben, damit es weich ist. Pürieren Sie alles noch feiner und geben Sie einige Löffel Bouillon dazu, damit Sie das Püree leichter passieren können. Streichen Sie das Püree nun durch ein feines Sieb in eine Kasserole.

Wenn Sie es benötigen, erhitzen Sie es einfach im Wasserbad, so dass es nicht aufkocht. Dann kann es in die Suppenschüssel gegossen und mit in Butter gerösteten Brotstücken garniert werden.

Anmerkung: Man bereitet alle Geflügel- oder Wildpürees mit Röstbrot auf die gleiche Weise zu, lässt jedoch die sechs Mandeln weg, denen diese Suppe ihren königlichen Namen verdankt.

*Deutsche Kirschensuppe*

Die Kirschensuppe und die Biersuppe gehören in Deutschland zu den beliebtesten ihrer Art.

*Kirschensuppe*

Ein Dreiviertelliter frisch geerntete saure Kirschen werden von Stielen und Kernen befreit. Zwei Drittel davon geben Sie in einen irdenen Topf oder in eine unverzinnte Kasserole. Dazu kommen eine Zimtstange, etwas Zitronenschale und ein Liter heißes Wasser. Die Kasserole auf ein starkes Feuer stellen und die Kirschen zehn Minuten kochen lassen. Nun wird die Flüssigkeit mit zwei Esslöffeln in kaltem Wasser aufgelöster Stärke gebunden. Nach zehn weiteren Minuten passieren Sie Kirschen und Suppe durch ein Haarsieb, gießen die Flüssigkeit zurück in die Kasserole und mischen das letzte Drittel Kirschen darunter, ebenso etwas Zucker; aufkochen lassen und den Topf auf dem Herdrand warm stellen.

Nun zerstoßen Sie zwei Hand voll Kirschenkerne und geben diese mit zwei bis drei Glas Bordeaux in ein hohes Stielpfännchen. Lassen Sie den Wein zwei bis drei Blasen schlagen, dann nehmen Sie das Pfännchen vom Feuer und passieren den Wein nach einigen Minuten durch ein Leinentuch. Nun wird er mit der Kirschensuppe vermischt, diese in eine Schüssel gegossen und serviert, dazu reichen Sie einen Teller mit klein gewürfelten Biskotten.

### *Berliner Biersuppe*

150 gr Butter in einer Kasserole zerlassen, 150 gr Mehl darin verrühren, den so entstandenen leichten Teig unter ständigem Rühren einige Sekunden anrösten, ohne ihm Farbe zu geben. Nun wird mit drei Litern leichtem Bier, hell oder dunkel, aufgegossen und weiter umgerührt, bis das Bier aufzuwallen beginnt. Den Topf auf den Herdrand stellen und fünfundzwanzig Minuten ziehen lassen. In einen kleinen Topf kommen ein halbes Glas Rum und ebenso viel weißer Rheinwein, dazu ein Stück klein geschnittener Ingwer und ein Stück Zimtstange, 100 gr Zucker und die Zesten* einer Zitrone. Den Topf zudecken und im Wasserbad erwärmen. Wenn das Fett sorgfältig von der Suppe geschöpft ist, bindet man diese mit etwa fünfzehn verquirlten Dottern und erwärmt sie vorsichtig und langsam, denn sie darf nicht aufkochen, ja nicht einmal allzu heiß werden. Nun passiert man die Suppe durch ein Haarsieb und gießt sie in eine dritte Kasserole, wo man ihr 200 gr Butter in kleinen Stückchen und gleich darauf das Rum-Wein-Gemisch beigibt und sie gleichzeitig nochmals passiert. In einer Suppenschüssel servieren und auf einem Teller Röstbrotscheiben dazustellen.

### *Kohlsuppe*

Es gibt mehrere Arten, Kohlsuppe zuzubereiten. Die einfachste von allen besteht darin, einen wohriechenden und schönen Kohlkopf in einen ▸ Pot-au-feu zu legen, ihn herauszuziehen, wenn er gar zu sein scheint, und ihn mit der Suppe zu servieren.

Wir werden einige Verbesserungsvorschläge machen, die wir dieser unserem Geschmack nach zu einfachen Suppe angedeihen haben lassen.

Sie nehmen einen schönen Kohlkopf und untersuchen, ob sein Inneres gesund und frisch aussieht. Dann bereiten Sie aus allen verfügbaren Geflügel- und Wildresten ein Hachis zu. Nehmen Sie gute Bouillon vom Vortag und gießen Sie diese, statt Wasser, auf das Stück Rindfleisch, das heute Ihre Suppeneinlage bilden soll. Nun legen Sie eine Kasserole mit gutem Räucherschinken aus Bordeaux, Straßburg oder Mainz aus. Spreizen Sie die Blätter des Kohlkopfs auseinander, füllen Sie das Innere desselben mit der faschierten*

Masse und binden Sie die Blätter so zusammen, dass keine Zwischenräume mehr sichtbar sind. Kochen Sie den gefüllten Kohl zwei Stunden lang und gießen Sie immer wieder vom Pot-au-feu nach, wenn die Flüssigkeit zu sehr reduziert ist. Nach diesen zwei Stunden ist die Suppe fertig. Ziehen Sie sie vom Feuer und lassen Sie sie eine Dreiviertelstunde lang mit dem Schinken in der Kasserole ziehen. Ein letztes Mal aufkochen lassen, den Kohl verschnürt, wie er ist, in der Suppenschüssel anrichten und vor dem Servieren einen Augenblick auskühlen lassen.

Sie können Ihren Kohl nun entweder in der Suppe essen oder stattdessen Brot in die Suppe tunken und den Kohl nach der Suppe servieren. Kohl, Suppe und Fleisch haben ihre Säfte ausgetauscht und damit den höchstmöglichen Geschmack entfaltet.

### *Erfrischende Kalbsbouillon*

Sie würfeln ein halbes Pfund von der Kalbskeule und kochen das Fleisch in drei Pinten* Wasser mit zwei bis drei Salatköpfen und einer Hand voll Kerbel. Wenn alles gar ist, fügen Sie noch etwas wilde Endivie hinzu. Die Bouillon wird durch ein Seidentuch passiert und serviert.

### *Marksuppe*

Nehmen Sie ein halbes Pfund Knochenmark vom Rind, das Sie zerlassen und durch ein Haarsieb passieren. Das Mark wird nun mit vier bis fünf ganz frischen Eiern und einem kleinen Stück Weißbrot vermischt, wobei das kleine Brot zuvor in Bouillon, Salz, Muskatnuss, Petersilie und Mehl gewendet worden ist. Wenn alles gut verrührt ist, formen Sie Bällchen daraus, die Sie fünf Minuten lang in Bouillon kochen lassen. In einer Suppenschüssel anrichten und sehr heiß servieren.

### *Suppe aus dem Languedoc*

Es ist nichts anderes als eine ▸ Julienne mit Öl.

### *Suppe à la Grimod de la Reynière*

In einen Kochtopf legen Sie einen Kapaun, dessen Füße seitlich in den Körper gesteckt wurden, zwei Tauben und ein drei Pfund schweres Stück vom Rind, alles gut verschnürt. Füllen Sie mit guter Bouillon auf und garnieren Sie die Suppe nach dem Abschäumen mit Karotten, Steckrüben, Zwiebeln, Selleriewurzeln und Porree. Wenn das Fleisch gar ist, legen Sie, knapp vor dem Servieren, den Kapaun und die beiden Tauben auf einen mit ganzen Salatköpfen und grob gewürfelten kleinen Zwiebeln, Karotten und Steckrüben garnierten Teller. Letztere drei Gemüsesorten sollten in großer Menge vorhanden und in sehr guter Bouillon gekocht worden sein. Wenn das Gemüse gar ist, wird es auf den Kapaun und die Tauben gelegt, so dass das Arrangement buschig wirkt. Die Suppe wird durch ein feines Tuch, eventuell aus Seide, passiert und, gut gesalzen, neben den anderen Zutaten auf den Tisch gestellt.

### *Holzbein-Suppe*

(nach einem Rezept von Grimod de la Reynière)

Von einer Rinderstelze schneidet man beide Enden ab, wobei der dicke Knochen eine Länge von etwa einem Fuß beibehalten sollte. Die Stelze mit guter Bouillon in einen Kochtopf legen, ebenso ein Stück Rindfleisch und eine Kasserole voll kaltem Wasser hinzufügen. Wenn die Suppe einmal aufgekocht hat und abgeschäumt wurde, würzt man mit Salz und Gewürznelken. gibt zwei bis drei Dutzend Karotten, ein Dutzend Zwiebeln, ein Dutzend Selleriewurzeln, zwölf Steckrüben, ein Huhn und zwei alte Rebhühner dazu. Man beachte, dass die Suppe schon am frühen Morgen zugestellt werden und auf sehr kleiner Flamme köcheln sollte, damit die Bouillon ohne Hetzerei zubereitet werden und so ihren Geschmack entfalten kann.

Nehmen Sie nun etwa zwei Pfund von der Kalbskeule, schwitzen Sie das Fleisch in einer Kasserole an und gießen Sie mit Ihrer Bouillon auf. Wenn die Suppe gut entfettet ist, kommen ein Dutzend kleine Zwiebeln und einige Selleriewurzeln dazu.

Etwa eine Stunde vor dem Servieren gießen Sie diese Suppe zur anderen in den großen Kochtopf.

Schmecken Sie die Suppe ab und nehmen Sie ein als Suppeneinlage geeignetes Brot mit guter Kruste. Diese lösen Sie vom Brot und legen sie in eine Kasserole. Benetzen Sie die Brotrinde mit Suppe, damit sie aufgeht und weich wird.

Wenn das Brot die richtige Konsistenz hat, legen Sie es in die zum Servieren gedachte Suppenschüssel und geben alles in der großen Bouillon vorhandene Gemüse dazu. Darauf legen Sie den Kalbsknochen, gießen weiter Suppe darüber und servieren alles sehr heiß.

### *Hamburger Aalsuppe*

Sie töten zwei bis drei kleine Aale und häuten sie, schneiden sie in Scheiben von etwa zwei bis drei Daumen Dicke, blanchieren* sie, indem Sie sie kurz in kochendes Wasser tauchen, um sie steif werden zu lassen, ziehen sie aber sogleich wieder heraus. Sechs Hand voll Kerbel, vermischt mit etwas Sauerampfer und einem großen Teil Rüben, werden in Butter leicht angeröstet. Eine Zwiebel und zwei Porreestangen, beide in Streifen geschnitten, ebenfalls in Butter anrösten. Wenn das Gemüse goldbraun ist, legen Sie die Aalscheiben darauf und geben für den kräftigen Geschmack auch einige zerhackte Fischköpfe oder Gräten dazu. Mit drei Litern heißem Wasser und einer halben Flasche Weißwein aufgießen, salzen und mit grobem Pfeffer, Gewürznelke und einem Strauß Petersilie würzen. Den Kochsud abschäumen und so lange kochen lassen, bis der Aal gar ist. Nun die Suppe durch ein Tuch passieren und warm stellen. Gräten und Fischköpfe, die dazu gedient haben, der Suppe Geschmack zu geben, wegwerfen, die Aalscheiben der Länge nach halbieren, um die Gräten zu entfernen, und in einer kleinen Kasserole zugedeckt beiseite stellen. Porree, Petersilien- und Selleriewurzeln sehr fein schneiden und diese Gemüse-Julienne mit etwas Bouillon in eine Kasserole legen, wo sie sehr langsam köcheln sollen, bis die Flüssigkeit zur ▸ Glace reduziert ist. Sobald das Gemüse gar ist, wird es mit den Aalfilets vermischt, die Bouillon mit sechs verquirlten Dottern gebunden, mit einer Messerspitze Cayenne-Pfeffer und 100 gr Butter in Würfeln verfeinert und durch Zugabe der Julienne mit den Aalstücken komplettiert. Die Suppe wird auf dünnen Röstbrotscheiben in einer Suppenschüssel serviert.

### *Wildpüree-Suppe*

Sechs oder sieben Litern Bouillon werden vier Pfund Rindfleisch, eine Kalbsstelze, drei Rebhühner und ein Fasan beigegeben. Abschäumen und Karotten, Zwiebeln sowie Sellerie hinzufügen. Die Suppe sollte nun vier bis fünf Stunden köcheln. In der Zwischenzeit werden gebratene, kalte junge Rebhühner gemeinsam mit Brotbröseln zerstampft, dann durch ein Seihtuch getrieben und das Püree wird mit der oben beschriebenen Suppe übergossen. Auf kleiner Flamme köcheln ohne aufwallen zu lassen und zum Servieren auf in Butter geschwenkte Brotwürfel gießen.

*Pot-au-feu*

Ich habe an anderer Stelle erwähnt, wie sehr die Bourbonen gute Suppen liebten, auch habe ich erzählt, wie Louis-Philippe manchmal vier verschiedene Suppen aß und zur Krönung noch einen fünften Teller, in dem er eine Mischung aus allen vieren zu sich nahm. Ich habe allerdings nicht gesagt, dass die große Liebe, die jeder gute Franzose für die Suppe hegt, einen berühmten deutschen Diplomaten einmal Folgendes aussprechen ließ, als er im Jahre 1792 den preußischen König und den Kaiser von Österreich daran hindern wollte, mit Frankreich Krieg zu führen: »Lassen Sie doch die Französische Revolution in ihrem Kochtopf brodeln!«

Dies waren prophetische Worte, die, hätte man nur auf sie gehört, verhindern hätten können, dass dieses französische Volk, welches man zurück in die Küche schicken hatte wollen, Berlin und Wien einnahm.

Vielleicht meint der Leser nun, dass dies ein allzu ehrgeiziges und gelehrtes Vorwort sei, um zu etwas so Einfachem zu führen wie einer simplen Kohlsuppe. Dieses Vorwort ist aber noch nicht zu Ende und wenn ich mich mit ein wenig Geschichte befasst haben werde, wird man mir erlauben, auch noch etwas Chemie zu betreiben.

Wird ein echter Feinschmecker irgendwo in der Stadt zum Dîner eingeladen, so erkennt er allein am Anblick, am ersten Eindruck, ja nur am Geruch der Suppe, wie es um die restliche Mahlzeit bestellt sein wird.

Ich wiederhole, dass die französische Küche ihre Überlegenheit über alle anderen Nationen ausschließlich der überragenden französischen Bouillon zu verdanken hat.

Seien Sie sich dessen bewusst, dass dies nicht etwa auf besseres Fleisch zurückzuführen ist, sondern allein auf die besseren Köche. Die Engländer haben ganz sicher bessere Rinder als wir und könnten daraus exzellente Bouillon machen! Nun, sie haben nur eine einzige gute Suppe, die Schildkrötensuppe.

Ich habe in allen Ländern die Art, wie dort Suppe zubereitet wird, studiert, das letzte Mal in Wien.

Wie machen die Wiener ihre Bouillon?

Sie geben zwei Hühner in einen Kochtopf, garen sie dort halb und stecken sie dann auf einen Spieß, um daraus einen Braten zu machen.

Was die Bouillon betrifft, fügen sie dieser einen Löffel Fleischsaft hinzu, um ihr Farbe zu geben, und servieren sie nicht heiß, was wenigstens eine gute Eigenschaft wäre, sondern lauwarm, was die Suppe schmecken lässt wie nicht ganz frisches Wasser.

Auf diese Weise erlangen sie zugleich zwei Dinge: eine schlechte Suppe und einen schlechten Braten.

Man sitzt einem weit verbreiteten Irrglauben auf – gegen den wir, die wir über das Wissen verfügen, uns auflehnen müssen – wenn man meint, dass Geflügel etwas anderes hervorbringen könne als eine Krankensuppe, es sei denn, es handelt sich um sehr altes, sehr fettes Geflügel.

Die Grundlage eines guten Pot-au-feu ist das Rind.

Wohl weiß ich, dass man im Süden Frankreichs selten Rind, meistens Schaf serviert, aber Südfrankreich ist ja auch nicht gerade für seine guten Suppen bekannt!

Wir geben zu, dass Schaffleisch gleich nach dem Rind am besten geeignet ist, eine gute Suppe hervorzubringen, vor allem, wenn man es vorher anbrät oder kurz grillt, um das Fett wegzuschmelzen, das der Suppe einen sehr unangenehmen Beigeschmack verleihen würde.

Möchten Sie sich in die Sache vertiefen und erfahren, was das Geheimnis einer guten Suppe ausmacht?

> Nehmen Sie das dickste Stück Fleisch, das zu Ihren Zutaten gehört. Suppe hält sich im Winter drei bis vier, im Sommer zwei Tage lang und ein großes Stück Fleisch, das lange darin schmort, wird ihren Geschmack noch verbessern und Sie Holz oder Kohle sparen lassen.
>
> Der hintere Teil der Hüfte ist ein exzellentes Stück, wenn Fett und magere Teile in ausgewogenem Verhältnis stehen.
>
> Wählen Sie frisches, möglichst wenig ausgeblutetes Fleisch; es sollte ein dickes Stück sein, denn ein dünnes wird durch das Kochen ausgelaugt. Waschen Sie das Fleisch nicht, denn Sie würden dadurch einen Teil der Säfte fortschwemmen. Verschnüren Sie es, nachdem die Knochen vom Fleisch getrennt worden sind, so dass das Fleisch sich nicht verformt, und legen Sie es mit einer Pinte* Wasser pro Pfund Fleisch in den Kochtopf.

Nun, da Fleisch im Kochtopf liegt, bevor die Knochen dazukommen, lassen Sie uns erklären, was das Fleisch alles enthält und welche natürlichen Eigenschaften zu einer wunderbaren Suppe verhelfen werden.

Es enthält nämlich, man kann es nicht oft genug betonen, vier grundsätzlich verschiedene Substanzen: die Gelatine, das Osmazom*, Fett und Eiweiß.

Fibrin bleibt von einem Stück Fleisch übrig, das sehr lange gekocht wurde. Die löslichen Teile, nämlich Gelatine, Osmazom und Eiweiß, wurden von den Fasern getrennt, so dass Letztere völlig geschmacklos zurückbleiben.

Die Gelatine, die nur mit kochendem Wasser aufzulösen ist, stellt die nahrhafte Basis einer Bouillon dar. Sie lässt, bei genügender Menge, Suppe zu Gelée werden. Sie ist in allen Teilen von Fleisch vorhanden, besonders aber in Knorpeln und Knochen. Der berühmte Chemiker d'Orsay hat versucht, Kranke ausschließlich mit Gelatine gesund zu machen, scheiterte jedoch.
Osmazom gibt Fleisch den Geschmack und befindet sich auch im Blut, weshalb wir dazu raten, möglichst wenig ausgeblutetes Fleisch zu verwenden. Blut verdoppelt zwar den Schaum, erzeugt aber, wenn man diesen abschöpft, eine schmackhaftere Bouillon.
Das Fett ist in den Zellen einer sehr feinen Membran eingeschlossen, die sich nicht auflöst, so dass sie immer an den Fasern haften bleibt. Allerdings gelingt es mit sehr starkem Kochen, einen Teil dieser Zellen zerplatzen zu lassen, dann wird das Fett an die Oberfläche schwimmen, da es ja leichter ist als Flüssigkeit. Dieses Fett muss man sorgfältig entfernen; es gibt für sich allein – oder mit Schmalz vermischt – sehr gutes Backfett ab.
Eiweiß finden wir auch im Eiklar, es löst sich in kaltem Wasser auf und wird bei 60 bis 70 Grad Erwärmung fest. Es ist dieses Eiweiß, das den Schaum erzeugt, den man sehr genau abschöpfen muss, weil sonst der Pot-au-feu beim ersten Aufwallen trüb wird, wenn er den Schaum schluckt und integriert.
Dies sind also die Substanzen, aus denen das Fleisch in Ihrem Pot-au-feu besteht, in den Sie noch keine Knochen gelegt haben.

Wir haben Ihnen geraten, diese vom Fleisch zu trennen, nicht aber, sie aus dem Pot-au-feu zu verbannen. Ganz im Gegenteil soll ihnen ein besonderer Platz reserviert werden. Zuerst wollen wir sie aber mit einem Hammer zerschlagen, denn je kleiner die Splitter, umso mehr Gelatine wird erzeugt. Dann stecken wir sie, gemeinsam mit allen Resten vom Vortag, die wir in der Speisekammer finden können, sei es vom Huhn, vom Hasen, vom Rebhuhn oder von der gebratenen Taube, in ein Säckchen.

Nun können Sie Ihren Kochtopf aufs Feuer stellen; wahrscheinlich wissen Sie, dass ein Tontopf besser ist als ein eiserner. Lassen Sie die Suppe langsam heiß werden, sonst stockt das Eiweiß im Inneren des zu schnell erhitzten Fleischstücks. Das würde dazu führen, dass das Osmazom nicht austreten kann und Ihre Suppe ohne Geschmack bleiben würde. Wenn die Suppe gut abgeschäumt ist und zu kochen beginnt, nehme ich die anderen Zutaten zur Hand. Beim ersten Aufwallen fügt man Salz hinzu und gibt, je nach Menge, drei bis vier

Karotten, drei bis vier Steckrüben, zwei Pastinaken sowie ein Sträußchen mit Sellerie und Porree hinein. Schließlich kommen drei Zwiebeln dazu, von denen eine mit einer Knoblauchzehe und die beiden anderen je mit einer Gewürznelke gespickt wurden.

Falls Sie diesen Zutaten aus Lust und Laune oder aus alter Gewohnheit ein Stück vom Schaf oder vom Kalb hinzufügen möchten, dann vergessen Sie nicht, dieses Fleisch vorher zu braten oder zu grillen. Den Grund hierfür haben wir oben angegeben.

Eine Bouillon mit allen erwünschten Eigenschaften braucht sieben Stunden langsamen und regelmäßigen Wallens und Brodelns. Unsere Pförtnerinnen haben für diese Zeitspanne einen treffenden Ausdruck gefunden, sie sagen dazu: »Den Pot-au-feu zum Lächeln bringen.« Diesen Ausdruck werden Sie in keinem Wörterbuch finden, sollte ich aber jemals Mitglied der 40 Ehrwürdigen an der Académie Française werden, dann werde ich dafür sorgen, dass er in den Dictionnaire de l'Académie aufgenommen wird.

Nun aber kommen wir zur Kohlsuppe.

Wenn der Pot-au-feu unter den gerade geschilderten Bedingungen seine sechste Stunde erreicht, legen Sie eine große Kasserole mit einem oder eineinhalb Pfund Räucherschinken aus, vierteln einen Kohlkopf, um Stiel und allenfalls sich darin befindliche Tiere zu entfernen, denn das Fleisch der Letzteren ist für Ihre Bouillon nicht vonnöten. Danach verschnüren Sie den Kohl sorgfältig, so dass die Blätter sich nicht lösen, und legen ihn vorsichtig in Ihre mit Schinken ausgestattete Kasserole. Jetzt füllen Sie die Kasserole mit dieser guten Bouillon auf, die seit sechs oder sieben Stunden vor sich hinlächelt. Da kein anderes Fleisch mehr darin ist als der Schinken, treiben Sie den Kochvorgang gleich mit großer Hitze an. Nach zehn Minuten wird Ihre Kasserole trocken sein, der Kohl alles getrunken und sich um ein Drittel vergrößert haben.

Wieder füllen Sie die Kasserole, wobei die Flüssigkeit sich dieses Mal nur mehr um die Hälfte reduzieren wird, dann, beim dritten Auffüllen, nach zwei Stunden, können Sie den Kohl mit dem Schinken auf einem Teller und in der Suppenschüssel die Bouillon anrichten, in der Kohl und Schinken gemeinsam mit der Ursprungs-Bouillon gekocht wurden.

Auf diese Weise erhalten Sie, werter Leser, die berühmte und exzellente Kohlsuppe, deren Rezept Ihre Gäste, denen Sie sie gerade servieren, gleich nach dem ersten Löffel erbitten werden.

Wenn die Tomaten reif sind, werde ich Ihnen, zusätzlich zu dieser Suppe, die ich verbessert habe, ein Rezept verraten, das ich selbst erfunden habe. Nun will ich von der Muschel-, der Garnelen- und der Krebssuppe sprechen.

*Muschelsuppe*

Hier also das Rezept:

Um elf Uhr vormittags stellen Sie auf Ihren Herd einen Pot-au-feu, wie ich ihn oben beschrieben habe, aber in geringeren Mengen, denn die Bouillon wird nur ein Drittel der folgenden Suppe ausmachen.

Um vier Uhr nachmittags geben Sie zwölf Tomaten und zwölf weiße Zwiebeln in eine Kasserole und kochen diese eine Stunde lang.

Nach dieser Stunde passieren Sie alles durch ein Sieb, das fein genug sein sollte, die Tomatenkerne aufzufangen.

Wenn Ihre Tomaten sich in Püree verwandelt haben, würzen Sie mit Salz, Pfeffer und mit einem Stück Fleisch- ▸ Glace, etwa drei bis vier Unzen* schwer, und lassen die Tomaten auf kleiner Flamme eindicken.

Nun stellen Sie die Miesmuscheln oder Venusmuscheln ohne Wasser, die Garnelen oder Krebse in ihrem Sud aufs Feuer.

Dieser Sud wird aus einer Flasche Weißwein, einem Bouquet garni*, fein gehackten Karotten und einem Weinglas voll feinstem Essig nebst Salz und Pfeffer gemacht. Nach einer Viertelstunde auf dem Herd werden die Muscheln ihren Saft abgegeben haben. Nach einer halben Stunde sind Garnelen und Krebse gar.

Sie fügen den Pot-au-feu, die Tomaten, den Saft der Muscheln oder den Sud, in dem Garnelen und Krebse gekocht haben, zu einer Suppe zusammen.

Dann zerdrücken Sie mit dem Messerstiel in einer Kasserole eine halbe Knoblauchzehe, rösten diese in Öl an und gießen langsam und unter ständigem Umrühren die aus drei Bestandteilen komponierte Suppe darauf. Nachdem sich die verschiedenen Teile nach einer Viertelstunde heftigen Kochens zu einem harmonischen Ganzen vermengt haben, werfen Sie statt des Brotes die Muscheln, die Garnelenschwänze oder die Krebs-Schwänze hinein.

Wenn Sie die Krebssuppe machen, zerstoßen Sie in einem Mörser Scheren und Körper, kochen diese in einem Teil des oben beschriebenen Suds und, wenn dieser Geschmack und Aroma der Zutat angenommen hat, gießen Sie ihn zur übrigen Suppe und vermischen beides gut.

Man verzeihe mir meine weitschweifigen Ausführungen, die ich nicht für Köche mache, sondern für den größeren Teil meiner Leser, die nicht die geringste Ahnung von Cuisine haben und auf genaue Erklärungen angewiesen sind.

### *Kalte russische Suppe, wie man sie in St. Petersburg und Moskau isst*

(nach einem Rezept, das vom Autor der »Mémoires de la Marquise de Créqui« der französischen Küche zugänglich gemacht wurde)

Grundlage für diese Suppe bildet der Kvas, ein sehr leichtes Bier aus Gerstenmehl, das mit Hilfe saurer Beeren und Eichentriebe zum Gären gebracht wurde.

Man schneidet mageren Schinken und Fleisch, das nach alter Tatarenmanier längs der Fasern abgerissen wurde, in Stücke. Die Tataren verwendeten keine Messer. Man würzt diese seltsame Suppe mit rohen Zwiebeln, grünem, in Salzlake mariniertem Weizen, einer großen Menge fein gehackter Schalotten und mit Scheiben von in der Kälte verkümmerten Gurken. Auf dem Tisch russischer Feinschmecker stellt man die Brühe für diese Suppe oft aus Pyvo her, einer Art Bier, das dem unseren näher steht als der Kvas. Außerdem gibt man kleine Eiswürfel oder Kügelchen aus gestampftem Schnee hinein.

Die russische Fischsuppe heißt Kholodnoysoup und Batvinia. Hier wird das Fleisch durch Kaviar und Lachsscheiben ersetzt.

## *FASTENSUPPEN*

### *Kräutersuppe à la Dauphine*

Sie nehmen vier Hand voll Spinatblätter und drei dicke Salatherzen, das Weiße einer Porreestange, zwei Zwiebeln, zwei Hand voll Sauerampfer, zwei von der Rauke, zwei Hand voll Mangold, eine kräftige Prise Kerbel, einige Blätter Beifuß, einige Zweige grünen Portulak und schließlich Blütenblätter von der Ringelblume, die sauber vom Fruchtknoten und den Staubgefäßen getrennt worden sind, weil diese sehr bitter schmecken.

Hacken Sie all diese Kräuter fein und glacieren* Sie sie in einem Stück Butter, ohne sie braun werden zu lassen. Mit heißem Wasser oder, wenn vorhanden, mit Kräutersud, mehligem Püree oder Fischsud aufgießen. Die Suppenschüssel sollte mit ungeröstetem Weißbrot in Scheiben ausgelegt sein, denn geröstetes Brot würde den zarten Geschmack dieser Kräutersuppe beeinflussen.

### *Suppe à la reine als Fastensuppe*

(nach einem Rezept aus der »Maison de Madame«)

Sie nehmen zwei junge Hechte, die nicht nach Schlamm riechen dürfen, brühen die Haut ab, nehmen die Fische aus und heben die Filets heraus. Legen Sie die Hechtstücke mit der Haut nach unten auf den Tisch, um die Haut wie eine Speckschwarte abzuziehen. Das Fleisch in große Würfel schneiden und mit einem Stück Butter in eine Kasserole legen. Der Fisch soll braten, aber nicht braun werden. Abkühlen lassen. Nun zerstoßen Sie etwa zwanzig geschälte süße Mandeln. Inzwischen haben Sie ein als Suppeneinlage geeignetes Brot in Obers* aufgeweicht und dann trocknen lassen. Dieser Brotbrei wird nun auch zerstampft, dann aus dem Mörser genommen, wo schließlich das Hechtfleisch zerstoßen wird. Brotpüree und Mandeln zum Fisch geben und alles gemeinsam nochmals zerstampfen.

In eine Kasserole kommen Butter, halbierte Zwiebeln und Wurzelstreifen, etwa Karotten, Steckrüben, eine halbe Knoblauchzehe, ein halbes Lorbeerblatt, etwas ▸ Macis, ein Strauß Petersilie, Schnittknoblauch*, eine Gewürznelke, zwei in Scheiben geschnittene Karpfen und die Abfälle der beiden Hechte. Mit etwas Erbsenbrühe aufgießen und auf kleiner Flamme köcheln lassen. Die Zutaten sollten nicht am Kasserolenboden haften. Wenn die Flüssigkeit zur Glace eingedickt ist, gießen Sie nochmals mit Erbsenbrühe auf, die auf kleiner Flamme weiterköcheln sollte. Wenn alle Zutaten weich sind, treiben Sie diese Suppe durch ein Tuch und verwenden sie dann, um das oben beschriebene Püree zu verdünnen. Dieses wird mit dem Kochlöffel durch ein Seihtuch gestrichen und in eine Kasserole gegeben, welche im Wasserbad heiß gestellt bleibt, bis Sie servieren wollen. In die Suppenschüssel kommen kleine, in Butter geschwenkte Brotwürfel und darauf das Püree à la reine.

### *Mandelmilchsuppe*

Sie nehmen eineinhalb Pfund süße und zwölf bittere Mandeln und stellen sie in kaltem Wasser aufs Feuer. Knapp vor dem Aufkochen nehmen Sie den Topf vom Feuer und sehen nach, ob die Haut sich abziehen lässt. Um die Mandeln zu häuten, reibt man sie in einem

Leinentuch. Nun legen Sie die Mandeln nach und nach in kaltes Wasser zum Abkühlen und lassen sie dann abtropfen. Zerstoßen Sie sie in einem Mörser und gießen Sie ab und zu einen Tropfen Wasser dazu, damit die Mandeln nicht zu Öl werden. Reiben Sie die Mandeln zwischen den Fingern, um zu sehen, ob sie ganz von ihrer Haut befreit sind. Wenn Sie keine groben Körnchen mehr fühlen, ist dies der Fall. Nun sollen die Mandeln in eineinhalb Litern Wasser aufkochen, dann fügen Sie eine halbe Unze* Koriander und die Schale einer halben Zitrone – aber ohne weiße Haut – hinzu. Vermischen Sie die Mandeln gut mit diesen Zutaten, dann passieren Sie die Mischung mehrere Male durch ein Haarsieb oder ein feines Tuch, bis sie wie Milch aussieht. Gut salzen und zuckern, dann ins Wasserbad stellen. Glacieren* Sie Weißbrotscheiben in Butter im Ofen und geben Sie diese knapp vor dem Servieren in Ihre Mandelmilchsuppe.

### *Milchreis*

Sie nehmen 125 gr Reis, waschen ihn dreimal in verschiedenem Wasser und schälen ihn nach jedem Bad. Sie blanchieren* ihn in zwei- bis dreimal aufkochendem Wasser, lassen ihn auf einem Sieb abtropfen und geben ihn mit Butter, etwas Zitronenschale und einem Blatt Kirschlorbeer in eine Kasserole. Im Wasser aufplatzen lassen und, wenn der Reis sich zu blähen beginnt, mit guter Milch aufgießen. Er sollte weder zu dick noch zu flüssig werden. Salz und Zucker hinzufügen, das Lorbeerblatt und die Zitronenschale entfernen.

### *Kürbissuppe*

Den Kürbis in kleine Stücke schneiden, ein Glas Wasser daraufgießen und weich kochen lassen, dann herausnehmen, abtropfen lassen und durch ein Seihtuch pürieren, mit Milch benetzen, frisch geschlagene Butter hinzufügen, gut salzen, kochen lassen und auf in Butter geschwenkte und rautenförmig geschnitzte Brotstückchen gießen.

### *Suppe à la Camerani*

Kürzlich erhielt der Baron Brisse folgenden Brief:

»Verehrter Herr Baron!

Als alter Schlemmer, dessen Magen sich leider bereits etwas langweilt und sehr müde geworden ist, wende ich mich an Sie, um das Rezept der berühmten Cameranisuppe wiederzufinden, die ich noch einmal, vielleicht das letzte Mal, kosten möchte.

Soweit ich mich erinnere, bildeten feinste Makkaroni und delikateste Zutaten die Grundlage dieser Suppe. Im Jahre 1806 kostete sie etwa drei Louis pro Kunden usw. usw. ...«

Der Baron antwortete:
»Dem Herzenswunsch meines Korrespondenten kann ich nicht widerstehen und werde mich beeilen, seiner Nachfrage Genüge zu tun, umso lieber, als ich vorhabe, nichts am Rezept von Grimod de la Reynière zu ändern und doch diese berühmte, von so vielen Poeten besungene Suppe der einfachen Küche zugänglich zu machen.

Die Grundlage der Suppe, die M. Camerani erfand, seinerzeit der Scapin an der Comédie italienne und einer der gebildetsten Feinschmecker, besteht aus Hühnerleber. Wenn diese schön und groß geraten ist, genügt eine pro Gast, so ist es weder schwer noch wird es Sie ruinieren, etwa ein halbes Dutzend davon beim nächsten Geflügelhändler zu besorgen.

Die der Anzahl an Gästen angepasste Menge an Sellerie, Kohlköpfen, Karotten, Steckrüben und Porreestangen wird, je in verschiedenem Wasser, blanchiert*, das Gemüse nach dem Abtropfen gemeinsam sehr fein gehackt, dann in einer Kasserole mit einem großen Stück Butter, Salz und Pfeffer aufs Feuer gesetzt. Bei kleiner Flamme köcheln lassen und wenige Minuten vor dem Garwerden die ebenfalls fein gehackte Hühnerleber hinzufügen.

Inzwischen blanchiert und kocht man Makkaroni und reibt Parmesan.

Dann nimmt man eine feuerfeste Suppenschüssel, macht aus den Makkaroni ein Bett darin, legt darauf eine Lage des Feingehackten und darauf eine Schicht Parmesan, garniert mit einigen Stückchen Butter. Dies setzt man in der angegebenen Reihenfolge und bis zum Rand der Schüssel fort, wobei den Abschluss eine Lage Käse bilden soll.

Die Schüssel auf kleine Flamme setzen, einige Zeit ziehen lassen und servieren.

›Dies‹, sagt Grimod de la Reynière, ›ist ein köstliches Essen und die Ursache so manchen verdorbenen Magens.‹ Gott möge Sie davor bewahren, mein lieber Herr.«

## SUPPENFLEISCH

Hierunter versteht man jede Art von in Wasser gekochtem Fleisch.

Als der Präsident Hénaut, wie von einem der großen Geister der Restauration berichtet wird, bei Madame du Deffant dinierte, hielt er eine Pou-

larde für zerkocht und verglich diese mit einer Wabe, in der kein Honig mehr wäre, sondern nur noch Wachs. Madame du Deffant, bei der man dinierte, fand, dass er Recht habe. Suppenfleisch ist gekochtes Fleisch, das man seines Saftes entledigt hat, sagte Madame de Créqui. Eine Frage aber sollte man diesen illustren Schlemmern stellen: »Haben Sie jemals Ochsenfleisch oder Huhn aus dem ewigen Kochtopf gegessen?«
»Nein!«
»Na, dann versuchen Sie es und Sie werden Ihre Meinung ändern.«
»Was aber ist der ewige Kochtopf?«
Der ewige Kochtopf ist – oder vielmehr war, denn diese illustre gastronomische Einrichtung hat vor langer Zeit zu funktionieren aufgehört –, dieser Kochtopf war also ein Gefäß, das weder nachts noch tagsüber den Herd verließ und in das man ein Huhn legte, sobald man eines herausnahm, ein Ochsenstück hinein für jedes, das den Kochtopf verließ, und ein Glas Wasser, sobald man eine Tasse Suppe herausschöpfte. Jedes Fleisch, das in dieser Suppe köchelte, gewann an Geschmack, statt ihn abzugeben, denn es erbte von den Säften, die seine Vorgänger in dieser Suppe hinterlassen hatten, so wie es selbst einen Teil seiner Säfte hinterlassen würde. In diesem ewigen Kochtopf blieb ein Stück Fleisch gerade nur so lange, wie es unbedingt zum Garwerden brauchte, und es verlor nichts an Qualität. Jetzt, da wir den ewigen Kochtopf nicht mehr zur Verfügung haben, müssen wir uns mit einem großen Suppentopf begnügen.

Um eine schöne Suppeneinlage zu machen kauft man eine 12 bis 15 kg schwere Rindsrose, lässt sie entbeinen und bindet sie zu einem langen, gewölbten Rechteck zusammen, in das man alle Bratenreste des Vorabends mit verschnürt hat: gebratenes Huhn, gebratene Pute, gebratenen Hasen usw. usw. Um das Ochsenstück kommt eine Garnitur à la Chambord oder à la Godard. Das Fleisch spickt man nun mit einer großen Anzahl Brathäkchen, so dass es aussieht wie ein Stachelschwein. Wenn die Beigaben nicht à la Chambord oder à la Godard sind, dann garnieren Sie Ihr Fleisch mit kleinen glacierten* Zwiebel-Pasteten, mit Sauerkraut, Nudeln oder flämischem Gemüse.

## *KALTES SUPPENFLEISCH*

Mit kaltem Suppenfleisch belegt man Butterbrote und garniert diese mit Fines Herbes* oder man macht einen Salat daraus; da aber unser Geschmack vielleicht nicht der aller anderen ist, werden wir hier beschreiben, was man sonst noch alles damit machen kann.

### *Rindsbrust-Karbonade*

Man schneidet die kalte Rindsbrust in lange Streifen, paniert sie, bäckt sie rasch heraus und serviert sie auf einem Tomatenpüree oder auf einer pikanten Sauce aus Schalotten und eingelegten Gurken.

### *Miroton Saint-Honoré*

In eine feuerfeste Schüssel eine schöne fette Rindsbrühe mit Petersilie, Estragon, Schnittknoblauch*, Kerbel und Kapern gießen. Auf diese Unterlage kommen sehr fein aufgeschnittene Streifen vom Rind, wie oben würzen, die Schüssel zudecken und auf kleinem Feuer 30-40 Minuten lang dünsten.

### *Miroton nach Art der Insel von Saint-Louis*

Das Rindfleisch wird in schmale Streifen geschnitten, und zwar quer zu den Fasern, dazu hackt man Zwiebeln und röstet sie in Rindsfett an, gibt Mehl, Rindsbrühe, Salz, Pfeffer und Essig dazu, dünstet alles eine Viertelstunde lang und gießt diese Sauce dann auf die auf einer Platte arrangierten Rindsstreifen. 30-40 Minuten dünsten, mit Bröseln bestreuen und, wenn man möchte, im Ofen überbacken.

### *Suppenfleisch des armen Mannes*

Das gekochte Fleisch wird in Streifen geschnitten und auf einer Platte aufgelegt; salzen, pfeffern, fein gehackten Schnittknoblauch*, ein wenig Schmalz und eine Knoblauchzehe dazugeben. Eine Tasse Bouillon darauf gießen und etwas geriebenes Brot darüber streuen und alles eine Viertelstunde lang auf heißer Asche dünsten.

Wenn Ludwig XV. acht Tage lang kein Arme-Leute-Suppenfleisch bekam, verlangte er danach.

### *Rinds-Hachée, Hausfrauenart*

Man wiegt Zwiebeln mit Petersilie, Schnittknoblauch* und etwas Thymian und röstet alles in Butter, bis es weich ist. Dann streut man etwas Mehl darüber und rührt, bis das Mehl braun wird. Mit etwas Bouillon und einem halben Glas Weißwein löschen. Salzen und pfeffern; wenn die Zwiebeln weich sind und die Sauce reduziert ist, kommt das faschierte* Rindfleisch hinzu, das eine halbe Stunde lang auf sehr schwachem Feuer dünsten soll.

*Suppenfleisch mit Petersilie*

Man legt eine Schüssel mit Bratenfett oder Butter aus, streut sehr fein gewiegte Petersilie und Pilze darüber, dann Brösel, legt Schicht um Schicht im Suppentopf gekochtes Rindfleisch, Fett, Petersilie und Pilze aufeinander, gießt Bouillon darauf und kocht alles 40 Minuten lang, wobei man von Zeit zu Zeit Flüssigkeit nachgießen muss. Wenn die Zutaten gar sind, schöpft man das Fett ab und serviert mit gerösteten Kartoffeln.

*Suppenfleisch-Quenelles**

Gekochtes Rindfleisch wird mit in der Asche gegarten Kartoffeln gehackt, mit Butter oder Suppenfett und einigen ganzen Eiern gebunden, gut vermischt und zu Kugeln geformt, die man in Butter röstet; mit einer ▸ Sauce ravigote oder einer ▸ pikanten Sauce servieren.

*Suppenfleisch als bürgerliche Matelote*

Rösten Sie kleine Zwiebeln in einer Pfanne mit Butter an und geben Sie dann einen Suppenlöffel Mehl dazu. Wenn die Sauce Farbe angenommen hat, löschen Sie mit einem Glas Rotwein und einem halben Glas Bouillon, dünsten darin Ihre Zwiebeln sowie einige Pilze, salzen, pfeffern, geben ein Lorbeerblatt dazu und ein wenig Thymian. Wenn das Ragoût gar ist, gießen Sie es auf Streifen gekochten Fleisches, die Sie in einer feuerfesten Schüssel arrangiert haben, dünsten alles eine halbe Stunde lang, so dass das Fleisch die Sauce aufnehmen kann, und servieren.

*Suppenfleisch à la poulette, bürgerliche Art*

Gewiegte Petersilie und Schnittknoblauch* werden mit Butter in einer Kasserole angeröstet und dann mit einem Löffel Mehl gebunden, alles wird gut geschwenkt und mit einem Glas Bouillon gelöscht; Salz, Pfeffer und Muskat beigeben. Fünf bis sechs Minuten köcheln lassen, das in Streifen geschnittene Rindfleisch dazugeben, in der Sauce schwenken und mit drei Eidottern binden.

## SUPPENNUDELN (Nouilles)

Aus Deutschland stammende Teigwaren. Eine Art extrem dünne Fadennudel, mit denen man manchmal ▸ Vol-au-vents garniert.

Wenn Sie Ihre Nudeln selbst zubereiten möchten, statt sie fertig zu kaufen, dann nehmen Sie einen halben Liter Mehl, mischen vier bis fünf Dotter, etwas Salz und etwas Wasser dazu, formen daraus einen gut verkneteten, etwas festeren Teig, rollen ihn auf eine Dicke von 5 mm aus, schneiden Streifen daraus, bestreuen diese mit Mehl, so dass die Nudeln nicht aneinander kleben, werfen die Nudeln in kochende Suppe, kochen sie darin eine Viertelstunde lang und geben mit einem Esslöffel ▸ Jus oder Karamel Farbe. Wenn Sie befürchten, der Teig könnte während des Kochens zerfallen, nehmen Sie statt der Dotter ganze Eier. Gießen Sie etwas in Wasser aufgelösten Safran zum Teig.

### *Deutsche Nudelsuppe*

Vermischen Sie einen halben Liter Mehl mit drei Dottern und zwei ganzen Eiern, salzen Sie und gießen Sie genügend Suppe darauf, dass der Teig flüssig wird und durch die Löcher eines Schaumlöffels oder eines Siebs gestrichen werden kann. Fügen Sie Muskat und groben Pfeffer hinzu, passieren Sie den Teig in kochende Suppe und achten Sie vor allem darauf, dass das Feuer heftig bleibt.

Für Nudeln à la maître d'hôtel, mit Parmesan, mit Schinken- ▸ Coulis oder magerem Fleischsaft kocht man die Nudeln wie oben angegeben.

## SÜSSKARTOFFEL

Ursprünglich kommt diese Pflanze aus Indien, man findet sie auch in Afrika, Asien, sogar in Irland und England. Geschmacklich erinnert sie an gute Kastanien. Man gart Süßkartoffeln in der Asche und übergießt sie, nachdem man sie geschält hat, mit einem Gemisch aus Orangensaft und etwas Zucker. Sie dienen den Negern auf den Antillen als Grundnahrungsmittel und ihre Blätter, sehr geschätzt von Tieren, vor allem Kühen, vermehrten und verbesserten deren Milch.

### *Süßkartoffeln in Butter*

Sie dämpfen Süßkartoffeln, schälen sie und schneiden sie in Scheiben. Dann sautieren Sie die Kartoffelscheiben in Butter und Salz.

### *Süßkartoffel-Krapfen*

Sie waschen, schälen und schneiden die Süßkartoffeln und marinieren sie fünfunddreißig Minuten mit einer Zitronenschale in Branntwein. Dann lassen Sie die Kartoffeln abtropfen, tauchen sie in einen dickflüssigen Teig und backen sie heraus. Abtropfen lassen, anrichten und mit Zucker bestreuen.

# T

## TAPIOKA

Maniok-Stärke, die man aus der geriebenen Wurzel gewinnt. Diese wird in einem Sack aufgehängt, den man mit einem Gewicht beschwert. Der Saft fließt ab und das, was im Sack bleibt, ist eine Mischung aus viel Stärke und wenig Zellulose. Diese getrocknete Mischung dient den Negern in unseren Kolonien als Nahrung. Der abgeflossene Saft reißt die feineren Stärke-Partikel mit sich, die sich beim Dekantieren auf dem Boden absetzen. Diese Stärke, die man trocknet und zerbricht, ist das Tapioka. Der Saft ist sehr giftig. Aber dieses Gift verflüchtigt sich rasch und man verwendet den gekochten Saft für die Zubereitung verschiedener Gerichte.

## TAUBE

Sie ist nach der Schwalbe der schnellste Vogel und kann bis zu sechzehn Meilen in der Stunde fliegen. Vor etwa zwanzig Jahren war unser Freund Vuillemot mit der Aufgabe betraut, jährlich von seinem »Hôtel de la Cloche« in Compiègne aus die königlichen Brieftauben für den Wettbewerb in Lille auszulassen. Ich war mehrere Male beim Abflug dieser Täuberiche anwesend, die sich sputeten, um ihre Angebetete wieder zu sehen und, oh mächtiger Trieb!, die Strecke zwischen Compiègne und Lille in vier Stunden zurücklegten. Die Zahl der wilden Täuberiche in königlichen und kaiserlichen Gärten beweist, wie leicht diese Tiere sich zähmen lassen. Wildtauben unterscheiden sich von den zahmen nicht nur durch ihr Fleisch und ihr Federkleid, sondern auch dadurch, dass sie hoch oben auf den Bäumen sitzen. Junge Wildtauben brät man üblicherweise am Spieß, kann sie aber auch als Entrée zubereiten.

### *Taube mit Erbsen*

Sie rupfen drei bis vier Tauben, zupfen den Flaum ab, nehmen sie aus und stecken die Leber zurück in den Körper. Stecken Sie die Füße in den Körper, sengen und putzen Sie die Flügel. Rösten Sie die Tauben mit einem Stück Butter in einer Kasserole an und nehmen Sie sie dann heraus. Inzwischen haben Sie durchwachsenen Speck gewürfelt und eine halbe Stunde lang gewässert. Sie rösten ihn in der Butter an, so dass er schön braun wird. Lassen Sie ihn abtropfen und bereiten Sie mit einem gehäuften Esslöffel Mehl und der Butter einen hellen ▸ Roux zu, dann legen Sie Speck und Tauben wieder hinein. Die Tauben sollten im Roux gewendet und nach und nach mit Suppe übergossen werden. Zur Sauce einkochen lassen, mit Petersilie und Schnittknoblauch*, einem halben Lorbeerblatt, einer halben Knoblauchzehe und einer Gewürznelke würzen. Die Kasserole an den Herdrand ziehen und alles vorsichtig köcheln lassen. Wenn die Tauben halb gar sind, gießen Sie einen Liter feine Erbsen hinzu und dünsten diese mit, wobei Sie immer wieder sorgfältig umrühren sollten. Abschmecken, salzen, falls nötig. Schließlich sollte man das Fett abschöpfen und die Tauben aus der Sauce nehmen, damit diese notfalls reduziert werden kann. Ist dies vollbracht, richten Sie Ihre Tauben an, übergießen sie mit dem Ragoût und servieren.

### *Tauben als Spießanhang, à la nîmoise*

Sie nehmen Ihre Tauben vom Kropf her aus, nachdem Sie die Öffnung mit dem Messer leicht eingeschnitten und erweitert haben. Beim Herausnehmen von Magen und Leber müssen Sie vorsichtig vorgehen, damit die Galle nicht ausläuft. Die hornige Haut der Füße abschaben, die Klauen schneiden und jeweils unter den Keulenansätzen einen Einschnitt anbringen. Die Füße werden entlang der Innenschenkel hochgezogen, in den Einschnitt gesteckt und mittels einer Spicknadel festgesteckt. Um beide Unterkeulen eine Schnur binden und diese auf dem Rücken des Vogels verschnüren, dann denselben auf den Spieß hängen und braten. Wenn die Tauben gar sind, entfernen Sie die Schnur, legen die Vögel auf die Servierplatte und übergießen sie mit einer ▸ Sauce rémoulade, die wie folgt zubereitet wird:

Petersilie, zwei Schalotten und etwas Zwiebel fein hacken, die Flüssigkeit durch ein Tuch herauspressen, dann Essiggurken, Kapern sowie ein Anchovis-Filet fein hacken und alles zusammen unter Beigabe von vier harten Dottern und etwas blanchierter* Petersilie im Mörser zerstoßen. Niemals Knoblauch hinzufügen! Wenn alle Zutaten sehr fein püriert sind, geben Sie einen rohen Dotter dazu und lassen, Tropfen für Tropfen, etwa ein Glas Öl hineinfließen. Die Rémoulade wird mit Salz, Pfeffer, Senf, einem Esslöffel Estragon-Essig und etwas Zitronensaft montiert* und alles gut vermischt.

### *Tauben à la crapaudine*

Drei Zuchttauben ausnehmen und die Füße mittels eines Einschnitts seitlich in den Körper stecken. Den Flaum absengen und die Haut abreiben. Das Innere der Tauben, bei den Schenkeln beginnend, bis zur Höhe des Flügelansatzes herausstülpen, ohne dabei den Torso zu verletzen. Wenn das Innere herausgestülpt ist, wird die Brust mit dem Messergriff geklopft. In einer Kasserole, in der die drei Tauben reichlich Platz haben, ein Stück Butter zerlassen und diese großzügig mit Salz und grobem Pfeffer würzen. Die Tauben bäuchlings hineinlegen und unter mehrmaligem Wenden rösten, bis sie etwas mehr als halb durch sind. Die Tauben herausnehmen, in Weißbrotbröseln wälzen und auf den Grill legen, wo sie auf kleiner Flamme knusprig braun werden sollen. Auf einer ▸ Sauce au pauvre homme servieren.

### *Tauben à la Gautier*

Man nimmt sechs bis sieben sehr kleine, gleich große Taubenküken, die nicht älter als sieben oder acht Tage sein dürfen. Den Flaum sehr vorsichtig absengen, ohne dabei die Haut zu versengen, abreiben und die Klauen schneiden. 375 gr Butter weich werden lassen, den Saft von zwei bis drei Zitronen hinzufügen und leicht salzen. Die Tauben in diese Butter legen und vorsichtig darin schwenken, ohne sie heftig anzurösten, damit die Haut zart bleibt. Die Kasserole vom Feuer nehmen; eine andere vollständig mit Speckscheiben auslegen und die Tauben so darauf arrangieren, dass die Füße sich in der Mitte des Topfes treffen. Mit der warmen Butter, einem Glas Weißwein und einem Schöpfer Suppe übergießen. 125 gr geschabten Speck und ein Bouquet garni* dazulegen und alles mit Speckscheiben und Backpapier zudecken. Erst eine Viertelstunde vor dem Servieren auf sehr geringem Feuer von unten und mit etwas heißer Asche auf dem Deckel garen. Dann abtropfen lassen, auf dem Servierteller auflegen, jeweils zwischen zwei Tauben einen schönen Flusskrebs legen und in die Mitte eine schöne Trüffel stecken. Mit einer ▸ Sauce verte oder mit Krebsbutter oder ▸ Aspik übergießen.

### *Tauben à la toulousaine*

Taubenleber, etwas Speck, Fines Herbes*, etwas Kalbfleisch, ein Dotter und Trüffeln werden fein zerhackt und damit die Tauben gefüllt. Diese steckt man nun auf den Spieß und vor dem Servieren übergießt man sie mit einer ▸ Rémoulade oder einer Senfsauce.

### *Tauben mit Blut*

In eine kleine Schüssel geben Sie etwas Zitronensaft oder etwas Essig und wenn Sie die Tauben töten, lassen Sie ihr Blut in diese Schüssel fließen. Bereiten Sie sie ansonsten wie à la toulousaine zu, wobei das mit zwei oder drei Dottern und zwei bis drei Esslöffeln Milch verquirlte und passierte Blut als Sauce dient.

## TEE

Es war im Jahre 1666, inmitten der Regierungszeit Ludwigs XIV., dass der Tee nach ebenso heftigem Widerstand wie beim Kaffee in Frankreich eingeführt wurde.

Heute trinkt man allein in England und Frankreich Tee um zwanzig Millionen Pfund Sterling.

Es gibt sieben oder acht Sorten Tee, aber nur drei davon werden konsumiert: der Pearl-Tee, dessen Blätter völlig eingerollt sind, der Souchong, dessen dunkelgrüne, fast schwarze Blätter sich ebenfalls einrollen, und der Pecoe mit weißen Spitzen, von allen der aromatischste und feinste.

Tee verliert seinen Duft sehr leicht oder nimmt unangenehmen Geruch schnell an. Man muss ihn daher in Porzellangefäßen aufbewahren.

Es gibt fünf oder sechs weitere Teesorten: den gelben, für den man in Russland dreißig bis vierzig Francs das Pfund zahlt. Man nimmt davon üblicherweise, wie beim Kaffee, nur eine Tasse nach dem Essen zu sich. Dann gibt es noch den Camphon, das heißt eine Sorte aus ausgewählten Blättern. Er wird aus den besten, zartesten Blättern der besten Größe zusammengestellt und ist viel besser als die anderen, aber sehr selten.

Man trinkt den besten Tee in Petersburg, wie überhaupt in ganz Russland. Da China an Sibirien angrenzt, muss der Tee nicht übers Meer transportiert werden, um nach Moskau oder Petersburg zu gelangen. Tee verliert stark, wenn er übers Meer reisen muss.

In Frankreich trinkt man selten Tee. Er enthält leicht berauschende Stoffe, die die Nerven angreifen, wenn man ihn zu stark oder in übermäßigen Mengen trinkt. Er wird mit heißem Wasser zubereitet. Man gibt eine angemessene Mischung in eine Teekanne und übergießt sie mit einer halben Tasse kochendem Wasser. Dann wartet man, bis die Blätter aufgehen, und füllt die Kanne ganz an. In Russland herrscht der eigentümliche, den Besucher seltsam anmutende Brauch, dass die Männer Tee aus Gläsern, die Frauen ihn jedoch aus Porzellantassen trinken.
Hier ist die Legende, die zu diesem Brauch erzählt wird:
Die ersten Teetassen wurden in Kronstadt hergestellt. Betreiber von Teeläden gaben aus Geiz oft weniger Tee in die Kannen, als nötig gewesen wäre. Da der Tassenboden eine Ansicht von Kronstadt zeigte, die man durch den allzu durchsichtigen Tee gut wahrnehmen konnte, rief ein Kunde den Händler und zeigte ihm seinen Tassenboden:
»Man sieht Kronstadt!«, sagte er.
Da der Händler nicht leugnen konnte, dass man Kronstadt sah, und zugeben musste, dass man Kronstadt bei einem gut gemachten, kräftigen Tee nicht hätte sehen dürfen, war er in flagranti ertappt.
Also hatte er die Idee, die Tassen mit der Ansicht von Kronstadt durch Gläser zu ersetzen, auf deren Grund man nichts sehen konnte.
Es ist die Hausfrau, die den Tee in die Kanne gibt, ihn zuckert, eine Wolke Obers*, eine Scheibe Zitrone oder einen Tropfen Cognac hinzufügt und der die Verantwortung obliegt, ihren Gästen guten Tee zu servieren.

## TERRINE

Im »Dictionnaire général de la cuisine française« ist unter diesem Stichwort Folgendes nachzulesen: Entrée, das seinen Namen daher bezieht, dass man früher Fleisch im selben Gefäß servierte, in dem es gegart wurde, und in keiner anderen Sauce als dem Saft, den es selbst abgegeben hatte. Heute setzt sich eine Terrine aus mehreren Sorten geschmortem Fleisch zusammen, die man im gleichnamigen Gefäß serviert, welches aus Silber oder Porzellan sein sollte. Außerdem richtet man diese Speise mit einer beliebigen Sauce oder einem ▸ Coulis, einem Ragoût oder einem Püree an.
Die Gänseleber-Terrinen aus Toulouse und Nérac, mit getrüffelten Rebhühnern garniert, werden ihrem Ruf gerecht. All dies muss aber der alten »Terrine du Louvre« weichen, wie sie Leclercq beschrieben hat.

*Terrine nach alter Art*

Sie kochen ein fettes Huhn, ein Rebhuhn, einen Hasenrücken, eine Kalbsnuss und eine Lammnuss in Suppe, nachdem Sie alle Fleischteile mit gut gewürztem, mittelfettem Speck gespickt haben. Es sollte alles gemeinsam gekocht werden. Dann schälen Sie gegrillte Kastanien, putzen sie und legen sie zum Fleisch in die Suppe. Verschließen Sie die Terrine gut und dichten Sie den Topf mit festem Teig ab, so dass alles in seinem eigenen Saft schmoren kann. Vor dem Servieren wird die Sauce entfettet und mit einem Becher Kanaren-Wein verfeinert.

## THUNFISCH

Ein Seefisch, der zweimal durchs Mittelmeer zieht und daher vor Marseille, vor Korsika, Elba, Sizilien und an der afrikanischen Küste gefangen werden kann. Auf ihn trifft die Redensart »weder Fisch noch Fleisch« besonders zu. Auch nennt man ihn das Kalb der Kartäuser, weil Teile seines Fleisches sowohl im Geschmack wie auch in der Farbe dem Kalbfleisch sehr ähnlich sind. Man isst ihn frisch, vor allem aber mariniert. Marinierter Thunfisch kommt fast ausschließlich aus der Provence. Thunfisch wird in eigenen Netzen gefangen und eine Wache zählt die Fische, die ins Netz geschwommen sind. Da kein einziger den Weg aus den vielen Mäandern, die das Netz bildet, herausfindet, kann man davon ausgehen, dass man ebenso viele Fische an Land ziehen wird, wie hineingeschwommen sind. Wenn man genug gefangen hat, schließt man die Öffnung des Netzes und hebt es an die Wasseroberfläche. Dann steigen die Fischer zu den Thunfischen hinab und erstechen sie, wobei enorm viel Blut fließt.

*Wie man Thunfisch mariniert*

Den Fisch sofort nach dem Fang ausnehmen, in Stücke schneiden, auf den Grill legen, in Öl braten, salzen und pfeffern und mit Essig und Öl in kleinen Fässern verschließen.

*Thunfisch am Spieß*

Sie nehmen eine dicke Scheibe Thunfisch und spicken sie mit Aal und Anchovis. Während er brät, begießen Sie ihn mit einer leichten Marinade: Zwiebelscheiben, Zitronenscheiben, Schnittknoblauch*, Salz, Pfeffer und Lorbeer sowie ein Pfund Butter. Diese Zutaten kommen in die Abtropfwanne, werden nach dem Braten entfettet, mit einem kräftigen roten ▸ Coulis gebunden, mit Kapern gewürzt und als Sauce auf den Thunfisch gegossen.

### *Thunfisch gebacken*

Sie legen eine Pappschachtel mit Backpapier aus, legen Thunfisch-Scheiben darauf, würzen mit Fines Herbes* und stellen die Schachtel in eine Tortenform. Bei großer Hitze im Ofen backen und schnell servieren.

### *Frischer Thunfisch als Salat*

Gebratene Thunfisch-Scheiben mit einer ▸ Rémoulade servieren.

### *Gebratener Thunfisch*

Mehrere Scheiben marinierten und gebratenen Thunfisch mit einer ▸ Rémoulade servieren.

## THYMIAN

Eine aromatische Pflanze, die man als Gewürz verwendet.

## TOAST

Es war die Revolution, die in Frankreich den Brauch einführte, Toasts auszusprechen. Der Begriff kommt aus England, wo man jedes Mal, wenn man auf die Gesundheit von jemandem trinken möchte, ein Stück Röstbrot in die Bierkrüge legt. Das geröstete Brot schreibt sich »toast« und wird »Tost« ausgesprochen. Der Toast bzw. das Röstbrot bleibt dem, der den letzten Schluck nimmt.
Eines Tages, als Anne Boleyn, die schönste Frau, welche damals in England lebte, inmitten der Edelmänner aus ihrem Gefolge ein Bad nahm (sie war von lockerer Lebensart), ergriff jeder dieser Herren, um ihr den Hof zu machen, ein Glas und tauchte es in ihr Badewasser, um dieses zu trinken. Ein einziger hielt sich zurück und folgte diesem Beispiel nicht. Als man ihn fragte, warum er nicht wie die anderen tat, antwortete er: »Ich reserviere mir den Toast.« Für einen Engländer war dies recht galant.
Ein weiterer berühmter Toast kann gleich nach diesem erzählt werden: Der Graf von Stair gab, als er englischer Botschafter in Holland war, gern glänzende Feste, zu denen er alle anderen ausländischen Minister einlud, die wiederum jeweils ihre Gegeneinladung aussprachen.

Eines Tages waren sie alle beim französischen Botschafter versammelt, der in Anspielung an Ludwig XIV. das Glas auf die aufgehende Sonne erhob. Alle waren damit einverstanden.

Der Botschafter der kaiserlichen Königin trank danach auf den Mond und die Fixsterne und spielte dabei auf die verschiedenen Fürstentümer Deutschlands an.

Nun fragte man sich, wie wohl der Graf von Stair, der noch übrig war, auf die Gesundheit seines Herrn trinken wollte, ohne diesen dabei hinter die Genannten zu reihen. Da erhebt sich der Graf feierlich und meint, während er sein Glas erhebt: »Auf Josuah, der Sonne, Mond und Sterne aufhielt.« Nicht schlecht, aber doch recht überheblich, was meinen Sie?

Noch ein letzter kleiner Toast als Bonmot zum Schluss: Während eines englischen Dinners (man sieht diese Dinge immer nur während englischer Dinners) trank man aus altem Brauch auf die Gesundheit der Damen. Mylord B..., bekannt für seine galante Art, sagte: »Meine Herren, ich trinke auf das schöne Geschlecht beider Hemisphären!« »Und ich«, antwortete der Marquis von V..., als größerer Realist, »ich trinke auf die beiden Hemisphären des schönen Geschlechts!«

## TOMATE

Eine Frucht, die aus dem Süden zu uns gelangt ist, wo die Menschen sie sehr verehren. Man isst das Fruchtfleisch als Püree und verwendet die Süße als Würzung.

### *Tomaten à la Grimod de la Reynière*

Nachdem Sie die Kerne der Tomaten entfernt haben, füllen Sie diese mit einem feinen Fleisch-Hachis oder mit Wurstfüllung, die mit einer Knoblauchzehe, Petersilie, Schnittknoblauch* und fein gehacktem Estragon verfeinert wurde. Legen Sie die gefüllten Tomaten auf den Grill oder, was noch besser ist, schieben Sie sie in einer Form in den Ofen, nachdem Sie großzügig Brotbrösel darauf gestreut haben. Sie servieren die Tomaten in der Backform und träufeln vorher noch Zitronensaft darauf.

## TRAPPE

Die Trappe ist der größte Vogel unserer Breiten. Obwohl ihre Flügel ihrem Körpergewicht nicht entsprechen, vermögen sie sie eine Zeit lang in der Luft zu halten, wobei diesem Vogel nur mit großer Mühe und einem gewissen Anlauf, bei dem er die Flügel ausbreitet, gelingt vom Boden abzuheben. Trappen ziehen regelmäßig im Frühling und im Herbst durch Frankreich. Man bringt sie aus der Picardie und der Champagne auf die Pariser Märkte. Ihr Fleisch, vor allem das der jungen Vögel, ist ausgezeichnet und die Schlemmer bevorzugen die Keulen.

### *Trappe à la Daube*

Sie lassen die Trappe mehrere Tage abhängen, rupfen sie dann, nehmen sie aus und schneiden die runden Flügel wie auch die Füße ab. Sie lösen die Schenkel vom Rumpf und diesen von der Brust. Nun spicken Sie das Fleisch der Keulen und der Brust mit dicken Streifen vom Rohschinken, würzen das Fleisch, legen es in eine Terrine, begießen es mit zwei Glas Essig und lassen es vierundzwanzig Stunden marinieren. Boden und Seiten eines gusseisernen Topfes werden mit Speckscheiben ausgekleidet, mit einigen Zwiebeln und Aromaten* sowie zwei mit Knoblauch und Gewürznelken blanchierten* Kalbsfüßen belegt, darauf kommen Rumpf, Keulen und Brust der Trappe, nachdem man ihr Fleisch abtropfen hat lassen. Bis zur Hälfte mit Weißwein aufgießen, das Fleisch mit Speck belegen und die Flüssigkeit einige Minuten reduzieren lassen. Dann den Topf hermetisch mit Backpapier abschließen, das Gefäß bis zur halben Höhe in heiße Asche und Glut eingraben und das Fleisch sieben bis acht Stunden lang garen, je nachdem, wie zart der Vogel ist. Danach vorsichtig herausheben und mit den Kalbsfüßen und dem Gemüse in einer großen Schüssel anrichten. Das Fett des Schmorfonds abschöpfen und diesen über das Fleisch passieren.

## TRAPPGANS, KLEINE

Am Vortag meiner Abreise aus Astrachan besuchte mich Prinz Tumen, der Häuptling der Kalmücken. Ich machte mir große Sorgen, wie ich mich bei der Überquerung der Tataren-Steppen ernähren sollte, da ich wusste, dass sie als einziges Wild Trappen und Wildgänse beherbergten. Diese überaus scheuen Tiere verstecken sich aber so gut vor dem Jäger, dass dieser kaum eine Möglichkeit findet, eines zu erlegen. Der Prinz aber, über den ich noch mehr als einmal berichten werde, um seine Gastfreundschaft und auch die seltsamen Dinge, die er uns zu essen gab, zu erörtern, versicherte mir, ich solle mich nicht beunruhigen, denn er werde während unserer gesamten Reise dafür sorgen, dass es uns nicht an Nahrung fehle. Er fragte mich nur, ob ich meinte, dass wir auf Brot verzichten könnten; wenn dem nicht so wäre, sollten wir uns zwei oder drei der

größten und dicksten Laibe besorgen. Was den Wein betraf, stellte er uns seinen ganzen Keller zur Verfügung und der war besser bestückt als alles, was ich bis dahin gesehen hatte.
Wir wollten am nächsten Tag gegen sechs Uhr aufbrechen. Der Prinz erkundigte sich nach allen Einzelheiten, zählte die Stunden an seinen Fingern ab und meinte: »Beunruhigen Sie sich nicht, es wird Ihnen nicht an Fleisch fehlen.«
Ich muss zugeben, dass diese Versicherung mir neuen Mut gab, denn eine gute Mahlzeit ist einer der besten Augenblicke, wenn man eine lange und anstrengende Reise tut. Wir waren Tag und Nacht unterwegs, und zwar in einem ungefederten Wagen, der überall durchkam, über Stock und Stein, ohne vor Schluchten, Bächen oder sogar kleineren Flüssen Halt zu machen.
Wir brachen zur vereinbarten Zeit auf, ohne jedoch einen Boten des Prinzen Tumen wiedergesehen zu haben, was uns einiges befürchten ließ. Da wir aber seinem Wort vertrauten, begnügten wir uns damit, nach der Überquerung der Wolga, die bei Astrachan etwa eine Meile breit ist, einige Minuten Halt zu machen um auf ihn zu warten. Da aber weit und breit kein Kalmück zu sehen war, glaubten wir, der Prinz hätte uns vergessen, und riefen dem Kutscher zu: »Pascare!«, also »schnell, weiter!« und waren schon dahin.
Die Nacht verlief recht angenehm, denn die grasbedeckten Steppen bilden eine angenehme Unterlage. Zwar schüttelte es uns zwei- oder dreimal tüchtig durch, was jedoch daran lag, dass wir Schluchten durchquerten, die einen europäischen Wagen in seine Einzelteile zerlegt hätten. Von weitem sahen wir eine Art Kamelkarawane, eine Kalmücken-Familie, die mit ihrem Zeltplatz unzufrieden war und sich einen anderen suchen wollte.
Langsam machte ich mir Sorgen, nicht wegen des Mangels an Brot etwa, vielmehr aber wegen des fehlenden Belags, als ich plötzlich einen Salzsee erblickte, an dessen Ufern es von Trappen und Wildgänsen nur so wimmelte. Mir war bewusst, wie schwer es werden würde, mich an diese Vögel heranzupirschen, die misstrauischer sind als alle anderen Exemplare der gesamten Vogelwelt. Ich befahl meinem Kutscher, einen Umweg zu fahren und sich den Ufern des silberglänzenden Sees zu nähern.
Es war ein Salzsee, in dem die langhalsigen Vögel inmitten roter Pflanzen mit silbrigen Blüten fischten. Ich brauchte mich jedoch nur einmal im Inneren meines Wagens zu bewegen, da stieß eine Ente bereits ihren Warnruf aus und die ganze Bande erhob sich trompetend und mit dem Lärm eines angreifenden Kavallerieregiments in die Lüfte.

Plötzlich hörte ich inmitten der Schreie, die ich eindeutig als jene von Trappen und Wildgänsen erkennen konnte, auch die Rufe von Jägern und sah, wie sich zwei Vögel, nicht größer als Schwalben, mitten in den Strudel der aufgeschreckten Trappen und Gänse hineinstürzten.
Es waren zwei edle Falken, die mir Prinz Tumen getreu seinem Versprechen mit zwei Falknern geschickt hatte. Endlich waren meine Lieferanten da.
In diesem Augenblick sprengten zwei Kalmücken-Reiter an unserem Wagen vorüber und riefen, rohes Fleisch schwenkend, ihre Falken. Jeder der Falken hatte seine Beute bereits ausgesucht, sich auf eine Trappe gestürzt und diese erlegt.
Wir sprangen aus dem Wagen und waren sogleich bei den Reitern, inmitten des Kampfes. Dieser hatte übrigens bereits sein Ende gefunden, denn die beiden Trappen hatten sich ergeben.
Wir schlossen Bekanntschaft mit unseren Kalmücken, die ich noch von der Schwanen- und Reiher-Jagd in Erinnerung hatte. Auch sie erkannten uns wieder, tranken einen Tropfen Branntwein aus unseren Flaschen und luden uns ein, wieder in unserem Wagen Platz zu nehmen.
Ich wollte unsere Beute untersuchen, denn ich hatte noch nie eine kleine Trappe gesehen. Einmal hatte ich wohl eine große geschossen, als ich den Guadalquivir überquert hatte, hatte sie jedoch nicht einsammeln können, weil mich das Dampfboot forttrug.
Die kleine Trappe ist ein hübscher Vogel mit einem reizenden Kopf, ein wenig dem Rebhuhn ähnlich, mit sehr schönem, bäuchlings weißem und auf dem Rücken buntem Federkleid. Ich versuchte den unsrigen einige Federn auszureißen, aber als ich merkte, wie stark sie mit der Haut verbunden waren, begann ich um unsere Zähne zu fürchten, so kräftig sie auch sein mögen.
In der Zwischenzeit waren wir bei einer Poststation angekommen.
Der Prinz hatte versichert, dass wir uns nicht beunruhigen müssten, sondern alles seinen Männern überlassen sollten.
Tatsächlich boten uns unsere beiden Trappen, auf Holzstäbe gefädelt, eine Viertelstunde später einen wenn schon nicht zarten, so doch immerhin essbaren Braten.
Ich entdeckte noch etwas, das mich mit großer Zufriedenheit erfüllte. Wir hatten während der ganzen zwanzig Meilen, die wir durch die Steppe gefahren waren, weder eine einzige Bachstelze noch eine Lerche zu Gesicht bekommen. Als wir uns aber der Poststation näherten, sah ich eine Wolke aufsteigen, deren Schreie mir kundtaten, dass sie aus jenen liebens-

würdigen Vögeln zusammengesetzt war, die wir einfach Sperlinge nennen.
Es waren riesige Sperlingswolken, die sich da über dem Posthaus erhoben. Weil die armen Vögel in dieser Ebene nichts finden konnten als Abfälle von Weizen, Hafer und Pferdemist, die sich rund um diese Haltestellen häuften, hatten sie sich dort niedergelassen, wo die Menschen, diese großen Teiler der Natur, wohnten, um von deren Überfluss zu leben.
In dem Augenblick, als eine der Vogelbanden über meinen Kopf hinwegrauschte, schoss ich mitten hinein und holte zwanzig davon herunter. Es herrschte Übereinstimmung darüber, sie als kleines Beigericht zum Nachtmahl zu servieren.
Die ganze Weiterreise wurde vom Rupfen unserer Beute bestimmt. Nach dem Mittagessen brachen wir auf und nahmen an einer neuerlichen Jagd teil, der eine superbe Wildgans zum Opfer fiel.
Unsere gesamte Reise durch die Steppe ward gewürzt von dieser Dreifaltigkeit: Wildgans, Trappe und kleine Vögel mit großem Schnabel. So überquerten wir, dank prinzlicher Hilfe und der Unterstützung durch seine beiden Falkner, fast zweihundert Meilen Steppe ohne hungers zu sterben und mit der Entdeckung völlig neuen Wilds.

## TRAUBE

Seit Noah den ersten Weinstock pflanzte und dessen Früchte nutzte, sind unzählige Traubenarten entwickelt worden. Viel zu lang wäre ihre Liste, als dass wir sie hier anführen könnten. So werden wir uns auf die Hauptsorten beschränken, diejenigen also, welche man oft auf unseren Tafeln sieht.
Da wäre die Gutedeltraube aus Fontainebleau an erster Stelle, dann die große Korinthe und die schwarze Gutedeltraube gleich danach. Einige Muskatsorten wie zum Beispiel die aus Frontignan, die frühe Muskattraube aus dem Piemont, die aus Rivesaltes, die »Rouge de Corail«, die große schwarze Muskattraube, die violette aus der Gascogne und die »Passe-Musqué« aus Italien. Auch gibt es die große, längliche violette Muskattraube aus Madeira, die für ihre Schönheit, ihre Größe und ihren Geschmack besonders gerühmt wird. Die beste Muskattraube ist allerdings die, die man nach der schönen Malerei von Mignard »Enfant-Jésus« getauft hat. Leider ist diese köstliche Frucht sehr selten geworden.
Laut Galen gehört die Traube zu den besten aller Herbstfrüchte und wenn sie wirklich reif ist, sei ihr Saft weniger schädlich als der anderen Obstes. Tissot berichtet, dass an Ruhr erkrankte Soldaten bald genasen,

nachdem man sie auf einen Weinberg gesetzt hatte, wo sie reichlich von den Weinperlen aßen.
Richard Löwenherz versammelte, als er noch der Herzog von Guyenne war, die Beamten seines Herzogtums und erließ folgende bemerkenswerte Verordnung: »Wer auch immer eine Weintraube vom Weinberg eines anderen nimmt, muss fünf Sous zahlen oder er verliert ein Ohr.«
Wir lernen aus diesem Erlass, dass man im Jahre 1175 ein Gascogner-Ohr sehr gering schätzte, da es nur fünf Sous kostete. Seither sind Ohren wesentlich teurer geworden und es gibt wohl keinen Gascogner mehr, sei er noch so klein, der nicht seine Ohren höher schätzen würde als alle Weinberge dieser Welt, auch wenn er sehr gern Trauben isst.
Man glaubt, dass Anakreon, der fröhliche Bänkelsänger, etwa 437 vor Christus an einer Weinperle erstickte. Er muss zufrieden gewesen sein, denn man berichtet, dass er im Anschluss an ein gutes Essen starb.
Man hat beobachtet, dass kleine Wildtiere, wie etwa Fuchs, Hase und manche kleine Vögel, im Herbst beträchtlich zunehmen und ihr Fleisch zart und gut wird. Wenn die Weinlese vorbei ist, nehmen die Tiere rapide ab und ihr Fleisch verliert das Aroma, das die Trauben ihm verliehen haben.
Trocknet man Trauben, wird ihr Säuregehalt verringert und sie werden süßer und nahrhafter. Überschüssige Magensäure oder ein harter Bauch werden so gelindert. Menschen mit schwachem Magen finden es angenehm, nach jeder Mahlzeit zwei bis drei Rosinen mit ihren Kernen zu kauen, was die Verdauung erleichtert.
Man trocknet Trauben in der Sonne oder im Ofen. Bei ersterer Methode bleiben sie sehr süß, zweitere verleiht ihnen eine gewisse Schärfe. Die großen, Damaszener genannten Rosinen kommen von Weinbergen mit großen, oft auch länglichen Sorten und werden nach ihrem Herkunftsort benannt: Rosinen aus Frankreich, aus Kalabrien, aus Spanien oder aus der Levante.
Die spanischen Rosinen lassen sich einteilen in Muskat, in sonnengetrocknete (sie werden am Weinstock in der Sonne getrocknet), in Blütenrosinen, Malaga und Lexias. Die besten französischen Rosinen kommen aus dem Languedoc und der Provence, sie heißen Jubis, Picards usw. Unter den italienischen lobt man die kalabrischen wegen ihres Geschmacks und ihres üppigen Fruchtfleisches. Sie werden im Handel in großen Mengen, auf Schnüre gefädelt, angeboten.
Die Korinthen genannten kleinkernigen Rosinen kommen von Weinstöcken, die vor allem auf den Ionischen Inseln und in Griechenland gedeihen.

Der Likör, den man aus Rosinen und Wein herstellt, indem man beide gemeinsam gären lässt, war schon bei den alten Römern als »Vinum Passum« bekannt und eines ihrer Lieblingsgetränke.

### *Traubenkonfitüre (Raisiné)*

Das Raisiné ist eine Marmelade aus süßen Trauben, die man kocht und eindicken lässt, indem man Birnen oder Quitten hinzufügt. Vor allem Kinder lieben diese Konfitüre. Man macht sie auch aus Apfel- oder Birnenmost, wenn die Region keine Trauben hervorbringt. Es ist ein sehr gesundes Mus, das auch den ärmeren Schichten der Bevölkerung zugänglich ist, weil man für die Zubereitung wenig bis gar keinen Zucker zusetzen muss.

Das beste Raisiné kommt aus der Bourgogne. Man stellt es aus süßem Wein her, den man langsam in einem Kessel kochen lässt, abschäumt und ab und zu mit dem Holzspatel umrührt, damit er sich nicht anlegt. Nach und nach gibt man feine Streifen von Messire-Jean-Birnen oder von Birnen aus Virgouleux oder Rousselet dazu. Wenn die Flüssigkeit sich auf ein Drittel reduziert hat, passiert man die Konfitüre und füllt sie in Gläser.

## TRAUERENTE

Man könnte diesen Vogel auch Fasten-Wild nennen, denn, wie jedermann weiß, gehört er wie die Krickente zu den mageren Speisen.

Die Trauerente hat fischähnliche Eigenschaften. Sie sieht aus wie eine Ente, bleibt aber fast immer auf dem Meer, wo sie bis zum Grund taucht, um die im Sand versteckten kleinen Muscheln zu suchen, von denen sie sich ernährt. Sie lebt auch von Insekten, Meerespflanzen und kleinen Fischen, was sehr zum Geschmack und Aroma ihres Fleisches beiträgt. Die beste ist die schwarze. Das graue Weibchen hat einen Wild- und Seegeschmack, dem mit keinem Gewürz beizukommen ist. Nicht einmal das Wissen der geschicktesten Köche konnte hier etwas ausrichten und die Trauerente in Schokolade, das Meisterstück der Kochkunst, hat nur wenige Anhänger gefunden.

### *Gebratene Trauerente*

Nachdem man sie gerupft, ausgenommen und angebraten hat, steckt man sie auf den Spieß und begießt sie beim Braten mit einer Mischung aus Butter, Pfeffer, Salz und Essig. Wenn sie gar ist, serviert man sie mit einer ▸ Sauce Robert oder einem Ragoût aus ihrer fein gehackten Leber, Champignons oder Mai-Schwämmen, Salz, Pfeffer und Muskatnuss. Nachdem alles gemeinsam gedünstet wurde, gießt man Orangensaft dazu und serviert heiß.

### *Trauerenten-Ragoût in Schokolade*

Nachdem man sie gerupft, ausgenommen und gewaschen hat, blanchiert* man sie und setzt sie mit Salz, Pfeffer, Lorbeer und einem Strauß Fines Herbes* in einen Topf. Dazu gießt man etwas Schokolade, die man ebenso zubereitet wie Trinkschokolade. Zugleich bereitet man ein Ragoût aus Leber, Champignons, Morcheln, Trüffeln, Mai-Schwämmen und Kastanien oder aus anderen Zutaten vor und wenn die Trauerente gar ist, legt man sie auf einen Teller, gießt das Ragoût darüber und serviert mit einer beliebigen Garnitur.

### *Trauerente mit Aal*

Man rupft den Vogel, nimmt ihn aus und steckt ihm, wie bei der Ente, die Füße in einen Einschnitt in jeder Seite, um ihn zum Braten herzurichten. Dann wird die Trauerente mit dicken Aalstücken gespickt und mit Salz, Pfeffer sowie fein gewiegten Kräutern wie Petersilie, Schnittknoblauch*, Champignons und Knoblauch gewürzt. In die gespickte Trauerente steckt man zwei Nüsse, verschnürt den Körper und schmort sie in einem guten Fond mit einem Stück Butter, einer halben Flasche Weißwein, Zwiebeln, einem Strauß Petersilie, Schnittknoblauch, Knoblauch, Thymian, Lorbeer, Basilikum, Salz und grobem Pfeffer. Sie muss auf schwacher Flamme garen. Wenn man sie aus dem Fond herausgehoben hat, wischt man sie mit einem Tuch ab und serviert sie in einer guten ▸ pikanten Sauce.

### *Magere Terrine von der Trauerente*

Wenn sie gerupft und gehäutet sind, nimmt man die Vögel aus, bewahrt die Leber auf, schneidet die Brust heraus, ohne sie zu verletzen, entfernt den Magen und macht mit der Leber, einigen Champignons, Trüffeln, Salz, Pfeffer und Fines Épices* sowie einem Stück Butter, zwei bis drei Dottern und etwas Mehl eine Farce. Mit dieser werden die Trauerenten gefüllt und dann auf beiden Seiten zugenäht. In einer Kasserole wird etwas Butter zerlassen, die Vögel werden in Mehl gewendet, in die Butter gelegt, umgedreht, herausgenommen und in einen Kochtopf gelegt.

Ein kleines Stück Butter in einer Kasserole zerlassen, mit Mehl bestäuben und zu einem ▸ Roux einbrennen, dann mit Fischsuppe aufgießen und in den Kochtopf leeren, wobei ein Viertelliter Weißwein, Salz, Pfeffer, eine mit Gewürznelken gespickte Zwiebel, etwas fein gewiegte Petersilie und Basilikum hinzukommen. Den Kochtopf zudecken und auf ein schwaches Feuer stellen. Wenn die Trauerenten gar sind, lässt man sie abtropfen, legt sie auf ein Ragoût aus Fisch-Milch, Krebs-Schwänzen, Trüffeln, Champignons und Mai-Schwämmen und serviert heiß.

### *Suppe von der Trauerente mit Steckrüben*

Die Vögel werden am Spieß halb gar gebraten und in einer Kasserole mit Butter fertig gegart. Steckrüben schälen und würfeln oder in Scheiben schneiden, mit Mehl bestäuben und in klarer Butter rösten. Wenn sie schön goldbraun sind, nimmt man sie heraus, lässt sie batropfen und kocht sie in Fischsuppe weiter. Zugleich tunkt man Brotscheiben in Fischsuppe, nimmt die Trauerenten aus der Kasserole und lässt sie abtropfen. Die Brotsuppe mit Steckrüben garnieren, die Vögel darauf legen, mit der Steckrüben-Suppe übergießen und heiß servieren.

## TRÜFFELN

Wir sind nun beim »sacrum sacrorum« der Gastronomen angelangt, bei dem Begriff, den kein Feinschmecker jemals ausgesprochen hat, ohne die Hand an den Hut zu führen, beim Tuber cibarium, Lycoperdon gulorosum, bei der Trüffel.

Sollten Sie jemals Wissenschaftler danach gefragt haben, was diese Knolle wohl sei, so mussten Ihnen diese nach zweitausendjähriger Besprechung dasselbe antworten wie am allerersten Tag: Wir wissen es nicht. Dann befragten Sie die Trüffel selbst und diese gab zur Antwort: Iss mich und bete Gott an. Die Geschichte der Trüffel zu schreiben würde heißen, die Geschichte der menschlichen Zivilisation zu verfassen, auf deren größte Nationen und glanzvollsten Kaiserreiche sie, stumm wie sie ist, stärkeren Einfluss ausgeübt hat als etwa König Minos oder Solons Gesetzestafeln. Von Griechenland und Libyen aus eroberte sie Rom. Die Barbaren trampelten über sie hinweg und ließen sie vom Erdboden verschwinden, so dass von Augustulus bis Ludwig XV. nicht mehr von ihr gesprochen wurde. Erst im 18. Jahrhundert taucht sie wieder auf, um von 1820 bis 1848 zu höchstem Ruhm zu gelangen.

Der »Dictionnaire de la Conversation« gibt an, dass wir in Frankreich mehrere Trüffelsorten haben: die schwarze, die graue, die violette und die nach Knoblauch duftende. Alle diese Sorten werden in verschiedenen Départements geerntet. Die kalkhaltigen Bergketten der Aube, der Haute-Marne und der Côte-d'Or bringen die graue Trüffel hervor, die beinahe ebenso delikat schmeckt wie die weiße aus dem Piemont. Schwarze Trüffeln in großen Mengen sind im Périgord, im Angoumois und im Quercy-Gebiet zu finden. Auch der Gard, die Drôme, die Isère, die Vaucluse, der Hérault, der Tarn, die östlichen Pyrenäen, der Jura, die Ardèche und die Lozère bringen diese Sorte hervor. In mehreren Wäldern der Touraine findet man ebenfalls sehr gute Trüffeln.
Brillat-Savarin sagt, die Trüffel sei der Diamant der Küche. Sie erwecke erotische und kulinarische Phantasien beim Geschlecht, das Kleider trägt, und kulinarische und erotische Phantasien beim Geschlecht, das Bärte trägt. Sie sei kein wirkliches Aphrodisiakum, habe jedoch die Gabe, unter gewissen Umständen Frauen zärtlicher und Männer liebenswürdiger werden zu lassen.
(Siehe auch das Kapitel »Saucen«, in dem wir ausführlich und unser Bestes gebend über die Trüffel gesprochen haben. Wir haben dort sowohl Anekdoten erzählt wie auch die Rolle der Trüffel als Zutat in Saucen beschrieben.)

### *Trüffeln in Asche*

Bürsten Sie die Trüffeln in Wasser ab, um die Erde zu entfernen, die immer an ihnen haftet. Wischen Sie die Trüffeln ab und legen Sie sie dann auf eine doppelte Lage Backpapier. Die Trüffeln sollten gut in Speck gewickelt sowie gesalzen und gepfeffert sein. Schlagen Sie das Backpapier über den Trüffeln zusammen und legen Sie darauf eine dritte Lage feuchtes Papier. Nun garen Sie die Trüffeln in heißer Asche und bedecken sie mit sanfter Glut. Die gegarten Trüffeln abwischen und in einer gefalteten Serviette servieren. Für Fastentage kann man sie auch ohne Speck in gebuttertem Papier garen.

### *Trüffeln in Champagner*

Sie schälen große Trüffeln, belegen den Boden einer Kasserole mit Scheiben vom Kalb und vom Schinken, legen die Trüffeln darauf, fügen ein Bouquet garni*, einige ganze Champignons, zerlassenen Speck, Salz und Pfeffer hinzu, bedecken alles mit Speckscheiben, begießen es mit gutem, etwas süßerem Weißwein und dünsten die

Trüffeln auf sanfter Flamme. Wenn sie fertig sind, nehmen Sie die Trüffeln aus dem Fond, entfetten diesen leicht und passieren ihn.

### *Gedämpfte Trüffeln*

In eine Kasserole kommen zwei Glas Weißwein, ein kleines Glas Branntwein und ein Einsatz wie zum Kartoffelkochen. Die Trüffeln nebeneinander auf den Einsatz legen und die Kasserole zudecken. Mit einem feuchten Tuch verschließen, so dass der Dampf kondensiert und auf die Trüffeln tropft. Wenn diese gar sind, nehmen Sie sie heraus, lassen sie kurz Luft schnappen und trocknen und schichten sie auf einen Teller auf. Sie können Trüffeln ihren natürlichen Duft erhalten, indem Sie jede in Butterpapier einwickeln und so im Dampf kochenden Wassers garen.

### *Trüffeln in Court-Bouillon*

Die gut geputzten Trüffeln mit Schnittknoblauch*, Lorbeer, Gewürznelken, Zwiebeln, Salz, Pfeffer und Bordeaux in den Kochtopf geben, nach dem Garen abwischen und auf einer Serviette arrangieren.

### *Trüffeln en roche*

(Rezept von Courchamps und Alexandre Dumas)

Trüffeln bürsten, waschen und auf dem Sieb abtropfen lassen, dann würzen. Speck fein hacken und zerstoßen und die Hälfte davon auf eine Lage Blätterteig geben, darauf pyramidenförmig die Trüffeln aufschichten, auf welche die zweite Portion Speck gelegt wird. Den Hügel mit einer Speckscheibe belegen und auf all dies eine zweite Lage Blätterteig geben, die sich der Form der einzelnen, neben- und übereinander geschichteten Trüffeln anpasst und auf diese Weise einen Felsen darstellen soll. Das Backwerk mit Dotter bestreichen und auf dem Gipfel ein kleines Loch anbringen. Den Trüffelfelsen eine Stunde im heißen Ofen backen. Dann den oberen Teil des Teigdeckels abnehmen, um die Speckscheibe zu entfernen, den Deckel wieder aufsetzen und alles heiß als Zwischengericht servieren.

### *Trüffel-Émincé*

Trüffeln in Streifen schneiden und mit Schalotten, fein gewiegter Petersilie, Salz und grobem Pfeffer in Butter anbraten, mit einem Glas gutem weißen Sauternes und zwei Esslöffeln ▸ Jus oder auf die

Hälfte reduzierter Bouillon aufgießen. Knapp vor dem Servieren geben Sie einen Esslöffel Öl oder etwas Butter auf die Trüffeln.

### *Weiße Trüffeln*

Wir wissen, dass diese köstliche Trüffelart aus dem Piemont kommt, es handelt sich um eine besondere Sorte, von Feinschmeckern derart geschätzt, dass einige sie den französischen schwarzen Trüffeln vorziehen. Die weiße Trüffel hat die besondere Eigenschaft, nicht gekocht werden zu müssen. Sie waschen und trocknen sie, entfernen mit dem Messer den kleinen schwarzen Punkt auf der Oberfläche, schneiden die Trüffeln in ganz feine Streifen und erhitzen sie nur in Ihrer Sauce oder in der Speise, die sie begleiten sollen. Man kann weiße Trüffeln auch als Salat servieren, wobei man sie hierzu in feine Streifen schneidet und mit einigen Anchovis-Filets, die zuvor durch ein Haarsieb passiert wurden, in Öl erhitzt. Wenn das Öl wirklich heiß ist, legt man die Trüffeln hinein, würzt sie und zieht die Pfanne vom Feuer, während man sie schwenkt, um die Trüffeln zu sautieren.

### *Gratinierte Trüffeln*

Wählen Sie sieben bis acht schöne Trüffeln aus, rund und unbehandelt, halbieren Sie diese und schälen Sie das Innere mit Hilfe eines scharfen Löffels heraus. Das entnommene Trüffel-Innere wird klein gewürfelt, mit der gleichen Menge gedünsteter Stopfleber vermischt, die Mischung gewürzt und dann mit etwas dunkler Sauce gebunden. Die ausgehöhlten Trüffelhälften mit der Masse füllen, in eine flache Kasserole etwas Wein gießen, die Trüffelhälften nebeneinander in die Kasserole legen und den Wein zum Kochen bringen. Nun die Kasserole in den Ofen schieben und die Trüffeln nach zehn Minuten auf einem Servierteller anrichten.

### *Trüffelsalat à la toulousaine*

Ein sehr verdienstvoller französischer Koch, M. Urbain Dubois, der seine Kunst jedoch im Ausland ausübt, hat uns dieses Rezept mit folgenden Begleitworten zur Verfügung gestellt:

»Dieses Gericht ist eine der neuesten Kreationen aus Toulouse. Es beweist, dass die große Kunst der Gastronomie in Frankreich überall mit großem Eifer und mit großem Erfolg gepflegt wird.

Man wählt fünf bis sechs frische und aromatische schwarze Trüffeln sowie drei zarte Artischocken aus. Die Trüffeln sorgfältig abbürsten, waschen, schälen, in sehr dünne Streifen schneiden und in einem Gefäß verschließen. Die harten Blätter der Artischocken entfernen und nur die zarten belassen. Die Artischocken nun der Länge nach halbieren und jede Hälfte in ebenso feine Streifen schneiden wie die Trüffeln. Die Artischockenstreifen zehn Minuten lang in Salz legen, dann mit dem Küchentuch abtupfen.

Drei gekochte Eier durch ein feines Sieb drücken und in eine Terrine geben, etwas Senf hinzufügen und mit einem halben Glas feinstem Öl und etwas gutem Estragonessig verrühren. Den Boden einer Salatschüssel mit Knoblauch einreiben, dann abwechselnd jeweils eine Lage Trüffeln und Artischocken in die Schüssel schichten. Jede Schicht mit Salz, Pfeffer und einem Teil der mit Öl verrührten Eier würzen. Nach zehn Minuten werden Trüffeln und Artischocken in der Schüssel geschwenkt, so dass alle Zutaten gut vermengt werden. Dieser Salat verdient einen großen Namen.«

*Russischer Salat aus schwarzen Trüffeln*

Man schält einige schwarze Trüffeln, legt sie mit etwas Madeira in eine flache Kasserole, salzt und dünstet die Trüffeln etwa drei bis vier Minuten lang. Dann schneidet man sie in feine Streifen und schichtet sie in einer Terrine auf. Würzen und mit Öl übergießen, die Terrine zudecken und die Trüffeln zehn Minuten in ihrer Würzung liegen lassen. Danach mit einer Messerspitze Estragon, Schnittlauch und Petersilie bestreuen, mit drei bis vier Esslöffeln Mayonnaise binden und den Salat anrichten. Mit Mayonnaise maskieren* und mit einem Löffel englischem Senf montieren*.

(Für Trüffelsaucen konsultieren Sie bitte das Kapitel »Saucen«).

## TRUTHAHN, PUTE

In der Ornithologie sind Truthahn und Pute Männchen bzw. Weibchen desselben Tieres. In der Küche sagt man üblicherweise Pute oder Indian für beide Geschlechter.

Das Weibchen ist immer kleiner und zarter als das männliche Tier. Schon die Griechen kannten den Truthahn, den sie Meleagridos nannten, weil Meleagros, der König von Makedonien, ihn im Jahre 3559 vor Christus nach Griechenland brachte. Einige Gelehrte zweifeln jedoch an dieser Version der Geschichte und meinen, es habe sich um die Perlhühner gehandelt, aber Plinius beschreibt in seinem 37. Buch, im Kapitel II, unverkennbar einen Truthahn. In einer seiner Tragödien lässt Sophokles einen Chor von Truthähnen auftreten, die den Tod von Meleagros beweinen.

Die Römer schätzten den Truthahn besonders und hielten ihn in ihren Meiereien. Wie verschwand dieser Vogel? Von welcher Epidemie wurde er hinweggerafft? Die Geschichte liefert uns hierzu keine Antworten. Fest steht jedoch, dass der Truthahn so selten wurde, dass man ihn schließlich in Käfigen hielt, so wie man heute Papageien hält.

Im Jahre 1432 brachten die Schiffe von Jacques Cœur, der seine Karriere als einer der ersten Händler der Welt begann und zum Silberwart und Artilleriemeister von Karl VII. wurde, brachten also dessen Schiffe die ersten Truthähne aus Indien mit. Wir verdanken diesen kostbaren Vogel also keineswegs den Jesuiten, wie allgemein angenommen wird, denn dieser Orden wurde erst 1534 von Ignaz von Loyola gegründet und erst 1540 von Papst Paul III. anerkannt.

Die Annahme, der Truthahn sei von den Sektierern des Loyola aus Amerika importiert worden, hat einige Witzbolde dazu veranlasst, diesen Vogel Jesuit zu nennen. Der Truthahn hat aber dasselbe Recht darauf, sich über diese Namensänderung zu ärgern, wie die Jesuiten, würde man sie Truthähne nennen.

Wir teilen also nicht die Ansicht der meisten Gelehrten, die da meinen, der Truthahn käme aus Amerika. Da dieser Kontinent erst 1492 von Christoph Columbus entdeckt wurde, konnte Jacques Cœur nicht 1450, also 42 Jahre zuvor, seine Fracht aus dieser Weltgegend beziehen, obwohl die Devise dieses Mannes lautete: »Nichts ist unmöglich für ein tapferes Herz.«

Der Name Indian (indisches Huhn, von dem das französische »dindon« abgeleitet wurde, Anm. der Übersetzerin) würde die indische Herkunft auch eher rechtfertigen als eine amerikanische, obwohl man zu jener Zeit die Angewohnheit hatte, Amerika Westindien zu nennen.

Heute findet man in Amerika, vor allem bei den Illinois, wild lebende Truthähne. Brillat-Savarin, der Autor der »Physiologie du Goût«, erzählt eine Geschichte, in der er selbst der Held einer Jagd wurde, weil er das Glück hatte einen Truthahn zu schießen. Ein kanadischer Jäger versicherte mir, ein etwa fünfzig Pfund schweres Tier erlegt zu haben.

Obwohl Truthahnfleisch vor allem kalt ausgezeichnet schmeckt, es ist saftig und dem Huhn vorzuziehen, gibt es Feinschmecker, die ausschließlich den Bürzel, auch Pfaffenstück genannt, essen.

Als Grimod de la Reynière, der Onkel des berühmten Grafen Orsay, der seinerseits zwanzig Jahre lang Frankreich und England die Mode geschenkt hat, als Grimod de la Reynière also während einer Finanzreise von der Nacht oder dem Schlechtwetter überrascht wurde oder auch von einem dieser unüberwindlichen Hindernisse, die einen Epikuräer dazu zwingen, in einem Dorfgasthaus einzukehren, fragte er den Wirt, was es zum Nachtmahl gäbe. Dieser antwortete verschämt, dass seine Speisekammer vollkommen leer sei.

Ein helles Feuer, das durch die Scheiben der Küchentür scheint, zieht den Blick des illustren Schlemmers an, der erstaunt erkennt, dass sich dortselbst sieben Truthähne gemeinsam auf einem Spieß drehen.

»Wie können Sie es wagen, mir zu sagen, dass Sie mir nichts zum Nachtmahl anbieten können!«, ruft Grimod de la Reynière aus, »wo ich doch sieben königliche Truthähne sehe, die sich auf diesem einen Spieß gemeinsam drehen und gerade richtig gebraten sind?«

»Schon richtig, Monsieur«, antwortet der Wirt, »aber sie sind für einen Herrn aus Paris reserviert, der vor Ihnen angekommen ist.«

»Und dieser Herr ist allein?«

»Ganz allein.«

»Ist dieser Reisende denn ein Riese?«

»Nein, Monsieur, er ist kaum größer als Sie.«

»Oho! Sagen Sie mir die Zimmernummer dieses Kerls, ich müsste mich wohl sehr ungeschickt anstellen, wenn er mir nicht einen seiner sieben Truthähne überließe.»

Grimod de la Reynière lässt sich leuchten und zum Zimmer des Reisenden führen, wo dieser vor einem schönen Feuer an einem gedeckten Tisch sitzt und gerade zwei Messerklingen aneinander schärft.

»Na hoppla! Da ist kein Irrtum möglich«, ruft Grimod de la Reynière, »Sie sind es, mein Herr Sohn!«

»Ja, Vater«, antwortet der junge Mann und grüßt ehrerbietig.

»Sie lassen sich also sieben Truthähne zum Nachtmahl braten?«

»Monsieur«, antwortet der liebenswürdige junge Mann, »ich verstehe ja, dass es Sie schmerzlich trifft, wenn Sie mit ansehen müssen, wie ich derart vulgäre, meiner Abstammung nicht würdige Gelüste zeige, ich hatte aber keine Wahl, denn es gab nichts anderes in diesem Haus.«

»Unsinn! Ich werfe Ihnen doch nicht vor, Truthahn zu essen, wenn es keine Poularden oder Fasane gibt; auf Reisen muss man ja das nehmen, was man findet. Was ich Ihnen vorwerfe, ist, dass Sie für sich allein sieben Truthähne auf den Spieß stecken lassen.«

»Monsieur! Ich habe Sie selbst zu Ihren Freunden sagen hören, dass es an einem ungetrüffelten Truthahn nichts wirklich Gutes gäbe außer dem

Bürzel. Also habe ich sieben Truthähne braten lassen, um vierzehn Bürzel zu bekommen.«
»Dies«, gibt der Vater zurück, der sich gezwungen sieht, seinen vifen Sohn für die bewiesene Intelligenz zu loben, »dies scheint mir eine Spur verschwenderisch für einen achtzehnjährigen Jungen, aber ich kann nicht behaupten, dass es unvernünftig sei.«

Avignon war seit jeher eine Stadt, in der man köstlich speisen konnte – eine Sitte aus der Zeit, da Avignon noch die Stadt der Päpste war.
Ein ehrwürdiger Gerichtspräsident der Stadt schätzte die Eigenschaften des Truthahns besonders.
Eines Tages sagte er: »Meine Güte, gerade haben wir einen prachtvollen Truthahn gegessen, er war ausgezeichnet, bis zum Schnabel mit Trüffeln gestopft, zart wie eine Poularde, fett wie eine Fettammer, duftig wie eine Drossel. Wir haben wirklich nur die Knochen übrig gelassen.«
»Wie viele waren denn an diesem Essen beteiligt?«, fragte ein Neugieriger.
»Wir waren zwei, Monsieur!«, antwortete der Präsident.
»Zwei ...?«
»Ja, der Indian und ich.«

Als Ludwig XV. eines Tages Lust verspürte, die Ménagerie von Versailles zu besuchen, nahm er den Sankt-Hubertus-Weg, um dorthin zu gelangen. Unterwegs versperrte ihm aber eine Herde Truthähne den Weg; sie gehörten zweifellos zur Ménagerie und waren ausgebrochen.
»Wer«, fragte der König, »ist zuständig für dieses Geflügel?«
Und man antwortete ihm: »Sire, es ist der Capitaine La Roche.«
»Dann gehen Sie zum Capitaine La Roche und richten Sie ihm aus, dass ich ihm als erstes Exemplar seines Geflügels den Hals umdrehen werde, wenn ihm das noch einmal passiert.«

Rot erregt den Zorn des Truthahns, wie beim Stier. Er stürzt sich auf denjenigen, der diese Farbe trägt, und attackiert ihn mit Schnabelhieben. Aus diesem Grunde verunfallte der ehrwürdige Boileau.
Er war noch ein Kind und spielte in einem Hof, wo sich, unter anderem Geflügel, auch ein Truthahn aufhielt. Plötzlich fällt das Kind, sein Jäckchen verschiebt sich und der Truthahn, der die verhasste Farbe zu Gesicht bekommt, stürzt sich auf den Jungen und verletzt den kleinen Nicolas mit seinem Schnabel so sehr, dass es Boileau fortan versagt war, erotische Dichtung zu schreiben. Stattdessen wurde er Satiriker und Frauenfeind.

Der Dichter litt sein ganzes Leben lang unter diesem Vorfall. Hier liegt wohl seine geheime Aversion gegen die Jesuiten begründet, von denen er, dem landläufigen Glauben nach, annahm, dass sie den Truthahn nach Frankreich gebracht hatten.

### *Pute mit Trüffeln*

(nach einem Rezept von Courchamps)

Sie nehmen eine junge, schöne Pute, fett und weiß, rupfen sie, sengen den Flaum ab und nehmen die Pute vom Kropf her aus, wobei Galle und Därme nicht aufplatzen dürfen. Falls Ihnen dieses Malheur dennoch passiert, spülen Sie den Körper mit Wasser aus. Nun nehmen Sie vier Pfund Trüffeln, die Sie sorgfältig putzen. Entfernen Sie jene mit Moschusgeruch und hacken Sie die weniger schönen fein. Weiters zerstoßen Sie ein Pfund fetten Speck und legen diesen mit den fein gehackten und den ganzen Trüffeln in eine Kasserole. Würzen Sie mit Salz, grobkörnigem Pfeffer, Fines Épices* und einem Lorbeerblatt, braten Sie die Trüffeln auf kleiner Flamme an, lassen Sie sie 45 Minuten köcheln und nehmen Sie den Topf dann vom Feuer. Gut umrühren und die Pute bis zum Hals mit den Trüffeln füllen. Die Haut vernähen, so dass die Farce im Körper bleibt. Die Pute bratfertig verschnüren und drei bis vier Tage beiseite legen, damit sie das Trüffelaroma aufnehmen kann, falls das Wetter diese Vorgangsweise zulässt. Dann stecken Sie den Vogel auf einen Spieß, umwickeln ihn mit festem Backpapier und braten ihn etwa zwei Stunden lang. Am Ende der Bratzeit entfernen Sie das Papier, damit die Haut braun werden kann. Sie servieren die Pute mit einer Sauce aus ihrem Bratensaft, die Sie mit den fein gehackten Trüffeln verfeinern.

### *Trüffelpute nach M. le Marquis de Cussy*

»Sie putzen Ihre Trüffeln, schwenken diese in geriebenem Speck, den Sie mit Pfeffer, Salz und Quatre-Épices* gewürzt haben. Sie lassen die Trüffeln zwanzig Minuten dünsten und füllen dann damit die Pute, die Sie gerade geopfert und ausgenommen haben. Hängen Sie die Pute an den Füßen in einer kühlen Speisekammer auf und ersetzen Sie nach drei Tagen, nachdem der Vogel gerupft und sein Flaum abgesengt worden ist, die Trüffeln aus seinem Körper durch frische, ebenso zubereitete.«

Sie sehen, dass M. Cussy wie auch Grimod de la Reynière nicht wollen, dass man die getrüffelte Pute rupft. Ersterer sagt weiters:

»Indem Sie das Tier nicht rupfen, sorgen Sie dafür, dass alle Poren verschlossen bleiben und keine Verdunstung stattfinden kann. Die heißen Trüffeln vermischen ihren Duft mit dem bebenden Fleisch und das Eindringen ihres Aromas findet aktiver, intensiver und im ganzen Körper statt. Allerdings verlieren die Trüffeln in dieser Vereinigung, was sie hergeben.«

Daher haben wir gedacht, dass sie durch frische Trüffeln zu ersetzen sind. Wir erkennen beide Rezepte als ausgezeichnet an. Da aber nicht jeder 40 Francs ausgeben kann, um eine Pute mit Trüffeln zu stopfen, geben wir hier unsere Version an:

Sie bereiten Faschiertes* aus Kalb, Huhn und Rebhuhn zu, Letzteres, falls es zur Verfügung steht, und fügen zu einem Viertel Wurstmasse hinzu. Kochen Sie alles in gut gesalzenem Wasser, in dem ein Sellerieblatt und fünfzehn bis zwanzig schöne Kastanien aus Lyon schwimmen, die Sie gemeinsam mit dem Faschierten püriert haben. Fügen Sie auch eine schöne Blutwurst hinzu und hacken Sie diese ebenfalls fein. In die Mitte dieser Farce kommt ein Büschel Petersilie. Nun füllen Sie Ihre Pute mit dieser Farce und ziehen das Hinterteil so eng wie möglich zusammen, nachdem Sie ein Stück gepfefferte und gesalzene Butter hineingesteckt haben. Stecken Sie die Pute auf einen Spieß und nehmen Sie sie erst wieder ab, wenn kleine Rauchschwaden vulkanartig von ihrem Körper aufsteigen. Dann ist sie fertig.

Man könnte diese Pute Künstlerpute nennen.

Achten Sie vor allem darauf, ihren Braten niemals mit etwas anderem zu übergießen als mit gesalzener und gepfefferter Butter. Jede Köchin und jeder Koch, die auch nur einen Tropfen Suppe in die Saftwanne geben, verdienen die sofortige Verbannung aus Frankreich.

### *Puten-Daube*

(nach einem Rezept von Beauvilliers)

Sie nehmen eine alte Pute, sengen den Flaum ab, putzen den Vogel, nehmen ihn aus und stecken die Füße seitwärts in den Körper. Nun schneiden Sie weißen Speck zu großen Stiften zurecht, salzen und pfeffern diese, würzen mit Fines Épices*, zerstoßenen Aromaten*, fein gehackter Petersilie und ebensolchem Schnittknoblauch*, wälzen die Speckstifte in dieser Gewürzmischung und spicken die Pute überall damit. Den Vogel bratfertig verschnüren, in ein Küchennetz wickeln, dieses zunähen und beide Enden verschnüren. Einen angemessen großen Schmortopf mit einigen Speckscheiben und etwas Kalbfleisch, einigen Schinkenscheiben und den restlichen Speckstiften auslegen. Sie können auch, wenn Sie möchten, eine Kalbsstelze hinzufügen. Die Pute wird auf dieses Bett gelegt, gesalzen und mit einem dicken Büschel Petersilie sowie Schnittknoblauch, weiters mit zwei Knoblauchzehen, zwei Lorbeerblättern, zwei bis drei Karotten sowie vier bis fünf Zwiebeln garniert, wovon eine mit drei Gewürznelken gespickt worden ist. Mit Suppe und einem Glas gutem Branntwein aufgießen. Der Vogel sollte gut mit Flüssigkeit umgeben sein. Decken Sie ihn mit Speckscheiben und einigen Lagen Backpapier zu, stellen Sie den Topf aufs Feuer und wenn die Suppe einmal aufgekocht hat, legen Sie den Topfdeckel darauf. Nun sollte die Daube auf ganz kleiner Flamme, mit Unter- und Oberhitze, umgeben von glühender Asche, vier Stunden lang schmoren. Nach der Hälfte der Garzeit nimmt man den Deckel ab, dreht die Pute um, schmeckt den Fond ab und salzt, wenn nötig, nach. Nach der Garzeit ziehen Sie den Topf vom Feuer und lassen alle Zutaten gemeinsam fast auskühlen. Die Pute dann auf einen Teller legen, nachdem man sie gut abtropfen hat lassen, den Fond durch ein sehr feines Haarsieb passieren und etwa wie ▸ Aspik läutern. Den Fond zu Gelée erkalten lassen, die Pute auswickeln, anrichten und mit dem Gelée garnieren (man kann diese Pute durchaus auch heiß mit einem Teil des reduzierten Schmorfonds servieren).

### *Fette Pute à la cardinale*

Sie nehmen eine kleine, sehr fette Pute, sengen den Flaum ab, nehmen den Vogel aus, nehmen die Leber und hacken diese mit Trüffeln und Pilzen fein; dann fügen Sie geriebenen Speck, Salz sowie grobkörnigen Pfeffer hinzu und füllen diese Farce in Ihre Pute. Lösen Sie die Brusthaut und füllen Sie den Zwischenraum zwischen Brust und Haut mit Krebsbutter (siehe Kapitel Saucen). Die Pute zunähen, die Füße am Körper entlang festbinden und den Vogel auf einen Spieß stecken. Sie braten die Pute, nachdem Sie sie mit Speckscheiben und gebuttertem Backpapier umwickelt haben, und servieren sie mit einem Krebs- ▸ Coulis.

### *Truthahn »en ballon«*

Man nimmt einen dicken, aber zarten Truthahn, zieht ihm die Haut ab, ohne sie zu zerreißen, und entfernt alle Knochen aus dem Kör-

per. Wenn alles Fleisch von der Haut gelöst ist, legt man die Haut in eine Kasserole, verteilt zerstoßenen Speck und sehr fein gewiegte Fines Herbes* darauf und legt die sehr fein aufgeschnittenen Brustfilets auf dieses Bett. Die Filets mit Fines Herbes, etwas Knoblauch, in Scheiben geschnittenen Champignons, grobkörnigem Pfeffer und sehr wenig Salz bestreuen, mit einer Lage sehr feiner Schinkenscheiben bedecken und die Truthahnhaut weiter mit abwechselnden Schichten aus obigen Zutaten belegen, wobei man zuoberst Fines Herbes streuen sollte.
Nun wird ein Kochtopf mit Speckscheiben garniert und die verschnürte Haut, die aussehen sollte wie ein Ballon, darauf gelegt. Wurzelwerk, Zwiebeln, Champignons und ein Bouquet garni* dazugeben, mit guter Suppe aufgießen und alles auf sehr kleiner Flamme schmoren. Den Ballon herausnehmen, abtropfen lassen und mit einer guten ▸ Essenz servieren.
Sie können den Ballon auch mit einem Kranz aus Karfiol*-Röschen umgeben, welche Sie in einem ▸ Blanc gedünstet und vor dem Servieren mit etwas Schmorfond übergossen haben.

### *Truthahn à la crème*

Sie nehmen ein oder zwei Truthähne, umwickeln diese mit Speck und Backpapier und braten sie auf einem Spieß. Während die Vögel auskühlen, bereiten Sie eine Farce aus einem Stück Kalbsnuss, einem Stück in Rindsfett erhitztem Speck, einem Kalbseuter, einigen Champignons, Petersilie, Schnittknoblauch*, Fines Herbes*, Fines Épices*, Salz und Pfeffer zu. Sie garen alle Zutaten und zerstoßen sie dann gemeinsam mit der Truthahnbrust.
Diese Farce kommt mit aufgeweichtem Brot, sechs Dottern und dem zu Schnee geschlagenen Klar von drei Eiern in eine Schüssel Milch, wo alles gut vermischt und püriert werden soll. Verteilen Sie einen Teil dieser Masse auf dem Boden einer Schüssel, legen Sie darauf den mit etwas von der gleichen Farce gefüllten Truthahn und gießen Sie in die Mitte des Vogels, in ein vorgefertigtes Loch, ein frisches Ragoût aus Kalbsbries, Hahnenkämmen und Champignons. Das Ragoût mit der restlichen Farce bedecken, die falsche Truthahnbrust möglichst rund machen und mit sehr feinen Brotbröseln bestreuen. Den Truthahn in den Ofen schieben, braun werden lassen, die Sauce entfetten und heiß servieren.

*Truthahn-Salmi*

Sie richten einen Truthahn bratfertig her und braten ihn auf dem Spieß halb fertig. Nun tranchieren Sie ihn und legen die Teile mit Wein in eine Kasserole, fügen Trüffeln und gehackte Champignons, einige Anchovis, Salz und Pfeffer hinzu und garen das Fleisch in diesem Fond fertig. Binden Sie die Sauce mit einem Kalbs- ▸ Coulis, entfetten Sie dieses und servieren Sie das Salmi als Entrée mit etwas Orangensaft.

*Fetter Truthahn à la Périgord*

Sie nehmen zwei Pfund geschälte, gewaschene und gut abgetrocknete Trüffeln, vermischen diese mit geriebenem Speck, Salz sowie grobkörnigem Pfeffer und füllen diese Zutaten in einen frisch geschlachteten Truthahn. Den Vogel zunähen, die Füße seitlich am Körper festbinden und den Truthahn drei bis vier Tage lang abhängen lassen, so dass er den Geschmack der Trüffeln aufnehmen kann. Dann wird er mit Speck und gebuttertem Backpapier umwickelt und am Spieß gut durchgebraten. Mit einer getrüffelten ▸ Sauce hachée servieren.

*Truthahnfilets*

Wie Hühnerfilets zubereiten und ebenso servieren, es sei denn, man möchte ein passiertes ▸ Gurkenragoût mit rotem ▸ Coulis dazu anrichten.

*Truthahn mit Kastanien*

Sie putzen einen Truthahn und nehmen ihn aus. Die Leber mit Petersilie, Schnittknoblauch*, geriebenem Speck, Butter, Salz, Pfeffer, Fines Herbes* und Kastanien fein hacken. Die Kastanien sind vorher gedünstet und ihre Häute abgezogen worden. Die Farce aus obigen Zutaten in den Truthahn füllen und diesen auf einen Spieß stecken, nachdem Sie ihn mit Speckscheiben und gebuttertem Backpapier umwickelt haben. Den Truthahn braten, bis er weich und zart ist. Nun nehmen Sie andere, ebenfalls geschälte und gehäutete Kastanien und kochen diese in etwas Suppe. Wenn die Kastanien weich sind, gießen Sie die Suppe ab, geben stattdessen etwas ▸ Coulis, Fleischsaft und ▸ Essenz in die Kasserole und garnieren damit den Truthahn, den Sie gut abtropfen haben lassen.

### *Truthahn à la princesse*

Sie halbieren einen Truthahn und legen ihn in einen Schmorfond, etwa wie einen geschmorten Kapaun (siehe Kapaun). Nach dem Schmoren panieren Sie die Truthahnhälften und backen diese in Schmalz goldbraun heraus. Mit einer ▸ Rémoulade aus Anchovis, Petersilie, Kapern – alles fein gehackt –, etwas Schnittknoblauch*, einem Rinds- ▸ Jus und anderen guten Zutaten servieren.

### *Marinierter Truthahn*

Den Vogel acht Stunden lang in ▸ Kretzer, Zitronensaft, Salz, Pfeffer, Gewürznelken, Schnittknoblauch* und Lorbeer marinieren. Dann aus Mehl, Weißwein und Dottern einen lichten Teig bereiten, den Truthahn darin eintauchen, in Schmalz herausbacken und mit gerösteter Petersilie servieren.

### *Truthahnkeulen à la Sainte-Menehould*

Sie nehmen 18 Truthahn-Unterkeulen, häuten diese und schmoren sie in einer weißen Sauce oder in einer ▸ Sauce Sainte-Menehould. Wenn die Keulen gar und ausgekühlt sind, hüllen Sie sie in eine feine ▸ Farce, panieren sie mit Bröseln und Ei und backen die Keulen in heißem Schmalz heraus. Mit gerösteter Petersilie servieren.

### *Truthahnflügel à la Stanislas*

Gut abgebrühte Truthahn- oder Poulardenflügel in einer Mischung aus Trüffeln, Champignons, Kalbsbries, einem Bouquet garni* und Butter wälzen, mit Champagner, Bouillon sowie zwei Löffeln ▸ Coulis aufgießen und dieses Ragoût auf kleiner Flamme köcheln lassen. Entfetten, gut würzen und die Flügel ohne Sauce in eine Schüssel legen. Nun Essiggurken der Länge nach halbieren und blanchieren*, auf einem Sieb abtropfen lassen, in der Sauce erhitzen und um die Flügel herum auflegen. Die Sauce darüber gießen und servieren.

### *Quenelles* aus gebratenem Truthahn*

Truthahnflügel in einem gut gewürzten Schmorfond garen, dann auskühlen lassen, in Ei tauchen und panieren, goldbraun herausbacken und mit gerösteter Petersilie servieren.

### *Truthahnsuppe mit Flusskrebsen*

Sie putzen junge Truthähne und nehmen sie aus, stecken die Füße in die Seiten und blanchieren* die Vögel. Dann kochen Sie sie in guter Suppe, nehmen Flusskrebse und kochen diese ebenfalls, aber in Wasser. Es sollten genug Krebse sein, um einen Ring um die Suppe bilden zu können. Die Krebse putzen, die kleinen Füße entfernen und den Schwanz schälen, aber nicht vom Körper trennen. Die Krebs-Schwänze und deren Körper beiseite legen und nur die Schalen zur Weiterverarbeitung bereitlegen. Zwölf süße Mandeln in warmes Wasser legen, schälen und mit den Krebsschalen zerstoßen.

Nun eine Kasserole mit Kalbslendenschnitten, einem Stück in Streifen aufgeschnittenem Schinken, Zwiebeln, Karotten und Pastinaken garnieren, die Kasserole zudecken und die Zutaten anschwitzen lassen. Dann mit guter Suppe aufgießen, etwas Brot, Petersilie, Schnittknoblauch*, Fines Herbes*, Champignons sowie Trüffeln hinzufügen und alles ziehen lassen, bis das Kalbfleisch gar ist. Das Fleisch herausnehmen und das Coulis aus Krebsschalen und Mandeln in den Fond einrühren, diesen durch ein Haarsieb passieren und in einen Topf geben, um ihn auf heißer Asche zu erhitzen ohne ihn aufkochen zu lassen.

Mit den geschälten Krebs-Schwänzen, einigen kleinen Champignons und Trüffeln, die Sie in Scheiben geschnitten haben, ein Ragoût anfertigen und dieses in zerlassenem Speck anrösten, dann mit Kalbs-▸ Jus aufgießen. Sechs Artischockenböden hinzufügen und alles auf sehr kleiner Flamme köcheln lassen. Wenn die Zutaten gar sind, binden Sie das Ragoût mit dem Krebs-Coulis, lassen etwas Brot in der Suppenschüssel weich werden, legen rund um den Schüsselrand die geschälten Krebs-Schwänze, nehmen die Truthähne aus ihrem Topf, entfernen die Schnur, arrangieren die Truthähne schön auf der Suppe und umgeben sie mit Artischockenböden. Ragoût und Coulis auf die Suppe gießen und alles heiß servieren.

### *Truthahnblanquette*

Sie nehmen die Brust eines gebratenen, kalten Truthahns und schneiden sie in feine Streifen. Dann reduzieren Sie eine ▸ Sauce Béchamel, nachdem Sie ihr einige in einem ▸ Blanc gedünstete Champignons hinzugefügt haben, legen die Truthahnbrust in diese Sauce, binden diese mit Dottern und servieren das Gericht entweder in Blätterteig-Pasteten oder im Reisrand oder mit Nudeln.

*Truthahnspießchen*

Sie nehmen die Brust und das weiße Fleisch eines gebratenen, kalten Truthahns, entfernen sorgfältig Haut und Sehnen und schneiden das Fleisch zu kleinen Rechtecken. Nun schneiden Sie gekochten Speck, Trüffeln und Champignons ebenfalls zu Rechtecken und stecken diese Zutaten nacheinander auf kleine Spießchen. Diese werden mit einer reduzierten ▸ Sauce à l'allemande übergossen. Die Spießchen in Bröseln, verquirltem Ei und nochmals in Bröseln wenden, in heißes Backfett legen und mit einem Fleischsaft servieren.

## TÜRKENMÜTZE

Ein Kuchen, den man in einer eigens dafür gemachten Form buk, die so aussah wie eine türkische Mütze mit gerillten Rändern. Er wird aus dem selben Teig wie das ▸ Biscuit aus Savoyen oder aus Mandelmasse gemacht, kann aber auch aus knusprigem Teig bestehen.

Man bildet aus diesem Teig einen Tortenboden, legt damit die Tortenform gleichmäßig aus und sticht den Teig auf der Oberfläche an. Man kann einen sehr feinen Teig zubereiten und diesen sogar mit weißer Marzipanmasse aus fein zerstoßenen süßen Mandeln füllen. Diesen Teig stellt man gemeinsam mit einer Hand voll Zucker in einer Kasserole aufs Feuer und rührt ständig mit dem Holzlöffel um. Wenn der Teig fest ist, legt man damit den Boden der Tortenform aus und bäckt ihn, bis er goldbraun ist. Danach bestreicht man ihn mit verschiedenfarbigen Marmeladen, womit man einen schönen Effekt erzielt. Dann legt man den Kuchen auf einen Konfitürenspiegel, schmückt ihn so schön wie möglich und serviert ihn als süßen Gang.

*Türkenmütze »à la Triboulet«*

Man vermischt 500 gr zerstoßene Pistazien mit 250 gr feinem Zucker, etwas gehackter grüner Zitrone und fünfzehn Eidottern, so dass der Teig nicht zu flüssig wird. Dann rührt man alles wie einen Biscuit-Teig schaumig, schlägt das vorhandene Eiklar zu Schnee und hebt es unter die Masse. Schließlich kommen 250 gr fein gesiebtes Mehl hinzu, das man leicht mit dem Rest verrührt. Man buttert die Backform, gießt den Teig hinein und bäckt den Kuchen bei mäßiger Hitze, nachdem man ihn mit Zucker bestreut hat. Nach zwei Stunden ist er fertig, so dass man ihn aus dem Ofen nehmen und streifenweise mit weißer und roter Glasur glacieren* kann.

### *Farbige Türkenmütze*

Man schält und zerstößt 250 gr Pistazien und fügt dann 375 gr feinen Zucker, zerstoßene kandierte Zitrone, etwas sehr fein gehackte grüne Zitrone sowie zwölf Eidotter hinzu und schlägt die Masse mit zwei Holzlöffeln gut durch. Dann macht man aus den zwölf Eiklar festen Schnee und hebt diesen unter die übrigen Zutaten, fügt 250 gr feines Mehl hinzu und verrührt alles gut mit einem Schneebesen. Man buttert die Backform sorgfältig, gießt den Teig hinein und bäckt ihn drei Stunden lang. Wenn er fertig ist, bestreicht man ihn dick mit Konfitüren in vier verschiedenen Farben, und zwar auf folgende Weise: Ein Viertel wird mit weißer Glasur bestrichen, ein weiteres mit Ribisel*-Marmelade, ein weiteres Viertel mit Marillen*-Marmelade und das letzte mit kandiertem ▸ Kretzer oder zerstoßenen Pistazien.

Diese Süßspeise schmückt den Tisch auf besonders hübsche Weise.

### *Türkenmütze »surprise«*

Man nimmt Mandelteig, den man mit zerstoßenen Mandeln, etwas steif geschlagenem Eiklar, etwas Orangenblüten-Wasser und so viel Puderzucker gemacht hat, dass daraus ein Teig entsteht. In einem Mörser verknetet man diesen Mandelteig mit frischer Butter, der gewiegten Schale einer grünen Zitrone, etwas Marmelade, Zucker und vier oder fünf Eidottern. Dann buttert man die Form, legt ihren Boden und den Rand mit dem Mandelteig aus und bäckt diesen drei Stunden lang. Den Kuchen aus seiner Form nehmen, mit verschiedenfarbigen Konfitüren bestreichen und servieren.

# V

## VANILLE

Eine exotische Pflanze aus der Familie der Orchideen, die im Schatten wächst, entweder in Felsspalten oder am Fuße großer Bäume. Das äußerst feine Aroma der Vanille ist von derart exquisiter Süße, dass man damit Crèmes, Liköre und Schokoladen würzt.

## VEILCHEN

Diese Blume weckt Frühlingsgefühle, mehr als alle anderen. Wer Veilchen sagt, sagt Schatten, sagt Frische, sagt Bescheidenheit, sagt Bächlein, das durch grünes Gras fließt. Es gibt keine Dichter, weder erotische wie etwa Parny noch romantische wie Hugo, die nicht das Veilchen in ihren Endreim aufgenommen hätten. Es trägt einen sanften und duftenden Namen.

Die Kornblume, dieser reizende Saphir der Weizenfelder, kommt in der Poesie der Feldblumen erst nach dem Veilchen. Lebend ziert dieses die Büste junger Mädchen, tot leiht es sein Aroma verschiedenem Zuckerwerk, Likören, Sorbets und konservierten Früchten.

Veilchen-Eis ist eine besondere Delikatesse für Naschkatzen.

### *Veilchen-Eis*

Sie putzen Veilchenblüten und zerstoßen sie mit Zucker im Glasmörser, fügen sehr fein gemahlene florentinische Iris hinzu und geben diese Mischung in die Eismaschine. Servieren Sie das Eis in Tassen und legen Sie einige kandierte Veilchen auf Ihr Sorbet.

*Veilchenmarmelade*

Sie kochen Zucker bis zum starken Flug*. Wenn er nur mehr lauwarm ist, verrühren Sie zerstoßene und passierte Veilchenblüten darin. Nehmen Sie eineinhalb Pfund Zucker für ein halbes Pfund Veilchen.

*Veilchensirup*

Welcher Greis, wie alt er auch sein mag und wie nah er sich bereits dem Grab befindet, erinnert sich nicht dieses Bildes aus frühester Zeit: Seine Mutter nähert sich seiner Wiege und in der Hand hält sie eine aromatisch dampfende Schale, die sie ihm an die Lippen hält. Diese dampfende Flüssigkeit aber war Veilchensirup.

Sie putzen ein halbes Pfund Veilchen, am besten welche aus dem Wald, und legen die Blüten in eine verschließbare Terrine. Dann kochen Sie einen Dreiviertelliter Wasser, gießen dieses aber erst zehn Minuten, nachdem Sie es vom Feuer genommen haben, auf die Veilchen; wenn Sie nämlich kochendes Wasser auf die Blüten gießen, wird der Tee grün statt von schönem Violett, wie er sein sollte. Sie stellen diesen Tee in den Trockenofen und lassen ihn dort bis zum nächsten Tag ziehen. Dann entfernen Sie die Blüten, die Sie gut durch ein Tuch auspressen, um ihre Farbe für den Sirup zu erhalten. Geben Sie nun drei Pfund Zucker zu Ihrem Veilchenwasser und lösen Sie ihn darin auf, dann stellen Sie die Terrine für weitere vierundzwanzig Stunden in den Ofen und rühren von Zeit zu Zeit um. Der Ofen sollte die ganze Zeit über warm bleiben, als würden Sie Früchte darin kandieren wollen. Sie werden zwei Flaschen Sirup erhalten, der, bevor er abgefüllt wird, bis zum schwachen Faden* gekocht werden sollte, damit er nicht gärt. Es ist von allen Sirups der einzige, der nicht aufgekocht werden muss.

## VENUSMUSCHEL

(nach dem Rezept von François Frères, dem herausragenden Küchenchef des »Hôtel de France« in Saint-Jean-de-Luz)

In Saint-Jean-de-Luz nennt man sie Chirat, in Marseille Praises und in Neapel Vongoli (Conca Veneris).

Sie stellen die Muscheln in einer Pfanne auf den Herd und sautieren sie, bis alles Wasser herausgeflossen ist. Dann die Muscheln aus der Pfanne nehmen und beiseite legen. Drei kleine und sehr fein zerdrückte Knoblauchzehen mit dem Wasser verrühren und pfeffern, jedoch nicht salzen, denn das Muschelwasser ist salzig genug. Sobald der Knoblauch heiß wird, geben Sie Brotbrösel dazu, legen die Muscheln zurück in die Pfanne, schwenken sie einige Male, so dass sie aufkochen können, und servieren sie heiß.

## VOGELKIRSCHE

Es ist der Kirschbaum der Vögel, auf den man Kirsche, Herzkirsche oder Glaskirsche aufpfropft. Kirschwasser, ein Schnaps mit bis zu sechsundzwanzig Grad Alkohol und klar wie das reinste Quellwasser, wird aus Vogelkirschen gemacht. Der beste Kirsch wird im Elsaß, im Franche-Comté, in der Schweiz und in Schwaben destilliert.

## VOL-AU-VENT

Eine heiße Pastete aus Blätterteig. Sie wird mit Kalbsbries, Geflügelleber, Geflügelbrust und Champignons gefüllt.

## WACHOLDER

Dies sind die Beeren des weit verbreiteten Wacholderstrauches, dessen Holz sehr hart, rötlich und von rauer Rinde umgeben ist. Der Strauch treibt viele Zweige aus und hat schmale, immergrüne und stachelige Blätter. Die Beeren ähneln denen von Eppich und Gundelrebe und färben sich von Grün im unreifen zu Schwarz im reifen Zustand. Sie umgeben drei bis vier längliche Samen. Diese nennt man eigentlich Wacholder.
Man spricht diesen Samen viele gute Eigenschaften zu. Sie unterstützen die Gehirntätigkeit, verbessern die Sicht, reinigen die Brust, vertreiben Winde und erleichtern die Verdauung. Auch werden sie recht oft zu medizinischen Zwecken eingesetzt.

### *Wacholdersirup*

Sie legen Wacholderbeeren neun Tage lang in heißes Wasser. Die Beeren sollten frisch gepflückt und reif sein. Kurze Zeit kochen lassen, dann die Beeren zerdrücken und nochmals kurz kochen lassen, bevor die Beeren sehr kräftig ausgedrückt werden, um ihren Saft zu lassen. Diesen stellt man wieder aufs Feuer und gibt ausreichend Zucker dazu. Zucker und Wacholdersaft zum Sirup eindicken lassen und, wenn der Sirup erkaltet ist, in Flaschen füllen.

### *Wacholderlikör*

Große, reife Wacholderbeeren in Branntwein einlegen, mit Zucker versetzen und in Flaschen füllen. Sowohl der Likör wie auch der Sirup aus Wacholderbeeren werden gern zur Verdauungsförderung wie auch zu geselligen Anlässen getrunken.

## WACHTEL

Die Wachtel nimmt unter den köstlichsten Gerichten einen besonderen Platz ein. Sie ist ein Zugvogel und pflanzt sich in Ländern mit milderem Klima fort, bleibt aber selten dort. Lange blieb es ein Rätsel, wie wohl dieser Vogel, der rein gar nichts an sich von einem Langstreckenflieger zu haben scheint, höchste Berge überfliegen und sogar Meere überqueren kann. Jeder weiß ja, dass die etwas fette Wachtel sich schon beim dritten Auffliegen anstrengen muss, so dass der Jäger sie mühelos mit der Hand oder mit dem Hut vor der Nase seines Hundes einfangen kann. Ebenso bleibt es ein Rätsel, warum Wachtel und Schwalbe gleiche Strecken zurücklegen können, obwohl Flügel- und Schwanz-Form so unterschiedlich sind. Man hat dieses Rätsel zwar nie gelöst, sich aber auch nicht mehr darum gekümmert, seit man zwei- bis dreitausend Wachteln auf einer Insel vorfand, wo am Vorabend noch keine einzige gewesen war.

Ich wurde auf meinen langen Reisen quer durchs Mittelmeer des Öfteren Zeuge solcher Wunder und habe auch in meinem Garten bereits fünf oder sechs dieser Vögel gefunden und erlegt, obwohl am Vortag noch weit und breit keine Spur davon zu sehen gewesen war. Wachteln ziehen im April und im Oktober durch unsere Breiten; besonders gut kann man ihren Flug bei Neapel beobachten. Im April kommen sie aus dem Süden, im Oktober kehren sie dorthin zurück. Besonders im April, wenn sie sich nur in Sizilien sowie auf Lipari und Capri ausruhen konnten, zeigen sie bei ihrer Ankunft in den Buchten von Misena und Campanella derartige Erschöpfungszustände, dass man sie im Morgengrauen oder bei schönem Mondlicht herunterfallen sieht und sie aufsammeln kann, ohne dass sie den geringsten Fluchtversuch unternähmen. Von allen Wildvögeln ist die Wachtel das süßeste und liebenswerteste Geschöpf und ist sie schön fett, gefällt sie gleichermaßen durch ihren Geschmack, ihre Form und ihre Farbe.

Es zeugt von kulinarischer Ignoranz, wenn man sie anders zubereitet als am Spieß und mit Papier umwickelt, denn ihr Aroma verflüchtigt sich rasch und jedes Mal, wenn das Tier mit Flüssigkeit in Berührung kommt, vergeht sein Duft, verdampft und verliert sich.

Nichtsdestotrotz werden wir hier verschiedene Zubereitungsarten vorstellen, möchten aber darauf bestehen, dass die Vögel eigentlich am Spieß gebraten gehörten.

### *Wachteln am Spieß*

Man rupft und putzt sechs bis acht fette Wachteln und nimmt sie aus, sengt die Federchen ab und steckt die Füße in einen Einschnitt an der Seite des Körpers, damit sie beim Braten nicht auseinander fallen.
Jede Wachtel wird mit einem Weinblatt umwickelt und mit einer Speckscheibe belegt, so dass nur die Hälfte der Beine herausschaut.
Jeder Vogel wird nun mit Hilfe eines Brathäkchens auf den Spieß gehängt, gebraten und angerichtet. Man sollte nicht vergessen, Brot unter den Spieß zu legen, um den guten Wachtelsaft aufzufangen.

### *Wachteln mit Lorbeer*

Die Vögel putzen, ausnehmen und die Federchen absengen. Die Leber wird mit Speck, Schnittknoblauch*, Lorbeer, Salz und Pfeffer gemeinsam fein gehackt und die Wachteln werden damit gefüllt.
Dann werden sie jeweils auf ein Brathäkchen gehängt, nachdem man sie mit Speckscheiben und Backpapier umwickelt hat, so dass sie in ihrem eigenen Saft schwimmen können.
Folgende Sauce sollte dazu gereicht werden:
Zwei bis drei Schinkenscheiben in einem Topf anschwitzen. Wenn sie sich am Topfboden anzulegen beginnen, mit einem Glas Weißwein, vier Esslöffeln Suppe und ebenso viel ▸ Espagnole ablöschen, dann alles durch ein Seihtuch passieren.
Während die Wachteln braten, werden acht große Lorbeerblätter blanchiert*. Sind die Vögel fertig, wickelt man sie aus dem Speckmantel und legt jeden Vogel in ein Lorbeerblatt. Die Sauce wird mit dem Saft einer Zitrone, grobem Pfeffer sowie etwas Butter vollendet und vor dem Servieren über die Wachteln gegossen.

### *Wachteln mit Erbsen*

Man nimmt eine Anzahl Wachteln aus, flämmt die Federn ab und bindet die Füße an die Seiten.
Ein Topf wird mit einer Scheibe vom Kalb und einer Schinkenscheibe, einer Karotte, einer Zwiebel sowie einem Bouquet garni* ausgestattet. Darauf legt man die Wachteln und darüber Speckscheiben.
Der Topf wird mit Backpapier dicht versiegelt und alles mit Unter- und Oberhitze gegart.
Nach dem Dünsten soll das Fett von den Wachteln abtropfen, bevor sie mit einem Speck- und Erbsen- oder einem Schinken-Ragoût serviert werden.

Es sei uns erlaubt, diese Vermischung eines so erlesenen Gerichts, wie es die Wachtel darstellt, mit einem derart gewöhnlichen Ragoût aus Erbsen mit Speck oder Schinken als Akt der Ketzerei zu betrachten. Nach den Betrachtungen Monsieur Vuillemots sei es jedenfalls logischer, die in Speckwürfeln sautierten Wachteln gemeinsam mit den Erbsen zu garen. Das Erbsen-Ragoût hat nämlich nicht den gleichen Geschmack, wenn es nicht mit seiner Hauptzutat gemeinsam gedünstet wird.

### *Wachtelgratin*

(nach Beauvilliers)

Neun Wachteln werden geflämmt und ihre Knochen entfernt. Dann formt man aus Weißbrot einen Stöpsel, etwa dreieinhalb Daumen breit und zweieinhalb Daumen hoch, umwickelt diesen mit einer Speckscheibe und stellt ihn in der Mitte des Tellers auf. Rund um den Stöpsel wird nun hügelförmig ein Gratin geschichtet, so dass dieses nahe beim Stöpsel fast dessen Höhe erreicht, zum Tellerrand hin jedoch bis zur Höhe von nur einer halben Daumenbreite abfällt. Das gleiche Gratin wird in die Wachteln gefüllt und diese wurden auf das Gratinbett gelegt, wobei sie ihre natürliche Form beibehalten sollten: die Füße nicht an den Körper gebunden, aber auch den Rand des Brotstöpsels nicht überragend. Der Raum zwischen den Wachteln wird nun mit Gratin aufgefüllt, so dass von den Vögeln noch der Bauch sichtbar bleibt, die Masse wird geglättet, ohne die Vögel damit zu bedecken; deren Bäuche sollten mit Speckscheiben belegt werden. Den Teller in den Ofen schieben und mit gemäßigter Unter- und Oberhitze garen, so dass die Vögel goldbraun werden. Wenn sie fertig sind, entfernt man alle Speckscheiben und den Brotstöpsel, lässt das Fett abtropfen, gießt in die Mitte des Gratin-Hügels eine braune ▸ Sauce italienne und glaciert* die Wachtelbäuche; wenn man es möchte, legt man hahnenkammförmig zugeschnittene, in Butter angeröstete Brotscheiben dazu und serviert.

### *Wachteln mit grünem Salat*

Vier, sechs oder acht Wachteln putzen, die Federchen absengen und in einen mit Speck- und Schinkenscheibe belegten Topf geben. Eine dicke Scheibe Kalbfleisch würfeln, eine mit Gewürznelken gespickte Zwiebel, ein halbes Lorbeerblatt, eine tournierte* Karotte, ein

Sträußchen Petersilie und Schnittlauch dazulegen, mit einem Glas Suppe und einem halben Glas Weißwein aufgießen, die Wachteln mit Speckscheiben belegen und den Topf mit Papier dicht verschließen.

Der Topf wird erst eine halbe Stunde vor dem Servieren aufs Feuer gestellt. Nach dieser Garzeit die Flüssigkeit abtropfen lassen und beim Anrichten mit Salatblättern garnieren. Falls erwünscht, legt man zwischen Wachteln und Salat in Butter geschwenktes, goldbraunes Röstbrot. Bevor man aber mit dem Brot garniert, wird eine schöne, reduzierte ▸ Espagnole, die mit einem daumengroßen Stück Eis versehen wurde, über die Wachteln gegossen. Nun können die Vögel serviert werden.

### *Wachteln im knusprigen Teig*

Von sechs Wachteln werden die Knochen entfernt, dann werden die Vögel mit einer Fülle gestopft, die aus ihrer eigenen Leber und der anderen Geflügels zubereitet wurde. Die Wachteln zunähen und wie im Rezept »Wachteln mit grünem Salat« garen. In der Zwischenzeit so viele Taschen aus knusprigem Teig vorbereiten, wie man Vögel zur Verfügung hat. Wenn die Wachteln gar sind, lässt man das Fett abtropfen, entfernt die Fäden und legt jede Wachtel in eine Teigtasche. Eine gute, mit fein gewiegten, in Butter geschwenkten Trüffeln vollendete ▸ Sauce italienne darüber gießen und servieren.

### *Wachteln à l'anglaise*

Man nimmt acht Wachteln, sengt den Federflaum ab und bindet die Füße an den Körper. In einen Topf kommen Speckscheiben, ein halbiertes Kalbshirn, ein Dutzend Chipolata-Würstchen, ein gemischter Strauß Petersilie und Schnittlauch sowie Salz und Pfeffer. Die Wachteln zwischen die übrigen Zutaten in den Topf legen. Eine Tasse Bouillon und ein Glas Champagner darüber gießen, mit Speckscheiben belegen, mit Papier dicht verschließen und garen lassen. Wenn alles fertig ist, lässt man von Wachteln und Hirn die Flüssigkeit abtropfen, entfernt die Haut der Würstchen, richtet Letztere in der Mitte der Servierplatte an, legt die Wachteln rund um die Würstchen und das Hirn darauf. Eine ▸ Sauce financière au blanc darüber gießen und servieren.

### *Wachteln mit Trüffeln*

Man nimmt neun Wachteln vom Kropf her aus, ohne sie aufzuschneiden, und sengt den Flaum ab. Neun schöne Trüffeln werden geschält und gewürfelt, so dass jeder Würfel die Form einer winzigen Trüffel bekommt. Die übrigen Trüffel-Schnitzel werden mit der Wachtelleber fein gewiegt, gesalzen und mit sehr grobem Pfeffer gewürzt, dann röstet man alles mit einem großen Stück Butter an. Wenn die Masse ausgekühlt ist, werden damit die Wachteln gefüllt und diese wie beim Rezept mit grünem Salat in einen Topf gegeben. Wenn sie gar sind, lässt man sie abtropfen, richtet sie hübsch an und serviert mit einer ▸ Sauce Périgueux.

### *In der Pfanne gebratene Wachteln*

Jede Wachtel wird auf dem Rücken mit einem kleinen Einschnitt versehen und dann mit einer Fülle aus klein gehacktem Speck, etwas Schinken, einer Trüffel, einigen ▸ Foies gras, einem rohen Eidotter mit Salz, Pfeffer, Muskat und einem Bouquet garni* gefüllt, alles gemeinsam fein gehackt und zerstoßen.

Die Wachteln bäuchlings auf ein Bett aus Speckscheiben legen, salzen und mit grünem Pfeffer sowie Fines Herbes* oben und unten würzen. Mit Scheiben vom Kalb, vom Schinken sowie vom Speck bedecken und den Topf mit einem Teller so zudecken, dass Letzterer das Fleisch berührt. Der Teller sollte mit einem Tuch umwickelt sein und der Topf mit einem weiteren Deckel verschlossen werden, dann alles zwei Stunden lang auf heiße Asche stellen. Wenn alles gar ist, entfernt man vor dem Servieren die Garnitur, stellt den Topf erneut aufs Feuer und wartet, bis die Wachteln sich schön färben und der Saft so weit eingekocht ist, dass er am Topfboden haften bleibt. Dann richtet man die Wachteln hübsch auf einem Teller an, entfettet den im Topf verbliebenen Fond, gießt ihn mit Suppe auf, fügt groben Pfeffer und Zitronensaft hinzu, lässt einmal aufkochen, um den Fond vom Topfboden abzulösen, passiert die Sauce durch ein Tuch, gießt sie über die Wachteln und serviert sehr heiß.

### *Wachteln, mit Krebsen in der Glut gegart*

Die Wachteln werden geflämmt, ausgenommen und die Sporen von den Füßen genommen, wobei der übrige Fuß nicht entfernt wird. Die Vögel vom Kropf her ausnehmen und die Haut wieder leicht zusammendrücken. Einen Topf mit Kalbs- und Schinkenscheiben auslegen, Trüffeln und fein gehackte Pilze in zerlassenem Speck anrösten, auf den Scheiben verteilen und die Wachteln bäuchlings darauf legen. Dazu kommen so viele Krebse, wie man Wachteln zur Verfügung hat. Die Krebse vorher in Speck anrösten und zwischen die Wachteln legen. Mit Speckscheiben bedecken und etwa eine Stunde auf heißer Glut garen. Dann die Krebse herausnehmen; die Wachteln bleiben im Topf und sollten noch ein wenig weiter garen. Wenn sie fertig sind, lässt man das Fett abtropfen und behandelt sie weiters wie jene, die in der Pfanne gegart werden. Nun entfernt man die Scheren der Krebse, legt sie in den Fond, stellt sie nochmals zu und träufelt Zitronensaft darüber.

### *Wachteln in der Glut*

(nach Vuillemot)

Wachteln ausnehmen, Flaum absengen und die Beine an den Körper binden. Salzen, unten und oben mit je einer Scheibe Speck belegen und diese festbinden. Festes Backpapier befetten und um die Wachteln wickeln, dann diese wie Kartoffeln in die Glut legen. Nach einer halben Stunde können sie herausgezogen und serviert werden. Sie werden köstlich schmecken! Die Leber der Wachtel sollte, mit etwas Kräuterbutter gewürzt, im Vogel bleiben.

### *Wachtel-Ragoût*

Sie ziehen den Wachteln ihren Speckmantel an, schneiden sie auf jeder Seite ein, so dass die Füße in den Schnitt gesteckt werden können und am Körper bleiben, stecken einen kleinen Spieß hindurch, so dass sie nicht auseinander fallen, und braten sie in Butter an. Nehmen Sie sie vom Feuer und braten Sie sie kurz mit einem blanchierten* und geviertelten Kalbsbries, mit Trüffeln, Pilzen, einer Scheibe Schinken, einem Stück Butter, einem Strauß verschiedener feinster Kräuter und etwas Salz; löschen Sie bald mit etwas Bouillon, ein wenig reduziertem Fleischsaft und einem Glas Champagner ab. Dünsten Sie alles zusammen auf kleiner Flamme und entfetten Sie den Fond. Wenn die Wachteln gar sind, streckt man die Sauce mit einem leichten ▸ Coulis, Schinken und Kräuterstrauß werden entfernt, man träufelt etwas Zitronensaft in die Sauce und richtet die Wachteln in der Mitte, die Zutaten rundherum an.

### *Wachtelsuppe*

Die Wachteln blanchieren* und die Füße an den Körper binden, dann in guter, fetter Bouillon mit Fines Herbes* und einigen Speckscheiben kochen lassen. Aus gebratener Geflügelbrust ein ▸ Coulis zubereiten und in einem gut zugedeckten kleinen Kochtopf köcheln lassen. Die Wachteln aus der Suppe nehmen, diese mit Brotscheiben garnieren, die Wachteln darauf legen, guten Fleischsaft darüber gießen und vor dem Servieren Zitronensaft in das ▸ Coulis träufeln und dieses über die Wachteln geben. Schließlich die Suppe mit gefüllten Hahnenkämmen sowie gebratenem und gespicktem Kalbsbries garnieren und servieren.

### *Wachtelsuppe mit Wurzelwerk*

Bereiten Sie eine gute Bouillon zu, die Sie anschließend in einen Topf passieren. In die Suppe kommen die Wachteln mit Petersilienwurzeln, einer Pastinake und kleinen, ganzen Jungzwiebelchen. Wenn alles gemeinsam gekocht hat und gar ist, schneiden Sie Brot in Ihre Suppe, legen die Wachteln darauf, garnieren sie mit der Pastinake und den kleinen Zwiebeln, gießen guten Kalbsfond darüber und servieren.

### *Heiße Wachtel-Pastete*

Die Wachteln werden sauber geputzt, ausgenommen und ihre Füße zusammengebunden. Die Leber aufbewahren. Nun den Wachtelbrüsten mehrere Schläge mit dem Nudelholz versetzen und sie dann mit fettem Speck und Schinken spicken, pfeffern, salzen, mit Fines Herbes* sowie Gewürzen versehen und die Wachteln vom Rücken her öffnen. Mit der Wachtelleber, fein geriebenem Speck, Pilzen, Trüffeln, Schnittknoblauch*, Petersilie, Salz, Pfeffer, Fines Herbes und Fines Épices*, alles fein gewiegt und zerstoßen, füllen.
Weiteren Speck fein hacken und zerstoßen, aus einem Ei, etwas feiner Butter, Mehl und etwas Salz einen Teig zubereiten und aus diesem zwei Tortenböden formen. Der eine wird auf befettetes Backpapier gebreitet und mit dem zerstoßenen Speck aus dem Mörser belegt. Die Wachteln würzen und ihnen sorgfältig die Knochen brechen, um sie dann schön auf dem Speck zu arrangieren.
Pilze, Trüffeln und Lorbeerblätter darauf geben und mit Speckscheiben gut zudecken, dann den zweiten Teigboden darüber breiten, die Ränder zusammendrücken, mit Eidotter bestreichen und im Ofen backen.

Wenn sie fertig ist, das Papier und den Teigdeckel entfernen, alle Speckscheiben wegnehmen und die Pastete gut entfetten. Ein ▸ Coulis aus Rebhühnern, Kalbsbries, Pilzen und Trüffeln zubereiten, dieses in die Pastete mischen, wieder mit Teig bedecken und heiß als Entrée servieren.

*Wachtelkuchen*

Nachdem die Wachteln gut geputzt und ihre Füße an den Körper gebunden worden sind, legt man sie auf einen Boden aus feinem Mürbteig, salzt und pfeffert, würzt mit Fines Herbes*, gibt Kalbsbries, Pilze und Trüffelstücke dazu, zerstoßenen oder ausgelassenen Speck und Rindermark darüber, bedeckt den Kuchen mit Teig, bäckt ihn und serviert heiß.

## WAL

Der Wal ist das größte Säugetier. Einige Exemplare werden bis zu 65 Meter lang. Das Innere des Wal-Körpers gleicht dem von Landtieren, sein Blut ist warm. Er atmet mit Hilfe seiner Lunge, was bedeutet, dass er nicht länger als eine Viertelstunde unter Wasser bleiben kann. Er paart sich wie die anderen lebend Gebärenden und nährt seinen Nachwuchs mit Milch. Ein Walweibchen hat nur eine Zitze, in der Mitte ihrer Brust. Man weiß nicht, wie es ein Waljunges anstellt, davon zu trinken. Schwimmt es auf dem Rücken und trinkt mit dem Bauch nach oben? Nein, seine Methode ist viel einfacher als das: Es versetzt der Zitze seiner Mutter einen heftigen Stoß mit dem Maul, bis ein langer Strahl Milch aus ihr hervorschießt, dann stürzt sich das Junge auf die Milch, schluckt diese mit dem Wasser, mit dem sie sich vermischt, und gibt Letzteres sofort durch das Luftloch wieder ab, um nur die Milch bei sich zu behalten. Beachtlich ist, dass der Wal, der schwerste aller Fische, ebenso schnell unterwegs ist wie die Taube, einer der leichtesten Vögel: Beide erreichen eine Geschwindigkeit von 64 Stundenkilometern.
Es war ein Wal, der die schwierige Frage lösen half, ob unter der Meerenge von Panama eine Passage vom Atlantik in den Pazifik existiere. Ein im Golf von Mexiko tödlich getroffener Wal wurde einen Tag später tot im Pazifischen Ozean gefunden. Da er nicht die Zeit gehabt hatte, rund um das Kap Hoorn oder durch die Lemaire-Enge zu schwimmen und auch durch die Magellan-Straße nicht, weil er dann über dreitausend Meilen hätte reisen müssen, nahm man an, dass er eine Unterwasser-Passage gefunden hatte. Man konnte den Augenblick, in dem er verletzt worden

war, feststellen, indem man die tödliche Harpune untersuchte, die noch immer in der Wunde steckte. Diese Harpune trug nämlich, wie alle Walfänger-Harpunen, die Nummer ihres Schiffes. Im Logbuch konnte man nachlesen, an welchem Tag und zu welcher Stunde sie abgeschossen worden war. Sie war im Golf von Mexiko geworfen worden und vierundzwanzig Stunden später war der Wal tot im Pazifik gefunden worden.
Die Haut der meisten Wale ist schwarz, ihr Fleisch ist rot und ähnelt dem Rindfleisch. Dieses Fleisch, vor allem das des Buckelwals, ist derart gut und gesund, dass Fischer und alle, die an diesen Meeren leben, ihre perfekte Gesundheit auf den Verzehr von Walfleisch zurückführen.

## WASSERBAD

Eine Methode, bestimmte Saucen eindicken zu lassen, die auf direktem Feuer zu schnell klumpen würden. Der Vorgang ist so bekannt, dass wir seine Beschreibung für unnötig erachten.

## WASSERMELONE

Sie wird in südlichen Ländern gezogen. Ihre Kerne sind über das ganze Fruchtfleisch verteilt, welches rot und süß ist, wie das der Melone. Diese Frucht löscht den Durst, erfrischt sehr, liegt aber im Magen, wenn man zu viel davon isst.

## WATTER-FISH

Eine holländische ▸ Court-Bouillon.

## WEISSFISCH

Kleiner, flacher und schmaler Süßwasserfisch, drei bis sechs Zoll lang, mit Schuppen bedeckt, die man verwendet, um falschen Perlen den Glanz von echten zu verleihen; das Fleisch dieses Fisches ist weich und fade und wird nur gebraten gegessen wie das des Grundels, dessen Aroma der Weißfisch jedoch nie erlangen kann.

## WEIZEN

M. Aulagnier sagt über die weitest verbreitete und beste Pflanze, die es gibt, Folgendes:
»Weizen, dessen Ursprung sich irgendwo im Ursprung der Welt verliert, ist die kostbarste aller Pflanzen. Die Ägypter ernannten Osiris zum Gott, weil er ihnen den Ackerbau beigebracht hatte, welcher überall auf der Welt dieselben Ergebnisse hervorbringt. In Babylon wuchs Weizen wild

und daher können wir dort die Wiege der Zivilisation annehmen. Nur wenige Nationen ernähren sich heute ausschließlich von Früchten, denn die meisten bauen Getreide an. Wohl ernähren sich Ägypter und Perser auch von Datteln und Feigen, aber es sind die Armen unter ihnen, die sich das Grundnahrungsmittel Weizen nicht leisten können. Die Wurzeln dieser Pflanze bestehen aus lose verbundenen Fasern, der Stamm wird vier bis fünf Fuß hoch und formt mehr oder weniger dicke Rohre, die sich in Abständen zu Knoten verdicken, was ihnen Standfestigkeit verleiht. Von diesen Knoten aus wachsen lange Ähren mit staubgefäßreichen Blüten, denen ovale Körner folgen. Diese sind an ihren Enden weich, auf einer Seite konvex, auf der anderen gefurcht, gelb, wenn sie reif sind, gefüllt mit einer weißen, mehligen Substanz aus Stärke und Pflanzenleim, aus der man Brot macht.«

Frankreich ist ein an verschiedenen Weizenarten reiches Land. Vor allem in der Beauce, der Brie, der Ille-et-Vilaine und im Vexin werden sehr schöne Sorten angebaut.

Unsere Vorfahren feierten den Ackerbau, aber keines dieser Feste ist mit dem vergleichbar, welches in China seit Urzeiten begangen wird. Dort pflügt der Kaiser persönlich, umgegeben von allen Prinzen und Granden seines Hofes sowie von den würdigsten Bauern seines Landes, und er sät die fünf wichtigsten Getreidesorten, nämlich Weizen, Reis, Bohnen und zwei Sorten Hirse. Man feiert dieses Fest jedes Jahr zu Frühlingsbeginn in Peking und im ganzen Reich. Dort gilt der Bauer mehr als der Händler.

## WELSH-RABBIT (gälisches Kaninchen)

Eine Art englische Röstbrotschnitten. Sie bereiten entrindete Brotscheiben vor und grillen diese goldgelb. Dann nehmen Sie Glocester- oder ähnlichen Käse und schneiden ihn in kleine Stücke, die Sie mit etwas Wasser erhitzen und zum Schmelzen bringen. Würzen Sie mit etwas Cayenne-Pfeffer und verteilen Sie den geschmolzenen Käse auf den Brotschnitten. Halten Sie die rote Schaufel* über den Käse, um diesen zu bräunen, doch berühren Sie ihn nicht damit. Auf jede dieser Schnitten kommt ein Stückchen Butter mit einem Hauch englischem Senf.

## WERMUTH

Es ist ein Tokaier aus Sankt Georg, Tatterstoff oder ein anderer ungarischer Wein, den man mit Absinth-Extrakt vermischt und vor dem Essen trinkt.

## WHITE-BAIT

Es handelt sich hierbei um einen weißen Fisch und zugleich eines der beliebtesten Gerichte der Londoner. Ich erinnere mich, von einem Freund nach Greenwich eingeladen worden zu sein, ohne einen anderen Grund als den, dort White-Bait zu essen.

Ich fand diese Einladung derart originell, dass ich mich auf der Stelle dorthin begab.

Der White-Bait ist ein ganz kleiner Fisch, den man in Italien Yanchette, in Nizza Pontin und in Bordeaux ganz simpel Weißfisch nennt.

Er war die Krönung eines Dîners, das nur aus Fischgängen bestand, und ich war neugierig auf die Zubereitung dieses Gerichts, für das man zwei- bis dreihundert Meilen reiste, um es essen zu können.

Man wusch einige Hand voll Fische in eisigem Wasser, breitete sie auf einem Leinentuch aus, ließ sie abtropfen und legte das Tuch zwanzig Minuten auf Eis. Knapp vor dem Servieren wälzte man die Fische in Weißbrotflocken, legte sie mit etwas Mehl in ein Tuch, nahm dieses an beiden Enden und drehte und schüttelte es, so dass Fische und Mehl sich wie eine Lawine in ein dünnmaschiges Sieb ergossen, welches nur das Mehl durchließ. Dieses Sieb wurde ebenfalls geschüttelt und mit den Fischen in heißes Backfett getaucht. Nach einer Minute waren die Fische fertig. Wenn sie schön braun gebraten waren, hob man sie mit dem Sieb heraus, bestreute sie mit Salz und etwas Cayenne-Pfeffer und schichtete sie auf eine hübsch gefaltete Serviette, um sie sofort zu servieren.

Ich bedaure, die Karte dieses Dîners nicht aufbewahrt zu haben, das aus achtundvierzig Gerichten bestand, zwölf davon Fischgerichte, wovon jedes auf besondere Weise gewürzt war.

## WILDSCHWEIN

Wildschweinjagd ist nicht ungefährlich, denn das wilde Schwein ist von Natur aus eher menschenfeindlich eingestellt. Vor allem ältere Exemplare verstecken sich im dunkelsten Dickicht und wollen dort durchaus nicht aufgestöbert werden. Nur selten greift ein gejagtes Wildschwein, dessen Hauer höchst gefährliche Waffen darstellen, den Jäger nicht an. Das Beste, was dieser in solch einem Augenblick tun kann, ist, sich am nächsten Ast fest zu halten und sich daran hochzuziehen, um das Wildschwein vorbeirasen zu lassen, wissend, dass kaum je eines den selben Weg zurück nimmt. Ich habe von einigen Jagden in meiner Jugend erzählt, die reichlich Stoff für haarsträubende Anekdoten boten. Frischlinge häutet man und brät sie am Spieß.

Das vordere Viertel, der Kopf und die Filets sind die Gustostücke am Wildschwein. Auch Koteletts lassen sich, wie vom Hausschwein, recht gut zubereiten. Da meist die Gelegenheit fehlt, das Wildschwein richtig ausbluten zu lassen, ist die Herstellung von Blutwurst schwierig.

### *Wildschweinkoteletts à la Saint-Hubert*

Sie schneiden die Koteletts zurecht, putzen sie und sautieren sie mit Salz und Pfeffer auf großer Flamme. Wenn sie auf beiden Seiten braun gebraten sind, legen Sie die Koteletts rund um die Tellermitte herum auf, gießen den Bratenfond in der Pfanne mit einem Glas Weißwein auf und fügen die gleiche Menge ▸ Espagnole hinzu. Die Sauce reduzieren und auf die Koteletts gießen. Die Espagnole kann durch einen ▸ Roux ersetzt werden, den Sie mit etwas Fleischbrühe ablöschen.

### *Wildschweinfilet à la Blaze*

Sie marinieren ein Wildschweinfilet zwei Tage lang, lassen es dann abtropfen und legen es mit Speckscheiben, Fleischresten, Karotten, einer Zwiebel, Salz, Pfeffer und einem Bouquet garni* in eine Kasserole. Mit Weißwein oder Fleischbrühe aufgießen, zwei Stunden dünsten, das Filet abtropfen lassen, glacieren* und auf einer ▸ pikanten Sauce servieren.

### *Wildschweinviertel à la royale*

Die Keule einer Wildsau abbrühen und absengen, bis zum Fußgelenk entbeinen und die Innenseite mit zerstoßenen Gewürzen und Kräutern füllen. Dann mit viel Salz, Pfeffer, Wacholder, Thymian, Lorbeer, Basilikum, Zwiebel und Schnittknoblauch* in eine Terrine legen. Die Keule fünf Tage lang in diesen Zutaten marinieren. Wenn sie zubereitet werden soll, entfernt man die Kräuter im Inneren, wickelt die Keule in ein Leinentuch, verschnürt sie wie etwa einen Ochsenbraten, legt sie in einen großen Schmortopf und gießt die Marinade, sechs Flaschen Weißwein sowie die gleiche Menge Wasser darauf. Dazu kommen sechs Karotten, sechs Zwiebeln, vier Gewürznelken, ein dicker Strauß Petersilie und Schnittknoblauch sowie Salz, falls die Marinade zu mild ist. Die Keule soll sechs Stunden lang köcheln, wobei man mit einem spitzen Gegenstand prüfen sollte, ob sie durch ist; falls nicht, lässt man sie eine weitere Stunde auf dem Feuer. Man lässt sie danach eine weitere halbe Stunde in ihrem Fond liegen und serviert sie mit der Schwarte.

*Wildschwein-Daube*

Sie spicken eine Wildschweinkeule, würzen sie und legen sie mit einigen Speckscheiben, Zwiebelringen, Karotten, Pastinaken, einem dicken Strauß Petersilie und Schnittknoblauch*, zwei Knoblauchzehen, vier Gewürznelken und zwei Lorbeerblättern in einen Kochtopf. Eine halbe Stunde auf kleiner Flamme köcheln lassen, mit einem halben Glas Branntwein, einem Viertelliter Weißwein und Suppe aufgießen. Die Keule soll sechs bis sieben Stunden auf kleiner Flamme schwitzen, dann auskühlen und kalt serviert werden. Dazu stellt man ein Glas eingemachte Ribisel* auf den Tisch.

## WÜRSTE

### *I. Andouilles*

*Andouilles vom Schwein*

Entnehmen Sie dem Schwein die zum Wurstmachen geeigneten Gedärme. Schneiden Sie sie so zu, wie Sie sie brauchen, reinigen Sie sie gut, um sie von ihrem Geruch zu befreien, legen Sie sie fünf bis sechs Stunden mit Thymian, Basilikum und zwei Knoblauchzehen in etwas Weißwein ein. Schneiden Sie dann frisches Schweinefleisch in Filets und fügen Sie Schmalz sowie klein geschnittenen Darm hinzu. Mischen Sie alles, würzen Sie mit feinem Salz, Fines Herbes* sowie ein wenig zerstoßenem Anis und füllen Sie damit Ihre Schweinsdärme, aber nicht zu prall, damit sie nicht platzen. Binden Sie sie zu und garen Sie sie in einem Gemisch halb aus Wasser, halb aus Milch in einem Topf, in den die Würste genau hineinpassen. Außerdem geben Sie ein Sträußchen Petersilie und Schnittknoblauch*, eine Knoblauchzehe, Thymian, Basilikum, Lorbeerblätter, Salz, Pfeffer und Schmalz dazu. Wenn Ihre Würste gar sind, lassen Sie sie in ihrer Brühe auskühlen, nehmen sie dann heraus, tupfen sie gut ab, schneiden sie ein wenig ein, grillen sie und richten sie an.

*Andouilles mit Speck*

Schneiden Sie den Speck eines Ferkels, ein wenig Darm und Schmalz in schöne Stücke. Mischen Sie alles und verfahren Sie, was Würzung und Fertigstellung anbelangt, wie im Rezept für die Andouilles vom Schwein.

### *Andouilles in Sauce Béchamel*

Geben Sie ein Stück Butter, eine Scheibe Schinken, drei Schalotten, Petersilie, Schnittknoblauch*, eine Knoblauchzehe, Thymian, Basilikum und Lorbeerblätter in einen Topf. Stellen Sie Ihren Topf auf kleines Feuer und lassen Sie den Inhalt ungefähr eine Viertelstunde lang schwitzen. Löschen Sie mit einem halben Liter Milch ab, lassen Sie alles aufkochen und auf die Hälfte reduzieren. Nun passieren Sie die Sauce, geben eine gute Hand voll Weißbrotflocken hinein und lassen alles erneut aufkochen, bis das Brot die Milch aufgesaugt hat. Schneiden Sie dann ein Stück frische Schweinsbrust in Filets, geben Sie Schmalz, Speckstreifen und Kalbskutteln dazu, mischen Sie diese Zutaten mit Ihrem weichen Brot, sechs rohen Eidottern, Gewürzen sowie Salz und füllen Sie Schweinsdärme mit dieser Komposition. Nachdem Sie Ihre Würste zugebunden haben, garen Sie sie in in einer zur Hälfte aus Milch, zur anderen aus fetter Bouillon bestehenden Suppe, streuen Salz, Pfeffer, Petersilie und Schnittlauch darüber und servieren das Gericht wie die Obigen.

### *Andouilles vom Rind*

Kaufen Sie beim Fleischhauer Wursthüllen. Befreien Sie sie von ihrem Geruch, wie es für die Andouilles vom Schwein empfohlen wurde. Kochen Sie fetten Rindermagen und -gaumen in Wasser, so dass sie zu drei Vierteln gar sind. Dann schneiden Sie sie mit gekochtem Euter und durchwachsenem Speck in Scheiben. Fügen Sie eine in Butter oder Speck fast fertig gedünstete und ebenfalls in Scheiben geschnittene Zwiebel hinzu. Mischen Sie alles gut durch und mengen Sie auch vier rohe Eidotter, Fines Herbes* und Salz darunter. Sie stopfen diese Mischung in die Rindsdärme, verschnüren beide Enden und kochen die Würste in fetter Bouillon mit einem halben Liter Weißwein, einem Strauß mit Petersilie und Schnittlauch, einer Knoblauchzehe, Lorbeerblättern, Thymian, Basilikum, drei Gewürznelken, Salz, Pfeffer, Karotten sowie Zwiebeln. Wenn Ihre Würste gar sind, lassen Sie sie in ihrer Brühe kalt werden und verfahren danach wie für die Andouilles vom Schwein. Sie können statt der Rindergaumen auch Zunge nehmen.

### *Andouilles vom Kalb*

Nehmen Sie Kalbskutteln und Kalbseuter. Blanchieren* Sie sie eine gute Viertelstunde lang und schneiden Sie sie in Scheiben. Dann fügen Sie 500 gr ebenfalls in Scheiben geschnittenen durchzogenen Speck hinzu und vermischen alles in einer Schüssel mit Salz, Fines Herbes*, einigen fein gehackten Schalotten, acht Esslöffeln Crème fraîche sowie vier Eidottern. Verfahren Sie dann, unter Verwendung von Schweinsdärmen, wie es im Rezept für Schweinswürste beschrieben wird. Sie kochen die Andouilles in einer Bouillon mit einem halben Liter Weißwein, einer Knoblauchzehe, Thymian, Basilikum, Lorbeerblättern, einem Strauß Petersilie und Schnittlauch, lassen sie in ihrer Brühe kalt werden, nehmen sie heraus, tupfen sie ab und grillen sie, nachdem Sie die Würste ein paar Mal eingeschnitten haben.

### *Andouilles mit Kalbskutteln*

Nehmen Sie die Kutteln eines Kalbes, blanchieren* und kochen Sie sie, dann lassen Sie sie auskühlen.

Kochen Sie dann auf die gleiche Weise ein oder zwei Euter, je nach Größe, und schneiden Sie alles in Streifen. Nun legen Sie alles in eine Terrine, hacken Pilze, Schalotten, Petersilie und Trüffeln, wenn es welche gibt, geben diese feinen Kräuter mit Butter in einen Topf, passieren sie und löschen mit einem Glas Malvasier oder Madeira ab. Wenn dieser Fond auf die Hälfte reduziert ist, fügen Sie vier oder fünf Teelöffel ▸ Espagnole hinzu. Lassen Sie alles erneut einkochen, wie für eine Schalottensauce, geben Sie dann die Kutteln, die Euter und sechs Eidotter dazu und würzen Sie mit Salz, Pfeffer sowie Fines Herbes*. Kosten Sie, um den Geschmack zu prüfen, und wenn er richtig ist, füllen Sie die Mischung in die vorbereiteten Gedärme, wobei Sie darauf achten, diese nicht zu überfüllen. Verschnüren Sie beide Enden, legen Sie die Würste zwei Minuten in kochendes Wasser, um sie in Form zu bringen, nehmen Sie sie wieder heraus und lassen Sie sie auskühlen. Sie legen einige Streifen Kalbfleisch und Schinken, Karotten sowie Zwiebeln in einen Topf sowie darauf die Würste, decken alles mit fettem Speck zu und gießen ein wenig Weißwein und Bouillon darauf. Lassen Sie die Andouilles eine Stunde lang sanft köcheln, damit sie nicht platzen. Dann sollten sie in ihrer Brühe auskühlen, um Geschmack anzunehmen. Nehmen Sie sie heraus und grillen Sie sie auf dieselbe Weise wie die anderen Würste.

### *Wildschwein-Andouilles*

Sie werden ebenso gemacht wie die Schweins-Andouilles, sind aber seltener und werden höher geschätzt. Es ist ein sehr schmackhaftes Gericht, vor allem, wenn man die Würste zweiundsiebzig Stunden lang (!) ohne Unterbrechung mit Wacholderholz im Kamin geräuchert hat. Dann schneidet man sie in Scheiben, grillt diese und serviert sie auf einem Erbsen- oder Kastanienpüree. Es gilt als Entrée, nicht als Hors d'œuvre.

### *Andouilles vom Hasen*

Man entfernt von einem schönen Hasen die Knochen, schneidet das Fleisch in Streifen, ähnlich dünn wie für Kutteln vom Lamm oder Kalbseuter. Man vermischt diese Streifen mit gehackten Zwiebeln und gart sie. Sind sie halb fertig, würzt man mit Salz, Fines Herbes*, Petersilie, Schnittknoblauch*, gewiegten Schalotten, Muskat sowie Basilikum und füllt die Masse in vorbereitete Darmhäute. Man kocht die Würste in einer Suppe mit drei Flöten Champagner sowie Fines Herbes* und lässt sie in ihrem Sud auskühlen, um sie anschließend zu panieren und zu rösten. Als Hors d'œuvre servieren. Ähnlich bereitet man Fasanen- oder Rebhuhn-Andouilles zu, die man dann auf einem Püree aus dem gleichen Wild serviert.

### *II. Andouillettes*

Die besten Andouillettes, die ich je gegessen habe, und ich nehme hier die Andouillettes von Troyes nicht aus, sind die von Villers-Cotterêts. Der Fleischer, der sie fabriziert, heißt Lemerré und wohnt gegenüber vom Brunnen.

### *III. Saucisses*

Komposition, die im Wesentlichen aus faschiertem* Fleisch besteht, welches man entweder in die Haut des Rindermagens oder in Schweins- oder Lammdärme füllt.

### *IV. Saucisson*

Faschiertes* und in Rinderdarm eingeschlossenes Fleisch. Es gibt Städte, die sich mit ihren guten Saucissons einen Ruf gemacht haben. Da sind die Würste aus Lyon, die aus Straßburg und jene aus Arles. Man muss allerdings zugeben, dass die Schönheit der Frauen von Arles noch mehr zum Ruf der Stadt beigetragen hat als das Aroma ihrer Würste. Grimod verdankt in den Musketieren seinen glücklichsten Ausruf diesem Wort: »Saucisson!«, das im selben Augenblick aus den Tiefen seiner Erinnerung hervorbricht, als er an dem Wirtshaus vorbeikommt, in dem er einst mit Athos gefangen gehalten worden war. Sie hatten die Gelegenheit beim Schopf gepackt, den Keller leer getrunken und die Küche geplündert.

## WURSTMACHEREI

Dies ist die Kunst, Schweinefleisch zuzubereiten.
Man erteilt den Wurstwaren die Ehre eines eigenen Jahrmarkts, den man »Schinken-Jahrmarkt« nennt und der in Paris während der Karwoche stattfindet. Die Produkte, die die Wurstmacher aus dem Schwein, diesem schmutzigen Tier, von dem vom Kopf bis zu den Füßen alles gut ist, hervorbringen, sind enorm: Schinken, Würste, Füße, Kopf, Faschiertes*, Ohr, Zunge, Schwarte, Leberkäse, Speck, Blutwurst, Koteletts usw.
Erst seit 1475, als sie sich zusammenschlossen, ist der Verkauf von Schweinefleisch ausschließlich den Wurstmachern vorbehalten. Ihre vom König bestätigten Statuten wiesen ihnen den Verkauf von gebratenem oder gekochtem Schwein zu, aber dieser Verkauf musste während der Fastenzeit eingestellt werden, in der sie stattdessen Salzhering und Seefisch verkaufen durften. Heute findet man bei vielen Wurstmachern eine große Anzahl Gerichte auf der Basis von Kalb, Geflügel oder Wild, in die Schweinefleisch nur als Beigabe gegeben wird.
Da die Wurstmacherei sich nur mit der Zubereitung von Schweinefleisch befasst, werden wir unter dem entsprechenden Wort verschiedene Rezepte anzeigen.

## WURZELWERK

Es gibt viele Wurzeln, doch wollen wir uns hier nur um jene kümmern, welche in der Küche für Saucen und Beilagen verwendet werden. Es sind die Gemüsewurzeln, deren essbarer Teil sich unter der Erde versteckt hält wie bei den Karotten, Pastinaken, Steckrüben, Rüben, Kartoffeln und beim Topinambur. Wir verweisen unsere Leser direkt zu diesen Artikeln, wo auch beschrieben wird, wie man die jeweilige Wurzel zubereiten kann.

## WÜRZUNG

Wir glauben, das nun der richtige Augenblick gekommen ist, die Geschichte des Chevalier d'Albignac einzufügen, der in London zu einem vermögenden Mann wurde, indem er Salat würzte. Wir leihen uns diesen

Bericht von dem illustren Philosophen und Autor der »Physiologie du Goût«:

»Monsieur d'Albignac war ausgewandert und hatte sich in London niedergelassen. Obzwar die finanzielle Notlage seine tägliche Ration karg ausfallen ließ, wurde er doch eines Tages in eine der renommiertesten Tavernen Londons zum Nachtmahl eingeladen. Er hatte sich, wie manche andere, diese sonderbare Ansicht zurechtgelegt, dass man mit einem Gericht allein gut gespeist haben kann, wenn es nur wirklich mundet. Während er gerade ein ausgezeichnetes Roastbeef beendete, genossen am Nebentisch fünf oder sechs junge Leute aus den ersten Londoner Familien ihr Mahl. Da erhob sich einer von ihnen, näherte sich und meinte höflich zu unserem Chevalier:

›Herr Franzose, man sagt, Ihre Nation zeichne sich in der Kunst des Salatmachens aus; hätten Sie wohl die Güte, einen für uns anzumachen?‹

D'Albignac sagte nach kurzem Zögern zu, erbat alles, was er für das erwartete Meisterwerk zu benötigen glaubte, verwandte all seine Sorgfalt darauf und wurde vom Glück begünstigt, so dass es ihm gelang.

Während er Maß nahm, antwortete er offen und ehrlich auf die Fragen, die man ihm zu seiner augenblicklichen Lage stellte. Er gab zu, emigriert zu sein, und weiters, nicht ohne ein wenig zu erröten, dass er von der englischen Regierung unterstützt werde, ein Umstand, der offenbar einen der jungen Leute dazu bewegte, ihm einen Fünf-Pfund-Schein zuzustecken, den er nach halbherzigem Widerstand annahm.

Er hatte seine Adresse genannt und war nicht wenig überrascht, als er nach kurzer Zeit einen Brief erhielt, in dem man ihn mit Worten größter Hochachtung bat, in einem der nobelsten Hotels am Grosvenor-Square einen Salat anzurichten.

D'Albignac, der bleibende Vorteile vorauszusehen begann, wankte nicht einen Augenblick und war pünktlich zur Stelle, nachdem er sich mit einigen neuen Gewürzen ausgestattet hatte, welche er als geeignet betrachtete, sein Werk zur höchsten Vollendung zu bringen.

Er hatte Muße gehabt, über die bevorstehende Aufgabe nachzudenken, so dass sie ihm aufs Beste glückte. Dieses Mal erhielt er einen Lohn, den er nicht abschlagen hätte können ohne sich zu schaden.

Die ersten jungen Leute, für die er gearbeitet hatte, mussten wohl die Güte des für sie angemachten Salats bis zur Übertreibung gelobt haben. Die zweite Gesellschaft übertraf ihre Vorgänger noch um einiges mehr, so dass d'Albignacs Qualitäten sich prompt herumsprachen. Man nannte ihn fortan fashionable salad-maker und in diesem nach Neuheiten gierenden Land verzehrte sich die elegante Welt der Hauptstadt dreier Reiche nach einem Salat, den der französische Gentleman angerichtet hatte. I die for it, so der übliche Begriff.

*Désir de nonne est un feu qui dévore,*
*Désir d'Anglaise est cent fois pire encore.*
Die Lust der Nonne gleicht einem verschlingenden Feuer,
die der Engländerin ist noch hundertmal schlimmer.

D'Albignac nützte – geistreich, wie er war – die ihm allseits dargebrachte Schwärmerei. Bald hatte er sich einen Wagen angeschafft, um die verschiedenen Orte, an denen man nach ihm verlangte, schneller zu erreichen. Auch legte er sich einen Domestiken zu, der ihm in einem Mahagonikästchen all jene Zutaten nachtrug, mit denen er sein Repertoire vervollkommnet hatte, als da waren Essigsorten verschiedener Geschmacksrichtungen, Öle mit oder ohne Fruchtaroma, Soja, Kaviar, Trüffeln, Anchovis, Catchup, Fleischsaft und sogar Eidotter, welcher der Mayonnaise ihren besonderen Charakter verleiht.
Später ließ er ähnliche Kästchen herstellen, die er vollkommen ausstattete und zu Hunderten verkaufte.
Schließlich hatte er, weil er seinen Geschäftsplänen genau und umsichtig gefolgt war, ein Vermögen von über achtzigtausend Francs angehäuft, das er nach Frankreich brachte, als die Zeiten besser geworden waren.
Zu Hause verschwendete er es nicht etwa auf dem Pariser Pflaster, sondern kümmerte sich um seine Zukunft. Er steckte sechzigtausend Francs in öffentliche Aktien, die zu diesem Zeitpunkt fünfzig zu hundert standen, und kaufte um zwanzigtausend Francs ein kleines Anwesen im Limousin, wo er wahrscheinlich heute noch zufrieden und glücklich lebt, weil er seine Wünsche zu beschränken weiß.

# Z

## ZANDER

Er ist ein in ganz Nordeuropa verbreiteter Fisch und es gibt zwei Arten davon: Die eine lebt ausschließlich in Seen und großen Flüssen, die andere im Meer, aber immer in der Nähe von Flussmündungen. Man kennt den Zander unter verschiedenen Namen: in Russland als Soudac und in Süddeutschland als Schill. Preußen ist reich an – meist sehr gutem – Zander, vor allem, wenn er in großen Flüssen gefangen wird.

## ZESTEN

So heißt die gelbe Haut der Zitronen, Orangen oder anderer Zitrusfrüchte. Man schält sie sehr fein und schneidet sie in hauchdünne Streifen. Die aromatischen Öle dieser Früchte befinden sich hauptsächlich in den Zesten. Die weiße Haut enthält hingegen keinerlei Aromastoffe und schmeckt unangenehm bitter, weshalb es immer ratsam ist, diesen Teil sorgfältig zu entfernen.

## ZIEGENBART

Rosa Blume, eine Pilzart, die man am Fuß von Bäumen findet. Seine Farbe wechselt vom Rot ins Violett oder Granat. Er ist nicht giftig, aber manchmal etwas zäh und daher schwer verdaulich.
Man verwendet ihn wie Pilze in Saucen. Auch kann man ihn in Essig einlegen, nachdem man ihn in kochendes Wasser getaucht hat.

## ZIEGENBOCK

Es ist der Mann der Ziege, den man nur jung, unter sechs Monaten essen kann, denn danach wird sein Fleisch ob seines sehr starken Geruchs unangenehm.
Immer schon hat man den Ziegenbock geopfert, nur die Ägypter und andere asiatische Völker haben ihn aus Respekt für den Gott Pan und dessen Hufen und Hörnern in Ruhe grasen und seinem Weibchen den Hof machen lassen. In Europa ist er überall verpönt und jeder Koch, der etwas auf sich hält, verachtet dieses Tier abgrundtief, denn, so wird er sagen, er stinkt und ist gerade als Böcklein noch gut genug.
Die Griechen opferten dem Bacchus Ziegenböcke, um den Zorn des Trinkergottes über die Zerstörung der Weingärten zu lindern, die dieses Tier verursachte. Aus diesem Grunde begann man jedes Bacchusfest in Griechenland mit der Opferung eines Ziegenbocks, bevor man die lustigen Gesänge anstimmte und sich den Maskeraden und anderen Lustbarkeiten hingab, die man sowohl auf dem Land wie auch in den Städten pflegte und aus denen, wie wir wissen, die klassische Tragödie entwickelt wurde, so seltsam dies auch anmuten mag.
Schließlich liest man im Buch Leviticus Folgendes über die Zeremonie des Sündenbocks: »Aaron wird zwei Ziegenböcke besprechen: den einen, der für den Allmächtigen bestimmt ist, und den anderen, der für Hazazel sein wird ... Und er wird seine Hände auf den Kopf des lebenden Ziegenbocks legen und wird ihm alle Fehler und Sünden der Kinder Israels beichten und er wird diese auf den Kopf des Tieres sprechen und wird ihn von einem Mann in die Wüste führen lassen. Und der Ziegenbock wird alle ihre Fehler in unbewohnbares Land tragen und der Mann wird den Bock in die Wüste schicken.«
Armer Bock! Gott sei Dank hat er einen breiten Rücken und Gott sei Dank blieb er nicht in der Wüste, denn was wäre dann aus unseren Ziegen geworden?

## ZIMT

Der Baum, der Zimt hervorbringt, ist auf der Insel Ceylon sehr verbreitet, woher er wahrscheinlich auch stammt. Das Gewürz ist die innere Rinde des kleinen Zimtbaumes, dessen Stamm recht hoch aufschießt und dessen Blätter Ähnlichkeiten mit denen des Lorbeerbaumes aufweisen, sie sind spitz und schmecken gleich wie die Rinde. Zimt aus Ceylon, wo man den Baum »kerandru« heißt, wird am höchsten geschätzt. Der aus Tong-King könnte in einer intelligenteren Nation bedeutende Erfolge im Handel erzielen. Während die Wälder voll davon sind, kultiviert man dort Zimt nur in den königlichen Wäldern und in den Tempelhainen.

*Zimtwasser*

Legen Sie eine Woche lang feinen Zimt mit Zitronen-Zesten* und Süßholz in ein Gemisch aus Wasser und Branntwein ein. Destillieren, mit einer Zuckerlösung mischen und passieren.

Die Mengenverhältnisse: zwei Liter Branntwein, ein Viertelliter Wasser, die Zesten einer Zitrone, 15 gr Süßholz, 500 gr Zucker in einem Liter Wasser aufgelöst für je 30 gr Zimt.

*Zimtöl*

Zerstoßen Sie 120 gr Zimt, 7 gr ▸ Macis und 30 gr geklopftes Süßholz. Alles einige Tage lang in sechs Liter Branntwein einlegen und danach destillieren. Eine Zuckerlösung aus zwei kg Zucker und dreieinhalb Litern Wasser zubereiten und alles gut vermischen.

*Zimtpastillen*

1,5 kg Zucker in Wasser auflösen und daraus einen sehr festen Teig machen, den man mit einigen Tropfen Zimt-Essenz versieht und in Pastillenform gießt.

## ZITRONE

Es ist die Frucht eines immergrünen Baumes, der dem Orangenbaum ähnelt. Seine Blätter sind so lang und breit wie die des Lorbeers. Der Zitronenbaum stammt aus Asien und die Hebräer waren die Ersten, die ihn in den schönen Tälern Palästinas ansiedelten. Als Beweis begeben sie sich am Tag des Tabernakels mit einer Zitrone in die Synagoge. Vergil besang die Zitrone in Versen, die Delille übersetzte, und Aristophanes trug zur Bedeutung und zum Ruhme dieser Frucht das Seinige bei. Wegen ihrer Säure nannte er sie Axioma Persicum und berichtete, man habe in alten Zeiten mit Kränzen aus Zitronenblättern die Häupter der unsterblichen Götter gekrönt.

In der Küche verwendet man die Zitrone für diverse Saucen oder als Gewürz. Auch macht man daraus ein sehr erfrischendes und wohlschmeckendes Getränk.

### *Kandierte Zitronen*

Sie schälen, vierteln und blanchieren* Zitronen. Wenn sie weich sind, schrecken Sie sie in kaltem Wasser ab und legen sie danach in Läuterzucker. Gut abtropfen lassen, dann eine Viertelstunde lang im Zucker köcheln und auskühlen lassen. Wenn sie erkaltet sind, legen Sie sie in den Zucker zurück und lassen abermals köcheln, bis der Zucker zum starken Flug* gekocht ist. Die Zitronen im Zucker über Nacht rasten lassen und am nächsten Tag den Zuckersirup wieder flüssig werden lassen, indem Sie das Pfännchen in Wasser stellen.

In einem anderen Pfännchen Zucker bis zum starken Flug kochen, die Zitronenviertel abtropfen lassen und in diesen Zucker legen. Im zugedeckten Pfännchen einmal aufwallen lassen, dann vom Feuer nehmen, den Zucker rühren und mit dem Löffel zum Topfrand ziehen.

Wenn der Zucker weiß ist, werden die Zitronen darin geschwenkt und dann zum Abtropfen auf ein Gitter gelegt, wo sie trocknen sollen.

Auf die gleiche Art kandiert man Orangen, Limonen, Äpfel u.a.

### *Kandierte kleine grüne Zitronen*

Sie schneiden kleine grüne Zitronen ein und blanchieren* sie, bis sie weich sind. Nun nehmen Sie sie vom Feuer und lassen sie bis zum nächsten Tag in ihrem Wasser liegen. Auf eine schwache Flamme stellen, eine Hand voll Salz ins Wasser werfen, das nicht aufkochen sollte, und umrühren. Die Hitze steigern und das Zitronenwasser ein paar Mal aufkochen lassen, die Zitronen dann in kaltes Wasser legen und abtropfen lassen. Etwas Wasser mit Läuterzucker vermischen, aufkochen lassen, die Zitronen hineinlegen und bei zugedecktem Topf einige Male aufwallen lassen, wobei Sie jedes Mal etwas Läuterzucker nachgießen. Nun die Zitronen in bis zum schwachen Faden* gekochten Zucker legen, ebenfalls aufwallen lassen, dann in eine Terrine legen und im Trockenofen glacieren*.

### *Kandierte Zitronenschalen*

Sie kochen die Schalen in vier Durchgängen, jeweils in anderem Wasser, und schrecken sie jedes Mal in kaltem Wasser ab. Bei jedem Kochen sollten die Zitronenschalen eine Viertelstunde auf dem Herd bleiben.

Nun kochen Sie Läuterzucker und geben die Schalen beim ersten Aufwallen hinzu. Nach etwa zwanzigmal Sprudeln lassen Sie die Zitronen erkalten. Nun stellen Sie das Pfännchen abermals aufs Feuer, um den Zuckersirup bis zum schwachen Faden* zu kochen, geben die Zitronenschalen dazu und lassen sie wiederum mehrmals aufkochen. Die Mischung vom Feuer nehmen, auskühlen lassen, die Schalen abtropfen lassen und den Zucker bis zum starken Faden* kochen. Die Schalen wieder hinzufügen, einmal aufkochen lassen, abtropfen lassen und im Ofen glacieren*.

### *Zitronat*

Es wird aus Zitronenschalen gemacht, von denen das Weiße größtenteils abgezogen wurde. Die Schalen in Streifen schneiden, blanchieren* und wie oben kandieren, dann trocknen.

### *Zitronenmarmelade*

Sie nehmen Zitronen mit sehr dicker Haut, schälen sie, blanchieren* das Fruchtfleisch und legen es in kaltes Wasser. Abtropfen lassen, stark zusammendrücken und durch ein Haarsieb passieren. Das Mus auf die Küchenwaage legen und ebenso viel Zucker hinzufügen (etwa 750 oder 500 gr). Beide Zutaten gemeinsam kochen und ständig mit dem Holzspatel umrühren, bis die Marmelade fertig ist, was man erkennt, wenn man sie mit dem Finger andrückt. In Gläser füllen.

### *Konservierter Zitronensaft*

Sie kochen Zucker bis zum schwachen Faden* und nehmen ihn dann vom Feuer. Gießen Sie nun den Zitronensaft dazu und lassen Sie beides aufkochen, wobei Sie gut umrühren und beides gut vermischen. Wenn Zucker und Saft sich am Pfännchenrand anzulegen beginnen, lassen Sie sie auskühlen und gießen den Saft in Aufbewahrungsgefäße.

### *Zitronenschalengitter*

Legen Sie Zitronenschalen in feinen Streifen in Zucker, der bis zum starken Flug* gekocht wurde. Rühren Sie um und schwenken Sie das Pfännchen, so dass die Zitronenschalen fast gegrillt werden. Mit weißem Zucker bestreuen, anrichten und servieren.

### *Zitronelle*

Sechs geschälte Zitronen werden in etwa zwei Liter Branntwein gelegt, mit Zimt, Koriander und 500 gr Läuterzucker vermischt und dreißig Tage lang mariniert. Nach dieser Zeit die Mischung passieren und in Flaschen füllen.

*Zitronenkekse*

Zucker kochen, dann vom Feuer nehmen, etwas geriebene Zitronenschale hinzufügen und den Zucker damit einfärben. Zwei Eiklar zu Schnee schlagen, unter den Zitronenzucker heben und die Mischung rasch in Papierförmchen gießen. Wenn sie kalt zu werden beginnt, schneiden Sie daraus Formen aus und backen die Kekse im Ofen.

*Zitronenkompott*

Sie erhitzen Apfelgelée und schälen eine Zitrone, so dass wirklich nur das Fruchtfleisch übrig bleibt. Dieses der Länge nach halbieren und dann in Scheiben schneiden. Die Zitronenscheiben in das Apfelgelée legen, wobei alle Kerne entfernt worden sein sollten, und Zitronen und Gelée aufkochen lassen. Das Kompott lauwarm werden lassen, einen Teller mit Zitronenscheiben garnieren und das Gelée darüber gießen.

## ZUCHETTI

Ein italienisches Ragoût aus Zucchini und Orangen.

## ZUCKERBÄCKEREI oder PÂTISSERIE

Art und Charakter von süßem Backwerk variieren je nach Geschmack und Sitten eines Volkes. Jedes Volk, jede Provinz, jeder Ort hat der Kunst des Zuckerbäckers sein Erfolgsrezept beigesteuert und ihren Glanz durch mehr oder weniger originelle, jedenfalls sehr eigenständige Erfindungen vermehrt. Bei unserem gegenwärtigen zivilisatorischen Stand führt Frankreich diese Kunst an, gefolgt von Italien und der Schweiz. Die Position des Pâtissiers hat sich aber auch bei uns gewandelt. Nahm er früher nur eine untergeordnete Stellung in unserer Gesellschaft ein, so erfreut er sich heute beträchtlicher Hochachtung. Es gab einmal ein Sprichwort, mit dem man über eine dreiste Person sagte, dass sie an der Tür des Pâtissiers vorbeigegangen sei. Das kommt daher, dass Zuckerbäcker früher zugleich Kneipenbetreiber waren. Weil es eine Schande war, mit ihnen zu verkehren, betraten anständige Leute eine Konditorei nur durch die Hintertür, allein die Tolldreisten benützten die Vordertür, um direkt ins Geschäft zu gelangen.

Heute wäre es eine Beleidigung für jeden Pâtissier, sein hübsches, elegantes Etablissement mit einer Kneipe zu vergleichen. Heute werden weder die angesehensten Männer noch die Damen der guten Gesellschaft mehr

rot, wenn sie beim Pâtissier eintreten, dort offen die Erzeugnisse seines Handwerks kosten, ausgezeichnete Weine und ausgewählte Liköre verkosten und ohne Scham oder Affektiertheit wieder ins Freie treten.
Es ist kaum zu glauben, dass diese vorzügliche Einrichtung im 16. Jahrhundert der Verfolgung eines strengen Magistratsbeamten ausgesetzt war! Man verkaufte die kleinen Pastetchen im Bauchladen auf allen Pariser Straßen und konsumierte sie über die Maßen gern. Der Beamte betrachtete sie als einen Luxus, den es zu unterbinden galt, und verbot zwar die kleinen Kuchen nicht, wohl aber, dass man sie auf der Straße anpreisen dürfe.
Unsere Monarchen teilten diese Verachtung für das wohlschmeckende Zuckerwerk nicht, sondern hielten sich bei Hofe einen eigenen Leib-Zuckerbäcker, der seine Erzeugnisse ausschließlich für ihren Tisch fertigte. Es gab in der königlichen Küche oft vier Zuckerbäcker, die für je ein Viertel des Hofes zuständig waren. Wenn der König ausging, versorgte der Leib-Zuckerbäcker den Kurier mit Wein für die königliche Jause, die aus zwei großen Biscuit-Kuchen und verschiedenen kandierten Früchten, davon acht süßen Zwetschken*, sechs Marillen* und zwei Streifen Zitronat bestand. Dem Lenker des Pferdegespanns gab der Leibzuckerbäcker, wenn der König sie mochte, zwanzig große Biscuit-Kuchen und sechs Dutzend ▸ petits choux. An Fastentagen hatte der Hof-Zuckerbäcker noch mehr zu tun und erhöhte die Ration um eine Birnen-Pastete »bon chrétien«, eine Rührei-Pastete, zwei große Topfen*-Torten, vierundzwanzig Talmouses und vierundzwanzig Brioche-Wecken. Auch die Kirche verachtete die Pâtisserie keineswegs, sie war es, die zum Wohle ihrer Prälaten und treuen Kirchgänger anregte, dass der Pâtissier für die Fastentage entsprechende Pasteten und Fisch-Pâtés erfinden sollte.

## ZUNGE

Fast alle schreibenden Köche haben behauptet, dass die Zunge der Teil des Tieres sei, der alle anderen geschmacklich überrage. Die einzige Ausnahme sei die Rindszunge und doch war diese unter Ludwig XII. so geschätzt, dass man in einigen Teilen Frankreichs per Gesetz dazu verpflichtet war, die Zungen aller getöteten Rinder beim Fürsten abzuliefern.

### *Geräucherte Zunge*

Man nimmt so viele Rindszungen, wie man für nötig erachtet, entfernt den Hals und schwemmt sie drei Stunden lang in Wasser. Die Haut abkratzen und die Zungen abtropfen lassen. Mit feinem Salz und etwa zwei Unzen* Salpeter-Salz abreiben. Die Zungen in einen

irdenen Topf legen und Schicht für Schicht mit Lorbeerblättern, Thymian, Basilikum, Wacholder, Petersilie, Schnittknoblauch*, einigen Knoblauchzehen, Schalotten und Gewürznelken würzen. Die Zungen müssen dicht neben- und aufeinander liegen, so dass keine Lücke dazwischen bleibt. Wenn man sie gut gesalzen hat, schließt man den Topf dicht ab und lässt sie acht Tage im Salz liegen. Dann nimmt man sie heraus, knüpft das schmale Ende an einen Stab und räuchert die Zungen im Kamin, bis sie trocken sind. Wenn man sie verwenden will, wäscht und schabt man sie ab und gart sie in einem guten Fond.
Mit der gewürzten Lake, die sich gebildet hat, kann man Pökelspeck zubereiten.

### *Rindszunge mit Haut*

Man schwemmt einige Zungen und putzt einige Rindsdärme. Nachdem Letztere einige Stunden in Wasser und aromatischen Kräutern gelegen sind, stopft man die Zungen hinein und verschnürt die Darmenden. Man bereitet eine größere Menge Lake zu, in die Salpeter-Salz in kleinen Mengen, ▸ Macis, Gewürznelken, Ingwer, Pfefferschoten, Lorbeer, Thymian, Basilikum, Wacholder und Koriander kommen. Diese Lake wird auf kleinem Feuer eine halbe Stunde lang gekocht und dann durch ein Sieb gestrichen. Ruhen lassen und läutern. Die Zungen sollen darin zwölf Tage lang marinieren, Dann werden sie im Kamin getrocknet, wobei man dabei aromatische Hölzer verbrennen kann. Diese Zungen werden wie auch die geräucherten geschmort.

### *Geschmorte Rindszunge*

Schneiden Sie von einer Rindszunge den Gaumen ab und schwemmen Sie sie dann mindestens zwei oder drei Stunden lang. Nehmen Sie sie aus dem Wasser und schaben Sie mit Ihrem Messer sorgfältig die Haut ab, um jede Verschmutzung zu entfernen. Dann blanchieren* Sie die Zunge in einem großen Kessel oder Topf mit Zwiebeln und Karotten und gießen gute Suppe sowie ein Glas Weißwein darauf. Fügen Sie einige Fleischabfälle vom Rind, vom Geflügel oder vom Wild hinzu, so dass Geschmack entsteht. Aufkochen lassen und dann auf ein moderates Feuer stellen, mit Papier und einem Deckel abschließen, auf den Sie glühende Kohlen legen können, um die Zunge mit Unter- und Oberhitze zu garen. Sie muss etwa viereinhalb Stunden köcheln. Arrangieren Sie die Zunge auf einem Servierteller, das mitgekochte Gemüse rundherum. Der Fond wird durch ein sehr feines Sieb getrieben und als Sauce über die Zunge gegossen, nachdem Sie ein bis zwei Löffel ▸ Espagnole darunter gemischt haben. Nun können Sie servieren.

### *Rindszunge in Papilloten**

Die Zunge wird wie die Vorhergehende ohne Speck geschmort. Wenn sie gar ist, soll sie in ihrem Fond erkalten. Dann wird sie in Scheiben von einer halben Daumenbreite und von der Größe eines Koteletts aufgeschnitten. Alle Scheiben müssen gut von Haut oder anderen Unreinheiten befreit werden. Sie sollten alle gleich groß sein und werden dann auf folgende Weise zu Papilloten* gedreht: Man hackt so viel Petersilie wie Schnittknoblauch* klein sowie doppelt so viele Pilze. Während Letztere gehackt werden, beträufelt man sie mit Zitronensaft, um sie weiß zu erhalten, dann dreht man sie in einem Tuch, um die Flüssigkeit herauszupressen. Nun wirft man alles mit einem Stück Butter in einen Topf, würzt mit Salz, grobem Pfeffer und geriebener Muskatnuss und lässt die Kräutermischung auf kleinem Feuer anlaufen. Je nach der Menge der Kräuter kommen ein oder zwei Löffel stark reduzierte ▸ Espagnole oder ▸ Velouté dazu. Alles weiter reduzieren, so dass die Papilloten nicht von der Feuchtigkeit durchlöchert werden. Das Papier wird herzförmig ausgeschnitten, wobei die Spitze leicht gekappt wird, dann breitet man es aus, verreibt mit dem Finger Öl darauf, dort, wo das Stück Zunge und die Kräuter aufliegen werden. Nun kommt eine kleine Speckschnitte aufs Papier und darauf ein Esslöffel Kräutermischung. Auf diese legt man ein Stück Zunge und bedeckt sie mit den gleichen Zutaten wie die, auf denen sie liegt. Vielleicht muss man das Papier mit der Schere nachschneiden, wenn es zu groß für die Fülle ist: man sollte es so falten, dass die Ränder gleich breit sind. Die Papilloten müssen dicht gefüllt sein, so dass die Ränder eingeschlagen werden können. Mit Daumen und Zeigefinger kneift man das Papier fest zusammen, als wolle man eine Schnur drehen. Die Spitze wird wie Bonbonpapier gedreht. Wenn dies getan ist, bestreicht man mit dem Finger oder mit einem Pinsel die Papilloten außen mit Öl. Dann legt man sie auf den Grill und gart sie bei kleiner Hitze etwa zehn Minuten lang. Nach fünf Minuten dreht man sie um, so dass das Papier auf allen Seiten schön goldbraun wird. Wenn sie anzuschwellen beginnen, dann sind sie so weit und sollten gleich serviert werden.

*Rindszunge à l'italienne mit Parmesan*

Schmoren Sie diese Zunge wie die Vorhergehenden und lassen Sie sie auf gleiche Weise erkalten. Schneiden Sie sie in sehr dünne Scheiben. Einen Schüsselboden mit Parmesan belegen, darauf die Zungenscheiben verteilen, Schicht für Schicht und abwechselnd, so dass drei bis vier Schichten von beiderlei entstehen. Jede sollte mit etwas Schmorfond beträufelt werden. Schließen Sie oben mit Parmesan ab und gießen Sie etwas zerlassene Butter darauf. Im Ofen backen, bis der Parmesan Farbe bekommt, und servieren.

## ZWIEBEL

Wenn es wahr ist, dass man sich nur dann über eine Sache richtig äußern kann, wenn man sie vor Augen hat, dann war es das Schicksal, das mich in dem Augenblick, in dem das Wort Zwiebel unter meiner Feder Gestalt annehmen sollte, nach Roscoff geführt hat.

Tatsächlich lässt diese Spitze der Bretagne mehr noch als das alte Ägypten glauben machen, dass die von Jupiter geschlagenen und bis zum Ende des Kontinents verfolgten Götter sich, als sie sahen, dass kein Land mehr zum Weiterlaufen vorhanden war, in Zwiebeln verwandelten, um Jupiters Zorn zu entkommen. An keinem anderen Ort in Frankreich findet man diese in der Antike hoch gefeierte, von Poeten besungene und von den Ägyptern gottgleich verehrte Knolle in derart rauen Mengen vor.

In manchen Jahren schickt Roscoff bis zu dreißig, ja vierzig mit Zwiebeln beladene Frachter nach England.

Es war ein Mann aus der Gegend, der erstmals auf die Idee kam, mit Zwiebeln Handel zu treiben. Um aber die französische Zwiebel mit einem Schlag in England zu akklimatisieren und ihre Überlegenheit über die britische zu beweisen, war ein Streich nötig, dessen Kühnheit Schlagzeilen machte.

Dieser Roscowite stattete eines Tages dem erfahrenen Offizier und Autor mehrerer Hochseeromane, M. Corbière, welcher gerade in Roscoff weilte, einen Besuch ab und fragte ihn, wie man wohl »die englische Zwiebel ist nicht gut« auf Englisch sagte.

Der Befragte antwortete: »The English onion is not good.«

»Seien Sie so gut und schreiben Sie mir das auf«, bat der Roscowite.

M. Corbière nahm eine Feder und schrieb verlangten Satz auf.

Der Roscowite bedankte sich.
Drei Tage später sah man ihn in einem Boot voller Zwiebeln nach London abdampfen.
In Englands Hauptstadt angelangt, ging er schnurstracks zum meist besuchten Markt und entfaltete dort ein Schriftband, auf dem in großen Lettern folgende Maxime zu lesen war: »The English onion is not good«. Unter sein Transparent stellte er einen kleinen Wagen voller französischer Zwiebeln.
Man kennt die Engländer: Sie waren nicht bereit, eine solche Beleidigung hinzunehmen. Einer näherte sich und sprach den fremden Händler an. Der aber konnte kein Wort Englisch und begnügte sich mit der Antwort: »The English onion is not good.«
Das empörte den Engländer, der mit erhobenen Fäusten auf den Roscowiten losging. Dieser wusste nicht, was der Engländer ihm sagen wollte, verstand aber sehr wohl, dass man ihn bedrohte. Er nahm den Engländer beim Ellbogen und drehte ihn wie einen Kreisel dreimal um die eigene Achse. Nach der dritten Umdrehung fiel der Engländer zu Boden, stand außer sich vor Zorn wieder auf und stürzte sich erneut, in klassischer Kampfhaltung, auf seinen Gegner.
Der Roscowite maß fast sechs Fuß, er war kräftig wie sein Gott Teutates. Er nahm seinen Angreifer bei der Mitte, stemmte ihn hoch und warf ihn bäuchlings auf die Erde.
Das verstieß gegen alle Regeln des Faustkampfs, bei dem die Schultern den Boden berühren müssen, damit ein Kämpfer als geschlagen anerkannt wird.
Auch erkannte der Roscowite, dass er falsch gehandelt hatte.
»Stimmt, stimmt«, sagte er und zeigte durch Kopfnicken an, dass er im Unrecht war. Und er nahm Kampfstellung an, etwa so, wie es vorher der Engländer getan hatte.
Dieser stürzte wieder herbei und diesmal packte ihn der Zwiebelhändler beim Genick und bei der Haut des Bauches, legte ihn vorsichtig auf den Boden, so dass nicht nur eine, sondern beide Schultern flach auf der Erde lagen. Er wiederholte diesen Vorgang mehrmals und wurde dabei jedes Mal heftiger, bis der Englander schrie, dass es genug sei.
Da explodierten die Hurras und Bravos nur so. Die Engländer sind, wenn es um Körperkräfte geht, die weltweit gerechtesten Richter. Sie wollten den Zwiebelhändler im Triumphzug davontragen.
»Nein, nein«, schrie dieser und verteidigte sich, »während ihr mich tragt, werdet ihr meine Zwiebeln stehlen.«

Da war etwas dran an dem, was der arme Teufel sagte, auch kaufte man ihm noch am selben Tag alle seine Zwiebeln ab, um den Abend gänzlich dafür zu verwenden, ihn im Triumphzug herumzutragen.
An diesem Tag erhielten die französischen Zwiebeln ihre Bürgerrechte in England.

### *Zwiebelragoût*

Zwiebeln unter glühenden Kohlen in heißer Asche garen, sie dann sauber schälen, in eine Kasserole geben und mit einem hellen Kalbs- und Schinken- ▸ Coulis begießen; ziehen lassen, dann nochmals mit etwas Coulis begießen. Wenn Sie möchten, können Sie etwas Senf hinzufügen. Dieses Ragoût dient für alle möglichen Entrées mit Zwiebeln.

### *Zwiebelsuppe à la Vuillemot*

Nehmen Sie vier weiße Zwiebeln, schälen Sie diese und schneiden Sie die Stiele und den Kopf ab. Halbieren Sie die Zwiebeln, zerteilen Sie sie dann in Ringe und trennen Sie diese in ihre einzelnen Fäden auf, zerlassen Sie Butter in einer sehr heißen Kasserole und lassen Sie die Zwiebelfäden darin golden werden. Binden Sie mit wenig Mehl und rösten Sie alles, um dann mit dem Kochwasser weißer Bohnen, mit Suppe oder Wasser aufzugießen, falls Sie die anderen beiden nicht zur Verfügung haben. Salzen und pfeffern und die Suppe aufkochen lassen. Es ist wichtig, die weiße Suppe, ohne dass sie kocht, auf das dafür vorbereitete Brot zu gießen, welches Sie mit kleinen Butterstreifen belegt haben. Reiben Sie etwas Gruyère und servieren Sie diesen extra für die, die es mögen.

### *Zwiebelsuppe à la Stanislas*

Anlässlich einer seiner Reisen von Lunéville nach Versailles, wo er jedes Jahr seine Tochter, die Königin, besuchte, stieg der Ex-König von Polen, Stanislas, in einer Wirtschaft in Châlons ab, wo man ihm eine derart delikate und gepflegte Zwiebelsuppe servierte, dass er nicht weiterfahren wollte, ohne die Zubereitung gelernt zu haben.
In seinen Schlafrock gehüllt, begab sich Seine Majestät in die Küche und wollte unbedingt haben, dass der Küchenchef vor seinen Augen zur Tat schreite. Weder der Geruch der Zwiebeln noch deren Dämpfe, die ihm dicke Tränen entrissen, konnten seine Aufmerksamkeit trüben. Er beobachtete alles, machte sich Notizen und stieg erst wieder in seinen Wa-

gen, als er sicher war, dass er die Kunst beherrschte, eine ausgezeichnete Zwiebelsuppe zuzubereiten.

Hier nun das Rezept dieser Suppe à la Stanislas:

Man entfernt die obere Kruste eines Brotes, bricht sie in mehrere Stücke und setzt beide Seiten dem Feuer aus. Wenn diese Krusten heiß sind, reibt man sie mit frischer Butter ein und hält sie abermals übers Feuer, um sie leicht zu bähen. Nun legt man sie auf einen Teller und röstet in der Zwischenzeit Zwiebeln in frischer Butter. Man nimmt üblicherweise 10 gr Butter für drei große Zwiebeln, die man klein würfelt und so lange röstet, bis sie ein schönes, dunkles Blond erreicht haben, eine Farbe, die man nur erzielt, indem man ununterbrochen rührt. Dann legt man die Brotkrusten dazu und rührt weiter, bis die Zwiebeln braun sind. Wenn sie dunkel genug sind, gießt man mit kochendem Wasser auf, um sie vom Boden der Kasserole zu lösen, würzt wie nötig und lässt die Suppe mindestens eine Dreiviertelstunde lang ziehen, bis man sie serviert.

Ganz zu Unrecht mag man glauben, dass diese Suppe besser wird, wenn man mit Bouillon aufgießt – diese Zugabe würde sie nur zu gehaltvoll werden lassen und ihre delikate Note verfälschen.

### *Gesundheitssuppe mit Zwiebeln*

Man nimmt einen Kapaun oder eine Poularde, ein Huhn oder eine Kalbsstelze, wäscht das Fleisch in sechs bis sieben Durchgängen in lauwarmem Wasser, wässert es, blanchiert* es und legt es schließlich in kaltes Wasser. Das Fleisch zwischen zwei Tüchern abtrocknen, in eine Speckscheibe einwickeln, verschnüren und mit guter Suppe im Kochtopf garen.

Nun schält man die Anzahl Zwiebeln, die man braucht, um der Suppe eine gute Einlage zu machen, blanchiert sie und zieht sie aus dem Wasser, um sie in einem kleinen Kochtopf mit guter Suppe weich zu kochen. In einer Schüssel lässt man Brotstückchen in feiner Bouillon ziehen, nimmt den Kapaun aus dem Kochtopf, entfernt Schnur und Speckmantel und legt ihn auf die Brotsuppe. Den Rand der Schüssel mit Zwiebeln garnieren, deren erste Haut man entfernt, damit sie ganz weiß aussehen. Etwas Zwiebelkochsud durch ein feines Sieb passieren und mit einem Kalbs- ▸ Jus auf das Fleisch gießen. Heiß servieren.

### *Zwiebelpüree mit Schleie*

Schneiden Sie zwei mittelgroße Schleien in Stücke, legen Sie diese mit ein paar Streifen verschiedenen Gemüses, einem Strauß Petersilie, etwas Salz, einer halben Flasche Weißwein und drei Litern Wasser in eine Kasserole und kochen Sie den Fisch zwölf bis fünfzehn Minuten lang. Den Fisch abtropfen lassen und die Suppe durch ein feines Sieb streichen. Nun schneiden Sie vier bis fünf große Zwiebeln in Streifen, blanchieren* diese und legen sie mit 200 gr Butter, etwas Salz und einer Messerspitze Zucker in eine Kasserole. Sie rühren beim Rösten der Zwiebeln ständig um, bis diese goldblond sind, streuen eine Messerspitze Mehl darüber und gießen mit einer im Voraus zubereiteten Fischsuppe auf. Die Flüssigkeit aufkochen lassen, dann auf den Herdrand stellen, dort eine halbe Stunde lang kochen lassen, passieren, nochmals kochen, mit drei Dottern legieren und die Schleienfilets ohne Haut, und Gräten dazulegen.

### *Weiße Zwiebelsuppe für Fastentage*

Man schält zwei bis drei Dutzend mittlere Zwiebeln und blanchiert* sie in kochendem Wasser. Nach dem Abtropfen kocht man sie in einem kleinen Topf mit Gesundheitssuppe. Ein weißes ▸ Coulis zubereiten, zwei Unzen* süße Mandeln schälen und im Mörser zerstoßen, während man ab und zu Milch dazugießt. Drei bis vier harte Dotter und in Suppe eingeweichtes Weißbrot hinzufügen. Alles gut zerstampfen, mit zwei bis drei Esslöffeln Gesundheitssuppe durch ein feines Sieb passieren und dieses Coulis in einem kleinen Topf warm halten.
Brotstückchen im Zwiebel-Kochsud ziehen lassen, den Tellerrand mit einer Zwiebelbordüre belegen, in die Mitte ein kleines Brot legen, das weiße Coulis darüber gießen und heiß servieren.

### *Andere Zwiebelsuppe, für Festtage*

Einen Kochtopf mit zwei bis drei etwas dickeren Rindfleisch belegen, die man auf dem Ofen schwitzen lässt. Wenn sie sich anlegen, mit vorbereiteter Bouillon langsam aufkochen, so dass sie sich vom Topfboden ablösen. Das Fleisch herausnehmen, zu einem Paket schnüren und mit ganzen Champignons, zwei Steckrüben, einem Bund Karotten und Pastinaken sowie einem Bouquet garni* in den Topf zurücklegen und fertig garen.
Kleine weiße Zwiebeln gleicher Größe schälen und in kochendem Wasser blanchieren*, dann in einem anderen Topf in Bouillon mit

einem Bouquet garni und Basilikum langsam kochen. Wenn die Zwiebeln weich sind, gießt man die erste Suppe über Brotstücke, gießt mit Zwiebelbrühe auf und lässt sie ziehen. Den Schüsselrand mit Zwiebeln garnieren und heiß servieren.

### *Magere Zwiebelsuppe*

Man schält ein Dutzend Zwiebeln, schneidet sie in Streifen und röstet diese mit Butter in einer Kasserole an. Wenn sie rostbraun sind, bestreut man sie mit Mehl und gießt mit hellem Püree oder Suppe auf. Salzen, etwas pfeffern und alles eine halbe Stunde köcheln lassen. Wenn die Zwiebeln gar sind, kommen ein paar Tropfen Essig hinzu. Etwas Suppe auf einige Scheiben oder Stückchen Brot gießen und diese darin ziehen lassen, mit der übrigen Suppe und den Zwiebeln aufgießen und heiß servieren.

### *Zwiebelsuppe mit Milch*

Zunächst müssen wir anmerken, dass es wichtig ist, die Milch der kochenden Suppe hinzuzufügen. Zwölf bis fünfzehn große Zwiebeln fein hacken und zunächst in kochendes Wasser werfen, um ihren herben Geschmack abzumildern. Nach einigen Minuten mischt man sie in einer Pfanne mit einem schönen Stück frischer Butter und röstet sie rostbraun an. Würde man die Zwiebeln roh in der Butter rösten, dann würden sie schwarz, aber nicht weich werden. Wenn Sie sicher sind, dass die Milch frisch genug ist, dass keine Klumpen entstehen, können Sie sie nach und nach zu den röstenden Zwiebeln gießen und diese eine Viertelstunde lang darin kochen. Streichen Sie die Suppe durch ein grobes Sieb und helfen Sie mit dem Holzlöffel nach, so dass alles passiert wird. Dann lassen Sie alles eine Viertelstunde lang kochen, damit die Zwiebeln eindicken. Abschmecken, salzen und pfeffern. Falls Sie diese Suppe nicht mit Salz und Pfeffer essen möchten, sollten Sie sie zuckern und dann auf geröstete Brotstückchen gießen.
Befürchten Sie, dass die Milch stocken könnte, was die Zwiebelsuppe ungenießbar machen würde, sollten Sie Zwiebeln und Butter mit genügend Wasser aufgießen, so dass Erstere darin weich werden können. Dann legen Sie sie auf ein Sieb und gießen die kochende Milch darüber. Wir empfehlen jedoch, wenn möglich, die Zwiebeln direkt in der Milch zu kochen, weil die Suppe dadurch um vieles sämiger und besser wird.

# GLOSSAR

**AROMATEN**

Der »Larousse de la cuisine« unterscheidet klar zwischen Gewürzen (épices) und Aromaten (aromates): Während Erstere exotischer Herkunft und meist scharf seien, würde man Zweitere wegen ihres Duftes, also ihres Aromas, verwenden. Unter Aromaten werden Blätter wie Basilikum, Minze, Petersilie und Kerbel, Blüten wie etwa Kapern, Körner wie Anis, Beeren wie Wacholder, Wurzeln wie Kren (Meerrettich) oder Zwiebel und Knoblauch angeführt.

Im »Handlexikon der Kochkunst« von Duch steht unter »Aromaten« schlicht: »Gewürze und Kräuter, rohes Wurzelwerk«.

**BALLEN**

Siehe Zuckergrade in dieser Liste.

**BEUSCHEL**

Österreichisch für Lunge, meist Rindslunge.

**BLANCHIEREN**

Ein Nahrungsmittel vor der eigentlichen Verarbeitung in kochendes Wasser tauchen, es überbrühen, kurz vorkochen.

**BOUQUET GARNI**

Ein gemischtes Kräutersträußchen, für das man Petersilie, Thymian und Lorbeerblatt zusammenbindet. Zusätzlich können Selleriegrün, Porree, Salbei oder Rosmarin dazugenommen werden. Der »Larousse de la cuisine« empfiehlt, es vor dem Servieren aus dem Gericht zu entfernen.

**BREITLAUF**

Siehe Zuckergrade in dieser Liste.

**BRUCH, SCHWACHER UND STARKER**

Siehe Zuckergrade in dieser Liste.

**COCHENILLE**

Roter Farbstoff, der aus zerdrückten Schildläusen gewonnen wird. Heute verwendet man Lebensmittelfarbe.

**DARIOLE-FÖRMCHEN**

Kleine, glatte zylindrische Form.

**DEMI-GLACE**

Eine braune Grundsauce (fast immer eine ▸ Espagnole) wird zu sehr dicker Konsistenz eingekocht, also halb »erstarrt«, wobei Duch und Escoffier die Demi-Glace als eigene Grundsauce mit Weißwein bzw. Madeira oder Sherry zubereiten. Dumas versteht darunter wohl eher den Vorgang des Einkochens zu Sirupdicke, als Vorstufe zur völlig eingekochten und sich bereits als Glasur am Topfboden anlegenden Glace.

**ESSIG AUS ORLÉANS**
Im 16. Jahrhundert entwickelte sich Orléans zur Hauptstadt des französischen Essigs. Ursprünglich transportierten die Schiffe, welche die Loire hinauffuhren, um in Orléans vor Anker zu gehen, Wein in Fässern. Doch es konnte geschehen, dass die Fracht sauer wurde. Weinhändler und Fassbinder machten aus der Not eine Tugend, verarbeiteten den sauren Wein zu Essig, verfeinerten ihn und hatten wieder einmal eine große französische Spezialität erfunden.

**FADEN, SCHWACHER UND STARKER**
Siehe Zuckergrade in dieser Liste.

**FASCHIERTES, FASCHIEREN**
Österreichisch für Hackfleisch bzw. Fleisch fein hacken.

**FELDOFEN**
Ein altes Kochgerät, wohl aus der Zeit, in der man im Backofen eigentlich nur Brot buk. Es bestand aus einem nach oben hin enger zulaufenden Kessel, auf den ein schüsselförmiger Deckel gesetzt werden konnte. In diesen legte man Glut, um das betreffende Gericht mit Ober- und Unterhitze garen zu können.

**FINES ÉPICES**
Zu Deutsch »feine Gewürze«, wobei hier die exotischen, pikanten oder scharfen Gewürze gemeint sind. Neben Pfeffer, Muskat und der in eine Zwiebel gesteckten Gewürznelke sollte hier auch an Safran und Vanille gedacht werden. Weniger fein und von Dumas meist gesondert genannt sind die sehr scharfen Pfefferschoten wie Piment, spanischer Pfeffer, Pfefferoni, Chili oder Cayenne-Pfeffer.

**FINES HERBES**
Fein gewiegte frische Kräuter wie Petersilie, Schnittlauch, Kerbel, Estragon, Basilikum, aber auch Champignons, Kapern, Schalotten, Zwiebeln und Trüffeln, je nach Rezept. Dumas versteht darunter wohl auch den weiter unten beschriebenen Schnittknoblauch.

**FISOLEN**
Österreichisch für grüne Bohnen.

**FLUG, SCHWACHER UND STARKER**
Siehe Zuckergrade in dieser Liste.

**GARBANSOS**
Spanisch für Kichererbsen.

**GLACIEREN**
Mit Gelée oder mit einem reduzierten Schmor- oder Saucenfond überziehen, dann bräunen, damit das Gericht glänzt. Man glaciert auch mit Butter, mit Zucker oder mit Saucen, deren Butter-Anteil sehr hoch ist. Der »Larousse de la cuisine« versteht darunter das Bestreichen des betreffenden Gerichts mit einer Mischung aus Dottern und schaumig geschlagener Butter oder dickem Obers* und das anschließende Bräu-

nen unter einem Grill. Zwiebeln, Karotten oder Rüben werden in einem karamelisierten Butter-Zucker-Gemisch in der Pfanne glaciert. Duch beschreibt unter Glacieren bei Fischen auch ein rasches Bräunen bzw. Überbacken durch stark mit Butter versetzte Saucen.

**GUMMI ARABICUM**
Der bereits hart gewordene Milchsaft nordafrikanischer Gummi-Akazien.

**KARFIOL**
Österreichisch für Blumenkohl.

**KARREE**
Österreichisch für Rippenstück oder Kotelett im Ganzen.

**KOHLSPROSSEN**
Österreichisch für Rosenkohl.

**MARILLEN**
Österreichisch für Aprikosen.

**MASKIEREN**
Ein Gericht mit deckenden Saucen, mit Mayonnaise oder ▸ Aspik überziehen.

**MELANZANE**
Österreichisch bzw. italienisch für Auberginen.

**MONTIEREN**
Streng genommen meint Montieren den Vorgang, eine fertige Sauce mit Butterstückchen zu vollenden, um sie samtweich zu machen. Die Sauce sollte danach nicht mehr kochen. Wir haben diesen Begriff auf die Beigabe von Dottern, Senf oder anderen kalten Ingredienzen ausgeweitet, wobei auch hier gilt, dass diese Zutaten ganz zum Schluss in die ansonsten bereits fertig gestellte Sauce kommen.

**NOCKERL**
Auch Quenelle: kleine Würstchen oder Schiffchen aus einer feinen Fleisch- oder Fisch-Masse, die man in Salzwasser pochiert und als Beilage oder Garnitur serviert. Im »Larousse de la cuisine« werden die Zutaten für Hecht-Quenelles, also Hecht-Nockerln, folgendermaßen angegeben: 500 gr Hechtfleisch, drei Eiklar, 65 cl Crème fraîche, 70 gr Butter, 50 gr Mehl, 50 cl Milch, Muskatnuss, Salz und Pfeffer. Das Hechtfleisch wird mit den Gewürzen püriert, dann wird das Eiklar beigegeben. Die Masse sollte vor der Weiterverarbeitung, ebenso wie die Crème fraîche, etwa 20 Minuten in den Kühlschrank gestellt werden. Danach wird die Crème fraîche in Portionen zu je 20 cl der Fischmasse beigefügt und alles gut verrührt, so dass der Teig sehr glatt und geschmeidig wird. Vor dem Pochieren formt man aus diesem Teig kleine Würstchen oder Schiffchen. Die fertigen Nockerln bzw. Quenelles werden 15 Minuten lang vorsichtig in Salzwasser gegart.

**OBERS**
Österreichisch für Sahne, wobei Obers süße Sahne meint, während Rahm meist die saure Variante darstellt. Schlagobers ist demgemäß Schlagsahne.

**OSMAZOM**
Wir haben uns bemüht herauszufinden, welche Substanz mit diesem Begriff gemeint sein könnte, wurden jedoch weder in einschlägigen Werken noch in allgemeinbildenden Lexika fündig. Da diese Wissenslücke jedoch nur eine der Theorie, nicht aber der Praxis abträgliche ist, wollen wir uns damit bescheiden zuzugeben, dass wir nicht wissen, was Osmazom ist.

**PAPILLOTE**
Papiermanschette, die man knapp vor dem Servieren über das Ende gebratener Keulen oder über Kotelett-Knochen steckt.

**PINTE**
Altes Maß für Flüssigkeiten, in Paris 0,93 l.

**QUATRE-ÉPICES**
Eine fertig im Handel erhältliche Gewürzmischung aus fein gemahlenem Pfeffer, Muskatnuss-Pulver, gemahlenen Gewürznelken und Zimtpulver.

**QUELLER**
Ein Doldenblütler, der an Meeresufern wächst und den man entweder als Salat isst oder als Salatgewürz verwendet.

**QUENELLES**
Siehe Nockerl, weiter oben in dieser Liste.

**RAHM**
Ursprünglich die fette Haut auf der Rohmilch, in diesem Buch die saure Sahne.

**RIBISEL**
Österreichisch für Johannisbeere.

**ROTE SCHAUFEL**
Wenn wir heute ein Gericht bräunen oder glacieren (siehe weiter oben in dieser Liste) möchten, stellen wir es einen Augenblick unter einen Grill. Früher erhitzte man zu diesem Zweck ein langstieliges Eisen, ähnlich einem Waffeleisen, rot glühend und strich damit über die zu bräunende oder zu glacierende Speise.

**SCHEFFEL**
Ein altes Hohlmaß für feste Substanzen, 12,5 l.

**SCHLAGOBERS**
Österreichisch für Schlagsahne.

**SCHNITTKNOBLAUCH**
Ein in unseren Breiten leider kaum mehr erhältliches Küchenkraut, das wir aber in einigen auf asiatische Lebensmittel spezialisierten Feinkostläden auftreiben konnten.

Schnittknoblauch (alium tuberosum), manchmal auch Schnittlauchknoblauch oder chinesischer Schnittlauch genannt, sieht aus wie großer Schnittlauch, schmeckt jedoch nicht nach Zwiebel, sondern nach sehr jungem Knoblauch. Möglicher Ersatz wären Frühlingsknoblauch, Bärlauch oder eine Mischung aus Jungzwiebeln und etwas fein gewiegtem Knoblauch.

**TAFELSPITZ**
Österreichisch für Tafelstück; beim Rind ein sehr feiner, in Schwanznähe befindlicher Teil zum Kochen oder Dünsten.

**TOPFEN**
Österreichisch für Quark.

**TOURNIEREN**
Gemüse formen; nicht einfach nur schälen und in Stücke schneiden, sondern dekorativ zurechtschneiden.

**TOUR ODER TOURS**
Blätterteig wird meist sechsmal, manchmal auch öfter gefaltet und wieder ausgerollt, bevor er weiterverwendet werden kann. Es gilt, Butter und Mehl vollkommen miteinander zu verschmelzen. Die erste Tour wird gemacht, wenn die Butter auf den ausgerollten Mehl-Wasser-Zucker-Teig gelegt wird: Man schlägt den Teig über der Butter zusammen, drückt die Ränder fest zusammen und rollt dann die Teigkugel zu einem Rechteck aus, welches dreimal so lang wie breit sein sollte. Die zweite Tour bedeutet, dass das obere Drittel des Teig-Rechtecks zur Mitte hin eingeschlagen, das untere Drittel darüber gelegt, der gefaltete Teig um neunzig Grad im Uhrzeigersinn gedreht und wiederum dünn ausgerollt wird. Man wiederholt den Vorgang des Faltens, Drehens und Ausrollens so oft wie im Rezept angegeben.

**UNZE**
Alte Gewichtseinheit. Die französische Unze wog 30,59 gr, die englische 28,35 gr.

**ZESTEN**
In sehr feine Streifen aufgeschnittene, hauchfeine Schalen von Zitrusfrüchten oder Karotten.

**ZUCKERGRADE (nach Rottenhöfer und Duch)**
Wenn man Zucker kocht (1 kg Zucker mit 1 l Wasser), läutert man ihn, er schmilzt, wird zähflüssig und karamelisiert schließlich. Dieser Vorgang geschieht recht schnell, weshalb man den Zucker vorsichtig erhitzen und ständig überwachen sollte. Um zu erkennen, ob der geläuterte Zucker den richtigen Grad erreicht hat, wendet man folgende Proben an:
1. Breitlauf: Man taucht einen Schaumlöffel in kochenden Zucker, zieht ihn wieder heraus und hält ihn in die Höhe. Läuft der Zucker in breiten Flocken davon, hat er den Breitlauf erreicht.

2. Faden, schwach oder stark – Fingerprobe: Man nimmt einen Tropfen gekochten Zucker zwischen zwei Fingern auf und zieht ihn auseinander. Es entsteht hierbei ein dünner, später ein dicker Faden, wobei Letzterer nicht mehr abreißt.
3. Flug, schwach oder stark – Drahtschlingenprobe: Eine zwei- oder dreiteilige Drahtschlinge mit eng nebeneinander liegenden erbsengroßen Öffnungen oder ein Schaumlöffel mit entsprechenden Löchern wird in die kochende Zuckerlösung getaucht. Nach dem Herausziehen bläst man auf den in den Löchern haftenden Zucker. Beim schwachen Flug bilden sich einzelne kleine, schnell platzende Blasen, beim starken Flug größere, beim Kettenflug haften die Blasen beim Wegfliegen aneinander.
4. Ballen: Man entnimmt eine Zuckerprobe mit dem Löffelstiel und taucht den Zucker in kaltes Wasser. Dieser Zucker lässt sich zu einer Kugel formen, bleibt jedoch weich.
5. Bruch, schwach oder stark: Die Zuckerkugel wird beim Auskühlen hart, bleibt beim schwachen Bruch klebrig und bricht beim starken Bruch ohne zu kleben auseinander.

**ZWETSCHKEN**
Österreichisch für Pflaumen. Wenn im Buch von »Pflaumen« die Rede ist, sind nicht nur Zwetschken, sondern auch andere Pflaumensorten wie etwa Reine-Clauden gemeint.

# REZEPTVERZEICHNIS


Aal »au soleil« ... 17
Aal à la minute ... 17
Aal à la poulette ... 14
Aal à la Sainte-Menehould ... 14
Aal à la Suffren ... 17
Aal am Spieß ... 13
Aal mit römischem Salat ... 17
Aal mit Sauce tartare ... 15
Aal, Accolade vom, am Spieß ... 16
Aal-Bastion ... 18
Aal-Matelote marinière ... 15
Aal-Matelote mit Eiern oder Karpfen-Milch ... 15
Aal-Pâté ... 17
Aalrutte à la bonne femme ... 19
Aalrutten à la Villeroi ... 19
Aalrutten in Champagner und mit Hahnenkämmen ... 19
Aalrutten, glacierte, mit Speck ... 19
Aalsuppe, Hamburger ... 714
Abatis auf volkstümliche Art ... 21
Achard ... 23
Achiar ... 24
Akanthus ... 26
Alcyon ... 27
Ale ... 28
Aloe ... 29
Alse à la marinière ... 30
Alse am Spieß ... 30
Alse hollandaise ... 31
Alse mit Sauerampfer ... 30
Alsen-Filets, sautiert ... 30
Amourette ... 31
Amsel ... 31
Ananas ... 32
Anchovis à la parisienne ... 33
Anchovis mit grünem Salat ... 32
Anchovis, Röstbrot mit ... 33
Anchovis-Butter ... 33
Anchovis-Canapés ... 33
Anchovis, gefüllt ... 33
Anis ... 34
Äpfel à la portugaise ... 38
Äpfel à la régence ... 38
Äpfel in Butter ... 35
Äpfel in Butter und Apfelgelée ... 37
Äpfel mit Obers ... 38
Äpfel mit Reis ... 36
Äpfel und Reis als Turban ... 546
Apfel-Charlotte ... 37
Apfelkäse ... 382
Apfel-Meringue ... 36
Apfel-Miroton ... 35
Apple cake ... 39
Apple cake der Königin Anna ... 39
Arche Noah und Arche Barbue ... 40
Argentine ... 40
Arracacha ... 40
Artischocken à la barigoule, als Fastenspeise ... 41
Artischocken à la lyonnaise ... 45
Artischocken à la provençale ... 43
Artischocken à la sauce ... 43
Artischocken à l'italienne ... 46
Artischocken Duxelles ... 42
Artischocken Grimod de la Reynière ... 45
Artischocken in Öl à la poivrade ... 44
Artischocken mit feinen Kräutern, Schlemmerart ... 41
Artischocken mit fettem Speck ... 45
Artischocken, gebacken ... 42
Artischocken, gebraten ... 43
Artischocken, gefüllt ... 45
Artischocken, gefüllt, demi-barigoule .. 44
Artischocken, gefüllt, mit echter Barigoule ... 44
Artischocken-Sauce mit Essig und Öl ... 45
Aspik ... 46
Aspik, warmes ... 46
Austern à la minute ... 53
Austern à la poulette ... 51
Austern auf Spießchen ... 53
Austern mit Parmesan ... 52
Austern, faschiert ... 51
Austern, gebraten, als Hors-d'œuvre ... 52
Austern, gefüllt ... 52
Austernsuppe ... 52
Baba ... 54
Bache oder weibliches Wildschwein ... 56
Backteig ... 61
Balist ... 61

Bambus ... 62
Banane ... 62
Bär (Bärentatzen) ... 62
Baraquille ... 64
Barbe ... 64
Barbote à la royale ... 66
Barbote, gedünstet ... 66
Barsch ... 66
Beefsteak oder Bifteck à l'anglaise ... 67
Beilche ... 68
Betel ... 69
Bier ... 70
Biersuppe, Berliner ... 711
Bifteck ... 560
Bigaraden-Kompott ... 73
Birnen mit Speck (deutsches Rezept) .. 73
Birnenmost ... 74
Birnenraisiné à la paysanne ... 381
Biscuit ... 74
Biscuit à la génoise ... 77
Biscuit aus Savoyen ... 74
Biscuit, falsches ... 75
Biscuit, Löffel- ... 76
Biscuit, Mandel- ... 76
Biscuit, Pistazien- ... 75
Biscuit, Schokolade- ... 76
Biscuit-Kekse ... 76
Biscuit-Windbäckerei mit Orangenblüten ... 77
Biscuits, Ursulinen- ... 77
Biscuits von Mutter Jeanne ... 77
Bison ... 78
Bisque ... 709
Bisque aus der Normandie ... 80
Bisque oder Krebssuppe ... 79
Blanc ... 80
Blanc-manger (nach altem Rezept) ... 80
Blanc-manger (nach Beauvilliers) ... 81
Blanc-manger, gebacken ... 82
Blanquette de veau ... 324
Blanquette de veau mit Trüffeln ... 330
Blätterpilz ... 82
Blätterpilz, gelber ... 82
Blätterpilze, gratiniert ... 83
Blond de veau à la Beauvilliers ... 84
Blond de veau à la Duchatelet ... 83
Blond de veau à la parisienne ... 84
Bluthuf ... 309
Bohnen, grüne und weiße, »Maître d'hôtel« ... 86
Bohnen, grüne und weiße, provençale ... 87
Bohnen, junge weiße ... 87
Bohnen, knusprige ... 88
Bohnen, Rahm- ... 89
Bohnen, rote, à la bourguignonne ... 88
Bohnen, Soissons-, mit Mark ... 88
Bohnen, Soissons-, mit Piment-Butter ... 88
Bohnen-Macédoine ... 89
Bora ... 90
Bouillabaisse ... 704
Bouillabaisse nach der Art von Nîmes ... 705
Bouillon (klare Suppe, Brühe) ... 90
Bouillon, große ... 93
Bouillon, konservierte ... 93
Bouride und Aioli ... 705
Brandade ... 94
Brasse ... 95
Braten à l'impératrice ... 102
Braten, vom ... 95
Bratzeiten ... 101
Brei ... 103
Brésolles-Ragoût ... 103
Brioche, feine oder königliche ... 104
Brioche, Käse- ... 105
Briochines, grüne ... 105
Brokkoli ... 106
Brot, gefülltes oder Chaufroid ... 230
Brot, wie man Brot bäckt ... 110
Brotfruchtbaum ... 111
Brotstangen, französische ... 110
Brotsuppe ... 706
Buchweizen ... 111
Bückling ... 264
Bückling à la Sainte-Menehould ... 264
Bückling, Konservierung von Bückling, um später guten Gebrauch davon machen zu können ... 264
Büffel (Büffelmaul) ... 112
Butter, Bambuk- ... 113
Butter, Galam- ... 114
Butter, gebratene, aus dem Département Landes ... 114
Butter, Kakao- ... 113

Butter, Kokos- 113
Cake (englischer Kuchen) 115
Calape 115
Canapés 583
Cannellone »à la d'Escars« oder Marillen-Canapés 117
Capilotade 117
Cervelat 120
Charlotte mit Borsdorfer Äpfelchen 122
Charlotte, Apfel-, mit Konfitüren 121
Charlotte, Birnen-, mit Vanille 121
Charlotte, Marillen- 121
Charlotte, Pfirsich- 122
Charlotte, russische Kaffee- 123
Charlotte, russische, mit gerösteten Mandeln 123
Chartreuse nach Pariser Art, »en surprise« 124
Chartreuse, Apfel- 125
Chipolata 125
Chou à la royale 126
Chou als Soufflé mit Orangen-Zesten 126
Chou auf Pariser Art 126
Chou mit Mandeln 126
Consommé à la régence 92
Consommé nach alter Sitte 93
Consommé nach neuer Sitte 93
Consommé, große, für Suppen und Saucen 704
Côte de bœuf à la provençale 562
Cougloff à l'allemande 382
Coulis 127
Coulis, Fisch- 127
Court-bouillon 127
Crème d'absinthe au candi 23
Crème, Bacchus- 130
Crème, Bayrische Käse-, mit frischen Nüssen 131
Crème, gebackene 128
Crème, geschlagene Bauern- 128
Crème, geschlagene Kaffee- 129
Crème, geschlagene Likör- 129
Crème, geschlagene Schokolade- 129
Crème, geschlagene Vanille- 129
Crème, geschlagene, mit Früchten 129
Crème, gestürzte 130
Crème, Nonnen- 130
Crème, Sellerie- 130
Crème, weiße Kaffee- 129
Croustade à la Carcassonne 132
Croustade à la financière 132
Croustade, Trüffel-, en surprise 132
Croustaden aus den Mägen junger Haifische 245
Curry (Kurkuma) 408
Damhirsch am Spieß 134
Damhirsch, hinterer Braten 133
Dariole 134
Dariolen, Duchesse- 135
Dariolen, Mokka- 135
Daube 135
Dörrpflaumen 136
Drosseln in Branntwein 139
Drosseln mit Wacholder als Entrée 139
Drosseln, englische 140
Drosseln, gebratene 138
Drosseln, polnische 139
Drossel-Pastete, heiße 139
Drosselragoût 138
Eberesche 141
Eier à la bonne femme 153
Eier à la duchesse 152
Eier à la Monime 153
Eier à la Périgord 155
Eier à la Philippsburg 152
Eier à la Robert 152
Eier à la tripe 144
Eier im Blanc vom Rebhuhn 147
Eier im Sonnenaufgang 145
Eier in der Timbale 151
Eier in Sauce Béchamel 147
Eier in Sauce Robert 147
Eier in schwarzer Butter 144
Eier in Streifen 152
Eier mit Basilikum 148
Eier mit Blut 154
Eier mit Champignons 149
Eier mit Crème-Füllung 131
Eier mit Endivien für Festtage 148
Eier mit Estragon 150
Eier mit Karpfen, Sauce à la persillade 153
Eier mit Krebsbrot 149
Eier mit Krebsen 149
Eier mit Leber 154

Eier mit Mandeln, à la demoiselle ..... 148
Eier mit Ochsenmark ..... 155
Eier mit Parmesan ..... 151
Eier mit Sellerie ..... 149
Eier mit Trüffeln ..... 150
Eier nach Art der armen Frau ..... 147
Eier nach Art meiner Patentante ..... 154
Eier, gebratene ..... 144
Eier, gebratene, mit Sauce Robert ..... 151
Eier, gefüllte ..... 146
Eier, gratinierte ..... 144
Eier, pochierte ..... 143
Eier, pochierte, ohne Entensaft ..... 143
Eier, polnische ..... 145
Eier, provençalische ..... 146
Eier, Rühr- ..... 143
Eier, Rühr-, mit Endivien ..... 148
Eier, Rühr-, mit
Garnelen-Schwänzen ..... 292
Eier, Speck-, à la Coigny ..... 150
Eier, Spiegel- ..... 145
Eier, Vier-Jahreszeiten- ..... 156
Eierhügel ..... 156
Eierstreifen, gebackene ..... 146
Eiertorte ..... 155
Eis ..... 157
Eis aus Zitronenblüten ..... 159
Eis, Ananas- ..... 158
Eis, Kaffee- ..... 159
Eis, Kirschen- ..... 158
Eis, Marillen- ..... 158
Eis, Pistazien- ..... 159
Eis, Schokoladecrème- ..... 159
Eis, Vanille- ..... 158
Eis, Veilchen- ..... 760
Émincé ..... 161
Endivien mit Rahm ..... 161
Endivien, grand jus ..... 161
Endivien, wie man Endivien durch
anderes ersetzen kann, wenn die
Jahreszeit keine bereithält und
man keine konserviert hat ..... 531
Endivien, wie man Endivien
konserviert ..... 162
Endivien-Ragoût, Hausfrauenart ..... 161
Ente ..... 162
Ente mit Sauerkraut ..... 166
Ente mit Steckrüben auf
bürgerliche Art ..... 166
Ente, junge, »au chausson« ..... 167
Ente, junge, à l'orange ..... 168
Ente, junge, mit feinen Kräutern ..... 167
Ente, junge, mit Schalotten ..... 168
Enten, jung ..... 167
Enten, Rouladen von jungen ..... 167
Entenbrust ..... 166
Erbsen à la bourgeoise ..... 170
Erbsen à la française ..... 169
Erbsen à l'anglaise ..... 169
Erbsen in Obers ..... 170
Erbsen mit Speck ..... 170
Erbsen nach alter Sitte ..... 169
Erdnuss ..... 170
Espagnole (Sauce) ..... 173
Espagnole, erweiterte ..... 173
Essenz, Gemüse- ..... 174
Essenz, Schinken- ..... 174
Essenz, Wild- ..... 174
Essig à la ravigote ..... 175
Essig, Estragon- ..... 175
Essig, Konnetabel- ..... 176
Essig, Lavendel-,
für die Gesichtswäsche ..... 176
Essig, Rosat- ..... 175
Essig, Rosen-, für die Gesichtswäsche .. 176
Farce, Fisch- ..... 177
Farce, gekocht ..... 177
Fasan ..... 178
Fasan à l'espagnole ..... 183
Fasan am Spieß ..... 182
Fasan auf Sauerkraut ..... 186
Fasan Lukullus ..... 181
Fasan mit Karpfen-Milch ..... 184
Fasan mit Périgueux-Trüffeln ..... 182
Fasan, am Spieß gebratener, mit
Pistazien ..... 183
Fasan, geschmorter ..... 182
Fasan, geschmorter, »angoumoise« ..... 183
Fasan, junger, in Hechtsauce,
am Spieß gebraten ..... 184
Fasanenfilets Vopallière ..... 185
Fasanen-Pastete mit Trüffeln ..... 187
Fasanen-Pastete ohne Trüffeln ..... 187
Fasanen-Salmi ..... 186
Fasanen-Schnitzel ..... 185

Faschiertes 188
Feigenfresser 191
Fenchel 193
Fettammern in Förmchen 194
Fettammern nach Art von Toulouse 194
Fettammern, Grasmücken, Feigenfressern und Rotkehlchen, Rezept des Domherrn Charcot zum Verzehr von 192
Fettammern, in Asche gegart 195
Fettammern, provençalisch 195
Fettammer-Terrine 195
Fischmilch oder Fischlaich 198
Fisolen in dunklem Roux 86
Fisolen in Rahm 85
Fisolen in weißer Sauce 85
Fisolen tout à fait à l'anglaise 86
Fisolen zur guten Bauersfrau 85
Fisolen, bretonisch 86
Fisolen, Lyonneser 86
Fisolen-Salat 86
Fladenkuchen, Eier- 198
Fladenkuchen, gewöhnlicher 198
Fladenkuchen, »schäbiger« 199
Flan mit Früchten 199
Flan mit Mandelmasse 199
Flan, Schweizer 199
Flügel 203
Foie Gras 203
Fondue 206
Forelle à la Chambord 207
Forelle à la montagnarde 207
Forelle in Court-Bouillon 207
Forellen à la hussarde 208
Forellen à la Saint-Florentin 207
Forellen mit Anchovis 208
Forellen, gefüllte 208
Forellenfilets, sautierte 208
Forellen-Pâté 209
Fricandeau nach früherer Art 209
Fricandeau vom Stör, vom Hecht oder Lachs 209
Frischling 210
Frischlings-Kopf in Berliner Sauce 210
Frischlings-Viertel mit Kirschensauce 211
Frösche nach Art von Hühner-Fricassée 213
Froschsuppe 213
Fruchtkäse aus diversen Früchten 382
Fruchtkäse, durchsichtiger, aus Marillen, Pflaumen usw. 382
Fumet vom Rebhuhn 213
Galantine, Hühner- 215
Galantine, Kalbskopf- 215
Galantine, Poularden- oder Kapaunen- 214
Galantine, Puten- 215
Gans à la Chipolata 216
Gans auf englische Art 217
Gans mit Sauerkraut 218
Gans, gebratene Martini- 217
Gans, junge, am Spieß 217
Gänseflügel und -keulen à la façon de Bayonne 218
Gänsekeulen oder -viertel à la Lyonnaise 218
Garbure béarnaise 219
Garbure des Weilers von Chantilly 220
Garbure Polignac 221
Garbure Villeroy 220
Garbure, Salat- 221
Garbure, Zwiebel- 219
Garnele 223
Garnelensuppe 224
Garnitur für Gekochtes auf bürgerliche Art 225
Garnitur, Flämische 226
Garnitur, Kren- 226
Garnitur, Tomaten- 225
Garzeiten 226
Gâteau royal 406
Gelée von der Muskat-Traube 462
Gelée, Apfel-, à la façon de Rouen 379
Gelée, Fleisch- 229
Gelée, Kirschen- 379
Gelée, Orangenblüten- 379
Gelée, Ribisel- 377
Gelée, Rosen- 379
Génoise 230
Génoises, glacierte, à l'italienne 230
Génoises, kleine 231
Génoises, Orangen- 231
Getränk, Schokolade- 307

Getränke, eisgekühlte, aber nicht gefrorene ........ 160
Glace vom Schmorfond ........ 232
Glace, Kalbs- ........ 232
Glattbutt ........ 232
Glattbutt à la provençale ........ 234
Glattbutt à la Sauce Béchamel ........ 234
Glattbutt in einer Marinade mit Tomaten oder Sauerampfer ........ 233
Glattbutt mit Parmesan ........ 234
Godiveau ........ 234
Godiveau à la Richelieu ........ 235
Godiveau auf bürgerliche Art ........ 234
Godiveau aus Geflügelbrust mit Trüffeln ........ 235
Godiveau, Fasten- ........ 236
Godiveau, Wild-, mit Pilzen ........ 236
Godiveau-Torte als Entrée ........ 484
Griess-Speisen ........ 236
Gründling, gebratener ........ 236
Gründlinge, gedämpfte ........ 236
Gurken à la poulette ........ 238
Gurken, Béchamel- ........ 238
Gurken, gefüllte ........ 238
Gurken-Fricassée ........ 238
Gurken-Ragoût als Beilage ........ 238
Gurkensalat ........ 239
Hafer ........ 244
Halbgefrorenes ........ 159
Hase auf bürgerliche Art ........ 248
Hase, junger, am Spieß ........ 249
Hase, junger, auf englische Art ........ 247
Hase, kurz gebratener junger ........ 250
Hasen und Junghasen, gebratene ........ 248
Hasen, junge, auf Schweizer Art ........ 248
Hasen, junge, im Blut ........ 249
Hasen oder Junghasen, Terrine vom, ........ 250
Hasen-Filets, marinierte und sautierte ........ 252
Hasen-Koteletts à la Melville ........ 251
Hasen-Pastete ........ 250
Hasenpfeffer ........ 248
Hasenrücken ........ 253
Hecht à la Chambord ........ 254
Hecht à la Chambord (nach Courchamps) ........ 255
Hecht à la Créqui ........ 258
Hecht à la génoise ........ 259
Hecht à la tartare ........ 257
Hecht à l'allemande (nach Beauvilliers) ........ 258
Hecht à l'allemande (nach Courchamps) ........ 259
Hecht am Spieß ........ 257
Hecht blau oder mit Court-Bouillon ........ 255
Hecht in Delphinform ........ 257
Hecht-Filets mit Béchamel ........ 260
Hecht-Fricandeau ........ 259
Hecht-Grenadins ........ 260
Hecht-Koteletts ........ 260
Hecht-Salat ........ 260
Hefe und Sauerteig ........ 261
Hefe, wie man mit Kartoffeln Hefe zubereitet ........ 109
Hering ........ 261
Hering, roher, als Hors-d'œuvre ........ 263
Heringe, frische, als Ragoût ........ 263
Heringe, frische, in Fenchel ........ 263
Heringe, frische, in Senfsauce ........ 263
Hochepot ........ 265
Hopfen ........ 267
Huhn à la Périgueux ........ 277
Huhn à la Provençale ........ 280
Huhn à la Saint-Cloud ........ 279
Huhn am Spieß ........ 276
Huhn en Capilotade ........ 279
Huhn mit Austernsauce ........ 275
Huhn mit Erbsen ........ 275
Huhn mit Krebsbutter ........ 275
Huhn mit Sauce au pauvre homme ... 276
Huhn mit Sauce tartare ........ 276
Huhn, Mayonnaise- ........ 276
Hühner »à la ficelle« (verschnürte Hühner) ........ 289
Hühner à la crème ........ 277
Hühner als Spießanhang ........ 274
Hühner-Blanquette ........ 280
Hühner-Fricassée ........ 273
Hühner-Fricassée à la chevalière ........ 274
Hühner-Kämme und -Nieren als Velouté ........ 282
Hühner-Kämmen und -Nieren, Grand Aspic aus ........ 282

Hühnerkeulen als Entchen oder kleine Zwiebeln getarnt ............... 280
Hühner-Rissoles ............................. 279
Hühnersalat .................................. 277
Hühner-Stopfleber à la financière ..... 283
Hühner-Stopfleber à la Périgueux (Foie gras) ................................ 283
Hühner-Stopfleber als Matelote ........ 284
Hühner-Stopfleber in der Schachtel .. 284
Hühner-Stopfleber in Muscheln ....... 284
Hühner-Stopfleber, gratinierte ......... 283
Hühnerteile in Backteig .................. 278
Hühnerteile, gebackene .................. 278
Hummer ........................................ 292
Hummer à l'américaine .................. 287
Hummer am Spieß ......................... 293
Hummerschwänze in Gelée ............. 293
Julienne ........................................ 295
Jungbarbe ....................................... 64
Jungbarbe, gedämpft ........................ 65
Jungbarbe, gegrillt ........................... 65
Jungbarben in Court-Bouillon ........... 65
Jungkaninchen, Gratin vom ............. 345
Jungkaninchen-Timbale ................... 345
Jus oder Fleischsaft .......................... 295
Kabeljau à l'italienne ....................... 299
Kabeljau auf Hamburger Art ........... 298
Kabeljau aux Fines Herbes .............. 299
Kabeljau oder Stockfisch hollandaise ................................ 300
Kabeljau Sainte-Menehould ............. 298
Kabeljau, gratinierter, oder Stockfisch ................................... 301
Kabeljau, holländischer ................... 297
Kabeljau, norwegischer, oder Stockfisch ........................... 301
Kaffee kochen ................................ 304
Kaffee mahlen ................................ 304
Kaffee, geschlagener Obers- und Eis- .................................... 304
Kakao ........................................... 305
Kakaomasse, das Rösten und die ...... 306
Kalb, Filet mignon à la Bellevue ....... 335
Kalb, Filet mignon vom ................... 324
Kalb, kleine Schulterstücke vom ...... 328
Kalb, mariniertes, als Hors-d'œuvre .. 336
Kalb, Schlussbraten vom, à la casserole ................................ 308
Kalb, vorderes Viertel ....................... 324
Kalbsamourette .............................. 321
Kalbsbouillon, erfrischende ............. 712
Kalbsbraten ................................... 333
Kalbsbries à la dauphine .................. 317
Kalbsbries à la Zürich ...................... 329
Kalbsbries à l'anglaise ..................... 318
Kalbsbries mit Sauce aux hâtelets ...... 317
Kalbsbries, gebackenes .................... 317
Kalbsbries, glaciertes ....................... 334
Kalbsbries-Fricandeau ..................... 334
Kalbsbrust à la mousquetaire ............ 331
Kalbsbrust à la villageoise ................ 331
Kalbsbrust mit Erbsen ...................... 331
Kalbsbrust, gefüllte, à la bourgeoise .. 318
Kalbsbrustschnitten à la poulette oder im Blanc ................................ 324
Kalbsbrustschnitten in Form eines Pfauenschwanzes .......................... 325
Kalbsbrustschnitten nach Gärtnerinnenart ........................... 331
Kalbsbrustschnitten-Terrine ............. 330
Kalbsfüße ...................................... 315
Kalbsgekröse à la Montselet ............. 316
Kalbsgekröse à la Montsoreau .......... 316
Kalbsgekröse in Curry ...................... 336
Kalbsgekröse natur .......................... 336
Kalbsgekröse, gebackenes ................ 336
Kalbshirn à la provençale ................. 335
Kalbshirn à l'allemande .................... 315
Kalbshirn en matelote ...................... 315
Kalbshirn im Schweinsnetz .............. 335
Kalbshirn, gebackenes ..................... 313
Kalbshirn, in der Schale serviertes .... 313
Kalbshirn, mariniertes ...................... 315
Kalbs-Karree à la ménagère .............. 334
Kalbskeule à la hollandaise ............... 333
Kalbskeule und wie man sie am besten nützt ................................ 322
Kalbskeule, gebratene ...................... 333
Kalbskeulenschnitten mit Schwarte ... 337
Kalbskeulenschnitten, gehackte ........ 338
Kalbskeulenschnitten, wie man Kalbskeulenschnitten zubereitet ... 337
Kalbskopf à la Destilière .................. 311
Kalbskopf natur .............................. 309
Kalbskopf, gebackene Teile vom ...... 311
Kalbskopf, gefüllter ......................... 310

Kalbskoteletts à la provençale ...........326
Kalbskoteletts à la Robert Peele .......329
Kalbskoteletts au vert-pré..................329
Kalbskoteletts en papillote ................328
Kalbskoteletts natur ..........................327
Kalbskoteletts, panierte ....................328
Kalbskoteletts, sautierte ....................327
Kalbsleber à la bourgeoise oder
à l'estouffade ................................313
Kalbsleber à la bourgeoise .................426
Kalbsleber à l'italienne ......................426
Kalbsleber am Spieß...........................314
Kalbsleber, gebratene ........................425
Kalbsleber, poêlierte .........................313
Kalbsleberbrot ..................................319
Kalbslendenschnitten à la Crème ......330
Kalbslunge à la poulette ....................316
Kalbsnieren in Wein ..........................319
Kalbsnieren, sautierte .......................467
Kalbsnierenbraten .............................312
Kalbsnuss en bedeau .........................322
Kalbsnuss, gespickte .........................322
Kalbsohren mit Champignons ..........334
Kalbsohren, gefüllte .........................312
Kalbsohren, marinierte .....................312
Kalbspaupiettes .................................323
Kalbsragoût à la ménagère.................312
Kalbsröllchen à la Gérard ..................319
Kalbsschlepp à la poulette .................320
Kalbsschnitzel à l'anglaise..................323
Kalbsschulter in Wurzelwerk ............331
Kalbsschulter, bukolisch.....................332
Kalbsschulter, gebratene ...................333
Kalbsschulter-Galantine.....................332
Kalbsviertel, auf englische Art
gebraten ........................................308
Kalbsviertel, hinteres ........................321
Kalbszunge mit pikanter Sauce .........314
Kalbszunge, gedämpfte, als
Hors-d'œuvre ..............................335
Kandierte kleine grüne Zitronen .......786
Kandierte Nüsse................................385
Kandierte Orangen ...........................386
Kandierte Pflaumen ..........................385
Kandierte Quitten.............................514
Kandierte Rosen ...............................387
Kandierte Zitronen ...........................786
Kandierte Zitronenschalen................786
Kandierter Kaffee .............................386
Känguruh-Filets, sautierte ................339
Kaninchen in der Kasserole...............342
Kaninchen in seinem Fell gegart .......346
Kaninchen, gespickte und glacierte
Filets vom ....................................342
Kaninchen, Hâchis vom jungen,
auf portugiesische Art ..................343
Kaninchen, junge, als Fricassée .........344
Kaninchen, junge, mit Erbsen...........341
Kaninchen, Rouladen vom jungen,
mit Pistazien ................................342
Kaninchen, sautierte Filets
vom jungen .................................341
Kaninchen-Brezole............................344
Kaninchen-Gibelotte nach
früherer Art .................................340
Kaninchen-Keulen à la Mailly...........346
Kaninchen-Salat................................346
Kapaun mit Trüffeln.........................347
Kapaunen-Curry à l'indienne............348
Kapaunenpilaw .................................348
Kapuzinerkresse ...............................349
Karamel ...........................................349
Kardonen mit Parmesan....................350
Kardonen mit Schinken-Coulis.........350
Kardonen, spanische,
mit Rindermark.............................350
Kardonen-Ragoût .............................350
Karfiol in Butter...............................376
Karfiol in Saft...................................376
Karfiol mit Käse ...............................376
Karfiol, gedämpfter ..........................376
Karfiol, geschmorter ........................376
Kari .................................................351
Kari, indisches..................................351
Karotten auf flämische Art ...............352
Karotten, Zucker- ............................353
Karottenkuchen ...............................353
Karotten-Ragoût oder Karotten
nach Hausfrauenart ......................352
Karottensuppe..................................353
Karpfen à la Chambord.....................355
Karpfen am Spieß ............................358
Karpfen blau oder in
Court-Bouillon..............................357
Karpfen in Bier oder auf
Moskauer Art ...............................358

Karpfen mit Pilzen ........................ 355
Karpfen, gebratener ........................ 354
Karpfen, gegrillter ........................ 355
Karpfen, Piemonteser ........................ 357
Karpfen-Daube ........................ 356
Karpfen-Filets ........................ 357
Karpfen-Fricandeau ........................ 357
Karpfen-Milch, gebackene ........................ 356
Karpfen-Pâté ........................ 358
Karpfen-Zungen und -Milch ........................ 359
Kartoffelbällchen ........................ 363
Kartoffel-Kroketten- und -Nockerln ........................ 363
Kartoffelkuchen ........................ 363
Kartoffeln à la lyonnaise ........................ 361
Kartoffeln à la maître d'hôtel ........................ 360
Kartoffeln à la parisienne ........................ 360
Kartoffeln à la provençale ........................ 362
Kartoffeln à l'anglaise ........................ 360
Kartoffeln à l'italienne ........................ 361
Kartoffeln, gefüllte ........................ 362
Kartoffeln, in Butter sautierte ........................ 362
Kartoffeln, Speck- ........................ 361
Kartoffelpüree ........................ 361
Kartoffelsalat ........................ 363
Käse, gewöhnlicher ........................ 364
Käse, Hirten- ........................ 364
Käse, verfeinerter ........................ 365
Kastanien, gekochte, auf Hausfrauenart ........................ 367
Kastanien, glacierte ........................ 386
Kirschenkompott ........................ 370
Kirschensuppe ........................ 710
Kirschensuppe, deutsche ........................ 710
Kirschsuppe ........................ 369
Kirschsuppe, deutsche ........................ 370
Kohl mit Rahm ........................ 374
Kohl mit Speck ........................ 372
Kohl, gefüllter, als Fastenspeise ........................ 373
Kohl, gefüllter, nach Schlemmerart ... 372
Kohl »surprise« ........................ 373
Kohlbrot ........................ 373
Kohlsprossen ........................ 374
Kohlsuppe ........................ 711
Kohlsuppe nach der Art von Bordeaux ........................ 373
Kompott aus gegrillten Marillen, à la Breteuil ........................ 449
Kompott aus grünen Mandeln ........................ 443
Kompott aus grünen Marillen ........................ 450
Kompott von der Muskat-Traube ..... 461
Konfitüre aus ganzen oder geviertelten Marillen ........................ 450
Konfitüre aus grünen Marillen ........................ 450
Konserve von der Muskat-Traube ..... 462
Kopfsalat, gebratener, gefüllter ........................ 388
Kopfsalat, gefüllter ........................ 387
Kopfsalat, gefüllter, nach der Dame Simonne ........................ 388
Kopfsalat, gehackter ........................ 389
Kopfsalat, spanischer ........................ 389
Krapfen »à la bonne femme« ........................ 391
Krapfen »Chantilly« ........................ 390
Krapfen mit Orangen aus Malta, à la Régence ........................ 393
Krapfen mit Weinbrand-Früchten, à la Chartres ........................ 393
Krapfen, Ananas- ........................ 393
Krapfen, Apfel- ........................ 390
Krapfen, Blanc-Manger- ........................ 394
Krapfen, Brioche- ........................ 390
Krapfen, Crème- ........................ 390
Krapfen, eine weitere Crème mit Karamel und Orangenblüten ........................ 391
Krapfen, kreisförmige Blanc-Manger-Karamel- ........................ 394
Krapfen, Marillen-, à la Dauphine genannt ........................ 392
Krapfen, Marmelade- ........................ 391
Krapfen, mit Erdbeeren garnierte, à la Dauphine ........................ 393
Krapfen, Obst-, à la Royale ........................ 393
Krapfen, Orléans-, mit Borsdorfer Äpfelchen ........................ 393
Krapfen, Sellerie- ........................ 392
Krapfen, Vanille- ........................ 394
Krapfenteig nach Carême ........................ 389
Krapfenteig, provençalischer ........................ 390
Kräutersuppe à la Dauphine ........................ 720
Krebs ........................ 395
Krebs-Bisque ........................ 79
Krebs-Canapés ........................ 397
Krebse à la bordelaise ........................ 396
Krebse à la gasconne ........................ 397
Krebse à la poulette ........................ 397
Krebse à l'anglaise ........................ 397

Krebse in Court-Bouillon ..................396
Krebse, Vuillemot-...........................395
Krebs-Matelote ...............................397
Kretzer oder Sauertraubensaft...........398
Krickenten mit Kardonen .................164
Krickenten-Pâté ..............................165
Krickenten-Ragoût ..........................164
Krickenten-Ragoût, eine andere
Art der Zubereitung ....................164
Krickentensuppe mit Steckrüben ......164
Krickentensuppe mit Trüffeln und
Champignons..............................165
Kroketten mit jungem Kaninchen ....399
Kroketten, Geflügel- ........................400
Kroketten, Kartoffel-, mit Vanille.....401
Kroketten, Kastanien-,
à la Dauphiné .............................400
Kroketten, Nudel-, in Zitronat ........401
Kroketten, Reis-...............................401
Kuchen à la Madeleine......................403
Kuchen à la reine .............................404
Kuchen, Brie-...................................405
Kuchen, Compiègne-........................405
Kuchen, englischer ..........................406
Kuchen, Frascati- .............................406
Kuchen, gefüllter ...............................406
Kuchen, Karotten- ...........................402
Kuchen, kleine polnische .................404
Kuchen, Liebesbrunnen-...................405
Kuchen, Mandel- .............................404
Kuchen, Pistazien- ...........................403
Kuchen, Pithiviers- ..........................404
Kuchen, Reis- ..................................402
Kuchen, Savarin- .............................407
Kuchen, Tausendblätter- ..................403
Kürbis mit Kirschwasser...................408
Kürbis mit Parmesan .......................408
Kürbis, gebackener ..........................408
Kürbiskuchen à l'antiquaille.............407
Kuttelflecke à la mode de Caen.........409
Kuttelflecke in pikanter Sauce...........411
Kuttelflecke, gegrillte Rinds-.............410
Kuttelflecke, Rinds-, à la lyonnaise ...410
Kuttelflecke, Rinds-,
im Schweinsnetz..........................410
Kuttelflecken, zur Zubereitung
von Rinds-..................................409
Kuttelfleck-Fricassée ........................410
Kutteln (Gras-Double).....................568
Kutteln à la mode de Caen...............569
Lachs nach Genfer Art .....................413
Lachs, gerollter, à l'irlandaise............412
Lachs, Räucher-...............................414
Lachs, Rhein- ..................................415
Lachs, Salz- ....................................414
Lachs, sautierter .............................413
Lachse, junge, à la poêle...................415
Lachs-Galantine ..............................414
Lachs-Pastete, heiße ........................414
Lachsschwanz, gegrillter ..................413
Lamm auf ungarische Art.................415
Lamm in ganzen Stücken mit
gefüllten Tomaten.......................416
Lamm, ganzes, in Sauce poivrade......417
Lamm, Oster-, à la royale.................416
Lammbrust mit Erbsen ....................422
Lammbrust mit grünen Ribiseln .......421
Lammbrustschnitten mit
Spargelspitzen.............................421
Lamm-Cromesquis
(polnisches Ragoût) .....................423
Lamm-Epigramme mit
Spargelspitzen.............................417
Lammfilets nach Condé ...................422
Lamm-Galantine.............................421
Lamm-Innereien .............................420
Lammkeule .....................................420
Lamm-Ratonnet ..............................423
Lammrücken auf englische Art..........418
Lammscheiben à la Landgrave..........422
Lammviertel nach Art
des Maître d'hôtel........................420
Lammviertel, gebratenes .................420
Lamprete in süßer Sauce .................424
Lamprete mit Pilzen.........................425
Lampreten-Tartare...........................425
Languste.........................................425
Leberkuchen, Geflügel-.....................426
Lerchen in der Kasserole ..................428
Limonensaft.....................................430
Macédoine aus Frühlingsgemüsen.....432
Madeleine .......................................433
Mais-Quiche als Beilage...................436
Makkaroni ......................................436
Makkaroni auf Hausfrauenart...........438
Makkaroni auf neapolitanische Art ...438

Makkaroni, gratinierte ....................438
Makkaroni-Timbale..........................438
Makrele, Sauce à la maître d'hôtel.....439
Makrelen à l'anglaise.........................440
Makrelen auf flämische Art...............440
Makrelenfilets mit Sauce
à la maître d'hôtel.........................440
Makronen aus süßen Mandeln..........441
Makronen aus süßen Mandeln..........444
Makronen, Bittermandel- .................441
Makronen, Bittermandel- .................444
Makronensoufflé mit grünen
Nüssen .........................................441
Mandel-Crème ................................442
Mandelkekse....................................444
Mandelkuchen.................................443
Mandelkuchen à la Pithiviers...........444
Mandelkuchen, kleine ......................444
Mandelkuchen, massiver .................443
Mandelpralinen ...............................443
Mandelwindbäckerei, kleine ..............77
Marillen à la Condé, à la Génevoise,
mit Perlgraupen ...........................449
Marillen, getrocknete,
à la provençale..............................451
Marillen, Obers mit glacierten..........452
Marillen, Sago-Poupelure mit,
genannt à la d'Escars ...................449
Marillen-Auflauf Metternich............446
Marillen-Crème ..............................447
Marillen-Käse ..................................452
Marillen-Kompott, kurz gekochtes ...449
Marillen-Krapfen ............................447
Marillen-Marmelade,
Hausfrauenart ..............................451
Marillen-Marmelade, königliche ......451
Marillen-Pudding ...........................448
Marillen-Torte, gefüllte,
à la bonne femme.........................448
Marksuppe.......................................712
Marmelade ohne Namen .................381
Marmelade, Birnen-.........................381
Marmelade, Himbeer- ......................380
Marmelade, Kirschen-......................380
Marmelade, Kretzer-........................380
Marmelade, Mirabellen- ..................380
Marmelade, Pfirsich-........................380
Marmelade, Veilchen-......................761
Marmelade, Zitronen-......................787
Marzipan, Turiner ...........................441
Maulbeersaft ...................................454
Melanzane nach Art des Languedoc ..455
Melanzane nach Pariser Art..............455
Melanzanesalat à la provençale..........455
Melone............................................455
Merlan à la Sylvio-Pellico ................458
Merlan in Fines Herbes....................457
Merlan, gebratener .........................456
Merlan, gebratener, à la provençale...459
Merlan, gegrillter ............................456
Merlanfilets »en turban«..................457
Merlanfilets, gratinierte...................457
Merlan-Schwanz nach Art von
Cherbourg......................................459
Milchreis.........................................722
Miroton nach Art der Insel von
Saint-Louis ...................................725
Miroton Saint-Honoré.....................725
Mispel............................................460
Muschelsuppe .................................719
Muskat-Traube in Flüssigkeit
eingelegt .......................................462
Muskat-Trauben, in Branntwein
eingelegte.......................................462
Muskat-Trauben, trocken
konserviert ...................................462
Nivernaise .......................................467
Nougat............................................387
Nougat............................................467
Nusslikör à la Sainte-Marie ..............237
Nusslikör nach Art
der Karmeliterinnen .....................237
Ochse à l'anglaise............................570
Ochsenschlepp à la hochepot ...........564
Ochsenschlepp Sainte-Menehould....564
Oille, französische ..........................473
Oille, gratinierte, aus Navarra ...........473
Oille-Suppe nach früherer Art..........471
Olivenragoût...................................470
Olivenragoût à la Maillebois ............471
Olla podrida....................................472
Omelett à la Noailles.......................477
Omelett Fines Herbes ......................474
Omelett mit Blond de veau,
im Ofen gebackenes ....................480
Omelett mit Garnelenschwänzen ......225

Omelett mit Mark .......................... 478
Omelett mit Obers-Champignons .... 474
Omelett, Apfel- .............................. 479
Omelett, arabisches ........................ 475
Omelett, Austern- ........................... 478
Omelett, Erdbeer- ........................... 477
Omelett, gefülltes ........................... 479
Omelett, Kirschwasser- .................... 477
Omelett, Krebs- .............................. 479
Omelett, provençalisches Tomaten- .. 476
Omelett, süßes ................................ 474
Omelett, Thunfisch-,
des Brillat-Savarin ........................ 475
Palatschinken oder Pancakes ............ 481
Panade .......................................... 482
Panade à la portugaise ..................... 482
Panier ............................................ 482
Pastetchen »bouchées à la reine« ....... 484
Pastetchen mit Salpicon .................... 484
Pastetchen, natur ............................ 483
Pastete mit Schnittlauch ................... 485
Pastete, kalte Kalbs- ........................ 486
Pastete, Schinken- ........................... 488
Pasteten, kleine, mit Jus ................... 483
Pasteten, kleine, mit
Sauce Béchamel .......................... 483
Pastetenteig .................................... 489
Pâté à la financière .......................... 486
Paupiettes ...................................... 587
Pfau, gebratener, in saurer Sauce ....... 494
Pflaumenkäse .................................. 382
Pilaw ............................................. 497
Pilaw, türkischer ............................. 497
Pilze à la bordelaise ......................... 498
Pilze à la bordelaise in der
Tortenform ................................. 498
Pilze in Röstbrot ............................. 499
Pilzragoût à la Cussy ........................ 529
Plum-Pudding ................................. 500
Pökelspeck mit Kraut ....................... 663
Pommes frites ................................. 362
Porree ............................................ 501
Portulak, gebackener, à la milanaise .. 501
Portulak-Ragoût .............................. 502
Pot-au-feu ...................................... 715
Poularde als Spießanhang ................. 269
Poulardenbraten vom Spieß ............... 269
Poulardenfilets »suprême« ................. 269
Poularden-Filets à la Béchamel .......... 272
Poulardenfleisch, gehacktes,
à la reine ..................................... 272
Poulardenflügel à la maréchale .......... 270
Poularden-Galantine ........................ 270
Poulardenkeulen à la Bayonnaise ...... 281
Poulardenkeulen à la Livernois .......... 281
Poulardenkeulen en ballon ................ 281
Poupelin ........................................ 502
Poupelin, eine andere Methode ......... 502
Poupeton als Festtagsspeise .............. 503
Poupeton mit Blut ........................... 504
Poupeton, ein anderes Rezept ........... 503
Poupeton, Fisch- ............................. 504
Pudding aus weißen
und roten Ribiseln ........................ 507
Pudding, Apfel-, mit Crème .............. 507
Pudding, Bread- .............................. 508
Pudding, englischer Kabinett- ........... 508
Pudding, Erdbeer- ........................... 507
Pudding, großer, mit Mark ............... 505
Pudding, Pariser, auch Pudding
des diplomatischen Kabinetts
genannt ...................................... 506
Pudding, Reinetten-,
mit Muskattraube ......................... 505
Pudding, Reis-, mit Orangen ............ 508
Punsch .......................................... 508
Punsch à la Dupouy ......................... 509
Püree aus Mai-Schwämmen .............. 512
Püree aus trockenen Erbsen .............. 511
Püree aus vier Wurzelarten ............... 511
Püree, Apfel- .................................. 510
Püree, Geflügel- ............................. 512
Püree, Hummer- ............................. 513
Püree, Kartoffel- ............................. 510
Püree, Kastanien- ............................ 511
Püree, provençalisches ..................... 512
Püree, Sauerampfer- ........................ 511
Püree, Tomaten- ............................. 512
Püree, Wild- .................................. 512
Püree, Zwiebel- .............................. 510
Pute mit Trüffeln ............................ 751
Pute, fette, à la cardinale .................. 753
Pute, Trüffel-, nach
M. le Marquis de Cussy ................. 751
Puten-Abatis mit Steckrüben ............. 21
Puten-Daube .................................. 752

Quitten in Butter ... 514
Quitten in Rindermark ... 515
Quitten, eingelegte, à la cotignac d'Orléans ... 515
Quittengelée ... 515
Quittenkompott ... 515
Quittenraisiné à la dauphinoise ... 381
Ragoût à la financière aus Hahnenkämmen und -nieren ... 522
Ragoût aus gefüllten Tomaten à la Grimod ... 523
Ragoût aus Karpfen-Milch ... 522
Ragoût aus Mai-Schwämmen ... 529
Ragoût aus weißen und schwarzen Trüffeln à la Rossini ... 529
Ragoût, bretonisches Bohnen- ... 531
Ragoût, Chipolata- ... 532
Ragoût, Endivien-, in lichter Sauce ... 530
Ragoût, Endivien-, mit dunkler Sauce ... 530
Ragoût, Endivien-, eine weitere Methode ... 530
Ragoût, Erbsen-, mit Speck ... 532
Ragoût, Godiveau- ... 533
Ragoût, Gurken- ... 532
Ragoût, Gurken-, in dunkler Sauce ... 532
Ragoût, Kalbsbries- ... 521
Ragoût, Karpfenzungen- ... 523
Ragoût, Sellerie- ... 523
Ragoût, Spinat- ... 531
Ragoût, Trüffel- ... 526
Ragoût, Trüffel-, à la Périgueux ... 528
Ragoût, Trüffel-, à la piémontaise ... 527
Ragoût, Trüffel-, à l'italienne ... 527
Ragoût, Trüffel-, als Pudding ... 528
Ragoût, Trüffel-, mit Champagner ... 526
Ragoût, Trüffel-, mit Espagnole ... 527
Ragoût, Trüffel-, mit Parmesan ... 529
Ragoût, Trüffel-, nach Apicius ... 526
Ratafia-Likör von der Muskat-Traube ... 462
Räuchern ... 534
Ravigote ... 535
Ravigote, grüne ... 535
Ravigote, Öl- ... 535
Ravioli ... 535
Rebhühner nach Hausfrauenart mit Kohl ... 539
Rebhühner, gebratene junge ... 537
Rebhühner, in der Glut gegart ... 541
Rebhühner, junge, »en entrée de broche« ... 538
Rebhühner, junge, à la bourguignonne ... 539
Rebhühner, junge, à la d'Artois ... 540
Rebhühner, junge, à la Montglas oder Salpicon im Bassin ... 539
Rebhühner, junge, à l'anglaise ... 538
Rebhühner, rote junge, à la Périgueux ... 538
Rebhühner, rote oder graue junge, à la parisienne ... 537
Rebhühnern, Salmi aus jungen ... 539
Rebhühnern, sautierte Filets von jungen ... 540
Rebhuhn-Terrine mit Püree ... 540
Regenpfeifer am Spieß ... 542
Regenpfeifer mit Trüffeln ... 542
Reh-Crépinettes ... 544
Reh-Daube ... 544
Rehkeule, gebratene ... 543
Rehkoteletts ... 543
Rehpfeffer ... 543
Rehschnitzel ... 544
Rehschulter ... 543
Rehviertel, gebratenes ... 543
Reis à la chancelière ... 549
Reis à la Ristori ... 548
Reis, Apfel-, à la bonne femme ... 546
Reis, Butter-, mit Äpfeln und Korinthen ... 549
Reis, Cochinat- ... 548
Reis, französischer ... 548
Reis, indischer ... 548
Reis, kreolischer ... 352
Reis, Mandelmilch- ... 546
Reis, türkischer ... 547
Reis, türkischer (andere Methode) ... 547
Reiskasserole auf bürgerliche Art ... 366
Reiskasserole Königinnen-Art ... 366
Reiskasserole, mit einer Ananas und Äpfeln garniert ... 366
Reiskörbchen mit kleinen Früchten ... 546
Reiskuchen à la bourgeoise ... 545
Reiskuchen, karamelisierter ... 549
Reis-Soufflé ... 545

Reis-Timbale, glacierte ....................547
Rind à la mode, Bürgerart ....................558
Rind à l'écarlate ....................556
Rind mit armen Rittern ....................555
Rind, mit Kraut garniert ....................555
Rindsbrust-Karbonade ....................725
Rindsfilet à la bourgeoise ....................574
Rindsfilet à la royale, gedünstet ....................573
Rindsfilet mit Eingelegtem ....................575
Rindsfilet mit eingelegten Gurken,
Hausfrauenart ....................575
Rindsfilet mit glacierten Zwiebeln
oder gefüllten Salatblättern ....................574
Rindsfilet mit Gurken ....................574
Rindsfilet mit Madeira
à la bourgeoise ....................575
Rindsfilet mit Malaga ....................575
Rindsfilet, kurz gebratenes ....................561
Rindsfuß à la poulette ....................570
Rindsgaumen à la lyonnaise ....................568
Rindsgaumen à la poulette ....................567
Rindsgaumen à l'italienne ....................566
Rindsgaumen en cracovie ....................568
Rindsgaumen im Netz ....................569
Rindsgaumen, gratiniert ....................566
Rindsgaumen, Streifen vom ....................570
Rindsgaumen-Kroketten ....................567
Rinds-Hachée, Hausfrauenart ....................725
Rindshirn ....................569
Rindskeulenschnitten ....................575
Rindslende mit Filet
(Lungenbraten) ....................572
Rindsnieren mit Zwiebeln ....................466
Rindsnieren, kurz gebratene ....................467
Rindsrose mit Gelée oder
à la royale ....................556
Rindsrücken à la Godard ....................572
Rindsrücken am Spieß ....................573
Rindszunge auf italienische Art
mit Parmesan ....................565
Rindszunge, gespickt und gebraten ....................559
Rindszunge, gratiniert ....................559
Rindszunge, Sauce hachée ....................558
Rippenstück à la milanaise ....................563
Rippenstück à la vieille mode ....................562
Rippenstück in Malaga ....................563
Rippenstück mit
glacierten Zwiebeln ....................563
Rippenstück mit Gurken ....................563
Rippenstück mit Spinat ....................562
Rippenstück oder Kammstück
mit Wurzelwerk ....................564
Rissolen ....................576
Rissolen aus Champignons und
Mai-Schwämmen ....................577
Rissolen aus Kalbseutern ....................576
Rissolen mit Marillen-Marmelade ....................577
Rissolen, Feiertags- ....................576
Rissolen, magere ....................576
Rissolen, Mark-, glaciert ....................576
Rissolen, Schokolade- ....................576
Rochen à la Sainte-Menehould ....................578
Rochen, gebratener ....................578
Rochen, junger fritierter ....................578
Roolpins ....................571
Rosbif, Rondbif oder Cornebif ....................557
Rosbif vom Schaf am Spieß ....................628
Rossolis ....................579
Rossolis, parfümierter ....................579
Röstbrot à la d'Antin ....................584
Röstbrot à la provençale ....................583
Röstbrot à la Richelieu ....................580
Röstbrot mit Eiern ....................583
Röstbrot mit Fisolen ....................581
Röstbrot mit Gurken ....................580
Röstbrot mit Kalbsnieren ....................580
Röstbrot mit magerer Fisch-Farce ....................584
Röstbrot mit Schinken ....................582
Röstbrot mit Schnepfen ....................582
Röstbrot mit Speck ....................583
Röstbrot mit Spinat ....................581
Röstbrot mit Stopfleber ....................582
Röstbrot, eine andere Art, Spinat
zu rösten ....................581
Röstbrot, englisches ....................580
Röstbrot, holländisches ....................584
Röstbrot, Kapaunen- ....................580
Röstbrotschnitte mit Speck ....................664
Röstteig mit Rindermark ....................582
Röstteig mit Rindermark,
ungezuckerte Version ....................582
Rotbarben in der Kasserole ....................585
Rotbarben, gegrillte, mit
Anchovis-Sauce ....................585
Rotbarben, marinierte ....................586
Rotbarben-Filets mit Fines Herbes ....................586

Rotkraut, gespicktes ........................ 374
Rotkraut, holländisches .................. 374
Roulade, Rinds- oder Kalbsroulade
nach traditioneller Art ................. 587
Roux ........................................... 588
Rüben à la Chartreuse ...................... 589
Rüben à la poitevine ........................ 589
Rüben in der Kasserole .................... 590
Rüben in Sauce Béchamel ................ 590
Sardinen, gebackene ........................ 595
Sabaione ........................................ 591
Safranschaum ................................. 591
Sago ............................................. 592
Salat ............................................. 592
Salatherzen in Espagnole ohne Öl
oder Essig ................................... 291
Salep ............................................ 594
Salpicon, gewöhnliches .................... 521

SAUCEN
Anchovisbuttersauce .................... 599
Aspik – Grand Aspic ................... 596
Aspik – kleine Sauce .................... 596
Back- oder Bratfett ...................... 597
Backteig ...................................... 597
Bayrische Sauce .......................... 598
Blanc .......................................... 598
Brède-Sauce ................................ 598
Butter, gebunden ........................ 599
Court-Bouillon ........................... 599
Currysauce oder indische Sauce .... 600
Erbsenpüreesauce ........................ 600
Erbsensauce als Entrée oder
Zwischengericht .......................... 600
Espagnole .................................... 601
Espagnole, erweiterte .................. 602
Estragonsauce, gebunden ............ 602
Estragonsauce, licht ..................... 602
Fenchelsauce ............................... 602
Fleisch-Glace ............................... 602
Fumet vom Wild .......................... 603
Gourmet-Sauce ........................... 603
Grande Sauce .............................. 604
Hummersauce ............................. 605
Jus vom Rind (Fleischsaft) ........... 604
Ket-chop ..................................... 605
Kirschensauce ............................. 212
Knoblauchbuttersauce ................. 599
Krebscrèmesauce für Steinbutt ..... 607
Krebssauce .................................. 606
Krebssauce, zweite Version .......... 606
Kretzer und wie man ihn
konserviert .................................. 607
Linsensauce à la reine .................. 608
Marinade, gekocht ....................... 608
Mayonnaise-Sauce ....................... 608
Muschelsauce .............................. 608
Olivensauce mit gefüllten
Oliven ......................................... 609
Pikante Sauce .............................. 609
Provençalische Buttersauce .......... 599
Rémoulade .................................. 550
Rémoulade, provençalische .......... 550
Roux ........................................... 609
Roux, weiß .................................. 609
Salzwasser ................................... 609
Sauce à la bonne morue ............... 610
Sauce à la maître d'hôtel,
gebunden .................................... 611
Sauce à la maître d'hôtel, kalt ....... 611
Sauce à la matelote ...................... 611
Sauce à la mirepoix ...................... 612
Sauce à la peluche verte ............... 612
Sauce à la pluche ......................... 612
Sauce à la poêle ........................... 612
Sauce à la polonaise, kalt ............. 613
Sauce à la poulette ....................... 613
Sauce à la talpage – für Hasen-
und Kaninchenbraten ................... 613
Sauce à l'allemande ...................... 610
Sauce à l'aurore ........................... 610
Sauce à l'ivoire ............................ 611
Sauce à l'orange .......................... 612
Sauce au pauvre homme .............. 613
Sauce au suprême ........................ 614
Sauce au vert-pré ......................... 614
Sauce aus pürierten
Champignons .............................. 614
Sauce aux hâtelets ....................... 614
Sauce Béchamel .......................... 615
Sauce Colbert .............................. 325
Sauce Duxelle .............................. 615
Sauce genannt à la génevoise ....... 621
Sauce hachée .............................. 615
Sauce hollandaise ........................ 615

Sauce Italienne oder
Sauce Hachée ....... 294
Sauce italienne, rot ....... 616
Sauce italienne, weiß ....... 616
Sauce Périgueux ....... 616
Sauce poivrade ....... 616
Sauce Provençale ....... 505
Sauce ravigote, gekocht ....... 617
Sauce ravigote, heiß, für Kalbshirn
und andere Hirngerichte ....... 618
Sauce ravigote, roh und kalt ....... 617
Sauce ravigote, weiß ....... 617
Sauce Robert ....... 618
Sauce Sainte-Menehould ....... 619
Sauce tartare ....... 619
Sauce tortue ....... 619
Sauce verte ....... 619
Sauerampfersauce ....... 620
Schalottensauce à la béarnaise ....... 620
Stachelbeersauce à l'anglaise ....... 621
Tomatensauce ....... 622
Trüffelsauce à la Saint-Cloud
bzw. en petit deuil ....... 622
Velouté oder weißes Coulis ....... 622
Velouté, erweitertes ....... 623
Weintrauben-Sauce ....... 623
Wildpüree ....... 623
Zwiebelpüree-Sauce, weiß ....... 624

Sauerampfer-Püree als Fastenspeise ....... 624
Sauerampfer-Püree für Festtage ....... 624
Sauerkraut, wie man Sauerkraut
zubereitet ....... 375
Schaf, Filet mignon vom ....... 634
Schaf, Karree vom, à la Bedienerin ....... 633
Schafhirn ....... 637
Schafkoteletts auf Gärtnerinnen-Art ....... 633
Schafkoteletts mit Soubise ....... 632
Schafkoteletts natur ....... 632
Schafkoteletts, kurz gebratene ....... 633
Schafkoteletts, panierte ....... 632
Schafsbrust ....... 634
Schafschwanz mit Oliven ....... 636
Schafschwänze »au soleil« ....... 636
Schafschwänze »hochepot« ....... 635
Schafschwänze, glacierte,
mit Endivien ....... 635
Schafschwänzen, Terrine aus ....... 636
Schafsfilet, Geschnetzeltes vom,
mit Gurken ....... 634
Schafsfüße »à la poulette« ....... 638
Schafsfüße in Sauce Robert ....... 639
Schafs-Hachis à la Musketier ....... 639
Schafs-Hachis, portugiesisches ....... 634
Schafshals »Sainte-Menehould« ....... 634
Schafshals, gegrillter ....... 635
Schafskarree als Fricandeau ....... 633
Schafskeule »en chevreuil« ....... 629
Schafskeule à l'anglaise ....... 629
Schafskeule am Spieß ....... 628
Schafskeule, gekochte ....... 629
Schafskeule, geschmorte ....... 628
Schafsnieren, marinierte ....... 466
Schafsnieren à la Musketiere ....... 464
Schafsnieren auf honorigem
Spießchen ....... 465
Schafsnieren in Champagner ....... 465
Schafsnieren in Champagner
oder Sauce italienne ....... 637
Schafsnieren mit Gurken ....... 466
Schafsnieren, gegrillt ....... 465
Schafsnieren, glacierte ....... 465
Schafsnieren, sautierte ....... 466
Schafsnieren-Ragoût ....... 466
Schafsnieren-Spießchen ....... 636
Schafsrücken »Sainte-Menehould« ....... 630
Schafsrücken à l'anglaise, paniert ....... 630
Schafsrücken, kleine,
en carbonnade ....... 631
Schafsschulter, ballförmige ....... 631
Schafsviertel, geschmortes ....... 630
Schafszungen in Papilloten ....... 637
Schafszungen in Parmesan ....... 638
Schafszungen, gratinierte ....... 638
Schildkrötensuppe, englische
und amerikanische ....... 707
Schildkrötensuppe, falsche ....... 706
Schinken au naturel ....... 661
Schinken, am Spieß gebratener ....... 661
Schinken, geschmorter ....... 661
Schleie à la poulette ....... 640
Schleie, gegrillte ....... 640
Schmalzsockel ....... 641
Schmorfond ....... 559
Schmortopf ....... 641
Schmortopf Condé ....... 641

Schnecken à la bourguignonne .........644
Schnecken à la polonaise...................643
Schnecken à la provençale.................642
Schnecken, erfrischende
Bronchialsuppe aus.........................643
Schnecken-Matelote à la bordelaise...643
Schnepfe am Spieß.............................646
Schnepfe am Spieß, eine
weitere Art......................................646
Schnepfe, Salmi von der ..................646
Schnepfen à la minute........................649
Schnepfen mit Trüffeln ....................649
Schnepfen nach Art des Périgueux ....649
Schnepfen, mit Rum flambierte,
auf baskische Art ............................648
Schnepfenfilets, sautierte .................650
Schnepfen-Hachis im Röstbrot .........649
Schnepfen-Salmi à la royale .............647
Schnepfen-Salmi des
Bernhardiner-Ordens ..................651
Schnepfen-Salmi mit Weißwein .......647
Schnepfen-Salmi nach Art der Jäger..647
Schnepfenterrine à l'ancienne mode..650
Schokolade, falsche ..........................307
Scholle à la bonne eau........................652
Scholle à la hollandaise......................653
Scholle mit Sauce normande............288
Scholle, gegrillte ..............................653
Scholle, gratinierte ..........................652
Scholle, Matelote normande.............652
Schollenfilets à la Orly .......................653
Schwarzwurzel .................................654
Schweins-Émincés, frische,
kurz gebraten...............................664
Schweinsfüße à la Sainte-Menehould..662
Schweinshirn....................................664
Schweinskopf....................................659
Schweinskopf nach Art von Troyes...660
Schweinskoteletts Sauce Robert ........662
Schweinsohren en menu de roi .........662
Schweinsohren mit Püree..................662
Schweinsrücken ................................662
Schweinszungen, geräucherte,
in Wursthaut................................664
Seeteufel-Leber ................................427
Seezunge à la flamande ....................666
Seezunge à la mode de Trouville.......670
Seezunge, gebratene .........................666
Seezunge, gegrillte ............................669
Seezunge, im Ofen gebackene ..........666
Seezunge, mit Austern gefüllt............669
Seezungen-Filets à la Orly .................667
Seezungen-Filets à la Sauce
de Provence ..................................669
Seezungen-Filets à l'italienne.............668
Seezungen-Filets mit Mayonnaise .....670
Seezungen-Filets, gebackene .............667
Seezungen-Filets, sautierte ................667
Seezungenfilets, sautierte, mit
Sauce à la maître d'hôtel...............668
Seezungen-Filet-Salat.........................670
Seezungen-Gratin .............................668
Sellerie mit Jus nach Art
der Hausfrau..................................671
Sellerie mit Rahm .............................671
Sellerie, geröstete, auf
bürgerliche Art .............................671
Sellerie-Ragoût..................................671
Selleriesalat.......................................670
Sellerie-Velouté.................................671
Sirup .................................................672
Sirup, Veilchen-.................................761
Sirup, Wacholder-.............................763
Sorbet, Maraschino-..........................160
Sorbet, Rum- ....................................160
Sorbet, Zitronen-..............................160
Spanferkel .........................................673
Spanferkel, gefülltes, à l'anglaise........674
Spanferkel-Galantine ........................674
Spargel à la Pompadour ....................677
Spargel in Bratensaft .........................677
Spargel in Butter ...............................676
Spargel in Öl......................................676
Spargel mit Erbsen............................676
Spargel Monselet...............................677
Spargel, gebackener ..........................676
Spargel, nach Audot gekochter..........676
Spargelspitzen, Ragoût aus ...............677
Spargelspitzen, Rühreier mit .............677
Speckbohnen »à la villageoise« ............87
Spinat à la maître d'hôtel ..................680
Spinat à l'anglaise..............................680
Spinat mit Jus ...................................680
Spinat mit Zucker..............................680
Spinat nach alter Sitte .......................680
Spinatcrème ......................................680

Spinatfarbe .......... 681
Spinat-Rissolen .......... 681
Spinatsuppe .......... 681
Spinat-Torte .......... 681
Stachelfisch à la bordelaise .......... 682
Stachelfisch à la maître d'hôtel .......... 682
Stachelfisch à la normande .......... 682
Steckrüben à la d'Esclignac .......... 685
Steckrüben à la Picardie .......... 686
Steckrüben in jungfräulichem
Ragoût .......... 686
Steckrüben, in Jus glacierte .......... 685
Steckrüben-Püree als Garnitur
für Suppen .......... 686
Steckrüben-Ragoût als
Fleischunterlage oder Garnitur .......... 686
Steckrübensuppe für Lungenkranke .......... 687
Steinbutt .......... 687
Steinbutt à la régence .......... 691
Steinbutt à l'anglaise .......... 688
Steinbutt mit gratinierter Crème .......... 691
Steinbutt mit Mayonnaise .......... 693
Steinbutt, junger, gebraten .......... 692
Steinbutt, Matelote normande .......... 692
Steinbutt, mit Parmesan
gratinierter .......... 692
Steinbuttfilets mit Bigaraden .......... 693
Steinbutt-Kadgiori .......... 689
Steinbutt-Pastete, heiße dänische .......... 690
Steinpilz, schwarzköpfiger .......... 694
Sterlett in Chablis .......... 695
Sterlett-Bouillabaisse .......... 697
Sterlett-Pastete, kalte .......... 696
Stint à l'anglaise .......... 698
Stint, gebratener .......... 698
Stockfisch à la maître d'hôtel .......... 299
Stockfisch in Rahm oder
»guter Stockfisch« .......... 300
Stockfisch mit schwarzer Butter .......... 300
Stockfisch-Brandade .......... 300
Stockfisch-Brandade nach der Art
von Montpellier .......... 699
Stockfisch-Schwänze à l'anglaise .......... 301
Stör am Spieß .......... 701
Stör in Court-Bouillon .......... 701
Stör mit Fines Herbes .......... 702
Stör mit Röstbrot .......... 702
Stör, gegrillter, für Festtage .......... 702
Stör, glacierter .......... 703
Stör-Fricandeau .......... 702
Störkopf, Suppe aus einem .......... 703
Störkoteletts in Papillotten .......... 702
Stör-Pastete .......... 703
Suppe à la Camerani .......... 722
Suppe à la Grimod de la Reynière .......... 712
Suppe à la reine .......... 710
Suppe à la reine als Fastensuppe .......... 721
Suppe aus dem Languedoc .......... 712
Suppe mit Perlgraupen .......... 232
Suppe von der Trauerente
mit Steckrüben .......... 743
Suppe, deutsche Nudel- .......... 727
Suppe, Holzbein- .......... 713
Suppe, kalte russische, wie man sie in
St. Petersburg und Moskau isst .......... 720
Suppe, Kürbis- .......... 722
Suppe, Mandelmilch- .......... 721
Suppe, Vongole- .......... 709
Suppe, Wildpüree- .......... 714
Suppenfleisch .......... 723
Suppenfleisch à la poulette,
bürgerliche Art .......... 726
Suppenfleisch als bürgerliche
Matelote .......... 726
Suppenfleisch des armen Mannes .......... 725
Suppenfleisch mit Petersilie .......... 726
Suppenfleisch-Quenelles .......... 726
Suppennudeln (Nouilles) .......... 726
Süßkartoffel-Krapfen .......... 727
Süßkartoffeln in Butter .......... 727
Taube mit Erbsen .......... 729
Tauben à la crapaudine .......... 730
Tauben à la Gautier .......... 730
Tauben à la toulousaine .......... 731
Tauben als Spießanhang,
à la nîmoise .......... 729
Tauben mit Blut .......... 731
Tee .......... 731
Teig für alle Arten von
Gebackenem .......... 392
Terrine .......... 732
Terrine nach alter Art .......... 733
Thunfisch am Spieß .......... 733
Thunfisch gebacken .......... 734
Thunfisch, frischer, als Salat .......... 734
Thunfisch, gebratener .......... 734

Thunfisch, wie man Thunfisch
marinieren .......... 733
Tintenfisch, fritierter .......... 290
Tomaten à la Grimod de
la Reynière .......... 735
Tomatensuppe mit
Garnelen-Schwänzen .......... 286
Tournedos .......... 562
Trappe à la Daube .......... 736
Traubenkonfitüre (Raisiné) .......... 741
Trauerente mit Aal .......... 742
Trauerente, gebratene .......... 741
Trauerente, magere Terrine
von der .......... 742
Trauerenten-Ragoût in Schokolade .......... 742
Trüffel-Émincé .......... 745
Trüffeln en roche .......... 745
Trüffeln in Asche .......... 744
Trüffeln in Champagner .......... 744
Trüffeln in Court-Bouillon .......... 745
Trüffeln, gedämpfte .......... 745
Trüffeln, gratinierte .......... 746
Trüffeln, Russischer Salat aus
schwarzen .......... 747
Trüffeln, weiße .......... 746
Trüffel-Pulver, schmackhaftes .......... 528
Trüffelsalat à la toulousaine .......... 746
Truthahn »en ballon« .......... 753
Truthahn à la crème .......... 754
Truthahn à la princesse .......... 756
Truthahn mit Kastanien .......... 755
Truthahn, fetter, à la Périgord .......... 755
Truthahn, marinierter .......... 756
Truthahn, Quenelles aus
gebratenem .......... 756
Truthahn-Blanquette .......... 757
Truthahnfilets .......... 755
Truthahnflügel à la Stanislas .......... 756
Truthahnkeulen
à la Sainte-Menehould .......... 756
Truthahn-Salmi .......... 755
Truthahnspießchen .......... 758
Truthahnsuppe mit Flusskrebsen .......... 757
Türkenmütze .......... 758
Türkenmütze »à la Triboulet« .......... 758
Türkenmütze »surprise« .......... 759
Türkenmütze, farbige .......... 759
Venusmuschel .......... 761
Vol-au-vent .......... 762
Wacholderlikör .......... 763
Wachtelgratin .......... 766
Wachtelkuchen .......... 771
Wachteln à l'anglaise .......... 767
Wachteln am Spieß .......... 765
Wachteln im knusprigen Teig .......... 767
Wachteln in der Glut .......... 769
Wachteln mit Erbsen .......... 765
Wachteln mit grünem Salat .......... 766
Wachteln mit Lorbeer .......... 765
Wachteln mit Trüffeln .......... 768
Wachteln, in der Pfanne gebratene .......... 768
Wachteln, mit Krebsen
in der Glut gegart .......... 768
Wachtel-Pastete, heiße .......... 770
Wachtel-Ragoût .......... 769
Wachtelsuppe .......... 770
Wachtelsuppe mit Wurzelwerk .......... 770
Welsh-rabbit (gälisches Kaninchen) .......... 773
White-bait .......... 774
Wildente am Spieß .......... 163
Wildenten, Salmi aus .......... 163
Wildentenfilets à l'orange .......... 163
Wildgänse .......... 219
Wildgans-Filets .......... 219
Wildschwein-Daube .......... 776
Wildschweinfilet à la Blaze .......... 775
Wildschweinkoteletts
à la Saint-Hubert .......... 775
Wildschweinviertel à la royale .......... 775

WÜRSTE
I. Andouilles
Andouilles vom Schwein .......... 776
Andouilles mit Speck .......... 776
Andouilles in Sauce Béchamel .......... 777
Andouilles vom Rind .......... 777
Andouilles vom Kalb .......... 777
Andouilles mit Kalbskutteln .......... 778
Wildschwein-Andouilles .......... 779
Andouilles vom Hasen .......... 779
II. Andouillettes .......... 779
III. Saucisses .......... 779
IV. Saucisson .......... 779

Zabaione .......... 130
Zesten .......... 783

Zimtöl ............................................ 785
Zimtpastillen .................................... 785
Zimtwasser........................................ 785
Zitronat .......................................... 787
Zitronelle.......................................... 787
Zitronenkekse.................................... 788
Zitronenkompott................................ 788
Zitronenkonserve............................... 385
Zitronensaft, konservierter ............... 787
Zitronenschalengitter......................... 787
Zuchetti ............................................ 788
Zunge, geräucherte .......................... 789
Zunge, geschmorte Rinds- ................ 790
Zunge, Rinds-, à l'italienne
mit Parmesan ................................ 792
Zunge, Rinds-, in Papilloten............. 791
Zunge, Rinds-, mit Haut .................. 790
Zwiebeln, Gesundheitssuppe mit ..... 795
Zwiebelpüree mit Schleie.................. 796
Zwiebelragoût................................... 794
Zwiebelsuppe à la Stanislas .............. 794
Zwiebelsuppe à la Vuillemot............. 794
Zwiebelsuppe mit Milch................... 797
Zwiebelsuppe, andere, für Festtage ... 796
Zwiebelsuppe, magere ...................... 797
Zwiebelsuppe, weiße,
für Fastentage ................................ 796

## Verwendete Literatur


Alexandre Dumas, »Grand Dictionnaire de Cuisine«, Éditions Lemerre, Paris 1873

Alexandre Dumas, »Grand Dictionnaire de Cuisine«, mit einem Vorwort von Daniel Zimmermann, Éditions Phébus, Paris 1999

Alexandre Dumas, »Le Grand Dictionnaire de cuisine« in fünf Bänden, mit Vorworten von Régine Deforges (Bd 1), Geneviève Dormann (Bd 2), Hervé Jaouen (Bd 3), Irène Frain (Bd 4) und Daniel Zimmermann (Bd 5), Édit-France, Merlieux 1994, 1995 und 1996

»Dumas on Food – Selections from Le Grand Dictionnaire de Cuisine«, übersetzt von Alan und Jane Davidson, mit einer Einleitung von Alan Davidson, The Folio Society, London 1978

J. Rottenhöfer, »Illustrirtes Kochbuch – Anweisung in der feinern Kochkunst«, 3. Auflage, Verlag Braun und Schneider, München 1872

»Elisabeth Stöckls Bewährtes Kochbuch«, herausgegeben von I. Winkler, Mayer & Comp., Wien 1926

Hans Ziegenbein und Julius Eckel, »Die gute Wiener Mehlspeise«, Wehle-Höfels, Wien-Leipzig 1932

Elizabeth David, »French Provincial Cooking«, Penguin Books, London 1970

Karl Duch, »Handlexikon der Kochkunst«, 17. Auflage, Trauner Verlag, Linz 1997

»Französische Spezialitäten«, herausgegeben von André Dominé, Könemann-Culinaria, Köln 1998

»A. Escoffiers Kochkunst-Führer«, Reprint der Übersetzung der vierten französischen Auflage, bearbeitet von M.C. Banzer, Eichborn, Frankfurt am Main 1999

»Larousse de la cuisine«, Larousse-Bordas/HER, Paris 1999

Udo Pini, »Das Gourmet Handbuch«, Könemann, Köln 2000

Loukie Werle et Jill Cox, »Ingrédients de cuisine«, Könemann, Köln 2000

Anthony Rowley, »À table! – La fête gastronomique«, Découvertes Gallimard numéro 228

Dictionnaire des mots rares et précieux, »Domaine français«, dirigé par Jean-Claude Zylberstein, Éditions 10/18, Paris 1996

Christopher Brickwell (Herausgeber), »DuMont's große Garten-Enzyklopädie«, DuMont, Köln 1998

ISBN 3-85476-068-x

A-1020 Wien


1. Auflage 2002
*Lektorat:* Erhard Waldner
*Illustrationen und Umschlag:* Linda Wolfsgruber
*Satz & graphische Gestaltung:* Michael Baiculescu
*Druck:* interpress, Budapest

# Alexandre Dumas

# Das große Wörterbuch der Kochkunst

Aus dem Französischen
von Veronika Baiculescu

Herausgegeben von
Veronika und Michael Baiculescu

Band 2, H bis Q

# H

## HAFER

Pflanze aus der Familie der Gräser.
Die getrockneten und zu Mehl verarbeiteten Samen heißen Bretonische Grütze und schmecken ein bisschen wie Kaffee.

## HAHN

Er ist sicherlich der eitelste, wachsamste und mutigste Vogel überhaupt.
An Eitelkeit steht er dem Pfau in nichts nach; man sehe nur, wie er inmitten seines Hühnerharems auf und ab stolziert. Zur Wachsamkeit sei gesagt, dass der Hahn nie mehr als zwei Stunden hintereinander schläft. Ab ein Uhr Früh reißt er den Menschen mit seinem spitzen Schrei aus dem Schlaf und ruft ihn zu seinen Pflichten.
Zum Mut berichtet Levaillant in seinen Memoiren, dass sein Hahn unter allen seinen Tieren das einzige war, welches sich nicht vom Brüllen eines nahenden Löwen aus der Fassung bringen ließ.
Zu allen Zeiten wurde der Hahn mit Magie in Verbindung gebracht, so dass der Baseler Magistrat einst einen Hahn zum Scheiterhaufen verurteilte, weil er angeblich ein Ei gelegt hatte.
Im Premier Empire dachte man kurz daran, den alten gallischen Hahn als Wappentier auf die französische Fahne zu geben, doch Kaiser Napoleon lehnte dieses Ansinnen mit den Worten ab: »Ich will nicht, denn er wird vom Fuchs gefressen.«
Und er wählte den Adler.

In der Küche dient der Hahn nur für die Zubereitung einer bestimmten Fleischbrühe, die in alten Kochbüchern als Gelée de Coq hoch gelobt wird, weil sie heldenhafte Eigenschaften hervorbringe.
Der jungfräuliche Hahn, Junggeselle unserer Hühnerhöfe, verdankt seiner Enthaltsamkeit seinen besonderen Geschmack, in nichts zu vergleichen mit dem des Kapauns, der, wie wir ja wissen, nicht der Vater, sondern der Onkel des Hähnchens ist. Den jungen Hahn brät man am Spieß, mit Speckscheiben umwickelt, nicht gespickt, denn das wäre eine grobe Beleidigung. Auch im Ragoût hat er nichts zu suchen, denn man würde ihn damit seiner Ehre berauben.
Da wäre noch der Auerhahn, dieses großartige Wild, das wir hauptsächlich aus den Ardennen, den Vogesen und den Bergen der Auvergne kennen. Der Auerhahn wird wie der Junghahn am Spieß gebraten, allerdings auch gespickt.
Schließlich wollen wir feststellen, dass der Hahn ein sehr schönes Tier ist, männlich, tapfer, mit einer sonoren Stimme ausgestattet und ungemein gut dazu geeignet, den französischen Geist zu vertreten. In der Küche wird er allerdings wenig geschätzt, dort bevorzugt man seine Nachkommen.

## HAI

### *Croustaden aus den Mägen junger Haifische*

Sie nehmen fünfzehn Mägen von jungen Haifischen und wässern sie vierundzwanzig Stunden lang. Abtropfen lassen, dann in leicht gesalzenem Wasser etwa zwanzig Minuten blanchieren*. Nochmals abtropfen lassen und in kaltes Wasser legen, schließlich mit einem Tuch abtrocknen.
Nun legen Sie eine Kasserole mit Speckscheiben aus und die Mägen darauf. Fügen Sie ein indisches Lorbeerblatt, zwei Gewürznelken sowie drei Zitronenscheiben ohne Haut und Kerne hinzu und gießen Sie mit einem Schöpfer Geflügel-Consommé auf. Drei Unzen* Butter hinzufügen und auf kleiner Flamme garen.
Vor dem Servieren bereiten Sie eine Sauce aus einem großen Schöpflöffel voll ▸ Sauce suprême, einem Esslöffel Soubise ( ▸ Zwiebelpüree) sowie zwei guten Messerspitzen Currypulver zu und lassen diese Sauce reduzieren, jedoch nicht zu sehr eindicken.
Die Haimägen abtropfen lassen, in die Sauce legen und schließlich alles in Blätterteig füllen.

Wir empfehlen dieses Rezept jenen, die gern Haifisch essen oder davon kosten möchten. Wir haben es von M. Dugerez, dem Chefkoch im Hause Rothschild, dem wir mehrere Rezepte dieser Art verdanken. Wir müssen aber gleich erklären, dass wir keinerlei Meinung zu diesem Gericht abgeben können, denn wir haben nie davon gekostet und verspüren auch keine Lust darauf.

Haifisch ist zäh, hart, mager, klebrig und schwer verdaulich, was allerdings weder Norweger noch Isländer daran hindert, das Fleisch zu trocknen, es dann zu kochen und zu essen. Wir möchten ihnen obiges Rezept nahe legen.

Haifett hat die besondere Eigenschaft, sich lange zu halten und beim Trocknen so hart wie Schweinespeck zu werden. Oben genannte Völker verwenden es auch statt dem Speck und bereiten damit ihren Stockfisch zu.

## HASE

Ein Vierbeiner, der derart bekannt ist, dass wir hier sein Äußeres nicht beschreiben müssen. Ich werde nur einige Anmerkungen über seine Intelligenz hinzufügen, die manchmal die des Jägers und sogar die der Hunde übertrifft.

Man jagt den Hasen mit Vorsteh-, meist aber mit Bluthunden. Wenn man Ersteren auf die Jagd mitnimmt, kommt es auf die Geschicklichkeit des Jägers an, ob er den Hasen trifft oder nicht.

Wenn man die Bluthunde hinterherhetzt, dreht der Hase zwei Runden im Wald oder in der Ebene, eine erste von fünfundzwanzig bis dreißig Minuten und eine zweite von einer Dreiviertelstunde bis zu eineinhalb Stunden.

Was treibt den Hasen dazu, fatalerweise entweder nach seiner ersten oder nach der zweiten Runde immer wieder zum Ausgangspunkt zurückzukehren, um sich fast immer dort töten zu lassen, wo er wegzulaufen begann?

Nun, seinen ersten Lauf vollzieht er ehrlich und ohne List; aber beim zweiten versucht er zu täuschen und auch wenn sein Repertoire nicht ganz so ausgeklügelt ist wie das des Fuchses, gelingt es ihm doch manchmal die Hunde in die Irre zu führen und den Jäger zu überlisten.

Ein erstes Täuschungsmanöver besteht darin, dass er, sobald er an einem schützenden, von hohem Gras oder Dornenbüschen bewachsenen Ort anlangt, einen Kreis von fünfundzwanzig bis dreißig Schritten im Durchmesser zieht, und zwar so exakt, als hätte er ihn mit dem Zirkel gezogen. Dann läuft er drei oder vier Mal diesen Kreis ab, springt unter Ansammlung aller Kräfte zur Seite und flitzt davon.

Wenn die Hunde zu dem Ort kommen, wo er die Gerade verlassen hat und im Kreis gelaufen ist, folgen sie seiner Spur und laufen wie er rundherum; dann aber verliert sich die Spur. Der ungeheuerliche Sprung des Tieres hat sie unterbrochen. Die verwirrten Hunde heulen weiter, aber so, als ob sie den Jäger zu Hilfe rufen würden. Der kommt auch, doch sobald ihn der Hase hört, läuft er ausgeruht weiter, bereit, noch länger und weiter zu rennen als bisher.

Ich habe einen Hasen erlebt, der zu ebendiesem Mittel griff, statt aber auf den Boden zu springen und in den Dornen Zuflucht zu suchen, sprang er auf einen erdwärts geneigten Baumstamm und versteckte sich hinter ein paar Blättern.

Es war mein Vorstehhund, der ihn entdeckte und ihn mir durch seinen starren Blick verriet.

Ich tötete also einen auf einem Ast sitzenden Hasen, als ob ich einen Fasan oder ein Haselhuhn gejagt hätte.

### *Junger Hase auf englische Art*

Häuten Sie einen jungen, zarten Hasen, ohne ihm die Pfoten abzuschneiden, und sengen Sie, damit Sie ihn ganz servieren können, die Ohren ab, etwa so, wie man es bei einem Milchferkel bzw. dessen Borsten tun würde. Entfernen Sie ihm durch eine kleine Öffnung Lunge und Blut. Sie entnehmen die Leber, entfernen die Galle, hacken die Leber sehr fein, bereiten eine etwas trockenere Brotsuppe mit Obers* zu und stampfen Leber und aufgeweichtes Brot gemeinsam im Mörser. Fügen Sie so viel Butter hinzu wie Brotsuppe vorhanden ist, weiters vier rohe Eidotter, Salz, Pfeffer und Fines Épices*. Würfeln Sie eine große Zwiebel, blanchieren* Sie diese und mischen Sie sie mit einer Messerspitze Salbei, den Sie vorher durch ein Sieb gestrichen haben, zu einer Farce. Vermischen Sie alles gut und arbeiten Sie das Blut mit ein. Kosten Sie und, wenn die Farce gut ist, füllen Sie damit den Hasen, nähen diesen zu und brechen die Keulenknochen, so dass die Läufe unter dem Bauch fixiert werden können. Geben Sie ihm das Aussehen eines Hasen in seinem Bau, stecken Sie ihn so auf einen Spieß, umwickeln Sie ihn mit Speck, dann mit Papier und braten Sie ihn etwa fünf Viertelstunden. Bevor Sie ihn vom Feuer nehmen, entfernen Sie Papier und Speck und servieren dann in einer Saucière ein im Wasserbad geschmolzenes Ribisel*-Gelée dazu.

### *Gebratene Hasen und Junghasen*

Sie häuten das Wild und weiden es aus, reiben es mit seinem Blut ein und braten es auf der Glut an. Dann spicken Sie es mit durchwachsenen Speckstreifen und stecken es auf den Spieß, braten es und servieren es heiß mit einer süßen Sauce aus Zucker und Zimt oder mit einer Sauce aus Essig und Salz, Pfeffer und Zwiebeln, die Sie mit Gewürznelken gespickt haben.

### *Hase auf bürgerliche Art*

Sie schneiden einem Hasen die Läufe ab, heben das Blut auf, spicken ihn mit fettem Speck, kochen ihn auf sehr kleiner Flamme in Suppe, mit einem halben Liter Weißwein, einem Strauß Petersilie, Schnittknoblauch*, Knoblauch, Gewürznelken, Muskat, Thymian, Lorbeer, Basilikum, Salz und grobem Pfeffer. Sie zerstoßen die Hasenleber ganz fein, streichen sie mit einem Tropfen Suppe durch ein engmaschiges Sieb und vermischen sie mit dem Blut. Wenn das Hasen-Ragoût gar und die Sauce ganz eingekocht ist, fügen Sie Blut und passierte Leber hinzu, binden damit die Sauce, ohne aufkochen zu lassen, streuen einige ganze Kapern darüber und servieren.

### *Junge Hasen auf Schweizer Art*

Die Hasen vierteln, mit fettem Speck spicken, in Suppe, einem Glas Weißwein, Salz, Pfeffer und einem Strauß Fines Herbes* kochen. Wenn die Sauce einigermaßen eingedickt ist, nehmen Sie alles vom Feuer, würzen mit einer Mischung aus der Leber, dem Blut, etwas Mehl, etwas Essig, einigen Oliven sowie ganzen Kapern und gießen schließlich den Saft einer Orange darüber.

### *Hasenpfeffer*

Man häutet einen Hasen, weidet ihn aus, tranchiert ihn und bewahrt das Blut an einem kühlen Ort auf. Nun bereitet man einen ▸ Roux mit etwas Mehl und Butter zu, röstet darin ein paar Würfel luftgetrockneten oder geräucherten Speck an, legt den Hasen hinein und löscht, wenn er angebraten ist, mit je zur Hälfte Suppe und Rotwein ab. Dazu kommen Salz, Pfeffer, ein Bouquet garni*, eine Knoblauchzehe, eine mit zwei Gewürznelken gespickte Zwiebel und etwas geriebene Muskatnuss. Wenn der Hase halb gar ist, fügt man Leber und Lunge hinzu. Auf großer Flamme weiter garen, bis der Fond sich auf ein Viertel der Flüssigkeit reduziert hat. Nun werden

in einer Kasserole zwei Dutzend kleine Zwiebeln mit etwas Butter und einem halben Glas Weißwein glaciert*, bis sie goldgelb anlaufen, man fügt auch Pilze und gewürfelte Artischockenböden hinzu. Zugleich werden kleine Stücke Weißbrot in Öl angeröstet.
Wenn alle Zutaten vorbereitet sind, legiert man den Hasenpfeffer mit dem Blut, das man aufgehoben hat, arrangiert den Hasen auf dem Servierteller, bekränzt ihn mit den glacierten Zwiebeln, den Artischockenböden und dem Speck, garniert alles mit dem Röstbrot und serviert alles heiß.

### *Junger Hase am Spieß*

Man nimmt einen sehr jungen und zarten Hasen, schneidet die Vorderpfoten am Gelenk ab, häutet ihn, weidet ihn aus, steckt den Finger zwischen die Hinterläufe, um ihn besser putzen zu können, zerreißt das Zwerchfell, zieht Lunge und Leber heraus und legt diese mit dem Blut in eine Schüssel. Dann kürzt man die Hinterläufe um die Hälfte und steckt sie ineinander, bricht den Mittelteil der Hüften und sengt den Hasen auf dem Feuer ab. Man tupft ihn ab und reibt ihn händisch ganz mit seinem Blut ein, spickt ihn, steckt ihn auf den Spieß, wo er eine Dreiviertelstunde braten soll, bevor man ihn herunternimmt und mit einer ▸ Sauce poivrade serviert, die ohne aufzukochen mit dem Hasenblut legiert werden sollte.

### *Junge Hasen im Blut*

Sie nehmen fünf lebende Tauben, töten diese und fangen das Blut in einer Schüssel auf, wobei Zitronensaft verhindert, dass es stockt. Sengen Sie Federn und Flaum ab und stecken Sie den Vögeln die Füße jeweils in einen Einschnitt an der Seite des Körpers. Dann blanchieren* Sie sie und braten sie mit Butter und einem Bouquet garni*, einer Schinkenscheibe, einem blanchierten Kalbsbries, Pilzen und Trüffeln an. Sie löschen mit etwas Suppe und Fleischfond ab, garen die Vögel, würzen sie gut und legieren die Sauce mit dem Blut, das geschwenkt werden muss, ohne aufzukochen, damit es nicht stockt. Auskühlen lassen, dann einen jungen Hasen nehmen, ihn häuten und ausnehmen und sein Blut zu dem der Tauben mischen, noch bevor das Ragoût eingedickt ist. Das Hasenfleisch in Streifen schneiden, dann mit etwas Rohschinken, Petersilie, Schnittknoblauch*, Champignons und Knoblauch fein hacken, mit fünf Eidottern binden sowie mit gewürfeltem und gehacktem Speck vermischen. Eine verschließbare Auflaufform mit Speckscheiben auslegen, die Hasenmischung darauf ausbreiten, eine Vertiefung in der Mitte anbringen, in die Sie das Tauben-Ragoût gießen, wobei die Vögel bäuchlings liegen sollen, diese mit weiterer Hasen-Farce bedecken, Speckscheiben darüber legen, die Form zudecken und im Ofen bakken. Danach lassen Sie das Fett abtropfen, richten den Auflauf auf einem Teller an, ohne ihn auseinander fallen zu lassen, und stellen zugleich ein mit Champagner verfeinertes ▸ Coulis auf den Tisch.

### *Kurz gebratener junger Hase*

Man häutet einen jungen Hasen, nimmt ihn aus und tranchiert ihn, legt ihn mit Butter, Salz, Pfeffer und Gewürzen in eine Kasserole, brät ihn auf großer Flamme und bewegt dabei die Stücke, um sie gleichmäßig zu garen. Wenn sie fest geworden sind und dem Fingerdruck standhalten, fügt man Fines Herbes*, fein gewiegte Schalotten und Petersilie, einige Champignons, dann einen Esslöffel Mehl hinzu und löscht mit einem Glas Weißwein sowie etwas Suppe ab. Wenn das Ragoût fast kocht, nimmt man es vom Feuer und serviert.

### *Terrine vom Hasen oder Junghasen*

Einen Hasen häuten, die Filets herausschneiden, mit mittelfettem und gut gewürzten Speck spicken, in eine Terrine zwei bis drei Speckscheiben und einige Schinkenscheiben legen, salzen, pfeffern, würzen, die Hasen-Filets darauf arrangieren und mit derselben Mischung auch die Oberseite würzen, grüne Trüffeln und einige Champignons hinzufügen mit gut geklopften Rindsschnitzeln und Speckscheiben bedecken, die Terrine verschließen, mit Teig versiegeln und bei mittlerer Unter- und Oberhitze garen. Wenn dies geschehen ist, den Deckel der Terrine abnehmen, Rind und Speck entfernen, die Sauce vom Fett befreien und abschmecken, etwas Schinken- ▸ Essenz hinzufügen und heiß servieren.

### *Hasen-Pastete*

Einen Hasen stückweise entbeinen und das Fleisch mit Speckstiften spicken, die zuvor mit Salz, Pfeffer, verschiedenen Gewürzen, Schalotten und Petersilie, fein gewiegt, gewürzt wurden. Das Fleisch in Butter halb durch braten. Die Leber mit einem Pfund fetten Speck, einer Zwiebel, einer Schalotte, einer viertel Knoblauchzehe, Petersilie, Thymian und Lorbeer fein hacken, wobei die Kräuter zuerst gesondert gewiegt werden. Salz, Pfeffer, Gewürze und ein kleines Glas Branntwein hinzufügen. Zuerst ein kompaktes Bett aus dieser Farce ausbreiten, dann Schinken und Geflügelfleisch darüber legen, zwei Stunden backen oder als Terrine zubereiten.

### *Hasen-Koteletts à la Melville*

(nach einem Rezept von Monsieur Legogué, ehemaligem Küchenchef von Lord Melville, dem englischen Marine-Minister)

»Wenn ich das Rezept für dieses Gericht preisgebe, dann nicht, weil ich es etwa erfunden habe und weil diese Koteletts den Namen des ehrenwerten Herrn tragen, dem sie mehrmals zu servieren ich die Ehre hatte. Lassen wir die Eitelkeit anderer beiseite, denn die Hasen-Koteletts, wie ich sie beschreiben werde, verdienen es, auf einem guten Tisch aufgetragen zu werden, und sie finden ganz natürlich ihren Platz in diesem Buch unter diesem ihren Namen. Man muss nicht glauben, dass die Zubereitung dieses Gerichts das Opfer von fünf oder sechs Hasen verlangt, wie ich es beispielsweise in einem Buch der Haute-Cuisine nachgelesen habe, wo für eine Blanquette von Junghasen die Filets von zehn Hasen herausgeschnitten werden sollen. Nein, wir brauchen nur zwei Hasenhälften. Allerdings müssen beide vordere Hälften sein, so dass wir unbedingt zwei Hasen besorgen müssen, aber die beiden hinteren Hälften gehen keineswegs verloren, wie wir später erklären werden.« Kommen wir nun zu unseren Koteletts zurück.

Sie häuten zwei Hasen, nehmen sie aus und bewahren ihr Blut auf. Senken Sie die Spitze Ihres Messers in den Rücken der Hasen und fahren Sie damit entlang bis zum Schenkel. Greifen Sie mit den Fingern zwischen Knochen und Filet und heben Sie Zweiteres heraus, ohne das dicke Ende von der Keule zu trennen. Lassen Sie die Messerspitze unter diesen Teil gleiten und drücken Sie gleichzeitig mit dem Daumen auf die sehnendurchzogene Haut, tun Sie so, als ob Sie das Filet zu sich ziehen wollten, dabei bleibt die Haut im Hasen und das Filet wird zugleich herausgehoben und geputzt. Wenn Sie auf diese Weise alle vier Filets entnommen haben, breiten Sie diese auf dem Tisch aus und dritteln Sie jedes. Schneiden Sie die Teile etwas schräg ab, so dass Sie je ein dickes und ein dünneres, längliches Stück haben. Klopfen Sie die Teile leicht und formen Sie sie zu Koteletts, was leicht geht, weil sie ja schräg abgeschnitten wurden.

Sie nehmen nun den kleinen Knochen, der sich in der Flügelspitze von Hühnern befindet, schnitzen diesen spitz zu und stecken ihn ins Kotelett. Wenn Sie keinen Hühnerknochen zur Verfügung haben, dann nehmen Sie die kleinen Knöchelchen, die sich an den Rippen des Hasen befinden und die ganz gut als Kotelett-Knochen wie beim Schaf oder Lamm durchgehen können.
Sind die Hasenkoteletts auf diese Weise vorbereitet, salzen und pfeffern Sie sie, bestreichen jedes mit Hilfe eines Federpinsels leicht mit verquirltem Ei und panieren die Koteletts mit sehr feinen Bröseln. Nun zerlassen Sie ein Stück Butter, das heiß bleiben sollte, tauchen die Koteletts darin ein, panieren sie ein zweites Mal und glätten die Panier mit der Klinge eines Messers. Gießen Sie zerlassene Butter in eine Sautierpfanne, legen Sie die Hasenkoteletts hinein und braten Sie sie wie ganz gewöhnliche Koteletts.
Die dazu passende Sauce wird folgendermaßen zubereitet: Eine Kasserole wird mit Zwiebel- und Karottenstreifen ausgelegt. Dann nimmt man die Reste der Hasenteile, aus denen man die Filets geschnitten hat, zerteilt die zu dicken Stücke und legt sie ebenfalls in die Kasserole. Mit einem Glas Weißwein übergießen, eine Knoblauchzehe, zwei Gewürznelken und ein Bouquet garni* hinzufügen. Anschwitzen lassen, und wenn die Flüssigkeit aufgesogen wurde, einen Schöpflöffel Suppe darauf gießen, um die Essenz zu gewinnen. Nach einer halben Stunde wird diese passiert und, wenn vorhanden, mit einer ▸ Espagnole vermischt. Wenn nicht, gießen Sie nochmals etwas Suppe über die Hasenreste und machen einen leichten ▸ Roux. Knapp vor dem Servieren wird die Sauce, die Sie gewonnen haben, mit dem beiseite gestellten Hasenblut gebunden.
Die vier Keulen, die uns von den beiden Hasen verblieben sind, gehen, wie wir bereits gesagt haben, nicht verloren, denn wir machen daraus einen Hasenpfeffer oder bereiten sie anders zu. Sie sehen also, dass unsere zwölf Koteletts à la Melville recht preiswert herzustellen sind. Denn was wir für unsere Küche wünschen, ist, dass alles so gut wie möglich werde und mit den einfachsten und billigsten Mitteln zu Stande komme.

## *Marinierte und sautierte Hasen-Filets*

Wenn die Filets gespickt sind, legt man sie acht Tage lang in folgende Marinade: Salz, Pfeffer, zwei Lorbeerblätter, Thymian, Petersilienzweige, Zwiebelringe, vier Gewürznelken, ein Glas trockener

Weißwein und ein halbes Glas Estragon-Essig. Vor der Zubereitung lässt man die Filets auf einem weißen Leinentuch abtropfen, trocknet sie und sautiert sie dann wie Koteletts.

## HASENRÜCKEN

Der Teil zwischen Vorder- und Hinterläufen des Hasen ist der delikateste und wird am besten gebraten.

Man nimmt einen Hasen oder ein Kaninchen und trennt Schultern und Keulen ab. Den Rücken spickt man mit kleinen Speckstiften und steckt ihn auf den Spieß. Man braucht mindestens drei bis vier Hasenrücken, um den Bratengang zu bestücken. Man garniert mit Bigaraden-Scheiben oder -Vierteln. Man vergesse nicht, die Hasen- oder Kaninchenrücken vor dem Braten zu marinieren, und wähle hierfür unter den ▸ Marinaden eine aus.

## HECHT

In der Antike waren der Hecht und seinesgleichen unbekannt. Er ist der Hai des Süßwassers, ebenso hinterhältig, räuberisch und zerstörerisch wie der Meeres-Hai. Im Zirkmitzer See schwimmen 20-25 kg schwere Hechte, in deren Mägen man ganze Enten vorfinden wird. Wenn man ihn leben lässt, kann dieser Fisch jede Größe und jedes Alter erreichen. 1749 fing man in Kaiserslautern ein Exemplar, das über sechs Meter lang und 175 kg schwer war. Man bewahrt sein Skelett in Mannheim auf (aus: Olagnier, Wörterbuch der Lebensmittel und Fische).

Was die Fruchtbarkeit des Hechtweibchens anbelangt, ohne sie mit der von Hering oder Kabeljau vergleichen zu wollen, kann man in einem einen Meter langen Weibchen bis zu 180.000 Eier vorfinden.

Unter Karl IX. gab es in einem Aquarium des Louvre einen Hecht, der auf den Namen Lupul hörte und angeschwommen kam, wenn man ihn rief, dann hob er seinen Kopf aus dem Wasser, um das Brot entgegenzunehmen, das man ihm zuwarf. Kaiser Friedrich II. hatte am 5. Oktober 1230 in einem Teich einen Hecht ausgesetzt, den man 267 Jahre später aus demselben Teich herausfischte. Die Hechte aus Châlons galten im 13. Jahrhundert als die feinsten.

Man muss sich davor hüten, die Hechteier mitzubraten, denn sie vermitteln dem Fleisch die Eigenschaft, Übelkeit und Erbrechen hervorzurufen.

In einigen der Fischzucht gewidmeten Zeitschriften protestiert man gegen die große Vermehrung der Hechte in Teichen und Seen. Monsieur Sauvadon, ebenfalls ein Gegner, liefert im Bulletin der zoologischen Gesell-

schaft zur Unterstützung seiner Thesen beeindruckende Zahlen. Jeder kennt die Gefräßigkeit des Hechts und es ist durchaus diese Eigenschaft, die seine Anwesenheit in allzu dicht bevölkerten Teichen notwendig macht, aber man hat selten nachgerechnet, wie viele Kilogramm Fischbrut ein sechsjähriger Hecht verschlungen hat und wie das Verhältnis dieser Menge an Nahrungsmitteln im Vergleich zu dem aussieht, was er selbst einbringt. Monsieur Sauvadon hat dies getan und ist zu folgenden Ergebnissen gekommen:
Ein Hecht, der in sechs Jahren 252 kg Nahrung zu sich genommen hat, hat damit, wenn man den Fisch nur um einen Franc pro kg verkauft hätte, 252 Francs verbraucht. Wir ziehen hier gar nicht in Betracht, um wie viel mehr wert die Opfer in sechs Jahren hätten sein können, wenn sie Zeit gehabt hätten, ihr Gewicht mehrmals zu verdoppeln. Nehmen wir an, dass der Hecht am Ende seines ersten Jahres 100 gr wiegt, dass er sein Gewicht zwischen dem zweiten und dem vierten Jahr jährlich verdreifacht und zwischen dem vierten und dem sechsten Jahr jeweils noch einmal verdoppelt, was den Beobachtungen entspricht, die bestätigen, dass ein älterer Fisch weniger schnell wächst als in den ersten Lebensjahren, dann wird er im sechsten Jahr zehn kg wiegen. Also kostet dieser Fisch, der sich nur um zwei Francs das Kilo verkaufen lässt, den Züchter fünfundzwanzig Francs und zwei Centimes pro Kilo. Wir halten diese Rechnung für überhöht, denn der Hecht, von dem wir beobachten konnten, dass er am meisten zugelegt hat, wog 500 gr, als man ihn in einen fischreichen Teich ließ, während er fünf Jahre später nur fünf kg auf die Waage brachte. Allerdings brachte das Ausfischen des Teichs um ein Drittel weniger ein als die anderen Male. Der Autor verlangt nicht, die Hecht-Zucht völlig einzustellen, aber doch ein gewisses Maß dabei einzuhalten, da wir davon überzeugt sind, dass eine expansive Züchtung von Hechten, die man zu Recht Süßwasser-Haie nennt, jede andere Fischzucht verunmöglichen muss.

### *Hecht à la Chambord*

Man nimmt einen schönen Hecht, schuppt ihn ab, nimmt ihn aus, öffnet ihm den Unterbauch, um keinerlei Eier darin zurückzulassen, und entfernt die Kiemen. Nachdem man die Haut abgezogen hat, ohne das Fleisch zu verletzen, entfernt man die Schwanzsehne und spickt den Fisch entweder ganz mit kleingewürfeltem Aal oder zur Hälfte mit Trüffeln und klein geschnittenen Karotten. Man legt ihn in einen Fischkessel, begießt ihn mit magerem Schmorfond und dünstet ihn. In eine Kasserole kommen drei Maß magere ▸ Espagnole und eine halbe Flasche Champagner. Man lässt die Sauce einkochen, schöpft das Fett ab und gibt tournierte* Pilze, Artischockenböden, Trüffeln, Karpfen-Milch und Aal in Scheiben dazu. Das Ragoût soll nun dünsten und zuletzt mit Anchovis-Butter verfeinert werden. Nun den Hecht abtropfen lassen und ihn flachdrücken, die anderen Zutaten rundherum auflegen, Krebse dazulegen, schmükken, die Sauce darüber gießen und im Ofen überbräunen. Wenn es ein fettes Essen werden soll, serviert man gespicktes Kalbsbries, Tauben oder Wachteln dazu, je nach Saison. Außerdem kann man mit Hahnenkämmen und Nieren vom Hahn garnieren.

### *Hecht blau oder mit Court-Bouillon*

Nehmen Sie den Hecht aus, öffnen Sie ihm den Magen, ohne die Galle zu zerstechen und ohne die Schuppen zu zerstören, entfernen Sie die Kiemen ohne den Gaumen zu verletzen und legen Sie ihn in einen Fischtopf, der genügend Platz für den ganzen Fisch bietet. Bringen Sie einen Viertelliter roten Essig zum Kochen und begießen Sie damit den Hecht, um ihm eine bläuliche Farbe zu geben. Übergießen Sie ihn mit einem mageren oder fetten Schmorfond, wickeln Sie ihn in Butterpapier und backen Sie ihn bei kleinem Feuer. Wenn er gar ist, lassen Sie ihn abtropfen, legen eine Serviette auf den Servierteller, den Hecht darauf, Petersilie rundherum und servieren.

### *Hecht à la Chambord*

(nach de Courchamps)

Um dieses schöne Gericht gut zuzubereiten, das man beim ersten Gang als großes Stück serviert und das eines der prunkvollsten der modernen Küche ist, muss man zuerst einen sehr großen und sehr stattlichen Hecht besorgen. Dies macht es zu einem teuren Gericht, vor allem in Paris, wo ein solcher schöner Hecht mit der ganzen Garnitur à la Chambord nicht unter achtzig Francs kosten wird, manchmal sogar das Dreifache.

Nachdem man die Schuppen und die ganze Haut entfernt hat, spickt man ihn der Länge nach streifenweise, wobei jeder Streifen etwa die Breite dreier Finger haben sollte. Ein Streifen besteht aus feinen, würzigen Speckschnitten, der zweite aus schwarzen Trüffeln, die zuerst in die Form von Gewürznelken gebracht wurden, der dritte aus Karottenstreifen und der vierte aus längs aufgeschnittenen eingelegten Gurken, deren einzelne Streifen ebenfalls wie Gewürznelken geformt werden. Gefüllt wird der Fisch mit einem Gemisch, wie es für Trüffel-Quenelles* bereitet wird. Wenn dies alles geschehen ist, wird der Hecht in einem Fischkessel in ▸ Court-Bouillon gegart, die aus weißem, schäumenden Champagner, Gewürzen, Wurzeln und einem Bouquet garni* bestehen sollte. Ist der Fisch gar, entfernt man so viel vom Fond, dass die Oberseite frei liegt, dann wird er in den Ofen gestellt, damit die Säfte konzentriert und die gespickten Teile des Hechts goldbraun werden können. Nun zum Ragoût, das diesem superben Gericht als Garnitur dienen soll.

In ein Becken oder in eine große Kasserole kommen eine halbe Flasche nicht moussierender Champagner, dazu ein halber Liter ▸ Blond de veau oder reduzierte Suppe, Quatre-Épices* und der Saft von vier Bigaraden, in dem man zwei gute Prisen Curry-Pulver verrührt hat. Einkochen lassen und durch ein seidenes Seihtuch passieren. Nochmals aufs Feuer stellen und darin gedünstete Artischockenböden, weiße Mai-Schwämme, in Knochenmark gedünstete Pilze, große, in Bordeaux gedünstete Trüffeln, Karpfen-Milch und -zungen, Seeteufel-Leber, Steinbutt-Quenelles mit Rahm* und Trüffeln, Scheiben vom gespickten Aal, in Madeira gekochte Olivenstreifen, elsässische Krebse in Weißwein, gespicktes und glaciertes* Kalbsbries, praliniertes Lammbries, sautierte Feigenfresser oder Wachtelkönige und Wachteln, schließlich Hahnenkämme und deren Nieren und, wenn man möchte, ein paar kleine, »à la Gauthier« genannte Tauben schwenken, so dass sie die Sauce gut aufnehmen können. Diese herrliche Zusammensetzung wird noch verfeinert, indem man Anchovis-Butter und ein paar Löffel ▸ Glace mit der Sauce vermischt, diese passiert und als Spiegel auf den Servierteller legt. Nun wird alles ordentlich und symmetrisch um den Hecht herum platziert, in den man einige lange Silberspießchen steckt. Diese sollen mit knusprig Gebackenem und anderen Variationen geschmückt sein, wie etwa mit schwarzen Trüffeln, großen Orangen oder Herrenpilzen aus dem Süden, Dottern von Perlhuhn-Eiern, gebratenen Fettammern und großen, in Essig marinierten Früchten aus Italien.

Da man sich für ein Gericht dieser Größenordnung nicht genug informieren kann, wollen wir – dem Rezept von Monsieur de Courchamps zum Ausgleich – die Kritik eines anderen Meisters, Monsieur Vuillemot, nicht verschweigen:

»Ich begrüße beim Rezept Hecht à la Chambord von Monsieur de Courchamps wärmstens den gefüllten Hecht und die mageren Garnituren, was aber sein Kalbsbries und seine Täubchen à la Gauthier anbelangt, kann ich diese nicht akzeptieren.
Krönen Sie Ihren Hecht mit Fisch-Quenelles*, Pilzen, Trüffeln, Krebsen, Krebs-Schwänzen, Austern, Muscheln und anderen. Mit diesen Zutaten wird es ein schönes, mageres Hauptgericht, das schön überkrustet und mit einer guten ▸ Sauce génevoise mit Anchovis-Butter gelungen ist.«

### *Hecht in Delphinform*

Man nimmt einen großen Hecht, entschuppt ihn, nimmt ihn von den Kiemen her aus, bindet ihm den Schwanz nach oben; dann sticht man durch beide Augen ein Brathäkchen und fädelt eine Schnur durch den Schwanz (je ein Ende der Schwanzflosse sollte je ein Ende des Brathäkchens berühren). Nun legt man den Hecht auf den Bauch und sorgt dafür, dass er so liegen bleibt, und begießt ihn mit einem mageren Schmorfond; wenn das Gericht fetter sein soll, nimmt man eine schöne ▸ Sauce mirepoix. Man stellt ihn in den Ofen und zieht ihn von Zeit zu Zeit heraus, um ihn mit seinem Fond zu begießen. Wenn er gar ist, lässt man ihn abtropfen und gibt je nach Wunsch eine rote, fette oder eine magere ▸ Sauce italienne dazu.

### *Hecht am Spieß*

Den Hecht entschuppen, leicht einschneiden und mit gesalzenen und gepfefferten Aal-Streifen spicken. Auf den Spieß stecken und, während er brät, mit Weißwein, feinem Öl und dem Saft grüner Zitronen beträufeln. Sobald er gar ist, schwitzt man Anchovis in dem Saft an, der während des Bratens in die Auffangtasse getropft ist. Dazu gibt man Austern, die aber nicht aufkochen sollten, Kapern, Salz und Pfeffer. Diese Sauce wird mit Bratensaft oder mit einer Mehlschwitze gebunden, bevor man anrichtet.
Die ▸ Sauce à la pluche oder grüne Sauce schmeckt sehr gut mit diesem Hecht. Die Austern stellen eine wichtige Zutat dar.

### *Hecht à la tartare*

Schneiden Sie Ihren Hecht in Scheiben, die Sie mitsamt den Schuppen in Öl, Salz, grobem Pfeffer, Petersilie, Schnittknoblauch*, Schalotten und sehr fein gehackten Pilzen marinieren lassen. Lassen Sie die Marinade gut eindringen, panieren Sie dann die Hecht-Stücke mit Weißbrotflocken, legen Sie sie auf den Grill und garen Sie sie, indem Sie immer wieder Marinade darüber gießen. Wenn die Stücke eine schöne Farbe angenommen haben, werden sie trocken und mit einer ▸ Sauce rémoulade serviert.

Der Comte de Courchamps hat der Marquise von Créqui, deren Memoiren er schrieb, seine Schulden abgegolten, indem er einen Hecht Créqui nannte, was eine besondere Ehre für den Fisch darstellt. Wie man weiß, war die Devise der Barone von Créqui: »Créqui, edle Barone, Créqui, edles Renommée.« Nun werden wir sehen, was ein Hecht können bzw. was man mit ihm anstellen muss, damit er einer solchen Ehre würdig sein kann.

### *Hecht à la Créqui*

Nachdem man einem einige Tage lang abgehangenen Hecht die äußere Haut, auf der die Schuppen liegen, abgezogen hat, spickt man ihn bis zur vierten Rippenreihe mit Anchovis, ab da mit eingelegten Gurken, Karotten und Trüffeln. Dann füllt man ihn mit Fisch- ▸ Farce, um ihn schließlich in einen Fischkessel zu legen, und zwar so, dass alle gespickten Teile frei liegen, um sie so oft wie möglich mit dem Fond begießen zu können. Um ihn fertig zu garen, deckt man ihn zu und gibt ihm Oberhitze. Ist er fertig, zieht man ihn heraus, lässt ihn abtropfen und legt ihn dann auf eine Sauce aus Rahm* und reduziertem Fischfond.

Dies stellt eines der schönsten mageren Hauptgerichte dar, sagt der »Cuisinier de la cour et de la ville«.

### *Hecht à l'allemande*

(nach Beauvilliers)

Man nehme einen schönen Hecht, der nicht nach Schlamm riechen darf, und lasse ihn zwei oder drei Tage – wenn es kalt ist, noch länger – abhängen. Wenn man ihn verwenden will, nimmt man ihn aus, entfernt die Kiemen, die Flossen und das Schwanzende, wäscht ihn innen und außen gut, bereitet Salzwasser vor, legt den Hecht mit einigen Stämmen Petersilie, einem Lorbeerblatt und einigen Karottenstreifen in eine Kasserole, begießt ihn zur Hälfte mit Salzwasser, zur anderen mit Quellwasser und kocht ihn. Ist er gar, lässt man ihn abtropfen, entfernt die Haut, legt ihn in einen Topf und begießt ihn mit dem Kochsud. Nun stellt man ihn warm, legt eine Serviette auf einen Teller, schneidet den Hecht in Scheiben, die man auf dem Teller arrangiert, und füllt die Zwischenräume mit geriebenem ▸ Kren aus. Dazu serviert man eine Buttersauce oder jede beliebige andere Sauce.

### *Hecht à l'allemande*

(nach Courchamps)

Man wählt einen mittelgroßen Hecht, schneidet ihn in drei bis vier gleiche Teile und legt diese mit Zwiebeln, Petersilie, Lorbeer, Schnittknoblauch*, Salz und Pfeffer in eine Kasserole. Man begießt den Fisch mit Weißwein und zieht ihn nach einer halben Stunde vom Feuer. Nachdem man ihn hergerichtet hat, gibt man ihn in einen Topf mit Butter, übergießt ihn mit seinem Kochsud, den man vorher durch ein Tuch passiert hat, und gart ihn. Wenn die Flüssigkeit abtropfen konnte und die Fisch-Stücke auf einem Teller liegen, nimmt man einen weiteren Topf mit Butter, ein wenig Stärkemehl, geriebenem Muskat, Pfeffer sowie einem Glas ▸ Court-Bouillon und schwenkt alles auf dem Feuer, bis es kocht. Dann bindet man diese Sauce mit Eidotter, rührt weiter ohne aufkochen zu lassen, streicht die Sauce durch ein Tuch und gießt sie über den Fisch.

### *Hecht à la génoise*

Man verschnürt einen Hecht, so, dass zwischen den Schnüren jeweils zwei Finger breit frei bleiben, und legt ihn mit Salz, Pfeffer, einer mit zwei Gewürznelken gespickten Zwiebel und einem Bouquet garni* in einen Fischkessel. Dann übergießt man ihn mit einem Weingemisch, halb rot, halb weiß, und zwar je mit einem halben Liter pro 500 gr Hecht. Man stellt den Kessel auf ein sehr starkes Feuer, das heiß genug sein muss, um den Weindampf zu entflammen. Wenn das geschehen ist, legt man 250 gr Butter in den Kessel, würzt mit verschiedenen Kräutern und dünstet langsam eine Stunde lang. Wenn der Fond gut eingekocht ist, wirft man noch einige Stück Butter dazu und schwenkt sie im Kessel, zieht den Fisch heraus, lässt die Flüssigkeiten abtropfen und bindet die Sauce.

### *Hecht-Fricandeau*

Nachdem der Hecht abgeschuppt, ausgenommen und gewaschen wurde, schneidet man ihn in dicke Scheiben und spickt diese mit

Speck. In eine Kasserole kommen ein Glas Weißwein und Suppe, ein Bouquet garni*, gewürfelte Scheiben von der Kalbskeule, Salz, grober Pfeffer und Muskatnuss. Die Hecht-Stücke sollten zunächst in dieser Sauce marinieren und dann darin garen. Wenn der Fisch fertig ist, wird die Sauce durch ein Tuch geseiht und fast vollständig eingekocht, schließlich werden die Hecht-Scheiben mit der fetten Seite nach unten in diesen reduzierten Fond gelegt und darin gebräunt. Wenn man der Sauce etwas Karamel beifügt, gelingt diese Prozedur noch besser.
Der glacierte* Fisch wird auf einem heißen Teller angerichtet, der am Boden des Kessels haftende Fond mit etwas Suppe gelöst und als Sauce mit serviert.

### *Hecht-Grenadins*

Wenn sie fett sein sollen, spickt man die Hecht-Scheiben mit Speck, ansonsten mit gewürfeltem Aal und Anchovis-Filets. Darüber kommt entweder eine ▸ Tomatensauce oder ein Pilzpüree oder auch jegliche andere Sauce.

### *Hecht-Koteletts*

Man putzt und wäscht das Fleisch eines Hechts, entfernt die Haut, gibt dem Fleisch, wenn man es aufschneidet, die Form von Kalbs- oder Lamm-Koteletts und gart sie in Ölpapier mit fein gewiegten Kräutern. Man behandelt diese Hecht-Koteletts wie solche vom Kalb oder Lamm, grillt sie also, ohne das Papier anbrennen zu lassen und bis sie schön gebräunt sind.

### *Hecht-Filets mit Béchamel*

In eine reduzierte ▸ Sauce Béchamel kommen die Reste eines Hechts, werden dann auf einem Teller angerichtet und mit etwas zerlassener Butter übergossen. Rundherum legt man Brotwürfel, die man vorher in geschlagenes Ei getunkt hat. Nun kommt alles in den Ofen, bis es Farbe annimmt, und wird dann serviert.

### *Hecht-Salat*

Der kalte Hecht wird zerteilt und mit Kapern, Anchovis, Streifen von eingelegten Gurken sowie gewiegten Kräutern gewürzt. Vor dem Anrichten entfernt man die Anchovis, die Gurken und die Kapern, garniert den Tellerrand mit frischem grünen Salat und Schiffchen aus hart gekochten Eiern. Obenauf kommen Anchovis und Kapern als Dekoration. Mit einer würzigen Salatsauce anmachen und servieren.

## HEFE und SAUERTEIG

Der Sauerteig ist ein Stück saurer oder ein mit einer bestimmten Säure verarbeiteter Teig, der einen anderen, mit dem man ihn mischt, aufgehen und gären lässt. Das normale Brot verdankt dem Sauerteig seine lockere Konsistenz.
Hefe ist der Schaum des gerade fermentierenden Bieres, den man abschöpft, presst und zu Teig verarbeitet, der sich sehr lange hält. Sehr oft verwendet man ihn für Gebäck und im Konditorgewerbe.

## HERING

Jedermann kennt den Hering. Ich würde sogar so weit gehen zu behaupten, dass es kaum jemanden gibt, der ihn nicht mag. Der lebende Fisch hat einen grünen Rücken, weiße Flanken und einen weißen Bauch. Beim toten Fisch wechselt die Rückenfarbe von Grün auf Blau. Der Hering ist der Sohn des Nordpols. Vom Ort seiner Geburt bis zum 45. Breitengrad findet man ihn in allen Meeren, wo er ab dem 25. Juni, dem Tag, den man in Holland den »Heringsblitz« nennt, mehrere Meilen lange und breite Bänke bildet, die so dicht sind, dass die Fische sich gegenseitig ersticken und zu Tausenden absinken. Manchmal sind die Netze zu schwach, um ein derartiges Gewicht zu halten, und sie zerreißen, so dass die Hälfte des Fangs wieder herausfällt. Wie die Feuer- und Rauchsäule der Hebräer kann der Fischzug Tag und Nacht verfolgt werden: Nächtens sieht man die phosphoreszierenden Rücken der Fische, tagsüber die fischfressenden Vögel, die sie begleiten, ab und zu hinuntertauchen und mit einem Silberblitz im Schnabel wieder aufsteigen. Wale, Haie, Tümmler, Bonitos und Brassen beißen mitten in diese Bank hinein und fressen beträchtliche Mengen davon.
Laut Victor Meunier hat Bloch versichert, dass man an einem einzigen Ort in Schweden jährlich über sieben Millionen Heringe fängt. Die Fruchtbarkeit dieses Fisches macht aber jede Zerstörung, die an ihm begangen wird, wieder wett. In einem einzigen Weibchen konnte man 66.606 Eier zählen. Wir wollen hinzufügen, dass auf ein Männchen sieben Weibchen kommen.
Die Heringsfischerei ist die umfangreichste von allen, während der Dorschfang bereits zurückgeht. Le Havre, von wo früher bis zu vierzig

Boote auf Dorschfang ausgeschickt wurden, hat heuer nur ein einziges auf hohe See geschickt. 800.000 Menschen leben von der Heringsfischerei und -industrie, die Europa etwa vier Millionen Francs einbringen.
Ein Mann namens Bruckalz erfand die Methode, wie man Heringe räuchert. Die besten Heringe, die wir in Paris essen, kommen aus der Normandie. Weiter unten werden wir angeben, wie man sie zubereiten kann.
Der junge, frisch gepökelte Hering muss aus Rotterdam, Leeuwarden oder Enkhuizen in Holland kommen. Man schneidet ihn in Scheiben und isst ihn roh ohne andere Beilage als Salat.
Die schönsten sauren Heringe, die größten, fleischigsten, goldensten und am besten mit Wacholder geräucherten kommen aus Germuth in Irland.
Gesalzener Hering erscheint fast nie auf dem Tisch der Herren, ist aber in den Ländern, wo es viel davon gibt, sehr nützlich für Arbeiter und Arme. In manchen Regionen bereitet man daraus ein sehr schmackhaftes Fricassée zu, indem man kleine Heringstücke in Schmalz brät, ohne den Fisch zu entsalzen, und mit rohem, gehackten Lauch und großen, mehligen, in gut gesalzenem Wasser und mit einigen Rosmarinzweigen gekochten Kartoffeln anrichtet.
Frischer Hering ist ein ausgezeichneter Fisch, der einen hohen Stellenwert besäße, wenn er teuer und selten wäre. Man muss die mit roten Kiemen, glänzenden Schuppen und einem runden Bauch auswählen, wobei Letzterer anzeigt, dass der Fisch Eier trägt. Hering ist erst Ende August oder Mitte September wirklich gut.
Im 16. Jahrhundert herrschte unter den Domherren der Kathedrale von Reims ein seltsamer Brauch. Am Aschermittwoch, nach der Dämmerung, pilgerten sie in einer Prozession in Zweierreihen zur Kirche Saint-Rémi, wobei jeder an einer Schnur einen Hering hinter sich herzog. Jeder Domherr konzentrierte sich darauf, auf den Fisch seines Vordermanns zu treten, aber seinen eigenen Hering vor dem Überraschungsangriff des Hintermanns zu bewahren. Nur mit der Auflösung dieser Prozessionen verschwand auch dieser extravagante Brauch.
Die Heringsfischerei ist bekanntlich einer der produktivsten Wirtschaftszweige Englands, das, vor allem während der Karwoche, große Mengen davon nach Italien exportiert. Als Papst Pius VII. das von den revolutionären Franzosen eroberte Rom verlassen musste, meinte ein Mitglied des Londoner House of Commons, welches für die Heringsfischerei zuständig war, dass Italien, nun, da der Papst aus Rom verjagt worden sei, wohl protestantisch würde. »Möge Gott uns davor schützen!«, rief ein anderes Mitglied aus. »Wie«, entgegnete da der Erstere, »wenden Sie sich gar ge-

gen einen Zuwachs an guten Protestanten?« »Nein«, antwortete der Andere, »das nicht, aber was wird aus unseren Heringen, wenn es keine Katholiken mehr gibt?«
Einmal behauptete ein Gascogner, dass er, wäre er Gouverneur einer belagerten Stadt, trotz grausamster Hungersnot durchhalten könnte. Worauf ihm sein Kammerdiener sagte: »Was Wunder, mein Herr, kauen Sie doch lange genug an einem sauren Hering herum!«

### *Frische Heringe in Senfsauce*

Sie nehmen zwölf Heringe bei den Kiemen aus, schuppen und wischen sie ab und legen sie auf einen Steingut- oder Tonteller. Gießen Sie etwas Öl darauf, bestreuen Sie die Fische mit etwas Salz, fügen Sie einige dünne Petersilienzweige hinzu und wenden Sie die Heringe in dieser Mischung. Sie grillen die Fische eine Viertelstunde vor dem Servieren und drehen sie dabei einmal um. Die fertig gebratenen Heringe kommen auf oben genannten Teller und werden mit einer weißen Buttersauce übergossen, in der Sie einen großen Esslöffel voll kalten Senf verrühren. Sie können auch kalten Hering in einer fetten Sauce, etwa in einer Öl-Sauce nach Ihrem Geschmack servieren.

### *Frische Heringe in Fenchel*

Schneiden Sie die Heringe längs am Rücken auf, reiben Sie sie mit Hilfe einer Feder oder eines Pinsels mit zerlassener Butter und Salz ein, wickeln Sie sie in Fenchel und grillen Sie sie. Dann werden die Fische mit einer roten ▸ Sauce italienne serviert, in die Sie eine Hand voll in Weißwein blanchierter*, dann fein gewiegter Fenchelstiele und -blätter geworfen haben.

### *Frische Heringe als Ragoût*

Die Heringe kommen mit einem Stück Butter, Petersilie, Pilzen, Schnittknoblauch*, einer Knoblauchzehe und zwei Glas Burgunder oder Bordeaux, Salz und Pfeffer in eine Kasserole. Auf großer Flamme kochen lassen, die Sauce eindicken und mit Röstbrotscheiben servieren.

### *Roher Hering als Hors-d'œuvre*

Man wäscht etwa ein Dutzend Heringe, schneidet Kopf, Schwanz und Flossen weg, schuppt sie ab und legt sie zum Entsalzen in halb

Wasser, halb Milch. Wenn sie mild sind, lässt man sie abtropfen, legt sie auf einen Teller und fügt Zwiebelringe und rohe Reinetten-Scheiben dazu. Schließlich übergießt man sie mit einer ▸ Marinade oder einer gut geschlagenen Vinaigrette und streut Kresse darauf.

### *Bückling*

Man nimmt fünf oder sechs dieser Heringe, wischt sie ab, schneidet ihnen Kopf und Schwanzspitze ab, teilt sie vom Schwanz bis zum Kopf und öffnet ihnen den Rücken. Dann legt man sie auf einen irdenen Teller und begießt sie mit Öl, worin sie einen Augenblick marinieren sollen. Man legt sie auf den Grill, dreht sie einmal um, wobei sie kaum fünf Minuten auf dem Feuer bleiben sollen, richtet sie auf einem Teller an und serviert.

### *Bückling à la Sainte-Menehould*

Die Fische in Obers* entsalzen und zwanzig Minuten in einer nach folgendem Rezept zubereiteten Sauce Menehould dünsten: In eine Kasserole kommen 30 gr mit Mehl und Milch verknetete Butter, Petersilie, Schnittknoblauch*, Knoblauch, Thymian, Lorbeer, Basilikum und etwas Pfeffer. Unter ständigem Rühren aufkochen lassen, die Heringe hineinlegen und darin dünsten, dann den Fisch in zerlassener Butter schwenken, abtropfen und im Feldofen* oder Ofen Farbe annehmen lassen. In einer ▸ Sauce rémoulade mit Olivenöl servieren.

### *Konservierung von Bückling, um später guten Gebrauch davon machen zu können*

(nach einem Rezept des Autors der »Mémoires de la Marquise de Créqui«)

Schönen irischen Hering in Milch entsalzen und grillen. Auskühlen lassen und die Filets herausschneiden, mit denen man später Sandwiches oder Butterbrot oder Hors-d'œuvre-Schiffchen garnieren kann, wobei man sie mit feinem Öl und Bigaraden-Saft beträufelt. Man kann damit ebenso Nudelgerichte oder Lasagne, aber auch Kartoffelpüree, Kastanienpüree oder Süßkartoffelpüree sowie weiße Bohnen in Obers* würzen.

Ebenso gut kann man die Fische grob faschieren*, mit tournierten* Oliven, leicht gesalzener Butter und etwas Schale von grünen Nüssen vermischen und mit dieser Mischung Omeletts und Rühreier würzen. Damit hat man ein Entrée, das sich zeigen und schmecken lassen kann.

## HOCHEPOT

Man nimmt einen Ochsenschwanz, schneidet ihn in Stücke von der Breite zweier Daumen, so dass sie etwa gleich lang wie breit sind, wässert und blanchiert* sie. Nun legt man einen Schmortopf mit Rindfleisch in Scheiben aus, legt die Stücke vom Ochsenschwanz darauf, Karotten, Pastinaken, Schwarzwurzeln, einige Rüben, Topinamburs, drei Selleriewurzeln und zwölf violette Kartoffeln dazu. Eine Scheibe Schinken, eine Cervelatwurst und schließlich ein Dutzend Zwiebeln hinzufügen. Alles mit Suppe übergießen, nachdem zuoberst noch eine Lage Rindfleisch den Eintopf abschließt. Mit Unter- und Oberhitze garen. Dann Fleisch und Gemüse herausnehmen, die Suppe passieren und eventuell reduzieren. In einem anderen Topf mit wenig Mehl einen ▸ Roux zubereiten, diesen aber nicht braun werden lassen, mit dem entfetteten und gut gewürzten Kochsud ablöschen. Quatre-Épices* und fein gewiegte Petersilie darüber streuen und die Sauce auf Fleisch und Gemüse gießen. Bis zum Servieren sollte der Hochepot warm gehalten werden; dann Fleisch und Gemüse in einer Schüssel, wenn möglich in einem antiken Tongefäß oder einer Schüssel aus orientalischem Porzellan, anrichten.

## HONIG

Dies ist die sirupartige, süße Substanz, welche von den Bienen aus den Blumen gesogen, dann von ihnen verfeinert und in die Waben ihres Stocks gefüllt wird, damit sie sich im Winter davon ernähren können. Man findet Honig in fast allen Gegenden Europas und es gibt beinahe überall Bienen und Blumen. In der Antike sammelte man den am meisten geschätzten Honig am Berg Hymettos. Heute erntet man den besten in Narbonne.

Laut Laerkes lebte Pythagoras nur von Brot und Honig. Er wurde neunzig Jahre alt und als er starb, lud er zugleich alle ein, sich von denselben Dingen zu ernähren wie er, um auch sehr lange zu leben. Honig ersetzte unseren Vorfahren, den Galliern, und unseren französischen Großvätern den Zucker. Diesen kannte man damals nur unter dem Namen »Rohr-Honig« und er wurde nur in der Medizin eingesetzt.

Heute hat der Honig den Platz in der Apotheke eingenommen und der Zucker hat den Honig auf unserem Tisch ersetzt.

## HONIGBROT

Seit grauer Vorzeit wird das beste Honigbrot in Reims hergestellt. Ende des 15. Jahrhunderts erfreute dieses Gebäck sich unter Ludwig XII. großer Beliebtheit, während das in Paris hergestellte den zweiten Platz einnahm.

Gegen Ende der Regierungszeit Ludwigs XIV. und zu Beginn jener von Ludwig XV. war es Brauch, Croquets und Nonettes aus Reims zu verschenken. Heute werden sie nur noch von Kindern gegessen, trotzdem stellen sie einen bedeutenden Wirtschaftszweig dar.
M. Courchamps berichtet von folgender Geschichte: Als der letzte Hofmarschall de Mouchy einen seiner Schwager verloren hatte, gegen den er lange Jahre prozessiert hatte, saß er würdevoll im Salon seiner Wohnung im Schloss von Versailles und hörte sich mit ernster Miene Kondolenzbezeugungen an.
Da er schon seit seiner Rückkehr von der königlichen Messe da saß und es langsam Zeit fürs Dîner wurde, nahte der Aufsichtsbeamte des Hofmarschalls, so hatte dieser seinen Oberkellner tituliert, und dieser Offizier wagte es, so wollen wir es nennen, die Zeremonie der Kondolenzen zu unterbrechen, um die Anweisungen seines Herren entgegenzunehmen.
»Ach, mein Gott!«, sagte der Hofmarschall in einem Ton, der gleichermaßen Ungeduld und Betrübnis enthielt, »wie können Sie, wie wagen Sie mir eine solche Frage zu stellen? Was können Sie mir schon anderes präsentieren als die beiden Speisen nach alter Etiquette? Halten Sie fest, Monsieur, dass Sie an einem Tag wie dem heutigen nur Tauben in Meersalz und Honigkuchen vor mich hinstellen dürfen. Wie kann es sein, dass mein Aufsichtsbeamter das nicht weiß?«
Honigbrot wird aus feinem Roggenmehl, aus Zuckerschaum oder gelbem Honig und Gewürzen gemacht. Man bäckt alles und zerteilt es dann in Brote beliebiger Gestalt. Honigbrot regt den Appetit an, beschwingt und unterstützt die Verdauungssäfte, aber nur wenn man maßvollen Gebrauch davon macht. Seeleute tun gut daran, es zu essen.
Die Erfindung dieses Backwerks stammt aus sehr alten Zeiten und hat zweifellos gleich nach der von Brot stattgefunden. Ermutigt vom Gelingen des Brotbackens versuchten die Menschen das Mehl verschiedener Kornsorten mit allen Substanzen zu vermischen, die dazu angetan waren, den Geschmack zu verbessern, etwa Butter, Eier, Milch, Honig, und sie beobachteten die verschiedenen Resultate. Es waren diese Experimente, die nach und nach Süßspeisen und Gebäck hervorbrachten, an denen sich die Alten labten und deren Rezepte unsere Vorväter zur Zeit der Kreuzzüge aus Ägypten und Asien mitbrachten, was schließlich zur Konditorei- und Confiserie-Kunst führte.
Auch die Römer hatten ihr Honigbrot, das die Armen den unsterblichen Göttern als Opfer darbrachten: »Far cum melle«. Die Griechen aßen es als Nachtisch. Unsere Vorfahren schätzten es sehr und boten es als Ge-

schenk dar. Bei höfischen Essen nahm es den ersten Platz ein. Agnès Sorel, die hübsche Maîtresse Karls VII., die man wegen ihres Schlosses am Ufer der Marne, dem Château de Beauté, das sie von ihrem königlichen Liebhaber geschenkt bekommen hatte, auch Dame de Beauté nannte, konnte vom Honigbrot nicht genug kriegen. Mehrere Autoren haben im letzten Jahrhundert sogar behauptet, sie sei vom Erbprinzen, dem späteren Ludwig XI., der sie nicht mochte, weil sein Vater sie zu sehr liebte, mit Honigbrot vergiftet worden. Dies ist allerdings ein Gerücht, das seine Wurzeln in der Grausamkeit und Gier dieses Prinzen hat. Marguerite de Valois, die Schwester von Franz I., liebte Honigbrot auch über die Maßen. Aber unter Heinrich II. fand man es plötzlich ekelhaft, weil die Italiener einem Gerücht zufolge Gift hineinmischten. Erst am Ende der Regierungszeit von Ludwig XIV. erlangte es seine Beliebtheit zurück, wie wir schon weiter oben gesagt haben.

Das Roggenmehl macht dieses Brot etwas schwer. Wenn es aber gut verarbeitet und gut gebacken wird, verleihen ihm die enthaltenen Lebkuchengewürze verdauungsfördernde Qualitäten. Das gute Honigbrot, das mit Qualitätshonig hergestellt wurde und nur zart gewürzt ist, wirkt abführend sowie durststillend und fördert das Aushusten von Schleim. Um es lange aufbewahren zu können, ohne dass es durch Feuchtigkeit weich wird oder durch Alterung seinen Geschmack verändert, muss man es lange genug backen sowie hin und wieder dem Feuer oder der Sonne aussetzen.

## HOPFEN

Großblättrige Kletterpflanze, deren Blüten und Früchte zur Herstellung von Bier verwendet werden. In Belgien, wo Hopfen in großen Mengen wächst und Bier ein Alltags-Getränk ist, isst man im Frühling die jungen Hopfen-Triebe, die ganz wie Spargel schmecken. Man bereitet beide auch auf die selbe Weise zu und ihre Wirkung ist ebenfalls die selbe.

## HORNFISCH

Ein Fisch, den man gewöhnlich Meerhund nennt. Er hat die Form einer Muräne und man findet ihn an den Küsten des Ozeans, wo man schon welche von mehr als 10 kg fangen konnte. Sein Fleisch ist fasrig, hart und wenig angenehm im Geschmack. Als ich noch in Roscoff war, war mein Sekretär eines Morgens mit meinem Barbier zum Fischen gegangen. In einem Netz, das sie am Vorabend ausgelegt hatten, entdeckten sie zweiundvierzig dieser Fische, von denen der leichteste mehr als 5 kg wog.

Außerdem fanden sie zwei oder drei von ihren gefräßigen Mitgefangenen halb verschlungene Rötlinge. Dieser Fang, der so viel versprechend aussah, war zu nichts nutze, denn da man nicht wusste, was man mit diesen Fischen anfangen, wie man sie essen sollte, musste man sie ins Gehege bringen, wo die fünfzehn- bis achtzehntausend Hummer sie mit Begeisterung auffraßen.

## HUHN, HÜHNCHEN, POULARDE

Das Huhn stammt aus Indien, hat sich jedoch vom Ort seiner Geburt fast überall auf diesem Globus ausgebreitet. Es gibt einige sehr bemerkenswerte Variationen: In der Türkei gleicht das Federkleid der Hühner fast dem des Fasans, in China tragen Hühner Wolle statt Federn, in Persien gibt es eine ganze Art ohne Schwanz, in Indien sind Fleisch und Knochen schwarz, was nichts an ihrem guten Geschmack ändert. Der Konsum von Hühnern wurde gesetzlich reglementiert, so dass es verboten war, andere Tiere dieser Gattung zu Tisch zu bringen als das gemeine Haushuhn.
Da bei uns in Frankreich keinerlei Gesetz das Mästen von Geflügel untersagt, wollen wir hier die Methode angeben, mit der man den besten Geschmack und das meiste Fett erlangt. So können Hühner in drei bis vier Wochen zu Poularden werden.
Geben Sie den Hühnern einige Tage lang gemahlene Gerste, Kleie und Milch und sperren Sie sie an einem dunklen, aber trockenen Ort in einen Käfig. Stellen Sie immer mit Milch vermischtes Gerstenmehl in Reichweite.
Ebenso füttert man den Kapaun. Die Römer kastrierten die kleinen, drei Monate alten Hähne und mästeten diese jungen Kapaune an einem dunklen Ort mit einem Teig aus Mehl und Milch. Auch die Hühner wurden kastriert, indem man ihnen die Eierstöcke entfernte; so erhielt man fette Poularden.
Für Feinschmecker sei angegeben, dass Buchweizen sich noch besser zum Mästen eignet als Gerste.
Als Brillat-Savarin gerade von einer Krankheit genas und sein Arzt ihm Diät verschrieben hatte, überraschte ihn ein Freund, der bei ihm vorbeischaute, beim Tranchieren einer Poularde aus Mans.
»Ist das die Kost eines Kranken?«, fragte der indignierte Gast.
»Mein Freund«, antwortete der Autor der »Physiologie du Goût«, »ich ernähre mich von Gerste und Buchweizen.«
»Und was ist mit dieser Poularde?«
»Sie hat zwei Monate gelebt und nun belebt sie mich. Und außerdem«, ergänzte der illustre Magister, den die Begeisterung beflügelte, »haben uns

die Mauren ein göttliches Geschenk gemacht, als sie uns den Buchweizen schickten! Denn es sind seine Körner, die aus unseren Poularden so verführerische, zarte und exquisite Tiere machen.
Wenn ich durch die Landschaft streife und ein Buchweizenfeld entdecke, werde ich nicht müde, dieses wohl tuende Kraut zu bewundern, dessen Blüten die Luft ringsum mit ihrem Duft erfüllen, und mich in Ekstase versetzen. In diesem Augenblick steigt mir schon der Duft der Poularde in die Nase, die sich eines Tages von diesem Kraut ernähren wird.«

### *Poularde als Spießanhang*

Flügelspitzen und Schwanz rupfen, die übrigen Federn absengen, die Füße in den Körper stecken, aber darauf achten, dass die Haut glatt bleibt, den Flaum abreiben, das Brustbein entfernen, vom Kropf her ausnehmen und darauf achten, dass die Galle ganz bleibt. In einer Kasserole mit dem Kochlöffel ein Stück Butter erhitzen, mit Zitronensaft und etwas Salz verfeinern und damit die Poularde füllen. Füße und Flügel am Körper festbinden und den Vogel auf ein kleines Spießchen (Brathäkchen) stecken. Die Brust mit Zitrone sowie mit Salz einreiben, mit entkernten Zitronenscheiben belegen und mit Speckscheiben umhüllen. Mehrere Lagen Backpapier herumwickeln, deren beide Enden am Spießchen befestigt sind. Mit dem Rücken an einen großen Spieß hängen und etwa eine Stunde lang braten, auspacken und mit einer Sauce nach Ihrem Belieben servieren. So zum Beispiel bietet sich ▸ Tomatensauce oder eine ▸ Sauce hollandaise, ▸ Krebsbutter oder eine andere Sauce an.

### *Poulardenbraten vom Spieß*

Eine Poularde ausnehmen, absengen, putzen und bratfertig arrangieren. Die Füße ausstrecken und festbinden. Mit Speckscheiben umwickeln oder spicken, auf einen Spieß stecken, in Backpapier einhüllen und braten. Wenn die Poularde zu drei Vierteln gar ist, wickeln Sie sie aus und braten sie fertig, bis sie knusprig und braun ist. Serviert wird sie auf einem Kressebett mit Salz und Essig.

### *Poulardenfilets »suprême«*

(nach einem Rezept von M. Beauvillier)

Von drei mittleren Poularden werden die Filets entnommen, auf den Tisch gelegt und von ihren Häutchen befreit. Den Messerstiel in Wasser tauchen und die Filets damit leicht klopfen. In einer Sautierpfanne ein größeres Stück Butter zerlassen, die Filetstücke hineinlegen und einmal umdrehen, um beide Seiten zu buttern, leicht salzen und die Pfanne mit Backpapier zudecken. Die sechs Keulen können am selben Tag oder am nächsten als Entrée zubereitet werden. Sie sollten nicht gehäutet werden. Aus den Knochen bereitet man eine Suppe, die fast zur ▸ Glace reduziert werden sollte, ohne jedoch braun zu werden. Sechs große Löffel reduziertes ▸ Velouté und Butter hinzufügen, salzen und die Sauce schwenken. Die Filets sautieren und dabei immer wieder umdrehen, so dass sie weiß bleiben; mit Fingerdruck prüfen, ob sie gar sind. Wenn Sie dem Druck widerstehen, sind sie es. Von einem als Suppeneinlage geeigneten Brot werden sechs Scheiben geschnitten, die in Größe und Form den Filets gleichen und in Butter geschwenkt werden sollten. Auf dem Servierteller werden die Filets zu einem Kranz arrangiert und zwischen jedes wird eine Brotscheibe gelegt. Die Sauce fertig stellen und über die Filets gießen. Falls Sie Trüffeln verwenden möchten, schneiden Sie welche in kleine, runde Scheibchen, dünsten sie in Butter, mit etwas Salz, zweigen einen Teil Ihrer Sauce ab, fügen diesem Teil die Trüffeln hinzu und gießen die getrüffelte Sauce in die Mitte des Filetkranzes.

## *Poulardenflügel à la maréchale*

Von drei schönen Poularden die Flügel abschneiden, Flügelspitzen entfernen und nur den Ansatz behalten. Die Häutchen mit dem Messer abziehen, am besten, indem man die Flügel auf den Tisch legt und das Messer zwischen Haut und Flügel gleiten lässt, als wollte man eine Speckschwarte abziehen. Das Fleisch sollte nicht verletzt werden. Die Flügel spicken und mit Speckscheiben, einer Karotte, einem Strauß Petersilie mit Schnittknoblauch* und zwei Zwiebeln, eine davon mit einer Gewürznelke gespickt, in eine Kasserole legen. Wenn die Flügel gedünstet sind, lässt man sie auf einem Topfdeckel abtropfen und glaciert* sie zu einem schönen Goldblond. Sie werden auf einer reduzierten Endiviensauce mit einer ▸ Sauce Béchamel serviert, so dass die Spitzen in der Mitte der Schüssel zusammenstoßen. In die Mitte kommt eine schöne Trüffel.

## *Poularden-Galantine*

Eine Poularde putzen und ausnehmen, vom Rücken her entbeinen und auf einem Leinentuch ausbreiten. Das Fleisch dünn mit gekochter Geflügel- ▸ Farce bestreichen, mit Speck belegen und würzen. Legen Sie in kleinen Abständen Speckstifte auf die Farce und dazwischen, je nach Saison, Trüffelstreifen von der Größe der Speckstifte. Speck und Trüffeln sollten ein buntes Muster ergeben. Darauf kommt eine weitere Schicht von der Farce, weitere Speck- und Trüffelstückchen und so fort. Die Enden der Poularde über der Fülle zusammenfügen und vernähen, so dass der Vogel möglichst seine Ursprungsform erhält. Mit Speck umwickeln und in frische Gaze hüllen, die ebenfalls vernäht wird. Die Enden mit Schnur versehen. In einen Schmortopf kommen einige Karotten, Zwiebeln, zwei Gewürznelken, zwei Lorbeerblätter, zwei bis drei Schinkenscheiben, eine Kalbsstelze und die Karkassen der Poularden, die in kleinere Stücke gehackt wurden. Die gefüllte Poularde auf dem Rücken auf die anderen Zutaten legen und mit der Hand die Brust leicht flachdrücken. Speckscheiben darauf legen, mit Suppe aufgießen, so dass sie gut in ihrem Schmorfond schwimmt. Mit Backpapier zudecken und den verschlossenen Topf aufs Feuer stellen, so dass er mit Unter- und Oberhitze schmoren kann. Die Galantine sollte eineinhalb bis zwei Stunden garen. Danach lässt man sie eine halbe Stunde lang in ihrem Fond auskühlen. Die Galantine herausnehmen, leicht drücken und nochmals die Brust flachdrücken, so dass man sie mit Gelée garnieren kann. Der Schmorfond wird durch ein feuchtes Tuch passiert. Wenn er zu blass ist, wird etwas Rinds- ▸ Jus oder ▸ Blond de veau hinzugefügt. Sollte er etwas fade schmecken, lässt man den Fond reduzieren. Nun werden zwei ganze Eier aufgeschlagen und mit ihrer Schale in den Fond gelegt, mit dem Schneebesen verquirlt und erhitzt. Wenn der Fond zu kochen beginnt, gut mit dem Schneebesen schlagen, dann auf den Herdrand stellen und auf den Kasserolendeckel glühende Kohlen legen. Der Schmorfond – oder vielmehr das Gelée, das er bildet – sollte derart bedeckt etwa eine halbe bis Dreiviertelstunde läutern. Dann wird er, wie im Kapitel Aspik beschrieben, passiert und zum Abkühlen beiseite gestellt. Die Galantine auspacken, vom Fett befreien, auf einem Tuch arrangieren, mit Gelée garnieren – wobei man dieses in verschiedene Form gebracht hat, sei es in Scheiben, in Diamantenform oder fein gehackt oder eine Mischung aus allen drei Formen – und servieren.

*Poularden-Filets à la Béchamel*

Zwei Poularden werden gebraten. Wenn sie erkaltet sind, schneidet man die Brustfilets heraus und putzt diese. Die Filetstücke in feine Scheiben oder Streifen schneiden.

In eine Kasserole kommen fünf Schöpflöffel ▸ Sauce Béchamel, zwei Schöpflöffel mit Suppe sowie etwas geriebene Muskatnuss. Nach dem ersten Aufkochen umrühren und darauf achten, dass die Sauce nicht auf dem Kasserolenboden haftet. Knapp vor dem Servieren gibt man die Filets in die Sauce und wendet sie vorsichtig ohne sie zerfallen zu lassen. Auf einem Servierteller mit Bordüre oder mit Blätterteig, Röstbrotscheiben oder auch in einer Tortenform servieren.

*Gehacktes Poulardenfleisch à la reine*

Poularden- und Hühnerfleisch werden fein gehackt, etwas ▸ Sauce Béchamel und Suppe in einer Kasserole zum Kochen gebracht und gut verrührt. Knapp vor dem Servieren gibt man das fein gehackte Fleisch dazu, ohne nochmals aufkochen zu lassen, montiert* mit etwas Butter und etwas geriebener Muskatnuss. Mit dieser Zubereitung lassen sich große ▸ Vol-au-vents oder kleine heiße Pasteten ganz vorzüglich füllen.

## *HÜHNER*

Es gibt davon drei Sorten:

1. Das gemeine Haushuhn, das man meist zu Fricassée verarbeitet oder dessen Fleisch man für Füllen verwendet.
2. Das »Demi-Grain«-Huhn (heuriges oder einjähriges Huhn, Anm. d. Übersetzerin) für rohe Marinaden und Entrées, bei denen keine fetten Hühner gebraucht werden.
3. Das ebenfalls sehr delikate »Poulet à la reine«, ebenfalls für Entrées aber auch für den Spieß geeignet.
4. Das fette Huhn, das man vor allem am Spieß brät.

Junge Hühner kommen Ende April auf den Markt und man erkennt sie an ihrem sehr weißen Fleisch. Meist sind sie von kleinen Federkielen bedeckt, als hätte man sie schlecht gerupft. Die Füße sind glatter als beim ausgewachsenen Huhn, weicher und von graublauer Farbe. Alte Hühner und Hähne sind nur mehr als würzende Beigabe für Bouillons und Kraftbrühen zu verwenden. Gleich nach den Junghühnern kommen Poularden und Kapaune.

*Hühner-Fricassée*

Sie nehmen zwei Hühner, putzen sie, schneiden die Klauen ab und putzen die Füße, nehmen die Hühner aus und entfernen den Kropf (was wir hier ein für alle Mal gesagt haben). Sie tranchieren die Hühner, beginnend mit den Keulen, trennen dann die Füße ab und brechen den Keulenknochen etwa in der Mitte. Das Endstück des Keulenansatzes wird abgeschnitten, ebenso die Spitzen der Flügel. Die Flügel werden am Gelenk vom Körper getrennt, wobei die Brust unversehrt bleiben und vom Rücken gelöst werden sollte. Den Rücken in zwei Teile teilen, den Steiß putzen und dessen Spitze abschneiden sowie auch den daran haftenden Enddarm entfernen. Das Rückenstück putzen und die Lunge herausnehmen. In eine Kasserole kommen ein Drittelliter Wasser, eine in Ringe zerteilte Zwiebel, vier Petersilienzweige, etwas Salz und die Hühnerstücke, die Sie blanchieren*, also einmal aufkochen lassen. Dann nehmen Sie die Hühnerteile heraus, lassen sie abtropfen, putzen sie und trocknen sie ab, passieren die Brühe durch ein Seidentuch, geben 190 gr Butter in eine Kasserole, legen das Fleisch dazu und schwenken es darin. Mit einer Messerspitze Weizenmehl binden, gut schwenken und nach und nach, unter ständigem Rühren, mit der Hühnerbrühe aufgießen. Einen Strauß Petersilie mit Schnittknoblauch*, ein halbes Lorbeerblatt, eine Gewürznelke und hübsch zurechtgeschnittene Pilze hinzufügen. Nun sollte das Fricassée dünsten und dann entfettet werden. Falls die Sauce zu flüssig ist, lässt man sie in einer zweiten Kasserole reduzieren und gießt sie dann wieder auf die Hühnerteile. Zuletzt bindet man die Sauce mit drei Dottern und etwas Obers* oder Milch. Hierfür lässt man die Sauce noch einmal aufkochen, zieht sie an den Herdrand, gießt die Ei-Legierung dazu und stellt sie zurück aufs Feuer, ohne jedoch nochmals aufkochen zu lassen. Abschmecken und mit einem Stück Butter sowie einigen Tropfen Zitronensaft oder ▸ Kretzer montieren*. Das Fricassée wird so angerichtet, dass die Füße zu unterst liegen, darauf kommen die Rückenteile und obenauf Keulen und Flügel. Mit Sauce übergießen und servieren.

Sie können das Fricassée heiß oder kalt anrichten. Für Letzteres lassen Sie die gebundene Sauce auskühlen und geben Gelée dazu. Das kalte Hühner-Fricassée wird ähnlich behandelt wie das kalte Rebhuhn-Salmi. Garnieren Sie es nicht mit Röstbrot.

### *Hühner-Fricassée à la chevalière*

Sie bereiten zwei schöne, fette Hühner vor und dünsten sie wie oben beschrieben, mit Ausnahme der Flügel, die beiseite gestellt und mit kleinen Speckstiften oder mit Trüffeln gespickt werden, nachdem man die Haut abgezogen, das Fleisch vom Knochenende entfernt und die Knochenspitze sauber abgeschabt hat. In einer runden Form zerlassen Sie Butter und legen die vier Flügel darin zurecht. Streuen Sie etwas feines Salz darüber und decken Sie sie mit gebuttertem Backpapier zu. Sie garen die Flügel im Ofen, glacieren* sie, legen sie dann kreuzförmig auf Ihr Hühnerfricassée und geben auch vier schöne Krebse dazu. Als Krönung legen Sie eine große Trüffel obenauf und servieren.

### *Hühner als Spießanhang*

Sie nehmen zwei fette, sehr weiße Hühner, gleich groß und ohne Flecken. Nachdem Sie die Flügelspitzen gerupft haben, sengen Sie sie leicht ab, achten aber darauf, die Haut nicht zu versengen. Die Hühner putzen, das Brustbein aufbrechen und sorgfältig alle Innereien herausnehmen; der Haken am Stiel eines Schöpflöffels kann sich dabei hilfreich erweisen, die Gallenblase darf jedoch nicht aufplatzen. Etwa 375 gr Butter, etwas Salz, Zitronensaft und geriebene Muskatnuss werden kalt verrührt und die Hühner mit dieser Masse gefüllt. Die Füße der Vögel außen am Körper festbinden, durch die Flügel eine Schnur führen, mit der die Halshaut am Rücken festgebunden wird. Eine Zitrone schälen, eine Kasserole mit Speckscheiben auslegen, die Hühner darauf betten und mit einer Karotte, einer mit zwei Gewürznelken gespickten Zwiebel, einem gemischten Strauß Petersilie und Schnittknoblauch*, einem halben Lorbeerblatt, einer halben Knoblauchzehe, einer Schinkenscheibe und einigen kleinen Scheiben vom Kalb garnieren. Die Zitrone entkernen, in Scheiben schneiden und diese wie auch einige große Speckscheiben auf die Hühnerbrüste legen. Mit einem Schöpflöffel Bouillon und etwas Bratensaft – oder, in Ermangelung desselben, mit einem halben Glas Weißwein – übergießen. Mit Backpapier und dem Topfdeckel zudecken und bei gemäßigter Unter- und Oberhitze dünsten. Sind die Hühner gar, lassen Sie sie abtropfen, entfernen die Schnüre, lassen die Butter aus dem Inneren abfließen und legen sie auf eine ▸ Trüffelsauce oder eine sehr würzige ▸ Espagnole oder aber auf ▸ Tomaten- oder ▸ Estragonsauce, ▸ Aspik, Champignonragoût, ein gemischtes Ragoût o.ä.

### *Huhn mit Austernsauce*

Sie bereiten zwei Hühner wie im Rezept für »Poularden als Spießanhang« vor, garen sie auf die gleiche Weise wie dort beschrieben, lassen sie abtropfen und arrangieren sie auf dem Servierteller. Nun nehmen Sie sechs Dutzend Austern, entfernen die Schalen, legen das Austernfleisch in eine Kasserole und verwenden nichts anderes als ihren eigenen Saft für die Brühe. Die Austern fest werden lassen. In eine Kasserole kommen vier große Löffel reduziertes ▸ Velouté und die abgetropften Austern. Einmal aufkochen lassen, eine Messerspitze fein gewiegte und blanchierte* Petersilie, einen Butterklumpen und eine Prise groben Pfeffer hinzufügen. Vor dem Servieren wird etwas Zitronensaft darüber geträufelt, abgeschmeckt und dann die Sauce über die Hühner gegossen.

Ähnlich gehen Sie für Hühner mit ▸ Trüffelsauce, mit ▸ Estragonsauce, ▸ Tomatensauce und Hühner mit ▸ Sauce anglaise vor, wobei letzteres Rezept eine leichte Abänderung verlangt:

Hierfür kochen Sie die Hühner in einem großen Topf in Salzwasser. Das Wasser sollte ständig, aber nur mäßig sprudeln. Sind die Hühner gar, richtet man sie an und gießt eine ▸ Sauce anglaise darüber.

### *Huhn mit Erbsen*

Sie nehmen ein halbes Pfund Brustspeck und würfeln diesen, entfernen die Schwarte und blanchieren* den Speck. Mit 125 gr Butter bereiten Sie einen ▸ Roux zu, legen den abgetropften Speck hinein und braten ihn goldbraun an. Nun kommen zwei junge tranchierte Hühner hinzu (siehe Fricassée). Gießen Sie mit zwei Schöpflöffeln Bouillon auf, verrühren Sie alles gut und würzen Sie mit Petersilie sowie Schnittknoblauch* im Ganzen. Nach Beigabe eines halben Lorbeerblattes und einer Gewürznelke lassen Sie Ihr Fricassée köcheln, gießen dann einen Liter sehr zarte Erbsen dazu und dünsten alles bei sehr großer Hitze, ohne den Topf zuzudecken. Den Fond entfetten und, wenn die Hühnerteile gar sind, auf dem Servierteller auflegen. Die Sauce bei Bedarf reduzieren lassen, abschmecken, über die Hühnerteile gießen und servieren.

### *Huhn mit Krebsbutter*

Die Hühner werden wie beim »Huhn als Spießanhang« zubereitet, dann lässt man sie abtropfen. In eine Kasserole kommen vier große Löffel reduziertes ▸ Velouté und ein Stück ▸ Krebsbutter, etwa so groß wie ein Ei. Die Sauce passieren und zur richtigen Konsistenz bringen, in die Servierschüssel gießen und die Hühner darauf arrangieren.

### *Huhn am Spieß*

Zwei schöne fette Hühner oder drei kleine »Poulets à la reine« werden wie Poularden am Spieß behandelt. Bei fetten Hühnern spickt man eines davon, bei zarten eines oder zwei. Mit Speckscheiben umwickeln, auf den Spieß stecken, in Backpapier hüllen und braten. Nach drei Vierteln der Garzeit wickelt man die Hühner aus, brät sie fertig, so dass die Speckscheiben knusprig und die Hühner goldbraun werden. Wenn eine ▸ Glace vorhanden ist, bestreicht man damit den Speck vorsichtig mit Hilfe eines Pinsels. Dann legt man die Hühner auf ein Bett aus Kresse, die mit Salz und Essig gewürzt wurde, und serviert.

### *Huhn mit ▸ Sauce tartare*

Sie putzen und richten zwei Hühner her, indem Sie die Füße in den Körper stecken. Der Rücken wird aufgebrochen und geklopft, die Keulenknochen werden ebenfalls aufgebrochen. Die Hühner in einer Kasserole mit Butter, Salz und grobem Pfeffer anbraten, dann in den Ofen stellen. Eine Viertelstunde vor dem Servieren legen Sie sie bei sanfter Hitze auf den Grill, drehen sie zwei- bis dreimal um, damit sie gleichmäßig braun werden, und übergießen sie dann mit einer ▸ Sauce tartare.

### *Huhn mit ▸ Sauce au pauvre homme*

Hierfür geht man wie oben vor, entfernt jedoch Hals und Füße, bricht, wie oben, den Rücken auf, klopft ihn, brät die Hühner in Butter mit Salz und Pfeffer halb fertig und legt sie dann auf den Grill. Man serviert sie auf einer ▸ Sauce au pauvre homme, einer ▸ Estragonsauce, ▸ Tomatensauce oder einer anderen, ganz nach Belieben.

### *Mayonnaise-Huhn*

Sie nehmen ein am Spieß gebratenes Huhn und bereiten es zu wie Rebhühner mit Mayonnaise.

### *Huhn à la Périgueux*

Sie wählen zwei fette, sehr weiße Hühner aus. Nach dem Rupfen, Putzen und Ausnehmen (vom Kropf her) bürsten und waschen Sie zwei Pfund Trüffeln und schälen die größeren. Sie schneiden die großen Trüffeln so zu, dass alle, große und kleine, etwa gleich sind. In eine Kasserole kommt ein Pfund Speck, dazu die Trüffeln und ihre Schalen, die Sie vorher fein gehackt haben. Mit Salz, grobem Pfeffer, einer Messerspitze Fines Épices*, etwas geriebener Muskatnuss und einem Lorbeerblatt würzen, Letzteres jedoch nach dem Dünsten herausnehmen. Das Trüffel-Ragoût eine halbe Stunde lang auf sanfter Flamme köcheln lassen und nach dem Abkühlen damit die Hühner füllen. Diese auf ein Brathäkchen oder kleines Spießchen stecken und mit Speckscheiben sowie zwei bis drei Lagen Backpapier umwickeln. An einen Spieß hängen und etwa fünf Viertelstunden lang braten. Wenn sie gar sind, wickelt man die Hühner aus, lässt sie abtropfen und serviert sie auf einer ▸ Sauce Périgueux.

### *Hühnersalat*

Sie nehmen zwei gebratene kalte Hühner oder Reste vom Vortag. Tranchieren Sie die Hühner wie für »Huhn mit Mayonnaise« (siehe Rebhühner in Mayonnaise) und legen Sie das Fleisch in einen Tontopf. Wie einen Salat würzen, ganze Kapern, Anchovis-Filets und Streifen von Essiggurken sowie fein gewiegte Salatkräuter darunter mischen. Schwenken Sie alles gut und vermischen Sie die Zutaten. Den Servierteller mit frischen Salatblättern und Schiffchen aus hart gekochten Eiern verzieren, mit den Anchovis-Filets und Kapern garnieren, den Hühnersalat mit den Salatkräutern und der Marinade übergießen und servieren.

### *Hühner à la crème*

Sie nehmen zwei gebratene kalte Hühner und schneiden das Brustfleisch heraus, entfernen die Lunge und bereiten aus der Hühnerbrust folgende Farce zu: Sie entfernen sorgfältig die Haut und hacken das Fleisch sehr fein bzw. pürieren es. Sie putzen und pürieren auch ein gekochtes Kalbseuter; falls keines vorhanden, nehmen Sie geriebenen Speck oder Butter. Weißbrot wird in Crème fraîche eingelegt, so dass es die Crème aufnimmt und dann trocknet. Nun mischen Sie Hühnerbrust, Kalbseuter und das weiche Brot zu gleichen Teilen, pürieren sie gemeinsam und geben fünf Dotter dazu, ebenso etwas geriebene Muskatnuss sowie Salz nach Geschmack. Nach dem Abschmecken heben Sie mit dem Kochlöffel vorsichtig den Schnee von drei Eiklar unter. Verfeinern Sie die Masse mit zwei sehr fein gewiegten, gewaschenen und im Leinentuch ausgepressten Schalotten und, wenn Sie möchten, mit etwas fein gehackter Petersilie. Alles gut vermischen, aus dem Mörser nehmen und die Hühnerrücken mit dieser Farce füllen. Mit einem in Ei getauchten Messer streichen Sie über die Farce und geben dieser möglichst die Form einer Hühnerbrust. Die Farce mit Eidottern bestreichen und Muster bilden, die Hühner mit gebuttertem Backpapier umwickeln, verschnüren und in eine mit zwei Speckscheiben belegte Tortenform geben. Etwa 45 Minuten vor dem Servieren schieben Sie die Form in den Ofen und braten die Hühner goldbraun. Sie servieren dieses Gericht auf einer weißen ▸ Sauce italienne oder auf einer ▸ Sauce au suprême oder einer ▸ Sauce à l'ivoire.

### *Gebackene Hühnerteile*

Sie tranchieren zwei Hühner wie für ein Fricassée und legen die Teile in einen Tontopf, in dem Sie sie mit Zwiebelringen, Petersilienzweigen, Salz, grobem Pfeffer und dem Saft von zwei bis drei Zitronen eine Stunde lang marinieren. Die Hühnerteile abtropfen lassen und mit einer Hand voll Mehl in ein Tuch einschlagen. Dieses schwenken, so dass jeder Teil mit Mehl bedeckt ist, dann die Hühnerteile auf einen Deckel legen. Inzwischen wird das Backfett erhitzt. Wenn es heiß genug ist, legen Sie zuunterst die Keulen, etwas später die Brust, dann Flügel und Rückenteile usw. ins Fett. Wenn alle Teile von schöner Farbe und durchgebraten sind, lassen Sie sie abtropfen. Sie können das gebackene Huhn, wenn Sie möchten, mit sechs Spiegeleiern belegen. Mit einer ▸ Sauce poivrade servieren.

### *Hühnerteile in Backteig*

Sie tranchieren zwei gebratene Hühner und legen die Teile eine halbe Stunde vor dem Servieren in eine ▸ gekochte Marinade. Abtropfen lassen und die marinierten Stücke in ▸ Backteig legen, den Sie mit steif geschlagenem Eiklar aufgelockert haben. Die Hühnerstücke in heißem Fett herausbacken und nach dem Abtropfen mit gerösteter Petersilie servieren.

### *Hühner-Rissoles*

Blätterteigreste so dünn wie möglich auswalken, die Ränder mit Wasser benetzen und in Abständen gekochte Hühner- ▸ Farce in Portionen von der Größe einer Weintraube darauf verteilen. Den Blätterteig über der Farce einschlagen, so dass kleine Täschchen entstehen, die Sie halbmondförmig ausstechen. Die Teigränder müssen gut verschweißt sein. Ein Backblech bemehlen und die Rissoles darauf legen. Knapp vor dem Servieren backen, so dass sie eine schöne Farbe haben.

### *Huhn en Capilotade*

Ein gebratenes Huhn wird tranchiert und in drei Schöpflöffeln ▸ Sauce italienne oder ▸ Sauce hachée oder ▸ Sauce au pauvre homme gedünstet. Eine Viertelstunde vor dem Servieren garniert man mit hübsch zugeschnittenen Essiggurken.

### *Huhn à la Saint-Cloud*

Sie bereiten zwei Hühner wie für das »Huhn als Spießanhang« zu, nehmen zwei bis drei sehr schwarze Trüffeln und schneiden diese zu Stiften. Die Hühner werden mit diesen Stiften verziert, indem man Letztere in kleine Öffnungen auf der Brust steckt, die man vorher mit dem Messer angebracht hat. Das Muster sollte regelmäßige Abstände einhalten. Eine Kasserole mit Speckscheiben auslegen, eine mit einer Gewürznelke gespickte Zwiebel, eine tournierte* Karotte sowie einen gemischten Strauß Petersilie und Schnittknoblauch* dazulegen, die Hühnerbrust mit Salz bestreuen, mit Zitronensaft beträufeln und mit Speck und Backpapier bedecken. Mit Bratensaft oder Suppe aufgießen, ein Glas Weißwein, ein halbes Lorbeerblatt sowie eine Schinkenscheibe hinzufügen und 45 Minuten vor dem Servieren bei Unter- und Oberhitze dünsten. Abtropfen lassen und auf einer ▸ Trüffelsauce, einer ▸ Sauce Saint-Cloud oder en petit deuil anrichten. Falls kein ▸ Velouté vorhanden, passiert man den Schmorfond, in dem die Hühner gegart wurden, bindet denselben mit Butter und einem halben Löffel Mehl, lässt die Sauce aufkochen, passiert sie durch ein Seihtuch, gibt Trüffelstifte dazu und montiert* mit Butter.

### *Huhn à la Provençale*

Sie tranchieren zwei Hühner wie für ein Fricassée, zerteilen ein Dutzend weiße Zwiebeln in Ringe und mischen etwas Petersilie darunter. Nun legen Sie die Zwiebeln in eine Kasserole und die Hühnerteile darauf. Das Huhn mit einem weiteren Zwiebelbett bedecken, ein Glas Öl und ein bis zwei Lorbeerblätter hinzufügen, salzen, aufs Feuer stellen und nach dem Erhitzen auf kleiner Flamme köcheln lassen. Wenn das Fleisch gar ist, mit Butter glacieren*, um die Zwiebelringe herum anrichten und mit etwas ▸ Espagnole servieren.

### *Hühner-Blanquette*

Das Fleisch einer kalten Poularde wird in Streifen geschnitten und knapp vor dem Servieren in reduziertem und entfettetem ▸ Velouté ohne aufzukochen erhitzt. Mit einer Legierung binden, die in etwas Obers* oder Milch verdünnt wurde, und mit einem Stück Butter und dem Saft einer Zitrone montieren*.

### *Hühnerkeulen als Entchen oder kleine Zwiebeln getarnt*

Wenn Sie die Filets dreier schöner Poularden entnommen haben, wobei die Haut der Keulen nicht versehrt werden darf, brechen Sie die Keulenknochen entzwei und belassen nur die untere, am Fuß hängende Hälfte. Sie stutzen die Füße zu einem Viertel ihres Umfangs, legen die Keulen auf ein Leinentuch und füllen sie mit einem ▸ Salpicon aus Stopfleber, Trüffeln und Champignons. Nun vernähen Sie die Keulenhaut und geben den Keulen hierbei eine längliche Form, ähnlich dem Hals eines Schwans oder einer Ente. Der Keulenstumpf bildet dabei den Hals und der Fuß den Schnabel. Fixieren Sie die Füße mit einer Schnur so, dass der »Schwanenhals« seine graziöse Haltung bewahrt. Dort, wo der Hinterkopf des Vogels sein sollte, also auf der Rückseite des Fußes, und dort, wo man die Schnabelspitze vermutet, bringen Sie je einen Einschnitt an. Letzterer soll die Wölbung auf einem Schwanenschnabel nachahmen. Nun nehmen Sie sechs schöne Flusskrebse mit möglichst gleich langen Füßen und kochen sie in einer Bouillon. Aus den zwölf langen Füßen formen Sie die Schwanenflügel, indem Sie sie an dem Ende in die Keule stecken, an dem sie am Körper des Krebses befestigt waren. Sie legen eine Kasserole mit Speckscheiben aus, arrangieren darauf die kleinen Schwäne, als schwömmen sie auf dem Wasser, legen auf jeden eine Zitronenscheibe, so dass sie schön weiß werden, gießen mit Bratenfond auf und bedecken die Schwäne mit einer Speckscheibe und einer Lage Backpapier. Setzen den Topf 45 Minuten vor dem Servieren aufs Feuer und dünsten Sie die Schwäne vorsichtig mit schwacher Oberhitze (durch Glut oder heiße Asche auf dem Deckel). Abtropfen lassen, die Schnüre entfernen, auf dem Servierteller zurechtsetzen und auf einer grünen ▸ Sauce hollandaise oder einer ▸ Krebssauce servieren.

### *Poulardenkeulen en ballon*

Sie entfernen die Knochen von sechs bis acht Keulen und stutzen die Füße auf ein Viertel ihres Volumens. Sie legen die Keulen auf ein Leinentuch, breiten sie dort aus und füllen sie mit einem ▸ Salpicon. Die Haut vernähen, in einer mit Speckscheiben ausgelegten Kasserole anbraten, mit Bratenfond aufgießen und etwa 45 Minuten lang dünsten. Abtropfen lassen, anrichten und mit einer guten roten ▸ Sauce italienne übergießen.

### *Poulardenkeulen à la Bayonnaise*

Sie nehmen die Hinterteile dreier Poularden und schneiden die Haut bis zum Bürzel ein. Sie trennen die Keulen gemeinsam mit der Haut des ganzen Hinterteils vom Körper, entfernen die Keulenknochen vollständig, außer dem Knochenstück, das die Keulen mit den Füßen verbindet. Sie marinieren die Keulen dann mit Zitrone, Salz, grobem Pfeffer sowie einem zerkleinerten Lorbeerblatt und lassen sie in dieser Marinade zwei bis drei Stunden lang liegen. Knapp vor dem Servieren lassen Sie die Marinade abtropfen, wenden die Keulen in Mehl und braten sie in zerlassenem Speck. Von vier Zwiebeln Ringe schneiden, das Zwiebelherz entfernen, die Ringe rösten, so dass sie, wie auch die Keulen, von schöner Farbe sind. Die Keulen auf den Servierteller legen, mit den Zwiebelringen garnieren und mit einer ▸ Sauce poivrade übergießen.

### *Poulardenkeulen à la Livernois*

Die Keulen von drei Poularden abnehmen, den halben Knochen abbrechen, die Keulen putzen und mit Karottenstreifen, zwei Zwiebeln, einem gemischten Strauß aus Petersilie und Schnittknoblauch* sowie einer Schinkenscheibe in eine Kasserole legen. Einen Schöpflöffel Suppe darauf gießen, mit Speckscheiben und einer Lage Backpapier zudecken. Sie schneiden zwei Karotten stift- oder pilzförmig zu, blanchieren* sie, kochen sie in Suppe und lassen sie zu ▸ Glace zerfallen. Legen Sie ein Stück Zucker dazu, um etwaige Bitterstoffe zu vertreiben. In eine Kasserole kommen vier bis fünf große Löffel ▸ Espagnole und die zur Glace zerfallenen Karotten. Aufkochen lassen, Fett abschöpfen, die Poulardenkeulen abtropfen lassen, dem Ragoût ein Stück Butter beifügen, es dann über die Keulen gießen und servieren.

### *Kämme und Nieren als Velouté*

Sieben Hahnenkämme und sieben Hühnernieren werden in einem ▸ Blanc gedünstet, nach dem Abtropfen eine Viertelstunde lang in reduziertem ▸ Velouté geköchelt, legiert, mit Butter und Zitronensaft montiert* und serviert.

### *Grand Aspic aus Kämmen und Nieren*

Sie nehmen eine Aspikform oder eine Kasserole in der richtigen Größe und stellen den Behälter in einen weiteren, mit zerstoßenem Eis gefüllten Topf.

In die Kasserole gießen Sie ▸ Aspik, das den Boden etwa fingerdick bedecken sollte, und verzieren es nach Ihrem Geschmack mit Trüffeln, hart gekochtem Eiklar, Essiggurken, Krebs-Schwänzen und -Eiern oder mit den Nieren von Hähnen. Achten Sie darauf, das Aspik dabei nicht zu zerstören. Wenn dieses fest geworden ist, füllen Sie die Kasserole mit Hahnenkämmen und -nieren auf, lassen jedoch zwei Fingerbreit rundherum frei. Diese Bahn wird wieder mit Aspik aufgefüllt. Auch die Oberseite der Komposition mit Aspik bedecken, so dass eine einheitliche Form entsteht. Vor dem Servieren stellen Sie die Form in lauwarmes Wasser und stürzen die Komposition auf eine Platte, ohne die Form abzunehmen. Mit der Form lassen Sie das Aspik vorsichtig auf einen Teller gleiten. Wenn es sehr kalt ist, können Sie die Form abnehmen. Etwaiges flüssiges Gelée verteilen Sie mit einem Pinsel; es sollte sehr durchsichtig sein und wie ein Diamant schimmern. Den Teller rundherum putzen und servieren.

Auf dieselbe Weise können Sie Aspik mit Hühnerbrust, mit jungen Kaninchen oder jungen Rebhühnern zubereiten. Falls Ihre Form in der Mitte einen Hohlraum bildet, füllen Sie diesen mit Mayonnaise oder einer ▸ Sauce ravigote mit Gelée.

### *Stopfleber à la Périgueux (Foie gras)*

Sie nehmen von sieben Poularden die Leber, entfernen die Galle und den daran angrenzenden Teil der Leber, spicken die Leber mit Trüffeln und braten sie in einer mit Speckscheiben ausgelegten Kasserole an. Mit einer ▸ Sauce mirepoix aufgießen, falls keine zur Verfügung steht, mit einem Glas Weißwein und einem Glas Suppe. Fügen Sie Salz, eine tournierte* Karotte, zwei mittlere Zwiebeln, wovon eine mit einer Gewürznelke gespickt wurde, einen gemischten Strauß mit Petersilie und Schnittknoblauch*, ein halbes Lorbeerblatt und eine halbe Knoblauchzehe hinzu. Die Leber mit Speckscheiben bedecken und eine Lage Backpapier darüber legen. Den Topf erhitzen, dann etwa 20-25 Minuten bei Unter- und Oberhitze dünsten. Die Leber abtropfen lassen, auf dem Servierteller anrichten und mit einer ▸ Sauce Périgueux übergießen. Zwischen die Leberstücke können Sie je eine in Butter geröstete Scheibe Brot legen und in die Mitte eine schöne Trüffel. Die Leber muss gut mit Trüffeln gespickt sein.

### *Stopfleber à la financière*

Sie bereiten die Leber zu wie die à la Périgueux und schmoren sie in einer guten ▸ Sauce mirepoix. Gießen Sie auch etwas gute Hühnerbrühe und ein Glas guten Madeira darauf. Nach dem Dünsten passieren Sie den Schmorfond, entfetten ihn und gießen ihn zu einer guten ▸ Espagnole, in die sie einige Geflügel-Nockerln* bzw. Quenelles* legen, ebenso tournierte* Champignons, Hahnenkämme und deren Nieren sowie Trüffelstreifen, schließlich gießen Sie den Saft einer Zitrone dazu, legen die Stopfleber portionsweise in kleine Förmchen und auf die soeben beschriebene Financière, glacieren* die Leber, garnieren die Förmchen mit schönen Flusskrebsen und in Butter glacierten Brotstückchen und servieren das Gericht heiß.

### *Gratinierte Stopfleber*

Sie nehmen eine Silberschüssel oder ein anderes feuerfestes Gefäß und bedecken den Boden fingerdick mit einem Gratin. Die Stopfleber von sechs bis sieben Poularden – sie sollte schön und hell sein – wird wie im vorigen Rezept zubereitet, in der Schüssel arrangiert, wobei der Innenkreis frei bleiben sollte, und alle Zwischenräume werden mit Gratin aufgefüllt. Wenn dieses mit dem Messer zu einer einheitlichen, glatten Masse gestrichen wurde, bedecken Sie es mit gebuttertem Backpapier und stellen die Schüssel in den Ofen. Nach dem Backen wird das Papier entfernt und das Gratin aus dem Innenkreis entfernt, um einer reduzierten ▸ Espagnole oder einer roten ▸ Sauce italienne Platz zu machen.

### *Stopfleber als Matelote*

Sechs Stück Stopfleber wie oben zubereiten, wie jene à la Périgueux blanchieren* und dünsten, dann abtropfen lassen und auf dem Teller zurechtlegen. Mit einer ▸ Sauce à la matelote übergießen und mit herzförmig zugeschnittenen Röstbrot-Stücken sowie nach Belieben mit Trüffeln garnieren.

### *Stopfleber in der Schachtel*

Sie formen aus festem Papier eine runde oder viereckige Schachtel, deren Höhe etwa eineinhalb Zoll beträgt. Bestreichen Sie die Form außen mit Öl. In die Schachtel kommt eine fingerdicke Lage Gratin. Die Stopfleber von sechs Poularden wird mit Butter, Petersilie, Schnittknoblauch*, fein gehackten Champignons, Salz, Pfeffer und Fines Épices* angeröstet und in die Schachtel gefüllt, die bei mäßiger Hitze auf den Grill gestellt wird. Wenn die Leber gar ist, stellt man die Schachtel auf den Servierteller und übergießt die Leber mit einer guten reduzierten ▸ Espagnole, die man mit etwas Zitronensaft verfeinert hat. Falls Butter obenauf schwimmt, schöpfen Sie diese ab.

### *Stopfleber in Muscheln*

Sie blanchieren* die Menge Leber, die Sie brauchen, um Ihre Muscheln damit zu füllen, und schneiden die Leber dann, ebenso wie einige Trüffeln und Champignons, in Streifen. Mit fein gewiegten Kräutern wie Petersilie und Schnittknoblauch*, Salz, grobem Pfeffer, einigen Fines Épices* und einem Stück Butter versehen, alle Zutaten in eine Kasserole geben und anrösten. Mit etwas Champagner und ▸ Espagnole aufgießen und die Sauce stark reduzieren. Diese in Pilgermuscheln füllen, mit Bröseln bestreuen und im Ofen Farbe annehmen lassen.

## HUMMER

(Unter diesem Stichwort werden auch die Scholle in Sauce normande, das Huhn à la ficelle usw. usw. behandelt).

*Oh, Meer, einzige Liebe, der ich je treu war.*
Dieser Vers von Byron könnte zu meinem Wahlspruch werden, denn ich liebe das Meer als eine Notwendigkeit für unser Wohlergehen, ja selbst für das Glück unseres Daseins. Wenn ich das Meer einige Zeit lang nicht gesehen habe, plagt mich unwiderstehliche Sehnsucht und dann nehme ich unter irgendeinem Vorwand den nächsten Zug und komme in Trouville, in Dieppe oder in Le Havre an. An diesem Tag war ich nach Fécamp gefahren.

Kaum war ich dort angelangt, wurde mir schon für den nächsten Tag eine Angelpartie vorgeschlagen.

Ich kannte diese Unternehmungen, bei denen man nichts fängt, sondern den Fisch für das anschließende Dîner kauft.

Dieses Mal jedoch fingen wir entgegen aller Gewohnheit zwei Makrelen und einen Tintenfisch, aber wir kauften einen Hummer, eine Scholle und rund hundert Garnelen.

Eine Muschelverkäuferin, die wir unterwegs trafen, fügte noch etwa hundert ihrer Meeresfrüchte hinzu.

Wir hatten lange darüber debattiert, bei wem wir einkehren würden und bei wem also das Nachtmahl zubereitet werden sollte.

Unsere Wahl fiel schließlich auf einen großen Weinhändler in Fécamp, der uns seinen ganzen Keller zur Verfügung stellte.

Unterwegs versicherte er uns, dass seine Köchin bereits den ▸ Pot-au-feu aufgesetzt hatte und dass wir Zutaten für zwei bis drei Gerichte bei ihm vorfinden würden, die die Köchin bereits für sein eigenes Dîner zusammengestellt hatte.

Obwohl er seiner Köchin den Rang eines »Cordon bleu« zusprach, wurde sie einstimmig aus der Küche geschickt und ich an ihre Stelle gesetzt. Sie durfte, wenn sie wollte, den Titel der Vize-Köchin behalten, jedoch nur, wenn sie sich keinerlei Oppositionsgeist gegen den Chefkoch erlaubte.

Nun mögen die geschätzten Hausfrauen mit mir in diese bewundernswert ausgestattete Küche treten und kein Detail dessen versäumen, was sich abspielen wird, wenn sie ihrer kulinarischen Liste ein oder zwei völlig unbekannte Gerichte hinzufügen wollen.

Wie versprochen fanden wir einen ▸ Pot-au-feu vor, der seit zehn Uhr vormittags vor sich hinköchelte, was bald acht Stunden war. Ein Pot-au-feu erreicht nach acht Stunden seinen geschmacklichen Höhepunkt.

Ich habe bereits erwähnt, dass Frankreich das einzige Land ist, wo man es versteht den Pot-au-feu zuzubereiten und es ist sehr wahrscheinlich, dass meine Portiersfrau, die nichts anderes zu tun hat, als den ihrigen zu überwachen und ab und zu die Kordel zu ziehen, eine bessere Suppe isst als Monsieur de Rothschild.

Um zu unserer Köchin zurückzukommen, so hatte sie also ihren köchelnden Pot-au-feu zur Verfügung, zwei gerupfte Hühner, die auf den Spieß warteten, eine Rindsniere, die noch nicht wusste, welche Sauce sie begleiten würde, einen Bund Spargeln, die bereits Samen ansetzten, und schließlich, ganz unten in einem Korb, ein paar Tomaten und weiße Zwiebeln.

Ich ließ alles vor mir auf dem Küchentisch ausbreiten, verlangte Tinte und eine Feder und legte meinen Freunden folgende Karte zur Billigung vor:

| | | |
|---|---|---|
| Tomatensuppe mit Garnelen-Schwänzen | | |
| Entrées: | Hummer à l'américaine | |
| | | Scholle Sauce normande |
| | | Makrelen maître d'hôtel |
| | | Geröstete Nieren in Champagner |
| Bratengerichte: | Zwei Hühner »à la ficelle« | |
| | | Gebratener Tintenfisch |
| Zwischengang: | Tomaten à la provençale | |
| | | Rühreier mit Nieren-Jus |
| | | Spargelspitzen |
| | | Salatherzen in Espagnole ohne Öl oder Essig |
| Dessert aus Obst | | |
| Weine: | | Château-d'Iquem, Corton, Pomard, Château-Latour |
| Kaffee: | | Bénédictine, Fine champagne |

Ich präsentierte also dieses Menü, das mit Hurra-Rufen begeistert angenommen wurde. Allerdings wollte man wissen, wie lange die Zubereitung einer solchen Mahlzeit dauern würde.

Ich erbat eineinhalb Stunden, die mir mit Erstaunen gewährt wurden. Man dachte, ich würde drei brauchen.

Die größte Kunst des pünktlichen Kochs ist die Vorbereitung und Verfügbarkeit aller Zutaten, die er brauchen wird. Für diese Zusammenstellung braucht er nicht länger als eine Viertelstunde.

Da man unmöglich mit der Feder eine Suppe, vier Entrées, zwei Braten, zwei Zwischengerichte und einen Salat kochen kann, sei mir hier erlaubt, jedes einzelne Gericht nach und nach zu erklären.

### *Tomatensuppe mit Garnelen-Schwänzen*

Befeuern Sie gleichzeitig zwei Öfen und stellen Sie auf den ersten: Salzwasser für die Garnelen, mit einem Bouquet garni* und zwei Zi-

tronenscheiben. Aufkochen lassen und die Garnelen ins kochende Wasser werfen.
Auf den zweiten Herd kommt ein Topf mit zwölf ausgepressten Tomaten, vier großen weißen Zwiebeln, in Ringe geschnitten, ein Stück Butter, eine Knoblauchzehe und ein Bouquet garni.
Wenn die Garnelen fertig sind, passieren Sie den Kochsud durch ein Haarsieb und bewahren ihn auf; lassen Sie die Garnelen schälen und legen Sie die Schwänze zur Seite.
Sind die Tomaten und Zwiebeln gar, passieren Sie sie ebenfalls durch ein feines Sieb, stellen sie zurück auf den Herd und fügen ein Stück Fleisch ▸ Glace sowie eine Prise roten Pfeffer hinzu und lassen alles zum Püree eindicken. Gießen Sie nun Suppe sowie ein halbes Glas vom Garnelen-Kochsud dazu und lassen Sie alles beim Aufkochen gut vermischen. Beim dritten oder vierten Aufwallen werfen Sie die Garnelen-Schwänze in die Suppe, die nun fertig ist.
Es ist wohl unnötig zu erwähnen, dass, obwohl ich jeden Handgriff einzeln beschreibe, alles zugleich passieren muss.

### *Hummer à l'américaine*

Unter den verschiedenen Möglichkeiten, den Hummer à l'américaine zuzubereiten, wählen wir die Methode Vuillemot.
Hier müssen wir die ganze Aufmerksamkeit unserer Leser, vor allem unserer Leserinnen einfordern, denn das Gericht ist sehr kompliziert.

1. In eine Kasserole kommen zwei große geviertelte Zwiebeln, ein Bouquet garni*, zwei Knoblauchzehen, zu alledem eine Flasche guter Weißwein, ein halbes Glas gewöhnlicher Cognac, ein Schöpflöffel gute Kraftbrühe, Salz, grober Pfeffer und ein paar Körner gutes spanisches Piment. Werfen Sie Ihren Hummer in diesen Sud und lassen Sie ihn eine halbe Stunde darin garen.
Achtung! Das Schwierigste kommt erst.
2. Das Schalentier muss nun in seinem Sud auskühlen, wenn man es nicht eilig hat. Je mehr Zeit man hat, umso besser. Entnehmen Sie das Hummerfleisch und schneiden Sie es in Filets, gemeinsam mit den fleischigen Teilen der Scheren. Legen Sie die Teile in eine Sauceschüssel, begießen Sie sie mit etwas Kochsud, decken Sie alles mit Butterpapier zu und halten Sie es im Dampfbad warm. Bis zum Servieren muss noch gewartet werden.
3. Nun nehmen Sie acht schöne Tomaten und halbieren diese, schneiden den schwammigen Teil mit den Kernen heraus und wer-

fen ihn weg. Sie buttern eine Kasserole und legen die Tomaten hinein, würzen mit Salz, grobem Pfeffer, etwas Piment und frischer Butter. Stellen Sie die Tomaten in den Ofen und halten Sie sie auch warm, nachdem sie gar sind.

4. Schneiden Sie zwei große Zwiebeln in Würfel und pressen Sie den Saft durch ein Tuch heraus. Sautieren Sie die Zwiebelwürfel in etwas Butter und lassen Sie sie anlaufen; nun kommt ein Esslöffel Mehl dazu. Sie löschen mit der Hälfte des Hummer-Kochsuds ab und lassen die Sauce auf einer Herd-Ecke klar werden, dann reduzieren Sie diese Sauce auf die Hälfte, indem Sie zwei große Löffel Tomatenpüree darunter mischen. Mit Fleisch- ▸ Glace zu einem weiteren Drittel reduzieren, dann passieren, etwas Zitronensaft und ein Röllchen Butter hinzufügen, und warten.

5. Schließlich nehmen Sie das Hummermark und die Eier, wenn vorhanden, zerstoßen diese mit etwas Butter, passieren alles durch ein feines Sieb und würzen mit einem Körnchen Piment.

Nehmen Sie nun einen Teller zum Anrichten von Gemüse und legen Sie den Hummer kranzförmig darauf, darüber die Tomaten und in die Mitte die Hummerbutter. Mit Fleischsaft glacieren* und servieren.

Dieses komplizierte Gericht ist nichts für Anfänger. Es sind beherzte Köche und Köchinnen vonnöten, um es anzugehen.

Nun aber zur Scholle.

Diese hat sehr weißes, sehr kurzfasriges Fleisch, etwa in der Mitte zwischen dem von Seezunge und Rotzunge; allerdings erreicht es bei aller Anstrengung weder den Geschmack der Ersten noch den Ruf der Zweiten.

### *Scholle mit Sauce normande*

Legen Sie Ihre Scholle auf einen Silberteller, buttern Sie den Teller, salzen Sie den Fisch, würzen Sie ihn mit Pfeffer, gießen Sie ein Glas Weißwein darauf und stellen Sie ihn dann in den Ofen.

Ein Stück Butter wird in einer Kasserole geschwenkt, bis es blond anläuft; etwas Mehl dazugeben. Mit der Butter und dem Wein, in denen die Scholle liegt, ablöschen, wobei Letzterer nur so viel bleiben soll, dass sie nicht austrocknet. Auf die Hälfte reduzieren.

Kochen Sie etwa dreißig Muscheln sowie zehn bis zwölf Pilze. Der Muschel-Kochsud kommt in die Sauce. Alles auf die Hälfte reduzieren, mit vier Eidottern und einem halben Glas Crème fraîche binden, die Muscheln und Pilze um die Scholle herum auflegen, die Sauce darüber gießen.

Da und dort einige Stückchen frische Butter über dem Ganzen verteilen, den Fisch noch zwei Minuten in den Ofen stellen und servieren.

Was die Makrelen in der ▸ Sauce à la maître d'hôtel und die in Burgunder sautierten Nieren anbelangt, brauche ich hier niemandem etwas beizubringen. Sie gehören zum Küchen-Abc.

Achten Sie nur darauf, die Sauce für die Nieren zu strecken, und stellen Sie knapp vor dem Servieren ein halbes Glas davon zur Seite, damit die Sauce so rund wie möglich wird. Warum, werden Sie gleich sehen.

### *Hühner »à la ficelle« (verschnürte Hühner)*

Bis meine Hühner an der Reihe waren, musste ich die Bemerkungen meiner Vize-Köchin über mich ergehen lassen. Als ich jedoch an diesem heiklen Punkt angelangt war, verwandelten sich die Bemerkungen in Widerstand.

Da ich keine Zeit zu verlieren hatte, drohte ich meiner Assistentin mit einem Staatsstreich, der dazu führen würde, dass sie ausgezahlt und mit sofortiger Wirkung vor die Tür gesetzt würde.

Diese Drohung verfehlte ihre Wirkung nicht, sie gehorchte nun duldend und fünf Minuten später drehten sich meine beiden Hühner Seite an Seite wie zwei Garnspindeln.

Weil ich aber heute Zeit habe, Ihnen meine Gründe auseinanderzusetzen und Ihnen die Überlegenheit des »Poulet à la ficelle« über das normale Brathuhn erklären zu können, hören Sie mir zu.

Jedes Tier hat zwei Öffnungen: die obere und die untere. Das Huhn gleicht darin dem Menschen.

Zweitausendvierhundert Jahre vor mir sagte Diogenes dasselbe, an dem Tag, als er einen gerupften Hahn auf die Athener Agora warf und dabei ausrief: »Hier ist Platos Mensch!«

Also gut, man muss zunächst eine der Öffnungen schließen, und zwar die obere.

Man geht hier nach belgischer Manier vor, indem man den Kopf des Geflügels in seine Brust stopft und die Haut darüber zunäht.

Nun zur zweiten Öffnung, die wesentlich wichtiger ist als die erste, nämlich zur unteren.

Sie haben daraus die Därme und die Leber hervorgezogen und wenn ich dies sage, meine ich, dass Ihre Köchin diese herausgezogen hat.

Sie hat die Därme weggeworfen, die Leber mit Fines Herbes*, Petersilie und Schnittknoblauch* fein gehackt, alles mit einem Stück Butter verknetet und dem Huhn diese Mischung an Stelle der nun nicht nur überflüssigen, sondern sogar schädlichen Därme wieder eingefüllt, um es damit zu parfümieren.

Nun, was sollte eigentlich das Ziel des Kochs sein? Dem Tier, das er zubereitet, die größtmögliche Menge Saftes zu lassen. Wenn Sie ihm jedoch längs einen Spieß durchstecken und womöglich noch zur besseren Stabilität ein Spießchen quer durch den Körper schieben, statt ihm eine der Öffnungen zu stopfen, die die Natur ihm gemacht hat, bringen sie zwei weitere Löcher an, durch die der Saft entfliehen wird.

Wenn Sie jedoch, ganz im Gegenteil, dem Huhn die Füße verschnüren und es an dieser Schnur senkrecht aufhängen, so dass die untere Öffnung nach oben schaut und die obere Öffnung verschlossen ist, wenn Sie dann Ihr Huhn mit exzellenter, mit Salz und Pfeffer gewürzter Butter übergießen und dafür sorgen, dass die Butter mit Hilfe des Schöpflöffels in die himmelwärts gerichtete Öffnung laufen kann, dann haben Sie alle vernünftigen Bedingungen für ein hervorragendes Huhn geschaffen. Nun müssen Sie nur noch den Brat-Vorgang überwachen und in dem Augenblick, wo die Haut von kleinen Löchern übersät ist, aus denen Dampf aufsteigt, die Schnur abschneiden.

Legen Sie das Huhn auf seinen Teller und begießen Sie es mit dem aufgefangenen Saft.

Niemals aber darf auch nur ein Tropfen Suppe zur Butter gefügt werden, mit der Sie Ihr Huhn beträufeln. Jede Köchin – ich glaube, dies schon irgendwo gesagt zu haben –, jede Köchin, die Suppe ins Auffangbecken gibt, gehört ohne Gnade und sofort vor die Tür gesetzt.

Der fritierte Tintenfisch ist so einfach zuzubereiten wie jeder beliebige Fisch, sei es Merlan oder Seezunge.

### *Fritierter Tintenfisch*

Schneiden Sie ihn in Stücke, die Sie in Mehl wenden; lassen Sie die Teile ins brutzelnde Backfett gleiten, nehmen Sie sie heraus, wenn sie gerade richtig sind, und Sie werden etwas Ähnliches wie etwa gebackenes Kalbsohr mit leichtem Muskataroma erhalten.

Die Rühreier mit Nierensaft und Spargelspitzen und provençalischen gefüllten Tomaten gehören zur Kinderstube der Kochkunst.

Sie schlagen zwölf Eier in eine Soupière, wobei von den zwölf Eiern nur sechs ganze und sechs weitere Dotter verwendet werden. Nachdem Sie sie schaumig geschlagen haben fügen Sie ein Stück Butter, Fines Herbes*, ein halbes Glas Bouillon (am besten Hühnerbrühe) sowie das halbe Glas Saft von den Nieren, das Sie von diesen abgezweigt haben, und überlassen alles der Obsorge Ihrer Köchin, die es nur noch in eine Kasserole gießen, diese aufs Feuer stellen und umrühren muss.

Eine grundwichtige Anmerkung:

Man sollte die Rühreier noch sehr weich servieren, da diese auf dem Teller härter werden. Was die Tomaten betrifft, halbiert man diese, lässt die flüssigen Teile abtropfen und die Samen herausfallen, legt dann die Hälften nebeneinander auf ein Blech und türmt auf jede Hälfte eine Pyramide aus faschiertem* Huhn, Kalb oder Wild vom Vorabend, falls welches übrig geblieben ist, und aus Pilzen.

Darüber kommt ein Glas Olivenöl, und zwar das beste, das man finden kann. Zuletzt wird gesalzen, gepfeffert und mit Petersilie und Knoblauch, gemeinsam fein gewiegt, gewürzt. Eine Messerspitze Piment dazu streuen; mit Ober- und Unterhitze garen und von Zeit zu Zeit mit dem Öl übergießen, in dem die Tomaten sieden.

*Salatherzen in ▸ Espagnole ohne Öl oder Essig*

Unsere Salatherzen ohne Öl und Essig sind eine Erinnerung an unsere Spanienreise. Dort riecht nämlich der Essig nach nichts, dafür das Öl umso abscheulicher.

Unmöglich also, Salat zu essen, wenn Hitze und trockene Luft uns nach frischem Gras lechzen lassen.

Nun haben wir das Problem gelöst, indem wir das Öl durch Eidotter und den Essig durch Zitronensaft ersetzten.

Diese Mischung, mit genügend Salz und Pfeffer versehen, bescherte uns einen derart köstlichen Salat, dass wir schließlich dessen Geschmack dem unserer französischen Salate vorzogen.

Nach eineinhalb Stunden stand das Dîner auf dem Tisch, aber wir saßen vier Stunden später immer noch an demselben.

Welchen Ruf erhielt ich da in Fécamp und wie wurde ich letztes Mal dort empfangen!

Erlauben Sie mir noch ein Rezept hinzuzufügen, das ohne Weiteres zu den obigen passen würde:

*Rührei mit Garnelen-Schwänzen*

Nehmen Sie zwölf Eier und schlagen Sie davon alle Dotter, jedoch nur das Klar von acht Eiern in eine Salatschüssel, denn zu viel vom Eiklar würde die Zartheit des Gerichts zerstören.

In einer Kasserole sollen die Garnelen mit einem Glas voll gutem Chablis köcheln.

Nach ein- bis zweimaligem Aufwallen wirft man sie in einen Mörser, um sie zu Püree zu zerstampfen, welches anschließend durch ein feines Sieb gestrichen wird, so dass nicht das kleinste Teilchen der Schale mitkommt.

Dieser Brei wird mit den Rühreiern vermischt, die schon vorher gesalzen und gepfeffert gehören und über die man, sehr fein gewiegt, Schnittknoblauch* und Petersilie gestreut hat.

Schließlich kommen die Garnelen-Schwänze zu den Eiern und werden mit diesen gut vermischt, alles wird in eine gebutterte Pfanne gegossen, gebraten und am Ende mit geschickter Handbewegung auf den Servierteller gestürzt.

Dies war ein Kapitel, das, wie mir scheint, sehr viel von Kochkunst, wenig aber vom Hummer handelt; wir sollten uns also diesem hochinteressanten Tier zuwenden.

## HUMMER

Er ist ein in der Küche viel verwendetes Schalentier. Die weniger geschmackvolle Languste wird weniger geschätzt als er. Gehacktes Hummerfleisch würzt beispielsweise Mayonnaisen, aus denen man vorzügliche weiße Saucen zubereitet, die man mit Barbe und Steinbutt essen kann.

In Paris sollte man möglichst nur lebenden Hummer kaufen. Wählen Sie den schwersten, den Sie bekommen können, und legen Sie ihn mit einem großen Stück Butter, einem Strauß Petersilie, einem roten Pfefferoni und zwei bis drei Porree-Stangen in kochendes Salzwasser. Nach einer Viertelstunde gießen Sie ein Glas Madeira oder Marsala dazu und lassen das Tier in seinem Kochsud erkalten. Dann muss der ganze Schwanz der Länge nach abgeschuppt werden. Vorher haben Sie eine Sauce zubereitet, die am besten nach folgendem Rezept gemacht wird.

Sie entnehmen dem Hummer sein ganzes Inneres in einem Stück. Sie kappen mit einer spitzen Feder alles weiße Fleisch, entnehmen Mark oder Hummer-Milch, welche sich nahe der Hauptschale befinden, fügen die Eier hinzu, falls es sich um ein Weibchen handelt, und mischen grünes Öl, einen Esslöffel guten Senf, zehn bis zwölf Tropfen chinesisches Soja, eine Hand voll fein gewiegte Kräuter, zwei zerdrückte Schalotten und eine gute Menge groben Pfeffer darunter. Schließlich kommt ein Glas Anislikör aus Bordeaux oder einfacher Anis-Ratafia dazu. Nun schlagen Sie alles mit einer Gabel, als würden Sie Eier schlagen, und träufeln je nach Größe des Hummers den Saft von zwei bis drei Zitronen dazu.

### *Hummer am Spieß*

Man nimmt einen dicken Hummer oder eine Languste, die sehr lebendig sein sollten, und heftet das gewählte Tier auf ein solides Brathäkchen, welches wiederum auf einen festen Spieß geschnürt wird. Setzen Sie das Tier zunächst einem starken Feuer aus und begießen Sie es mit Champagner, zerlassener Butter, Salz und Peffer. Die Schale wird sehr bald brechen, das heißt wie Kalk zwischen den Fingern zerbröseln. Wenn sie sich vom Körper löst, ist der Hummer gar. Man muss ihn mit dem Saft aus dem Auffangbecken begießen, den man jedoch vorher vom Fett befreit hat und dem man den Saft einer ▸ Bigarade sowie eine Messerspitze Quatre-Épices* hinzugefügt hat.

Dieses Ragoût isst man vor allem in der Normandie und es verfehlt seine Wirkung nie.

### *Hummerschwänze in Gelée*

Zunächst müssen drei kleine Hummer mit einem Bouquet garni* in Salzwasser und Essig gekocht werden. Mit ausgestrecktem Schwanz auskühlen lassen, dann Schwanz und Scheren abtrennen. Letztere mit der Säge aufschneiden, das Fleisch entnehmen, in Gelée legen und in die Schale zurückgeben. Nun halbieren Sie die Schwänze der Länge nach und entnehmen das Fleisch, um es in Scheiben zu schneiden. Die Schalen werden sorgfältig geputzt und mit einer Lage fein gehacktem Gelée ausgekleidet, auf diese wird das Hummerfleisch gedrückt, so dass die rote Seite oben liegt. Das Fleisch mit noch nicht gänzlich gestocktem Gelée bestreichen, die sechs Schwanzhälften und die sechs ganzen Scheren so elegant wie möglich auf dem Teller gruppieren; als Unterlage dient dabei ein Sockel aus entrindetem Brot.

# I

## IBIS

Wegen der Form seines Schnabels, mit dem er Krebse fischt, die ihm auch seinen charakteristischen Geschmack verleihen, auch »Hakenschnabel« genannt. Er ist so groß wie ein Kapaun, schmeckt jedoch, wie erwähnt, nach Krebsfleisch. Der Hakenschnabel oder rote Wasserläufer ist in Louisiana beheimatet.

## IRIS

Ihre Wurzel wird von Konditoren für die Herstellung von Petits-fours und anderen Süßwaren verwendet. Wenn man sie in feines Mehl verwandelt, macht man daraus delikate Biscuits oder köstliche Mandelbrote mit Blütenaroma. Die beste Iris ist die unvergleichliche florentinische Santissima Trinità. Man erkennt sie leicht an der Dicke ihrer Wurzeln sowie an deren weißer Farbe und an deren köstlichem veilchenähnlichen Duft.

## ITALIENNE oder SAUCE HACHÉE

In eine Kasserole kommen ein Löffel Petersilie, ein halber Löffel Schalotten, ein halber Löffel fein gewiegte Champignons, eine halbe Flasche Weißwein und 30 gr Butter. Dies alles sollte so lange kochen, bis es so gut wie ganz reduziert ist, dann kommen zwei Löffel ▸ Blond de veau sowie eine Messerspitze Gewürze dazu, und die Kasserole wird auf ein kleines Feuer gestellt, wo die Mischung köcheln soll. Sie schäumen die Sauce ab, entfetten sie, nehmen sie dann vom Feuer und halten sie im Wasserbad warm.

# J

## JULIENNE

So nennt man eine Suppe aus verschiedenen Kräutern und Gemüsen sowie besonders klein geschnittenen Karotten. Es ist gelungen, dieses fein gehackte Gemüse durch Trocknung zu konservieren, so dass man jederzeit eine Julienne zubereiten kann.
An den Rezepten von Marc Heliot kann man ablesen, dass die Julienne früher nicht ausschließlich aus Gemüse gemacht wurde. Tatsächlich beinhaltete sie auch ein Stück Lamm, das man vorher halb durchbriet, um es dann gemeinsam mit einer Kalbskeule, einem Kapaun und vier Wandertauben in einen großen Topf zu legen. Dies alles wurde fünf bis sechs Stunden lang gekocht, bis die Brühe gut angereichert war. Man kann auch nachlesen, dass man drei Karotten, sechs Steckrüben, zwei Pastinaken, drei Zwiebeln, zwei Petersilienwurzeln, zwei Selleriewurzeln sowie drei Bund grünen Spargel in kleine Stücke schnitt, vier Hand voll Sauerampfer, vier Köpfe weißen Blattsalat, eine starke Prise Kerbel und, wenn die Jahreszeit dies zuließ, ein Maß grüne Erbsen hinzufügte, wobei Letztere getrennt vom Fleisch, aber in etwas Suppe aus dem großen Topf gekocht wurden, in den man auch das Brot legte, aus dem diese alte Suppe ebenfalls bestand.

## JUS oder FLEISCHSAFT

Jus oder Fleischsaft nennt man den konzentrierten Kochsud von Kalb, Lamm, Rind usw., der in den großen Häusern die Basis für Fonds ausmacht. Diese besonders heißen und wohl tuenden Fleischsäfte entsprechen den müden Mägen und Charakteren, die aufgerichtet werden müssen. Früher servierte man gebratenes weißes Fleisch immer trocken, heute sind fast alle Bratengerichte von einem Rinds-Jus begleitet, den moderne Köche ohne Unterschied für alle Fleischsorten verwenden. Dies ist wohl eine aus der Revolution stammende Methode, die den schönen früheren Brauch verdrängt hat.

## KABELJAU

Der Name ist die holländische Bezeichnung für den frischen Stockfisch. Es ist ein Fisch aus der Familie der Gadoiden, der sich vom Merlan oder Wittling durch ein Bärtchen unterscheidet, das er am Unterkiefer trägt. Die Fruchtbarkeit des Kabeljaus ist mit seiner Gefräßigkeit gleichzusetzen. In einem – allerdings sehr großen – Weibchen, das 30 bis 32 kg wiegt, hat man zwischen achteinhalb und neun Millionen Eier gefunden. Man hat ausgerechnet, dass, wenn keinerlei Störung das Ausschlüpfen verhinderte und jeder Kabeljau zu voller Größe heranwachsen könnte, nur drei Jahre ausreichen würden, um den Ozean so zu füllen, dass man ihn auf den Rücken der Fische trockenen Fußes überqueren könnte.
Im Dezember laicht der Kabeljau an der spanischen, im Frühling an der amerikanischen Küste und zu diesen Zeiten kennt die Gefräßigkeit dieser Fische keine Grenzen. Sie schließen sich zu engen Reihen zusammen und jagen ihre Opfer, vor allem Makrelen, unerbittlich, so dass diese zu Milliarden an die Küsten fliehen. Hauptsächlich residiert der Kabeljau auf den Sandbänken von Terra-Nova, am bretonischen Kap, vor Neu-Schottland, Neu-England, Norwegen, an den Küsten Islands, an den Bänken von Dogger und der Orkaden. Vor allem im Frühling rotten sie sich zu rautenförmigen Formationen zusammen und versetzen mit ihrer strotzenden Masse jene in Angst und Schrecken, die sich ausrechnen, wie viele räuberische Fische in einer solchen – mehrere Fuß tiefen – Gruppe ihr Unwesen treiben. Die Kabeljau-Fischerei ist auch eine der ersten gewesen, der sich die europäischen Nationen gewidmet haben. Wir haben sichere Beweise dafür, dass es bereits seit Beginn des 9. Jahrhunderts organisierten Kabeljau-Fischfang gegeben hat, denn gegen Ende des besagten Jahrhun-

derts gab es an den Küsten Norwegens und Islands Fischerei-Niederlassungen.

Ab 1368 besaß Amsterdam die Fischrechte für Kabeljau an der schwedischen Küste. Laut dem Bericht von Anderson schickte Frankreich 1536 sein erstes Schiff an die Küste von Terra-Nova um dort zu fischen.

Man fischt den Kabeljau üblicherweise im Februar und beendet den Fang meist nach sechs Wochen. In guten Jahren kann er allerdings auch vier bis fünf Monate dauern. Man fängt Kabeljau mit der Angelrute und mit Ködern und es wird immer nur ein Fisch auf einmal herausgezogen, aber ob der enormen Anzahl der Fische kann jeder Fischer zwischen dreihundertfünfzig und vierhundert Stück pro Tag fangen. Kabeljau ist derart gierig, dass jeder Köder seinen Zweck erfüllt. Die flämischen Fischer verwenden hauptsächlich Frösche, die baskischen Anchovis und Sardinen, die aus Boulogne Heringe, Makrelen und sogar Regenwürmer. In Irland nimmt man Austern, in Holland Stücke von Lampreten.

### *Holländischer Kabeljau*

(nach Beauvilliers)

Man wählt einen fetten und frischen Kabeljau mit weißer, gelb gefleckter Haut, denn das sind die besten. Man nimmt ihn aus, entfernt die Kiemen, wäscht ihn mehrmals in frischem Wasser, bindet ihm den Kopf zusammen, legt ihn in einen Fischkessel und kocht ihn in folgendermaßen vorbereitetem Salzwasser: Man gibt Wasser in einen kleinen Kessel, salzt es, wirft einige ganze Zweige Schnittknoblauch* und Petersilie, eine Knoblauchzehe, zwei oder drei in Scheiben geschnittene Zwiebeln, Karotten-Zesten*, Thymian, Lorbeer, Basilikum und zwei Gewürznelken hinzu; dann lässt man es eine Dreiviertelstunde lang kochen, schäumt ab, zieht den Kessel vom Feuer, bedeckt ihn mit einem weißen Leinentuch, lässt alles eine halbe bis Dreiviertelstunde ruhen, passiert das Gemüsewasser durch ein Seidentuch und verwendet es dann als Kochwasser für den Fisch bzw. für alles, was in Salzwasser gekocht werden soll. Wenn der Kabeljau gar ist, was geschehen soll, ohne dass das Wasser jemals aufkocht, zieht man ihn fünf Minuten vor dem Servieren aus dem Wasser, lässt ihn auf Papier abtropfen, legt ihn auf die Servierplatte, auf der er zu Tisch gebracht werden soll, und serviert ihn mit geschälten gekochten Kartoffeln und mit einer Saucière voll geschmolzener Butter, Man kann ihn auch mit einer Austern-Sauce, einer weißen Sauce mit Kapern oder einer Stockfisch-Sauce servieren.

### *Kabeljau Sainte-Menehould*

Wählen Sie Ihren Kabeljau sorgfältig aus, er sollte frisch und fett sein. Füllen Sie ihn mit einer gekochten ▸ Farce. Wenn es ein mageres Gericht sein soll, sollte die Fülle aus Fisch bestehen. Legen Sie ihn sofort auf die Platte, auf der er serviert werden soll. Begießen Sie den Kabeljau mit einem fetten oder mageren Schmorfond, je nachdem, ob er fett oder mager gefüllt wurde. Stellen Sie ihn in den Ofen und lassen Sie ihn abtropfen, wenn er gar ist, ohne ihn von seinem Teller zu nehmen. Dazu gießen Sie eine ▸ Sauce Sainte-Menehould, streuen Brotbrösel und Parmesan darüber, übergießen ihn mit zerlassener Butter, lassen ihn im Ofen Farbe annehmen, lassen ihn erneut abtropfen, putzen den Teller und geben eine weiße ▸ Sauce italienne darauf.

### *Kabeljau auf Hamburger Art*

Man nimmt einen schönen, frischen, fleischigen Kabeljau. Wenn man ihn gut geputzt hat (man sollte jedoch, um die Eingeweide herauszuziehen, kein allzu großes Loch machen), lässt man ihn abtropfen und tupft ihn innen und außen gut ab. Nun blanchiert* man sechs Dutzend Austern und legt sie zum Abtropfen auf ein feines Sieb. Das Kochwasser der Austern wird noch gebraucht und sollte nicht weggegossen werden, denn nun wird eine ▸ Sauce Béchamel zubereitet, die halb mit diesem Wasser, halb mit Obers* gelöscht werden soll. Die Sauce einkochen lassen, bis sie am Löffel klebt, salzen, pfeffern und mit Muskatnuss verfeinern, die Austern darunter mischen und den Kabeljau mit dieser Mischung füllen. Dann legt man ihn auf einen gut verzinnten Teller und schneidet die Oberfläche des Fischs leicht ein. Sechs rohe Eier, 125 gr zerlassene Butter, Salz und Muskat schlagen und die Oberfläche des Kabeljaus mit einem Pinsel bestreichen, Weißbrotflocken darüber streuen (dies muss rasch geschehen), die Panier mit zerlassener Butter übergießen und eine Stunde bei mäßiger Hitze im Ofen garen. Wenn der Fisch auf einem Blech liegt, löst man ihn mit zwei Topfdeckeln davon. Für die Sauce nimmt man einen großen gekochten Hummer und löst sein Fleisch aus. Die Schale wird gemeinsam mit den Hummer-Eiern und den Därmen zerstoßen und mit 120 gr Butter in einer Kasserole auf den Herd gestellt, wo so lange mit dem Holzlöffel umgerührt wird, bis die Butter geschmolzen ist. Dann löscht man mit einem Löffel guter Bouillon und lässt aufkochen. Beim ersten Aufwal-

len passiert man die Masse durch ein Tuch, das man über einer Terrine fest auswringt. Die Butter sollte aufsteigen und dann mit dem Löffel abgeschöpft werden. Der gewonnene Fond in der Terrine dient als Basis für die Sauce und wird zu gleichen Teilen mit Obers* aufgefüllt.
Das fein gewürfelte Hummerfleisch und die rote Butter werden zum Zeitpunkt des Servierens in die Sauce eingefügt. Man sollte diese kosten um ihren Geschmack zu prüfen. Wenn der Fisch in den Ofen kommt, gießt man ein gutes Glas voll Weißwein in eine Schüssel und stellt diese dazu. Kunstvoll angerichtet erzielt dieses Hauptgericht einen schönen Effekt.

### *Kabeljau à l'italienne*

Man wählt sorgfältig einen schönen Kabeljau, am besten aus Ostende oder von den Küsten des Ärmelkanals, bereitet eine ▸ Farce aus zerstoßenem Wittling und Anchovis zu und füllt damit die Hohlräume des Kabeljaus. Der Fisch wird in eine Schüssel auf Butter und fein gewiegte Petersilie gelegt, mit einer Flasche Weißwein übergossen und mit einem Gemisch aus Bröseln und geriebenem Parmesan paniert, dann mit zerlassener Butter beträufelt und in den Ofen gestellt, wo er Farbe annehmen soll. Man serviert ihn mit einer beliebigen Sauce.

### *Kabeljau aux Fines Herbes**

Man bereitet den Fisch wie weiter oben mit Salzwasser vor. Wenn er eine Stunde darin geköchelt hat, bestreut man ihn mit Fines Herbes*, Butter, Salz, Pfeffer, Muskatnuss, Aromaten* und Bröseln, gibt etwa eine Flasche Weißwein hinzu, stellt das Gericht in den Ofen und übergießt es des Öfteren.

### *Stockfisch à la maître d'hôtel*

Sie wählen einen schönen Stockfisch mit weißer, gelb gesprenkelter Haut. Um sicherzugehen, dass er weich ist, kneift man seine Haut, kostet auch davon, um zu schmecken, ob er gut eingesalzen wurde; falls er zu salzig ist, legen Sie ihn in ein Gemisch halb aus Wasser, halb aus Milch, was ihn rasch milder schmecken lassen wird. Dann kommt der Fisch in warmes Wasser, wird mittels eines Messers entschuppt und schließlich in frischem Wasser zum Kochen gebracht. Nach dem ersten Aufwallen schäumen Sie das Wasser ab und decken den Topf einige Augenblicke zu. Ist der Fisch gar, lassen Sie ihn abtropfen, richten ihn an und versehen ihn mit einer ▸ Sauce à la maître d'hôtel, der Sie ein wenig Zitronensaft oder ▸ Kretzer beigeben. Sie können auch die Haut ganz entfernen, den Fisch in Flocken reißen und diese in der maître d'hôtel samt Zitronensaft oder Kretzer erhitzen. Gleich servieren.

### *Stockfisch-Brandade*

Der Stockfisch sollte wie oben gekocht, die Haut entfernt, der Fisch entwässert und dann in kleine Flocken gezupft werden. Olivenöl in eine Kasserole geben und den Fisch mit zwei zerdrückten Knoblauchzehen hineinlegen, alles sehr heftig umrühren und den Fisch dabei um und um drehen, bis er gut mit dem Öl vermischt ist. Groben Pfeffer sowie Zitronensaft dazugeben, die Brandade auf dem Servierteller aufschichten und servieren.

### *Stockfisch mit schwarzer Butter*

Bereiten Sie Ihren Stockfisch auf nämliche Art vor wie in den obigen Rezepten angegeben, lassen Sie ihn nach dem Garen abtropfen und bereiten Sie wie folgt die schwarze Butter zu: Die Butter in einer Pfanne zerlassen und erhitzen, bis sie ohne anzubrennen dunkel wird, dann einen Stamm Petersilie darin rösten, Essig dazugießen aber nicht salzen, den Stockfisch anrichten, die Sauce darüber gießen und servieren.

### *Stockfisch in Rahm* oder »guter Stockfisch«*

Wie oben vorbereiten und kochen, abtropfen lassen, anrichten und mit folgender Sauce begießen: In einer Kasserole 120 gr Butter, einen Löffel Mehl, ausreichend Petersilie und eine fein gehackte Jungzwiebel, Pfeffer, Salz, geriebene Muskatnuss sowie ein Glas Rahm* oder Milch erhitzen und unter ständigem Rühren eine Viertelstunde lang köcheln lassen, auf den Fisch gießen und servieren.

### *Kabeljau oder Stockfisch hollandaise*

Nehmen Sie einen schönen, frischen Kabeljau oder Stockfisch; ob der Fisch frisch ist, erkennt man, indem man daran riecht. Die besten sind die mit weißer, gelb gesprenkelter Haut. Nehmen Sie den Fisch aus, entfernen Sie die Kiemen, waschen Sie den Fisch mehrmals in wechselndem Wasser, binden Sie den Kopf zusammen und legen Sie ihn in einen Fischkessel, wo er in gutem Salzwasser gar werden soll ohne aufzukochen. Man gibt ein wenig Milch in das

Kochwasser. Wenn der Fisch gar ist, ziehen Sie ihn, fünf Minuten vor dem Servieren, aus dem Wasser und lassen ihn auf Papier abtropfen, das Sie mit auf den Servierteller schieben. Stellen Sie gekochte und geschälte Kartoffeln sowie zerlassene Butter in einer Saucière in den Ofen. Dieser Fisch kann mit einer Austern-Sauce, einer weißen Sauce mit Kapern oder einer Rahm*-Sauce zum »guten Stockfisch« serviert werden.

### *Gratinierter Kabeljau oder Stockfisch*

Wenn Sie Reste von einem Kabeljau übrig haben, entfernen Sie Haut und Gräten, putzen den Fisch und bereiten eine ▸ Sauce Béchamel zu. Die Sauce sollte nicht zu flüssig sein. Legen Sie den Kabeljau hinein und erhitzen Sie ihn ohne aufkochen zu lassen. Richten Sie ihn auf einer Servierplatte an, indem Sie ihn mit dem Messer glatt streichen, streuen Sie dann Brösel darüber und geben Sie, wenn Sie es wünschen, auch Parmesan dazu. Nun gießen Sie Butter darüber wie für den Kabeljau à la Sainte-Menehould, legen rundherum zu Stöpseln geformte Weißbrotstücke auf, stellen die Platte in den Ofen, lassen das Gericht goldbraun werden, ziehen es heraus, entfernen die Brotstöpsel und ersetzen diese vor dem Servieren durch andere, die Sie vorher in Butter geschwenkt haben.

### *Stockfisch-Schwänze à l'anglaise*

Die Fisch-Schwänze wie oben garen, dann gut abtropfen lassen. Mit dem gewürfelten Fruchtfleisch zweier Zitronen, Anchovis-Filets, Petersilie und Schnittknoblauch*, fein gewiegt, einer Schalotte, einer Prise grobem Pfeffer sowie einer Knoblauchzehe eine Sauce bereiten, ein wenig Butter und Öl hinzufügen und diese Sauce auf kleiner Flamme unter ständigem Umrühren erhitzen. Die Hälfte davon wird auf den Servierteller gegeben, der Fisch darauf gelegt, mit in Butter angerösteten Brotscheiben garniert und die restliche Sauce darüber gegossen. Mit Bröseln bestreuen und das Gericht eine gute Viertelstunde lang in den Ofen stellen, wo es bei kleiner Hitze bräunen soll. Den Teller vor dem Servieren rundherum putzen.

### *Norwegischer Kabeljau oder Stockfisch*

Man besorgt sich einen kleinen frischen Stockfisch, den man in vier oder fünf Stücke teilt. Gräten entfernen und in warmer Butter, Zitronensaft, fein gewiegter Petersilie, Schalotten und feinen Kräutern marinieren. Den Fisch auf die Marinade betten und mit einem Teil davon begießen, Brösel darüber streuen, mit zerlassener Butter beträufeln, im Ofen backen und in einer Sauce aus Weißwein, Eidottern und Muskatnuss servieren.

## KAFFEE

Die Pflanze, die den Kaffee hervorbringt, ist ein kleiner, sehr niedriger Strauch mit duftenden Blüten. Kaffee stammt aus dem Jemen in Vorderasien. Heute baut man ihn in mehreren Ländern an. Der arabische Historiker Ahmet Effendi glaubt, dass die Entdeckung des Kaffees – im 15. Jahrhundert oder im Jahr 650 der Hedschra – einem Derwisch zu verdanken ist. Der erste Europäer, der diesen Strauch erwähnt hat, ist Prosper Albinus aus Padua aus dem Gefolge eines venezianischen Konsuls in Ägypten im Jahr 1580. Das betreffende Werk ist in lateinischer Sprache verfasst und wurde Jean Morazini gewidmet. Ich selbst habe in Kairo diese Büsche, die man dort »bon« oder »boun« nennt, in den Gärten Ali Beys gesehen. Die Ägypter bereiten mit den Samen ein Getränk zu, das die Araber »Kawa« nennen. In Konstantinopel wuchs die Vorliebe für Kaffee derart, dass die Imams sich über gähnende Leere in den Moscheen beklagten, während die Kaffeehäuser immer voll seien. Amurat III. erlaubte den Konsum zwar, aber nur in bestimmten Häusern und hinter verschlossenen Türen. Die erste Kaffeepflanze, die 1714 in den königlichen Gärten in Paris eingesetzt wurde, ging ein. Sie war von einem Leutnant der Artillerie, Resson, nach Frankreich gebracht worden. Der Hofmeister von Amsterdam, Brancastre, hatte einen Strauch an Ludwig XIV. geschickt, der ihn in seinen Garten in Marly pflanzen ließ.
Erst 1657 wurde Kaffee in Frankreich bekannt und es waren die Venezianer, die ihn als Erste nach Europa brachten. Nach Frankreich kam er über Marseille. Bald stieg der Konsum derart an, dass sich die Ärzte besorgt zeigten, doch ihre unheilvollen Prophezeiungen wurden als Phantasiegebilde abgetan. Die Kaffeehäuser waren trotz dieser Diskussionen immer voll.
1669 brachte der Botschafter von Mohammed II. eine große Menge Kaffee nach Frankreich und es wird versichert, dass man ihn zu 40 Écus pro Pfund verkaufte.
1676 eröffnete ein Armenier namens Pascale ein Café am Jahrmarkt von Saint-Germain, später übersiedelte er zum Quai de l'École und erwirtschaftete ein ansehnliches Vermögen. Aber erst im beginnenden darauf folgenden Jahrhundert führte ein Sizilianer, Procope, den Kaffee-Jahrmarkt wieder ein. Dort kaufte die beste Pariser Gesellschaft ein, denn er

vertrieb nur allerbeste Ware. Nach dem Jahrmarkt von Saint-Germain richtete er sich in einem Saal gegenüber der Comédie Française ein, der zum Treffpunkt für Theaterbesucher und zum Austragungsort hitziger Debatten über Literatur wurde. Voltaire verbrachte in diesem Café täglich zwei Stunden. Zur gleichen Zeit wurden in London über dreitausend Cafés eröffnet. Madame de Sévigné kämpfte, so gut sie konnte, gegen diese Mode und prophezeite, dass Racine und das Kaffeehaus sich beide überleben würden.

Im Handel werden fünf große Kaffeesorten angeboten, ohne die Zichorie mitzuzählen, welche von unseren Köchinnen aus Sturheit noch immer darunter gemischt wird. Der beste Kaffee kommt aus Mokka in Vorderasien und diesen unterteilt man wiederum in drei Sorten: in den für Fürsten reservierten »baouri«, den »saki« und den »salabi«.

Unter den von den Antillen kommenden Kaffeesorten wird der aus Bourbon gern gekauft, auch wenn jene aus Martinique und Guadeloupe bevorzugt werden. Die Sorten aus Santo Domingo, Puerto Rico und anderen Inseln unter dem Wind sind von minderer Qualität.

Kaffee wurde in Frankreich bereits allgemein konsumiert, als Napoleon 1808 seine Kontinentalblockade erließ, was bedeutete, dass man ab nun auf Zucker und Kaffee verzichten musste. Rohrzucker wurde durch Rübenzucker ersetzt und Kaffee wurde gestreckt, indem man zur Hälfte Zichorie dazugab. Gemischtwarenhändler und Köchinnen profitierten davon und Letztere verteidigten diese Zutat mit Verve, weil mit Zichorie gestreckter Kaffee angeblich besser schmecke und gesünder sei. Heute ist die Kontinentalblockade vergessen, was die Köchinnen registriert haben, ohne jedoch ihre Angewohnheit aufgeben zu wollen, Kaffee mit einer bestimmten Menge Zichorie aufzubessern, weil dies, wie sie sagen, ihre Herrschaft besser erfrische. Die Herrschaften haben wohl angeordnet, Bohnenkaffee zu kaufen, doch in eigens dafür hergestellten Formen ist es gelungen, Zichorienpaste so aussehen zu lassen wie Kaffee, und so bleibt uns dieser Zusatz wohl oder übel erhalten. Voltaire und Delisle genossen Kaffee in Übermengen, der allerdings weit entfernt davon ist, wie man zuerst annahm, ein Gift zu sein, sondern im Gegenteil ein wirksames Gegenmittel für dämpfende Rauschmittel darstellt. Er wirkt schnell gegen Opium und Belladonna, wobei man ihn dafür in sehr starken Dosen einnehmen muss, und zwar alle fünf Minuten einen Löffel voll.

Kaffee wird üblicherweise nach den Mahlzeiten mit einem Kännchen kalter Milch oder Obers* serviert, welche man hinzufügen kann, wenn einem danach ist.

### *Kaffee mahlen*

Im Orient zerstößt man die Bohnen, in Europa mahlt man sie. Da eine Substanz an Gehalt verliert, je stärker sie zerkleinert wird, ist die orientalische Methode unendlich besser, wobei levantinischer Kaffee trüb und dick ist.

### *Kaffee kochen*

Heutzutage weiß jeder, wie man Kaffee aufbrüht, und der Gebrauch der Kaffeekanne ist so verbreitet, dass sich jede nähere Erklärung erübrigt. Allerdings wollen wir unseren Lesern den Rat geben, Kaffee nicht zu lange in Blechgefäßen aufzubewahren, denn er enthält eine Metall zersetzende Substanz und wird bitter.

Im Orient bereitet man Kaffee so zu wie ehedem bei uns, jedoch ohne ihn zu passieren. Man lässt ihn trüb und nimmt ihn so ein. Wenn man die Wolke vertreiben will, muss man nur zwei oder drei Tropfen kaltes Wasser hineinfallen lassen und der Kaffeesatz wird sich sofort absenken.

Die Orientalen kochen den Zucker gemeinsam mit dem Kaffee auf und gießen das schäumende Getränk in winzige Tässchen aus Japan, die auf Muscheln aus getriebenem Silber stehen und die man »fitzyanen« nennt.

Auf diese Weise genossen ruft Kaffee keine Überreizung der Nerven hervor wie etwa der nach der Dubelloy-Methode zubereitete, auch wenn diese sicherlich die beste unter den heimischen Zubereitungsarten darstellt. Der große Vorteil der Dubelloy-Kaffeekannen ist der, wie übrigens bei allen Systemen, bei denen das kochende Wasser seinen Weg durch das Pulver bahnen muss, dass man sofort klaren Kaffee erhält und sich das Rasten-Lassen und nochmalige Aufwärmen spart. Dies verändert nämlich, ebenso wie das Klären durch Fischleim, den Geschmack und vor allem Letzteres zerstört wesentliche Teile des Aromas.

### *Geschlagener Obers*- und Eiskaffee*

Man brüht starken Mokka auf, gießt ihn in eine Porzellantasse, zuckert nach Belieben und gießt mit der gleichen Menge gekochter Milch oder mit einem Drittel gehaltvollen Obers* auf. Schließlich legt man um die Tasse zerstoßenes Eis auf.

Als die oben erwähnte Kontinentalblockade in vollem Gange war, reiste Napoleon durch ein Dorf, das vom Duft gerösteten Kaffees erfüllt war.

Neugierig, woher dieser Duft wohl käme, drang er zum Pfarrhof vor und entdeckte den Pfarrer, der in aller Ruhe dabei war, seine Rösterei zu überwachen.

»Aha! Ich habe Euch erwischt, Herr Pfarrer«, rief der Kaiser aus, »sagt mir bitte, was Ihr da treibt!« »Das seht Ihr doch, Majestät«, antwortete der Geistliche seelenruhig, ohne sich aus dem Konzept bringen zu lassen, »Ich tue dasselbe wie Eure Majestät und verbrenne die Kolonialwaren.«

Fontenelle liebte Kaffee und trank ihn nach jeder Mahlzeit. Eines Tages versicherte ihm der Arzt seiner Freunde, dass Kaffee ein schleichendes Gift sei, das auf lange Sicht seine gesundheitsschädigende Wirkung nie verfehlen würde. Darauf Fontenelle:

»Herr Doktor, ich glaube das ebenso wie Sie. Nun nehme ich ihn seit achtzig Jahren zu mir und seine Wirkung muss wahrlich langsam sein, da ich noch nicht gestorben bin.«

## KAKAO

Es handelt sich um Samen von der Größe einer kleinen Bohne, die im Fleisch der Früchte des Kakaobaums nisten. Dieser Baum wächst weit verbreitet in Amerika, produziert gerillte und gestreifte Schoten, in denen dreißig bis fünfunddreißig Kerne eingeschlossen sind, die unseren Pistazien ähneln, aber größer, dicker, rund und von einer trockenen Haut überzogen sind. Diese Mandeln sind bitter und von leicht herbem Geschmack.

Es gibt verschiedene Sorten Kakao: den von Cayenne, von Caracas, der Magdalenen-Insel, von Berbice sowie von Santo Domingo und die Bohnen unterscheiden sich voneinander in Größe und Geschmack. Die große, eher flache Caraque-Bohne ähnelt in Umfang und Form durchaus unseren großen Bohnen und ist die beliebteste von allen. Danach kommen die der Magdalenen-Insel und von Berbice, deren Bohnen weniger abgeflacht sind und deren Haut von feinem, aschgrauem Staub überzogen ist. Alle anderen taugen nur zur Herstellung von Kakaobutter, weil sie bitter und ölig sind. Der Unterschied zwischen unseren Mandeln und den Kakaobohnen ist der, dass sich bei Letzteren die Keimlinge am dicken Ende der Bohne befinden, während sie bei den europäischen Mandeln am anderen Ende liegen.

Um Schokolade erster Qualität zu erhalten, muss man zu gleichen Teilen Caraque-Kakao und jenen von den Magdalenen und aus Berbice mischen. Dies verleiht ihr die ölige, weiche Beschaffenheit, die sie haben muss. Schokolade, die nur aus den ersteren Bohnen gemacht würde, wäre

zu trocken und jene, die ausschließlich Inselkakao enthalten würde, wäre zu fett und zu bitter. Man »erdet« Kakao, um ihm die Bitterkeit zu nehmen, und man muss diese Erdschicht, die ein wenig nach Moder riecht, vor der Verwendung sorgfältig ablösen, was aber den Caraque-Kakao, den einzigen, den man dieser Behandlung unterzieht, nicht daran hindert, die besten bekannten Schokoladen hervorzubringen. Wie wir jedoch bereits erwähnt haben, muss man andere Sorten darunter mischen, um die allzu große Milde durch eine nicht unangenehme bittere Note zu korrigieren. Die Kakaobohnen werden leicht gedörrt und, ausgekühlt, zerstoßen, um Rinden und Schalen zu entfernen. In der Schweiz und in Deutschland bewahrt man diese jedoch auf, um daraus mit heißem Wasser ein Getränk zu brauen, das die Einwohner statt der wirklichen Schokolade mit Milch trinken. Im Orient verwendet man die Schalen der Kaffeebohnen auf ähnliche Weise, um daraus den »Sultan-Kaffee« zu bereiten.
Man erntet Kakao, wenn die ganz reifen Früchte vom Zusammenprallen der Samen in ihnen widerhallen. Dann legt man sie zu Haufen zusammen, die man drei oder vier Tage trocknen lässt, wonach man die Früchte aufbricht und sie von der Schale befreit.

### *Das Rösten und die Kakaomasse*

Die Kakaobohnen werden aus ihrer Hülse geschält und etwa 50 cm hoch in eine Eisenpfanne geschichtet. Diese stellt man auf Kohlenfeuer, um die holzige Rinde des Kakaos leicht anzubrennen. Einstweilen rührt man die Bohnen mit einem großen und breiten Holzspatel. Die Röstung, die dem Kakao seinen Modergeruch nimmt, muss langsam vor sich gehen. Zu stark erhitzter Kakao beginnt sich zu zersetzen und ergibt nur mehr sehr dunkle, ja schwarze Schokolade, bitter und weit davon entfernt die Vorzüge aufzuweisen, die mit Umsicht gerösteter Kakao besitzt. Wenn die Rinde sich ohne Schwierigkeit von der Bohne löst, indem man mit zwei Fingern darauf drückt, ist der Kakao gut geröstet. Dann zieht man die Pfanne vom Feuer und schüttet die Bohnen in eine Tonne und von dort durch ein Siebwerk, das so fein sein muss, dass jede Bohne, auch die allerkleinste, darin auseinander gebrochen wird. Mit Hilfe eines Ziegelsteins, den man auf den Kakao presst, trennt man diesen von seiner Hülle. Vorzugsweise bedient man sich dafür einer Mühle, was die Arbeit verkürzt und besseren Erfolg verspricht. Der Kakao wird nun, je feiner er zerstoßen ist, durch immer kleinere Siebwerke getrieben und dazwischen in eine Kornwanne geleert, wo man ihn

schwenkt, um die Rinden zu entfernen, so lange, bis keine Unreinheiten mehr übrig bleiben. Befolgt man diese Durchgänge sorgfältig, erspart man sich das Zeit raubende Schälen jeder einzelnen Kakaobohne, um die Rinden auf den kleinen Bohnensplittern zu entfernen, was man tun müsste, wenn man sie nicht mehrmals durch verschieden große Siebe schickte.
Wenn der Kakao schön gereinigt ist, wiegt man etwa zehn Pfund davon ab und röstet diese unter ständigem Umrühren mit dem großen Holzspatel nochmals, um ihn zu erhitzen, ohne ihn zu grillen. Beginnt er zu glänzen, nimmt man ihn vom Feuer. Nun wird er leicht durchpassiert, um auch noch die letzten verkohlten Rindenteilchen herauszufiltern. Das Dörren oder Rösten ist wohlgemerkt unerlässlich, um dem Kakao seinen bitteren Geschmack zu nehmen, das erste Öl verdampfen zu lassen und ihn besser mahlen zu können.
Nach dem zweiten Röstdurchgang füllt man glühende Kohlen in einen Eisenmörser, um diesen stark zu erhitzen. Sofort nach dem Herausnehmen der Kohlen wird er sauber gewischt und der Kakao darin mit einem Eisenstößel zerstoßen, bis er zur öligen Paste wird und der Stößel allein durch sein Gewicht bis zum Grund des Mörsers sinkt.

### *Schokolade-Getränk*

Man gibt eine Tasse Milch oder Wasser pro 30 gr Schokolade in eine Kakaokanne, lässt Milch bzw. Wasser aufkochen und gibt geriebene Schokolade dazu; umrühren. Wenn die Schokolade geschmolzen und in der Milch oder im Wasser aufgegangen ist, lässt man das Gemisch etwa eine Viertelstunde lang an einem warmen Ort rasten. Dann rührt man kräftig um und gießt das Getränk, wenn sich schöner Schaum gebildet hat, in Tassen.

### *Falsche Schokolade*

Die Schokolade-Fälscher verwenden normalen Kakao, dem der größte Anteil seiner Butter entzogen wurde, fügen eine große Menge zerstoßene Mandeln hinzu, Cassonade statt Zucker und Vanille-Ersatz statt echter Vanille. Es ist unmöglich, Kenner zu täuschen, ob es sich um gute oder schlechte Schokolade handelt. Auch mit Butter, mit Kartoffelstärke oder Stärkemehl kann man Schokolade fälschen.

## KALB

Die besten Kälber kommen aus Pontoise, aus Rouen, Caen, Montargis und der Picardie. Auch um Paris herum werden Kälber gezüchtet, die nicht zu verachten sind und deren Fleisch saftiger schmeckt als anderswo. Der Grund für diese überragende Qualität liegt einerseits in der besonderen Pflege der für den Tisch ausersehenen Exemplare; ein zweiter Grund ist das strikte Verbot, diese unschuldigen Kreaturen vor Vollendung ihrer sechsten Lebenswoche zu schlachten. Ein Kalb aus Pontoise stellt in diesem Alter den köstlichsten Braten dar, den eine Fleischhauerei anbieten kann. Das Nierenstück und der hintere Rücken sind davon die delikatesten Teile. Liebhaber haben sich über der Frage, welcher der beiden Teile der Bessere sei, ernsthaft zerstritten. Es gibt aber eine Möglichkeit, alle Parteien zu versöhnen, indem man das ganze Stück, von den Nieren bis zum Schlussbraten, serviert. Man braucht allerdings eine ganze Menge Gäste um das Stück richtig zu genießen, denn ein schöner Braten dieser Art wiegt kaum weniger als 12 bis 15 Pfund.

### *Kalbsviertel, auf englische Art gebraten*

Englische Spieße, die man für große Braten verwendet, bilden eine Art Käfig, der das Fleisch zusammenhält, ohne dass man Brathäkchen oder weitere Spießchen durchstecken muss, um es zu fixieren. Daran sollte man sich auch in Frankreich ein Beispiel nehmen.

Sie wählen ein Kalbsviertel (das hintere Viertel mit Keule und anhängendem Rückenstück, bis zu den unteren Rippen) mit sehr weißem Fleisch aus, putzen es und sägen das Keulenende am Fußgelenk ab. Den oberen Keulenknochen kürzen, das Viertel in gebuttertes Backpapier wickeln und vor einem schönen Feuer am Spieß drehen. Nach einer Stunde wird das Papier entfernt und das Fleisch fertig gebraten, wobei Sie es immer wieder mit dem Bratensaft aus der Tropfwanne übergießen. Anrichten, das Keulenende mit einer Papillote* versehen und guten ▸ Jus in einer Saucière sowie gedämpftes oder gekochtes Gemüse mit auf den Tisch stellen.

### *Schlussbraten vom Kalb à la casserole*

Der Schlussbraten befindet sich am äußersten Teil der Keule und schließt gleich an die Lende an. Beim Rind nennt man ihn auch Culotte oder Rumpsteak.

Sie nehmen einen Schlussbraten vom Kalb und brechen den unteren Knochen auf, damit der Braten gut aufliegt. In eine große Kasserole legen, deren Boden großzügig mit Butter bestrichen wurde. Das Fleisch salzen, den Topf zudecken, aufs Feuer stellen und bei sehr schwacher Flamme eineinhalb Stunden braten. Um Oberhitze zu erzeugen, legen Sie heiße Asche auf den Deckel. Drehen Sie den Braten öfter um. Wenn er schön braun gebraten ist, richten Sie ihn auf dem Servierteller an, gießen ein Glas Suppe in die Kasserole, lassen einige Minuten aufkochen, schöpfen das Fett ab und passieren diesen Fond, bevor Sie ihn über das Fleisch gießen.

### *Bluthuf*

(ein altes Gericht der bürgerlichen Küche)

Sie schneiden eine Kalbsnuss zu Tellergröße und spicken sie mit kleinen Speckstiften. Eine Kasserole mit geklopften Rindsschnitzeln und Speckscheiben auslegen, darauf die Kalbsnuss legen, so dass die gespickte Seite nach unten zeigt. Auf die Kalbsnuss kommt ein Schweinsnetz, das Sie zu einer Börse fälteln, welcher mit Hilfe einiger Nadelstiche rundherum eine Kordel eingezogen wird. Schweineschmalz klein würfeln und in einer Kasserole auslassen, einen Drittelliter Schweinsblut dazugießen und mit Salz, Pfeffer und Fines Épices* würzen. Das Blut stocken lassen, dabei ständig umrühren, dann in das Schweinsnetz gießen, die Kordel zuziehen, das Netz mit weiteren Rindsschnitzeln und Speckscheiben bedecken und alles im Ofen garen. Die Kalbsnuss herausnehmen, in eine Schüssel legen, das Schweinsnetz entfernen, seinen Inhalt um die Nuss herum auflegen, mit einer Schinken- ▸ Essenz übergießen und als Entrée servieren.

### *Kalbskopf natur*

Sie wählen einen sehr weißen Kalbskopf aus, entfernen die beiden Seiten des Unterkiefers und entbeinen das Maul bis zum Unterrand der Augenhöhle, wobei Sie die Haut unversehrt abziehen sollten. Schneiden Sie das Maul ab, ohne die Zunge zu verletzen. Dieser geputzte Kopf wird in viel kaltes Wasser gelegt und blanchiert*, dann nochmals geputzt und mit Zitrone eingerieben. Nun legen Sie den Kopf in ein ▸ Blanc, nachdem Sie ihn in ein Tuch gewickelt und dessen vier Ecken gut verschnürt haben. Aufkochen und dann zwei bis drei Stunden köcheln lassen. Nach dieser Zeit den Kalbskopf herausnehmen, das Tuch entfernen und den Kopf abtropfen lassen. Die Schädeldecke abheben und das Hirn freilegen. Den Kalbskopf anrichten und mit einer ▸ Sauce au pauvre homme oder einer anderen pikanten Sauce wie etwa einer ▸ Sauce ravigote oder ▸ Sauce poivrade servieren.

### *Gefüllter Kalbskopf*

Sie nehmen einen geputzten weißen Kalbskopf, lassen die Augen in den Höhlen und die Haut des Kopfes ganz. Den Kalbskopf und die Zunge, von der die Gurgel entfernt wurde, wässern. Nun bereiten Sie eine Farce mit folgenden Zutaten: Sie nehmen ein Pfund Kalbfleisch und eineinhalb Pfund Rindsnierenfett. Diese beiden Zutaten werden zunächst getrennt fein gehackt und dann gemeinsam püriert, so dass beide gut vermischt werden. Dazu kommt das zuvor in Obers* eingelegte, dann mit fein gewiegten und in Butter angerösteten Zutaten wie Champignons, Petersilie und Schnittknoblauch* verfeinerte Innere eines Weißbrotes. Die Weißbrotmasse auskühlen lassen, bevor man sie der Kalb-Rindsnierenfett-Masse beigibt; mit Salz, Pfeffer und Fines Épices* würzen. Wenn die Brotmasse kalt ist, fügen Sie diese dem Kalbspüree hinzu und befeuchten diese Masse hin und wieder mit Wasser. Geben Sie außerdem drei bis vier Eier, eines nach dem anderen, zur Farce, die weich genug sein sollte, um im Kalbskopf verteilt zu werden. Sollte sie zu fest sein, fügen Sie noch etwas Wasser hinzu. Nun den Kalbskopf trocken wischen und bei Bedarf etwaigen Flaum absengen, dann den Kopf auf ein Tuch legen und innen mit Farce bestreichen. Die Dicke der Farce sollte die Breite zweier Finger betragen. Auf diese wird kaltes, gewürfeltes ▸ Salpicon gelegt. Die Kalbszunge blanchieren* und in den Kopf zurücklegen, nachdem Sie die Zungenhaut abgezogen haben. Auf das Salpicon kommt wieder eine Schicht der Farce, so dass der Kalbskopf seine ursprüngliche Form erhält. Den Kopf gut in ein Schweinsnetz oder in ein Tuch einwickeln und die Halsöffnung mit einem Netz verschließen, so dass nichts von der Fülle herausfließen kann. Achten Sie darauf, dass die Ohren am Kopf anliegen. Den eingewickelten Kopf gut verschnüren und die Form nicht zerstören. Einen Kochtopf mit Kalbs- und Rindsresten auslegen, diese salzen und mit Zwiebeln, Karotten, zwei Lorbeerblättern, zwei Knoblauchzehen und zwei Gewürznelken garnieren sowie mit eineinhalb Flaschen Weißwein, etwas Schmorfond oder guter Suppe übergießen. Den Kopf hineinlegen und zwei bis drei Stunden köcheln lassen,

wobei der Fond immer leicht brodeln sollte. Dann auf einem Topfdeckel abtropfen lassen und folgendes Ragoût zubereiten:
In einer Kasserole werden zwei Schöpflöffel ▸ Espagnole und ein Viertelliter Weißwein reduziert. In diesen Fond kommen sechs bis acht Nockerln* aus der oben beschriebenen Farce, die zuvor in Bouillon pochiert wurden. Fügen Sie nun tournierte* Champignons, Artischockenböden und einige Scheiben Kalbsbries hinzu und lassen Sie alles gemeinsam köcheln. Das Ragoût entfetten und um den Kalbskopf herum anrichten. Mit Flusskrebsen, gespicktem und glaciertem* Kalbsbries sowie Trüffeln garnieren und servieren.

### *Kalbskopf à la Destilière*

(nach einem Rezept von Monsieur de la Reynière)

Nehmen Sie einen sehr weißen Kalbskopf, den Sie ganz entbeinen, wässern und dann blanchieren*. Entfernen Sie das Hirn, wässern Sie dieses ebenfalls und entfernen Sie alle Fasern sowie die obere Haut. Das Hirn wird nun in kochendem Wasser mit einem Schuss Essig blanchiert. Dann dünsten Sie es in einem kleinen ▸ Blanc, wobei 45 Minuten ausreichen werden, um es zu garen. Wenn der Kalbskopf kalt geworden ist, nehmen Sie ihn aus dem Wasser, wischen ihn trocken und sengen Unreinheiten ab. Nun zerteilen Sie den Kopf, lassen Augen und Ohren ganz, verschnüren die einzelnen Teile und garen sie ebenfalls in einem Blanc. Knapp vor dem Servieren nehmen Sie die Teile des Kalbskopfes aus dem Blanc, lassen sie abtropfen, entfernen die Schnüre und richten die Teile hübsch an. Das Hirn wird halbiert und die Hälften werden je an einem Ende der Servierplatte aufgelegt. Die Zunge herausnehmen und würfeln, wobei die Würfel etwa die Größe von Spielwürfeln haben sollten; die Zungenstückchen in folgende Sauce legen: Einen Schöpflöffel ▸ Espagnole, eine halbe Flasche Chablis, sechs kleine, sehr scharfe, zerdrückte Pfefferschoten und zwölf Esslöffel Fleischbrühe auf die Hälfte reduzieren lassen, dann mit zu Stiften geschnittenen Essiggurken, den Zungenwürfeln sowie Champignons verfeinern und diese Sauce auf den Kalbskopf gießen.

### *Gebackene Teile vom Kalbskopf*

Gegarte Kalbskopfteile marinieren, in ▸ Backteig legen und in mäßig heißem Fett herausbacken.

### *Kalbsnierenbraten*

Spicken Sie den Braten mit kleinen Spießchen und formen Sie aus dem Stück ein Rechteck, das gleichmäßig dick sein sollte. Hierfür müssen Sie einen Teil der Rückenknochen entfernen. Nun stecken Sie den Nierenbraten auf einen Spieß und geben ihm mit einem weiteren Brathäkchen Halt, das Sie an beiden Enden des großen Spießes befestigen. Der Braten braucht etwa zweieinhalb bis drei Stunden zum Garwerden.

### *Kalbsragoût à la ménagère*

Ein Stück Butter in einer Kasserole zerlassen, dann mit etwas Mehl binden und braun werden lassen. Ein Stück Kalbfleisch in dieser Mehlschwitze anbraten und, wenn das Fleisch fest geworden ist, mit heißem Wasser oder Suppe aufgießen. Bis zum Aufkochen ständig rühren, dann salzen, pfeffern und mit einem Lorbeerblatt sowie etwas Thymian würzen. Eine Stunde köcheln lassen, dann drei Zwiebeln, einige Champignons, Karotten oder Morcheln hinzufügen.

### *Gefüllte Kalbsohren*

Sengen Sie Kalbsohren ab, putzen Sie sie und kochen Sie sie in einem ▸ Blanc. Wenn die Ohren gar sind, nehmen Sie sie aus dem Blanc und lassen sie auskühlen, um sie dann mit einer gekochten ▸ Farce zu füllen. Die Farce mit dem Messerrücken glatt streichen, einige Eier wie für ein Omelett aufschlagen, dann die Ohren hineintauchen. Nun die Ohren mit Bröseln panieren, ein zweites Mal in das Ei tauchen und nochmals panieren; mit den übrigen Bröseln bestreuen und bedecken. Vor dem Herausbacken ziehen Sie die Ohren unter den losen Bröseln hervor und backen sie in nicht allzu heißem Fett, so dass die Fülle gar werden kann, ohne dass die Panier zu dunkel wird. Die gebackenen Ohren mit der Spitze nach oben auf dem Servierteller arrangieren, mit etwas gerösteter Petersilie bestreuen und servieren.

### *Marinierte Kalbsohren*

Sie kochen fünf Kalbsohren in einem ▸ Blanc. Dann schneiden Sie jedes Ohr der Länge nach in vier Teile und marinieren diese in Essig, Salz und grobkörnigem Pfeffer. Abtropfen lassen und in sehr flüssigen ▸ Backteig tauchen. Die einzelnen Teile rasch in heißes Fett legen, so dass sie gleichzeitig braun werden können. Mit dem

Schaumlöffel umdrehen und auf heißer Flamme backen. Wenn der Backteig knusprig und schön braun geworden ist, lassen Sie die Teile auf einem Küchentuch abtropfen, richten sie an und bestreuen sie mit gerösteter Petersilie.

### *Gebackenes Kalbshirn*

Das Hirn häuten, in kaltes Wasser legen und dann drei bis vier Minuten in kochendem Wasser mit etwas Salz und einem Schuss Essig blanchieren*. Das Wasser abschäumen, dann das Hirn abtropfen lassen, nochmals in kaltes Wasser legen und mit Essig marinieren. Vor dem Servieren in ▸ Backteig tauchen und herausbacken.

### *In der Schale serviertes Kalbshirn*

Sie wässern und blanchieren* das Kalbshirn, salzen und pfeffern es dann und fügen ihm eine Schalotte, einige Trüffeln sowie Petersilie hinzu, wobei Sie diese Zutaten gemeinsam fein gewiegt haben. Das Hirn mit den Zutaten schwenken, mit etwas Öl, geriebenem Speck oder Butter versehen, etwas Zitronensaft darauf träufeln und es in die gesäuberte Hirnschale legen, die Sie mit etwas Butter und Anchovis eingerieben haben. Mit Bröseln bestreuen und grillen.

### *Poêlierte Kalbsleber*

Sie wählen eine fette, helle Kalbsleber aus und schneiden diese in feine Streifen von der Dicke eines Fünf-Francs-Stücks. In einer Pfanne ein Stück Butter zerlassen und die Leber darin auf großer Flamme schwenken, bis sie fest ist. Nun bestreuen Sie die Leber mit einer Messerspitze Mehl und rösten sie weiter. Mit Petersilie und Schnittknoblauch* oder Schalotten bestreuen, salzen, pfeffern und mit einer halben Flasche Rotwein aufgießen. Der Bratfond sollte niemals kochen, so dass die Leber nicht hart wird; schwenken Sie also die Pfanne ständig. Falls die Sauce zu dick wird, gießen Sie mit etwas Suppe auf, verfeinern nach Belieben mit etwas Essig oder ▸ Kretzer und servieren.

### *Kalbsleber à la bourgeoise oder à l'estouffade*

Sie nehmen, wie oben, eine fette, helle Kalbsleber und spicken sie der Breite nach mit großen Speckstiften, die Sie vorher mit Salz, Pfeffer, Fines Épices*, Pfeffer, Basilikum und Thymian, alles fein gerieben, gewürzt haben. Wenn die Leber gut gespickt ist, legen Sie sie auf Speckscheiben, Zwiebeln und Karotten in eine Kasserole. Dazu kommen zwei Gewürznelken, ein Lorbeerblatt, eine Knoblauchzehe, einige Fleischreste vom Kalb und eine halbe Flasche Weißwein. Mit Suppe aufgießen, aufkochen lassen, abschäumen, mit Speckscheiben und einer Lage Backpapier, schließlich mit dem Topfdeckel gut zudecken bzw. mit einem Teigrand verschweißen. Nun soll das Gericht fünf Viertelstunden lang bei Ober- und Unterhitze langsam köcheln. Ein Teil des Schmorfonds wird nach dem Garen durch ein feines Tuch passiert, dann auf den Herd gestellt und mit einem Stück mit Mehl verkneteter Butter gebunden. Die Sauce reduzieren lassen und nach Belieben mit etwas Anchovis-Butter montieren*; glatt rühren, über die Leber gießen und servieren.

### *Kalbsleber am Spieß*

Sie wählen eine schöne, helle Leber und spicken diese auf einer Seite mit großen Speckstiften, die Sie zuvor ebenso gewürzt haben, wie es bei der »estouffade«-Leber beschrieben wurde. Die Leber sollte so gespickt werden wie ein Rindsfilet. Nun legen Sie sie mit Petersilie im Ganzen und einigen Halmen Schnittknoblauch*, welche Sie in drei oder vier Teile geschnitten haben, sowie mit zwei Lorbeerblättern und etwas Thymian in ein Tongefäß. Mit Salz bestreuen, mit Olivenöl übergießen und in dieser Marinade liegen lassen. Wenn die Leber gebraten werden soll, fixieren Sie sie quer mit vier bis fünf Spießchen und stecken der Länge nach einen etwas größeren Spieß hindurch, der außerdem auf dem großen Bratspieß fixiert wird, indem Sie ihn an beiden Enden fest mit dem Bratspieß verknüpfen, so dass er sich nicht drehen kann. Die Leber mit gebuttertem Backpapier einwickeln, das Sie ebenfalls auf dem Spieß festschnüren. Mit der Marinade begießen und etwa fünf Viertelstunden lang braten. Danach die Leber vom Papier befreien, glacieren* und mit einer guten ▸ Sauce poivrade übergießen.
Ich habe bereits an anderer Stelle erwähnt, dass Kalbsleber auf Grund ihrer Konsistenz nicht fest auf den Spieß gesteckt werden kann, es sei denn, man glüht die Mitte des Spießes vor und steckt die Leber auf den glühenden Spieß, so dass sie sofort fest wird und hält.

### *Kalbszunge mit pikanter Sauce*

Kalbszunge wird wie Rindszunge zubereitet.

### *Kalbsfüße*

Kochen Sie die Kalbsfüße wie den Kopf und servieren Sie sie natur, mariniert oder à la ▸ Sauce ravigote. Kalbsfüße vertragen sich absolut nicht mit milden Saucen.

### *Kalbshirn à l'allemande*

Nehmen Sie drei jeweils sehr gut erhaltene Kalbshirne und legen Sie diese mit ausreichend Wasser in eine Kasserole. Dann entfernen Sie sämtliche Fasern und harten Teile. Legen Sie das Hirn nun in frisches Wasser ein und putzen Sie es nochmals sorgfältig. Nun blanchieren* Sie es etwa eine Viertelstunde wie folgt: Sie kochen Wasser mit einer Prise Salz und einem Glas Weißweinessig, legen dann das Hirn in das Essigwasser und nehmen es heraus, wenn es blanchiert ist. Abtropfen lassen und in eine mit Speckscheiben ausgelegte Kasserole geben. Mit einem Glas Weißwein und zweimal so viel Fleischbrühe aufgießen, so dass das Hirn von Flüssigkeit bedeckt ist. Ein Büschel Petersilie und Schnittknoblauch* sowie einige geschälte und entkernte Zitronenscheiben hinzufügen. Mit Speckscheiben und Backpapier bedecken und auf den Herd stellen, um alles aufkochen zu lassen. Danach 45 Minuten auf sehr schwacher Flamme köcheln lassen. Wenn das Hirn gar ist, richten Sie es an und maskieren* es mit einer ▸ Sauce allemande.

### *Kalbshirn en matelote*

Sie nehmen drei Kalbshirne und kochen diese wie oben angegeben, richten sie dann auf einem Teller an, garnieren sie mit Krebsen und mit Brotstückchen, die Sie in Form von Pfauenschwänzen zugeschnitten und in Butter angeröstet haben. Mit einer Sauce matelote übergießen und servieren.

### *Mariniertes Kalbshirn*

Sie bereiten zwei Kalbshirne so zu wie in den vorigen Rezepten beschrieben, lassen sie nach dem Kochen abtropfen und teilen sie jeweils in fünf Portionen, die Sie in eine passierte ▸ Marinade legen. Nun bereiten Sie einen eher flüssigen ▸ Backteig zu, tauchen die Hirnstücke darin ein, lassen einen Teil des Teiges abtropfen und legen die dünn mit Teig überzogenen Stücke in heißes Fett. Goldbraun herausbacken, abtropfen lassen, mit gerösteter Petersilie bestreuen und servieren.

### *Kalbslunge à la poulette*

Sie nehmen eine weiße Kalbslunge, würfeln diese grob und legen die Würfel in Wasser, das Sie mehrfach auswechseln, um alles Blut herauszuschwemmen. Blanchieren Sie die Kalbslungenwürfel, indem Sie sie in kaltem Wasser zustellen und dieses einmal aufwallen lassen; dann schrecken Sie sie in kaltem Wasser ab und lassen sie abtropfen. In einer Kasserole ein Stück Butter zerlassen und die Kalbslunge darin anrösten, ohne sie braun werden zu lassen, mit Mehl bestäuben und umrühren, so dass das Mehl sich gut mit der Lunge vermischt. Vorsichtig mit Suppe aufgießen und dabei immerzu umrühren. Mit Salz, Pfeffer, einem Büschel Petersilie, einem Lorbeerblatt, einer Gewürznelke und einer Knoblauchzehe würzen und die Flamme ganz aufdrehen, wobei Sie ständig umrühren, so dass das Mehl nicht absinkt und sich nichts auf dem Topfboden anlegen kann. Wenn die Kalbslunge zu drei Vierteln gar ist, fügen Sie kleine Zwiebeln und Champignons hinzu. Sollte die Sauce nach der gesamten Garzeit zu flüssig sein, gießen Sie einen Teil davon in eine zweite Kasserole, lassen die Flüssigkeit dort reduzieren und entfetten die Sauce. Ist sie von richtiger Konsistenz, legieren Sie sie mit einigen Dottern, geben etwas fein gehackte Petersilie und einen Schuss ▸ Kretzer oder Zitronensaft dazu. Abschmecken und servieren.

### *Kalbsgekröse à la Montsoreau*

Nehmen Sie sehr weiße und fette Innereien vom Kalb und putzen und wässern Sie diese, wie es sich gehört. Dann blanchieren* Sie das Gekröse, lassen das Wasser mehrmals aufwallen, schrecken die Innereien in kaltem Wasser ab und kochen sie schließlich in einem ▸ Blanc. Wenn sie gar sind, lassen Sie das Wasser abtropfen und servieren das Gericht mit einer ▸ Sauce au pauvre homme, die Sie in einer Saucière mit auf den Tisch stellen.

### *Kalbsgekröse à la Montselet*

Sie kochen die Innereien wie oben und schneiden sie dann in gleich große Stücke, die Sie in eine gut reduzierte und gewürzte ▸ Sauce italienne legen. Da das Gekröse selbst fade schmeckt, sollten Sie knapp vor dem Servieren etwas Zitronensaft, etwas Öl und zerdrückten Knoblauch darauf geben.

### *Kalbsbries à la dauphine*

Sie nehmen fünf Stück Kalbsbries, teilen die Hälse ab und wässern das Bries in mehrfach gewechseltem Wasser, bis es schön weiß ist. Nun blanchieren* Sie das Bries kurz, gerade so viel, um es etwas fester werden zu lassen und es spicken zu können. In eine Kasserole legen Sie beim Putzen weggeschnittene Teile vom Kalb und garnieren diese mit Zwiebeln und Karotten. Die Wände der Kasserole mit Speckscheiben auskleiden und das Bries auf die anderen Zutaten legen; sie sollten sich zwar berühren, jedoch nicht gedrückt werden. Mit Fleischbrühe aufgießen, so dass die Speckscheiben frei bleiben. Die Kasserole mit gebuttertem Backpapier abdecken und alles aufkochen lassen; dann die Hitze stark reduzieren, den Topf mit seinem Deckel bedecken und auf diesen Glut legen, die stark genug sein sollte, damit das Bries schön goldbraun werden kann. Es sollte etwa 45 Minuten köcheln, dann auf einem Topfdeckel abtropfen, bevor Sie es in einer Glace schwenken und auf einem Ragoût aus weißen Endivien (siehe Endivienragoûts) servieren. Wenn Sie möchten, können Sie vier große, in Butter geröstete Brotscheiben dazulegen.

Falls Sie keine Glace zur Verfügung haben, passieren Sie den Schmorfond durch ein Tuch, reduzieren ihn bis zur Glace und schwenken das Bries darin.

### *Kalbsbries mit ▸ Sauce aux hâtelets*

Sie garen Bries wie oben beschrieben. Wenn es fast gar ist, nehmen Sie es aus dem Schmorfond und lassen es auskühlen. Dann schneiden Sie es in dünne Scheiben und schneiden auch eine Kalbszunge in Scheiben von der gleichen Dicke, ebenso Trüffeln, die Sie in Butter anschwitzen, und nehmen mageren, gekochten Speck. Erhitzen Sie eine ▸ Sauce aux hâtelets und legen Sie dann alle Zutaten hinein, vermischen Sie sie gut und lassen Sie alles auf einem Teller auskühlen. Stecken Sie die erkalteten Scheiben abwechselnd auf kleine Spieße, lassen Sie die Spieße auf allen Seiten schön braun werden und servieren Sie.

### *Gebackenes Kalbsbries*

Sie garen Kalbsbries wie oben beschrieben, schneiden es in Scheiben und schwenken diese in einer Mischung aus Petersilie, Schnittknoblauch* und sehr fein gehackten Champignons sowie einem Stück Butter, etwas Salz und grobkörnigem Pfeffer. Köcheln lassen, dann eine runde oder eckige Pappform von außen mit Öl bestreichen und den Boden etwa fingerdick mit gekochter ▸ Farce bestreichen. Die Schachtel auf einen Grill oder den Deckel einer Backform legen, so dass die Farce nicht anbrennt. Die Schachtel sollte sich gelb färben, dann legen Sie das Kalbsbries und die feinen Kräuter hinein, gießen etwas gute, reduzierte ▸ Espagnole darauf oder beträufeln das Bries mit Zitronensaft.

### *Kalbsbries à l'anglaise*

Sie kochen das Bries wie die Vorigen. In einer Kasserole zerlassen Sie ein eigroßes Stück Butter, verrühren darin zwei Dotter und salzen kräftig. Das Bries auf ein Blech legen, mit der Butter-Ei-Mischung übergießen, dann mit einem Gemisch aus Brotbröseln und geriebenem Parmesan bestreuen und darauf wiederum Butter streichen, am besten mit Hilfe einiger Schnittknoblauch*-Halme, die Sie als Pinsel benützen. Das übergossene, panierte Bries in den Ofen schieben und bräunen. Mit einer guten weißen ▸ Sauce italienne maskieren* und servieren.
Sie können auch nur die Hälfte der Bries-Scheiben panieren, die andere spicken und mit ▸ Glace bestreichen.

### *Gefüllte Kalbsbrust à la bourgeoise*

Sie bereiten eine Farce ménagère zu, das heißt mit vier bis fünf Unzen* Kalbfleisch, vier Unzen Speck, zwei Unzen Rindsfett, zwei Unzen Rindermark, zwei Unzen Nieren und zwei Unzen in Milch eingelegtem Brot sowie einer guten Hand voll Kräutern: Spinat, Sauerampfer, Kerbel sowie etwas Estragon, alles fein gewiegt und mit Salz gewürzt, jedoch nur gerade so viel, dass die Kräuter ihr Wasser hergeben, weniger, um sie salzig zu machen. Die Kräuter fest zwischen den Fingern zerdrücken, so dass der Saft herausgepresst wird, und sie dann mit der Farce vermischen. Drei Dotter, eine Unze Speck und ebenso viel Schinken, die Hälfte fett, die andere mager, letztere Zutaten fein gewürfelt, der Farce beimengen.
Nun nehmen Sie eine schöne Kalbsbrust und öffnen zwischen Rippen und Brustfleisch eine kleine Tasche, die Sie mit der Farce füllen. Die Öffnung zunähen und am Spieß oder in einem Schmorfond garen. Man serviert die Kalbsbrust mit gedünstetem Salat oder Kohl.

### *Kalbsleberbrot*

(nach einem Rezept von Durand de Nîmes)

Sie entfernen die Haut einer halben Kalbsleber, hacken die Leber sehr fein, nehmen Speck, etwa so viel, wie Sie Leber haben, hacken auch diesen fein und mischen ihn unter die Leber. Beide Zutaten gemeinsam im Mörser zerstoßen, salzen und mit verschiedenen Gewürzen sowie fein gewiegter Petersilie würzen. Nun legen Sie die Masse in eine Tonschüssel. Zwei Zwiebeln würfeln und mit etwas Fett von einem guten Schmorfond oder auch Butter oder geriebenem Speck anrösten.

Die gerösteten Zwiebeln zur Leber-Speck-Mischung geben, eine Scheibe Schinken und etwas Speck sowie zwei bis drei Trüffeln ebenfalls würfeln und der Masse hinzufügen. Schließlich drei Dotter sowie den Schnee der drei Eiklar unterheben.

Nun legen Sie eine Kasserole mit einer Speckscheibe und einem Schweinsnetz aus und legen die Leber-Farce darauf, bedecken diese mit einer weiteren Speckscheibe und schieben das Leberbrot in den Ofen. Nach dem Backen lassen Sie das Leberbrot abtropfen, indem Sie es auf einen Topfdeckel legen. Entfernen Sie die Speckscheiben, richten Sie das Leberbrot an und übergießen Sie es mit einer Wildsauce.

### *Kalbsnieren in Wein*

Sie häuten die Nieren, schneiden sie in sehr dünne Streifen und sautieren sie mit etwas Butter sowie zerlassenem Speck in einer Sautierpfanne. Mit etwas Salz, Pfeffer, einer Schalotte, Petersilie und Trüffeln würzen, wobei alle diese Zutaten sehr fein gehackt sein sollten. Wenn die Nieren gar sind, legen Sie sie auf einen Teller, gießen ein Glas Weißwein in den Bratenfond und reduzieren diesen auf die Hälfte; etwas ▸ Coulis hinzufügen und einen Augenblick aufkochen lassen. Die Nieren wieder in die Sauce legen, etwas kochen lassen, in die Servierschüssel gießen und mit etwas Zitronensaft beträufeln.

### *Kalbsröllchen à la Gérard*

Dies ist die Erfindung eines Entréeküchengehilfen von Madame Pompadour, der diesem Gericht, dessen Beschaffenheit ihm zu grob vorkam, nicht den illustren Namen seiner Herrin verleihen wollte, so dass er ihm schließlich seinen eigenen Namen gab.

Eine schöne Kalbsnuss putzen und in vier bis fünf Teile schneiden, die nicht mehr als einen halben Zoll dick sein dürfen. Die einzelnen Stücke zu länglichen Rechtecken schneiden und mit der flachen

Klinge eines Hackmessers klopfen, danach mit der Messerklinge nachklopfen. Die Schläge sollten sehr eng nebeneinander und in beide Richtungen gesetzt werden, so dass die Fasern aufgebrochen werden. Auf drei dieser Rechtecke geben Sie Quenelle*- ▸ Farce, die Sie jedoch nicht mit allzu viel Ei-Schnee zubereitet haben. Rollen Sie die Kalbsnuss-Schnitten über der Farce zusammen und geben Sie ihnen die Form eines Ärmels. Die Röllchen mit einer dünnen Schicht der Farce bestreichen. Die übrigen beiden Fleischstückchen in Streifen von der Breite zweier Finger schneiden, diese Streifen sorgfältig spicken und an jedem Ende der drei Ärmel jeweils einen Streifen anbringen. Die Streifen an die Röllchen nähen und diese ebenfalls zunähen, so dass sich nichts lösen kann. Nun hacken Sie einige Trüffeln sehr fein und bestreuen damit eines der Kalbsröllchen, bis auf die Bordüren. Das zweite bestreuen Sie mit fein gehackten Pistazien und das dritte, wenn Sie möchten, mit gut geschälten und fein gehackten süßen Mandeln. So erhalten Sie drei verschiedenfarbige Röllchen, die Sie derart bestreuen, dass man die Farce nicht mehr sehen kann. Eine Kasserole mit Speckscheiben auslegen und die Kalbsröllchen wie etwa eine Kalbsnuss schmoren lassen, wobei Sie für die Röllchen weniger Oberhitze brauchen. Nach dem Garen lassen Sie die Röllchen abtropfen, entfernen die Fäden und bestreichen die gespickten Enden mit etwas Glace. Auf einer ▸ Sauce Périgueux mit sehr schwarzen und aromatischen Trüffeln servieren.

### *Kalbsschlepp à la poulette*

Sie nehmen eine angemessene Anzahl Kalbsschwänze und schneiden diese in Portionen, bevor Sie sie in warmes Wasser legen, um sie zu reinigen. Die Kalbsschwänze dann blanchieren* und abtropfen lassen. In einer Kasserole mit zerlassener Butter und einem Büschel Petersilie und Schnittknoblauch* anschwitzen lassen; mit einer halben Knoblauchzehe, einem Lorbeerblatt und einigen Zwiebeln garnieren. Die Butter sollte beim Anschwitzen nicht dunkel werden. Mit etwas Mehl bestäuben, das Fleisch schwenken und bewegen, dann mit Suppe aufgießen, salzen und mit grobkörnigem Pfeffer würzen. Köcheln lassen und dabei öfter umrühren, damit sich nichts anlegt. Nun Zwiebeln, Petersilie und Schnittknoblauch herausnehmen, wobei Sie letztere beiden Kräuter über dem Topf ausdrücken. Die Sauce binden, etwas fein gewiegte und blanchierte Petersilie, einen Schuss Essig oder etwas Zitronensaft hinzufügen und servieren.

### *Kalbsamourette*

Die Amourette ist ganz einfach das Rückenmark von Vierbeinern. Die vom Kalb wird als Delikatesse besonders geschätzt. Man verwendet auch jene vom Rind oder vom Schaf und könnte sie von allen Vierbeinern nehmen. Hier nun, wie man sie am besten zubereitet:

Sie nehmen Rückenmark, legen es in Wasser ein und entfernen die dünne Haut, die das Mark umgibt. Wechseln Sie das Wasser und lassen Sie das Mark eine Zeit lang darin liegen; schneiden Sie es dann in gleiche Portionen und blanchieren* Sie diese etwa so wie Kalbshirn. Nach dem Blanchieren legen Sie das Mark in eine ▸ Marinade und lassen es knapp vor der Weiterverwendung abtropfen. Die Markstücke nun in ▸ Backteig tauchen, goldbraun herausbacken und servieren.

Bemerkung: Man verwendet Rückenmark auch statt Teig, um Timbales zu machen. Hierfür belegt man den Boden einer Kasserole mit Speckscheiben und legt darauf die Amourettes, wie man Teig legen würde. Das heißt, dass man die Markstücke rund um die Mitte aufeinander schichtet, so dass in der Mitte eine Mulde bleibt, in die man Kalbslendenschnitten-Streifen füllt, die dafür sorgen werden, dass das Mark nicht auseinander fließt. Auf die Lendenschnitten legt man irgendeine gekochte ▸ Farce, die ebenfalls ein Gegengewicht zur Amourette bildet. In den oberen Teil der Mulde gießen Sie ein reduziertes ▸ Salpicon und bedecken dieses wiederum mit Farce, so dass nichts vom Salpicon herausfließen kann. Diese Timbale kommt in einen schwach beheizten Ofen und wird dort drei Stunden lang langsam gebacken. Schließlich können Sie die Timbale auf den Servierteller stürzen, Sie entfernen die Speckscheiben, umgeben das Gericht mit einer guten braunen ▸ Sauce italienne und servieren es.

### *Hinteres Kalbsviertel*

Wenn Sie einen Lendenbraten wählen, lassen Sie diesen etwa drei Fingerbreiten unterhalb der Hüfte abschneiden. Rollen Sie die Flanke auf und stecken Sie diese mit Brathäkchen fest, so dass das Bratenstück rechteckig wird und überall gleichmäßig dick ist. Entfernen Sie dafür den Rückenknochen in der Nähe der Nieren. Nun stecken Sie den Braten auf einen Spieß und fixieren ihn mit einem großen Brathäkchen, dessen beide Enden fest an den Spieß geschnürt werden. Den Braten mit mehreren Lagen an der Außenseite gebuttertem Backpapier umwickeln, so dass das Papier nicht verkohlt. Der Braten muss zweieinhalb bis drei Stunden lang braten, je nach Stärke des Feuers und Dicke des Fleischstücks.

### *Kalbskeule und wie man sie am besten nützt*

Beginnen Sie damit, von der Keule die Nuss herauszuschälen, dies ist der zarteste und fetteste Teil im Inneren des Oberschenkels. Sie können Sie herausheben, indem Sie das Messer am dicken Schenkelansatz entlangziehen, dort, wo das Fleisch nicht von Haut bedeckt ist. Sie ziehen das Messer bis zu dem Punkt, an dem die Muskeln sich zerteilen lassen, und schneiden weiter bis zum Knochen, der am nächsten zum Knie liegt. Führen Sie das Messer an diesem Knochen entlang, um die ganze Nuss herausschneiden zu können. Dann entnehmen Sie den benachbarten Naturteil. Es gibt noch eine dritte Nuss, die man die des Pâtissiers nennt, diese befindet sich bei den Hinterbacken, am Schwanzansatz. Mit dieser bereitet man ▸ Godiveaus und gekochte ▸ Farce zu.

Schneiden Sie nun Wadschunken, Knie und das obere Ende des Fußes auf, sie werden Ihnen für Fleischbrühen nützlich sein. Mit der Nuss bereiten Sie Entrées zu, mit der hinteren Nuss gekochte Farce und mit der Schale des Pâtissiers ein Godiveau oder die Grundlage für ein ▸ Velouté. Fleisch und Knochen der unteren Keule dienen als Grundlage für die ▸ Espagnole.

### *Kalbsnuss en bedeau*

Nehmen Sie vorzugsweise die Nuss von einem weiblichen Kalb mit der Zitze bzw. dem Euter. Klopfen Sie die Nuss zwischen zwei Tüchern und putzen Sie sie auf der nicht mit Haut bedeckten Seite. Nun spicken Sie die Kalbsnuss mit fetten Speckstiften auf der Unterseite, mit Trüffeln oder Schinken auf der Oberseite, würzen sie und legen sie in ihren Topf. Das Euter mit einer Speckscheibe abdecken, so dass es nicht braun wird, und die Nuss mit Ober- und Unterhitze garen. Danach mit ▸ Glace bestreichen und auf Endivien-, Sauerampfer-, oder Gurkenragoût servieren, wobei das Ragoût jeweils entweder mit Fleischsaft oder mit ▸ Sauce Béchamel zubereitet werden kann.

### *Gespickte Kalbsnuss*

Sie klopfen eine Kalbsnuss, legen diese auf den Tisch, entfernen das Euter, drehen die Kalbsnuss um und putzen sie auf der Oberseite. Dann spicken Sie die ganze Nuss, legen sie in eine Kasserole, in die Sie zuvor einige Zwiebeln gegeben haben, so dass das Fleisch sich, auf diesen liegend, nach oben wölbt. Mit Fleischbrühe oder Bouillon aufgießen, so dass die Schwarte der Kalbsnuss nicht benetzt wird. Das Fleisch mit ▸ Glace bestreichen und auf einer reduzierten ▸ Espagnole servieren.

### *Kalbspaupiettes*

Schneiden Sie Fleisch von einer Kalbsnuss in sehr dünne Scheiben und klopfen Sie diese in allen Richtungen, so dass die Fasern aufbrechen. Auf die Kalbsnuss-Scheiben kommt eine gekochte Geflügel-▸ Farce. Die Scheiben zusammenrollen und mit Schnur binden, damit sie nicht auseinander fallen. Eine Kasserole mit Speckscheiben belegen und die Röllchen hineinlegen, mit einem schwachen Schöpflöffel Fleischbrühe und einem großzügig bemessenen Glas Weißwein aufgießen, mit einem Büschel Petersilie und Schnittknoblauch*, einer Gewürznelke, einer Knoblauchzehe und etwas Basilikum würzen, dann etwa 45 Minuten lang dünsten. Nach dem Garen wird der Fond durch ein sehr feines Sieb oder ein Tuch passiert, mit vier Esslöffeln ▸ Espagnole versehen, reduziert, entfettet und auf die abgetropften und mit ▸ Glace bestrichenen Röllchen gegossen.

### *Kalbsschnitzel à l'anglaise*

Sie nehmen eine weiße, zarte Kalbsnuss und schneiden diese in quadratische Filetstücke von einem Zoll Länge und Breite. Aus diesen Filets schneiden Sie Schnitzel, indem Sie sie der Hälfte nach durchschneiden und so verdoppeln, dass beide Hälften verbunden bleiben. Auf einem sehr sauberen, leicht mit Öl bestrichenen Tisch klopfen Sie nun die Schnitzel vorsichtig und geben ihnen eine runde Form. Inzwischen haben Sie Butter zerlassen und geläutert und legen nun die Schnitzel darauf, so dass diese einander berühren, ohne jedoch übereinander zu liegen. Stellen Sie die Pfanne auf ein mittleres Feuer und drehen Sie die Schnitzel um, sobald sie auf einer Seite fest geworden sind. Die Butter abtropfen lassen und an ihrer Stelle zwei Esslöffel Fleischgelée oder kräftige Fleischbrühe in die Pfanne geben. Die Flamme stärker werden lassen und die Schnitzel schwenken und bewegen. Wenn sie bereits zu zerfallen beginnen, nehmen Sie sie aus der Pfanne und legen sie um die Tellermitte herum auf, in die Mitte gießen Sie ein ▸ Godiveau-Ragoût.

### *Filet mignon vom Kalb*

Von sechs Filetstücken spicken Sie drei wie üblich mit Speck und die anderen drei mit Trüffeln oder Schinken, wobei diese drei Filets mit Mustern versehen werden sollten. Wie ein ▸ Fricandeau vorbereiten, dann ebenso garen, mit ▸ Glace bestreichen und auf einem Endivien-, Sauerampfer- oder einem anderen Ragoût Ihrer Wahl servieren.

### *Vorderes Viertel*

In diesem Viertel befinden sich die Schulter, das Karree* und die Brustschnitten. Die Schulter wird am Spieß gebraten und oft in gebratenem Zustand für die Blanquette verwendet. Man kann aus ihr, wie auch aus der Keule, Saucen machen, sie beinhaltet jedoch weniger Saft als die hinteren Teile.

Die Brust enthält aber sehr zarte Teile, unter anderem, am nächsten zum Hals, eine Art Nuss, die von Fett umgeben ist und wegen ihrer Zartheit von Feinschmeckern sehr geschätzt wird.

### *Blanquette de veau*

Wenn Sie eine am Spieß gebratene Kalbsschulter serviert haben und Ihnen genügend Fleisch übrig geblieben ist, um eine Blanquette zu machen, nehmen Sie die größeren Stücke, drücken sie mit dem Messer flach, säubern sie von Haut, Knorpeln u.ä. und schneiden das Fleisch in Streifen. Lassen Sie ein ▸ Velouté reduzieren und geben Sie das Kalbfleisch hinein, ohne das Velouté aufkochen zu lassen. Die Blanquette mit einigen Dottern legieren, mit einem Spritzer Zitronensaft oder ▸ Kretzer verfeinern, ein Stückchen Butter, etwas fein gehackte Petersilie und etwas gewiegten Schnittknoblauch* hinzufügen, falls Sie dies möchten, und servieren.

### *Kalbsbrustschnitten à la poulette oder im ▸ Blanc*

Putzen Sie eine Kalbsbrust und entnehmen Sie die Brustschnitten, die Sie von den Rippen lösen. Die Schnitten auf den Tisch legen und sie austernförmig zurechtschneiden, indem Sie das Messer schräg halten und so von rechts nach links schneiden. Die Stücke abrunden und wässern, dann blanchieren* und in kaltem Wasser abschrecken. Eine Kasserole mit Speckscheiben auslegen, darauf einige Kalbsstückchen geben, die beim Putzen weggefallen sind, und auf diese die Brustschnitten legen. Mit einem gemischten Bouquet garni*, einigen Zitronenscheiben, drei bis vier Karotten und ebenso vielen Zwiebeln garnieren, dann mit Bouillon oder Fleischbrühe aufgießen. Aufkochen lassen, dann zwei bis drei Stunden köcheln und mit der Messerspitze prüfen, ob das Fleisch weich ist. Wenn das Messer ohne Widerstand durch die Schnitten gesteckt werden kann, nehmen Sie den Topf vom Feuer, lassen das Fleisch abtropfen und verwenden es nach Belieben weiter.

### *Kalbsbrustschnitten in Form eines Pfauenschwanzes*

(nach einem Rezept von M. Beauvillier)

Entfernen Sie die roten Brustknochen und drehen Sie die Brust um, so dass die Rippen auf dem Tisch aufliegen. Bedecken Sie die Brust mit einem Tuch und drücken Sie sie mit der flachen Klinge eines Hackmessers flach. Dann schneiden Sie Streifen von etwa drei bis vier Fingern Dicke ab, runden das dickere Ende mit dem Messer ab und schneiden das gegenüberliegende Ende spitz zu, so dass ein längliches Herz entsteht, das man Pfauenschwanz nennt. Das Fleisch vom Knochen lösen und diesen kürzen, so dass das Fleisch ihn überragt. Die Brustschnitten wässern und blanchieren*, wie im vorigen Rezept garnieren, jedoch keine Zitrone dazugeben. Die Garzeit beträgt ebenfalls etwa zwei bis drei Stunden. Falls Sie keine geeignete Sauce zur Verfügung haben, drehen Sie den Fleischfond der Brustschnitten durch ein Tuch, um ihn zu passieren, lassen ihn zur Glace reduzieren und bestreichen damit die Brustschnitten. In die restliche Glace geben Sie etwas ▸ Roux und verrühren diesen mit der Glace, gießen dann mit Fleischbrühe oder Bouillon auf und fügen ein Viertelglas Weißwein sowie Champignons oder Trüffelstückchen hinzu. Die Sauce aufkochen lassen, dann entfetten und durch ein Tuch pressen, nochmals reduzieren, abschmecken und schließlich mit einem Stück Butter schwenken, bevor Sie die Sauce über das Fleisch gießen. Sie können das Gericht mit kleinen Zwiebeln, Spargelspitzen oder einem Champignon-Ragoût servieren.

Ebenso bereiten Sie Kalbsbrustschnitten mit einer ▸ Macédoine oder mit Mayonnaise wie auch mit einer ▸ Sauce ravigote zu.

### *Sauce Colbert*

Von M. Urbain Dubois, dem Autor der »Cuisine de tous les pays«, empfohlen.

»Wegen ihrer Beschaffenheit«, meint M. Dubois, »kann diese Sauce sowohl zu Fleisch wie auch zu Fisch, ja sogar zu gewissen Gemüsesorten gereicht werden. Sie passt zu Bratengerichten, Gegrilltem und Gebackenem. Keine andere Sauce, weder alt noch modern, kann in dieser Hinsicht mit dieser verglichen werden, wobei en passant auch noch zu bemerken ist, dass für ihre Zubereitung weder große Erfahrung noch viel Arbeit vonnöten ist. Ich empfehle also diese Sauce als eine der nützlichsten überhaupt.«

200 gr gute Butter mit einem Esslöffel fein gewiegter Petersilie, einer Messerspitze Muskatnusspulver und dem Saft zweier Zitronen verrühren. In eine Kasserole die Menge eines zu zwei Dritteln vollen Glases an zerlassener Fleisch- ▸ Glace (siehe auch »Fleischglace« im Kapitel »Saucen«) geben und aufkochen lassen, dann sofort an den Herdrand ziehen und der Glace nach und nach, unter kräftigem Umrühren, die Butter in kleinen Portionen beifügen, wobei Butter und der Saft zweier Zitronen abwechselnd in die Glace gerührt werden. Nicht aufkochen lassen. Wenn die Sauce dick genug ist, einen Esslöffel kaltes Wasser hinzufügen und den Topf vom Feuer nehmen. Die Sauce begleitet Seezunge à la Colbert.

### *Kalbskoteletts à la provençale*

(aus der südfranzösischen Küche)

Kaum hat der Tourist, der vom Norden Frankreichs in den Süden reist, Valence hinter sich gelassen und Mornas erreicht, schmeckt er ein neues Aroma aus den Gerichten heraus, die ihm serviert werden. Dieses Aroma kommt vom Knoblauch. Da jeglicher Unterschied zwischen der Küche Nordfrankreichs und jener des Südens darin besteht, dass man den Knoblauch stärker herausschmeckt, gibt es keinen Anlass, ein Kochbuch über die provençalische Küche im Besonderen zu schreiben. Es genügt anzugeben, wie viel Knoblauch in jedes Gericht gegeben werden muss.

Man schneidet also für die Kalbskoteletts à la provençale fünf bis sechs Zwiebeln in dünne Scheiben, legt diese mit einer Knoblauchzehe und etwas Schmalz in eine Pfanne, um sie bei mäßiger Hitze goldbraun zu rösten; dann würzt man mit Salz und Pfeffer, bestäubt mit etwas Mehl, gießt mit Wein und Fleischsaft auf und lässt dieses Ragoût zehn bis zwölf Minuten auf sehr kleiner Flamme köcheln. In einer flachen Kasserole brät man inzwischen sieben bis acht Koteletts auf beiden Seiten in Schmalz. Die Koteletts sind zuvor geputzt, gewürzt und bemehlt worden. Sobald die Fleischporen sich geschlossen haben, lässt man das Fett aus der Kasserole abfließen und gießt bis zur halben Höhe der Koteletts mit Suppe auf, die man einmal aufkochen lässt. Nun die Kasserole auf eine gemäßigte Flamme ziehen, zudecken und die Koteletts langsam weich garen, bis der Fond zur Demi-Glace* eingekocht ist. Die Zwiebeln zum Fleisch geben, mit einer Messerspitze Cayenne-Pfeffer würzen und mit fein gehackter Petersilie bestreuen. Zwei Minuten später legen Sie die Koteletts kranzförmig auf den Teller und gießen das Ragoût in deren Mitte.

### *Sautierte Kalbskoteletts*

Sie nehmen sieben Kalbskoteletts, putzen sie und drücken sie flach. Dann zerlassen Sie etwa 125 gr Butter in einer flachen Pfanne, tauchen die Koteletts in die Butter und legen sie so nebeneinander, dass alle ganz flach auf dem Pfannenboden aufliegen. Auf mittlerer Flamme anbraten und öfter umdrehen. Wenn die Koteletts fast gar sind, lassen Sie die Butter abfließen und geben stattdessen ein Stück ▸ Glace, etwa so groß wie zwei Daumen, in die Pfanne. Dazu gießen Sie zwei Esslöffel Bouillon und drehen die Flamme ganz auf. Drehen Sie die Koteletts oft um und drücken Sie sie auf den Pfannenboden, so dass sie die Glace gut aufnehmen können. Wenn sie gar und glaciert* sind, legen Sie sie wie einen Kranz um die Tellermitte herum auf, geben noch etwas Fleischbrühe in die Pfanne, lösen damit die auf dem Boden haftende Glace und montieren* schließlich mit einem Stück Butter und etwas Zitronensaft. Die Sauce gut binden, aber nicht aufkochen lassen, und dabei die Sautierpfanne ständig bewegen. Die Koteletts mit der Sauce übergießen und servieren.

### *Kalbskoteletts natur*

Sie nehmen so viele Koteletts, wie Sie brauchen, putzen sie und drücken sie flach, salzen leicht, tauchen sie in zerlassene Butter und legen die Koteletts auf den Grill. Drehen Sie sie öfter um, übergießen Sie sie mit der Butter, was ihnen eine schöne Farbe geben wird. Sie können prüfen, ob das Fleisch durch ist, wenn es sich unter dem Finger fest anfühlt. Dann richten Sie sie an, übergießen sie mit gutem, reduziertem Rinds- ▸ Jus oder mit einer ▸ Sauce au pauvre homme und servieren.

### *Panierte Kalbskoteletts*

Sie werden ebenso wie die Vorigen zubereitet, aber gleich nach dem Eintauchen in Butter paniert. Auf kleinerer Flamme backen als die anderen.

### *Kalbskoteletts en papillote*

Sie nehmen so viele Koteletts wie benötigt, braten diese in Butter an, geben Petersilie, Champignons und Schnittknoblauch*, alles fein gewiegt, dazu (je ein Drittel jeder dieser Zutaten), fügen geriebenen Speck, Salz, Pfeffer und Fines Épices* hinzu und lassen alles köcheln. Wenn die Koteletts weich sind, nehmen Sie sie aus der Pfanne und geben nun zwei bis vier Esslöffel reduzierte ▸ Espagnole oder ▸ Velouté in die Pfanne. Die Sauce reduzieren lassen, so dass alle Feuchtigkeit verdampft, und abschmecken. Mit so vielen Dottern legieren, wie die Menge der Sauce es verlangt, und diese, wie auch die Koteletts, auskühlen lassen. Nun schneiden Sie Backpapier zurecht, dass es aussieht wie ein kleiner Papierdrache, bestreichen diesen dort mit Öl, wo das Kotelett aufliegen soll, belegen das Papier mit sehr durchwachsenen Speckscheiben, geben einen Esslöffel der Kräutersauce auf den Speck, setzen ein Kotelett darauf und bedecken dieses mit Kräutersauce und einer Speckscheibe. Die Papillote* verschließen, dort, wo sie die Knochenspitze des Koteletts umhüllt, mit Schnur umgeben, die Koteletts goldbraun braten und servieren.

### *Kleine Schulterstücke vom Kalb*

Sie nehmen fünfzehn kleine Schulterscherzel, d.h. die von Fett umgebene Nuss am Schulteransatz, blanchieren* diese, wässern sie in kaltem Wasser und putzen sie, ohne das sie umgebende Fett wegzunehmen. Eine Kasserole mit zwei Karotten, zwei Zwiebeln, einigen beim Putzen von Kalbfleisch abgefallenen Fleischresten, einem Büschel Petersilie und Schnittknoblauch*, einem halben Lorbeerblatt sowie zwei Gewürznelken ausstatten und das Schulterfleisch darauf legen, dann mit etwas Suppe aufgießen. Mit Speckscheiben bedecken und mit Backpapier abdichten. Sie setzen den Topf eine Stunde vor dem Servieren auf den Herd und lassen das Gericht nach dem ersten Aufkochen auf kleiner Flamme mit Unter- und Oberhitze garen. Dann das Fleisch auf einem Topfdeckel abtropfen lassen, mit ▸ Glace bestreichen und auf einem Champignonpüree oder einem anderen Püree servieren. Falls keine Glace vorhanden ist, nehmen

Sie den Fond aus dem Topf, in dem die Schulterscherzel gedünstet haben, und reduzieren ihn zur Glace, bis er goldgelb ist.

### *Kalbskoteletts à la Robert Peele*

(ein Rezept von Ferdinando Grandi)

Sie grillen kleine Kalbskoteletts von der Dicke eines halben Zentimeters. Wenn sie halb durchgebraten sind, lassen Sie sie auskühlen und wischen sie dann mit einem Tuch ab. Bedecken Sie die Koteletts vollkommen mit einer gut gewürzten ▸ Sauce Béchamel, in die Sie Knochenmark-Würfel gerührt haben. Mischen Sie das Mark in die kalte Béchamel. Die Sauce sollte die Koteletts so umgeben, dass die Form der Koteletts sichtbar bleibt. Geben Sie nun vorsichtig Mehl und mit etwas Butter vermischtes Ei auf die Koteletts und panieren Sie diese dann so gut wie möglich. Zwanzig Minuten vor dem Servieren schwenken Sie die Koteletts vorsichtig in Butter. Wenn diese sehr heiß geworden ist, servieren Sie die Koteletts, wie sie sind, und legen sie in zwei Reihen auf eine Servierplatte. In einer Saucière präsentieren Sie den Gästen eine ▸ Sauce à la maître d'hôtel mit blättrig geschnittenen Trüffeln.

### *Kalbsbries à la Zürich*

(Rezept von Ferdinando Grandi)

Nehmen Sie drei Stück Kalbsbries, spicken Sie diese, drehen Sie sie um und stecken Sie kleine Trüffelstücke in die andere Seite. Garen Sie das Bries in einer ▸ Glace. Wenn Sie es servieren, legen Sie es auf eine Scheibe Röstbrot, um einen Brotkorken herum, der etwas höher sein sollte als das Bries. Auf den Brotsockel legen Sie ein rundes, abgeflachtes Geflügel-Nockerl*, das etwas breiter sein sollte als das Brot, auf dem es liegt. Auf das Nockerl kommt eine große Trüffel. Zwischen die Briesstücke stecken Sie schöne Hahnenkämme und garnieren den Tellerrand mit sechs Trüffeln, sechs Bouquets aus Kapaunennieren und sechs Nockerln aus Wild. Mit einer guten Demi-Glace* übergießen, die übrige Demi-Glace in einer Saucière auf den Tisch stellen. In einer Silberkasserole präsentieren Sie den Gästen auch eine gute Soubise ( ▸ Zwiebelpüree).

### *Kalbskoteletts au vert-pré*

Die Koteletts werden in einer Kasserole mit einem Bouquet garni* und einem Stück Butter angebraten, dann mit Mehl bestäubt und mit etwas Suppe und einem Glas Weißwein abgelöscht. Salzen, mit grobkörnigem Pfeffer würzen und bei kleiner Flamme köcheln. Wenn das Fleisch gar und der Fond reduziert ist, entfettet man die Sauce und fügt ein nussgroßes Stück mit Mehl verknetete Butter sowie eine großzügige Messerspitze blanchierten* und gehackten Kerbel hinzu. Die Sauce binden und zuletzt mit Zitronensaft sowie einem Schuss Essig verfeinern.

### *Kalbslendenschnitten à la Crème*

Schneiden Sie die Kalbslende in feine Scheiben, die Sie quer spicken, und zwar mit Stiften aus fettem weißen Speck, die zuvor gesalzen und mit Fines Épices*, Petersilie, Schnittknoblauch* und fein gehackten Champignons gewürzt wurden. Die Kalbslendenschnitten mit etwas Butter in einer Kasserole anbraten, dann eine Messerspitze in Suppe aufgelöstes Mehl und ein Glas Weißwein hinzufügen. Wenn das Fleisch weich und die Sauce reduziert ist geben Sie drei in Obers* verquirlte Eier dazu und legieren die Sauce auf kleiner Flamme.

### *Blanquette de veau mit Trüffeln*

Sie nehmen mageres, im Voraus gebratenes Kalbfleisch und drücken die möglichst ganzen und gut erhaltenen Stücke flach. Das Fleisch von Hautresten und Knorpeln befreien und die Stücke in Streifen schneiden. Etwas ▸ Velouté reduzieren und das Kalbfleisch darin erhitzen ohne aufkochen zu lassen. Die Blanquette mit einigen Dottern legieren, mit ▸ Kretzer oder Zitronensaft verfeinern, mit etwas Butter montieren* und etwas fein gewiegter Petersilie sowie auch etwas Schnittknoblauch* würzen. Schließlich fügen Sie blättrig geschnittene und bereits in einer ▸ Court-Bouillon oder in etwas Fleischbrühe gegarte Trüffeln hinzu.

### *Kalbsbrustschnitten-Terrine*

Sie braten geputzte, blanchierte* und in kaltem Wasser abgespülte Kalbsbrustschnitten in Butter an, streuen etwas Mehl darauf, gießen mit Fleischbrühe und etwas Velouté auf, fügen ein Bouquet garni*, grobkörnigen Pfeffer, Champignons, kleine Zwiebeln, einige Stücke Kalbsbries, Hahnenkämme und -nieren hinzu. Wenn alles gar ist, legen Sie die Zutaten in eine Terrine, passieren die Sauce, legieren diese mit Dottern und gießen sie auf die Terrine.

*Kalbsbrustschnitten nach Gärtnerinnenart*

Sie bereiten die Brustschnitten wie oben zu, legen sie dann kranzförmig auf einem Teller auf, garnieren rundherum mit in Fleischbrühe gedünstetem Salat und geben in die Mitte des Tellers Steckrüben- und Karottenstäbchen.

*Kalbsbrust à la mousquetaire*

Sie garen eine Kalbsbrust in einem Gemisch aus halb Suppe, halb Weißwein und würzen mit einem Bouquet garni*, Salz und Pfeffer. Wenn die Brust gar ist, legen Sie sie auf einen Teller und breiten die Haut seitlich aus, so dass die Brustschnitten frei liegen. Den Fond entfetten und mit Butter und Mehl binden, etwas blanchierte* und fein gehackte Petersilie hinzufügen und die Sauce auf die geschmorte Kalbsbrust gießen.

*Kalbsbrust mit Erbsen*

Sie schneiden eine Kalbsbrust auf, blanchieren* die Teile und braten sie dann in Butter an. Eine großzügig bemessene Messerspitze in Bouillon aufgelöstes Mehl zum Bratfond geben, pfeffern und ein Bouquet garni* hinzufügen. Salzen Sie nicht, denn die Bouillon sollte bereits salzig genug sein. Wenn die Brust halb gar ist, geben Sie Erbsen und ein bis zwei Salbeiblätter sowie ein kleines Stück Zucker dazu. Knapp vor dem Servieren legieren Sie die Sauce mit vier Dottern.

*Kalbsbrust à la villageoise*

Sie blanchieren* einen Kohlkopf und einige Scheiben mageren Speck, wobei der Kohlkopf und die Speckscheiben separat verschnürt werden. Nun geben Sie eine in kleinere Stücke zerteilte blanchierte Kalbsbrust dazu und kochen alle Zutaten gemeinsam in Suppe, wobei Sie nicht mehr salzen sollten, da der Speck würzig genug ist. Wenn alle Zutaten gar sind, nehmen Sie den Kohl und das Fleisch aus der Suppe, legen sie auf einen Teller, entfetten die Suppe und lassen sie zur Sauce reduzieren. Falls diese zu flüssig bleibt oder zu salzig schmeckt, können Sie dies korrigieren, indem Sie etwas Milch und Zucker beifügen.

*Kalbsschulter in Wurzelwerk*

Sie würzen Speckstifte mit feinem Salz, grobem Pfeffer, sehr fein gewiegter Petersilie, zwei Lorbeerblättern, etwas fein gehacktem Thymian und Quatre-Épices*. Mit diesen Speckstiften spicken Sie eine ausgelöste Kalbsbrust von innen, rollen diese dann längs zusammen, verschnüren sie und legen diese gerollte Kalbsbrust auf folgende Zutaten in einen Schmortopf: Speckscheiben, einige Scheiben Kalbfleisch und die Knochen der ausgelösten Schulter. Die auf den anderen Zutaten liegende Schulter wird mit Speckscheiben bedeckt und mit Zwiebeln, Karotten, Steckrüben, zwei Selleriewurzeln, drei Pastinaken, sechs Topinambur-Knollen und einigen Schwarzwurzeln garniert. Mit grobkörnigem Pfeffer und einem Bouquet garni* würzen, den Topf mit gebuttertem Backpapier zudecken, den Topfdeckel mit Glut belegen und drei Stunden bei mäßiger Ober- und Unterhitze schmoren. Wenn alle Zutaten weich sind, entfernen Sie die Schnüre von der Kalbsbrust, legen diese auf eine ovale Servierplatte, bestreichen das Fleisch mit ▸Glace und legen rundherum die mitgedünsteten Wurzeln auf.

### *Kalbsschulter, bukolisch*

Ein Brief von Voiture an seinen Freund Costar lässt erahnen, wie sehr der Hofdichter Annas von Österreich dieses Gericht liebte

Sie lösen eine Kalbsschulter aus, spicken sie mit magerem Speck und mit Pökelzunge, salzen und pfeffern das Innere der Kalbsbrust und verschnüren die Brust so, dass sie die Form eines Dudelsacks erhält. Legen Sie sie dann mit Speckscheiben, Karotten, Zwiebeln, einem Bouquet garni* und Fleischbrühe in einen Schmortopf und lassen Sie alle Zutaten gar werden. Nun nehmen Sie die Schulter aus dem Schmorfond, lassen sie abtropfen und passieren und entfetten den Fond, um ihn dann zur Demi-Glace* reduzieren zu lassen. In diese legen Sie die Kalbsschulter zurück, begießen sie und geben ihr Unter- und Oberhitze, wobei die Zutaten leise köcheln sollten. Früher servierte man diese Kalbsschulter auf einem Bett von kleinen Sumpfbohnen, die in Obers* und mit Salbei gedünstet wurden.

### *Kalbsschulter-Galantine*

Eine Kalbsschulter auslösen, mit der Häfte des Fleisches und ebenso viel Speck eine ▸Farce zubereiten, das übrige Fleisch ausbreiten, mit einer Schicht der Farce belegen, auf diese große Speckwürfel und gewürfelte Pökelzunge sowie Trüffelwürfel streuen. Darauf wieder eine Lage Farce ausbreiten, auf diese die gleichen Zutaten wie auf die erste Schicht legen und so fort, bis alle Farce verbraucht ist.

Nun rollen Sie die Kalbsschulter über dieser Fülle zusammen, verschnüren sie fest und dünsten sie wie ein ▸ Fricandeau. Den Fond gelieren lassen, die Galantine hübsch auflegen und mit Gelée-Stückchen garnieren.

### *Kalbsbraten*

Spicken Sie Ihren Kalbsbraten mit Speckstiften und braten Sie ihn bei sanftem Feuer sehr lange: Er sollte nicht austrocknen und dennoch ganz durchgebraten sein. Damit der Braten keinen Saft verliert, wenn er am Spieß steckt, drückt man eine rote Schaufel* leicht auf alle Teile der Bratenoberfläche. Dieser Vorgang zieht die Poren zusammen und schließt den Saft im Inneren des Fleisches ein.

Noch besser wird der Braten, wenn man ihn mit einer Marinade aus Öl, Zitronensaft, Anchovis, Salz und Pfeffer übergießt. Wenn das Fleisch gar ist, serviert man es mit der entfetteten Marinade aus der Abtropfwanne.

### *Gebratene Kalbsschulter*

Putzen Sie eine Kalbsschulter, stecken Sie diese auf einen Spieß und servieren Sie sie knusprig braun mit keiner anderen Sauce als dem Bratensaft.

### *Gebratene Kalbskeule*

Sie marinieren eine Kalbskeule zwei Tage lang mit Pfeffer, Salz und aromatischen Kräutern in Weißwein. Spicken Sie die Oberfläche der Keule mit mittleren Speckstiften und stecken Sie die marinierte Keule auf einen Spieß. Sie sollte gut durchgebraten sein, wenn Sie sie mit einer ▸ Sauce ravigote servieren.

### *Kalbskeule à la hollandaise*

Sie nehmen das dickste Stück von der Kalbskeule, lösen den Knochen heraus, spicken das Fleisch mit Pökelzunge, verschnüren den Braten und schmoren ihn mit Speckscheiben, Fleischresten, einem Bouquet garni*, einigen Karotten und Zwiebeln sowie in nicht entfetteter Suppe. Wenn das Fleisch gar ist, passieren und entfetten Sie den Fond, fügen etwas ▸ Coulis hinzu, das Sie zuvor ganz eindicken haben lassen, und reduzieren diese Mischung, bevor Sie etwas Zitronensaft darauf träufeln und das Fleisch darauf betten.

### *Kalbs-Karree* à la ménagère*

Sie spicken ein Kalbs-Karree* mit mittelfettem Speck und schmoren das Fleisch mit Karotten, Zwiebeln und einem Bouquet garni* in Suppe. Wenn das Gericht fertig ist, lassen Sie die Flüssigkeit abtropfen und legen das Karree auf eine ▸ Tomatensauce.

### *Kalbsbries-Fricandeau*

Das Kalbsbries wässern und blanchieren*, die Spitze abschneiden, das Bries mit feinem, gewürztem Speck spicken und in einem guten Schmorfond garen, wobei 45 Minuten ausreichen sollten. Wenn das Bries gar ist, nehmen Sie es aus dem Fond, passieren Letzteren und lassen ihn reduzieren. Wenn er fast ganz eingekocht ist, legen Sie das Bries mit der gespickten Seite nach unten in diese Glace. Bevor Sie das Bries glacieren*, fügen Sie dem eingedickten Schmorfond etwas Karamel oder Zucker hinzu. Das Bries wird auf Champignon- oder ▸ Tomaten-, Kastanien- oder ▸ Sauerampfer-Püree serviert. Sie können es aber auch auf Trüffel-, Gurken-, Endivien- oder Spinatragoût anrichten. Um den am Topfboden haftenden Fond, also die Glace, abzulösen, gießen Sie etwas Bouillon dazu. Mit dieser würzen Sie das Püree, mit dem Sie das Bries servieren wollen.

### *Glaciertes* Kalbsbries*

Sie wässern und blanchieren* mehrere Stück Kalbsbries, spicken die Oberseite mit durchwachsenem Speck, legen das Bries dann in eine Kasserole, zwischen einige Speckscheiben, Fleischreste, eine Kalbsstelze, einige Karotten und Zwiebeln, ein Bouquet garni*, Gewürznelken und ein Lorbeerblatt. Gießen Sie alles mit Suppe auf, die das Bries jedoch nicht vollständig bedecken sollte, decken Sie die Zutaten mit einem Stück gebuttertem Backpapier zu und schmoren Sie alles bei Ober- und Unterhitze eine Stunde lang. Das fertige Bries servieren Sie auf einer Sauce italienne.

### *Kalbsohren mit Champignons*

Die Kalbsohren in einem Schmorfond garen; gut geputzte Champignons in Butter sautieren, mit etwas Fleischbrühe und ebenso viel ▸ Velouté ablöschen und die Sauce reduzieren lassen. Mit Dottern legieren, die Kalbsohren schön anrichten und die Sauce darauf gießen.

### *Kalbshirn im Schweinsnetz*

Sie kochen einige Kalbshirne und halbieren diese dann. Würfeln Sie einige große Zwiebeln und rösten Sie sie mit Muskatpulver, Salz und Pfeffer, einem Lorbeerblatt und etwas Knoblauch in Butter. Wenn die Zwiebelwürfel goldgelb geworden sind, gießen Sie mit etwas ▸ Velouté auf und lassen alles einige Augenblicke heftig kochen. Dann nehmen Sie den Topf vom Feuer, legieren die Zwiebelsauce mit einigen Dottern und legen die gekochten Hirnhälften hi nein. Alles gemeinsam auskühlen lassen, dann ein Stück Hirn nach dem anderen zur Hand nehmen, wobei die Teile auf allen Seiten gut mit der Zwiebelsauce glaciert* sein sollten, und jeden Teil in ein Stück Schweinsnetz wickeln. Im Ofen braun werden lassen und auf einer Tomatensauce servieren.

### *Kalbshirn à la provençale*

Das Hirn wie oben vorbereiten und halbieren, so dass gleichmäßige Teile entstehen. Diese kranzförmig um eine Tellermitte herum auflegen und mit etwas Fleischgelée, einigen Essiggurken und Oliven in einer mit Knoblauch gewürzten Mayonnaise servieren.

### *Gedämpfte Kalbszunge als Hors-d'œuvre*

Eine Kalbszunge wässern, blanchieren* und in kaltes Wasser legen. Dann mit gut gewürztem Speck spicken und mit einem Bouquet garni*, zwei Karotten und zwei Zwiebeln in eine Kasserole legen, wobei eine der Zwiebeln mit zwei Gewürznelken gespickt sein sollte. Mit Fleischbrühe aufgießen und vier Stunden lang auf kleiner Flamme köcheln lassen. Nun häuten Sie die Zunge, legen sie auf eine ▸ pikante Sauce und bestreichen sie mit Glace. Die pikante Sauce kann durch eine ▸ Sauce poivrade oder eine ▸ Sauce ravigote ersetzt werden.

### *Filet mignon à la Bellevue*

Ein Kalbsfilet, also den Lungenbraten, mit durchwachsenen Speckstiften spicken, ein zweites Filet mit schwarzen Trüffeln, ein drittes mit sehr grünen Essiggurkenstreifen und ein viertes mit Pökelzunge. Das mit Speck gespickte Filet in Fleisch- ▸ Glace, die anderen drei in Butter schwenken. Die vier Lungenbraten mit Glace auf eine feuerfeste Platte legen und bei sanfter Hitze im Ofen garen. Wenn das Fleisch weich ist, servieren Sie es auf einem Ragoût à la financière, bei dem Sie weder mit Trüffeln noch mit Hahnenkämmen noch mit Hahnennieren gespart haben sollten. Dies ist eines der feinsten Entrées der modernen Küche.

### *Kalbsgekröse natur*

Die Innereien eine Viertelstunde lang in kochendem Wasser blanchieren*, sie dann herausnehmen und abtropfen lassen. Mit Speckscheiben, Weißwein, etwas Suppe, einer mit Gewürznelken gespickten Zwiebel, Salz und grobkörnigem Pfeffer auf kleiner Flamme dünsten. Wenn alles gar ist, reduzieren Sie den Fond, fügen Essiggurken sowie einen Schuss Essig hinzu und servieren diese Sauce neben dem Hors-d'œuvre.

### *Kalbsgekröse in Curry*

Wie oben garen, dann den Fond reduzieren, etwas Safran und eine gute Messerspitze Curry hinzufügen.

### *Gebackenes Kalbsgekröse*

Wie oben garen, dann die Eingeweide in Stücke schneiden und eine halbe Stunde in einer lauwarmen ▸ Marinade einlegen. Die einzelnen Stücke zusammenrollen, in die Marinade tauchen, auskühlen lassen, dann in eher flüssigen ▸ Backteig tauchen und herausbacken.

### *Mariniertes Kalb als Hors-d'œuvre*

Eine schöne Kalbsnuss im Winter vier Tage lang, im Sommer einen Tag, abhängen lassen. Es sollte nicht zu heiß sein. Die Nuss häuten, Fett und Sehnen entfernen und das Fleisch vierteln. 125 gr trockenes Salz zerstoßen und passieren und damit die Kalbsnuss gut einreiben. Anschließend legen Sie das Fleisch in eine Terrine und geben einige Zwiebelringe, ganze Petersilie, etwas Thymian, Ingwer, eine Knoblauchzehe, ein Dutzend schöne Wacholderbeeren, schwarzen, grobkörnig zerstoßenen Pfeffer sowie drei gewaschene und zerstoßene Anchovis dazu. Alle Zutaten in der Terrine gut vermischen und diese mit einem sauberen Küchentuch bedecken, das Sie mit Schnur befestigen. Nach vier Tagen drehen Sie die Kalbsstücke um und lassen sie weitere vier Tage liegen. Nach dieser Woche lassen Sie alle Flüssigkeit abtropfen und behalten nur ein Drittel des Saftes, den das Fleisch abgegeben hat. Saft, Fleisch und die anderen Zutaten in eine Kasserole geben und mit einer Flasche ausgezeichnetem Weißwein aufgießen. Aufkochen und dann auf kleiner Flamme köcheln lassen. Sie prüfen, ob das Fleisch gar ist, indem Sie mit der Gabel hineinstechen. Wenn es weich ist, nehmen Sie den Topf vom Feuer, legen die Zutaten in die Terrine, in der sie mariniert wurden, und lassen sie dort auskühlen. Nun können Sie das Fleisch in ein Glas oder in einen Tontopf legen und vollständig mit Öl übergießen. Das Gefäß mit Pergament verschließen und das Fleisch wie marinierten Thunfisch weiterverwenden. Große Unternehmen verkaufen diese Zubereitung üblicherweise unter der Bezeichnung »Thunfisch.«.

## KALBSFUSS

Dieser Teil ist reich an Sehnen, Ligamenten und Membranen, die bei langem Kochen in Gelatine verwandelt werden. Aus diesem Grund legt man häufig einen Kalbsfuß in Schmorgerichte, um diese stocken zu lassen; im Übrigen ist dies so ziemlich seine einzige Verwendung.

## KALBSKEULENSCHNITTEN

Es sind Fleischscheiben, die quer zur Faser geschnitten wurden. Die Keulenschnitte ist Teil des fleischigen Abschnitts der Keule, die sich nahe der Wade befindet. Gut zubereitet schmeckt die Kalbskeulenschnitte köstlich.

### *Wie man Kalbskeulenschnitten zubereitet*

Sie nehmen etwas dicker geschnittene Keulenschnitten, spicken sie dicht mit Speck, salzen und pfeffern sie und würzen sie fein. Eine Kasserole mit Speckscheiben auslegen und darauf die Keulenschnitten arrangieren. Zunächst geben Sie dem Ragoût nur mäßige Hitze, so dass das Fleisch schwitzen kann. Nach und nach vergrößern Sie die Flamme und braten die Keulenschnitten beidseitig braun, wobei Sie sie mit etwas Mehl bestäuben. Danach lassen Sie sie in zerlassenem Speck knusprig werden, entfernen dann den Speck und gießen mit etwas Suppe auf. Wenn die Keulenschnitten dunkel genug sind, dünsten Sie sie langsam und fügen etwas Petersilie und Schnittknoblauch* hinzu. Schließlich binden Sie die Sauce mit Dottern und ▸ Kretzer und servieren.

### *Kalbskeulenschnitten mit Schwarte*

Sie spicken die Keulenschnitten, salzen sie und würzen mit grobem Pfeffer, Petersilie, Schnittknoblauch*, Schalotten und einer kleinen

Knoblauchzehe, alles fein gehackt. Nun schneiden Sie frische Speckschwarten in Stücke, legen den Boden einer Terrine mit Kalbskeulenschnitten aus, breiten darauf eine Schicht Speckschwarte aus und setzen dies abwechselnd fort, bis die Terrine voll ist. Fügen Sie ein halbes Glas Wasser und ebenso viel Branntwein hinzu und garen Sie das Fleisch auf heißer Asche vier bis fünf Stunden lang. Sie servieren das Gericht wie ein Bœuf à la mode.

### *Gehackte Kalbskeulenschnitten*

Sie hacken das Fleisch mit Speck fein, nachdem Sie die Haut entfernt haben. Champignons, Petersilie, entrindetes Weißbrot, zwei hart gekochte Eier sowie zwei rohe Dotter hinzufügen und die Masse in eine Tortenform geben, die Sie vorher sorgfältig mit Speckscheiben belegt haben. Die Zutaten auf der Glut backen. Da sich eine Kruste bilden wird, sollte vorher ein Loch angebracht werden, damit der Dampf abziehen kann. Wenn die Masse gebacken ist, übergießen Sie sie mit Keulensaft, ▸ Kretzer und einem Dotter.

## KÄNGURUH

Die Känguruhs stammen aus Neu-Holland und den umliegenden Inseln. Wild lebend fressen sie hauptsächlich Früchte, gezähmt sind sie leicht zu ernähren, entschließen sich alles zu fressen, was man ihnen vorsetzt, und trinken sogar, sagt man, Wein und Schnaps.

Unter allen Säugetieren ist das Känguruh unwidersprochen eines der nützlichsten und würde sich, ob wild oder zahm, in Europa sehr leicht vermehren. Tatsächlich braucht das Känguruh in einer neuen Umgebung, wie etliche Erfahrungen schon bewiesen haben, kaum Pflege. Dies gilt vor allem für die großen Arten, die im Süden Neu-Hollands und der Insel Van Diemen leben. Das Klima dieser Provinzen kann, wenn auch gewöhnlich sehr temperiert, sehr kalt werden und das dichte, warme Fell der Känguruhs würde ihnen erlauben, die härtesten französischen Winter ohne großes Leid zu überstehen.

Känguruh-Fleisch ist ausgezeichnet, vor allem, wenn das Tier wild gelebt hat, und das schnelle Wachstum dieser Tiere, gepaart mit ihrer Körpergröße, erzeugt rasch eine beträchtliche Menge Fleisch. Außerdem bringt ihr eigenartiger Körperbau, der ihren Hinterbeinen wesentlich mehr Volumen gibt als den vorderen, besonders gutes Fleisch hervor, das dem der Kuh oder des Schafes vorzuziehen ist, weil es zarter als das Erstere und reichlicher und nahrhafter als das Zweitere ist.

Die am meisten geschätzten Teile sind wie bei den anderen Säugetieren die, welche man Filet nennt, beim Känguruh außerdem dicker und stärker als bei irgendeinem anderen Wild, bei dem der Lendenmuskel nur bis zu den Lenden reicht, während er sich beim Känguruh bis zur Mitte des Rückens ausdehnt, was diesen vom Konsumenten so geschätzten Teil erheblich vergrößert.

Das Tier ist scheu, sanft und überhaupt nicht zerstörerisch veranlagt, wie von einigen Autoren behauptet wurde. Man kann es mit dem Hasen vergleichen. Es ist leicht zu füttern und diejenigen, welche man in Madrid hält, erhalten im Winter Gerste, Hafer und trockenes Heu und grasen, wenn die Jahreszeit danach ist. So füttert man auch säugende Ziegen. Das Känguruh wird zwischen 10 und 12 Jahre alt. Im letzten Lebensabschnitt erblindet es oft am grauen Star und diese unglücklichen Tiere stürzen sich oft, weil sie ihren Weg nicht mehr finden, gegen die Mauern ihrer Gehege und finden so ihren Tod.

Aus dem äußerst muskulösen und kräftigen Känguruh-Schwanz macht man eine Suppe, die jede andere an Güte und Geschmack übertrifft.

Känguruh-Fleisch wird wie Wildkaninchen zubereitet, dem es auch gleicht, wenn es auch aromatischer schmeckt, was wahrscheinlich an den fast immer duftenden Pflanzen liegen mag, von denen es sich ernährt.

### *Sautierte Känguruh-Filets*

Schneiden Sie die beiden Filets heraus, putzen und würzen Sie sie und legen Sie sie auf zerlassene Butter in eine flache Pfanne. Sie bereiten mit den Knochen und Abfällen des Tieres etwas Jus zu, passieren diesen, schöpfen das Fett ab und gießen ihn mit vier Esslöffeln Essig in eine Kasserole. Fügen Sie ein Bouquet garni* hinzu und reduzieren Sie den Saft auf eine Demi-Glace*, so dass Sie eine leichte Sauce erhalten, die einige Minuten auf großer Flamme kochen soll, bevor Sie zwei Esslöffel Ribisel*-Gelée und ein Stück Zitronen-Zeste* hinzufügen. Zehn Minuten später kommt noch eine Hand voll in warmem Wasser eingelegte Korinthen dazu. Alles etwa eine Stunde dünsten lassen, die Filets knapp vor dem Servieren pochieren, abtropfen, anrichten und mit der Sauce maskieren*.

So erhalten sie ein seltenes und köstliches Gericht.

## KANINCHEN

Ursprünglich kommt das Kaninchen aus Afrika, von wo er nach Spanien und dann nach Frankreich gelangte. Plinius und Varro erzählen, dass die beträchtliche Anzahl Kaninchen, die unter der spanischen Stadt Tarragona ihren Bau gegraben hatten, fünfundzwanzig bis dreißig Häuser zum Einsturz brachten. Baziluzzo, eine der Liparischen Inseln, verlor wegen der großen Zahl dieser Tiere alle ihre Ernten und erlitt eine Hungersnot. In den südlichen Provinzen Frankreichs waren sie so zahlreich, dass Beaujeu von einem provençalischen Adeligen zu berichten weiß, der 1551, als er sich mit zwei Vasallen und drei Hunden auf Kaninchenjagd begab, am Abend mit sechshundert erbeuteten Tieren heimging. Beaujeu erzählt weiter, dass es auf den Inseln bei Arles so viele davon gibt, dass ein Jäger, der nicht täglich hundert schießt, unzufrieden zurückkommt. Das Kaninchen wurde als Symbol für Fruchtbarkeit betrachtet, denn die seine ist außergewöhnlich; so errechnete man, dass ein Weibchen jährlich acht- bis neunhundert Junge werfen kann. Sie tragen dreißig oder einunddreißig Tage und versorgen die Hutmacher jedes Jahr mit fünfzehn bis zwanzig Millionen Häuten. Kaninchen isst man am besten im Winter, und zwar weder zu jung noch zu alt. Um das ausgewachsene Kaninchen vom Jungen zu unterscheiden, tastet man von außen die Vorderläufe oberhalb des Gelenks ab. Wenn dort eine linsengroße Erhebung zu spüren ist, hat man es mit einem sehr jungen Tier zu tun. Die Wildkaninchen aus der ▸ Garenne erkennt man an ihrem roten Fell auf den Pfoten und unter dem Schwanz. Es kommt vor, dass man zahmen Kaninchen diese Farbe gibt, indem man sie am Feuer versengt. Dieser Schwindel lässt sich leicht aufdecken, wenn man am Kaninchen riecht oder, wenn es gefärbt wurde, indem man diese Körperteile wäscht. Was die Bekömmlichkeit anbelangt, kommt das Fleisch eines jungen Kaninchens gleich nach nicht zu fettem Geflügel und noch vor dem überfetteten.

### *Kaninchen-Gibelotte nach früherer Art*

Man tranchiert ein Kaninchen und schneidet einen Aal in Scheiben, bereitet einen ▸ Roux zu und, sobald er die Farbe schönen Milchkaffees erreicht hat, schwenkt man darin das Kaninchen und den Aal. Dann gibt man Pilze und kleine Zwiebeln dazu und wenn alles gut angeröstet ist, löscht man es mit einem Drittel Weißwein und zwei Dritteln Suppe ab. Mit Salz, Pfeffer, Petersilie, Schnittknoblauch* und Thymian würzen, den Aal und die Zwiebeln herausnehmen und alles andere bei großer Hitze garen. Wenn der Fond auf ein Drittel reduziert ist, legt man Aal und Zwiebeln wieder dazu, lässt alles fertig köcheln, schöpft das Fett ab und serviert.

### *Sautierte Filets vom jungen Kaninchen*

Nehmen Sie zwei junge Kaninchen, ziehen Sie diesen die Haut ab und schneiden Sie die Filets heraus. Sie nehmen alles Fleisch und die Keulen, entfernen aber die Filets mignons und die Nieren. Putzen Sie das Fleisch und schneiden Sie Sehnen und Häute weg. Dann zerteilen Sie dieses Fleisch in kleine, gleich dicke Scheiben, die Sie mit dem nassen Messerrücken plätten. In einer Sautierpfanne wird Butter zerlassen, die Filetscheiben werden eine nach der anderen hineingelegt, leicht gesalzen und mit grobem Pfeffer bestreut. Etwas zerlassene Butter darüber gießen, mit Papier abdecken und bis zum Servieren verschlossen halten. Die Kaninchen-Karkassen zerteilen, in einen kleinen Kochtopf legen, eine Karotte, zwei Zwiebeln, von denen eine mit einer Gewürznelke gespickt worden ist, einen Strauß Petersilie und Schnittknoblauch*, ein Lorbeerblatt, eine Scheibe Schinken und ein paar Fleisch-Abschnitzel vom Kalb dazulegen. Übergießen Sie alles mit Fleischbrühe und lassen Sie es kochen, schöpfen Sie den Schaum ab und lassen Sie alles etwa eine Stunde weiter köcheln. Die Suppe nun entfetten, durch ein feines Sieb streichen und dann auf drei Viertel ihrer Menge reduzieren. Fügen Sie zwei große Löffel reduzierte ▸ Espagnole dazu und erhitzen Sie die Sauce nochmals, so dass sie zur Demi-Glace* einkocht, wobei Sie ständig umrühren müssen. Knapp vor dem Servieren sautieren Sie die Filets, so dass diese auf beiden Seiten knusprig werden, lassen die Butter abtropfen und bewahren den Saft auf. Nun legen Sie die Filets in die Sauce, schwenken sie darin, richten sie auf dem Servierteller an und schicken das Gericht zu Tisch.
Wenn die Jahreszeit danach ist, können Sie Trüffeln in runde Scheiben schneiden, in Butter anrösten, abtropfen lassen und mit den Filets knapp vor dem Servieren sautieren.

### *Junge Kaninchen mit Erbsen*

Bereiten Sie einen leichten ▸ Roux zu und tranchieren Sie Ihre Kaninchen. Wenn der Roux golden ist, schwenken Sie das Fleisch darin, fügen einige Schinkenwürfel dazu und löschen alles mit Suppe ab. Der Roux sollte schön glatt und ohne Klumpen sein. Nun kommen ein Strauß Petersilie und Schnittknoblauch* mit einer Gewürznelke, ein Lorbeerblatt und eine halbe Knoblauchzehe dazu. Wenn das Kaninchen kocht, geben Sie einen Liter Erbsen dazu und lassen alles zusammen gar werden, wobei Sie gut salzen sollten. Ist das Ragoût gut reduziert, nehmen Sie das Kräuter-Bouquet heraus und servieren.

### *Rouladen vom jungen Kaninchen mit Pistazien*

Putzen Sie zwei junge Kaninchen und nehmen Sie sie aus, aber behalten Sie die Leber. Entfernen Sie die Knochen ohne die Haut einzuschneiden. Auf die so vorbereiteten Kaninchen wird nun eine Farce aus der Leber, mit Hühnerbrust, Fett, blanchiertem* Speck, Petersilie, Schnittknoblauch*, Pilzen, einer Knoblauchzehe, Salz, Pfeffer, Muskat und Eidottern als Bindemittel gestrichen. Alles soll gut miteinander zerstoßen und vermischt sowie gut gewürzt sein. Tragen Sie diese Farce überall gleichmäßig auf und binden Sie sie mit Hilfe des in Eidotter getunkten Messers. Sie rollen die Kaninchen ein, umwickeln sie mit Speckscheiben und einem Tuch, verschnüren sie und schmoren sie im Topf. Dann wickeln Sie sie aus, lassen das Fett abtropfen und servieren sie mit einer guten ▸ Essenz aus Pistazien.

### *Gespickte und glacierte* Filets vom Kaninchen*

Man schneidet aus sechs jungen Kaninchen Filetstücke heraus, putzt diese, entfernt Haut und Sehnen, spickt die sechs größten Filets mit feinst gewürfeltem Speck und schneidet die anderen sechs ein paar Mal ein. Nun formt man Trüffeln zu runden Scheiben, die man schließlich hahnenkammartig zurechtschnitzt, wobei sie so dick sein sollten wie eine Zwei-Francs-Münze. Die Trüffeln werden in die Einschnitte der kleineren Filets gesteckt. Diese werden nun in einer Sautier-Pfanne arrangiert, in der zuvor etwas Butter zerlassen wurde. Die Filets können zu beliebigen Formen zurechtgeschnitten und -gelegt werden, werden dann gesalzen, mit zerlassener Butter beträufelt und knapp vor dem Servieren mit Unter- und Oberhitze gebraten. Durch Fingerdruck erfährt man, ob sie fertig sind, wenn ja, gibt man als Sauce einen reduzierten Kraftfond dazu und serviert.

### *Kaninchen in der Kasserole*

Tranchieren Sie Ihre Kaninchen in vier Teile, behalten Sie die Leber und spicken Sie die Teile mit gewürztem weißen Speck und mit Schinkenwürfeln. Legen Sie eine Kasserole mit Speckscheiben und Kalbsschnitzeln aus, würzen Sie diese mit Salz, Pfeffer, Fines Herbes*, Fines Épices*, Zwiebeln, Schnittknoblauch*, Petersilie und le-

gen Sie Karotten und Pastinaken dazu. Die Kaninchen-Teile darauf arrangieren, nachdem Sie sie auf allen Seiten gewürzt haben, und bei Ober- und Unterhitze garen.
Mit je einem Stück vom Kalb und vom Schinken, die Sie in Scheiben aufschneiden, bereiten Sie ein ▸ Coulis zu. Die Scheiben werden geklopft, in eine Kasserole gelegt, eine Zwiebel, ein Stück Karotte und ein paar Pastinaken-Scheiben dazugeben, die Kasserole zudecken und alles auf kleinem Feuer schwitzen lassen. Wenn es sich anzulegen beginnt, geben Sie etwas zerlassenen Speck sowie etwas Mehl dazu und rühren gut um, bevor Sie halb mit ▸ Jus und halb mit Suppe ablöschen. Nun würzen Sie mit Pilzen, Trüffeln, Schnittknoblauch im Ganzen, Petersilie sowie drei bis vier Gewürznelken, fügen einige Brotkrusten hinzu und lassen alles ziehen.
Nehmen Sie die Kaninchen-Leber und zerstoßen Sie diese im Mörser, verrühren Sie sie mit etwas von Ihrem Coulis und gießen Sie diese Mischung dann in den Topf zurück. Das Coulis leicht erhitzen, dann durch ein Seihtuch passieren und in eine andere Kasserole gießen.
Wenn das Fleisch gar ist, legen Sie es in das Coulis, lassen es darin ziehen, arrangieren es dann auf der Servierplatte, übergießen es mit dem Coulis und servieren heiß als Entrée.

### *Hâchis vom jungen Kaninchen auf portugiesische Art*

Man nimmt drei junge Kaninchen, brät sie am Spieß und nimmt das Fleisch von den Knochen. Haut und Sehnen werden entfernt. Das Fleisch wird nun fein gehackt und in einer Schüssel beiseite gestellt. Die Karkassen werden zerkleinert und mit fünf großen Löffeln reduzierter ▸ Espagnole, zwei Löffeln Suppe und einem Glas Champagner in eine Kasserole getan, alles wird gemeinsam gegart, dann durch ein Seihtuch getrieben und nochmals aufs Feuer gestellt, um es zur Demi-Glace* zu reduzieren. Das Fleisch in diese Sauce legen und groben Pfeffer sowie ein Stück Butter dazugeben. Alles gut binden lassen, ohne es aufkochen zu lassen. Nun kann man das Hâchis auf einen Teller legen und rundherum mit Röstbrotscheiben garnieren. Auf dem Fleisch verteilt man acht bis neun pochierte und glacierte* Eier, wobei zwischen den Eiern immer etwas Hâchis sichtbar bleiben sollte, das mit dem Fond begossen wird. Man kann auch getrüffelte, gespickte sautierte Filets mignons zwischen die Eier stecken.

### *Kaninchen-Brezole*

Bereiten Sie zwei große Jungkaninchen vor und tranchieren Sie sie jeweils in vier Teile. Dann heben Sie das Fleisch von den Knochen, legen es beiseite und bewahren die Haut auf. Mit dem Fleisch bereiten Sie eine Farce vor, in die weiters die Leber, Rinder- und Kälberschmalz sowie zerlassener Speck kommen. Mit Salz, Pfeffer, Fines Herbes*, Fines Épices*, fein gehackten Kapern, alles gemeinsam im Mörser zerstoßen, würzen und mit zwei bis drei Eidottern binden. Sie breiten die Kaninchen-Haut auf dem Tisch aus und verteilen die Farce darauf, rollen die Häute und verschnüren sie. Garnieren Sie eine Kasserole mit Rindfleisch- und Speckscheiben und fügen Sie Salz, Pfeffer und Fines Herbes sowie Fines Épices hinzu. Die Brezole-Röllchen werden auf dieses Bett gelegt und wie oben gewürzt, wobei noch ein Bouquet garni*, einige Karotten, Pastinaken, Zwiebeln, Lorbeer und Koriander dazukommen. Mit zwei Löffeln Suppe begießen, die Kasserole zudecken und auf kleinem Feuer schmoren lassen. Wenn die Brezoles gar sind, lassen Sie die Flüssigkeit in eine andere Kasserole abtropfen, fügen dort etwas Schinken- ▸ Essenz sowie einige fein gehackte, leicht gedünstete Mai-Schwämme hinzu, legen dann die Brezoles in diesen Fond, ohne sie zu sehr zu bewegen, lassen diesen Fond einkochen, gießen mit etwas ▸ Jus auf, richten alles an und servieren das Gericht mit einer Schalotte und einem Zitronensaft als Entrée.

### *Junge Kaninchen als Fricassée*

Man nimmt zwei sehr zarte junge Kaninchen und zerteilt sie, wischt das Blut ab, legt sie mit Wasser, einigen Zwiebelringen, einem Lorbeerblatt, ganzen Petersilienzweigen, einigen Blättern Schnittknoblauch* und etwas Salz in eine Kasserole. Nach dem ersten Aufwallen lässt man sie abtropfen, wischt sie ab und putzt sie nochmals. Nun legt man sie mit Butter in eine andere Kasserole, wo sie sautiert und dann leicht mit Mehl bestäubt werden. Mit dem ersten Kochwasser ablöschen und gut umrühren, damit das Mehl keine Klumpen bildet. Aufkochen lassen und Champignons, Mai-Schwämme und Morcheln hinzufügen. Die Sauce gut einkochen lassen und, wenn das Ragoût die richtige Konsistenz hat, mit vier Eidottern binden, die man entweder mit etwas Milch oder mit Obers* oder mit etwas kalter Sauce verquirlt hat. Zuletzt träufelt man Zitronensaft, etwas ▸ Kretzer oder weißen Essig darüber und serviert.

*Gratin vom Jungkaninchen*

Ein junges Kaninchen vorbereiten und tranchieren. Eine Kasserole mit Kalbfleisch, Speckscheiben und fünf bis sechs gleich großen Schinkenscheiben auslegen. Die Kaninchen-Teile darauf legen, kaum salzen, mit Speckscheiben bedecken und schmoren, nachdem man mit einem Bouquet garni*, einigen Gewürznelken, Basilikum und Lorbeer gewürzt hat.

Die Kaninchenleber mit Petersilie, Schnittknoblauch* sowie Champignons fein hacken und mit zwei Dottern binden. Geriebenen Speck, Salz und Pfeffer dazugeben und etwas von dieser Mischung auf sehr kleinem Feuer gratinieren, dann abtropfen lassen. Wenn das Fleisch gar ist, entnimmt man es gemeinsam mit dem Schinken der Kasserole, schöpft von der Sauce das Fett ab, gießt mit etwas ▸ Coulis und ▸ Jus auf und lässt alles einmal aufwallen. Nochmals Fett abschöpfen und dann durch ein feines Sieb streichen. Die Kaninchen-Teile auf die Farce legen, wobei zwischen je zwei Stücke eine Scheibe Schinken gelegt wird, den Teller leicht erhitzen, mit der Sauce übergießen und heiß servieren.

*Jung-Kaninchen-Timbale*

Zwei junge Kaninchen werden tranchiert und mit Salz, Pfeffer, fein gewiegten Kräutern, Schnittknoblauch*, Champignons und Trüffeln, feinen Gewürzen und Lorbeer in eine Kasserole gelegt. Alles gut vermischen und mit einem Glas Weißwein sowie zwei großen Löffeln ▸ Espagnole übergießen. Köcheln lassen und, wenn das Fleisch gar ist, auskühlen lassen. Das Lorbeerblatt herausnehmen, eine Kasserole mit Butter bestreichen und mit kleinen Teigröllchen von der Mitte her schneckenförmig bis zu den Rändern auslegen. Dann knetet man ein Stück weiteren Teig, walkt ihn bis auf die Dicke eines Fünf-Francs-Stücks aus, faltet ihn zwei Mal, bepinselt die Teigröllchen mit etwas Wasser, legt den gefalteten Teig darauf und drückt ihn leicht fest, so dass zwischen den Röllchen und der Teigplatte keine Zwischenräume bleiben. Etwas ▸ Godiveau in Mehl wälzen, kleine Würste daraus formen und diese als Kranz auf den Teig legen, bis fast der Rand der Kasserole erreicht wird, wobei die Mitte frei bleibt. Dorthin legt man das Kaninchenfleisch mit einigen tournierten* und in Butter angebratenen Champignons. Um den Topf zu verschließen, wird eine zweite Teigschicht zubereitet, deren Ränder man benetzt, um die Timbale gut abdichten zu kön-

nen. Diese sollte etwa eineinhalb Stunden im Ofen backen. Wenn sie schön braun geworden ist und man sie servieren möchte, stürzt man sie auf einen Teller, schneidet aus dem Teigdeckel ein Loch heraus, gießt eine gute, reduzierte ▸ Espagnole in die Öffnung und serviert.
Wenn man keine Zeit hat, die Teigröllchen zuzubereiten, buttert man die Kasserole, streut Suppennudeln darauf, legt den Teigdeckel darüber und verfährt ansonsten wie oben beschrieben.

### *Kaninchen-Salat*

Braten Sie ein oder zwei junge Kaninchen am Spieß, tranchieren Sie sie dann, putzen Sie sie, legen Sie sie auf einen Teller, dekorieren Sie sie mit Anchovis-Filets, geviertelten hart gekochten Eiern, wenn die Jahreszeit es erlaubt, mit Rüben, Salatherzen, Kapern, kleinen gedünsteten Zwiebeln, Salatkräutern und stellen Sie neben das Gericht einen Ölspender auf den Tisch.

### *Kaninchen-Keulen à la Mailly*

Man nimmt die Keulen zweier großer junger Kaninchen und höhlt sie so weit wie möglich aus, ohne sie zu zerreißen. Dann schneidet man die Filets aus den Kaninchen heraus und würfelt sie, um sie mit Petersilie, Schnittknoblauch*, Pilzen, Salz und grobem Pfeffer zu vermischen. Mit dieser Farce werden die Keulen gefüllt und dann gut zugenäht. Eine Kasserole mit Kalbfleisch und Speckscheiben auslegen, darauf die Keulen legen und diese wiederum mit Speckscheiben bedecken. Salz, groben Pfeffer, ein Bouquet garni* und die Knochen der Kaninchen hinzufügen. Mit Suppe sowie einem Glas Champagner aufgießen und auf kleinem Feuer köcheln lassen.
Wenn die Keulen gar sind, arrangiert man sie auf einem Servierteller, streicht den Fond durch ein Sieb, schöpft das Fett ab, rührt einen Löffel ▸ Coulis hinein und serviert.

### *Kaninchen in seinem Fell gegart*

(nach Monsieur Vuillemot vom Restaurant Tête-Noire)

Nehmen Sie ein Wildkaninchen, das mit der Schlinge gefangen wurde, so dass die Haut nicht durchlöchert ist. Bringen Sie einen kleinen Einschnitt am Unterbauch und einen ebensolchen an der Haut an. Ziehen Sie diese auseinander und entfernen Sie mit dem Finger so vorsichtig wie möglich die Därme und die Leber, ohne sie aufplatzen zu lassen. Nun bereiten Sie aus Trüffeln und Champig-

nons eine feine Farce zu, die Sie statt der Eingeweide in das Kaninchen füllen, und heben die Haut leicht an, so dass zwischen ihr und dem Fleisch etwas Luft bleibt. Das Fleisch wird zugenäht, dann zwischen Haut und Fleisch ein Esslöffel Olivenöl gestrichen und nun auch die Haut mit dem Fell zugenäht. Wenn dies alles vollbracht ist, wird das Kaninchen sechs Stunden lang an den Füßen und danach weitere sechs Stunden am Kopf aufgehängt. Dann steckt man es vorsichtig auf einen Spieß und brät es auf großem Feuer, ohne es zu begießen; bürsten Sie nur von Zeit zu Zeit sein Fell mit einer Unkrautbürste ab. Nun nehmen Sie das Kaninchen vom Spieß und häuten es, wobei sich das Fell sehr leicht abschälen lassen sollte, wenn man darauf bläst. Arrangieren Sie das Kaninchen auf einer Platte und servieren Sie es mit einer guten ▸ Sauce Périgueux.
Achten Sie darauf, dass die Vorderpfoten mit den Schultern verbunden bleiben.

## KAPAUN

Es waren die Einwohner von Kos, die den Römern die Kunst des Geflügelmästens beibrachten. Als die Hühner in den dunklen und engen Gässchen Roms überhand nahmen, sah sich der Konsul Caius Fanius gezwungen, ein Gesetz zu erlassen, welches das Halten von Hühnern auf der Straße verbot. Was aber taten die Römer, um dieses Verbot zu umgehen? Sie lernten, Hähne zu kastrieren, die sie wie Hühner aufzogen. So verdanken wir die Einführung des Kapauns auf unseren modernen Speisezetteln der Tatsache, dass man den Römern verbot, Poularden zu essen.

### *Kapaun mit Trüffeln*

Dieses Rezept genießt die Zustimmung des hervorragenden Vuillemot.

Man nimmt einen Kapaun vom Kropf her aus, sengt den Flaum ab und putzt den Vogel sorgfältig.

Dann schält man etwa 1 kg schöne Trüffeln und wiegt einige davon fein, würfelt und zerstampft etwa 500 gr fetten weißen Speck, gibt diesen in eine Kasserole, fügt die Trüffeln, Salz, Pfeffer, etwas geriebene Muskatnuss und Fines Épices* dazu und lässt alles etwa eine halbe Stunde lang köcheln. Abkühlen lassen und damit den Kapaun stopfen. Das Hinterteil zunähen, die Füße an den Körper binden und das Tier, wenn möglich, zwei bis drei Tage lang aufbewahren. Dann belegt man den Kapaun mit Speckscheiben und steckt ihn auf einen Spieß, nachdem man ihn in Papier gewickelt hat. Etwa eineinhalb Stunden lang braten, auspacken, die Speckscheiben entfernen und auf einer ▸ Trüffelsauce servieren.

### *Kapaunenpilaw*

Nachdem man die Füße des Kapauns jeweils in einen Einschnitt auf jeder Seite des Körpers gesteckt hat, bindet man ihn zusammen. Eine Kasserole wird mit etwas guter Suppe versehen, der Kapaun hineingelegt und mit einer Speckscheibe bedeckt. Wenn er zu drei Vierteln gar ist, fügt man 250 gr gut gewaschenen Reis hinzu; kleben die Reiskörner aneinander, zieht man den Kapaun heraus, lässt ihn abtropfen, richtet ihn auf einem Teller an und garniert ihn rundherum mit dem Reis, den man mit Safran und Piment verfeinert hat.

### *Kapaunen-Curry à l'indienne*

(nach Verdier, Maison d'Or)

Einen oder mehrere junge Kapaunen tranchieren und zwanzig Minuten lang in Wasser legen, dann in einem Tuch gut abtrocknen, würzen, einige Zwiebeln fein hacken und eine Kasserole gut buttern. Die Kapaunenteile mit einem Bouquet garni* hineinlegen und fünfzehn Minuten lang schwitzen lassen, bis die Flüssigkeit vollkommen eingekocht ist, wobei man dafür Sorge tragen sollte, dass der Vogel nicht zu dunkel gerät. Danach kommen die vorbereiteten fein gehackten Zwiebeln hinzu. Auf kleinem Feuer braten, ohne dass das Tier Farbe annimmt, Fett abtropfen lassen und einige Löffel ▸ Sauce suprême oder Geflügel- ▸ Velouté dazugeben. Falls Sie beides nicht haben, können Sie nach folgendem Rezept eine eigene Sauce zubereiten: Während der Kapaun und die Zwiebeln anbraten, geben Sie einige Löffel Mehl und gute Suppe dazu, wobei die Sauce nicht zu dick geraten sollte. Dann lassen Sie alles zwanzig Minuten oder länger köcheln, je nach Zartheit des Vogels. Wenn er gar ist, lösen Sie in einem Glas einige Löffel indisches Curry-Pulver in kalter Suppe oder in Wasser auf, gießen diese Lösung in Ihr Fricassée und lassen es noch etwas köcheln, damit die Sauce den Kapaunengeschmack gut annehmen kann. Sie nehmen nun die Geflügelteile heraus, seihen die Sauce durch ein Tuch und lassen sie dann zur Konsistenz einer guten ▸ Sauce allemande einkochen. Nun kommt ein schönes Stück Butter dazu, um den bitteren Geschmack etwas zu mildern. Passieren Sie die Sauce nach dem Abschmecken noch einmal und richten Sie alles auf einem großen Entrée-Teller an.

Während all dieser Vorkehrungen lässt man 500 gr Reis aus Carolina in viel Salzwasser kochen. Er muss ohne Unterbrechung zehn bis fünfzehn Minuten lang sprudeln. Dann abtropfen lassen; in eine Schüssel ein Stück feine Butter legen, den Reis darin schwenken und bei moderater Hitze im Ofen oder über der Flamme trocknen lassen, so dass der Reis alle Flüssigkeit abgibt und schwillt. Nach diesen Vorkehrungen sollte jedes Korn sich einzeln ablösen. Nun kann man ihn mit der in einem anderen Gefäß sich befindenden Curry-Sauce servieren. Wenn es Ihnen gefällt, können Sie den Reis auch in haselnussbraun angebratener Butter schwenken.

## KAPERN

Knospen oder Blüten, die auf den äußersten Spitzen des aus Asien stammenden Kapernbusches wachsen. Wenn diese Knospen eine gewisse Größe erreicht haben, pflückt man sie und legt sie in Salz und Wasser ein. Kapern enthalten eine Menge Salz und etwas Öl, sie sind in kalten Jahreszeiten bekömmlich für alte Menschen und solche mit einem phlegmatischen oder melancholischen Gemüt.
Richtig eingelegte Kapern verwendet man in Ragoûts, um den Appetit anzuregen, weniger als Nährstoff. Nach ihnen wird eine Sauce benannt, die nichts weiter ist als eine ▸ weiße Sauce, in der die Kapern den Essig oder ▸ Kretzer ersetzen.

## KAPUZINERKRESSE

Wilde Endivie, deren Blätter man als Salat isst. Kapuzinerkresse ist einer der gesuchtesten Salate, sehr gesund und sehr nahrhaft, vielleicht der beste von allen, wenngleich etwas bitter. Es ist der einzige Salat, den Ärzte genesenden Kranken manchmal erlauben.
Meist isst man ihn mit Rübenscheiben und mit Salz, Pfeffer, Öl und Essig, aber ohne Kräuter.

## KARAMEL

Gebrannter Zucker: Man nimmt Kristall- oder Cassonaden-Zucker, erhitzt ihn ohne Wasser, rührt, nimmt ihn vom Feuer, wenn er braun ist, und löst ihn dann in Wasser auf.

## KARDONEN

Es gibt zwei Arten von Kardonen: die spanische, sehr stachelige, die man jedoch wegen ihrer dicken, fleischigen Blätter höher schätzt als die zweite, die gewöhnliche Kardone. Diese trägt weniger Stacheln und ähnelt der gemeinen Artischocke.

### *Spanische Kardonen mit Rindermark*

Sie schneiden die Blätter von ein bis zwei Kardonen nahe am Fuß ab; nehmen Sie die weißen und vollen Blätter, nicht die hohlen. Die Blätter putzen, blanchieren und in kaltem Wasser abschrecken. In der Kasserole mit einem ▸ Blanc übergießen, den Sie mit Zitronensaft gewürzt haben. Die Kasserole auf eine größere Flamme stellen und alles einmal aufkochen lassen, dann den Topf mit gebuttertem Backpapier zudecken und das Gericht drei bis vier Stunden lang auf kleiner Flamme köcheln lassen. Die fertig gegarten Kardonen abtropfen lassen und in einer zweiten Kasserole mit Fleischbrühe übergießen, die bis zur ▸ Glace einkochen sollte. Nun können die Kardonen mit einer reduzierten ▸ Espagnole sowie mit geröstetem und mit Rindermark bestrichenem Brot serviert werden.

### *Kardonen mit Parmesan*

Sie legen die Kardonen auf ein Parmesan-Bett, bestreuen sie auch mit Parmesan, übergießen alles mit zerlassener Butter und geben dem Gericht im Ofen Farbe.

### *Kardonen mit Schinken- ▸ Coulis*

Die Kardonen zunächst, wie im ersten Rezept, in einem ▸ Blanc kochen, dann in Fleischbrühe weiterköcheln lassen, bis die Suppe zur ▸ Glace reduziert ist. Die gegarten Kardonen mit einer Schinken- ▸ Essenz übergießen, in welche Sie auch zwei Eier verquirlt haben.

### *Kardonen-Ragoût*

Sie putzen Kardonen und kochen sie in Wasser mit Mehl, Butter und Salz; sind sie gar, dann bereiten Sie folgende Sauce zu:
In eine Kasserole kommen ein Stück frische Butter, eine Messerspitze Mehl, Salz, Pfeffer sowie etwas Muskatnuss. Mit etwas Essig und Wasser aufgießen und für Fastentage mit einem halben Schöpflöffel Krebs- ▸ Coulis, für Festtage mit etwas Kalbs- oder Schinken-Coulis verfeinern. Die Kardonen abtropfen lassen und zur Sauce legen, immer wieder umrühren, bis alle Zutaten gut miteinander vermischt und gebunden sind, schön anrichten und servieren.

## KARI

Eine Mischung, die aus Indien zu uns gelangt ist. Man verwendet sie meist für Kalbsbrustschnitten, Hühner-Ragoûts, die Keulen von Wildkaninchen und Aal-Scheiben. Man muss alle diese Gerichte unbedingt mit Reis auf indische Art, also im Dampf gekochtem Reis, servieren.

Fertiges Kari findet man bei verschiedenen Gewürzhändlern; wenn Sie aber Ihr eigenes Kari zubereiten wollen, schlage ich Ihnen folgendes Rezept aus dem »Indian's Cook« vor:

> Kari-Pulver muss aus vier Unzen* schärfstem Chili bestehen (eine Sorte, die kleiner als eine Olive ist und in den Tropen wächst; sie ist wesentlich schärfer als der Cayenne-Pfeffer oder die rote Pfefferschote unserer Breiten), drei Unzen Kurkuma oder »terra merita« aus Indien, einer halben Unze schwarzem Pfeffer, einer guten Prise Muskat und einem Hauch Ingwer. Besagte Substanzen werden im Marmormörser mit einem Metallstößel zu sehr feinem Pulver zermahlen.
>
> Das Gewürz wird in ein Ragoût aus Pilzen, Artischockenböden, zerkleinerten Trüffeln, Nockerln*, hart gekochtem Eidotter, Scheiben vom Kalbsbries, Hahnenkämmen und -nieren gemischt, sowie Lammhirn und -bries, wenn die Jahreszeit danach ist, was auch für dic Trüffeln gilt.

### *Indisches Kari*

Man nimmt ein schönes Huhn und zerteilt es wie für ein Fricassée. Fleischreste, welche man weggeschnitten hat, kommen in eine Kasserole, gemeinsam mit allen zur Verfügung stehenden Fleischrändern, die beim Putzen von anderem Fleisch angefallen sind, einem Bouquet garni* und, wenn vorhanden, mit guter Suppe. Das alles wird eine halbe Stunde lang gekocht und dann passiert (es muss mindestens eine große Tasse Flüssigkeit dabei herauskommen). Nun nimmt man 125 gr Schmalz und bräunt darin drei in Streifen geschnittene Zwiebeln. Diese werden, wenn sie golden sind, herausgenommen und in etwas Suppe zur späteren Verwendung beiseite gestellt. Nun die Hühnerteile im Schmalz anbraten, so dass sie schön goldgelb werden, zwei gute Löffel voll Mehl hinzufügen, das gut anlaufen sollte, damit es seine Bitterkeit verliert. Nun werden Suppe und Zwiebelbrühe, nachdem die Zwiebeln daraus entfernt wurden, dazugegossen. Die Kasserole schwenken, bis die Flüssigkeit zu kochen beginnt, zwei Löffel Kari hinzufügen (oder einen guten Kaffeelöffel voll indischem Safran-Pulver und eine ganz kleine Messerspitze Chili-Pulver), die Kasserole schwenken und überwachen.

Das Kari wird mit kreolischem Reis gegessen.

*Kreolischer Reis*

Ein halbes Pfund gut gewaschener Reis kommt in eine Kasserole und wird mit Salzwasser bedeckt (es sollte mehr oder weniger zwei Finger breit über dem Reis stehen). Kochen und vom Feuer nehmen, wenn er beginnt, trocken zu werden. Den Reis in ein Sieb geben und mit kaltem Wasser übergießen, abtropfen lassen. Knapp vor dem Servieren kommt der Reis in einer Sautier-Pfanne auf ein lebhaftes Feuer und wird dort unter ständigem Umrühren getrocknet, ohne anzubrennen. Man serviert den Reis in einer Schüssel und das Kari in seiner Sauce in einer anderen. Manche Leute richten das Kari in der Mitte einer Servierschüssel an und umgeben es mit dem Reis.

## KAROTTE

Gemüsepflanze aus der Familie der Doldenblütler, deren Wurzel wegen ihres sehr angenehmen Geschmacks in der Küche viel benutzt wird. Sie wirkt schweißtreibend und appetitanregend und reinigt das Blut. Die Karotte ist gesund und erzeugt nur bei übertriebenem Genuss Beschwerden, sie enthält Öl und viele Salze und ist für jedes Alter und jedes Temperament bekömmlich. Man gibt sie üblicherweise in alle Arten von Suppen, Schmortöpfen, in ▸ Coulis und in ▸ »Hochepot« genannte, aus Fleischterrinen bestehende Entrées. Die Karotten müssen lang, dick, fleischig, gelb oder weißlich sein, sich gut brechen lassen und von süßlichem Geschmack sein.

*Karotten-Ragoût oder Karotten nach Hausfrauenart*

Schneiden Sie Ihre Karotten in fingerbreite Scheiben, kochen Sie sie eine Viertelstunde lang in Wasser und legen Sie sie dann in einen Topf mit guter Bouillon, einem Glas Weißwein, einem Strauß Fines Herbes* und etwas Salz. Wenn sie gar sind, binden Sie die Sauce mit etwas Mehl und servieren Sie sie, womit Sie wollen.

*Karotten auf flämische Art*

Sie blanchieren* Ihre Karottenscheiben, schwenken sie dann in Butter, löschen mit Bouillon, Salz, Pfeffer und Zucker ab und reduzieren die Flüssigkeit zur ▸ Glace. Geben Sie noch etwas Butter dazu, etwas Rahm* und Fines Herbes*, lassen Sie alles noch einige Augenblicke köcheln, schneiden Sie Brotkrusten dazu und servieren Sie.

*Karottensuppe*

Gießen Sie genug Wasser in einen Topf, um eine große Menge Suppe zu erhalten; wenn es kocht, geben Sie 250 gr gute Butter und Salz dazu, dann einen halben Liter getrocknete Erbsen, drei oder vier schöne, in Scheiben geschnittene Karotten, kochen Sie alles und fügen Sie etwa eine Stunde vor dem Servieren milde Kräuter wie Kerbel, Sauerampfer usw. hinzu. Außerdem legen Sie weiße Endivien, etwas Petersilienwurzel, Schnittknoblauch* und Zwiebeln in die Suppe, kochen alles gemeinsam, gießen die Suppe in eine Suppenschüssel und servieren.

*Karottenkuchen*

(nach Courchamps)

Sie kochen schöne Karotten mit Salz, zerstampfen sie dann und passieren sie durch ein Sieb, bevor Sie sie in einer Kasserole auf kleinem Feuer trocknen lassen. Fügen Sie Obers*, Stärkemehl, ein paar kandierte Orangenblüten, Zucker sowie Eier (mehr Eidotter als Eiklar), dann Butter hinzu. Mischen Sie alles gut durch, gießen Sie die Masse in eine Backform, backen Sie den Kuchen und stürzen Sie ihn auf einen Tortenteller. Servieren Sie mit einer ▸ Zabaione.

*Zucker-Karotten*

Karotten werden in Wasser gekocht, getrocknet, zu Pulver zerstampft, mit Aromaten* gewürzt, mit Puderzucker gesüßt sowie mit aufgeschlagenen Eiern und Butter montiert*. Im Ofen backen, in eine Schüssel stürzen und heiß, mit Zucker bestreut servieren.

## KARPFEN

Süßwasserfisch, der weder bei den Griechen noch bei den Römern erwähnt wird. In der Rhône findet man 40 bis 50 Pfund schwere Exemplare, deren Fleisch köstlich schmeckt. Dieser Fisch lebt einige Jahrhunderte lang, wie man sich anhand der von Franz I. im Aquarium von Fontainebleau ausgesetzten Tiere vergewissern konnte. Im Norden wird der Karpfen weniger fett als im Westen und Süden. In einem Weibchen von einem halben Meter Länge fand der Doktor Petit 342.000 Eier. Im Orient

machen die Juden, denen der Störkaviar verboten ist, Kaviar aus Karpfeneiern. Der größte Karpfen, den man je gesehen hat, wurde 1711 gefangen und wog 70 Pfund.
Als ich mich in Poti an der Mündung des Rioni befand und mich das ewige Widderfleisch langweilte, äußerte ich den Wunsch, meine Ernährung zu ändern. Vasiln, der seit drei Tagen in meinen Diensten stand, schlug vor, im See Poti zu fischen. Da ich gezwungen war, auf das Schiff aus Odessa zu warten, kam es mir sehr gelegen, mir einen Tag lang die Zeit mit einer amüsanten körperlichen Betätigung zu vertreiben. Wir gingen etwa eine Meile durch den Wald und gelangten an die Ufer des Sees, wo wir in ein Fischerboot stiegen.
Wir kamen mit den Fischern überein, dass sie für zwei Rubel, also acht Francs, für uns fischen würden, so lange wir es wollten. Nach zwei Stunden hatten wir drei- oder vierhundert Pfund Fische gefangen.
Wir wählten die schönsten aus, ließen die anderen unseren Fischern und kehrten ins Hotel von Meister Jakob zurück.
Das größte Exemplar war ein 40 Pfund schwerer Karpfen und ein »Soudak« genannter Fisch von 35 Pfund. Wir öffneten den Karpfen und fanden darin 13 Pfund Eier. Eine seiner Schuppen reichte aus, um eine Fünf-Francs-Münze ganz zu bedecken. Wir brauchten zwölf Flaschen Wein um ihn zu kochen. Es war das größte Exemplar, das ich jemals gesehen habe. Da wir ihn in einem See gefangen hatten, der 8 Meilen im Umkreis maß und direkt mit dem Meer verbunden war, roch der Fisch nicht nach Schlamm und war so rein wie ein Flusskarpfen.
Am nächsten Tag schenkten wir ihn unserem Hotelier, der damit alle seine Gäste bewirten konnte.
Weil wir gerade von nach Schlamm riechenden Karpfen sprechen, werden wir hier sogleich das Mittel preisgeben, wie man befallenen Fischen diesen Geruch austreiben kann:
Der frisch gefangene Fisch sollte ein Glas Essig schlucken. Sogleich wird eine Art Schweißfilm den gesamten Körper überziehen, den man beim Abschuppen entfernen kann. Wenn der Fisch tot ist, schließt sich sein Fleisch und wird ebenso gut schmecken, als hätte man ihn aus klarem Wasser herausgefischt.

### *Gebratener Karpfen*

Man schuppt einen Karpfen ab, zerteilt ihn vom Rücken her in zwei Hälften, nimmt ihn aus und entfernt Milch oder Eier. Dann mariniert man ihn ein bis zwei Stunden lang in Salz, Pfeffer, Zwiebeln,

Thymian, Lorbeer, Petersilie und einem halben Esslöffel Essig. Man wälzt ihn in Mehl und legt ihn in sehr heißes Fett. Wenn er halb gar ist, bemehlt man ihn nochmals und legt Milch oder Eier in das Bratfett. Fertig garen und mit gerösteter und mit Salz bestreuter Petersilie servieren.

### *Gegrillter Karpfen*

Sie schuppen einen Karpfen ab, schneiden ihm die Seiten- und Schwanzflossen ab, entfernen die Kiemen, nehmen ihn aus, ohne den Bauch allzu weit zu öffnen, und achten darauf, die Galle nicht zu durchstoßen. Schneiden Sie die Oberfläche ein, schwenken Sie die Karpfen-Milch in Butter und Kräutern wie etwa Petersilie und Schnittknoblauch*, beides fein gewiegt, salzen, pfeffern und stopfen Sie sie wieder in den Bauch des Karpfen zurück. Nähen Sie den Fisch zu, legen Sie ihn auf einen Teller, marinieren Sie ihn mit etwas Öl, Petersilie im Ganzen und fein gehacktem Schnittknoblauch sowie etwas Salz, dann legen Sie ihn auf den Grill und wenn er gar ist, entfernen Sie die Fäden und servieren ihn mit einer ▸ weißen Sauce mit Kapern oder mit einer heißen ▸ Sauce à la maître d'hôtel.

### *Karpfen mit Pilzen*

Man nehme einen schönen Karpfen, koche ihn in Wasser und etwas Wein, mit Salz und Pfeffer. Wenn er gar ist, wird er auf einen trockenen Teller gelegt. Vor dem Servieren gießt man ein Ragoût aus Pilzen, Karpfen-Milch, Artischockenböden und guter Butter, schön gesalzen und gepfeffert und mit feinen Kräutern versehen, darüber. Mit Röstbrotscheiben servieren.

### *Karpfen à la Chambord*

Man nimmt einen schönen Rhein-Karpfen, schuppt ihn ab und zieht die Haut ab, nimmt ihn aus, ohne den Bauch ganz zu öffnen, entfernt die Kiemen, ohne die Zunge zu verletzen, entnimmt die Schwanz-Sehnen, spickt den gesamten Karpfen mit klein gewürfeltem Aal oder zur Hälfte mit Trüffeln und Karotten, ebenfalls klein gewürfelt. Wenn man den Karpfen auf Schlemmerart servieren will, wird er mit Speck, Trüffeln und Karotten gespickt. Man legt ihn in einen Fischkessel, begießt ihn mit einem leichten ▸ Schmorfond und gart ihn. Dann kommen drei Tassen magere ▸ Espagnole und eine halbe Flasche weißer Champagner in eine Kasserole. Die Sauce einkochen lassen, entfetten, tournierte* Pilze, Trüffeln, Karpfen-Milch, Fisch-Nockerln* und Scheiben vom Aal hinzufügen, eine Viertelstunde köcheln lassen und mit Anchovis-Butter montieren*. Den Karpfen abtropfen lassen, auf der Servierplatte arrangieren, die Beilagen rundherum auflegen und mit einigen Krebsen dekorieren, die Sauce darüber gießen, im Ofen glacieren* und servieren. Für ein Festgericht kann man gespicktes Kalbsbries, Gautier-Tauben oder Wachteln dazu servieren und, wenn es die Saison erlaubt, auch Hahnenkämme und -nieren.

### *Karpfen-Daube*

Mit dem Fleisch zweier entgräteter Seezungen und eines Hechts eine ▸ Farce zubereiten. Dieses Fischfleisch gut mit Schnittknoblauch* und Fines Épices*, Salz, Pfeffer, Muskat, frischer Butter und etwas in Obers* getunktem Weißbrot zerkleinern und vermischen. Mit Eidotter binden und einen schönen Karpfen damit füllen. Bei kleiner Flamme mit Weißwein, Salz, Pfeffer, Gewürznelken, Limonen, einem Bouquet garni* und guter frischer Butter garen.

Inzwischen ein Ragoût aus Pilzen, Morcheln, Trüffeln, Mai-Schwämmen, Artischockenböden, Karpfen-Milch und Krebs-Schwänzen zubereiten. Nachdem das Ragoût zwei bis drei Mal aufkochen konnte, seiht man es durch ein Seihtuch in eine Kasserole, fügt etwas ▸ Coulis oder Fischsuppe hinzu und legt die Karpfen-Filets in diese gute Sauce, die auch mit Salz, Pfeffer, Fines Herbes* gewürzt sein soll.

Man kann den Karpfen auch mit einer Gurken-Sauce zubereiten, indem man die marinierten und gekochten Gurken mit Butter, Fischsuppe und einem guten ▸ Coulis in einer Kasserole köcheln und dann die Fische in dieser Sauce Geschmack annehmen lässt. Heiß als Entrée servieren.

### *Gebackene Karpfen-Milch*

Man entfernt von der Milch von etwa 15 bis 18 Karpfen die Gedärme und legt die Milch in Wasser, das man mehrmals wechselt, so dass die Karpfen-Milch weiß wird.

In einen Topf kommen Wasser, ein Spritzer Essig und eine Prise Salz und die Karpfen-Milch. Wenn das Wasser aufkocht, nimmt man die Karpfen-Milch aus dem Topf, wendet sie in einem lockeren ▸ Backteig, bäckt sie in heißem Fett heraus und serviert sie mit gebratener Petersilie.

### *Karpfen-Fricandeau*

Nachdem der Karpfen gehäutet ist, hebt man das Fleisch von den Gräten und lässt nur die Wirbelsäule übrig. Wenn es für ein Festessen ist, spickt man das Karpfenfleisch mit kleinen Speckstiften, für die Fasten-Version spickt man mit gewürfeltem Aal. In eine Kasserole Butter, Zwiebelscheiben, Karottenstreifen, Weißwein und magere Fischsuppe geben. Auf diesen Fond wird der Fisch gelegt, mit befettetem Backpapier zugedeckt und mit Unter- und Oberhitze gegart. Wenn er gar ist, den Fisch abtropfen lassen und die Rippen herausziehen, so dass keine einzige im Fleisch bleibt, dann die Fricandeaus glacieren* und auf einem Püree aus Pilzen, Sauerampfer oder Zwiebeln servieren.

### *Karpfen-Filets*

Den Karpfen filetieren, die Filets marinieren und anschließend in einen lichten Teig tauchen oder nur in Mehl wälzen, in Butter herausbacken und mit gebratener Petersilie servieren.
Man kann die Filets auch in weißer Sauce essen, die man aus Weißbrot und etwas Karpfenfond zubereitet; mit Butter und fein gewürzt im Topf schwenken und mit einem guten ▸ Coulis aus Krebsen monticren*.
Wenn der Karpfen gar ist, gießt man die Sauce darüber und serviert.

### *Karpfen blau oder in Court-Bouillon*

Der Karpfen wird ausgenommen, ohne dass man ihm den Bauch zu weit öffnet, ohne die Galle zu verletzen und ohne die Schuppen zu beschädigen. Die Kiemen entfernen, wobei die Zunge nicht verletzt werden sollte. Ein Viertelliter roter Essig wird aufgekocht und dann damit der Karpfen in seinem Fischkessel übergossen. Danach mit Schmorfond übergießen, mit Fettpapier zudecken und bei kleiner Flamme köcheln lassen. Wenn er gar ist, soll der Karpfen abtropfen und auf einem Tuch, das man zuvor auf einem Teller ausgebreitet hat, arrangiert werden; rundum Petersilie aufstreuen und servieren.

### *Piemonteser Karpfen*

Man nimmt einen schönen Karpfen, nimmt ihn aus und entfernt die Kiemen. Dann schneidet man ihn auf beiden Seiten ein und mariniert ihn mit Öl, Salz, Pfeffer, Petersilie und Schnittknoblauch* im Ganzen sowie Zwiebelringen, Knoblauch, Schalotten in Scheiben,

Thymian, Basilikum sowie Lorbeerblatt und lässt ihn zwei Stunden lang in dieser Marinade liegen.
Anschließend legt man ihn auf den Grill und begießt ihn von Zeit zu Zeit mit seiner Marinade.
Trüffeln und Pilze werden in Butter und mit einem Bouquet garni* sowie einer Messerspitze Mehl angeröstet, mit gutem ▸ Jus abgelöscht, schließlich werden blanchierte*, halb gare Artischockenböden, kleine weiße Zwiebeln und ein halbes Glas Weißwein dazugegeben.
Wenn das Ragoût fertig und die Sauce eingedickt ist, bindet man es mit drei Eidottern und etwas Rahm*, träufelt Zitronensaft hinein und umgibt den Karpfen damit auf seinem Servierteller.

### *Karpfen in Bier oder auf Moskauer Art*

Der Karpfen wird in drei Teile geschnitten, nachdem man ihn sauber geputzt hat. Die Karpfenteile mit einer Flasche gutem Bier und einem Glas Branntwein in einen Topf legen, ein mit Mehl verknetetes Stück Butter, einen Strauß Petersilie, Schnittknoblauch*, Knoblauch, Gewürznelken, Thymian, Lorbeer, Basilikum, Zwiebelstreifen, Salz und Pfeffer dazugeben und alles bei großer Hitze garen. Wenn die Sauce gut eingedickt ist, die Kräuter herausnehmen und servieren.

### *Karpfen am Spieß*

Ein schöner Karpfen mit Milch wird wie gewohnt geputzt und mit der Milch eine Farce zubereitet: Karpfen-Milch, Aal, Anchovis, Pilze, Kastanien, Brotbrösel, Zwiebeln, Sauerampfer, Petersilie, Thymian, Pfeffer, Gewürznelken sowie gute frische Butter vermischen und den Karpfen damit füllen. Die Öffnung zunähen, den Fisch mit Gewürznelken und Lorbeerblättern spicken, mit Butterpapier umwickeln, auf den Spieß stecken und, während er brät, mit zerlassener und mit ▸ Kretzer vermischter Butter oder besser noch mit einem Gemisch aus heißer Milch und Weißwein übergießen. Wenn er gar ist, wird ein Ragoût aus Pilzen, Karpfen-Milch, Trüffeln, Morcheln und anderen ähnlichen Dingen darüber gegossen, alles gut gewürzt und serviert.

### *Karpfen-Pâté*

Die Karpfen putzen und mit Aalstiften spicken, mit guter Butter, Salz, Pfeffer, Gewürznelken, Lorbeer und Muskatnuss würzen. Aus feinem Teig einen Boden machen, und zwar ebenso lang wie die

Länge der Karpfen, die darauf gelegt werden. Mit einer weiteren Teiglage bedecken und bei kleiner Flamme garen. Nach halber Garzeit ein Glas Weißwein darüber gießen.

*Karpfen-Zungen und -Milch*

In einen Topf kommen Butter, Pilze, eine Scheibe Schinken, ein Bouquet Fines Herbes* und der Saft einer Zitrone. Dieses Ragoût soll einige Zeit köcheln, dann wird es mit etwas Mehl gebunden. Die Karpfen-Zungen und die Milch sowie etwas gute Suppe hinzufügen. Alles etwa eine Viertelstunde lang köcheln lassen und mit Salz und Pfeffer würzen. Wenn alles gar ist, wird mit zwei oder drei Eidottern, etwas Rahm* und blanchierter* Petersilie gebunden.

## KARTOFFEL

Dieses exzellente Gemüse, das Menschen für alle Zukunft vor Hungersnöten schützen wird, wurde vom englischen Admiral Walter Raleigh 1585 aus Virginia nach Europa gebracht.
Der Admiral war eher bekannt für sein Draufgängertum und die Wechselstürme seines Lebens als für die Einführung der Kartoffel in unseren Breiten, worauf man zunächst wenig Acht nahm.
Walter Scott weiß zu berichten, dass Raleigh eines Tages, als er mit Königin Elisabeth und ihrem Gefolge spazieren ging und eine Schlammpfütze ihren Weg versperrte, seinen blausamtenen, mit Perlen bestickten Mantel abnahm und diesen auf die Pfütze legte, damit die Königin sich nicht die Füße nass mache. Sie dankte ihm diese Tat, indem sie ihn zum Admiral erhob.
Der Wert der Kartoffel wurde lange Zeit wegen absurder Vorurteile verkannt. Viele meinten, sie sei gefährlich oder zumindest nur als Schweinefraß geeignet. Man glaubte dies alles bis zum ausgehenden vorigen Jahrhundert, bis Parmentier eine Reihe von theoretischen und praktischen Studien unternahm, um die Kartoffel einem geregelten Anbau zuzuführen. Er war bei der Bekämpfung der Vorurteile erfolgreich und konnte schließlich jedermann von den Vorteilen eines solchen Anbaus überzeugen. 1793 wurden Kartoffeln bereits als so unverzichtbar angesehen, dass eine Verordnung der Commune, datiert mit 21. Ventôse, vorsah, alle Luxusgärten zu beschlagnahmen, um darin Kartoffeln zu pflanzen. So mussten die große Allee und die Blumenrabatten des Jardin des Tuileries den Kartoffeln weichen, was diesen lange Zeit den Spitznamen »königliche Orangen« einbrachte, da auch die Restauration auf ihren Nutzen hingewiesen hatte.

Tatsächlich ist die Kartoffel ein gesundes, leicht verdauliches und billiges Nahrungsmittel. Der schwer schuftenden Arbeiterklasse bietet sie den Vorteil des unaufwändigen und bezahlbaren Gerichts. Dass Kinder begeistert in Asche gegarte Kartoffeln essen und sich dabei wohl fühlen, beweist, dass diese Speise für jedermann bekömmlich ist. Dabei unterscheidet man ganz klar bessere und schlechtere Sorten: die grauen, grobschaligen sind die schlechtesten und die besten sind unwidersprochen die violetten, besser noch als die roten, die man in Paris unter dem Namen »Vitelottes« kennt. Kartoffeln werden unter anderem auch in der Schokoladenproduktion für gewöhnliche Schokolade verwendet, wo man sie »Sucre royal« nennt; die Blüten der Kartoffelpflanze geben, wie man kürzlich entdeckt hat, einen guten Farbstoff ab und ein Mitglied der medizinischen Fakultät in Stockholm entdeckte, dass getrocknete Kartoffelblätter einen besseren Tabak abgeben als den, der üblicherweise geraucht wird.
Welche Pflanze reicht also wohl an die Kartoffel heran, von der man alles verwenden kann? Welch großes Lob sprach jene Frau dem Parmentier aus, die sich gegen seine Wahl in ein öffentliches Amt aussprach, als sie ihr Motiv erklärte: »Der würde uns nur Kartoffeln essen lassen!«

### *Kartoffeln à la maître d'hôtel*

Sie kochen Ihre Kartoffeln zunächst in Wasser, schälen sie, schneiden sie in Scheiben, rösten diese und geben sie dann mit frischer Butter, gehackter Petersilie, Salz, Pfeffer und Zitronensaft in eine Kasserole. Alles gut vermischen; während es heiß wird, etwas Obers* hinzufügen und servieren.
Die Butter kann man durch gutes Öl ersetzen; wenn die Kartoffeln sehr klein sind, sollten sie ganz bleiben.

### *Kartoffeln à la parisienne*

Zerlassen Sie ein Stück Butter oder Schmalz mit zwei bis drei kleinen, fein gehackten Zwiebeln in einer Kasserole. Gießen Sie mit einem Glas Wasser auf und geben Sie die sauber geschälten Kartoffeln mit Salz, Pfeffer und einem Bouquet garni* dazu. Lassen Sie alles auf kleinem Feuer gar werden.

### *Kartoffeln à l'anglaise*

Sie waschen die Kartoffeln gut, kochen sie in Salzwasser und schälen sie. Dann sautieren Sie die in Scheiben geschnittenen Kartoffeln in einer Kasserole mit einem Stück Butter, Salz, grobem und feinem Pfeffer, aber ohne Muskat, und servieren sie auf einem sehr heißen Teller.

### *Kartoffeln à l'italienne*

Kartoffeln in Wasser kochen, schälen und zerstampfen, ein Stück Butter und in Milch getunktes Weißbrot darunter mischen. Daraus einen Teig kneten, wobei man so lange Milch nachgießt, bis die Masse weich und pastig wird. Sieben bis acht Dotter und fünf zu Schnee geschlagene Eiklar hinzufügen, alles gut verrühren und dann auf einen Teller schichten. Etwas zerlassene Butter darauf fließen lassen und im Ofen goldbraun anlaufen lassen. Heiß servieren.

### *Kartoffelpüree*

Mehlige Kartoffeln werden in Wasser gekocht, zerstampft und durch ein Sieb passiert. Mit Butter, Pfeffer und Salz in einer Kasserole zu Püree verrühren, etwas Milch beifügen, bis das Püree die erwünschte Konsistenz hat, und mit kleinen, in Butter gerösteten Brotstückchen servieren.

### *Speckkartoffeln*

Sie rösten kleine Speckstücke und lassen einen Esslöffel Mehl im Fett anlaufen, wobei Sie das Mehl glatt rühren müssen. Pfeffer, etwas Salz und ein Bouquet garni* hinzufügen, mit Suppe aufgießen, fünf Minuten kochen lassen, schließlich die sauber geschälten, gut gewaschenen und klein gewürfelten Kartoffeln dazugeben. Dünsten, entfetten und servieren.

### *Kartoffeln à la lyonnaise*

In Wasser gekochte Kartoffeln werden in Scheiben geschnitten und in eine Kasserole gelegt. Darüber kommt ein lichtes Zwiebelpüree. Die Kartoffeln warm halten, ohne sie aufkochen zu lassen.

Falls kein Zwiebelpüree zur Verfügung steht, kann man auch acht in Scheiben geschnittene Zwiebeln in Butter anrösten, bis sie schön goldblond sind. Danach gibt man eine Messerspitze Mehl, Salz, Pfeffer und einige Tropfen Essig dazu, mischt gut durch, lässt alles eine Viertelstunde lang köcheln und gießt es dann über die Kartoffeln.

### *Kartoffeln à la provençale*

In eine Kasserole kommen sechs Esslöffel Öl, die Zesten* einer halben Zitrone, Petersilie, Knoblauch und Schnittknoblauch*, beides fein gewiegt, etwas geriebene Muskatnuss, Salz und Pfeffer. Dann werden Kartoffeln geschält, in Scheiben geschnitten und in der Sauce gegart. Knapp vor dem Servieren wird der Saft einer Zitrone hinzugefügt.

### *Gefüllte Kartoffeln*

Zehn große Kartoffeln werden gewaschen und geschält, der Länge nach halbiert und mit einem Messer oder einem Löffel geschickt ausgehöhlt. Aus zwei gekochten Kartoffeln, zwei gehackten Schalotten, etwas Butter, einem kleinen Stück frischen, fetten Speck, einer Messerspitze fein gewiegter Petersilie und gehacktem Schnittknoblauch* wird eine Farce zubereitet: hierfür werden die genannten Zutaten gemeinsam püriert, Salz und Pfeffer hinzugefügt und ein glatter Teig gemacht, mit dem die rohen Kartoffeln gefüllt werden. Man forme mit der Fülle auf jeder Kartoffel einen kleinen Hügel. Eine Tortenform mit Butter auslegen, die Kartoffeln darauf legen und bei gemäßigter Hitze eine halbe Stunde backen, so dass sie braun werden.

### *Pommes frites*

(Vuillemot)

Sie schälen schöne Kartoffeln, schneiden sie in feine Streifen, werfen sie in frisches Backfett aus schön geläutertem Rindsnierenfett und legen die Kartoffelstreifen zunächst in mäßig erhitztes Fett. Wenn sie weich sind, legen Sie die Kartoffelstreifen in ein Sieb, erhitzen das Fett nun stark, werfen die Kartoffeln hinein und schöpfen den Schaum ab. Die Pommes frites werden von allein knusprig und flaumig. Servieren Sie sie zu Koteletts und anderem Fleisch.

### *In Butter sautierte Kartoffeln*

Rohe, kleine, runde Kartoffeln schälen und in einem guten Stück Butter auf großem Feuer sautieren, bis sie goldbraun sind. Abtropfen lassen, feines Salz darüber streuen und mit keiner anderen Garnitur als etwas fein gehackter Petersilie servieren.

### *Kartoffelbällchen*

Runde, gelbe Kartoffeln werden in Wasser gekocht und danach gut zerstampft. Vier Eier, von denen das Klar zu Schnee geschlagen wurde, etwas Obers*, Petersilie, Schnittknoblauch*, Salz und Muskatnuss hinzufügen, alles gut vermischen. Je einen Viertel-Esslöffel von der Masse in sehr heißes Fett gleiten lassen; der Kartoffelteig wird Bläschen formen und etwas auseinander fließen. Heiß servieren.

### *Kartoffel-Kroketten- und -Nockerln**

Sehr mehlige Kartoffeln werden in Wasser gekocht, dann mit frischer Butter, fünf bis sechs Dottern, etwas Obers*, gehackter Petersilie, Salz und Pfeffer im Mörser zerstampft. Der Teig sollte gut durchmischt und danach in kleine Portionen geteilt werden. Diese werden durch verquirltes Ei gezogen und dann goldbraun herausgebacken. Abtropfen lassen und servieren.

### *Kartoffelkuchen*

Sie bereiten einen Kartoffelteig zu, wie er im Rezept für Kroketten beschrieben wurde; statt ihn aber mit Salz und Pfeffer zu würzen, geben Sie Zucker und etwas Vanille-Essenz oder Zitronenschale oder Orangenblüten dazu. Den Schnee von drei bis vier Eiklar unterheben, eine Backform buttern und mit Bröseln auskleiden, den Kartoffelteig hineinlegen und eine halbe Stunde im Ofen backen.

### *Kartoffelsalat*

Wenn Ihre Kartoffeln gekocht und erkaltet sind, schneiden Sie sie in Scheiben und würzen sie wie einen Salat mit Fines Herbes*.

## KÄSE

Käse ist nichts anderes als geronnene Milch, der man die Flüssigkeit entzieht und die man langsam erhitzt, um sie zu härten. Er wird aus dem gröbsten und festesten Bestandteil der Milch gemacht, woraus sehr einfach zu schließen ist, dass auch ein festes Lebensmittel daraus wird, welches man bei Übergenuss nur schwer verdaut.
Es waren die Römer, die die Kunst der Käseherstellung nach Gallien brachten. Seitdem hat er Karriere gemacht, denn es gibt kaum einen Landstrich in Frankreich, der nicht seinen eigenen, besonderen Käse herstellt, und nur wenige gut gedeckte Tische, an denen er nicht in irgendeiner Form serviert würde.

Man kann Käse mit entrahmter Milch machen oder den Rahm beibehalten, wobei Zweiterer viel besser schmeckt, da er cremiger ist und aus den Bestandteilen der Milch gemacht wird, die das meiste Fett und die meisten Salze enthalten. Man verwendet Milch verschiedener Tiere, üblicherweise jedoch Kuhmilch, die besonders gut schmeckt und sehr nahrhaft, aber auch sehr schwer verdaulich ist.

Käse sollte weder zu frisch noch zu alt sein. Im ersten Falle ist er zu schwer, drückt auf den Magen und erzeugt Winde und Durchfälle. Ist er zu alt, erhitzt er durch seine Schärfe den Körper, erzeugt schlechte Säfte, stinkt und macht den Magen träge, weil die beträchtliche Gärung, der er unterzogen wurde, ihm seine Flüssigkeiten entzogen hat und so seinen ursprünglichen Charakter verfälscht.

Es gibt eine große Vielfalt verschiedener Käsesorten, wovon die beliebtesten folgende sind: Brie, holländischer Käse, Gruyère, Livarot, Marolles, Camembert, Roquefort, Parmesan. Nicht zu vergessen dieser köstliche kleine Schweizer Frischkäse, cremig im Geschmack, hübsch anzusehen und von Feinschmeckern besonders geschätzt.

Wir werden hier nicht alle Möglichkeiten der Käsezubereitung beschreiben, denn es ist einfacher, bequemer und weniger teuer, den Käse beim Händler zu besorgen. Wir werden nur die Rezepte jener Käsesorten angeben, die auf dem Land täglich gemacht werden und sehr einfach herzustellen sind.

Generell gilt, dass man gute Milch und gutes Lab braucht.

Nehmen Sie frisch gemolkene Milch und fügen Sie Lab hinzu, wobei mit einem großen Löffel umgerührt werden sollte. Die Milch muss rasten, bis sie sauer wird und stockt, dann nehmen Sie sie aus dem Topf, geben Portionen davon in Formen, lassen die Buttermilch abtropfen und richten an.

### *Gewöhnlicher Käse*

So nennt man die Sorten, denen man das Lab erst nach dem Entrahmen beigefügt hat. Diese Käsesorten stocken schneller als die anderen, weil weniger Fett enthalten ist. Ansonsten bereitet man sie zu wie oben beschrieben.

### *Hirtenkäse*

Sie nehmen warme, frisch gemolkene Milch, fügen aufgelöstes Lab hinzu, lassen die Milch stocken, füllen sie in Formen, lassen abtropfen, salzen und lassen den Käse bis zum nächsten Tag fest werden.

Dann drehen Sie ihn um, so dass auch die andere Seite gesalzen werden kann, lassen ihn weiter fest werden und trocknen ihn an der Luft, bis Sie ihn weiter verfeinern möchten.

*Verfeinerter Käse*

Wenn der Käse trocken genug ist, taucht man ihn in Salzwasser, wickelt ihn in Ulmen- oder Brennnesselblätter und legt die Laibe mit anderen in ein Gefäß, damit die Feuchtigkeit ausgetauscht werden kann. So wird Käse angenehm fein.

## KASSEROLE, TOPF

Wo wäre die Kochkunst ohne die Kasserole, die zunächst ein wesentliches Kochutensil ist? Zur Zeit der Patriarchen begnügte man sich mit dem Spieß, um das Fleisch zu braten, und dem Kochkessel, um es zu kochen. Aber die Kasserole ist unumstritten die bevorzugte Waffe, der Talisman, das Glück des Kochs. Die großartigen Mahlzeiten eines Lukullus, eines Nero und Domitian sind sicherlich nicht ohne die Kasserole entstanden, denn keiner wird sich vorstellen wollen, dass diese großen Feinschmecker sich nur von gebratenem oder gegrilltem Fleisch und gekochtem Gemüse ernährten.

In Frankreich ehrt man die Kasserole mehr als anderswo. Man weiß ja, dass sich die Spanier nur von Schokolade, Garbansos* und ranzigem Speck ernähren, die Italiener von Makkaroni, die Engländer von Roastbeef und Pudding, die Holländer von im Ofen gebratenem Fleisch, Kartoffeln und Käse, die Deutschen von Sauerkraut und geräuchertem Speck. Auch hat bei uns die Kasserole zum Ruhm einiger derer beigetragen, die sich ihrer mit großem Talent bedienen konnten wie Mignot, Robert, Miot, Beauvilliers, Very, Carême usw. Und zum Ruhm derer, die sie anpriesen, wie etwa Grimod de la Reynière, Berchoux und Brillat-Savarin, deren Werke der Nachwelt bleiben werden.

Unnötig, einem jeden Koch zu empfehlen, seine Töpfe immer sauber zu halten. Die kleinste Verunreinigung kann die darin gegarten Speisen ruinieren oder ihren Geschmack beeinträchtigen. Meist verwendet man Kasserolen aus Kupfer, weil sie haltbarer sind als andere. Wenn man sie aber nicht regelmäßig putzt oder wenn man darin Fleisch oder Fett kalt werden lässt, läuft man Gefahr sich zu vergiften.

Kasserole nennt man auch diverse Zubereitungen, von denen wir hier die wichtigsten angeben werden.

### *Reiskasserole auf bürgerliche Art*

Man schmort ein Stück gegartes und abgetropftes Fleisch, arrangiert es in einer Schüssel, bedeckt es mit bissfestem Reis, gießt Suppe und zerlassenen Speck darauf, gibt dem ganzen eine halbrunde Form und stellt es in den Ofen, damit sich eine schöne Kruste bildet. Ohne Sauce servieren.

### *Reiskasserole Königinnen-Art*

Sie hacken die Bruststücke zweier Poularden mit Pilzen fein, kochen sie, zerstoßen sie und verrühren sie mit Wasser. Passieren Sie dieses Püree gemeinsam mit einer aus Geflügelbrühe und Pilz-Essenz verfeinerten ▸ Sauce Béchamel durch ein weißes Seihtuch und stellen Sie es ins Wasserbad, wo es fast kochen soll, ohne jedoch aufzuwallen. Dann wird diese Sauce auf die Reiskasserole gegossen. Darauf legen Sie eine Krone aus sechs frischen, in kochendem Wasser, Salz und einem halben Liter Essig pochierten Eiern. Auf jedes Ei kommt ein »filet mignon à la Conti« aus Huhn. Jedes Ei erhält in der Mitte einen Tupfer Béchamel. Das Gericht kurz glacieren* und servieren.

### *Reiskasserole, mit einer Ananas und Äpfeln garniert*

Wir entnehmen die Zubereitung dieser Speise dem ausgezeichneten Buch von Monsieur de Courchamps. Kochen Sie 360 gr Reis aus Carolina in Wasser, Butter und Salz. Wenn der Reis gar ist, teilen Sie ihn in zwei Teile: Ein Teil wird zu einer flachen Kuppel mit gerillten Seitenwänden geformt. Aus dem anderen Teil machen Sie eine zweite Kuppel mit breitem Rand, sie soll als Schale dienen. Beide Reiskasserolen werden nun im heißen Ofen goldbraun gebacken und dann von unten ausgehöhlt. Die Kuppel mit gerillten Rändern wird mit Reis gefüllt (180 gr nach den Regeln der Kunst gekocht) und in der Mitte mit Apfelvierteln belegt. Die Form wird auf einen Teller gestürzt und darauf die Reis-Schale gelegt. Mit der Messerspitze entfernen Sie nun die Böden der beiden aufeinander liegenden Reiskuppeln, dann garnieren Sie die Aushöhlung und die Seitenwände der Reis-Schale, so dass sie wie eine Vase aussieht, in die der übrige Reis in Form einer Ananas arrangiert wird, indem Sie seine Seiten mit in karamelisiertem Zucker gekochten Apfel-Vierteln belegen, die in Form von Nagelköpfen geschnitzt wurden, so dass damit der Körper einer Ananasfrucht nachgeahmt werden kann. Auf diese stecken Sie lange Stangen Engelwurz und richten rundherum feine Blättchen aus Pistazien-Biscuit an. Knapp vor dem Servieren wird die Kruste der Reiskasserole mit durchsichtiger Marillen*-Marmelade bestrichen, so dass sie die gleiche Farbe wie eine Ananas hat. Man kann diese schöne Süßspeise heiß oder kalt servieren.

## KASTANIE

Es ist die Frucht des der Familie der Buchen zugehörigen Kastanienbaumes. Die Kastanie verbindet sich bestens mit allem Fleisch und kann als Beilage zu Schmorgerichten gereicht werden. Sie kommt auch in jede ▸ Farce, allerdings nur zur gegebenen Jahreszeit, denn sie lässt sich schlecht bis zum Ende des Winters aufbewahren. Wenn man sie jedoch im Ofen trocknet, kann man sie fast unbegrenzt konservieren. Dieses Verfahren wird in allen Provinzen, ganz besonders aber im Limousin angewandt, wo die Kastanie ein Grundnahrungsmittel darstellt. Wo Weizen selten ist, stellt man sogar das Brot aus Kastanien her, welches jedoch immer von schlechter Qualität, schwer und kaum verdaulich ist.

### *Gekochte Kastanien auf Hausfrauenart*

Die gewünschte Menge Kastanien mit Salz und einer Selleriewurzel so lange in Wasser kochen, bis sie die richtige Konsistenz haben. Man wird exzellente Kastanien von sehr gutem Geschmack erhalten.

## KAVIAR (eine Art Stör)

Einen Monat lang wohnte ich der Kaviarfischerei bei, die vom Ural bis zur Wolga an der Küste des Kaspischen Meeres stattfindet. Es gibt nichts Seltsameres als diese Art zu fischen, bei der man in sechs bis acht Wochen Tausende dreihundert Pfund schwere und zwölf bis fünfzehn Fuß lange Fische zerstört. In der Donau findet man zuweilen bis zu zwanzig Fuß lange Exemplare, die vom Schwarzen Meer bis Bade schwimmen um zu laichen. Das Fleisch des Kaviars schmeckt delikat, was bei Knorpelfischen selten ist. Fast könnte man es für Kalbfleisch halten. Wir müssen aber zugeben, dass die modernen Völker nicht die selbe Vorliebe für dieses Fleisch zeigen wie die Alten, die diesen Fisch nicht nur mit Blumen bekränzten, sondern ihn auch unter Flötenklängen zu Tisch trugen. Nach Athenäus betrachtete man in Griechenland den Stör als das Beste vom Festmahl. Ovid besang ihn: »Stör, du Pilger der erlesensten Wellen.«

Man findet ihn im Ozean, im Mittelmeer, im Roten Meer und in allen großen Flüssen. Im 16. Jahrhundert war er in der Provence so gängig, dass er pro Pfund nur einen Sou kostete. Es ist in den Flüssen, wo der

Stör wächst und fett wird, denn dort findet er die Ruhe, die Temperatur und die Nahrung, die ihm behagen. In Russland, wo man ihn im größten Stil fischt, fängt man ihn, wenn er versucht, die Wolga oder den Ural hinaufzuschwimmen.
Die Art, wie man ihn fängt, lässt auf seine große Intelligenz schließen: Man sperrt die Flüsse mit Barrikaden ab, was leicht geht, denn die Flüsse sind nicht tief. Die Störe kommen in Gruppen von tausend bis zweitausend heran, um den Fluss hinaufzugelangen. Da sie dies nicht können, schwimmen sie vor der Mündung, wo man zwei bis vier Fuß unter der Wasseroberfläche große Haken auf Querstreben gespannt hat, hin und her. Einige dieser Haken tragen Köder, was mir jedoch nie notwendig erschien. Beim Hin- und Herschwimmen verfangen sich die Störe in einem dieser Hindernisse, das sie gewaltsam durchbrechen wollen, das Hindernis dringt ihnen ins Fleisch und sie sind gefangen. In durch quer über den Fluss gelegte Baumstämme errichteten Rinnen fahren Männer mit ihren Booten und fischen die gefangenen Störe heraus. Wenn das Boot voll ist, führt man den Fisch zum Schlachten, zu einer richtigen Schlachterei, wo man mit Hammerschlägen, mit Keulen zwei bis drei Millionen Störe täglich erschlägt. Das Tier leistet keinerlei Widerstand, obwohl es mit einem einzigen Schlag seines Schwanzes einen Mann umwerfen könnte. Es stößt nur einen Schrei aus, wenn man ihm das Rückenmark herausreißt, dann springt es vier bis fünf Fuß hoch und fällt tot herunter. Mit diesem Visigha genannten Rückenmark bereitet man sehr geschätzte Pasteten zu. Was jedoch noch viel mehr geschätzt wird als die Mark-Pastete, sind Tausende Eier, die man sammelt, um Kaviar daraus zu machen (denn man nennt ein Gericht aus Störeiern Kaviar). Luftdicht verpackt behalten die Eier einige Zeit ihre Frische. Außer denen, die man noch am selben Tag in Fässern zu acht, fünfzehn, ja zwanzig Pfund verschickt, pökelt man einen Teil in Salz ein, um ihn zu seiner Zeit zu exportieren.
Störe entwickeln sich zu enormer Größe. 1769 fing man einen mit 20 Metern Länge und 1.155 kg Gewicht und man zog 3.030 kg Eier (so im Original, Anm. der Übersetzerin) aus ihm heraus. Er musste, so hat man berechnet, 30.412860 Eier in sich tragen. Henri Clochet sagt, dass man öfter 1.400 kg schwere und 13 Meter lange Störe fängt.
Der Winterfang findet im Jänner unter großer Zeremonie statt. Ich wohnte diesem Fang bei und der Tag wird durch Abstimmung im Parlament festgesetzt. Es werden schriftliche Einladungen ausgeschickt und man versammelt sich vor Tagesanbruch auf dem Platz. Ein Chef wird ernannt, der die Fischer vor dem Ausfahren Revue passieren lässt, ebenso

wie ihre Ausrüstung, die aus einem Haken an einer langen Angel besteht. Bei Sonnenaufgang geben zwei Kanonenschüsse das Signal zum Aufbruch und nun fährt man um die Wette, um den besten Platz zu ergattern. Eine Musketensalve kündigt den Beginn des Fischfangs an. Zu unserem Erstaunen und auch dem der Fischer fanden wir jedoch weder die Wolga noch das Kaspische Meer zugefroren vor. Ganz im Gegenteil hatte der Sommerfischfang sich fortgesetzt, weil man gesehen hatte, dass es kein Eis geben würde. Ich habe also vom Sommerfang erzählt, denn diesen habe ich in Wirklichkeit gesehen.

## KICHERERBSEN

Sie sind nahrhaft, liegen aber manchmal etwas schwerer im Magen, weshalb man sie üblicherweise nur als Püree isst. Man hat versucht, sie in getrocknetem und gemahlenem Zustand als Kaffee-Ersatz zu verwenden, erzielte damit aber keine guten Erfolge.
Kichererbsen werden in Südfrankreich angebaut, wo man sie auch Garbansos nennt. Wir haben davon bei der ▸ Olla Podrida gesprochen.

## KIEBITZ

Ein wegen der Schönheit seines Federkleides und seines zarten Fleisches bemerkenswerter Vogel. Es gibt ein Sprichwort, das besagt: »Wer in seinem Leben weder Schnepfe noch Kiebitz gegessen hat, der weiß nicht, was ein guter Happen ist.« Noch beliebter als der Kiebitz selbst sind dessen Eier. Im April und Mai isst oder vielmehr schlürft man sie in Belgien zu Tausenden. In Polen bereitet man daraus exzellente Omeletts zu und in Holland, wo es sehr viele dieser Vögel gibt, gibt man die Eier in jede Sauce. Man nimmt an, dass der römische Kiebitz nicht derselbe war, den wir kennen. Vanellus apicius, wie er von den Römern genannt wurde, war wohl eher der goldfedrige Regenpfeifer. Im Übrigen wurde und wird Letzterer samt seinen Eiern heute wie damals sehr geschätzt.

## KIRSCHE

Die rote, mit Kern ausgestattete Frucht des Kirschbaums. Sie ist wässrig und sauer. Wenn man sie in kleinen Mengen genießt, bereichert sie den Magen mit nützlichen zusätzlichen Säften, alkalischen Salzen und Zucker.

### *Kirschsuppe*

Eine wohlgelungene Süßspeise. Man röstet ganze schwarze Kirschen mit Kern in Weißbrotwürfeln an, welche man vorher in Butter geschwenkt hat, löscht dann ab, zuckert, gießt Kirschwasser dazu und serviert mit Saft und Brotwürfeln.

*Deutsche Kirschsuppe*

Nur zur Erinnerung zitieren wir hier dieses entsetzliche Gericht aus zu Brei zerstampften Kirschen und zerstoßenen Kernen, grauenhaft überwürzt, ertränkt in Wein und kalt serviert.

*Kirschenkompott*

Man kocht ganze Kirschen, deren Stiel man zur Hälfte kupiert hat, in Zuckerwasser, parfümiert mit Himbeergeist und serviert sie in ihrem Saft (siehe auch »Kompotte«).

## KLÄREN siehe LÄUTERN

## KLETTE

Ein Distelgewächs, das sich von der klassischen Distel durch seine fast kugelförmige Blüte unterscheidet; diese besteht aus geraden, länglichen Schuppen, die sich an ihrer Spitze hakenförmig zurückbiegen. Die jungen Triebe der Klette bieten, pflückt man sie im Frühling, einen recht angenehmen Geschmack ähnlich dem der Artischocke. Landbewohner suchen und schätzen sie durchaus als Nahrungsmittel.
In Schottland dienen nicht nur die jungen Triebe, sondern auch die entrindete Wurzel als Speise, man bereitet sie wie Disteln zu oder macht sie als Salat an.
Die Pflanze ist gesund und wohlschmeckend, ihr Nährwert hält sich jedoch in Grenzen.

## KNOBLAUCH

Knollenpflanze, deren Zehen zum Würzen verwendet werden.
Jedermann kennt den Knoblauch, vor allem die zum Heer Einberufenen, die ihn verwenden, um ausgemustert zu werden. Seine Knolle enthält einen scharfen und leicht verdampfenden Saft, der Tränen in die Augen treibt. Wenn man ihn auf die Haut aufträgt, rötet er sie, ja kann sie sogar verbrennen.
Alle kennen den Geruch von Knoblauch, außer demjenigen, der davon gegessen hat und nicht versteht, warum man sich abwendet, wenn er sich nähert. Athenäus erzählt, dass jene, die Knoblauch aßen, keinen Zutritt zu den der Göttin Kybele geweihten Tempeln hatten. Vergil erwähnt ihn

als für Erntearbeiter nützliche Pflanze, die bei großer Hitze Kraft spendete, und der Poet Macer sagt, dass Knoblauch die Feldarbeiter wach hielt, um sie vor den Schlangen zu schützen. Die Ägypter beteten den Knoblauch an, die Griechen hassten ihn, die Römer aßen ihn mit Genuss. Horaz, der sich gleich am ersten Tag seiner Ankunft in Rom mit Schafskopf und Knoblauch den Magen verdarb, verabscheute ihn.
Alfons, König von Kastilien, fand ihn derart abstoßend, dass er 1330 einen Orden ins Leben rief, dessen Statuten beinhalteten, dass jene Ritter, die Knoblauch oder Zwiebeln gegessen hatten, einen Monat lang weder am königlichen Hof erscheinen noch mit anderen Rittern in Verbindung treten durften.
Die provençalische Küche baut auf dem Knoblauch auf. Die Luft der Provence ist von Knoblauchduft durchdrungen, was sie zu einer überaus gesunden macht. Knoblauch kommt als erstes Gewürz in die Bouillabaisse und in alle wichtigen Saucen. In Öl gepresst, wird er zu einer Art Mayonnaise verarbeitet, die man mit Fisch und Schnecken isst. Für viele Provençalen der unteren Klassen heißt Mittagessen ein Stück in Öl getunktes Brot, das man mit Knoblauch einreibt.

## KNOCHEN

Knochen enthalten einen hohen Anteil an Gelatine und etwas Kalciumphosphat. Bei gekochten Knochen gibt nur die Oberfläche Gelatine ab. Man muss also die Oberfläche vergrößern, um mehr Gelatine zu gewinnen, was man erreicht, indem man die Knochen zerteilt. Diese Gelatine ist nicht von Osmazom* durchsetzt, eignet sich aber sehr gut für Bouillon, wo das enthaltene Fleisch selbst genügend Osmazom enthält, um der Suppe hohen Nährwert zu verleihen.
Im gebratenen Fleisch scheinen die Eigenschaften des Osmazoms durch die Hitze gesteigert zu werden, vielleicht entsteht neues zu Ungunsten anderer Stoffe. Sicher ist jedenfalls, dass die Suppe eines ▸ Pot-au-feu wesentlich schmackhafter wird, wenn man, statt nur rohes Fleisch zu nehmen, etwas gebratenes Fleisch hinzufügt.
Osmazom nennt man den Abfallstoff gekochter animalischer Substanzen, vor allem gekochten Fleisches. Osmazom fällt aus, wenn man Alkohol zusetzt, und Gelatine entsteht durch Abkochen des Konzentrats und Verdampfung. Osmazom ist von braun-gelber Farbe; wenn man es erhitzt, erinnern Geschmack und Duft an die von Bouillon. Es ist dieser Stoff, der Bouillons und Suppen ihr Aroma verleiht, denn diese enthalten üblicherweise einen Teil Osmazom zu je sieben Teilen Gelatine.

## KOHL

Es gibt verschiedene Arten von Kohl, die fast alle ihren Ursprung in Europa haben, wo man ihn auch in großen Mengen verzehrt. In fast allen französischen Provinzen delektieren sich die Bauersleute daran, die ja meist nur von Gemüse leben, obwohl Kohl wenig Nährwert hat, bläht und schlechten Geruch verbreitet. Die Alten verehrten den Kohl, schworen bei seinem Namen, ähnlich wie die Ägypter, die der Zwiebel göttliche Ehren zukommen ließen. Allerdings überliefert uns die Geschichte, dass Apicius den Kohl nicht mochte und dass er seinen Ekel davor dem Drusus weitergab, was Tiberius erboste.

### *Kohl mit Speck*

Eines der ausgezeichneten Volksgerichte, das man folgendermaßen zubereitet: Einen großen Kohlkopf vierteln und blanchieren*, dann mit Speck, Würsten, Cervelat, Sellerie, Zwiebeln, dicken Karotten, Lorbeerblättern und Thymian in einen Topf legen und eine halbe Stunde auf kleinem Feuer dünsten lassen. Dann alles auf einem Teller arrangieren, wobei der Speck und die Cervelat oben liegen sollten. Das andere Gemüse herausnehmen und den reduzierten Schmorfond als Sauce verwenden.

### *Gefüllter Kohl nach Schlemmerart*

Nehmen Sie einen schönen Kohlkopf, trennen Sie den Strunk ab und entfernen Sie auch ein wenig vom Inneren. Blanchieren* Sie den Kohl und spreizen Sie dann die Blätter vorsichtig ab, ohne sie zu zerreißen. Der Kohl wird nun mit einer Farce aus Geflügelfleisch, einem Stück Kalbfleisch, klein gehacktem Speck, Rindermark oder zerlassenem Schinkenspeck, Trüffeln und fein gewiegten Pilzen, Petersilie, Schnittknoblauch*, Salz, Pfeffer, Weißbrot ohne Rinde, zwei ganzen Eiern, zwei oder drei Eidottern und einer Knoblauchzehe gefüllt. All dies sollte gemeinsam fein gehackt und im Mörser zerstoßen sein. Wenn der Kohl die Fülle aufgenommen hat, binden Sie ihn zusammen, so dass nichts durch die Blätter entschwinden kann, und legen ihn in eine Kasserole. Nun erzeugen Sie mit Hilfe einiger gut geklopfter Scheiben vom Rind oder Kalb, die in einem Topf zum Schwitzen gebracht werden, einen schönen Fleischsaft, binden diesen mit etwas Mehl, lassen ihn anbräunen, löschen mit guter Suppe ab, würzen mit feinen Kräutern und Zwiebelringen. Wenn der Saft halb gar ist, wird er mit dem Fleisch zum Kohl gegeben und mit diesem fertig gedünstet.

Arrangieren Sie den Kohl auf dem Servierteller, gießen Sie ein gut gewürztes Pilz-Ragoût oder eines aus Kalbsbries darüber und servieren Sie alles heiß mit dem Saft rundherum.

### *Gefüllter Kohl als Fastenspeise*

Wie oben den Kohl zum Füllen vorbereiten, dann mit Fisch oder anderer Garnitur füllen, wie man es beim Karpfen, Hecht oder bei anderen Fischen zu tun pflegt (siehe unter den jeweiligen Kapiteln).

### *Kohl »surprise«*

Ein ganzer Kohlkopf wird blanchiert*, anschließend abgeschreckt und der Strunk entfernt, die Blätter werden sorgfältig abgespreizt und mit Kastanien, Würsten und Lerchen gefüllt. Dann werden die Blätter zusammengedrückt und gebunden und der Kohl im Schmortopf gedünstet. Abtropfen lassen, wenn er weich ist, und mit einer Sauce aus zerlassenem Rindermark und geriebener Muskatnuss servieren.

### *Kohlsuppe nach der Art von Bordeaux*

Nachdem der Kohl blanchiert* wurde und man ihn abtropfen ließ, entfernt man die dicksten Blattnerven. Dann sucht man eine feuerfeste Suppenschüssel heraus und bedeckt ihren Boden mit Kohlblättern, auf die man sehr dünne Gruyère-Scheiben und darauf eine Lage Brotscheiben legt. In dieser Reihenfolge legt man Schicht für Schicht Kohl, Käse und Brot aufeinander. Schließlich würzt man, gießt gute Suppe darauf und lässt alles eine Stunde lang köcheln und gratinieren. Das Gericht kommt als Suppe auf den Tisch, wobei in einem weiteren Gefäß Bouillon dazu serviert wird.

### *»Kohlbrot«*

Einen Mailänder Kohl blanchieren*, dann in kaltes Wasser legen, die Blätter einzeln abziehen und die dicken Blattnerven entfernen. Nun eine Kalbsnuss in feinem Öl, Petersilie, Schnittknoblauch*, Pilzen, Knoblauch, Schalotten, Meersalz, Pfeffer und mit Schinkenscheiben marinieren. Ein paar gut abgetropfte Kohlblätter ausbreiten, Kalbskeule und Schinken-Nuss darauf legen und mit etwas ▸ Marinade begießen. Die Lagen so lang fortsetzen, bis alles in Höhe und Breite etwa einem kleinen Brot gleicht. In einem kräftigen Schmorfond dünsten. Wenn alles schön gar ist, den Fond entfetten und auf einer ▸ Espagnole servieren.

*Gespicktes Rotkraut*

Man nimmt einen dicken, festen Krautkopf, blanchiert* diesen und entfernt den Strunk. Dann spickt man ihn mit sehr fettem Speck. In die vom Strunk hinterlassene Höhlung füllt man eine Sauce aus Fett, Fleischsaft, Pfeffer und Salz. Das Rotkraut in ein Schweinsnetz einwickeln und verkehrt in eine Kasserole stellen. Auf kleiner Flamme garen, dann den Krautkopf herausnehmen, die Sauce entfetten, reduzieren und auf das Kraut gießen.

*Holländisches Rotkraut*

Hier ist eines der besten Zwischengerichte überhaupt.

Schälen Sie Borsdorfer Äpfelchen und Zwiebeln und hacken Sie alles sehr klein. Dann blanchieren* Sie Rotkraut-Köpfe, von denen Sie zuvor die Strünke und Blattspitzen entfernt haben. Nun kommt alles mit einem Stück Butter, einem Löffel Puderzucker, einer Prise Salz, Pfeffer und einem Bouquet garni* in eine Kasserole und wird darin fünf bis sechs Stunden lang gedünstet. Gießen Sie dann ein Glas Bordeaux dazu, nehmen Sie das Bouquet garni heraus und lassen Sie ein schönes Stück Butter in Ihrer Sauce zergehen.

*Kohl mit Rahm**

Den Kohl in kochendem Wasser fast zu Ende garen, herausnehmen, abtropfen lassen und in kaltem Wasser abschrecken. Klein hacken und mit Butter, Salz, Pfeffer, geriebenem Muskat und einem Löffel Mehl in eine Kasserole geben. Dann mit Rahm übergießen und einkochen lassen, bis Kohl und Sauce eine cremige Konsistenz erhalten haben.

*Kohlsprossen**

Nehmen Sie Kohlsprossen (bekanntlich sind dies kleine, grüne, kugelrunde Kohlköpfe von der Größe einer Nuss), kochen Sie diese in Salzwasser, nachdem Sie die äußeren Blätter entfernt haben, und lassen Sie sie dann abtropfen. Nun legen Sie ein schönes Stück Butter in eine Kasserole, geben Ihre Kohlsprossen dazu und schwenken diese mit Salz, Pfeffer, fein gewiegter Petersilie und einem Löffel Fleischsaft für die magere Version oder mit Rahm*.

### *Sauerkraut*

Alle Nord- und Ostländer essen sehr viel davon und deren Seefahrer legen einen beträchtlichen Proviant davon für ihre Reisen an.
Es ist das Gericht schlechthin für die Deutschen, die nicht genug davon haben können, und ihre Vorliebe ist sprichwörtlich geworden: Die sicherste Art, sich den Schädel einschlagen zu lassen, ist in Italien die Frauen nicht hübsch zu finden, in England über das Ausmaß der Freiheit, die der Engländer zu genießen glaubt, zu rechten und in Deutschland anzuzweifeln, dass Sauerkraut eine Speise der Götter sei.
Auch spricht der berühmte Captain Cook die ausgezeichnete Gesundheit seiner Mannschaft auf allen seinen Reisen der großen Menge Sauerkraut zu, die er verabreichen lässt. Sauerkraut sei auch wesentlich besser verdaulich als Kohl, dessen zweimaliger Konsum laut einem griechischen Sprichwort zum Tode führe.
Vorzugsweise konserviert man Sauerkraut in Fässern, die zuvor Essig, Wein oder andere saure Flüssigkeiten enthielten. Meist wird Weißkraut verwendet, von dem die losen äußeren Blätter und der Strunk entfernt wurden. Der Kopf wird in Scheiben geschnitten, diese werden mit einer Art Hobel gerieben, ein Vorgang, aus dem feine Streifen hervorgehen, die sich bänderförmig entrollen. Darüber streut man eine Hand voll Wacholder fürs Aroma und setzt diese Prozedur Lage um Lage fort, presst die Schichten gut aufeinander, bis das Fass voll ist, und legt eine Lage Salz darüber.
Diese letzte Salzlage wird mit den grünen Krautblättern bedeckt, eine feuchte Leinwand darauf gelegt und schließlich alles mit einem schweren Fassdeckel zugedeckt, der mit seinem Gewicht verhindern soll, dass die ehebaldig eintretende Gärung den Fassinhalt zum Überlaufen bringe. Die gepressten Krautlagen sondern eine übel riechende, saure, trübe Flüssigkeit ab, die man durch einen am unteren Rand des Fasses angebrachten Hahn abfließen lässt und durch neue Salzlake ersetzt, welche wiederum nach einigen Tagen gewechselt werden muss, bis der Geruch verschwindet. Dann ist das Sauerkraut fertig und wird an einen sehr kühlen Ort gebracht, um es zu konservieren und bei Bedarf zu verwenden.

### *Wie man Sauerkraut zubereitet*

Nachdem man das Sauerkraut mehrmals in wechselndem kalten Wasser gewaschen hat, lässt man es gut abtropfen und legt es in eine Kasserole, in die auch ein schönes Stück geräucherter Bauchspeck, Würste, Cervelat, Bratenfett, Wacholder, Weißwein und Suppe kommen. Nun muss es sechs Stunden lang auf sanftem Feuer köcheln, soll dann gut abtropfen, um schließlich in einer Schüssel, gut mit den Würsten und der Cervelat vermischt und mit Speck bedeckt serviert zu werden.

## *KARFIOL**

Wir entnehmen den Kochbüchern aus der Zeit Ludwigs XIV. die bestmögliche und königlichste Art, dieses Gemüse zuzubereiten:

### *Gedämpfter Karfiol**

»Man nehme hoch gewachsenen Karfiol, wasche ihn in lauwarmem Wasser und koche ihn in Suppe mit etwas ▸ Macis in Pulverform. Wenn er schön gar ist, lasse man ihn knapp vor dem Servieren gut abtropfen und schwenke ihn in frischer Butter. Sobald die Butter geschmolzen ist, richte man an und serviere.«

### *Karfiol* in Butter*

Schälen Sie den Karfiol gut und lassen Sie kein einziges grünes Blatt daran. Waschen Sie ihn in kaltem Wasser und kochen Sie ihn anschließend mit Pfeffer und einem Stück Mehlbutter in Salzwasser. Wenn er gar ist, lassen Sie ihn abtropfen, richten ihn in einer Schüssel an, gießen eine Sauce aus frischer Butter, Salz, Pfeffer, Muskat sowie einem Spritzer Essig darüber und servieren.

### *Karfiol* in Saft*

Wie oben zubereiten. Für die Sauce zur Hälfte eine weiße Sauce und zur anderen ein ▸ Blond de veau nehmen, durch ein Sieb streichen, schön anrichten, mit der Sauce maskieren* und heiß servieren.

### *Karfiol* mit Käse*

Den Karfiol* garen und abtropfen lassen. In eine feuerfeste Form kommt eine Sauce aus ▸ Coulis, Butter und grobem Pfeffer, dann geriebener Parmesan, darüber die Karfiol-Röschen, die wiederum mit Sauce und Parmesan bedeckt werden. Im Ofen mit Ober- und Unterhitze glacieren* und servieren.

### *Geschmorter Karfiol**

In Salzwasser blanchieren*, abtropfen lassen, mit Speckstreifen bedecken, in der Kasserole mit einigen Scheiben Kalbfleisch, Rinderfett,

Petersilie, Schnittknoblauch*, Salz, Kräutern, Pilzen, Eiern und Suppe auf kleinem Feuer bis zur vollständigen Reduktion der Flüssigkeit dünsten. Anrichten und servieren. Wenn die Karfiol*-Röschen mit dem Kopf nach unten in die Kasserole gelegt wurden, erleichtert man sich das Anrichten, indem man die Kasserole mit schnellem Schwenk umdreht.

## KOMPOTT

Dieser Begriff bezeichnet eine ganze Reihe kulinarischer Zubereitungen. Kompott lässt sich mit Geflügel wie Tauben, jungen Rebhühnern, Lerchen u.a. machen. Hierzu dünstet man die Vögel mit Speckwürfeln und in Fleischbrühe mit Wurzelwerk aus fünferlei Wurzeln, siebenerlei Fines Herbes* und Quatre-Épices*.

Kompotte aus Früchten sind einfach Konfitüren, die man nicht lange gekocht hat, so dass die Form der beinhalteten Frucht und daher der ursprüngliche Geschmack derselben sowie ihr Duft und frisches Aroma erhalten bleiben. Kompott sollte man sofort essen, da es ansonsten seine guten Eigenschaften verliert.

## KONFITÜREN

Es gibt zweierlei Arten von Konfitüren: die trockenen und die flüssigen. Erstere werden aus Früchten, Stängeln, Wurzeln und Rinden bestimmter Früchte gemacht. Zweitere bereitet man aus Früchten zu, die in Flüssigkeit eingelegt wurden. Diese Zubereitung verlangt höchste Sorgfalt.

Marmeladen, Gelées und Fruchtkäse gehören ebenso zu den Konfitüren, aber Erstere macht man nur aus Marillen* und Pflaumen. Gelées gewinnt man aus Fruchtsäften, in denen man Zucker auflöst. Diese Mischung wird so lange gekocht, bis sie zu Sirup eindickt.

Im Folgenden zeigen wir verschiedene Rezepte, geordnet nach Gelées, Marmeladen, Fruchtkäse usw.

### *GELÉES*

#### *Ribisel*-Gelée*

Es ist wichtig, für dieses Rezept Früchte zu nehmen, die nicht allzu reif und noch etwas säuerlich sind, damit das Gelée klar wird. Ansonsten müsste man es läutern, was dem Aroma der Früchte schaden könnte.

Für ein gutes Gelée braucht man 500 gr Zucker für je 500 gr Früchte, wobei dieses Verhältnis nicht unumgänglich ist.

Sie nehmen 2 kg Zucker und zerbrechen ihn in einer Kasserole mit Stiel in Stücke. Dazu nimmt man 5 kg Ribisel, davon 1 kg weiße, um dem Gelée ein schönes Aussehen zu geben. Alle Ribisel von den Stielen nehmen und mit einem Viertelliter Wasser in eine zweite Kasserole geben. Auf kleiner Flamme und unter ständigem Umrühren weich werden lassen. Für den Geschmack fügt man ein kleines Körbchen gut geputzte Himbeeren hinzu und lässt alles aufkochen. Durch ein feines Sieb streichen und den Fruchtsaft zum Zucker gießen, dann alles aufs Feuer stellen und aufkochen lassen. Nach mehrmaligem Aufwallen gibt man einen Esslöffel von der Fruchtsauce auf einen Teller, wo sie auskühlen soll. Wenn Gelée daraus wird, kann man es verwenden, ansonsten muss man die Fruchtsauce noch einige Male aufkochen lassen.

Das Gelée in Töpfe füllen, diese gut verschließen, und zwar zuerst mit einem Stück weißem, in Branntwein getauchtem Papier, dann mit einer doppelten Lage weiterem Papier, dessen Ränder auf die Seiten des Glases oder Töpfchens heruntergebogen werden und das mit einer dünnen Schnur festgebunden wird.

Es ist äußerst wichtig, die Gefäße gut zu verschließen, denn wenn Luft eindringt, wird das Gelée austrocknen und hart werden.

Es muss auch immer weißes, beschichtetes Papier verwendet werden, da unbeschichtetes luftdurchlässig wäre.

In diesem Augenblick erhalte ich die Nachricht eines Meisterkochs, die ich meinen Zeitgenossen und zukünftigen Generationen überlassen möchte, da man sich nie genug informieren kann:

»Verehrter und erlauchter Meister!

Da Sie die Güte haben, mich zu konsultieren, will ich im Folgenden erläutern, was meine vor Ofen und Herd gesammelte Erfahrung mir nahe legt.

Um gutes Ribisel-Gelée herzustellen nehmen Sie wenig ausgereifte, gelierfähige Früchte, lösen diese von den Stielen und werfen die Beeren in eine Terrine. Fügen Sie auch einige Himbeeren hinzu. Auf 2 kg Früchte kommen 2 kg Zucker, den Sie in einer Schüssel mit einem halben Liter Wasser auflösen. Wenn die Zuckerlösung einmal aufgekocht hat, warten Sie noch fünf Minuten und geben dann die Früchte dazu. – Nun folgt eine Viertelstunde heftigen Kochens. Nach diesem Vorgang gießen Sie das Fruchtmark auf ein feines Sieb, rühren zwei Minuten und füllen das Gelée in Gläser. – Mit dieser Methode erhalten Sie schönes, fruchtiges Gelée. –

Der Erfolg ist garantiert. Vuillemot.«

### *Apfelgelée à la façon de Rouen*

Üblicherweise verwendet man für die Zubereitung dieses Gelées Reinetten-Äpfel, weil diese mehr Säure enthalten als andere Äpfel, so dass das Gelée nicht zu fade schmeckt. Auch fügt man normalerweise etwas Zitronensaft hinzu.

Sie schälen Reinetten mit einem Silbermesser, so dass der Saft sich nicht verfärbt, waschen die Äpfel dann in heißem Wasser, lassen sie abtropfen und legen sie in eine Kasserole mit Stiel, wo sie ganz in Wasser liegen sollen. Einmal aufkochen lassen; die Äpfel sollten weich sein, jedoch nicht zerfallen, dann auf ein feines Sieb legen und den Saft in eine Schüssel tropfen lassen. In den Saft kommen zwei Löffel Läuterzucker, der bis zum schwachen Faden* gekocht wurde. Den Apfelsirup so lange kochen, bis er eindickt, dann kleine Streifen einer Zitroenschale hinzufügen und ein bis zwei weitere Minuten weiterkochen lassen. Die Zitronenschale entfernen, das Gelée in kleine Töpfe füllen und mit den Zitronenschalen garnieren.

### *Orangenblütengelée*

Wenn Ihr Apfelgelée fertig gekocht ist, nehmen Sie die Schüssel vom Feuer und fügen rasch Orangenblüten-Wasser hinzu, das Sie mit dem noch heißen Gelée verrühren, so dass der Alkohol verdampft, das Aroma jedoch erhalten bleibt.

### *Rosengelée*

Wie das Orangenblütengelée zubereiten, aber doppelt konzentriertes Rosenwasser ins Gelée gießen und mit etwas Karminrot einfärben, so dass das Produkt zartrosa wird.

### *Kirschengelée*

Sie zerdrücken Kirschen, deren Kerne vorher entfernt wurden. Einen Teil der Kerne heben Sie auf, um Ihrem Gelée einen leichten Mandelgeschmack zu geben. 125 gr Ribisel* hinzufügen und alle Zutaten mit ausreichend Zucker in eine Kasserole geben. Sie müssen eine Viertelstunde lang stark kochen. Das Fruchtmark dann auf ein feines Sieb gießen und passieren, so dass aller Saft in die Schüssel fließen kann. Diesen bis zum Eindicken kochen und das Gelée in Töpfe füllen.

## *MARMELADEN*

### *Pfirsich-Marmelade*

Sie wählen reife Herbstpfirsiche, schälen und schneiden sie auf. Eine ausreichende Menge Zucker wird geläutert und bis zum starken Faden* gekocht. Nun die Pfirsiche in den Zucker legen und dabei kontinuierlich umrühren, bis die Marmelade die richtige Konsistenz hat.
Fügen Sie, wie für die Marillen*-Marmelade, einige Kerne hinzu.

### *Mirabellen-Marmelade*

Nehmen Sie die kleine Sorte, sehr reif, entkernen Sie die Früchte und legen Sie sie 24 Stunden in Puderzucker ein. Nun Früchte und Zucker kochen, passieren und wie andere Marmeladen fertig stellen.

### *Kirschen-Marmelade*

Man nimmt Kirschen, welche von den Vögeln durch Schnabelhiebe als reif befunden wurden. Stiele und Kerne entfernen, die Früchte zerdrücken und einmal stark aufkochen lassen, dann passieren und das Passierte in eine kleine Kasserole mit Stiel geben, wo es auf die Hälfte reduziert werden sollte. Die gleiche Menge Zucker zugeben und wie oben fertig stellen.
Ebenso bereitet man Ribisel*-Marmelade zu.

### *Himbeer-Marmelade*

Sie legen die Früchte 3 bis 4 Stunden in Puderzucker ein, geben Sie dann in einen Topf und kochen sie auf großer Flamme. Wenn die Himbeeren zerkocht sind, passieren Sie sie durch ein sehr feines Sieb, geben das Mus in den Topf zurück und erhitzen diesen, bis die Konsistenz einer Marmelade erreicht ist. Wenn die Marmelade fast ausgekühlt ist, füllen Sie sie in Gläser.
Bereiten Sie Erdbeer-Marmelade auf dieselbe Art und Weise zu.

### ▸ *Kretzer-Marmelade*

Wählen Sie fast reife Trauben, zerdrücken Sie die einzelenen Weinperlen und stellen Sie sie zu. Aufkochen lassen und dann durch ein feines Sieb passieren, auf dem nur die Häute und Kerne zurückbleiben sollten. Das Fruchtmark wieder aufs Feuer stellen, dieselbe Menge Zucker hinzufügen, weiterkochen lassen und die Marmelade wie die obigen fertig stellen.

### *Marmelade ohne Namen*

Man bereitet diese Marmelade nach dem ersten Frost aus Hagebutten zu. Sie schmeckt sehr gut und wirkt reinigend. Wenn man die Einnahme nicht übertreibt, beruhigt sie die Magensäfte.
Nachdem Sie Stiele und Blütenblätter der Früchte entfernt haben, halbieren Sie diese und nehmen alle Kerne heraus. Die geputzten Hagebutten ganz in Wasser einlegen und auf kleiner Flamme köcheln lassen. Die weich gekochten Hagebutten passieren und mit der gleichen Menge Zucker versetzen. Den Topf zurück aufs Feuer stellen und die Marmelade reduzieren lassen. Hagebuttenmarmelade sollte fester sein als andere.

### *Birnen-Marmelade*

Sie schälen gute Birnen, vierteln diese und legen sie in Wasser ein. Auf großer Flamme kochen, dann vom Feuer nehmen und Zucker zugeben. Während der Zucker sich im Birnenwasser auflöst, zerdrücken Sie die Birnen und passieren sie durch ein feines Sieb, geben alles zurück in den Topf und stellen die Marmelade wie die obigen fertig.

### *Birnenraisiné à la paysanne*

Sie nehmen die Maische von weißen oder roten Trauben und kochen diese, bis sie auf drei Viertel ihrer Ursprungsmenge reduziert ist. Auskühlen lassen, spanischen Weißwein oder in Wasser aufgelöste Kreide dazugießen. Verrühren Sie die Kreide gut mit der Maische, die nun stark aufbrodeln wird. Wenn sich alles beruhigt hat, fügen Sie weitere Kreide hinzu und wiederholen diesen Vorgang, bis die Maische nicht mehr reagiert. Den Topf über Nacht stehen lassen, am nächsten Tag durch einen Leinensack dekantieren, so dass der Saft klar wird. Diesen wieder erhitzen und mit Eiklar, das in Wasser geschlagen wurde, aufkochen lassen. Nun Birnenscheiben dazugeben, alles gemeinsam reduzieren und die Birnen weich werden lassen.

### *Quittenraisiné à la dauphinoise*

Sie bereiten dieses Raisiné auf die gleiche Weise wie das Birnenraisiné zu, fügen jedoch Quittenstücke hinzu, die Sie sorgfältig von allen Härchen befreit haben.

## *FRUCHTKÄSE*

### *Pflaumenkäse*

Sie kochen Mirabellengelée und lassen die Feuchtigkeit schichtweise im Trockenofen verdampfen. Dies gilt für alle Sorten von Fruchtkäse. Eine wichtige Anmerkung: Geben Sie viel Zucker bei, um Farbe und Geschmack zu erhalten.

### *Apfelkäse*

Man macht ihn mit schönem, parfümiertem Apfelgelée.

### *Fruchtkäse aus diversen Früchten*

Man kann aus allen Früchten, die man zu Gelée oder Marmelade verarbeiten kann, auch Fruchtkäse machen. Dies gilt für alle Jahreszeiten. Man braucht nur das Gelée oder die Marmelade in einen Topf zu geben und bei schwacher Hitze langsam weichköcheln.

### *Durchsichtiger Fruchtkäse aus Marillen*, Pflaumen usw.*

Die Früchte zerdrücken, den Saft mit etwas Gummi arabicum* in eine Schüssel geben, mit einem Eiklar läutern, das man dem Saft beimengt, dann alles aufkochen lassen und den Schaum, sobald sich welcher bildet, abschöpfen.

### *Cougloff à l'allemande*

Man könnte kein besseres Rezept angeben als dieses, das M. Carême in seine Sammlung aufgenommen hat.

In eine große, glacierte Terrine geben Sie eineinhalb Pfund warme Butter, welche Sie mit einem großen Holzlöffel (er muss wie die Terrine neu sein) gute sechs Minuten rühren, bis sie absolut cremig und weich geworden ist. Nun fügen Sie zwei Eier hinzu und rühren weitere zwei Minuten, geben drei Dotter zu den anderen Zutaten und rühren wiederum zwei Minuten. Diese Masse wird gezuckert und nacheinander mit weiteren zehn Eiern und neun Dottern versehen. Diese Mischung aus Butter und Eiern sollte eine überaus feine Crème ergeben, die sich unter dem Finger ganz weich anfühlt. Nun mischen Sie nach und nach etwas gesiebtes Mehl darunter, bis Sie einen weichen Teig erhalten, in den Sie etwa 50 gr in warmer Milch aufgelöste Hefe mischen. Die flüssige Hefe wird durch eine Ecke eines Küchentuchs in den Teig passiert (dieses Vorgehen gilt ebenfalls für alle anderen weichen Hefeteige) und gut mit diesem verrührt. Nun acht Unzen* gesiebtes Mehl hinzufügen und eine Mulde in den Teig drücken, in die eine Unze feines Salz sowie vier Unzen Puderzucker kommen. Darauf gießen Sie ein Glas warme Milch und verrühren alles gut mit dem Teig, dem Sie schließlich nochmals acht Unzen Mehl beimengen.

Diesen Teig noch einige Minuten rühren und von Zeit zu Zeit etwas heiße Milch zugießen, so dass er weich und geschmeidig bleibt. Die Milch gibt dem Teig mehr Körper und Geschmeidigkeit.

Es scheint mir offensichtlich zu sein, dass allein die Art, wie man den Teig behandelt, die Zartheit dieses köstlichen Kuchens ausmacht.

Nun buttern Sie eine Form, auf deren Boden Sie halbierte süße Mandeln in symmetrischem Muster auflegen. Auf diese wird nun der Teig vorsichtig gegossen, um die Ordnung des Mandelmusters nicht zu zerstören. Genauso verfährt man für die Brioche royale oder den Compiègne-Kuchen.

»Wir verdanken Herrn Eugène Wolf dieses interessante Rezept«, sagt immer noch M. Carême, »dem Küchenchef des Prinzen von Schwarzenberg, und ich bedanke mich sehr herzlich bei diesem würdigen und gelehrten Koch, dass er mir diesen wertvollen Dienst erwiesen hat. Denn heute kann ich unsere nationale Zuckerbäckerkunst mit diesem Rezept bereichern.

Herr Wolf hat mir versichert, dass die Wienerinnen ein besonderes Talent für die Zubereitung dieses Kuchens besitzen. Sie sind weise und umsichtig genug, ihn an einem warmen Ort aufgehen zu lassen, sie halten Eier, Butter, Mehl, ja sogar die Terrine warm, wofür ihnen große Ehre gebührt.«

## KONSERVEN

Konserven stellen eine kostbare Nahrungsquelle für Heer und Marine wie auch für die häusliche Wirtschaft dar.

Konserven nennt man jegliche pflanzliche Substanz, ob getrocknet oder frisch, die man mit genügend Zucker versetzt, um daraus einen festen und doch weichen Teig zu machen.

Die Konservierung von Nahrungsmitteln scheint viel jünger zu sein als die von Körpern. Die einfachste Methode ist das Einsalzen, wobei sich dies nur für eine beschränkte Auswahl von Lebensmitteln eignet und nicht sehr verbreitet ist.

Die üblichste Methode ist die von M. Appert entwickelte, die darin besteht, sämtliche Substanzen in Blechdosen unterzubringen. Bevor er sie dort einschließt, erhitzt M. Appert die zu konservierenden Lebensmittel im Wasserbad, das er als einzig gültiges Mittel für die Haltbarmachung von Lebensmitteln ansieht, weil diese dadurch weder an Gewicht noch an Volumen einbüßen. Bei pflanzlichen Konserven trennt die Erhitzung den Saft von der Faser und man erhält so einen ausgezeichneten Saft. Das Volumen der pflanzlichen Konserve. wird im Gegensatz zur tierischen reduziert und ihre Qualität auf diese Art verbessert.
M. Masson, der Chefgärtner der Gartenvereinigung, wendet für die Konservierung von Lebensmitteln folgende Methode an:
Das Obst oder Gemüse wird sorgfältig geschält und geputzt, alle fasrigen oder harten Teile werden entfernt. Dann legt man die geputzten Lebensmittel auf sehr helle Leinwand, die man auf einen Lattenrost genagelt hat. Diese Konstruktion wird in einem Trockenofen auf Gitterregale gestellt, der auf 40 Grad erwärmt wird, um das Obst oder Gemüse im warmen Luftstrom zu dörren.
Auf diese Weise wird überschüssiges Wasser zum Verdampfen gebracht, welches bei Gemüse wie Kraut oder bei Wurzeln immerhin 80 bis 85% des Gewichts ausmacht und nicht unbeträchtlich zu deren Konsistenz im frischen Zustand beiträgt. Nach dem Trocknen werden die Substanzen mit Hilfe einer hydraulischen Presse energisch zusammengedrückt, was ihr Volumen stark reduziert und die Dichte der Konsistenz erhöht, bis sie etwa der Dichte von Tannenholz gleicht. So können die konservierten Früchte besser transportiert werden und halten sich länger. Getrocknetes und gepresstes Gemüse wird in Tafeln geliefert, die mit einer dünnen Schicht Zinn umwickelt werden. 25.000 Portionen brauchen nur einen Kubikmeter Platz. Das Trockengemüse muss vor der Verwendung nur 30 bis 45 Minuten in warmes Wasser gelegt werden, das es fast zur Gänze aufsaugen wird, so dass es beinahe sein Ursprungsvolumen zurückerhält. Anschließend gart man das Gemüse wie frisches und würzt es in gewohnter Weise. Die oben beschriebene Methode lässt sich für jedes grüne Gemüse, für alle Wurzeln und Knollen, ja selbst für Obst anwenden.
Wenn Sie gute Suppe haben möchten, nehmen Sie die vom Baron Liebig entwickelte Essenz aus rohem Fleisch, geben einen Kaffeelöffel davon in kochendes Wasser und salzen. Sie werden in fünf Minuten exzellente Fleischbrühe zur Verfügung haben, der sie vorgekochte Nudeln beigeben können.
Wir wollen uns hier nur den Obstkonserven widmen und verweisen für Fleischkonserven zu den Fleischkapiteln.

## *KONSERVEN AUS GANZEN FRÜCHTEN*

### *Kandierte Pflaumen*

Sie belassen die Früchte, wie sie sind, und stechen sie nur an einigen Stellen an, so dass der Saft ausfließen kann und der Sirup gut aufgenommen wird. Das weitere Prozedere ist dasselbe wie für die Marillen*, wobei hier der Sirup fünf- bis sechsmal konzentriert werden muss, also jedes Mal, wenn er auf die Pflaumen gegossen und von deren Saft verdünnt wird.

Beim letzten Kochdurchgang wirft man die Pflaumen in den Sirup, lässt sie einmal gut aufkochen und stellt sie dann für 48 Stunden im Sirup beiseite, wobei dieser nie ganz auskühlen sollte.

Schließlich trocknet man die Pflaumen wie die Marillen.

### *Zitronenkonserve*

Sie schälen eine Zitrone und legen die Schalen in eine Schüssel, träufeln den Saft über die Schalen und lassen diese einige Zeit im Saft liegen. Etwa ein halbes Pfund Zucker bis zum starken Faden* kochen, den Zitronensaft durch ein Tuch passieren, so dass die Schalen entfernt werden können, den passierten Saft in den Zucker geben und mit dem Löffel kräftig umrühren, bis die Mischung sehr weiß ist. Nun den Zuckersaft in Gläser füllen.

### *Kandierte Nüsse*

Entfernen Sie die Haut grüner Nüsse und legen Sie diese in kaltes Wasser, damit sie nicht schwarz werden. In kochendem Wasser blanchieren*, dann in kaltem abschrecken. Zucker läutern und bis zum schwachen Faden* kochen, abkühlen lassen und auf die Nüsse gießen. Am nächsten Tag erhitzen Sie den Zuckersirup, ohne ihn aufkochen zu lassen, fügen weiteren Zucker hinzu, um den von den Nüssen aufgenommenen zu ersetzen, und gießen diesen Sirup, nachdem er etwas abkühlen konnte, auf die Nüsse. Sie müssen diesen Vorgang fünfmal wiederholen und jedes Mal so viel Zucker hinzufügen, dass der Sirup gleich dick bleibt. Die Nüsse schließlich in Zucker wälzen und auf mit Zucker bestreute Teller legen, welche zum Trocknen der Früchte in den Ofen geschoben werden.

### *Kandierte Orangen*

Schneiden Sie die Schale einiger Orangen stellenweise ein und legen Sie die Früchte in eine halb aus Wasser, halb aus Zucker bestehende Lösung. Die Orangen sehr weich kochen lassen, dann aus dem Sirup ziehen.

Den Sirup nochmals mit Zucker versetzen, so dass er dick wird, kochen lassen, die Orangen wieder hineinlegen und mehrmals aufkochen lassen. Den Sirup abschäumen, die Früchte herausnehmen, in eine Terrine legen und den Sirup darüber gießen.

Sie sollten bis zum nächsten Tag im Zuckersaft liegen bleiben. Dieser wird noch einmal kräftig aufgekocht und nochmals über die Früchte gegossen.

Am dritten Tag kocht man den Zucker bis zum Breitlauf* und legt die Orangen hinein, um sie gemeinsam mit der Zuckerlösung im zugedeckten Topf aufkochen zu lassen. Diesen Vorgang wiederholt man jeweils an den zwei folgenden Tagen. Am letzten Tag, wenn der Sirup bis zum starken Faden* gekocht wurde, legt man die Orangen ein letztes Mal zum Aufkochen in den Topf, zieht sie dann heraus, lässt sie abtropfen und trocknet sie im Trockenofen.

Ebenso bereitet man Bergamotten und Zitronat zu.

### *Glacierte* Kastanien*

Am besten nimmt man schöne Kastanien aus Lyon, dünstet diese, läutert Zucker und kocht ihn bis zum schwachen Bruch*. Die Kastanien schälen und eine nach der anderen kurz in den Zucker tauchen, dann mit dem Löffel herausheben und in kaltes Wasser geben. Der Zucker bildet sofort eine Glasur.

### *Kandierter Kaffee*

Bereiten Sie sehr starken Kaffee zu, der ohne Sud oder Unreinheiten sein sollte. Kochen Sie ein Pfund Zucker bis zum beginnenden Bruch*, ziehen Sie den Topf vom Feuer und verdünnen Sie den gekochten Zucker mit einer Tasse Kaffee. Zucker und Kaffee werden weiter miteinander erhitzt. Das fertige Produkt sollte immer bis zum starken Faden* oder bis zum schwachen Flug* gekocht werden, so dass es fest und trocken werden kann.

*Kandierte Rosen*

Sie kochen ein halbes Pfund Zucker bis zum starken Flug* und gießen sehr gutes konzentriertes Rosenwasser hinzu. Den Zucker mit dem Blütenwasser bis zum starken Faden* kochen und mit etwas Cochenille* oder Karminrot Farbe geben.

*Nougat*

Sie schälen 500 gr süße Mandeln und brechen die Hälften auseinander, um sie auf kleiner Flamme zu trocknen und goldgelb werden zu lassen. In einer nicht beschichteten und leicht gebutterten Kasserole werden 12 Unzen* Zucker ohne Zugabe von Flüssigkeit und unter ständigem Umrühren zum Schmelzen gebracht. Die heißen Mandeln in den Zucker werfen, wenn dieser flüssig und golden geworden ist. Beide Zutaten vermischen und gleichmäßig über den Kasserolenboden bis über die Ränder hinauf verteilen, so dass der Boden mit einer ebenmäßigen Schicht überzogen ist. In der Kasserole auskühlen lassen.

## KOPFSALAT

(Anmerkung der Übersetzerin: Im Französischen heißt Kopfsalat »laitue«, was den Begriff »lait«, also »Milch« beinhaltet.)

Man nennt diese Gemüsepflanze laut Tournefort deshalb so, weil man ihr die Eigenschaft zuschrieb, die Milch der Ammen zu vermehren. Pythagoras erklärt den griechischen Namen »eunuchinus« damit, dass ihre kühlende Wirkung einer Kastration gleichkäme.

Es gibt verschiedene Sorten Kopfsalat: den runden, großblättrigen, den Römischen mit geraden Blättern, den gekrausten Römischen, den Eichenblatt-Salat, den Frisé und die weiße Endivie.

Man serviert sie als Ragoût, gefüllt, geschmort, à la crème, mit ▸ Marinade, gebraten und als Garnitur für Hauptgerichte.

*Gefüllter Salat*

Putzen Sie den Salat gut und blanchieren* Sie ihn. Abtropfen lassen, das Herz herausnehmen und durch eine Kugel ▸ Godiveau oder einer Quenelle*- ▸ Farce ersetzen. Den Salat zusammenbinden und mit Scheiben von der Kalbskeule, Speckscheiben, Wurzelwerk, einem Bouquet garni* und einem halben Liter guter Fleischbrühe im Schmortopf dünsten.

Eine andere Methode: Den Salat aus dem Schmortopf nehmen und in einem ▸ Coulis fertig garen; mit Eidotter legieren.

## *Gefüllter Salat nach der Dame Simonne*

Man nimmt großblättrigen Kopfsalat und blanchiert* ihn so kurz, dass er gerade von der Hitze des Wassers angehaucht wird. Abtropfen lassen. Nun hackt man Hühnerfleisch oder gekochte Kapaunenbrust mit ein paar Würfeln gekochtem Schinken und einigen Pilzen, etwas Petersilie und Schnittknoblauch*, einem Kalbseuter und etwas weißem Speck sowie in Obers* getauchtem Weißbrot, vier bis fünf rohen Eidottern, Salz, Pfeffer, Fines Herbes* und Gewürzen. Wenn alles fein gehackt ist, zerstampft man es im Mörser. Dann werden die Salatköpfe einer nach dem anderen ausgepresst, am Stiel gepackt und jedes Blatt einzeln, bis zum inneren Herzen, das man entfernt, ausgebreitet, ohne sie auseinander zu reißen. An die Stelle der Salatherzen kommt ein Stück der zerstampften Farce. Dann werden die Blätter wieder rundherum aufgerichtet und der Salat wird zusammengebunden.
Zwei Pfund Kalbskeule werden in Scheiben geschnitten und ebenso wie Speckscheiben sowie einige Zwiebelringe in eine Kasserole gelegt und auf dem Feuer zum Schwitzen gebracht. Wenn das Fleisch sich anzulegen beginnt, kommt etwas Mehl hinzu, das unter ständigem Umrühren braun werden soll. Mit einer Mischung aus ▸ Jus und Suppe aufgießen, salzen, pfeffern, Gewürznelken, Lorbeerblätter, Basilikum, Petersilie und ganzen Schnittknoblauch dazu.
Die gefüllten Salatköpfe in einem Kochtopf auflegen, obigen Schmorfond darüber gießen, mit Flüssigkeit aufgießen und köcheln lassen. Wenn sie gar sind und Sie sie mit weißer Sauce servieren möchten, nehmen Sie sie aus dem Topf, entfernen die Schnüre, lassen den Salat gut abtropfen und legen ihn in dickes, weißes ▸ Coulis, in dem er köcheln soll. Schön auf einer Platte arrangieren und heiß als Hors-d'œuvre servieren.

## *Gebratener, gefüllter Salat*

Den Salat putzen und blanchieren*, abtropfen lassen und einige Eier schaumig schlagen. Die Salatherzen entfernen und durch eine Kugel ▸ Godiveau oder eine Quenelle*- ▸ Farce ersetzen. Die Salatköpfe einzeln in das Ei tauchen, in Schmalz herausbacken und, wenn sie eine schöne Farbe angenommen haben, mit gerösteter Petersilie servieren.

### *Gehackter Salat*

Waschen, in Salzwasser blanchieren* und nur die zartesten Teile in warmes, dann in kaltes Wasser legen. Wenn sie ausgekühlt sind, das Wasser herausdrücken, die Blätter fein hacken und mit 125 gr Butter, Salz und Pfeffer in eine Kasserole legen. Wenn sie angebraten sind, kommt die passende Menge Mehl dazu. Alles gut vermischen, mit Suppe aufgießen und nach einer Viertelstunde wallenden Kochens mit Röstbrotscheiben servieren.

### *Spanischer Kopfsalat*

In Salzwasser blanchieren* und zwanzig Minuten lang kochen. Danach in kaltes Wasser legen, die Herzen salzen und mit grobem Pfeffer würzen. Nachdem man den Salat zusammengebunden hat, wird er auf ein Bett von Speckscheiben, einigen Scheiben vom Kalb, Karottenscheiben, drei Zwiebeln, zwei Gewürznelken und einem Lorbeerblatt in eine Kasserole gelegt, mit Speckscheiben bedeckt und mit Suppe übergossen; so sollte er eine Stunde lang köcheln. Wenn der Salat gar ist, lässt man ihn abtropfen, presst die letzten Tröpfchen Flüssigkeit heraus, glaciert* den Salat und garniert ihn mit Röstbrot.

## KRAPFEN

Im Französischen »Beignets«, von einem keltischen Wort, das Schwellung oder Tumor bedeutet. Wir kennen die Krapfen seit den Kreuzzügen. Der Herzog von Joinville berichtet, dass die Sarazenen dem später heilig gesprochenen König Ludwig, als sie ihn freiließen, Krapfen vorsetzten.
Der Krapfen besteht aus Teig, den man in der Pfanne herausbäckt und der meist eine Scheibe irgendeiner Frucht umhüllt. Von Carême nehmen wir das Rezept für diesen Teig:

### *Krapfenteig nach Carême*

»In eine kleine Terrine kommen 360 gr gesiebtes Mehl, das mit gerade lauwarmem und mit 60 gr feiner Butter versetzten Wasser vermengt wird. Wenn das Wasser zum Mehl geschüttet wird, neigt man die Kasserole und bläst auf das Wasser, damit die Butter zuerst ausgegossen wird. Dann wird so viel warmes Wasser dazugemischt, dass man einen weichen, glatten Teig erhält, in dem sich keine Krümel mehr befinden. Wenn man zu festen Teig formt, klumpt er und macht in der Pfanne keine gute Figur, denn er bleibt grau und zäh.ü Nach und nach gießt man so viel Wasser nach, dass der

Teig gleichmäßig fließen kann, aber er muss dicht genug bleiben, um die Dinge, die man hineintauchen will, zu maskieren*. Schließlich sollte er ohne Anstrengung von der Gabel gleiten. Man streut eine Prise Salz hinein, hebt zwei steif geschlagene Eiklar unter, und verwendet ihn sofort.«

Als andere Möglichkeit zu dem Teig, den wir gerade oben angegeben haben, sei hier der provençalische genannt:

### *Provençalischer Krapfenteig*

Nehmen Sie 360 gr Mehl, zwei Eidotter und vier Löffel Öl aus Aix; vermischen Sie alles mit kaltem Wasser, fügen Sie zwei steif geschlagene Eiklar hinzu und verwenden Sie den Teig.

### *Brioche-Krapfen*

Tauchen Sie Scheiben einer ▸ Brioche in gezuckerte Milch, bemehlen Sie die Scheiben und backen Sie sie heraus.

### *Crème-Krapfen*

Man nimmt einen Liter Milch, lässt ihn etwa zur Hälfte einkochen, dann auskühlen, verrührt fünf Makronen darin, davon eine bittere, ebenso sechs Eidotter, einen Teelöffel Orangenblüten-Wasser, zwei Löffel feinstes Mehl und 125 gr Puderzucker. Wenn der Teig fester geworden ist, kommt fein geriebene Zitronenschale hinzu.

### *Apfel-Krapfen*

Wenn Ihre Äpfel geschält und in Scheiben geschnitten sind, legen Sie sie zwei Stunden lang in Branntwein, Zucker und Zimt ein, dann lassen Sie die Apfelscheiben abtropfen und legen sie in mäßig heißes Backfett. Wenn die Äpfel gar sind, streuen Sie Zucker darüber und glacieren* diesen.

Das selbe Rezept gilt für Birnen-, Pfirsich-, Marillen*- und Nektarinen-Krapfen.

### *Krapfen »Chantilly«*

Man nimmt drei kleine Frischkäse, schlägt drei Eier dazu und mischt 60 gr gehacktes und zerstoßenes Rindermark darunter. Hinzu kommen 500 gr feinstes Mehl. Den Teig gut kneten, mit Weißwein geschmeidig machen, salzen, mit 30 gr grobem Zucker süßen und wie für die Crème-Krapfen abschließen.

### *Marmelade-Krapfen*

Heben Sie den Schnee von drei Eiklar unter einen ▸ Backteig mit Weißwein. Schneiden Sie nun aus einem Weißbrot Scheiben von 4 bis 5 cm Durchmesser oder sogar größer. Streichen Sie auf jede Marillen*- oder Zwetschken*-Marmelade, legen Sie je zwei Brotscheiben übereinander und drücken Sie die Ränder fest. Tauchen Sie diese Krapfen in den Teig, backen Sie sie heraus und lassen Sie das Fett abtropfen. Bestäuben Sie die Krapfen mit feinem Salz und glacieren* Sie sie.

### *Krapfen »à la bonne femme«*

Man gibt 30 gr Butter, 125 gr Zucker, eine geraspelte grüne Zitrone sowie ein Glas Wasser in eine Kasserole, lässt das Ganze aufkochen und rührt es zu einem festen Teig, bis dieser am Topfboden kleben bleibt. Dann legt man ihn in einen anderen Topf und schlägt ein Ei nach dem anderen darüber auf, dabei rührt man immer weiter, bis der Teig geschmeidig geworden ist. Diesen rollt man auf einer flachen Unterlage fingerdick auf. Man erhitzt Backfett und taucht den Stiel eines Löffels hinein, wenn das Fett mäßig heiß ist. Mit diesem Löffelstiel entnimmt man ein nussgroßes Stück Teig, das man in das Fett schiebt, indem man mit dem Finger nachhilft. Man wiederholt diesen Vorgang, bis genügend Bällchen im Fett schwimmen. Bei mäßiger Hitze backen und ständig umrühren. Wenn die Krapfen schön aufgegangen und von angenehmer Farbe sind, hebt man sie heraus und bestreut sie mit feinem Puderzucker. Diese Speise, deren Rezept uns nicht gehört, wird heute kaum noch gemacht.

### *Eine weitere Crème mit Karamel und Orangenblüten*

In eine kleine Stielpfanne kommen 30 gr Puderzucker und ein Esslöffel kandierte Orangenblüten. Man setzt die Pfanne aufs Feuer und rührt um, bis der Zucker braun wird, dann gießt man einen halben Deziliter Wasser hinzu, um das Karamel aufzulösen. Nun buttert man acht ▸ Dariole-Förmchen und gibt in eine Terrine einige Eidotter, 125 gr Puderzucker und das Karamel. Hinzu kommt die Menge Milch, die sechs Mal den Inhalt eines Dariole-Förmchens darstellt. Nachdem man alles gut vermischt hat, wird die Masse durch ein Seihtuch getrieben. Nun die Dariole-Förmchen damit füllen, mit mäßiger Ober- und Unterhitze im Wasserbad garen, die Förmchen vom Feuer nehmen, auskühlen lassen und die Crème stürzen. Jede Crème-Portion dritteln, jedes Drittel in Krapfenteig tauchen, herausbacken, abtropfen lassen und mit Zucker bestreuen.

### *Marillen*-Krapfen, à la Dauphine genannt*

Man bereitet 500 gr ▸ Brioche-Teig mit 225 gr Butter zu und verknetet ihn mit einem Gemisch aus je zur Hälfte Ei und Milch. Drei Stunden soll der Teig rasten, dann wird er geteilt und mehrmals gefaltet, auf ein Blech gelegt und an einen kalten Ort gestellt. Wenn der Teig fest ist, wird er zur Dicke von etwa einem halben Zentimeter ausgerollt, davon werden mit einer runden Form Kreise von 6 cm Durchmesser ausgestochen. Die Ränder benetzen und in die Mitte jedes zweiten Kreises eine nussgroße Portion Marillen*-Marmelade geben und mit einem unbelegten Kreis bedecken, wie man es für kleine Pasteten macht. In mäßig erhitztem Backfett herausbacken, abtropfen lassen und mit Puderzucker bestreuen. Auf einer Serviette auftürmen und servieren.

### *Sellerie-Krapfen*

Man schält Selleriestangen, die man 8 bis 10 cm oberhalb der Wurzel abgeschnitten hat, lässt sie eine Viertelstunde lang blanchieren*, kühlt sie in kaltem Wasser ab, lässt das Wasser abtropfen, bindet je vier Stangen zusammen und dünstet sie in einer mit Speck ausgelegten Kasserole gemeinsam mit Petersilie, Salz und Suppe. Man deckt den Topf zu, lässt die Flüssigkeit nachher gut abtropfen, presst sie heraus, mariniert die Sellerie in Zucker und Branntwein, taucht sie in den Teig, dessen Rezept im Folgenden beschrieben wird, bäckt sie heraus, zuckert und serviert.

### *Teig für alle Arten von Gebackenem*

Man gibt Mehl in eine Terrine und streicht es zu einer Grube auseinander, in die man ein oder zwei Dotter, einen Löffel Öl sowie ein oder zwei Löffel Branntwein gießt. Salzen; dann den Teig mit einer Hand immer in dieselbe Richtung drehen und nach und nach Wasser dazugießen, um ihm die richtige Konsistenz zu geben. Knapp vor der Verarbeitung fügt man steif geschlagenen Eischnee hinzu. Bereitet man den Teig am Vortag zu, wird er flaumiger.
Für süße Mehlspeisen wie Krapfen salzt man sehr wenig und fügt Orangenblüten-Wasser hinzu.

### *Obst-Krapfen à la Royale*
(nach Courchamps)

Man pflückt zwölf kleine, vollreife Weinberg-Pfirsiche von guter Qualität, halbiert sie, schält sie und schwenkt sie in Puderzucker und einem Löffel Mandellikör. Zwei Stunden später lässt man sie abtropfen, taucht sie in gewöhnlichen ▸ Backteig, bäckt sie goldbraun heraus und glaciert* sie in 125 gr karamelisiertem Zucker. Beim Glacieren bestreut man sie nach und nach mit wenig grobem Kristallzucker. Nektarinen- und Marillen*-Krapfen bereitet man auf die gleiche Weise zu. Das Glacieren kann man auch mit Puderzucker und der roten Schaufel* erledigen. Krapfen mit Zwetschken*, Mirabellen und Reine-Clauden macht man auf dieselbe Art.

### *Mit Erdbeeren garnierte Krapfen à la Dauphine*

Bereiten Sie ▸ Brioche-Teig zu, legen Sie drei schöne, in Zucker gewälzte Erdbeeren übereinander, umgeben Sie die Früchte mit Teig und verfahren Sie wie bei den vorigen Rezepten. Ebenso verfährt man mit Himbeerkrapfen.

### *Ananas-Krapfen*

Die Ananas-Scheiben zwei Stunden lang in Alicante-Wein marinieren und wie oben weiter verarbeiten.

### *Krapfen mit Orangen aus Malta, »à la Régence«*

Sie vierteln Ihre Orangen, werfen die Viertel in 120 gr Zucker (für sechs Orangen), dünsten sie, lassen sie abtropfen, tauchen sie in gewöhnlichen ▸ Backteig, färben und glacieren*.

### *Orléans-Krapfen mit Borsdorfer Äpfelchen*

Schälen Sie die Äpfelchen, legen Sie sie zur Hälfte in Sirup ein und dünsten Sie sie darin. Auskühlen lassen, jede Apfelhälfte in ▸ Brioche-Teig tauchen, herausbacken und wie üblich servieren.

### *Krapfen mit Weinbrand-Früchten, »à la Chartres«*

Die in Weinbrand eingelegten Marillen* abtropfen lassen, halbieren, mit entrindeten Weißbrotscheiben maskieren*, im Teig herausbacken und mit feinem Zucker bestreuen.

Ebenso mit Pfirsichen oder Zwetschken* in Weinbrand verfahren.

### *Vanille-Krapfen*
(nach Grimod de la Reynière)

»In drei Glas kochende Milch kommt eine Vanilleschote; die Milch auf die Hälfte einkochen lassen, dann die Vanille herausnehmen und der Milch 90 gr Butter hinzufügen. Aufkochen lassen. So viel gesiebtes Mehl dazugeben, dass ein weicher Teig entsteht, der einige Minuten lang austrocknen soll. Den Teig nun in einen anderen Topf geben, mit 90 gr feinem Zucker, sechs Eidottern und etwas Salz vermischen. Drei Eiklar zu steifem Schnee schlagen und mit einem Esslöffel Schlagobers* unter die Masse heben, was einen knetbaren, aber fast weichen Teig ergeben soll. Diesen zu nussgroßen Kugeln rollen, diese leicht mit Mehl bestäuben und nach und nach auf den Deckel einer Kasserole legen. Dann, wenn der ganze Teig geteilt und geformt wurde, alle Kugeln in mäßig heißes Backfett legen, so dass jede schön aufgeht; gegen Ende der Garzeit das Feuer verstärken. Wenn sie eine schöne Farbe haben, nimmt man die Kugeln heraus, legt sie zum Abtropfen auf ein Tuch, bestreut sie mit feinem Zucker und serviert sofort.
Diesen Teig kann man auch zu Croissants, zu Rechtecken und Kreisen formen.«

### *Blanc-Manger-Krapfen*

Für die Crème geht man wie oben vor. Wenn sie schön kühl ist, schneidet man sie und formt Kreise, indem man das Innere mit einer kleineren Form nochmals aussticht. Die übrig gebliebenen kleinen runden Teigstücke behält man und bedeckt sie mit sehr feinen Brotbröseln, dann taucht man sie in vier schaumig geschlagene Eier, lässt sie abtropfen und zieht sie nochmals durch die Brösel. Auf gleiche Weise geht man mit den Kreisen vor. Dann legt man alle Teile auf ein Backblech, bäckt sie kurz vor dem Servieren goldbraun heraus und bestreut sie mit feinem Zucker.

### *Kreisförmige Blanc-Manger-Karamel-Krapfen*

Wie oben vorgehen, wenn aber die Krapfen goldgelb sind, lässt man sie gut abtropfen und glaciert* sie mit Karamel. Wenn man sie aus dem Fett herausnimmt, kann man sie mit grobem Zucker und Pistazien garnieren.

## KRAUT siehe KOHL

## KRÄUTER

Die achtundzwanzig Küchenkräuter werden in Gemüsekräuter, Gewürzkräuter und Salatkräuter eingeteilt.

Wir kennen sechs Gemüsekräuter.

Es sind: der Sauerampfer, der Kopfsalat, der Porree, die Rauke, der Spinat und der grüne Portulak.

Von den Gewürzkräutern kennen wir zehn: die Petersilie, den Estragon, den Schnittlauch, die Jungzwiebel, das Pfeffer- oder Bohnenkraut, den Fenchel, den Thymian, das Basilikum und der Beifuß.

Für den Salat verwenden wir zwölf Fines Herbes: die Gartenkresse, die Brunnenkresse, den Kerbel, den Estragon, die Pimpernelle, der Queller*, der Ruccola, das kleine Basilikum, den Portulak, die Fenchel-Stängel, den Thymian, jungen Marienblatt und den Schnittlauch.

## KREBS

Bei diesem Krustentier sind Kopf und Körper zu einem Stück zusammengewachsen. Es trägt fünf Paar Füße, wovon die ersten größer und scherenförmig sind und tatsächlich als Scheren fungieren.

Krebse sind Wassertiere und werden beim Kochen rot. Ihr schwarzer oder violetter Panzer, schwarz, solange sie leben, besteht aus Kalziumkarbonat, das sich bei Hitze rot verfärbt.

Krebse aus fließendem Gewässer sind denen aus stehendem bei weitem vorzuziehen. Die einfachste Art sie zuzubereiten wird im »Dictionnaire des aliments« von M. Aulagnier angegeben, dessen Dienste wir nie genug werden loben können. Die Methode besteht darin, die Krebse lebend in einen Kessel mit Essigwasser zu werfen, welches man vorher kräftig gesalzen und mit Thymian, Pfeffer sowie Lorbeer gewürzt hat.

Obwohl dieses Rezept köstliche Krebse ergibt, müssen wir feststellen, dass es die Kindheit kulinarischer Kunst noch nicht hinter sich gelassen hat, so dass wir ein anderes angeben werden, das unser Freund Vuillemot uns zur Verfügung gestellt hat, der das Restaurant »Tête noire« in Saint-Cloud betreibt.

### *Vuillemot-Krebse*

Sie nehmen Flusskrebse aus der Meuse. Zunächst schneiden Sie eine große Zwiebel in Ringe, nehmen eine schlanke Karotte, ein Bouquet garni* sowie zwei Knoblauchzehen und legen alles in eine Kasserole. Fügen Sie eine halbe Flasche Chablis, ein Viertelglas Branntwein und ebenso viel Essig hinzu. Nun kochen Sie das Gemüse und werfen dann die gut gewaschenen Krebse dazu. Wenn die Krebse gar sind, legen Sie sie in eine andere Kasserole und lassen den Gemüsesud auf die Hälfte reduzieren. Etwas reduzierte ▸ Tomatensauce und ein Stück Butter zum Sud geben und alles gut verrühren, bevor diese Sauce auf die Krebse gegossen wird. Die Krebse eine halbe Stunde lang in der Sauce köcheln lassen, wobei die Kasserole oft geschüttelt und geschwenkt werden sollte. Wenn die Sauce eine schöne Konsistenz hat und die Krebse vollkommen gar sind, servieren Sie das Gericht lauwarm.

### *Krebse à la bordelaise*

(nach einem Rezept von M. Verdier von der »Maison d'Or«)

Sie würfeln zwei bis drei Karotten und ebenso viele Zwiebeln, fügen Lorbeer, Thymian, Petersilie und fein gewürfelten mageren Schinken hinzu. In einer Kasserole ein Stück Butter zerlassen, das Gemüse dazugeben und dünsten, ohne es braun werden zu lassen. Sie putzen die Krebse gut und nehmen sie aus, um sie dann in die Gemüsemischung zu geben. Mit einer halben Flasche Sauterne, einem Stück Fleisch-Glace, einigen Löffeln guter Suppe und einem halben Glas Cognac aufgießen, salzen und pfeffern. Die Kasserole zudecken und auf eine große Flamme stellen. Wenn die Krebse zu drei Vierteln gar sind, nehmen Sie sie heraus, binden die Sauce mit einem Stück sehr feiner Butter, passieren sie und gießen sie über die Krebse.

### *Krebse in Court-Bouillon*

Sie waschen die Krebse mehrfach in kaltem Wasser und drehen sie mit einem Schaumlöffel um, wenn Sie nicht möchten, dass die Tiere sich für das Los, das Sie ihnen bereiten werden, an Ihren Händen rächen. Später legen Sie die Krebse mit Butter, Weißwein, Pfeffer, Salz, einem Lorbeerblatt, etwas Thymian und Zwiebelringen in eine Kasserole. Dazu kommen einige Gewürznelken und ein schönes Stück Butter. Die Krebse sollten im zugedeckten Topf schnell und stark erhitzt werden, wobei Sie den Topf schwenken, so dass die unteren nach oben geschüttelt werden und umgekehrt. Nach zwanzig Minuten ziehen Sie den Topf vom Feuer und lassen die Krebse unter dem Deckel ziehen. Wenn Sie sie heiß essen möchten, servieren Sie sie sofort oder wärmen sie in ihrem Fond auf, falls die Zeit des Dîners noch nicht gekommen ist. Falls Sie sie lieber kalt essen, schichten Sie sie auf einen Teller und servieren sie später.

### *Krebse à la poulette*

Sie kochen die Krebse in leicht gesalzenem Wasser. Wenn sie gar sind, lassen Sie sie abtropfen und entfernen die kleinen Füße sowie die Schale des Schwanzes. Schneiden Sie die Nasen- und Scherenspitzen ab. In einer Kasserole dünsten Sie etwas reduziertes ▸ Velouté, etwas fein gewiegte Petersilie und einige ebenfalls fein gehackte Schalotten. Aufkochen lassen und die Krebse in diese Sauce geben, mit zwei Dottern binden und ein Stück Butter in kleinen Portionen darunter rühren. Die Krebse schwenken, Zitronensaft darüber gießen, anrichten, mit der Sauce übergießen und servieren.

### *Krebs-Canapés*

Dies sind kleine, dünne und runde, mit Anchovis-Butter bestrichene Brotschnittchen, auf denen man geschälte Krebs-Schwänze hübsch auflegt. Die Zwischenräume mit fein gewiegtem Estragon und Kerbel ausfüllen.

### *Krebse à l'anglaise*

Sie kochen die Krebse in Salzwasser und reißen die kleinen Füße aus, belassen aber die Scheren. Die Krebse mit fein gehackten Champignons und Artischockenböden in Butter schwenken, mit etwas Suppe aufgießen und auf kleiner Flamme köcheln lassen. Mit zwei Dottern binden, die Sie mit Obers* und fein gewiegter Petersilie verquirlt haben. Vor dem Servieren einen Löffel Catchup oder einige Tropfen Sojasauce hinzufügen.

### *Krebs-Matelote*

Etwa dreißig schöne Krebse in Wein kochen. Wie für die Krebse à la poulette schälen und in folgende Sauce geben: Zwiebelringe, Karottenstreifen, Petersilie im Ganzen, Schnittknoblauch*, zwei Knoblauchzehen, ein Lorbeerblatt, Thymian, zwei Gewürznelken, eine Messerspitze Fines Épices*, Salz und Pfeffer mit zwei Flaschen Weißwein aufgießen. Die Krebse in dieser Zusammensetzung 15 Minuten lang kochen, dann auf einem Teller anrichten, mit der Sauce übergießen und mit in Butter gerösteten Brotstückchen garnieren.

### *Krebse à la gasconne*

Sie halbieren die Krebse der Länge nach und kochen sie mit Petersilie, Schnittknoblauch*, Champignons, Knoblauchzehen, Zwiebeln,

Gewürznelken und Lorbeerblättern in zwei Glas Rotwein und einem halben Glas Olivenöl, mit Salz, Pfeffer und Zitronenscheiben. Die Sauce reduzieren lassen und in der Kasserole servieren, nachdem Zwiebel, Lorbeer und Zitronenscheiben entfernt wurden.

## KREN oder MEERRETTICH

Es gibt zwei Arten davon, den wilden und den gezüchteten. Die Wurzel des Zweiteren ist dick, fleischig, außen schwarzbraun und innen sehr weiß. Dieses Innere ist so scharf, dass man meint, es brenne. Um Kren geschmacklich zu verbessern, schneidet man ihn in Scheiben und bedeckt jede Scheibe ein bis zwei Stunden vor dem Essen mit zerstoßenem Salz. Dann schichtet man die Scheiben aufeinander, so dass sie Wasser lassen. Die Flüssigkeit schmeckt wohl bitter, der Kren ist nun aber angenehmer im Geschmack.
Manchmal verwendet man Kren als Garnitur rund um einen Lendenbraten oder für große Fische, die man blau gekocht hat.
Man verziert damit auch kleine Hors-d'œuvre-Schiffchen und reibt ihn in Gewürzbutter, mit der man Sandwich oder schottische Cracker garniert.
Kren hat dieselben Nachteile wie die Rübe, er erzeugt Blähungen, ja sogar Kopfschmerzen, wenn man zu viel davon isst.
Man gibt ihn auch in Ragoûts, die man pikant haben will.

## KRESSE

Die gesündeste Pflanze unter den Fines Herbes. Selten findet man sie auf den Märkten der großen Städte, denn sie welkt gleich nach dem Pflücken und reift zu schnell auf dem künstlichen Beet. Kinder und alte Jungfern finden es unterhaltsam, das hübsche Kräutlein auf feuchter Watte wachsen zu lassen.

## KRETZER oder SAUERTRAUBENSAFT

Kretzer nennt man den Saft einer grünen Weintraube, deren Hauptsorten bei uns unter Farineau oder Bordelaise bekannt sind. Den sauren Kretzer presst man aus den noch unreifen Trauben; dieser ist zweifellos der beste. Für die Behandlung grüner Nüsse ist Kretzer eine unumgängliche Zutat. Man kann Kretzer für die Konservierung von Lebensmitteln nutzen und ihn mit Salz oder einigen Tropfen Essig verbessern.

## KREUZSCHNABEL, gewöhnlicher

Vogelart aus der Familie des Sperlings und von der Größe eines Dompfaffs. Sein Schnabel wirkt gestaucht und die beiden Hälften sind so geschwungen, dass sie sich, je nach Vogel, links oder rechts überkreuzen. Er bedient sich dieses außergewöhnlichen Schnabels um zu klettern und Tannenzapfen zu suchen, zu öffnen und zu zerteilen. Er liebt aber auch die Früchte aller anderen Nadelbäume, ja sogar Äpfel und Birnen, aus denen er die Kerne herauszieht, wie auch jede Art von Samen, ganz besonders Mandeln, die er als Leckerei sehr schätzt. Er lebt im Norden Europas und schmeckt aromatisch, harzig und sehr gut.

## KREVETTEN siehe GARNELEN

## KROKETTEN

Dies sind kleine Krapfen, die man mit fein gehacktem gebratenen Fleisch, mit Fisch oder auch mit hart gekochten Eiern, Kartoffelpüree u.a. füllt. Wir werden anhand der folgenden, uns von M. de Courchamps überlassenen Rezepte sehen, auf welche Weise man die verschiedenen Kroketten zubereiten kann:

### *Kroketten mit jungem Kaninchen*

Nachdem Sie zwei junge Kaninchen am Spieß gebraten haben und diese kalt geworden sind, tranchieren Sie sie, entfernen Haut und Sehnen und würfeln das Fleisch klein. Dazu mischen Sie fein gehackte Trüffeln, Champignons und klein gewürfelte ▸ Foies gras. Reduzieren Sie einen Schöpflöffel ▸ Blond de veau bis zur Konsistenz einer Demi-Glace*. Nun fügen Sie Petersilie und Schnittknoblauch*, beides fein gewiegt, hinzu und lassen die Sauce fünf bis sechs Minuten lang köcheln. Fleisch und Trüffeln in die Sauce geben, diese nicht mehr aufkochen lassen und mit zwei Dottern legieren, wobei Sie mit dem Holzlöffel ständig umrühren. Diese Masse wird auf ein Blech gegossen und mit dem Messer verteilt, so dass sie abkühlen kann. Die kalte Farce in Portionen teilen, jede etwa so groß wie ein halbes Ei, und aus diesen kleine Röhrchen oder Nockerln* formen. Wenn die Kroketten geformt sind, wälzen Sie sie in Bröseln, tauchen sie dann in etwas gesalzenes und verquirltes Ei und rollen sie schließlich ein weiteres Mal in Bröseln, wobei die Form, die Sie ihnen gegeben haben, erhalten bleiben soll. In eher heißem Backfett fritieren und, wenn die Kroketten goldgelb sind, das Fett abtropfen lassen. Mit einem Büschel gerösteter Petersilie servieren.

### *Geflügelkroketten*

Sie tranchieren ein junges Huhn, marinieren es zwei bis drei Stunden in Öl, Zitronensaft oder Essig, Salz, grobkörnigem Pfeffer, Knoblauch, Zwiebelringen und Petersilie, lassen dann die Marinade abtropfen, wischen die Hühnerteile ab und wenden sie in Mehl. Die Hühnerteile braten und mit gerösteter Petersilie oder einer beliebigen Sauce servieren.

Sie können auch Hühnerteile vom Vortag nehmen, sollten diese jedoch in ▸ Backteig tauchen.

### *Kastanienkroketten à la Dauphiné*

Sie rösten fünfzig schöne Kastanien aus Lyon oder Luc, schälen sie und entfernen alle vom Feuer geschwärzten Teile. Wählen Sie einige aus, die Sie in perfekte Hälften zerteilen. Die übrigen Kastanien mit zwei Unzen* Butter zerstoßen und dann durch ein Sieb streichen. Diese Masse wird mit einem Glas Obers*, zwei Unzen Butter, zwei Unzen Zucker und einer Prise Salz verrührt. Die Crème beaufsichtigen und ständig umrühren, während sie auf gemäßigter Flamme trocknet. Lassen Sie die Kastaniencrème nur zwei Minuten auf dem Feuer, bevor Sie sechs Dotter darunter mischen und sie nochmals für einen Augenblick aufs Feuer zurückstellen. Die Crème sollte dick, aber nicht fest sein. Nun gießen Sie sie auf ein leicht gebuttertes Blech und verteilen sie darauf. Mit gebuttertem Backpapier bedecken und abkühlen lassen. Wenn die Masse kalt ist, teilen Sie eine Portion der Kastanienmasse ab, die etwa doppelt so groß sein sollte wie eine der Kastanienhälften, die Sie aufbewahrt haben. Nun setzen Sie eine Hälfte auf die Portion Kastaniencrème und rollen Kastanienhälfte und Hülle zu einer runden Kugel. Diese runde Krokette wird in sehr feinen Bröseln gewälzt; Sie wiederholen diesen Vorgang, bis alle Kastanienhälften verbraucht und eingehüllt sind. Nun schlagen Sie fünf ganze Eier mit einer Prise Salz in eine kleine Terrine und tauchen Ihre Kroketten hinein, lassen sie dann etwas abtropfen, rollen sie nochmals in Bröseln und legen sie nach und nach auf einen Topfdeckel. Die Kroketten werden ein letztes Mal in Ei getaucht und in Bröseln gerollt, dann in sehr heißes Fritierfett gelegt. Wenn Sie eine sehr große Pfanne haben, legen Sie alle Kroketten auf einmal hinein, ansonsten nur die Hälfte auf einmal, damit ihre Form nicht zerstört wird. Während des Backens bewegen Sie die Kugeln vorsichtig mit der Spitze eines Spießchens und nehmen sie, wenn sie goldgelb sind, mit einem Schaumlöffel heraus. Auf einer doppelt gefalteten Serviette abtropfen lassen, dann mit feinem Zucker bestreuen, zu einem Hügel aufschichten und sehr heiß servieren.

### *Reiskroketten*

Sie lassen Reis aufplatzen, etwa wie für einen Reiskuchen, aber anstatt den Reis in eine Form zu geben, machen Sie daraus längliche Röllchen und tauchen diese in mit Zucker verquirltes Ei. Abtropfen lassen, nochmals in das Ei tauchen, nochmals abtropfen lassen und herausbraten.

### *Kartoffelkroketten mit Vanille*

Sie garen zwanzig schöne Vitelotte-Kartoffeln in heißer Asche, schälen und putzen sie, um das rötliche Äußere der Kartoffeln zu entfernen und nur deren Kern zu verwenden. Ein Teil der Kartoffeln wird püriert, dann mit Eiern, Milch und Vanille, Knoblauch sowie Bittermakronen verrührt und erhitzt. Die Masse auskühlen lassen, zu Kugeln formen, diese in ▸ Backteig tauchen und wie Krapfen in heißem Fett herausbacken.

### *Nudelkroketten in Zitronat*

(wird sehr selten gemacht)

Sie schneiden 6 Unzen* Nudelteig zurecht und legen ihn nach und nach in vier Glas kochende Milch. Einige Male aufwallen lassen, dann 4 Unzen Butter und 4 Unzen feinen Zucker hinzufügen, ebenso eine Unze in Streifen geschnittenes Zitronat, alle Zutaten etwa 25 Minuten lang köcheln lassen, so dass die Nudeln weich werden und sich aufblähen. Nun mischen Sie drei Unzen Bittermakronen, sechs Dotter und eine Prise Salz dazu und lassen die Masse auskühlen. Die Kroketten schließlich wie für die obigen Rezepte fertig stellen.

Auf ähnliche Weise werden alle Teigkroketten gemacht. Sie werden immer in kochende Milch getaucht.

## KUCHEN

Eine fast immer runde Mehlspeise, die man üblicherweise aus Mehl, Eiern und Butter herstellt. Man kann Kuchen auch aus Reis machen.

Der berühmteste aller Kuchen ist der Gâteau des Rois, eine Art Fladen, in den man eine Bohne steckt. Diese alte Sitte unserer Vorväter wird mitt-

lerweile in ganz Frankreich gepflegt und es gibt wohl kaum noch Familien, die sich nicht am Dreikönigstag versammeln, um den zum König zu wählen, in dessen Kuchenstück sich die Bohne befindet.
In einigen Provinzen legt man, wenn man Kuchen bäckt, immer die »Schnitte für den lieben Gott« beiseite, die dem ersten Bettler gehören soll, der am Haus vorbeizieht, und daher der Armut gewidmet ist.
Man weiß, dass immer die jüngste anwesende Person dazu ausersehen wird, die Kuchenstücke zu verteilen. Dies war für Barjac, den Kammerdiener des Erzbischofs de Fleury, die Gelegenheit für eine geistreiche Schmeichelei.
Als der Dreikönigstag angebrochen war, fand Barjac Mittel und Wege, um den Tisch seines Herrn zwölf Gäste zu versammeln, die von so fortgeschrittenem Alter waren, dass Seine – immerhin neunzigjährige – Eminenz der jüngste der Runde war. Er musste nun die Aufgaben erfüllen, die normalerweise der Kindheit zugedacht sind, und war davon höchst angenehm überrascht.
Hier nun einige Rezepte:

### *Karottenkuchen*

Sie nehmen zwölf sehr rote Karotten, schälen und waschen sie und kochen sie in Salzwasser. Nun entfernen Sie das Innere der Karotten, lassen diese abtropfen und passieren sie durch ein Seihtuch. Das Püree wird in einer Kasserole auf dem Herd getrocknet. Bereiten Sie nun eine Crème aus einem Viertelliter Milch zu und fügen Sie dieser ausreichend Mehl bei. Wenn die Crème fertig ist, mischen Sie das Karottenpüree, eine Messerspitze kandierte und fein gewiegte Orangenblüten, 375 gr Puderzucker und nacheinander vier ganze Eier darunter. Schließlich kommen weitere sechs Dotter und 125 gr zerlassene Butter dazu, wobei Sie das Klar der sechs Eier aufbewahren und zu Schnee schlagen sollten. Alle Zutaten gut vermischen, den Schnee unterheben und eine Kasserole buttern, dann umdrehen und die Butter abfließen lassen. Die gebutterte Kasserole mit Brotbröseln bestreuen, die Kuchenmasse in die Kasserole füllen und im Ofen backen. Man kann den Kuchen warm oder kalt servieren.

### *Reiskuchen*

Sie kochen 150 gr Reis wie für eine Reissuppe. Wenn der Reis weich und schön dick ist, füllen Sie ihn in einen Mürbteig, den Sie mit einem Dreiviertelliter Mehl, 375 gr Butter, vier Eiklar und etwas Salz

– gerade so viel, wie für einen Kuchen üblich ist – gemacht haben. Nun geben Sie Teig und Reis gemeinsam in einen Mörser und pürieren beides. Danach gehen Sie vor wie für jeden anderen Kuchen, bestreichen die Oberseite und die Ränder mit Ei, backen ihn auf einer Lage Backpapier und servieren den Kuchen heiß.

Auch Nudelkuchen bereitet man auf diese Weise zu.

### *Pistazienkuchen*

Sie zerstoßen 180 gr Pistazien, 60 gr geschälte süße Mandeln und einen langen Streifen grünes Zitronat gemeinsam, fügen zwei Eiklar hinzu und passieren diese Zusammensetzung durch ein Haarsieb. Nehmen Sie so viel Puderzucker, wie Pistazienmasse vorhanden ist, und vermischen Sie beides gut. Sie schlagen acht weitere Eiklar zu Schnee und verrühren diesen Schnee mit vier Dottern. Vermischen Sie alle Zutaten gut miteinander und streichen Sie den Teig durch ein feines Sieb. Nun füllen Sie die Masse in eine gebutterte Form und backen sie zwei Stunden im Ofen, wobei die Unterhitze stärker sein sollte als die Oberhitze. Den fertigen Kuchen aus dem Ofen nehmen, glacieren* und als Nachspeise servieren.

### *Tausendblätterkuchen*

Sie bereiten Blätterteig vor und zerteilen diesen in fünf Portionen, wovon eine doppelt so groß sein sollte wie die anderen. Die vier kleineren walken Sie zur Dicke eines Ein-Franc-Stückes aus und formen daraus den Körper des Kuchens. Die fünfte, größere setzen Sie auf diesen Körper und bestreichen alle Seiten mit Ei. Den Kuchen im Ofen backen; wenn Sie möchten, können Sie den Deckel glacieren*. Nach dem Backen kommt auf jede Lage die Konfitüre, die Sie bevorzugen. Legen Sie Lage auf Lage, wobei jede mit einer anderen Konfitüre bestrichen werden sollte. Auf die letzte Teigplatte wird der Deckel gesetzt und so zurechtgeschnitten, dass er auf die vier unteren Lagen passt. Mit Ei bestreichen, mit verschiedenen Konfitüren Muster zeichnen und als Hauptstück der Nachspeisenfolge servieren.

### *Kuchen à la Madeleine*

Sie trennen Dotter und Klar von zehn Eiern, schlagen die Dotter mit 375 gr Puderzucker, einer Messerspitze fein gehackter Limone und etwas feinem Salz. Fügen Sie ein halbes Pfund feines Mehl hinzu und verrühren Sie alle diese Zutaten gut. In diese Masse kommt ein schönes Stück zerlassene Butter. Schließlich heben Sie das zu steifem Schnee geschlagene Eiklar unter die Masse und rühren den Teig fertig. Nun buttern Sie kleine Madeleine-Förmchen, füllen den Teig hinein, backen die Kuchen im mäßig heißen Ofen und servieren.

Sie können statt der kleinen Förmchen eine große Form nehmen. Wenn der Kuchen fertig ist, können Sie ihn in beliebige Formen schneiden.

### *Kuchen à la reine*

Ein Pfund süße Mandeln schälen und zerstoßen, ein Pfund Zucker und vier Eiklar untermischen, wobei das Eiklar nach und nach zur Masse gegeben wird. Aus diesem Teig formen Sie kleine Kuchen, die Sie nach Belieben dekorieren und auf einem Blech bei mäßiger Hitze backen. Glacieren* bzw. maskieren* und servieren.

### *Mandelkuchen*

Sie bereiten einen Mürbteig aus Butter, zwei bis drei Dottern und Mehl vor, fügen Zucker, 125 gr geriebene Mandeln, eine gute Messerspitze Salz und etwas Orangenblüten-Wasser hinzu. Den Teig gut verarbeiten und verkneten, er sollte Körper haben. Auf gebuttertem Backpapier ausrollen, mit Ei bestreichen und backen.

### *Pithiviers-Kuchen*

Sie reiben die Mandeln wie für den obigen Kuchen, fügen 250 gr Puderzucker, etwas fein gehackte Zitronenschale und ein halbes Pfund feine Butter hinzu. Während des Rührens kommen nach und nach sechs Eier in die Mandelmasse. Den Kuchen wie den Mandelkuchen fertig stellen.

### *Kleine polnische Kuchen*

Sie nehmen so viel Blätterteig, wie Sie Kuchen haben möchten, verarbeiten ihn sorgfältig und rollen ihn etwa 6 mm dick aus. Dieser Teigboden wird in kleine Quadrate zerteilt. Die Vierecke auf der Oberseite leicht befeuchten und die vier Ecken zusammenschlagen. Diese Täschchen auf ein Blech legen, mit Ei bestreichen und in den Ofen schieben. Wenn sie fast fertig sind, streuen Sie Zucker darauf und schieben sie in den heißen Ofen zurück, so dass sie hübsch goldbraun werden. Legen Sie in die Mitte jedes Täschchens eine Kirsche oder eine Sauertraube und arrangieren Sie diese Nachspeise appetitlich auf einem Teller.

### *Liebesbrunnenkuchen*

Blätterteig auf 4,5 mm Dicke ausrollen und einen Teller darauf legen, der so groß sein sollte wie Ihr fertiger Kuchen. Den überschüssigen Teig rundherum abschneiden und den Kuchenboden auf ein Blech legen. Nun nehmen Sie einen etwas kleineren Teller und legen diesen auf ein weiteres Stück Teig, halbieren den so entstandenen Teigkreis und schneiden ein rundes Stück von etwa sechs Zoll im Umfang aus. Auf diese Weise erhalten Sie ein rundes Teigband, das Sie auf den ersten Kreis legen. Sie wiederholen diesen Vorgang viermal und legen die so entstandenen Bänder jeweils auf den Teigboden, so dass ein Brunnen entsteht. Dieser wird mit Ei bestrichen und gebacken. Wenn er fast fertig ist, bestreuen Sie den Teigbrunnen mit Zucker und glacieren* ihn. Das Innere des Brunnens mit verschiedenen Konfitüren füllen. Sie können diesen Kuchen mit kleinen Crèmekrapfen umgeben, die zu einem Liebesband verbunden werden.

### *Compiègnekuchen*

Sie passieren 125 gr feines Mehl und formen zwei Hügel mit je einer Mulde. Der kleinere Hügel, etwa ein Viertel des Mehls, wird mit in Milch aufgelöster Hefe vermischt, wobei Sie etwas mehr Hefe nehmen als für die ▸ Brioche. Den Hefeteig steigen lassen und in die Mulde des großen Mehlhügels eine Unze* Salz streuen, ein großes Glas Wasser darauf gießen und eine gute Hand voll Zucker hinzufügen. Schließlich kommen die fein gehackten Schale zweier Zitronen und etwas fein gewürfeltes Zitronat dazu. Beide Teigportionen wie für eine Brioche verkneten, aber nicht so fest werden lassen. Eine Form buttern und den Teig hineinlegen. Rasten und steigen lassen und nach höchstens zwei Stunden in den gut beheizten Ofen schieben. Aus der Form stürzen und kalt als Hauptstück der Nachspeisenfolge servieren.

### *Briekuchen*

Sie nehmen feinen Brie und verkneten ihn mit einem Liter Mehl, 90 gr Butter und wenig Salz. Fünf bis sechs Eier darunter mischen und den Teig gut mit der Handfläche kneten. Etwa eine halbe Stunde rasten lassen, dann mit einem Nudelholz ausrollen und zum Kuchen formen. Mit Ei bestreichen, backen und servieren.

### *Gefüllter Kuchen*

Sie formen zwei gleiche Kuchen aus Blätterteig und bestreichen den einen mit Marmelade, wobei rundherum ein fingerdicker Rand frei bleiben sollte. Der zweite Kuchen wird auf den ersten gesetzt und fest auf den unteren gedrückt. Die Ränder mit den Fingern zusammenpressen, den Kuchen mit Ei bestreichen und backen.
Der fertige Kuchen wird mit Butter bestrichen, mit Zucker oder bunten Streuseln bestreut und schließlich mit der roten Schaufel* glaciert.

### *Englischer Kuchen*

Mehl mit Milch und Obers* verrühren, ein halbes Pfund fein gehackte Rosinen, ebenso viel Rindsfett, Koriander, geriebene Muskatnuss, Orangenblüten-Wasser und Branntwein hinzufügen. Alle Zutaten gut vermischen, eine Kasserole buttern und den Kuchen darin backen. Kurz vor dem Servieren mit Zucker glacieren*.

### *Gâteau royal*

Sie schneiden eine Kalbsnuss zur Größe eines Tellers zurecht und spicken sie mit durchwachsenen Speckstiften. Eine zweite Kalbsnuss ebenso zuschneiden, aber nicht spicken. Eine kleine Kasserole mit Speckscheiben auslegen, die gespickte Kalbsnuss mit dem Speck nach unten in die Kasserole legen, mit etwas ▸ Farce bestreichen und einen kleinen Farce-Rand formen. Darauf gießen Sie ein Ragoût aus grünen Trüffeln und Foie gras, belegen das Ragoût wiederum dünn mit Farce und legen auf alles die zweite Kalbsnuss. Den Kuchen mit Ei bestreichen, mit ein oder zwei Speckscheiben belegen und im Ofen backen. Mit einer Schinken- ▸ Essenz und Zitronensaft servieren.

### *Frascatikuchen*

(aus dem »Cuisinier de tous les pays« von Urbain Dubois)

Sie backen ein feines Orangen-Biscuit in einer runden Form. Wenn es gebacken ist, stürzen Sie es auf ein Blech und schneiden es in Scheiben von 1 cm Dicke auf. Diese Scheiben werden jeweils geviertelt und auf einem Teller neuerlich zu einem ganzen Kuchen zusammengesetzt. Bevor Sie diesen Kuchen formen, gießen Sie aber auf jedes Viereck etwas englische Crème mit Orangengeschmack und bestreuen es mit fein gehacktem Orangeat. Wenn der Kuchen fertig zusammengesetzt ist, legen Sie rund um seine Basis in Butter gedünstete Apfelhälften. Diese sollten noch fest sein, mit Marillen*-Marmelade bestrichen und mit Mandelsplittern gespickt, mit Zucker bestreut und im Ofen glaciert* worden sein. Eine Apfelhälfte wird auf den Kuchen gesetzt und dieser in Begleitung einer Saucière mit englischer Crème serviert.

### *Savarinkuchen*

Etwas Bierhefe und Obers* werden miteinander verrührt, drei Eier, ein Viertelkilo Zucker, 750 gr zerlassene Butter, ein Liter Mehl und sehr wenig Salz hinzugefügt. Alles gut verkneten und so viel Obers dazugießen, dass der Teig weich bleibt. Eine Torten-Springform buttern und den Boden mit geschälten, fein gehackten Mandeln bestreuen. Die Form zu drei Vierteln mit dem Teig füllen und in einen sehr schwach beheizten Ofen schieben, um den Teig steigen zu lassen. Wenn er hoch genug ist, wie eine ▸ Brioche backen. Den fertigen Kuchen aus der Form nehmen und mit einer Mischung aus Kirschwasser und Zuckersirup, der bis zum starken Flug* gekocht wurde, einer Messerspitze Vanillepulver und etwas Mandelmilch vorsichtig übergießen, so dass der Kuchen den Sirup gut aufsaugen kann. Diese Mischung verleiht dem Kuchen ein exquisites Aroma. Sie können ihn heiß oder kalt servieren.

## KÜRBIS

Es gibt riesige Kürbisse. Man berichtet von Exemplaren, die mehr als 100 kg wogen. Mit Kürbis macht man ausgezeichnete Suppen, Crèmes, Torten und andere delikate Süßspeisen.

### *Kürbiskuchen à l'antiquaille*

Sie würfeln einen Kürbis grob und dünsten ihn in einer Kasserole, bis er zu dickem Brei geworden ist, dann geben Sie das Kürbispüree mit Butter in eine zweite Kasserole und fügen einen Löffel in Milch aufgelöste Kartoffelstärke und Zucker nach Geschmack hinzu. Köcheln lassen und, wenn der Kürbis eingedickt ist, herausnehmen und abkühlen lassen. Nun verrühren Sie das Kürbispüree mit drei Dot-

tern, sechs zerstoßenen Makronen, vier Messerspitzen kandierter Orangenblüte und dem Schnee von einem Eiklar.
Eine Kasserole wird gebuttert, Boden und Wände werden mit Bröseln ausgekleidet, bevor die Kürbismasse darin mit Unter- und Oberhitze gebacken wird, wobei Sie die Kasserole zudecken, auf heiße Asche stellen und Glut auf den Deckel legen. Wenn der Kuchen eine schöne Farbe hat, stürzen Sie ihn auf einen Teller und stellen ein Schüsselchen dazu, in dem Sie Obers* mit Dottern gebunden und mit süßem Muskatwein aus Lunel verfeinert haben. Dies gibt eine vorzügliche Nachspeise.
Sie können das Gericht auch mit kandierten Mandeln garnieren.

*Kürbis mit Kirschwasser*

Sie bereiten, wie oben angegeben, ein Kürbispüree zu, gießen dieses in eine Schüssel, glacieren* es mit Karamel und servieren es heiß. Jeder Gast gießt nach Belieben Kirschwasser dazu.

*Kürbis mit Parmesan*

Sie würfeln einen Kürbis, kochen ihn eine Viertelstunde in Salzwasser, und lassen ihn dann abtropfen. In einer zweiten Kasserole werden die Kürbiswürfel in Butter, Salz und Gewürzen gebraten, dann auf einen Teller gelegt, mit geriebenem Käse bedeckt, im Ofen gratiniert und serviert.

*Gebackener Kürbis*

Den Kürbis wie oben kochen, dann mit Butter, geriebenem Käse und sechs verquirlten Eiern dünsten und alles gut verrühren. In eine gebutterte Schüssel geben, mit Ei bestreichen, mit Zucker bestreuen und im Ofen bräunen.

## KURKUMA oder TERRA MERITA

Eine orientalische Wurzel, die wie Safran dazu dient, Speisen gelb zu färben. Kurkuma ist ein Bestandteil des Curry-Pulvers, welches man in Indien sehr häufig benützt und das auch in Europa in einige Speisen Eingang gefunden hat.
Wir haben bereits erwähnt, dass Curry sich aus 120 gr sehr scharfem rotem Pfeffer, 90 gr Kurkuma, 30 gr Pfeffer, 30 gr Gewürznelken und etwas Muskatnuss zusammensetzt, wobei alle Zutaten in feiner Pulverform verwendet werden.

Die Engländer geben Rhabarber dazu. Man weiß ja, dass sich die Engländer unter anderem mit dem Verzehr von Rhabarbertorten oder -pastetchen die Zeit vertreiben, und sie haben diese Mode bei den Pâtissiers von Saint-Honoré in Paris eingeführt.

## KUTTELFLECKE

### *Zur Zubereitung von Rinds-Kuttelflecken*

Sieben Städte haben sich um die Ehre gestritten, welche von ihnen Homer zur Welt gebracht habe; Frankreich und Italien streiten sich um die Ehre, herausgefunden zu haben, wie man Rinds-Kuttelflecke zubereitet. Wir persönlich würden den anderen diesen Platz überlassen, hätten wir dazu das Recht, aber wir sind bestimmten Verpflichtungen unterworfen und werden unseren Anteil nur mit großem Vorbehalt abtreten.

Sie reiben und waschen die Kuttelflecke in einem ganzen Meer von Wasser, schneiden sie danach in drei Finger breite Stücke, kochen sie mit einem dicken Büschel Petersilie und Thymian, fügen Butter und Knoblauch hinzu, salzen, pfeffern und geben schließlich drei bis vier große Zwiebeln dazu. Nun kochen Sie alle Zutaten zwei gute Stunden lang, ziehen dann alle Kuttelflecke heraus und lassen diese abtropfen. Man kocht Kuttelflecke üblicherweise auf diese Art, bevor man sie einer weiteren Zubereitung unterzieht.

### *Kuttelflecke à la mode de Caen*

Wenn Sie die Kuttelflecke abgekratzt und in wechselndem Wasser mehrfach gewaschen haben, blanchieren* Sie sie in kochendem Wasser und wässern sie dann vierundzwanzig Stunden lang in kaltem Wasser, das Sie mehrmals erneuern.

Zur weiteren Verarbeitung versehen Sie einen Schmortopf mit Zwiebelringen, Karottenscheiben, Speck, Gewürznelken, einem Bouquet garni*, Knoblauch, einem Lorbeerblatt, grobem Pfeffer und einem Stück von einem Rindsfuß. Die abgetropften Kutteln werden mit Salz und geriebener Muskatnuss gewürzt, mit einer Schinkenkeule in den Topf gelegt, mit einem Wein-Wasser-Gemisch übergossen und mit Speckscheiben bedeckt.

Den Topf zudecken und mit Teig hermetisch verschließen, sieben Stunden lang bei sehr kleiner Hitze im Ofen garen und den Schmorfond entfetten und binden. Heiß servieren.

### *Gegrillte Rindskuttelflecke*

Der festeste Teil der Kutteln ist der beste. Nachdem Sie diesen Teil gut abgekratzt und gewaschen haben, kochen Sie die Kutteln mit Karotten, Zwiebeln, Petersilie, Lorbeer, Thymian, Gewürznelken, Salz und Pfefferkörnern. Wenn die Kutteln gar sind, abtropfen lassen und in vier Finger breite Scheiben zerteilen, mit zerlassener Butter oder Öl übergießen und Zwiebeln, ganz wenig Knoblauch, Salz und Pfeffer hinzufügen. In Weißbrotflocken hüllen und die panierten Kutteln grillen, um sie dann mit einer ▸ pikanten Sauce zu essen. Man kann Kuttelflecke übrigens wie Rindsgaumen à l'italienne, à la française, à la lyonnaise, à la milanaise, à la ▸ Sauce Robert und à la provençale zubereiten.

### *Rindskuttelflecke im Schweinsnetz*

Nachdem Sie die Kuttelflecke gekocht haben, schneiden Sie sie in kleine Würfel und würfeln auch die gleiche Menge Champignons und ein halbes Pfund Speck; fügen Sie Weißbrot ohne Rinde und zwei Dotter hinzu und verkneten Sie alle Zutaten zu einem glatten Teig, den Sie mit Salz, Pfeffer, geriebener Muskatnuss, Gewürznelken und einer Knoblauchzehe würzen. Wickeln Sie nun eigroße Portionen dieses Teigs in Rechtecke, die Sie aus einem Schweinsnetz ausgeschnitten haben, drücken Sie die Bällchen flach und legen Sie sie vor dem Servieren einige Augenblicke auf den Grill. Auf dem Servierteller übergießen Sie die Kuttel-Nockerln* mit ▸ Tomatensauce.

### *Rindskuttelflecke à la lyonnaise*

(nach einem Rezept von Lucotte)

Sie rösten etwa ein Dutzend geviertelte Zwiebeln in Butter goldblond an, fügen einen Löffel Mehl hinzu und binden den Zwiebelsaft. Nun gießen Sie mit einer Flasche Weißwein auf, geben Champignons, Salz und Pfeffer dazu und dünsten die Kuttelflecke auf kleiner Flamme. Vor dem Servieren träufeln Sie Limonensaft darüber.

### *Kuttelfleck-Fricassée*

Die Kuttelflecke sorgsam abkratzen, waschen und in kochendem Wasser abbrühen, das Sie drei- bis viermal wechseln. Schließlich in kaltem Wasser abschrecken, dann mit Zwiebelringen, Knoblauch und Gewürznelken kochen. Abtropfen lassen, mit einem Butter-Mehl-Gemisch, das in Suppe getaucht wurde, umgeben, Champignons hinzufügen, die Sauce mit Dottern binden und die Kutteln mit Limonensaft servieren.

### *Kuttelflecke in pikanter Sauce*

Nachdem die Kutteln gut gewaschen wurden, schneidet man Rechtecke daraus, legt diese mit einem Bouquet garni*, einigen Zwiebeln, Salz, Pfeffer, zwei Löffeln Bouillon und etwas Senf in eine Kasserole, bindet und vermischt alle Zutaten gut und lässt sie dann abkühlen. Dies ist ein besonders schwer verdauliches Gericht.

# L

## LACHS

Er kommt im Norden wie im Süden vor, ist während der warmen Jahreszeit ein Süßwasserfisch und während der übrigen ein Seefisch. Im Frühling verlässt er das Meer um zu laichen und reist in großen Gruppen. Unter diesen Nomaden herrscht bemerkenswerte Ordnung, sie schwimmen in Zweierreihen, die sich an der Spitze vereinen. In ebendieser Formation reisen Zugvögel. Sie steigen langsam, spielerisch auf und erzeugen dabei mächtigen Lärm. Sobald sie sich aber bedroht fühlen, kann das Auge mit ihrem plötzlichen Tempo nicht mit, das dem eines Blitzes nicht nachsteht. Sie lassen sich weder von Sperren noch von kleineren Wasserfällen aufhalten und überwinden diese, indem sie sich seitlich auf einem Stein abstützen und sich heftig biegen, um sich dann mit einem gewaltigen Sprung in die Luft zu schleudern und das Hindernis zu überfliegen. So schwimmen sie Flüsse, manchmal über achthundert Meilen vom Meer, stromaufwärts. Man fängt den Lachs zwischen Oktober und Februar.

### *Gerollter Lachs à l'irlandaise*

Sie nehmen einen halben Lachs, entgräten und blanchieren* ihn und bestreichen die Innenseiten mit einer Mischung aus Pfeffer, Salz, Muskatnuss, einigen fein gehackten Austern, Petersilie und entrindetes Weißbrot. Dann rollen Sie den Lachs zusammen, legen ihn in eine Schüssel und backen ihn im heißen Ofen. Servieren Sie ihn mit seinem Bratensaft.

### *Lachs nach Genfer Art*

Sie legen einen verschnürten Lachskopf mit Zwiebelringen, Karottenschalen, einem Büschel Petersilie und Schnittknoblauch*, ein bis zwei Gewürznelken, Salz und Fines Épices* in eine Kasserole und begießen alles mit Rotwein. Darin kochen Sie den Lachs und passieren dann den Kochsud durch ein Seiden-Seihtuch in eine andere Kasserole. Fügen Sie dem Sud so viel ▸ Roux hinzu, wie Flüssigkeit da ist, und reduzieren Sie alles zur Sauce. Mit Butter montieren*, die Sauce passieren und glatt rühren, den Lachs abtropfen lassen, anrichten und mit Röstbrot-Stücken servieren.

In Genf geht man nie nach diesem Rezept vor, denn die Bewohner trinken den Wein lieber als ihn in einen Kessel zu tun.

### *Gegrillter Lachsschwanz*

Putzen Sie einen Lachsschwanz und legen Sie ihn auf einen Teller. Mit etwas Öl, feinem Salz, Lorbeerblatt, Petersilie und einigen halbierten Halmen Schnittknoblauch* marinieren, den Lachs umdrehen und mit Hilfe eines Kasserolendeckels auf den Grill gleiten lassen. Den Fisch ab und zu mit der Marinade übergießen (der Umfang des Lachsschwanzes bestimmt die Garzeit). Um zu prüfen, ob er gar ist, ziehen Sie das Fleisch nahe der Wirbelsäule leicht auseinander. Es sollte nicht mehr rot sein. Nach dem Grillen stürzen Sie den Lachsschwanz auf den Deckel, ziehen die Haut ab, gießen eine Buttersauce über das Fleisch und streuen Kapern oder in Essig eingelegte Blüten der Kapuzinerkresse darüber.

### *Sautierter Lachs*

Sie häuten ein Stück rohen Lachs und schneiden den Fisch in dünne Schnitzel, die Sie mit dem Messerstiel flachdrücken. Den Messerstiel zuvor in Wasser tauchen, damit kein Fleisch an ihm haften bleibt. Nun legen Sie die Lachsschnitzel nebeneinander – nicht übereinander – in zerlassene Butter und bestreuen sie mit feinem Salz und grobem Pfeffer. Für Festtage geben Sie nun sechs Esslöffel reduziertes ▸ Velouté in eine Kasserole, für Fastentage etwas magere ▸ Espagnole und ein Stück Butter von der Größe zweier Eier. Die Sauce erhitzen und binden, die Lachsschnitzel braten, einmal umdrehen und nach dem Braten abtropfen lassen. Legen Sie die Lachsstücke als Kranz rund um die Tellermitte auf und garnieren Sie den Teller hübsch. Entfernen Sie einen Teil der Butter aus dem Bratenfond und gießen Sie diesen zu Ihrer Sauce, die nochmals etwas reduziert und gebunden werden sollte. Mit Zitronensaft, Petersilie und Muskat verfeinern.

### *Lachs-Galantine*

Sie nehmen den Rumpf eines dicken Lachses, schneiden ihn bauchseitig auf, entfernen die Rückengräte und legen den Lachs auf einem Leinentuch auf. Nun spicken Sie ihn mit weißem Speck, Anchovis, mariniertem Thunfisch, Essiggurken und Trüffeln und verteilen auf dem ganzen Lachs Fisch-Nockerln* Ihrer Wahl. Geben Sie dem Lachs seine ursprüngliche Form wieder und wickeln Sie ihn fest in ein Tuch. Nun soll er in einer ▸ Court-Bouillon garen und dann auskühlen. Auspacken, putzen, auflegen, glacieren* und mit Röstbrot-Stücken garnieren. Mit Montpellier-Butter servieren.

### *Heiße Lachs-Pastete*

Sie entfernen die Haut von einem Stück Lachs, spicken das Fleisch mit Aalstreifen und Anchovis-Filets, braten den Lachs mit einigen Fines Herbes* in Butter an, wie es beim Stör en fricandeau beschrieben wird, würzen mit Salz, grobem Pfeffer und anderen Gewürzen. Nach dem Braten soll der Lachs auskühlen. Inzwischen bereiten Sie mit Fines Herbes und Fisch-Nockerln* eine Fülle zu, die Sie in ▸ Pastetenteig backen. Mit einer ▸ Sauce italienne servieren.

### *Räucherlachs*

Sie nehmen geräucherten Lachs, schneiden ihn in feine Scheiben, gießen Öl auf einen Silberteller und sautieren die Lachsscheiben. Wenn sie angebraten sind, gießen Sie nochmals Öl darauf, beträufeln alles mit Zitronensaft und servieren.

### *Salz-Lachs*

Wässern Sie einen eingesalzenen Lachs und legen Sie ihn dann in eine Kasserole mit kaltem Wasser um ihn zu kochen. Das Wasser abschäumen und knapp vor dem Aufwallen vom Feuer ziehen. Den Topf mit einem Leinentuch zudecken, nach fünf Minuten den Fisch herausnehmen, abtropfen lassen und als Salat servieren.

### *Rheinlachs*

Sie nehmen junge Lachse vom Rhein und kochen sie blau. Diese Lachse werden als Zwischengericht mit einer Sauce aus Olivenöl und dem Saft von Bitterorangen serviert. Leider ist dieser Fisch in Paris fast nie frisch zu kaufen, so dass man ihn etwa braten könnte, obwohl diese Zubereitungsart ihm am besten bekommen würde.

### *Junge Lachse à la poêle*

Sie kochen sie eine Stunde lang auf sanfter Flamme in Fleischbrühe, Champagner und mit einigen Scheiben gekochtem Schinken. Mit einem Bouquet garni*, Schalotten und Quatre-Épices* versehen, die reduzierte Sauce passieren und servieren.

## LAMM

Lammfleisch ist von Dezember bis April gut. Das Lamm muss mindestens fünf Monate alt sein und darf nur mit Milch gefüttert worden sein.
Dem Namen dieses entzückenden kleinen Tieres (franz. agneau) schreibt man einen ganz poetischen Ursprung zu: Die Etymologen des Bukolischen behaupten, er käme vom Verb agnoscere, erkennen, weil es, kaum geboren, seine Mutter erkennt. Tatsächlich folgt es, kaum dass es gehen kann, wackelig und bähend seiner Mutter. Es ist wohl unnötig zu sagen, dass es das Junge von Schaf und Widder ist.
Während der gesamten Antike, und heute noch, war und ist Lamm im Orient die gefragteste Speise. Die Griechen schätzten es sehr und kaum je wurde ein Festessen ohne Lamm als Hauptgericht gegeben. Den Samaritern wurde der übermäßige Genuss dieses Fleisches von einem Propheten als Beispiel exzessiver Völlerei vorgeworfen. Das Fleisch ist weiß, aber saftig und in späteren Zeiten durfte es in Athen nicht gegessen werden.
Zu Urzeiten, als Tauschwaren gängiges Zahlungsmittel waren, gab Abraham dem König Abimelek zum Zeichen seiner Treue sieben Lämmer. Jakob zahlte für ein Feld hundert Lämmer.

### *Lamm auf ungarische Art*

Sie schneiden ein Dutzend große spanische Zwiebeln in Scheiben und geben ein der Menge der Zwiebeln entsprechendes Stück Butter dazu. Bereiten Sie mit Ihrer Butter, Ihren Zwiebeln und ein wenig Mehl einen ▸ Roux vor, wobei darauf zu achten ist, dass die Zwiebeln braun werden, aber nicht anbrennen. Geben Sie ein Bouquet garni* dazu, salzen und pfeffern Sie das Ganze und streuen Sie eine kräftige Prise ungarischen roten Paprika darüber. In Ermangelung dessen nimmt man einen Hauch Cayenne-Pfeffer. Inzwischen haben Sie Ihre Lammbrust in Stücke geschnitten, jedes etwa so groß wie eine Tafel Schokolade, und sie in frischer Butter angebraten. Wenn Sie meinen, dass Ihr Lamm gut angebraten ist, gießen Sie den Inhalt des Topfes, in dem Sie die Zwiebelschwitze mit dem Bouquet garni* zubereitet haben, auf das Fleisch in seiner frischen Butter. Weil ja Zwiebeln nur mit Wasser oder Suppe gedünstet werden können, ansonsten würde man sie nämlich rösten, gießen Sie alle 15 Minuten ein viertel Wasserglas voll guter klarer Rindsuppe darauf, lassen alles fünf Viertelstunden lang köcheln und servieren es dann.

Dies ist eines der besten Gerichte, die ich in Ungarn gegessen habe.

### *Osterlamm à la royale*

Der Brauch, zum Osterfest ein ganzes Lamm zu servieren, hat sich in Frankreich bis Ludwig XIV., ja sogar bis Ludwig XV. gehalten. Hier ist das Rezept, wie man dieses Gericht zubereitete, das uns direkt von den Agapen der ersten Christen überliefert wurde.

Man löste den Nacken eines sechs Monate alten Lammes aus, brach die Brustknochen auf, fixierte die verschnürten Schultern mit Schnüren auf der Brust und brach die Enden der beiden Keulen, welche man ebenfalls festband.

Dann füllte man das Lamm mit einer Farce aus zerstampftem Lammfleisch, den Dottern hart gekochter Eier, entrindetem altbackenem Brot und Fines Herbes* vermischt mit Quatre-Épices*, spickte das Fleisch mit durchwachsenen Speckstiften, briet es auf großem Feuer am Spieß und bot es im Ganzen, als großes Stück, in der Speisenfolge gleich nach der Suppe an, entweder auf ▸ Sauce verte mit Pistazien oder auf einem ▸ Trüffel-Ragoût mit Schinken-▸ Coulis. Der Brauch, dieses alte Gericht zu Ostern bei königlichen Banketten zu servieren, hat sich, wie wir schon erwähnt haben, am französischen Hof lange gehalten und wird heute noch in den großen Häusern befolgt, in denen man die aristokratischen und religiösen Traditionen des 18. Jahrhunderts bewahrt.

### *Lamm in ganzen Stücken mit gefüllten Tomaten*

Nehmen Sie den unteren Teil einer Lammhälfte, bereiten Sie sie für den Spieß vor und umwickeln Sie sie mit gebuttertem Backpapier. Sie braten das Lamm, so dass es innen rosig bleibt, nehmen es dann vom Spieß, richten es an und glacieren* es. Ziehen Sie Papilloten* über den Keulenansatz, garnieren Sie Ihre Lammhälfte mit gefüllten Tomaten und servieren Sie getrennt davon eine ▸ Sauce Duxelles.

Wie Generalfeldmarschall d'Uxelles die Ehre zuteil wurde, einer Sauce seinen Namen zu verleihen, ist nicht darin begründet, dass er, wie M. de Soubise, die Schlacht um Rosbach verloren hätte, noch hat er, wie M. de Richelieu, die Schlacht von Fontenoy gewonnen; es handelt sich bei dieser Namensgebung schlicht um eine Anekdote, die, glaube ich, Saint-Simon erzählt hat.

Mademoiselle Choin, Maîtresse des großen Thronfolgers, hatte ein kleines Hündchen, das sie über alles liebte und das ganz besonders nach gebratenen Kaninchenköpfen verlangte. Jeden Tag erhielt Mademoiselle Choin Besuch vom Generalfeldmarschall d'Uxelles, der zum Abschluss jedes Mal ein strahlend weißes Batisttüchlein aus seiner Tasche zog, in welchem zwei gebratene Kaninchenköpfe eingehüllt waren.

Die gute Mademoiselle Choin wusste dieses Zeichen der Aufmerksamkeit sehr zu schätzen und setzte sich nicht wenig dafür ein, dem Generalfeldmarschall d'Uxelles wieder zu Gunst und Ansehen zu verhelfen, nachdem die Stadt Mainz sich ergeben hatte.

Eines Tages starb der große Thronfolger. Den darauf folgenden Tag, den Tag danach und alle weiteren Tage wartete Mademoiselle Choin vergeblich auf den Generalfeldmarschall. Sie sah weder den Marquis von Uxelles noch seine Batisttüchlein noch seine Kaninchenköpfe jemals wieder. Nicht dem Hund von Mademoiselle Choin hatte er sie gebracht, sondern dem großen Thronfolger.

### *Ganzes Lamm in ▸ Sauce poivrade*

Sie richten ein ganzes Lamm für den Spieß her, stecken es darauf und wickeln es in einige Blätter gebuttertes Backpapier, das Sie wenige Augenblicke vor dem Anrichten herunternehmen, damit das Fleisch knusprig und braun werden kann. Nehmen Sie es dann vom Spieß, richten Sie es auf seinem Teller an und stecken Sie zwei Papilloten* auf die Keulenenden.

### *Lamm-Epigramme mit Spargelspitzen*

Kaufen Sie ein Lamm-Vorderviertel, lösen Sie die Schulter aus und braten Sie diese. Wenn sie gar ist, dünsten Sie die Lammbrust in einem Schmorfond und pressen sie dann zwischen zwei Topfdeckeln. Legen Sie ein Gewicht darauf, um die Brust flach zu drücken, dann

entfernen Sie alle Knochen und bewahren nur jene auf, die Sie später brauchen werden, um Ihren falschen Koteletts Ärmel zu machen. Sie schneiden die Koteletts aus den Rippen des Lammviertels zurecht und putzen diese. Dann legen Sie sie in eine Bratpfanne, streuen etwas Salz darüber, gießen ein wenig Butter oder, noch besser, etwas reduzierte ▸ Sauce à l'allemande hinzu. Nachdem Sie die gegarte Lammbrust so zugeschnitten haben, dass die einzelnen Stücke jeweils ebenfalls wie ein Kotelett aussehen, panieren Sie die Stücke mit Bröseln und Öl und würzen sie.
Braten Sie die echten Koteletts in der Bratpfanne, backen Sie die Bruststücke heraus und lassen Sie dann von beiden das Fett abtropfen. Stecken Sie in jedes falsche Kotelett die Hälfte eines spitz zugeschnitzten Knochens, so dass Ihre falschen Koteletts je eine Rippe erhalten. Nun legen Sie abwechselnd je ein Stück gebackene Brust und ein gebratenes Kotelett rund um eine ▸ Croustade herum auf, garnieren Letztere mit Spargelspitzen und richten getrennt davon eine dünne ▸ Sauce Béchamel an.
Sie können die Lammbrust auch mit Erbsen, einer Gemüse-Macédoine, mit Fisolen*, mit Kardonenpüree usw. garnieren, wobei Sie immer die Béchamel oder auch eine Demi-Glace* oder eine andere Sauce Ihrer Wahl in einer Saucière auf den Tisch stellen.
Als Garnitur gehen auch ein reduziertes ▸ Velouté mit Champignon- ▸ Essenz oder eine Gurkengarnitur. Die Sauce à l'allemande muss gesondert serviert werden.

### *Lammrücken auf englische Art*

Die doppelten, miteinander verbundenen Filets sind der beste Teil des Lamms. Man brät sie und serviert sie als Folgegericht einer Suppe oder als Seitengericht. Als Begleitung bereitet man eine ▸ Sauce anglaise zu, hoch geschätzt von allen jenen Pariser Feinschmeckern, denen unsere zweihundertsiebzehn Jahre dauernden Kriege mit England keinen unüberwindlichen Abscheu vor allem, was vom anderen Ufer des Ärmelkanals kommt, eingeflößt haben.
Gießen Sie einen Viertelliter klare Bouillon in einen Topf, dazu eine Prise gehackten grünen Salbei und lassen Sie die Suppe fünf Minuten kochen. Nun geben Sie zwei zerstoßene Schalotten dazu, zwei oder drei Löffel Essig aus Orléans*, 60 gr Zucker und ein wenig schwarzen Pfeffer. Salzen, passieren und diese Sauce gesondert in einer Saucière servieren.

Der Autor der »Mémoires de la Marquise de Créqui«, von dem wir dieses Rezept haben, hat die Gelegenheit beim Schopf gepackt, jenen exklusiven Schlemmern die Leviten zu lesen, die aus Patriotismus nichts von ausländischer Küche auf dem französischen Tisch wissen wollen.

»Man findet immer noch«, so sagt er tief indigniert, »eingebildete Feinschmecker, die sich über die Mischung von Zuckrigem mit Saurem oder mit salzigem Fleisch entrüsten, eine Mischung, die in manchen Fällen ungeheuer wohlschmeckend sein kann. Nichts bleibt so hartnäckig wie die sich gegen den kulinarischen Fortschritt stemmenden starrköpfigen Ewiggestrigen, wo doch dieser Fortschritt nur möglich wäre, würde jedes Volk mit kosmopolitischem Bewusstsein seinen nationalen Vorurteilen abschwören.«

Nach dieser Einladung zum Eklektizismus empört sich der Autor der »Mémoires de la Marquise de Créqui« als wahrhaft aristokratischer Feinspitz, der er ist, über den Hofpräfekten, den Grafen von Bausset, der in den Tuilerien zum kaiserlichen Dîner eine Lammkeule am Spieß als Bratengericht im zweiten Gang servieren ließ.

»Jedermann«, so sagt er überrascht, »konnte in der ersten Auflage der Memoiren des Grafen von Bausset, dem Palastpräfekten und Kammerherrn von Kaiser Napoleon, zwei Menüfolgen nachlesen, aus denen hervorgeht, dass dieser kaiserliche Beamte seinem Herrn in den Tuilerien zum Dîner eine Lammkeule am Spieß als Bratengericht im zweiten Gang auftragen ließ. Das hätte ein drittklassiger Maître d'hôtel auf dem anderen Seine-Ufer oder im Faubourg Saint-Honoré nicht geduldet, wo das Publikum ebenso fein ist wie in Saint-Germain. Nicht zu vergessen, dass das übrige und damit das gesamte so seltsame Menü, das der Graf von Bausset veröffentlicht hat, sich dermaßen vulgär und bar jeglicher feinen Umgangsart darstellt, dass die Gewohnheiten der kaiserlichen Familie und das Savoir-vivre ihrer hohen Offiziere beträchtlich im öffentlichen Ansehen gelitten haben.«

Die indiskrete und vollkommen unnötige Veröffentlichung hatte allgemeines Erstaunen hervorgerufen und derart schimpfliche Folgen gehabt, dass der kaiserliche Präfekt glaubte, dieses Dokument aus der letzten Ausgabe seiner Memoiren streichen zu müssen, was wahrlich das Beste war, um den Ruf eines so großen Mannes und die Ehre der Palastbediensteten zu retten.

Courchamps war ein Mann der alten höfischen Sitten, der mit Etiquette, vor allem mit der kulinarischen, nicht zu spaßen pflegte.

### *Gebratenes Lammviertel*

Viertel nennt man die Keule mit Lendenstück bis zu den unteren Rippen.

Der untere Teil der Keule wird abgesägt, der obere Lappen, wenn kein englischer Spieß vorhanden, verschnürt und mit einem Eisenspießchen durchbohrt. Das Lammviertel mit befettetem Backpapier umwickeln und beim Braten immer wieder mit Butter oder Schmalz übergießen. Nach 45 Minuten aus dem Papier nehmen, mit Brotbröseln bestreuen, bräunen, salzen, vom Spieß nehmen, auf einem Servierteller anrichten und eine Manschette über das Keulenende ziehen. Dazu einen guten ▸ Jus servieren.

In England serviert man Lammviertel mit einer süß-sauren Sauce aus Schalotten und frischer Minze in einem Essig-Wasser-Gemisch mit Salz und Zucker.

### *Lammviertel nach Art des Maître d'hôtel*

Nehmen Sie Ihr Lammviertel vom Spieß, schneiden Sie es unter den Rippen ein und führen Sie in den Schnitt eine Kugel jenes kalten Gemischs ein, das wir Maître d'hôtel nennen und von dem wir hier das, wie wir meinen, beste Rezept preisgeben wollen:

Sie nehmen 125 Gramm der besten Butter, fügen ausreichend Salz sowie eine Prise geriebene Muskatnuss und drei kräftige Messerspitzen Fines Herbes* hinzu, welche Sie im folgenden Verhältnis mischen: ein Viertel Kerbel, eine Hälfte Petersilie, ein Viertel Kresse, ein Viertel Pimpernelle (so im Original, Anm. d. Übersetzerin) und zwei oder drei Blätter Estragon. Sie mischen alle diese fein gewiegten Kräuter zur kalten Butter, kneten gut durch und fügen den Saft einer großen Zitrone und einen rohen Dotter hinzu. Bewahren Sie diese kalte Sauce im Keller auf, um sie nach Bedarf zu verwenden.

### *Lammkeule*

Braten Sie die Keule am Spieß und präsentieren Sie sie als Entrée auf ▸ Sauerampfer-Püree, auf einer ▸ Tomatensauce oder auf einer pikanten Sauce mit grünen Kräutern, die man im Volksmund ▸ Sauce au vert-pré nennt.

### *Lamm-Innereien*

Seit man alle Innereien und die wichtigsten Teile des Kopfes getrennt verarbeitet, hat man auch erkannt, dass jeder Teil besonderer

Würzung und Zubereitung bedarf. Da jedoch bestimmte Feinschmecker mit religiösem Ernst auf die Speisen unserer Vorväter zurückgreifen, sei hier erklärt, dass man früher den Kopf, das Herz, die Lunge, das Bries, die Leber und die Füße des Lamms nahm und sie gemeinsam in einem ▸ Blanc dünstete, um sie in einer Legierung aus rohen Eiern und Zitronensaft in ihrem Topf als Suppe, manchmal auch als Entrée zu servieren. Ein altes Ragoût, das bei Magen- und Darmentzündungen heilend wirkte.

### *Lammbrust mit grünen Ribiseln**

(nach Chevriot, dem Küchenchef von König Stanislas Leszczynski)

Nehmen Sie die Brust zweier Lämmer, die Sie mit einigen mageren Kalbsscheiben und etwas rohem Schinken dünsten. Nach eineinhalb Stunden Garzeit nehmen Sie sie heraus, entfernen die Fäden, lassen die Brust zwischen zwei Topfdeckeln auskühlen, tauchen sie in warme Butter und panieren sie. Dann grillen Sie sie auf kleinem Feuer und mit Unter- und Oberhitze, so dass sie schön goldbraun wird. Servieren Sie dieses Entrée auf einem mit Muskat und saurem Traubensaft gewürzten Ragoût aus grünen Ribiseln*.

### *Lamm-Galantine*

Sie lösen ein ganzes Lamm aus, nehmen einen Teil des Keulenfleisches, ebenso viel Schweineschmalz sowie in Milch getauchtes und gut abgetropftes Weißbrot. Hacken und zerstoßen Sie alles, um daraus einen Teig zu machen, in den zwei Eier, Pfeffer, Salz und Quatre-Épices* gemischt werden. Die Lamm-Galantine braucht mindestens eine gute Stunde Garzeit (für alles Weitere siehe Hühner- oder Puten-Galantine).

### *Lammbrustschnitten mit Spargelspitzen*

Schneiden und putzen Sie das zarte Brustfleisch zweier Lämmer, legen Sie es in eine Pfanne und lassen Sie es mit ein wenig Suppe so lange köcheln, bis die Flüssigkeit zur Glace reduziert wurde. Dann nehmen Sie Spargel und zarte Erbsen, blanchieren* diese in kochendem, leicht gesalzenem Wasser, schöpfen den Schaum ab, lassen alles eine Viertelstunde weiterkochen, legen das Gemüse danach in kaltes Wasser, lassen es in einem Sieb abtropfen und richten es mit einer ▸ Sauce à la poulette oder in einer mit zwei Dottern gebundenen, mit einem halben Teelöffel Zucker verfeinerten klaren Rindsbrühe an. Das Spargel-Ragoût kommt in die Mitte des Tellers und die in der Hitze glacierten* Bruststücke werden rundherum dressiert.

### *Lammbrust mit Erbsen*

Gehen Sie wie oben vor, aber blanchieren* Sie das Gemüse nicht und schrecken Sie es nicht ab. Fügen Sie diesem Ragoût ein paar Blätter Bohnenkraut hinzu, dessen Geschmack sich angenehm mit dem der Erbsen verbindet.

### *Lammfilets nach Condé*

Sie schneiden aus dem Rücken zwischen Karree und Hals Filets heraus und richten diese zum Braten her, nachdem Sie sie mit Anchovis, Trüffeln und Essiggurken gespickt haben. Marinieren Sie das Fleisch in mit gutem Öl vermischter Butter und panieren Sie die Filets mit Pilzen, Schnittknoblauch*, Schalotten und Kapern, die Sie alle so fein wie möglich gewiegt haben. Dazu kommen Salz, Pfeffer, Quatre-Épices*, Basilikum-Pulver, Brösel und die Dotter zweier hart gekochter Eier. Ein paar Streifen Schweinsnetz sollen dazu dienen, die mit obigen Zutaten panierten Filets zusammenzuhalten. Spießen Sie sie, in befettetem Backpapier eingewickelt, auf kleine Stäbchen. Wenn sie fertig gebraten sind, ziehen Sie sie von den Stäbchen, lassen das Fett abtropfen und bedecken die Filetstücke mit einer Sauce aus etwas Kalbsfond mit Zitronenscheiben und geriebenem Muskat. Diese Sauce muss auf dem Herd bis zur richtigen Konsistenz reduziert werden.

### *Lammscheiben à la Landgrave*

Schneiden Sie ein Lammfilet in Scheiben, salzen Sie es und geben Sie Quatre-Épices* sowie etwas Paprika dazu. Sie braten das Fleisch und stellen es warm. Nun mischen Sie 125 gr Bouillon mit einem halben Teelöffel Roggenmehl in einem Topf, fügen die Lake von eingelegten Nüssen und ein wenig Catchup sowie auch etwas Champignon- ▸ Essenz und 30 gr frische Butter hinzu. Lassen Sie alles aufkochen und rühren Sie dabei unentwegt um. Dann legen Sie die Lammscheiben hinein, die Sie servieren können, nachdem die Sauce passiert wurde.

*Lamm-Cromesquis (polnisches Ragoût)*

Sie schneiden halbfertig gebratenes und ausgekühltes Lammfleisch auf und würfeln es, ebenso einige in einem ▸ Blanc gegarte Champignons und Kalbseuter. Nun geben Sie ein taubeneigroßes Stück Fleisch- ▸ Glace und ein wenig Fleischbrühe in einen Topf, erhitzen diese und fügen Ingwer und Pfeffer hinzu. Mit Dotter legieren und Kalbseuter, Champignons sowie Lammfleisch in diesen Fond geben. Wenn alles ausgekühlt ist, teilen Sie die Masse in längliche, etwa wie Kroketten geformte Nockerln*, umwickeln jedes mit einem Streifen Kalbseuter, tauchen die Nockerln in ▸ Backteig und werfen sie in die Bratpfanne. Wenn sie schön braun sind, servieren Sie sie mit einer ▸ pikanten Sauce oder mit gerösteter Petersilie.

*Lamm-Ratonnet*

Sie schneiden Lammnuss in dünne Scheiben, klopfen diese, würzen sie mit Salz, Pfeffer, Fines Herbes*, Fines Épices*, Petersilie, Schnittknoblauch*, einer Knoblauchzehe, einem Glas Öl und Zitronensaft. Die Lammscheiben zwei Stunden marinieren, dann mit einer Geflügel- ▸ Farce bestreichen, einrollen, mit einem Spießchen oder Brathäkchen feststecken und die Enden jeweils mit einer Speckscheibe verschließen, damit die Farce nicht herausfällt. Die Häkchen an einem Spieß befestigen und die Lammröllchen braten, wobei Sie den herabtropfenden Bratensaft mit einem Glas Weißwein verfeinern und diesen Saft immer wieder über die Lammröllchen gießen. Wenn das Fleisch gar ist, arrangieren Sie die Lamm-Ratonnets auf dem Servierteller, fügen dem Bratensaft etwas ▸ Jus und ▸ Coulis hinzu, entfetten den Saft und gießen ihn unter die Röllchen. Sie können diese auch auf einer ▸ Sauce italienne servieren.

Man kann Lamm-Ratonnets auch mit Speckstiften spicken und wie ▸ Fricandeaus zubereiten. Den Saft zur ▸ Glace reduzieren und damit das Fleisch übergießen.

Ebenso werden Kalbs- und Rinds-Ratonnets zubereitet, nachdem das Fleisch mürbe gemacht wurde.

## LAMPRETE

Ein Fisch ähnlich dem Aal, der auf hoher See lebt und sich im Frühling bis in die Bäche wagt. Manche wiegen bis zu sieben Pfund. Er ist wie eine Blindschleiche geformt, von einem grünlichen Gelb mit goldenen Flecken und schwarzen Punkten. Auf dem Bauch ist er heller als auf dem Rücken.

Philipp der Tapfere, der Herzog von Burgund, hatte einen Beichtvater, dem er jedes Jahr eine Lamprete schenkte. Falls er einmal keine ergattern konnte, zahlte er fünfundvierzig Silberlinge.
In England kann dieser Fisch in schlechten Jahren bis zu einer Guinnée kosten. Jedes Jahr präsentiert die Stadt Gloucester zu Weihnachten dem König oder der Königin eine Lampreten-Pastete.
Plautius wirft den römischen Päpsten und Fürsten vor, ihre Gäste mit Lampreten zu verwöhnen, für die sie bis zu zwanzig Goldstücke zahlten und die sie töteten, indem sie sie mit einer Muskatnuss im Maul und je einer Gewürznelke in jeder Kieme in zypriotischen Wein tauchten. Nach diesem Vorgang legte man sie in eine Kasserole, wo sie mit zerstoßenen Mandeln und allen möglichen Gewürzen gegart wurden.
Die jungen Lampreten sind besonders geschätzt und der Laich, den man Sieben-Auge nennt, gilt als Hors-d'œuvre von außergewöhnlicher Delikatesse. Für gewöhnlich kommt er aus Rouen oder Barfleur, wo man ihn in Krügen mit frischer Butter, ▸ Sauerampfer-Püree und feinen Kräutern verschickt.
Sehr zu Unrecht warf man den Römern vor, sie hätten ihre Lampreten mit Sklaven gefüttert.
Augustus hatte Pollio Nachricht schicken lassen, dass er ihn zum Nachtmahl einzuladen gedenke. Dabei stieß ein Sklave einen Glaskrug um, mit dem Pollio seine Aufwartung beim Kaiser machen wollte.
Vedius Pollio befahl, den Sklaven sofort den Lampreten zum Fraß vorzuwerfen. Doch der Unglückliche rannte zu Augustus, um um sein Leben zu flehen. Augustus schenkte ihm dieses nicht nur, sondern ließ auch alle Glasgefäße im Haus seines Gastes zertrümmern und alle Fischteiche zuschütten.
Noch heute bereitet man die großen Lampreten ebenso zu wie im 16. Jahrhundert, und zwar nach der »l'angevine« genannten Methode.

### *Lamprete in süßer Sauce*

Den Fisch vom Hals her ausbluten lassen und das Blut aufbewahren. In kochendem Wasser schwemmen und in einem ▸ Roux anbraten. Nachdem man ihn in Scheiben geschnitten hat, begießt man ihn mit rotem Burgunder und fügt Zimt sowie ein Sträußchen Fines Herbes* hinzu, dem man ein Zweiglein Salbei und die Schale einer grünen Zitrone beigesellt hat. Auf den Boden des Tellers legt man ein großes Stück Roggenbrot mit Kruste, wie es auch für die ▸ Aal-Matelote angegeben wurde.

*Lampreten-Tartare*

Den Fisch genauso vorbereiten wie für ein Aal-Tartare, nur dass man die Lampreten, statt sie abzuschuppen, in heißem Wasser schwemmen muss.

*Lamprete mit Pilzen*

Lampretenscheiben in einer Kasserole mit Rindermark, Pilzen, Fines Herbes*, ▸ Macis, Cayenne-Pfeffer und Weißwein garen. Den Fond reduzieren und das Gericht mit Steinpilzen oder Orangen garnieren.

## LANGUSTE

Dieses Schalentier unterscheidet sich darin vom Hummer, dass es weniger delikat schmeckt und auch keine dicken Scheren besitzt. Man kocht die Languste in ▸ Court-Bouillon und isst sie in einer Kapern- ▸ Rémoulade oder einer Mayonnaise mit Zitrone und Olivenöl.

## LÄUTERN

Läutern bedeutet die Trennung aller fremden, in einer Substanz ungelösten flüssigen Stoffe durch Ausfällen oder Verdampfung. Üblicherweise verwendet man hierzu Fischleim oder Eiklar.

## LEBER

Es gibt in Wirklichkeit nur drei brauchbare Methoden, Kalbsleber zuzubereiten: am Spieß, à la bourgeoise und à l'italienne.

*Gebratene Kalbsleber*

(Vuillemot)

Sie sollte fett und hell und mit großen Speckstiften gespickt, mit Fines Épices*, Fines Herbes* und Knoblauch gewürzt sein.

Man kann Kalbsleber selbstverständlich im Ofen braten, am Spieß ist es jedoch eine ganz andere Sache. Allerdings haben wir hier das Problem, das sich stellen würde, wollten wir ein Pfund Butter am Spieß braten. Die größte Schwierigkeit besteht darin, die Leber auf dem Spieß zu befestigen, ohne dass sie sich ständig dreht.

Erhitzen Sie das Mittelstück Ihres Spießes, ohne es zum Glühen zu bringen und stecken Sie dann die mit Speckscheiben umwickelte und verschnürte Leber darauf. Die Hitze des Eisens zieht die Fasern sofort zusammen und die Leber wird feststecken.

Die Leber sollte auf kleinem Feuer braten und in ihrem entfetteten Bratensaft, mit dem Saft einer Bitterorange oder mit etwas ▸ Kretzer serviert werden.

### *Kalbsleber à la bourgeoise*

Spicken Sie die Leber mit großen, vorgewürzten Speckstiften und legen Sie sie dann in einen mit Speckscheiben belegten Schmortopf. Karotten, ein Bouquet garni* und einige Zwiebeln dazugeben, wobei eine der Zwiebeln mit Gewürznelken gespickt sein sollte. Mit geriebener Muskatnuss, Salz und grobkörnigem Pfeffer würzen, mit Speckscheiben bedecken und mit Suppe und zwei Glas Rotwein aufgießen. Legen Sie geschälte und entkernte Zitronenscheiben oder Sauertrauben dazu und lassen Sie alles auf kleiner Flamme köcheln. Wenn die Leber weich ist, entfetten Sie den Fond, reduzieren diesen und gießen damit einen ▸ Roux auf, den Sie in einem anderen Topf vorbereitet haben. Geben Sie, bei Gott, niemals Essiggurken in ein Kalbsleberragoût.

### *Kalbsleber à l'italienne*

Sie schneiden eine Kalbsleber in Scheiben und legen diese in eine Kasserole, auf feines Öl, zerlassenen Speck, Weißwein, Petersilie, Schnittknoblauch*, Champignons, Salz und grobkörnigen Pfeffer. Auf diese Zutaten kommt eine Lage Leber, darauf eine weitere Lage obiger Gewürze, dann wieder Leber und so fort. Alle Zutaten auf kleiner Flamme garen, dann den Fond entfetten, reduzieren und die Leber in ihrer Sauce servieren. Sie können dieses Gericht auch mit einer ▸ Sauce italienne servieren.

### *Geflügelleberkuchen*

Sie hacken und pürieren fette Geflügelleber mit 250 gr Rindsfett, außerdem pürieren Sie ebenso viel Speck wie Leber mit Champignons und gewürfelten, in Butter angeschwitzten Zwiebeln. Schlagen Sie Schnee aus dem Klar von sechs Eiern und vermischen Sie alle Zutaten einschließlich der Dotter. Ein halbes Glas Branntwein, Salz, Pfeffer sowie Muskat hinzufügen und alles gut zerstampfen. Eine Kasserole, auch die Ränder, ganz mit Speckscheiben auslegen und darauf das Püree und einige zerkleinerte Trüffeln geben. Mit Speckscheiben bedecken und den Topf auf einen sehr schwach beheizten, mit Asche erstickten Herd stellen. Auf den Topfdeckel kommt rote Glut, so dass der Topf Unter- und Oberhitze erhält.

Wir empfehlen eine Ton- oder Eisenkasserole, weil der Kuchen im Topf auskühlen muss, um die Form zu behalten. Wenn der Kuchen kalt ist, taucht man die Kasserole in kochendes Wasser, so dass der Inhalt sich vom Boden löst, und stürzt alles auf einen Teller.

*Seeteufel-Leber*

Aus dieser macht man Garnituren à la Chambord oder à la régence, sehr seltene und delikate Gerichte.

Als ich in Russland unterwegs war, sah ich öfter, wie Fischer verächtlich etwas wegwarfen, das aussah wie ein Aal oder eine grün-weiß gefleckte Lamprete. Es schien appetitlich, fett und rund zu sein wie eine dicke Wurst und erinnerte mich an einen Süßwasserfisch, den ich in Frankreich gesehen hatte. Die Russen nannten diesen Fisch Naim. Nachdem ich mich zu einer Fülle von Fragen durchgerungen hatte, war ich überzeugt davon, dass dieser von den Russen so verachtete Fisch nichts anderes sein konnte als der Seeteufel, den ich in Frankreich so oft mit der Gabel aus Bächen gefischt hatte. Ich schnappte den Erstbesten, den man wegwarf, und fragte nach dem Preis. Der Fischer zuckte mit den Schultern.

Ich ließ diesen Fisch zubereiten, nachdem ich ihn in Weißwein, Zwiebelringen, Petersilie, Schnittknoblauch*, Basilikum, Salz, Pfeffer, Gewürznelken und einem Stück Butter mariniert hatte. Als der Fisch fertig war, aß ich ihn in seiner reduzierten ▸ Court-Bouillon mit Butterbrot und Kräutern.

Ich hatte mich nicht getäuscht, es war wirklich ein Seeteufel.

## LEGIERUNG

So nennt man dicke oder durch gebratenes Mehl, Eidotter oder ▸ Coulis gebundene Saucen.

## LERCHE

Lerchen haben den doppelten Vorzug, von Schlemmern geliebt und von Dichtern besungen zu werden. Julia sagt zu Romeo, der sie vor Tagesanbruch verlassen will:

*»Willst du schon gehn? Der Tag ist ja noch fern.*
*Es war die Nachtigall und nicht die Lerche,*
*Die eben jetzt dein banges Ohr durchdrang.*
*Sie singt des Nachts auf dem Granatbaum dort.*
*Glaub, Lieber, mir: es war die Nachtigall.«*

Lerchen galten den Athenern als geschätzte Speise; auf Lemnos waren sie heilig, weil sie die Insel von der Heuschreckenplage befreit hatten. Das Fleisch der Lerche ist zart und wohlschmeckend. Wirklich gut ist sie nur von November bis Februar. Der Nebel lässt sie in atemberaubendem Tempo fett werden, eine Eigenschaft, die sie im Übrigen mit ihren Händlern teilt, wobei sie ihr Gewicht schneller wieder verliert als jene.
Gebraten und mit Speck umwickelt sind Lerchen ein Genuss, allerdings am Ende eines gehaltvollen Dîners. Grimod de la Reynière ist der Ansicht, dass die fetteste Lerche, wie auch das beste Rotkehlchen, zwischen den Fingern eines mit gutem Appetit ausgestatteten Mannes nicht mehr darstellt als ein Päckchen Zahnstocher, besser geeignet, den Mund zu reinigen als ihn zu füllen.
Der illustre Feinschmecker fährt fort:
»Die Lerchen-Pasteten von Pithiviers sind eines der vorzüglichsten Essen, das den Palast eines edlen Mannes schmücken kann; ihre Kruste ist ausgezeichnet, die Art, wie sie gewürzt sind, unvergleichlich.«
Gerupft, geschnürt und für den Spieß hergerichtet wechselt die Lerche ihre Identität vom Singvogel zum Braten.
Lister, schlemmender Arzt einer schlemmenden Königin, erhob folgende Rechnung zum Prinzip: Wenn von zwölf Lerchen nicht eine jede 30 gr wiegt, kann man sie nicht essen; wenn sie genau so viel wiegen, sind sie gerade genießbar; aber wenn sie zusammen 400 gr oder mehr auf die Waage bringen, dann sind sie ausgezeichnet.
Vergessen Sie also nicht, das Gewicht Ihrer Lerchen zu prüfen, bevor sie auf den Spieß gesteckt werden.

### *Lerchen in der Kasserole*

(Methode von Eleazar Blaze)

Man nimmt ein oder zwei Dutzend Lerchen, je nach Anzahl der Gäste, rupft sie (die Lerchen, nicht die Gäste) und sengt den Flaum ab. Dann legt man sie mit etwas Butter in die Kasserole und gart sie halb fertig. Wenn dies geschehen ist, zieht man die Vögel vom Feuer, um sie abtropfen zu lassen, nimmt sie aus und entfernt die Mägen, die man wegwirft. Der Rest der Innereien wird gemeinsam püriert und mit Geflügelleber oder ▸ Foie gras und einigen Trüffeln ergänzt. Man bereitet daraus eine sehr feine Farce zu, die man, so wie es sich gehört, mit Salz, Pfeffer, Muskat usw. würzt. Mit dieser Farce wird zum einen der Bauch der Lerchen gefüllt und zum anderen der Boden einer Silberschüssel bedeckt, so dass die Vögel darin

fast bis zur Unsichtbarkeit eingegraben werden können. Dann legt man eine Speckscheibe und gebuttertes Backpapier darauf, stellt den Topf auf heiße Asche und stülpt einen Feldofen* darüber; so werden die Vögel eine halbe Stunde lang gegart. Knapp vor dem Servieren werden Papier und Speck heruntergenommen, die Flüssigkeit sollte abgegossen werden, bevor man die Schüssel mit feinen Brotbröseln bestreut und das Resultat gelassen zu Tisch bringt.
Dieses göttliche Gericht kann mit irgendeiner Sauce gegessen werden. Ich habe dazu schon Ribisel*-Gelée genossen und dabei jedes Mal einen halben Bissen vom einen und vom anderen hinuntergeschluckt.

## LIKÖR

Üblicherweise versteht man unter diesem Begriff künstlich hergestellte Getränke aus verschiedenen Pflanzen oder deren Früchten, beispielsweise aus Trauben oder Kirschen. Oder man kombiniert Alkohol mit anderen mehr oder weniger aromatischen und süßen Substanzen.
Es waren die Araber, die als Erste mit Hilfe der Destillation vergorener Liköre eine brennbare Substanz gewannen, die sie Arrak nannten, weil sie sie zuerst aus dem Reis zogen, und die wir Alkohol nannten, der Name für den brennbaren Auszug aller gärenden Stoffe.
Man hat behauptet, dass Likör erst erfunden wurde, als Ludwig XIV. alt wurde, und dass Fagon, sein Leibarzt und zugleich sein sehr geschätzter Alchimist, den Likör erfand, um seinen alten Monarchen zu trösten und zu verjüngen. Es ist aber verbrieft, dass man schon unter Ludwig XII. wunderbare Ratafias fabrizierte und dass man Elixiere schon zur Zeit Karls VII. kannte.
Je nachdem, wie das Klima oder die Temperaturen des Landes, in dem man lebt, beschaffen sind, konsumiert man viel oder wenig Likör. Im Süden beispielsweise, wo extreme Reizbarkeit und exzessive Hitze jeglichen scharfen Likör oder Branntwein verbieten, nimmt man nur süße zu sich. Im Gegensatz dazu suchen die Einwohner des Nordens in starken und sehr scharfen Likören ein Mittel, um aus der dumpfen Starrheit zu erwachen, in die sie wegen der kalten Temperaturen gesunken sind und wo die innere Körperwärme nicht mehr nach außen dringen kann, so dass Montesquieu einmal gesagt hat, dass man einem Moskowiter erst die Haut abziehen muss, um ihn zu reizen. Dieser beinahe bei null liegende Konsum in den heißen Gegenden steigert sich, je weiter man sich nach Norden hin entfernt, und in Irland oder Schottland wird sehr viel Likör konsumiert.

In diesem letzten Land war es sogar Brauch, jedes Jahr, zur Heiligen Cäcilie, ein großes Konzert zu geben, wozu man die schönsten Frauen der Stadt durch schriftliche Nachricht einlud. Nach dem Konzert versammelten sich die Unterzeichner in einer Taverne und nachtmahlten zusammen. Dann stellte man eine Schachtel auf den Tisch, die man »Hölle« nannte und in die einer nach dem anderen die Einladung an seine Dame warf und dabei ihren Namen rief. Die Billets derjenigen, die keinen trinkfesten Champion fanden, wurden auch in die Schachtel geworfen und derjenige, der am meisten trank, wurde unter der Bedingung als Sieger ausgerufen, dass er zum Schluss in einem Zug den Inhalt eines großen Glases hinunterspülte, das man Heilige Cäcilie getauft hatte und das normalerweise den Trinker schlicht umwarf. Der, der es aber geschafft hatte, die Heilige Cäcilie auszutrinken, durfte am nächsten Tag zu der Dame gehen, die er gezogen hatte, ihr sein Billet vorzeigen und sich rühmen, dass er sich für sie betrunken hatte.

Ich kannte, so erzählt Odier, ehrenhafte Damen, für die einer dieser Helden bis zu siebzehn oder achtzehn Flaschen Punsch getrunken hatte, und sie waren alle stolz darauf.

Wissenschaftler haben durch Studien erwiesen, dass Menschen, die Likör exzessiv trinken, sehr jung sterben oder derart verblöden, wobei sie der Niedergeschlagenheit, schrecklichen Angstzuständen, ja sogar dem Wahnsinn anheim fallen, dass dies ein noch schrecklicheres Los darstellt als der Tod.

Obwohl die Herstellung von Likör vor allem Destillateure und Pharmazeutiker betrifft, haben wir jeweils an ihrem Platz und in alphabetischer Reihenfolge die Rezepte all jener Liköre angegeben, die man zu Hause zubereiten kann.

## LIMONE

Eine Art Zitrone, die man meist für Limonade verwendet und deren Anwendungsarten wir bei der Zitrone beschrieben haben.

### *Limonensaft*

Sie nehmen fünfzig Limonen, halbieren diese, zerstoßen sie, entfernen sorgältig alle Kerne und zerdrücken das Fleisch in irgendeinem Gefäß. Lassen Sie es vierundzwanzig Stunden fermentieren und pressen Sie den Saft heraus, den Sie läutern, indem Sie ihn durch grobes Papier treiben. Dann gießen Sie ihn in Flaschen und versiegeln diese mit etwas Olivenöl. Stellen Sie den Saft in den Keller, wo er sich sehr lange hält. Wenn Sie ihn verwenden möchten, achten Sie darauf, dass auch nicht das kleinste Tröpfchen Öl im Flaschenhals bleibt.

## LINSEN

Es gibt zwei Sorten Linsen: die dicke und die kleine; zweitere nennt man die königliche und schätzt sie am meisten.
Man bereitet Linsen wie Bohnen zu, muss jedoch darauf achten, dass sie hellgelb und weich kochend ist. Denn es gibt welche, die kaum weich werden, auch wenn man sie im klarsten Wasser kocht.
Man macht daraus Pürees als Suppeneinlage oder um gedämpftes Fleisch zu maskieren*.

## LORBEER

Lorbeer wird in jedes Bouquet garni* gesteckt und ist für alle Ragoûts unerlässlich. Man muss ihn jedoch mit Bedacht und trocken einsetzen, damit sein Aroma etwas abgeschwächt wird und er weniger bitter schmeckt.

## MACÉDOINE

So nennt man eine Gemüsemischung, die wir auch bereits im Kapitel »Chartreuse« erwähnt haben.

*Macédoine aus Frühlingsgemüsen*

Es ist unerlässlich, immer erstklassiges Gemüse auszuwählen, und zwar Karotten, Rüben, grüne Spargelspitzen, Fisolen*, Erbsen und kleine weiße Bohnen, die gerade erst dick zu werden beginnen. Auch Artischockenböden oder Gurken können genommen werden. Karotten und Rüben werden tourniert* und in verschiedene graziöse Formen gebracht, die Fisolen rautenförmig, die grünen Spargel in Stifte geschnitten. All dieses Gemüse wird blanchiert*, dann lässt man es tropfen. Ein großes Stück frische Butter wird in der Kasserole zerlassen, dann das Gemüse hineingeworfen und mit etwas Puderzucker gewürzt; vorsichtig auf dem Feuer schwenken, die Macédoine mit einigen Löffeln ▸ Sauce Béchamel maskieren* und pyramidenförmig auf einer Servierplatte auftürmen.

Dieses frühlingshafte Zwischengericht ergibt eine der angenehmsten und vorzüglichsten Speisen.

## MACIS

(In der modernen Küche versteht man unter Macis Muskatblüten, die auch leichter erhältlich sind – Anm. d. Übersetzerin.)

Macis ist die innere Membran der noch grünen Schale der Muskatnuss. In der gehobenen Küche wird sie oft als Aromat* verwendet, manchmal auch in den Zubereitungen der Bediensteten-Küche.

## MADELEINE

So nennt man eine Sommerbirne, aber auch eine vorzügliche Pfirsichsorte, auch »paysanne« und »double de Troyes« genannt. Letztere unterscheidet sich von anderen Sorten durch zwei Besonderheiten: Sie bringt oft Zwillingsfrüchte hervor und ist eine Lieblingsspeise der Ameisen.

Madeleine heißt aber auch ein vorzüglicher Kuchen, der seinen hervorragenden Ruf verdient. Einer unserer Freunde erlebte da ein kleines Abenteuer, von dem wir hier erzählen wollen.

Vor einigen Jahren reiste er nach Straßburg und weil er als Tourist unterwegs war, machte er gern in den Städten und Dörfern, die er durchquerte, Halt, einerseits um sich auszuruhen, andererseits aber auch um die verschiedenen Sitten und Gebräuche der jeweiligen Einwohner zu studieren.

Eines Tages hatte er sich etwas spät auf den Weg gemacht, da er glaubte, die Stadt, in der er die Nacht verbringen wollte, noch zu erreichen, aber so sehr er sich auch beeilte, konnte er doch keinerlei Spur einer Behausung erblicken. Endlich, gegen elf Uhr, entdeckte er im Mondlicht den finsteren, spitzen Turm einer Kirche.

Alles war dunkel und still, kein Licht brannte mehr und unser Reisender wusste weder, wo er einen guten Tisch finden könnte, um seinen Magen zu trösten, noch, wo es ein gutes Bett gäbe, um seine vor Müdigkeit ganz starren Glieder auszustrecken.

Plötzlich sah er in der Finsternis einen Schimmer, der aus dem Boden zu kommen schien. Er näherte sich diesem Licht, dem einzig sichtbaren, das ihm wie das Schicksal selbst vorkam. Er klopfte an die Tür, die sich neben ihm befand und unter der dieses Licht hervorschien, das sein Herz höher schlagen ließ. Zuerst antwortete ihm nur ein Knurren.

Er klopfte ein zweites Mal, diesmal stärker, und hörte eine seltsame, unterirdisch anmutende Stimme fragen:

»Wer ist da und was wollt Ihr?«

»Ich bin ein todmüder und sterbenshungriger Reisender«, antwortete er, »machen Sie mir, in Gottes Namen, auf, Sie werden es nicht bereuen.«

Da hörte er, wie sich Schritte näherten, man schob den riesigen Eisenriegel zurück, die Tür öffnete sich und er sah einen Mann mit wildem, mehlverschmiertem Gesicht, dessen gesträubte Kopf- und Barthaare den Furcht einflößenden Eindruck noch verstärkten. Außerdem war der Mann bis zum Gürtel nackt.

»Na, kommen Sie schon herein, aber beeilen Sie sich«, forderte er den Reisenden mit hohler Stimme auf.

Unser Freund fühlte sich ganz und gar nicht sicher und überlegte einen Moment, umzudrehen und an einer anderen Tür zu klopfen, aber der Mann hatte den Eisenriegel wieder vorgeschoben und es gab kein Zurück. Er fügte sich also tapfer in seine Lage und betrat ein großes Zimmer, in dem sich ein riesiger, befeuerter Ofen befand, der allein genügte, um es ganz zu erhellen.
»Verzeihen Sie, mein Herr«, sagte der Reisende sehr höflich, »Ich habe gerade sechzehn oder achtzehn Meilen zurückgelegt und habe fast nichts gegessen. Könnten Sie mir, gegen Geld natürlich, etwas besorgen, das meinen Hunger stillen und etwas, worauf ich meine Glieder ausruhen kann?«
»Ich habe nur mein Bett«, antwortete der Mann mit seiner rauen Stimme, »aber an Essen fehlt es uns hier nicht, es kommt nur darauf an, ob es ihnen gefallen wird.«
»Alles wird mir gefallen, wenn ich nur essen kann, lassen Sie sehen, was Sie für mich haben.«
Der Mann ging zu einem Schrank und entnahm ihm einen kleinen Korb, in dem sich etwa ein Dutzend ovale und goldgelbe Kuchen befanden.
»Hier«, sagte er dem Reisenden, »kosten Sie das und sagen Sie mir Bescheid.«
Er stellte den Korb auf einen Tisch neben dem Reisenden, stemmte die Hände auf die Hüften und betrachtete ihn.
Unser Freund nahm einen Kuchen und biss kräftig zu. Er hatte ihn in einer Sekunde ganz verschluckt, nahm einen zweiten, einen dritten, dann einen vierten und jedes Mal, wenn er einen Kuchen so hinunterschluckte, lächelte der Mann, der ihn noch immer beobachtete, zufrieden.
Als schließlich nichts mehr im Korb war, sagte er:
»Na, was sagen Sie zu meinen Madeleines?«
»Zuerst muss ich trinken«, krächzte der Reisende.
Neuerlich wandte sich der Mann dem Schrank zu und zog eine Flasche hervor, die mit einer Ehrfurcht gebietenden Staubschicht bedeckt war. Er entkorkte sie, nahm zwei Gläser, füllte sie an und streckte eines dem Fremden entgegen.
»Trinken Sie«, sagte er, »Ich möchte Sie nicht an meinem Schatz von einem Kuchen ersticken sehen.«
Der Fremde trank das Glas in einem Zug aus, es war ausgezeichneter Bordeaux, und sagte, als er es dem anderen hinstreckte:
»Auf Ihr Wohl, mein Guter, Sie haben mir eine der köstlichsten Mahlzeiten serviert, die ich je in meinem Leben gegessen habe. Sagen Sie mir, wie nennen Sie diese deliziösen Kuchen?«

»Wie? Sie kennen die Madeleines von Commercy nicht?«
»Bin ich denn in Commercy?«
»Ja, und Sie haben, ohne es zu wissen, gerade die besten Kuchen der Welt verspeist.«
Ohne die Begeisterung des guten Mannes für seine Kuchen gänzlich zu teilen, musste der Reisende aber zugeben, dass sie köstlich waren und dass er, mit der Not als Küchenmeisterin, sehr gut soupiert hatte.
Der Mann bot ihm sein eigenes Bett an und sagte, er wolle sich mit einer Matratze begnügen. Der Reisende zierte sich zuerst, nahm das Angebot aber schließlich an, legte sich also hin, schlief in einem durch und aß am nächsten Mittag ein gehaltvolleres Mahl als das vom Vorabend. Trotzdem lud er sich eine Anzahl Madeleines auf, die der gute Mann ihm aufzwang, in Erinnerung an die Angst, die ihm dieser zuerst eingeflößt hatte, und an die schlimme Nacht, die er danach verbringen musste.
Die Madeleines aus Commercy genießen tatsächlich einen besonderen Ruf, von dem man glaubt, dass ihn König Stanislas Leszczynski begründete, als er nach Frankreich kam.
Hier ist nun das Rezept von Madeleine Paumier, Hotelgast und ehemalige Köchin bei Madame Perrotin de Barmond.

> Sie reiben die Zesten* zweier kleiner Zitrusfrüchte (Zitronen oder Bigaraden) auf ein Zuckerbrot, zerdrücken den Zucker zu sehr feinem Pulver, vermischen ihn mit Puderzucker und wägen davon neun Unzen* ab, die Sie, gemeinsam mit acht Unzen gesiebtem Mehl, vier Dottern und sechs ganzen Eiern, in eine Kasserole geben. Dazu kommen zwei Esslöffel Branntwein aus Andaye und etwas Salz. Rühren Sie die Mischung mit dem Holzlöffel um. Wenn der Teig glatt ist, bearbeiten Sie ihn nur noch eine Minute lang. Dies ist sehr wichtig, wenn man schöne Madeleines erhalten will, denn je mehr man den Teig bearbeitet, umso stärker reagiert er auf die Hitze, so dass die Madeleines zu fest werden, an der Backform haften, mehlig werden oder zusammensinken, was diese Süßspeise zu einem traurigen Anblick verkommen lassen würde.
>
> In einer Kasserole zerlassen Sie nun zehn Unzen Butter aus Isigny. Sobald Schaum aufsteigt, werden Sie diesen sorgfältig abschöpfen. Wenn die Butter nicht mehr brutzelt, ist sie gut geläutert. Gießen Sie sie in eine andere Kasserole und lassen Sie sie dort etwas auskühlen, dann füllen Sie damit eine Madeleine-Form und gießen die Butter aus dieser in weitere Formen. Insgesamt müssen acht solche Formen mit Butter befettet werden, den Rest der Butter gießt man

in die Kasserole zurück. Nun wird eine weitere Form mit warmer Butter gefüllt und diese wieder in acht weitere Formen gegossen. Wiederholen Sie diesen Vorgang zweimal, so dass Sie zweiunddreißig befettete Backformen erhalten. Nach dem Befetten sollten die Formen nicht gestürzt werden, denn es muss etwas Butter auf ihrem Grund zurückbleiben.

Die übrige Butter kommt in den Teig. Dieser wird auf einen sehr lauen Herd gestellt und vorsichtig gerührt, damit er nicht an der Kasserole haften bleibt. Wenn er flüssig zu werden beginnt, zieht man ihn vom Feuer, ohne ihn auskühlen zu lassen, füllt ihn mit Hilfe eines Löffels in die Formen und schiebt diese bei mäßiger Hitze in den Ofen.

## MAIS

Auch türkischer Weizen genannt, beinhaltet Mais viel Öl und wichtige Salze. Man erzeugt davon schwer verdauliches Brot, das im Magen liegen bleibt und nur Menschen mit kräftigem, robustem Gemüt zuträglich ist. Aus Maismehl, Zucker und Milch wird ein in Bresse und im Franche-Comté sehr beliebter Brei hergestellt. Wenn er ausgekühlt ist, kann man ihn in Scheiben schneiden, diese braten und mit Zucker bestreuen. Man kann Rindermark oder frische Butter hineinmischen, was ihn schmackhafter macht, und wenn man Korinthen oder Zitronat dazugibt, kann man daraus eine ganz angenehme Süßspeise zubereiten.

### *Mais-Quiche als Beilage*

Man kocht Maismehl in Milch, mit Salz, Butter und geriebener Muskatnuss. In den fertigen Brei mischt man einige Dotter, ohne nochmals aufkochen zu lassen. Dann streicht man diese Masse fingerdick auf eine Lage Blätterteig und bäckt sie. Der Kuchen wird in gleiche Quadrate, etwa halb so groß wie eine Spielkarte, geschnitten und dient als Beilage für verschiedene Gerichte wie etwa gebratene Rinderlende, Hasenpfeffer, Rehfilets, Aal-Matelote usw.

## MAKKARONI

Sie wurden, wahrscheinlich zu jener Zeit, als Katharina von Medici Heinrich II. ehelichte, von den Florentinern nach Frankreich gebracht, wo sie jedoch keinen durchschlagenden Erfolg hatten. Jeder kennt diese langen Teigröhren, ähnlich sehr dicken und hohlen Suppennudeln, deren Name die Herkunft nicht verleugnen lässt.

Sie gehören zum italienischen, besonders zum neapolitanischen Kulturgut, wo man sie, wie bei uns die Kartoffel, auf tausenderlei Arten, ob als Suppeneinlage oder gratiniert, immer in Begleitung geriebenen Parmesans zubereitet. Sie erscheinen auf jedem Tisch, sowohl auf dem der Reichen wie dem der Armen: Die neapolitanischen Lazzaroni leben nur von Makkaroni, Feigen, Knoblauch und Eiswasser. Man kann Makkaroni aus jedem Mehl, mit dem man Brot bäckt, herstellen, vorzugsweise verwendet man jedoch den aus Odessa kommenden Weizen mit kleinen, sehr eng beeinander liegenden Körnern, den man zu Grieß verarbeitet. Dieser wird zerstampft und zerdrückt, zu Teig verknetet und in einen metallenen, beheizbaren Zylinder gefüllt. In dessen Boden hat man viele kleine Schlitze gebohrt, die jeweils so groß sind, wie man die Lamellen der Makkaroni formen will. Durch Druck werden Teigbänder aus dieser Form herausgepresst, deren Ränder man dann zusammenfügt, um so die Röhren des Endprodukts zu erhalten. Die wahren Schlemmer spritzen mittels einer Nadel Fisch- oder Fleisch- ▸ Jus in die Mitte.

Kommen wir nun zur Art der Zubereitung.

(nach einem Rezept von Madame Ristori)

Man sollte keine zu dicken Nudeln wählen, sondern solche vom Unfang eines dicken Strohhalms. Man kocht die Makkaroni in Salzwasser oder, noch besser, in Suppe drei Viertel weich, so dass sie sich im Magen noch ausdehnen können, »ché cresca in corpo«. Zuvor hat man etwa 400 gr Parmesan gerieben, der nun auf den Rinder-Jus wartet, mit dem er begossen werden wird.

Und so wird dieser Jus zubereitet:

Drei Pfund vom Tafelspitz* kommen mit sechs Tomaten und sechs weißen spanischen Zwiebeln in einen großen Topf und werden mit einer am Vorabend zubereiteten Kraftbrühe aufgegossen. Man lässt alles drei Stunden lang kochen und passiert die Suppe dann durch ein Seihtuch. In einen Suppentopf legt man Makkaroni, auf diese streut man Parmesan, darauf kommt mit dem Schöpflöffel die Suppe mit den Tomaten und Zwiebeln, die man gut mit Salz, Pfeffer, Knoblauch und etwas rotem Piment gewürzt hat. Nun wiederholt man die Prozedur, wiederum beginnend mit einer Lage Makkaroni, auf diese geriebenen Parmesan, dann Suppe mit Tomaten, Jus und Zwiebeln und immer so fort, bis die Schüssel voll ist. Abschließend wird der Rest aus dem Topf über die letzte Lage gegossen. Man sollte nicht vergessen haben, den Boden des Topfes mit Mainzer Schinken auszulegen, der, wenn er zu Brei gekocht und mit Hilfe eines

Korkens durch das Sieb getrieben wurde, der Rindsuppe mit den Tomaten Bindung verleihen wird.

Dieses Gericht wird statt der Suppe serviert. Man gießt vorher ein Glas Eiswasser darüber. Dies ist vor allem in Neapel obligatorisch.

Man glaube nicht, dass die Lazzaroni sich alle diese Mühe für die Zubereitung ihrer Makkaroni geben. Sie begnügen sich damit, ihr tägliches Brot mit Wasser, Salz, Pfeffer und, wenn vorhanden, etwas rotem Pfeffer zu kochen.

### *Makkaroni auf Hausfrauenart*

Ein Pfund Makkaroni werden eine Dreiviertelstunde lang in Wasser gekocht, in das ein Stück Butter, Salz und eine mit Gewürznelke gespickte Zwiebel integriert werden. Dann lässt man die Makkaroni gut abtropfen und legt sie mit etwas Butter, 120 gr geriebenem Gruyère und ebenso viel, gleichfalls geriebenem, Parmesan, etwas Muskat, grobem Pfeffer sowie einigen Kaffeelöffeln Obers* in eine Kasserole und schwenkt alles. Wenn die Makkaroni gut rutschen, richtet man sie an und serviert.

### *Gratinierte Makkaroni*

Wenn die Vorbereitungen wie oben getan sind, streut man Brösel und geriebenen Käse über die Nudeln und gratiniert sie im Ofen.

### *Makkaroni-Timbale*

Bereiten Sie einen dünnen Teigboden aus Mürbteig zu, schneiden Sie ihn in schmale Streifen und rollen Sie diese, als wollten Sie dünne Schnüre drehen. Diese buttert man eine nach der anderen und kleidet damit eine Form aus. Dann füllen Sie die Form mit Makkaroni auf, streuen zur Hälfte geriebenen Parmesan, zur anderen Hälfte geriebenes Brot darauf und stellen Ihre Form in den heißen Ofen. Dort soll die Timbale eine Dreiviertelstunde backen, bevor Sie sie servieren.

### *Makkaroni auf neapolitanische Art*

Die Nudeln in Salzwasser kochen, in einer Suppenschüssel anrichten, wobei abwechselnd Makkaroni und Parmesan schichtweise übereinander kommen, mit ▸ Jus begießen, auf die letzte Schicht zerlassene Butter gießen, und zwar je ein halbes Pfund Butter für zwei Pfund Makkaroni, dann gemeinsam dünsten.

Die Lasagne-, Nudel- und Makkaroni-Timbalen werden wie die neapolitanischen Makkaroni zubereitet, aber man fügt eine Garnitur aus Trüffeln, Champignons, Hahnenkämmen, magerem Schinken und Streifen von der Rindszunge hinzu. Das alles wird durch gute Butter zusammengehalten. Die Timbale wird wie oben beschrieben mit Nudeln ausgelegt und schließlich im Ofen gebacken.

## MAKRELE

Es ist einer der schönsten und mutigsten unter allen Fischen. Wenn er lebend vom Angelhaken ins Boot fällt, scheint er aus Himmelsblau, Silber und Gold zu bestehen.

Oft greift die Makrele wesentlich stärkere Fische und manchmal sogar Menschen an.

Ein norwegischer Historiker berichtet, dass ein badender Matrose plötzlich verschwand. Als man ihn zehn Minuten später wieder herausfischte, war er bereits zum großen Teil von Makrelen aufgefressen worden.

Diese Fische versammeln sich jedes Jahr, um große Reisen zu unternehmen. Im Vorfrühling treiben sie sich an den Küsten Islands, Schottlands, Irlands und der Shetland-Inseln herum, werfen sich dann in den Atlantik, wo sie sich teilen und eine Kolonne sich über Portugal und Spanien ins Mittelmeer begibt, während eine zweite im April und Mai den Ärmelkanal passiert, um im Juni vor Holland und Friesland zu landen. Man findet die Makrele in rauen Mengen in allen Meeren. Sie überwintert im Eismeer, den Kopf in Schlamm und Seetang versteckt. So dachte man zumindest früher, aber Bloch, Noël, Lacépède und andere denken, dass es sich mit der Makrele ähnlich wie mit Thunfisch und Hering verhält: nämlich dass diese wie jene sich einfach in die Tiefen des Meeres zurückziehen, um im Frühling wieder aufzutauchen.

### *Makrele,* ▸ *Sauce à la maître-d'hôtel*

Die Makrelen müssen wirklich frisch sein. Wählen Sie welche von gleicher Größe, so dass nicht die einen früher gar werden als die anderen. Sie schneiden ihnen die Spitze von Maul und Schwanz ab, legen sie auf Porzellan- oder Steingutgeschirr, bestreuen sie mit etwas feinem Salz, begießen sie mit Öl, würzen sie mit Petersilie und Schnittknoblauch* und braten sie, etwa eine halbe Stunde vor dem Servieren oder länger, wenn sie sehr dick sind, in dieser Marinade. Damit der Bauch sich nicht öffnet, bedecken Sie ihn mit einem Blatt Kochsalat, um zu verhindern, dass sie ihren Laich verlieren.

Drehen Sie sie um; um sie fertig zu garen, sollten Sie sie auf den Rücken drehen. Sind sie gar, werden sie mit dem Holzlöffel herausgenommen, auf dem Rücken mit einer kalten, mit Zitronensaft versehenen, ▸ Sauce à la maître-d'hôtel bestrichen, mit der gleichen jedoch gebundenen Sauce übergossen und serviert.

### *Makrelen à l'anglaise*

Man besorgt drei bis vier sehr frische Makrelen, nimmt sie durch die Kiemen aus, zieht die Därme heraus, bindet den Kopf, kappt die Schwanzspitze und lässt den Rücken ganz und ohne Einschnitt. In einen Fischkessel kommt eine gute Hand voll Fenchel mit seinen Blättern, darauf legen Sie die Makrelen. Mit leicht gesalzenem Wasser übergießen und auf kleiner Flamme kochen. Sind die Makrelen gar, entfernt man die Blätter, tropft die Fische ab, legt sie auf einem Teller auf und serviert sie mit einer ▸ Fenchelsauce oder mit einer ▸ Stachelbeersauce.

### *Makrelen auf flämische Art*

Die Makrelen wie à l'anglaise vorbereiten, ohne ihnen den Rücken einzuschneiden. Ein Stück Butter mit Schalotten, fein gewiegter Petersilie und ebensolchem Schnittknoblauch*, Salz und Zitronensaft verkneten, den Körper der Makrelen damit füllen, jede in einem Blatt gebuttertem Backpapier einwickeln und an beiden Enden mit Schnur abbinden. Die Fische nun etwa eine Dreiviertelstunde auf einem sanften, gleichmäßigen Feuer grillen, dann auswickeln, auf einem Teller auflegen und servieren.

### *Makrelenfilets mit ▸ Sauce à la maître d'hôtel*

Die Filets aus drei oder vier Makrelen herausnehmen, halbieren und putzen. Butter in einer Sautierpfanne zerlassen und die Filets so hineinlegen, dass die Seite mit der Haut unten liegt. Leicht salzen, mit etwas zerlassener Butter übergießen, mit Papier bedecken und kühl stellen, bis sie serviert werden sollen. Nun folgende Sauce zubereiten:

Zwei Löffel reduziertes ▸ Velouté mit fein gewiegten und gewaschenen Schalotten sowie Petersilie in eine Kasserole geben. Die Sauce aufkochen lassen, frische Butter und den Saft einer großen Zitrone hinzufügen. Den Fischlaich wässern, blanchieren* und mit etwas Salz kochen. Knapp vor dem Servieren stellt man die Makrelenfilets aufs Feuer, lässt sie anbraten, wendet sie und lässt sie abtropfen, indem man einen Teil der Butter abwischt. Die Filets kranzförmig auf einem Teller auflegen, eine Bordüre aus in Butter oder Öl gerösteten kleinen Brotstückchen machen, die Sauce darüber gießen und servieren.

## MAKRONEN

Kleines Backwerk aus Zucker, Mehl und zerstoßenen süßen Mandeln, wie ein kleines, flaches, rundes oder ovales Brot geformt.

### *Bittermandel-Makronen*

Man nimmt 500 gr bittere Mandeln, mahlt sie und trocknet sie im Trockenofen, dann mischt man sie mit drei Eiklar, um zu verhindern, dass sie sich in Öl verwandeln. Die Mischung wird mit 1,5 kg Puderzucker in eine Terrine gestrichen. Vor dem Backen formt man mit nassen Händen Kugeln von der Größe einer Muskatnuss, die man, ebenfalls mit nassen Fingern, benetzt, damit sie schön glänzen. Sie sollten so rund geformt sein wie nur möglich und etwa eine Daumenbreite voneinander entfernt aufliegen. Im hermetisch verschlossenen Ofen etwa eine Dreiviertelstunde lang bei sehr geringer Hitze backen.

### *Makronen aus süßen Mandeln*

500 gr süße Mandeln werden geschält, getrocknet und gerieben. Ansonsten wie oben vorgehen, aber etwas Zitronenschale darunter mischen und wie oben backen.

### *Makronensoufflé mit grünen Nüssen*

500 gr grüne Nüsse werden geschält und in Streifen geschnitten, mit 75 gr Zucker sowie etwas Eiklar vermischt und im Ofen getrocknet. Auskühlen lassen. Eine Glasur aus zwei Eiklar und 1 kg sehr feinem Zucker zubereiten, die grünen Nüsse darunter mischen und die Masse wie oben backen.

### *Turiner Marzipan*

Einen knetbaren aber festen Teig aus zwölf Esslöffeln feinstem Mehl, sechs Löffeln Puderzucker, zwei Eiern, der Schale einer Zitrone und etwa 25 gr frischer Butter zubereiten. Gut verkneten und, falls die beiden Eier nicht ausreichen, ein drittes hinzufügen. Wenn der Teig weder zu flüssig noch zu dick ist, rollt man ihn aus und knetet so lange, bis man ihn leicht mit der Hand rollen kann. Dann formt man daraus kleine Muster oder kleine, sehr schmale Brote, legt diese auf gebuttertes Backpapier, bestreicht sie mit zwei verquirlten Eidottern und legt sie in den sehr heißen Ofen.

## MALVOISIE

So nennt man eine Reihe von süßen Weinen, vor allem aus Zypern und Iraklion.

## MANDELN, süss und bitter

Mandeln nennt man die Samen aller Bäume, deren Kerne von einer harten Rinde umgeben ist. So gibt es die Mandel der Marille, des Pfirsichs usw. Hier aber beschäftigen wir uns im Besonderen mit der Frucht des Mandelbaums, der in Italien, in der Provence, im Languedoc, in der Touraine und in Afrika wächst. Das Öl, das er enthält, wird schnell ranzig und schmeckt leicht bitter. Die Mandeln selbst machen Speisen mollig, sie erfrischen, haben einen hohen Nährwert und wirken Husten stillend. Schlechte Mägen sollten sich aber nicht die harte Arbeit antun, sie in großen Mengen zu verdauen. Wenn die Mandel alt wird, überzieht sich ihre Haut mit bitterem Staub, der im Gegensatz zur jungen Frucht den Hals reizt, Husten hervorruft und die Mandel unbekömmlich macht. Die bittere Mandel hat als Nahrungsmittel keinen Wert, sie enthält eine Säure, die Blausäure, das schnellste und heftigste Gift überhaupt. Ein Tropfen Blausäure auf die Zunge oder ins Auge eines Ochsen geträufelt, tötet diesen im selben Augenblick. Man stellt dieses Gift vor allem aus Pfirsichkernen her. Hat jemand sich mit Blausäure vergiftet, wirkt das Gift jedoch aus Gründen der Verdampfung oder aus anderen Gründen nicht blitzartig, so muss der Kranke ein Eisenpräparat einnehmen. Fühlt man sich nach dem Einnehmen einer zu großen Menge Bittermandeln unwohl, muss man ebenfalls Eisen schlucken. Mit süßen Mandeln lassen sich folgende Speisen zubereiten:

### *Mandel-Crème*

Schälen und zerstoßen Sie 450 gr süße Mandeln, mischen Sie nur drei bittere Mandeln darunter und sieben Sie diese Mischung durch ein Seihtuch, nachdem Sie kochendes Obers* dazugerührt haben. Nun fügen Sie Eidotter und doppelt konzentriertes Orangenblüten-Wasser hinzu und rühren die Crème im Wasserbad, bis sie fest wird.

Diese Speise kann man mit Mandelpralinen dekorieren, wobei wir en passant bemerken möchten, dass man die besten Mandelpralinen in Bourges herstellt.

### *Mandelpralinen*

Sie haben ihren Namen vom Maréchal de Praslin, dessen Proviantmeister diese Nascherei erfand. In eine Pfanne kommen 500 gr Mandeln, 500 gr Zucker und ein Glas destilliertes Wasser. Das Ganze wird so lange gekocht, bis die Mandeln zu knistern beginnen. Dann werden sie vom Feuer genommen und gerührt, bis der Zucker sich von den Mandeln gelöst hat. Entfernen Sie nun einen Teil des Zuckers und stellen Sie den anderen Teil mit den Mandeln zurück aufs Feuer, schwenken Sie sie, bis der Zucker erneut an den Mandeln haftet, und stellen Sie die Pralinen an einen trockenen Ort. Ebenso verfährt man mit Pistazien oder Haselnüssen. Immer trocken aufbewahren!

### *Mandelkuchen*

Man nehme einen halben Liter Mehl, füge etwa 50 gr Butter, zwei ganze Eier, ein wenig Salz, 63 gr weißen Zucker und 90 gr zerstoßene süße Mandeln hinzu, knete alles gut durch, backe es wie einen normalen Kuchen und glaciere* mit Zucker und einer roten Schaufel*.

### *Massiver Mandelkuchen*

1 kg geschälte, gewaschene und zerstoßene süße Mandeln wird mit 15 gr bitteren Mandeln vermengt. Dazu kommen die Schalen kandierter Zitronen, Engelwurz, kandierte Orangenblüten, wenig Salz, 1 kg Zucker, siebzehn Eidotter und nur fünf Eiklar. Man vermische alles, befette eine Backform, lege die Masse auf Butterpapier hinein und backe bei mäßiger Hitze.

Monsieur de Courchamps gibt den Rat, den ich dem Leser ans Herz lege, nämlich gemeinsam mit dieser Süßspeise eine flüssige Crème aus Eidottern auf den Tisch zu stellen, die man statt mit normaler Milch mit Mandelmilch und im Wasserbad zubereitet hat.

### *Kompott aus grünen Mandeln*

Bereiten Sie dieses wie das Kompott aus grünen Marillen* zu, aber gießen Sie vor dem Abkühlen ein Löffelchen Kirschwasser darüber.

### *Kleine Mandelkuchen*

Man schäle 250 gr süße und zwei bis drei bittere Mandeln, zerstoße sie, mische ein Eiklar darunter und füge 500 gr Zucker, ein wenig kandierte Orangenblüte sowie ein wenig Obers* hinzu. Man bereite einen etwa 5 Millimeter dicken Boden aus Blätterteig vor, den man in kleine Vierecke schneide, ähnlich wie für Pastetchen. Jedes Viereck wird mit Mandel-Crème garniert und im heißen Ofen gebacken. Mit weißem Zucker bestreuen.

### *Mandelkuchen à la »Pithiviers«*

Wie oben vorgehen, aber jeden kleinen Kuchen auch mit Blätterteig bedecken.

### *Bittermandel-Makronen*

Schälen Sie die nassen Mandeln. Für 500 gr Mandeln brauchen Sie vier Eiklar. Zerstoßen Sie die Mandeln und vermischen sie diese mit dem Eiklar in einer Terrine. Nun werden 1,5 kg Puderzucker hinzugefügt; falls der Teig zu trocken ausfällt, muss mehr Eiklar dazugemischt werden. Die Paste wird nun auf kleinen Papierrondellen dressiert und bei kleiner Hitze im gut geschlossenen Ofen gebacken.

### *Makronen aus süßen Mandeln*

Wie oben vorgehen, wobei hier für 500 gr Mandeln nur 1 kg Zucker genommen wird.

### *Mandelkekse*

(Methode nach Monsieur de Courchamps)

Man nehme 250 gr süße und 30 gr bittere Mandeln, 60 gr Mehl und 1 kg Puderzucker, schlage ein Dutzend Eier auf und trenne Eiklar und Dotter, die man jeweils in getrennten Tassen zur Seite stellt. Man schäle die Mandeln, zerstoße sie und vermenge sie mit zwei Eiklar. Das übrige Eiklar wird zu Schnee geschlagen. Den Dotter mit der Hälfte des Zuckers schaumig schlagen und alles mit den zerstoßenen Mandeln vermischen, so dass ein Teig entsteht, in den der Rest des Zuckers und Mehl eingearbeitet werden. Man bereite nun Papierschachteln vor, fülle sie mit dem Teig und streue durch ein feines Sieb ein Gemisch aus Zucker und Mehl darüber. Die Kekse werden im mäßig heißen Ofen gebacken.

Auch andere Kekse aus Pistazien, Schokolade, Kastanien, mit Rum, Orange, Zitrone, Ananas und auch Salzkekse werden auf die gleiche Art zubereitet.

## MANIOK

Eine tropische Pflanze, deren Saft milchig und sehr giftig ist. Aus der Wurzel aber, die man schält, wäscht und reibt, gewinnt man äußerst nahrhafte Stärke, die man läutert, um Tapioka zu erhalten.

## MARILLE oder APRIKOSE

Der Baum, der diese Früchte trägt, kam aus Armenien zu den Römern, weshalb sie ihn prunus armeniaca nannten; zunächst kannte man nur zwei Sorten, später züchtete man mehrere Arten; die Frucht hat einen Kern, ihre Haut und ihr Fleisch gehen ins Beige, sie duftet und schmeckt gut, hat etwas vom Pfirsich und von der Pflaume und kommt so früh heraus, dass es kaum einen Frühling gibt, in dem man nicht zu hören bekäme: »Dieses Jahr wird es keine Marillen geben, sie sind alle erfroren.«

Neben den diversen Marillensorten, die wir in Frankreich ernten, hat Chardin während seiner Persienreise ausgezeichnete Marillen mit rotem Fleisch und köstlichem Aroma gegessen, die man tocmchams, also Sonneneier nennt. Die besten Marillen sind die damaszenischen in Syrien; die Einwohner bereiten daraus köstliche Marmeladen und Kuchen zu, die sie mit Brot essen.

Unter den verschiedenen Sorten sei jene aus Santo Domingo und den französischen Inseln nicht vergessen; der Baum, der sie hervorbringt, ist besonders schön und wird bis zu sechzig, siebzig Fuß hoch; seine Blätter sind oval, seine Krone ist umfangreich, buschig und wie eine Pyramide geformt, seine Blüten sind weiß und eineinhalb Zoll im Durchmesser und verströmen einen köstlichen Duft. Seine Frucht, so groß wie ein Kopf, ähnelt der Marille, ihre raue Schale umschließt aber ein fleischigeres Inneres mit einem dicken Kern, sie schmeckt süß, aromatisch und sehr angenehm. Man serviert sie in Scheiben geschnitten und in gezuckertem Wein mariniert. Zuerst muss man die beiden sehr bitteren äußeren Schalen wie auch das um den Kern liegende Fruchtfleisch entfernen. Wie von der französischen Marille stellt man auch aus der Inselfrucht Marmeladen und Konfitüren her, die sogar nach Europa verschickt werden. Diese Frucht ist schwer und bleibt lange im Magen liegen. Legt man die Blüten mit Zucker in destillierten Weingeist ein, entsteht ein aromatischer Likör, den man in der Region Kreolenwasser nennt. (Wir entnehmen diese Details dem »Dictionnaire des Aliments et des Boissons« von Monsieur Aulagnier, Mitglied der medizinischen Akademie; dieses hervorragende Buch, weniger bekannt unter den Ärzten als es verdiente, wird uns über die Früchte aus allen Teilen der Welt, vor allem aus den Kolonien, die kostbarsten Informationen liefern.)

Nun wollen wir für die Vorbereitungen, die die Marille uns abverlangt, die Rezepte konsultieren, die uns der Autor der »Mémoires de la Marquise de Créqui« zur Verfügung stellt. Dieser charmante Gastronom, Rivale von Brillat-Savarin und Cussy, führte mit diesen beiden oft Krieg wegen kulinarischer Fragen wichtigsten Ranges. Die Traditionen der Kochkunst des halben vergangenen Jahrhunderts und der ersten Hälfte des unseren wurden ihm in die Wiege gelegt und er ist der Mann, den man vor allen anderen konsultieren muss, wenn es um süße Zwischengerichte geht und um Speisen, deren Liebhaber von Frauen so treffend Naschkatzen genannt werden.

Die Marille, so sagt er, ist eines der gängigsten und gefälligsten Elemente bei der Konfektion süßer Zwischengerichte wie auch für unsere Herbst- und Nachsaison-Desserts.

Mit Hilfe dieser köstlichen Frucht erhalten Sorbets und Eis-Speisen ihr wunderbares Parfum; man macht damit köstliche Kuchen, Krapfen, Aufläufe, Torten, Crème-Speisen, Kompotte und Eingelegtes, welche man gemeinhin trockene oder flüssige Konfitüren nennt. Unter den Rezepten, die sich auf die kulinarische Verarbeitung der Marille anwenden lassen, werden wir jene vorstellen, deren Gelingen zugesichert werden kann.

## *ZWISCHENGERICHTE*

### *Marillen*-Auflauf Metternich*

Belegen Sie einen Tortenboden aus Mürbteig mit zwölf frühen Marillen*, nachdem Sie Haut und Kerne entfernt und die Früchte halbiert haben. Fügen Sie vierzig späte Kirschen oder sechzig Vogelkirschen hinzu, von denen Sie die Kerne herausgenommen haben und die gleichermaßen roh, saftig und sorgfältig ausgesucht worden sein müssen. Sie vermischen diese beiden Fruchtsorten, so dass jede Ihrer Marillenhälften von der anderen durch vier Kirschen getrennt wird, streuen ausreichend Puderzucker über alle, abhängig vom Reifegrad der Früchte, und backen die Torte im Küchen- oder im Feldofen*. Sie werden die Umsicht gehabt haben, die Kerne Ihrer roten Früchte aufzuheben, und fügen diesen die Hälfte Ihrer Marillen-Kerne hinzu, zerstoßen sie – oder lassen dies verrichten – gemeinsam im Marmor-Mörser und mit einem Metallstößel, so fein wie möglich; man bedenke, dass am Holzstößel immer irgendein Geschmack von vorher Verarbeitetem haften bleibt. Zuckern Sie die Mischung und verrühren Sie ganz frisches Obers* darin, so dass sie die Konsistenz einer bereits erhitzten und fertigen Eiersauce annimmt. Gießen Sie das Gemisch über den Kuchen, wenn dieser den Ofen verlassen hat, und achten Sie darauf, dass nichts über den Rand der Torte fließt. Servieren Sie diese lauwarm.

*Marillen*-Crème*

Sie dünsten zwölf Marillen mit 125 gr feinem Zucker, passieren sie durch ein Sieb und lassen sie auskühlen. Gießen Sie dann ein kleines Gläschen Ratafia-Likör aus vier Früchten oder aus Kernen hinzu, verrühren Sie acht Eidotter darin, drücken Sie alles durch ein Seihtuch, so dass keine Keimlinge zurückbleiben, zuckern Sie so viel wie nötig und dämpfen Sie alles im Wasserbad, in derselben Schüssel oder in einer Form oder aber in Schälchen, in denen Sie die Crème servieren möchten; verfahren Sie hierbei wie für alle ähnlichen Crèmespeisen. Der Ratafia-Likör kann durch ein halbes Glas Weißwein ersetzt werden, aber nicht durch einen zu süffigen oder aromatischen, denn ein solcher würde den Geschmack der Frucht zurückdrängen. Das Rezept für diese köstliche Crème stammt aus einem Manuskript aus der Zeit Ludwigs XIV.

*Marillen*-Krapfen*

Marinieren Sie die Hälften nicht zu reifer Marillen* in gestoßenem Zucker und einem Glas guten Branntwein. Nach eineinhalb Stunden lassen Sie Ihre Früchte abtropfen und tauchen diese in den Teig (▸ Backteig) und achten darauf, dass sie in der größtmöglichen Hitze gebacken werden. Nachdem das Fett ganz abtropfen konnte, werden die gebackenen Früchte mit fein zerstoßenem Zucker bestreut und dieser mit der roten Schaufel* karamelisiert. Einige besondere Feinschmecker lassen ein Scheibchen kandierte Engelwurzel in die Mitte der Krapfen stecken, was leicht zu bewerkstelligen ist, wenn man sie in den Teig gibt und mit Sorgfalt vorgeht. In manchen Tempeln der Haute-Cuisine füllt man statt Engelwurz eine Art künstlichen Kern aus süßer Crème, Eidotter und zerstoßenen Bittermandeln in die Krapfen. Man dreht aus genannten Zutaten ein Kügelchen oder Plätzchen, das dem Umfang jedes Krapfen angemessen ist. Man findet Rezepte dafür in den alten Archiven der Regentschaft und wir werden sie Ihnen nicht vorenthalten, vor allem, da man sie auch für Pfirsich- oder Nektarinen-Krapfen verwenden kann (siehe Mandel-Crème).

### *Marillen*-Pudding*

Halbreife Muskat- oder Pfirsich-Marillen* werden in einem Sirup mariniert, in den ein wenig Branntwein gemischt wurde; gut abtropfen lassen und die Kerne entfernen; diese aufbrechen, um deren mandelähnlichen inneren Teil zu verwenden. Nehmen Sie nun eine Silberkasserole oder eine Terrine, für die man sich bei Tisch nicht zu genieren braucht, legen Sie diese mit leicht gebutterten (es muss beste, sehr frische und ungesalzene Butter sein), entrindeten Weißbrotscheiben aus, bestreuen Sie diesen Tortenboden mit Zucker und legen Sie eine Schicht Marillen darauf, danach wieder eine Lage Weißbrot und so fort, bis das Gefäß voll ist. Denken Sie daran, immer wieder zwischen Ihren Puddinglagen die halbierten weißen inneren Kerne der Marillen sowie auch insgesamt einen ganzen Becher Ribisel*-Saft mit leichtem Himbeer-Aroma zu verteilen; der Saft soll aber in kleinen, exakten Dosen teelöffelweise auf jede Lage geträufelt werden. Backen Sie Ihren Pudding im Ofen, nachdem die oberste Schicht, die aus Brotscheiben bestehen muss, mit einem Eidotter glaciert* wurde, wobei die gebutterte Seite dieser Brotscheiben nach unten, also zu den Früchten hin gekehrt sein muss. Der Prinz-Regenten-Pudding wird auf dieselbe Weise zubereitet, nur besteht dieser aus halb gegartem und mit zerlassenem Knochenmark montierten* Reis.

### *Gefüllte Marillen*-Torte à la bonne femme*

Nachdem Sie einige Marillen* geöffnet und geschält haben, dünsten Sie diese mit wenig Zucker und lassen das Kompott auskühlen. Arrangieren Sie dann die Hälften auf einem Blätterteigboden und bedecken Sie diesen Kuchen mit einer zweiten Lage Blätterteig, den man stellenweise einschneiden muss, damit er im Ofen keine Blasen schlägt. Die Haube und die Ränder des Kuchens werden mit Eidotter bepinselt und die Torte wird im Feldofen* gebacken. Wenn Sie einige Kirschen unter die Marillen mischen, erhalten Sie ein ausgezeichnetes Ergebnis; diese moderne Art der Zubereitung wird in den erlesensten Pariser Küchen angewandt.

*Marillen* à la Condé, à la Génevoise, mit Perlgraupen*
(siehe Zwetschken* und Pfirsich)

*Sago-Poupelure mit Marillen*, genannt à la d'Escars*

Kochen Sie acht mittelgroße Marillen* in einem halben Liter Quellwasser mit 250 gr gut zerstoßenem kandierten Zucker. Wenn die Marillen weich sind, streichen Sie sie durch ein Seihtuch, so dass Ihr Marillenwasser klar und durchsichtig, farbig und aromatisch wird. Nun werden 125 gr schönstes, wie immer säuberlich ausgeästeltes und gut gewaschenes Sago darin aufgekocht, und wenn Ihr Gelée richtig gegart und klar ist, ziehen Sie es vom Feuer, um darin drei Glas voll Liqueur des îles (aus Marillenkernen) zu verrühren. Unmittelbar vor dem Servieren legen Sie zwölf getrocknete, halb-süße Marillenhälften dazu, die Sie bitte nicht durch zu feste Handhabung verformen. Dieses eines unserer modernsten und erlesensten Zwischengerichte muss heiß in der Kasserole serviert werden.

## *DESSERTS*

*Kurz gekochtes Marillen*-Kompott*

Bereiten Sie einen Sirup zu, in dem Sie Ihre halbierten Marillen* kochen, sobald er etwas angezogen hat; nach drei Minuten schäumen Sie dieses Kompott ab, fügen den Saft einer Orange hinzu und lassen es auskühlen.

*Kompott aus gegrillten Marillen*, à la Breteuil*

Vierteln Sie einige schöne, wirklich reife Marillen*, bestreuen Sie diese mit Kandiszucker und grillen Sie sie über einer heißen Glut. Früchte grillt man tunlichst nicht auf Kohlenglut, denn die Dämpfe, die durch das Abtropfen auf die Glut entstehen, könnten ihnen einen übel riechenden Beigeschmack verleihen. Dies gilt für Birnenkompott wie für Apfel à la Portugaise, wo man immer daran denken muss, reine Holzglut zu verwenden. Wenn Ihre Marillenviertel genügend geröstet wurden, arrangieren Sie sie in einer Kompottschüssel und begießen sie mit einem Sirup, in den Marillenscheiben und einige Himbeeren eingearbeitet wurden. Dieser Sirup muss durch ein Seiden-Seihtuch getrieben und wieder aufs Feuer gestellt werden, damit er kochend auf die Marillen geschüttet werden kann; er soll deren Fleisch durchdringen und so beim Garen Mithilfe leisten. Auf diese Weise zubereitete Marillen werden auch den empfindlichsten Magen nicht ermüden.

### *Kompott aus grünen Marillen**

Für dieses Gericht braucht man eine beträchtliche Menge unreifer Früchte, die man jährlich vor der Zeit vom Baum pflücken, sodann rund zwanzig davon nach und nach sorgfältig schälen und in kaltes Wasser legen muss. Dann werden sie alle zusammen in lauwarmem Wasser, in dem auch zwei Hand voll Sauerampfer-Blätter schwimmen, gewässert, zugedeckt und auf einem schönen Kohlenfeuer gekocht, bis sie schön grün aussehen. Vom Feuer ziehen und zum Auskühlen in eine Schüssel gießen. Dann abtropfen lassen, in Kandiszucker wälzen und in einer großen Pfanne zu Ende garen. Wenn der Augenblick gekommen ist, sie vom Feuer zu nehmen, fügen Sie zwei Löffel Spinatsaft und etwa fünfzig schön grüne Pistazien hinzu, um ihnen dieses leuchtende Grün zu verleihen, das diesem Kompott zu Recht seinen Namen gegeben hat.

### *Konfitüre aus grünen Marillen**

Lebte man an einem Ort, an dem gute Früchte rar wären oder wo die Jahrestemperaturen die Früchte am Gedeihen hinderten, könnte man sich grüne Marillen* sichern, indem man sie nach folgendem Rezept konserviert: Nehmen Sie 3 kg dieser Früchte, bevor ihre Kerne fest geworden sind. Legen Sie sie in kaltem Wasser ein, dem Sie 186 gr Weinstein beigegeben haben, und frottieren Sie sie mit einem Leinentuch, um ihren Pelz zu entfernen. Geben Sie sodann 3 kg feinen Zucker in eine Konfitürenkasserole und lassen Sie diesen zum schwachen Flug* reduzieren, bevor Sie darin Ihre Früchte gar werden lassen. Dies sollte nach einer halben Stunde auf gut geschürtem Feuer vollbracht sein. Diese wohlgelungene Konfitüre schmeckt sehr viel besser, als wir in unserem milden Klima vermuten möchten, in dem wir aromatische Zubereitungen gewohnt sind.

### *Konfitüre aus ganzen oder geviertelten Marillen**

Sie beginnen damit, Ihre Marillen* in kochendem Wasser zu blanchieren*, dann werden sie mit dem Schaumlöffel herausgehoben und zum Abtropfen auf ein Haarsieb gelegt. Wenn Sie 3 kg Früchte zur Verfügung haben, nehmen Sie 3 kg Zucker, den Sie zum schwachen Flug* reduzieren. Nach und nach kommen Ihre ganzen oder geviertelten Marillen hinein, sie sollten höchstens zwei- oder dreimal aufkochen; dann müssen sie auskühlen, damit sie den Zucker aus dem Saft absorbieren können. Anschließend lassen Sie den Saft nochmals auf kleinem Feuer aufkochen und die Früchte erneut für fünf bis sechs Minuten darin köcheln, bevor sie in ihre Konservengläser eingelegt und mit Sirup übergossen werden und vollkommen auskühlen müssen. Erst dann darf man die Gläser verschließen.

### *Getrocknete Marillen* à la provençale*

Die Früchte werden wie oben beschrieben vorbereitet, dann müssen sie abtropfen und werden auf Sandsteinplatten oder -streifen gelegt, je nachdem, wie viel Platz zur Verfügung steht. Wenn sie trocken zu werden beginnen, bestreut man sie durch ein Seiden-Seihtuch hindurch mit Zucker und dörrt sie auf einem Gitter oder im Ofen. Um sie zu konservieren, genügt es, sie an einen trockenen Ort zu stellen, nachdem man sie in Packpapier eingewickelt hat. Wenn dieses feuchte Flecken zeigt, wechselt man das Papier.

### *Königliche Marillen*-Marmelade*

Man wähle die reifsten und gesündesten Marillen*, blanchiere* sie in kochendem Wasser und lege sie zum Abtropfen auf ein feines Sieb, um ihre überschüssige Feuchtigkeit abzuschütteln. Für 500 gr Früchte braucht man 500 gr extra feinen Zucker, der bis zum schwachen Flug* auf Sirupdicke kondensiert wird. Dann lasse man ihn abkühlen, bis er nur noch lauwarm ist, werfe die Marillen hinein, verrühre diese mit dem Kochlöffel zur Marmelade und stelle sie noch einen Augenblick aufs Feuer, um sie eindicken zu lassen. Zwei- oder dreimal aufwallen lassen genügt. Man kann nun statt der Fruchtkerne Pistazien hinzufügen; so gewinnt man die vollkommene und beste Marmelade für die Garnitur jeglichen Desserts.

### *Marillen*-Marmelade, Hausfrauenart*

Für Torten und Kuchen, süße Omeletts oder um Charlotten zu garnieren sollte man eine weniger teure und edle Marmelade bereitstellen, deren Qualität dennoch nichts zu wünschen übrig lässt. Für eine gute Alltagsmarmelade sollte man 1 kg Zucker für 1,5 kg Früchte vorsehen. Man fügt ein volles Glas klares Quellwasser hinzu und kocht alles zusammen auf, wobei darauf zu achten ist, dass der Schaum sorgfältig abgeschöpft und alles gut gerührt wird, so dass kein einziges Fruchtstückchen ganz bleibt. Da die Häute den Geschmack merklich verbessern, müssen sie gut verkocht werden, bis sie sich auflösen. Normalerweise fügt man der Marmelade am Ende der Kochzeit die halbierten Marillenkerne bei. Diese müssen separat von der Marmelade mit etwas Zucker gekocht werden, ansonsten würden ihre natürlichen Gärstoffe die Marmelade sauer werden lassen oder ihre Bitterstoffe an sie abgeben. Oft bedenkt man dies nicht, doch empfindliche Personen bemerken es sehr wohl. Torten und Kuchen kann man verbessern, wenn man einige gedämpfte Äpfel unter die Marillen mischt (nicht zum Kompott verkocht, sondern nur leicht gedämpft); man kann diesen Zusatz gar nicht hoch genug schätzen, denn er gibt Fülle und verfeinert das Aroma.

### *Marillen*-Käse*

Sie wählen die reifsten Früchte mit den wärmsten Farbtönen, häuten und entkernen sie, trocknen sie auf heißer Asche und in einer ganz neuen Terrine. Sie müssen sie oft und kräftig umrühren, und zwar mit einem Buchsbaumspatel, der nur für gute Wäsche verwendet und vorher gut abgebrüht wurde. Wenn die Marillen* fast vollkommen gedörrt sind und einen Teig von fester Konsistenz bilden, werfen Sie sie in einen Marmeladenkessel, in dem Zucker zum starken Flug* gekocht wurde. Früchte und Läuterzucker werden kräftig durchgemischt und erhitzt ohne zu kochen, der Teig wird löffelweise auf Schieferplättchen dressiert und bei großer Hitze getrocknet.

### *Obers* mit glacierten* Marillen**

Sie zerstoßen und mahlen zwölf Pfirsich-Marillen* sorgfältig, passieren das Fruchtfleisch durch ein grobes Haarsieb, verrühren darin den Saft von 30 gr Himbeeren, weißen, wenn irgend möglich. Nun kommen der Saft zweier Orangen aus Malta oder Portugal sowie 250 gr fein zerstoßener Zucker dazu. Die Mischung wird auf Eis gestellt und ein halber Liter besten, frischesten und gehaltvollsten Obers* hinzugefügt, das bereits halb gefroren sein sollte, damit die Säure der Früchte es nicht stocken lässt, sondern Früchte und Obers* sich prompt vermischen können. Alles zusammen kommt nun in eine Eismaschine mit Salpeter- und Meersalz, wie es für Eis und Sorbets üblich ist.

Wenn wir hier kein einziges Rezept zur Zubereitung von Marillen in Branntwein angeben, liegt das daran, dass diese vulgäre Mischung veraltet und, außer in den Cafés und Gasthäusern auf dem Land, nicht mehr gebräuchlich ist. Es ist allgemein anerkannt, dass die einzigen Früchte, die man ohne die Nase zu rümpfen in Branntwein einlegen kann, Reine-Clauden, Vogelkirschen, Vogelbeeren und die kleinen provençalischen Zitronen sind.

Marillen, Nektarinen, Pfirsiche und andere große Früchte serviert man in Haushalten, in denen man etwas auf sich hält, niemals in Branntwein. Was aber die gastronomischen oder vielmehr die industriellen Lehren der Herren Konfitüren- oder Limonadenhersteller anbelangt, muss man annehmen, dass sie ihr Wissen aus der Elementarliteratur haben, wo mit traditionellen Rezepten aufgewartet wird und wo man das nachschlagen kann, was wir hier weglassen, eine Unterlassung, die der beste Teil unserer Leser uns nicht vorwerfen wird, da der gute Geschmack sie uns eingab.

Zur Vervollständigung dieses Kapitels erachten wir es für notwendig, die Zubereitung von Marillentee zu beschreiben, den man in Kleinasien sehr gern trinkt, weil er, wie man sagt, Entzündungen von Magen und Därmen zu heilen vermag. Hier das Rezept, wie es in der neunundneunzigsten Nummer des »Spectateur ottoman« formuliert ist:

> »Koche Marillen, fünf große oder sechs mittlere oder auch zwölf kleine, in heftig wallendem Wasser weich; sie sollen ihrer getigerten Kleider entledigt und ihr hölzernes Herz soll herausgenommen sein. Du kochst sie in einem Maß geklärten Wasser, das du bereits mit ein paar Sauerampfer-Blättern vorgekocht hast. Vergiss nicht eine Hand voll Gerste, sieben Maiskörner und drei Prisen feinen europäischen Leinsamen hinzuzufügen. Nach einer halben Stunde ziehe die Früchte und Körner aus dem Sud heraus und reiche diesen mit etwas reinem Honig. Nimm wenig Honig und hoffe voller Zuversicht!«

## MAULBEERE

Die Frucht des Maulbeerbaumes.

Es gibt davon zwei Sorten: den weißen Maulbeerbaum, dessen Früchte den Tieren des Geflügelhofs als Nahrung dienen, welche sie mit Vergnügen fressen; um diese müssen wir uns hier jedoch nicht kümmern. Sodann den schwarzen Maulbeerbaum, der große, süße, Maulbeeren genannte Früchte trägt, deren Duft und süßes Aroma die Feinschmecker entzücken. Man glaubt, dass er aus Persien oder China stammt. Er ist allerdings schon seit langem im ganzen Orient verbreitet, von wo er zweifelsohne nach Italien gebracht wurde.

Die alten Dichter besangen diese Pflanze, deren Blattwerk sie wahrscheinlich verführte: In seiner Fabel von Pyramus und Thisbe lässt Ovid die beiden Unglücklichen unter einem dieser Bäume sterben und die Sage erzählt, dass ihr Blut, da es die Wurzeln begoss, den zuvor weißen Früchten ihre schwarzpurpurne Schattierung verlieh und dass ihnen die Götter, Thisbes Bitte erhörend, diese traurige Farbe zum Andenken an das Unglück der beiden Liebenden ließen. Vergil hatte Freude daran, in einem seiner Hirtengedichte eine Najade zu beschreiben, die das Antlitz des Silen mit dem purpurnen Saft der Maulbeeren beschmierte. Horaz empfiehlt in seinen Versen, am Ende jeder Mahlzeit Maulbeeren zu essen, damit man sich an Tagen der sommerlichen Gluthitze wohl befinde. Plinius behauptet im Gegenteil, dass sie, zu diesem Zeitpunkt der Mahlzeit eingenommen, ungesund seien, und berichtet, dass der Maulbeerbaum als der weiseste aller Bäume gilt, weil er erst austreibt, wenn die Kälte vorbei ist und er seinWachstum dann mit viel Getöse in einer einzigen Nacht vollbringt.
Die Früchte des Maulbeerbaumes sind nahrhaft, erfrischend und abführend. Die Römer stellten aus ihnen ein Medikament gegen alle Leiden her. Heute bereitet man einen Maulbeersirup zu, den Ärzte üblicherweise gegen Entzündungen verschreiben und dessen Rezept wir hier angeben werden.

### *Maulbeersaft*

Man nimmt einen Korb Maulbeeren, um etwa einen Liter Saft zu erhalten, stellt sie mit etwa einem Liter Wasser in einer Pfanne aufs Feuer und lässt sie so lange kochen, bis daraus etwa ein halber Liter geworden ist. Die Maulbeeren auf einem feinen Sieb abtropfen lassen. Drei Pfund Zucker zum Ballen* läutern, den Maulbeersaft darunter mischen, einmal aufkochen lassen und abschäumen. Wie für jeden anderen Sirup kocht man auch diesen bis zum schwachen Faden*, wobei man bei zu starker Reduktion Wasser nachgießen kann, so dass der Sirup den Grad hat, den er haben soll. Ihn dann in eine Terrine gießen, auskühlen lassen und in Flaschen füllen.

## MEERRETTICH siehe KREN

## MELANZANE oder AUBERGINEN

Eine Art von Nachtschattengewächs. Diese Frucht ist geformt wie ein großes Ei. Die weißen und die violetten sind die besten. Man kann sie als Salat oder gegart essen und hier nun die besten Arten sie zuzubereiten:

*Melanzane nach Art des Languedoc*

Schneiden Sie Ihre Melanzane der Länge nach durch, heben Sie die Kerne aus und würfeln Sie das Fleisch. Salzen, pfeffern, Muskat hinzufügen, auf kleinem Feuer rösten und mit feinem Öl begießen.

*Melanzanesalat à la provençale*

Schälen Sie die Melanzane und schneiden Sie sie in Streifen. Legen Sie sie zwei Stunden in eine Marinade aus Essig, Nusslake, grauem Salz, schwarzem Pfeffer und ein wenig Knoblauch. Dann trocknen Sie sie und pressen ihr Wasser heraus. Machen Sie davon einen Salat mit Brunnenkresse und Rapunzel, mit harten Eiern, gefüllten Oliven und einigen Thunfischfilets.

*Melanzane nach Pariser Art*

Heben Sie das Fleisch von vier violetten Melanzane aus, aber verletzen Sie die Haut dabei nicht. Hacken Sie das Melanzanefleisch gemeinsam mit Geflügelbrust oder gebratenem Lamm oder magerem Ferkel oder mit einem anderen weißen und gut zu Ende gegarten Fleisch. Fügen Sie dieser Masse 180 gr Knochenmark hinzu oder würzen Sie, wenn Sie dies lieber möchten, mit einer Prise Muskatnuss, 180 gr weißem Speck und ein wenig Salz. Kneten Sie altbackenes Weißbrot hinein, mischen Sie vier Eidotter darunter, füllen Sie Ihre Melanzanehälften mit dieser Farce und garen Sie sie, mit Mark oder zerlassenem Speck befettet, in der Backform.

## MELONE

Einjährige Kriechpflanze aus der Familie der Gurken. Je nach Art wird die Frucht so groß wie ein Apfel oder wie ein Riesenkürbis. Die aus Honfleur wiegen bisweilen vierundzwanzig Pfund. Man sagt, dass sie bei den Kalmücken wild wächst: Ich bin im Oktober und November dort gewesen und habe nie auch nur eine einzige Melone gesehen, obwohl man sie fünfzig Meilen weiter am Kaspischen Meer zu Tausenden erntet und die größten und besten vier Sous kosteten.

Möglicherweise stammt die Melone aus Afrika, auf jeden Fall wurde sie in heißen Ländern geboren und schmeckt nur gut, wenn sie von den Strahlen der Sonne gestreichelt wurde. Die beste ist die Cantalou-Melone, die von den Römern aus Armenien mitgebracht wurde, so genannt, weil man sie im Dorf Cantalupo kultivierte. Neapel hat seine Nationalmelone, die man Cocoméro nennt und die mit den Makkaroni fast die

einzige Nahrung der Lazzaroni darstellt. Das Fruchtfleisch dieser Melone ist rot mit schwarzen Kernen. Ihr Gehalt ist gleich null, sie besteht aus erstarrtem Wasser.
Um die Melone verdaulich zu machen, muss sie man laut Ansicht einiger Gastronomen mit Pfeffer und Salz essen und ein Glas Madeira hinterher spülen, oder vielmehr ein Glas Marsala, da es den Madeira ja nicht mehr gibt.
Man kann sie gar nicht anders essen als in Scheiben geschnitten und man serviert sie zwischen Suppe und Rindfleisch oder zwischen Käse und Dessert.

## MERLAN oder WITTLING

Man weiß nichts über den Ursprung des Namens, kann sich jedoch leicht erklären, warum im letzten Jahrhundert die Perückenmacher so genannt wurden: Sie waren ständig mit Puder bedeckt, so wie die Fische mit Mehl, bevor man sie in die Pfanne legt. Der Merlan gehört zur Kabeljau-Familie, man fängt ihn im Dezember, Januar und Februar. Dann ist er fett und fest und beginnt ab Ende Oktober Eier und Milch anzusetzen. Es gibt keinen gesünderen Fisch, er ist mürbe, zart und leicht. Man verschreibt ihn sogar den Rekonvaleszenten. Die besten werden im Mittelmeer gefangen.

### *Gebratener Merlan*

Man nimmt mehrere Fische, entschuppt sie oder, noch besser, wischt sie mit leichtem Druck mit einem Küchentuch ab, dann kommen die Schuppen von selbst herunter. Dann schneidet man die Spitze der Schwanzflosse und die Brustflossen weg, nimmt die Fische aus, wäscht sie, steckt die Leber wieder zurück in den Körper, schneidet die Fische beidseitig ein, wendet sie in Mehl und brät sie, bis sie fest und schön braun geworden sind. Dann lässt man sie abtropfen, bestreut sie mit etwas feinem Salz, bedeckt den Teller, auf dem sie serviert werden, mit einer Serviette, legt die Fische darauf und serviert sie.

### *Gegrillter Merlan*

Die Fische werden so vorbereitet wie für das Braten, eingeschnitten, in Mehl gewendet, auf den Grill gelegt und auf kleinem Feuer gegart, wobei man sie einmal umdrehen muss. Man legt hierfür einen Deckel auf die Fische und dreht den Grill um. Man grillt die Fische auf der anderen Seite fertig und nimmt wieder den Deckel zu Hilfe, um sie ohne Beschädigung herunterzunehmen. Dann lässt man sie auf den Servierteller gleiten und übergießt sie mit einer ▸ weißen Sauce mit Kapern.

### *Merlan in Fines Herbes**

Sie schuppen die Fische ab, wie es beim gebratenen Merlan beschrieben wurde, bereiten sie ebenso vor und legen sie in eine Schüssel, auf Butter, Petersilie, Schnittknoblauch*, Salz und Muskat. Die Fische sollten Kopf an Schwanz liegen und dann mit zerlassener Butter, Weißwein und Suppe übergossen werden. Wenn sie auf beiden Seiten gar sind, gießen Sie den Fond in eine Kasserole, ohne die Fische aus der Schüssel zu entfernen. Fügen Sie dem Fond etwas mit Mehl verknetete Butter hinzu, lassen Sie die Sauce etwas einkochen und pressen Sie etwas Zitronensaft darauf. Würzen Sie mit einer Prise grobem Pfeffer, gießen Sie die Sauce über den Fisch und servieren Sie.

### *Merlanfilets »en turban«*

Man schneidet aus fünfzehn bis achtzehn Fischen die Filets heraus, nimmt die zwölf kleineren, entfernt die Haut, zerstampft das Fleisch und bereitet daraus eine Nockerl*- ▸ Farce zu. Wenn die Farce fertig zubereitet ist, formt man aus Brot einen dicken Korken und setzt diesen mit dem schmäleren Ende nach unten, auf den Teller. Dieser Brotkorken wird nun mit Speckscheiben umwickelt und rund um diese, hügelförmig, die Farce aufgetragen. Die übrigen Fischfilets um die Farce drapieren, indem man sie wie ein Mousseline-Band formt, das sich um einen Turban schlingt. Wenn es die Jahreszeit dafür ist, garniert man die Spitze mit kleinen, zu winzigen Perlen tournierten* Trüffeln.

### *Gratinierte Merlanfilets*

Schneiden Sie die Filets einiger Fische heraus und breiten Sie diese, eines nach dem anderen, auf dem Tisch aus. Garnieren Sie die Filets mit einer gekochten ▸ Farce und rollen Sie die Filets zusammen. Nun streichen Sie eine Schicht dieser Farce auf den Boden der Form, legen die Filets darauf, bedecken diese mit der Farce und streichen auch an den Seiten welche auf die Filets, glätten die Farce mit der lauwarm angefeuchteten Messerklinge, geben dem Gratin eine regelmäßige Oberfläche, bestreuen es mit Bröseln, bestreichen es mit einem in zerlassene Butter getauchten Pinsel, stellen das Gratin in den Ofen und backen es mit Unter- und Oberhitze. Wenn es goldbraun ist, gießen Sie eine rote ▸ Sauce italienne darüber.

### *Merlan à la Sylvio-Pellico*

(nach dem Rezept von Ferdinando Grandi)

Man nimmt einen großen Merlan und richtet diesen zum Füllen her, wobei der Kopf an den Filets hängen bleiben sollte. Der Fisch muss nun sechs Stunden in Weißwein marinieren, dann mit einer Fisch- ▸ Farce gefüllt und, von dieser Farce umgeben und gut gewürzt, in eine Terrine gelegt werden. Eine gewaschene und in Butter glacierte* Zwiebel hinzufügen, leicht mit Knoblauch würzen und eine gewisse Menge blanchierte* Fines Herbes* dazugeben. Den Merlan auf dem Gitter eines Fischkessels neu gestalten, den Rücken mit Schuppen aus geschälten Krebsen versehen und die Seiten abwechselnd mit je einer Reihe Krebse und Austern spicken, bis er vom Kopf bis zum Schwanz geschmückt ist. Die Garnitur gut in die Farce drücken, so dass sie sich nicht löst, dann den Merlan in der passierten Marinade, einem Stück frischer Butter und einem Bouquet garni* dünsten. Wenn der Merlan schön auf seinem Teller liegt, umgibt man ihn mit kleinen Pasteten, die man in Förmchen mit derselben Farce zubereitet hat, wobei der Boden der Förmchen mit zu einem Gitter arrangierten Trüffeln und Zungenstreifen dekoriert wurde. Dann wird besagte Farce auf den Boden und den Rand der Formen gestrichen, in die Mitte gießt man eine Sauce mit Trüffeln und Champignons. Die Förmchen mit der Farce bedecken und die Pasteten eine Viertelstunde vor dem Servieren pochieren. In jede Pastete legt man einen schönen Krebs, serviert dazu ein ▸ Velouté mit Frühlingsgemüse, das vorher in Butter geschwenkt und in Hühnerbrühe gedünstet wurde. Das Gericht wird mit einer sehr hellen Demi-Glace* serviert und der Fischkopf mit einem Brathäkchen geschmückt, auf das man drei Fisch-Nockerln* steckt, wovon man eines weiß lässt, das zweite grün und das dritte rot färbt.

### *Gebratener Merlan à la provençale*

(nach dem Rezept von Monsieur Urbain Dubois, Küchenchef Seiner Majestät, des Königs von Preußen)
Es handelt sich hierbei um ein in der Provence sehr beliebtes Gericht, das man vor allem am Heiligen Abend serviert.

In eine Pfanne kommen vier bis fünf Esslöffel gutes Öl, das erhitzt, dann mit zwei Löffeln Mehl gebunden und vorsichtig unter ständigem Umrühren bis zu einer leichten Braunfärbung gebracht wird. Dann zwei Esslöffel fein gewiegte Zwiebeln hinzufügen, diese einige Sekunden in der Pfanne erhitzen, die Pfanne vom Feuer nehmen und diesen Roux nach und nach mit heißem Wasser und Wein aufgießen. Diese Sauce aufkochen – ihre Konsistenz soll flüssig bleiben – und zehn Minuten auf dem Herdrand köcheln lassen. Einen Strauß Petersilie und ein Lorbeerblatt dazugeben, würzen und die Sauce reduzieren, dabei umrühren, bis sie schön gebunden ist. Mit zwei Esslöffeln Madeira abschließen und durch ein feines Sieb in eine flache Kasserole abseihen.

Währenddessen einen frischen Merlan in fünf bis sechs Scheiben teilen, diese salzen, in Mehl wenden und in Öl herausbraten. Wenn sie schön goldbraun sind, lässt man sie abtropfen und legt sie in die Saucc, wo sie auf sehr kleiner Flamme zehn Minuten ziehen sollen. Abschließend dieses Ragoût mit einer Messerspitze fein gewiegter Petersilie und zwei Esslöffeln ganzen Kapern bestreuen.

Die Merlan-Scheiben auf einem heißen Teller anrichten und mit der Sauce maskieren*.

### *Merlan-Schwanz nach Art von Cherbourg*

(nach dem Rezept desselben Küchenchefs)

Den Schwanz eines großen Merlans, also die Hälfte des Fisches, abschuppen, die Flossen entfernen, unter fließendem Wasser waschen, mit einem Tuch abtrocknen und in dicke Scheiben teilen. Den Boden einer flachen Kasserole mit Butter bestreichen, darauf zwei Hand voll gehackte Champignons und auf diese, dicht gedrängt, die Scheiben vom Merlan legen. Leicht salzen, ein Bouquet garni* dazulegen und mit Weißwein, dem Saft zweier Zitronen und dem Kochsud von drei Dutzend großen Austern bedecken. Die Kasserole zudecken, auf ein großes Feuer stellen und den Fisch acht bis zehn Minuten kochen. Wenn er gerade gar ist, muss der Fond auf die Hälfte reduziert werden. Den Fisch auf einen Teller auflegen, das

Bouquet aus dem Fond entfernen und diesen reduzieren. Wenn er zu flüssig bleibt, bindet man ihn mit etwas mit Mehl verkneteter Butter, lässt ihn kurz aufkochen, streicht ihn durch ein Seihtuch und montiert* 100 gr in kleine Stücke zerteilte Butter hinein. Schließlich die Austern hinzufügen und damit den Fisch maskieren*.

## MILCH

Weiße tierische Substanz, flüssig, süß, die sich in den Zitzen und Eutern der weiblichen Tiere bildet und des Menschen erste Nahrung ist.
Die einzige Milch, die wir regelmäßig verwenden, ist die der Kuh, der Ziege und des Schafes. Manchmal auch, als Heilmittel für gewisse Fälle von Schwindsucht, die der Eselin.
Ich hatte Gelegenheit, Kamelmilch und Stutenmilch zu trinken und konnte daran nichts Minderwertiges im Vergleich zur Ziegen- oder Kuhmilch finden.

### *Ziegenmilch*

Sie ist schwerer als die der Kuh und weniger fett als Schafsmilch. Auch zu Butter oder Käse verarbeitet behält sie ihr böckelndes Aroma und erinnert an den Geruch des Tieres, aus dem man sie gezogen hat.
Weiße oder hornlose Ziegen produzieren eine weniger geruchsstarke Milch.

### *Buttermilch*

So nennt man die flüssigen Teile der Milch.

## MISPEL

Frucht des Mispelbaumes.
Die beste Mispelsorte ist die Saint-Lucas genannte, die man zu Sankt Lukas pflücken muss. Man kann diese Frucht nur essen, wenn sie auf Stroh weich geworden ist. Man macht daraus Kompott und wir wollen nun diese alte Art der Zubereitung angeben:

Man entfernt die Krone und Flügel der Mispel, zerlässt frische Butter, legt die Früchte hinein, wenn die Butter braun ist, und gart sie darin weich. Dann übergießt man sie mit einem Viertelliter Rotwein und kocht alles zu Sirup ein, nimmt die Mispeln heraus, richtet sie in einer Kompottschüssel an, streut weißen Zucker darauf und serviert.

## MORCHEL

Eine Art Frühlingspilz, die sich vom normalen Pilz nur dadurch unterscheidet, dass sie statt der Lamellen Löcher hat. Wir haben noch nie von Vergiftungen durch Morcheln gehört. Sie regen den Appetit an, stärken und reparieren den Magen und werden sehr gern für Saucen verwendet. Die frühen Christen, die das Schicksal des Claudius abgeschreckt hatte, aßen wesentlich mehr Morcheln als Pilze.

Eine Anekdote, deren Wahrheitsgehalt wir nicht garantieren können, obwohl wir sie beim Leben des heiligen Pardoux nachgelesen haben, bekräftigt unsere Behauptungen. Es wird erzählt, dass ein Bauer, der eines Tages Morcheln gefunden hatte, diese dem Heiligen als Zeichen seiner Ehrerbietung schenken wollte. Unterwegs begegnete er einem mächtigen Fürsten, Raynacaire, der sie ihm entriss und sich zum Nachtmahl servieren ließ. Doch, so erzählt der heilige Mann, folgte die göttliche Strafe sogleich und bescherte dem Fürsten entsetzliche Koliken, von denen er nur durch ein vom heiligen Pardoux gesegnetes Öl geheilt werden konnte.

## MUSKATNUSS

So oder auch einfach nur Muskat heißt der Kern der Frucht vom aromatischen Muskatbaum.

Man gewinnt aus dieser Nuss zwei Öle: ein festes, das man Muskatbutter nennt und gewinnt, indem man die Nüsse in Wasser kocht, und ein flüssiges, das manchmal in bestimmten Rezepten enthalten ist.

In süßen Speisen verwendet man vorzugsweise das ▸ Macis, eine Art Innenhaut, die die Muskatnuss umhüllt und deren Aroma zarter ist.

## MUSKAT-TRAUBE

Ihr Saft und ihre Haut haben einen heftigen Geschmack. Die besten wachsen in der Provence und im Languedoc, also in Frontignan, Rivesaltes, Lunel und La Ciotat. Es existieren mehrere Sorten, die in Gärten und Weinbergen wachsen.

Muskat heißen auch mehrere Birnenarten.

### *Kompott von der Muskat-Traube*

Kerne und Haut entfernen und zweimal in einem Sirup bis zum starken Flug* aufkochen lassen.

Das Kompott wird je nach der Traube eingefärbt, die man verwendet hat: Ist sie rot oder violett, mischt man einen halben Teelöffel Cochenille* in den Sirup; ist die Traube grün, verwendet man den

Saft gekochten und blanchierten* Spinats, so dass das Dessert ein hübsches zartes Grün erhält.

### *Muskat-Traube in Flüssigkeit eingelegt*

Man nimmt noch eher grüne Trauben, entfernt Haut und Kerne, legt sie in etwas Wasser ein und stellt sie auf heiße Asche, um ihre grüne Farbe zu verstärken. Nach einer Stunde legt man sie in bis zum starken Flug* gekochten Läuterzucker und kocht sie auf großer Flamme während sieben bis acht Minuten, lässt sie dann auskühlen und gießt sie in die Gefäße, in denen man das Kompott konservieren will.

### *Trocken konservierte Muskat-Trauben*

Zucker bis zum starken Flug* kochen und die Trauben darin einlegen. Den Topf zudecken und ein paar Mal aufkochen lassen. Gut abschäumen und, wenn der Zucker bis zum schwachen Faden* gekocht ist, die Trauben herausnehmen, abtropfen lassen, auf Küchenpapier legen und im Trockenofen trocknen.

### *In Branntwein eingelegte Muskat-Trauben*

Rosinen aus Damaskus werden acht Tage lang in Branntwein eingelegt. Drei Viertel dieses Branntweins mit einem Viertel normalen Sirup vermischen, passieren und auf die Trauben gießen.

### *Ratafia-Likör von der Muskat-Traube*

Man zerdrückt sehr reife Trauben, presst den Saft durch ein festes Tuch, passiert ihn, löst darin Zucker auf, fügt ebenso viel Branntwein hinzu, wie man Saft hat, und würzt mit etwas ▸ Macis-Geist und destillierter Muskatnuss. Diese Mischung auf kleiner Flamme ziehen lassen, bevor man sie läutert und mit einer Prise Malven-Pulver verfeinert.

### *Gelée von der Muskat-Traube*

Den Saft herauspressen, passieren, auf gekochten oder zerkleinerten Zucker fließen lassen und ein paar Mal aufkochen lassen. Das Gelée ist dann so weit, wenn es in Flocken vom Schaumlöffel herabfällt.

### *Konserve von der Muskat-Traube*

Die Trauben zerdrücken, den Saft durch ein feines Sieb streichen, trocknen lassen und mit bis zum starken Flug* gekochten Zucker vermischen. Man braucht ein Pfund Zucker für ein Pfund Trauben.

# N

## NACHTIGALL

Mag uns die Nachtigall noch so sehr mit ihrem melodiösen Gesang bezaubern, so schreckt dies unsere grausamen Jäger dennoch nicht davon ab, sie für ihr Fleisch zu töten, welches nur durch das des Feigenfressers übertroffen wird. Man berichtet, dass Lukullus während eines Festessens mehrere Gerichte auftragen ließ, in denen das Hirn unzähliger Nachtigallen Hauptbestandteil war. Falls dies stimmt, muss es ein exquisites Mahl gewesen sein.

## NAHRUNGSMITTEL

Was versteht man unter Nahrungsmittel? Antwort aus dem Volk: Nahrungsmittel ist alles, was uns ernährt. Wissenschaftliche Antwort: Man versteht unter Nahrungsmittel jene Substanzen, die man sich durch Verdauung aneignen kann und die geeignet sind, die Verluste, die der Körper erleidet, zu ersetzen. Die erste Eigenschaft des Nahrungsmittels muss also darin bestehen, leicht verdaulich zu sein. Daher auch das Motto unseres Buches: »Man lebt nicht von dem, was man isst, sondern von dem, was man verdaut.« Die drei Reiche der Natur tragen zur Ernährung des Menschen bei: Tier- und Pflanzenreich ausgiebiger als das dritte, das Reich der Mineralien, von dem nur Gewürze und Arzneien beigesteuert werden. Sogar die Luft trägt mehr oder weniger Nährendes mit sich, je nachdem, ob sie wärmer oder kälter ist.

Man glaubt für gewöhnlich, dass der Mensch indischer Abstammung ist, so sehr ist die indische Luft voll mit nährenden Stoffen. Die Frische der

Fleischhauer und -hauerinnen ist, so sagt man, den Ausdünstungen des frischen Fleisches zuzuschreiben, von denen sie ständig umgeben werden. Demokrit lebte drei Tage ohne zu essen und verspürte doch keinen Hunger, weil er den Dunst warmen Brotes einatmete.
Viterby, ein vom Gericht zu Bastia zum Tode verurteilter Korse, beschloss, Hungers zu sterben. Weil er jedoch von der nährenden Luft seiner Heimat aufrechterhalten wurde, starb er erst am achtundvierzigsten Tag. Es ist wahr, dass er am dreiundvierzigsten Tag, als ihm der Durst die Kehle zudrückte, nicht widerstehen hatte können und ein halbes Glas Wasser getrunken hatte.
Vegetarische Kost ist für heiße Länder geeignet, animalische für kalte Länder, wo der Mensch viel Kohlenstoff erzeugen muss.
Die kriegerischsten und grausamsten Nationen sind jene, in denen man sich hauptsächlich von Fleisch ernährt. Vergleichen Sie den friedlichen Hindu, der von Wurzeln und Früchten lebt, mit dem wilden Tataren, der das Blut seines Pferdes trinkt und dessen rohes Fleisch isst.

## NEROLI

Öl der Orangenblüte, das man bei der Herstellung von Bonbons und feinen Likörs verwendet. Das beste Neroli kommt aus Rom.

## NIEREN

Der leicht urinöse Geschmack der Tiernieren ist es, der Liebhaber anzieht. Nieren können niemals weich gekocht werden. Üblicherweise sind sie von weicher und kompakter Substanz zugleich, was sie schwer verdaulich macht und Verstopfung erzeugt. Die Nieren mancher junger Tiere aber können zart und wohlschmeckend sein, etwa die von Lämmern, Kälbern, Milchferkeln und einigen wenigen anderen.
Rindernieren sind fast immer voller Steine und da der Geschmack auch zu intensiv ist, empfehlen wir unseren Lesern, sie nicht im Übermaß zu konsumieren.

### *Schafsnieren à la Musketiere*

Sie nehmen einige Nieren, entfernen das Fett, halbieren sie, stecken sie auf kleine Spießchen, salzen, pfeffern und geben einige sehr fein gewiegte Schalotten dazu. Nun reiben Sie eine Kasserole mit Butter, Speck oder Schmalz aus, legen die Nierenspießchen hinein, stellen den Topf einige Augenblicke aufs Feuer oder auf heiße Asche, so dass Unter- und Oberhitze erzeugt wird, lassen sie nur kurze Zeit schwitzen, das genügt völlig, arrangieren sie dann auf einem Teller, gießen etwas Wasser in die Kasserole, in der sie gebraten haben, auch Brotbrösel, Salz, Pfeffer sowie einen Schuss Essig, werfen die Nieren darauf und servieren sie als Hors-d'œuvre.

### *Schafsnieren auf honorigem Spießchen*

Sie wässern ein Dutzend Schafsnieren, schneiden sie leicht quer zur Sehne ein, entfernen die Häute, von denen sie umgeben sind, und schneiden sie tiefer ein, ohne sie jedoch zu zerteilen. Stecken Sie nun ein Holzspießchen durch die halb offenen Nieren, so dass sie sich nicht wieder schließen können. Sie tauchen die Nieren in zerlassene Butter, panieren und grillen sie, wobei Sie sie öfter umdrehen sollten.
Danach die Spießchen herausziehen, die Nieren auf der Servierplatte arrangieren, in jede einen Löffel kalte ▸ Sauce à la maître d'hôtel geben, den Teller erhitzen und zuletzt mit Zitronensaft beträufeln.

### *Schafsnieren in Champagner*

Sie entfernen Fett und Fasern von etwa einem Dutzend Schafsnieren, schneiden diese in feine Streifen, geben Butter in eine Kasserole und legen die mit Salz, Pfeffer, geriebener Muskatnuss, gehackter Petersilie und fein gehackten Champignons gewürzten Nieren hinein. Auf großer Flamme sautieren und, wenn die Nieren steif geworden sind, etwas Mehl und gekochten Rahm* sowie vier Esslöffel reduzierte ▸ Espagnole hinzufügen. Auf dem Feuer schwenken ohne aufkochen zu lassen und vor dem Servieren mit etwas Butter und Zitronensaft montieren*. Mit Röstbrot-Stückchen servieren.

### *Glacierte* Schafsnieren*

Sie spicken die Nieren mit stark durchwachsenem Speck, ohne sie zu häuten, stecken sie auf Spießchen und befestigen sie mit gebuttertem Backpapier, dort, wo sie nicht durchstochen sind, auf dem Spieß. Wenn sie gar sind, mit einer ▸ Espagnole oder einer beliebigen anderen Sauce servieren.

### *Schafsnieren, gegrillt*

Sie öffnen die Nieren in der Mitte, stecken sie auf ein kleines Spießchen, salzen und pfeffern und grillen sie. Wenn sie fertig sind, servieren Sie die Nieren mit einer ▸ Sauce à l'échalote. Alle Schafsnieren schmecken mit jeder Sauce gut, wenn sie noch blutig sind.

### *Marinierte Nieren*

Sie schneiden Schafsnieren ein, ohne sie zu zerteilen, marinieren sie in etwas Öl, Petersilie, Schnittknoblauch*, einer kleinen Knoblauchzehe, alles sehr fein gewiegt. Fügen Sie Thymian, Lorbeer, geriebenes Basilikum, Salz sowie Fines Épices* hinzu. Wenn die Nieren die Marinade aufgenommen haben, stecken Sie sie wie üblich auf kleine Spießchen, tauchen sie nochmals in die Marinade, panieren sie mit Brotbröseln und grillen sie, wobei Sie sie von Zeit zu Zeit mit der Marinade übergießen. Auf einer ▸ Sauce à l'échalote servieren.

### *Schafsnieren-Ragoût*

Nieren blanchieren* und häuten, mit fettem Speck spicken und mit Petersilie und Schnittknoblauch* in Butter anrösten. Dann mit guter Bouillon, Salz, Pfeffer, Gewürznelken, Champignons, Morcheln, Rindsgaumen, Kastanien, einem Strauß Fines Herbes* sowie einem Rinds- ▸ Coulis in ein Gefäß legen und als Zwischengericht verwenden.

### *Schafsnieren mit Gurken*

Die Nieren in Speckscheiben gewickelt braten, abkühlen lassen, in feine Streifen schneiden und in ein mit einem ▸ Roux gebundenes Gurkenragoût oder in eine ▸ Sauce Béchamel einlegen.

### *Sautierte Schafsnieren*

(Wir verdanken dieses primitive Rezept unserem Freund Nadar)

Zwölf gehäutete Schafsnieren einschneiden und roh servieren.

Sie können die Nieren allerdings, falls Sie dies bevorzugen, in eine Sautierpfanne legen und mit Salz und Pfeffer in zerlassener Butter auf großer Flamme kurz braten. Wenn die Nieren auf einer Seite fest geworden sind, drehen Sie sie um und braten die andere Seite. Nieren aus der Pfanne nehmen und mit der gleichen Anzahl in Butter gerösteter Brotscheiben servieren. In die Sauteuse kommen ein Stück Schmalz und vier Esslöffel reduzierte ▸ Espagnole, die Sie aufkochen lassen, dann mit Butter und Zitronensaft montieren*. Die Sauce auf die Nieren gießen und servieren.

### *Rindsnieren mit Zwiebeln*

Zwiebelringe mit Butter anrösten; wenn sie halb geröstet sind, kommen die in sehr feine Scheiben geschnittenen Rindsnieren hinzu, salzen, pfeffern. Die einzige Flüssigkeit bei diesem Gericht sollte der von den Nieren ausgelassene Jus sein. Einen Schuss Essig und etwas Senf in die Sauce mischen und als Hors-d'œuvre servieren.

*Kurz gebratene Rindsnieren*

Sie rösten die sehr fein aufgeschnittenen Nieren mit Petersilie, Schnittknoblauch*, Schalotten, Salz und Pfeffer. Wenn die Nieren durchgebraten sind, nehmen Sie sie aus der Pfanne und verrühren ein Glas Wein und etwas Wasser mit dem Bratensaft. Mit drei Dottern legieren und als Hors-d'œuvre servieren.

*Sautierte Kalbsnieren*

Sie entfernen Fett und Häute von den Kalbsnieren und schneiden diese dann in sehr feine Scheiben. Mit Butter, Salz, Pfeffer, Muskat, Schalotten, fein gewiegter Petersilie und gedünsteten Champignons auf großer Flamme braten. Mit etwas Mehl bestäuben, mit Weißwein aufgießen und einige Esslöffel reduzierte ▸ Espagnole hinzufügen. Knapp vor dem Servieren legen Sie ein Stück Butter auf die Nieren und beträufeln sie mit Zitronensaft.

Wenn Sie Kalbsnieren am Spieß oder im Ofen braten, lassen Sie ihnen das Fett.

Lamm- und Hahnennieren werden jeweils in den mit diesen Namen bezeichneten Kapiteln besprochen.

## NITRAT und SALPETER-SALZ

Zwei Namen für eine Substanz. Allerdings versteht man unter Nitrat eher das gereinigte Salz, während Salpeter-Salz immer mit Meersalz vermischt ist. Nitrat rötet das Fleisch und man verwendet es daher für das Einsalzen von Rindsnuss, Zunge und Schinken.

## NIVERNAISE

Eine Art Ragoût, das aus in Rindsbrühe gekochten und olivenförmig tournierten* Karottenstückchen besteht; es muss so lange kochen, bis es eindickt.

## NOUGAT

Der weiße Nougat, der den Namen der Stadt Marseille trägt, wird aus Splittern von geschälten süßen Mandeln und Pistazien gemacht, die man in Honig aus Narbonne kocht. Weißer Nougat wird zum Dessert serviert und gegessen. Brauner Nougat, mit dem man Tempel, Kuppeln und Torbögen formt, wird folgendermaßen hergestellt: Man schält und wäscht 500 gr süße Mandeln und lässt sie auf weißem Leinen abtropfen. Dann schneidet man jede dieser Mandeln in Streifen, die man bei niedriger Temperatur im Ofen gelb werden lässt. 75 gr Puderzucker in einem Pfännchen auf dem Herd schmelzen lassen, dann die heißen Mandeln hineinlegen und gut vermischen. Wenn das Pfännchen vom Feuer ist, werden die Mandeln in eine gut abgewischte und geölte Form gegossen. Man nehme dazu eine Zitrone, die man auf die Mandeln pressen kann, weil diese ansonsten an den Fingern kleben bleiben würden. Die Mandelmasse sollte so dünn wie möglich auf die Wand der Form aufgetragen werden, abziehen, schön arrangieren und servieren.

## OBST

Obst stellt seit Anbeginn unseres Erdenlebens, als der Mensch sich nur von Wurzeln und Früchten ernährte, einen der wichtigsten Bestandteile unserer Ernährung dar, bis heute, wo es auf jeden Tisch gestellt wird.
Man isst es frisch und roh, gekocht oder getrocknet. Ist es reif, kann man es ohne Bedenken genießen, vorausgesetzt, man isst nicht zu viel davon und muss keine Angst vor der im Magen stattfindenden Gärung haben. Diese kann man durch Beigabe von Zucker und kräftigenden Gewürzen mildern. Kochen macht Obst leichter verdaulich, ohne seine abführende Wirkung abzuschwächen. Trocknen macht es schwerer verdaulich, aber süßer und nahrhafter. Getrocknete Feigen waren früher ein wichtiger Bestandteil der Kost von Athleten.

## OILLE siehe OLLA PODRIDA

## ÖL

Man stellt Öl vor allem aus Oliven her, aber auch aus einer Vielfalt von Samen wie dem Raps, der Nuss, der Buchecker und dem Rübsamen.
Die Buchecker, die Nuss und die Rübsamen geben ein sehr frisches Öl, das aber leicht ranzig wird.
Die Buchecker gibt nach der Olive das beste Öl.
Unter den Olivenölen gilt es eine Auswahl zu treffen. Meiner Ansicht nach ist das frischeste, reinste und haltbarste das aus Lucques. Danach kommen die kaltgepressten Öle aus Aix, Grasse und Nizza.

Obwohl Italien und Spanien von Olivenbäumen bedeckt sind, kommen gerade aus diesen Ländern die schlechtesten Olivenöle. Die Plantagenbesitzer lassen ihre Oliven zur Verdopplung des Ernteertrags alt werden. Doch dieses fortgeschrittene Stadium der Reife gibt dem gewonnenen Öl einen unerträglichen Fäulnisgeschmack. Dasselbe gilt für die Öle aus Griechenland, Syrien und Ägypten.

## OLIVEN

Frisch vom Baum schmecken Oliven bitter und unangenehm, selbst wenn sie ganz reif sind. Es ist also notwendig, sie in Öl und Salz zu konservieren, damit ihre naturgegebene Bitterkeit verschwindet und durch den Einfluss der Salzlake und die Mischung der Öle ein angenehm schmeckendes, fein-herbes Lebensmittel hervorgebracht wird.
Die Griechen, für die der Olivenbaum göttlicher Herkunft war, verehrten ihn derart, dass sie lange Zeit nur Jungfrauen und unbefleckte Männer für die Pflege des kleinen Baumes heranzogen. Auch verlangten sie von den Erntearbeitern ein Keuschheitsgelübde.
Oliven, die man als Zutat für Ragoûts verwendet und die daher mehr oder weniger lang gegart werden, sind immer besser und leichter verdaulich als rohe.

### *Olivenragoût*

(Vuillemot)

Etwas Petersilie und Schnittknoblauch* werden, fein gewiegt, in Butter angeröstet, mit vier Esslöffeln ▸ Jus oder Schmorfond oder auch auf die Hälfte reduzierter Suppe und einem Glas Weißwein aufgegossen, Kapern, Anchovis und tournierte* Oliven hinzugefügt sowie mit etwas Olivenöl und einem Strauß Fines Herbes* verfeinert. Einmal aufkochen lassen und die Sauce mit Kastanienpüree binden.

Da Olivenragoût nur mit kurz gebratenem Fleisch, etwa Ente, verwendet wird, braucht man nur einige Oliven zu tournieren, sie in Wasser zu blanchieren*, in eine mit dem Entenfond reduzierte ▸ Espagnole zu werfen, alles mit einem Esslöffel guten Olivenöls und dem Saft einer Zitrone zu montieren* und zu servieren. Sie können mir glauben, dass die Einfachheit dieser Zubereitung mehr wert ist als alle anderen Zutaten, die eine falsche Wissenschaft vorschreiben mag.

*Olivenragoût à la Maillebois*

Ersetzen Sie den Kern schöner spanischer oder provençalischer Oliven, die Sie zuvor tourniert* haben, durch ein kleines Nockerl* aus einer mageren ▸ Farce. Dünsten Sie diese Komposition in Wurzelsud mit Fisch- ▸ Coulis und einem halben Glas Madeira und montieren* Sie vor dem Servieren mit zwei Löffeln feinem Olivenöl. Dieses Ragoût kann als Beilage für Fricassées von dunklem Fleisch oder als Unterlage für magere, für ein Entrée am Spieß gebratene Vögel dienen.

## OLLA PODRIDA oder OILLE

Eine Suppe oder ein Ragoût spanischen Ursprungs. Man unterscheidet drei Arten der Olla oder Oille, oder besser gibt es drei Varianten der Zubereitung für dieses große Gericht.

1. Das alte »potage à la française«, von den Köchen unter Ludwig XIII. auch »grand ouille« genannt, das in den Briefen der Madame de Maintenon »oille au pot« heißt.

2. Die wirkliche Olla podrida nach ausländischem Rezept. Dies ist ein derart kompliziertes Gericht, dass die Franzosen sich keineswegs beeilen, es auf ihren Speisekarten anzubieten, und zudem so teuer, dass man es nicht gelassenen Herzens oder gar öfter servieren wird. Man muss wissen, dass dieses Ragoût bei den spanischen Botschaftern Teil der diplomatischen Repräsentation und des offiziellen Zeremoniells ist. Man sagt, es gehöre laut Protokoll zwingend zum Dîner eines spanischen Granden oder eines kastilischen Titulado.

3. Die moderne französische »oille«, ein exzellentes Suppengericht, dessen Üppigkeit nicht erschreckt und durchaus bezahlbar ist.

*Oille-Suppe nach früherer Art*

Ein Masthuhn und zwei schöne Tauben werden geputzt, ausgenommen und mit Weißbrot, das in reduzierte und mit acht Dottern verquirlte Bouillon getaucht wurde, sowie mit einer in heißer Asche gebackenen weißen Zwiebel und mit drei fein gehackten Artischockenböden gefüllt. Diese Farce wird mit ein paar Kerbelblättern und einer Messerspitze Muskatpulver gewürzt. Das Geflügel zunähen, damit nichts von der Fülle herausfließen kann, die Flügel und Keulen an den Körper binden und in einen mit sieben bis acht Pfund großen Stücken vom Rind garnierten Kochtopf legen. Die Stelze eines Pontoise-Kalbes wird geviertelt und, wie auch drei Zwiebeln, eine Pastinake, zwei Karotten und ebenso viele Steckrüben, in feine Streifen geschnitten; dann kommen zwei weiße Porree-Stangen hinzu, die zuvor mit Portulak-Zweigen, mit Rauken und schönem Mangold zu einem Bündel geschnürt wurden. Zuerst soll der Topf von unten auf einem großen Kohlenfeuer erhitzt und dann vor ein schwächeres Feuer gestellt werden, damit die Zutaten langsam garen können. Nach fünf Stunden schneidet man von einem sehr weichen Brot die Rinde ab, legt diese in einen Oille-Topf oder in eine Silberschüssel, gießt die Suppe darüber und lässt das Brot darin ziehen, bis es auf dem Boden kleben bleibt. Auf dieses gratinierte Brot kommen das Huhn und die beiden Tauben ohne die übrigen Zutaten. Die Schnüre entfernen, die Nähte öffnen und die Fäden herausziehen, die übrige Suppe durch ein feines Sieb streichen, um sie zu entfetten, und auf die Oille gießen.

### *Olla podrida*

Man besorge sich Chorizos und Garbansos* (man findet immer welche im Hôtel des Américains oder bei Corcelet im Palais-Royal, der sie sich von der spanischen Grenze bringen lässt). Dann putzt und verschnürt man zehn Pfund Rumpsteak sorgfältig. Nachdem es rechteckig zugeschnitten wurde, legt man es mit sechs Pinten* guter Bouillon in einen Kochtopf, fügt ein ganzes Schafs-Karree*, drei Pfund Kalbsbrust, eine dicke Scheibe entsalzten Schinken, ein normannisches Huhn, zwei Tauben, eine Ente, zwei alte Rebhühner, zwei Wachteln, ein Pfund fein gewürfelten Speck, acht Chorizos und zwei Pfund Garbansos hinzu, die zuvor vierundzwanzig Stunden in heißem Wasser eingeweicht waren, wobei das Wasser regelmäßig erneuert werden muss, um dieses mehlige Gemüse weich zu machen. In ein kleines Tüchlein aus feinem Leinen werden drei Pfefferschoten, sechs Gewürznelken, eine Messerspitze grüne Nusshaut, ▸ Macis und ein Stück von der Muskatnuss eingewickelt, das Bündel wird zu den anderen Zutaten gelegt und mitgegart. Die »Olla« soll jetzt »podrir« bzw. schmoren, während man sich der Gemüse-Zubereitung zuwendet.

Dazu nimmt man vier Salatköpfe, zwanzig Karotten und ebenso viele Steckrüben, schneidet sie so gleichmäßig wie nur möglich zurecht, blanchiert* sie, gießt das abgeschöpfte Fett der »Olla« darüber und dünstet das Gemüse darin. Zwölf gut geputzte Artischockenböden mit vierundzwanzig gut geschälten Zwiebeln in einem weiteren Gefäß mit einem Viertelliter der »Olla«-Suppe und etwas Zucker kochen. Nun wird ein halber Liter rautenförmig zugeschnittene Fisolen*, kleine Sumpfbohnen, Gurkenstreifen, Spargelspitzen und Erbsen im Kochsud der »Olla« gedämpft, und zwar jedes Gemüse für sich in einer kleinen Kasserole.

Wenn alles gar und sorgfältig zubereitet ist, lässt man Fleisch und Gemüse abtropften und deckt sie dann zu, um sie warm zu halten. Die Suppe aus dem Kochtopf passieren, entfetten und mit Eiklar läutern, durch ein feines Tuch streichen und auf dem Herdrand kochend halten.

Nun werden Kraut und Kopfsalat in folgender Ordnung auf einem großen Teller angerichtet: ein Krautviertel, eine Karotte, ein Salatkopf, eine Rübe und immer so fort, bis um den Teller eine Art Krone entsteht. In die Vertiefung in der Mitte kommen die Garbansos. Darauf wird das Fleisch angerichtet und mit den Artischockenböden und den Zwiebeln ein zweiter Kranz gelegt, der den ersten verdeckt. Alles, Fleisch und Gemüse, wird mit der reduzierten Suppe glaciert* und die Brühe in einer großen Porzellanschüssel neben den Teller mit den anderen Zutaten auf den Tisch gestellt.

### *Französische Oille*

Man gart wie oben beschrieben einen Kapaun, zwei Filets von Schafen, die auf Weiden voller Anis gehalten wurden, zwei Rebhühner und zwei Cervelatwürste. Als Gemüse kommen ein halbierter Mailänder Kohlkopf, zwei Selleriewurzeln, sechs kleine Zwiebeln, zwei zerkleinerte Karotten und zwei Pastinaken hinzu. Eine Stunde lang kochen lassen und eineinhalb Liter Garbansos* hinzufügen. Die »Olla« wird mit einer starken Messerspitze Quatre-Épices* gewürzt, die man, gemeinsam mit etwas Cayenne-Pfeffer und Curry-(Kari-) Pulver in einer halben Flasche Sherry oder Pacaret aufgelöst hat. Das Fleisch wird kuppelförmig aufgeschichtet, rundherum das Gemüse arrangiert und die Brühe neben den Teller gestellt.

### *Gratinierte Oille aus Navarra*

In eine Pfanne kommen ein Stück vom Schaf, zwei Tauben, drei Cervelatwürste, 1 kg klein gewürfelter Speck und zwei in Fett eingelegte Gänseviertel. Als Gemüse werden ein geviertelter Krautkopf, ein Bund Porree, eine Knoblauchzehe, eine Piment-Schote und zwei Liter Garbansos* hinzugefügt. Dies alles soll in viel Wasser kochen, bis ein Drittel des Wassers verdampft ist. Mit der Brühe werden sehr dünne Brotscheiben übergossen, die auf glühender Asche gratinieren sollen. Mit der gut reduzierten Suppe aufgießen und den Rest der Oille nach Belieben verwenden.

## OMELETT

### *Omelett Fines Herbes**

Schlagen Sie Eier in einer Schüssel mit einem Weidenbesen, streuen Sie Petersilie, Estragon und Schnittlauch dazu und hören Sie erst auf zu schlagen, wenn Dotter und Eiklar perfekt miteinander vermengt sind. In diese Mischung gießen Sie ein halbes Glas Obers* und schlagen weiter. Wenn die Butter in der Pfanne zu brutzeln beginnt, gießen Sie die Eier hinein, die sich schaumig über den gesamten Pfannenboden verteilen werden. Mit einer Gabel bringen Sie nun unaufhörlich die Ränder zur Mitte zurück und beachten dabei, dass das Omelett flüssig bleiben und nicht stocken soll. Bestreichen Sie einen Servierteller mit ganz frischer Butter und streuen Sie darauf junge und frische Fines Herbes*. Das Omelett darauf gießen und schleimig servieren.

Man verzeihe diesen Ausdruck, aber jede Kunst hat ihre Sprache, die man sprechen muss, um von ihren Anhängern verstanden zu werden.

### *Süßes Omelett*

Eier schlagen, fein gewiegte Zitronenschale, etwas Obers*, Milch und Salz hinzufügen. Alles gut durchschlagen und mit guter, frischer Butter ein Omelett machen. Bevor es auf den Teller kommt, wird es gezuckert; wenn es auf dem Teller liegt, nimmt man eine rote Schaufel*, bestreut das Omelett mit Zucker, glaciert* es und serviert es heiß.

### *Omelett mit Obers*-Champignons*

Sie bereiten aus klein gewürfelten Champignons ein Ragoût zu, schlagen dann Eier mit Petersilie und Salz, verrühren ein paar Champignons mit den Eiern und machen ein gewöhnliches Omelett. Das Champignonragoût wird mit drei Dottern und etwas Obers* gebunden und auf dem Omelett serviert.

Ähnliche Omeletts kann man mit Mai-Schwämmen oder Morcheln, mit Erbsen, Spargelspitzen oder Artischockenböden, immer mit Obers*, zubereiten.

Weiters kann man sie mit weißen Trüffeln, schwarzen Trüffeln, Spinat oder Sauerampfer, auch immer mit Obers*, machen.

### *Thunfisch-Omelett des Brillat-Savarin*

Für sechs Personen nehme man die Milch von zwei Karpfen, wasche sie gut und blanchiere* sie fünf Minuten in bereits kochendem und leicht gesalzenem Wasser.

Ebenso nehme man ein eigroßes Stück jungen Thunfisch, dem man eine kleine, hauchfein gewiegte Schalotte hinzufügt.

Thunfisch und Karpfen-Milch hacke man gemeinsam, um sie gut zu vermengen, und werfe sie mit einer ausreichenden Menge sehr guter Butter in eine Kasserole, woselbst sie sautiert werden, bis die Butter geschmolzen ist.

Ebendies erzeugt die Besonderheit dieses Omeletts.

Nun nehme man ein zweites, beliebig großes Stück Butter, vereinige es mit Petersilie und Schnittknoblauch* und lege es auf eine fischförmige Platte, welche das Omelett aufnehmen soll. Mit Zitronensaft beträufeln und auf heiße Asche stellen.

Anschließend schlage man zwölf Eier (die frischesten sind die Besten), in welche das Sauté aus Fischmilch und Thunfisch gegossen und auf eine Weise gerührt wird, dass die Mischung gelinge.

Man bereite nun das Omelett wie gewöhnlich zu und mache es länglich, dick und weich, breite es geschickt auf die Servierplatte, welche man dafür vorbereitet hat, und serviere zum sofortigen Verzehr.

Dieses Gericht sollte feinen Déjeuners vorbehalten bleiben, Zusammenkünften von Liebhabern, wo man weiß, was man tut, und besonnen speist. Man begieße es immer mit gutem alten Wein, dann wird sich einem Wunderbares auftun.

### *Arabisches Omelett*

Ich habe gesagt, dass ich mir beim Schreiben dieses Buches hauptsächlich darüber Sorgen mache, wie ich die Küche jener Völker aufnehmen könnte, bei denen man von einer solchen kaum sprechen kann. Hier zum Beispiel haben wir ein Rezept, das mir der Koch des Bey gerne überlassen wollte.

Heute kann man, dank der auch in mittleren Städten gegründeten zoologischen Vereine, fast überall volle, frische Straußen- und Flamingo-Eier erhalten. So kostet ein Straußenei heute einen Franc und ist so viel wert wie etwa zehn Hühnereier.

Hier werden wir sehen, wie man das arabische Omelett zubereitet.

Eine frische Zwiebel in Streifen schneiden, mit einem halben Glas Olivenöl in eine Pfanne legen und anrösten, ohne sie braun werden zu lassen, bevor dies geschehen würde, das Fleisch zweier dicker süßer Paprika hinzufügen, nachdem man diese ein paar Minuten gegrillt hat, um ihnen die Haut abziehen zu können, zwei große, geschälte, entkernte und klein gewürfelte Tomaten dazu, salzen, eine Messerspitze Cayenne-Pfeffer darauf streuen, die von den Tomaten herrührende Flüssigkeit reduzieren lassen, die Pfanne vom Feuer ziehen und zu deren Inhalt vier Anchovis-Filets hinzufügen.
Inzwischen reibt man den Boden einer Terrine mit einer Knoblauchzehe ein und bohrt ein Straußen- oder Flamingo-Ei beidseitig an, so dass man durch Blasen das Innere in die Terrine befördern kann. Würzen und mit dem Schneebesen schlagen. In ein Omelettpfännchen kommt ein viertel Glas Öl; wenn es gut erhitzt ist, gießt man die Eier darauf, rührt gut um und fügt die vorbereitete Gemüsemischung hinzu. Das Omelett umdrehen, wobei es flach bleiben soll, mit noch etwas Öl begießen und es zwei Sekunden später auf einen runden Teller gleiten lassen.

### *Provençalisches Tomaten-Omelett*

Beschaffen Sie sich drei bis vier schöne, reife und feste Tomaten und würfeln Sie diese. Rösten Sie in einer flachen Kasserole zwei Esslöffel fein gewiegte Zwiebeln mit Öl und Butter an; wenn sie goldgelb sind, fügen Sie die Tomaten hinzu. Alles auf großer Flamme rösten, damit das Tomatenwasser reduziert wird, würzen und zuletzt einen Esslöffel Petersilie, die mit einer Knoblauchzehe gewiegt wurde, darunter mischen. Acht bis zehn Eier in eine Terrine schlagen, würzen und schaumig schlagen.
Öl in einer kleinen Omelettpfanne erhitzen, die schaumig geschlagenen Eier dazugießen und mit dem Löffel umrühren. Versammeln Sie die Eiermasse mit dem Löffel auf der dem Stiel entgegengesetzten Seite der Pfanne, breiten Sie die Tomaten in der Mitte des Omeletts aus und rollen Sie dieses zusammen, wobei die Enden gut verschlossen werden müssen. Auf einen kleinen, länglichen Teller stürzen.
Manchmal vermischt man die gedünsteten Tomaten mit den Eiern, aber die Säure lässt dann die Eier während des Bratens klumpen, es ist also vernünftiger, sie erst später zusammenzubringen.

### *Kirschwasser-Omelett*

Zehn Eier in eine Terrine schlagen, eine Prise Salz, drei Esslöffel Zucker und einen Löffel Kirschwasser hinzufügen. In einer Pfanne 125 gr Butter zerlassen, die Eier darunter mischen und durch Umrühren binden. Sobald das Omelett sich vom Pfannenboden löst, rollt man es zusammen und legt es auf einen kleinen, länglichen Teller. Mit Zucker bestreuen und glacieren*, indem man einen kleinen, über dem Feuer glühend gemachten Spieß auf die Oberfläche des Omeletts drückt und so ein beliebiges Muster erzeugt. Ein viertel Glas Kirschwasser erhitzen, mit drei Löffeln Marillen*-Marmelade binden und auf den Tellerboden gießen. Dieses süße Omelett ist köstlich.

Ebenso bereitet man das Rum-Omelett zu.

### *Erdbeer-Omelett*

Man sucht große, frische und schön aromatische Ananas-Erdbeeren aus, nimmt etwa zwanzig der schönsten, viertelt sie und legt sie mit Zucker, etwas Orangenschale und zwei Esslöffeln Rum in eine Schüssel. Die übrigen Erdbeeren werden fein passiert, es soll etwa ein Glas Püree daraus hervorgehen, das man zuckert, mit etwas Orangen-Aroma verfeinert und auf Eis stellt.

Zehn Eier in eine Terrine schlagen, zwei Esslöffel feinen Zucker sowie zwei Löffel gutes Obers* hinzufügen und alles einige Sekunden mit dem Schneebesen schaumig schlagen.

In einer Pfanne 150 gr feine Butter zerlassen. Wenn diese heiß ist, die Eier dazugießen und mit einem Löffel verrühren, dann zum Pfannenrand schieben, die geviertelten Erdbeeren auf das Omelett legen, dieses von beiden Seiten her falten und ihm eine schöne Form geben. Leicht mit Vanillezucker bestreuen und das Omelett als Insel inmitten des Erdbeerpürees servieren.

### *Omelett à la Noailles*

Sie verrühren in einer Kasserole einen Löffel voll Reismehl mit einem Tropfen Milch, gießen zwei frische Dotter dazu und vermischen alles gut mit einem halben Liter Milch. Sie fügen einen Viertelliter süßen Rahm*, ein Stück Zimtstange sowie Zucker nach Geschmack hinzu und erhitzen alles unter ständigem Umrühren. Wenn es zu kochen beginnt, nehmen Sie den Topf vom Feuer und stellen ihn zum Abkühlen beiseite. Sie wiegen kandierte grüne Zitronenschalen gemeinsam mit Bittermandelkeksen, anderen Keksen und etwas Orangenblüte fein, vermischen dies alles mit Rahm und entfernen die Zimtstange. Nun nehmen Sie frische Eier, schlagen das Klar zu Schnee, gießen die Dotter dazu, schlagen immer weiter und heben die vorbereitete Crème darunter. Alles gut verrühren. Nun wird eine Form oder eine Kasserole überall mit Butter eingerieben, das Omelett hineingegossen und in den Ofen gestellt. Wenn es fest ist, stürzen Sie es auf einen Teller und servieren es heiß als Süßspeise. Wenn man will, kann man es mit Hilfe der roten Schaufel* und Zucker glacieren.

### *Omelett mit Mark*

Sie nehmen 125 gr süße Mandeln und ein halbes Dutzend Bittermandeln, zerstoßen sie und begießen sie dabei mit ein wenig Milch und Orangenblüten-Wasser. Wenn die Mandeln fein zerstoßen sind, kommen grüne, fein gehackte Zitronenschale und einige trockene Konfitüren dazu, zum Beispiel aus Marillen*, Apfel oder anderen. Sie fügen Rindermark, etwa eine faustgroße Portion davon, hinzu, zerstampfen alles gemeinsam, verrühren es mit mit einem halben Liter Obers*, schlagen Eiklar zu Schnee, geben die Dotter zur Mandelmark-Masse, vermischen alles gut und salzen es leicht. Eine Backform oder eine Kasserole mit Butter einreiben, das Omelett hineingießen und im Ofen backen.

### *Austern-Omelett*

Sie blanchieren* Austern in deren Wasser, putzen eine nach der anderen gründlich, braten zwei Drittel dieser Austern mit Butter in einer Kasserole an, gießen mit ein wenig von ihrem Wasser und etwas ▸ Coulis auf und pfeffern. Die Austern sollten nicht zu lange auf dem Feuer stehen und das Ragoût muss schön gewürzt sein.

Sie schlagen Eier auf, salzen diese und würzen mit fein gewiegter Petersilie. Sie schneiden Brot in kleine Scheiben, so groß wie eine Münze, und zerkleinern die restlichen Austern mit drei bis vier Messerhieben. Sie mischen Austern und Eier, fügen etwas Obers* hinzu, schlagen alles schaumig, zerlassen Butter in einer Pfanne und gießen, wenn die Butter flüssig geworden ist, die Eier dazu. Wenn das Omelett fertig ist, breiten Sie es über die ganze Pfanne aus und stürzen es auf den Servierteller. Das fertige Ragoût wird als Kranz rund um das Omelett aufgelegt, der Fond darüber gegossen und alles heiß als Zwischengericht serviert.

### *Krebs-Omelett*

Bereiten Sie aus Krebs-Schwänzen, Champignons und grünen Trüffeln ein Ragoût zu. Wenn es fertig ist, zerkleinern Sie ein Drittel der Krebse, schlagen Eier auf, vermischen diese mit etwas Obers* und fein gewiegter Petersilie, schlagen alles gemeinsam, geben Butter in eine Pfanne und machen ein Omelett. Das fertige Omelett falten und auf dem Servierteller anrichten. Das Ragoût gut salzen, dann auf das Omelett werfen und heiß als Zwischengericht servieren.

### *Gefülltes Omelett*

Man nimmt die Brust eines Kapauns oder eines anderen gebratenen Geflügels, hackt es fein, mischt ▸ Foie gras, Trüffeln und anderes Beiwerk darunter. Wenn alles zum Ragoût verarbeitet und gedünstet ist, bereitet man ein Omelett zu. Bevor man dieses auf dem Servierteller anrichtet, streut man Brösel darauf, gießt das Ragoût noch in der Pfanne darüber und lässt zuletzt das Omelett geschickt auf den Servierteller gleiten.

Vor dem Servieren mit etwas Fleischsaft begießen und darauf achten, dass das Omelett nicht abkühlt.

### *Apfel-Omelett*

(von M. Urbain Dubois, dem Koch seiner Majestät des Königs von Preußen, den Liebhabern einfacher Süßspeisen empfohlen)

In eine Terrine kommen zwei Esslöffel Mehl, eine Prise Salz, ein Esslöffel Zucker, zwei Eier, zwei Dotter und 100 gr zerlassene Butter. Diese Mischung wird mit einem drei Viertel Glas guter, warmer Milch verrührt und durch ein feines Sieb passiert.

Inzwischen werden fünf bis sechs Reinetten-Äpfel geschält und in Scheiben geschnitten, dann mit 150 gr Butter in einer Pfanne erhitzt und dabei geschwenkt. Wenn sie heiß sind, gießt man die Eiermischung darauf und verteilt diese über den gesamten Pfannenboden, wobei man sie, während sie stockt, immer wieder auseinanderstreicht. Mit der Messerspitze sticht man durch das Omelett, damit die flüssige Oberfläche nach unten absinken kann. Sobald das Omelett sich bei stärkerem Schwenken der Pfanne von selbst vom Boden ablöst, gießt man etwas Butter auf den Pfannenboden, bestreut das Omelett mit Cassonade und dreht es mit Hilfe eines Tellers um, der denselben Durchmesser hat wie die Pfanne. Diese wird erneut auf das Feuer gestellt und zwar auf große Flamme, so dass der Zucker, der sich nun auf der Unterseite des Omeletts befindet, zur Glasur werden kann. Dieser Punkt ist wichtig! Nun stürzt man, wieder mit Hilfe eines Tellers, das Omelett heraus, dessen Oberfläche jetzt eine schöne Glasur aufweisen sollte. Falls dies nicht der Fall, die Operation also misslungen ist, müsste man die Oberfläche des Omeletts mit der roten Schaufel* nochmals glacieren. Am besten serviert man es auf einer Servierplatte, auf die ein Teller gestürzt wurde, so dass das Omelett gut sichtbar ist.

### *Im Ofen gebackenes Omelett mit Blond de veau*

Die Eier gut mit Petersilie, Schnittknoblauch*, Salz und grobem Pfeffer schlagen. Drei Omeletts machen, dann jedes auf einen Topfdeckel ausbreiten. Wenn sie halb ausgekühlt sind, legt man eine gekochte Geflügel- ▸ Farce darauf, rollt die Omeletts zusammen und legt sie auf einen Teller. Mit einem in Butter getauchten Pinsel bestreichen, mit Bröseln bestreuen und im Ofen goldbraun backen. Das Fett entfernen, mit einer hellen und mit ▸ Blond de veau montierten* Sauce als Zwischengericht servieren.

## ORANGE

Die Frucht des Orangenbaumes ist rund, etwas eingedrückt, von schönem Goldgelb und mit unterschiedlich dicker Schale, unter der die weiße Schicht weniger dick ist als bei der Zitrone, aber praktisch ohne Geschmack und wattig erscheint. Die Schlemmer im alten Rom verabscheuten sowohl den Geruch wie auch den Geschmack der Orangen.
Die beste ist ohne Zweifel die »Mandarine« genannte, die aus China zu uns gelangt ist. Kleiner als unsere Billardkugeln, können Mandarinen so klein wie Nüsse sein, sie sind von gelbroter Farbe und haben eine dünne Schale, deren Aroma dem der Zitrone ähnelt. Mandarinenfleich ist sehr süß und enthält wenig Saft.
Man bereitet aus Orangen ein sehr erfrischendes Getränk zu, die Orangeade, für die man Orangen- und Zitronensaft mischt.

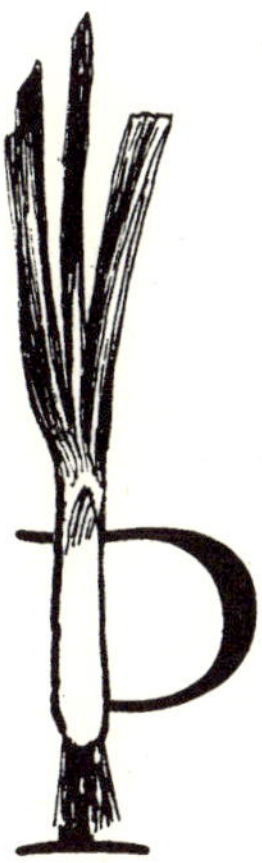

## PALATSCHINKEN oder PANCAKES

(nach einem Rezept von M. de Courchamps)

In eine Terrine kommen zwei Esslöffel Mehl, drei Eidotter und zwei ganze Eier, etwas Salz und einige Tropfen Orangenblüten-Wasser. Vermischen Sie alles gut und fügen Sie am Ende Milch hinzu, so dass die Masse schön hell wird.

Sie nehmen nun ein kleines, rundes und hohes Pfännchen, erhitzen es, wischen es ab, reiben die Pfanne überall mit Butter ein, gießen mit einem Schöpflöffel Teig in die Pfanne, schwenken diese, so dass die Palatschinke sich gut verteilt und damit sie dünn und gleichmäßig rund wird. Wenn sie durch ist, stürzen Sie sie auf den Servierteller, bestreuen sie mit Zucker und wiederholen den Vorgang für die nächsten Palatschinken, bis der Teig aufgebraucht ist.

Manchmal werden diese Palatschinken mit Konfitüre bestrichen, aber dies überdeckt nur ihren Geschmack und wir stimmen diesem Vorgang nicht zu.

So spricht M. de Courchamps, aber in dem Augenblick, wo Sie keine Konfitüre auf die Palatschinke streichen und diese rollen, handelt

es sich einfach nur mehr um eine feine Crêpe und nicht mehr um eine Palatschinke.
Damit wir es wirklich mit einer solchen zu tun haben, brauchen wir Ribisel*- oder Marillen*-Marmelade.

## PANADE

Die Panade ist eine Art Suppe, die man mit entrindetem Weißbrot zubereitet. Dieses lässt man in Wasser, Butter und Salz köcheln. Knapp vor dem Servieren legiert man die Suppe mit einer Mischung aus Eidottern und Crème fraîche.
Anmerkung: Frische Butter sollte man nur mit den Dottern vermischen, nicht sofort mit dem Brot, dem Salz und dem Wasser, denn die Butter würde beim Kochen ihren Geschmack verlieren.

### *Panade à la portugaise*

Sie geben zwei Löffel Öl in eine Kasserole, rösten darin Knoblauch an und nehmen diesen dann wieder heraus. Nun kommen einige Scheiben altbackenes Brot, Salz und Pfeffer ins Öl. Mit etwas Wasser aufgießen. Rühren Sie gut um und zerdrücken Sie die Zutaten unter Beigabe von ein oder zwei Esslöffeln Öl, je nachdem, wie viel Panade gemacht werden soll.
In Lissabon isst man diese Panade sowohl als Suppe wie auch mit der Gabel.

## PANIER

Bei allen Gemischtwarenhändlern erhältliche geriebene Brotrinde, die man, mit feinen Kräutern, Salz und Muskatnuss versehen, zum Bedecken von Kotelettes, Schinken usw. verwendet.

## PARMESAN

Obwohl dieser Käse so heißt, wird er nicht in Parma, sondern in Lodi und Umgebung hergestellt. Sein wahrer Name lautet dementsprechend auch »Formaggio lodigiano« oder auch »Formaggio di Grana«. Rund um Lodi wird viel Vieh gezüchtet und mehr als dreißigtausend Kühe werden für die Zubereitung dieser Käsesorte ernährt.
Was die kulinarische Verwendung des Parmesans anbelangt, siehe ▸ Makkaroni, Lasagne, Ramequins und ▸ Fondues.

## PASTETEN UND TOURTES

### *Pastetchen, natur*

Sie bereiten einen Teigboden von 1 cm Dicke aus Blätterteig-Stückchen oder einem Stück Mürbteig vor, stechen beliebig große Formen aus, je nachdem, wie groß Ihre Pasteten werden sollen, und legen die ausgestochenen Teigformen auf ein Blech. Nun legen Sie daumengroße Portionen Pastetenfülle (siehe Kapitel Farce, am besten jene mit Schnittlauch, oder Kapitel Godiveau) in die Mitte der Teigförmchen. Wenn die Pasteten für Fastentage sein sollen, nehmen Sie Karpfen-Farce. Stechen Sie weitere, nun 6 mm hohe Teigformen aus, und legen Sie diese auf die Fülle; der Boden der Pasteten sollte jeweils nicht breiter sein als der Deckel. Die Pasteten nun leicht zusammendrücken und mit Ei bestreichen. Eine Viertelstunde vor dem Servieren werden sie in den Ofen geschoben und sofort nach dem Backen heiß serviert.

### *Kleine Pasteten mit ▸ Jus*

Sie fertigen einen Teigboden aus Mürbteig an, legen damit kleine ▸ Dariole-Förmchen aus, füllen diese mit einer ▸ Farce-Mischung mit Schnittlauch oder mit ▸ Godiveau oder auch mit Karpfen-Farce und gießen mageres ▸ Coulis darauf. Darauf legen Sie je einen Deckel aus Blätterteig, der so groß sein sollte wie die Dariole-Förmchen. Mit Ei bestreichen und backen. Wenn die Pasteten gar sind, entfernt man die Teigdeckel, schneidet die Fülle ein und nimmt die Pasteten aus den Förmchen. Die Pasteten anrichten und mit einer guten reduzierten ▸ Espagnole übergießen, bevor Sie sie servieren.

### *Kleine Pasteten mit Sauce Béchamel*

Sie bereiten einen 8 mm dicken Pastetenboden aus Blätterteig vor, dem Sie zuvor fünf Tours* gegeben haben.

Mit einem Teigstecher von etwa 4 cm Durchmesser stechen Sie kleine Pastetenböden aus, legen diese auf ein Backblech und formen sie sorgfältig.

Mit Dotter bestreichen und einige Millimeter vom Rand entfernt einschneiden, um einen Deckel zu formen. Dann die kleinen Pasteten backen; wenn dies geschehen ist, höhlen Sie die Pasteten aus, indem Sie das Innere herausschälen. Inzwischen haben Sie Hühnerbrustfleisch gewürfelt oder in feine Streifen geschnitten. Knapp vor dem Servieren bereiten Sie eine gut reduzierte und gewürzte ▸ Sauce Béchamel zu, legen die Hühnerbruststücke hinein, erhitzen die Sauce, ohne sie aufkochen zu lassen, füllen damit die Pastetchen und servieren.

Auf dieselbe Art werden Pasteten mit ▸ Foie gras, mit ▸ Salpicon, mit Karpfen-Milch u.a. gemacht.

*Pastetchen »bouchées à la reine«*

Sie bereiten dünnere Pastetenböden als die vorigen zu, schneiden diese zur Größe eines Gabelbissens zurecht, legen sie auf ein Backblech, bestreichen sie mit Dotter, schneiden sie rundherum ein, um den Deckel zu formen, backen sie, entfernen nach dem Backen die Deckel, höhlen das Innere der Pasteten aus und füllen die Pasteten mit folgendem Ragoût:

Sie hacken Hühnerbrust ganz fein und geben diese in eine gute kochende ▸ Sauce Béchamel. Gut umrühren, die Pasteten damit füllen und servieren.

*Pastetchen mit ▸ Salpicon*

Bereiten Sie Ihre Pasteten wie diejenigen mit Jus vor. Wenn sie fertig gebacken sind, entfernen Sie die Fülle, würfeln diese und fügen gegarte Champignons, Trüffeln, nach Belieben auch Geflügelleber oder Artischockenböden hinzu, alles in gleich große Würfel geschnitten. Sie legen alle diese Zutaten in eine reduzierte ▸ Espagnole und lassen diese einmal aufkochen, entfetten die Sauce, schmecken sie ab, füllen die Pasteten damit und servieren.

*Godiveau-Torte als Entrée*

(nach M. de Courchamps)

Etwas Teig kneten und zur Größe einer Servierplatte für Entrées ausrollen. Dieser Teigboden wird in eine Tortenform von geeignetem Durchmesser gelegt und in der Mitte mit ▸ Godiveau-Masse garniert. Darauf streuen Sie eine gute Messerspitze Champignons, dann einige in vier oder sechs Teile geschnittene Artischockenböden. Nehmen Sie nun etwas Godiveau-Masse und formen Sie daraus kleinere oder größere Würstchen, welche Sie sowohl auf Ihre Fülle wie auch rund um diese herum auflegen, so dass eine abgeflachte Kuppel entsteht. Bereiten Sie ein zweites Teigstück vor, etwas größer als das erste, befeuchten Sie die Ränder des Tortenbodens und legen Sie das zweite, ausgerollte Teigstück als Deckel darauf. Deckel und Boden an den Rändern gut zusammenfügen, rundherum putzen, die Torte mit Dotter bestreichen und backen. Wenn sie gar ist, wird der Deckel entfernt, die Torte auf der Servierplatte angerichtet, mit einer guten reduzierten ▸ Espagnole übergossen und serviert. Man kann die Fülle auch aus der Torte nehmen, mit einer Espagnole in eine Kasserole geben und einmal aufkochen lassen, wobei die Espagnole entfettet worden sein sollte. Die Torte wieder füllen und servieren.

### *Pastete mit Schnittlauch*

▸ Pastetenteig in die richtige Form bringen und mit Schnittlauch-Farce füllen.

Rezept für die Schnittlauch-Farce:

Sie nehmen 75 gr Kalbskeulenschnitten, ebenso viel von einer Rindsnuss und ein Pfund Rindsnierenfett. Kalb- und Rindfleisch werden gemeinsam so fein wie möglich gehackt, wobei Sie hierzu ein Hackmesser verwenden sollten. Das Rindsfett ebenfalls fein hacken, alles vermischen und gemeinsam weiter zerkleinern. Salzen, pfeffern und mit Fines Épices* würzen. Wenn alles gut vermengt ist, kommen nacheinander zwei Eier hinzu, wobei Sie die Masse weiterhin fein hacken und zerkleinern. Sind die Eier vollständig eingearbeitet, befeuchten Sie die Masse mit einem Tropfen Wasser und fügen so lange Wasser hinzu, bis die Konsistenz einer Farce erreicht wird. Heben Sie die Masse immer wieder mit dem Messer, um das Fett gut darin zu verteilen. Schließlich würzen Sie mit Petersilie und Schnittknoblauch*, beides fein gewiegt. Alles gut vermischen, den Teig damit füllen, einen Teigdeckel zubereiten, diesen mit dem Boden verschweißen, die Ränder zurechtschneiden, die Pastete »zwicken« um ihr ein Muster zu geben und mit einem falschen Deckel aus Blätterteig bedecken, den Sie mit Mustern aus Vierecken und kleinen Falten versehen sollten. Mit Dotter bestreichen, backen, danach den Deckel abnehmen, die Pastete entfetten, die Fülle rautenförmig zurechtschneiden, ohne sie aus der Pastete zu nehmen, mit einer guten reduzierten ▸ Espagnole übergießen, nach Belieben Zitronensaft hinzufügen, den Deckel wieder auflegen und heiß servieren.

### *Pâté à la financière*

Sie formen einen Pastetenboden und füllen ihn mit Mehl oder mit Saucenfleisch. Wenn das Fleisch gar ist und eine schöne Farbe hat, entfernen Sie das Fleisch oder Mehl und höhlen die Pastete aus; dann gießen Sie eine gute ▸ Sauce financière hinein.

Diese wird, wie Sie wissen, aus Hahnenkämmen und -nieren zubereitet, welche man in einem ▸ Blanc gedünstet hat. Kämme und Nieren sollte man vor der Weiterverwendung gut abtropfen lassen. Möchten Sie ein eher helles Ragoût, bereiten Sie es mit reduziertem ▸ Velouté zu; soll das Ragoût dunkel werden, geben Sie reduzierte ▸ Espagnole dazu, welche Sie mit etwas Rindsbrühe aufgegossen haben.

Falls die Sauce zu dick sein sollte, köcheln Sie die Hahnenkämme etwa eine Viertelstunde darin und geben Sie die Nieren sowie einige tournierte* gedünstete Champignons, Artischockenböden und Trüffeln erst knapp vor dem Servieren dazu. Falls das Ragoût zu hell ist, binden Sie es, wie dies beim Kapitel ▸ Kalbsbries beschrieben wird. Dort wird auch erklärt, was man zu tun hat, falls das Ragoût zu dunkel geworden ist.

### *Kalte Kalbs-Pastete*

(nach M. de Courchamps)

Sie nehmen ein oder zwei Stück Kalbsnuss, klopfen diese, entfernen Sehnen und Häute und spicken sie mit Stiften aus weißem Speck, die Sie zuvor in einer Mischung aus Pfeffer, Fines Épices*, fein gehackter Petersilie, fein gehacktem Schnittknoblauch* sowie einigen zerstoßenen und gesiebten Aromaten* gewälzt haben.

Dann bereiten Sie eine Farce aus fein gehacktem Kalbsnaturteil und Speck zu gleichen Teilen und würzen diese mit Salz, Pfeffer, Fines Épices, mit Aromaten und nach Belieben auch mit einer kleinen Knoblauchzehe. Diese Farce gut im Mörser zerstampfen, nacheinander einige ganze Eier darunter rühren und von Zeit zu Zeit etwas Wasser hinzugießen, so dass die Farce schließlich mehr Wasser als Eier enthält.

Nun legen Sie eine Kasserole mit Speckscheiben aus und verteilen etwas Farce darauf. Wenn die Kalbsnuss gut mit Salz, Pfeffer und Fines Épices gewürzt ist, legen Sie sie in die Kasserole und füllen alle Zwischenräume mit Farce auf, so dass weder zwischen dem Kasserolenrand und der Kalbsnuss noch zwischen den Fleisch-Stücken selbst eine Lücke bleibt. Drücken Sie die Fleisch-Stücke leicht aneinander, so dass möglichst keine Zwischenräume frei bleiben. Schließlich decken Sie die Kasserole zu und stellen sie eine Stunde bei mäßiger Hitze in den Ofen. Den Topf dann herausnehmen und alles auskühlen lassen.

Sie nehmen ▸ Pastetenteig, befeuchten diesen und rollen ihn fingerdick zu einer runden Form aus. Legen Sie den Teig auf ein oder zwei Blatt festes, gebuttertes Backpapier, wobei die Papierlagen aufeinander kleben sollten. Auf dem Teig verteilen Sie nun kreisförmig eine eigens dafür abgezweigte Portion der Farce, und zwar in dem Durchmesser, den die Kasserole hat, in der die Kalbsnuss gegart wurde. Erhitzen Sie besagte Kasserole leicht, so dass deren Inhalt sich leichter vom Boden ablösen lässt, stürzen Sie den Kasserolen-inhalt auf einen Deckel, um alles schließlich vorsichtig auf den mit Farce bestrichenen Pastetenboden gleiten zu lassen.

Verkneten Sie etwas Butter mit Mehl, bestreuen Sie die Arbeitsplatte mit Mehl und drehen Sie darauf die Butter zu einem fingerdicken Röllchen. Wiederholen Sie diesen Vorgang und formen Sie aus den Butter-Röllchen eine kleine Krone für Ihre Pastete, die Sie außerdem mit zwei bis drei halben Lorbeerblättern schmücken.

Nun wird ein zweiter Teigboden zubereitet, etwa halb so dick wie der erste, aber so breit, dass er die Fleischmasse umhüllen und auf den ersten Teigboden herabfallen kann. Sie befeuchten den Teig rund um die Fleischfülle, legen den zweiten Teigkreis darüber, verschweißen die Ränder, schneiden alle Unregelmäßigkeiten weg, befeuchten den Teig rundherum mit Hilfe eines Pinsels und ziehen den unteren Teigboden hinauf bis zum oberen Rand der Pastete. Bilden Sie rund um den Pastetenboden einen Fuß oder Sockel, indem Sie den Teig etwas herausdrücken.

Mit einem dritten Teigboden bilden Sie einen Deckel, befeuchten die Pasteten-Oberseite und verschweißen Deckel und Oberrand der Pastete gut. Überschüssigen Teig rundherum abschneiden, der Pastete mittels Fingerdruck ein Muster geben und einen falschen Deckel aus Blätterteig darauf legen. Die Pastete damit bedecken und in der Mitte des Deckels ein Loch, einen so genannten Abzug anbringen. Die Pastete mit Dotter bestreichen und im vorgeheizten Ofen backen, dabei die Temperatur etwas zurückdrehen. Falls die Pastete zu schnell braun wird, bedecken Sie sie mit etwas Backpapier, denn sie sollte drei bis vier Stunden lang backen. Stechen Sie die Pastete

mit einer hölzernen Spicknadel an. Wenn diese leicht und ohne Widerstand eingeführt werden kann, ist die Pastete gar.
Sie gießen nun ein Gläschen Branntwein hinein, verrühren diesen mit der Pastetenfülle und gießen mit Rindsbrühe auf. Wenn alles fast ganz ausgekühlt ist, verstopfen Sie den Abzug und stürzen die Pastete auf ein Leinentuch, so dass ihr Inhalt sich gleichmäßig im Teig verteilt. Vor dem Servieren wird das Backpapier abgelöst und die Unterseite der Pastete abgekratzt, falls sie zu dunkel geworden ist. Den Servierteller mit einer Serviette belegen, die Pastete darauf anrichten und als Hauptgericht servieren.

### *Schinken-Pastete*

Sie putzen und entbeinen einen Schinken aus Westfalen oder Bayonne und entfernen die Schwarte. Legen Sie ihn zum Entsalzen acht bis zehn Stunden in Wasser, schlagen Sie ihn dann in ein Tuch ein und kochen Sie ihn in einem großen Topf gemeinsam mit 1,5 kg Rindfleisch, 500 gr Schmalz, etwas geriebenem Speck und 750 gr Butter. Dazu kommen Karotten, ein Strauß Petersilie und Schnittknoblauch*, mit drei Gewürznelken gespickte Zwiebeln, Lorbeer, Thymian, Basilikum und eine Knoblauchzehe. Den Schinken nach etwa drei Vierteln der gesamten Garzeit aus dem Topf nehmen, die Speckschwarte entfernen, abkühlen lassen und erneut putzen. Nun hacken Sie die weggeschnittenen Schinkenabfälle gemeinsam mit dem mitgekochten Rindfleisch sehr klein und fügen dabei 500 gr Speck hinzu. Alles gemeinsam zerstoßen und zwei bis drei ganze Eier sowie fein gewiegte Fines Herbes* mit verarbeiten.
Aus ▸ Pastetenteig einen gut fingerdicken Boden ausrollen, diesen auf zwei gebutterte Blatt Backpapier legen und einen Mittelkreis, der so groß wie der Schinken sein sollte, mit der Faust flachdrücken, so dass hier der Teig nur halb so dick ist wie am Rand. Nun die Ränder hochziehen und nach innen einschlagen, ohne Falten entstehen zu lassen. Formen Sie einen Fuß für Ihre Pastete, indem Sie eine Hand gegen den unteren Teigrand legen und den Teig mit der anderen Hand von innen herausdrücken. Der Teig darf pro Scheffel* nur 2 kg Butter enthalten.
Nun wird der Teigboden mit einem Teil der Fülle belegt und darauf der Schinken platziert. Die Zwischenräume mit dem Rest der Fülle auskleiden, die Pastete mit einem Teigdeckel verschließen und gut verschweißen. Einen falschen Deckel aus Blätter- oder Butterteig da-

rauf legen, in dessen Mitte einen Abzug anbringen und die Pastete im gut vorgeheizten Ofen backen.
Wenn die Pastete fast gar ist, wird ihr Inhalt passiert, aber nicht entfettet, und wieder in den Teig gefüllt, wobei Sie die Pastete leicht rütteln sollten, um alle Zutaten gut zu verteilen. Nochmals für eine halbe Stunde in den Ofen stellen, herausnehmen und mit der restlichen Masse auffüllen. Abkühlen lassen, den Abzug zustopfen, die Pastete stürzen und bis zum nächsten Tag in dieser Position lassen. Das Backpapier herunternehmen, die allzu dunklen Stellen vom Pastetenboden abkratzen und servieren.

## PASTETENTEIG

Sie nehmen 75 gr feinstes Weizenmehl und häufen dieses auf ein Brett. In der Mitte des Mehlhügels bringen Sie eine Vertiefung an, die groß genug sein sollte, um Wasser aufzunehmen. Sie verkneten 500 gr Butter und legen sie in die Vertiefung, fügen 30 gr feines Salz hinzu, gießen Wasser dazu, nehmen nach und nach das Mehl auf und kneten die Butter gut mit dem Mehl durch. Wenn der Teig schön fest und glatt ist, falten Sie ihn dreimal zusammen und drücken ihn jedes Mal wieder mit der Handfläche flach, so wird er glatt und geschmeidig. Sie können ihn nun in ein feuchtes Tuch hüllen und in eine bemehlte Form legen. Dort sollte er etwa eine halbe Stunde lang rasten, bevor Sie ihn weiterverwenden.
Dieser Teig kann schwerer sein als üblich, also pro Liter 3 kg wiegen. Wiegt der Liter Teig 2 kg, dann kann man ihn für große kalte Pasteten und kalte Timbalen verwenden. Sollte er 3 kg pro Liter wiegen, fügt man für jeden Liter Teig ein Ei hinzu. Nun ist er gut für heiße Pasteten, Makkaroni-Timbalen und Ähnliche.

## PASTINAKE

Dies ist eine mit der Karotte verwandte Pflanze mit weißer Wurzel, hohem, geradem, dickem, festem und gerilltem Stiel, der hohl ist und sich verzweigt. Die Blüten werden groß. Die Pastinake schmeckt süß und mild.
Es gibt davon zwei Arten, die lange und die runde. Man verwendet die Wurzel für Suppen oder röstet sie in Butter. Nicht alle mögen ihren Geschmack. Nach Ray glauben die Engländer, dass eine alte Pastinake Delirium, ja sogar Wahnsinn erzeugt. Sie nennen sie deshalb verrückte Pastinake. Früher sprach man dieser Pflanze aphrodisierende Wirkung zu.

Man sollte sie nicht mit dem Gartenschierling verwechseln, dessen Blätter am unteren Ende des Stieles rote Flecken aufweisen. In Thüringen zieht man aus Pastinaken einen den Zucker ersetzenden Saft. Die Pflanze ist ähnlich wie die Rübe oder die Karotte aufgebaut und Zucker bildet einen der darin enthaltenen Grundstoffe. Drappies behauptet, zwölf Prozent Zucker extrahiert zu haben.
In Deutschland baut man eine kleine, mehlige Sorte an, aus der man gemeinsam mit frischem Schweins-Karree* und Rehfilets ein ▸ Hochepot zubereitet.

## PÂTISSERIE siehe ZUCKERBÄCKEREI

## PAUPIETTES siehe ROULADEN

## PELIKAN

Eine Art Reiher, ganz weiß und mit sehr schönen Flügeln. Dieser mit Schwimmfüßen ausgestattete Vogel liebt Flüsse, Seen und das Meer. Etwa so groß wie ein Schwan, hat er jedoch eine wesentlich größere Flügelspannweite und fliegt viel besser als dieser, wobei er sich einmal hoch in die Lüfte schraubt, dann wieder mit bemerkenswerter Schnelligkeit und Eleganz knapp über der Wasseroberfläche dahinsegelt. Er frisst ausschließlich Fisch, den er mit erstaunlicher Geschicklichkeit fängt. Fischt er allein, stürzt er sich mit unglaublicher Kraft ins Wasser, bringt es zum Schäumen und Sprudeln und verwirrt auf diese Weise den Fisch, den er überwältigen will. Diese Übung wiederholt er so lange, bis seine Halstasche gefüllt ist. Wenn mehrere Pelikane fischen, wenden sie derart ausgeklügelte Strategien an, um den Fisch, den sie begehren, zu fangen, dass sie jedem professionellen Fischer alle Ehre machen würden. Sie bilden einen Kreis, den sie nach und nach verkleinern, indem sie langsam vorrücken und den verwirrten, in die Enge getriebenen Fisch in die Zange nehmen. So füllen sie ihre Halstasche in kürzester Zeit. Man könnte in Frankreich sehr junge Pelikane für den selben Zweck trainieren, wie es die Chinesen mit den Kormoranen machen, aus denen zahme Fischer werden, die herrliche Fänge ermöglichen.
Die Tasche, in der der Pelikan den Fisch einschließt, kann bis zu 18 Liter Wasser fassen. Sie besteht aus zwei Häuten, deren innere mit der Speiseröhre verbunden ist, während die äußere eine Verlängerung der Halshaut darstellt. Will er den darin befindlichen Fisch herauswürgen, presst er die Tasche gegen seine Brust, was für unsere Vorfahren so aussah, als würde

er sich die Brust aufreißen, um seine Jungen zu füttern. Dieser absurde Glaube herrscht heute noch in Spanien und noch vor wenigen Jahren hielt man in einem Kloster bei Barcelona einige dieser Vögel, die jeden Sonntag Ziel zahlreicher Gaffer waren. Dort stand man dann und wartete auf den Moment, in dem die Pelikane sich sozusagen entleibten, um ihren Jungen ihr Blut zu geben.

Pelikanfleisch schmeckt und riecht, wie das aller Fisch fressenden Vögel, eher schlecht. Außerdem ist es hart und zäh und man verwendet es nur, um Öl zu erzeugen.

## PERLHUHN

Eine aus dem Orient stammende, dem Huhn verwandte Vogelart. Der Name rührt von der Zeichnung des Federkleides her: weiße Halbkreise auf blaugrauem Hintergrund, die so regelmäßig verteilt sind, dass sie vom Pinsel eines Malers zu stammen scheinen. Dies gilt vor allem für das gemeine Perlhuhn (Meleagris numida). Meleagris bezieht sich auf die griechische Mythologie, in der zwei Schwestern aus Meleagris verwandelt wurden. Die Griechen glaubten, dass das Perlhuhn das Produkt dieser Verwandlung sei. Die weißen Flecken seien Tränenspuren.

Perlhühner haben, wie Truthähne, einen nackten Kopf und einen fleischigen Kropf, der am Oberkiefer ansetzt. Der Kamm ist rau, die Füße sind sporenlos, der Hals ist mit Federn bedeckt, die am Übergang zum Rücken dichter wachsen, was den Vögeln eine rundliche, fast bucklige Form verleiht. Der kurze, hinabhängende Schwanz verstärkt diese Form noch.

Etwa so groß wie ein sehr fettes Huhn, ähnelt das Perlhuhn dem Rebhuhn. Sein lautes und streitsüchtiges Naturell macht es auf Hühnerhöfen derart unbeliebt, dass man darauf verzichtet hat, es zu züchten, obwohl sein Fleisch sehr gut und seine Legefreudigkeit groß ist. Buffon sagt: »Es ist ein lebhafter, ängstlicher und turbulenter Vogel, der nie stillhält und im Hühnerhof den Ton angibt. Sogar die Truthähne fürchten das Perlhuhn, das sich trotz seiner geringeren Körpergröße kraft seines Temperaments durchzusetzen weiß. Die Henne brütet drei bis vier Wochen lang und, was man auch sonst von diesem Vogel halten mag, kümmert sich gut um ihre Familie und sorgt für ihre Entwicklung, wenn die Bedingungen zum Erhalt ihrer eigenen Gesundheit günstig sind und man die Henne nicht durch allzu große Unruhe rund um die Brutstätte stört. Die Küken vertragen unser mildes Klima allerdings viel weniger gut als die Hühner. Sie ernähren sich zunächst von winzigen Körnern und von Insekten.

Besonders bekömmlich finden sie rohes oder gekochtes, klein gehacktes Fleisch, Ameiseneier und eine Mischung aus Weißbrot, Petersilie und harten Eiern. Später begnügen sie sich mit Hirse.«
Wenn ein Perlhuhn frei in einem Park aufwächst, gleicht sein Fleisch in Zartheit und Aroma dem des Fasans und man bereitet es ebenso wie diesen zu.

## PETERSILIE

Petersilie kommt verpflichtend in alle Saucen. »Petersilie macht jedes Gericht gesünder, besser, appetitanregender und verdaulicher«, so sagt der Autor des »Traité des plantes usuelles«. Noch positiver äußert sich Bosc: »Dem Koch die Petersilie wegzunehmen bedeutet fast ihm die Ausübung seiner Kunst zu verunmöglichen.«
Wir wiederholen, dass Petersilie in allen Ragoûts und allen Saucen vorhanden sein muss, allerdings ist sie Hauptbestandteil zweier Zubereitungen, und zwar der ▸ Watter-Fish und der holländischen Petersil-Sauce (siehe auch Steinbutt, Barsch und Saucen).

## PFAU

Außer in wenigen verbleibenden Ländern ist der Brauch, Pfau als gewöhnlichen Braten zu servieren, verloren gegangen.
Ich selbst habe nur einmal in meinem Leben Pfau gegessen, da er aber sehr jung war und etwa wie ein mit Körnern gefüttertes Huhn schmeckte, mundete er mir ausgezeichnet. Ich ging zu den Feiern, die man in Saint-Tropez anlässlich der Enthüllung des Denkmals für den Landvogt Suffren veranstaltete. Wir waren genötigt gewesen, die Eisenbahn gegen einen Wagen einzutauschen. Drei oder vier Meilen vor Saint-Tropez hielt der Wagen in einem charmanten Dörfchen, dessen Name mir entfallen ist, das aber ganz oben auf einem mit Kastanienbäumen bewachsenen Hügel lag. Während dieser Pause steckte ich den Kopf aus der Wagentür, weil mich eine Partie Boule anzog, die von einigen jungen Leuten mit dem selben Eifer gespielt wurde, wie ich es in Paris gesehen hatte, bevor das noble Spiel von den Champs-Élysées verbannt wurde. Die jungen Leute hoben den Kopf, um zum Wagen zu blicken und zu sehen, wer wohl diese Fremden wären, die sich so für ihr Spiel interessierten, und sie erkannten mich.
Kaum war mein Name ausgesprochen, war der Wagen auch schon umringt, wir mussten aussteigen und wurden alsbald in ein Café verschleppt, wo man uns zwang, mit den Einheimischen der Region einen Grog zu trinken.

Nach zehn Minuten hatten wir mit unseren neuen Bekannten eine derart tiefe Freundschaft geschlossen, dass diese uns nicht mehr ziehen lassen wollten und nicht davon abzubringen waren, uns zum Dîner einzuladen.
Wir wurden nur unter der Bedingung frei gelassen, dass wir in drei Tagen, also am Mittwoch, denn es war Sonntag, zurückkämen.
Als wir unser Ehrenwort gegeben und viele Hände geschüttelt hatten, durften wir weiterfahren, wobei uns angekündigt wurde, dass man am nächsten Mittwoch bis acht Uhr mit dem Dîner, notfalls bis zehn Uhr mit einem Souper auf uns warten würde.
Wir wohnten den Feierlichkeiten in Saint-Tropez bei und stiegen um zwei Uhr trotz der Proteste neuer Bekanntschaften in den Wagen, um unser Versprechen den alten gegenüber zu halten.
Unterwegs machten wir uns Sorgen, dass man uns vielleicht vergessen hätte, in welchem Falle wir uns vornahmen, bei offenen Türen und Fenstern im Gasthaus zu dinieren, um unseren Freunden Schande zu bereiten.
Lange hielten unsere Befürchtungen nicht an, denn hundert Schritte vor dem Dorf sahen wir bereits einen Späher, der telegraphische Zeichen gab, deren Inhalt umso klarer wurde, als sie abschließend durch einen Gewehrschuss unterstrichen wurden.
Kaum war der Schuss verklungen, läutete die Kirchenglocke und das ganze Dorf marschierte auf uns zu.
Es war nicht möglich im Wagen zu bleiben. Der Bürgermeister nahm meine Tochter am Arm, der Notar, jener Boule-Spieler, der mich erkannt hatte und der, einer der größten existierenden Leidenschaften untreu werdend, sein Spiel verlassen hatte, um mit uns einen Grog zu trinken, bot mir seinen Arm und so kamen wir im Triumphzug inmitten aller Frauen und Kinder ins Dorf.
Wir waren bass erstaunt. Denn wie in Spartas besten Tagen war die Tafel auf dem Hauptplatz aufgebaut worden. Hocherfreut nahmen wir als Erstes wahr, dass die Tafel statt der spartanischen Brotsuppe die bestaussehenden und wahrscheinlich schmackhaftesten Speisen trug, in deren Mitte ein gebratener Pfau in der vollen Pracht seines Federkleides den Schwanz ausbreitete und den saphirblauen Hals streckte.
Es war für dreißig bis vierzig Leute gedeckt. Man hatte dem Wetter nicht getraut und deshalb waren nicht mehr gekommen. Außerdem hatte man, ich muss es zugeben, vielleicht auch an meiner Rückkehr gezweifelt. Als man aber feststellte, dass es schön bliebe, als man sicher war, dass ich angekommen war, stellte jeder seinen fertig gedeckten Tisch heraus, entwe-

der gleich vor seine Tür oder neben die anderen auf dem Platz. Eine Viertelstunde später gestikulierten an die dreihundert Menschen, so gut sie nur konnten, um meine Ankunft zu feiern, und unterstrichen ihr Winken mit warmen »Vivats!«.
Damals wollte ich diese Geschichte erzählen, doch keine Zeitung erachtete meinen Bericht ihrer Spalten für würdig und so blieben diese für mich verschlossen. Manchmal sind Zeitungen alle gleichermaßen wohlwollend. Man wird verstehen, dass meine Erinnerung an den Geschmack des Pfauenfleisches inmitten des lärmenden Empfangs verblasste. Es schien, dass bei diesem exzellenten Dîner jedes Gericht zur Vollkommenheit geraten war.

*Gebratener Pfau in saurer Sauce*

Sie nehmen einen jungen Pfau aus und schnüren ihn bratfertig, stecken ihn auf den Spieß und bestreichen ihn mit gesalzener und gepfefferter Butter. Wenn er gar zu werden beginnt, nehmen Sie das Äquivalent von zwei Gläsern saurem Rahm* und gießen diesen über den Vogel. Anschließend wird er von den Schnüren befreit und auf dem Servierteller arrangiert, wobei er ebenso sorgfältig geschmückt werden sollte wie der Fasan, das heißt, indem man ihm seinen Schwanz, seinen Kopf und die Flügel wieder ansteckt.

## PFEFFER

Pfeffer war immer schon das weit verbreitetste und meisteingesetzte aller bekannten Gewürze.
Lange Zeit galt Pfeffer als Luxusgut und ein Pfund Pfeffer war ein unermessliches Geschenk. Als Clotaire III. das Kloster von Corbie gründete, bestimmte er, dass, unter anderen Steuern, jährlich 30 Pfund Pfeffer an die Ordensbrüder abgegeben werden mussten. Roger, der Graf von Béziers, war von den Bürgern dieser Stadt im Jahre 1107 während eines Aufstands ermordet worden. Eine der von seinem Sohn über die mit Waffengewalt unterworfenen Bürger verhängten Strafen lautete, dass jede Familie jährlich drei Pfund Pfeffer abzuliefern habe. In Tyrus mussten die Juden ebenfalls zwei Pfund dieses Gewürzes an den Erzbischof liefern. In den Annalen der Kirche von Aix steht vermerkt, dass die beiden Erzbischöfe Bertrand und Rostang de Noves, der eine 1143, der andere 1283, jeweils diese Steuer erfanden, um die »perfiden Hebräer« zu unterwerfen.
Pfeffer begünstigt die Verdauung. In heißen Ländern bereitet man daraus gegorene, extrem starke Liköre zu. Da er eines der kräftigsten Stimulanzien darstellt, verwendet man ihn in der guten Küche nur mit Maßen;

nervöse, leicht zu beeindruckende Personen sollten ihn meiden. Dies gilt nicht für die Landbewohner, deren Magen vom groben Essen ohnehin an Sensibilität eingebüßt hat und daher sogar verstärkt angeregt werden muss. Pfeffer ist hierfür bestens geeignet und man verwendet ihn großzügig in der ländlichen Küche.
Es gibt drei Sorten Pfeffer: den schwarzen, den weißen und den langen.

## PFEILWURZ

Stärke, die man aus der Wurzel der »maranta indica« zieht, welche man im Wasser reibt. Man verwendet sie für Brei und Crèmes, die besonders bei den Engländern sehr beliebt sind.

## PFIRSICH

Ursprünglich aus Persien kommend, trägt der Pfirsichbaum schöne, samtige, wohlriechende und schmackhafte Früchte. Ihre zarte Haut ist mit leichtem Flaum überzogen, der sie vor den Angriffen von Insekten schützt. Einige Arten sind von mehr oder weniger hellem Grüngelb, andere von rötlichem Gelb mit einem Stich ins Orangenfarbene, auf der Sonnenseite von hellem oder dunklem, mehr oder weniger ins Purpurne gehenden Rotviolett. Der Kern ist oval, gerillt und so hart, dass man ihn nur mit großer Mühe auseinander brechen kann. Meist enthält er eine Mandel, selten zwei.
In China kennt man den Pfirsich seit Urzeiten. Chinesische Poeten schreiben ihm die Macht zu, sowohl Unsterblichkeit wie auch den Tod zu bringen, und man schenkt sich als Zeichen des Wohlwollens und der Freundschaft echte Pfirsiche oder solche aus Porzellan. Chinesische Künstler bringen den Pfirsich in alle Gegenstände ein, die dafür gedacht sind, Wohnungen zu schmücken.
In Persien glaubte man Jahrhunderte lang, dass der Pfirsich tödlich wirke, man hütete sich davor, ihn zu essen, ja sogar ihn zu berühren. Man importierte ihn nach Ägyten, wo das Klima seinen Geschmack verfeinerte. Seit jener Zeit konsumieren auch die Perser große Mengen davon.
Die besten Pfirsiche findet man um Paris herum. So ist zum Beispiel Montreuil berühmt, nicht nur für seine Schönheit, sondern auch für die große Zahl besonders guter Pfirsiche, die es hervorbringt. Danach kommen das Dauphiné, das Angoumois, die Touraine usw.
Das wichtigste Qualitätsmerkmal beim Pfirsich ist festes, zartes und süßes Fleisch. Man erkennt die Güte sofort daran, ob die Haut sich leicht abziehen lässt. Die zweite Eigenschaft eines guten Pfirsichs merkt man daran,

dass sein Fruchtfleisch zergeht, sobald man es in den Mund steckt. Schließlich bürgt für Qualität, wenn sein Geschmack pikant ist und leicht an Wein, manchmal auch an Moschus erinnert. Der Kern muss sehr klein und die Haut wenig behaart sein, denn die Dichte des Flaums zeigt an, dass es sich um einen weniger guten Pfirsich handelt. Qualitätspfirsiche, vor allem jene aus windoffenen Gegenden, verlieren ihren Flaum.
Wir möchten den Leser für die Zubereitung dieser Frucht auf die Kapitel Kompotte, Konfitüren, Konserven, Eis, Flan, Torten und Ratafia-Likör verweisen.

### *Montreuil-Pfirsich*

Diese Frucht verdankt ihren Namen einem gewissen Girardot, einem ehemaligen Musketier, Ritter von Saint-Louis, der schließlich Gärtner wurde.
Dieser Girardot war nach mehreren schweren Verletzungen gezwungen das Korps der Musketiere zu verlassen. Er zog sich auf seinen kleinen Landsitz Malassis zwischen den beiden Dörfern Montreuil und Bagnolet zurück und widmete sich dort der Obstbaumkultur, wobei ihn La Quintinie, der Direktor der königlichen Gärten in Versailles, beriet, dessen Spalierbäume Girardot oft besichtigen ging.
Als dieser einmal eine Bitte an Ludwig XIV. richten musste und nicht so recht wusste, wie er es anstellen sollte, verkündete ihm La Quintinie eines Tages, dass der König eigentlich nach Chantilly habe reisen wollen, um dort mit dem Prinzen von Condé zu jagen, dieser aber krank geworden sei und er, La Quintinie, nun dafür sorgen wolle, dass die Jagd nach Montreuil umgelenkt würde. Girardot solle sich auf den erlauchten Besuch vorbereiten.
Am nächsten Tag fand man in der königlichen Vorratskammer einen Korb mit zwölf erlesenen Pfirsichen, der dort von unbekannter Hand abgeliefert worden war. Auf dem Korb stand zu lesen: »Für den Nachtisch des Königs«. Diese Pfirsiche entzückten alle und so sah Girardot einige Tage später, wie versprochen, La Quintinie auf seinen Hof treten, gleich gefolgt vom König, der die Spalierbäume sehen wollte, die so schönes Obst hervorgebracht hatten, und gleichzeitig dem Gärtner danken, der sie pflegte. In seiner Uniform brachte der ehemalige Musketier dem König seine Bitte vor, der sie höchst gnädig entgegennahm und ihm darüber hinaus eine Pension und die Gunst erteilte, jedes Jahr einen Korb mit seinen schönsten Pfirsichen für »den Nachtisch des Königs« präsentieren zu dürfen, als Erinnerung an jene, die er nach Chantilly gebracht hatte.

Dieser Brauch wurde bis 1789 von seinen Erben und anderen Einwohnern Montreuils fortgesetzt, die er reich gemacht hatte.

## PFLAUMEN

Diese Früchte wurden von den Kreuzrittern aus Syrien und Damaskus mitgebracht und ihre verschiedenen Bezeichnungen haben, wie man sich vorstellen kann, auch immer eine Bedeutung. So verdanken die Reines-Clauden ihren Namen der ersten Frau von François I., der Tochter von Louis XII. Man sagt, dass diese gute Königin Claude diesen Baum in ihrem Garten veredeln ließ um jedermann davon zu geben. Die Mirabellen wiederum wurden von König René in die Provence und später nach Lothringen gebracht. Die Monsieur-Pflaumen nannte man so, weil der Bruder von Louis XIV., der Monsieur also, davon nicht genug bekommen konnte.

Pflaumen sind ausgezeichnetes Obst, sehr süß und sehr nahrhaft, die meisten Arten sind leicht säuerlich und man könnte, wenn man sie gären lässt, daraus ein wesentlich besseres Getränk herstellen, als es viele Züchter auf dem Land trinken. In manchen Sorten scheint das süße Element der Frucht mit einer leichten Bitterkeit verbunden zu sein, die verschwindet, wenn man die Pflaumen kocht. ebendiese Sorten haben sehr viel Fruchtfleisch und bilden die besten ▸ Dörrpflaumen.

Man kann aus Pflaumen wunderbares Kompott herstellen, ebenso Konfitüren, Marmeladen, Fruchtpasten, Liköre und Pudding.

## PILAW

Dies ist ein im Orient stark verbreitetes Gericht, das aus in Wasser oder Suppe gekochtem Reis besteht, dessen Körner ganz und etwas hart geblieben sind. Auf diesen Reis gießt man zerlassene Butter. Außerdem gibt es so viele verschiedene Arten, Pilaw zu garnieren, wie es Regionen gibt.

### *Türkischer Pilaw*

Der Reis wird in lauwarmem Wasser gewaschen und in der dreifachen Menge Suppe im hermetisch verschlossenen Topf auf ein starkes Feuer gesetzt. Wenn er zu kochen beginnt, verrührt man etwas Safran in einer Tasse Wasser und gießt ihn zum Reis. Bei großem Feuer und immer noch verschlossenem Topf weiterkochen lassen. Der aufgeplatzte Reis wird auf diese Weise hart und kernig. Dann wird er in einer Schüssel aufgehäuft. Alles in allem brauchen Sie für diese Zubereitung eineinhalb Stunden.

Man kann auch eine einfache Version von Pilaw mit Butter machen.

## PILZE

Sammelbegriff für eine große Vielfalt an kryptogamen, mit Hut versehenen schwammähnlichen Pflanzen ohne Äste oder Blätter. Pilze wachsen an feuchten Orten und viele sind giftig. Selbst die genießbaren sind in der Lage, Leuten wie etwa Kaiser Claudius, die sich dazu hinreißen lassen, zu viel davon zu sich zu nehmen, mit leichten Vergiftungserscheinungen zu bestrafen.

### *Pilze à la bordelaise*

Nehmen Sie die größten Steinpilze, die Sie finden können, vorzugsweise sehr trockene, sehr dicke und feste, vor allem aber frisch gepflückte. Sie waschen die Pilze, lassen sie abtropfen, schneiden die Unterseite leicht rautenförmig ein, legen die Pilze in einen Tontopf, begießen sie mit feinem Öl, salzen leicht und streuen grobkörnigen Pfeffer darüber. Die Pilze sollen zwei Stunden marinieren und werden dann auf einer Seite angebraten. Wenn sie gar sind, das heißt, wenn sie auf Fingerdruck nachgeben, werden sie auf dem Servierteller schön aufgelegt und von folgender Sauce begleitet:
In eine Kasserole kommt ausreichend Öl, um die Pilze mit Sauce zu übergießen. Petersilie, Schnittknoblauch* und eine Knoblauchzehe werden fein gewiegt und im Öl erhitzt. Damit die Pilze begießen und den Saft zweier Zitronen oder, noch besser, ▸ Kretzer dazuträufeln.

### *Pilze à la bordelaise in der Tortenform*

Die Pilze wie oben vorbereiten, ein oder zwei Stunden in feinem Öl, Salz, Pfeffer und etwas Knoblauch marinieren. Die Stiele fein hacken und in einem Tuch auspressen, um das Wasser zu entfernen, dann mit Öl, Salz, grobem Pfeffer, Petersilie, fein gehacktem Schnittknoblauch* und einer Knoblauchzehe in eine Kasserole geben. Das Gemisch wird kurz angeröstet, dann werden die Pilzköpfe mit der Öffnung nach oben in eine Tortenform gelegt und je mit einer Portion der angerösteten Kräuter-Pilz-Mischung gefüllt. Mit Unter- und Oberhitze, am besten im Ofen, garen. Wenn sie fertig sind, legt man die gefüllten Pilzköpfe auf den Servierteller, gießt den Kräuterfond, in dem sie gegart wurden, darüber, träufelt den Saft einer Zitrone darüber, gießt etwas ▸ Kretzer darauf und serviert.

*Pilze in Röstbrot*

Die Pilze werden tourniert* und gegart. Eine Kasserole mit einem Stück Butter, einem Sträußchen Petersilie und Schnittknoblauch* auf den Ofen stellen und alles anrösten, mit einer Prise Mehl binden, mit Suppe aufgießen, aufkochen, köcheln lassen, salzen und groben Pfeffer sowie etwas geriebene Muskatnuss dazugeben. Ein ausgehöhltes altbackenes Brot buttern, auf dem Grill auf glühender Asche trocknen, die Pilze mit einem Gemisch aus Eidotter und Rahm* binden, ein wenig dieser Sauce in die Brothöhle gießen, anrichten und servieren.

Bemerkung:
Ich gebe zu, nichts entsetzt mich mehr als das Auftauchen von Pilzen auf einem Tisch, vor allem, wenn ich mich zufällig in einem Provinzstädtchen befinde. Schon sehe ich folgende Kurznachricht in einer Zeitung:
»Gestern brachten Herr X, seine Gattin und seine älteste Tochter nach einem Spaziergang im Wald ein Pilzgericht nach Hause, das sie zum Abendessen verzehrten. Heute Morgen waren der Ehemann und seine Gattin tot, während man um das Leben der Tochter noch bangt.«
Das Unglück bei Pilzvergiftungen ist, dass es bereits zu spät ist, wenn man die ersten Symptome spürt, denn das giftige Gericht ist dann schon halb verdaut.
Es gibt demnach kein wirkliches Gegengift gegen gefährliche Pilze. Zunächst sollte man ein Brechmittel verabreichen, dann, wenn dieses nicht wirksam genug ist, ein leichtes Abführmittel: 30 gr Rizinusöl, 60 gr Pflanzensaft, Einläufe mit 60 gr Kassie und mit 15 gr Sodium- und Magnesiumsulfat. Außerdem gibt man dem Patienten einige Löffel eines Gebräus, das man mit Orangenblüten-Wasser aromatisiert hat. Inzwischen wird der Arzt gekommen sein und die Vorkehrungen gutheißen.

## PIMPERNELLE

Ein schwach aromatisches Kraut, dessen Blätter zum Würzen verwendet werden.
Früher wurde diese Pflanze wegen ihre adstringierenden, reinigenden und wundheilenden Wirkung geschätzt. Außerdem soll sie die Milchproduktion erhöhen und wird daher seit einigen Jahren auf künstlichen Wiesen gezogen. Diese Züchtung bietet gewisse Vorteile, auch wenn das Heu von diesen Wiesen in Wirklichkeit nur für Schafe gut ist.

## PISTAZIEN

Es sind kleine, längliche Nüsse, recht schwer zu knacken, weil elastisch. Gelblich, weiß gefleckt, wenn reif, rötlich auf der Seite, die der Sonne zugewandt ist, schließt die Pistazie einen öligen Kern ein, dessen Fruchtfleisch zartgrün und dessen Geschmack besser als der der Haselnuss ist. Sehr zum Vorteil für feine Speisen der Haute Cuisine wie auch für die Herstellung von Bonbons und Pralinen ersetzt man immer öfter Mandeln oder Haselnüsse durch Pistazien. Allerdings sind die in Zucker gewälzten angeblichen Pistazien, die man oft beim Süßwarenhändler kaufen kann, in Wahrheit eine Art Pinienkerne.

## PLUM-PUDDING

Eine Mehlspeise, ohne die in England keine gepflegte Mahlzeit von statten gehen kann und die sich in den letzten Jahren auch in Frankreich sehr verbreitet hat. Grundsätzlich besteht der Plum-Pudding aus Mehl, Eiern und Butter, die man mit verschiedenen Ingredienzen geschmacklich vervollständigt. Es gibt den Kirschpudding, den Sagopudding, den mit Zitrone, mit Karfiol*, die Puddingcrème usw.

### *Plum-Pudding*

(nach dem Rezept des verstorbenen M. de Cussy)

Sie nehmen zwei Pfund Rindermark oder, falls Ersteres nicht zur Verfügung steht, zwei Pfund Rindsnierenfett. Haut und Sehnen werden entfernt und das Fett sehr fein gehackt, bevor es in eine große Schüssel gelegt wird. Von einem halben Pfund Korinthen die Kerne entfernen und die Rosinen unter das Fett mischen, dazu drei Pfund gesiebte Weißbrotbrösel, ein großes Glas Malaga, zwei kleine Gläser Cognac, die Zesten* einer halben Zitrone, fein gewiegt, eine Hand voll klein gewürfelte kandierte Zitronenschalen, eine gute Hand voll Roggenmehl, feines Mehl in ausreichender Menge und acht ganze Eier.

Nun benetzen Sie alles mit Milch und mischen alles gut durch, so dass Sie einen eher flüssigen Teig erhalten. In einem Kochtopf, der den Plum-Pudding fassen kann, lassen Sie Wasser aufkochen. Wenn das Wasser sprudelt, nehmen Sie ein Küchentuch und legen dieses in ein Sieb (dieses hat den Zweck, den Plum-Pudding zu formen). In das Tuch kommt die Teigmasse, dann werden die Ecken des Tuches zusammengeführt und fest verknotet, ohne dass der Teig zu sehr beengt werden sollte. Nun legen Sie den Plum-Pudding in seinem Tuch in das kochende Wasser, stellen den Topf ganz hinten auf

den Herd und gehen wie für einen ▸ Pot-au-feu vor. Der Topf sollte nur halb zugedeckt sein und das Wasser darin ständig kochen, weil es sonst in den Plum-Pudding eindringen würde. Dieser muss nun sechs oder sieben Stunden kochen; halten Sie dafür ständig kochendes Wasser bereit, um aufzufüllen, drehen Sie den Pudding stündlich um und bereiten Sie inzwischen folgende Sauce zu:
In eine Kasserole kommen 125 gr feine Butter, eine Messerspitze Mehl, eine Messerspitze Zitronen-Zesten*, eine fein gehackte kandierte Zitronenschale, eine Prise Salz und ein Esslöffel feiner Zucker. Gießen Sie mit Malaga auf und kochen Sie dies alles wie eine gewöhnliche Sauce. Vor dem Servieren sollte der Plum-Pudding einen Augenblick abtropfen, bevor Sie das Tuch öffnen und das Gericht auf einen Teller stürzen, um dann das Tuch abzunehmen. Mit der oben beschriebenen Sauce übergießen und glacieren* und sofort servieren.
Man kann den Plum-Pudding auch in einer gebutterten Form im Ofen backen.

## PORREE

Er kommt aus Spanien und wird in allen milden Regionen Europas gezogen. Arme Leute essen ihn roh mit Brot und in allen Haushalten würzt man Suppen damit, denn er enthält harntreibende Stoffe, die in Diäten nutzbringend angewandt werden. Man verwendet ihn fast nur in französischen Suppen und ausländischen ▸ Court-Bouillons. In manchen Ländern bereitet man aus Porree auch Ragoûts zu und macht aus weißem Porree eine fette Suppe, die durchaus Beachtung verdient.
In Lothringen stellt man Porree-Torten her.

## PORTULAK

Eine Pflanze mit breiten, dicken und fleischigen Blättern, die man manchmal als Salatgarnitur verwendet. In einigen Ländern bereitet man Portulak wie Kardonen zu. Nachdem man ihn blanchiert* hat, kann man ihn unter eine gebratene Schafskeule legen, wo er das angenehme Aroma des Fleischsafts aufnimmt. Man kann Portulak auch in Essig und Salz einlegen und auf diese Weise sehr lange haltbar machen.

### *Gebackener Portulak à la milanaise*

Legen Sie einige Stunden lang ganze Portulak-Stängel in Zitronensaft, Zimt und Puderzucker ein. Dann tauchen Sie den marinierten Portulak in einen ▸ Backteig mit Eischnee und etwas Branntwein. Auf kleiner Flamme herausbacken und heiß servieren.

### *Portulak-Ragoût*

Sie putzen Portulak-Blätter und kochen sie halb durch; lassen Sie das Wasser abtropfen und legen Sie dann die Blätter mit lichtem Kalbs- und Schinken- ▸ Coulis in eine Kasserole. Auf kleiner Flamme köcheln und reduzieren lassen, dann mit einem Stück mit Mehl verkneteter Butter binden und schließlich mit einem Schuss Essig verfeinern. Dieses Ragoût kann verschiedene Entrées begleiten.

## POULARDE siehe HUHN

## POUPELIN

Eine sehr delikate alte Süßspeise mit Butter, Milch und frischen Eiern, die man mit feinstem Mehl verknetet. Zur geschmacklichen Verfeinerung mischt man auch Zitronenschalen und Zucker darunter.
(nach einem Rezept der Familie la Reynière)

Sie kochen etwa einen Drittelliter Wasser, 125 gr Butter und etwas Salz. Wenn das Wasser zu kochen beginnt, geben Sie so viel Mehl dazu, dass das Wasser aufgesogen wird, lassen den Teig trocknen und geben ihn in eine zweite Kasserole. Nun verrühren Sie, eines nach dem anderen, zwölf bis vierzehn Eier mit dem Teig.

Sie buttern eine Kasserole, legen den Teig hinein, der jedoch nur ein Viertel des Topfes ausfüllen darf – denn er wird sein Volumen beim Backen vervierfachen –, und backen den Kuchen in einem sehr heißen Ofen. Wenn der Poupelin fertig ist, nehmen Sie ihn aus der Kasserole, schneiden ihn waagrecht in zwei Hälften, deren Schnittfläche Sie mit Butter einreiben, darauf Zucker und schließlich kandierte Orangen streuen. Sie bestreichen auch das Innere mit Butter, streuen Zucker darauf und glacieren mit der roten Schaufel*.

### *Eine andere Methode*

Sie nehmen frischen Topfen*, Salz, drei Eier und zwei Hand voll feinstem Mehl, verkneten alle Zutaten, legen eine Tortenform mit Butterstückchen aus und backen den Kuchen im Ofen. Wenn er von schöner Farbe ist, schneiden Sie ihn durch, schälen das Innere heraus, bestreuen es mit Zucker, spicken es mit Stückchen kandierter Zitrone, gießen zerlassene Butter darüber, glacieren es mit der roten Schaufel*, legen die Kuchendeckel wieder darauf und stellen den ganzen Kuchen erneut in den Ofen, nachdem Sie die Oberseite mit Zucker bestreut und mit der roten Schaufel glaciert haben. Heiß servieren.

## POUPETON

Eine Art Kuchen mit gehacktem Fleisch oder Fisch.

### *Poupeton als Festtagsspeise*

Sie nehmen ein Stück von der Kalbskeule, etwas Rindermark sowie blanchierten* Speck und hacken alles mit Champignons, Petersilie, Schnittknoblauch* und Weißbrot. Die Masse mit gutem Fleischsaft und zwei rohen Eiern befeuchten, eine Tortenform mit Speckscheiben auslegen und die Masse darauf legen. Darauf geben Sie Tauben oder Hühner, die Sie vorher in einem ▸ Roux angebraten haben. Das Geflügel mit der übrigen Masse bedecken, die Form zudecken und im Ofen backen. Danach sauber auf einen Teller stürzen und heiß servieren.

### *Poupeton, ein anderes Rezept*

Sie hacken Scheiben von der Kalbskeule, die Sie vorher von allen Häuten und Sehnen befreit haben, mit Speck, Rindsfett, Petersilie, Schnittknoblauch*, Champignons, Salz, Pfeffer, Fines Herbes* und Fines Épices*. Etwas Weißbrot wird in Obers* oder Milch wie eine Crème auf dem Feuer geschlagen und mit zwei Dottern vermischt. Abkühlen lassen und zur Fleischmasse geben, vier bis fünf Dotter hinzufügen und alles nochmals gemeinsam hacken, dann im Mörser stampfen.

Eine runde Backform mit Speckscheiben auslegen, die Fleisch-Brot-Mischung darauf legen und mit dem Messer glatt streichen, welches zuvor in verquirltes Ei getaucht wurde.

Sie braten kleine Tauben in zerlassenem Speck, mit einem Bouquet garni*, einer mit Gewürznelken gespickten Zwiebel, Hahnenkämmen, Kalbsbries sowie Champignon- und Trüffelscheiben an, gießen mit Fleischsaft auf und lassen alles auf sehr schwacher Flamme weiterköcheln. Das Ragoût entfetten, mit einem Schinken-Kalbs-▸ Coulis binden, einige Spargelspitzen und Artischockenböden (Letztere, wenn die Jahreszeit dafür ist) dazugeben und abkühlen lassen.

Wenn das Ragoût kalt ist, richten Sie es auf der Fleisch-Brot-Mischung an und bedecken alles mit dem Rest dieser Mischung, die Sie

mit einem verquirlten Ei bestreichen und glätten. Die Enden der Speckscheiben, mit denen die Form ausgelegt wurde, über der Masse einschlagen, die Form zudecken und im Ofen backen. Auf einen Teller stürzen, ein helles Coulis vom Kalb und vom Schinken darüber gießen, wenn Sie möchten, mit einer Geflügel- ▸ Marinade mit Basilikum garnieren und heiß als Entrée servieren.
Ebenso bereitet man Poupetons aus Wachteln, Rebhühnern, Fettammern usw. zu, der einzige Unterschied besteht in der Zusammensetzung des Ragoûts.

### *Poupeton mit Blut*

Zwei Feldhasen und ein Kaninchen werden entbeint und das Fleisch gemeinsam mit einem Stück Schinken, Champignons, Trüffeln, Petersilie, Schnittknoblauch*, Pfeffer, Salz, Fines Épices*, etwas Basilikum und drei bis vier Dottern fein gehackt. Dann töten Sie drei bis vier kleine Tauben und heben deren Blut auf, das sie mit dem Saft einer Zitrone am Stocken hindern. Aus den Tauben bereiten Sie ein Ragoût wie die Vorigen zu und binden dieses mit Kalbs-Schinken- ▸ Coulis sowie mit dem Taubenblut, das Sie mit zwei Dottern verquirlt haben. Mischen Sie feine Speckwürfel unter das Hasenfleisch und verkneten Sie diese Zutaten zu einem Teig. Nun legen Sie eine runde Backform mit Speckscheiben aus, gießen das Taubenragoût hinein, legen rundherum einen Kranz aus der Hasenpaste, decken die Form zu und backen das Poupeton im Ofen. Wenn es fertig ist, stürzen Sie es auf einen Teller, legen rundherum Schinkenstreifen auf und gießen eine Schinken- ▸ Essenz darauf.

### *Fisch-Poupeton*

Sie schuppen zwei bis drei Karpfen ab, entfernen die Häute und die Gräten und hacken das Fleisch mit Aal, Champignons, Petersilie, Schnittknoblauch*, Salz, Pfeffer, etwas Basilikum und Muskatnuss fein. In einem Mörser zerstoßen Sie ein Dutzend Korianderkörner mit drei bis vier Gewürznelken und mischen das Pulver unter die Fischmasse. Alles gut vermischen und zerstoßen, Butter hinzufügen, etwas in Milch oder Obers* getauchtes Weißbrot und drei bis vier verquirlte Dotter darunter mischen, alles gut vermengen und diese Farce auskühlen lassen. Währenddessen bereiten Sie aus gut blanchierter* Karpfen-Milch ein Ragoût zu, binden dieses mit einem ▸ Coulis aus Flusskrebsen und lassen es ebenfalls auskühlen.

Eine Tortenform buttern, mit Backpapier auslegen und die Farce auf Boden und Rändern der Form verteilen. In die Mitte kommt das Karpfen-Milch-Ragoût, das mit weiterer Farce bedeckt wird. Mit verquirltem Ei bestreichen, etwas zerlassene Butter darüber gießen, im Ofen backen, auf einen Teller stürzen und die Mitte aushöhlen, um ein Coulis aus Flusskrebsen in die Mulde zu gießen.

## PROFITEROLLES

Eine Süßspeise, die man in großen Städten bei jedem Pâtissier finden wird. Wir glauben nicht, hier das Rezept dafür angeben zu müssen. Man macht Profiterolles mit Schokolade.

## PROVENÇALE (Sauce)

Man bereitet sie mit zwei rohen Dottern, einem Esslöffel Fleischsaft oder reduzierter Consommé, Knoblauch, sehr scharfen Pfefferschoten und dem Saft von zwei Zitronen zu. Sie wird im Wasserbad auf heißer Asche cremig geschlagen und mit Olivenöl verrührt. Man serviert sie mit Fisch-Entrées.

## PUDDING

Wir haben bereits vom Plum-Pudding erzählt und möchten hier einige französische Rezepte anbieten.

### *Reinettenpudding mit Muskattraube*

Sie schälen und entkernen einige geviertelte Reinetten-Äpfel und teilen jedes Viertel in fünf gleiche Schnitten. Sautieren Sie diese Apfelschnitten in einer großen Kasserole mit 120 gr Zucker, vermischt mit der Schale einer Zitrone, 125 gr weicher Butter und 250 gr gut gewaschenen Muskattrauben, die Sie vorher entkernt haben. Sie stellen nun die Kasserole auf den Herd und legen, um Oberhitze zu erzeugen, Glut auf den Deckel. Wenn die Äpfel heiß geworden sind, gießen Sie den Inhalt der Kasserole auf eine vorbereitete Teigbahn, backen alles und beenden die Zubereitung wie beim Plum-Pudding beschrieben.

### *Großer Pudding mit Mark*

Sie beschaffen sich 72 gr Rindsnierenfett und 36 gr ganz belassenes Knochenmark vom Rind. Das Nierenfett von den Häutchen befreien und sehr fein hacken, das Mark und einige Unzen* gesiebtes

Mehl hinzufügen, ebenso 125 gr Puderzucker, fünf Eier, ein halbes Glas Milch und ein viertel Glas alten Cognac. Die Mischung gut durchrühren, eine halbe geriebene Muskatnuss, eine kräftige Prise Salz, 2 Unzen Zitronatstreifen, zwei Unzen schöne Korinthen, geschält und gewaschen, sechs Unzen Muskattrauben, wovon jede Weinbeere halbiert wird, drei schöne, sehr fein gehackte Reinetten-Äpfel und ein halbes Glas Marillen*-Marmelade für die cremige Konsistenz gut vermischen. Wenn alle Zutaten eine gleichmäßige Masse ergeben, legen Sie diese auf ein gebuttertes Tuch und binden dieses zu einem runden Bündel. Besonders wichtig ist es, in der Mitte des Bündels mit einer Nadel etwa 3,5 cm Schnur anzubringen und an das Ende dieser Schnur ein Gewicht von etwa 10 Pfund zu hängen, um zu verhindern, dass der Pudding beim Kochen an der Wasseroberfläche schwimmt. Pudding und Gewicht kommen nun in einen großen Topf mit kochendem Wasser, das auf gemäßigter Flamme viereinhalb Stunden lang ständig sprudeln sollte. Nach dieser Kochzeit nehmen Sie den Pudding aus dem Tuch, legen ihn auf ein Blech und entfernen mit einem scharfen Messer die Oberfläche, die durch das Kochen weißlich geworden ist. Sobald die obere Hälfte des Puddings geputzt ist, stülpen Sie eine Schüssel darüber, drehen ihn um und putzen die Unterseite. Nun bedecken Sie Pudding und Schüssel mit einem Teller, stürzen den Pudding auf denselben und entfernen die Schüssel. Mit einer Sauce aus spanischem Wein übergießen und sofort servieren.

Die Sauce bereiten Sie folgendermaßen zu:

Sie verquirlen vier Dotter mit einem halben Esslöffel Stärke, zwei Unzen Puderzucker, etwas Butter aus Isigny, einer schwachen Prise Salz und zwei Glas Malaga. Auf einer gemäßigten Flamme wird die Sauce umgerührt, bis sie eindickt, dann wird sie gleich durch ein feines Seihtuch passiert und in einer Schüssel neben dem Pudding angerichtet.

### *Pariser Pudding, auch Pudding des diplomatischen Kabinetts genannt*

Eine gut überzogene Vanilleschote sehr fein wiegen, mit vier Unzen* Zucker zerstoßen und durch ein Sieb streichen. Ein Pfund Kalbsnierenfett und ein halbes Pfund Rindermark sehr fein hacken, ein halbes Pfund Reismehl dazumischen und alle Zutaten in einer Kasserole mit sieben Dottern und zwei ganzen Eiern sowie einem halben

Glas Obers* und einem halben Glas echten Maraschino, einer Messerspitze Salz, dem Viertel einer geriebenen Muskatnuss, zwei Unzen ganzen Pistazien, vier großen, weichen und grob zerstoßenen Makronen, einer Unze fein gehackter Engelwurzel (Angelika), dreißig schönen kandierten Kirschen, abgetropft und halbiert, sowie sechs fein gehackten Borsdorfer Äpfelchen vermischen. Den Pudding auf ein Tuch legen und wie oben weiter prozedieren.

Während der Pudding kocht, schneiden Sie 2 Unzen Pistazien in feine Streifen (jede in etwa sechs Teile). Mit diesen Streifen wird der fertige Pudding knapp vor dem Servieren gespickt, mit Zucker bestreut und mit der oben beschriebenen Weinsauce serviert.

Statt der Kirschen kann man auch kandierte ▸ Kretzertrauben und statt der Pistazien zwei Unzen Zitronatstreifen verwenden.

### *Pudding aus weißen und roten Ribiseln**

(nach M. de Courchamps)

Sie nehmen ein Pfund sehr reife weiße Ribisel und ein weiteres Pfund, aber rote, ebenfalls schön reif. Mit einer spitzen Feder entfernen Sie Blüte und Stiel sowie die Kerne und rollen sie in sechs Unzen* feinem Zucker. Den Pudding wie oben fertig stellen.

### *Erdbeerpudding*

Zwei Pfund oder mehr schöne Erdbeeren putzen und kräftig waschen, auf einem Tuch abtropfen lassen, in sechs Unzen* feinem Zucker wälzen und in eine Puddingmasse mischen. Wie üblich fertig stellen.

Ebenso bereitet man Pudding mit Himbeeren, Zwetschken*, Kirschen und Marillen* zu.

### *Apfelpudding mit Crème*

Fünfzehn Reinetten-Äpfel vierteln, schälen und mit Zucker und etwas weicher Butter dünsten. Anschließend die halbe Menge einer ▸ Crème (siehe diese, weiter vorn) zubereiten, einen feinen Hefeteig vorbereiten und auswalken, die Apfelviertel auf und um den Teig herum legen, so dass in der Mitte eine Mulde bleibt, in die man die Crème gießen kann. Den Pudding wie üblich fertig stellen und vor dem Servieren mit Marillen*-Marmelade und zerstoßenen Makronen garnieren.

### *Reispudding mit Orangen*

500 gr Carolina-Reis werden mehrmals gewaschen und in kaltem Wasser aufs Feuer gestellt. Wenn das Wasser kocht, den Reis abtropfen lassen und dann in Milch, Butter, Puderzucker und der Schale zweier süßer Orangen dünsten. Wenn der Reis bissfest ist, kommen 250 gr fein gehacktes Rindermark, 125 gr Korinthen, 60 gr bittere Makronen, 60 gr gewürfelte kandierte Orangenschale, sechs Dotter, drei ganze Eier, ein halbes Glas Branntwein und eine Prise Salz hinzu. Alles gut vermischen und auf ein gebuttertes Leinentuch gießen. Den Pudding wie üblich fertig stellen, aber nur zwei statt vier Stunden lang kochen lassen. Auf einen Teller stürzen, mit 60 gr zerstoßenen Makronen maskieren* und ohne Sauce servieren.

Die Korinthen können durch Muskattrauben, das Rindermark kann durch weiche Butter mit Muskatnuss ersetzt werden.

### *Englischer Kabinettpudding*

Man nimmt große Kekse oder schneidet einen Biscuitkuchen in Scheiben, buttert eine Backform und bestreut den Boden mit Rosinen und Korinthen sowie gewürfeltem Zitronat. Abwechselnd schichtet man eine Lage Keks oder Kuchen und eine Lage Früchte aufeinander, bis man den Rand der Form erreicht hat. Nun bereitet man eine englische Crème zu und gießt sie in die Form; sie soll Kekse bzw. Kuchen gut durchtränken. Den Pudding eine Stunde lang ins Wasserbad stellen, mit etwas Ribisel*-Gelée bestreichen und servieren.

### *Breadpudding*

Eine feuerfeste Schüssel wird mit gebutterten Weißbrotscheiben belegt, diese werden mit gut gewaschenen und geputzten Korinthen bestreut. Zwei ganze Eier mit einem Liter Milch, etwas Zucker und der Schale einer Zitrone verrühren, auf das Brot gießen, eine halbe Stunde im Ofen backen und servieren.

## PUNSCH

Punsch ist nichts anderes als eine Mischung aus Branntwein oder Rum oder Kirschwasser oder auch Wein mit Zucker, Zitronenscheiben, Muskatnuss und Zimt. Dieses Gemisch setzt man aufs Feuer und erhält so eine köstliche Zusammensetzung. Unsere englischen Nachbarn hegen eine besondere Vorliebe für Punsch, was man an jenem, den Sir Edward Russel, Oberbefehlshaber der britischen Streitkräfte, am 25. Oktober 1694 ausschenkte, gut sehen kann. Dieser Punsch war der außergewöhnlichste, von dem man je gehört hatte, und er wurde im Marmorbecken im Garten von Russels Haus zubereitet. Vier Fässer Branntwein, acht Fässer reines Wasser, fünfundzwanzigtausend Limonen, achtzig Pinten* Zitronensaft, dreizehn Doppelzentner Zucker aus Lissabon, fünf Pfund Muskatnuss, dreihundert zerstoßene Kekse und schließlich ein Schlauch Malaga wurden ins Bassin gegossen, über das man eine Plane gespannt hatte, um es vor Regen zu schützen. Man hatte aus Rosenholz ein kleines Boot bauen lassen, auf dem ein elegant gekleiderter Schiffsjunge, der der englischen Flotte angehörte, auf dem Punsch hin und her fuhr, um den Gästen diesen zu kredenzen. Es waren mehr als sechstausend Personen anwesend.

Üblicherweise trinkt man Punsch heiß und lange Zeit bildete eine Tasse flambierter Punsch den unerlässlichen Abschluss einer jeden gepflegten englischen Mahlzeit. Das Getränk wirkt belebend und schmeckt sehr angenehm. Besonders nach anhaltender Müdigkeit und Erschöpfung bringt es den durch Feuchtigkeit, Kälte oder Regen geschwächten Kreislauf in Gang und lässt einen wieder schwitzen. Man kann mehrere Gläser davon trinken ohne Schaden zu nehmen.

Hier nun das beste uns bekannte Rezept für französischen Punsch:

> Sie gießen eine Flasche alten Jamaika-Rum in eine Schüssel und fügen zwei Pfund zerstoßenen Kandiszucker hinzu, stellen das Gefäß aufs Feuer und verrühren mit dem Holzspatel den Zucker, so dass er karamelisiert. Nachdem die Flüssigkeit auf ein Drittel reduziert ist, vermischen Sie vier Pinten* Souchong-Tee mit dem süßen Rum, wobei der Tee kochend heiß sein sollte. Nun geben Sie den Saft von acht Zitronen und von sechs sehr reifen Orangen und schließlich eine Viertelpinte Batavia-Tresterbrand dazu. Mit diesem sehr heiß servierten Punsch stellen Sie ein Körbchen mit Mandelwaffeln oder anderen feinen, trockenen Kuchen auf den Tisch.

### *Punsch à la Dupouy*

> Sie nehmen eine Ananas und schneiden diese in feine Scheiben, streuen sehr fein zerstoßenen Kandiszucker darüber und gießen eine Flasche alten, nicht moussierenden Sillery-Weißwein, ein Fläschchen echtes Kirschwasser aus dem Schwarzwald oder einen schönen alten Cognac oder alten amerikanischen Rum darauf. Erhitzen,

leicht anbrennen lassen und sehr heiß genießen. Am nächsten Tag wird Ihnen niemand zu widersprechen wagen, wenn Sie behaupten, einen Punsch getrunken zu haben, wie man noch keinen gekostet hat und wie man ihn nirgends trinkt außer in den privilegierten Salons unserer großen Gastronomen.

Mit Punsch verfeinert man auch Crèmes, Sorbets, Gelées, Biscuit, Marzipan usw.

## PÜREE

Pürees sind Produkte aus mehligen oder anderen Substanzen und man unterscheidet deutlich zwei Verwendungszwecke. Sie können allein als Süßspeisen fungieren oder als Unterlage für Bratengerichte oder Entrées. Man serviert, je nach Festigkeit und Gehalt des jeweiligen Pürees, unterschiedliche Saucen dazu.

### *Kartoffelpüree*

Sie schälen Ihre Kartoffeln gut, waschen sie, schneiden sie in dünne Scheiben und kochen sie in einer Kasserole mit einem Glas Wasser, etwas Butter, Muskat und Salz. Sie sollten mit Unter- und Oberhitze eine halbe Stunde lang kochen, dann mit dem Holzlöffel zerdrückt und wieder aufs Feuer gestellt werden. Den Kartoffelbrei eindicken lassen und schließlich mit einem Stück Butter und etwas Puderzucker montieren*.

### *Apfelpüree*

Sie bereiten ein Apfelmus ohne Zucker zu, salzen es leicht und geben etwas nicht entfetteten Bratensaft dazu. Das Mus dient als Unterlage für frisches, am Spieß gebratenes Schweins-Karree* oder einen gebratenen jungen Vogel oder auch gegrillte Blutwurst.

### *Zwiebelpüree*

Sie schälen dreißig Zwiebeln, schneiden sie in Scheiben und rösten sie mit Salz und Pfeffer in Butter goldbraun. Mit guter Suppe und etwas Fleischsaft aufgießen, reduzieren lassen, die Zwiebeln mit dem Löffelstiel durch ein feines Sieb streichen und etwas Karamel dazumischen.

Wenn Sie ein weißes Soubise-Püree erlangen wollen, sollten die Zwiebeln nicht so lange geröstet werden, bis sie braun werden. Die noch weißen Zwiebeln werden dann mit hellem ▸ Jus, einem Glas

Weißwein und einem Drittelliter Obers* aufgegossen, auf großer Flamme reduziert und durch ein Seihtuch passiert.

### *Kastanienpüree*

Von gebratenen Kastanien werden die äußere Schale und die Haut entfernt. Die Kastanien dann in einer Kasserole mit etwas Butter anrösten und mit Suppe und einem Glas Weißwein aufgießen. Die Kastanien sollten auf kleiner Flamme zergehen. Im Mörser stampfen und durch ein feines Sieb streichen. Inzwischen ein halbes Dutzend Würste braten, Saft und Fett den Kastanien beigeben, die Würste auf das Püree legen und servieren.
Statt der Würste kann man auch Koteletts braten.

### *Sauerampfer-Püree*

Sauerampfer, Salatherzen und Kerbel fein hacken und in Butter anrösten. Wenn der Sauerampfer zerfällt, mit Suppe aufgießen, reduzieren lassen, durch ein Haarsieb passieren, dem Püree ▸ Jus oder einen Schmorfond hinzufügen, mit Dottern binden und auf kleiner Flamme, ohne Aufwallen köcheln lassen.

### *Püree aus vier Wurzelarten*

Sie nehmen Karotten, Zwiebeln, Steckrüben und ein bis zwei Pastinaken. Alle Zutaten in Streifen schneiden und mit einem schönen Stück Butter in eine Kasserole legen. Mit Bouillon aufgießen und umrühren, bis das Gemüse zu zerfallen beginnt. Zwei bis drei Stunden dünsten, vom Feuer nehmen, durch ein Haarsieb oder ein kleinlöchriges Sieb drücken und das Püree dabei von Zeit zu Zeit mit dem Kochsud befeuchten. In die Kasserole zurückgießen, etwas ▸ Jus oder einen Schmorfond oder einen anderen reduzierten Fond hinzufügen, etwas helles Karamel darunter mischen und nach der Hauptspeise oder als Beilage servieren.

### *Püree aus trockenen Erbsen*

Sie kochen Erbsen mit zwei bis drei Zwiebeln, Petersilie und Schnittknoblauch* in Salzwasser. Durch ein kleinlöchriges Sieb drücken und von Zeit zu Zeit etwas Suppe darauf gießen. Ein Stück Butter hinzufügen und reduzieren lassen.
Wenn das Püree besonders gehaltvoll sein soll, gießen Sie mit Suppe auf, falls es mager sein soll, gießen Sie mit Milch oder Wasser auf.

Linsen- und Bohnenpürees sowie alle Pürees aus getrockneten Hülsenfrüchten lassen sich auf dieselbe Weise zubereiten.

### *Tomatenpüree*

(nach Vuillemot)

Sie nehmen zwölf Tomaten, halbieren sie und entfernen die Kerne und das flüssige Innere. In einer Kasserole mischen Sie die Tomaten mit einer guten ▸ Sauce mirepoix sowie einem Bouquet garni* mit jungem Knoblauch und Speck. Mit einem Schöpflöffel Suppe, einem Glas Weißwein und zwei kleinen Gläsern Cognac aufgießen, mit Backpapier zudecken und eine Stunde dünsten lassen. Durch ein Seihtuch passieren, das Püree nochmals aufs Feuer stellen, auf den Herdrand ziehen, das Fett abschöpfen, glätten und bis zum Servieren ins Wasserbad stellen.

### *Püree aus Mai-Schwämmen*

Schwämme putzen und waschen, blanchieren*, fein hacken und mit einem schönen Stück Butter und Zitronensaft goldbraun rösten, mit ▸ Jus aufgießen und reduzieren lassen.

### *Geflügelpüree*

Das Fleisch von gebratenem Geflügel von Knochen, Sehnen und Haut trennen und fein hacken. Im Mörser zerstampfen und in guter Suppe, einem ▸ Blond de veau, Salz und Pfeffer kochen, reduzieren lassen und durch ein feines Sieb passieren.

### *Wildpüree*

Drei Rebhühner oder Schnepfen werden am Spieß gebraten, tranchiert und Haut und Knochen mit trockenem Weißwein, einer Schalotte und einem Lorbeerblatt in einer Kasserole auf ein Viertel reduziert. Die Reduktion mit etwas ▸ Espagnole, ▸ Coulis und Suppe aufgießen, diese Sauce nochmals reduzieren, dann entfetten und durch ein Haarsieb passieren. Nun das Fleisch zerstampfen, in die Sauce einrühren und alles nochmals passieren. Auf kleiner Flamme fertig dünsten ohne aufzukochen.

### *Provençalisches Püree*

Zwiebeln schälen, in Scheiben schneiden und anbraten, aber nicht braun werden lassen. Vier Esslöffel ▸ Velouté, ein Drittelliter

Obers* und etwas Puderzucker hinzufügen. Das Püree auf großer Flamme unter ständigem Umrühren reduzieren, eindicken lassen und durch ein Seihtuch passieren.
Wenn kein Velouté zur Verfügung steht, kann man dieses durch einen mit etwas Obers* vermischten Esslöffel Mehl, Salz und Pfeffer ersetzen und das Püree auf diese Weise binden.

*Hummerpüree*

Sie nehmen einen sehr frischen Hummer, brechen ihn auf und entnehmen das weiße Fleisch aus Scheren und Schwanz. Das Hummerfleisch würfeln. Alle weiteren in der Schale befindlichen Teile wie Fleisch und Eier mit Butter pürieren, passieren und ins Wasserbad legen, nachdem man die Fleischwürfel hinzugefügt hat.

Für alle anderen Pürees siehe unter dem betreffenden Stichwort.

## PUTE siehe TRUTHAHN

# Q

## QUITTE

Aus Quitten macht man Sirup, den man in Fällen heftiger Diarrhöe verabreicht. Ebenso gibt man dann die etwas schleimige Flüssigkeit, die durch Einlegen von Quittenkernen in Wasser erlangt wird. Quitten dienen auch zur Herstellung von Haarglättungsmitteln, die von Friseuren benutzt werden.
Man stellt aus Quitten auch eine Reihe Konfitüren her, deren Rezepte wir hier angeben wollen.

### *Quitten in Butter*

Sie backen Quitten im Ofen, zerstoßen sie dann und schneiden Streifen daraus. Die Quittenstreifen noch warm mit einem Stück frischer Butter, einer Messerspitze Salz, einer guten Dosis Puderzucker und Zimt in eine Steingutschüssel legen und die Schüssel gut auf kleiner Flamme schwenken, ohne die Zutaten allzu sehr zu erhitzen. Mit geröstetem Brot servieren.

### *Kandierte Quitten*

Wählen Sie duftende Quitten, die Sie halbieren oder vierteln. Die Quittenstücke schälen und das Kerngehäuse herausnehmen, zuerst in kaltes, dann in kochendes Wasser legen, bis die Quitten weich zu werden beginnen.
Nun kommen die Quitten wiederum in kaltes Wasser. Inzwischen kocht man Zucker, legt die Quitten hinein und lässt sie auf kleiner Flamme köcheln. Den Topf zudecken, damit Zucker und Früchte

rot werden. Ab und zu muss der Topf vom Feuer genommen und erst nach einer Zeit wieder zurück auf den Herd gestellt werden, damit sich Zucker und Früchte etwas setzen können. Die Quitten kochen, bis der Saft fast geliert, dann zugedeckt auskühlen lassen. Schalen, Kerngehäuse und andere Teile der Frucht, die beim Putzen weggeschnitten wurden, in Wasser kochen, dann durch ein Haarsieb passieren und die zu kandierenden Quitten in diesem Sud kochen. Um ihnen eine schöne rote Farbe zu verleihen, gibt man etwas Cochenille* dazu.

### *Quittenkompott*

Da Quitten nicht kompakt genug sind, kann man daraus kein Kompott machen.

### *Quitten in Rindermark*

Sie wickeln Quitten in gebuttertes Backpapier und legen sie unter heiße Asche. Wenn sie gar sind, schneiden Sie sie auf und bestreuen sie mit Zucker, wobei die Quitten dabei vor ein Feuer gehalten werden sollen. Sie fügen einige Gramm sehr frisches Knochenmark, etwas Quittenlikör und Zimt hinzu, kochen die Quitten darin und richten sie mit einem leichten Biscuit an.

### *Quittengelée*

Sie schneiden einige Quitten in Scheiben und tauchen diese Scheiben in kochendes Wasser, von dem sie nicht ganz bedeckt werden sollten. Die weich gekochten Quittenscheiben auf ein Sieb legen. Läuterzucker etwa im Verhältnis 1:2 zum Quittenkochwasser kochen, den Quittensud hinzufügen und zu Gelée werden lassen. Das fertige Gelée in Töpfe füllen.

### *Eingelegte Quitten à la cotignac d'Orléans*

(dieses gute Rezept stammt aus dem Archiv von Grimod de la Reynière, der es vom Confiseur seines Onkels M. Jarente, dem Bischof von Orléans, hatte.)

Sie nehmen die schönsten Quitten und entfernen die Kerne, lassen den Früchten jedoch ihre Schale, denn dort konzentrieren sich Duft und Geschmack der Früchte. Wenn das Kerngehäuse herausgenommen ist, legt man die Früchte in Wasser und rührt von Zeit zu Zeit mit dem Spatel um. Wenn sie schön weich sind, lässt man sie auf einem Sieb über einer Terrine abtropfen und drückt die erkalteten Früchte durch das Sieb. Dieses Püree sollte auf kleiner Flamme zur Hälfte reduziert und dann in eine glasierte Tonschüssel oder eine Terrine gegossen werden, wobei das Material des Gefäßes sehr wichtig ist.

Die gleiche Menge Zucker wie Quittenmus läutern und bis zum schwachen Bruch* kochen. Das Quittenmus mit dem Spatel unterrühren und die Mischung auf eine schwache Flamme stellen. Ständig umrühren, bis der Boden des Gefäßes ohne Schwierigkeiten sichtbar wird, dann vom Feuer nehmen.

Auf ein Blech stellt man nun verschiedene Förmchen, runde, viereckige oder herzförmige, und füllt diese mit der Marmelade, deren Oberfläche mit dem Messer glatt gestrichen wird. Mit Zucker bestreuen und in den heißen Trockenofen stellen. Nach zwei Tagen nehmen Sie das Quittenmus aus den Förmchen, legen die Küchlein auf ein feines Sieb und drehen sie um, damit sie auch auf der anderen Seite mit Zucker bestreut werden können. Nun schieben Sie die Quittenküchlein nochmals für einen Tag in den Trockenofen und bewahren sie dann in gut verschlossenen Dosen auf. Zwischen jede Lage Quitten sollte ein Blatt weißes Papier gelegt werden.

Wir haben diese Rezepte unter Quitten statt unter den Kompotten, Konserven oder Gelées angegeben und werden so auch für andere Früchte vorgehen, die ähnlich zubereitet werden müssen.

# Alexandre Dumas

# Das große Wörterbuch der Kochkunst

Aus dem Französischen
von Veronika Baiculescu

Herausgegeben von
Veronika und Michael Baiculescu

Band 1, A bis G

ISBN 3-85476-068-x

A-1020 Wien


1. Auflage 2002
*Lektorat:* Erhard Waldner
*Illustrationen und Umschlag:* Linda Wolfsgruber
*Satz & graphische Gestaltung:* Michael Baiculescu
*Druck:* interpress, Budapest

*»Der Mensch lebt nicht von dem, was er isst, sondern von dem, was er verdaut.«*

Alexandre Dumas

## Vorwort der HerausgeberInnen

Sie halten die erste deutsche Übersetzung des »Grand Dictionnaire de Cuisine« von Alexandre Dumas in Händen. Bislang wurden von diesem Buch nur ganz wenige Auszüge ins Deutsche gebracht. Dumas der Ältere, deutschsprachigen LeserInnen als Autor der »Drei Musketiere« oder des »Grafen von Monte Christo« wohl ein Begriff, ist bei uns als Kochbuchautor unbekannt.

Mag dieses Buch für ihn untypisch scheinen, so bleibt seine Handschrift doch unverkennbar. Wohl geht es hier nicht um Degen-Duelle oder die Rettung einer schönen Dame, aber auch der Fang Tausender Störe kann, wie er hier beschrieben wird, Züge eines monströsen Duells annehmen. Auch wird der eine oder andere Leser nicht umhin können, beim herzergreifenden Plädoyer für die schönen Gänse Frankreichs sein Taschentuch zu zücken oder herzlich aufzulachen bei der Anekdote über den Spargel, bei jener über die sieben Truthähne oder bei der Geschichte über den wundervollen Agami-Vogel.

Alexandre Dumas veröffentlichte mehr als siebzig Dramen, über hundert Romane sowie eine ganze Reihe historischer Werke und Reiseberichte; er war leidenschaftlicher Jäger, großzügiger Gastgeber und gelegentlich auch selbst Koch, wie aus verschiedenen Aufzeichnungen zeitgenössischer DichterInnen, etwa George Sand, oder aus der von André Maurois verfassten Dumas-Biographie zu entnehmen ist.

Dass ein arrivierter Schriftsteller sich um die Kochkunst kümmert, war im Frankreich des 19. Jahrhunderts keine Seltenheit. Kulinarische Überlegungen findet man in den Werken Balzacs und Flauberts. Unter den ganz Großen der Gastronomie-Literatur, den Begründern der kulinarischen Kritik, befinden sich der Theaterkritiker, Journalist und Schriftsteller Alexandre Grimod de la Reynière wie auch der Autor und Jurist Jean-Anthelme Brillat-Savarin. Kochen und Essen werden in Frankreich, wohl mehr noch als in irgendeinem anderen Land, als zivilisatorische Errungenschaften angesehen, deren Entwicklung und Verfeinerung nicht nur die Leute vom Fach, nicht nur Köche und Zuckerbäcker beschäftigt, sondern ebenso die Dichter und Denker; und so wird man in diesem Buch auch nachlesen können, wie Alexandre Dumas in seinen Überlegungen zum Butterbrot dem großen Goethe seine Reverenz erweist.

Warum dieser äußerst produktive Romancier und Dramatiker eine Enzyklopädie der Kochkunst verfassen wollte, schreibt er selbst in seinem Vorwort an die Leser und wir brauchen diesen Worten nichts hinzuzufügen.

Wir möchten hier nur einige Gedanken zur Form und zum Aufbau des »Grand Dictionnaire« wiedergeben.
Es ist wichtig zu wissen, dass Alexandre Dumas dieses groß angelegte Werk während seiner letzten beiden Lebensjahre schrieb, zum Teil möglicherweise diktierte, denn er war zu dieser Zeit bereits sehr krank. Er hatte sich 1869 nach Roscoff in die Bretagne zurückgezogen, seine Bücher und Papiere und eine Köchin mitgenommen, welche sich jedoch recht bald wieder verabschiedete, weil ihr Roscoff nicht zusagte.
Knapp vor Ausbruch des französisch-preußischen Krieges, 1870, brachte Dumas sein Manuskript ins Verlagshaus Lemerre. Es war ein Rohkonzept, noch nicht vollendet, alles andere als lektoriert. Als Dumas sich aus Krankheitsgründen in den Süden Frankreichs begeben wollte, wo er sicherlich auch plante, sein Buch zu Ende zu bringen, brach der Krieg aus. Alexandre Dumas starb im Haus seines Sohnes, bei Dieppe, am 5. Dezember 1870.
Der »Grand Dictionnaire de Cuisine« lag zunächst fast zwei Jahre im Hause Lemerre. Der Verlag bat einige Vertraute von Dumas, unter anderem den jungen Anatole France sowie den Koch und Restaurantbesitzer Denis-Joseph Vuillemot, das Manuskript zu ergänzen und zu ordnen. Es scheint unklar, wie viel Vuillemot am ursprünglichen Manuskript veränderte. Die Gewichtung der Kapitel, die Ordnung der Rezepte, manche Wiederholungen erzeugen nach wie vor den Eindruck, als hätte man das Manuskript fast unbearbeitet gedruckt.
Was die Rezeption des Buches in Frankreich anbelangt, so gab es in den ersten 80 Jahren nach seinem Erscheinen praktisch kein Interesse daran. Nach dem Zweiten Weltkrieg änderte sich dies jedoch und man stößt heute in fast allen Lexika, Gastronomieführern oder kulinarischen Übersichtswerken auf Dumas' »Grand Dictionnaire«. Mittlerweile wird das Werk immer wieder neu aufgelegt, teilweise in sehr schön illustrierten Ausgaben wie etwa der 1999 im Phébus-Verlag erschienenen, wobei man interessanterweise die Ordnung und Textfülle nicht antastete, sondern der Originaltext mit allen Fehlern übernommen wurde. Édit-France brachte 1995 immerhin eine mit einem Glossar versehene Version in fünf Bänden heraus.
In der 1978 bei Veyrier erschienenen Auflage begnügt man sich mit dem Hinweis: »Sollte in diesem Buch die Orthographie abenteuerlich, die Begrifflichkeit verwirrend und die alphabetische Ordnung etwas durcheinander geraten sein, so ist dies dem Charakter des großen Schriftstellers zuzuschreiben.«

Heute wird der »Grand Dictionnaire« unter die großen Standardwerke der französischen Kochliteratur gereiht und gilt durchaus nicht nur als Werk von kulturhistorischer Bedeutung, sondern auch als praktisches Kochbuch. Umso verwunderlicher scheint es, dass es noch nie ins Deutsche übersetzt wurde. Diese bedauerliche Lücke zu schließen war – neben dem Interesse, das der »Grand Dictionnaire« in uns weckte, neben der einzigartigen Verquickung von praktischen Anleitungen mit feinem Lesevergnügen und neben einer Verbeugung vor Herrn Dumas – der Hauptgrund, es mit vorliegender Übersetzung einem deutschsprachigen Publikum zugänglich zu machen.

Es ist aber auch erstaunlich, dass, obwohl der »Grand Dictionnaire« heute in den Kochbuchabteilungen von französischen Buchhandlungen in mehreren neuen Ausgaben vorliegt, viele Begriffe nicht erklärt werden. Wir wollen hier nur ein Beispiel nennen: Dumas verwendet in allen großen Ragoûts, in vielen Saucen oder Suppentöpfen die »Ciboule«, den Schnittknoblauch (siehe Glossar), und dieser Begriff wurde wie etwa auch alte Maßangaben von den modernen Verlagen unkommentiert übernommen. Wir brauchten ein Jahr, in dem wir unter anderem auf französischen Märkten recherchierten, wo kein Mensch »Ciboule« kannte, um zu erfahren, was dieses – im »Larousse« fälschlicherweise als Lauch, im »Pons« als Schalotte bezeichnete – Kraut wirklich ist: nämlich ein offenbar zu Dumas' Zeit durchaus gängiges, heute nicht mehr bekanntes Schnittlauchgewächs mit feinem Knoblaucharoma, welches wir nur in manchen Asia-Shops auftreiben konnten.

Wenn große Verlage den »Grand Dictionnaire« aber heute noch in seinem ursprünglichen Wortlaut wie vor 130 Jahren herausgeben, muss das wohl auch bedeuten, dass der oder die französische LeserIn nicht davor zurückschreckt, alte, aufwändige Rezepte einfach seiner bzw. ihrer modernen Küche anzupassen und sinnlich-kreativ damit umzugehen. Dies möchten wir auch unseren LeserInnen ans Herz legen. Sie werden neben bombastischen Rezepten aus der Haute-Cuisine des 18. und 19. Jahrhunderts ganz einfache volkstümliche Gerichte vorfinden, deren Schlichtheit ebenso besticht wie das Raffinement eines Hechts à la Chambord. Sie werden zuweilen mit sehr ungenauen Mengenangaben konfrontiert werden, die aber dazu einladen, ein Rezept nach Geschmack abzuwandeln und anzupassen. Sie werden andererseits auch sehr genaue Beschreibungen finden, je nachdem, wie detailliert das Rezept aufgeschrieben wurde, das Alexandre Dumas zitiert, und wie wichtig solche Detailtreue für das Gelingen sein mag.

Wir haben mit dieser Übersetzung das Buch leicht gekürzt. In großen Kapiteln wie etwa beim Kalb oder Schwein wiederholen sich im Original manche Rezepte oder werden nur sehr leicht abgewandelt. Hier haben wir versucht, Redundantes wegzulassen. Auch haben wir das Kapitel über die Küche oder über den Keller und die Weine nicht übersetzt, da es sich beim Ersteren teilweise um technische Begriffe handelt, die heute nicht mehr existieren und auch nicht mehr praktisch anwendbar sind, also ausschließlich kulturhistorische Bedeutung haben; zu den Weinen ist zu sagen, dass sich nach der Invasion durch die Reblaus im Weinbau so viel geändert hat, dass das, was Dumas – der noch dazu kein Kenner sein konnte, weil er nach eigener Aussage keinen Wein trank – beschrieben hat, nicht mehr gilt. Weil wir aber mit dieser ersten deutschen Übersetzung weder eine kritische Ausgabe noch ein rein kulturhistorisches Dokument schaffen wollten, sondern ein Buch, das in jeder Küche seinen berechtigten Platz hat, schien es uns ratsam, diese Teile wegzulassen.
Schließlich werden Sie hier etwa hundert Seiten Briefwechsel zwischen Dumas und Jules Janin sowie einige Beispiele von Menüs großer Empfänge und andere Anhänge nicht finden.
Es ist uns bewusst, dass wir mit der Übertragung eines derart umfangreichen und doch als Fragment posthum erschienenen Werkes, mit dessen Verfassen der Autor selbst ein Abenteuer einging, ein Wagnis auf uns genommen haben. Die stilistischen Unterschiede der von Dumas mehr oder weniger bearbeiteten oder im Originalton übernommenen, teilweise sehr alten Rezepte stellten übersetzerisch mehr als einmal eine Herausforderung dar. Die Arbeit an diesem Buch bereitete aber wegen seines übergroßen Reichtums an Informationen, Geschichten und Rezepten auch sehr viel Freude und Vergnügen, die wir nun hoffen auch dem Leser und der Leserin weitergeben zu können.

Schließlich einige praktische Hinweise zur Benutzung des Buches: Wir haben alte, wenig bekannte oder fachspezifische Begriffe im Text mit einem Stern versehen, um damit auf unser Glossar am Ende des Buches hinzuweisen, wo diese Begriffe erklärt werden. Außerdem haben wir jeweils Pfeile vor die Namen von Gerichten gesetzt, welche an anderer Stelle im Buch genauer erklärt werden oder welchen ein eigenes Kapitel gewidmet wurde. Da dieses Buch von einer Österreicherin übersetzt und in Österreich herausgegeben wurde, haben wir im Text österreichische Begriffe wie etwa Marille statt Aprikose verwendet. Auch diese wurden mit einem Stern versehen und ihre bundesdeutsche Entsprechung kann im Glossar nachgelesen werden.

## Ein kurzes Vorwort an die Leser

Als ich mich dazu entschloss, dieses Buch zu schreiben und damit, sozusagen in einer ruhigen Stunde, mein literarisches Gesamtwerk von vier- oder fünfhundert Bänden zu krönen, befand ich mich zugegebenermaßen in einer Zwickmühle, nicht etwa, was den Inhalt, aber was die Form anbelangte, die ich diesem Werk geben sollte.
Wie auch immer ich es anlegte, man würde etwas von mir erwarten, das ich nicht bieten könnte.
Schriebe ich ein Buch mit Witz und Phantasie wie Brillat-Savarin mit seiner »Physiologie du Goût«, würden Fachleute, Köche und Köchinnen ihm keine Beachtung schenken.
Wäre es jedoch ein praktischer Ratgeber wie die »Cuisinière bourgeoise«, dann würden die Leute von Welt sagen: Nachdem Herr Dumas einen Michelet zum Ausspruch veranlasste, er sei nach Shakespeare der geschickteste Dramenschreiber aller Zeiten, und einen Ourliac, dass er nicht nur den französischen Geist verkörpere, sondern auch den wahren Geist der Gascogne, hat er es nun wirklich nötig, uns auf achthundert Seiten weiszumachen, dass das Kaninchen lebend gehäutet werden möchte, der Hase es jedoch vorzieht zu warten.
Dies alles wollte ich nicht: Ich wollte von Leuten mit Geschmack gelesen und von erfahrenen Meistern umgesetzt werden.
Grimod de la Reynière hatte zu Beginn dieses Jahrhunderts mit einigem Erfolg den »Almanach des Gourmands« publiziert; es war aber nur ein Buch über Gastronomie, kein Buch mit Rezepten.
Mich reizte aber nach meinen unzähligen Reisen, auf denen ich Länder wie Italien und Spanien durchquert hatte, wo man schlecht isst, den Kaukasus und Afrika gesehen hatte, wo man überhaupt nicht isst, vor allem eine Sache: Ich wollte jenen, die nur schlecht zu essen wissen, aufzeigen, wie man besser kocht, jenen aber, die gar nicht essen, wie sie sich zumindest einigermaßen ernähren könnten. Um dieses Ziel zu verwirklichen, muss man natürlich selbst Jäger sein.
Nach einem langen Streitgespräch mit mir selbst kam ich zu folgendem Schluss:
Ich würde aus den veröffentlichten Klassikern der Kochkunst, etwa dem Wörterbuch des Autors der »Mémoires de la Marquise de Créqui«, dem

»Art du Cuisinier« von Beauvilliers, dem letzten großen Koch, aus dem »Père Durand« von Nîmes, aus den Kochbüchern der Epoche Ludwigs XIV. und Ludwigs XV., alle Rezepte nehmen, denen auf den besten Tischen die Bürgerrechte verliehen worden sind. Ich würde bei Carême, diesem Apostel der Gastronomie, holen, was mir seine Verleger, die Herren Garnier, erlauben würden, ich würde die witzigen Schriften des Marquis de Cussy wieder lesen und mir seine besten Erfindungen aneignen, Eleazar Blaze zur Hand nehmen und meine Jagdinstinkte mit den seinen verweben, ich würde versuchen, Neues für die Zubereitung von Wachteln und Fettammern zu erfinden sowie unbekannte Gerichte hinzufügen, die ich in allen Ländern der Welt entdeckt habe. Die unerhörtesten und sprühendsten Anekdoten zur Küche der Völker sowie zu diesen Völkern selbst sollten hier Eingang finden und ich würde die Anatomie aller essbaren Tiere und Pflanzen besprechen, von denen es sich zu sprechen auszahlt.

So würde mein Buch mit Wissenswertem und Esprit aufwarten und dennoch die Praktiker unter den Köchen nicht allzu sehr abschrecken. Vielleicht würde es auch die Aufmerksamkeit seriöser Leser verdienen, ja sogar diejenige zarter Damen, deren Finger nicht befürchten müssten, sich beim Umblättern der Seiten zu überanstrengen, von denen einige an de Maistre oder Sterne herankämen.

Nun, da ich dies deponiert habe, werde ich ganz natürlich beim Buchstaben A beginnen.

P.S.: Wir wollen nicht vergessen zu erwähnen, denn dies wäre grobe Undankbarkeit, dass wir für bestimmte Rezepte einige große Pariser Gastronomen und auch solche aus der Provinz befragt haben. Zu nennen wären hier der Chef des Café Anglais, Verdier, Brébant, Magny, die Frères-Provençaux, Pascal, Grignon, Peter's, Véfour, Véry und vor allem mein alter Freund Vuillemot.

Man findet ihre Namen überall dort in diesem Buch angegeben, wo sie die Güte hatten uns zu beraten. Sie seien hier unseres Dankes versichert.

## AAL

Die Ägypter erhoben den Aal auf die Stufe der Götter; man widmete ihm kultische Handlungen, züchtete Aale in Aquarien und Priester hatten die Aufgabe, ihnen täglich Käse und Innereien zu bringen. Diese geheiligten Tiere waren zahm und man schmückte sie mit Ketten. Athenäus nennt den Aal Tochter des Jupiter. Man zerbricht sich umsonst den Kopf darüber, wie einem solchen Tier, das ständig im Schlamm lebt, wo es ungesunde Gase atmet, die es zuweilen giftig werden lassen, zu einem solchen Stammbaum verholfen wurde. Der Aal hat dieselben Neigungen wie die Schlange, er beißt gern und sein Biss kann, wenn es sich um ein kräftiges Tier handelt, grausam sein. Der Körper ist kalt, schleimig und glitschig, ohne Schuppen, nur mit Haut bedeckt, die man leicht abziehen kann. Der Aal hat ein derart zähes Leben, dass man ihn in zehn oder zwölf Stücke hacken kann, und jeder dieser Teile wird sich weiter bewegen. Aale können eine monströse Größe erreichen; in Italien, vor allem in den Sümpfen von Comacchio, hat man zwei Meter lange und bis zu zehn Kilo schwere Tiere gesichtet. In Albanien werden sie so dick wie der Oberschenkel eines Mannes.

Noch bleibt der Aal, über dessen Fortpflanzung uns die Wissenschaft nicht aufklären kann, ein Mysterium. Man vermutet, dass Aale, deren Geschlecht laut Pisanelli nicht zu unterscheiden ist, sich im Meer befruchten lassen; an den Ufern der unteren Seine, vor allem bei Léon, in der Nähe von Elbeuf, ziehen so viele vorbei, dass man sie kübelweise herausfischen kann. Die Länder, in denen sie am größten werden, sind wohl

Polen und Schottland; dort betrachtet das Volk den Aal als Schlange und isst ihn nicht; die Juden enthalten sich seiner aus religiösen Motiven. In Schottland fand man einen Aal von 6 Metern Länge und 65 cm Durchmesser; die Matrosen, die ihn gefangen hatten, aßen ihn und fanden seinen Geschmack sehr delikat. Am meisten schätzt man Fluss-Aale, weil sie die besten sind. Ihr Rücken ist bläulich braun, der Bauch von silbrigem, strahlend-reinem Weiß, während die in Seen, Teichen und Gräben lebenden Aale immer von erdiger Farbe sind. Jedermann weiß, dass diese Tiere sich mit solcher Vorliebe im Schlamm aufhalten, dass man sie beim Ausfischen von Seen nur durch Schrecken einflößende Gewehrsalven dazu bewegen kann, den morastigen Grund zu verlassen und an die Ufer zu kommen. Jene, die man auf diese Weise zwingt, ihr Domizil aufzugeben, stinken nach Schlamm – ein Nachteil, dem man leicht abhelfen kann, indem man lebende Aale kauft und diese drei Tage und drei Nächte in fließendem Wasser oder einfach in einem Kübel mit Quellwasser reinigt, während man ihnen ein paar in Rotwein und Salz getränkte Gerstenkörner als Nahrung zuwirft. Ebenso kann man Karpfen von ihrem schlammigen Geschmack befreien. Üblicherweise bringen unsere Köche und Köchinnen rund um den Hals des Tieres einen runden Einschnitt an und ziehen ihm so die Haut ab. Besser ist es aber, den Aal zuerst auf Kohlenglut zu legen, bis seine Haut faltig wird und sich hebt; dann kann man die Haut abreiben, indem man ein Tuch vom Kopf zum Schwanz zieht; diese Methode, dem Aal das Hautfett zu entziehen, lässt ihn besser schmecken und macht ihn leichter verdaulich.

*Aal am Spieß*

Man nimmt einen schönen Aal, enthäutet und entschlackt ihn; zu diesem Zwecke legt man ihn auf glühende Kohlen und dreht ihn, so dass er auf allen Seiten geröstet wird, dann wischt man mit einem Tuch darüber, kratzt ihn mit einem Messer ab, entfernt die Rücken- und Bauchflossen sowie alle Haut und schneidet Kopf und Schwanzspitze ab. Um den Aal auszunehmen, öffnet man ihn am Hals und ein wenig auch unter dem Nabel, führt durch den Nabel eine Spicknadel ein, mit dem dicken Ende zuerst, und fädelt diese beim Hals wieder aus. Auf diese Weise nimmt die Nadel die Eingeweide mit heraus; man muss sorgfältig darauf achten, dass nichts im Körper zurückbleibt. Nun wäscht man den Aal, dreht ihn rundherum wie einen Kreisel, steckt da und dort Brathäkchen hinein – in Ermangelung dieser kann man auch Holzspießchen nehmen –, fixiert ihn mit Schnur, legt ihn in eine Kasserole, gießt eine schöne ▸ Sauce mirepoix darüber, gart ihn halb fertig, lässt Fett und Flüssigkeit abtropfen, hängt ihn an einen Spieß, packt ihn in Backpapier, gart ihn fertig, wickelt ihn aus, lässt ihn ein wenig trocknen, glaciert* ihn, arrangiert ihn auf einer Platte, nimmt die Häkchen heraus und serviert ihn unter einer braunen ▸ Sauce italienne oder einer ▸ Sauce ravigote.

### *Aal à la Sainte-Menehould*

Man bereite den Aal wie oben vor und beachte sämtliche Arbeitsschritte außer das Aufstecken auf den Spieß. Stattdessen legt man ihn in eine Backform, bedeckt ihn ganz mit einer ▸ Sauce Menehould; paniert ihn und stellt ihn in den Ofen oder unter einen Feldofen*, um ihn zu Ende zu garen und ihm eine schöne Farbe zu geben. Wenn dies geschehen ist, wird er auf der Platte arrangiert, die Häkchen oder Spießchen wie auch die Schnur werden entfernt. In die Mitte gießt man eine gut gewürzte weiße ▸ Sauce italienne oder eine weiße ▸ Sauce ravigote.

### *Aal à la poulette*

Man nimmt einen Aal, entschleimt ihn wie zuvor beschrieben, schneidet Kopf und Schwanzspitze ab, teilt ihn in gleiche Stücke, wäscht diese und wässert sie. Das Blut nahe dem Rückgrat sollte sorgfältig entfernt und die Haut gut abgekratzt werden. In eine Kasserole kommt ein Stück Butter, darauf der Aal und tournierte* Champignons, alles kurz anrösten lassen, mit gesiebtem Mehl binden, mit fetter oder magerer Suppe und einer halben Flasche Weißwein ablöschen. Der Aal sollte mit dem Holzlöffel bewegt werden, bis die Zubereitung kocht; wenn der Siedepunkt erreicht ist, gibt man ein Sträußchen Lauch und Petersilie, garniert mit einem halben Lorbeerblatt und einer Gewürznelke, Salz und Pfeffer dazu. Wenn man möchte, kann man etwa dreißig kleine Zwiebeln hinzufügen; nun lässt man den Aal gar werden und den Fond einkochen; diesen entfetten, die Gewürze herausnehmen und den Fond mit zwei oder drei Eidottern legieren und etwas verdünnen, auf einer Platte arrangieren und mit seiner Garnitur übergießen.

### *Aal mit Sauce tartare*

Sie nehmen einen Aal, häuten und entschleimen ihn, nehmen ihn aus, wie oben beschrieben und schneiden ihn in 15 bis 20 cm dicke Scheiben; entfernen Sie das Blut neben dem Rückgrat, waschen Sie den Aal und legen Sie ihn mit Zwiebelscheiben, Karotten-Streifen, einigen Zweigen Petersilie, zwei oder drei halbierten Lauchstangen, Weißwein, Salz, einem Lorbeerblatt, einer oder zwei Gewürznelken sowie etwas Thymian in eine Kasserole und stellen diese aufs Feuer. Wenn der Aal gar ist, lassen Sie die Flüssigkeit abtropfen, wälzen die Aalscheiben in Bröseln, tauchen sie in eine ▸ Sauce anglaise (siehe auch das Kapitel »Taubenkoteletts«) und panieren sie nochmals; eine Viertelstunde vor dem Servieren sollten die Stücke herausgebacken und umgedreht werden, so dass sie auf jeder Seite schön braun werden. Etwas ▸ Sauce tartare in die Servierschüssel gießen, die Aal-Stücke darauf legen, fertig.

### *Aal-Matelote marinière*

(nach Vuillemot)

Nehmen Sie einen Seine-Karpfen, einen Aal, eine Schleie und einen Barsch, die Sie in Stücke zerteilen. Bereiten Sie einen Bronze-Kessel vor, dessen Boden leicht nachgeputzt werden sollte. Nun schneiden Sie zwei Zwiebeln in Scheiben, legen die Fischköpfe darauf, dann die anderen Teile, und würzen jede Lage gut mit Meersalz, Pfeffer, einem schönen Bouquet garni* und ein paar Knoblauchzehen; das Ganze wird mit zwei Flaschen Weißwein aus Narbonne begossen und auf großem Feuer zum Kochen aufgestellt. Wenn es brodelt, gießen Sie ein Glas Cognac dazu und flambieren den Eintopf. Bereiten Sie zwanzig oder dreißig kleine Zwiebeln vor, die Sie mit ein wenig Butter in einer Sautierpfanne anrösten und dann zum Fisch werfen. Formen Sie mit einem Viertelkilo Butter und ein wenig Mehl kleine Kügelchen und streuen Sie diese über den Fisch, dann bewegen Sie den Topf, um alles gut zu vermischen; richten Sie die Matelote schön an, garnieren Sie sie mit Röstbrotscheiben und zwölf in Rheinwein gedünsteten Flusskrebsen und servieren Sie alles heiß.

### *Matelote vom Aal mit Eiern oder Karpfen-Milch*

Ich kann die Sorgen jener Feinschmecker durchaus verstehen, die einen Fischtopf mit jungen Barben, Karpfen, Schleie oder Barsch essen und sich vor dem Ersticken ängstigen. Man wagt es nicht, sein

Brotstück in diese Sauce zu tauchen, so köstlich sie auch sei, ungeachtet dessen, dass sie es ist, die den Fisch überhaupt bekömmlich macht. Zu groß ist die Furcht, dass eine Gräte sich darin versteckt haben könnte, die sich erst wieder in Ihrer Speiseröhre bemerkbar macht. Ich biete Ihnen ein ganz einfaches Mittel dagegen an: Machen Sie Ihre Matelote mit Zutaten, die keine Gräte beinhalten, also mit Aal, dessen Gräten man nicht spürt, und mit Fischeiern oder Fischmilch, die nie welche enthalten haben. Die Zubereitung ist dieselbe, die Würzung desgleichen, die Zutat der zwanzig bis dreißig kleinen Zwiebelchen ist ebenso wichtig wie bei der üblichen Matelote; der Unterschied ist nur, dass Sie nacheinander vier oder fünf Eier braten, die sich über den Boden ihrer Pfanne ganz ausbreiten sollen und mit denen Sie dann den Grund der Servierplatte garnieren. Darauf kommen, mit der Gabel nur leicht angestochen, der Aal in Scheiben und gekochte Fischeier oder Fischmilch; darüber gießen Sie Ihre Sauce und über diese ein kleines Gläschen Rum oder Branntwein, den Sie anzünden, wenn Sie das Gericht servieren.

### *Accolade vom Aal am Spieß*

Die Aal-Accolade war einst eines der großen Gerichte, die man immer anlässlich der Samstagsdîners der Königin Anna von Österreich servierte. Um ein schönes Folgegericht daraus zu machen braucht man dicke Aale, deren Umfang etwa gleich sein sollte. Man schneidet Kopf und Schwanzspitze ab und schnürt sie Rücken an Rücken auf Eisenhäkchen, so dass der Schwanz des einen beim Kopf des anderen liegt und beide Enden gleich dick sind. Dann legt man sie in einen Fischkessel mit gutem Wurzelsud und einem halben Liter spanischem Wein und gart sie eine halbe Stunde, nicht länger, im Ofen. Nun muss man sie herausnehmen, um sie zu panieren und auf den Spieß zu hängen, sie bleiben dabei immer schön auf ihre Häkchen geschnürt und werden mit starkem Butterpapier umwickelt. Zwanzig Minuten werden ausreichen, um sie zu Ende zu garen. Man wird diese Accolade auf einem großen ovalen Teller servieren und dazu eine Sauce aus dem zur ▸ Glace reduzierten Saft von vier Wurzeln, einem Viertelliter Paqueret-Wein oder altem Jerez reichen. Diese Sauce wird mit weißem Pfeffer, Muskatblüten und Koriander gewürzt. Wir sind dem alten Rezept im Wortlaut gefolgt, weisen jedoch darauf hin, dass man die beiden genannten Weine durch Madeira ersetzen kann.

*Aal à la minute*

Sie häuten einen Aal, schneiden ihn in Scheiben, kochen ihn mit Meersalz zehn oder fünfzehn Minuten lang, je nach seiner Dicke, und servieren ihn auf einer Platte mit einer heißen, mit ▸ Kretzer- oder Zitronensaft pikant zubereiteten ▸ Sauce à la maître d'hôtel. Der Aal wird mit gekochten oder gebratenen Kartoffeln umgeben und zu Mittag als Entrée serviert.

*Aal à la Suffren*

Man nehme einen Aal, spicke ihn mit Anchovis-Filets und eingelegten Gurken, schnüre ihn mit gebutterter Schnur zu einem Ring zusammen, lege ihn mit einer gekochten ▸ Marinade auf eine flache Pfanne und stelle diese dann unter den Feldofen*, mit Glut auf dem Deckel, oder in einen Küchenofen. Wenn der Aal gar ist, begießen Sie ihn mit einer paprizierten ▸ Tomatensauce.

*Aal mit römischem Salat*

Zerteilen Sie Ihren Aal, dünsten Sie ihn wie ein Hühnerfricassée; ist er fast gar, putzen Sie jungen römischen Salat bzw. Lattich oder jungen Kochsalat, den Sie vorher in Wasser gekocht, gesalzen und gebuttert haben. Lassen Sie die Flüssigkeit abtropfen und legen Sie die Salatblätter zum Aal, dessen Geschmack sie annehmen sollen. Sie legieren den Fond auf dem Feuer mit drei Eidottern und dem Saft einer Zitrone und servieren mit einem Rand aus Röstbrotscheiben.

*Aal »au soleil«*

Sie haben einen Aal in Scheiben geschnitten und lassen diese nun in einer ▸ Marinade gar werden, dann auskühlen und abtropfen. Sie tauchen die Aal-Scheiben in schaumig geschlagene Eier, salzen und pfeffern, rollen die Stücke in Brotbröseln und legen sie in sehr heißes Backfett. Wenn alle Teile schön goldbraun geworden sind, wird der Aal auf einer grünen ▸ Sauce ravigote und auf gefüllten Oliven serviert.

*Aal-Pâté*

Man bereite eine Pastetenform vor, lege deren Boden mit Karpfen-Nockerln* aus, ebenso mit Champignons, Artischockenböden und mit Scheiben vom Aal, die zuvor in einer würzigen ▸ Marinade gedünstet wurden. Die Pastete mit weiteren – in Mehl gewendeten und zu kleinen Würsten geformten – Karpfen-Nockerln abschließen. Nun deckt man die Pastete zu, bäckt sie, bis die Zutaten zu Dreivierteln gar sind, und verschließt dann den Deckel mit einem Teigring. Am Ende der Garzeit entfernt man den Deckel und gießt eine gute, magere und reduzierte ▸ Espagnole darüber, in die man etwas Karpfen-Milch integriert hat.

### *Aal-Bastion*

Man nehme einen schönen Aal aus der Seine, häute und entgräte ihn und bereite eine feine Fisch-Farce aus Wittling und Karpfen zu. Dafür püriert man das Fischfleisch in einem Mörser, würzt mit Salz, Pfeffer, Muskat und Quatre-Épices*, weicht ein wenig Brot in Suppe ein, trocknet das Brot auf dem Feuer und fügt vier rohe Eidotter, etwas Butter sowie Gewürze hinzu. Den Aal mit der Farce umgeben, die man zuvor mit einigen blättrig geschnittenen Trüffeln verfeinert hat. Die Aal-Galantine in ein befettetes Tuch schlagen und in einer mit Weißwein, Aromaten* und Bouillon ergänzten ▸ Sauce mirepoix dünsten.

Nun bereite man einen Aufguss aus Kerbel, Estragon, Essiggurken, einem halben Glas Essig und etwas Fleischgelée zu, passiere das Gemisch, nachdem es ein wenig ziehen konnte, und füge frische Butter hinzu. Für die Farbgebung drücke man ein paar Spinatblätter mit dem Küchentuch aus, stelle den Saft aufs Feuer, passiere nochmals, vermische ihn mit der Butter und lasse ihn auskühlen.

Man schneide von der Aal-Galantine fünf Scheiben von gleicher Dicke ab, lege auf einen kalten Teller etwas von der Gewürzbutter, arrangiere die Aalstücke aufrecht auf dem Teller, maskiere* sie mit Butter, schneide vier weitere Scheiben vom Aal ab, die man über die anderen, kleineren legt und ebenfalls mit Butter maskiert. Nun nimmt man schönes, klares Fleischgelée (siehe Gelée oder Saucen), schneidet dieses in kleine Stücke, garniert den Teller damit, streut weitere Geléestücke über den Aal und serviert das Gericht gut gekühlt.

## AALRUTTE oder AALQUAPPE

Ein ausgezeichneter Süßwasserfisch, der sowohl dem Aal wie auch der ▸ Lamprete ähnelt. Man bereitet ihn wie Aal zu.

### *Aalrutte à la bonne femme*

Wässern Sie die Fische und kochen Sie sie in Weißwein, Zwiebelringen, Petersilie, Schnittknoblauch*, Basilikum und Pfeffer, Nelken und Butter. Servieren Sie sie in ihrem Kochsud.

### *Aalrutten à la Villeroi*

Die Fische schwemmen, entschlammen und ausnehmen, aber die Leber im Fisch lassen. Eine Kasserole mit Scheiben vom Kalb und vom Schinken auslegen und diese zwanzig Minuten anschwitzen lassen. Die Aalrutten darauf legen, mit Speckscheiben bedecken, mit Champagner übergießen, salzen, pfeffern, Petersilie, Schnittknoblauch*, Champignons, eine Knoblauchzehe, Zitrone, Lorbeer sowie Butter hinzufügen und auf kleiner Flamme dünsten. Die Fische in ihre Sauce tauchen, schwenken und im Ofen braun werden lassen. Die Sauce durch ein feines Sieb streichen, entfetten, einen Löffel ▸ Coulis dazugeben, reduzieren lassen; die Fische auf einer Platte anrichten, die Sauce darüber gießen und servieren.

### *Aalrutten in Champagner und mit Hahnenkämmen*

Sie nehmen zehn bis zwölf Aalrutten, brühen sie ab und befreien sie vom Schlamm, nehmen sie aus, aber behalten die Leber, spicken die Fische auf einer Seite und dünsten sie in einem guten Schmorfond mit Champagner. Mit einer Schnitte von der Kalbskeule und mit Suppe eine ▸ Glace zubereiten und die Fische damit glacieren*. Dann in eine gute ▸ Essenz ein Glas Champagner integrieren, in einem ▸ Blanc gedünstete Hahnenkämme hinzufügen und ein- bis zweimal gemeinsam mit der Fischleber aufkochen lassen. Auf einer Platte anrichten, mit den Kämmen vermischen und mit Zitronensaft heiß servieren.

### *Glacierte* Aalrutten mit Speck*

Die Fische entschlammen, die Leber im Körper lassen, auf einer Seite mit durchwachsenen Speckstiften spicken, aus einer Kalbskeule kleine Würfel schneiden, die in einer Kasserole angeschwitzt werden, dann mit Suppe aufgießen, dünsten und die Brühe durch ein feines Sieb oder Tuch streichen. Die Fische, ein Bouquet garni* und eine Scheibe Schinken dazugeben, alles gemeinsam dünsten, die Fische wie ein ▸ Fricandeau glacieren, ebenso abschließen und mit Zitronensaft servieren.

## ABATIS

(Hühner-Enten-Gänseklein; Bruckfleisch)

Abatis nennt man Kämme und Nieren des Hahnes, Hühnerflügel sowie Rückenmark, Flügel, Füße, Magen und Hals vom Truthahn, Bries und Hirn vom Kalb, Zungen vom Schaf usw.

Die Kämme und Nieren von Hähnen verwendet man zum Garnieren aller großen Ragoûts, aber auch für warme Teigwaren und Blätterteig-Pasteten. Will man jedoch ein eigenes Gericht daraus machen, muss man sie mit Bouillon im Kochtopf garen; hinzu kommen Rindermark, Champignons, in Scheiben geschnittene und getrüffelte Artischockenherzen oder Selleriescheiben, je nach Jahreszeit. Knapp vor dem Servieren legiert man sie mit vier Eidottern und dem Saft einer halben Zitrone; lassen Sie die Sauce nicht dick werden, denn dieses Ragoût geliert an sich bereits recht stark. Normalerweise serviert man es im Reisrand oder in Blätterteig. Es ist ein Gericht für die Familie, das man kaum jemals zu großen Dîners reichen wird.

Das volkstümliche Gericht aus Abatis wird mit Truthahn gemacht und ist eines der besten aus der bürgerlichen Küche:

> Sengen und häuten Sie ein Dutzend Putenflügel ab, geben Sie Hals, Klauen und Magen dazu, schneiden Sie große Stücke Schinkenspeck in einen Topf und rösten Sie diese schön braun. Nun holen Sie die Schinkenstücke aus dem Topf, werfen die Flügel in den ausgelassenen Speck und braten sie, bis sie goldblond sind; dann würzen Sie mit Salz, Pfeffer und Muskat, schneiden einige große Zwiebeln und, wenn alles gut angebraten und schön gegart ist, streuen Sie ein paar Löffel Mehl darüber, das ebenfalls goldblond werden soll. Sobald dies geschehen ist, lassen Sie von Ihren Abatis das Fett gut abtropfen, fügen ein Bouquet garni* hinzu und begießen alles mit ein paar Löffeln Rindsuppe, gerade so viel, dass Ihr Abatis eben noch herausschaut. Sie legen nun gebuttertes Backpapier über den Topf, stellen diesen in den Ofen und geben ihm Ober- und Unterhitze, bis das Gericht zu drei Vierteln fertig ist. Inzwischen haben Sie einige zarte Rüben geschält und sie in Stifte von der Größe einer Knoblauchzehe geschnitten. Werfen Sie Ihre Rübenschnitzel in eine Bratpfanne, wo sie golden anlaufen sollen; geben Sie ihnen Salz und Pfeffer, aber mehr vom Pfeffer, ein Sträußchen Petersilie und eine Messerspitze Zucker. Wenn sie schön schwitzen und gar zu werden versprechen, lassen Sie die Butter abtropfen; sehen Sie nach, wie weit der Schmorfond des Abatis sich eingekocht hat, er sollte nun zur Demi-

Glace* reduziert sein. Sie geben Ihre Rüben dazu, entfetten den Fond sorgfältig, passieren ihn über die Flügel und lassen Ihr Gericht auf sanftem Feuer gar werden. (nach Verdier, Maison-d'Or)

### *Abatis auf volkstümliche Art*

(nach M. le Marquis de Courchamps)

Putzen Sie Flügel, Magen, Klauen und Hals sorgfältig, wobei Sie nicht vergessen haben, vom Letzteren den Kopf abzutrennen. Nun lassen Sie in einem großen Topf und auf einem großen Kohlenfeuer ein schönes, mit feinem Auszugsmehl verarbeitetes Stück Butter rostbraun anlaufen, dann rösten Sie darin Ihr Abatis sieben bis acht Minuten lang. Gießen Sie es mit heißer Bouillon auf, aber langsam, nicht die ganze Menge Suppe auf einmal und nicht zu schnell; legen Sie ein Sträußchen mit Petersilie, Thymian, Lorbeer, Basilikum und Salbei und zwei mit Nelken gespickte Zwiebeln dazu. Lassen Sie alles eine Viertelstunde köcheln, bevor sechs Freneuse-Rüben, vier dicke Karotten-Scheiben, sechs violette Kartoffeln, ein Topinambur und eine ganze Selleriewurzel hinzukommen. Tournieren* Sie Ihr Gemüse nicht, es genügt, es zu schälen, denn die geringste Eleganz wäre von Nachteil, würde sie doch diesem alten Topfgericht seine bürgerliche Schlichtheit und seinen natürlichen Liebreiz nehmen. Nachdem das Ragoût genau eineinhalb Stunden geköchelt hat, wird es sorgfältig abgefettet und das Gemüse sauber um das Abatis herum aufgelegt; die Flügel werden als Gustostücke obenauf arrangiert. Schließlich passieren Sie Ihre Sauce durch ein einfaches Haarsieb, sie soll wegen der Kartoffeln sämig bleiben.

### *Puten-Abatis mit Steckrüben*

(nach Vuillemot)

Sie nehmen die Abatis zweier Puten, blanchieren* sie, würfeln 125 gr Speck und blanchieren diesen ebenfalls, um das Salz wegzuschwemmen. Sie bereiten einen lichten ▸ Roux zu und schwenken darin Ihre Speckwürfel, rösten sie, fügen die Schenkel und Flügel der Pute hinzu, die ebenfalls, gemeinsam mit einem Strauß Thymian, Lorbeer und Petersilie, geröstet werden sollen. Nun wird mit heißem Wasser und einer halben Flasche Weißwein abgelöscht und alles sanft geköchelt. Zwiebeln und Rüben, die als Garnitur hinzukommen, in einem Stück Butter mit ein wenig Salz und Puderzucker schwenken; lassen Sie das Gemüse golden anlaufen und werfen

Sie es dann ins Ragoût; Sie fügen einige Kartoffeln hinzu, rühren um, entfetten sorgfältig und servieren heiß.

## ABAVO

Heute, da wir von den Möglichkeiten, die uns moderne Verkehrsverbindungen bieten, dazu verleitet werden, auf der Krim, in China, Indochina, in Mexiko und Äthiopien Krieg zu führen, sollte jeder wissen, welche Nahrungsquellen sich in jedem Land auftun, wenn ihm sein Proviant versiegt. So wird er, in welcher Gegend er sich auch befindet, nur noch die Hand auszustrecken und zu pflücken brauchen.
Abavo nennt man einen großen Baum in Äthiopien, der wohlschmeckende Früchte, ähnlich dem Kürbis, hervorbringt, mit denen man eine unserer heimischen Kürbissuppe nicht unähnliche Suppe kochen kann.

## ABSINTH

(Aniskraut, Wermut)
Scharfe Pflanze mit sehr bitteren Blättern, die man in ganz Europa vorfindet. Im Norden stellt man davon einen Wermut genannten Wein her.
Es gibt zwei Sorten Absinth: die große römische und die kleine; man kennt sie auch unter dem Namen See-Anis und isst die am Meeresstrand oder auf Bergen wachsende mit Genuss. Letztere vor allem gibt den Tieren, die sie fressen, diesen von Schlemmern so geschätzten Geschmack, den man »pré-salé« nennt.
Obwohl man in den Pflegeanstalten für arme Leute viel vom Absinthlikör hält und ihn als Magenstärker und Verdauungsförderer einsetzt und die Salerne-Schule ihn als Vorbeugung gegen Seekrankheit empfiehlt, kann man nicht umhin, die furchtbaren Schäden zu beklagen, die der Absinth seit vierzig Jahren bei unseren Soldaten und unseren Dichtern angerichtet hat, und es gibt keinen Regimentsarzt, der nicht bestätigen würde, dass der Absinth in Afrika mehr Franzosen umgebracht hat als die Flitta, der Yatagan oder das arabische Gewehr.
Von unseren Bohémien-Dichtern wird Absinth die grüne Muse genannt und viele, leider nicht die schlechtesten, starben in ihren giftigen Armen. Hégésippe Moreau, Amédée Roland, Alfred de Musset, unser größter Dichter nach Victor Hugo und Lamartine, alle diese sind der zerstörerischen Wirkung dieses Likörs zum Opfer gefallen.
Mussets fatale Leidenschaft für den Absinth, vielleicht der Grund für die bittere Würze seiner Verse, desavouierte die Akademie der hohen Künste, weil er wegen seines Zustands bei sehr vielen Sitzungen fehlte.

»Wirklich«, so sagte einer der vierzig Ehrwürdigen eines Tages zu Monsieur de Villemain, »finden Sie nicht auch, dass Alfred de Musset sich zu oft absentiert?« »Sie meinen wohl absinthiert?«
Allerdings gibt es einen großen Verteidiger des Absinths, nämlich den Autor der »Mémoires de la Marquise de Créqui«, der behauptet, ein kleines Gläschen Absinth mit Kandis sei bloß eine schöne Verdauungshilfe. Hier sein Rezept:

*Crème d'absinthe au candi*

Man nehme Branntwein: 8 Liter; Einheiten geläuterten Absinths: 500 gr; Zesten* von 4 Zitronen oder Orangen; Quellwasser: 4 Liter; Zucker: dreieinhalb kg.
Branntwein, Absinth und Zesten werden im Wasserbad destilliert, so dass man 4 Liter Likör erhält; wenn der Zucker geschmolzen ist, filtert man die Mischung.

Absinth ist heute in allen Militär-Messen verboten.

## ABTROPFWANNE/AUFFANGBECKEN

Langes, flaches Küchengerät, das an jeder Seite mit einem Schnabel oder einer kleinen Rinne versehen ist, damit sich der Saft besser auffangen lässt. Diese Wanne dient dazu, den Saft oder das Fett gebratenen Fleisches entgegenzunehmen und muss daher immer absolut sauber gehalten werden, was man nur erreicht, indem man sie mit Sand scheuert, eine Notwendigkeit, die leider allzu oft vernachlässigt wird.

## ACAPALTI

Diese lange, gekrümmte und rote Pfefferschote wächst in den spanischen Kolonien und die Spanier mischen sie in jedes ihrer Ragoûts. Ihre Pikantheit, weniger ausgeprägt als bei der gewöhnlichen langen Pfefferschote, hat eher etwas vom ungarischen Paprika. Man lässt sie an der Sonne trocknen, um sie zu konservieren und nach Europa zu verschicken.

## ACHARD

Wohl bekannte Mischung, die aus Indien zu uns gelangt ist und die den Namen ihres Erfinders trägt.
Die besten Achards kommen von der Insel Bourbon. Man braucht also nur Kürbis-Scheiben und Karden – »spanische Artischocken« – in feine Streifen zu schneiden, weiße Zwiebeln, Pilze, Palmknospen, Karfiol*, Mais, der sich im ersten Drittel seiner Reife befindet, u.a. hinzufügen.

Man färbt alles mit Safran und legt es in Salz und Essig aus Orléans* ein, salzt, pfeffert und behandelt diese Mischung wie eingelegte Gurken. Zum Abschluss kommen Ingwerwurzeln und ein paar rote Pfefferschoten dazu. Es gibt drei Arten, wie man Achards essen kann. Entweder man fischt sie ganz einfach aus dem Glas, schneidet die einzelnen Stücke und mischt sie zu jedem gebratenen oder gekochten Fleischgericht.
Oder man lässt sie abtropfen, trocknet sie mit dem Küchentuch ab und reibt sie anschließend mit gutem grünem Öl ein.
Schließlich kann man statt des grünen Öls Doppelrahm von der Ziege verwenden, was man in den Kolonien à la cucoco nennt. Dieses letzte Rezept wurde den europäischen Kochkünstlern vom Marquis de Sercey vermittelt, seines Zeichens Vize-Admiral und ehemaliger Gouverneur der französischen Antillen, dem wir das Aya-Pana verdanken, das er als Erster nach Frankreich brachte.

## ACHIAR

Eine Art Konfitüre aus jungen, grünen Bambusschösslingen in Essig. Die Holländer, die sie sehr gern verwenden, um ihre Speisen damit zu würzen, bringen sie aus Ost-Indien mit, wo man sie in tönernen Urnen herstellt. Diese Zutat ist überaus scharf und pikant und eignet sich nur für phlegmatische Naturen und für Greise.

## ADANE

Ein monströser, dem Stör sehr ähnlicher Fisch. Man hat schon Exemplare von über 500 kg gefangen. Er lebt ausschließlich im Po und Plinius sagt von ihm, dass seine Faulheit ihn fett mache. Sein Fleisch schmeckt nicht so gut wie das des Störs, es ist weich und sehr schwer verdaulich.

## AGAL oder ALHAGI

Arabisches Wort, das eine Art Harz bezeichnet, welches man aus einer bestimmten Sorte Süßklee gewinnt, die in großen Mengen in Syrien, Mesopotamien und Persien wächst. Bei Tag ein ätherisches Öl, verdichtet es sich nachts. Es schmeckt ähnlich wie kalabrisches Harz. Man nimmt an, dass es das Manna war, das die Israeliten nährte, als sie mit Moses die Wüste durchquerten.

## AGAMI

Ein Vogel aus der Familie der Stelzvögel, den man auf trockenen Bergen und in Bergwäldern findet. Wild lebt dieser Vogel in großen Herden in

den Wäldern Guyanas, lässt sich aber sehr leicht domestizieren; wegen seiner Intelligenz und allen anderen Eigenschaften nimmt er in jedem Geflügelhof den ersten Rang ein.
Daubenton meint: »Von allen Vögeln ist der Agami der interessanteste und meistgelobte: man vergleicht ihn ob seiner Intelligenz und Treue mit dem Hund; man übergebe ihm eine Herde Gänse, ja sogar eine Schafherde zur Bewachung und er wird sich durchsetzen, obwohl er kaum größer ist als ein Huhn. Er ist ebenso neugierig wie nützlich und verdient es, in jedem Geflügelhof anwesend zu sein.«
Tatsächlich misst der Agami in der Höhe nicht mehr als sechzig Zentimeter und siebzig in der Länge; er hat einen spitzen, schmutzig-grünen Schnabel, einen nackten, roten Kreis um seine gelbbraunen Augen, kurze, gekräuselte Federn bedecken seinen Kopf und die oberen zwei Drittel seines Halses, dessen Gefieder im unteren Drittel größer, glatt und von schwärzlichem Violett ist. Die Vorderseite des Halses und der obere Teil der Brust glänzen wie eine Rüstung in vielfachen metallischen Schattierungen, der Rest der Brust, der Bauch, die Seiten und Schenkel sind wie Schwanz und Flügel schwarz.
Als ich eines Abends bei einem meiner Freunde auf dem Lande bei Tisch saß, sahen wir, knapp nachdem die Glocke zum Abendessen geläutet hatte, einen dieser Vögel hereinstolzieren und sogleich Jagd auf die Hunde und Katzen machen, die er mit Schnabelhieben verfolgte, ohne dass die einen oder die anderen es gewagt hätten, ihm Widerstand zu leisten. Als das vollbracht war, kam er zu jedem von uns, betrachtete uns und, offenbar zufrieden mit dem, was er gesehen hatte, wandte er sich dem Hausherrn zu, streckte ihm Kopf und Hals entgegen, wo er prompt von seinem Herrn gekrault wurde.
Es war nicht gerade ein gewohnter Anblick für uns, einen Vogel, kaum so groß wie eine Ente, derart mit Hunden und Katzen verfahren zu sehen, und wir wollten gerne wissen, um welches besondere Tier es sich handle, so dass wir unseren Freund baten, uns einige Erläuterungen zu geben.
Er erzählte uns also, dass er während seiner Reise durch Französisch-Guyana mehrere dieser Vögel dabei beobachtet hatte, wie sie mit dem Ausdruck tiefster Zufriedenheit vor oder hinter Siedlern einhermarschierten. Dann hatte er andere dabei gesehen, wie sie Enten- und Truthahnherden beaufsichtigten und das ihnen anvertraute Geflügel zur gewohnten Stunde heimführten, um sich dann auf das Dach oder einen in der Nähe stehenden Baum zu setzen. Da packte ihn die Neugier und er bat einen Freund, ihm zwei dieser kostbaren Tiere zu überlassen. Er hatte sie

mit großer Sorge, ob sie die gefährliche Überfahrt überstehen würden, nach Frankreich gebracht und wunderte sich sehr darüber, dass seine Schützlinge ihn bereits so sehr in ihr Herz geschlossen hatten, dass sie ihm überallhin folgten. Er hatte sie mit dem übrigen Geflügel in den Hof bringen lassen, wo sie alsbald regierten. Seitdem sah man die beiden Agamis jeden Abend, sobald die Glocke zum Nachtmahl geläutet hatte, heranstürmen, sich erbarmungslos auf die Hunde stürzen, die sie bis in ihren Zwinger verfolgten, um dann zurückzukehren und sich vom Meister Kopf und Nacken kraulen zu lassen, wo sie besonders empfindlich sind.

Unser Freund schloss seine Geschichte mit der sehr traurigen Nachricht, dass er einen seiner Agamis erst vor einigen Tagen verloren hatte. Dieser war vom Dach gefallen und hatte sich das Rückgrat gebrochen. Sein Besitzer hatte nicht widerstehen können, das Fleisch des verunglückten Vogels zu kosten, und hatte es vorzüglich und wesentlich besser als das der meisten unserer Hühner gefunden.

In der Tat wird das Fleisch des Agami als Delikatesse geschätzt.

## AKANTHUS

Eine in der Geschichte der schönen Künste äußerst berühmte Pflanze, denn ihre sehr großen, sehr glatten und hübsch geformten Blätter dienten, wegen ihrer Schönheit und Gefälligkeit, den korinthischen Säulen als krönender Abschluss.

Vitruvius erzählt in der »korinthischen Ordnung« auf folgende Weise, wie das Akanthusblatt zum Ornament wurde:

»Als eine junge Korintherin wenige Tage vor ihrer Liebesheirat starb, legte ihre trauernde Amme diverse Gegenstände, die das Herz des jungen Mädchens erfreut hatten, in einen Korb. Sie stellte diesen Korb auf das Grab und legte einen Ziegelstein darauf, um den Inhalt vor den Unbilden des Wetters zu schützen. Der Zufall wollte es, dass sich unter dem Korb ein Akanthusstock befand. Im nächsten Frühling wuchs der Akanthus, seine breiten Blätter umschlangen den Korb, aber weil sie von den Kanten des Ziegelsteins aufgehalten wurden, bogen sie sich und krümmten ihre Ränder nach unten.

Dem Callimachus, der vorbei kam, gefiel dieser ländliche Grabschmuck und er beschloss, der korinthischen Säule die schöne Form hinzuzufügen, die ihm der Zufall beschert hatte.«

Der Akanthus ist in Griechenland, Italien, Spanien und im Süden Frankreichs recht verbreitet, aber nur in Griechenland und Arabien isst man die Blätter dieser Pflanze roh.

## ALCYON

Wenige Menschen wissen, dass dieser Vogel mit dem sanften Namen, der an die unglückliche Liebe von Ceix und Alcyon erinnert, kein anderer ist als die an den Küsten Indochinas beheimatete Schwalbe, die man Salangana nennt und deren Nester man in China mit solchem Genuss verspeist. Man findet eine Sorte dieser Schwalben auf den Îles de France und der Insel Bourbon, auf den Molukken und den Philippinen. Sie baut ein Nest, das an ein kleines Weihwasserbecken aus Gelatine gemahnt. Diese Nester sind aus einer weißen, halbdurchsichtigen Substanz, hart wie Horn und in ihrem Inneren mit einigen flockigen Baumwollschichten zusammengehalten. Äußerlich erinnert diese Substanz an sehr weiße, aus trockenen Fasern sorgfältig zusammengefügte Gelatine. Der Vogel, bei den alten Griechen Alcyon gerufen, heißt in Tong-King Chim und auf den Inseln von Manila, die er mit dem Verkauf seiner Nester reich macht, Salangana. Diese Nester sind aus einem in Europa unbekannten Harz. In Indien Timbach genannt, ist es eine Substanz, die man zerbeißen kann und deren Geschmack himmlisch anmutet. In China wird sie wegen ihres Aromas zum Goldpreis verkauft; man verbrennt sie in den berühmtesten Pagoden zu besonderen Anlässen und bei den Großen des Himmlischen Reiches auf Kohlenfeuern. Man weiß mittlerweile, dass mehrere Schwalbenarten diese Gelatine-Nester bauen, von denen man die seltenen weißen besonders schätzt. Sumatra exportiert sie zahlreich nach China, wo man von dieser Fracht begeistert ist. Man findet diese Nester in Berghöhlen, wo sie wie kleine Schalen entlang der Wände haften. Zweimal jährlich kann man sie ernten; die Schwalben brauchen über einen Monat, um sie fertig zu stellen. Lange hat man geglaubt, dass diese Nester nichts anderes wären als mit Fischlaich vermengter Meerschaum. Ich habe viele davon gesehen und kann sogar behaupten, wahrscheinlich mehr davon gegessen zu haben als jeder andere Franzose, da ich mit dem Schwiegersohn des Gouverneurs von Java verbunden bin, der sie jährlich kistenweise bestellt. Er lässt sie unweit von Java in einer Höhle zwischen meeresgepeitschten Felsen ernten. Die Substanz, aus der sie gemacht sind und die wir versucht haben zu analysieren, ähnelt halb aufgelöstem Leim. Sie maßen zwei bis drei Zoll im Durchmesser und einige enthielten noch die darin gelegten Eier, welche nicht mehr als 10 gr wogen. Ein halbes kg kostet dort acht bis zehn Piaster.

Hier das Rezept ihrer Zubereitung, wie es uns aus Java geschickt wurde:

> Nachdem man sie geputzt hat, wässern wir sie, um die Fasern weich zu machen und sie voneinander zu trennen. Anschließend legt man

sie unter ein gebratenes Geflügel, von dem sie den Saft aufnehmen, oder man gart sie vierundzwanzig Stunden lang mit einem Kapaun, in einem hermetisch verschlossenen Tongefäß auf kleinem Feuer. Wir haben auch Suppen und deliziöse wie äußerst nahrhafte Ragoûts daraus gekocht.

## ALE

Dieses englische Wort, das »Alles« bedeutet, bezeichnet bei den Engländern ein Getränk, das ihrer Meinung nach alle anderen ersetzen kann. Es ist ein Likör, den man durch Kochen von Malz erhält und der sich nur dadurch vom Bier unterscheidet, dass er sehr wenig Hopfen enthält. Es ist ein sehr angenehmes, aber stark berauschendes Getränk; trinkt man es in vernünftigen Dosen, erfrischt es.

## ALKOHOL

(nach dem Dictionnaire der Getränke, von M. F. Olagnier)
Arabisches Wort, das eine feste oder flüssige, leicht verdampfende Substanz bezeichnet. Heute gebraucht man es nur mehr für die leicht verdampfende, brennbare und fermentierte Flüssigkeit, auch Weingeist genannt.

Alkohol wurde im 14. Jahrhundert von dem berühmten Alchimisten Arnaut de Villeneuve aus Montpellier entdeckt.

Er ist das Produkt zuckriger Substanzen und kann aus Wein, Bier, Most, Reis, Zucker und ganz allgemein aus zuckerhaltigen Früchten, Körnern oder Harzen gewonnen werden.

Schwachen Alkohol nennt man Branntwein, starker heißt Weingeist, ist leicht brennbar, von scharfem Geschmack, erzeugt Trunkenheit und mindert die intellektuellen Fähigkeiten. Sein Geschmack verstärkt sich mit dem Grad der Läuterung, je mehr man ihm Wasser entzieht. Er löst sich ganz in Wasser auf, mit dem er sich verbindet, um Branntwein zu werden.

Zwischen Branntwein und Weingeist herrscht so große Verwandtschaft, dass wir alles, was wir über Branntwein zu sagen haben, ebenso über den Alkohol im Allgemeinen sagen können.

Der Weingeist, ein sehr scharfes alkoholisches Destillat, beinhaltet ein wenig Azetylsäure, die man erhält, wenn man Wein, Korn, Kartoffeln, Traubenmaische, Pfeffer, Most, Melasse, Treber, Reis, Kirschen, Zwetschken*, Karotten, Ribisel*, Dattelmilch, Kokosnüsse, Wacholder, Erbsen, Fisolen*, Rüben und Ahorn destilliert. Nennen wir nochmals Ar-

nault de Villeneuve, Arzt und Alchimist in Montpellier, dem wir die ersten Versuche der Wein-Destillation zum Ziele der Branntwein-Gewinnung verdanken, des Erzeugnisses, das die Grundlage aller Liköre darstellt und sogar ein Teil von ihnen ist.
Es ist eine klare, farblose, durchsichtige und volatile Flüssigkeit von starkem Aroma, von unterschiedlicher Intensität, je nachdem, wie viel Wasser enthalten ist; leicht entzündlich, ebenfalls je nach Stärkegrad, fähig, Harze und Aromastoffe aufzulösen und schließlich pflanzliche und tierische Stoffe vor Fäulnis zu bewahren.

## ALOE

Pflanze von der Familie der Liliengewächse. Man zählt viele verschiedene Arten der Aloe, die vor allem durch die fleischige Dicke der Blätter auffällt, durch die eigentümliche Form einiger Arten und vor allem durch die Schönheit der Blütenbüschel, deren vielfältig nuancierte Farben im Garten schönste Effekte hervorrufen.
Die Aloe stammt aus Afrika und Indien und gedeiht nur an heißen, trockenen Orten und auf Felsen. Die Einwohner Indochinas ziehen aus der entblätterten Aloe ein schmackhaftes Stärkemehl, das sie mit Zucker oder mit Fleischspeisen essen. Um es zu gewinnen, legen sie die Blätter zuerst in mit Tonerde vermischtes Wasser und anschließend in kaltes Wasser.
Aloe heißt auch ein Produkt, das mit dem eingedickten Saft oder dem Extrakt der gleichnamigen Pflanzen zubereitet wird. Es gibt verschiedene Prozeduren, es zu gewinnen.
Zum einen entzieht man der Pflanze allen Saft, nachdem man sie zerstampft hat, man lässt ihn eine Nacht lang in einem Krug ruhen und dekantiert ihn dann. Dann setzt man den dekantierten Teil in tellerähnlichen Gefäßen der Sonne aus, bis er sich zu einem Konzentrat verdichtet hat. Der im ersten Krug verbliebene Rest wird gesondert getrocknet und als Aloe minderer Qualität angesehen. Er wird nur in der Veterinärmedizin verwendet und heißt Pferde-Aloe. Einem zweiten Verfahren nach schneidet man die Blattspitzen der Pflanze ab und hängt Letztere verkehrt auf. Der Saft schießt hervor und fließt nach und nach in die bereitgestellten Krüge. Dieser Saft wird gefiltert, dann bei kleiner Hitze verdampft. Er wird allmählich so hart, dass man ihn zu Puder zerstampfen kann. Dies ist Aloe bester Qualität. Aloe wirkt belebend, wärmend, stärkend und reinigend.

## ALSE oder MAIFISCH

Ein vorzüglicher Seefisch, der zu bestimmten Zeiten im Jahr die Flüsse hinaufschwimmt. Während dieser Reise verliert er seinen übermäßigen Salzgehalt und wird fett. Man serviert ihn als Hauptgericht oder als Entrée. Als Hauptgericht wird er, ohne abgeschuppt zu werden, wie Lachs oder Rheinkarpfen kurz gekocht und man richtet ihn auf einer mit Petersilie und geriebenem ▸ Kren garnierten Platte an. Für ein Entrée wird er abgeschuppt und mit verschiedenen Saucen wie Sauerampfer-, Tomaten- oder Kapernsauce serviert. Die besten Arten ihn zuzubereiten sind folgende, die wir dem geneigten Leser hier vorlegen werden:

### *Alse mit Sauerampfer*

Entschuppen Sie eine Alse, nehmen Sie diese aus und waschen Sie sie. Wickeln Sie den Fisch in Butterpapier, nachdem er mit Fines Herbes* garniert wurde. Garen Sie die Alse auf dem Grill und servieren Sie sie auf einem ▸ Sauerampfer-Püree oder einer gehaltvollen ▸ Sauce à la maître d'hôtel.

### *Alse am Spieß*

Wenn Sie, was zu Jahresende oft vorkommt, eine große Alse fangen oder kaufen können, braten Sie diese lieber am Spieß als auf dem Grill, denn am Spieß wird sie gleichmäßiger und schneller gar. Man muss sie an mehreren Stellen einschneiden und sie in Öl und feinem Salz, Petersilie im Ganzen und etwas fein gewiegtem Schnittknoblauch* marinieren. Sie schneiden den Fisch am Rücken leicht und diagonal ein, wenden ihn mehrmals in seiner Marinade, stecken ihn auf den Spieß, begießen ihn sorgfältig und servieren ihn als Bratengericht mit Öl oder Essig, wie die großen, blau gekochten Fische.

### *Alse à la marinière*

Sie verkneten 125 gr Butter mit einer Prise Stärkemehl, begießen die Masse mit ein wenig Rindsbrühe und garen darin einige in Scheiben geschnittene Alsen mit kleinen Zwiebeln. Maskieren* Sie sie mit einer durch ein Sieb passierten Sauce und garnieren Sie sie mit frischen, gerade nur drei Minuten lang gekochten Sardinen.

### *Sautierte Alsen-Filets*

Die Alsen-Filets waschen und schneiden, in eine Stielpfanne mit zerlassener Butter legen, salzen und die Pfanne auf ein großes Feuer stellen. Die Filets umdrehen, nur wenige Augenblicke anbraten, abtropfen lassen, kreisförmig auflegen und mit einer Sauce Ihrer Wahl anrichten.

*Alse hollandaise*

Schuppen Sie den Fisch nicht ab, nehmen Sie ihn von den Kiemen her aus und lassen Sie ihn in Salzwasser zwei- bis dreimal aufkochen. Ziehen Sie ihn vom großen Feuer auf eine kleine Flamme, wo Sie ihn eine halbe Stunde warm halten, ohne dass er kocht. Auf einer Serviette mit heißen Kartoffeln und mit getrennt servierter Sauce anrichten.

## AMOURETTE

So nennt man das Knochenmark gewisser Vierbeiner und bestimmter Fische, die dem Menschen als Nahrungsmittel dienen. Es war ein alter Edelmann, der Kommandant von Froullay, seines Zeichens ein freudiger und mit gutem Appetit gesegneter Schlemmer, der dem essbaren Mark, wahrscheinlich der Funktion des Rückenmarks beim Menschen gedenkend, den Namen Amourette (Liebesspeise) verlieh.

## AMSEL

In ganz Frankreich gilt folgendes Sprichwort: »Mangels Drosseln isst man Amseln.« Nur Korsika hat, nachdem es ohne Erfolg für seine politische Unabhängigkeit gekämpft hat, mit mehr Glück für seine kulinarische Selbstständigkeit gestritten und unter allen Départements ist es das einzige, wo man weiterhin sagt: »Wenn man keine Amseln bekommen kann, isst man eben Drosseln.«

Der Grund liegt in der besonderen Würze der korsischen Amseln, die Wacholder, Gundelrebe, Myrrhe, Mistel, Elsbeere und Hagedorn ihnen verleihen. Korsika begnügt sich auch nicht mit dem Verzehr der eigenen Amseln, sondern verschickt seine Terrinen in alle Welt. Um sie haltbar zu machen, genügt es, zerlassenes Schweineschmalz in Tonkrüge zu gießen und darauf die gerupften und ihrer Innereien entledigten Amseln zu legen. Das Schmalz umschließt sie mit einem Fettmantel, den die Luft vergebens zu durchbohren versucht, und konserviert die Vögel jahrelang.

Kardinal Fesch gab exquisite Dîners, bei denen die korsischen Amseln als Hauptattraktion gereicht wurden.

Man zieht einfach so viele Amseln, wie man essen möchte, aus dem Schmalz, spült sie in heißem Wasser ab, um das Fett abzuwaschen, wo-

nach man sie wie Fettammern, Feigenfresser oder wie alle anderen kleinen Vögel würzt.
Die frischen Amseln aber unterzieht man allen Zubereitungsarten, die auch für die Drossel gelten.

## ANANAS

Eine Frucht, die ursprünglich aus Peru kommt. Reif geht ihre Farbe ins Bläuliche, ihr Duft ähnelt dem der Himbeere. Sie schmeckt süß und ihr Saft kommt geschmacklich dem Malvoisie-Wein nahe. Um sie zu essen, schneidet man sie in Scheiben, wässert sie, um sie ihrer herben Note zu entledigen, und legt sie schließlich in Wein mit etwas Zucker ein. Auf den Antillen bereitet man aus Ananassaft und Wasser ein erfrischendes Getränk zu, besser als jede Limonade. In Brasilien erntet man tonnenweise wilde Ananas. Sie sind groß, saftig und aromatisch; man stellt daraus einen Schnaps her, der dem Mescal ähnelt. Die wilde Ananas wird bis zu sechzig Zentimeter hoch, ihre Blätter sind hohl und enthalten eine klare Flüssigkeit, einen erstklassigen Durstlöscher, denn, auch wenn es den Sonnenstrahlen ausgesetzt ist, bleibt dieses Wasser immer frisch.

## ANCHOVIS

Ein winziger Meeresfisch, kleiner als ein Finger, schuppenlos und mit einem dicken Kopf, großen, schwarzen Augen, einem sehr großen Maul, silbrigem Körper und schwarzem Rücken. Man findet ihn zahlreich an den Küsten der Provence, von dort erreicht er uns auch eingelegt oder mariniert. Anchovis-Fleisch schmeckt delikat und ist leicht verdaulich; am besten grillt man es. Man legt Anchovis auch in Essig und Salz ein, in dieser Lake konserviert man ihn. Der konservierte Anchovis kommt nur als Hors-d'œuvre auf unsere Tische oder wird als Gewürz verwendet. Er verdankt der Natur und der Zubereitungsart seine anregenden Eigenschaften, die, in Maßen angewandt, die Verdauung erleichtern. Mit Anchovis füllt man Oliven und die Römer gaben ihn in ihr Garum. Dieser Fisch wird an der Westküste Italiens, Frankreichs und Spaniens nachts gefangen.

### *Anchovis mit grünem Salat*

Waschen Sie Anchovis in Wein, filetieren Sie sie und mischen Sie sie unter Kerbel und grünen Salat.

*Anchovis-Butter*

Sie zerstoßen gewässerte, vom Salz befreite Anchovis-Filets gemeinsam mit Rahm*, streichen alles durch ein feines Sieb, mischen 125 gr Butter darunter und servieren die Mischung als Hors-d'œuvre.

*Röstbrot mit Anchovis*

Rösten Sie lange, dünne Brotschnitten in Öl, richten Sie diese auf einem Teller an und gießen Sie eine Sauce aus kaltgepresstem Olivenöl, Zitronensaft, grobem Pfeffer, Petersilie, Schnittknoblauch* und gehacktem Rocambol darauf. Bedecken Sie die Brotscheiben zur Hälfte mit in Weißwein gewaschenen Anchovis-Filets.

*Gefüllte Anchovis*

Man nehme hierfür ganze Anchovis; putze sie, indem man sie längs durch eine Serviette zieht, halbiere sie längsseits, hebe das Rückgrat heraus, stopfe stattdessen eine kleine Fisch- ▸ Farce, gut mit Eiern legiert, hinein, tauche die Anchovis in Krapfenteig und backe sie heraus.

*Anchovis-Canapés*

Sie schneiden eine dünne Scheibe Brot zurecht, rösten diese in Öl und betten sie auf Parmesankäse; darauf arrangieren Sie zwei Dutzend in Milch getunkte Anchovis, gießen Olivenöl darüber, bedecken alles mit Parmesan, überbacken das Gericht im Ofen und lassen es servieren.

*Anchovis à la parisienne*

Man filetiere gewässerte Anchovis, hacke harte Eier mit Kerbel und Pimpernelle fein, lege die Anchovis-Filets rautenförmig auf einem Teller auf, so dass zwischen jeder Raute etwas Platz frei bleibt. Die Zwischenräume und der Rand des Tellers werden mit dem fein gehackten Ei sowie mit den feinen Kräutern und dem Weißen der gekochten Eier garniert, die man abwechselnd aneinander reiht, so dass die verschiedenen Farben nicht ineinander übergehen. Anschließend schlage man etwas feines Öl mit ▸ Kretzer, grobem Pfeffer und einigen Tropfen Soja aus China und gieße diese Mischung auf den Boden des Tellers, so dass sie sich mit den Gewürzen verbindet.

ANGELIKA siehe ENGELWURZ

## ANIS

Aromatische Pflanze aus der Familie der Nachtschattengewächse. Sie kommt reichlich in ganz Europa, in Ägypten, in Syrien, in Italien und vor allem in Rom vor. Dort bringt sie die Fremden zur Verzweiflung, weil diese weder ihrem Geschmack noch ihrem Duft ausweichen können, denn man gibt dort Anis in jede Bäckerei und in jedes Brot. Die Neapolitaner würzen schlicht alles mit Anis. In Deutschland bildet er die Hauptzutat in diesem Brot, das man auch mit Feigen und Kletzen zubereitet und das man Pumpernick nennt, ein Name, der vom Ausruf eines Reiters abgeleitet ist. Dieser verfütterte dieses Brot nach dem ersten Bissen augenblicklich an sein »Nick« genanntes Pferd mit dem Ausruf: »Bon pour Nick«, gut für Nick, woraus der deutsche Akzent des Sprechers »Pumpernick« machte.

## APFEL

Man isst Äpfel entweder roh oder als Kompott und Marmelade. Auch macht man daraus wohlschmeckenden, angenehmen und gut konservierbaren Most. Für die Zubereitung desselben verwendet man zu zwei Dritteln saure und zu einem Drittel süße Äpfel.

Am apfelreichsten sind in Frankreich die Auvergne, die Normandie und das französische Vexin. Auch die Bretagne bringt große Mengen hervor.

Laut Galen kocht und gärt der Saft des Apfels im Magen wie frisch gepresster Wein. Dieser Saft besteht aus sehr feinen, aber äußerst unverdaulichen Partikeln, die sich über die Arterien im ganzen Körper verteilen. Isst man viele rohe Äpfel, läuft man Gefahr, durch die exzessive Gärung des rohen Saftes Blutkreislauf und Eingeweide zu schädigen. Simon Pauli, ein gelehrter Arzt, der Äpfel sehr liebte und jeden Tag welche aß, berichtete, dass er zwanzig Jahre lang unter sehr starkem Herzflattern litt, das er milderte, indem er sich oft zur Ader ließ und seinen Konsum roher Äpfel etwas einschränkte. Er fügte hinzu, dass er ein- bis zweimal während einer Nacht von Albträumen oder Schlaflosigkeit geplagt wurde, wenn er abends viele Äpfel gegessen hatte.

Einer unserer berühmtesten Normannen, Bernard de Saint-Pierre, erzählt in einer bezaubernden Geschichte, wie die Apfelbäume in die Normandie kamen:

»Die schöne Thetis war eifersüchtig, weil Venus den Apfel, den Preis für die größte Anmut, davongetragen hatte, während sie selbst nicht einmal zum Wettbewerb eingeladen worden war, und sie beschloss sich zu rä-

chen. Als Venus eines Tages an einem gallischen Strand nach Perlen suchte, mit denen sie sich schmücken wollte, und Muscheln für ihren Sohn sammelte, stahl ein Wassermann ihren Apfel, den sie auf einem Felsen abgelegt hatte, und trug ihn zur Meeresgöttin hinunter. Alsbald säte Thetis die Kerne in den umliegenden Regionen aus, um in alle Ewigkeit an ihre Rache und ihren Triumph zu erinnern. Dies, so behaupten unsere keltischen Gallier, ist der Grund für unsere vielen Apfelbäume und die Erklärung für die einzigartige Schönheit unserer Mädchen.«
Wir wissen, welche Rolle der Apfel in der Geschichte spielt. Um die Kosten zu senken, die bei einer Hochzeit anfielen, verordnete Solon, dass die Jungvermählten in ihrer Hochzeitsnacht vor dem Zu-Bett-Gehen nur einen Apfel essen sollten, eine Speise, aus der die armen Eheleute weder Kraft noch Trost beziehen konnten.

### *Äpfel in Butter*

Sie stechen aus etwa zwanzig schönen Äpfeln das Kerngehäuse aus, schälen neun oder zehn davon wie für ein Kompott, dünsten diese in leichtem Zuckersirup, bis sie beinahe weich sind, und lassen sie abtropfen. Die anderen Äpfel werden in der Zwischenzeit zu Mus verkocht, indem man sie in einer Kasserole mit Butter, Zimt und einem Glas Wasser ganz weich gart, bis sie zerfallen. Nun verteilen Sie auf einem Teller einen Teil dieser Marmelade mit etwas Marillen*-Kompott, arrangieren die gedünsteten Äpfel darauf und versehen jeden an Stelle des Kerngehäuses mit einem Stück Butter. Die Zwischenräume werden mit dem übrigen Apfelmus ausgefüllt, alles wird mit Puderzucker glaciert* und in den Ofen gestellt, wo die Äpfel goldbraun werden sollen. Die Apfelmitte wird schließlich mit je einer Kirsche oder mit etwas Marmelade verschlossen und alles heiß serviert.

### *Apfel-Miroton*

Äpfel schälen, das Kerngehäuse herausstechen und die Äpfel in Scheiben schneiden, dann drei bis vier Stunden lang in Zucker und Zimt, einem halben Glas Branntwein und dem Saft einer Zitrone einlegen. Abtropfen lassen. In einer feuerfesten Schüssel werden Apfelmus und Marillen*-Marmelade vermischt und die Apfelscheiben zur Pyramide aufgeschichtet. Die Schüssel in den Ofen stellen und alles goldbraun backen.

### *Äpfel mit Reis*

Ein Dutzend schöne Äpfel werden vom Kerngehäuse befreit und geschält, dann wie die ▸ Äpfel in Butter gegart. Nun blanchiert* man ein Viertelkilo Reis und lässt diesen dann in Milch aufgehen, indem man ihn nach und nach mit der Milch übergießt. Die Schale einer Limette, etwas Salz und ausreichend Zucker beigeben. Wenn der Reis bissfest ist, wird die Zitronenschale entfernt, der Reis auf den Servierteller gehäuft, die Apfelscheiben werden darauf gelegt, die Zwischenräume mit Reis aufgefüllt und alles wird im Ofen fertig gegart.

### *Apfel-Meringue*

(nach Carême)

Von sechsunddreißig schönen Reinetten-Äpfeln werden Kerngehäuse und Schale entfernt. Die größten Äpfel werden mit einem scharfen Messer gekürzt, so dass eine gerade Schnittfläche entsteht. Das Apfelherz sollte genau in der Mitte liegen. Die Äpfel werden in sechs Unzen* Zuckerlösung gegart, sollten jedoch bissfest bleiben. Nun wird die Zuckerlösung auf die übrigen, in Scheiben geschnittenen Äpfel gegossen und diese werden zu Mus gekocht, bis die Flüssigkeit verdampft ist. Dazu mischt man ein Drittel von einem Glas Marillen*-Marmelade und passiert beides. Mit einem Löffel bildet man aus diesem Mus einen Kreis auf dem Servierteller, auf den man die zehn zurechtgeschnittenen Äpfel aufrecht stellt, so dass in der Mitte ein Hohlraum bleibt. Die ausgehöhlte Mitte der Äpfel wird, ebenso wie deren Oberseite, mit der etwas festen Marmelade gefüllt bzw. bestrichen, wobei die Oberseite ebenmäßig und glatt gestrichen sein sollte. Ebenso maskiert* man die Seiten der Äpfel, bedeckt sie ganz mit der Marmelade und streicht alles glatt, so dass am Ende eine perfekte Krone mit einer Öffnung in der Mitte entsteht.

Wenn dies vollbracht ist, stellt man die Süßspeise in den lauwarmen Ofen und lässt sie vorsichtig braun werden. Sobald die Farbe ein helles Rot ergibt, schlägt man zwei Eiklar zu Schnee und mischt zwei Löffel feinen Zucker darunter, füllt damit die Kronenmitte auf und formt dann mit dem übrigen Schnee eine Haube, auf die man etwas Zucker streut. Wenn dieser geschmolzen ist, werden die Äpfel zurück in den Ofen gestellt. Es sollte nur der Eischnee, nicht aber die Äpfel mit Zucker bestreut werden.

### *Äpfel in Butter und Apfelgelée*

(vom selben Künstler)

Fünfzehn Borsdorfer Äpfelchen werden entkernt sowie geschält und dann in zwei Durchgängen in sechs Unzen* Zuckerlösung gedünstet. Anschließend zwölf Reinetten-Äpfel schälen, in Scheiben schneiden und mit der Zuckerlösung übergießen, die zuvor zum starken Flug* reduziert wurde. Zwei Unzen* zerlassene Butter und ein Viertelglas Marillen*-Marmelade hinzufügen. Wenn alles gut vermischt ist, werden die Äpfel mit Unter- und Oberhitze gegart.

Während die Reinetten garen, halbiert man jedes Borsdorfer Äpfelchen quer und schichtet die Apfelhälften in eine gut gebutterte hohe Form. Obenauf kommen die in Butter und Marmelade gegarten Äpfel. Die Form auf einen Servierteller stürzen und in jede Apfelhälfte eine schöne Kirsche oder Weinperle stecken. Die Speise wird schließlich ganz mit Apfelgelée-Scheiben maskiert*, so dass sie verführerisch glänzt.

Statt der Borsdorfer Äpfelchen kann man zehn geviertelte Reinetten in Zuckerlösung dünsten.

Für Äpfel in Butter mit Makronen werden die Äpfel wie oben zubereitet und angerichtet, dann aber statt mit Apfelgelée mit Marillen-Marmelade maskiert und mit zwei Unzen zerstoßenen Makronen bestreut. Danach in jeden Apfel eine Kirsche stecken und servieren.

Man richtet Äpfel in Butter auch in Silberkasserolen an oder in Blätterteig oder auch auf glacierten Tortenböden, schließlich auch in feinen Teigtäschchen, als Flan.

### *Apfel-Charlotte*

Sie schälen und vierteln etwa zwanzig französische Reinetten-Äpfel, schneiden das Kerngehäuse heraus und legen die Apfelspalten mit etwas Butter, Zimt, Zitrone und einem Glas Wasser in eine Kasserole. Den Topf zudecken, auf ein sanftes Feuer stellen und die Äpfel dunsten, ohne umzurühren: Sie sollen am Topfboden haften und ganz leicht anbrennen. Zucker und Butter erster Güte beigeben, umrühren und die Marmelade eindicken lassen, dann Zimt und Zitrone herausnehmen. Nun schneiden Sie weiches Weißbrot in Scheiben von der Dicke zweier Finger und kleiden damit eine Backform aus. Darauf kommt das Apfelmus, das schichtweise mit Marillen*-Marmelade durchmischt wird, um die Charlotte delikater schmecken zu lassen. Wenn die Backform voll ist, schließen Sie mit einer weiteren Lage Weißbrot ab und backen die Speise etwa zwanzig Minuten lang im Ofen oder auf heißer Asche. Die Charlotte sollte goldbraun sein, wenn Sie sie auf einen Teller stürzen. Nehmen Sie unbedingt zerlassene Butter, um damit Ihr Brot zu bestreichen.

*Äpfel mit Obers**

Sie schälen Äpfel und lassen sie ganz, stechen das Kerngehäuse aus und garen sie in einer Zuckerlösung halb fertig. Wenn die Äpfel halb durch sind, legen Sie sie in eine Schüssel und bereiten aus acht Dottern, etwas Mehl, Orangenblüten-Wasser, gehackter kandierter Zitrone, Obers* und Zucker eine Crème zu. Diese wird auf dem Herd warm geschlagen, bis sie dick wird, und dann auf die Äpfel gegossen. Zucker darüber streuen, Zitronatstreifen darauf arrangieren, in den Ofen stellen, bis die Crème schön gefärbt ist, und heiß servieren.

*Äpfel à la portugaise*

Fünf oder sechs schöne Reinetten-Äpfel werden geschält und entkernt. In eine Silberkasserole oder eine Puddingform kommen Puderzucker und zwei Esslöffel Wasser, darauf die Äpfel, deren Aushöhlung mit Zucker aufgefüllt wird. Im Ofen garen.

*Äpfel à la régence*

Die Äpfel werden geschält, vorsichtig entkernt, dann mit Marillen*-Marmelade gefüllt. In einen sehr dünnen Teig hüllen und mit geschlagenem Ei bestreichen. Für den Teig nimmt man sehr feinen Blätterteig und schneidet ihn in hauchdünne Streifen, die man so um die Äpfel legt, dass der Teig deren Form annimmt. Die Enden mit einem Stück Zimtstange zusammenstecken und die Äpfel auf einer gebutterten Tortenform im Ofen backen. Wenn sie gar sind, glaciert* man sie oben und rundherum mit Zucker und serviert sie heiß.

## APPETIT

Es gibt drei Sorten Appetit: Die erste, die man nüchtern empfindet, ist ein überwältigend starkes Gefühl, das keine Speise verachtet und das uns beim Anblick eines guten Ragoûts das Wasser im Munde zusammenlaufen lässt. Die zweite Sorte verspürt man, wenn man sich ohne Hunger zu haben an den Tisch gesetzt und das erste exquisite Gericht gekostet hat.

Hier wird das Sprichwort wahr, dass der Appetit beim Essen kommt. Der dritte Appetit wird von einer köstlichen Speise geweckt, die am Ende einer Mahlzeit erscheint, wenn die Gäste bereits mit zufriedenem Magen den Tisch verlassen wollten.
Das Volk von Paris und die Gärtner seiner Umgebung geben dem grünen Stamm der Jung- und Zwergzwiebel ebenfalls den Namen Appetit, weil er das Hauptgewürz für alle Ragoûts und Salate der kleinen Leute darstellt.

## APPLE CAKE

Man nehme Reinetten-Äpfel oder andere ebenso rote und sehr saure Apfelsorten. Nachdem das Kerngehäuse entfernt worden ist, lässt man sie auf dem Herd mit 90 gr Knochenmark für je etwa sechs Äpfel und einer Zimtstange weich werden. Danach streicht man sie durch ein feines Sieb, gibt sie in ein Becken mit zwei Teelöffeln Salep-Pulver und Pfeilwurzmehl, orientalische Substanzen, die man auch durch einen gehäuften Löffel Stärke ersetzen kann. Nach Beigabe von 375 gr feinem Zucker lässt man das Apfelmus sieben bis acht Minuten auf kleinem Feuer dünsten, nimmt es aus dem Becken und lässt diese Marmelade abkühlen. Wenn sie ganz ausgekühlt ist, fügt man sechs Eidotter und zwei ganze Eier hinzu, gießt die Masse in eine befettete Form und dämpft sie vierzig Minuten lang im Wasserbad. Dieser Kuchen wird auf einen Süßspeisenteller gestürzt, der tief genug sein sollte, um auch ein Chaudeau fassen zu können, dessen Rezept wir hier angeben wollen:
Man verrühre vier Eidotter mit destilliertem Wasser, süße ausreichend mit Kandiszucker in Puderform, füge ein Löffelchen feinen Zimtlikör hinzu, dünste alles im Wasserbad und rühre ohne Unterlass und ohne die Masse fest werden zu lassen, bis die Crème schön ebenmäßig wird und die richtige Konsistenz bildet.

### *Apple cake der Königin Anna*

(nach dem Küchenlexikon des Monsieur de Courchamps)

Bereiten Sie aus schönen Äpfeln eine Marmelade zu, die Sie zweimal durch ein Haarsieb passieren und dann auskühlen lassen. Fügen Sie dann ausreichend Zucker und die Zesten* kandierter Zitronen hinzu. Nun schlagen Sie sechs Eiklar zu Schnee, heben diesen nach und nach unter das Fruchtmus und schlagen die Masse weiter, so dass sie ganz locker wird. Dressieren Sie diese Crème spitz zulaufend auf ei-

nem Süßspeisenteller, gebettet auf einem klaren Gelée aus Zitronenschalen-Likör. Dieses Gelée sollte nicht sehr fest sein.
Diese beiden hübschen Süßspeisen sind bei uns selten geworden, doch sind sie trotz alledem französischen Ursprungs. Denn man findet genau diese beiden Rezepte in Aufzeichnungen aus dem 17. Jahrhundert, im Menu royal des Dîners de Marly. Die Engländer haben nichts anderes getan, als die Tradition weiterzuführen und diesen Speisen den Namen zu geben, den sie heute tragen.

## APRIKOSE siehe MARILLE

## ARCHE NOAH und ARCHE BARBUE

Erstere ist eine kleine Muschel im Roten Meer, die den Arabern während des Winters als Lebensmittel dient. Man isst sie roh oder gebraten. Zweitere Muschel findet man im Mittelmeer, sie wird wie die erste gegessen.

## ARGENTINE

Pflanze vom Geschmack und den Eigenschaften der Pastinake. Die Engländer essen im Winter die Wurzel statt des genannten Gemüses und stellen mit ihrem Saft einen Likör her, den sie mit spanischem Wein mischen, worin sie Weizensaat aufkochen lassen, Eidotter versprudeln und das Ganze mit Zucker und Muskatnuss vollenden.

## ARRACACHA

Pflanze aus der Familie der Doldenblütler, ähnlich dem Eppich und sehr wahrscheinlich aus Neu-Granada stammend, wo man sie flächendeckend als Gemüsepflanze anbaut.
Diese Pflanze weist die meisten Vorteile der Kartoffel auf und entwickelt sich unter denselben Bedingungen, was Boden und Klima anbelangt. Die Inselbewohner von Jamaika ziehen sie sogar der Kartoffel vor und bereiten sie auf dieselbe Weise zu.
Wenn man sie reibt und in Wasser einlegt, fällt Stärkemehl aus, das ein wichtiges, leichtes und selbst für Rekonvaleszente bekömmliches Grundnahrungsmittel darstellt.

## ARTISCHOCKE

Gemüse mit langen, breiten, scharfen und unregelmäßigen Blättern von grüner oder weißlicher Farbe. Aus ihrer Mitte wächst ein gerillter, im Inneren wattiger, weicher Stamm, dessen Verästelungen einen die Blüten

und Samen einschließenden Kelch tragen. Früher wuchs diese Pflanze nur in Italien. Heute haben unsere Gärtner sie an unser Klima angepasst und wir haben weiße, grüne, violette, rote und süße Artischocken. Die weißen, violetten und grünen sind äußerst schmackhaft, die kleinen, die man auch Pfeffer-Artischocken nennt, werden roh gegessen.
Man kann Artischocken auf folgende Weise für den Winter einlegen: Man kocht sie, bis sie halb gar sind, und entfernt Blätter und Heu, sodass nur die Böden übrig bleiben. Dann wirft man Letztere, solange sie noch ganz heiß sind, in kaltes Wasser und legt sie auf ein Weidensieb, um sie abtropfen zu lassen. Schließlich legt man sie bis zu viermal in den vom allwöchentlichen Brotbacken noch heißen Ofen. Sie werden davon dünn, hart und durchsichtig, nehmen aber ihre ursprüngliche Form wieder an, wenn man sie in warmes Wasser legt, um sie als Zutat zu verwenden.

### *Artischocken à la barigoule, mit feinen Kräutern, als Fastenspeise*

Entfernen Sie die Blattspitzen und das Heu. Wiegen Sie Schalotten, Knoblauch und Petersilie fein und vermischen Sie diese Zutaten mit einem großen Stück in Flocken gerissenen Weißbrotes. Lassen Sie etwas Butter schmelzen und rösten Sie die Kräuter mit dem Brot darin an. Legen Sie auf jede Artischocke ein schönes Stück Butter und befetten Sie auch den Boden einer Backform. Füllen Sie die Artischocken mit dem Kräutergemisch, indem Sie dasselbe auf die Herzen und zwischen die Blätter streichen. Decken Sie die Backform zu und backen Sie die Artischocken mit Unter- und Oberhitze. Benetzen Sie sie ab und zu, bis sie gar sind.

### *Artischocken mit feinen Kräutern, Schlemmerart*

Nehmen Sie mittelgroße, zarte Artischocken, putzen Sie sie, schälen Sie das Heu heraus, blanchieren* Sie sie, wiegen Sie Petersilie und mischen Sie diese mit 125 gr Butter und 125 gr Speck für je rund vier Artischocken. Füllen Sie damit die Artischocken und stecken Sie ihre Blätter fest, damit sie nicht auseinander fallen. Legen Sie sie zwischen zwei dünne Speckstreifen und backen Sie sie langsam mit Unter- und Oberhitze. Bestreichen Sie sie leicht mit Öl. Lassen Sie ein Glas Weißwein in einer ▸ Sauce italienne einkochen und servieren Sie Ihre Artischocken auf dieser Sauce.

### *Artischocken Duxelles*

Sie nehmen gehackte Champignons und tupfen diese mit einem Küchentuch ab, um ihr Wasser aufzusaugen. Fügen Sie fein gehackte Schalotten, Petersilie, eine Messerspitze Knoblauch, Butter für die Fastenversion bzw. feinst gehackten fetten Speck für die Schlemmerversion hinzu. Achten Sie gut darauf, das Heu der Artischocken zu entfernen, nachdem Sie diese geputzt haben, und rösten Sie den Ansatz der Blätter in heißem Fett. Reißen Sie Weißbrot in feine Flocken und braten Sie diese gemeinsam mit den mit der Farce gefüllten Artischocken an, nachdem Sie alles mit einer Scheibe Speck und mit Fettpapier zugedeckt haben. Löschen Sie mit Consommé und Weißwein ab, schmoren Sie Ihre Zutaten wie ein ▸ Fricandeau und gießen Sie den Fond zu einer ▸ Sauce italienne. Hübsch anrichten und servieren.

### *Gebackene Artischocken*

Lösen Sie die drei oder vier äußeren Blattreihen ab. Teilen Sie jede Artischocke in zehn oder zwölf Teile. Heben Sie das Heu aus, stutzen Sie die verbleibenden Blattspitzen. Schwenken Sie die Artischocken in einer Marinade aus Öl, Salz, Pfeffer und einigen Tropfen Essig. Nun bereiten Sie folgenden Teig zu, der Ihnen im Übrigen für alle Arten von Gebackenem dienen wird:

Sie schütten Mehl in eine Terrine und machen eine Grube, in die Sie ein oder zwei Eidotter, ein Löffelchen Öl, ein oder zwei Gläschen Branntwein und etwas Salz gießen. Rühren Sie mit einer Hand um, indem Sie immer in ein und dieselbe Richtung drehen, und fügen Sie nach und nach Wasser hinzu, um dem Teig die richtige Konsistenz zu geben. In dem Augenblick, wo Sie ihn verwenden wollen, mengen Sie den Schnee Ihrer Eier darunter. Aber geben Sie Acht, dass diese den Teig nicht zu sehr auflockern, was geschehen kann, wenn er nicht sehr fest ist. Möchten Sie einen flaumigeren Teig, dann bereiten Sie ihn am Vortag zu. Wenn er für süßes Backwerk, wie etwa Krapfen, bestimmt sein soll, dann salzen Sie ihn nur sehr wenig und verfeinern Sie ihn mit etwas Orangenblüten-Wasser. Aber kehren wir zu unserem Teig zurück. Ist er vollendet, kommen Ihre Artischocken hinein und werden gut mit ihm vermischt. Wenn das Backfett heiß genug ist, schöpfen Sie mit dem Schaumlöffel die Artischocken heraus und lassen diese Stück für Stück in die Pfanne gleiten, bis kein Platz mehr übrig ist. Schieben Sie die Stücke leicht hin und her und lösen Sie sie voneinander. Dann nehmen Sie sie aus dem Fett, wenn sie hübsch goldblond gefärbt sind, und lassen sie auf einem Sieb abtropfen. Werfen Sie nun eine gute Hand voll Petersilienbüschel ins heiße Fett und lassen Sie sie solange darin, bis es zu brutzeln aufgehört hat. Die Petersilie dann herausnehmen, auf einem Stück Leinen abtropfen lassen und mit etwas Salz bestreuen. Schichten Sie Ihre Artischocken zu einer Pyramide auf und krönen Sie diese mit gerösteter Petersilie.

### *Artischocken à la sauce*

Sie kappen die Blattspitzen, entfernen den Stiel und die unteren harten oder fasrigen Blätter. Sie legen Ihre Artischocken auf den Boden eines Kessels mit kochendem Wasser, so dass sie zu drei Vierteln bedeckt werden. Salzen und eine Dreiviertel- bis volle Stunde kochen lassen. Wenn Sie nun an einem Blatt ziehen und dieses sich leicht ablöst, sind Ihre Artischocken gar. Ziehen Sie sie aus dem Wasser und lassen Sie sie kopfüber abtropfen. Wenn sie ihre grüne Farbe behalten sollen, verschnüren Sie ein Häufchen Holzasche, etwa so groß wie ein Ei, in einem Leinensäckchen und gießen Sie das Wasser, in dem die Artischocken gekocht werden sollen, auf diese Asche. Das selbe Verfahren wendet man auch für Fisolen* an. Die nach der eben von uns beschriebenen Prozedur gekochten Artischocken werden mit einer ▸ Sauce blanche, einer ▸ Sauce blonde oder einer ▸ Sauce hollandaise gegessen.

### *Gebratene Artischocken*

Vierteln Sie mittlere, zarte Artischocken, schälen Sie das Heu heraus und putzen Sie die Stücke, wobei Sie jedem Viertel drei Blätter lassen. Nun werden sie gewaschen und abgetrocknet. Geben Sie Butter in eine Kasserole, in die Sie Ihre Artischocken legen und die Sie erst zwanzig Minuten vor dem Servieren auf ein sanftes Feuer setzen werden. Dann dressieren Sie die gebratenen Artischocken turbanförmig auf dem Teller und richten in ihrer Mitte eine Sauce aus Butter, einem kleinen Löffel Bröseln, ebenso viel gehackter Petersilie, Zitronensaft und etwas Salz an. Blanchieren Sie die Artischocken nicht.

### *Artischocken à la provençale*

Als Zwischengericht: Entfernen Sie die äußeren Blätter und den Stiel Ihrer Artischocken. Kochen Sie sie so lange, bis das Heu sauber abgelöst werden kann. Legen Sie sie mit Öl, Knoblauchzehen, Salz und Pfeffer in eine große, geschlossene Backform. Garen Sie sie langsam bei Unter- und Oberhitze. Wenn sie fertig sind, entfernen Sie den Knoblauch und servieren sie so, wie sie sind, mit Zitronensaft.

### *Gefüllte Artischocken demi-barigoule*

Als Zwischengericht: Bereiten Sie die Artischocken wie oben vor. Wenn das Heu entfernt ist, füllen Sie sie mit faschiertem* Fleisch oder Semmelbröseln, die Sie mit Fines Herbes* und Pilzen gewürzt haben. Braten Sie sie mit einem großen Stück Butter oder mit Schmalz in einer Kasserole kurz an. Nehmen Sie sie aus dem Topf, bereiten Sie einen ▸ Roux zu und löschen Sie diesen mit Suppe ab, mangels einer solchen geht auch Wasser. Nun legen Sie die Artischocken in die Kasserole zurück, um sie gar werden zu lassen, und zwar mit Ober- und Unterhitze, wobei sie ab und zu mit ihrem Fond begossen werden sollten. Servieren Sie die Artischocken auf diesem Fond, der als Sauce dient.

### *Gefüllte Artischocken mit echter Barigoule*

Sie putzen drei Artischocken, schneiden die oberen Blätter gerade ab und blanchieren* die Artischocken lange genug, um das Heu herausschälen zu können, nachdem Sie sie in kaltem Wasser abgeschreckt haben. Ersetzen Sie das Heu durch eine Farce aus fettem Speck, Pilzen, Petersilie, Schalotten, alles fein gewiegt und mit Pfeffer gewürzt. Binden Sie Ihre Artischocken kreuzförmig mit Zwirn. Nun erhitzen Sie etwas Olivenöl in einer Pfanne und rösten die Artischocken auf ihrer Unter- und Oberseite, legen sie dann in eine Kasserole, auf eine Scheibe Speck, dem das Salz entzogen wurde, oder auf eine Scheibe Kalbfleisch oder auf Butter und gießen ein Glas Bouillon oder Wasser darauf. Mit Unter- und Oberhitze garen und ohne die Speck- oder Kalbsscheiben, aber auf dem Fond servieren, in dem die Artischocken gedünstet wurden und den Sie mit etwas Mehl binden.

### *Artischocken in Öl à la poivrade*

Dicke Artischocken werden in Wasser gekocht und ausgekühlt serviert. Dazu bereitet man folgende Sauce, die in einer Saucière angerichtet wird. Kleine Artischocken werden roh und mit derselben Sauce oder aber nur mit Salz als Horsd'œuvre gereicht.

### *Artischocken-Sauce mit Essig und Öl*

Zerdrücken Sie den Dotter von einem hart gekochten Ei in einer Saucière und vermengen Sie ihn mit einem Teelöffel Essig, etwas Salz, Pfeffer und sehr fein gewiegten Salatkräutern oder mit einer ebenso fein gehackten Schalotte. Zwei Teelöffel Öl hineintropfen lassen, alles gut vermischen und servieren.

### *Artischocken mit fettem Speck*

Sie halbieren große Artischocken, putzen sie und entfernen das Heu. Danach in Salzwasser blanchieren*. Eine Kasserole wird mit Speckscheiben, zwei Zwiebeln, einer Karotte, einer Gewürznelke und einem kleinen Zweiglein Thymian ausgelegt. Auf diese Zutaten legen Sie einige Scheiben fettes Kalbfleisch und schließlich die Artischocken, dann stellen Sie alles auf eine kleine Flamme. Wenn das Kalbfleisch Farbe angenommen hat, gießen Sie etwas Wasser darauf und lassen es köcheln. Richten Sie die Artischocken turbanförmig auf Ihrem Teller an und gießen Sie den Fond in die Mitte, nachdem Sie ihn mit Stärkemehl gebunden haben.

### *Artischocken à la lyonnaise*

Sie teilen die Artischocken in sechs Teile, blanchieren* sie und entfernen Heu und Stiel, so dass jedem Teil nur drei Blätter verbleiben. Geben Sie sie in eine gebutterte Kasserole, salzen Sie leicht und lassen Sie die Artischocken mit Unter- und Oberhitze gar werden. In einem anderen Topf werden fein gehackte Zwiebeln braun angeröstet, in denen die Artischocken knapp vor dem Servieren gewendet werden.

### *Gefüllte Artischocken*

Zur Hälfte im Wasser liegend kochen lassen. Mit Fleisch, Petersilie und Schnittknoblauch* füllen. Fertig garen und mit Fines Herbes*, Öl und Zitronensaft servieren.

### *Artischocken Grimod de la Reynière*

Würfeln Sie einige Zwiebeln, die in Butter angeröstet werden, bis sie schön braun sind, salzen und würzen Sie und lassen Sie sie in der Butter, aber außerhalb der Kasserole, auf einem Teller, auskühlen. Nun kochen Sie Artischockenherzen, die ganz ihrer Blätter entledigt wurden. Nach dem Abtropfen werden diese mit den Zwiebeln gefüllt, mit Bröseln und geriebenem Käse bedeckt und in den Ofen gestellt, damit sie Farbe bekommen. Servieren Sie das Gericht ohne Sauce. Dieses neue Gericht, erfunden vom Autor des »Almanach des gourmands«, wurde uns mit einer Randbemerkung vom Autor der »Mémoires de la Marquise de Créqui« zugesandt. Zwei Empfehlungen haben mehr Gewicht als eine.

*Artischocken à l'italienne*

Sie teilen drei Artischocken in je sechs gleich große Teile. Befreien Sie sie vom Heu, stutzen Sie die Blätter, waschen Sie die Artischocken und legen Sie sie mit etwas Butter in eine Kasserole. Nun fügen Sie Zitronensaft, ein Glas Weißwein und ein halbes Glas Bouillon hinzu. Lassen Sie die Artischocken gar werden und abtropfen. Dann arrangieren Sie sie auf der Anrichteplatte und bereiten als Begleitung eine ▸ Sauce blanche à l'italienne zu.

## ASPIK

So nennt man Streifen vom Geflügel, Wild oder Fisch, die man mit Trüffeln, harten Eiern und in Längsstreifen geschnittenen Champignons in einem durchsichtigen und in einer Form fest gewordenen Gelée eingeschlossen hat. Aspik wird als kaltes Entrée serviert, wobei die großen Meister der Kochkunst verneinen, dass es ein solches geben kann. Auch rät man dazu, Speisen in Aspik gemeinsam mit den Braten aufzutragen. Nie sollte man sie anders servieren als zum zweiten Gang und als Begleitung zum Bratengericht. Ein Kochkünstler des Ancien Régime berichtet, dass man Speisen in Aspik im Palais Bourbon zwischen den beiden ersten Gängen präsentierte, dann stellte man sie auf das Imbiss-Buffet mit russischen Suppen und anderen exotischen Speisen.
Der Autor des »Dictionnaire général de la cuisine«, der nicht zulässt, dass es kalte Entrées geben kann, gibt der folgenden Zubereitung den Namen:

*Warmes Aspik*

»Legen Sie etwa zwei Kalbsstelzen, ein altes Rebhuhn, ein oder zwei Hühner und zwei oder drei Streifen Schinken in einen Kochtopf. Verschnüren Sie alles gut, und geben Sie dann zwei Karotten, zwei Zwiebeln und ein gut sortiertes Bouquet garni* dazu. Mit etwas Suppe übergießen und anschwitzen lassen. Wenn der Fond zur ▸ Glace reduziert ist und bereits braun wird, löschen Sie mit Suppe oder mit Wasser ab und achten darauf, dass sich die Flüssigkeit erneut durch Einkochen reduziert. Erneut aufkochen lassen, abschäumen und so viel Salz wie nötig dazugeben. Weitere drei Stunden kochen lassen, den Fond danach durch ein nasses Tuch passieren und auskühlen lassen. Zwei Eier aufschlagen und mit etwas Suppe verquirlen, mit einem Esslöffel Estragon-Essig und einem Glas guten Weißwein aufgießen und zum Aspik, also zum ausgekühlten Fond, geben, der nun wieder aufs Feuer kommt. Rühren Sie mit einem Schneebesen und ziehen Sie den Topf beim ersten Aufwallen an den Herdrand, so dass der Inhalt nur leise weiterköchelt. Nun legen Sie einen Deckel darauf und auf diesen heiße Kohle. Wenn das Aspik schon schön klar ist, treiben Sie es nochmals durch ein nasses, ausgewrungenes Tuch, dessen vier Ecken an den vier Beinen eines Küchenhockers befestigt werden. Wenn alles durchpassiert wurde, verwendet man es für die großen und kleinen Ragoûts, für die die Beigabe dieser Zubereitung erforderlich ist.«

## AUBERGINEN siehe MELANZANE

## AUSTER

Die Auster ist ein von der Natur stiefmütterlich behandeltes Weichtier. Sie hat keinen Kopf, also weder Augen noch Ohren noch Geruchssinn. Ihr Blut ist farblos, ihr Körper wird durch einen äußerst kräftigen Muskel an die beiden Schalenhälften geheftet, so kann sie ihr Gehäuse öffnen und schließen.

Auch fehlt ihr jegliches Organ zur Fortbewegung; so ist Schlaf ihr einziger Sport, Fressen ihre einzige Freude. Da die Auster ihre Nahrung nicht aufsuchen kann, kommt diese zu ihr oder wird ihr von der Bewegung des Wassers zugeführt. Sie besteht aus tierischen Spurenelementen, die sich im Wasser befinden. 1816 hat Bedan bewiesen, dass man Austern durch langsame Umgewöhnung dazu bringen kann, auch in Flüssen zu leben.

Die Griechen sammeln ihre Austern in Sestos; ich habe welche gegessen, als ich den Bosporus überquerte, konnte jedoch nichts Besonderes an ihnen finden.

Irgendjemand hat einmal gesagt: »Die Götter haben uns verlassen!« und man hat diesen eloquenten Ausruf bewundert. Aber heute lässt sich ein anderer Ruf vernehmen: »Die Austern haben uns verlassen!« Natürlich lässt sich keinerlei Ähnlichkeit zwischen dem hermaphroditischen Mollusk auf dem Grunde des Meeres, gefangen in seiner Schale und für immer an seinen Felsen gekettet, und den Bewohnern des göttlichen Olymp feststellen. Und doch hat Bossuets berühmter Aufschrei: »Madame stirbt! Madame ist tot!« nicht eine derart schreckliche Wirkung auf uns ausgeübt wie diese verzweifelte Stimme des Feingeschmacks, die da ausruft: »Die Austern haben uns verlassen!« Und die erste Auswirkung davon war, dass ihr Preis von 60 Centimes das Dutzend auf einen Franc dreißig gestiegen ist. Der Eindruck, den diese Preissteigerung hinterließ, war nachhaltig, denn die Auster, der Schatz aller Schlemmer, war im Begriff, diesen zu entfleuchen: diese Auster, die, wie der Doktor Réveillé-Paris behauptet, die einzige nährende Substanz sei, welche keine Verdauungsstörung hervorrufe.

Auch hat man sie immer schon gegessen und es erübrigt sich nach dem Zeitpunkt zu suchen, an dem sie auf dem Speisezettel der Hindus, der Ahnen, oder der Ägypter, der Großväter der Zivilisation, erschien. Wir können nur bei den Griechen die Spur aufnehmen, und zwar das erste Mal, glaube ich, als Aristid geächtet wurde.

»Es langweilt mich«, so sagte ein Athener Schiedsrichter, »dass man ihn immer den Gerechten nennt«, da ward Aristid durch die Mehrheit der Austern verbannt, auf deren Schalen man Schuldsprüche schrieb, so dass eine jede davon einen Stimmzettel abgab.

Die Griechen importierten sie vom Hellespont. Man fischte sie bei Sestos heraus, wo Leander sich ins Wasser gestürzt hatte, um seiner Hero allnächtlich Besuch abzustatten.

Heute nennt man diesen Ort »Boralli-Calessi«.

Die Römer, weitaus größere Schlemmer als die Griechen, verehrten die Auster fast wie ein göttliches Wesen. Ein gutes Dîner kam nicht ohne sie aus und man servierte sie entweder auf Eis oder mit Garum gewürzt, einer Art Salzlake, deren Rezept uns Plinius überliefert hat.

Die Römer gaben den Austern Gütesiegel. Die Besten kamen vom Lucrin-See, dann kamen die aus Tarent, dann die aus Circeï.

Später bevorzugte man die Austern der britischen Küsten.

Aspicius, dieser berühmte Schlemmer, der sich den Hals abschnitt, weil ihm nur noch sechs bis acht Millionen Sesterzen, das heißt eineinhalb oder zwei Millionen Francs, übrig blieben, hatte einen Weg gefunden, Austern zu konservieren. Heute hätte er sich das Patent sichern lassen und davon gelebt.

Bei uns wird die Auster mit dem Schwimmbagger herausgefischt und die Fischer hatten die Angewohnheit, die Bänke aufzuteilen und sie nacheinander auszufischen, um sie nicht zu erschöpfen. Während man eine Zone ausbeutete, konnten die anderen, in Ruhe gelassen, sich vermehren und so die gewünschte Größe erlangen.

Im Mai, Juni, Juli und August war das Austernfischen verboten. Die Schlemmer sagen, man solle in den Monaten ohne »r« keine Austern essen. Dafür sind in diesen Monaten die Miesmuscheln gerade richtig.
Man isst Austern nicht sofort nach dem Herausholen. Zumindest würde ein Jünger des Lukullus oder ein Apostel von Brillat-Savarin niemals eine solche Ketzerei begehen. Zuerst muss man sie in einem Meter Tiefe auf Sand oder Steinen zwischenlagern.
Ein Römer, Sergius Orata, der zweihundertfünfzig Jahre vor Christus lebte, hatte als Erster die Idee, diese Tiere in den Lucrin-See zu befördern, damit sie dort fett würden. Er wurde durch den Handel mit den dank seiner Pflege perfekt gediehenen Weichtieren reich.
Dieser Sergius Orata war Sergius Catilinas Großvater.
Die Auster, die wir essen, heißt idulische Auster. Die aus Ostende, die grüne oder die aus Marennes sind nur Abarten davon.
Wir haben Austernbänke in Marennes, Tréport, Étretat, Fécamp, Dunkerque, in Le Havre und in Dieppe.
Gleich werden wir noch zu denen in Régneville kommen.
Onkel Mirabeau sagte, als er vom Meer sprach: »Dieses Feld, das sich von selbst pflügt.« Aber er hat nicht gesagt: »Das Meer, dieses Feld, das sich selbst befruchtet.«
Lange dachte man, das Meer sei unerschöpflich, doch heute muss man, zum Beispiel an den Walen, feststellen, dass es sich entvölkert. Da verschwinden die Wale, da werden die Makrelen dezimiert, da fehlen die Austern.
Eugène Noël hat einmal gesagt:
»Man kann den Ozean zu einer riesigen Lebensmittelfabrik machen, zu einem Subsistenz-Laboratorium, wesentlich produktiver als die Erde es sein kann. Macht alles fruchtbar, die Meere, die Flüsse, die Bäche, die Seen. Man hat nur die Erde kultiviert, nun lerne man die Kunst, die Gewässer zu kultivieren. Hört Ihr, Völker?«
Tatsächlich ist der Fisch, vor allem der essbare, unter allen Lebewesen dasjenige, das mit sehr wenig Nahrung die größte Vermehrung zu Stande bringt.
Seit Urzeiten hat man in China die Fischkultur gepflegt. Dort, wo vierhundert Millionen Menschen leben müssen, konnte man einer Erde nicht trauen, die unberechenbare Gäste empfing: einen launischen, den Wind, einen jähzornigen, den Sturm. Denn im Gegensatz zur Erde vermehrt die See ihre Ernte im Wind und vervielfältigt sie im Sturm.
Jedes Jahr im Mai hält man am Großen Fluss den Laich-Markt ab. Da strömt man aus allen Ecken Chinas zusammen, um Fischlaich en gros zu

kaufen und ihn en détail wieder zu verkaufen. Jeder hat seinen Fisch im Teich, den man mit Haushalts-Abfällen füttert; und dieses ganze Unterwasser-Volk lebt und wird fett.
Die Römer waren in diesem Bereich die Meister der Chinesen; sie konnten in Süßwasser Meeresfisch züchten.
Jakobi, ein Deutscher, erfand die künstliche Befruchtung, die in England, später auch in Frankreich von einem Fischer namens Rémy eingeführt wurde. Coste und Pouchet haben daraus eine Wissenschaft gemacht.
Wir haben bereits gesagt, dass die Auster ein Hermaphrodit ist. Zur Zeit der Liebe erblühen ihre beiden Geschlechtsteile wie Blumen. Dann füllt sie sich mit weißer Flüssigkeit und man sagt, dass sie nicht gut seien, wenn sie milchig aussehen. Die weiße Flüssigkeit ist der Laich.
Davaine hat in einer Hufeisen-Auster 1.200.000 Eier gefunden. Da sie zwei- bis dreimal legen, kann man im Mittel von etwa zwei Millionen Eiern ausgehen, die die Auster den Launen der See überlässt.
Diese Eier sind fast unsichtbar. Leuwenhoeck hat ausgerechnet, dass etwa eine Million davon nötig wären, um eine Kugel von der Größe einer Kinder-Murmel zu formen. Wenn sie die mütterliche Schale verlassen, können die kleinen Austern herumschwimmen und sich bewegen. Alle Larven von an sich unbeweglichen Tieren sind mit dieser Fähigkeit ausgestattet, was ihnen erlaubt, sich den Ort auszusuchen, an dem sie sich festsetzen werden. Sie müssen aber eine gute Wahl treffen, denn wenn sie einmal festsitzen, dann gilt das für ihr ganzes Leben.
Im Park von Régneville bot man ihnen zunächst Holzbündel und Ziegel an, so dass sie zwischen dem Grund und der Mitte wählen konnten.
Aber unsere Fischzüchter entdeckten bald, dass sie einen doppelten Irrtum begangen hatten. Die hölzernen Zweige waren schon nach kurzer Zeit von einem Schleim bedeckt, der es den jungen Austern verunmöglichte, sich darauf festzusetzen.
Im Gegensatz dazu erlaubte der Ziegel ein so hohes Maß an Haftung, dass die Auster es bequem fand, den Ziegel in ihre Schale zu integrieren, und wenn man sie von diesem vielgeliebten Gegenstand trennen wollte, war die Schale entweder durchlöchert oder sie blieb ganz auf dem Ziegel kleben. Die Devise schien, wie beim Efeu, zu lauten: »Ich sterbe oder hafte.«
Also klebten unsere Fischzüchter alte Zeitungen auf die Ziegel, wobei sie Erstere nur an den Ecken befestigten. Die Auster haftete nun tatsächlich auf dem Papier, aber das Papier haftete an gar nichts.
Nun glauben wir, dass nicht alle Zeitungen für diesen Zweck geeignet sind, denn ich kenne welche, die ihre giftigen Eigenschaften an diese un-

schuldigen Weichtiere abgeben würden, ähnlich wie jene Austern sie aufnehmen, die sich am Kupfermantel von Dampfern fest halten.
Wie lange lebt eine Auster?
Da haben wir noch ein Mysterium! Denn wenige sterben an Altersschwäche. Und diese sterben anonym.
In einem ausgezeichneten Buch von Victor Meunier, »Les Grandes pêches«, konnte ich nachlesen, dass Austern etwa zehn Jahre alt werden. Reichlich genug für ein Tier, das weder Augen noch Ohren noch eine Nase besitzt. Was ihr Wachstum betrifft, meinen Fischer, dass sie nach drei Tagen einen Durchmesser von drei Faden haben, nach drei Monaten den Umfang einer Drei-Sous-Münze, nach sechs Monaten die Dimension eines Drei-Pfund-Écus erreicht haben und nach einem Jahr die eines Sechser-Écus.
Üblicherweise isst man die Auster auf die einfachste Weise der Welt. Man öffnet sie, löst sie ab, träufelt einige Tropfen Zitronensaft darauf und schluckt sie.
Die raffiniertesten Schlemmer bereiten eine Art Sauce aus Essig, Pfeffer und Schalotten zu. Man löst sie ab, taucht sie in diese Sauce und schluckt sie. Andere, die wirklichen Liebhaber, fügen der Auster gar nichts hinzu, sie essen sie roh, ohne Essig, ohne Zitrone, ohne Pfeffer.

### *Austern à la poulette*

Öffnen Sie einige Austern, blanchieren* Sie diese in ihrem Wasser, ohne sie kochen zu lassen und schwenken Sie sie in Butter mit Petersilie, Schalotten und fein gehackten Pilzen. Einen Löffel Öl, Pfeffer und geriebene Muskatnuss dazugeben, die Austern mit in Öl getauchtem Brot panieren und ihnen mit der roten Schaufel* Farbe geben. Knapp vor dem Servieren träufeln Sie Zitronensaft darüber.

### *Faschierte* Austern*

Die Austern blanchieren* ohne sie kochen zu lassen, in kaltes Wasser tauchen und abtropfen lassen. Die Mitte von den Rändern trennen und Letztere fein mit Karpfenfleisch oder einem anderen in Wasser oder in ▸ Court-Bouillon gekochten Fisch faschieren*. Alles gut vermischen, pfeffern und mit Muskat würzen.

In einer Kasserole ein schönes Stück Butter mit fein gewiegter Petersilie, fein gehacktem Schnittknoblauch* und Pilzen auf dem Feuer schwenken, mit Weißwein und ebenso viel Suppe, fett oder mager, ablöschen, die Austernmischung hineinlegen und erhitzen, ohne aufkochen zu lassen, wenn das Faschierte fast alle Flüssigkeit aufgesogen hat. Mit Eiern legieren.

### *Gebratene Austern als Hors-d'œuvre*

Öffnen Sie die Austern und lassen Sie sie auf einem Sieb abtropfen. Dann legen Sie sie in eine Schüssel mit Essig, Petersilie, Schnittknoblauch*, zwei Lorbeerblättern, etwas Basilikum, einer in Ringe geschnittenen Zwiebel, einem halben Dutzend Gewürznelken und dem Saft zweier Zitronen. Übergießen Sie sie von Zeit zu Zeit mit dieser Marinade, bereiten Sie einen lockeren ▸ Backteig zu, wischen Sie die Austern ab und tauchen Sie sie in den Teig. Fritieren Sie die Austern und servieren Sie sie mit gerösteter Petersilie.

### *Austernsuppe*

Schwenken Sie Ihre Austern in einer Kasserole in guter Butter und fügen Sie zugleich gewürfelte Champignons und etwas Mehl hinzu. Lassen Sie alles zu einem lichten Püree eindicken, salzen und pfeffern Sie. Nun lassen Sie Brot in einer Fischsuppe weich werden und gießen die Austern und Champignons mit einem Pilzsud darauf.

### *Gefüllte Austern*

Sie bereiten eine Farce aus einem Stück Aal und einem Dutzend blanchierter* Austern zu und fügen dieser Petersilie, Schnittknoblauch* und einige Pilze hinzu. Salz, Pfeffer, Fines Herbes*, Fines Épices*, gute, frische Butter und etwas in Obers* und zwei Eidotter getunktes Brot dazugeben, wobei alles im Mörser gut zerstoßen und vermischt worden ist. Füllen Sie die Austernschalen mit dieser Farce und legen Sie je eine Auster darauf. Die Schale selbst wird von derselben Farce umgeben, mit geschlagenem Ei eingerieben, mit zerlassener Butter bepinselt, mit feinen Brotbröseln paniert und im Ofen schön gebräunt. Als Zwischengericht oder zur Beilage eines Entrées servieren.

### *Austern mit Parmesan*

Die Austern öffnen, mit sehr fein gewiegten Fines Herbes* wie Petersilie, Schnittknoblauch*, Basilikum sowie mit Salz und Pfeffer würzen. Sehr wenig von dieser Mischung in jede Auster streuen, mit Weißwein übergießen, die Schalen wieder schließen und auf den Grill legen. Von Zeit zu Zeit die rote Schaufel* darauf legen, die gegrillten Austern schön anrichten und geöffnet servieren.

*Austern auf Spießchen*

Die Austern werden zweimal in verschiedenem Wasser blanchiert*, ohne zu kochen, danach gut waschen und abtropfen lassen. In eine Kasserole kommen Petersilie, Schnittknoblauch* und Champignons, alles fein gewiegt, eine Knoblauchzehe und ein Stück Butter. Nun legt man die Austern darauf und dünstet sie, ohne sie zu sieden. Mit Eidotter legieren, auf Spießchen auffädeln, panieren, grillen und ohne Sauce servieren.

*Austern à la minute*

In eine Kasserole kommen ein bis zwei Löffel ▸ Coulis, ein Glas Champagner und ein Bouquet garni*. Einmal aufkochen lassen; in der Zwischenzeit die Austern öffnen und auf einem Sieb abtropfen lassen, wobei das Austernwasser der Sauce beigefügt wird. Diese soll nun reduziert werden, dann werden die Austern hineingelegt und die Kasserole wird einige Male geschwenkt. Mit geröstetem Brot servieren.

# B

## BABA

»Der Baba ist ein Kuchen polnischen Ursprungs, der immer so groß sein muss, dass er sowohl als Hauptgang wie auch als Süßspeise angerichtet werden kann; er sollte auch umfangreich genug sein, um mehrere Tage lang auf kalten Buffets seinen Platz zu halten.

Sie brauchen 1,5 kg des feinsten Mehls, das Sie finden können, 45 gr Bierhefe, 30 gr feines Salz, 120 gr Zucker, 180 gr Korinthen, 180 gr Malaga-Muskat-Trauben, 30 gr Zitronat, 30 gr kandierte Engelwurzel, 3,5 gr Safran, ein Glas Obers*, ein Achtel Malaga-Wein, 22 Eier und 1 kg feinste Butter.

Ist Ihr Mehl durchgesiebt, teilen Sie davon ein Viertel ab, um dieses mit der Hefe zu vermengen. Dazu das Mehlhäufchen oben mit einer Grube versehen, in die Sie die in einem Glas warmem Wasser aufgelöste Hefe gießen. Verkneten Sie den Teig mit so viel Sorgfalt, wie die Gärung es verlangt, und stellen Sie ihn beiseite. Dann wird das restliche Mehl mit einer Grube versehen, in die folgende Zutaten kommen: 30 gr feines Salz, 120 gr Puderzucker, ein Glas Obers*, 20-22 Eier, 1 kg feinste Butter aus Isigny, im Winter angewärmt. Kneten Sie alles gut durch und fügen Sie Ihr Hefemehl, das sich mittlerweile gehoben haben sollte, dazu; schlagen Sie den Teig kräftig durch und verteilen Sie diesen etwas. In die Mitte wird abermals eine Grube gedrückt, in die nun das Glas Malaga-Wein und der in einem sechzehntel Liter Wasser einige Minuten lang aufgekochte

Safran gegossen werden. Auf diesen Teig werfen Sie nun 180 gr Korinthen und 180 gr Muskattrauben, deren Kerne nach Halbieren jeder Perle entfernt wurden. Die Trauben müssen im Vorhinein präpariert werden. Dazu kommen auf den Teig: 30 gr Zitronat in feinen Streifen und die kandierte Engelwurzel. Verkneten und vermischen Sie alles gut, so dass Rosinen und Trauben in der ganzen Masse verteilt werden. Jetzt teilen Sie jeweils ein Achtel des Teiges ab, glätten die Oberfläche und legen ihn, mit der glatten Seite nach unten, in eine gebutterte Form.

Die großen Rosinenstücke sollten hierbei herausgezogen werden, weil sie durch den Zuckergehalt bei großer Hitze leicht am Boden ankleben.

Damit der Teig sich heben kann, muss die selbe Sorgfalt aufgebracht werden wie für den Compiègne-Kuchen. Unser Kuchen sollte eineinhalb Stunden im Ofen backen. Ein richtiger Baba muss rötlich sein, man nennt es die männliche Farbe, die nicht leicht zu erlangen ist, weil der gelbliche Safran seine Schattierung abgibt und Zucker und spanischer Wein den Kuchen ebenfalls dunkel färben. Deshalb muss das Backen sorgfältig überwacht werden. Eine Viertelstunde zu lang im Ofen nimmt diesem Kuchen seine purpurne Farbe und lässt ihn unscheinbar braun aussehen.

Angeblich war es wirklich der König Stanislaus Leszczynski, der Schwiegervater Ludwigs XV., der diesen Kuchen in Frankreich eingeführt hat. Am Tische der erlauchten Nachfahren dieses Königs (nicht ich spreche so, sondern Herr Carême) stellt man in Begleitung des Baba immer eine Saucière mit auf den Tisch, in der sich gezuckerter Malaga-Wein in einem Verhältnis von 6 zu 1 mit destilliertem Beifuß-Wasser befindet. Von der Gräfin Risleff, geborene Comtesse Potoka, einer Verwandten von Leszczynski, wissen wir, dass der echte polnische Baba mit Roggenmehl und ungarischem Wein gemacht wird.

In Paris sieht man manchmal kleine, in winzige Formen gegossene Babas, die jedoch zu leicht austrocknen, um wirklich gut zu sein. Diese folglich nicht sehr praktische Zubereitungsart wird auch nur von Konditormeistern angewandt.

Ein bei Junggesellen-Dîners sehr beliebtes Krapfengericht wird aus in Madeira getauchten und anschließend in ▸ Backteig gewendeten Baba-Scheiben zubereitet.«

(Nach Tradition des Hofes von Lunéville und gemäß der Methode von Monsieur de Carême, Autor des »Cuisinier pittoresque«)

Möchten Sie kleinere Babas zubereiten, die die Tradition des Lunéviller Hofes, von der sich ein Zuckerbäcker wie Carême natürlich nicht distanzieren konnte, nicht ganz so streng befolgen, nehmen Sie folgendes Rezept aus dem Bäckerei-Buch von Audot:

> Wenden Sie für den Teig die Mengenangaben wie für die Brioche an, aber lassen Sie den Teig etwas leichter und lockerer ausfallen; vermischen Sie ihn gut mit der Hefe und drücken Sie eine Grube hinein, in die folgende Zutaten kommen: 15 gr Zucker, 30 gr Madeira, Malaga oder Rum; 45 gr kernlose Muskattrauben, halbiert; ebenso viele Korinthen, 8 gr Zitronat, in feinen Streifen und etwas Safranpulver. Wenn dies alles mit dem Mehl vermischt wurde, muss die Konsistenz die gleiche sein wie beim Hefe-Mehl-Gemisch. Eventuell gibt man etwas Obers* oder ein Ei dazu. Der Teig wird in eine gebutterte Form gelegt, die doppelt bis dreimal so groß sein soll wie der Teig selbst. Die Rosinen und Trauben sollten die Wände der Form nicht berühren, weil sie ankleben würden. Lassen Sie den Teig an einem warmen Ort aufgehen, bis er schön hoch ist, und backen Sie ihn dann eineinhalb Stunden bei sehr kleiner Hitze. Der Baba ist wohlgelungen, wenn er eine rötliche Farbe hat. Man serviert ihn vorzugsweise heiß.

## BACHE oder WEIBLICHES WILDSCHWEIN

Fast könnte ich, wie Hippolyt, sagen, dass meine Jäger-Lehre mit den Wildschweinen begann. Mit zwölf Jahren konnte ich eine Spur aufnehmen und konnte sagen, ob sie einer Bache gehörte, ob diese trächtig und im wievielten Monat sie es war. Ich habe bereits mehrere dramatische Geschichten über diesen ersten Abschnitt meines Lebens erzählt.
Die Bache wird wie ihr Sohn, der Frischling, zubereitet, wenn sie noch jung ist, oder wie ihr Mann, der Eber, wenn sie schon einmal Junge hatte. Die Andouillettes (siehe Würste) aus ihren Zitzen sind höherer Wertschätzung würdig. Meist serviert man sie auf zerkleinerten Trüffeln mit ▸ Jus oder auf einem Kastanienpüree mit Obers* und Weißwein.

## BÄCKER, BÄCKEREI

Unsere frühesten Vorfahren waren noch zu einfältig, um sich überhaupt vorstellen zu können, welche Sorgfalt vonnöten ist, um Brot zu backen. Auch war der Beruf des Bäckers ihnen vollkommen unbekannt. Sie verzehrten Korn wie andere Erdfrüchte und begnügten sich noch lange damit, Brei zu essen, auch nachdem sie entdeckt hatten, wie sie mit Hilfe zweier Steine, zwischen denen sie die Körner zerrieben, Mehl gewinnen konnten.

Als sie später so weit waren, Brot zu formen, und daraus ihr Hauptnahrungsmittel gemacht hatten, stellte es jeder Haushalt für sich her, und das nur für die Mahlzeiten. Es waren die Frauen, die mit dieser Aufgabe betraut waren, und selbst die höchsten Damen waren sich nicht zu gut dafür, Hand an den Teig zu legen.

Die Schrift teilt uns mit, dass Abraham, gemäß alter Volkssitte, als er sein Zelt betrat, zu Sarah sagte: »Knete drei Maß Mehl und backe Brote unter der Asche.«

Im Übrigen verzichteten sie bei der Zubereitung ihres Brotes auf die Feinheiten, auf deren Geschmack die Völker erst durch den Fortschritt gebracht wurden. Es waren einfache Fladen oder Kuchen, in die mit dem Mehl auch Butter, Fett, Safran und andere Zutaten hineinkamen. Man buk sie auch nicht im Ofen, sondern auf einer heißen Feuerstelle, auf Steinen, auf einer Art Grill oder in einer Art Tortenform.

Meistens stellte man diese Brote auf flachen Steinen über heißer Asche her, und zwar ohne Salz, das man noch nicht entdeckt hatte.

Der schwierigste Schritt war verständlicherweise, die Methode zu finden, wie man Weizen und andere Körner zu Mehl verwandeln konnte. Da es sich um eine sehr schwere Arbeit handelte, bei der man das Korn mit Mörser und Stößel bearbeiten musste, was lang dauerte und sehr ermüdend war, wurde diese Tätigkeit als Strafe auferlegt. Man verurteilte Sklaven wegen geringster Vergehen dazu. Später kamen die handbetriebenen Mühlen, was weniger langwierig, aber auch sehr anstrengend war, und um sich ein Bild von der Kraft zu machen, die diese zehrende Arbeit erforderte, muss man sich nur vergegenwärtigen, dass Samson, nachdem ihm Delilah die Haare abgeschnitten und ihn den Philistern übergeben hatte, die ihm ihrerseits die Augen ausstachen, dazu verurteilt wurde, die Mühlsteine zu drehen.

Das Brotbacken in Öfen kam erst später und erst ab da wurde Backen zum Beruf.

Es waren die Griechen, die als Erste handbetriebene Mühlen und gleich daneben Öfen, also organisierte Backstuben hatten. Erst im sechsten Jahrhundert nach der Gründung Roms wurde diese Sitte auch von den Römern übernommen. Sie gaben den Leitern dieser Einrichtungen weiterhin die alte Bezeichnung pinsores oder pistores, abgeleitet von ihrer früheren Tätigkeit, das Korn in Mörsern zu zerstoßen, und die Orte, an denen sie arbeiteten, hießen pistorix.

Diese Bäckereien, die sich ausbreiteten und in verschiedenen Bezirken eröffnet wurden, waren fast alle von Griechen geführt, den einzigen, die gutes Brot zu machen verstanden. Nach und nach schulten sie Lehrlinge ein, die ihrerseits Meister wurden, sich niederließen und bald verband man sich zu einer Körperschaft wie jene der Fleischer, eine Zunft, an die sie und ihre Kinder gebunden waren. Man erteilte ihnen mehrere Privilegien, gestand ihnen zu, sich alle Orte anzueignen, wo man früher Korn gemahlen hatte, gestand ihnen Möbel, Sklaven, Tiere zu wie auch alles, was zu den ersten Backstuben gehört hatte. Man legte Land und Erbschaften zusammen und ließ nichts aus, was dazu beitragen konnte, ihre Arbeit und den Handel mit Brot zu fördern und zu unterstützen. Damit sie ohne Unterlass ihrer Tätigkeit nachgehen konnten und nicht gezwungen waren, ihre Arbeit zu unterbrechen, worunter jedermann gelitten hätte, wurden sie von sämtlichen unangenehmen Aufgaben befreit. Es gab für sie keine Ferien, was ihnen nicht immer behagte. Schließlich standen ihnen die Gerichtshöfe jederzeit offen, damit jegliche zwischen ihnen aufkommenden Differenzen sofort beigelegt werden konnten.

Die Bedingungen, zu denen diese Privilegien erkauft wurden, waren hart, wie man sehen wird, aber sie waren Gesetz und jeder, der sich dagegen auflehnte, wurde härtesten Strafen unterzogen.

Auch einige Beschränkungen und Pflichten hatten sie einzuhalten, wie beispielsweise die Pflicht, zusammen zu leben und fast ausschließlich mit ihresgleichen zu verkehren. Vor allem durften sie keine Mesalliancen eingehen, etwa ihre Töchter an Schauspieler oder Gladiatoren verheiraten, ohne Gefahr zu laufen, ausgepeitscht, verstoßen und ihrer Güter beraubt zu werden.

Sie durften ihre Besitztümer auch nur an ihre Kinder oder Neffen weitergeben, welche notwendigerweise Mitglieder der Bäckerzunft sein mussten, und wenn aus irgendeinem Grunde ein Fremder sie übernehmen sollte, konnte er dies nur nach deren Zuerkennung.

Die Römer führten die Zunft der Bäcker auch in Gallien ein. Sie hatten als Schutzpatron Merkur-Artio ausgesucht, nach dem griechischen Artos benannt, was so viel wie Brot heißt, und hatten ihm einen Tempel errichtet, dessen Ruinen mit ihrem Boden aus Intarsien man noch bis vor kurzem in einem Dorf namens Artas bei Grenoble im Département Isère betrachten konnte.

In Frankreich gab es Bäcker seit Beginn der Monarchie. Aus einem im Jahre 670 erfolgten Erlass von König Dagobert dem Guten, jenem, dem das berühmte Lied gewidmet ist, erfahren wir, dass die Müller für jene, die ihr Mehl bei ihnen kauften, auch das Brot backen durften. Man

nannte diesen neuen Berufsstand fortan »panetiers«, »talmeliers« oder »boulangers«, also Bäcker.
Umgekehrt ergriffen auch die Backofen-Betreiber diese Gelegenheit, mit Mehl zu handeln und Brot zu verkaufen. Im darauf folgenden Jahrhundert ließ Karl der Große diesen Berufsstand, der täglich wichtiger wurde, polizeilich schützen und er befahl, dass die Zahl der Bäcker, weil sie für jede Stadt von derartigem Nutzen waren, niemals sinken dürfe, weshalb sie »Lehrlinge ausbilden müssen, die im Falle großer Not ihre Meister ersetzen können«. Außerdem wurde befohlen, dass sie ihre Arbeitsstätte ordentlich und sauber zu halten hätten, dass sie sich in untadeliger Weise zu benehmen hätten, und Richter und andere Beamte wurden dazu angehalten, vor allem die Einhaltung dieses letzten Punktes scharf zu beobachten.
König Ludwig der Heilige ging noch weiter und erließ den Bäckern den Militärdienst, um ihre wahren Dienste an der Bevölkerung zu honorieren, aber auch um ihnen jegliche Last zu nehmen und ihren Stand zu festigen. Diese Gnade war umso wichtiger, als in Kriegszeiten alle Untertanen, außer jenen mit besonderen Privilegien, verpflichtet waren, dem Ruf des Heeres Folge zu leisten, sobald der Souverän sie rief.
Bald gab es in Paris vier Arten von Bäckern: die städtischen, die der Vorstadt und Umgebung, die Privilegierten und die Fahrenden.
Der Meistertitel wurde dem König abgekauft, doch zusätzlich vollzog man, wollte jemand Bäckermeister werden, eine recht eigentümliche Zeremonie, welche auch in den von Ludwig dem Heiligen verliehenen Statuten nachzulesen ist. Der Aspirant musste, begleitet von seinen ehemaligen Meistern und den Vereidigten seiner Gemeinschaft, dem Statthalter der großen Bäckerzunft einen neuen, mit Nüssen und Niolen (einer heute unbekannten Frucht) gefüllten Tontopf präsentieren. Die ganze ehrenwerte Versammlung, bestehend aus dem höchsten Vertreter, den anderen Meistern und den Gesellen, ging hinaus auf die Straße und warf den Topf gegen eine Mauer, so dass er zerbrach. Dann ging man wieder ins Haus und jeder Anwesende musste einen Silberling an den Statthalter abgeben, der seinerseits Wein und Feuer spendierte, wobei man Ersteren gemeinsam trank.
Diese bizarre Zeremonie war die öffentliche Bekundung, dass man von den eingesetzten Autoritäten abhängig war, dass sie einen ebenso leicht bestrafen konnten, wie sie diesen Topf zerbrechen konnten, wenn man sich nicht an die Statuten hielt oder sein Geschäft schlecht führte.
In den folgenden Jahrhunderten änderte sich die Zeremonie. Zu Beginn des 17. Jahrhunderts musste der neue Meister, im dritten Jahr nach seiner

Ernennung, am ersten Sonntag nach den Heiligen Drei Königen, beim Großen Meister der Bäckerzunft vorsprechen und ihm einen neuen, mit Zuckerwerk gefüllten Topf präsentieren, in dem ein Rosmarinzweig steckte. Dieser musste mit allerlei Naschwerk, mit Orangen und Früchten der Saison behangen sein. Später wurde dieses Geschenk durch einen Louis d'or (eine große Goldmünze) ersetzt.

Der Große Meister (le grand Panetier) der Zunft herrschte über Bäcker und Brotmacher und sprach auch Recht über sie. Ludwig der Heilige hatte den Bäckern ihre eigene Rechtsprechung gegeben, deren oberster Richter dieser große Meister, ein Adeliger, war. Der König tat damit diesem seinem Prinzen einen besonderen Gefallen. Doch diese besondere Rechtsprechung wurde 1170 aufgehoben.

Zwei Jahrhunderte später gab es nur noch zwei Gruppen von Bäckern, die besondere Privilegien genossen: Die von Heinrich IV. eingesetzten Hofbäcker, sie waren zehn und wurden von Ludwig XIII. auf zwölf aufgestockt. Sie lebten alle in Paris und mussten dem Hof überallhin folgen. Weiters die freien Bäcker, also jene, welche außerhalb der Stadt und ihrer Außenbezirke ihrem Handwerk nachgingen, meistens umherzogen und das Brot für den meisten Teil der Bevölkerung herstellten.

Ab dem 8. Jahrhundert verbreitete sich eine schreckliche Seuche, die Lepra, rasend schnell und Entsetzliches anrichtend in ganz Frankreich. Die privilegierten Bäcker und auch deren Frauen und Kinder durften sich im Hospital Saint-Lazare pflegen und heilen lassen, was zu jener Zeit als höchste Gunst angesehen wurde. Allerdings musste jeder Bäckermeister für diesen Vorzug wöchentlich ein Brot an das Hospital abgeben. Gegen Ende des 16. Jahrhunderts ersetzte man das Brot durch einen so genannten Pariser Silberling, der dann Saint-Lazare-Silberling genannt wurde.

Da die Bäcker für die Kornhändler eine große Konkurrenz darstellten, sie kauften und verkauften ja auch Weizen und Mehl, führten die Römer ein Gesetz ein, das Bäckern unter Androhung von Höchststrafen verbot, für Schiffe, die Korn nach Rom brachten, die Funktion von Lotsen zu übernehmen.

Später sah man sich auch in Frankreich zu einer ähnlichen Vorgangsweise gezwungen und es wurde per parlamentarischem Beschluss und weiteren Erlässen Bäckern ausdrücklich verboten, auch die Tätigkeit des Kornmessers oder Müllers auszuüben.

Heute ist die Bäckerinnung eine der am besten organisierten Körperschaften. Niemand darf diesen Beruf ohne die Erlaubnis des Polizeipräfekten ausüben und dieser erteilt seine Zustimmung nur, wenn es sich beim An-

wärter um jemanden mit untadeligem Lebenswandel handelt, der eine Lehre absolviert hat und die Kunst seines Handwerks wirklich versteht.
Im Übrigen muss jeder autorisierte Bäcker dafür sorgen, dass ihm nie die Rohstoffe ausgehen. Er muss zu jeder Zeit genügend Mehl haben, um die tägliche Brotversorgung für einen Monat sicherstellen zu können. Sein Laden muss immer mit Brot ausgestattet sein.
Seit es ein freier Beruf ist, hat die Zahl der Bäcker in Paris beträchtlich zugenommen und es werden täglich mehrere Millionen Kilogramm Brot angeboten. Sie werden nachts von jenen fremd anmutenden, fast nackten Männern hergestellt, derer man manchmal durch die Lüftungslöcher der Keller ansichtig wird, in denen sie schuften. Ihre aus den Tiefen dieser Höhlen heraufsteigenden, wild klingenden Schreie zeugen von schwerster Arbeit.
Morgens trifft man auf diese bleichen Gestalten, weiß von Mehl, wie sie mit ihrem eineinhalb kg schweren Brot, ihrer Belohnung, nach Hause gehen, um sich auszuruhen und Kräfte zu sammeln, damit sie abends ihr nützliches und schweres Werk wieder aufnehmen können.
Ich für meinen Teil schätze diese tapferen und doch bescheidenen Handwerker, stellen sie doch in der Tiefe der Nacht diese hübschen, kleinen, ach so knusprigen und zarten Semmeln her, die schon mehr an Kuchen gemahnen als an Brot.

## BACKTEIG

Sie schütten Mehl in eine Terrine und machen eine Grube, in die Sie ein oder zwei Eidotter, ein Löffelchen Öl, ein oder zwei Gläschen Branntwein und etwas Salz gießen. Rühren Sie mit einer Hand um, indem Sie immer in ein und dieselbe Richtung drehen, und fügen Sie nach und nach Wasser hinzu, um dem Teig die richtige Konsistenz zu geben. In dem Augenblick, wo Sie ihn verwenden wollen, mengen Sie den Schnee Ihrer Eier darunter. Aber geben Sie Acht, dass diese den Teig nicht zu sehr auflockern, was geschehen kann, wenn er nicht sehr fest ist. Möchten Sie einen flaumigeren Teig, dann bereiten Sie ihn am Vortag zu. Wenn er für süßes Backwerk, wie etwa Krapfen, bestimmt sein soll, dann salzen Sie ihn nur sehr wenig und verfeinern Sie ihn mit etwas Orangenblüten-Wasser.

## BALIST

Ein knorpeliger Fisch mit lebhaften, glänzenden Farben. Wenn man ihn fängt, macht er ein Geräusch, ähnlich dem Grunzen eines Schweines. Sein Fleisch ist köstlich und erlangt in Athen phantastische Preise.

## BAMBUS

Eine große indische Schilfsorte, aus der man Stöcke macht. Er enthält einen Saft, den die Inder besonders lieben. Aus jedem seiner Knoten fließt eine zuckrige Flüssigkeit, die unter der Sonne zu klebrigen Tränen gerinnt. Die Alten kannten nur den Rohr- und den Bambuszucker. Die mit Essig und Senf zubereiteten jungen Bambus-Schösslinge werden nach dem Erfinder dieser Komposition Achar genannt.

## BANANE

Ost- und westindische Pflanze. Im Orient gilt die Banane als die verbotene Frucht, in die unsere Großmutter Eva biss. Den armen Leuten erweist sie die selben Dienste wie bei uns die Kartoffel den Arbeitern. Auf den Antillen und auf Cayenne erzeugt man aus der Banane einen Wein.

## BÄR

Nur wenige Männer unserer Generation erinnern sich nicht an die Wirkung der ersten »Impressions de voyage« (in der »Revue des deux mondes« oder auch in der »Revue de Paris«) beim Lesen des Titels: »Das Bären-Beefsteak«. Welch allgemeiner Aufschrei gegen den tapferen Erzähler, der zu berichten wagte, dass man an manchen Orten des zivilisierten Europa Bären isst!

Es wäre einfacher gewesen, zu Chevet zu gehen und dort nachzufragen, ob es Bärenschinken gäbe.

Ohne jedes Erstaunen hätte Chevet geantwortet: »Wünschen Sie eine kanadische Keule oder eine aus Transsylvanien?« Und dann hätte er das Gewünschte eingepackt.

Zu jener Zeit hätte ich den Lesern den Rat geben können, den ich ihnen heute gebe, aber damals hütete ich mich davor, denn es gab so viel Lärm rund um dieses Buch und das war bei meinem Einstieg in die literarische Laufbahn alles, was ich brauchte.

Zu meiner großen Verwunderung war der, der am glücklichsten über diesen Lärm hätte sein müssen, nämlich der Wirt von Martigny, fuchsteufelswild. Er schrieb mir vorwurfsvolle Worte und schrieb auch an die Zeitungen, um eine Richtigstellung in seinem Namen zu fordern: er habe niemals irgendwelchen Reisenden einen Bären serviert. Sein Zorn sollte noch wachsen, denn jeder Reisende, der bei ihm einkehrte, fragte als Erstes: »Haben Sie Bärenfleisch?«

Wenn dieser Dummkopf auf den Gedanken gekommen wäre, ja zu sagen und statt dem Bären Esel, Pferd oder Maulesel serviert hätte, wäre er reich geworden.

Seit dieser Zeit haben wir uns beträchtlich zivilisiert: Bärenschinken ist eines der Gerichte geworden, das man sich zwar nicht überall, aber doch recht einfach beschaffen kann.
Braunbären kommen in den Alpen häufig vor; der graue Bär, der unerbittlichste von allen, der zuerst das Pferd, dann den Reiter hetzt, lebt in Amerika. In Kanada und in der Savoie stößt man auf rötliche Bären, die kein Fleisch fressen, sondern Milch und Honig lieben und die sich lieber töten lassen würden, als loszulassen, wenn sie einen Honigkuchen oder einen Krug Milch ergattert haben. Schwarzbären leben nur in kalten Ländern. Die Wälder und Ebenen von Kamtschatka wimmeln von Bären, die nur dann angreifen, wenn sie selbst angegriffen werden. Da gibt es noch eine seltsame Sache: Diese Bären werden nie eine Frau verletzen, auch wenn sie Letztere verfolgen, um ihnen die Früchte abzunehmen, die sie gesammelt haben.
Wenn die Jakuten, ein sibirisches Volk, einem Bären begegnen, dann lüften sie ihre Mütze, grüßen ihn, nennen ihn Chef, Alter oder Großväterchen und versprechen ihm, ihn niemals anzugreifen oder Schlechtes von ihm zu sagen. Wenn der Bär aber Anstalten macht, sich auf sie zu stürzen, dann erschießen sie ihn. Haben sie ihn erlegt, dann zerteilen und braten sie ihn und verzehren ihre Beute mit Genuss, wobei sie unentwegt dabei murmeln: »Es sind die Russen, die dich essen, wir nicht!«.
(Nach Aulagniers »Dictionnaire des Aliments et des Boissons«)
Bärenfleisch wird heute von allen europäischen Völkern gegessen. Seit der Antike betrachtet man die Vordertatzen als den delikatesten Teil des Tieres. Auch die Chinesen lieben diese Delikatesse sehr und in Deutschland, wo man vor allem junge Bären sehr zu schätzen weiß, bereiten die Vordertatzen den Reichen höchsten Tafelgenuss.
Hier sei nun angegeben, wie laut M. Urbain Dubois, dem Küchenchef der preußischen Könige, diese Tatzen in Moskau, Sankt Petersburg und überall in Russland serviert werden:
Man verkauft dort die Tatzen bereits gehäutet. Zuerst wäscht man sie, salzt sie und legt sie in eine Terrine, wo sie in einer in Essig gekochten ▸ Marinade zwei bis drei Tage ziehen sollen. Dann legt man eine Kasserole mit Speck und Schinken sowie mit Gemüsestreifen aus. Auf dieses Bett werden die Bärentatzen gelegt, mit Marinade und Bouillon bedeckt, mit Speckscheiben belegt und auf sehr kleiner Flamme sieben bis acht Stunden gegart, wobei von Zeit zu Zeit in dem Maß aufgegossen werden sollte, in dem die Flüssigkeit verdampft. Wenn die Tatzen gar sind, lässt man sie in ihrem Sud auskühlen und dann abtropfen. Nun wischt man

sie trocken und viertelt jede Tatze der Länge nach. Man bestreut sie mit Cayenne-Pfeffer, rollt sie in zerlassenem Schmalz, paniert sie und bäckt sie eine halbe Stunde lang auf sehr kleiner Flamme. Dann richtet man sie in einer Schüssel an, in welche man zuvor irgendeine reduzierte pikante und mit zwei Esslöffeln Ribisel*-Gelée montierte* Sauce gegeben hat. Lassen wir hier Vuillemot zu Wort kommen:
»Ich habe oft welche in meinem Restaurant an der Madeleine angerichtet, die man gut fand. Dieses Gericht erinnert mich daran, dass mir der Herr Baron d'Offémont, einer meiner Kunden, die Keule eines Bären zum Geschenk machte, den er, wie er sagte, in den Pyrenäen erlegt hatte. Ganz selbstverständlich stelle ich das Bärenviertel mit einem Etikett versehen aus, auf dem steht: ›Zu dieser und jener Zeit von Herrn Baron d'Offémont in den Pyrenäen geschossen‹. Einige seiner Freunde zogen ihn darob auf, denn diese Jagd war eine erfundene: Das Bärenviertel war dem Baron geschenkt worden, bei dem ich wegen meiner ungeschickten Verbreitung dieser Peinlichkeit in Ungnade fiel. Später konnte ich seine Gunst zurückerobern und wir sprachen noch oft von der hypothetischen Bärenjagd.«

## BARAQUILLE

Eine Art Pastete aus Rebhuhnfilets, Hühnerfilets, Kalbsbries, Pilzen und grünen Trüffeln, die man gemeinsam fein hackt und mit einem Stück frischer Butter sowie mit Fines Herbes* verfeinert. Man hüllt alles in sehr feinen Blätterteig und serviert es als gebackenes Hors-d'œuvre.

## BARBE

Ein Seefisch, sehr delikat, solange er nicht schwerer ist als 2 bis 3 kg, der aber hart und unbekömmlich wird, wenn er er 15 bis 20 kg wiegt. Ich habe einmal bei Trouville eine Barbe gefangen, die 23 kg wog, zäh war und all ihre Saftigkeit verloren hatte.
Man sollte diesen Fisch nur auf eine Weise essen: gedünstet in 125 gr gesalzener Butter mit fünf bis sechs großen Petersilienstauden samt ihren Wurzeln. Dazu sollte man eine ▸ Sauce hollandaise servieren.

## JUNGE BARBE

Sie ist länglich, mittelgroß, mit dünnen Schuppen bedeckt und trägt einen Bart aus Hautfilamenten. Ihre Eier sind ein heftiges Abführmittel, deshalb sollte man sie ihr vor der Zubereitung aus dem Körper ziehen, denn ihre bloße Anwesenheit im Fisch kann zu größeren Beschwerden führen.

Man besorge sich eine mittlere junge Barbe für vier Personen, nehme sie aus, entschuppe sie und wische sie dann sorgfältig ab. Daraufhin legt man sie in einen Tontopf, gießt acht Esslöffel Öl dazu, salzt und pfeffert leicht. Nach einer halben Stunde brät man sie auf mäßigem Feuer, legt sie auf einen Teller, bedeckt sie mit einer ▸ Sauce à la maître d'hôtel, träufelt Zitrone darüber und serviert sie.

Auch in der ▸ Matelote mit Aal und Karpfen macht sich die junge Barbe gut und für die Aal-Matelote marinière ist sie unerlässlich.

*Gedämpfte Jungbarbe*

Nachdem man sie entschuppt und ausgenommen hat, gart man die Barben in Rotwein, wobei man am besten Burgunder nimmt. Außerdem kommen Salz, Pfeffer, Gewürznelken, ein Bouquet garni* und ein großes Stück Butter dazu. Wenn sie gar sind, bindet man die Sauce mit etwas Mehlbutter, die auch mit Reismehl verknetet sein kann.

*Jungbarben in Court-Bouillon*

Nehmen Sie die schönste Jungbarbe, die Sie finden können; sie wird ausgenommen aber nicht entschuppt, mit Salz und Pfeffer in einen großen Topf gelegt und mit kochendem Essig übergossen. Bei großer Hitze soll der Fisch nun in Wein, ▸ Kretzer, Salz, Pfeffer, Gewürznelken, Lorbeerblättern, weißen Zwiebeln, Zitronen-Zesten* und Bouquet garni* aufkochen, der Fischsud dann durch Weiterkochen reduziert werden. Den Schaum abschöpfen, anrichten und mit Kresse garnieren.

Abgesehen von den vielen Gräten, mit denen das Fleisch gespickt ist, stellt dies ein köstliches Mahl dar.

*Jungbarbe, gegrillt*

Den Fisch ausnehmen, abschuppen, auf dem Rücken einschneiden, mit Butter und feinem Salz abreiben und grillen. Wenn dies getan ist, mit einer Anchovis-Sauce anrichten. Man kann marinierte Austern hinzufügen. Übrigens passen alle Saucen zu diesem ausgezeichneten Fisch: eine ▸ Sauce verte mit Anchovis und einer Knoblauchzehe, ▸ Sauce hollandaise sowie eine weiße Sauce mit Kapern und tournierten* Oliven.

## BARBOTE

Ein Süßwasserfisch, wobei die in Seen lebenden weniger delikat schmecken als die, die man in Bächen und Flüssen fischt, denn das Fleisch der Ersteren grundelt und ist schwerer verdaulich.
Die Leber schmeckt jedoch sehr angenehm und ist, im Verhältnis zum ganzen Fisch, sehr groß. Manche Schlemmer behaupten gar, man könne von der Barbote überhaupt nur die Leber essen.
Die Barbote wird zum Säubern in kochendes Wasser getaucht, ausgenommen und die Eier weggeworfen. Man bereitet die ▸ Court-Bouillon zuerst vor, denn der Fisch braucht nur kurz darin zu schwimmen um gar zu sein. Kleine Barbotes kommen als Garnitur in die Fischeintöpfe, in die ▸ Bouillabaisse, in die Bouride und andere Fisch-Ragoûts. Sie sind aber auch in Mehl gewendet und scharf gebraten köstlich und ihre Leber, von der bereits die Rede war, ist in ihrem feinen Geschmack vergleichbar mit der des Seeteufels.

### *Barbote à la royale*

Die Fische ausnehmen, abschuppen, in Mehl wenden und braten. Währenddessen einen ▸ Roux mit halbierten Anchovis, Salz, Pfeffer, Muskat, Orangensaft von bitteren Orangen, Kapern und ▸ Kretzertrauben zubereiten. Vorsichtig köcheln lassen, mit Petersilie und Zitronen-Zesten* garnieren.

### *Gedünstete Barbote*

Wie für die ▸ Barbote à la royale vorbereiten; die Leber mit Butter und einem halben Löffel Mehl in einen Topf legen, den Fisch dazugeben, mit Weißwein begießen, salzen, pfeffern, ein Bouquet Fines Herbes* hineinfallen lassen, etwas grüne Zitrone und einige Pilze hinzufügen sowie rundherum mit gerösteten Brotstücken garnieren. Den Saft einer grünen Zitrone darüber träufeln und den Fisch mit seiner Leber umgeben, wobei Leberscheiben und Brot-Röstscheiben einander abwechseln sollten.

## BARSCH

Ein ausgezeichneter Flussfisch mit leichtem und nahrhaftem Fleisch. Sein Name kommt vom lateinischen »Perca«, weil er schwarze Flecken trägt. Man schätzt die Barsche aus der Seine ganz besonders und die Schlemmer des 16. Jahrhunderts nannten ihn das Süßwasser-Rebhuhn. Der Barsch ist äußerst gefräßig und wird in einem Fischteich fast alle anderen Fische töten und verschlingen. Auch die Eier des Barsches sind sehr schmackhaft und man isst sie meistens gegrillt, nachdem man sie in frischer Butter und nur mit Salz und einigen Blättern Petersilie gewürzt sautiert hat. Man kann Barsch in Champagner, mit einer ▸ Sauce à la peluche verte (siehe Saucen), als ▸ Matelote, in Krebs-Coulis, à la Sainte-Menehould oder auch gebraten servieren. Die beste Art ihn zuzubereiten ist jedoch à la »Watter-Fish«, also in einer holländischen ▸ Court-Bouillon, deren Rezept wir hier angeben werden:

Sie reißen sechs große Petersilienpflanzen mit ihren Wurzeln aus, schälen Letztere, ohne sie von ihren grünen Stängeln zu trennen, und kochen sie drei Stunden lang in Salzwasser mit einer weißen Porree-Stange, einer geviertelten Pastinake und einer mittleren Cayenne- oder Jamaika-Pfefferschote. Wenn diese Grundlage genügend reduziert und durch ihre Ingredienzen gewürzt ist, entfernen Sie Pastinake, Pfefferschote und Porree und lassen nur die Petersilienwurzel in der Brühe liegen. Kochen Sie nun die sorgfältig vorbereiteten Fische darin und servieren Sie sie dann in einer Schüssel gemeinsam mit der Court-Bouillon und der Petersilie. Daneben stellen Sie einen Teller mit gebuttertem Roggenbrot.

## BEEFSTEAK oder BIFTECK À L'ANGLAISE

Ich erinnere mich gesehen zu haben, wie das Bifteck nach dem Feldzug von 1815, nach dem sich die Engländer seit zwei oder drei Jahren in Paris häuslich niedergelassen hatten, in Frankreich das Licht der Welt erblickte. Bis zu jenem Zeitpunkt waren unsere Küchen ebenso verschieden gewesen wie unsere Ansichten. Man beobachtete also durchaus mit gewisser Sorge, wie das Bifteck sich den Weg in unsere Küchen erschleichen wollte. Da wir jedoch ein eklektisches Volk ohne Vorurteile sind, streckten wir, als wir sicher waren, dass das Geschenk keinen Pferdefuß besaß, obwohl es »von den Griechen kam«, die Teller vor und verliehen dem Bifteck die Staatsbürgerschaft. Trotzdem gibt es immer etwas, das das englische vom französischen Bifteck unterscheidet. Wir machen es mit einem Stück Lendenfilet, während unsere Nachbarn für ihre Steaks das nehmen, was wir den Naturteil nennen, also das Rumpsteak. Allerdings ist dieser Teil des Ochsen bei ihnen immer viel zarter, als er es bei uns wäre, weil sie ihre Rinder besser füttern als unsereiner und sie in zarterem Alter schlachten als wir. Sie nehmen also genannten Teil des Rindes und schneiden ihn in Scheiben von der Dicke eines halben Daumens, die Sie leicht klopfen und auf einer eigens dafür vorgesehenen gusseisernen Platte grillen. Dazu verwenden sie Steinkohle, nicht Holzkohle. Das Bifteck

vom echten Filet muss auf einen sehr heißen Grill gelegt werden, darunter glühende Kohle. Drehen Sie es nur einmal um, damit es seinen guten Saft behält, der sich bestens mit der ▸ Sauce à la maître d'hôtel verbindet. Besagter Teil des englischen Rindes ist unendlich schmackhafter als das Fleisch, aus dem wir unsere Bifteckѕ machen, und zu meiner eigenen Bestätigung esse ich jedes Mal, wenn ich nach England reise, neuerlich mit Genuss davon. Man muss Bifteck in englischen Tavernen essen, in Madeira gebraten oder mit Anchovis-Butter oder auf einem Bett gut mit Essig versorgter Kresse. Ich würde auch empfehlen, es mit eingelegten Gurken zu essen, wenn es nur ein einziges Volk auf der Erde gäbe, das es verstünde, Gurken einzulegen. Was das französische Bifteck anbelangt, ist die Sauce à la maître d'hôtel die beste, weil sie den Duft der Fines Herbes* und der Zitrone hervorbringt. Aber ich werde mir hier doch eine Bemerkung erlauben: Schon sehe ich unsere Köche vor mir, wie sie ihre Bifteckѕ auf dem Küchentisch mit der flachen Seite des Hackebeils klopfen. Ich glaube, dass es abgrundtiefste Ketzerei ist, was sie begehen, wenn sie auf diese Weise bestimmte Nährstoffe aus dem Fleisch herausspritzen lassen, die viel eher beim Kauen hervortreten sollten. Generell sind die Wiederkäuer in England besser als in Frankreich, weil man sie zu ihren Lebzeiten mit besonderer Pflege bedenkt. Nichts lässt sich mit diesen im Ganzen gegarten Rindervierteln vergleichen, welche in einem eigenen kleinen Wagon von Englands Zügen zu den Stammgästen weit voneinander entfernt liegender Tavernen gebracht werden. Diese Ochsenviertel, durchzogen von Fettem wie Magerem, von denen man sich selbst eine passende Portion von einem hundert Pfund schweren Stück abschneidet, lassen sich in ihrer Appetitlichkeit mit nichts vergleichen. Man züchtet dort so fette Ochsen, dass sie aussehen, als fehlten ihnen die Beingelenke und als bewegten sie sich auf ihrem Bauch fort. Die Züchter und Mäster zwingen einen Mastochsen, bis zu 80 Liter Wasser am Tag zu trinken. Und die Schafe entwickeln, weil sie frischeres Gras fressen als unsere, ein Aroma, von dem wir in Frankreich gar nichts ahnen.
Die englische Küche versagt bei den Saucen völlig. Doch Fisch und Fleisch schmecken in London unendlich besser als in Paris.

## BEILCHE

Da wir schon bei ausländischen Gerichten und beim Buchstaben B angekommen sind, erlaube man mir, ein populäres Gericht der deutschen Küche vorzustellen, das man in Westfalen Beilche nennt und das der kulinarischen Gelehrsamkeit des Monsieur de Courchamps nicht entgangen ist.

Hier das Rezept:

»Man nimmt einen sehr gut abgehangenen, schön mürben Naturteil vom Rind, entfernt alles Fett, teilt ihn in sieben bis acht gleich lange Streifen, ohne die Schnitten abzulösen, die weiterhin durch das gemeinsame Mittelstück verbunden bleiben sollen. Man öffnet sie nur leicht, um eine kräftige Prise Salz, vermischt mit feinem Pfeffer, hineinzustreuen. Dann legt man besagten Naturteil, aufgeschnitten und gewürzt, wie wir es erklärt haben, in einen großen Topf mit Deckel. Sofort legt man zwölf oder fünfzehn rohe Kartoffeln, geschält, wie man Äpfel schälen würde, auf das Fleisch und bestreut diese vorsichtig mit weißem Salz. Damit dem Gericht nichts fehle, ist es wichtig, sich runde, strohgelbe irische Kartoffeln mit mehligem Kern zu besorgen. Man schließt den Topf und dichtet den Deckel mit Teig ab und stellt diese Zubereitung auf ein Häufchen heiße Asche, in eine Ecke des Kamins, in dem man vier Stunden lang ein starkes Kohlenfeuer unterhält.«

Die Einwohner Westfalens besitzen fast alle zu diesem Zwecke einen großen alten Silbertopf, der Beilchen-Topf geheißen wird. Man muss dieses alte teutonische Gericht gekostet haben, um zuzugeben, wie sehr es in allen Ländern der Welt den Ruf verdiente, den es nur in Westfalen hat.

## BETEL

Indische Schlingpflanze, die, wenn sie gekaut wird, eine wirksame Substanz hervorbringt. Von allen in heißen Ländern gebräuchlichen Kau-Substanzen ist Betel die belebendste. Üblicherweise spielen hier vier Produkte eine Rolle: Zum Ersten die scharfen Blätter des Betel-Pfefferstrauchs, der der Zusammensetzung seinen Namen gibt. Manchmal verwendet man auch die gelbe Frucht der Pflanze oder eine ausreichende Menge Tabakblätter oder ungelöschten Kalk, der dort sehr viel ätzender wirkt als bei uns, wie Vauclin feststellen konnte. Père Papin weiß zu berichten, dass es Personen gibt, die täglich eine eigroße Menge von diesem Kalk zu sich nehmen.

Die Betel-Nuss, die mehr als die Hälfte der Kaumasse ausmacht, ist noch wirksamer, weil sie einen großen Anteil Gallus-Säure enthält, spürbar an der stark adstringierenden Wirkung in Mund und Rachen. Ihre Wirkung wird durch die Mischung mit anderen ebenso reizenden Substanzen verstärkt. Tatsächlich werden alle Zähne dadurch angegriffen, ja sogar aufgelöst, so dass unter den Betel kauenden Völkern kaum ein junger Mensch noch Zähne hat. Sie fallen nicht aus, sondern werden bis zum Zahnfleisch abgenützt. Letzteres wird bald schrecklich verstümmelt.

Von allen bekannten adstringierenden Mitteln scheint die Betelpflanze die belebendste und stärkste zu sein und auch die, welche in Ländern, wo exzessives Schwitzen fürchterliche Krankheiten hervorruft, am besten geeignet ist, den Magen zu unterstützen. Sie stimuliert Speicheldrüsen und Verdauungssäfte aufs Außerordentlichste, verringert Schweißausbrüche und den daraus resultierenden Schwächezustand. Schließlich muss sie im Inneren die gleichen heilenden Kräfte freisetzen, die kalte Bäder und ölige Abreibungen äußerlich bewirken.
Nur Instinkt und Erfahrung konnten diesen in der Gluthitze darbenden Völkern den Mut verleihen, Betel zu kauen. Alle verwenden es, trotz der totalen Zerstörung ihrer Zähne, überall in den heißen Gegenden, von den Molukken bis zu den Ufern des Gelben Flusses, von denen des Indus und des Ganges bis zur Schwarzmeer-Küste.
Ein weiterer Beweis, wie nützlich diese Angewohnheit ist, mag von den Europäern erbracht werden, die sich in diesen Regionen niedergelassen haben und die auf dieses oder ähnliche Mittel zurückgreifen müssen, um sich vor der zerstörerischen Wirkung von Klima und Temperaturen zu schützen.
In Indien bietet man jedem Gast Betel an. Es wäre grobe Unhöflichkeit, würde man dem Reisenden nicht das ganze Kästchen mit Betel anbieten. Im Reich Siam präsentiert es der Bräutigam seiner Braut und allen Geladenen als Symbol der Treue, die die Frischvermählten einander versprochen haben, und des guten Einverständnisses, das immer zwischen beiden Familien herrschen soll.
Die Betel-Pflanze aus Tong-King wird als die beste anerkannt, vor allem wenn sie jung, grün und zart ist, weil sie dann am saftigsten ist. In anderen Ländern wird sie trocken genossen.

## BIER

Bier ist eines der ältesten und der meist verbreiteten Getränke. Als Erste sollen es die Ägypter gekannt haben.
Es ist, nach dem Wein, sicherlich das beste gegorene Getränk, jedoch unendlich weiter verbreitet als jener, denn es wird auf der ganzen Welt hergestellt.
Man bereitet es mit ausgekeimter, getrockneter Gerste, mit Hopfen, ohne den das Getränk schnell verderben würde, und mit Wasser zu. In manchen Ländern macht man Bier mit Weizen, Roggen, Mais oder sogar Hirse, aber das beste wird mit Gerste hergestellt, die man auskeimen lässt, um den darin enthaltenen Zucker hervorzubringen, und die man trocknet, um dem Bier Bitterkeit und Farbe zu verleihen.

Je länger man Bier kocht, umso besser lässt es sich konservieren. Der Hopfen, der einen großen Anteil in der Produktion hat, gibt mit seiner Bitterkeit das Aroma und verhindert, dass das Bier sauer wird.
Wir haben gesagt, dass man ausgekeimte Gerste verwenden soll. Nun sind drei Bedingungen erforderlich, um dieses Keimen zu ermöglichen: Feuchtigkeit, bestimmte Temperaturen und Belüftung. Man wässert also eine gewisse Menge Gerste in einer großen Wanne aus Stein oder aus Holz, in der so viel Wasser sein muss, dass alle Gerste bedeckt ist; sie muss so lange darin weichen, bis man die Körner zwischen den Fingern zerdrücken kann. Während des Einweichens, das etwa 40 Stunden dauert, erneuert man zwei- oder dreimal das Wasser und wenn die Körner sich genügend aufgebläht haben, schüttet man das Wasser weg und gießt ein letztes Mal frisches darauf, um die Gerste zu waschen. Dann lässt man die Flüssigkeit von den Körnern abtropfen, die sich weiter aufblähen, und nach acht Stunden im Sommer, 15 Stunden im Winter, schichtet man die Körner zu mehreren Häufchen auf, in denen sich bald Wärme entwickelt. Bald darauf wird man an den Spitzen der Körner kleine weiße Punkte entdecken, die anzeigen, dass das Keimen begonnen hat. Man bewegt die Körner des Öfteren, um alle Teile gleichmäßig der Luft auszusetzen. Wenn sie schön trocken sind, legt man sie an einen ebenfalls trockenen Ort, wo sie einer Temperatur ausgesetzt sein sollen, die gerade ausreicht, sie leicht zu dörren. Dann siebt man die Gerste, um alle vertrockneten Keime von den Körnern zu trennen, und mahlt diese unter Mahlsteinen, um eine Art Mehl zu gewinnen, das man in eigens dafür gemachte Holzwannen gibt. In diese Wannen leitet man 40 Grad warmes Wasser und rührt gut um, damit Mehl und Wasser sich gut vermischen. Man lässt alles ein wenig ziehen und gießt dann noch wärmeres Wasser dazu, um die Temperatur auf 50 Grad steigen zu lassen. Immer weiter rührt man und bringt auf diese Weise sehr feines Malz an die Oberfläche. Dann deckt man die Wanne gut zu und überlässt die Flüssigkeit einige Stunden lang sich selbst. Danach gießt man sie in einen Kessel und bringt sie zum Kochen; nach und nach, wenn die Bierwürze aufsteigt, wirft man Hopfen dazu. Dann lässt man alles in Kübeln auskühlen und sieht zu, dass die Bierwürze nicht sauer wird. Zu diesem Zweck empfehlen wir, dass man die Flüssigkeit in eine spezielle Vorrichtung gibt, wo sie von einem sich in entgegengesetzter Richtung zur Bierwürze drehenden Luftzug rasch abgekühlt wird; so verhindert man, dass die Würze sauer wird.
Wenn die Temperatur angemessen niedrig ist, gibt man der Bierwürze Hefe bei. Bald entwickelt sich Gärung und dies ist der Augenblick, in

dem man das Bier in Fässer füllt, wo die Gärung vollendet wird, nachdem ein durch die Hefe erzeugter dicker Schaum ausgeworfen wurde. Nun muss man das Bier nur noch mit Fischleim klar machen und in Flaschen abfüllen, um es trinken zu können.

Die heute in Paris am meisten geschätzten Biersorten kommen aus dem Norden, aus Lyon, Straßburg und, seit der Weltausstellung, aus Wien, wo das berühmte Bier von Dreher hergestellt wird. Wir wollen hier auch das berühmte Londoner Porter, das Edinburger Ale, das rote Bier aus Amsterdam und Rotterdam, das braune aus Köln, das Brüsseler Faro, das Bier aus Louvain, aus Morlaix usw. nicht vergessen.

Bier ist ein Getränk, das mit großer Sorgfalt gezapft werden muss. Die Flaschen müssen jedes Mal aufs Peinlichste gesäubert werden, es sollten nur neue Korken verwendet werden und man muss die Flaschen nach drei Tagen umlegen, sie sieben bis acht Tage liegend aufbewahren, dann wird sich das Bier lange halten.

In ganz Nordeuropa bereitet man mit Bier eine sehr gehaltvolle Suppe zu, die gesünder ist als die meisten bäuerlichen Speisen. Jeder kennt die berühmte Biersuppe, eine Leibspeise der Russen, die Carême dem Zaren Alexander während seines Paris-Aufenthaltes zu jeder Mahlzeit servieren ließ. Das Rezept findet man unter »Berliner Biersuppe« (siehe Suppen).

Je nachdem, welches Korn man verwendet hat und wie fortgeschritten der Grad der Keimung war, ist Bier ein mehr oder weniger gesundes Getränk. Im Allgemeinen gehaltvoll und erfrischend, kann es aber auch schleimbildend wirken und zu Atembeschwerden wie auch zu Nierenblockaden und -störungen führen. Alles hängt von der Veranlagung ab und viele regelmäßige Biertrinker fühlen sich sehr wohl.

Wir wollen mit einer kleinen Anekdote schließen, die uns ein eingefleischter Bierfeind erzählt hat. Ein unglücklicher, zum Tode verurteilter Sträfling fühlt sich auf dem Schafott von schrecklichem Durst geplagt und bittet um eine Erfrischung. Als man ihm ein Glas Bier vorsetzt, lehnt er dieses mit den Worten ab: »Nein, kein Bier, es führt zu Nierengrieß!« So viel zu durstigen Todeskandidaten.

## BIGARADE

Eine Art Zitrone, zu bitter, um roh gegessen zu werden. Man stellt daraus angenehme Marmeladen her. Ihr Saft dient, ähnlich dem ▸ Kretzer, dazu, eine ganze Bandbreite von Speisen zu würzen.

### *Bigaraden-Kompott*

Sie drücken, ohne sie zu zerdrücken, 250 gr glacierte* Kastanien in einer Schüssel flach, pressen vier gebratene Bigaraden aus und vermischen deren Saft mit etwas Puderzucker und etwas Curaçao. Rühren Sie um, während der Saft im Wasserbad heiß wird, gießen Sie ihn dann auf die Kastanien und lassen Sie nun alles auskühlen. Der Saft muss kochend heiß sein, wenn man ihn über die Kastanien gießt, so dass diese ihn ganz aufnehmen können.

## BIRNE

Die Zuchtbirne stellt eine unserer besten Früchte dar. In unseren Gärten gibt es über 300 Arten davon. Wenn man die Kleinheit, Härte und Bitterkeit der wilden Birne mit dem riesigen Umfang, der Süße und Weichheit so vieler schöner Früchte vergleicht, dann begreifen wir den wunderbaren Einfluss, den Zucht haben kann. Die wilde Birne ist ungenießbar, liefert unter Umständen einen eher schlechten Tresterwein und heißt nicht grundlos »Angstbirne«.
Wie die Äpfel umschließen Birnen fünf Kammern voll mit kleinen, weichen Kernen. Birnenkerne sind jedoch von dunklerem Braun, meist sogar schwarz. Von den Früchten, die etwa so groß wie Äpfel werden und in ebenso großer Vielfalt vorkommen, gibt es, wie bereits erwähnt, 300 Arten. Wir werden uns hüten anzugeben, von welchen wir glauben, dass sie die besten sind. Man unterscheidet drei Klassen: die mit auf der Zunge zerschmelzendem Fruchtfleisch, die harten, aber süßen und die mit festem oder sogar hartem Fruchtfleisch, dessen Herbheit auch durch Kochen nicht vollkommen verschwindet.
Fast alle Sommerbirnen gehören der ersten Klasse an. Manche, die erst im Herbst blühen, und wenige Winterbirnen gehören auch dazu.
Die Birnen der zweiten Klasse sind weniger gut verdaulich als die ersten, können jedoch ebenfalls roh genossen werden, während die trockenen, harten Früchte der dritten Klasse im rohen Zustand nur von den besten Mägen verkraftet werden können, so dass man sie am besten mit Zucker kocht.

### *Birnen mit Speck (deutsches Rezept)*

Man röstet klein gewürfelten Speck an, schält Birnen mit hartem Fruchtfleisch und würfelt dieses ebenfalls. Die Birnen in etwas Kalbsbrühe dämpfen und, wie auch den Speck, abtropfen lassen. Speck und Birnen in einer Kasserole mischen und mit einer Messerspitze Muskatnuss, grobem Pfeffer und einigen Blättern Beifuß würzen. Alle Zutaten eine halbe Stunde lang köcheln lassen und dieses gute deutsche Gericht mit Röstbrot-Stücken garnieren, so wird es am Hof zu Württemberg jeden Mittwoch serviert.

Für alle anderen Rezepte mit Birnen verweisen wir auf die Artikel Charlotte, Chartreuse, Konfitüren usw.

## BIRNENMOST

So nennt man ein aus Birnen gemachtes gegorenes und alkoholisches Getränk. Sind die Früchte gut und wird die Herstellung mit Sorgfalt betrieben, schmeckt Birnenmost besser als so mancher Weißwein. Man muss etwas herbere Birnen wählen, etwa wilde Birnen, dann hält sich dieses köstliche Getränk mehrere Jahre lang.

Birnenmost ist üblicherweise reiner, weniger schwer und nahrhafter als Apfelmost. In der Küche verwendet man ihn nur zum Übergießen der Matelote normande.

## BISCUIT

Leichtes, feines Backwerk aus Eiern, bei dessen Zubereitung das Eiklar bis zur Ermüdung des Handgelenks geschlagen werden muss, weiters aus Zucker, feinstem Mehl oder Kartoffelstärke und gewissen Aromaten* oder anderen Substanzen, die man in den Teig einarbeitet.

### *Biscuit aus Savoyen*

Man nimmt zwölf frische Eier, trennt Eidotter und Eiklar und entfernt dabei sorgfältig jeglichen Keim. Dies wird sehr viel Schnee ergeben. Die Dotter kommen in eine Terrine und werden mit 500 gr gestoßenem, trockenen Zucker, Vanille-Essenz oder Zitronen-Zesten* mit Hilfe zweier Kochlöffel so lange geschlagen, bis die Dotter fast weiß und die Masse flaumig wird. Nach dieser Verrichtung mischt man 200 gr feines Weizenmehl und 100 gr Kartoffelstärke und lässt alles gut trocknen, bevor man die Mischung durch ein besonders feines Sieb passiert. Mehl und Stärke gut mit den Dottern vermengen und den Teig glätten.

Das Eiklar in eine Schüssel geben und mit Hilfe eines Schneebesens zunächst langsam schlagen. Wenn das Eiklar zu steifem Schnee geworden ist, hebt man es mit dem Kochlöffel unter den Teig und rührt dabei ständig um, so dass der Teig so dünn wird, dass man ihn in eine Flasche füllen könnte. Ein wenig Butter zerlassen und mit einem Pinsel alle Teile einer Backform bestreichen, dann auskühlen lassen. Mit sehr trockenem Puderzucker bestreuen und den Teig bis zwei Zentimeter unter den Rand in die Form füllen. Dabei klopft man diese unentwegt ab und schwenkt sie, damit der Teig schön an ihren Rändern haften bleibt. Bei kleinem Feuer im Ofen backen. Zwei Stunden Garzeit reichen aus, dann stürzt man das Biscuit, das durch den Zucker schön glaciert* und von mattgelber Farbe sein wird, auf eine Platte.

Auf diese Weise haben wir mit den MM. Allain und Chrétien gebacken, zwei verdienten Zuckerbäckern, die dem Hof des verstorbenen Königs Karl X. nahe standen. Beide gaben mir die Grundlagen der Zuckerbäckerei weiter. (Nach Vuillemot)

### *Falsches Biscuit*

(nach Vuillemot)

Das falsche Biscuit wird mit sechzehn statt mit zwölf Eiern zubereitet. Es gilt dasselbe Verfahren wie oben, nur fügt man dem Teig nach leichtem Rühren 250 gr feinste Butter hinzu, die sich darin auflösen soll. Alles gut verrühren und eine quadratische Form von 4 cm Höhe buttern, den Teig hineingießen und bei kleiner Hitze in den Ofen stellen. Wenn der Kuchen gebacken ist, nimmt man gehackte Mandeln, vermischt sie mit Zucker, fügt zwei Eiklar hinzu, verrührt das Ganze zu einem Teig, begießt den oberen Teil des Biscuits mit leicht geschlagenem Ei, streicht den Mandelteig gleichmäßig darauf und lässt alles bei geringer Hitze trocknen. Man zerschneidet den Kuchen in kleine Rechtecke oder Ovale und arrangiert sie auf einer Serviette. Diese Süßspeise ist sehr gut.

Man meint, dass dieser Kuchen den Namen »falsch« zu Unrecht erhielt, weil ein Lehrbub statt einer Génoise Butter in den Teig tat. Ein Irrtum, der eine kulinarische Neuheit hervorbrachte. Der Anteil des Zufalls ist groß bei allen menschlichen Erfindungen.

### *Pistazien-Biscuit*

Man nimmt 250 gr sehr frische Pistazien, dreizehn Eiklar, neun Dotter, 50 gr getrocknetes und gesiebtes Mehl und schließlich 50 gr des schönsten Zuckers, den man bekommen kann. Die Dotter mit dem Zucker schlagen, in einer anderen Schüssel das Eiklar zu Schnee schlagen, Eiklar und Dotter mischen, das Mehl darunterrühren, die gestoßenen Pistazien hinzufügen und die Masse mit Spinatsaft grün färben. Nun wird der Teig in Pappformen gegossen, die Oberfläche mit Zucker und Mehl glaciert* und der Kuchen in einem mäßig warmen Ofen gebacken.

### *Mandel-Biscuit*

Die Biscuit-Sorten mit Mandeln, Haselnüssen und anderen Nuss-Sorten werden auf die gleiche Art zubereitet wie das Pistazien-Biscuit, nur sollte man den Spinatsaft weglassen und stattdessen mit kandierter Orangenblüte oder geriebener Schale von grünen Zitronen würzen.

### *Löffel-Biscuit*

Einen noch leichteren Teig als für das Savoyen-Biscuit zubereiten, sechzehn Eier statt zwölf nehmen, 500 gr Zucker leicht mit den Eiern verrühren und mit einer Schiene auf Backpapier dressieren. Die Biscuits mit Zucker bestreuen und diesen bei mäßiger Hitze hart werden lassen. Zwei Minuten warten, bevor man sie in den Ofen schiebt.

### *Schokolade-Biscuit*

Man nimmt zwölf Eier, 300 gr Mehl, 650 gr Zucker sowie 90 gr feine Schokolade mit Vanillegeschmack in Pulverform. Die Dotter mit Zucker und Schokolade schlagen, das Eiklar zu Schnee schlagen und unterheben, Mehl beigeben und währenddessen ständig rühren, den Teig in Formen gießen, wie oben mit Zucker glacieren* und backen.

### *Biscuit-Kekse*

Wenn Sie zehn Dotter in einer Terrine mit 500 gr Puderzucker, ein wenig Salz, Orangenblüten und Zitronen-Zesten* geschlagen haben, vermischen Sie sie mit steif geschlagenem Schnee, sieben 60 gr Mehl darauf und arbeiten dieses leicht in die Masse ein. Nun gießen Sie den Teig in eine Pappform, glacieren* ihn und stellen ihn für mindestens eine Stunde bei kleiner Hitze in den Ofen. Wenn das Biscuit ausgekühlt ist, schneiden Sie es in Scheiben. Möchten Sie Ihren Kuchen mit Bigaraden-, Zitronat- oder Orangengeschmack haben, dann reiben Sie die Frucht Ihrer Wahl auf einem Stück von einem Zuckerbrot, so dass dieses den Duft der Schale annimmt. Dieses Aroma kommt in die Glasur und wird auf dem Biscuit verteilt, bevor es gebacken wird. Man kann den Kuchen auch mit Erdbeer-, Himbeer- oder Ribisel*-Aroma glacieren, indem man dem Zucker das zerdrückte und passierte Fruchtfleisch beimengt.

### *Biscuit-Windbäckerei mit Orangenblüten*

Bereiten Sie eine Glasur zu, indem Sie Puderzucker mit einem frischen Eiklar schlagen, bis es flaumig wird, dann fügen Sie drei bis vier Gramm kandierte Orangenblüte hinzu, füllen diese Zubereitung in sehr kleine Pappformen, backen sie bei sehr schwacher Hitze und nehmen sie heraus, wenn sie fest geworden ist.

### *Kleine Mandelwindbäckerei*

Rösten Sie 250 gr süße, in kleine Stifte geschnittene Mandeln und mischen Sie eine Prise kandierte Orangenblüte darunter. Vermengen Sie die Mandeln mit dem Schnee von zwei Eiern, füllen Sie die Masse in Pappformen und lassen Sie sie wie oben im Ofen trocknen. Ebenso wird Windbäckerei mit Rum, mit Likör oder mit Obers* zubereitet. Grundlage ist immer dieselbe Masse.

### *Biscuit à la génoise*

Es ist ein knuspriges Biscuit und der Prototyp aller anderen. Man nimmt 500 gr Mehl, 120 gr Zucker, gemahlenen Koriander und Anis, dann fügt man vier Eier und genügend Wasser hinzu, um einen weichen Teig zu erhalten. In der Backform backen, dann in Scheiben schneiden und ein zweites Mal backen (daher der Name: Biscuit – zweimal gebacken).

### *Biscuits von Mutter Jeanne*

Einen dünnen Teig aus zwei Eiklar, vier Löffeln Zucker, zwei Löffeln Mehl und 30 gr kandierter und zerstoßener Orangenblüte zubereiten. Man nimmt den Teig teelöffelweise auf und formt kleine runde Häufchen auf Backpapier.

Diese stellt man in den Ofen und zieht sie wieder heraus, wenn sie goldgelb sind. Um sie vom Papier zu lösen, benetzt man dieses auf der Rückseite mit einem Schwamm. Man lässt die Kekse auf einem Haarsieb trocknen und verschließt sie dann in Gläsern, um sie aufzubewahren.

### *Ursulinen-Biscuits*

Man nimmt sechzehn Eiklar, sechs Dotter, die geriebene Schale einer Zitrone, 180 gr Reismehl, 300 gr Puderzucker, 60 gr Apfelmarmelade, 60 gr Marillen*-Marmelade und 60 gr kandierte Orangenblüten.

In einem Mörser werden die Marmeladen und die Orangenblüten miteinander zerdrückt, dann hebt man sie unter das steif geschlagene Eiklar, schlägt die Dotter mit dem Zucker eine Viertelstunde lang, vermischt alles und schlägt weiter. Wenn alles gut vermengt ist, kommen Mehl und Zitronenschale hinzu. In Backformen füllen und bei stark gedrosselter Hitze backen.
Bevor man die Kuchen in den Ofen stellt, werden sie mit etwas durch ein ganz feines Sieb gesiebtem Puderzucker bestreut.

## BISON

Der Bison, ein wildes Rind, lebt in allen gemäßigten Regionen Nordamerikas.
Was ihn vom heimischen Rind unterscheidet, ist zunächst sein Höcker, der von seinen Schultern aufragt und der, ähnlich wie beim Zebu, nur aus Fettmasse besteht, also je nach Größe und Wohlgenährtheit des Tieres variiert. Der Bison trägt auch einen langen Bart und einen Schopf, der wirr zwischen seinen beiden Hörnern herunterhängt und ihm ein wildes, gefährliches Aussehen verleiht, obwohl er durchaus sanft und harmlos ist. Seine Brust ist breit, sein Hinterteil schmal, sein Schwanz dick und kurz, die Beine sind fest und nach außen gedreht, sein Fell ist rötlich und auf den Schultern buschig. Der Rest des Körpers ist von einer Art Wolle bedeckt, die von den Indianerinnen zu Kleidung, Kornsäcken und Decken gewebt wird.
In den Steppen Missouris gibt es so viele Bisons, dass der Durchzug ihrer Herden manchmal mehrere Tage dauert. Dann lässt ihr Tritt die Erde erzittern und man hört diesen Lärm mehrere Meilen weit. Die Indianer tanzen den Bisontanz, eine Nachahmung des Brunfttanzes der Büffel, die ihren Kühen den Hof machen, indem sie um sie herum galoppieren. Sanft muhend steht die Kuh reglos inmitten des von ihrem zukünftigen Gatten beschriebenen Kreises und scheint ihn auf diese Weise in seinen Avancen zu ermutigen.
Bisonfleisch wird in lange dünne Streifen geschnitten, an der Sonne und im Rauch getrocknet und erhält so einen sehr aromatischen Geschmack. Gesalzen hält es sich, wie Schinken, mehrere Jahre lang. Es schmeckt wie Ochsenfleisch mit einem leicht scharfen, wilden Beigeschmack, der an Hirschfleisch erinnert. Von den Kühen schätzt man den Höcker und die Zunge am meisten, sehr gut sind sie frisch, gekocht oder gebraten.
Das Tier nützt den Indianern sehr. Es nährt sie mit seinem Fleisch, kleidet sie mit seiner Haut und seiner Wolle und selbst sein Fett, das man

verbrennt, gibt eine helle Glut, mit der man sich in der Savanne wärmt, wo Holzmangel nur diese eine Wärmequelle zulässt.
Der Bison und der Wilde, so sagte Chateaubriand, sind, vereint auf demselben Boden, Stier und Mensch im natürlichen Zustand. Beide scheinen nur auf eine Ackerfurche zu warten, der eine, um gezähmt zu werden, der andere, um sich zu zivilisieren.

## BISQUE oder KREBSSUPPE

Zitieren wir den Zeitgenossen des strengen Boileau, diesen glücklichen Schlemmer, »... dessen blühende Miene allein vom Verzehr von Fettammern und Bisque herzurühren schien«.
Vincent de la Chapelle erklärte die mit einer guten Einlage garnierte Bisque zum königlichsten aller königlichen Mahle und Monsieur de la Reynière verkündete stolz, es handle sich um eine prinzliche, mindestens aber eine von Geschäftsleuten hoch geschätzte Speise. Brillat-Savarin, seines Zeichens Rat beim Bundesgerichtshof und Kommandant der Ehrenlegion, meint in seiner »Physiologie du Goût«, dass man, gäbe es auch nur einen Funken Gerechtigkeit auf dieser Welt, gekochten Krebs kultisch verehren müsste.

### *Krebs-Bisque*

(nach Vuillemot)

Man wäscht fünfzig Krebse, wirft sie in eine Kasserole, fügt eine aus Karottenstreifen, Zwiebelringen, einem Bouquet garni*, Salz, Pfeffer und gemahlenem Piment komponierte ▸ Sauce mirepoix hinzu, begießt mit einem großen Schöpfer Suppe und einem Glas Madeira. Wenn die Krebse gar sind, zieht man das Fleisch aus den Schwänzen heraus, würfelt es und stellt es beiseite. Man blanchiert* 125 gr Reis und gart ihn in Suppe fertig, vermischt ihn mit den Krebs-Schalen und der Sauce mirepoix, zerstößt alles in einem Mörser, gießt Wasser darauf und streicht die Masse durch ein Seihtuch. Diesem Püree wird der Kochsud der Krebse hinzugefügt, dann stellt man es auf den Herd und rührt mit dem Holzlöffel um. Man nimmt den Topf noch vor dem Aufkochen vom Feuer und seiht die Suppe ab. Nun zerlässt man ein Stück frische Butter im Wasserbad, gibt die Krebs-Schwänze und kleine, in Butter geröstete Brotscheiben dazu, legt diese Zutaten in eine Terrine, gießt die Suppe darüber und serviert schön heiß.

*Bisque aus der Normandie*

Man kocht zwei Dutzend kleine See-Krabben gemeinsam mit Zwiebeln, Petersilie und Karottenstreifen zwanzig Minuten lang in Salzwasser, lässt sie danach in ihrem Sud auskühlen, schließlich in ihrer Schale abtropfen, zerstößt sie in einem Mörser mit einem weichen, etwa eigroßen Stück Brot oder mit zwei Esslöffeln im Dampf gegarten Reis. Man begießt dieses Püree für das Festtagsmenü mit Suppe, für Fastentage mit Wurzelsud, streicht es durch ein Seihtuch und erhitzt es im Wasserbad, wobei man weitere fette Suppe oder mageren Wurzelsud hinzufügt. Am besten sind die Schalentiere, die man in der Normandie »pouparts« nennt, denn sie enthalten mehr Eier und Samen als alle anderen kleinen Krabbensorten.

## BLANC

Dies ist der Name einer Komposition, die als Grundlage vieler Rezepte dient:

Kochen Sie in einer kleinen Menge Wasser klein gehackten Speck, Karottenscheiben, ebenso viele Zwiebeln, ein Lorbeerblatt, Petersilie im Ganzen und ganzen Pfeffer sowie einige Gewürznelken, die beiden letzteren in ein Leinensäckchen eingebunden. Alles unter ständigem Rühren kochen lassen, bis das Wasser gänzlich verdampft ist. Nun gießen Sie nochmals eine etwas größere Menge Wasser hinzu, lassen erneut aufkochen, schöpfen sorgfältig den Schaum ab und heben diese Zubereitung in einer Terrine auf, um sie bei Bedarf zu verwenden.

## BLANC-MANGER

(nach altem Rezept)

Wir erfahren aus den Briefen von Madame de Maintenon, dass Fagon, der Leibarzt Ludwigs XIV., diese Speise verordnete, wenn man an Entzündungen litt oder eine Neigung dazu hatte.

Zerstoßen Sie 125 gr geschälte Mandeln mit wenig Wasser. Um zu verhindern, dass das Öl austritt, gießen Sie einen Liter Suppe dazu, die ohne Gemüse gekocht und vollkommen entfettet sein muss. Statt dem Gemüse gibt man zwei Gewürznelken, eine Zimtstange und ein wenig Salz in den Suppentopf. Wenn Suppe und Mandeln gut vermischt sind, fügt man 60 gr fein gehackte und zerstoßene sowie von Haut, Sehnen und Knochen gänzlich befreite Hühnerbrust hinzu. Statt dem Geflügel kann man auch gebratenes Kalbfleisch verwenden und, wenn man will, ein eigroßes Stück weiches Weißbrot ohne Rinde in die Suppe mischen, was das Blanc-manger molliger macht. Wenn alles schön dick geworden ist, passiert man die Masse durch ein Tuch, das man hierfür auswringt. Um wirklich alles herauszuholen, was herauszuholen ist, dreht man das Tuch noch einmal fest um den darin verbleibenden Brei. Die passierte Flüssigkeit gießt man in eine kleine Pfanne und gibt den Saft einer Orange sowie 125 gr Zucker dazu. Dann setzt man das Pfännchen auf ein starkes Feuer, rührt zunächst, so dass die Speise dicker wird, lässt sie dann ein wenig rasten und rührt zuletzt ab und zu mit einem Löffel um. Das Blanc-manger ist fertig, wenn es zu Brei geworden ist.

*Blanc-manger*

(nach dem Rezept von Monsieur Beauvilliers)

»Man besorge zwei Kalbsfüße und halbiere diese, um die großen Knochen zu entfernen. Man wässere und blanchiere sie und lasse sie auskühlen. Dann lege man sie in einen Topf mit eineinhalb Pinten* Wasser. Aufkochen lassen, abschäumen, zwei bis drei Stunden köcheln lassen, Fett abschöpfen und die Suppe durch ein nasses Tuch seihen. Man blanchiere und schäle 125 gr süße Mandeln und sechs Bittermandeln, zerstoße sie und mache einen Brei daraus. Dabei ist darauf zu achten, dass von Zeit zu Zeit etwas Wasser darüber gegossen werde, damit sie sich nicht in Öl verwandeln. Man gebe einen Viertelliter Wasser, 185 gr Zucker, die Zesten* einer halben Zitrone und eine Hand voll Koriander in eine Kasserole, lasse all dies eine halbe Stunde lang ziehen, nehme Koriander und Zitrone heraus und gieße den Sud über die Mandeln. Alles mehrmals durch ein Küchentuch treiben, dann so viel Kalbsfuß-Gelée dazugeben, wie nötig ist, um das Blanc-manger delikat zu machen und um es dick genug werden zu lassen, was man herausfindet, indem man es probiert. Wenn es richtig ist und gut schmeckt, gießt man es in kleine Schüsselchen oder in eine Backform und lässt es auf Eis fest werden wie Gefrorenes. Man kann dieses Blanc-manger, wie auch alle anderen möglichen Gelées, mit Fischleim, Hirschhorn oder Isländisch Moos zubereiten.«

Das Rezept von Monsieur Beauvilliers ist ausgezeichnet. es trotzt allen Neuheiten und man wäre im Unrecht, würde man es nicht genau befolgen.

*Blanc-manger, gebacken*

Geben Sie einen Viertelliter Obers*, ein Viertelpfund Reismehl, fein gehackte Zitronenschalen und ein wenig Salz in eine Kasserole, stellen Sie diese drei Stunden auf den Herd und rühren Sie in Abständen um. Wenn Ihre Zubereitung fast gar ist, fügen Sie Zucker, vier Kugeln Marzipan und sechs zerstoßene Makronen hinzu, garen alles zu Ende, schlagen dann drei Eier auf und verrühren diese hintereinander mit dem Teig, um ihn zu legieren. Dann streichen Sie die Masse auf einem bemehlten Deckel aus, bestäuben sie mit Mehl und lassen sie auskühlen. Schneiden Sie den Teig in kleine Rechtecke und formen Sie daraus kleine Kugeln. Sie lassen das Backfett in einer Pfanne heiß werden und ziehen Ihre Teigkugeln mit einem Sieb knapp vor dem Servieren durchs heiße Fett. Schwenken Sie das Sieb öfter und wenn Ihre Kugeln schön goldgelb geworden sind, nehmen Sie sie heraus, kosten, arrangieren alles hübsch auf einem Teller und bestreuen die Kugeln mit Zucker. Man kann auch die Brust von gebratenem Geflügel fein hacken und sie dann in diesen Teig integrieren.

## BLÄTTERPILZ

Ein Pilz, der von den Schlemmern aller Länder verehrt wird, was er mit dem Steinpilz gemeinsam hat. Diese Gewächse sind nicht immer giftig, müssen jedoch immer mit Misstrauen betrachtet werden.

*Gelber Blätterpilz*

Dieser Pilz fällt durch seine dottergelbe Farbe und durch seine Größe von sechs bis acht Zoll auf. Unter seinem großen Hut wird er mit zunehmender Reife heller, bis er sich golden färbt und der Hut sich teilt und öffnet. Das Innere ist nicht weiß, wie bei anderen Pilzen, sondern von ähnlicher Farbe wie die Marille*. Es ist von feiner Konsistenz, eher fest, delikat und engfasrig. Der Pilz wächst in Südfrankreich und an temperierten Orten. Man kann ihn mit dem Fliegenpilz verwechseln, ein Irrtum, der Prinzessin Conti unterlief und der sie fast das Leben kostete. Der Blätterpilz hat gelbes Fleisch und gelbe Blätter, beim Fliegenpilz sind sie weiß. Letzterer ist bei seiner Geburt feuerrot, sein Stiel gerade und zylindrisch.
Apicius hinterließ ein Rezept für Blätterpilze: Er ließ sie mit Koriander, Honig, Öl – wobei sich hierfür am besten Olivenöl eignet – und Eidottern in Wein kochen, wobei sich hierfür Olivenöl am besten eignet.

*Gratinierte Blätterpilze*

Man wählt zwei Dutzend frische Blätterpilze, entfernt den Stiel, putzt sie und legt sie mit Öl und einer Knoblauchzehe in eine große Pfanne. Würzen und die Pilze auf dem Feuer schwenken, bis sie trocken sind, dann mit der Gabel schichtweise in eine Gratinierform befördern und jede Lage mit den fein gehackten Stielen bestreuen, die man zuvor mit Petersilie und Brotbröseln vermischt hat. Mit etwas Öl begießen und im Ofen bei mittlerer Hitze zwanzig Minuten backen. Vor dem Servieren mit einem guten gebundenen Fleischsaft übergießen und – was besonders wichtig ist – vor allem gemahlene Pfefferoni hinzufügen.

## BLOND DE VEAU

Voltaire, der nicht nur ständig an anderen Orten, sondern auch bei anderen Leuten weilte und der, wo immer er sich befand, Briefe schrieb, die nur dem Ziel dienten gedruckt zu werden, schrieb von Cirey an seinen Freund Saint-Lambert: »Kommen Sie nach Cirey, wo Madame Duchatelet Sie nicht vergiften lassen wird. Es gibt kein Löffelchen Bratensaft mehr in der Küche, alles wird mit Blond de veau gemacht, wir werden hundert Jahre alt und werden nie mehr sterben.« Das Rezept für dieses Blond de veau war Madame Duchatelet vom berühmten Tronchin gegeben worden, dessen Hygienekursus von folgenden drei Empfehlungen begleitet war: »Halten Sie Ihren Kopf kühl, die Füße warm und den Bauch frei.« Hier nun aber das Rezept von Madame Duchatelet.

*Blond de veau à la Duchatelet*

»Belegen Sie den Boden einer Kasserole mit einigen Scheiben vom Kalb, fügen Sie ▸ Abatis hinzu, auch ein wenig Butter oder zerlassenen Speck, Zwiebeln, Karotten und ein Bouquet garni*. Sie übergießen mit wenig Bouillon, lassen die Flüssigkeit einkochen, ohne dass sich das Fleisch anlegt, gießen nochmals Bouillon darauf, bis alles bedeckt ist, lassen einmal aufkochen und schöpfen dann den Schaum ab. Danach sollte die Hitze verringert werden, so dass alles zwei Stunden lang vorsichtig weiter köcheln kann.

Bereiten Sie in einem weiteren Topf einen lichten ▸ Roux vor und dünsten Sie darin während weniger Minuten einige Pilze. Dann gießen Sie den Fleischfond dazu und rühren dabei ständig um, damit der ▸ Roux glatt wird; nun soll diese Sauce einmal aufkochen, dann sauber abgeschäumt werden und im Topf eine Stunde lang auf kleinem Feuer stehen bleiben. Die Sauce entfetten und durch ein Tuch passieren.«

*Blond de veau à la parisienne*

Zwei Kalbsstelzen mit Vorderbein werden mit vier Zwiebeln in eine Kasserole gelegt und mit wenig, aber guter Bouillon auf einen gut befeuerten Herd gestellt. Wenn die Bouillon reduziert ist, verlagern Sie den Topf auf ein kleines Feuer, auf dem Ihr Kalb schwitzen soll, ohne dass die ▸ Glace Zeit haben darf, sich anzulegen. Wenn sie auf dem Boden der Kasserole schön braun geworden ist, gießen Sie mit sauber abgeschäumter Bouillon auf, würzen aber keinesfalls.

*Blond de veau à la Beauvilliers*

(nach M. Beauvilliers)

»Buttern Sie den Boden einer Kasserole, legen Sie einige Speckscheiben, 2 bis 3 kg gutes Kalbfleisch, zwei oder drei klein geschnittene Karotten und ebenso viele Zwiebeln darauf, benetzen Sie alles mit ein wenig guter Bouillon und lassen Sie es auf kleinem Feuer schwitzen und zu einer ▸ Glace reduzieren. Wenn diese schön gelb geworden ist, ziehen Sie den Topf vom Feuer, stechen das Fleisch mit einem spitzen Messer an, um den übrigen Saft austreten zu lassen, setzen einen Deckel auf Ihr Blond de veau, lassen es eine Viertelstunde schwitzen und begießen es wieder mit guter Bouillon, je nach Menge des Fleisches. Nun legen Sie ein Sträußchen Schnittknoblauch* dazu, eine halbe Knoblauchzehe und eine Gewürznelke, lassen alles aufkochen, schöpfen den Schaum ab und stellen den Topf zum Köcheln an den Herdrand. Wenn das Fleisch gar ist, schöpfen Sie das Fett ab, seihen den Fond durch ein Tuch und verwenden ihn als Kochsud für Reis, Nudeln und sogar für Ihre Saucen.«

Mit diesem Rezept kann man nicht nur ausgezeichnete Suppen zubereiten, sondern ebenso ein gutes ▸ Velouté und eine gute ▸ Espagnole.

## BOHNEN

### *GÄNGIGE BOHNENSORTEN*

Man isst Bohnen auf drei verschiedene Arten und in drei Phasen ihrer Entwicklung. Vor ihrer Reife isst man sie mit ihrer Schale und nennt sie also grüne Bohnen oder Fisolen*. Knapp vor der Reife isst man ihre noch weichen Samen, die weißen Bohnen. Schließlich macht man reichlich

Gebrauch von ihren getrockneten Samen, die, egal woher sie kommen, immer Soissons-Bohnen genannt werden.
Da ich selbst aus dem Département der Aisne stamme, muss ich auch den Wert meiner Landsleute hochhalten und so habe ich bis zu meiner ersten Asienreise immer und überall verkündet, dass die Bohnen aus Soissons die besten der Welt wären. Leider musste ich erkennen, dass jene aus Trabzon sie übertreffen. Ob aus Trabzon oder aus Soissons, alle Bohnen haben einen Nachteil, und zwar den, dass sie in manchem Wasser nicht gar werden. Hier muss die Wissenschaft gegen die Natur ankämpfen. Man schnüre in einem solchen Fall ein kleines Bündel aus frischer Holzasche und lege es in das Kochwasser, noch besser ist Sodiumkarbonat, dann wird sich die widerspenstigste Bohne geschlagen geben.

### *Fisolen* in Rahm*

Man schwenkt die Fisolen* in Butter oder Speck. Wenn sie heiß geworden sind, salzt man sie und legt einen Strauß Schnittknoblauch* und Petersilie dazu. Sind sie fast gar, kommen Rahm* oder Obers* oder mit Eidottern versprudelte Milch dazu. Man serviert sie als Zwischengericht und kann sie auch zuckern.

### *Fisolen* zur guten Bauersfrau*

Man nimmt sehr zarte Fisolen*, bricht die kleinen Stiele ab und wirft diese weg, wäscht die Schoten und kocht sie in Wasser. Wenn sie gar sind, zerlässt man in einer Kasserole ein Stück Butter mit fein gewiegter Petersilie und Schnittknoblauch*. Nach zwei-, dreimaligem Umrühren legt man die Fisolen dazu, streut eine Prise Mehl darauf und löscht mit guter Suppe und etwas Salz ab. Man lasse die Fisolen so lange dünsten, bis sie fast die ganze Sauce absorbiert haben. Knapp vor dem Servieren montiert* man sie mit drei in etwas Milch verquirlten Eidottern und einem Spritzer ▸ Kretzer oder Essig. Ist die Sauce gut gebunden, serviert man die Fisolen als Zwischengericht.

### *Fisolen* in weißer Sauce*

Man entfernt die Fäden der Fisolen*, halbiert sie längs, falls sie zu dick sind und kocht sie in Salzwasser mit etwas Butter. Wenn sie gar sind, lässt man sie abgtropfen und schwenkt sie in Butter, mit und klein gewiegter Petersilie und fein gehacktem Schnittknoblauch*. Mit Mehl bestreuen, mit Suppe übergießen und schließlich mit Obers* und Eidottern sowie etwas Zitronensaft montieren*.

*Fisolen* in dunklem Roux*

Nachdem die Fisolen* gekocht wurden, schwitzt man eine Scheibe Schinken an, legt ein Stück Butter, Petersilie, fein gewiegten Schnittknoblauch* und die Fisolen dazu. Alles gemeinsam anrösten, mit Suppe und ▸ Coulis ablöschen, salzen, pfeffern und gut eine Stunde lang dünsten. Die Sauce sollte nicht mehr zu hell sein. Als Zwischengericht oder als Garnitur für einige Entrées servieren.

*Fisolen* tout à fait à l'anglaise*

Fisolen* blanchieren* – sie müssen ihren hellgrünen Ton beibehalten –, abtropfen lassen, auf Butter und mit Petersilie bestreut heiß servieren.

*Bretonische Fisolen**

Kleine Zwiebelwürfel mit einem Stück Butter anrösten, bis die Zwiebeln braun geworden sind, dann mit Rindsbrühe und danach mit Bouillon aufgießen. Salzen, pfeffern und weiterdünsten, bis die Sauce reduziert ist. Nun die Fisolen* dazugeben und nicht ganz eine halbe Stunde lang mitdünsten.

*Lyonneser Fisolen**

Zwiebeln halbmondförmig schneiden und mit Öl in einer Pfanne bräunen, dann die Fisolen* hinzufügen, rösten lassen, mit Petersilie und Schnittknoblauch* bestreuen, salzen, pfeffern und nach zweimaligem Schwenken der Pfanne mit einem Spritzer Essig ablöschen.

*Fisolen*-Salat*

Blanchieren und kochen Sie Ihre Fisolen* und lassen Sie sie abtropfen. Dann legen Sie sie in eine Salatschüssel, garnieren sie mit einigen Anchovis-Filets, einigen in Asche gebackenen Zwiebeln, Rüben und fein gewiegten Salatkräutern. Mit Salz, grobem Pfeffer, Essig und Öl würzen und servieren.

*Grüne und weiße Bohnen »Maître d'hôtel«*

Die Bohnen in Salzwasser kochen und abtropfen lassen. Ein Stück mit feinen Kräutern verkneteter Butter dazu, Salz, Pfeffer, Gewürze.

### *Grüne und weiße Bohnen provençale*

Zunächst bereitet man in einer Kasserole eine Komposition aus Kapern, Anchovis-Filets, einer Knoblauchzehe und zerstoßener Rocambole – der spanischen Schalotte – zu. Dann fügt man in Salzwasser gekochte Bohnen hinzu, würzt mit Petersilie und Schnittknoblauch*, mit Salz und grobem Pfeffer, schwenkt alles einige Sekunden lang auf dem Feuer, richtet die Bohnen in einer Schüssel an und gießt ein wenig Essig darüber, der mit den Bohnen mitgekocht wurde.

### *Junge weiße Bohnen*

Die frisch abgeschoteten Bohnen waschen und mit Wasser und Butter in einen Kochtopf geben; den Kochsud abschäumen, köcheln lassen und, wenn sie halb fertig sind, ein Glas frisches Wasser dazugießen. Fertig kochen lassen; dann 400 gr mit Petersilie und Schnittknoblauch* vermischte Butter, Salz und Pfeffer in eine Kasserole geben, die Bohnen abtropfen lassen und in diese Gewürzmischung legen; auf dem Feuer schwenken, so dass sich die Bohnen gut mit den Gewürzen verbinden; mit einem Spritzer ▸ Kretzer oder dem Saft einer Zitrone begießen.

### *Speckbohnen »à la villageoise«*

(aus dem Dictionnaire général de la cuisine française)

Man sollte wissen, dass die Herren Descars de Livry, de Cussy, d'Aigrefeuille, de la Reynière und andere erfahrene Männer immer einhellig der Meinung waren, dass dies die beste Art sei Bohnen zu essen.

Sorgen Sie zuallererst für einen guten Magen und einen gesegneten Appetit. Wenn man nicht krank ist, wird man beides zur Verfügung haben, es sei denn, man völlert oder bewegt sich zu wenig. Stehen Sie früh auf und gehen Sie nüchtern bei schönem Wetter hinaus: Reiten Sie ein Stück oder gehen Sie zu Fuß. Man sollte ohnehin glauben, dass es Ihnen recht gut geht, wo Sie doch Kochbücher lesen. Dünsten Sie also 1,5 Liter dicke weiße Bohnen mit 1 kg schönem, durchwachsenen Speck. Der Speck wird in Scheiben geschnitten und sollte gleichmäßig durchwachsen sein. Legen Sie Speck und Bohnen nur in so viel Wasser wie nötig, damit während der Garzeit weder welches dazu- noch weggegossen werden muss. Alle Flüssigkeit sollte von dem mehligen Gemüse aufgesogen werden, so dass es absolut durch und vollkommen gebunden ist, ohne jedoch zu Brei zu zerfallen. Dies ist die ganze Kunst. »A buon corriere forte minestra«, sagt Johann von Mailand.

### *Soissons-Bohnen mit Mark*

Die Bohnen werden in gefiltertem Regenwasser gekocht und vor dem Auskühlen in fünf bis sechs Unzen* frischem, gerade erst ausgelassenem Knochenmark geschwenkt. Mit einer starken Prise grobem Pfeffer würzen. Knapp vor dem Servieren werden entkernte und in Salzwasser blanchierte* ▸ Kretzertrauben darüber gestreut.

### *Rote Bohnen à la bourguignonne*

Man nimmt rote Kardinalsbohnen, kocht sie in Wurzelsud mit einem Stück frischer Butter, einem Strauß aromatischer Kräuter, Zwiebeln und Gewürznelken, die man nach zwanzig Minuten wallenden Kochens wieder herausnimmt. Nun kommt ein Viertelliter Rotwein mit einer Messerspitze Pfeffer hinzu. Mit kleinen glacierten* Zwiebeln garnieren und servieren. Man kann dieses Gericht auch mit Krebs-Schwänzen oder herausgebackenen Fischröllchen, mit Karpfen- oder Heringsmilch, mit marinierten Austern oder gebratenen Muscheln garnieren.

### *Soissons-Bohnen mit Piment-Butter*

Wenn die Bohnen, vorzugsweise in gefiltertem Regenwasser gekocht, gar sind, schwenken Sie sie in einem Stück der besten Butter, die Sie kriegen können. Wenn sie über dem Feuer geschwenkt wurden, sollten sie nicht mehr weiter erhitzt werden, denn die Butter würde dadurch ihren guten Rahmgeschmack verlieren. Würzen Sie schließlich mit etwas Cayenne-Pfeffer.

### *Knusprige Bohnen*

Die Bohnen in Salzwasser aufplatzen lassen, Knochenmark, etwas Salz und Muskatnuss hinzufügen. Statt Rahm* gießt man Madeira darauf und garniert mit Röstbrot, das man vorher kurz in den leicht gesalzenen und mit geriebenem Muskat gewürzten Wein getaucht hat.

## *SAU- ODER PFERDEBOHNE*

Die Samen der Saubohne sind leidlich gut verdaulich, solange sie jung sind, werden jedoch bei ihrer Reife schwer, so dass man ihre Haut entfernen muss.

*Rahm*-Bohnen*

Sie nehmen kleine Bohnen, die Sie nicht häuten, blanchieren* die Bohnen in kochendem Wasser, schrecken sie in kaltem ab, schwenken sie in Butter mit sehr wenig Mehl, salzen, pfeffern und geben fein gewiegte Petersilie und Bohnenkraut dazu. Gießen Sie mit etwas Suppe auf und fügen Sie ein Stück Zucker hinzu. Einige Zeit vor dem Servieren gießen Sie ein Glas Rahm auf die Bohnen, lassen kurz aufkochen und binden mit Eidottern.

*Bohnen-Macédoine*

Fein gehackte Kräuter wie Schnittknoblauch*, Petersilie, Pilze und Schalotten in Butter schwenken, mit Mehl binden und Suppe, Weißwein sowie ein Bouquet garni* hinzufügen, dann alles köcheln lassen; blanchierte* Bohnen (siehe auch obiges Rezept), blanchierte und gewürfelte Artischockenböden, Salz und Pfeffer dazugeben. Fertig dünsten, das Bouquet entfernen und die Macédoine vor dem Servieren reduzieren.

## BONITO

Der Bonito stammt aus der Familie der Makrelen, ist aber größer als diese; er ähnelt dem Thunfisch und ernährt sich wie dieser von Fischen und Algen, aber sein Fleisch ist zarter und die Feinschmecker schätzen es ebenso wie das der Makrele. Sein Name zeigt übrigens in ausreichender Weise, welchen Wert man ihm zuspricht, und beweist durchaus, dass sein Fleisch gut schmeckt.
Der Bonito lebt im Mittelmeer, man findet ihn auch an den Küsten Frankreichs und Spaniens; aber in großer Zahl kommt er zwischen den Tropenkreisen vor, wo man sich erzählt, dass er liebend gern hinter Schiffen herschwimmt.
Er lebt an der Wasseroberfläche und springt sogar in die Luft, um dort fliegende Fische zu schnappen, die seine Hauptmahlzeit darstellen, er ist also leicht zu fangen, und zwar folgendermaßen:
Man nimmt eine sehr leichte Angelschnur, an der man, gleich neben dem Haken, zwei weiße Federn befestigt, um den fliegenden Fisch zu simulieren, dann lässt man die Schnur hängen, bewegt sie aber von Zeit zu Zeit einige Daumen breit über dem Wasser, der Bonito stürzt sich darauf, um seine Beute zu schnappen, und findet sich selbst als Beute wieder.
Die Wichtigkeit der Bonito-Fischerei liegt darin, dass man ihn wie Thunfisch einsalzt und dann unter falschem Namen in Fässern in alle Länder

der Welt exportiert; oft meint man Thunfisch zu genießen, isst jedoch nur Bonito, der ohnehin genauso gut schmeckt.

## BORA

Ein japanischer Seefisch, dem Hecht verwandt, mit köstlichem weißem Fleisch, in seinen Eigenschaften ähnlich wie Hechtfleisch, also schmackhaft und gut verdaulich.

Man mariniert und räuchert den Bora wie Hecht und sowohl Chinesen wie auch Holländer treiben regen Handel mit diesem marinierten und geräucherten Fisch, den sie in alle Teile ihrer Reiche exportieren.

## BORSDORFER ÄPFELCHEN

Kleine Äpfel, deren der Sonne zugewandte Seite sehr rot wird, während die andere weiß bleibt. Sie haben eine feine Schale und süßes, aber hartes Fruchtfleisch, was diese Äpfel schwer verdaulich macht.

## BOUILLON (klare Suppe, Brühe)

Es gibt keine gute Küche ohne gute Bouillon. Die französische Küche, Erste unter allen Küchen, verdankt ihre Überlegenheit der ausgezeichneten französischen Bouillon, deren vorzüglicher Geschmack viel mehr der Intuition der einfachen Frauen unseres Volkes als der Eingebung bekannter Köchinnen entsprungen ist.

Den Schlemmern von Lübeck und Hamburg sagte Rivarol, wobei er seinen fast vollen Suppenteller von sich schob: »Meine Herren, es gibt in Frankreich weder eine Krankenpflegerin noch eine Türsteherin, die nicht bessere Bouillon herstellen könnte als der geschickteste Küchenchef Ihrer drei hanseatischen Städte zusammen.«

In meiner Jugend lebte ich in meiner Geburtsstadt Villers-Cotterêts. Sie ist umgeben von prächtigen Wäldern, in denen der Herzog von Bourbon Wildschweine zu jagen pflegte und wo mein Cousin Forstinspektor war. Als dieser eines Tages hörte, wie mir der Herzog von Bourbon sagte: »Monsieur Dumas, Ihr Vater und ich haben in unserer Jugend einige schöne Degenhiebe ausgetauscht«, lud er mich jedes Mal ein, wenn der Herzog bei ihm nachtmahlte, was immer dann geschah, wenn dieser nach Villers-Cotterêts jagen kam.

Einmal erzählte der Prinz, dass er nach seiner Flucht aus Frankreich im Jahr 1789 die Gastfreundschaft des Erzbischofs von Passau erbat. Dieser hatte sie ihm mit der Großzügigkeit prinzlicher Prälaten gewährt. Doch beim ersten Dîner rief der Prinz von Condé aus:

»Oh, was für eine gute Suppe! Geben Sie mir doch noch ein paar Löffel davon.«
»Eure Durchlaucht«, antwortete der Bischof, »ich werde anordnen, dass man während Ihres ganzen Aufenthalts den Suppen ganz besondere Sorgfalt widme. Denn die französische Nation ist eine suppige.«
»Und überkochende, Hochwürden«, antwortete der alte Emigrant, »beim letzten Aufbrodeln hat sie mich vor die Tür gesetzt.«
Weil man den Suppentopf nicht nur aufsetzt, um Bouillon zu erhalten, sondern auch um essbares Fleisch zu gewinnen, das man nicht nur am ersten Tag gekocht servieren, sondern auch am nächsten Tag in neuer Verkleidung auftragen kann, werden wir hier erklären, wie man zu verfahren hat, um immer gute Bouillon zu haben, ohne das Fleisch auszulaugen.
Man nimmt immer das größte Stück Fleisch, das man essen will, je größer das Stück, je frischer und dichter, desto besser kann die Bouillon seine Eigenschaften annehmen und man spart auch noch Zeit und Brennstoff dabei. Man sollte das Fleisch nicht waschen, denn dies würde einen Teil seiner Säfte wegspülen, man bindet es, nachdem man die Knochen entfernt hat, so dass es nicht zerfällt, und legt es in einen Topf mit je einem Liter Wasser für 500 gr Fleisch.
Der Topf sollte langsam erhitzt werden, denn dadurch wird das Eiklar zuerst aufgelöst, dann gestockt, und weil es leichter ist als die Flüssigkeit, wird es an die Oberfläche steigen und die Unreinheiten des Fleisches mitnehmen. Gestocktes Eiweiß ist wie Eiklar, das man verwendet, um andere Substanzen zu läutern. Je langsamer der Kochvorgang, umso stärker der Schaum. Eine Stunde sollte zwischen dem Aufsetzen des Topfes und dem Augenblick vergehen, in welchem sich an der Oberfläche Schaum bildet.
Wenn sich genügend davon gebildet hat, muss man ihn sogleich abschöpfen, denn in dem Augenblick, wo Blasen entstehen, gerät der Schaum in den Strudel der kochenden Flüssigkeit und gefährdet die Klarheit der Suppe. Wenn das Feuer gut gedrosselt ist, braucht man kein frisches Wasser nachzugießen um neuerlichen Schaum zu erzeugen. Hat man allen Schaum gut abgeschöpft und bilden sich die ersten Wellen, legt man das Gemüse hinein: drei Karotten, zwei Pastinaken, drei Steckrüben, ein Bündel Lauch und Sellerie. Man vergesse nicht, drei große gespickte Zwiebeln dazuzugeben: eine mit einer halben Knoblauchzehe, die beiden anderen mit je einer Gewürznelke. In zweitklassigen Küchen, aber nur in diesen, gibt man der Bouillon Farbe mit einer halben gerösteten Zwiebel, einem Stück Karamel oder einer vertrockneten Karotte. Man sollte nicht

vergessen, die Knochen, die an der Komposition der Bouillon teilhaben, zu zerkleinern. Ob sie nun frisch mit dem Fleisch gekauft worden sind oder vom Braten des Vorabends übrig geblieben, je kleiner und zahlreicher die Splitter, umso mehr Gelatine geben sie.
Man braucht sieben Stunden langsamen, immer verhaltenen Kochens, damit die Bouillon ihre geschätzten Eigenschaften entfalten kann. Im Kaminfeuer ist es beinahe unmöglich, die richtige Temperatur zu erzeugen, aber es geht ganz leicht mit einem Ofen, der den Rücken des Kochtopfs ständig beheizt. Der Kochtopf sollte zugedeckt werden, um Verdampfung so gut wie möglich zu vermeiden. Lieber sollte man zweimal überlegen, bevor man Wasser nachgießt, selbst wenn man eine Tasse Suppe entnimmt. Nur wenn das Fleisch bereits aus dem Wasser herausragt, muss man so lange kochendes Wasser darüber schütten, bis es wieder ganz in der Suppe badet. Wenn es den Suppentopf verlässt, hat das Fleisch die Hälfte seines Umfangs eingebüßt.
Brillat-Savarin teilt die Esser von gekochtem Fleisch in vier Kategorien ein:
1. Diejenigen, die Suppenfleisch essen, weil ihre Eltern es taten, und die deren Brauch unterwürfig fortsetzen, in der Hoffnung, ihre Kinder mögen es ihnen ebenfalls nachtun.
2. Die Ungeduldigen, welche Untätigkeit bei Tisch wie nichts anderes ablehnen und sich gierig auf das Erstbeste stürzen, das aufgetragen wird.
3. Die Unaufmerksamen, die nicht vom geheiligten Feuer geweiht worden sind und Mahlzeiten als Zwangsarbeit ansehen und alles, was sie ernähren kann, auf dieselbe Stufe stellen, sich also benehmen wie die Austern in ihrer Bank.
4. Schließlich die Gierschlünde, die ihren enormen Appetit zu verhehlen suchen und sich ihr erstes Opfer in den Magen werfen, um das gastrische Feuer zu lindern, das sie verzehrt, und um allem Übrigen, das nachfolgt und vom nämlichen Schicksal ereilt werden wird, eine Unterlage zu bieten.
Kommen wir nun zu den verschiedenen Sorten Bouillon:

*Consommé à la régence*

Sie nehmen ein Stück Rind und ein Stück Lammbrust, schwitzen diese in einer Kasserole kurz an, löschen mit Suppe ab, geben alles gemeinsam mit einem Hasenrücken, einer alten Henne und ein oder zwei Rebhühnern in einen Kochtopf, füllen diesen mit Suppe auf, schäumen ab und lassen alles einige Stunden lang köcheln.

*Consommé nach alter Sitte*

Auf die Hälfte eingekocht, kann diese Bouillon als Saft für jede Sauce dienen.

Man entfernt das Fett von einer Lammschulter, gart diese am Spieß halb fertig, legt sie mit einem Stück Rind, einem alten, fetten Kapaun, einigen Karotten, Zwiebeln, Steckrüben, einer Pastinake und einer Selleriestaude in den Kochtopf und gießt mit Bouillon vom Vortag auf.

*Consommé nach neuer Sitte*

In den Kochtopf kommen eine Scheibe Rindfleisch, eine Kalbsstelze, ein Huhn, ein alter Hahn sowie ein Hase oder ein altes Rebhuhn. Mit wenig Bouillon begießen, aufkochen lassen, abschäumen, von Zeit zu Zeit Suppe nachgießen. Folgendes Gemüse kommt hinzu: Karotten, Sellerie, Zwiebeln, Petersilie, Schnittknoblauch*, Knoblauch, Gewürznelken. Fünf Stunden bei kleinem Feuer köcheln lassen. Durch ein feines Tuch seihen.

*Große Bouillon*

Wenn Sie ein großes Dîner geben, müssen Sie so viel Bouillon zur Verfügung haben, dass Sie damit Ihre Saucen aufgießen und Ihre Suppen zubereiten können. Legen Sie also in einen großen Kochtopf ein Stück Rindfleisch, Hüfte oder Brust, geben Sie das, was Sie von allem anderen Fleisch wegschneiden, wenn Sie es putzen, dazu, sei es vom Rind, Kalb, Lamm, alle ▸ Abatis, Karkassen, Hälse, Geflügel und Wild, nachdem die für die Entrées benötigten Filets entnommen worden sind. Sie stellen diesen Kochtopf auf ein kleines Feuer und füllen ihn nur zu Dreivierteln mit Wasser. Schäumen Sie sorgfältig ab und gießen Sie Wasser nach, wenn der Schaum abgeschöpft wurde, bis die Bouillon ganz rein ist. Nun salzen Sie und geben Steckrüben, Karotten, Zwiebeln, drei Gewürznelken und Lauch dazu. Lassen Sie die Suppe so langsam wie möglich köcheln und passieren Sie sie dann durch feines Linnen.

*Konservierte Bouillon*

(Anmerkung von Monsieur Vuillemot).

Lässt man die Bouillon bei stärkster Hitze abends wie morgens kochen, wird sie haltbar gemacht. Kocht man ein Stück Holzkohle mit, wird die Suppe nicht sauer

Jede Bouillon, in der kein Fleisch enthalten ist, heißt bei uns nur Suppe. Alle mageren Bouillons und Brühen für Kranke sind unter »Suppen« nachzulesen.

## BRANDADE

(nach Grimod de la Reynière)

»Unter den mittlerweile in Paris sehr beliebten Ragoûts aus der Provence und dem Languedoc wollen wir hier vor allem die Brandade mit Stockfisch hervorheben. Wir wissen, dass ein Gastronom des königlichen Palasts ein Vermögen mit ihrer Zubereitung machte und dass man täglich welche von ihm holen lässt, weil er den Ruf hat, sie so gut zu machen wie kein anderer.

Da wir vermuten, dass mehr als nur einer unserer Leser dieses südliche Ragoût allzu gern bei sich zu Hause nachkochen lassen würde, dessen Rezept jedoch nirgendwo abgedruckt wurde (zumindest haben wir es in keinem der vielen Kochbücher gefunden, das uns je untergekommen ist, nicht einmal im ›Cuisinier gascon‹, was seltsam anmutet), glauben wir, dass man uns dankbar sein wird, wenn wir es hier so veröffentlichen, wie es uns in einer Stadt des Languedoc vermittelt wurde, deren gute Küche einen verdient glänzenden Ruf genießt.

Zuerst wollen wir anmerken, dass der eigentümliche Name dieses Gerichts, ›Brandade‹, um dessen Aufnahme und Erklärung sich kein Wörterbuch bemüht hat, wahrscheinlich von dem alten Verb ›brandir‹ herrührt, was so viel bedeutet wie schwingen, schwenken, mit Kraft schütteln, und das über einen langen Zeitraum. Diese beinahe ununterbrochene Handlung ist tatsächlich unerlässlich, um aus diesem Ragoût das zu machen, was es sein soll. Dies vor allem macht die Zubereitung schwierig und verhindert, dass es allgemein in unsere Kochbücher aufgenommen wird, denn alles, was viel Geduld erfordert, ist nicht unbedingt nach dem Geschmack der meisten Köche. Die Bewegung, die man dem Topf zufügt, ist eine besondere. Sie erfordert ein gewisses Studium und verlangt große Geschicklichkeit. Trotz alledem sei hier das Rezept verraten:

Man nehme ein schönes Stück Stockfisch und wässere diesen vierundzwanzig Stunden lang, um ihn zu entsalzen und mürbe zu machen.

Dann legt man ihn in einen Topf, stellt diesen mit Wasser aufs Feuer und achtet darauf, ihn sofort wieder wegzuziehen, wenn das Wasser die ersten Blasen schlägt.

Man schwitzt Butter, Öl, Petersilie und Knoblauch in einer Kasserole langsam an.

Währenddessen putzt man den Fisch und reißt ihn in sehr kleine Stücke, legt diese in die Kasserole und gießt von Zeit zu Zeit Öl, Butter und etwas Milch nach, wenn man sieht, dass die Konsistenz dick wird.

Nun schwenkt man den Topf sehr lange Zeit auf dem Feuer, was dazu führt, dass der Stockfisch sich in ein Mus verwandelt.

Wenn man ihm grüne Farbe verleihen will, zerstößt man Spinatblätter und gießt ihren Saft dazu.

Wie man sieht, ist dieses Rezept ganz simpel, aber wir hören nicht auf zu betonen, dass das Gelingen der Brandade vor allem von jener Bewegung abhängt, der man die Kasserole sehr lange unterzieht und die allein dazu führt, dass der von Natur aus zähe Fisch vollkommen zerkleinert wird und die Metamorphose zum Mus vollziehen kann. Man darf also nicht müde werden zu schwenken, ansonsten erhält man bestenfalls eine Béchamel statt einer Brandade.

Wenn eine Brandade gut gemacht ist, stellt sie ein deliziöses Ragoût dar und obwohl der Stockfisch an sich sehr schwer verdaulich ist, wird er in dieser Form so bekömmlich wie eine Brotsuppe mit Zimt.«

## BRASSE

Diesen Fisch fängt man fast überall in Europa, in Bächen und großen Seen. Er steht im Mittelpunkt groß angelegter Fischerei, die üblicherweise in den kalten Monaten veranstaltet wird.

1749 fing man in einem schwedischen See mit einem einzigen Netz fünfzigtausend Brassen, die zusammen mehr als 9.000 kg wogen. Die Brasse ähnelt ein wenig dem Karpfen, nur ist ihr Körper weniger dick, breiter und seitlich abgeflacht. Der Kopf ist schwarz, das Maul klein, die Lippen sind dick. Wie der Maifisch, der jedoch feiner schmeckt, hat sie viele Gräten. Man kann sie über weite Strecken lebend transportieren, wenn man sie mit Schnee bedeckt und ihr ein Stück in Branntwein getränktes Brot ins Maul steckt. Man isst sie mit einer pikanten Schalotten-Sauce.

## VOM BRATEN

So nennt man den Vorgang, Fleisch, Fisch oder Gemüse in Butter, Öl oder Schmalz zu garen.

Man weiß, dass Speisen in fetten Substanzen wesentlich schneller gar werden als beim Kochen, denn Wasser erreicht nur eine Hitze von hundert Grad, während Fett doppelt so heiß wird. Diese erschreckende Hitze würde die Substanzen, die da im Fett liegen, sehr bald austrocknen, wenn man ihnen nicht, wie das meistens geschieht, eine Teigrüstung anlegte, die sie teilweise vor den Angriffen der Hitze schützt.

### *Vom Braten und Backen*

Brillat-Savarin konnte vom Friturier all das behaupten, was er vom Rôtisseur gesagt hat: »Man wird Koch, aber man wird als Rôtisseur geboren.« Sein Friturier erhielt eigene Anweisungen. Mit seinem üblichen Witz erzählt Brillat-Savarin selbst von der hochnotpeinlichen Befragung, der er eines Tages seinen Koch, Laplanche, unterzog. Der Professor saß in dem großen Sessel, in dem er zu meditieren pflegte, als er denjenigen zu sich rief, dem er Ratschläge, wenn nicht sogar eine Rüge zu erteilen gedachte. Der kritische Gastronom legt allen nötigen Ernst in seinen Bericht. Sein rechtes Bein war senkrecht auf dem Boden abgestützt, das ausgestreckte linke bildete eine untadelige Diagonale dazu. Der Rücken war sittsam angelehnt und die Hände ruhten auf den beiden Löwen, welche die Armlehnen des altehrwürdigen Möbelstückes zierten, auf dem er seine Audienzen hielt.

Die erhobene Stirn verriet seine Liebe zur strengen Gelehrsamkeit und sein Mund den Geschmack an genussvoller Ablenkung. Die Miene ließ innere Sammlung erahnen; er saß in wohl ausgewogener Pose da, wie von einem Bildhauer gestaltet.

Derart vorbereitet ließ der Professor seinen Küchenchef rufen, der alsbald herbeieilte, bereit, Ratschläge, Lektionen oder Befehle entgegenzunehmen:

Kurze Ansprache: »Meister Laplanche«, sagte der Professor in jenem ernsten Tonfall, der bis zum Herzen dringt, »alle jene, die sich an meinen Tisch setzen, haben Sie zum erstklassigen Suppenmeister ernannt, was nicht schlecht ist, denn die Suppe ist der erste Trost des bedürftigen Magens. Doch muss ich schmerzlich feststellen, dass Sie erst ein äußerst unerfahrener Bratmeister sind.

Ich habe gestern mitgehört, wie Sie angesichts dieser triumphalen Seezunge aufstöhnten, die Sie uns bleich, weich und farblos servierten. Mein Freund Récamier schickte Ihnen tadelnde Blicke, Monsieur Richerand richtete seine Gnomennase gen Westen und Präsident Séguier beklagte diesen Unfall wie eine öffentliche Kalamität. Dieses Unglück ist uns nur passiert, weil wir die Theorie, deren Wichtigkeit Sie nicht richtig empfinden können, vernachlässigt haben. Sie sind etwas halsstarrig, Meister Laplanche, und ich habe Mühe, Ihnen klar zu machen, dass die Phänomene, die sich in Ihrem Laboratorium ereignen, nichts anderes sind als die

Ergebnisse von Naturgesetzen und dass einige der Dinge, die Sie achtlos tun, nur weil Sie sie von anderen abgeschaut haben, nichtsdestotrotz aus der höchsten Abstraktion wissenschaftlicher Erkenntnisse abzuleiten sind. Hören Sie mir also aufmerksam zu und lernen Sie, um nie wieder über Ihre Werke erröten zu müssen.«

Von der Chemie: »Nicht alle Flüssigkeiten, die Sie dem Feuer aussetzen, befördern das gleiche Ausmaß an Hitze, die Natur hat sie da unterschiedlich ausgestattet. Sie bewahrt das Geheimnis dieser Gesetze, die wir die kalorischen Regeln nennen, gut.
So können Sie unbesorgt Ihren Finger in kochenden Weingeist halten, werden ihn aber sehr schnell wieder aus Branntwein herausziehen, noch schneller allerdings, wenn es sich um Wasser handelt, und ein noch so flüchtiges Eintauchen in kochendes Öl würde Ihnen eine grausame Wunde bescheren, denn Öl kann mindestens dreimal so heiß werden wie Wasser. Aus diesen Gründen wirken heiße Flüssigkeiten unterschiedlich auf die schmackhaften Substanzen, die hineingelegt werden. Die mit Wasser behandelten werden weich, lösen sich auf und werden zu Brei, daher kommen Bouillon oder Extrakt. Im Gegensatz dazu verdichten sich die Körper, die mit Öl behandelt werden, sie färben sich mehr oder weniger dunkel und verkohlen am Ende. Im ersten Fall löst das Wasser die inneren Säfte der darin eingetauchten Nahrungsmittel auf und entzieht sie ihnen, im zweiten Fall werden diese Säfte konserviert, weil das Öl sie nicht auflösen kann, und wenn die festen Körper austrocknen, dann geschieht dies, weil die anhaltende Hitze sämtliche Feuchtigkeit verdampfen lässt.
Diese beiden Methoden tragen auch unterschiedliche Namen. Man nennt den Vorgang, zum Verzehr bestimmte Körper in Öl oder Fett zu kochen, das Braten. Ich glaube, Ihnen bereits gesagt zu haben, dass küchentechnisch Öl oder Fett in etwa das Gleiche sind, denn das Fett ist nichts anderes als festes Öl, das Öl aber flüssiges Fett.«

Zur Anwendung: »Gebratene Dinge werden bei Festbanketten gut aufgenommen, sie führen da eine pikante Abwechslung ein, sind angenehm anzuschauen, haben ihren ursprünglichen Geschmack erhalten und können mit der Hand gegessen werden, was besonders den Damen immer gefällt.
Das Braten liefert den Köchen außerdem einige Möglichkeiten, das zu maskieren, was schon am Vortag aufgetragen wurde, und hilft ihnen, wenn nötig, unvorhergesehene Ereignisse zu meistern, denn man braucht

nicht mehr Zeit, um einen vier Pfund schweren Karpfen zu braten, als um ein Ei zu kochen.
Gut Gebratenes bezieht seinen ganzen Geschmack aus dem Überraschungseffekt. So nennt man das Eindringen der kochenden Flüssigkeit, die im Augenblick des Eintauchens die Oberfläche des ihr anheim gegebenen Körpers verkohlt oder bräunt.
Dank dieses Überraschungsmoments bildet sich eine Art Kuppel, die den Gegenstand einschließt, das Fett daran hindert, ihn zu durchdringen, und die Säfte konzentriert, welche eine Art inneres Aufkochen erleben, so dass dem Lebensmittel sein ganzer Geschmack erhalten bleibt.
Damit diese Überraschung stattfindet, muss die kochende Flüssigkeit heiß genug sein, um ihren Zugriff rasch, ja augenblicklich stattfinden zu lassen. Sie erreicht diesen Punkt jedoch nur, nachdem sie lange genug einem lebhaften, flackernden Feuer ausgesetzt worden ist.
Mit Hilfe folgenden Handgriffs erkennt man, ob das Bratfett den erwünschten Hitzegrad erreicht hat: Sie schneiden ein Stück Brot zurecht und tauchen es fünf bis sechs Sekunden lang in die Pfanne. Wenn es beim Herausziehen fest und braun ist, leiten Sie augenblicklich den Bratvorgang ein, wenn nicht, muss man das Feuer vergrößern und den Versuch wiederholen.
Wenn der Überraschungseffekt vollzogen ist, mäßigen Sie das Feuer, damit das innere Abkochen nicht zu heftig vor sich geht und die eingeschlossenen Säfte mittels andauernder Hitze jene Veränderungen vollziehen können, welche sie auf harmonische Weise verbindet und ihren Geschmack erhöht.
Sie haben vielleicht beobachtet, dass die Oberfläche gut gebratener Dinge weder Salz noch Zucker auflösen kann, deren sie aber je nach ihrer unterschiedlichen Natur bedürfen. Sie müssen also diese beiden Substanzen zu sehr feinem Pulver zermahlen, so dass sie sehr leicht angenommen werden können und die gebratenen Dinge mit Hilfe des Streuers nacheinander gewürzt werden können.
Ich spreche hier nicht von der Wahl der Öle und Fette. Die verschiedenen Kochbücher in Ihrer Bibliothek sollten Ihnen Aufklärung genug darüber bieten.
Vergessen Sie jedoch nicht, falls Ihnen einige dieser Forellen ins Haus gebracht werden, die kaum mehr als ein Viertelpfund wiegen und die von den klaren Bächen stammen, welche weit weg von der Hauptstadt rauschen, vergessen Sie nicht, sage ich, diese in Ihrem feinsten Olivenöl zu braten. Dieses so einfache Gericht, gewissenhaft mit Salz bestreut und mit

ein paar Zitronenscheiben verfeinert, ist einer hohen Eminenz durchaus würdig.
Ebenso müssen die Stinte behandelt werden, die von den Liebhabern so hoch geschätzt sind. Der Stint ist der Feigenfresser des Wassers: gleich klein, gleich duftig, gleich überragend gut.
Diese beiden Vorschriften beruhen ebenfalls auf der Natur der Dinge. Erfahrung hat gezeigt, dass man Olivenöl nur für jene Zubereitungen verwenden darf, die von kurzer Dauer sind und bei denen keine große Hitze erforderlich ist, denn dauerndes Aufwallen erzeugt einen verbrannten und unangenehmen Geschmack, der von Teilen des Parenchyms stammt, von dem man dieses Öl kaum befreien kann und das sehr schnell verkohlt.
Sie sind in meine Hölle hinab gestiegen und hatten als Erster die ruhmvolle Ehre, dem erstaunten Universum einen riesigen gebratenen Steinbutt zu schenken. An diesem Tag herrschte großer Jubel unter den Auserwählten.
Gehen Sie! Fahren Sie fort, all das zu pflegen, was Sie tun, und vergessen Sie nie, dass wir es sind, die die Verantwortung für das Glück unserer Gäste tragen, sobald diese ihren Fuß in unseren Salon gesetzt haben.«

## BRATENGERICHTE

Am Spieß oder im Ofen gebratene Fleischgerichte. Bei geregelten Mahlzeiten serviert man den Braten als zweiten Gang. Große Braten bestehen aus großen Stücken wie Rind, Kalb, Schafskeulen usw. Kleine Braten nennt man Geflügel, Wild und Singvögel.
Manche Menschen sehen Bratengerichte als weniger gesund oder nährend an als gekochtes Fleisch.
»Das Feuer«, so behaupten sie, »vertreibt jegliche Feuchtigkeit, weil es so unmittelbar auf das gebratene Fleisch zugreift. Diese Feuchtigkeit aber ist gesund; das Feuer trocknet die Fasern aus und konzentriert allen Saft, den es nicht zum Versiegen bringen konnte, lässt ihn gären und reizt die Entwicklung aller Salze, was zu einem scharfen, überwürzten Saft führt, der das Blut in Wallung bringt und die Galle reizt.«
»Im Gegensatz dazu«, so sagen dieselben Leute weiters, »wird der Einfluss des Feuers bei gekochtem Fleisch durch das Wasser gedämpft und korrigiert. Es wirkt wie eine Art Bad. Es handelt sich nicht um ein trockenes, alles versengendes Feuer, sondern um eine sanfte, moderate Hitze, die beim Kochen nicht härtet und eindringt, ohne auszutrocknen. Nichts ist der körpereigenen Verdauung ähnlicher und nichts lässt diese besser mit der ihr zugeführten Nahrung arbeiten.

Der Braten gibt vielleicht mehr Kraft, weil er den Geist anregt und die Zunge angenehmer reizt, er bringt jedoch keinerlei nährenden Saft, weil ihm dieser von der unmittelbar wirkenden Hitze des Feuers entzogen wurde.«

Es handelt sich hierbei um einen Irrtum: Nichts entzieht dem Fleisch seinen Saft so gründlich wie Wasser. Wasser ist das stärkste Lösungsmittel. Es saugt dem Fleisch die Poren aus und führt dazu, dass dieses sich erst recht mit allen möglichen Salzen belastet und alles mögliche Gärende, Ölige sowie Schwere in sich aufnimmt. Wasserlösungen wirken viel stärker als alle anderen. Wie sollte also Fleisch, das lange in kochendem Wasser liegt, nicht die besten Teile seines Saftes verlieren? So sehr verliert es diesen Saft, dass die Suppe davon zu Gelée wird. Wir wiederholen es: Es handelt sich um einen Irrtum zu behaupten, dass gekochtes Fleisch nahrhafter sei; wenn also der Braten mehr Geschmack enthält als gekochtes Fleisch, dann nur, weil er, wie ein weiser Arzt des vorigen Jahrhunderts bemerkte, seinen ganzen Saft behalten hat, während das Gekochte den seinen durch die Wirkung des Wassers verloren hat.

Gebratenes Fleisch darf nicht zu rasch vom Feuer erfasst werden, ebenso wenig, wie es sich danach sehnen soll. Dunkles Fleisch muss rot bleiben, so dass aller Saft in ihm bleibt. Weißes Fleisch braucht gleichmäßigeres Braten und es darf auch nicht der feinste Hauch Rosa übrig bleiben. Es ist sehr schwer, feste Regeln für das Braten von Fleisch aufzustellen, denn es hängt immer von der Qualität und Beschaffenheit des Rohstoffs ab. Zwei wesentliche Dinge müssen allerdings beachtet werden: zunächst die Art, wie man das Feuer anfacht und schürt, und dann die Fleischqualität. Wir entnehmen den Aufzeichnungen von M. Goque, dem Autor der »Cuisine française«, die Anweisungen für das Braten von dunklem und von weißem Fleisch.

### *Wie man dunkles und weißes Fleisch brät*

Dunkles Fleisch wie etwa Rind oder Schaf muss rasch und heftig vom Feuer erfasst werden. Man braucht hierzu eine helle Flamme, die an beiden Enden des Spießes geschürt wird. Da das Fleisch nicht zu schnell gar werden sollte, muss man das Feuer graduell zurücknehmen. Ein großer Braten von drei bis vier kg braucht eine Stunde bis eineinhalb, um fertig zu sein. An folgenden Merkmalen sieht man, ob das Fleisch genau richtig gebraten ist: 1. am gewissen Widerstand, den das Fleisch dem Fingerdruck entgegensetzt; 2. an der feinen Rauchsäule, die davon hochsteigt; 3. an einigen Blutstropfen, die es abgibt. Dunkles Fleisch erzeugt seinen

eigenen Saft, der es feucht hält, und man sollte es niemals begießen (ganz im Gegensatz zu weißem Fleisch).
Weißes Fleisch wie etwa Kalb, Lamm, Pute und anderes Geflügel muss auf ganz andere Art gebraten werden. Es will von Zeit zu Zeit mit Butter übergossen werden, weil es nicht so viel Saft hergibt wie dunkles Fleisch und daher leichter austrocknet. Man erkennt, ob weißes Fleisch gerade richtig gebraten ist, wenn es unter dem prüfenden Finger mürbe wirkt und etwas Rauch aufsteigt. Man braucht nur etwas Erfahrung, um zu wissen, wie man weißes Fleisch richtig gart. Eine zunächst unerfahrene Köchin kann nach wenigen Monaten ebenso geschickt darin sein wie der in seinem Beruf alt gewordene Küchenchef. Dies gilt nicht für dunkles Fleisch. Die wahre Gabe des Rôtisseurs offenbart sich in dieser Kunst, wenn das Fleisch all seinen Saft behält, bis es auf dem Tisch steht, und sich unter dem scharfen Messer leicht in zarte, saftige Scheiben teilen lässt.

### *Bratzeiten*

Bei den jeweiligen Beschreibungen von Rind, Schaf, Kalb, Geflügel und Wild hatten wir Gelegenheit, einige Ratschläge zu geben, wie man das betreffende Fleisch behandeln sollte. Wir haben auch so genau wie möglich angegeben, wie lange es gegart werden soll, wenn man sich eines Spießes bedient und ein gut geführtes Feuer unterhält. Mit dem »Cuisinière« genannten Apparat, den man vor das Feuer stellt, braucht man weniger lang; wenn man zusätzlich zu diesem Apparat das Feuer auch noch mit der zugehörigen Schale bedeckt, braucht man noch weniger lang. In einigen Küchen bedient man sich zugleich des Spießes und der Feuerschale, was vielleicht die beste Methode darstellt.

| BRATEN | BRATZEIT |
|---|---|
| Ochsenstück, 2,5 kg | 1,5 Stunden |
| Ochsenstück, 5 kg | 2,5 Stunden |
| Kalbsbraten, 2 kg | 1 Stunde |
| Schafsbraten (Keule oder Schulter), 2 kg | 1 Stunde |
| Dasselbe, 3 kg | 1,5 Stunden |
| Lammviertel, groß | 1 Stunde |
| Lammviertel, klein | 45 Minuten |
| Frischer Schweinebraten, 2 kg | 2 Stunden |
| Spanferkel | 2,5 Stunden |

| | |
|---|---|
| Kapaun, Poularde | 1 Stunde |
| Huhn | 45 Minuten |
| Pute | 1,5 Stunden |
| Taube | 30 Minuten |
| Ente | 45 Minuten |
| Junge Ente | 30 Minuten |
| Fette Gans | 1 Stunde 15 Minuten |
| Fasan | 45 Minuten |
| Rebhuhn | 30 Minuten |
| Schnepfe | 30 Minuten |
| In Speck gewickelte Lerchen | 20 Minuten |
| Reh, großes Viertel | 3 Stunden |
| Hase | 1,5 Stunden |
| Junger Hase | 30 Minuten |
| Junges Kaninchen | 30 Minuten |

### *Braten à l'impératrice*

Das Schwein auf trojanische Art, das man mit Feigenfressern, Austern und Drosseln, jeweils in reichlicher Menge, füllt und dann mit gutem Wein und exzellentem Saft begießt und das wegen seiner hohen Kosten vom römischen Senat durch ein Luxusgesetz verboten wurde, kann mit folgendem Rezept an Üppigkeit dennoch nicht Schritt halten:

Man entnimmt den Kern einer Olive und ersetzt ihn durch ein Anchovis-Filet. Die so gefüllte Frucht wird in eine fette Lerche gestopft, die wiederum in eine Wachtel Eingang findet, welche von einem Rebhuhn umhüllt wird, das sich schließlich zwischen den Rippen eines Fasans versteckt. Der Fasan verschwindet im Schoß einer riesigen Pute, welche in einem Spanferkel zur letzten Ruhe gebettet wird. Man brät alles zusammen und dieser Braten liefert die Quintessenz kulinarischer Kunst, das Meisterwerk gastronomischen Könnens. Glauben Sie nicht etwa, dass das Gericht in seiner Gesamtheit verspeist würde: Wirkliche Feinschmecker essen davon nur die Olive und das Anchovis-Filet, und diese Olive wird nicht weniger kosten als 500 Francs.

## BRATHÄKCHEN

Kleine, metallische, spitz zulaufende Klingen, mit denen man große Braten am Spieß fixiert. Man benutzt sie ebenfalls, um kleine gebratene Vögel miteinander zu verbinden, die man auf diese Weise aufgefädelt serviert, ebenso für Fische, denen man die Häkchen durch die Kiemen zieht. Wir erklären in diesem unseren Buch, warum es noch besser ist, sich für kleine Vögel entweder einer Schnur oder einer Leine zu bedienen, um sie zu garen.

## BRATPFANNE

Ein üblicherweise aus Gusseisen gefertigtes Küchenutensil, in dem man Fett oder Speck auslässt oder in dem man Speisen in Öl brät und bäckt sowie Omelettes und Crêpes zubereitet. Früher hatten Pfannen einen sehr langen Stiel, auf den man nur leicht zu klopfen brauchte, um Omelettes und Crêpes umzudrehen, den man aber nie auslassen durfte, da sonst der Inhalt ins Feuer gekippt wäre. Aus dieser Zeit stammt das immer noch gültige Sprichwort, obwohl die Pfannen mit kurzem Stiel nicht mehr auf dem Feuer gehalten werden müssen: »Wer den Pfannenstiel hält, befindet sich in einer misslichen Lage.«

## BREI

Suppige Speise, die man aus Weizenmehl oder Stärke herstellt und in Milch, Suppe oder Mandelmilch kocht. Es ist die erste Nahrung, die man Kindern gibt, wenn man sie abstillt. Der leichteste Brei wird aus Kartoffelstärke gemacht, auch muss dieser am wenigsten lang auf dem Feuer bleiben, um gar zu sein. Um Weizenmehl nahrhafter zu machen als Stärkemehl, muss man es im Ofen bräunen. Brei lässt sich aus jeder Sorte Korn herstellen, aus Sagomehl, Salep, Tapioka, Pfeilwurz, Gerste und Dinkel. Haferbrei nennt man Grütze, Brotbrei kennt man unter Brotsuppe.

## BRÉSOLLES-RAGOÛT

Während sein Herr im Siebenjährigen Krieg war, erfand ein Kammerdiener folgendes Ragoût. Hier das Rezept, wie anerkannte Gastronomen es zubereiten:

> Man legt eine Kasserole mit einer Schinkenscheibe aus und gibt Öl, Petersilie, Schnittknoblauch*, Pilze sowie eine Knoblauchzehe dazu, alles fein gewiegt und mit Öl aufgeschlagen. Auf dieses Bett legt man eine Schicht sehr fein aufgeschnittene Kalbskeulenschnitten, dann eine zweite und dritte Schicht, bis sie aus dem Öl heraus ragen.

Jede Schicht wird mit Salz und Pfeffer gewürzt. Wenn das Fleisch gar ist, schichtet man es erneut auf und bestreicht jede Schicht mit Öl und feinen Kräutern wie oben angegeben. Jede Schicht wird für sich herausgehoben und in eine Kasserole gelegt. Der Fond wird entfettet und mit etwas Mehl oder, noch besser, mit gekochten und zerstampften Kastanien gebunden. Man gießt diese Sauce über die Kalbsschnitten und dünstet diese, ohne aufkochen zu lassen. Man kann Kalbfleisch, aber auch Schaf und Lamm für die Brésolles nehmen.

## BRIGNOLES-ZWETSCHKEN

Es sind an der Sonne getrocknete Zwetschken*, die den Namen der Stadt Brignoles im Département Var tragen, wo man sie zubereitet. Sie erfreuen das Auge und den Geschmackssinn, man kann exzellentes Kompott daraus machen und sie fein gehackt im ▸ Baba verwenden.

## BRIOCHE

Der Name kommt aus der Teigzubereitung, die früher in den Brie-Käse eingearbeitet wurde.

### *Feine oder königliche Brioche*

(Rezept nach Vuillemot)

Man nimmt 1,5 kg feinstes Weizenmehl. Mit einem Viertel davon formt man ein Häufchen mit Grube. Dann verrührt man 60 gr schön trockene Hefe in genügend warmem Wasser, um aus dem Mehlhügel einen lockeren, leichten Teig zu machen. Diesen verknetet man, legt ihn mehrfach zusammen und drückt ihn dann wieder flach, schneidet ihn kreuzweise ein und lässt ihn in einer Schüssel bei lauer Temperatur steigen. Das übrige Mehl streicht man ebenfalls auseinander, so dass eine Grube entsteht, in die man 30 gr feines Salz und 120 gr Puderzucker gibt, um dann, zur Auflösung des Ganzen, etwas Wasser dazuzugießen. Nun zerlässt man 1,5 kg feine Butter und fügt diese zu den 30 bis 36 Eiern, die man zuvor in die Mehlgrube geschlagen hat, vermengt alle Zutaten rasch und sehr leicht, so dass der Teig sich gut in den Hefeteig einfügen lässt, und vermischt dann beide Teile zügig und mit lockerer Hand. Den ganzen Teig in ein bemehltes Gefäß legen, ruhen lassen und innerhalb der nächsten zwölf Stunden von Zeit zu Zeit zerteilen, damit er gären kann, aber nicht sauer wird.

Nach dieser Prozedur gibt man den Briocheteig in eine gerillte Backform aus Weißblech, die der Größe des fertigen Kuchens entspricht. Mit Ei bestreichen und den oberen Teil der Brioche gut zu einem Kopf herausformen; falls der Teig fest sein sollte, müssen Sie den Kopf richtig herauszupfen. Den Kuchen in den sehr heißen Ofen schieben. Sobald er sich färbt, bedeckt man ihn mit nassem Backpapier, wobei der Kopf jedoch frei bleiben sollte, damit er wie ein Schwanenhals emporragen kann. Das Gebäck anstechen, um zu sehen, ob es fertig ist, und servieren.
Anmerkung: Wenn es ein sehr großer Kuchen ist, der als Hauptspeise serviert wird, legt man die Form mit einem Boden aus gebuttertem Backpapier aus.

### *Käsebrioche*

(Rezept nach Monsieur de Courchamps)

Bereiten Sie eine Viertelportion Brioche-Teig zu und lassen Sie diesen steigen; mischen Sie dann 750 gr guten, gewürfelten Gruyère darunter. Sie teilen den Teig in zwei ungleiche Portionen, wobei der eine Teil nur ein Viertel der gesamten Masse ausmacht. Beide Teile werden zu je einer Wurst gerollt, der größere auf dickes, gebuttertes Backpapier gelegt und in der Mitte mit der Handfläche eingedrückt und nochmals eingerollt. Die kleinere Rolle auf die größere legen und festdrücken. Sie schlagen nun zwei Eier wie für ein Omelett auf und bestreichen den Briocheteig damit, schneiden Gruyère streifen- oder herzförmig aus und bilden daraus auf der schmalen Oberseite der Brioche eine Rosette. Nun schieben Sie den Kuchen in einen heißen Ofen, backen ihn etwa drei Stunden lang, ziehen ihn heraus, entfernen das Papier, arrangieren die Brioche auf einer Serviette und servieren sie als Hauptstück der Nachspeisenfolge.

### *Grüne Briochines (sächsische Süßspeise)*

(nach einem Rezept des Barons von Mühlbacher)

Man gießt eine halbe Flasche kochende Milch auf zwei entrindete und gewürfelte kleine Brötchen und lässt das Brot etwa eine Stunde lang weichen. Dann gibt man für den Geschmack etwas Saft vom Beifuß und für die Farbe etwas Spinatsaft dazu, der dem Brot ein schönes Grün verleihen soll, und schließlich gießt man ein Löffelchen Branntwein darauf. Die Schale einer halben Zitrone dazureiben, vier Dotter schaumig schlagen, alles gut vermischen und nach

Wunsch zuckern. Die Masse mit 125 gr Butter in eine Kasserole geben, auf eine kleine Flamme setzen und rühren, bis ein dicker Brei entsteht. Vom Feuer nehmen, zwei bis drei Stunden rasten lassen und löffelweise in kochend heißes Schmalz legen. Sobald die Briochines fertig sind, reibt man Zucker darüber und serviert sie mit Weißwein und gezuckerten Rum, welche man in einer heißen Saucière dazustellt.

## BROKKOLI

Eine Art Karfiol*, der statt weißer schwarze Blüten trägt und der, statt seine Verästelungen zur kompakten Krone zu verbinden, in einzelne Stämme zerfällt. Es ist ein ausgezeichnetes Gemüse, jedoch in Frankreich fast unbekannt, außer im Süden, wo die Hitze ausreicht, ihn gedeihen zu lassen. Wir haben bemerkt, dass er schwarz blüht, in Italien trägt er violette Blüten. Diese kocht man und bereitet sie wie Karfiol zu. Seine Konsistenz ist leichter, aber auch von delikaterem Geschmack. Man sollte Brokkoli nicht mit Kohlsprossen* verwechseln. Unsere umsichtigen Gärtner beziehen die Samen aus Mailand, lassen sie auf präparierten Beeten kommen, auf denen das Gemüse zart und leicht handhabbar wird.
Brokkoli bereitet man mit einer guten Buttersauce oder mit einer Parmesansauce zum Gratinieren zu.

## BROT

In den meisten zivilisierten Ländern besteht die Nahrung des Menschen großteils aus Brot, das man, je nach den landwirtschaftlichen Bedingungen eines Landes, aus Weizen, Roggen, Mais o.ä. herstellt.
Damit das Mehl anständiges Brot hervorbringen kann, muss es ausreichend Gluten enthalten und je mehr es davon hat, umso besser wird das Brot sein. Wenn der richtig zubereitete Mehlteig, unter passenden Bedingungen, sich selbst überlassen wird, entwickelt sich in ihm alkoholische Gärung, durch die eine gewisse Menge Kohlensäure entweicht. Der in diesem Teig eingeschlossene und weit verästelte Gluten hält einen großen Teil der Kohlensäure zurück, die nun die Teigmasse hebt und diese locker und porös werden lässt. Wenn der Teig später beim Backen fest wird, behält er doch seine vorigen Eigenschaften und wird zu gutem Brot. Der im Mehl verteilte Gluten saugt sich mit Wasser voll und formt eine Art Membran, die den Weizenteig so elastisch macht. Diese Haut ist es auch, die das kohlensaure Gas einschließt, welches bei der Gärung entsteht.

Man sagt, dass Brot, damit es gut ist, einen Tag alt sein muss, dass Mehl einen Monat alt sein sollte, bevor man es zu Teig verarbeitet, und Korn ein Jahr gelagert werden sollte, bevor man es mahlt. Für den Hausgebrauch gilt jedoch, dass Brot gut ist, wenn es weich und ganz erkaltet ist. Nur Hirsebrot schmeckt warm gut.

Obwohl Brotbacken nicht wirklich zur Cuisine gehört, glauben wir hier einige präzise, knappe Angaben zur Theorie des Backens angeben zu müssen. Weizen, Sauerteig und Mehl findet man überall, aber es gibt Länder, in denen das von der Bevölkerung hergestellte Brot nicht essbar ist. So erzählte uns einer unserer Freunde, der Bildhauer M. Drouet, der viel in solchen Ländern herumgereist ist, eines Tages, dass er sehr lange gezwungen war, Kartoffeln statt Brot zu essen, da Letzteres widerlich schmeckte.

Die Qualität von Brot hängt, wie schon bemerkt, von der Art des Sauerteigs und dem Backen ab, hauptsächlich aber vom Sauerteig. Diesem sollte man immer besonderes Augenmerk schenken.

Sauerteig gewinnt man, indem man etwas Teig aufbewahrt, bis dieser durch die ihm eigene Gärung anschwillt, sich ausdehnt und geruchlich und geschmacklich etwas Scharfes, Pikantes, säuerlich Alkoholisches bekommt. Diesen gegorenen Teig verknetet man mit dem neuen und durch diese Mischung wird der frische Teig prompt dieselbe Tendenz zur Gärung zeigen, wenn auch weniger fortgeschritten und weniger umfassend als der ursprüngliche Sauerteig. Die Gärung wirkt auf den neuen Teig teilend und verdünnend; es entwickelt sich darin viel Gas, das, weil es nicht gänzlich aus dem zähen Teig entweichen kann, darin kleine Luftblasen erzeugt und den Teig heben, aufgehen und anschwellen lässt.

Wenn der Teig also aufgegangen ist, kann er in den Ofen geschoben werden, wo er sich durch die Ausdehnung der Gase noch stärker bläht. Dann formt er ein lockeres Brot, das in nichts mit dieser schweren, kompakten, zähen Masse zu vergleichen ist, die aus schlecht vergorenem Teig entsteht.

Die Erfindung, Bierhefe oder Traubenmaische als Gärungshelfer einzusetzen, hat neue Mittel zur Brotverbesserung gebracht. Man verwendet den Schaum, der während der Gärung auf diesen flüssigen Substanzen entsteht, als Ersatz für den Sauerteig. Der in den Mehlteig eingefügte und darin verknetete Schaum bringt diesen noch besser und schneller zum Aufgehen als der ordinäre Sauerteig. Man nennt den Schaum Bierhefe oder auch einfach nur Hefe und wir haben unter der entsprechenden Überschrift davon gesprochen. Mit Hefe macht man besonders weiches Brot. Oft hat grobes Brot, das mit Sauerteig gemacht wurde, einen säuerlichen, unangenehmen Geschmack. Das liegt entweder daran, dass man dem Brot zu viel oder zu stark vergorenen Sauerteig beigemischt hat. Dieser Nachteil bleibt uns beim Hefebrot erspart, was offensichtlich daran liegt, dass Hefe nie so stark gärt wie Sauerteig, oder daran, dass dem Hefebrot mehr Sorgfalt beigemessen wird als dem Haushaltsbrot.

Gut aufgegangenes und sorgfältig gebackenes Brot unterscheidet sich also gänzlich vom schlecht gemachten, nicht nur, weil es weniger kompakt und von besserem Geschmack ist, sondern auch, weil man damit besser auftunken kann und es beim Aufnehmen von Flüssigkeit nicht zum schleimigen Klebstoff wird, eine Eigenschaft, welche sich für die Verdauung unendlich günstiger auswirkt.

Was das dem Teig beigefügte Salz anbelangt, so gibt dieses dem Brot nicht nur Geschmack, sondern wirkt auch wasserspeichernd. Einige Salze verstärken diese Wirkung, man sollte sie jedoch in minimalen Dosen verwenden, denn diese Salze verhindern auch, dass der Teig gut aufgeht.

Hefe und Salz leisten beim Brotbacken wichtige Dienste. Diese beiden Zutaten reinigen das Brot, bereiten in gewisser Weise das Backen vor und verleihen der Masse eine festere Konsistenz.

Wie wir wissen, verzehrt das französische Volk weitaus mehr Brot als andere Völker und zweifellos führt dies dazu, dass hier weniger Krankheiten ausbrechen. Ein Vorteil, der von mehr als einem Mediziner unserem Brauch zugeschrieben wird, dass wir viel Brot zu unseren Mahlzeiten essen.

Im Gegensatz dazu besteht die Hauptnahrung der Engländer und Deutschen aus Fleisch und Kartoffeln, was nicht bedeuten soll, dass diese Angewohnheit nur schlecht sei, wohl aber, dass sie oft die Ursache fauliger Krankheiten darstellt.

Eines Tages ward ein Bewohner von Paris, der sich gerade in einer deutschen Stadt aufhielt, bei einem seiner Freunde zum Dîner eingeladen.

Punkt sechs Uhr traf er dort ein, sah einen für ein Dutzend Leute reich gedeckten Tisch, war jedoch sehr verwundert über die Kleinheit der Brotstücke, die sich unter jeder Serviette befanden.

Als er bereits eine Viertelstunde gewartet hatte, kein anderer Gast sich blicken ließ und ihn der Hunger heftig quälte, dachte er: »Was soll's, ich befinde mich bei einem Freund, ich brauche mich nicht sehr zu genieren, wenn ich dieses kleine Stückchen Brot esse. So kann ich die Wartezeit aushalten, bis die anderen Gäste kommen, die ja bald hier sein sollten.«

Er nahm also das Stück Brot und aß es.

Es verging eine weitere Viertelstunde, er dachte sich dasselbe wie vorhin und aß zwei Stückchen Brot, da nichts anderes da war.

Schließlich aß er, da sein Freund und die anderen Gäste immer noch nicht eingetroffen waren, beim Warten, alles Brot auf, das sich auf dem Tisch befand, so dass keines mehr da war, als die anderen erschienen. Nachdem unser Pariser Freund ihnen erzählt hatte, dass er es gewesen war, der alles gegessen hatte, lachten sie herzlich und fragten ihn, wie er es angestellt hatte, eine derartige Menge Brot zu verschlingen.
Sie aber verzichteten gern darauf, es störte sie überhaupt nicht und die zwölf Stück Brot in seinem Magen hinderten auch unseren Landsmann nicht, dem Dîner seines Freundes alle Ehre zu machen.
Man erklärte die verspätete Ankunft der Gäste damit, dass man in Deutschland erst um acht Uhr zur Nacht esse. Der Pariser, der es gewohnt war, um sechs zu dinieren, war einfach zur gewohnten Zeit gekommen, ohne sich darum zu kümmern, ob wirklich Essenszeit war.

### *Wie man mit Kartoffeln Hefe zubereitet*

(nach M. Edlin)

> Sie kochen mehlige Kartoffeln, bis sie schön weich sind, zerdrücken sie und gießen so viel Wasser darüber, bis sie die Konsistenz von Bierhefe haben. Für ein Pfund Kartoffeln fügt man zwei Unzen* Zuckerrübenmelasse hinzu und gibt, wenn alles heiß ist, für je ein Pfund Kartoffeln zwei große Suppenlöffel Bier dazu. Bis die Gärung abgeschlossen ist, sollte alles sehr warm gehalten werden; nach vierundzwanzig Stunden kann man die Masse verwenden. Ein Pfund Kartoffeln ergibt etwa eine Pinte* Hefe und kann drei Monate aufbewahrt werden. Dieser Gärstoff erfüllt seine Sache so gut, dass man nicht unterscheiden kann, ob Brot damit oder mit Bierhefe gemacht wurde.

M. de Carême sagte einmal: »Ich glaube, meinem Staat zu dienen, wenn ich ihm preisgebe, welche Verfahren M. Edlin beim Brotbacken angewandt hat.«
»Die mit ihren Herren und Liebhabern guter Küche reisenden Proviantchefs können mit dieser Methode jeden Tag frisches Brot beschaffen. Wenn unsere Küche nicht unter den Umständen leidet, können wir ohnehin immer damit aufwarten. Befinden wir uns aber irgendwo auf dem Lande oder versorgen uns die Provinzbäcker mit schlecht gebackenem Brot, werden wir glücklich sein, jenen, für deren leibliches Wohl wir zu sorgen haben, Brot auftischen zu können, das dem unserer Pariser Bäcker in nichts nachsteht. Dies wäre, ich will es gern zugeben, sehr angenehm für unsere Herren, vielleicht aber auch sehr unangenehm für uns, denn man kann nicht zugleich Koch und Bäcker sein. Man sollte den Küchen-

gehilfen damit beauftragen und diesen bei der Herstellung überwachen, wenn es nicht ein Konditorlehrling ist, dann nämlich ist er selbst der Mann der Stunde.«

Da auf dem Lande viele Bauern ihr eigenes Brot backen, werden wir hier die einfachste Methode angeben, wie es herzustellen ist.

### *Wie man Brot bäckt*

Sie nehmen eine beliebige Menge Mehl, je nachdem, wie viel Brot Sie backen möchten, machen oben auf dem Mehlhügel eine Vertiefung, in die Sie 62 gr oder mehr Hefe bröseln, und rühren lauwarmes Wasser dazu, so dass der Teig etwa die Konsistenz von Briocheteig erhält. Kneten Sie den Teig gut durch, fügen Sie zwei Unzen* in etwas lauwarmem Wasser aufgelöstes Salz hinzu, decken Sie den Teig zu und stellen Sie ihn warm, so dass er gären und aufgehen kann. Man kann nicht oft genug wiederholen, dass die Güte des Brotes von der Sorgfalt abhängt, die man diesem Teil der Verarbeitung zukommen lässt. Nachdem der Teig, je nach Jahreszeit, ein bis zwei Stunden ruhen konnte, knetet man ihn nochmals, deckt ihn wieder zu und lässt ihn weitere zwei Stunden stehen. Nun befeuern Sie den Ofen und wenn dieser sauber und heiß ist, teilen Sie den Teig in beliebig viele Portionen und formen Brote nach Ihrem Geschmack. Schieben Sie die Brote so rasch wie möglich in den Ofen. Wenn sie fertig gebacken sind, reiben Sie die Rinde mit etwas Butter ein, so dass das Brot schön goldbraun wird.

### *Französische Brotstangen*

Sie nehmen gesiebtes Mehl, so viel, wie Sie Teig erhalten wollen, und verrühren es mit Milch, warmer Butter, etwa einem halben Pfund Hefe und Salz. Mischen Sie alles gut durch und kneten Sie den Teig mit ausreichend warmem Wasser. Der Teig muss gut geknetet, dann zugedeckt und zwei Stunden zum Aufgehen beiseite gestellt werden. Dann wird er zu Stangen gerollt und diese werden auf ein verzinntes Backblech gelegt, das man auf den Ofen oder in ein schwach beheiztes Backrohr stellt, so dass es sich erhitzt. Nach einer Stunde schiebt man es in einen sehr heißen Ofen und bäckt das Brot zwanzig Minuten lang. Wenn es fertig ist, raut man die Kruste auf. Sie können das Brot auf mit Butter bepinseltes Backpapier legen, was den Backvorgang verbessert und das Brot sehr viel lockerer werden lässt.

## BROTFRUCHTBAUM

Dieser Baum wächst wild auf den Molukken und in Polynesien und wird wegen der Beschaffenheit seiner Frucht so genannt.
Er wird 13 bis 17 Meter hoch, hat einen sehr dicken Stamm und eine ausladende Krone mit verzweigten Ästen. Seine Früchte sind außen grünlich-gelb und innen weiß, mehr oder weniger groß, je nach Baumart, jedoch selten größer als 21 cm im Durchmesser. Sie enthalten zunächst sehr weißes, mehlig-fasriges Fruchtfleisch, das jedoch mit zunehmender Reife gelblich und saftig wird und ähnlich wie Gelée werden kann. Reife Früchte röstet oder grillt man einfach auf glühenden Kohlen oder bäckt oder kocht sie ganz im Ofen oder mit Wasser. Dann schält man sie und isst das weiche, weiße Innere, das sich anfühlt wie frisches Weißbrot und so angenehm schmeckt, wie es gesund ist. Der Geschmack ähnelt dem des Weizenbrots, mit einem leichten Einschlag von Artischocke oder Topinambur. Die Früchte bleiben sieben bis acht Monate frisch.
Man versichert, dass zwei bis drei solcher Bäume einen Menschen ein ganzes Jahr lang ernähren können. Die Bäume bedürfen geringer Pflege und die Franzosen, nach ihnen die Engländer, führten sie in Guadeloupe und Jamaika ein, wo die Einwohner sich von den Früchten ernähren, mit der inneren Rinde der Bäume Kleidung herstellen und ihre Lebensmittel mit den Blättern einwickeln, welche bis zu einem Meter lang und 40-50 cm breit werden können.
Als die Mannschaft des Admirals Anson bei den Marianen strandete und ganz ohne Proviant dastand, sammelten die Leute etwa fünfzig dieser Früchte, die vom Baum gefallen waren, und sie lebten davon einige Tage lang. Sie fühlten sich sehr wohl dabei und diese vom Schicksal dargebrachten Früchte kamen gerade recht, um sie vor den Qualen des Hungers zu schützen.
Man bereitet mit der Brotfrucht verschiedene Speisen zu, von denen sich die armen Inselbewohner auf Mauritius und Guadeloupe ernähren, die beträchtliche Mengen davon konsumieren.
Der berühmte englische Reisende Kapitän Cook kann die Brotfrucht gar nicht hoch genug loben. Er behauptet, sie sei ihm, vor allem im Krankheitsfall, eine große Hilfe gewesen und er habe alle Kranken mit dieser Frucht geheilt.

## BUCHWEIZEN

Ursprünglich aus Asien kommend, wurde der Buchweizen nach Afrika gebracht und von den spanischen Mauren in Europa eingeführt. Auch

wenn dieses Korn viele Vorteile besitzt, weil es überall angebaut werden kann, sich schnell entwickelt und die Ähren rasch reifen, so dass man bei günstigen Bedingungen zweimal jährlich ernten kann, schließlich weil es gesund, nahrhaft und leicht verdaulich ist, muss man hier doch zugeben, dass Buchweizenbrot so schlecht schmeckt wie kein anderes. Schon am Tag nach dem Backen ist es trocken und brüchig, zerbröselt, wirkt blähend und ist im Ganzen abscheulich. Ganz anders wirkt Buchweizenbrei, denn dieser ist sehr gesund und nährstoffreich, man isst ihn warm oder kalt, gebraten oder gegrillt.
In den Regionen, wo Buchweizen als Grundnahrungsmittel verzehrt wird, wie etwa in der niederen Bretagne und in der Basse Normandie, bereitet man Buchweizenbrei und -kuchen mit Milch zu. Der Geschmack wird dadurch feiner, der Brei lockerer, saftiger und leichter verdaulich.

## BÜFFEL

Ein aus Indien und Afrika stammendes Tier, das dem Stier ähnelt, jedoch stärker ist als dieser.
Sein Fleisch ist weniger schmackhaft als Rindfleisch, aber sehr gesund.
Man macht aus der Milch einen ausgezeichneten Käse, der in Italien »Büffel-Ei« genannt wird, weil man ihn dort eierförmig herstellt.
Monsieur Duglerez, ehemaliger Chefgastronom des Hauses Rothschild, hat uns ein ausgezeichnetes Rezept zur Zubereitung von Büffelmaul hinterlassen, das wir uns beeilen Ihnen hier vorzustellen.
Büffelmaul wird bei uns selten verwendet, obwohl die gute Köchin daraus ein delikates Gericht herstellen kann.
Man wässert ein Büffelmaul, blanchiert* es in heißem Wasser, schreckt es mit kaltem ab, sengt die Haare ab und kocht es drei Stunden lang in einem guten Fond. Man sollte sich von Zeit zu Zeit vergewissern, ob es gar ist, dann lässt man es abtropfen und legt es auf eine schöne Sauce, um zu servieren. Für Letztere lese man bei entsprechenden Saucen nach. (Sauce provençale, lyonnaise, tartare, Tomatensauce oder Villeroy).

## BUTTER

Eine fette, ölige Substanz, die man durch Schlagen aus dem dicken Rahm der Milch gewinnt. Alle Arten Milch geben Butter, wovon die fetteste und reichhaltigste aus der Schafsmilch gemacht wird. Es waren die Skythen und Päonier, die sie in Griechenland einführten. Hippokrates spricht nur von der der Skythen; Horaz und Vergil nennen den Käse, aber nicht die Butter. Werther verhalf der Butter zu poetischer Dimen-

sion. Als er Charlotte dabei zusieht, wie sie für die Kinder Brote streicht, erfasst ihn diese fatale Liebe, die ein Pistolenschuss beenden wird. Goethe hat Recht: Kinder lieben nichts so sehr wie Butterbrote, außer vielleicht Marmeladebrote. In welchem Land ich auch unterwegs war, immer erhielt ich frische Butter vom selben Tag. Hier gebe ich mein Rezept an alle Reisenden weiter, ein einfaches, aber unfehlbares Rezept.
Überall, wo ich mir frische Milch besorgen konnte – ob von der Kuh, von der Kamelstute, von der Stute oder vom Schaf –, eignete ich sie mir an, füllte eine Flasche zu Dreivierteln damit, verschloss sie, hängte sie an den Hals meines Pferdes und ließ dieses das Übrige besorgen. Wenn ich abends ankam, zerbrach ich den Flaschenhals und fand ein faustgroßes Stück Butter vor, das sich selbst erzeugt hatte. Diese Methode war immer erfolgreich, in Afrika wie am Kaukasus, in Sizilien wie in Spanien.
Verschiedene Bäume bringen einen Stoff hervor, der bei jenen Völkern die Butter ersetzt, wo die Herstellung derselben unbekannt ist:

### *Bambuk-Butter*

Mauren und Neger nützen für ihre Ernährung einen Extrakt des Pflanzenfetts, das die Frucht des Bambuks erzeugt. Der Baum ist eher klein, seine Blätter sind zäh und ebenfalls klein, sie geben, wenn man sie presst, einen öligen Saft ab, die Frucht ist so groß wie eine Nuss, rund und von einer rötlich-weißen Schale umgeben und duftet aromatisch.

### *Kakaobutter*

Man nennt fest gewordene Fruchtöle Butter. Die, von der hier die Rede ist, zieht man, vor allem auf den Inseln, aus der Kakaobohne, die man zuerst leicht getrocknet und dann in kochendem Wasser erhitzt hat. Die Hitze des Wassers lässt das Öl austreten, das sich von der Bohne löst und an die Oberfläche steigt. Durch Abkühlen wird das Öl fest, man reinigt es durch zwei weitere Schmelzvorgänge.

### *Kokosbutter*

Auch die Kokosnuss bringt eine ölige, fette und feste Substanz hervor, die man Kokosbutter nennt. Sie schmeckt süß und angenehm und dient so wie die anderen Arten zur Verfeinerung bestimmter Speisen.

*Galam-Butter*

Dies ist das Produkt eines »shea« genannten Baumes, der in Afrika wächst. Er ähnelt der amerikanischen Eiche und man erhält davon eine Butter, die in ihrem Geschmack der besten gleicht, die man aus tierischer Milch gewinnen kann. Der größte Vorteil dieser Butter ist jedoch, dass man sie ein ganzes Jahr aufbewahren kann, ohne sie salzen zu müssen.

*Gebratene Butter aus dem Département Landes*

(nach Vuillemot)

Zuerst salzt man die Butterkugel, schlägt vier ganze Eier zu einem Omelett, bereitet gut getrocknete Weißbrot-Brösel vor, salzt, rollt die Butterkugel im Ei, streut Brösel darüber, tunkt sie wieder ins Ei und so fort, bis das Ei ganz aufgebraucht ist. Nun steckt man die Kugel auf einen Spieß und wird bemerken, dass das Äußere durch die Hitze hart wird und eine Kruste bildet, die man statt des Brotes zu Austern servieren kann. Dazu trinkt man alten Barsac, den man aber nicht darüber gießen sollte.

## BUTTERMILCH

Wässrige, weiße Flüssigkeit, die beim Schlagen der Milch zurückbleibt. Buttermilch wird in Holland derart geschätzt, dass Dienstboten beim Antritt eines neuen Arbeitsverhältnisses eine ein- bis zweimal wöchentliche Ration davon vertraglich aushandeln. Mit Buttermilch lassen sich auch Suppen zubereiten; sie ist nährend und erfrischend, aber nicht allen Mägen bekömmlich.

# C

## CAKE (englischer Kuchen)

Wenn man in England seine Kinder verheiratet, bäckt man, wie es bei Dickens beschrieben wird, einen riesigen Kuchen und teilt an jeden Gast ein Stück davon aus. Lesen Sie hier nach, wie dieser Kuchen gemacht wird.

> Man nimmt 2 kg schönes Mehl, 2 kg frische Butter, 1 kg passierten feinen Zucker sowie 7 gr Muskatnuss. Für jedes Pfund Mehl braucht man 8 Eier.
>
> 2 kg Korinthen werden gewaschen, Unreinheiten ausgeklaubt und die Rosinen vor dem Feuer getrocknet. 500 gr süße Mandeln werden blanchiert*, und geschält und dann sehr fein gewiegt. Dazu kommen 500 gr kandierte Zitronen, 500 gr kandierte Orangen und ein halber Liter Branntwein. Die Butter zwischen den Händen zerreiben und eine Viertelstunde lang mit dem Zucker schlagen. Das Eiklar zu Schnee schlagen und diesen mit Butter und Zucker vermischen, dann Mehl und Muskatnuss hinzufügen und alles gemeinsam schlagen, während man nach und nach Rosinen und Mandeln darunterhebt. Den Teig abwechselnd mit den kandierten Orangen und Zitronen in eine Kuchenform geben und in den Ofen stellen, nachdem man die Form mit Papier gut verschlossen hat. Den Kuchen backen, bis er gut durch ist.

## CALAPE

Dies ist ein amerikanischer Begriff, mit dem man ein aus einem Teil einer Schildkröte bestehendes Ragoût bezeichnet, wobei die Schildkröte in ihrem Panzer gegart wurde. Dieses Ragoût begeisterte meine Mannschaft,

als wir zwischen Sizilien und Afrika navigierten, doch es schien mir nie einer Tafel würdig, die etwas auf sich hält. Hier soll beschrieben werden, wie man die Schildkröten fing und zubereitete.
Als Juni und Juli, die Monate der Windstille, heranbrachen, stellte man auf dem Hauptmast einen Wachposten auf, der, sobald er eine auf den Wellen schlafende Schildkröte erblickt hatte, seinen Ruf »Tortue! Tortue!« erklingen ließ. Alsbald ließ man das Rettungsboot ins Wasser und pirschte sich geräuschlos so nahe wie möglich an die Schildkröte an, die auf dem Wasser lag, auch wenn sie manchmal sechzig bis achtzig Pfund wog.
Dann ließ sich unser Steuermann Podimata, der üblicherweise mit dieser Mission betraut wurde, ins Wasser gleiten und schwamm hinter der Schildkröte an diese heran, ohne sich von ihr entdecken zu lassen. Er packte ihre Hinterbeine und drehte sie auf den Rücken, was bewirkte, dass sie weder tauchen noch sich umdrehen konnte, so sehr sie sich auch bemühte. Da sie aber mit dem Kopf wackelte, den sie aus dem Panzer herausstreckte, band ihr Podimata eine Schnur um den Hals, kletterte wieder an Bord, schnappte eines der beiden Ruder und kehrte so schnell wie möglich zur Schildkröte zurück, die, war sie einmal an Deck gezogen, bei den Hinterbeinen aufgehängt wurde, während man gleichzeitig an der Schnur zog, so dass ihr der Hals mit einem Säbelhieb abgetrennt werden konnte. Sie verlor eine ganze Menge Blut und wir ließen sie zwölf Stunden hängen, bevor wir sie abermals auf den Rücken legten und ein starkes Messer zwischen Bauch- und Rückenpanzer stemmten, dabei jedoch Acht gaben, dass die Eingeweide nicht verletzt würden und dass die Galle nicht platzte, was passieren kann, wenn man das Messer zu tief hineinschiebt. Man entfernt den flachen Teil des Panzers, weidet das Tier aus und bewahrt nur die Leber auf. Das durchsichtige Fleisch im Inneren ist zu nichts nütze. Man wird im Inneren zwei Fleischlappen entdecken, die man mit einer Kalbsnuss vergleichen kann, sowohl was ihr Aussehen als auch ihren Geschmack anbelangt. Zuweilen fanden wir in einer Schildkröte zehn bis zwölf schalenlose Eier wie jene, die man im Bauch von Hühnern findet und die erst reifen müssen.
Wir schnitten so viel Fleisch, wie wir brauchten, in nussgroße Stücke und legten sie, nachdem wir sie gewässert hatten, in eine gute Suppe mit Pfeffer, Gewürznelken, Salz, Thymian, Karotten und Lorbeerblättern. Das alles musste drei bis vier Stunden lang auf kleiner Flamme köcheln. In der Zwischenzeit bereitet man Quenelles* aus Geflügelfleisch vor, die man mit Salz, Petersilie, Schnittknoblauch* und Anchovis würzt, und pochiert

diese Quenelles in Suppe. Man lässt sie abtropfen und gießt die Suppe, die man knapp vorher mit drei bis vier Glas trockenem Madeira angereichert hat, über das Schildkrötenfleisch. Dieses Ragoût wird im Schildkrötenpanzer serviert und ergibt für fünfzig Personen ein ausreichendes Nachtmahl.

Für unsere gesamte Mannschaft war dies ein Festessen, außer für zwei Griechen, denen ich Gastfreundschaft angeboten hatte und die nach Zypern wollten, um einen versunkenen Schatz zu heben.

## CANNELLONE

So nennt man verschiedene Sorten feiner Teigwaren wegen ihrer Form.

### *Cannellone »à la d'Escars« oder Marillen*-Canapés*

(nach Courchamps)

Sie bereiten Dreiachtelliter Blätterteig zu und geben dem Teig zehn Tours*. Dann breiten Sie ihn auf etwa einen halben Meter im Quadrat aus und schneiden daraus vierundzwanzig kleine, etwa 2 cm breite Streifen. Sie sollten vierundzwanzig gedrechselte Buchenstäbchen zur Verfügung haben, jeweils etwa 16 cm lang und 1,3 cm im Durchmesser, die aber an einem Ende etwa 0,25 cm schmaler sind als am anderen, damit der gekochte Teig besser vom Stäbchen rutscht. Sie befetten die Stäbchen mit Butter und befeuchten zunächst nur sechs Teigstreifen. Dann drehen Sie ein Ende eines Streifens um das schmale Ende eines Stäbchens, bis er wie eine kleine Schraube aufgezogen ist. Für die übrigen Streifen gilt das selbe Prozedere. Dann werden alle mit Teig umwickelten Stäbchen auf zwei Backbleche verteilt, so dass sie je einen halben Zentimeter voneinander entfernt liegen. Die Oberfläche mit Eidotter bestreichen und in den heißen Ofen schieben. Wenn die Cannellone eine schöne Farbe haben, bestreuen Sie sie mit Puderzucker und glacieren* sie nach allen Regeln der Kunst im Ofen. Sobald sie aus dem Ofen kommen, entfernt man die Stäbchen und legt die Cannellone nacheinander auf eine kalte Platte. Knapp vor dem Servieren werden sie mit Apfelgelée und Himbeer- oder Marillen*-Marmelade garniert.

## CAPILOTADE

Eine Art Ragoût aus Resten von Geflügel, Wild usw.

In eine Kasserole kommen zerkleinertes gebratenes oder gedünstetes Fleisch, Salz, Pfeffer, Orangenschalen, fein gewiegter Schnittknoblauch*, Brotkrusten mit etwas Petersilie und Kapern. Mit ▸ Bouillon begießen und so lange dünsten, bis die Flüssigkeit genügend reduziert ist. Einen Spritzer Essig oder etwas ▸ Kretzer und Brotbröseln hinzufügen. Wenn die Capilotade mit dunklem Fleisch gemacht wird, kann man mit einem Gemisch halb aus Suppe, halb aus Wein und mit wenig Öl aufgießen.

## CARÊME (Marie-Antoine)

Dieser Name (der im Französischen auch »Fastenzeit« bedeutet, Anm. d. Übersetzerin) ließ den Ruhm, den sein Träger dereinst in der Gastronomie erlangen sollte, zunächst wohl kaum erahnen. Seit Carêmes Tod, der ihn am 12. Jänner 1833 ereilte, haben viele Prinzen ihren Titel und ebenso viele Könige ihren Thron verloren. Carême, dessen Genius ihn zum König der Kochkunst werden ließ, bleibt, was er war, und kein Rivale hat je seinen Ruhm überschatten können. Wie alle Gründer großer Reiche, wie Theseus und Romulus, ist Carême eine Art verlorenes Kind gewesen. Er wurde am 7. Juni 1784 in Paris geboren, auf einer Baustelle in der Rue du Bac, auf der sein Vater arbeitete. Da jedoch fünfzehn Kinder zu versorgen waren und der Vater nicht mehr wusste, woher er das Brot für alle nehmen sollte, führte er den kleinen elfjährigen Marie-Antoine eines Abends zur Vesperzeit an die Zollgrenze. Dort ließ er ihn mitten auf dem Kopfsteinpflaster stehen und sagte: »Geh schon, Kleiner, es gibt gute Berufe auf dieser Welt, lass uns zu Hause hungern; die Not ist unser Schicksal und wir werden daran sterben müssen. Mit ein bisschen Grips kannst du heutzutage reich werden, und dir mangelt es nicht daran. Geh schon, Kleiner, vielleicht wird schon heute Abend oder morgen ein gutes Haus dir seine Türen öffnen. Geh mit dem, was der liebe Gott dir gegeben hat, und mit dem, was ich dazulege.« Und der gute Mann gab seinem Sohn den Segen dazu. Nach diesem Abend sah Marie-Antoine weder Vater noch Mutter wieder, die beide jung starben. Auch seine Brüder und Schwestern nicht, die es irgendwohin verschlagen hatte.

Die Nacht war gekommen.

Das Kind sah ein leuchtendes Fenster und ging anklopfen. Es war die Küche eines Kneipenwirts, dessen Name nicht überliefert wurde. Dieser nahm den Jungen auf, der am nächsten Tag in seine Dienste trat.

Mit sechzehn verließ er die armselige Kneipe, um als Küchenhilfe in einem gut geführten Restaurant zu arbeiten. Er lernte rasch und man ahnte bereits, was aus diesem Jungen eines Tages werden würde. Als er bei Bailly, einem renommierten Konditor in der Rue Vivienne, aufgenommen

wurde, der für seine Crème-Torten berühmt war und das Haus des Prinzen Talleyrand belieferte, sah der Junge seine Zukunft klar vor sich und entdeckte seine Berufung.
»Mit siebzehn Jahren«, so schreibt Marie-Antoine in seinen Mémoiren, »war ich erster Tortenbäcker bei Monsieur Bailly. Der gute Meister interessierte sich für mich und er gab mir Ausgang, damit ich lernte, Vorlagen für Stiche zu zeichnen. Dann vertraute er mir die Leitung über einige große Stücke an, die für den Tisch des Ersten Konsuls bestimmt waren. Für M. Bailly zeichnete und arbeitete ich Tag und Nacht, und seine Güte machte alle meine Mühen wett. Bei ihm wurde ich zum Erfinder. Zu dieser Zeit erblühte die Kunst der Pâtisserie unter den Händen des wunderbaren Avice. Seine Werke begeisterten mich und die Kenntnisse, die ich mir über seine Verfahren aneignete, machten mir Mut. Ich setzte alles daran, es ihm nachzutun, ohne ihn jedoch zu kopieren, und als ich alle Schritte beherrschte, stellte ich selbst einzigartige »Extraordinaires« her. Aber ach, meine lieben jungen Leute, bis ich so weit war, musste ich unzählige schlaflose Nächte hinnehmen! Ich konnte mich erst nach neun oder zehn Uhr abends meinen Zeichnungen und Berechnungen widmen und arbeitete den größten Teil der Nächte durch.
Mit Tränen in den Augen verließ ich meinen guten Bailly und trat bei Monsieur Gendrons Nachfolger ein, dem ich jedoch einige Bedingungen stellte. Ich erhielt die Erlaubnis, mich vertreten zu lassen, wenn man mich für die Anfertigung von besonderen Stücken holen ließ. Einige Monate drauf ließ ich die großen Häuser der Pâtisserie hinter mir und richtete meine eigenen großen Dîners aus. Ich wurde gefragt, stieg höher und höher hinauf und verdiente eine Menge Geld. Die Neidigen waren mir gram, mir, dem armen Arbeiterkind, und seither werde ich immer wieder von kleinen Zuckerbäckern angegriffen, die noch sehr viel tun müssten, um dorthin zu gelangen, wo ich stehe.«
Inmitten der Verschwendungssucht des Directoire bereitete Carême den zarten Luxus und die exquisite Sinnlichkeit des Empire vor. »Der Tisch des Prinzen Talleyrand ist gedeckt«, sagte Carême weise und mit stiller Größe, gab den Ton an und rief jene, die etwas auf sich hielten, wieder zu den guten Sitten zurück. Hier, im Hause des Prinzen, lernte er auch Laguipière, Napoleons Koch, kennen, der vor Moskau starb, weil er den Wechsel von seiner 35 Grad heißen Küche zu den 35 Kältegraden dieser Stadt nicht ertrug. Bis dahin hatte Carême gelernt sein Handwerk zu beherrschen, mit Laguipière lernte er zu improvisieren. Praxis allein genügte ihm nicht mehr, er wollte seine theoretischen Kenntnisse vertiefen, Skiz-

zen entwerfen, wissenschaftliche Bücher lesen, neben seinem Beruf auch Kurse besuchen. Er schrieb und illustrierte eine »Geschichte der römischen Tafel«, von der leider Text und Zeichnungen verloren gingen. Carême war ein Dichter. Er setzte seine Kunst gleich mit den anderen Künsten und hatte damit Recht, denn auf der Stufe, die er erreicht hatte, wird Größe unteilbar.
»Aus der Tiefe meiner Öfen«, so sagte er, »betrachtete ich die Küche Indiens, Chinas, Ägyptens, Griechenlands, der Türkei, jene von Italien, Deutschland und der Schweiz, und unter meinen Hieben, so fühlte ich, fiel alle Niedrigkeit schablonenhafter Herstellung in sich zusammen.«
Carême war mit dem Kaiserreich groß geworden; man stelle sich seinen Schmerz vor, als dieses zusammenbrach. Man musste ihn zur Ausrichtung des gigantischen königlichen Banketts 1814 zwingen. Ein Jahr später rief ihn der Prinz-Regent als Küchenchef nach Brighton. Er blieb zwei Jahre beim englischen Regenten, wo er jeden Morgen unter den Augen seiner königlichen Hoheit, einem blasierten Schlemmer, das Menü zusammenstellte. Während dieser Vier-Augen-Gespräche unterwies Carême den Regenten in den Grundlagen bewusster Ernährung; wären seine Worte gedruckt worden, wäre daraus ein Klassiker kulinarischer Literatur geworden.
Er kehrte, gelangweilt vom hässlich grauen englischen Himmel, nach Paris zurück, aber als der Prinz-Regent König wurde, rief er 1821 wieder nach ihm.
Von London ging Carême nach Sankt Petersburg, wo er einen der Küchenchefs des Zaren Alexander vertrat, und dann nach Wien, wo er für den österreichischen Kaiser einige große Dîners ausrichtete. Seine Verbundenheit mit Lord Stuart, dem englischen Botschafter, ließ ihn mit diesem nach London zurückkehren, doch er verließ den Lord, um in Paris zu schreiben und zu veröffentlichen. Carême wurde unersetzlich bei politischen Versammlungen. Aber alle großen Arbeiten verkürzen das Leben. »Die Kohle bringt uns um«, sagte er, »aber was soll's: je weniger Jahre, desto mehr Ruhm.« Er starb in Wahrheit, weil sein Genius ihn tötete, am 12. Jänner 1833, nach Vollendung seines fünfzigsten Lebensjahres, und hinterließ Schüler, die seiner würdig sind, unter anderem den großartigen Vuillemot.

## CERVELAT

Eine Art dicke, kurze Wurst, die man aus gehacktem Schweinefleisch, Salz, Pfeffer und einer Messerspitze Rocambole (der spanischen Schalotte) herstellt. Im Übrigen hat die schweinerne Cervelat alle schlechten Eigenschaften, die das Fleisch dieses Tieres aufweist, und diese Zubereitungsart macht es noch unbekömmlicher. Man kann Cervelat aber auch aus Fisch machen, eine besser verdauliche Variante, die aber wegen der reichlich darin verarbeiteten Gewürze auch nicht gerade gesund zu nennen ist, vor allem, wenn man sie zu häufig zu sich nimmt.

## CHARLOTTE

Eine Crème-Süßspeise mit Früchten.

### *Apfel-Charlotte mit Konfitüren*

Man schneidet Äpfel, nachdem man sie geschält und ihr Kerngehäuse entfernt hat, dann verarbeitet man sie zu Mus, nachdem man etwa ein Drittel des Apfelgewichts an Zucker, etwas gemahlenen Zimt und die Hälfte einer Zitronen-Zeste* beigegeben hat; das Mus einkochen lassen.

Man schneidet Brot in so dünne Scheiben wie nur möglich, die einen rechteckig, die anderen dreieckig, taucht sie in zerlassene, noch warme Butter, bedeckt den Boden einer Kasserole mit den Dreiecken und kleidet die Wände derselben Kasserole mit den Rechtecken bis zur erwünschten Höhe aus. In die Mitte gibt man einen guten Esslöffel Himbeer- oder Marillen*-Marmelade.

Wenn die Kasserole derart vorbereitet ist, gibt man das Apfelmus hinein, streicht die Oberfläche desselben glatt und bestreut es mit in Butter geschwenkten Weißbrotflocken ohne Rinde. Dann stellt man die Kasserole auf heiße Asche, deckt sie mit einem Deckel zu, auf den man Kohle legen kann, und gibt der Charlotte bei Ober- und Unterhitze eine schöne Farbe.

### *Birnen-Charlotte mit Vanille*

Man schält Messire-Jean-Birnen, entfernt das Kerngehäuse, schneidet die Birnen in Stücke und gibt diese mit einem Glas Wasser in eine Kasserole, die man zudeckt. Die Birnen müssen gekocht werden, bis sie ganz weich sind, dann werden sie püriert und durch ein Sieb gestrichen. Zucker und eine im Marmor-Mörser mit Marmor-Stößel zerstoßene Vanilleschote beigeben und mit den Birnen gemeinsam dämpfen.

### *Marillen*-Charlotte*

Man nimmt vierundzwanzig rötliche, nicht allzu reife Marillen* von hochstämmigen Bäumen, schneidet jede in acht Teile, nachdem man die Haut entfernt hat, und sautiert sie anschließend mit 120 gr Zucker sowie 60 gr zerlassener Butter zehn Minuten lang auf kleiner Flamme. Den Boden der Kasserole auf gleiche Weise auslegen wie für die Charlotte mit Borsdorfer Äpfelchen, die kochenden Marillen hineingießen, die Charlotte zudecken und backen, bis sie goldblond ist. Schließlich mit Marillen-Marmelade überziehen und servieren.

### *Pfirsich-Charlotte*

Wie oben vorgehen, nur mit zwanzig etwas festeren und halbierten Weinbergpfirsichen, die man in etwas Sirup blanchiert*. Wenn die Pfirsiche gut abgetropft sind, wird jede Hälfte in drei gleich große Spalten zerteilt, die man mit 120 gr Puderzucker und 60 gr zerlassener Butter in einer Kasserole sautiert. Dieses Mus wird in die wie oben angegeben ausgelegte Kasserole gegossen. Vor dem Servieren wird die Charlotte in eine Schüssel gestürzt und oben wie unten mit dem Sirup maskiert*, in dem die Früchte gedämpft wurden.

Desgleichen verfährt man mit den Zwetschken*- und Mirabellen-Charlotten.

### *Charlotte mit Borsdorfer Äpfelchen*

(nach M. de Courchamps)

Achtzig Borsdorfer Äpfelchen schälen und in kleine, schmale Viertel zerschneiden. Mit 120 gr Puderzucker sowie ebenso viel zerlassener Butter sautieren und die Zesten* einer Orange oder einer gelben ▸ Bigarade hinzufügen. Dann die Kasserole mit den Äpfelchen zugedeckt auf ein gemäßigtes Feuer stellen und sie von Zeit zu Zeit schwenken, damit sie möglichst auf allen Seiten und vollständig gar werden. Ein Glas schöne, vom Saft abgetropfte eingelegte Kirschen dazumischen. Während das Obst dünstet, sticht man aus 1 kg weichem Weißbrot, mit einem zylindrischen Entferner für Kerngehäuse von ca 18 mm Durchmesser, das Innere heraus. Die Brotzylinder werden in zerlassene Butter getaucht und damit der Boden und die Wände der Backform verkleidet. Nun die Äpfelchen in die Charlotte gießen, mit in Butter getauchtem entrindeten Weißbrot bedecken und kurz vor dem Servieren in den heißen Ofen oder auf glühende Asche stellen und mit glühenden Kohlen umgeben. Nach einer halben Stunde Backzeit sollte man die Charlotte prüfen, ob sie von hellem Goldbraun ist; dann stürzt man sie auf einen Teller, wenn sie sich nicht stürzen lässt, verstärkt man die Ofenhitze, bis sie gar ist.

Dann entfernt man die Backform, maskiert* die Charlotte mit Hilfe einer Glacierschaufel, die in Marillen*-Marmelade, Apfelgelée oder rote Ribisel*-Marmelade getaucht wurde, und verleiht ihr so ein glänzendes Aussehen.
Die Form wird vor dem Backen mit Puderzucker glaciert*, allerdings ist es noch besser, die Form mit Butter zu befetten, weil der Zucker die Charlotte beim Backen zu dunkel geraten lassen könnte.

*Russische Kaffee-Charlotte*

Eine Süßspeisenform wird mit Löffel-Biscuits belegt, dann werden 100 gr bester Kaffee in einem Liter Milch erhitzt und eine Stunde lang an einen warmen Ort gestellt. In eine Kasserole kommen 8 Eidotter und 300 gr Puderzucker. 25 gr Gelatine werden in kaltes Wasser getaucht. Die Kaffee-Crème über Eier und Zucker gießen, mit diesen gut vermischen und auf dem Feuer eindicken. Wenn die Crème gebunden ist, lässt man die Gelatine abtropfen und verrührt sie mit der Crème, bis sie sich aufgelöst hat. Die Masse durch ein Sieb streichen und auf Eis stellen. 15 Deziliter festes Schlagobers* dazugeben, alles in die Form füllen und die Charlotte mit Eis bedecken, worin man sie eine Stunde lang fest werden lässt, bevor man sie serviert.

*Russische Charlotte mit gerösteten Mandeln*

Mandeln fein hacken, Puderzucker schmelzen, die Mandeln darunter mischen und auf dem Feuer rösten. Auf einem Teller auskühlen lassen, dann zerstoßen, durch ein feines Sieb streichen, um die Mandeln vom Öl zu trennen, in einer Kasserole mit Eidottern und Zucker vermischen und die Zubereitung wie oben abschließen.

## CHARTREUSE

Herr Carême hat entschieden, dass die »große Chartreuse« die Königin der »modernen Vorspeisen« sei. Wir werden hier also dem illustren Meister selbst das Wort überlassen, da unsere Eloquenz nicht einmal annähernd an seine heranreicht.
»Die große Chartreuse darf, wie man weiß, nur Gemüse und Wurzelwerk enthalten, aber sie wird nur in den Monaten Mai, Juni, Juli und August vollkommen gelingen, in dieser fröhlichen und gnädigen Jahreszeit, wo alles in der Natur sich erneuert und uns dazu einlädt, neue Sorgfalt in unsere Vorbereitungen zu legen, um die Zartheit der köstlichen Zutaten zu

unterstreichen. Die kleinen Details der Chartreuse entsprechen wohl denen heißer Gemüse-Pasteten, daher werde ich dieses Entrée sehr flüchtig beschreiben.«

### *Chartreuse nach Pariser Art, »en surprise«*

Man gart acht schöne, runde Trüffeln in Champagner oder in heißer Asche. Wenn sie ausgekühlt sind, schält man sie und schneidet den längsten möglichen Streifen davon heraus. Anschließend putzt man rund hundert Krebs-Schwänze, die man wie einen Kranz rund um die Mitte einer befetteten Form auflegt. Die Trüffelstreifen werden so auf die Krebs-Schwänze platziert, dass sie die Schlangenlinien einer griechischen Bordüre nachahmen. Dazu kommen Stücke von der Hühnerbrust, gut geputzt und in Butter angebraten; als Abschluss und gleichsam als Gegenstück zum Kranz von Krebs-Schwänzen unten krönt man die Chartreuse mit einem weiteren solchen Kranz, was eine bezaubernde Wirkung ergibt.

Nun wiegt man die übrigen Trüffelteile klein, bedeckt damit zunächst den Boden der Form, maskiert* mit etwas festeren ▸ Geflügel-Quenelles*, bis zur Höhe von eineinhalb Zentimetern, bis zum oberen Rand der griechischen Bordüre. Wenn die Form derart von allen Seiten verziert ist, füllt man die Mitte mit einer Blanquette vom Lammbries auf oder mit einem ▸ Ragoût à la financière oder à la Toulouse. Wichtig ist, diese Ragoûts kalt in die Form zu geben und diese nur bis 13 Millimeter unter dem Rand aufzufüllen. Anschließend bedeckt man das Ganze mit einem Kreis aus gebuttertem Papier, der die Form abdecken sollte; darauf verteilt man eine 13 Millimeter dicke Schicht ▸ Farce. Dieser Deckel soll die Komposition ganz bedecken. Indem man einen erhitzten Topfdeckel darüber legt, bringt man die Butter auf dem Papier zum Schmelzen, so dass die Farce schön abgelöst und mit der Messerspitze rund um den Rand der Form verteilt und mit der übrigen Garnitur verbunden werden kann.

Wenn die Chartreuse nun fertig vorbereitet ist, schneidet man noch einen Kreis aus gebuttertem Papier aus und stellt alles für eine Stunde ins Wasserbad. Im Augenblick des Auftragens stürzt man die Chartreuse auf einen Teller und garniert sie mit einer Krone aus kleinen, sehr weißen Champignons, in deren Mitte eine Rosette aus halbmondförmigen »Filets mignons à la Conti« umschließen soll. In die Mitte eines Halbmonds legt man einen schönen, großen Champignon. Wenn man will, kann man die Chartreuse noch kurz im Ofen glacieren*, bevor man sie serviert.

Dieses Entrée erzielt eine schöne Wirkung und nach Carême ist es eine der gelungensten Vorspeisen.

### *Apfel-Chartreuse*

(nach Carême)

Man nimmt etwa zwanzig schöne Reinetten-Äpfel, schält sie, entkernt sie mit einem Apfel-Entkerner, sticht das Fruchtfleisch rund um das Kerngehäuse aus, so dass man Zylinder von der Dicke eines kleinen Fingers erhält, und garniert damit den Boden der Form, während man die gesamte übrige Apfelmasse zu Mus verarbeitet. Die ausgestochenen Zylinder sollten alle von gleicher Höhe sein. Mit einer Prise Safran, den man in einem Glas kochendem Wasser auflöst, fertigt man eine Farbtinktur an, zuckert diese, taucht ein Drittel der Zylinder hinein und zieht sie wieder heraus, um sie abtropfen zu lassen. Das zweite Drittel der Apfelzylinder wird in eine Cochenille*-Tinktur getaucht und das dritte Drittel kurz bis zum ersten Aufwallen in eine Lösung aus weißem Zucker. Dann nimmt man eine einem Drittel der Apfelzylinder entsprechende Menge Engelwurz, stattet die Form mit weißem Papier aus und legt darauf ein Muster aus den verschieden farbigen Zylindern auf, die man auch in Streifenbündel aufschneiden kann oder anderswie in schmückender Form zusammenlegen sollte, so dass die Mischung einen schönen Effekt erzielt; auch den Rand der Form verzieren. Nun die Form mit dem Apfelmus auffüllen und die Chartreuse gar werden lassen. Vor dem Servieren wird sie auf einen Teller gestürzt, das Papier wird heruntergenommen, dann kann angerichtet werden.

Man kann die Chartreuse auch ganz in Weiß halten, wenn man die Apfelzylinder in Wasser mit Zitronensaft taucht.

## CHIPOLATA

Ein Ragoût italienischen Ursprungs, dessen Rezept wir hier preisgeben wollen.

Nehmen Sie zwei Dutzend Karotten, Steckrüben, gebratene Kastanien und Zwiebeln und kochen Sie all dies in einer gezuckerten Suppe. Besorgen Sie sich kleine, Chipolata genannte Würstchen und fügen Sie diese gemeinsam mit etwas Speck dem Gemüse hinzu. Dazu kommen Pilze, Artischockenböden, Selleriestreifen und einige

Löffel ▸ Blond de veau, die sie mit dem oben beschriebenen Ragoût in einer Kasserole einkochen lassen, dann den Schaum abschöpfen, die Sauce ▸ klären und darin Geflügel, Kalbsbrust oder ähnliches Fleisch erhitzen. Dieses Ragoût dient als Garnitur für Vorspeisen am Spieß oder als Beilage zu Kapaun und anderen Geflügelsorten.

## CHOU (Mehlspeise)

Wir werden nun verschiedene Arten erklären, diesen köstlichen kleinen Kuchen zuzubereiten.

### *Chou auf Pariser Art*

Man kocht etwas Wasser mit Butter und Salz, streut zwei bis drei Hand voll Mehl hinein und verrührt alles gut auf dem Feuer, bis der Teig sich vom Topf ablöst. Dann mischt man Puderzucker dazu, nimmt den Teig heraus, verquirlt Eier mit dem Teig, bis dieser fast flüssig wird, und bäckt die Masse in kleinen gebutterten Förmchen.

### *Chou à la royale*

Milch und feine Butter miteinander aufkochen lassen und beim ersten Aufwallen vom Herd nehmen, dann gesiebtes Mehl hinzufügen. Den Topf aufs Feuer zurückstellen und gut rühren, so dass der Teig sich nicht anlegen kann. Wenn dieser fest geworden ist, vermischt man ihn in einem anderen Topf mit Butter, geriebenem Parmesan und Eiern, streut etwas groben Pfeffer dazu, einen Teelöffel feinen Zucker, schlägt ein Ei darüber und legt kleine Stücke Parmesan darauf. Alles gut vermischen und Schlagobers* hinzufügen. Dies ergibt einen Teig, dessen Konsistenz dem Krapfenteig ähneln sollte. Die kleinen Kuchen werden mit Eidotter bestrichen, zwanzig Minuten bei kräftiger Hitze im Ofen goldbraun gebacken und sofort serviert.

### *Chou mit Mandeln*

Die Kuchen wie oben vorbereiten und, nachdem sie mit Eidotter bestrichen wurden, mit Mandelsplittern, die man zuvor in leicht gezuckertes Eiklar getaucht hat, belegen und backen.

### *Chou als Soufflé mit Orangen-Zesten**

In einer Kasserole werden feine Butter und gutes Obers* aufgekocht, dann wird die Kasserole mit trockenem Reismehl aufgefüllt. Die Masse in einen anderen Topf geben und mit Butter, Eiern und etwas Salz vermischen. Die Schale einer halben Zitrone und die einer halben Orange darüberreiben. Alles gut vermischen, zwei Eiklar zu Schnee schlagen und mit Schlagobers* in die Masse einarbeiten. Sodann die Masse in kleine Formen gießen – diese jedoch nur zur Hälfte füllen – und mit grobem Zucker bestreuen. Bei mittlerer Hitze in den Ofen stellen, eine Viertelstunde lang backen und servieren.

## COULIS

Diese Zutat bereitet man in Reserve vor, um sie als Legierung für bestimmte Ragoûts bereitzuhalten.

Das Coulis darf weder zu dick noch zu flüssig sein und sollte eine schöne zimtbraune Farbe haben. Man gibt dafür in eine Pfanne eine Scheibe Kalbfleisch, so viel wie für eine ausreichende Menge Coulis, und klein gehackten Speck, fügt drei bis vier Karotten hinzu und stellt alles auf ein sanftes Feuer. Wenn das Fleisch Saft gelassen hat, dünstet man es auf größerem Feuer. Ist es gar, entfernt man Fleisch und Gemüse, gibt Butter und Mehl in den Topf und macht damit einen ▸ Roux von schöner Farbe, löscht diesen mit heißer Suppe ab, wirft das Fleisch wieder hinein und dünstet es zwei Stunden auf kleiner Flamme. Danach wird alles durch ein Seihtuch gestrichen und zur weiteren Verwendung aufbewahrt.

### *Fisch-Coulis*

In einer Kasserole wird ein schönes Stück Butter zerlassen, darin werden Karotten- und Zwiebelscheiben goldbraun angeröstet und dann mit Wasser abgelöscht. Verschiedene gut geputzte Fischsorten dazulegen, Salz, Pfeffer, Muskat und ein Bouquet garni* hinzufügen und, wenn der Fisch schön gar ist, diese Suppe durch ein Sieb streichen und als würzige Grundlage für Suppen oder Saucen verwenden.

## COURT-BOUILLON

Dies ist eine Art magere Suppe, mit der man einige Fisch-Saucen verfeinert. Man kocht Weißwein und Rotwein gemeinsam mit Butter, Fines Herbes*, Fines Épices* und Lorbeerblatt. Wenn der Fisch gar ist, serviert man ihn auf einer Serviette und isst ihn mit einer Essig- und Öl-Sauce.
Die Court-Bouillons, die man »blau« nennt, bestehen aus kochendem Wein, in den man den Fisch taucht, damit er eine schöne bläuliche Färbung annimmt.

## CRÈME

So nennt man die Haut, die sich vor oder nach dem Aufkochen auf der Milch bildet. Sie besteht aus etwas emulgierter Molke, Käse und Butter. Man verwendet sie kaum in der Küche, denn sie ist sehr fett und würde im Magen liegen bleiben, zu Aufstoßen, ja sogar zu Brechreiz führen. In Roquefort bereitet man allerdings aus saurer, noch nicht gestockter Milch einen Käse zu, den Crème de Roquefort. Aber er verdirbt sehr schnell, kann nicht transportiert werden und verändert seine Konsistenz allzu rasch durch starke Gärung.
Crème nennt man auch verschiedene kulinarische Zubereitungen auf Basis von gekochter Milch und wir werden hier einige davon angeben.

### *Geschlagene Bauern-Crème*

Man lässt eine gewisse Menge Obers* unter Beigabe von Zucker und einer starken Prise Gummi arabicum*, das man zuvor in Orangenblüten-Wasser aufgelöst hat, zur Hälfte einkochen. Schlagen Sie die Crème kräftig, bis sie schaumig wird.
Wenn die Crème aufbewahrt werden soll, stellen Sie das Gefäß auf zerkleinertes Eis oder decken Sie es mit einem Teller zu, auf den Sie Eis geschichtet haben.

### *Gebackene Crème*

Sie kochen einen halben Liter Milch mit Zitronen-Zesten* auf, verquirlen zwei ganze Eier mit so viel Mehl, wie sie aufnehmen können, lockern diese Masse mit vier weiteren ganzen Eiern auf, gießen die heiße Milch darüber und entfernen die Zitronenschalen. Die Crème muss glatt gerührt werden, so dass keine Krümel mehr enthalten sind, und auf kleiner Flamme unter ständigem Umrühren, wie für einen Brei, eine Viertelstunde lang köcheln, dann kommen Salz, Zucker, etwas Butter und ein paar Tropfen Orangenblüten-Wasser dazu. Nochmals sieben bis acht Minuten aufs Feuer stellen, vier Eidotter darunter mischen, die Masse auf einen bebutterten oder bemehlten Boden gießen und so verstreichen, dass sie den Boden etwa fingerdick bedeckt. Auskühlen lassen, dann rauten- oder kreisförmig ausstechen, mit Mehl oder feinen Brotbröseln panieren und goldbraun herausbacken. Auf weißem Linnen abtropfen lassen, auf eine Platte legen, mit feinem Zucker bestreuen, glacieren*, anrichten und servieren. Diese Crème kann auch mit Schokolade, nicht aber mit Makronen zubereitet werden.

### *Geschlagene Vanille-Crème*

Ein Drittel einer Vanilleschote in Milch kochen auf die Crème gießen, nachdem sie durch ein Sieb gestrichen wurde, dann schlagen.

### *Geschlagene Kaffee-Crème*

Vor dem Schlagen zwei bis drei Teelöffel aufgebrühten Kaffee in die Crème gießen.

### *Geschlagene Likör-Crème*

Wie oben verfahren und einen Likör Ihrer Wahl beimengen.

### *Geschlagene Schokolade-Crème*

Die Crème nach Beigabe sehr feiner Schokolade fest schlagen.

### *Geschlagene Crème mit Früchten*

Man nimmt einen halben Liter sehr frisches Obers*, gibt Puderzucker, etwas Gummi arabicum* sowie ein mittleres Glas passiertes Erdbeermus dazu. Das Ganze kräftig schlagen und den entstandenen Schaum auf einen Teller häufen. Ebenso lassen sich Pfirsich-, Marillen*-, Himbeer-, Mandel- und Zwetschken*-Crèmes zubereiten.

### *Weiße Kaffee-Crème*

Sie nehmen so viel Obers*, wie Sie Crème erhalten wollen, geben Zitronen-Zesten* und Zucker dazu und rösten zwei Unzen* Kaffee. Wenn dieser schön gefärbt ist, schütten Sie ihn in die kochende Crème und decken alles zu. Der Kaffee sollte sich in der Crème auflösen, dann nehmen Sie ihn vom Feuer. In ein feines Seihtuch kommt das gewaschene, getrocknete und fast pulverförmige Innere dreier Hühnermägen. Die halb ausgekühlte Crème wird nun dreimal durch dieses feine Tuchgewebe getrieben und der Hühnermagen mit dem Holzlöffel zerrieben. Nun muss die Crème schnell und unter ständigem Rühren in kleine Schüsselchen gefüllt werden. Diese stellt man in einer feuerfesten Form ins Wasserbad, deckt sie mit einem Deckel zu, legt glühende Kohlen darauf und lässt die Crème mit Unter- und Oberhitze fest werden. Wenn dies vollbracht ist, stellt man die Töpfchen in kaltes Wasser, ohne sie zuzudecken, wischt sie dann ab, richtet an und serviert.

Bemerkung: Die Gelatine aus Hühnermägen ist, man merke sich das, der aus Eiklar vorzuziehen.

### *Nonnen-Crème*

In eine Kasserole kommen Mehl, Puderzucker, Salz, Zitronensaft oder Orangensaft oder Vanille; dann fügt man Milch oder kochendes Obers* hinzu und lässt die Crème auf dem Feuer fest werden. Auskühlen lassen und um ein Mousse aus mit Zucker verrührten harten Eidottern arrangieren.

### *Gestürzte Crème*

Man nimmt eine Schüssel, die so groß ist, dass sie beispielsweise einen Liter Milch, sechs Eier und ein halbes Pfund Zucker fassen kann. Anschließend karamelisiert man etwa ein Viertelpfund Zucker, gibt etwas Wasser dazu, um ihn zu verflüssigen, und gießt ihn dann in eine Form, wobei Ränder und Boden gut damit bedeckt und eingelassen werden sollen. Abkühlen lassen und danach die gut geschlagene flüssige Crème, also die Masse aus Milch, Eiern, Zucker und der geschmackgebenden Zutat, in die Form geben. Die Masse wird nun mit Unter- und Oberhitze im Wasserbad erhitzt, bis die Crème fest und von schöner Farbe ist. Dann muss sie in ihrer Form zwölf Stunden lang auskühlen, so dass sie wirklich hart wird, bevor sie auf einen Teller gestürzt werden kann und in ihrem Saft serviert wird.

### *Bacchus-Crème*

Man bereitet sie mit Rosé-Champagner, Zucker, Zitronenschale oder Zimt zu und lässt alle Zutaten miteinander köcheln. Dann schlägt man eine gewisse Menge Eier auf, nimmt davon die Dotter und verquirlt diese mit etwas von der Weinsauce, die man nach und nach über dem Feuer und unter ständigem Rühren beigibt, ohne die Masse zum Kochen zu bringen. Dann wird die Crème passiert und in die vorgesehene Schüssel geleert.

### *Zabaione*

(aus der italienischen Küche)

Man nehme zwölf Eidotter, eine halbe Flasche Madeira oder Malvoisie, 50 gr Zucker und Zimtpulver. Aufkochen lassen, rühren, schaumig schlagen und heiß in kleinen Töpfchen servieren.

### *Sellerie-Crème*

Milch oder Obers* aufkochen lassen und eine geschälte, geviertelte und gewaschene Selleriewurzel hineinlegen. Die Milch soll den Geschmack der Sellerie annehmen. Dann verquirlt man Eidotter mit 250 gr grob zerstoßenem Zucker, gießt die Crème darüber und rührt ständig, bis alles gut vermischt ist. Passieren, in Schüsseln gießen und im Wasserbad fertig stellen.

### *Eier mit Crème-Füllung*

Stechen Sie ein Ei mit der Messerspitze auf, so dass der Inhalt herausfließen kann, dann füllen Sie in die Schale die Crème Ihrer Wahl. Anschließend stellen Sie Ihre Eier in Eierbecher oder auf Rübenstückchen, die Sie für diesen Zweck zurechtgeschnitzt haben. Stellen Sie die Eier in eine Kasserole, wo sie zur Hälfte im Wasser baden sollten, und erhitzen Sie sie so im Wasserbad. Abwaschen und wie gekochte Eier servieren. Man kann die Eier auch mit ▸ Blancmanger oder mit Fisch-Gelée füllen.

### *Bayrische Käse-Crème mit frischen Nüssen*

Man schält grüne Nüsse, wässert sie von Zeit zu Zeit und verrührt sie schließlich in kochendem Obers* mit Zucker. Wenn das Obers Geschmack angenommen hat, wird die Masse passiert. Nun etwas lauwarmen klaren Fischleim beifügen und in eine beliebige Form gießen, die man auf Eis stellt. Weiter rühren, bis die Masse glatt und sämig ist. Die Form vom Eis nehmen und gut abgetropften Topfen* untermischen, gut verrühren und auf das Eis zurückstellen, wo die Crème eine halbe Stunde lang frieren sollte. Nach dieser halben Stunde kann man die Komposition stürzen und erhält einen wunderbaren, vollendet weichen und samtigen bayrischen Frischkäse.
Die bayrischen Käse-Crèmes mit Minze, Tee, Kakao, Rosenblüten, Nelkenblüten, Pfirsich, Melonen usw. werden auf die gleiche Art zubereitet.

## CRÊPES siehe auch Palatschinken

Man macht sie mit einem Teig aus Mehl, Milch, Eidottern und etwas Branntwein. Buttern Sie die Pfanne, gießen Sie einen Esslöffel Teig auf die heiße Butter, verstreichen Sie ihn, drehen Sie ihn um, nehmen Sie ihn heraus und bestreuen ihn mit Zucker.

## CROUSTADE

So nennt man Teig von besonders knuspriger Beschaffenheit.

### *Croustade à la financière*

Bereiten Sie einen Teig wie für kleine ▸ Pasteten vor und legen Sie damit Ihre Förmchen aus; mit Mehl bestäuben und backen, dann mit je einem Deckel aus feinem Blätterteig versehen, alles nochmals zudecken und backen.

Bereiten Sie aus Geflügel-Quenelles*, Hahnenkämmen, Trüffeln und gewürfelten Pilzen ein Ragoût financière zu, füllen damit Ihre Croustaden und servieren Sie sie mit einer ▸ Sauce financière.

### *Trüffel-Croustade en surprise*

Garen Sie zwölf schön geputzte Trüffeln in Champagner und lassen Sie sie auskühlen. Höhlen Sie dann die Trüffeln vollständig aus, ohne jedoch die Haut zu verletzen. Wenn das Trüffelfleisch ganz entfernt ist, ersetzen Sie es durch ein Geflügel- oder Wildpüree oder durch ein ▸ Salpicon aus gewürfelter Hühnerbrust oder auch aus Nieren vom Hahn mit kleinen, gewürfelten Trüffeln; gießen Sie eine ▸ Sauce Béchamel darüber und servieren Sie alles auf einer Serviette.

### *Croustade à la Carcassonne*

Man bindet drei schöne Tauben bratfertig zusammen, so dass ihre Füße durch einen Schnitt an der Seite in den Körper gesteckt werden, legt sie in eine Kasserole mit Zwiebeln und Schweineschmalz, Salz und Pfeffer und lässt sie goldbraun anbraten. Dann legt man ein Stück Pökelspeck dazu, bestäubt mit einem Esslöffel Mehl und löscht mit Suppe und Weißwein ab. Dieses Ragoût sollte eine Viertelstunde lang gemeinsam mit ein paar gekochten und in kleine Stücke geschnittenen Schwarzwurzeln, einigen rohen Mai-Schwämmen und einer Messerspitze Cayenne-Pfeffer dünsten. Jetzt belegt man Boden und Ränder einer Tortenform mit feinem Blätterteig, füllt die Form mit dem Ragoût und schließt oben mit Blätterteig ab, den man mit Eidotter bestreicht. Diese Pastete sollte bei mäßiger Hitze im Ofen so lange gebacken werden, bis die Oberfläche Farbe zu zeigen beginnt; alsbald nimmt man sie heraus und serviert sie auf einem mit einer Serviette ausgelegten Teller.

# D

## DAMHIRSCH

Vierbeiner von der Gattung der Wiederkäuer und aus der Familie der Hirsche. Man hält das Fleisch dieses Tieres zu Recht für außerordentlich schmackhaft.
Der Damhirsch ist so bekannt, dass wir ihn hier nicht näher beschreiben müssen. Zudem halten wir hier keinen Kurs in Naturwissenschaften ab. Wir möchten nur anmerken, dass das Fleisch des Damwilds, ebenso wie das vom Reh, besser schmeckt, wenn diese Tiere in voller Bewegung erlegt wurden.
Man schätzt Hinterteil und Hinterläufe am meisten, weil sie am fleischigsten sind. Außerdem sei das Hirn, laut Redi, der es mit Speck gegessen haben soll, ein sehr delikates Gericht.
Man muss den Damhirsch jung, zart, fett und wohlgenährt wählen, dann bringt sein Fleisch guten Saft hervor und garantiert eine gehaltvolle Mahlzeit. Wenn er zu alt ist, wird er zäh und schwer verdaulich.

### *Hinterer Braten*

(auf englische Art, nach einem Rezept von M. Beauvilliers)

Wenn Sie ein schönes, fettes hinteres Viertel zur Verfügung haben, also eines, das, ähnlich wie bei der Lammkeule, mit Fett überzogen ist, entbeinen Sie die Keule, klopfen sie gut, bestäuben sie mit etwas feinem Mehl, bereiten einen Teig mit 2,25 l Mehl, einer halben Unze* Salz, sechs ganzen Eiern und wenig Wasser, so dass Ihr Teig noch sehr fest bleibt. Dieser sollte in ein feuchtes weißes Tuch eingeschlagen werden und eine Stunde lang rasten. Dann rollen Sie ihn gleichmäßig zur Dicke einer Sechs-Pfund-Münze aus, stecken das Wild auf den Spieß, rollen es ganz in den Teig ein, verschließen die Ränder mit etwas Wasser, wickeln alles in dickes, gebuttertes Papier ein und braten es etwa drei Stunden lang bei gleichmäßiger Hitze. Wenn der Braten gar ist, entfernen Sie das Papier, lassen den Teig schön braun werden, nehmen das Fleisch vom Spieß und servieren es unter Beigabe von Ribisel*-Gelée, auf Englisch: Corinth-gelee.

*Damhirsch am Spieß*

Das Wild mit weißem Speck spicken, den man vorher mit Salz, Gewürznelken und Pfeffer gewürzt hat. Dann in Essig mit Lorbeer, Salz, Zwiebel- und Zitronenscheiben marinieren, schließlich auf kleinem Feuer braten und immer wieder mit der Marinade begießen. Eine Sauce aus Anchovis, fein gehackten Schalotten, grüner Zitrone und gebratenem Mehl zubereiten, mit einem ▸ Coulis binden und auf den Braten gießen.

## DAMPINARD

Dieser Käse stammt von einem Bauernhof in der Aisne und wird aus Ziegenmilch gemacht. Man formt ihn zu Kugeln von acht Zentimetern Durchmesser. Er wird von Feinschmeckern sehr geschätzt.

## DARIOLE

Ein Gebäck zum Nachtisch, für das wir hier das Rezept angeben:

Man bereitet einen Mürbteig zu und rollt ihn zu einer Dicke von einem Zentimeter aus. Dann sticht man mit dem Teigrad so große Flächen aus, dass diese über die Kuchenförmchen hinausragen, wobei die Form nach persönlichem Wunsch ausgewählt werden kann. Man legt den Teig in gebutterte Förmchen und schneidet die überhängenden Ränder weg. In eine Kasserole kommen ein bis zwei Esslöffel Mehl, je nachdem, wie viele Dariolen man machen will, acht bis zehn zerstoßene Makronen, Salz, Orangenblüten und einige rohe Eidotter, dies alles mit einem Glas Obers* gut verrühren und diese Masse nach kräftigem Rühren in die Dariole-Förmchen* gießen. Im Ofen backen, dann herausnehmen, auf einem Teller zurechtlegen, mit Staubzucker bestreuen und so heiß wie möglich servieren.

*Duchesse-Dariolen*

Wie oben vorgehen und dem Teig kandierte Orangenblüten, eine Zitronen-Zeste*, einen gehäuften Esslöffel Korinthen, eine starke Prise fein gewiegte Engelwurz und einige getrocknete Vogelkirschen beimengen. Wie oben in die Förmchen geben und backen.

*Mokka-Dariolen*

Man kocht so viel süßen Doppelrahm, wie man benötigt, und mischt drei Unzen* gekochten Mokka darunter. Eine Viertelstunde lang köcheln lassen, die Crème passieren und ansonsten wie oben weitermachen. Man kann ebenso Dariolen mit Schokolade, Rum, Tee oder auch mit Brie zubereiten, wobei Letztere »Talmouses« genannt werden.

## DAUBE

Die heiße oder kalte Zubereitung eines fetten Fleischgerichts, wobei man dafür gewöhnlich folgende Fleischsorten als besonders geeignet verwendet: die Rindsnuss und das Lendenfilet, die Lammkeule, das Schweins-Karree* und die großen Geflügelsorten.

## DAUPHIN

Flämischer Käse, den man überreif genießt und der sehr durstig macht.

## DESSERT

Es ist der letzte Gang des Dîners und sollte aus leichten Zutaten bestehen. Ein gut sortiertes Dessert sollte sowohl die Augen wie auch die Geschmacksnerven der Gäste bezaubern. Man lasse daher der Anordnung der Teller und dem harmonischen Zusammenspiel aller Stücke größte Sorgfalt angedeihen.

## DILLKRAUT

Eine Art wilde Sellerie oder Eppich. Man unterscheidet zwei Sorten: Zum einen ist da das gewöhnliche Dillkraut mit einer einzelnen, dünnen weißen Wurzel. Seine Blätter sind kleiner als die des Fenchels, grünlich und von starkem Duft. Seine Blüten sind rosa, seine Samen blassgelb. Es ist von zartem, doch aromatischem Geschmack. Man glaubt, dass diese Pflanze aus Deutschland oder Italien stammt. Im Erstgenannten würzt man damit die Speisen, in Italien isst man die Blätter wie Sellerieblätter als Salat.

Zum anderen gibt es das duftende Dillkraut, aus Spanien oder Italien kommend, wie behauptet wird. Sein Stamm ist verzweigt, seine Blätter sind fein und sehr schmal, seine Blüten klein und gelb. Man zieht diese Pflanze im Garten. Sie duftet süß, aber stark und schmeckt aromatisch. Sie verleiht Fisch einen sehr angenehmen Geschmack.
Die Römer bekränzten sich anlässlich ihrer Festbankette mit Dille, weil sie so gut riecht, und die Gladiatoren streuten sie, ihrer belebenden Wirkung wegen, in ihr Essen.

## DÎNER

Täglicher Hauptakt, den nur Menschen von Geist würdig begehen können: Es genügt nämlich keineswegs, beim Dîner zu essen, man muss sich dabei mit unbeschwerter, doch diskreter Heiterkeit zu unterhalten wissen. Das Gespräch muss beim Zwischengericht funkeln wie der gleißende Rubin des Weins, beim Zuckerwerk des Desserts köstliche Süße verströmen und zum Kaffee wahre Tiefe erreichen.

## DINKEL

Eine Art Weizen, der sehr leichtes Mehl hervorbringt und sehr schmackhaft ist. Er wird vor allem in Nordeuropa angebaut. M. de Genlis meint, dass die deutschen Mehlspeisen und Bäckereien ihre hervorragende Zartheit dem Dinkelmehl verdanken.

## DÖRRPFLAUMEN

So heißen im Ofen gedörrte oder gebackene Pflaumen und die Methode ist denkbar einfach. Man pflückt sehr reife Pflaumen, legt sie auf Weidengitter, setzt sie im Ofen in drei bis vier Durchgängen sanfter Hitze aus und legt sie dann an einen trockenen Ort. Dort können sie ein bis zwei Jahre lagern, ohne sich zu verändern. Meist verwendet man hierfür Damaskus-Pflaumen.
Einige Regionen, Tours, Nancy, Brignoles und Agen haben mit ihren Dörrpflaumen verdientermaßen einen hervorragenden Ruf erworben und erhebliche Einkünfte damit erzielt. Sie werden in diesen Regionen allerdings weitaus pfleglicher behandelt als die allgemein im Handel erhältlichen.
Für Dörrpflaumen aus Tours muss man sehr reife Sainte-Catherines nehmen, die bereits beim leisesten Schütteln vom Ast fallen. Man legt sie dann auf Weidengitter und setzt sie einige Tage lang der Sonne aus. So werden sie weich und erreichen ihre höchstmögliche Süße und Saftigkeit.

Danach legt man sie 24 Stunden in einen leicht beheizten Ofen, nimmt sie heraus, heizt den Ofen erneut, bis auf ein Drittel der Temperatur, die man für Brot benötigt, und legt die Pflaumen abermals hinein, wobei der Ofen immer dicht verschlossen sein muss. Dieser Vorgang wird ein drittes Mal wiederholt, die Temperatur jedes Mal leicht erhöht. Zu diesem Zeitpunkt drückt man die Pflaumen, eine nach der anderen, zwischen Daumen und Zeigefinger und hält sie so, dass der Kern quer zu den Fingern liegt. Sie kommen zurück in den Ofen, dessen Temperatur nun jener gleicht, wenn das Brot aus dem Ofen kommt. Der Ofen muss hermetisch abgeschlossen sein. Nach einer Stunde zieht man die Pflaumen heraus und stellt zwei Stunden lang eine Schüssel voll Wasser in den Ofen. Schließlich schiebt man die Pflaumen ein letztes Mal für 24 Stunden in den Ofen zurück, nachdem man die Schüssel herausgenommen hat. Nach diesen 24 Stunden hat sich eine weiße Schicht darauf gebildet.
Die Pflaumen werden in kleinen Körben aufeinander gelegt und an einen trockenen Ort gestellt. Die weiße Kruste, die sich durch den letzten Dörrvorgang gebildet hat, eine Art Harz, scheint der Qualität eher ab- als zuträglich zu sein, denn es macht die Pflaumen schwerer verdaulich. Die Dörrpflaumen aus Agen, die ansonsten auf die gleiche Weise zubereitet werden, erhalten diesen letzten Schub nicht und viele Leute ziehen sie denen aus Tours vor.
Üblicherweise kocht man Dörrpflaumen mit Zucker, nur die aus Brignoles sind so süß, dass sie keinen Zusatz benötigen. Um das Kompott zu verfeinern, gibt man etwas Bordeaux dazu.

## DROSSELN und AMSELN

Amseln, Drosseln und viele andere Vögel sollten erst Ende November gegessen werden, wenn sie von den Früchten der Felder und Weingärten fett geworden sind und dann ihr Fleisch am Waldrand mit Wacholderbeeren gewürzt haben. Wenn Sie es mit dem Genuss zu eilig haben und die Vögel vor der Zeit töten, werden Sie das Aroma nicht vorfinden, das von den wahren Feinschmeckern so geschätzt wird.
Horaz, Martius und Gallus kennen den Wert der Drosseln genau. »Nil melius turdo«, sagt Horaz.
Der Liebling von Augustus und Mäzenas aß davon, so viel er wollte, nicht weil er so reich war, dass er diese Vögel jeden Tag hätte kaufen können, nein, so voll war seine Geldbörse nicht, aber weil er überall gefeiert wurde.

Der arme Martius musste dahingegen sehr oft fasten und wenn ihn eine Einladung zum Nachtmahl überraschte, glänzten seine Augen vor Freude und er rief: »Wahrscheinlich wird es Drosseln geben!«
Lucius Apicius und alle großen römischen Schlemmer waren von diesen Vögeln höchst angetan. Sie ließen sie in riesigen Volièren fett werden, wo sie zur Hälfte auch Amseln hielten. Jedes dieser Vogelhäuser enthielt drei- bis viertausend Vögel. Die Drosseln durften nicht auf Felder und Wälder blicken, damit nichts sie von ihrem Appetit ablenkte.
Varro berichtet von einem Landhaus, in dem man in einem Jahr fünftausend Drosseln mästete. Man servierte sie auf prunkvoll gedeckten Tischen und gab sie den Rekonvaleszenten, um deren Kräfte wiederherzustellen.
Pompeius wurde krank und sein Arzt empfahl ihm Drosseln zu essen, aber Pompeius hatte keine Volière.
»Fragen Sie Lukullus, er wird sie Ihnen nicht versagen«, riet der Arzt.
»Was!« rief Pompeius aus, »heißt das, Pompeius könnte nicht überleben, wenn Lukullus kein Schlemmer wäre?«
In Frankreich kennt man folgendes Sprichwort:
»Gibt es keine Drosseln, muss man eben Amseln essen.«
Die Korsen drücken es umgekehrt aus:
»Wenn keine Amseln vorhanden sind, isst man eben Drosseln.«
Das liegt daran, dass die korsischen wie auch die provençalischen Amseln, deren Nahrung unter anderem aus Myrrhe und Wacholderbeeren besteht, für ihr Aroma berühmt sind.
Napoleons Onkel, der Erzbischof von Lyon, Kardinal Fesch, ließ sich den ganzen Winter über Amseln aus Korsika kommen. Man dinierte gern bei seiner Eminenz wegen seiner noblen Manieren und wegen der liebenswürdigen Bewirtung, aber vor allem wegen der Amseln.
Drosseln fängt und isst man am besten zur Weinlese, denn dann sind sie voller Weintrauben, die ihr Fleisch zart und schmackhaft machen.

### *Gebratene Drosseln*

Rupfen Sie Ihre Drosseln, aber nehmen Sie sie nicht aus. Braten Sie sie wie die Lerchen am Spieß, mit Röstbrot darunter.

### *Drosselragoût*

Bereiten Sie die Drosseln vor, schwenken Sie sie in zerlassenem Speck, mit etwas Mehl, um die Sauce zu binden, einem Glas Weißwein, Salz, Pfeffer sowie einem Bouquet garni*; lassen Sie die Sauce ziehen und servieren Sie mit etwas Zitrone.

*Drosseln in Branntwein*

Sie rupfen die Drosseln gut und klopfen die Brust leicht, legen die Vögel dann in eine Kasserole mit zerlassenem Speck, zwei kleinen Zwiebeln, Pilzen, Trüffeln und einigen Stücken Kalbsbries, schwenken alles einige Male, löschen mit zwei Glas Branntwein ab, dünsten Ihr Gericht auf großer Flamme und zünden den Branntwein an, mit dem Sie die Drosseln übergießen. Wenn die Flamme gelöscht ist, fügen Sie etwas reduzierte Sauce und ▸ Coulis hinzu, garen das Gericht vorsichtig zu Ende, entfetten es und servieren.

*Drosseln mit Wacholder als Entrée*

Wenn die Drosseln gerupft, geputzt und zusammengebunden sind, umwickeln Sie sie mit fettem Speck und gebuttertem Backpapier, um sie dann am Spieß zu braten.

In eine Kasserole kommen etwas Fleischsaft und etwas ▸ Coulis, ein Glas Weißwein und nach dem Aufkochen etwas Zitronensaft sowie ein Dutzend blanchierte* Wacholderbeeren.

Sie entfernen Speck und Papier von den fertig gebratenen Drosseln und legen diese einen Augenblick in das Coulis. Schließlich arrangieren Sie die Vögel auf dem Servierteller, entfetten die Sauce und servieren das Gericht heiß als Entrée.

*Polnische Drosseln*

Die Drosseln werden gerupft und geputzt, die Brust geklopft und die Vögel in zerlassenem Speck, mit Trüffeln, Champignons, fünf bis sechs kleinen Zwiebeln, einem Bouquet garni*, einem blanchierten* Kalbsbries und einer Scheibe Schinken geschwenkt, dann mit einem Glas Champagner, etwas reduzierter Sauce und ▸ Coulis abgelöscht, gesalzen, gepfeffert und auf kleiner Flamme gedünstet, bevor man den Fond entfettet. Wenn die Drosseln gar sind, gießen Sie Zitronensaft zur Sauce, entfernen Schinken und Kräuterstrauß und lassen die Sauce reduzieren, bevor Sie servieren.

*Heiße Drossel-Pastete*

Die Drosseln ausnehmen, aber die Leber behalten. Zusammenbinden und mit einem Teigroller die Brust eindrücken, dann mit weißem Speck und mit Schinken spicken, salzen, pfeffern und mit Fines Épices* und Fines Herbes* bestreuen, bevor man sie am Rücken einschneidet. Dann die Leber mit geriebenem Speck, Champignons,

Trüffeln, Schnittknoblauch*, Petersilie, Salz und Pfeffer sowie Fines Épices und Fines Herbes vermischen und damit die Drosseln füllen. Weiteren Speck fein hacken und zerstoßen, aus einem Ei, Butter, Mehl und etwas Salz einen Teig zubereiten. Diesen in zwei Hälften teilen, den einen Teil auf befettetes Papier legen und mit zerstoßenem Speck aus dem Mörser bestreuen. Die Drosseln darauf anrichten, einige Trüffeln, Pilze und ein Lorbeerblatt und ganz oben fette Speckscheiben darauf legen, mit der zweiten Teigportion zudecken, die Ränder verschließen, die Pastete mit Eidotter bestreichen und in den Ofen stellen.
Wenn die Pastete gar ist, nimmt man sie heraus, entfernt das Papier, hebt den Teigdeckel und die Speckscheiben herunter und gießt ein Ragoût aus gutem ▸ Coulis, Kalbsbries, Champignons und Trüffeln auf die Pastete. Schließlich wird diese mit Zitronensaft beträufelt und heiß als Entrée serviert.

### *Englische Drosseln*

Die Drosseln werden geputzt, aber nicht ausgenommen, und auf ein Spießchen gesteckt, welches auf einen Bratspieß gehängt und an beiden Enden daran fixiert wird. Die Vögel mit Papier umwickeln und zur Hälfte garen, dann das Papier herunternehmen, auf die Spitze eines Spießchens Speck stecken, diesen auf dem Feuer anzünden und, während er brennt, über die Vögel halten, so dass er sein Fett darauf auslässt. Die Vögel nun mit etwas Salz und Bröseln bestreuen und goldbraun braten. Auf einem Teller auflegen und eine mit einem Stück Butter montierte* ▸ Sauce au pauvre homme daneben stellen.

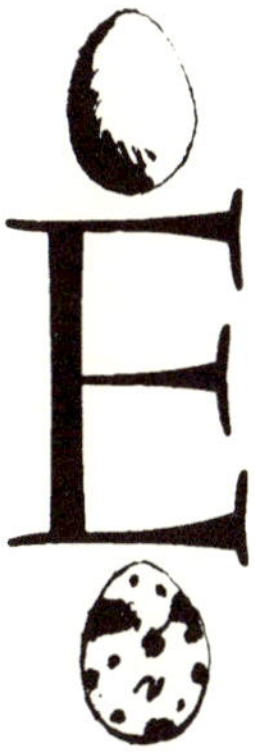

## EBERESCHE

Ein Baum aus der Familie der Birne und der Mispel, sehr verbreitet in den Wäldern der Haute-Marne, des Jura und der Hautes-Alpes. Seine Frucht ähnelt der Mispel, ist so groß wie eine kleine rote Birne und essbar, obwohl sehr sauer. Man muss wie bei der Mispel darauf achten, sie einige Zeit auf Stroh zu legen, wo sie einen Zustand zwischen Reife und Fäulnis erreicht. Reif ist diese Frucht sehr wohlschmeckend und in manchen Regionen stellt man davon einen erfrischenden Most her.

## EI

Organischer Körper, den die weiblichen Vögel legen und der die Anlagen für einen Keim enthält. Es sind vor allem die Eier des Huhnes, die dem Menschen zur Nahrung dienen.
»Ganz klar enthält diese Nährsubstanz alle für die Entstehung eines tierischen Körpers unverzichtbaren Zutaten«, sagt M. Payen, »denn sie genügt ohne äußerliche Zusätze der Entwicklung des Keimes, welcher sich graduell in ein kleines Tier verwandelt, das aus Muskeln, Sehnen, Knochen, Haut usw. besteht.«
Tatsächlich befinden sich im Ei Stickstoffe, Fett und Zucker, Schwefel, Phosphor und Mineralsalze.
Der helle Teil besteht aus Eiklar.

Eier sind eines der Lebensmittel, die man im Winter nur unter größten Schwierigkeiten frisch bekommen kann. Jedermann weiß aber, dass nichts unangenehmer schmeckt als ein nicht mehr frisches Ei, und alle Kochbücher werden Ihnen raten, Ihre Eiervorräte zwischen den beiden Marienfesttagen anzulegen, also dem 15. August und Mitte September. Die beste Art sie zu konservieren ist die, sie mit Wacholder- und Lorbeerzweigen und aromatischen Hölzern in die Asche frischen Holzes einzugraben. Es ist auch gut, dieser Asche sehr trockenen, sehr feinen Sand beizumengen.
Es gibt eine sehr einfache Methode zu erkennen, ob ein Ei noch gut ist: Legen Sie es in eine Schale voll Wasser. Wenn es sich auf einer Seite hebt und dazu neigt, im Wasser zu stehen, heißt das, dass das Ei zu einem Drittel leer und daher nicht mehr essbar ist. Liegt es aber schwer auf der Seite, ist es frisch.
In diesem Fall möchten wir sagen, dass die beste, wenn auch nicht die einzige Art es zuzubereiten darin besteht, es in der Schale zu kochen, weil es so nichts von seinem feinen Geschmack verliert. Sein Dotter schmeckt köstlich, das Weiße bleibt milchig und wenn man es aus lauter Genuss-Sucht in Suppe kochen hat lassen, weder zu weich noch zu hart, dann wird man ein Ei essen, das seinesgleichen sucht.
Es gibt Menschen, für die ein Ei einfach ein Ei ist; die irren sich. Zwei zur selben Stunde gelegte Eier, das eine von einem im Garten frei herumlaufenden Huhn, das andere von einem Huhn, welches im Hühnerhof Stroh frisst, können, was Geschmack und Konsistenz anbelangt, große Unterschiede aufweisen.
Ich gehöre zu denen, die möchten, dass das Ei in kaltes Wasser gelegt und bei sich allmählich steigernder Hitze gekocht werde. Auf diese Weise werden alle Teile im Ei zu gleicher Zeit fertig. Ganz im Gegensatz dazu bleibt ein in kochendes Wasser geworfenes Ei selten ganz und zudem kann es geschehen, dass das Weiße hart und der Dotter noch roh ist.
Frische Eier lassen sich sehr schwer schälen; man muss sie mit dem Messer halbieren und sie mit dem Gabelrücken herausheben. Oft wird man Ihnen zu harte Eier bringen, dann empfiehlt sich folgende Methode: Zerdrücken Sie die Eier auf dem Teller mit Salz und Pfeffer und einem Stück Butter, streuen Sie ein paar Krümel frischen Schnittlauch darüber und wenn Sie keine Zeit haben, neue Eier kochen zu lassen, so ist auf diese Weise doch nicht zu viel verloren.

### *Pochierte Eier*

Hier ist das Rezept des »Cuisinier impérial von 1808« und des »Cuisinier royal von 1839«. Ihre Entscheidung, ob Sie es anwenden möchten:

> Nehmen Sie fünfzehn pochierte Eier, die bereits aus dem Wasser gezogen wurden und auf einem Teller warten. Außerdem zwölf am Spieß gebratene Enten. Wenn diese fast gar sind, zieht man sie vom Spieß, schneidet sie bis auf die Knochen ein, nimmt ihren Saft, den man salzt und pfeffert und ohne ihn aufkochen zu lassen auf die fünfzehn pochierten Eier gießt.

Zwölf Enten für fünfzehn Eier! Was sagen Sie dazu?

### *Pochierte Eier ohne Entensaft*

Lassen Sie gesalzenes Essigwasser aufkochen und vermeiden Sie dabei zu große Verdampfung. Schlagen Sie die Eier über der Kasserole auf und gießen Sie sie vorsichtig hinein, ohne die Eidotter zu verletzen. Wenn sie fertig gekocht sind und Ihnen fest genug erscheinen, putzen Sie sie zurecht, indem Sie vom Eiklar die Teile wegschneiden, die zu sehr auseinander geflossen sind. Nur ganz frische Eier lassen sich leicht pochieren; sie werden auf Fleischsaft serviert.

### *Rühreier*

Zerlassen Sie Butter in einer Kasserole, schlagen Sie die Eier hinein und würzen Sie mit Salz, Pfeffer und geriebenem Muskat; umrühren und vor dem Servieren etwas ▸ Kretzer oder Zitronensaft hinzufügen.

Die Rühreier mit Spargelspitzen werden auf die gleiche Art zubereitet, wobei man zu den bereits mit der Butter verrührten Eiern gekochte Spargelspitzen hinzufügt.

Für Rühreier mit Fleischsaft gibt man ebendiesen oder Suppe dazu.

Haben Sie zufällig für das selbe Dîner oder Mittagessen in Champagner sautierte Nieren gemacht, dann nehmen Sie, wenn die Nieren gar sind, vier oder fünf Esslöffel ihrer Sauce und mischen diese unter die Rühreier.

Wenn etwa Hühnerbrühe vorhanden ist, dann mischen Sie dem Rührei zur Hälfte von dieser Champagner-Sauce und zur anderen Hälfte Hühnerbrühe unter. Sie werden Eier erhalten, die das Höchste an Geschmack und Feinheit vorweisen, das sie erlangen können.

### *Gebratene Eier*

Um Eier zu braten verwendet man Butter, Schmalz oder Öl. Ziehen Sie Butter vor: zu heißes Öl schmeckt immer unangenehm.
Erhitzen Sie Butter, bis sie braun wird, und schlagen Sie vier, fünf oder sechs Eier gemeinsam in eine Schüssel. Wenn die Butter brutzelt, gießen Sie die Eier in die Pfanne und achten darauf, dass die Dotter ganz bleiben. Salzen, pfeffern und etwas jungen Schnittlauch darüber streuen. Die Eier braten, bis sie schön gefärbt sind, von der Pfanne auf den Teller gleiten lassen und etwas Estragonessig in der Pfanne erhitzen, in den Sie eine Hand voll Petersilie werfen. Den Petersilienessig auf die Eier gießen.

### *Gratinierte Eier*

Mischen Sie entrindetes Weißbrot, Butter, einen fein gehackten Anchovis, Petersilie, Schnittknoblauch*, Schalotten, drei Eidotter, Salz, groben Pfeffer und Muskatnuss. In eine feuerfeste Schüssel streuen Sie eine Lage dieses Gratins und lassen es auf kleiner Flamme auf dem Schüsselboden anlegen, schlagen die vorgesehene Anzahl Eier darauf, braten sie vorsichtig und streichen mit der roten Schaufel* darüber, damit das Eiklar fest wird. Wenn die Eier gar sind, mit Salz, Pfeffer und Muskat würzen.

### *Eier à la tripe*

Zwiebelscheiben in Butter anrösten, aber nicht braun werden lassen. Einen halben Esslöffel Mehl darunter rühren, ein großes Glas Obers*, Salz, Pfeffer und Muskat dazu mischen. Wenn alles etwas reduziert ist, schneidet man Scheiben hart gekochter Eier darauf und erhitzt ohne aufkochen zu lassen.

### *Eier in schwarzer Butter*

Sie schlagen zwölf Eier in eine Schüssel, salzen und pfeffern sie und lassen in einer kurzstieligen Pfanne 75 gr Butter dunkel anlaufen, aber nicht anbrennen. Abschäumen und in einer anderen Schüssel läutern, dann in die Pfanne zurückgießen, erneut erhitzen und über die Eier gießen. Diese in die Pfanne gleiten lassen, auf glühende Asche stellen und mit der roten Schaufel* bestreichen, damit auch die Oberseite fest wird. Die Eier auf den Servierteller gleiten lassen und etwas Essig in der Pfanne erhitzen. Wenn er kocht, übergießen Sie damit die Eier und servieren diese, bevor sie Zeit haben, kalt zu werden.

### *Spiegeleier*

Sie bestreichen eine feuerfeste flache Schüssel mit Butter und Salz, schlagen die Eier auf und setzen sie nebeneinander in die Schüssel, so dass die Dotter ganz bleiben. Sie gießen vier oder fünf Esslöffel Obers* darauf, platzieren da und dort ein Stückchen Butter, bestreuen alles mit etwas feinem Salz, grobem Pfeffer und geriebener Muskatnuss. Stellen Sie die Schüssel auf heiße Asche und streichen Sie mit der roten Schaufel* darüber, um zu vermeiden, dass die Dotter hart werden.

### *Eier im Sonnenaufgang*

Sie kochen zwölf Eier hart und lassen sie auskühlen, schälen sie, wie ich es weiter oben ausgeführt habe, trennen die Dotter und das Weiße und geben Erstere in einen Mörser. Dort werden sie mit 75 gr feiner Butter, Salz, Muskat, Fines Herbes* und rohen Dottern gut vermischt. Schneiden Sie das hartgekochte Weiße der Eier in Streifen und legen Sie es in eine reduzierte, heiße ▸ Sauce Béchamel, ob diese fett oder mager ist, soll uns gleichgültig sein. Die Eierstreifen werden darin geschwenkt, ohne sie aufkochen zu lassen, bis sie eine gewisse Konsistenz haben, dann in einer Schüssel angerichtet. Die Dotter aus dem Mörser nehmen und auf ein Haarsieb legen, dieses auf die Schüssel stülpen und die Dotter durch das Sieb auf die Sauce passieren. Nehmen Sie dazu einen Holzlöffel. Garnieren Sie den Schüsselrand mit in Ei gewendeten Brotstücken und überbacken Sie Ihr Gericht im Ofen.

### *Polnische Eier*

(nach einem Rezept von M. de la Reynière)

Sie kochen 125 g Eier hart, halbieren diese, trennen das Weiße von den Dottern und zerstoßen Letztere im Mörser. Mischen Sie eine Menge Butter, etwa so viel wie zwei Eier, Salz, Fines Herbes*, etwas geriebene Muskatnuss und fünf bis sechs rohe Dotter darunter. Wenn diese Farce schön glatt und ohne Krümel ist, streuen Sie fein gewiegte Petersilie darauf und heben den Schnee von zwei bis drei Eiklar darunter. Streichen Sie nun etwa 6 bis 8 mm dieser Farce auf einen Schüsselboden und füllen Sie auch die halbierten Eier mit derselben Farce, so dass sie wieder wie ganze Eier aussehen. Bestreichen Sie sie mit Dotter und stellen Sie die Schüssel bei Unter- und Oberhitze in den Ofen, wo das Gericht goldbraun gebacken werden soll. Den Schüsselrand putzen und servieren.

### *Provençalische Eier*

Erhitzen Sie ein Glas Öl in einer kleinen Pfanne und wenn das Öl schön heiß ist, schlagen Sie ein Ei in eine Schüssel, salzen und pfeffern und gießen das Ei ins Öl, wobei Sie das brodelnde Eiklar mit einem Löffel glatt streichen. Drehen Sie das Ei um und wenn es auf beiden Seiten schön gebraten ist, lassen Sie es auf einem Sieb abtropfen. Dieser Vorgang wird so oft wiederholt, bis alle Eier aufgebraucht sind. Sie putzen dann die Eier zurecht, legen sie kranzförmig, mit je einem glacierten* Röstbrot-Stück dazwischen, auf einen Teller und gießen eine reduzierte ▸ Espagnole mit einer Zitronen-Zeste* in die Mitte.

### *Gebackene Eierstreifen*

Acht Dotter werden mit einem Löffel Branntwein und etwas Salz verquirlt, gebraten und abgekühlt, dann in Streifen geschnitten, in Panierteig gewendet, herausgebacken und mit gerösteter Petersilie serviert.

### *Gefüllte Eier*

Sie kochen zehn bis zwölf Eier hart, halbieren sie längs, nehmen die Dotter heraus und legen diese in einen Mörser um sie zu zerstoßen. Sie passieren die Dotter durch ein großlöchriges Sieb, weichen Weißbrot in Milch ein, drücken es bis auf den letzten Tropfen Milch aus, zerstoßen es und treiben es ebenfalls durch das Sieb. Dazu kommt ebenso viel zerstoßene Butter, wie Sie Dotter haben, so dass die Masse aus Dottern, Brot und Butter zu gleichen Teilen besteht, die gut miteinander vermengt werden. Wenn die Farce glatt und ebenmäßig ist, kommen etwas fein gewiegter Schnittknoblauch* und Petersilie hinzu. Salzen, pfeffern und mit geriebener Muskatnuss würzen. Nochmals gut vermischen, drei weitere ganze Dotter darauf legen und mit der nötigen Zugabe von Ei eine weiche Farce herstellen. Wenn diese fertig ist, wird sie fingerdick auf den Boden einer Schüssel und der Rest in die halben Eier gestrichen. Mit einer in Eiklar getauchten Messerklinge über die Farce streichen, um sie zu glätten, dann die Eier schön in der garnierten Schüssel auflegen, diese auf glühende Asche stellen und mit glühenden Kohlen bedecken bzw. im Ofen bei Unter- und Oberhitze überbacken. Mit einer Mischung aus ▸ Jus vom Kalb und Crème fraîche servieren.

*Eier in Sauce Béchamel*

In eine Kasserole kommen acht bis zehn Esslöffel dicke oder dünne ▸ Sauce Béchamel. Fünzehn harte Eier werden der Länge nach halbiert und in die sehr heiße, aber nicht kochende Béchamel gelegt. Mit Butter und Muskat montieren*, mit Röstbrot-Stücken rundherum anrichten und servieren.

*Eier in ▸ Sauce Robert*

Sie schälen sechs große Zwiebeln, entfernen die Herzen, schneiden Ringe und legen diese mit einem Stück Butter in eine Kasserole, die auf eine große Flamme gestellt wird. Die Zwiebeln braun anrösten, mit fetter oder magerer Suppe aufgießen, salzen, pfeffern, dünsten und binden. Vor dem Servieren schneiden Sie zwölf harte Eier in Scheiben, vermischen sie gut mit der Sauce und montieren* mit einem Esslöffel Senf.

*Eier nach Art der armen Frau*

Zerschlagen Sie zwölf Eier auf lauwarmer Butter und stellen Sie die Pfanne auf heiße Asche. Sie würfeln Weißbrot klein und rösten es in Butter goldbraun, lassen die Butter abtropfen und streuen die Würfel über die Eier. Legen Sie einen mit heißen Kohlen bedeckten Deckel darauf. Wenn die Eier gar sind, begießen Sie sie mit einer reduzierten ▸ Espagnole und servieren mit zartem Schinken oder mit Nieren.

*Eier im Blanc vom Rebhuhn*

Sie nehmen ein Rebhuhn mit bereits entwickeltem Aroma, nehmen es aus, umwickeln es mit Speck und braten es am Spieß. Wenn es gar ist, zerstoßen Sie es im Mörser, geben einen halben Schöpflöffel helles ▸ Coulis vom Kalb und vom Schinken sowie einen weiteren halben Schöpflöffel Kalbs-Coulis mit etwas Salz, Pfeffer und Muskat in eine Kasserole. Die Zutaten nur leicht erhitzen, das zerstoßene Rebhuhn darunter mischen, vorsichtig umrühren und sechs frische Dotter unterheben. Passieren Sie alles durch ein Seihtuch, dann stellen Sie eine Schüssel auf heiße Asche, gießen die Masse hinein und bedecken alles mit einem Deckel, auf dem glühende Asche oder Kohlen liegen. Wenn das Ei stockt, servieren Sie heiß.

Man kann diese Eier auch mit Poularde oder Fasan zubereiten. Der Fond ändert sich, sonst bleibt alles gleich.

### *Eier mit Mandeln, à la demoiselle*

Sie nehmen Mandelkekse, Makronen sowie etwas kandierte Zitrone, zerstoßen alles gemeinsam, gießen etwas Orangenblüten-Wasser darüber und legen ein Stück Zucker darauf. Wenn alles zerstoßen ist, fügen Sie eine Messerspitze Mehl, vier frische Eier und etwas Obers* hinzu, passieren alles durch ein Seihtuch und dämpfen es im Wasserbad.

### *Eier mit Basilikum*

Sie kochen sechs Eier hart, halbieren sie, nehmen die Dotter heraus, zerstampfen diese mit Petersilie, Schnittknoblauch*, Champignons, einer Knoblauchzehe sowie etwas Basilikum und vermischen alles mit getrockneten Brotwürfeln, die Sie in Obers* eingeweicht haben. Dazu kommen ein schönes Stück gesalzene Butter, Pfeffer und sechs rohe Dotter. Diese Farce wird in eine feuerfeste Schüssel gestrichen, in der man sie auch serviert. Füllen Sie auch alle Eierhälften mit der Farce, so dass sie wie ganze Eier aussehen, legen Sie sie dann auf der Farce auf und streuen Sie Brotbrösel darauf. Stellen Sie die Schüssel in den Ofen und überbacken Sie die Eier goldbraun, dann lassen Sie die Butter abtropfen, tupfen den Schüsselrand sauber ab und servieren.

### *Rühreier mit Endivien*

Sie blanchieren* Endivien, drücken sie aus und vierteln sie. Mit einem Stück Butter und zwei klein gewürfelten Zwiebeln anrösten, mit Mehl bestäuben und ablöschen; gut würzen und so lange reduzieren, bis keine Sauce mehr da ist. Wenn die Endivien gar sind, nehmen Sie zehn Eier, schlagen diese in eine Kasserole und würzen sie gut. Nun kommen die Endivien mit einem Stück Butter dazu, werden auf dem Herd mit den Eiern verrührt und schließlich mit einem Kranz aus Brotstücken rundherum serviert.

### *Eier mit Endivien für Festtage*

Frische Eier in Wasser pochieren und auf einem Endivien-Ragoût servieren. Dazu nimmt man, je nach Größe, vier bis fünf Endivien, blanchiert* diese und dünstet sie in einem Schmorfond. Sind sie gar, lässt man das Fett abtropfen, drittelt sie und legt sie in eine ▸ Essenz, wo sie einmal aufkochen sollen. Knapp vor dem Servieren fügt man fein gewiegte Schalotten hinzu und serviert das Ragoût unter den Eiern.

### *Eier mit Champignons*

Acht frische Eier in Wasser pochieren. So viele Champignons nehmen, wie für ein Ragoût nötig ist, diese schälen, waschen, würfeln und mit einem Bouquet garni*, einem mit Mehl verkneteten Stück Butter sowie etwas Salz in Wasser kochen. Sind die Pilze gar und ist alle Flüssigkeit reduziert, legiert man mit vier Dottern und Obers*, träufelt Zitronensaft darüber und richtet dieses Ragoût rund um die Eier herum an. Ebenso kann man Eier mit Mai-Schwämmen oder Morcheln machen.

### *Eier mit Sellerie*

Man nimmt drei bis vier Selleriewurzeln, kocht sie in weißem Wasser, das heißt in Wasser mit Mehl, Butter und Salz. Sind sie gar, zieht man sie heraus und lässt sie abtropfen, schneidet sie in Scheiben, legt diese mit etwas hellem Fisch-Coulis in eine Kasserole und lässt eine halbe Stunde lang ziehen. Dann montiert* man sie mit einem ▸ Coulis aus Krebsen sowie einem nussgroßen Stück Butter und rührt ständig um.

Wenn die Mischung gut gewürzt ist, gießt man etwas Essig darauf, richtet sie in einer Schüssel an, legt pochierte Eier darauf und serviert heiß als Entrée oder Hors-d'œuvre.

Falls man keine pochierten Eier servieren möchte, kann man auch halbierte hart gekochte Eier verwenden. In diesem Fall legt man die Eier rund um das Ragoût auf dem Rand der Schüssel auf.

### *Eier mit Krebsen*

Bereiten Sie ein Ragoût mit Krebs-Schwänzen, Trüffeln, Champignons und einigen klein geschnittenen Artischockenböden zu. Die Zutaten mit etwas Butter anrösten und mit etwas Fischsuppe aufgießen. Mit Salz, Pfeffer und einem Strauß Fines Herbes* würzen. Wenn das Ragoût gar ist, binden Sie es mit einem ▸ Krebs-Coulis. Frische Eier in kochendem Wasser pochieren und die Ränder gleichmäßig putzen, sauber auf einer Platte auflegen und, wenn das Ragoût schön würzig ist, dieses auf die Eier schütten und heiß als Entrée servieren.

### *Eier mit Krebsbrot*

Man nimmt fünfzig Krebse, blanchiert* sie bzw. lässt sie im Wasser rot werden, schält sie und behält die Schwänze, zerstößt alle Schalen, zieht aus Kalbfleisch und Schinken eine ▸ Essenz, gießt auf, halb mit ▸ Jus, halb mit Suppe. Wenn diese Essenz fertig ist, verrührt man sie mit den gut zerstoßenen Krebs-Schalen und passiert alles wie für jedes andere Krebs-Coulis. Nun nimmt man ein kleines, rundes Brot mit Kruste von etwa einem halben Pfund, schält das Innere heraus, ohne die Kruste zu verletzen, röstet diese mit Butter an, lässt die Butter abtropfen und füllt die Brotkruste mit einem Ragoût aus Kalbsbries und Champignons, das man mit einem gewöhnlichen ▸ Coulis gebunden hat. Acht frische Eier in Wasser pochieren, das gefüllte Brot in etwas Jus und Krebs-Coulis erhitzen. Wenn es heiß ist, auf einem runden Teller mit den Eiern rundherum anrichten, die Krebs-Schwänze zwischen die Eier und auf das Brot legen. Den Rest des Krebs-Coulis darüber gießen und alles gut würzen.

### *Eier mit Trüffeln*

Sie bereiten aus grünen Trüffeln wie folgt ein Ragoût zu:
Die Trüffeln schälen, in Streifen schneiden und mit etwas Butter anrösten. Mit ein wenig Fischsuppe ablöschen und auf kleiner Flamme eine Viertelstunde lang ziehen lassen, das Fett abschöpfen und mit einem Fisch- ▸ Coulis binden.
Eier in angebräunter Butter pochieren, rundherum gleichmäßig putzen, auf einen Teller legen, das Trüffel-Ragoût darüber gießen und heiß als Hors-d'œuvre oder Entrée servieren.

### *Eier mit Estragon*

Estragon blanchieren* und sehr fein wiegen. Eier in eine Kasserole schlagen, Estragon, Salz und Pfeffer hinzufügen. Die Eier schaumig schlagen und ein Glas Obers* dazugießen. Drei kleine Omeletts daraus zubereiten, diese rollen und auf die Servierplatte legen. Wenn man kein mageres ▸ Coulis zur Verfügung hat, bereitet man einen kleinen ▸ Roux mit Butter zu und gießt mit guter Suppe und einem Glas Wein auf. Die Sauce entfetten und auf kleiner Flamme köcheln lassen. Wenn sie fertig und gut gewürzt ist, passiert man sie durch ein feines Sieb, legt die Omeletts darauf und serviert.

### *Speckeier à la Coigny*

Nehmen Sie acht frische Eier und pochieren Sie diese in Schmalz, so dass sie schön braun werden. Schneiden Sie ebenso viele Brotstückchen von der Größe eines Écu zurecht und schneiden Sie Speck in kleine Würfel. Wenn die Eier gebraten sind, rösten Sie auch das Brot und den Speck. Legen Sie nun die Brotstückchen auf den Servierteller, darauf die Eier und den Speck auf diese, gießen Sie eine ▸ Essenz oder ein paar Tropfen Essig darüber und servieren Sie heiß.

### *Eier mit Parmesan*

Schlagen Sie beliebig viele Eier mit Parmesan und etwas Pfeffer, aber ohne Salz in einer Kasserole wie für ein Omelett. Bereiten Sie daraus fünf kleine Omeletts zu, breiten Sie diese auf einen Deckel und bestreuen Sie eines nach dem anderen mit geriebenem Parmesan. Rollen Sie jedes Omelett und legen Sie es auf den Servierteller. Nun wird noch etwas Parmesan über alle fünf Omeletts gestreut, der Teller abgewischt und in den Ofen gestellt. Sie brauchen nur eine Viertelstunde zum Überbacken, so dass der Parmesan schmilzt. Das Wichtigste ist, das Gericht heiß zu servieren.

### *Gebratene Eier mit ▸ Sauce Robert*

Man pochiert Eier einzeln in heißem Fett und serviert unter diesen Eiern eine ▸ Sauce Robert, nimmt gewürfelte Zwiebeln, röstet diese in Butter an, gießt mit der Hälfte des Fonds auf, bindet mit einer Messerspitze Mehl, das unter Umrühren braun werden soll, und gießt mit Suppe sowie einem Glas Weißwein auf. Wenn man eine Sauce im Wasserbad zur Verfügung hat, sollte man etwas davon hinzufügen. Die Sauce kochen lassen und, wenn alles fertig ist, mit etwas Senf montieren* und die Eier darauf legen.

### *Eier in der Timbale*

Nehmen Sie acht Eier und trennen Sie von vieren das Eiklar vom Dotter. Die vier Dotter und vier ganzen Eier mit ein wenig ▸ Jus und etwas ▸ Coulis durch ein Seihtuch passieren, salzen und pfeffern. Buttern Sie kleine, runde Förmchen mit feiner Butter, gießen Sie in jedes bis zur Hälfte Eimasse und stellen Sie die Förmchen in eine Kasserole mit Wasser, das nur bis zur halben Höhe der Förmchen reichen darf. Die Eier werden so im Wasserbad gedämpft und dann vorsichtig herausgenommen, ohne dass sie zerfallen. Auf den Servierteller kommt etwas Jus, darauf die Eier.

### *Eier à la Philippsburg*

Wenn es für einen Fastentag ist, nimmt man etwas magere, gekochte Fisch- ▸ Farce, bestreicht damit den Boden einer Schüssel, schlägt Eier auf die Farce, als ob man Spiegeleier machen wollte, lässt aber das Salz weg. Dafür reibt man Parmesan über die Eier. Während diese auf dem Herd fest werden, streicht man mit der roten Schaufel* über den Parmesan, um diesen zu glacieren. Man achte darauf, dass die Eier nicht hart werden.

Wenn es für einen Festtag ist, nimmt man eine fette Farce mit gegartem Fleisch und geht ansonsten genauso vor.

### *Eier à la duchesse*

In eine Kasserole kommen 125 g Zucker, ein Viertelliter Wasser, Zitronen-Zesten* und ein Stück Zimtstange. Alles gemeinsam kochen, bis der Zucker zu Sirup geworden ist. Die Zitronen-Zesten und die Zimtstange herausnehmen und etwas Orangenblüten-Wasser hinzufügen. Zwölf bis fünfzehn Dotter mit einem halben Liter Obers* durch ein feines Sieb streichen und unter Zugabe von etwas Salz zum Sirup mischen. Nun auf den Herd stellen und rühren, bis die Eier cremig sind, etwas Zitronensaft darüber träufeln und servieren.

### *Eier à la Robert*

Zwei bis drei große Zwiebeln würfeln und in Butter anrösten, mit Mehl bestäuben und mit ▸ Jus sowie einem Glas Champagner ablöschen. Auf kleiner Flamme köcheln lassen. Wenn die Zwiebeln weich sind, kocht man ein Dutzend Eier hart, schält und viertelt sie. Zu den Zwiebeln legen und ein paar Mal aufkochen lassen, salzen und pfeffern und knapp vor dem Servieren mit Senf montieren*.

### *Eier in Streifen*

Man nimmt zwei Champignons und zwei Zwiebeln und schneidet diese in Streifen, um sie dann in Butter anzurösten. Mit einer Messerspitze Mehl binden und mit einem Glas Champagner, Suppe und ▸ Coulis ablöschen. Auf kleinem Feuer köcheln lassen, dann von einem Dutzend harten Eiern die Dotter herausschälen, so dass sie ganz bleiben. Das Weiße in Streifen schneiden, in das Ragoût geben und aufkochen lassen, salzen und pfeffern. Knapp vor dem Servieren gibt man die ganzen Dotter in die Sauce und erhitzt sie darin. Mit reduzierter Sauce servieren.

*Eier à la bonne femme*

Vier große Zwiebeln würfeln und mit einem Stück Butter rösten, die Flamme klein halten und oft umrühren, damit die Zwiebeln nicht braun werden. Wenn sie weich sind, mit einer großzügigen Messerspitze Mehl binden und mit Crème fraîche aufgießen. Mit Salz, grobem Pfeffer sowie Muskat würzen und das Ragoût cremig erhalten.

Das Klar zweier Eier zu Schnee schlagen, die Dotter zum Ragoût geben, den Schnee unterheben und alles gut schlagen. Den Boden einer kleinen Kasserole mit zwei Stück weißem Backpapier belegen, dieses gut mit Butter einreiben, das Eierragoût hineingießen und im Ofen backen. Wenn es fest ist, auf den Servierteller stürzen, das Papier entfernen, eine gute helle ▸ Essenz darüber gießen und servieren.

*Eier mit Karpfen, ▸ Sauce à la persillade*

Man schuppt einen kleinen Karpfen ab und nimmt ihn aus, zieht die Haut ab und hackt das Fleisch sehr fein. Mit einem Stück Butter, Petersilie, Schnittknoblauch*, Champignons und einer Knoblauchzehe in eine Kasserole geben, wobei alles fein gewiegt sein sollte. Den Karpfen und die feinen Kräuter anrösten, eine Messerspitze Mehl dazustreuen, mit zwei Glas Champagner und etwas Suppe ablöschen, salzen, pfeffern und dünsten lassen. Wenn alles gar und die Sauce reduziert ist, wird mit ein paar Dottern gebunden. In eine weitere Kasserole kommen fünfzehn Eier, Salz, Fines Épices* und ein Esslöffel Obers*. Die Eier gut schlagen und mit der Hälfte davon ein Omelett zubereiten, das dann auf einen Teller gebreitet wird. Die Hälfte der Karpfenmasse darauf verteilen, das Omelett einrollen und in drei Teile schneiden, dann dasselbe mit der anderen Hälfte wiederholen. Die sechs Teile werden mit Butter übergossen, mit einer Mischung aus je halb Brotbröseln und halb Parmesan paniert und in einer Tortenform im Ofen gebacken. In die Servierschüssel legen, darunter eine ▸ Sauce persillade gießen.

*Eier à la Monime*

Fünfzehn Eier werden in einer Kasserole mit einem Esslöffel Obers*, Petersilie, Schnittknoblauch*, Salz und Fines Épices* gut geschlagen, um Omeletts daraus machen zu können. Am Spieß gebratenes und ausgekühltes Geflügelfleisch oder Wild fein hacken. Wenn es fein und gut gewürzt ist, kommen einige Dotter hinzu, so dass die Masse schön glatt wird. Aus der Hälfte der geschlagenen Eier ein Omelett bereiten, braten und auf einer Platte auflegen. Die Hälfte der Fleischmasse darauf verteilen, das Omelett zusammenrollen und in drei kleine Rouladen zerteilen. Mit Butter übergießen und mit Bröseln panieren. Mit dem Rest der Eier und der Fleischmasse desgleichen verfahren. In einer Tortenform goldbraun backen. Eine gute Sauce Monime zubereiten, in die Servierschüssel gießen, die Ei-Rouladen darauf legen und servieren.

### *Eier nach Art meiner Patentante*

Zehn Eier in eine Kasserole schlagen, etwas feines Salz, Puderzucker, ein paar zerkleinerte Pistazien, zwei zerstoßene Bittermandelkekse, geröstete und fein gewiegte Orangenblüten, kandierte und gewiegte Zitronen, etwas Zimtpulver und zerlassene Butter hinzufügen und alles gut schlagen. Die feuerfeste Servierschüssel auf eine mittlere Flamme stellen, die Eiermasse hineingießen und einen Deckel darauf legen. Wenn die Masse halb fertig gebacken ist, wird sie mit Hilfe der roten Schaufel* mit Zucker glaciert. Sie soll leicht zittern, wenn man sie serviert.

### *Eier mit Blut*

Das Blut von zehn Tauben kommt noch warm und mit etwas Zitronensaft in eine Kasserole. Damit es nicht stockt, sollte es durch ein feines Sieb passiert werden. Zwölf Eier, von denen man das Klar zu Schnee geschlagen hat, Salz, Pfeffer, einen Esslöffel Obers* und kleine Butterstückchen gut mit dem Blut verrühren und schlagen. 125 gr Butter in eine Pfanne geben, aus der Eiermasse ein Omelett machen und es zusammengerollt auf den Servierteller legen.

### *Eier mit Leber*

Man nimmt entweder Geflügel- oder Wildleber, entfernt die Galle, wäscht die Leber und hackt sie fein. Mit einem Stück Butter, Petersilie, Schnittknoblauch*, Champignons und einer Knoblauchzehe, alle fein gewiegt, anrösten. Wenn die Leber fertig und ausgekühlt ist, schlägt man ein Dutzend Eier darauf, die mit Salz, Fines Épices* und einem Esslöffel Obers* gut verquirlt wurden. Alles gut vermischen und schlagen. Aus dieser Masse mit 125 gr Butter in einer Pfanne ein Omelett zubereiten und servieren.

*Eier à la Périgord*

Drei Trüffeln schälen und würfeln und Schinken in Streifen schneiden. Beides in etwas Butter anrösten und mit einem Glas Champagner und zwei Esslöffeln ▸ Coulis ablöschen. Einen Strauß Fines Herbes* dazulegen, mit grobem Pfeffer würzen und das Ragoût entfetten, bevor es auf kleiner Flamme köchelt. Wenn es fertig und cremig ist, nimmt man sieben frische Eier, die man nacheinander in Schmalz herausbrät, ohne sie hart werden zu lassen. Das Schmalz abtropfen lassen und die Dotter mit der Messerspitze anstechen, damit sie herausfließen. Sie werden durch je einen Löffel Ragoût ersetzt und die gefüllten Eier auf dem Teller hübsch angerichtet, so dass sie ganz natürlich aussehen. Zwischen zwei Tellern auf der heißen Asche backen und vor dem Servieren mit einer Champagner-Sauce übergießen.

*Eier mit Ochsenmark*

Süße Mandeln schälen, zerstoßen und von Zeit zu Zeit eine Mischung aus Knochenmark vom Rind, fein gehackter kandierter Zitrone, gerösteten und fein gewiegten Orangenblüten sowie zwei fein gehackten kandierten oder getrockneten Marillen* darauf verteilen. Alles gut vermischen und zerstoßen, leicht salzen und zuckern. Zwölf Dotter mit einem Viertelliter Obers* in einen Mörser gießen, gut vermischen, das Eiklar zu Schnee schlagen, unterheben und mit allen anderen Zutaten vermengen. Eine Form mit Butter einreiben, die Eiercrème hineingießen und im Ofen backen. Wenn sie fest geworden ist, auf den Servierteller stürzen, mit Zucker und der roten Schaufel* glacieren und servieren.

*Eiertorte*

Ein Dutzend Eier hart kochen, schälen, in kaltem Wasser abschrecken und zwischen zwei Tüchern abtrocknen. Die Eier halbieren und die Dotter herausheben. Das Weiße auf einem Tisch mit etwas Petersilie fein hacken und vermischen. Eine Tortenform mit Blätterteig belegen, etwas frische Butter darauf streuen, die Dotter darauf arrangieren und zwischen jeden ein Stückchen kandierte grüne Zitrone legen. Das fein gehackte Eiklar darauf verteilen, wenig salzen und Puderzucker sowie frische Butter in angemessener Menge darüber streuen. Mit einer Lage Blätterteig abschließen und einen Rand formen, mit geschlagenem Ei bestreichen und backen. Heiß servieren.

*Eierhügel*

Zucker und Weißwein zu Sirup verkochen und beliebig viele Dotter hineinschlagen. Die Masse im Pfännchen so lange erhitzen, bis sie sich vom Boden ablöst. Etwas Orangenblüten-Wasser und Zitronensaft hinzufügen, durch ein Seihtuch auf einen Teller passieren, einen Hügel daraus formen und mit kandierter Zitronenschale schmücken.

*Vier-Jahreszeiten-Eier*

Man nimmt blanchiertes* Kalbsbries, einige ▸ Foies gras, grüne Trüffeln, halb gekochte Hahnenkämme, kleine Champignons sowie 65 gr der schönsten Pistazien und röstet alles in zerlassenem Speck an. Mit ▸ Jus vom Kalb aufgießen und eine Dreiviertelstunde ziehen lassen. Wenn alles gar ist, bindet man mit einer Schinken- ▸ Essenz. Ein Dutzend Eier hart kochen, die Dotter herausheben und im Mörser mit Salz, Pfeffer, Muskat, dem fein gewiegten Weißen von Schnittknoblauch*, etwas Milch, Obers* und dem Inneren sehr weißen Brotes vermischen. Alles gut zerstampfen und mit der Hand Knödel unterschiedlicher Größe formen, die in guter Suppe oder in Wasser kochen sollen. Wenn sie fertig sind, lässt man sie auf einem Sieb abtropfen, arrangiert sie in einer Schüssel und gießt das Ragoût darüber.

## EINSIEDLERKREBS

Eine Art Krabbe; sein Fleisch wird als besondere Delikatesse angesehen. Für gewöhnlich grillt man ihn in seiner Schale, bevor man ihn verspeist.

Es gibt nichts Lustigeres als dieses kleine Schalentier. Die Natur hat den Einsiedlerkrebs bis zu den Zähnen bewaffnet, vom Brustharnisch über die Handschuhe bis zur Eisenmaske hat er nach oben hin alles. Vom Gürtel zum anderen Ende nichts, nicht einmal ein Hemd, was dazu führt, dass der Einsiedler seinen Unterleib, wo er nur kann, verbuddelt.

Der Schöpfer, der begonnen hatte, unseren Einsiedler als Hummer einzukleiden, muss wohl mitten in der Arbeit gestört oder abgelenkt worden sein, so dass sein Werk als Nacktschnecke vollendet wurde.

Dieser ach so ungenügend geschützte und für den Feind so verlockende Körperteil macht unserem Krebs große Sorgen; so große Sorgen, dass er darüber manchmal wild wird. Wenn er eine passende Muschel findet, frisst er deren Besitzer und nimmt dessen noch warmen Platz ein. So wird in der Welt unter dem Mikroskop gelebt und gestorben. Weil aber dieses

Haus schließlich nicht für ihn gemacht wurde, geht ihm die ernste, ehrenhafte Haltung etwa einer Weinbergschnecke völlig ab und er stolpert mit seiner Schale wie ein Betrunkener umher, so dass er sich, vor lauter Angst, erkannt zu werden, nur nächtens herauswagt.

## EIS

Die Zubereitung von Eis in südlichen Regionen stammt bereits aus der Antike. Seneca wirft den Römern vor, dass sie sich allzusehr um ihre eisgekühlten Getränke kümmerten, und Hippokrates spricht von den Nachteilen, die Eis und Schnee mit sich bringen. Schon immer haben die Bewohner heißer Länder frische Getränke bevorzugt und Eiswasser stellt einen Hochgenuss für Orientalen, Italiener und Spanier dar, die Krüge aus porösem, unglacierten Ton verwenden, um es darin zu verwahren.

Bis zum 16.. Jahrhundert kannte man Eis in Frankreich nicht und als Franz I. in Nizza mit Papst Paul III. und Kaiser Karl V. konferierte, war sein Arzt sehr überrascht zu sehen, wie man Wein mit Eis von den umliegenden Bergen kühlte.

Das wahre Eis wurde erst 1660 bekannt, als ein Florentiner namens Procope den Hofleuten von Ludwig XIV. etwas von den aromatischen Geschmacksrichtungen dieser Art Naschwerk zu kosten gab. Das Café, das er in der Rue de l'Ancienne-Comédie eröffnete, existiert heute noch.

Heute isst man Eis zu allen Anlässen und man sieht es jeden Sommer auf allen guten Tafeln.

In der Confiserie nennt man Glace auch den eingedickten Saft einer zu Konfitüre verkochten Frucht, den man als durchscheinendes Gelée verwendet, um die entsprechende Frucht zu glacieren* ( ▸ Konserven).

Küchentechnisch ist Eis durch Gefrieren kondensierte Flüssigkeit.

Fruchteis und süßes Eis werden in einer Eismaschine oder Sorbetière gemacht. Dies ist ein acht bis zehn Zoll hoher Zylinder, den man in einen Holzkübel stellt. Den Raum zwischen der Wand des Kübels und der des Zylinders füllt man mit zerstoßenem Eis und Salpeter-Salz, das reiner und wirksamer sein muss als das, welches man zum Würzen von Speisen verwendet. In die Sorbetière – sprich in den Zylinder – gießt man die Flüssigkeit, die gefrieren soll, verschließt sie und dreht sie mit Hilfe der Kurbel, die auf dem Deckel angebracht sein sollte, abwechselnd in die eine und in die andere Richtung. Ab und zu entfernt man den Deckel, um das Halbgefrorene umzurühren und ins Zentrum zurückzubringen. Wenn das Eis schön fest ist, serviert man.

### *Kirschen-Eis*

In ein Pfännchen kommen 1 kg entstielte und entkernte Kirschen sowie 120 gr Zucker. Einmal aufkochen lassen. Eine Hand voll der geriebenen Kerne in Zitronensaft und etwas Wasser einlegen und die derart aromatisierte Flüssigkeit sowie 500 gr geläuterten Kirschen-Sirup zu den Kirschen hinzufügen. Gut vermischen und in die Sorbetière gießen, mit der man wie oben beschrieben vorgeht.

Erdbeer-, Himbeer- und Ribisel*-Eis wird auf die gleiche Art zubereitet.

### *Marillen*-Eis*

(nach der Methode von Cohier de Lompier, dem ehemaligen Küchenchef des Hauses »Mesdames de France«)

Man nimmt sehr reife Marillen* von hochstämmigen Bäumen und treibt sie durch ein Haarsieb, um das Fleisch von der Haut zu trennen. Für jedes Pfund Zucker wird ein Pfund zum schwachen Faden* gekochter Sirup hinzugenommen. Ein Dutzend Marillenkerne schälen und das Innere reiben, in etwas Wasser und dem Saft zweier Zitronen einlegen, die Flüssigkeit passieren und den Früchten beimengen. Dann wie für normales Eis vorgehen.

Ebenso bereitet man Pfirsich-Eis zu.

### *Ananas-Eis*

Schneiden Sie eine Ananas in Scheiben, die Sie mit Puderzucker bedecken und zwei Stunden ziehen lassen. Nun übergießen Sie alles mit zwei Litern kochendem Wasser sowie dem Saft zweier Zitronen und lassen alles wiederum zwei Stunden stehen, passieren die Mischung durch ein Haarsieb und machen wie oben beschrieben daraus Eis.

### *Vanille-Eis*

Einen Liter Obers* aufkochen und kochend auf die Vanille gießen. Etwa zwei Stunden stehen lassen, dann passieren.

Acht Eidotter in dieser Crème verrühren und alles im Wasserbad aufs Feuer stellen, wobei ständig umgerührt werden muss, bis die Crème dick wird. Auskühlen lassen und wie die anderen Sorten durch ein Haarsieb treiben.

### *Eis aus Zitronenblüten*

(nach dem Rezept des Schlosses Bellevue)

Man nehme eine Pinte* Obers*, 8 Eidotter, 375 gr Zucker und 2 Unzen* pulverisierte Zitronenblüten.

Alles gut vermischen, im Wasserbad erhitzen und dick werden lassen. Passieren und auskühlen lassen.

Man kann auch jede andere Blüte der selben Prozedur unterziehen.

### *Pistazien-Eis*

250 gr Pistazien werden so fein wie möglich gemahlen und mit etwas Obers* sowie den Zesten* einer Zitrone verrührt.

Wenn sich eine glatte Masse ergeben hat, wird diese in einem Pfännchen mit acht Eidottern und Puderzucker vermengt und nach und nach ein Liter Obers untergerührt. Im Wasserbad fest werden lassen, passieren, auskühlen lassen, drei Esslöffel Spinatsaft beimengen, um das Eis zu färben, und in die Sorbetière gießen.

### *Schokoladecrème-Eis*

Man dämpft im Wasserbad folgende Zusammensetzung: acht Eidotter, ein Liter Obers* und 250 gr Puderzucker, alles gut vermischt. Dann fügt man dieser Crème 250 gr geschmolzene Schokolade hinzu, passiert die Masse und lässt sie wie oben gefrieren.

### *Kaffee-Eis*

Leicht angebranntes Kaffeepulver wird zu sehr starkem Kaffee aufgebrüht, mit acht Eidottern und einem Liter Obers* vermischt und im Wasserbad eingedickt.

### *Halbgefrorenes*

Nachdem man eine beliebige Menge Eis der gewünschten Geschmacksrichtung zubereitet hat, füllt man dieses in eine Form, die man in eine Mischung aus Eis und Salz taucht.

Knapp vor dem Servieren stellt man die Form kurz in heißes Wasser, um das Eis von der Form zu lösen.

Diese Form des Gefrorenen kann man in verschiedenen Farben herstellen. Es gibt sehr viele Aromen und Farbkombinationen, die man auch in Schichten und streifenförmig verarbeiten kann.

Um Eis-Biscuit herzustellen, imprägniert man die Kuchen mit je drei Esslöffeln Obers* und etwas Nusslikör. Dann lässt man sie vorsichtig gefrieren, so dass sie ihre Form nicht verlieren, legt sie zwischen zwei Platten, deren Ränder gut aufeinander liegen, und umringt diese mit Eis und Salpeter-Salz, wie es für die anderen Eis-Sorten beschrieben wurde. Wenn die Biscuitkuchen gut gefroren sind, überzieht man sie mit Himbeer-Gelée oder einem Eis aus roten Früchten.

### *Zitronen-Sorbet*

Der Saft der Früchte wird wie oben beschrieben vorbereitet, aber in die Sorbetière gefüllt, bevor er zu einer dicken Masse wird. Mit einer Spachtel wird alles, was am Zylinderrand haftet, in die Mitte zurückgeholt und mit dem Rest vermischt, bis man festes Eis erhält, das in flüssig gebliebenem, geschmolzenen Eis schwimmt.

Die Sorbets aus Erdbeeren, Pfirsich, Ananas, roten Früchten oder Melone gehören zu den beliebtesten Sorten.

Man kann Sorbet auch mit exotischen Kräutern oder Blüten herstellen, deren Aroma man destilliert hat. Die edelsten davon sind Heliotrop-Wasser, Veilchen-Wasser und Jasmin-Wasser.

### *Maraschino-Sorbet*

Man bereitet zunächst Eis aus Zitronensaft vor, wobei die Schalen zuvor entfernt wurden, lässt dieses Eis fester gefrieren als sonst und verrührt dann ein Glas Maraschinolikör mit der Masse.

Man kann hier auch andere französische oder fremde Liköre, aber ebenso süße Weine aus Frontignan, Lunel und Rivesaltes verwenden.

### *Rum-Sorbet*

Bereiten Sie Zitronen-Sorbet zu und gießen Sie ein großes Glas Rum dazu, wobei das Sorbet stärker gefroren sein sollte als üblich.

### *Eisgekühlte, aber nicht gefrorene Getränke*

Verschiedene Fruchtsäfte werden wie für Eis vorbereitet, durch ein Tuch getrieben, mit Eiklar geläutert und in Karaffen gegossen, die man in Quellwasser und Eis stellt, ohne den Fruchtsäften Zeit zu geben, sich an den Rändern festzusetzen, also zu Frappé zu werden, wie man im Jargon der Limonadenmacher sagen würde.

Dies ist dem ausgezeichneten Buch des M. de Courchamps, dem »Dictionnaire de la cuisine française«, entnommen.

## ÉMINCÉ

Streifen gebratenen Fleisches, die man als Ragoût zubereitet. Lamm-Émincés müssen auf Rahm-Endivien serviert werden, jene vom Reh auf Pilz-Püree, die vom Rindsfilet auf einer pikanten Sauce; die Émincés vom gekochten Rind heißen Miroton.

## ENDIVIEN

Man unterteilt sie in zwei Familien, die zahme und die wilde, wovon jede achtzehn bis zwanzig Sorten hervorbringt.
Die wilden Endivien, bekannt als Löwenzahn (im Französischen wegen ihrer harntreibenden Wirkung pissenlit = »pisse-en-lit« oder »Mach ins Bett« genannt), werden nur als Salat gegessen und müssen jung und zart geerntet werden. Wir werden hier nur von der anderen Sorte schreiben und verweisen unsere Leser für den Löwenzahn auf das Kapitel ▸ Salate.

### *Endivien-Ragoût, Hausfrauenart*

Die Endivien im kochenden Wasser blanchieren*, in kaltem Wasser abschrecken, abtropfen lassen, zerteilen, in einem Topf mit Suppe und Butter übergießen, mit Mehl binden und mit Röstbrotscheiben servieren.

### *Endivien, grand jus*

Endivien blanchieren* und nach dem Abtropfen halbieren; dann zusammenbinden und mit Speckscheiben, Pfeffer und Muskat in einen Topf legen. Stücke vom Rind, Kalb oder Lamm dazulegen, Zwiebeln, Karotten und ein hübsches Bouquet garni* beifügen. Mit Unter- und Oberhitze drei Stunden lang garen. Dann in einem weißen Tuch auswringen um die Flüssigkeit herauszupressen, kranzförmig auf einem Teller arrangieren und mit verschiedenen Vorspeisen garnieren.

### *Endivien mit Rahm**

Die Endivien von allen äußeren grünen Blättern befreien, in mehrmals gewechseltem Wasser waschen, abtropfen lassen, mit einer Prise Salz blanchieren* und in kaltem Wasser abschrecken. Die Endivien fein hacken, mit Butter eine Viertelstunde in einer Kasserole trocknen, dann nach und nach zwei Glas Rahm oder kondensierte Milch dazugießen, geriebene Muskatnuss und Salz darüber streuen und gut dünsten.

*Wie man Endivien konserviert*

Nachdem man sie von den äußeren Blättern befreit und gewaschen hat, wirft man sie in kochendes Wasser, bis sie mürbe, aber nicht weich gekocht sind, in kaltes Wasser legen und gut abtropfen lassen. Dann werden sie dicht in Tontöpfe gefüllt und fest gepresst, damit nach vierundzwanzig Stunden das Salzwasser, das sie abgeben, abgegossen werden kann. Mit sehr klarer Salzlake aufgießen und mit Öl oder zerlassener Butter bedecken.

## ENGELWURZ oder ANGELIKA

Aus Syrien stammende aromatische Pflanze, die entlang der Ufer von Gebirgsbächen wächst. Diese Pflanze ist ein Hochgenuss für die Lappen; sie essen die Blätter und die Wurzeln in Milch gekocht; ihre Nachspeise wird vervollkommnet, indem sie die Pflanze, welche sie unter dem Schnee finden, kauen und deren Beeren essen. Die beste Engelwurzel wird in Niort hergestellt, wo man mit andächtiger Sorgfalt Tradition und Rezepte der guten Schwestern vom Orden der Visitation de Marie beibehalten hat, um diese köstliche Konserve zuzubereiten.

## ENTE

Es gibt zweiundvierzig verschiedene Entenarten, unter denen man die Moschusente für ihr besonders delikates Fleisch hervorhebt; allerdings muss man vor der Zubereitung den Steiß sorgfältig entfernen, denn ohne diese Vorsichtsmaßnahme verströmt das Fleisch einen derart starken Moschusgeruch, dass es praktisch ungenießbar wird. Besonders beliebt ist das Brustfleisch. Die kleinen, fetten Krickenten bezeichnet man als Wildenten, obwohl sie zarter schmecken als Letztere. Kaiser Paul I. begnadigte einen Polen, der Mittel und Wege fand, ihm wöchentlich aus Toulouse eine Entenstopfleber zu schicken, deren Frische auch nach ihrer Reise um nichts gelitten hatte. Der berühmte Erfinder Vaucanson machte zwischen zwei technischen Meisterwerken im Jahre 1741 zwei Enten, die schwimmen, tauchen und fressen konnten und die sogar zu verdauen schienen.

Von allen Vögeln ähnelt die Ente am meisten der Gans, ist aber zarter und leichter verdaulich. Wie bei der Gans gibt es wild lebende und zahme Arten, wobei die Letzteren größer und fetter werden. Wir unterscheiden verschiedene Sorten, wovon die Barbarie-Ente die größte, am wenigsten delikate und am stärksten nach Moschus riechende ist. Wenn man aber diese Art mit anderen kreuzt, erhält man Sorten, die den Vorteil haben, besser zu schmecken als die Barbarie-Ente. Aus diesen Kreuzungen macht man die Jungenten aus Rouen, die für ihre Größe und Qualität hoch gelobt werden. Wildente bereitet man fast immer am Spieß zu, man kann daraus jedoch auch Entrées machen, die ich Ihnen hier vorstellen will.

### *Wildente am Spieß*

Bevor Sie Ihre Ente kaufen, studieren Sie sie sorgfältig und sehen Sie nach, ob die Füße von schöner Färbung und nicht trocken sind. Um festzustellen, ob die Ente alt war, als man sie erlegte, öffnet man ihr den Schnabel und schnuppert daran, ob kein schlechter Geruch davon ausgeht; außerdem betastet man Steiß und Bauch. Wenn diese fest sind und das Tier schwer ist, ist dies ein Beweis für ein fettes und frisches Tier. Wenn die Ente all diese Qualitäten aufweist, dann nehmen Sie sie. Ich habe festgestellt, dass die Weibchen zarter sind als die Männchen, obwohl Letztere teurer verkauft werden.

Man rupft die Ente, entfernt den Flaum, schneidet die Flügel nah am Körper ab, ebenso den Hals. Man weidet das Tier aus, sengt die kleinen Federchen ab, putzt sie, bindet die Füße an den Körper und reibt den Vogel mit seiner Leber ab. Dann steckt man die Ente auf den Spieß und brät sie – wobei das Innere rosig bleiben soll –, nimmt sie vom Spieß, garniert sie und serviert sie mit zwei ganzen Zitronen.

### *Wildentenfilets à l'orange*

Man entnimmt die Bruststücke von drei Enten, schneidet sie auf der Hautseite ein, mariniert sie in Schnittknoblauch*, Petersilie, grobem Pfeffer usw. Knapp vor dem Servieren gießt man zwei Esslöffel Öl in eine Pfanne, legt die Filets hinein, dreht sie einmal um, lässt sie abtropfen, richtet sie an und serviert sie mit einer ▸ Sauce à l'orange.

### *Salmi aus Wildenten*

Man nimmt zwei bis drei Enten, brät sie am Spieß und schneidet die Brust in schmale Streifen. Man tranchiert die Schenkel, teilt den Rumpf in mehrere Teile, gibt Salz und groben Pfeffer dazu, gießt vier Esslöffel Olivenöl sowie ein halbes Glas Bordeaux darüber, drückt den Saft zweier Zitronen darüber aus und schwenkt alles gut über dem Feuer.

### *Krickenten mit ▸ Kardonen*

Sie nehmen drei Krickenten aus, sengen die Federn ab und verschnüren die Vögel zum Braten. Bevor sie auf den Spieß gesteckt werden, müssen die Enten mit gebuttertem Backpapier umhüllt werden, das zwei Minuten, bevor man sie vom Spieß nimmt, entfernt wird. Dann legt man die Krickenten mit acht Esslöffeln Weißwein und ebenso viel Fleisch- ▸ Glace in eine Kasserole, stellt diese aufs Feuer und reduziert die Flüssigkeit auf die Hälfte. Die Schnüre entfernen, die Enten auf dem Servierteller arrangieren und sie mit einem Kranz aus spanischen Kardonen garnieren. Mit der reduzierten Sauce übergießen und zu Tisch schicken.

### *Krickenten-Ragoût*

Sie stecken die Füße der Enten seitlich in deren Körper, spicken die Vögel mit fetten Speckstiften und braten sie in zerlassener Butter an. Binden Sie die Butter mit etwas Mehl oder braten Sie die Enten am Spieß halb durch und legen Sie sie dann mit guter Bouillon, Salz, Pfeffer, Fines Épices* sowie Fines Herbes* in eine Kasserole, um sie langsam dünsten zu lassen. Wenn die Garzeit halb vorüber ist, geben Sie in ▸ Roux gewendete Steckrüben-Scheiben sowie ein großes Glas Wein dazu. Das fertige Ragoût mit der gut gebundenen Sauce heiß servieren.

### *Eine andere Art der Zubereitung*

Sie hacken Kalbsbries fein, mit Champignons, Krickentenfleisch, Schnittknoblauch*, Petersilie, Salz und Pfeffer. Wenn die Masse sehr fein ist, wird sie in der Kasserole gedünstet und in ganze Krickenten gestopft, die man also gefüllt auf den Spieß steckt und brät. Mit einem ▸ Coulis aus Champignons oder einer Sauce aus zwei Glas gutem Wein, zwei bis drei Zwiebelringen, etwas Gewürznelke und Pfeffer servieren. Für die Sauce werden alle Zutaten aufgekocht, bis die Flüssigkeit zur Hälfte reduziert ist, dann wird die Sauce durch ein Haarsieb passiert. Mit Rinds- ▸ Jus aufgießen, nochmals erhitzen und auf die Krickenten gießen. Heiß servieren.

### *Krickentensuppe mit Steckrüben*

Sie nehmen die Krickenten aus, binden sie sauber zusammen, spicken sie mit weißem gewürzten Speck, garen sie am Spieß halb durch und legen sie danach mit drei bis vier Zwiebeln, Pastinaken und Karotten in eine Kasserole. Mit guter Suppe aufgießen und köcheln lassen. Sie schälen Steckrüben und würfeln sie entweder oder schneiden dünne Streifen daraus. Leicht bemehlen und in Schmalz goldbraun braten, dann abtropfen lassen. Nun legen Sie die gebratenen Steckrüben in gute Suppe – am besten nehmen Sie von der Suppe, in der die Krickenten kochen – und schöpfen das Fett ab. Die Krickenten werden in der Suppe angerichtet, rundherum legt man die Steckrüben. Darauf gießt man den Rüben-Kochsaft sowie einen Kalbs- ▶ Jus und serviert heiß.

### *Krickentensuppe mit Trüffeln und Champignons*

Sie spicken die Enten mit gewürztem weißen Speck und braten sie auf dem Spieß halb durch, legen sie anschließend mit guter Suppe in einen Kochtopf, schwenken Trüffeln in etwas zerlassenem Speck und gießen sie mit Kalbs- ▶ Jus auf. Die Trüffeln auf sehr kleiner Flamme köcheln lassen. Aus einer am Spieß gebratenen Ente machen Sie folgendes Coulis: Zunächst wird das Entenfleisch im Mörser fein zerstampft. In einer zugedeckten Kasserole werden einige Scheiben Kalbfleisch, Schinken, Zwiebelringe, Pastinaken und Karotten auf kleiner Flamme angeschwitzt. Wenn das Kalbfleisch sich am Kasserolenboden anlegt, bestäuben Sie alles mit etwas Mehl, gießen mit halb Jus, halb Suppe auf, geben Champignons, Trüffeln, etwas Petersilie, einen ganzen Schnittknoblauch*, einige Gewürznelken, etwas Basilikum und Röstbrot-Stücke hinein. Eine halbe Stunde köcheln lassen, das Kalbfleisch entfernen, die pürierte Krickente mit den übrigen Zutaten verrühren, alles durch ein Seihtuch treiben und dieses Coulis zu den Trüffeln geben. Einige Brotscheiben in einer Mischung aus Jus und Suppe aufgehen lassen, die Enten in die Suppe legen, das Coulis darauf gießen und heiß servieren.

Ganz zu Unrecht bereitet man Krickente mit Linsen zu. Wir wollen diese profane Vorgangsweise schärfstens verurteilen.

### *Krickenten-Pâté*

Sie schneiden Krickenten am Rücken ein, entfernen vom Einschnitt her alle Knochen außer den Keulenknochen, spicken das Fleisch mit Speck, salzen, pfeffern und würzen mit Muskat, Gewürznelken, Zimt, Speck, Lorbeer, ganzen Speckscheiben, Fines Herbes*, Petersilie und Schnittknoblauch*, nachdem Sie die Gewürzmischung fein zerstoßen haben. Nun rollen Sie gewöhnlichen Teig aus, füllen ihn mit der Ente, bestreichen den Teig mit Dotter und backen die Pastete im Ofen.

### *Entenbrust*

Sie nehmen drei Entenbrüste, häuten sie, schneiden daraus Filets zurecht, klopfen diese mit dem Messerstiel, schneiden die geklopften Filets kreisförmig zu und legen sie in eine Pfanne. Salzen, pfeffern, vier Esslöffel Olivenöl dazugeben und befettetes Papier darüber legen. Knapp vor dem Servieren werden die Entenfilets kurz gebraten; wenn sie auf der einen Seite braun geworden sind, lassen Sie das Öl abtropfen, drehen sie um und legen sie in eine gute, reduzierte ▸ Sauce poivrade, mit der sie das Fleisch auch übergießen. Etwas Zitronensaft und Öl dazugießen und mit Röstbrotscheiben garnieren.

### *Ente mit Sauerkraut*

Man dünstet Sauerkraut mit Würstchen, Cervelat und gewürfeltem Speck. Wenn das Kraut halb gar ist, entfernt man die Wurst und den Speck und ersetzt sie durch die geputzte und zusammengebundene Ente. Wenn alles fertig gegart ist, arrangiert man die Ente auf dem Teller, umgibt sie mit Sauerkraut und darauf legt man die Cervelat, die Würste und den Speck, welche man tunlichst warm gehalten hat.

### *Ente mit Steckrüben auf bürgerliche Art*

Nehmen Sie ein bis zwei Enten aus und bringen Sie an jeder Seite einen Einschnitt an, in den Sie die Füße stecken. Dann zerlassen Sie etwas Butter in einer Kasserole und braten darin Ihre Enten an. In der Zwischenzeit bereiten Sie eine ausreichende Menge Steckrüben vor, schneiden sie in gleiche Teile und lassen sie in der Entenbutter anbräunen; wenn dies geschehen ist, lassen Sie das Fett abtropfen. Nun bereiten Sie einen dunklen ▸ Roux vor und löschen diese mit Suppe oder Wasser ab, wobei die Sauce keine Klümpchen enthalten sollte. Salzen, pfeffern, mit Petersilie und Schnittknoblauch*, einer halben Knoblauchzehe und einem Lorbeerblatt würzen. In dieser Sauce sollten Ihre Enten nun dünsten. Nach der halben Garzeit kommen die Steckrüben hinzu. Drehen Sie die Enten sorgfältig um, ohne die Rüben zu zerquetschen. Wenn alles gar ist, wird das Ragoût entfettet und serviert.

## ENTEN, JUNG

Man nimmt eine junge Ente, sengt den Flaum ab und halbiert sie. Jede Hälfte wird entbeint und mit einer Fülle bedeckt, die man aus gebratenem Geflügel, Ochsenfett, weißem Speck, Petersilie, Schnittknoblauch*, Pilzen, einer Knoblauchzehe, Salz und Pfeffer zubereitet hat. Mit vier Eidottern binden, dann jedes Stück einrollen und mit einem Passiertuch umwickeln, das man an beiden Enden verschnürt. In einem guten Schmorfond dünsten, herausnehmen, abtropfen lassen und mit Zitronensaft servieren.

### *Junge Ente »au chausson«*

Man entbeint eine junge Ente, ohne sie zu zerteilen, beginnt mit dem Hals und stülpt sie um, nach und nach sich vorarbeitend und die Knochen entfernend. Dann bringt man sie wieder in ihre ursprüngliche Form zurück, füllt sie mit einer guten ▸ Farce, näht sie zu, dünstet sie in einem guten Schmorfond, lässt nach dem Herausnehmen das Fett abtropfen und serviert.

### *Junge Ente mit feinen Kräutern*

Man blanchiert* eine junge Ente und klopft sie brustseitig flach. Eine Kasserole wird mit Schinken, einigen Scheiben Kalbfleisch, Petersilie, fein gewiegten Pilzen und zerlassenem Speck ausgestattet, das Entlein bäuchlings darauf gelegt, mit Speckscheiben belegt und geschmort. Wenn es gar ist, lässt man das Fett abtropfen und bindet den Fond mit etwas ▸ Coulis. Dann die Sauce durch ein Haarsieb passieren, gut würzen und mit Orangensaft servieren.

### *Rouladen von jungen Enten*

Man sengt den Flaum mehrerer junger Enten ab, teilt jede in vier Teile, klopft jedes Viertel flach und belegt es mit einer Fülle aus Huhn, in Obers* getunkten Brotstücken, Rindsfett, weißem Speck, Petersilie, fein gehacktem Schnittknoblauch* sowie einer Knoblauchzehe, alles mit fünf Eidottern gebunden, gesalzen und gepfeffert. Jedes Stück wird eingerollt und mit Speckscheiben umwickelt, deren Enden mit Hilfe eines in Eidotter getauchten Messers zusammengefügt werden. Mit Brotbröseln bestreuen, auf ein Brathäkchen stecken, nachdem man weitere Speckscheiben und schließlich Papier drum herumgewickelt hat. Am Spieß braten, den Speck entfernen, das Fett abtropfen lassen und heiß servieren.

*Junge Ente mit Schalotten*

Nehmen Sie das weißeste Entlein, das Sie finden können, und braten Sie es am Spieß bei kleinem Feuer und mit Papier umwickelt. Schalotten sehr fein wiegen, in eine schöne ▸ Essenz legen und mit einem Orangensaft auf das Entlein gießen.

*Junge Ente à l'orange*

(nach Vuillemot)

Man nimmt zwei Entlein und bindet ihre Füße an den Körper. In eine Kasserole kommt eine gute ▸ Sauce mirepoix, darüber die Entlein. Mit einem Blatt befettetem Backpapier bedecken und anschwitzen lassen, dann mit einer halben Flasche Champagner und einem Schöpfer guter Suppe übergießen. Auf kleinem Feuer zu Ende garen. Nun nimmt man die Zesten* zweier Orangen, schneidet sie in ganz feine Streifen, blanchiert* sie in kochendem Wasser, zerteilt die Orange in Spalten, entfernt die Haut und blanchiert auch das Fruchtfleisch. Der Enten-Schmorfond wird durch ein Tuch passiert, gut entfettet, mit zwei Eiklar und etwas grobem Pfeffer versehen, nochmals durch ein Tuch passiert und ins Wasserbad gestellt. Nun träufelt man Zitronensaft darüber, fügt ein nussgroßes Stück Fleisch- ▸ Glace und nochmals etwas groben Pfeffer hinzu. Die Entlein darauf arrangieren, die Orangenspalten rundherum auflegen, den Schmorsaft darüber gießen und zuletzt die Zesten darauf legen.

Ich muss gestehen, dass ich dieses Gericht ganz besonders schätze, vor allem, wenn es vom Meister selbst zubereitet wurde, dessen Rezept ich hier zum Besten gab.

## ENTRÉE

Heißes Gericht, das mit oder nach der Suppe gereicht wird.

## ERBSEN

Wir verwenden hier ausschließlich vor der Reife gepflückte Erbsen, die noch zart und voller Zuckerwasser sind. Unwidersprochen gehören Erbsen zum besten Gemüse, das wir haben. Frisch, zart und sofort nach der Ernte verarbeitet, stellen sie jederzeit beliebte Zwischengerichte dar. Auch getrocknet liefern sie noch eine kostbare Zutat, sind aber weniger gut verdaulich als die frischen. Man bereitet sie auf die gleiche Weise mit Butter, Speck oder Zucker zu, macht aber daraus nur mehr Pürees.

### *Erbsen nach alter Sitte*

(nach dem Rezept der Abtei von Fontevrault)

Lösen Sie zwei Liter feine grüne Erbsen einige Zeit, bevor Sie sie zustellen, aus und wickeln Sie sie in ein nasses Tuch. Nehmen Sie dann das Herz eines Kopfsalats und spreizen Sie die Blätter ein wenig, um einen frisch gepflückten, grünen Zweig Bohnenkraut dazwischenzustecken. Nun binden Sie den Salat zusammen und legen diesen mit den Erbsen in eine Kasserole, geben eine Prise Salz, ein halbes Glas Wasser und ein halbes Pfund frische Butter dazu. Nachdem alles eine Viertelstunde lang gedünstet hat, entfernen Sie den Salat und binden die Erbsen, knapp vor dem Servieren, mit drei Esslöffeln Crème fraîche, in der Sie den Dotter von einem frisch gelegten Ei mit einer Prise weißem Pfeffer und einem Teelöffel Zucker verrührt haben.

### *Erbsen à la française*

Sie geben zwei Liter sehr zarte Erbsen mit etwas Butter und Wasser in eine Kasserole, kneten alles mit den Händen, schütten das Wasser weg und fügen einen Strauß Petersilie, eine kleine Zwiebel, ein Salatherz, etwas Salz und einen Teelöffel Zucker zu den Erbsen. Decken Sie die Kasserole zu und lassen Sie alles eine halbe Stunde köcheln. Nun entfernen Sie Petersilie und Zwiebel und legen den Salat auf einen Teller. Binden Sie die Erbsen mit einem Stück mit etwas Mehl verkneteter Butter und sautieren Sie alles, bis es schön gebunden ist, dann gießen Sie die Erbsen auf den Salat. Dicken Sie die Erbsen nicht ein – frische Erbsen binden von selbst – und vergessen Sie nicht, statt eines Deckels eine mit Wasser gefüllte Schüssel auf den Topf zu stellen, damit keine Flüssigkeit entzogen wird.
Sie können den Salat auch weglassen und stattdessen eine Legierung aus Dottern und einem Stück Butter ohne Mehl zubereiten, wobei Sie das Mehl weglassen.

### *Erbsen à l'anglaise*

In eine Kasserole mit kochendem Wasser werfen Sie eine kleine Hand voll Salz, gießen Erbsen dazu und lassen diese, ohne den Topf zuzudecken, auf großer Flamme kochen, wobei Sie den sich bildenden Schaum unaufhörlich abschöpfen sollten. Dann lässt man die Erbsen abtropfen und schwenkt sie mit einem guten Stück feiner Butter in einem Pfännchen, ohne dieses jedoch aufs Feuer zu stellen.

Die Erbsen in einer Schüssel hügelförmig anrichten, auf die Spitze noch ein Stück Butter legen und servieren.

### *Erbsen à la bourgeoise*

Sie schwenken die Erbsen rasch in einem lichten ▸ Roux, gießen mit etwas kochendem Wasser auf, salzen und pfeffern und fügen einen Strauß Petersilie sowie ein Salatherz hinzu. Die Sauce zur Gänze einkochen lassen und knapp vor dem Servieren mit drei Dottern legieren.

### *Erbsen in Obers**

In einer Kasserole wird ein Stück mit Mehl verknetete Butter erwärmt; dann werden Erbsen, Petersilie und Schnittknoblauch* sowie Salz und Pfeffer hinzugefügt. Die Erbsen sollten ohne zusätzliche Flüssigkeit in ihrem Saft köcheln; dann wird die Kasserole vom Feuer gezogen und die beim Kochen ausgetretene Flüssigkeit in eine Schüssel gegossen., mit Obers* und Puderzucker vermischt und kommt nun wieder zu den Erbsen; kurz schwenken, dann servieren.

### *Erbsen mit Speck*

Gewürfelter Pökelspeck wird in Butter angeröstet und herausgenommen, wenn er schön braun ist. In die Butter kommt ein Esslöffel Mehl, um einen ▸ Roux zu machen, mit ▸ Jus oder Suppe aufgießen. Dann den Pökelspeck und die Erbsen in den Roux geben, eine Zwiebel, ein Bouquet garni* sowie etwas Pfeffer hinzufügen und auf dem Herdrand köcheln lassen.

## ERDNUSS

Eine bemerkenswerte Frucht, die ihren Namen daher nimmt, dass die Schoten sich, sobald sich die Blüten abgelöst haben, zur Erde biegen und in diese eindringen, um unter der Oberfläche ihre Reifung zu vollenden.
Die Pflanze kommt aus Mexiko. Heute bringt sie den Spaniern, die sie aus ihrem Ursprungsland importiert haben, große Erträge. 1802 wurde die Pflanze im Département Landes eingeführt, wo sie prächtig gedieh. Doch der mangelnde Absatz ihrer Früchte ließ den Anbau völlig zum Erliegen kommen und heute hat man ihn ganz aufgegeben.
Die Erdnuss bringt eine Frucht hervor, kaum größer als eine Haselnuss und ähnlich der Pistazie. Ihr Kern, nahrhaft und ölig, wird roh oder geröstet gegessen. Sie liefert bis zur Hälfte ihres Gewichts an Speiseöl, ein ausgezeichnetes, gesundes und wirtschaftliches Öl, dessen schnell trock-

nende Eigenschaft es auch für die Künste nützlich macht. Der Stängel der Pflanze wird vom Vieh sehr geschätzt und ihre Wurzeln schmecken nach Süßholz.
Die Amerikaner nennen die Frucht »Mani« und stellen daraus Pralinen und süße Torten her. Sie ziehen den Geschmack der Erdnuss dem der Pistazie vor.
Roh verzehrt erzeugt die Erdnuss angeblich starke Kopf- und Halsschmerzen. Wenn man sie dörrt und röstet, verliert sie diese krank machenden Eigenschaften.
In Spanien wird sie »Cacahuette« genannt, weil sie nach Kakao schmeckt und bei der Herstellung von Armen-Schokolade eine Rolle spielt, für die sie mit wenig Kakao vermischt wird. Die genannte Schokolade ist keineswegs ungesund.

## ESEL

Die Geschmäcker verändern sich. Wir haben letzthin gesehen, wie das Rind fast vom Pferd entthront worden wäre, und dies wäre nur gerecht gewesen, hat doch das Rind den Esel verdrängt. Mäzenas war der erste unter den Römern, der das Fleisch des zahmen Esels bekannt gemacht hat. In Nubien und in Persien gibt es wilde Esel in großer Zahl, die man heute Zebra nennt. Sie sind von einem hellen Mausgrau, Schultern und Rücken schwarz gestreift, der Kopf ist groß, ihr Gang ist sehr viel leichtfüßiger als der anderer Eselarten und ihr Charakter noch eigensinniger. Die Perser essen dieses Fleisch lieber als das der Gazelle. Sie folgen damit dem Geschmack ihrer Vorfahren. Doktor Olagnier sagt, Olearius zitierend, dass man anlässlich eines großen Festessens, das Schah Abbas für seine Botschafter gab, zweiunddreißig Wildesel tötete und verspeiste und dass ihr Fleisch, welches man üblicherweise für die königliche Tafel reservierte, köstlich gewesen sein soll. Man erzählt sich auch, dass der König von Persien äußerst gern Jagd auf Wildesel machte und die von ihm erlegten Tiere seiner Hofküche zu schicken pflegte. Die Milch der Eselin leistet, wie man weiß, in der Medizin bei der Behandlung von Lungenkrankheiten, vor allem der Lungen-Schwindsucht, große Dienste. Grundlegend wichtig ist hier, dass die Eselin jung, gesund und wohlgenährt sein muss und erst seit kurzem von ihrem Jungen getrennt sein darf. Man darf diese Milch nicht auskühlen lassen und sie nicht zu lange der Luft aussetzen, an der sie sich sofort verändert.
Man hat aus den Versen Juvenals und aus Suetons Prosa erfahren, dass Poppeia, Neros Frau, fünf Eselinnen in ihrem Gefolge hatte, in deren

Milch sie zu baden pflegte. Würde man sich außerdem daran erinnern, dass es eine Eselin war, von der die Heilige Familie auf ihrer Flucht nach Ägypten getragen wurde, und dass Jesus Christus auf einem ebensolchen Tier seinen triumphalen Einzug in Jerusalem hielt, wäre dies genug, um das arme Tier heilig zu sprechen, das unsere Bauern im Gegenteil mit Schlägen traktieren und schlecht behandeln.
Und doch gibt es nach dem Pferd kein Tier, das nützlicher wäre als der Esel. Er ist genügsam, ermüdet nicht leicht und auf Malta und Sardinien, wo man die reinrassigen Arten mit Sorgfalt erhalten und gezüchtet hat, stellt er oftmals das Pferd in den Schatten, weil er vielerorts sicherer auftritt, besser sieht, besser hört und weil sein Geruchssinn besser entwickelt ist.
Was die Qualität seines Fleisches anbelangt, muss man zugeben, dass das des ausgewachsenen Esels nicht besonders geschätzt wird, das Fleisch des Jungesels sei aber laut denen, die es gegessen und ausgezeichnet gefunden haben, wesentlich besser als das zarteste und wohlschmeckendste Pferdefleisch. Monsieur Isouard berichtet von Malta, dass die Bewohner der Insel während der von Engländern und Neapolitanern durchgeführten Blockade dazu übergehen mussten, alle Pferde, Hunde, Katzen, Esel und Ratten zu essen. »Dieser Umstand«, so erzählt er, »hat zur Entdeckung geführt, dass Eselfleisch sehr gut ist. So gut sogar, dass die Einwohner der Stadt La Valetta es dem besten Ochsenfleisch, ja sogar dem Kalbfleisch vorzogen. Wenn man also einen Esel schlachtete, raufte man um seinen Anteil. Gekocht, gebraten und vor allem geschmort schmeckt der Esel köstlich. Sein Fleisch ist schwärzlich, das Fett hat einen Stich ins Gelbliche. Der Esel darf jedoch nicht älter als drei oder vier Jahre sein und er muss fett sein. Ich gebe zu bedenken, dass ich hier nur die Eigenschaften der Esel von Malta anführe, die man mit Stroh und Gerste füttert. Ob das Fleisch ausländischer Esel ebenso gut ist, kann ich nicht sagen.«
Mäzenas war, wie wir weiter oben bereits erwähnt haben, der Erste, der das Fleisch dieses Tieres bei den Römern einführte. Er verwöhnte seine Gäste mit mariniertem Jungesel.
Seitdem ließ Kanzler Duprat im 16. Jahrhundert in Frankreich als großer Liebhaber von Eselfleisch für seinen Tisch Jungesel züchten und mästen, wenn man den Schriftstellern seiner Zeit glauben möchte, aßen seine Gäste mit Wonne davon. Da man Eselfleisch noch eine ganze Zeit lang servierte, kann man wohl annehmen, dass es ausgezeichnet mundete.
Über Eselinnen weiß man ja, wie nützlich sie sind und wie sehr man ihre Milch für verschiedene Lungenleiden schätzt. Man sollte einmal diese bescheidenen Tiere beobachten, wie sie morgens durch Paris trotten, vor

den Haustüren stehen bleiben und geduldig warten, bis man kommt um sie zu melken. Dann gehen sie weiter ohne sich darüber Gedanken zu machen, welchen Dienst sie gerade erwiesen haben, und tragen, wenn schon nicht Gesundheit, so doch Linderung menschlicher Schmerzen zum nächsten Haus.
Ich habe bei den Kalmücken Fleisch von Jungeseln gegessen, dessen Geschmack irgendwo zwischen Rind- und Kalbfleisch anzusiedeln war, jedenfalls hat es mir ausgezeichnet geschmeckt.

## ESPAGNOLE (Sauce)

(nach dem Rezept aus dem »Cuisinier national«, nicht aus dem »Cuisinier économique«!)

»In eine Kasserole legt man zwei Stück Kalbsnuss, einen Fasan oder vier Rebhühner, die halbe Nuss eines Schinkens, vier oder fünf große Karotten und fünf Zwiebeln, von denen eine mit fünf Gewürznelken gespickt sein soll. Das Fleisch wird mit einer Flasche trockenen Madeira begossen und mit einem Schöpfer Fleisch-Gelée verfeinert. Die Kasserole auf ein starkes Feuer stellen. Wenn die Flüssigkeit eingedickt ist, stellt man den Topf auf kleines Feuer. Sobald die Fleisch-Glace sehr klar geworden ist, zieht man den Topf vom Feuer und wartet etwa zehn Minuten, bis man die Glace gut abziehen kann. Inzwischen hat man schwarze Kleie anschwitzen lassen und verwendet nun deren Flüssigkeit, nach dem Abschäumen, als ▸ Roux, indem man sie mit dem Fond der Espagnole vermischt und über das Fleisch gießt. Nun fügt man Pilze, einen Strauß Petersilie und Schnittknoblauch*, einige Schalotten, Thymian und Lorbeer hinzu. Wenn die Sauce kocht, stellt man sie auf den Herdrand, um sie dort leise weiter köcheln zu lassen, bis alles Fleisch gar ist. Diese Sauce muss eine schöne Farbe haben, also nicht zu blass und nicht zu dunkel sein, muss schön sämig, aber nicht zu dick sein.«

Vuillemot hat eine Notiz an den Rand dieses Rezepts geschrieben:

»Ich kann die schwarze Kleie in der Espagnole weder verstehen noch gutheißen.«

### *Erweiterte Espagnole*

(nach derselben Quelle)

In eine Kasserole kommen zu gleichen Teilen Suppe und Espagnole, dann verfährt man wie oben. In die fertige Sauce gibt man Pilze (ein Dutzend pro Liter Sauce) und lässt das Ganze aufkochen; sorgfältig

Schaum abschöpfen und entfetten, bis zu einer gewissen Dicke einkochen lassen, durch ein Seihtuch treiben und bei Gebrauch im Wasserbad erhitzen.

Man kann dieser Sauce auch Weißwein beigeben, in welchem Fall man jedoch nicht dem »Cuisinier national« folgen sollte, der rät, ebenso viel Wein wie Suppe zu nehmen; es sollte nur ein halbes Glas Weißwein für je 2 l Suppe genommen werden.

## ESSENZEN

### *Wild-Essenz*

Man nimmt 500 gr Rindfleisch, zwei Rebhühner, zwei Wildhasen und einen Schlussbraten vom Kalb. Alle Zutaten im Kochtopf dünsten, mit einem halben Liter Weißwein aufgießen und die Flüssigkeit einkochen lassen. Mit Wasser auffüllen, Zwiebeln, Karotten, Thymian, Basilikum, Quendel und Gewürznelken hinzufügen; abschäumen, aufkochen lassen und schließlich passieren.

### *Gemüse-Essenz*

In einen Kochtopf kommen 2 kg Rindfleisch, ein altes Huhn und eine Kalbsstelze gemeinsam mit zwei bis drei Dutzend Karotten, Zwiebeln, Steckrüben, zwei oder drei Kopfsalaten, Kerbel, Selleriewurzeln sowie einigen Gewürznelken. Füllen Sie Ihren Kochtopf mit Suppe und kochen Sie alles wie für eine Consommé. Wenn das Fleisch gar ist, wird die Essenz passiert und, wenn nötig, reduziert.

### *Schinken-Essenz*

Man klopft einige Scheiben vom Rohschinken und legt damit eine Kasserole aus, lässt den Schinken anschwitzen, bis er beginnt, sich am Topfboden anzulegen, gibt dann zerlassene Butter und etwas Mehl bei. Mit dem Löffel umrühren und dann etwas Fleischsaft oder Suppe hinzufügen. Würzen Sie mit verschiedenen Gewürzen, aber nicht mit Salz, geben Sie ein Bouquet garni*, Zitronensaft, zwei Gewürznelken und eine Hand voll fein gehackte Champignons dazu. Wenn alles gar ist, passieren Sie die Essenz durch ein Tuch und binden sie mit in Suppe gekochten Brotstückchen.

## ESSIG

### *Rosat-Essig*

Nach der alten und bewährten Methode von Madame Fouquet nehmen Sie 125 gr Heckenrosen vom Hagebuttenstrauch, ebenso viele noch nicht ganz reife Brombeeren und eine Unze* reifen Weißdorn. Trocknen Sie die Zutaten im Schatten und zerstoßen Sie sie, wenn sie ganz trocken sind, sehr fein zu Pulver. Eine halbe Unze dieses Pulvers kommt nun in einen Viertelliter guten Weiß- oder Rotwein. Gut verrühren, dann rasten lassen, schließlich durch ein Tuch seihen. So erhalten Sie Rosat-Essig.

Ein alter Autor meint, man erhalte dasselbe Resultat mit Hasenmark. Er gibt folgende Mengen an: 4 gr Hasenmark in einen Drittelliter Wein.

### *Estragon-Essig*

Sie gießen drei Liter guten weißen Essig aus Orléans* in einen Krug und geben 750 gr Estragonblätter dazu, die sie im Schatten welken haben lassen. Sie sollten dabei gut ausgebreitet und nicht heiß werden. Wenn der Estragon welk geworden ist, legen Sie ihn mit dem Essig in den Krug und geben ein Säckchen mit Gewürznelken und Zitronenschalen dazu. Den Krug gut verschließen und 15 Tage in die Sonne oder zwei bis drei Mal nach dem Brotbacken in den Backofen stellen. Nach dieser Zeit können Sie den Essig verwenden, ohne Salz hinzuzufügen, obwohl dies üblicherweise geschieht. Den Essig dekantieren, um ihn zu läutern, die Estragonblätter ausdrücken und den Essig durch Löschpapier oder durch ein Barchentsäckchen passieren. Sie können auch ein Blatt Löschpapier auf ein Haarsieb legen, so dass dieses ganz vom Papier bedeckt wird und die Ränder des Papiers das Sieb um ein bis zwei Zoll überragen. Nun gießen Sie den Essig auf das Sieb und füllen ihn, wenn er klar und rein ist, in Flaschen ab, die Sie sorgfältig verkorken.

### *Essig à la ravigote*

Nehmen Sie je zwei Unzen* Estragonblätter, die Sie im Schatten welken haben lassen, Pimpernelle, Schnittlauch und Schalotten, beide gut geputzt. Weiters eineinhalb Unzen frische Holunderblüten, die Schale zweier Zitronen und einer Bergamotte oder einer anderen Zitrusfrucht sowie schließlich ein Dutzend zu Pulver zerstoßene Gewürznelken. Alle Zutaten in einen Steingut- oder nicht glacierten Tontopf geben und sechs Pinten* vom stärksten und besten weißen Essig aus Orléans* darauf gießen. Diese Mischung sollte etwa 18 bis 20 Tage stehen, wonach dieser aromatische Essig wie der Obige geläutert und abgefüllt wird.

### *Konnetabel-Essig*

In einen glacierten Tontopf, der etwa drei Pinten* fasst, geben Sie zwei Pinten sehr guten Rosat-Essig und ein Pfund junge Alexandria-Trauben, die Sie vorher entkernt haben. Diese Mischung wird zehn Stunden lang auf heiße Asche gestellt und dann kurz aufgekocht. Lassen Sie den Essig nun halb auskühlen und passieren Sie ihn dann durch ein Tuch. Schließlich füllen Sie ihn in saubere Flaschen und verkorken diese gut.

### *Rosen-Essig für die Gesichtswäsche*

Sie verfahren wie für den Estragon-Essig, nehmen jedoch statt des Estragons Rosen, die Sie im Schatten welken und trocknen haben lassen. Statt der Gewürznelken geben Sie einen Kranz gut getrockneter florentinischer Iris dazu. Wenn der Essig aromatisch genug ist, können Sie den Iriskranz wiederverwenden, indem Sie ihn trocknen und aufbewahren.

### *Lavendel-Essig für die Gesichtswäsche*

Sie verwenden einen Tontopf wie beim Konnetabel-Essig. In diesen Topf legen Sie zwei Unzen* frische Lavendelblüten und einige Zitronenschalen für je eine Pinte* Essig. Lassen Sie die Mischung 24 Stunden stehen. Stellen Sie den feuerfesten Topf nun acht bis zehn Stunden auf heiße Asche, lassen Sie den Essig jedoch nicht aufkochen. Schließlich seihen Sie ihn durch Leinen oder Löschpapier ab und konservieren diesen Essig in gut verschlossenen Flaschen.

## ESTRAGON

Aromatische Pflanze, die aus Sibirien stammt und die man gern in Gärten zieht, um sie als Salat- oder Essiggewürz zu verwenden.

Wir wissen, wie oft diese Pflanze in Saucen Eingang findet. Ich würde sogar hinzufügen, dass es keinen guten Essig ohne Estragon geben kann, und würde dem Leser dringend anraten, davon in seinen Essig zu tun.

## FARCE

Gehacktes Fleisch, das man zum Füllen verwendet.

### *Gekochte Farce*

Man nimmt so viel Geflügel- oder Kalbfleisch, wie man zu benötigen glaubt, würfelt es und legt es mit einem Stück Butter, einigen fein gewiegten Kräutern, wie etwa Pilzen, Petersilie und Schnittknoblauch*, in eine Kasserole. Das gegarte Fleisch wird von Fasern, Sehnen und Haut befreit und fein gehackt. Ebenso viel aufgeweichtes Brot, wie man Fleisch zur Verfügung hat, und vielleicht sogar Kalbseuter darunter mischen, so dass in diesem Fall Fleisch, Brot und Euter je ein Drittel der Masse ausmachen. Nachdem alle drei Ingredienzen zunächst separat zerstoßen wurden, stampft man sie dann gemeinsam und bestimmt das Volumen der Masse durch die Beigabe von Eiern, wobei Sie darauf achten sollten, dass die Farce nicht zu flüssig wird. Mit Salz, Pfeffer, Fines Herbes* und Fines Épices* verfeinern, in Butter anbraten, kosten und wenn die Masse richtig ist, mit Eischnee fertig stellen und zur weiteren Verwendung aufbewahren.

Manchmal braucht man eine magere Farce, dann macht man sie mit Fisch wie im folgenden Rezept:

### *Fisch-Farce*

Hecht, Karpfen, Aal und andere Fische werden gehäutet, entgrätet und gemeinsam sehr fein gehackt. Ein noch sehr weiches Omelett mit Pilzen, Trüffeln, Petersilie, Schnittknoblauch*, einer Hand voll in Milch aufgeweichtem Weißbrot sowie mit etwas Butter und einigen Eidottern gut vermischen. Die Eier-Kräuter-Mischung zur Fisch-Masse geben und daraus eine Farce zubereiten, die Sie mit Salz, Pfeffer und Fines Épices* würzen. Die Farce wird gekocht und entweder als eigenständiges Gericht serviert, oder als Fülle für Karpfen und Seezungen verwendet. Man kann aus dieser Farce auch Würstchen formen oder Kohl, Kroketten oder ähnliche Speisen damit füllen.

## FASAN

Ein Vogel aus der Familie der Hühner.

Der auf seinem ganz mit Diamanten und Edelsteinen besetzten Thron sitzende Krösus, gekrönt von seinem Diadem und von oben bis unten mit Gold und Purpur bedeckt, fragte Solon, ob er je etwas Schöneres gesehen habe.

»Ja«, antwortete der Philosoph, »ich habe Fasane und Pfauen gesehen.«

Der Fasan wurde von den Argonauten an den Ufern des Phasus, von welchem er seinen Namen bezieht, entdeckt und von dort mitgebracht. Er zog von Griechenland nach Rom und von dort nach ganz Europa.

Das Fleisch des Fasans ist vielleicht das Schmackhafteste und Delikateste, das überhaupt zu finden ist. Man serviert ihn gebraten, geschmort, als sautiertes Filet, als Schnitzel und im Salmi. Wenn man ihn schmort, kann man ihn auf einer Trüffelsauce anrichten, auf Périgueux-Art, auf tournierten Oliven oder auf einem Sauerkraut-Bett. Der Autor der »Henriade« hat auf den Fasan ein Gedicht geschrieben, das besser noch ist als sein berühmtes Lied. Es besteht aus nur einem Vers: »Der Vogel des Phasus ist ein Göttergericht.«

Brillat-Savarin schrieb eine seiner besten Betrachtungen über den herrlichen Vogel:

»Der Fasan ist ein Rätsel, dessen Schlüssel nur eingeweihten Liebhabern vorbehalten ist. Sie allein können ihn in all seiner Köstlichkeit genießen.

Jede Substanz erreicht irgendwann ihren aromatischen Höhepunkt, manche davon bereits vor ihrer vollen Reife, wie etwa die Kaper, der Spargel, das graue Rebhuhn, bestimmte Taubenarten usw. Andere wiederum gelangen zu diesem Punkt, wenn sie die ihnen zugedachte Lebensdauer vollendet haben, wie die Melone, die meisten Früchte, das Schaf, das Rind, das Reh und das rote Rebhuhn. Einige, wenn sie beginnen sich zu zersetzen, wie die Mispel, die Schnepfe und vor allem der Fasan.

Wenn Letzterer innerhalb von drei Tagen nach seinem Tod verspeist wird, zeichnet er sich durch nichts aus. Weder hat er dann die Zartheit des Huhns noch das Aroma der Wachtel.

Wartet man den richtigen Zeitpunkt ab, dann hat man Fleisch von erhabener Zartheit, in dem sich zum Geflügel der kräftige Duft des Wilds gesellt.

Zu diesem ersehnten Zeitpunkt beginnt der Fasan sich zu zersetzen. Dann entwickelt sich sein Aroma und verbindet sich mit einem Öl, das zur Freisetzung der Gärung bedurfte, wie Kaffee-Öl, das man nur durch Röstung erhält.

Der gewöhnliche Esser wird diesen Augenblick durch einen leichten Geruch und durch die farbliche Veränderung am Bauch des Vogels wahrnehmen. Die Inspirierten jedoch erkennen ihn mit ihrem Instinkt, der sich bei mehreren Gelegenheiten manifestiert und der beispielsweise einen geschickten Rôtisseur entscheiden lässt, ob er sein Geflügel vom Spieß nimmt oder ob er es noch einige Drehungen vollführen lässt.

Wenn der Fasan so weit ist, rupft man ihn, nicht eher, und man spickt ihn sorgsam mit dem frischesten und festesten Speck.

Es ist nicht gleichgültig, ob man einen Fasan zu früh rupft. Erfahrung hat gezeigt, dass die, welche man im Federkleid aufbewahrte, einen wesentlich schöneren Duft entwickelten als die, welche allzu lange nackt geblieben waren, sei es, weil die Berührung mit Luft manche aromatischen Substanzen neutralisierte oder weil ein Teil des Saftes, der die Federn versorgt, aufgenommen wurde und damit den Geschmack des Fleisches vervollkommnen konnte.

Wenn der Vogel gespickt ist, muss man ihn ›bestücken‹, was folgendermaßen geschieht:

Man nimmt zwei Schnepfen, entfernt Knochen und Innereien, so dass zwei Haufen entstehen: der erste mit dem Fleisch, der zweite mit den Innereien und der Leber.

Mit dem Fleisch bereitet man eine Farce zu, indem man es gemeinsam mit gedämpftem Rindermark, etwas geriebenem Speck, Pfeffer, Salz, feinen Kräutern und einer ausreichenden Menge Trüffeln fein zerkleinert, um das Innere des Fasans damit auszustatten.

Der Vogel muss so gefüllt werden, dass nichts von der Farce nach außen tritt, was nicht immer ganz leicht ist, vor allem wenn er schon einigermaßen weit fortgeschritten ist. Es gelingt aber mit Hilfe verschiedener Methoden, unter anderem, indem man ein Stück Brot zurechtschneidet, an einen Faden bindet und als Stöpsel anbringt.

Dann bereitet man eine Scheibe Brot zu, die den Fasan längs auf beiden Seiten um je zwei Daumen breit überragt. Man nimmt die Leber und die Innereien der Schnepfen, zerstößt sie mit zwei großen Trüffeln, einem

Anchovis, etwas geriebenem Speck und einem schönen Stück Butter, streicht diese Paste gleichmäßig auf das Brot und legt dieses unter den vorbereiteten Fasan, so dass es allen Saft, der während des Bratens herunterrinnt, auffangen kann.
Ist der Fasan gar, serviert man ihn graziös auf seinem Brot drapiert, umringt von Bitterorangen, und erwartet gelassen die Dinge, die da kommen werden.
Diese hochrangige Speise sollte am besten mit einem edlen Wein aus der Haute Bourgogne begossen werden. Diese Wahrheit ans Licht zu bringen kostete mich mehr Arbeit als eine Logarithmus-Tabelle.
Ein solcherart zubereiteter Fasan wäre würdig, Engeln vorgesetzt zu werden, würden diese noch auf Erden weilen wie zu Lots Zeiten.
Was sage ich! Man hat dieses Experiment ja vollzogen. Ein ›bestückter‹ Fasan wurde vor meinen Augen vom würdigen Chef Picard im Schloss von La Grange bei meiner charmanten Freundin Madame de Ville-Plaine zubereitet und vom Majordomus Louis in wohlgesetzten Schritten zu Tisch gebracht. Man untersuchte ihn mit ebenso großer Sorgfalt wie einen Hut von Madame Herbault, genoss ihn mit Achtung und während all dieser gelehrten Tätigkeit glänzten die Augen der Damen wie Sterne, ihre Lippen färbten sich korallenrot und ihr Antlitz nahm alle Zeichen der Ekstase an.
Ich tat noch mehr: Ich präsentierte einen ebensolchen Fasan dem richterlichen Komitee des Obersten Gerichtshofs. Diese Leute wissen, dass man ab und zu die Senatoren-Toga ablegen muss, und ich konnte ihnen mühelos beweisen, dass gutes Essen einen natürlichen Ausgleich für die Langeweile des Kabinetts darstellt. Nach eingehender Betrachtung formulierte der Älteste mit großem Ernst ein: ›Ausgezeichnet!‹ Worauf alle Köpfe sich zum Zeichen der Zustimmung senkten und der Antrag einstimmig angenommen wurde.
Während der Mahlzeit hatte ich beobachtet, wie die Nasen der hochwürdigen Herren betonte olfaktorische Bewegungen ausführten, wie ihre erlauchte Stirn in friedvoller Heiterkeit erblühte und ihr Wahrheit sprechender Mund jubilierte, was sich durch ein angedeutetes Lächeln verriet.
Diese wunderbare Wirkung liegt in der Natur der Dinge. Nach obigem Rezept zubereitet, wird der an sich schon hervorragende Fasan an seiner Außenseite durch den verbrannten Speck mit einer schmackhaften Fettschicht überzogen. Sein Inneres ist von den Duftstoffen der Schnepfe und der Trüffeln ganz durchdrungen. Das reich garnierte Brot nimmt dreifach aromatisierte Säfte auf, die beim Braten vom Vogel herabflossen.

Von allen guten Dingen, die hier vereint wurden, geht kein Stäubchen den Geschmacksnerven verloren und ob ihrer Köstlichkeit meine ich, dass diese Speise würdig ist, auf den erlauchtesten Tafeln zu erscheinen.«

*Fasan Lukullus*

(nach Vuillemot, vom Restaurant »Tête noire« in Saint-Cloud)

Man nehme einen schönen, fetten Fasanenhahn (am besten im November), der nicht durch Blei getötet wurde, entferne die Knochen und lege diese beiseite. Man bereite eine ▸ Sauce mirepoix mit Karotten, in Streifen geschnittenen Zwiebeln und einem Bouquet garni* zu, röste das Gemüse in Butter an und lösche mit einer Flasche prickelndem Champagner, einer Flasche Sauterne, einem halben Glas Madeira und einem Schöpflöffel guter Suppe ab und koche alles vier Stunden lang. Dann mache man eine gute, feine Fülle mit Kalbfleisch, fettem Speck, fein gehackten Trüffeln, Salz, Pfeffer sowie Quatre-Épices* und schneide Kalbfleisch, Schinken und fetten Speck in Streifen. Man stopfe den Körper des Fasans nicht, sondern streiche nur ein wenig Fülle hinein. Dann klopfe man zwei entbeinte Schnepfen, die man in den Fasan stopfe, nähe diesen zu und schwitze diese Galantine in der Mirepoix an, bevor man aufgießt. Man vergesse nicht die Trüffeln in der Galantine. Nun wickle man den Fasan in ein gebuttertes Tuch und schlage die Seiten fest ein, bereite in einem Schmortopf eine kräftige ▸ Sauce mirepoix zu, schwitze das Gemüse mit einem halben Glas Wasser an und gieße dann eine Flasche Champagner, eine Flasche Sauterne sowie eine Flasche Madeira darüber. Man lasse alles stark aufkochen, bis es zur Hälfte reduziert ist, gebe den Fond, in dem der Fasen angeschwitzt wurde, hinzu und dünste alles noch zwei Stunden lang, wobei man regelmäßig untersuchen sollte, ob die Galantine gar ist.

Man nehme nun zwölf Fettammern, welche man nach dem Entbeinen mit der Fasanen-Fülle garniert, putze zwölf schöne Trüffeln aus dem Périgord, koche sie ohne sie zu schälen gemeinsam mit den Fettammern im Fasanen-Schmorfond. Dieser Fond wird anschließend durch ein Tuch getrieben und auf die Hälfte reduziert, wobei grob gemahlener Pfeffer und Zitronensaft hinzukommen.

Der Fasan wird aus dem Tuch gewickelt und auf einen Silberteller gelegt, dann werden die Trüffeln so tourniert* wie gekochte Eier, auf jede wird eine Fettammer gelegt und alles mit ▸ Glace bestrichen. Nun stecke man zwei mit Hahnenkämmen, Krebsen und

Trüffeln geschmückte Spießchen in den Fasan und serviere diesen heiß mit dem ▸ Coulis in einer Saucière als Beigabe.

### *Fasan am Spieß*

Man nimmt einen jungen, zarten, fetten Fasan, rupft ihn, außer am Schwanz und am Kopf, achte aber darauf, ihn nicht zu zerreißen. Wenn er ausgenommen, abgesengt und geputzt ist, wird er zusammengebunden und gespickt, Kopf und Schwanz werden mit Papier umwickelt. Der Schwanz sollte am Rücken hochgebunden werden, dann spießt man den Fasan auf, umwickelt ihn ganz mit gebuttertem Backpapier, brät ihn, wickelt ihn wieder aus, auch Schwanz und Kopf, und serviert ihn.

### *Geschmorter Fasan*

Fasan rupfen, ausnehmen und putzen, die Füße abschneiden, die Enden der Beine in den Körper stecken und mit gut gewürztem weißen Speck spicken. Den Boden eines Kochtopfs mit Speck, in Salz geklopften Scheiben vom Rind, Pfeffer, Fines Épices* und Kräutern, Zwiebelringen, Pastinaken sowie Karotten ausstatten. Den Fasan auf dieses Bett legen und mit derselben Mischung bedecken; mit weiteren Scheiben vom Rind und mit Speckstreifen abschließen und vorsichtig bei Unter- und Oberhitze garen. Dann ein Ragoût aus ▸ Foie gras, Kalbsbries, Pilzen, Trüffeln, Artischockenböden und Spargelspitzen zubereiten, alles in zerlassenem Speck schwenken, mit Fleischsaft ablöschen und köcheln lassen. Wenn alles gar ist, Fett abschöpfen, mit einem schönen ▸ Coulis vom Kalb und vom Schinken binden, den Fasan aus dem Topf nehmen, abtropfen lassen, auf einem Teller anrichten, das Ragoût darüber gießen und heiß servieren.

### *Fasan mit Périgueux-Trüffeln*

Einen jungen Fasan rupfen, als wolle man ihn auf den Spieß stecken, ihn vom Kropf her ausnehmen, indem man das Brustbein bricht und die Eingeweide herausnimmt, wobei man darauf achten muss, dass die Galle nicht platzt. Die Haut leicht absengen und putzen. Nun einige schöne Trüffeln bürsten und schälen und mit 375 gr klein gestoßenem Speck in eine Kasserole legen und auf kleinem Feuer mit Salz, Pfeffer und Fines Herbes* dünsten. Auskühlen lassen und damit den Körper des Fasans füllen. Diesen zunähen, spicken und ihn zwei bis drei Tage das Aroma annehmen lassen, dann in Papier wickeln, auf den Spieß stecken, etwa eine Stunde braten und servieren.

### *Fasan à l'espagnole*

Wenn der Fasan gut abgehangen ist, füllt man ihn mit einer Farce aus seiner Leber, Petersilie, Schnittknoblauch*, fein gehackten Pilzen, geriebenem Speck und zwei Eidottern. Dann steckt man ihn auf den Spieß, brät ihn und serviert ihn mit einer ▸ Espagnole, die man folgendermaßen zubereitet: Man legt zwei Scheiben Schinken und mehrere vom Kalb, zwei Wurzeln sowie zwei in Scheiben geschnittene Zwiebeln in eine Kasserole, lässt alles anschwitzen und löscht, wenn der Fond sich angelegt hat, mit guter Suppe, einem ▸ Coulis und einer halben Flasche vorgekochten Champagner ab. Nun kommen eine Hand voll Koriander, eine Knoblauchzehe, ein Bouquet garni* und zwei Esslöffel Öl hinzu. Diese Sauce sollte zwei bis drei Stunden auf kleiner Flamme köcheln, wird dann entfettet, reduziert, durch ein Tuch getrieben und mit dem Fasan serviert.

### *Geschmorter Fasan »angoumoise«*

Man schält und schneidet Trüffeln in Streifen, spickt damit alle fleischigen Teile eines Fasans, gibt 100 gr geriebenen Speck und ebenso viel Butter in eine Kasserole, schwenkt darin Trüffelstückchen und die Abfälle der zum Spicken verwendeten Trüffeln, nachdem man sie fein gewiegt und mit Salz und Pfeffer gewürzt hat. Einige Minuten lang erhitzen, auskühlen lassen und fünfundzwanzig bis dreißig geröstete Kastanien dazugeben. Mit dieser Mischung wird der Fasan gefüllt, mit Rind- und Kalbfleisch in feinen Streifen sowie mit Speckstreifen umwickelt und zusammengebunden, bevor man ihn in einen mit fettem Speck ausgelegten Schmortopf gibt. Mit einem Glas Malaga oder Weißwein und zwei Löffeln Karamel begießen und auf kleinem Feuer dünsten. Wenn er gar ist, wird er von den Schnüren befreit. Der Fond wird entfettet und mit einigen gehackten Trüffeln verfeinert, einige Augenblicke aufgekocht, die Sauce mit Kastanienpüree gebunden und der Fasan darauf gelegt.

### *Am Spieß gebratener Fasan mit Pistazien*

Braten Sie einen Fasan am Spieß, nachdem Sie ihn mit Speck und gebuttertem Backpapier umwickelt, und mit einer Farce aus seiner

Leber, geriebenem Speck, Petersilie, Schnittknoblauch*, fein gewiegten Pilzen und drei Eidottern gefüllt haben. Wenn er gut durchgebraten ist, lassen Sie ihn abtropfen und servieren ihn mit einem Ragoût aus 125 gr geschälten Pistazien in einer guten ▸ Essenz.

### *Fasan mit Karpfen-Milch*

Füllen Sie einen Fasan mit seiner Leber und braten Sie ihn am Spieß. Nun blanchieren* Sie Karpfen-Milch, legen diese in eine gute ▸ Essenz mit einem Viertelliter gekochtem und abgeschäumten Champagner, kochen die Karpfen-Milch darin, schöpfen das Fett ab und gießen diese Sauce auf den Fasan.

### *Junger Fasan in Hechtsauce, am Spieß gebraten*

Bereiten Sie eine Farce aus Kalbsbries, einem blanchierten* Kalbseuter, etwas Schinken, Pilzen, Petersilie, fein gewiegtem Schnittknoblauch*, Fines Herbes*, Salz, Pfeffer, Fines Épices*, zwei bis drei rohen Eidottern und etwas in Obers* getauchtem Weißbrot zu. Die fein zerkleinerte Masse dient als Fülle für den jungen Fasan. Trüffeln werden je mit einer Speckscheibe und einem Blatt Papier umwickelt und auf ein Spießchen gesteckt, am Bratspieß befestigt und auf kleinem Feuer gegart.

Eine Kasserole wird mit Kalbsscheiben und Schinken, einer Zwiebel, Pastinaken und in Streifen geschnittenen Karotten ausgelegt und alles auf kleinem Feuer angeschwitzt. Wenn es sich gut am Boden anlegt, kommen zerlassener Speck und etwas Mehl dazu und die Mischung bleibt auf dem Feuer, bis Sie sieben oder acht Mal gut umgerührt haben.

Nun nehmen Sie einen Hecht aus, schuppen ihn ab, waschen ihn und schneiden ihn in Scheiben, legen ihn in die Kasserole zum oben beschriebenen Kalbs-Coulis, rühren drei bis vier Mal gut um, löschen mit Fleischsaft und Brühe zu gleichen Teilen ab, würzen mit Salz, Pfeffer, Gewürznelken, Basilikum, Thymian, Lorbeer, Petersilie, ganzem Schnittknoblauch* sowie fein gehackten Pilzen und Trüffeln. Schneiden Sie eine Semmel dazu und gießen Sie zwei Glas Champagner darauf, der vorher aufgekocht wurde. Nachdem sich die Sauce eingedickt und reduziert hat, wird sie durch ein Tuch getrieben. Ist sie nicht sämig genug, geben Sie noch etwas Coulis und Schinken dazu und stellen Sie sie auf heiße Asche, wo sie nicht mehr aufkochen sollte.

Nun ziehen Sie den Fasan vom Spieß, entfernen die Speckscheiben, legen ihn schön auf einen Teller, den Hecht darauf und servieren dieses Gericht als Entrée oder Hors-d'œuvre.

### *Fasanenfilets, Vopallière*

Man schneidet aus drei jungen Fasanen die Filetstücke heraus, entfernt die feinsten, die Filets mignons, zieht die Haut der großen Stücke ab, indem man diese auf den Tisch legt und mit dem flachen Messer vorsichtig unter die Haut und entlang des Filets fährt, so dass das Fleisch nicht beschädigt wird, klopft leicht mit dem Messergriff und putzt die Stücke. In einer Bratpfanne zerlässt man Butter, taucht die Filets darin ein und legt sie dann so zurecht, dass sie einander nicht berühren; mit Salz und Pfeffer bestreuen und mit einem Papierkreis bedecken. Drei der kleinen, feinen Filets sollten mit Speck gespickt werden, die anderen mit kleinen Trüffelstücken. Dann legt man sie auf eine Backform mit ein wenig Butter und einer Prise Salz, gibt ihnen die Form eines Halbkreises und bedeckt auch diese mit einem Papierkreis. Die Keulen des Fasans wurden am Spieß oder in Butter in der Kasserole gebraten und sind nun ausgekühlt. Haut und Sehnen werden entfernt, das Fleisch fein gehackt, in eine Kasserole gelegt und zugedeckt. Aus der Karkasse macht man einen Fond wie für den Hasenfond (siehe unter diesem Artikel) und wenn dieser fertig ist, passiert man ihn durch ein Tuch, reduziert ihn und gibt sechs Esslöffel erweiterte ▸ Espagnole dazu. Das Ganze soll nun zur Konsistenz einer Demi-Glace* einkochen, von der man einen Teil zur Seite stellt, um das Gericht zu glacieren*. Die Filets werden nun angebraten, umgedreht und gar gebraten, dann kranzförmig auf einen Teller geschichtet, das fein gehackte Fleisch und die Trüffeln mit einem Stück sehr feiner Butter in die Sauce eingearbeitet und alles umgerührt, ohne dass es zum Aufkochen gebracht wird. Wenn die Sauce fertig ist, gießt man sie in die Mitte des Filet-Kranzes, arrangiert mit den kleinen Filets einen weiteren Kranz auf dem ersten, nachdem man diese gebraten und mit der Demi-Glace bestrichen hat. Nun wird alles mit dem Rest der Sauce maskiert* und aufgetragen.

### *Fasanen-Schnitzel*

Man schneidet die Flügel dreier Fasane herunter und zieht ihnen vorsichtig, wie im vorigen Rezept beschrieben, die Haut ab, schneidet sie in gleich breite Streifen und formt daraus Schnitzel. In einer Bratpfanne wird Butter zerlassen und die Schnitzel werden nebeneinander hineingelegt; mit Salz und Pfeffer bestreuen, mit zerlassener Butter begießen und aus dem Rest des Fasans, dem Fleisch und der Karkasse einen Fond bereiten, den man mit sechs Esslöffeln ▸ Espagnole verfeinert und zur Demi-Glace* reduziert. Die Schnitzel anbraten, abtropfen lassen und mit ihrem Fleischsaft in den Fond legen, darin schwenken und mit Butter gar braten, kosten, hübsch auflegen und mit rund ausgeschnittenen Trüffeln servieren.

### *Fasanen-Salmi*

Zwei am Spieß gebratene Fasane müssen auskühlen, bevor sie tranchiert, schön geputzt und gehäutet werden. Dann legt man sie in eine Kasserole, gießt Suppe darüber und erhitzt sie auf heißer Asche. In einen anderen Topf gießt man ein gutes Glas Rotwein oder Weißwein, fügt fein gehackte Schalotten hinzu, eine Bigaraden-Zeste* und sechs Esslöffel reduzierte ▸ Espagnole. Das Ganze einkochen lassen, die Haut und Abschnitzel des Fasans zerstampfen und sie in die reduzierte Sauce geben, umrühren ohne aufkochen zu lassen, wie ein Püree durch ein Seihtuch treiben und dieses Mus in eine Kasserole geben, die man im Wasserbad heiß hält. Vor dem Servieren lässt man die Fasanenstücke gut abtropfen und legt sie auf einen Teller, wobei Flügel und Keulen außen um die anderen Stücke herum gelegt werden. Herzförmig ausgeschnittene und in Butter geschwenkte Brotstückchen darunter mischen, den Saft von ein bis zwei Bigaraden über dem Salmi auspressen, mit der Sauce übergießen und servieren.

### *Fasan auf Sauerkraut*

Man nimmt einen schönen Fasan, den man rupft, ausnimmt, absengt und mit groben, gesalzenen, gepfefferten Speckstiften spickt, nachdem diese in Fines Épices*, Petersilie, Schnittknoblauch* und einigen zerstoßenen Aromaten* gewälzt wurden. Eine für ein gutes Gericht ausreichende Menge Sauerkraut waschen, auspressen und mit durchwachsenem Speck sowie Cervelat dünsten, wobei man mit etwas Schmorfond aufbessert. Nachdem das Kraut drei bis vier Stunden auf kleinem Feuer geköchelt hat, legt man den Fasan in die Mitte und gart ihn eine Stunde lang mit dem Kraut. Wenn er durch ist, legt man ihn auf den Servierteller, schöpft das Kraut mit einem gelöcherten Löffel heraus, um es abtropfen zu lassen, garniert damit den Fasan, schneidet die Cervelat in Scheiben, entfernt die Haut und legt die Scheiben, vermengt mit kleinen Speckstücken und ein paar Würstchen, als Bordüre um das Sauerkraut herum auf.

### *Fasanen-Pastete mit Trüffeln*

Wenn der Fasan ausgenommen und mit gut gewürztem Speck gespickt ist, füllen Sie ihn mit einer Farce aus geriebenem Speck, grünen Trüffeln, fein gewiegter Petersilie und ebensolchem Schnittknoblauch*, dies alles gut gemischt sowie mit Weißwein und Madeira verfeinert. Einen gewöhnlichen ▸ Pastetenteig zubereiten und mit geriebenem Speck, Salz, Pfeffer, Fines Herbes* und Fines Épices* bedecken. Der Teig sollte zylinderförmig wie ein Ofenrohr geformt werden und mit einer Öffnung versehen bleiben. Den Fasan auf die Gewürzmasse legen und mit der gleichen Mischung bedecken, dann mit Kalbsnuss, geriebenem Speck, frischer Butter und Speckscheiben belegen, den Teig darüber schließen und in den Ofen schieben. Während die Pastete bäckt, schält und wäscht man einige Trüffeln sorgfältig, schneidet sie in Scheiben, legt sie in eine Kasserole, begießt sie mit Fleischsaft und dünstet sie auf kleinem Feuer, bevor man sie mit einem hellen ▸ Coulis aus Kalb oder Schinken bindet. Wenn die Pastete fertig ist, entfernt man Speck und Kalbfleisch, schöpft das Fett ab, gießt das Trüffel-Ragoût darauf und serviert kalt oder heiß.

### *Fasanen-Pastete ohne Trüffeln*

(nach Vuillemot)

Der Fasan sollte zusammengebunden werden, dann bricht man ihm die Knochen, spickt ihn mit fettem Speck und Schinken, würzt ihn mit Fines Épices*, Petersilie, Schnittknoblauch* und weiteren Gewürzen. Man legt ihn mit Lorbeer, Butter, Speckscheiben und zerstoßenem Speck auf einen ▸ Pastetenteig, würzt ihn mit Salz, Pfeffer, Fines Herbes* und Fines Épices, deckt die Pastete zu und bäckt sie zwei bis drei Stunden lang.

Bemerkung: Vergessen Sie nie, Ihrer Pastete einen würzigen Kraftfond oder eine ▸ Essenz aus Fasanenresten durch die Teigöffnung zukommen zu lassen, nachdem sie aus dem Ofen gekommen ist.

## FASCHIERTES*

Wenn Ihnen vom Dîner des Vorabends Kalb, Rind, Huhn, Wild, also Fleischreste übrig bleiben, brauchen Sie diese nur fein zu hacken – wofür es geeignetes Werkzeug gibt –, bis alles gut vermischt ist. Dann kaufen Sie Wurstmasse, zum Beispiel etwa ein Fünftel der Fleischmasse, die Sie haben, und garen die Wurstmasse halb durch. Sie fügen nun der Wurst Ihr anderes Fleisch hinzu, nehmen ein Stück frische Butter und schwenken alles auf dem Feuer, nicht nur bis zur Vermischung, sondern bis zur völligen Amalgamierung allen Fleisches. Salzen und pfeffern und, wenn die Masse zu dick wird, ein bis zwei Löffel Suppe darüber gießen. Etwas Cayenne-Pfeffer dazu, kosten und prüfen, ab wann genügend Suppe beigegeben ist.

## FASTENSPEISEN

So heißen jene Speisen, die man an Fastentagen essen darf, im Gegensatz zu den fetten Speisen, deren Konsum während dieser Zeiten untersagt ist. Einige Leute haben behauptet, dass der Verzicht auf Fleisch gesundheitsschädlich sei. Das ist ein Irrtum und es ist bewiesen worden, dass solche Diät nicht im Widerspruch zur Natur unseres Körpers steht, vorausgesetzt, man wählt die Lebensmittel, die man zu sich nehmen möchte, sorgfältig aus und verdirbt deren Qualität nicht durch übermäßiges Würzen, was nämlich sehr oft die Ursache für den schlechten Einfluss darstellt, den gerade Fastenspeisen auf den menschlichen Organismus ausüben.
Es ist genauso ein Fehler zu behaupten, dass Fastenspeisen gesünder seien als Fleisch, weil sie leichter verdaulich und nahrhafter seien oder die Gewichtszunahme und allgemeine Kräftigung fördern würden. Sie würden fetteres, milchigeres und reicheres Blut erzeugen und verliehen dem Esser mehr Korpulenz. Dies alles hängt vielmehr von der mehr oder weniger kräftigen oder schwächlichen Konstitution des Magens ab.
Von diesem Standpunkt aus wäre das perfekte Nahrungsmittel jenes, dessen Substanzen sich am ehesten in die unseren verwandeln wollen. Damit meine ich jedoch nicht jene überflüssige Substanz, die oft nur dazu tendiert, den Körperumfang unnötig zu vergrößern; weit davon entfernt, unsere Kraft zu steigern oder zu erhalten, schwächt sie uns nur. Das perfekte Nahrungsmittel sollte vielmehr von jener balsamischen inneren Quelle unseres Gemüts aufgenommen werden, die die Stütze des Lebens ausmacht, und aus der alle unsere Säfte ihre Wirkung beziehen.
Nahrung, die den Lebensbalsam in uns wieder herstellen soll, darf weder zu fest noch zu flüssig sein: Ist sie zu fest, kann sie unseren Körpersäften

nicht die notwendigen beweglichen Inhalte anbieten, die diese brauchen, um in Gang gesetzt zu werden. Ist sie jedoch zu flüssig, könnte sie nichts abgeben, das gehaltvoll genug wäre, um nachhaltig zu wirken.
Sie darf auch keine zu aktiven Substanzen beinhalten, denn dann würde sie selbst auf die Säfte wirken, die die Aufgabe haben, sie umzuwandeln, und würde erst in unsere Natur übergehen, nachdem sie diese beträchtlich verändert hätte.
Wie auch immer man es betrachtet, gibt es keinerlei Zusammenhang zwischen dem Fasten und körperlicher Magerkeit; den Beweis dafür liefern ausgemergelte Männer, die Fleisch in Mengen verschlingen, ohne dass ihnen je ein Bauch wächst, während mollige, schmachtende Frauen oft fett bleiben, obwohl sie nur leichteste vegetarische Nahrung zu sich nehmen, was unsere obigen Bemerkungen bestätigt, dass Fastenspeisen, werden sie nicht durch ein bewegtes und viel beschäftigtes Leben neutralisiert, zu früher und störender Dickleibigkeit führen.
Damit soll keineswegs geleugnet werden, dass die meisten mageren Speisen, vor allem der Fisch, hochwertige Lebensmittel sind, aber es folgt nicht notwendigerweise daraus, dass sie besser wären als Fleisch oder besser als dieses nähren würden: Der weise Nonnius, der eine ganze Abhandlung nur dazu schrieb, den Fisch zu rechtfertigen, gibt doch zu, dass Fleisch das gesündeste Lebensmittel sei und auch, dass es das beste Blut erzeuge, und zwar, so sagt er, weil es unserer eigenen körperlichen Substanz am nächsten stehe und seine Bestandteile den unseren am meisten glichen. Die Menschen, führt er weiter aus, hätten Kräuter und Früchte nur deshalb beiseite geschoben, weil sie durch Erfahrung feststellen konnten, dass das Fleisch von Tieren sie besser aufbaue.
Was die Speisen anbelangt, die während der Fastentage erlaubt sind, so gibt es derart viele und immer wieder unterschiedliche, je nach Klima und Sitten, dass wir sie hier nicht alle aufzeigen können. Außerdem erteilt die Kirche derart leicht Dispens, dass wir unsere schlemmenden Leser durchaus auf diese Institution verweisen möchten.
Beispielsweise waren Butter, Milch und ihre Produkte im Département Seine an Fastentagen generell verboten.
Ludwig XVIII. sagte also 1815: »Mein lieber Aufsichtsbeamter, man serviere mir während der Fastentage in meinem Schloss weder Fleisch noch Fisch noch Fleisch- oder Fischhaltiges, weder Eier noch Milch, weder Butter noch weichen, gekochten oder geschmolzenen Käse. Ansonsten lasse man uns essen, was immer uns beliebt.«

Heute aber hat der Erzbischof von Paris sehr wohl Milch und Eier an Fastentagen erlaubt und dies ist für arme Leute von großem Vorteil, die sich den – vor allem während der Fastenzeit – sehr teuren Fisch nicht leisten konnten und sich den Zorn des Himmels zuzogen, weil sie Fleisch essen mussten.

## FEIGE

Obwohl die Feigen aus Argenteuil einen sehr guten Ruf genießen, isst man nirgendwo in Frankreich so gute Feigen wie im Süden. Die aus Marseille werden nur noch von denen in Capodimonte und Sizilien übertroffen, jene von keinen anderen.
Sie werden frisch und getrocknet gegessen.
Wenn man schon einmal durch Italien gereist ist, weiß man, dass man einen Mailänder tödlich beleidigen kann, wenn man ihm die zwischen zwei Fingern eingeklemmte Daumenspitze zeigt, was man »die Feige machen« nennt. Diese Aversion gegen die Feige stammt von folgender Geschichte, die Rabelais erzählt hat:
»Als die Mailänder sich gegen Friedrich auflehnten, jagten sie die Kaiserin, seine Gemahlin, aus ihrer Stadt, nachdem sie sie so auf ein altes Maultier gebunden hatten, dass sie dessen Schwanz ansehen musste.
Friedrich besiegte die Rebellen, nahm sie gefangen und ließ den Henker diesem Maultier eine Feige unter den Schwanz stecken. Er verlangte, dass jeder Gefangene die Feige herausziehen, sie dem Henker präsentieren und dabei ›Ecco il fico!‹ sagen sollte, um sie dann an ihren Platz zurückzustecken. Wenn der Betreffende dies verweigerte, wurde er gehängt.
Einige zogen es vor zu sterben, als sich dieser Erniedrigung zu unterwerfen, die meisten aber trieb Todesangst doch dazu, die Anweisungen zu befolgen. Daher der Zorn der Mailänder, wenn man ihnen ›die Feige‹ zeigt.«
Einer Feige ist auch der Entschluss der Römer zuzuschreiben, Karthago zu zerstören. Jedes Mal, wenn Cato im Senat seine Ansichten vortrug, beendete er seine Rede mit den Worten: »Karthago muss zerstört werden! (Delenda est Carthago!)«
In einer Sitzung, in der über den Krieg gegen diese Stadt debattiert wurde, zeigte Cato seinen Kollegen eine Feige:
»Wann«, fragte er, »glaubt ihr, ist diese Feige gepflückt worden? Ihrer Frische nach zu urteilen, kann es nicht lange her sein. Also diese Feige hing noch vor drei Tagen am Baum und sie kommt aus Karthago. Urteilt selbst, wie nah der Feind uns ist.«

Noch in diesem Augenblick wurde der Krieg beschlossen.
Thouin, der Samenspezialist des Jardin des Plantes, hatte einen sehr schlichten Diener beauftragt, Buffon zwei schöne Edelfeigen zu bringen. Unterwegs erlag der Diener der Versuchung und aß eine auf. Buffon wusste, dass man ihm zwei bringen sollte, verlangte also die zweite vom Diener, der seine Sünde gestand.
»Wie hast du das tun können?«, rief Buffon aus.
Der Diener nahm die verbleibende Feige und sagte mit vollem Mund: »Wie eben jetzt ...«

## FEIGENFRESSER

Die Alten nannten ihn Avis Cypria, Vogel aus Zypern, denn Griechen und Römer ließen ihn sich in Salzlake gepökelt aus Zypern kommen.
»Der in Butterpapier in der Asche gegarte Feigenfresser lässt, wie Wachtel und Fettammer, geschmacklich nichts zu wünschen übrig.« (Vuillemot)
Brillat-Savarin, der den Feigenfresser besonders liebt, meint: »Unter den kleinen Vögeln ist, was die Reihenfolge der Köstlichkeit anbelangt, ohne jeden Zweifel der Feigenfresser der Erste. Er wird mindestens so fett wie das Rotkehlchen oder die Fettammer und die Natur hat ihn überdies mit diesem leicht bitteren Aroma und diesem einzigartigen, derart köstlichen Duft ausgestattet, dass der Feigenfresser sämtliche Säfte der Verdauung anregt und sie auf beglückende Weise in Gang setzt. Hätte ein Feigenfresser die Größe eines Fasans, würde man dafür sicherlich so viel zahlen wie für einen Morgen Land. Jammerschade, dass dieser vorzügliche Vogel nur so selten in Paris feilgeboten wird. Die wenigen, die man hier ergattern kann, haben ihr Fett, ihr wertvollstes Gut, verloren und es ist beklagenswert, wie wenig sie ihren Genossen im Osten und Süden Frankreichs ähnlich sind.«
In meiner Jugend in Belley hörte ich Geschichten über den Jesuiten Faby, der dortselbst geboren war und eine besondere Vorliebe für die Feigenfresser hatte. Sobald der Ruf »Feigenfresser! Feigenfresser!« vernehmbar wurde – wie man weiß, handelt es sich um einen Zugvogel –, sagten die Leute: »Vater Faby ist im Anmarsch.« Am 1. Januar erschien er auch pünktlich, begleitet von einem Freund, um sich während der Jagdperiode an den Vögeln gütlich zu tun. Es war auch allen eine Freude, die beiden einzuladen. Um den 25. fuhren sie wieder ab, natürlich nur, wenn die Feigenfresser auch wirklich weg waren. Solange Vater Faby in Frankreich lebte, ließ er kein einziges Mal seine kulinarische Reise ausfallen. Zu seinem Unglück wurde er nach Rom versetzt, wo er als großer Büßer starb.

Seine größte Buße bestand sicherlich darin, unsere provençalischen Feigenfresser nicht mehr essen zu können.
Wenige Menschen wissen, wie man kleine Vögel, etwa Fettammer, Feigenfresser, Grasmücke oder Rotkehlchen isst. Hier das Rezept, wie es mir vom Domherrn Charcot vertraulich mitgeteilt wurde; er war als Domherr von Beruf Schlemmer, hatte sich aber kraft seiner Recherchen von der Schlemmerei zur Gastronomie aufgeschwungen.

*Rezept des Domherrn Charcot zum Verzehr von Fettammern, Grasmücken, Feigenfressern und Rotkehlchen*

(niedergeschrieben von Brillat-Savarin)

> »Beginnen Sie damit, den Magen zu entfernen, dann nehmen Sie den fetten kleinen Vogel beim Schnabel, bestreuen Sie ihn mit etwas Salz und Pfeffer, stecken Sie ihn sich geschickt in den Mund, ohne ihn mit Lippen oder Zähnen zu berühren, beißen Sie ganz nah an Ihren Fingern ab und kauen Sie fest. Letzteres erzeugt den nötigen Saft, um den ganzen Bissen zu umhüllen, und Sie werden während Ihrer Kaubewegungen eine nie gekostete derbe Lust verspüren.«

König Ferdinand von Neapel, ein großer Jäger und Feinschmecker, ließ, als er erkannt hatte, dass die Feigenfresser sich auf ihrem Weg zum antiken Neapel besonders gern auf dem Hügel Capodimonte niederließen, dortselbst um fünf Millionen ein Schloss bauen. Er befahl, dass man ihn holen solle, wann immer sich ein Schwarm Feigenfresser auf Capodimonte niederließe, und zwar gleichgültig, wo er, der König, sich gerade befinden sollte, selbst wenn es in einer Ratssitzung wäre.
Als man im Hohen Rat über einen möglichen Krieg gegen Frankreich debattierte, einen Krieg, den die Königin wollte, der König aber nicht, begab sich Letzterer mit dem festen Vorsatz zur Sitzung, dass er sich dieser elenden Wichtigtuerei mit einem kraftvollen Veto widersetzen würde. Aber kaum hatte man die Frage zu erörtern begonnen, erhielt der König die Nachricht, dass ein prächtiger Schwarm Feigenfresser sich gerade auf Capodimonte niedergelassen hatte.
Der König versuchte standhaft zu bleiben, doch er konnte nicht widerstehen, erhob sich und lief mit folgenden Worten aus dem Saal: »Macht, was Ihr wollt, und schert Euch zum Teufel!«
Der Krieg wurde beschlossen und die Feigenfresser, die den König bereits fünf Millionen gekostet hatten, brachten ihn auch noch beinahe um den Thron.

## FENCHEL

Sehr aromatischer Doldenblütler, dessen Samen leicht nach Anis duften, vor allem in Süditalien. Man isst Fenchel wie Sellerie und nicht selten trifft man auf einfaches Volk, das seinen Fenchel unterm Arm mit sich trägt, um ihn mit Brot zum Mittag- oder Abendessen zu verzehren.
Der zunächst angenehme Duft wird unangenehm, wenn man zu viel davon nimmt, wie die Neapolitaner, die alles mit Fenchel würzen.

## FETTAMMER

Eines Tages entspann sich zwischen Antoni Deschamps, dem großen Poeten und pythagoräischen Philosophen, und Eleazar Blaze, dem Jäger mit Nimrodschen Qualitäten und dem Witz eines Méry, folgender Dialog:
»Glauben Sie«, so fragte Antoni Deschamps den Blaze, »dass es dem Menschen erlaubt sein sollte, Rebhuhn, Feigenfresser, oder Fettammer, kurz irgendeinen dieser zauberhaften Vögel zu töten, die niemandem Böses tun und deren Aussehen und Gesang Auge und Ohr erfreuen?«
»Natürlich«, antwortete Blaze, »wenn dieser Mensch eine Jagderlaubnis hat, wenn die Jagd eröffnet ist und er auf seinem eigenen Land jagt, oder dort, wo man es ihm erlaubt hat.«
»Sie verstehen nicht. Ich frage Sie, ob Sie denken, dass ein Mensch, der durchaus alle genannten Bedingungen erfüllen mag, das Recht hat, Rebhuhn, Feigenfresser oder Fettammer zu töten, harmlose Wesen, die, genau wie er selbst, von Gottes Hand geschaffen wurden.«
»Ja, selbstverständlich, unter der Bedingung, dass er sie isst.«
»Kann man also Rebhühner, Feigenfresser und Fettammern essen?«
»Mit großem Genuss, wenn sie richtig gebraten sind...«
»Aber der Abt von Saint-Pierre ... aber Pythagoras ...«
»... behaupten das Gegenteil, das weiß ich. Ihr Pech, wir sollten sie bedauern. Hören Sie, ich sehe folgendes Dilemma: Entweder wir essen die Tiere oder sie essen uns.«
»Haben Sie wirklich Angst, die Rebhühner könnten uns essen?«
»Hören Sie, ein Rebhuhn macht im Jahr zwanzig bis fünfundzwanzig Küken. Warten Sie zehn Jahre, ohne eines davon zu töten, und ihre Zahl wird so groß sein wie die der Mücken oder Wespen; dann heißt es Adieu sagen vom Weizen, vom Hafer oder von den Trauben. Essen wir doch Rebhühner, da wir Pferde brauchen; essen wir Rebhühner, da wir den Burgunder lieben; schon aus dem einfachen Grund, dass wir ohne Brot nicht leben können, sollten wir Rebhühner essen. Das Recht, Rebhühner

zu essen, wurde uns von Gott selbst verliehen, sagte er doch während der Schöpfung zu Adam, der unser aller Ahne ist, und nach der Sintflut zu Noah, unserem Großvater: ›Herrsche über alle Tiere.‹ Manui vestrae traditi sunt, das heißt: ›Ich lege sie in Eure Hände‹. Um was damit zu tun? Natürlich, um sie von der Hand zum Mund zu führen! Essen Sie also alles, was Ihnen gut erscheint. Der Mensch ist nicht dafür geschaffen, Gras zu fressen, seine Zähne beweisen es. Pythagoras und der Abt von Saint-Pierre waren ehrliche Leute, aber sie verstanden nichts vom Kochen. Lassen Sie sie reden und essen Sie. Hörte man auf jeden, würde man niemals essen.« Ich weiß nicht, ob Antoni von der Blazeschen Logik überzeugt war, ich weiß nur, dass er weiter aß und sich bei einer Tafel, zu der er eingeladen war, recht glücklich in sein Schicksal fügte, obwohl er es mit einem Gericht aus Fettammern zu tun hatte. Es ist allerdings wahr, dass es Fettammern auf Toulouser Art waren und dass die Bewohner von Toulouse die Kunst des Mästens besser verstehen als irgendjemand anderer. Wenn sie die Vögel essen wollen, ersticken sie diese, indem sie ihren Kopf in sehr scharfen Essig stecken, ein gewaltsamer Tod, der dem Fleisch sehr zum Vorteil gereicht.

### *Fettammern nach Art von Toulouse*

Sie rupfen die Fettammern, entfernen jeweils den Kropf, sengen die Vögel vorsichtig ab und reiben sie mit einer halben Zitrone ein. Sie stecken die Vögel auf einen kleinen Eisenspieß und bestreichen sie rundherum mit Butter, die Sie vorher mit etwas Zitronensaft gewürzt haben. Die Fettammern auf allen Seiten mit Weißbrotbröseln bestreuen, sieben bis acht Minuten auf einem lebhaften Feuer braten und immer wieder mit der in die Bratenwanne abtropfenden Butter bestreichen. In letzter Minute werden die Vögel gesalzen, dann vom Spieß genommen, auf einer heißen Servierplatte angerichtet, mit dem Fett aus der Abtropfwanne übergossen und sofort mit ein paar Zitronenscheiben aufgetragen. Geben Sie einige Röstbrotscheiben dazu.

### *Fettammern in Förmchen*

Bereiten Sie zwölf Fettammern vor, deren Flaum Sie absengen; nehmen Sie zwölf kleine Backförmchen, bestreichen Sie diese mit Öl und wärmen Sie sie im Ofen vor. Auf den Boden jeder Form geben Sie einen Esslöffel stark reduzierte ▸ Sauce Périgueux, darauf die Vögel. Nach dem Braten gießen Sie etwas Sauce Périgueux über die Fettammern und servieren.

### *Fettammern, provençalisch*

Man nimmt so viele große Trüffeln wie möglich und so viele Fettammern wie Trüffeln. Die Trüffeln halbieren und aushöhlen, so dass je ein Vogel darin Platz hat. Die Fettammern mit zwei sehr dünnen Scheiben Rohschinken umwickeln – diese sollten leicht mit einem ▸ Coulis aus Anchovis benetzt worden sein – und in die Trüffeln setzen. Letztere mit einer Farce aus ▸ Foie gras und Rindermark garnieren und so verschließen, dass die Fettammern nicht herausfallen können. Die solcherart gefüllten Trüffeln in eine Kasserole setzen, mit einer halben Flasche Madeira und derselben Menge ▸ Sauce mirepoix übergießen, dann zwanzig Minuten unbedeckt garen. Die Trüffeln abtropfen lassen, den Fond durch ein seidenes Seihtuch passieren, entfetten und auf die Hälfte reduzieren. Eine ▸ Espagnole hinzufügen und die Sauce nochmals reduzieren, bis sie am Löffel haften bleibt. Durch ein sehr feines Sieb streichen, die Trüffeln anrichten und die Sauce gesondert servieren.

Wir haben bereits an anderer Stelle bemerkt, wie Feigenfresser, Fettammern und ähnliche kleine Vögel, deren bestes Stück der Bürzel ist, gegessen werden sollten.

### *Fettammer-Terrine*

Sie hacken das Fleisch von ein bis zwei Rebhühnern und eine gleiche Menge Schweineschmalz klein. Begnügen Sie sich nicht, sie zu zerhacken, sondern würzen und zerstampfen Sie alles, bis die Masse schön glatt geworden ist. Sie schneiden Ihren Fettammern Hals und Füße ab, verteilen eine Schicht der glatten Farce in der Terrine und bestreuen dieses Bett mit Trüffeln.

Auf diese Lage kommt eine Reihe Fettammern, die Sie mit Gewürzsalz bestreuen, dann eine zweite Lage Farce und wieder Trüffeln, darauf wieder Fettammern, die wie die ersten gewürzt werden. Mit Farce und Trüffeln abschließen, mit Speckscheiben bedecken, darauf ein Lorbeerblatt legen, die Terrine zudecken und backen.

### *Fettammern, in Asche gegart*

(nach Vuillemot)

Man nimmt zwölf Fettammern aus und sengt den Flaum ab. Mit vier Stück Geflügelleber füllen, die im Mörser zerstoßen und mit Salz, Pfeffer, Muskat sowie Fines Herbes* gewürzt wurden. Die Vögel mit je einer Speckscheibe umwickeln, Backpapier buttern und jeden Vogel damit umwickeln, dann in glühende Asche legen und backen. Nach fünfundzwanzig Minuten sind sie gar. Heiß servieren.

## FILET

Bei den Vierbeinern nennt man die fleischigen Teile entlang der Wirbelsäule Filet. Bei Gans und Ente sind es die Streifen, die man aus den Flügelmuskeln oder auch aus Brust und Bauch schneiden kann. Beim Fisch nennt man jeden grätenlosen Streifen so.

## FISCH

Cuvier meinte: »Fisch ist ein im Wasser lebendes Wirbeltier mit kaltem Blut, das durch Kiemen atmet.«

Wir werden hier vom Fisch nur unter dem Gesichtspunkt des Kulinarischen sprechen. Auch wollen wir keinen anatomischen Diskurs über verschiedene Arten und deren Lebensweisen beginnen und wir werden uns darauf beschränken, jene anzugeben, die wir für die besten halten.

Fisch muss als eine der größten Nahrungsquellen angesehen werden. Zu allen Zeiten schätzte der Mensch ihn als gesund und delikat und Montesquieu behauptet, die hohe Bevölkerungszahl der Chinesen sei deren Fischkonsum zuzuschreiben. Die griechischen Völker nutzten ihren Vorteil, das Meer vor ihrer Tür zu haben, und gaben sich dem Fischfang mit Leib und Seele hin, so dass sie bald die besten Arten entdeckt hatten. Ihre Köche wussten Fisch auf vielfältige Weise zuzubereiten und ihre Rezepte wurden von den Dichtern, die sich mit Ernährung befassten, überliefert. Die Griechen hatten unterschiedliche Methoden, Fisch mit Salz zuzubereiten, ihn in Öl und Kräutern zu marinieren, und der italienische oder spanische Fisch »en Escabèche« ist wahrscheinlich nur eine Nachahmung davon. Wenn uns auch wenig über die Küche der alten Griechen überliefert ist, so wissen wir doch, dass sie den Schwertfisch mit Senf, die Muräne mit Salz und Oregano und die Brasse mit Öl, Essig und Dörrpflaumen zubereiteten. Galen war der Erste, der vorschrieb, man solle Thunfisch salzen, weil sein Fleisch dann weniger fest sei. Athenäus hinterließ uns einige Rezepte für das Würzen von Fisch und Xenokrates, Aischylos und Sophokles schrieben über Saucen für Fisch. In Athen ging die Vorliebe für Meeresfrüchte und Fisch so weit, dass die Marketender per polizeilicher Verordnung dazu angehalten wurden, ihre Käufer durch den Klang von Bronzezylindern sofort zu verständigen, wenn frischer Fisch auf den Markt kam, damit jeder die Möglichkeit hatte, sich welchen zu besorgen. Es wird sogar kolportiert, dass man die Händler zwang, ihre Ware im Stehen feilzubieten, um sie schneller zu verkaufen. Mit dieser Verordnung sollte erreicht werden, dass der Händler sich den Wünschen der Kunden unterwerfe und ihnen eilig und mit vernünftigen Preisen zu Diensten stehe.

Bei den Römern zählte die Geißbrasse zu den beliebtesten Fischen, den die Feinschmecker allen anderen vorzogen. Auch die Leber des Seeteufels wurde hoch geschätzt, allerdings mochte man die anderen Teile dieses Fisches nicht. Die Seebarbe genoss den Ruf, eine Delikatesse zu sein, ist jedoch heute im Rang um einiges gesunken, gilt sie doch nur mehr als ganz gewöhnliches Exemplar ihrer Gattung. Im alten Rom ließ man die Barbe erst auf dem Tisch ihr Leben aushauchen, weil man es unterhaltsam fand, dabei ihr wechselndes Farbenspiel zu genießen. Erst Apicius ließ sie in Makrelenblut ersticken und erfand den berühmten »Garum sociorum«. Lukullus, der prunksüchtigste unter allen Patriziern, ließ bei Neapel einen Tunnel durch einen Berg graben, um das Meer mit seinen Fischen durch den so entstandenen Kanal bis in seinen Garten zu leiten. Pompeius taufte ihn darum »Xerxes mit Toga«.

Erst im 12. Jahrhundert schlossen sich die Händler zu Gesellschaften zusammen und belieferten unsere Hauptstadt mit frischem Fisch. Man unterschied zwischen jenen Fischhändlerinnen, die ausschließlich Seefisch verkauften, und jenen, die Süßwasserfisch anboten.

Jährlich werden in Paris etwa zwei Millionen Francs für Süßwasser- und sechs Millionen für Seefisch umgesetzt.

Obwohl man in Paris, das nicht weit vom Meer entfernt liegt, sehr viel frischen Fisch bekommen kann, gibt es doch Arten, die auch den raschesten Transport nicht überstehen. Im letzten Jahrhundert setzte Ludwig XV. eine Prämie von 9.000 Francs aus, wenn man ihm eine frische Goldbrasse liefere. Keinem einzigen Lieferanten gelang es, diese Summe zu gewinnen; heute würde dies mit Hilfe der Eisenbahn kein Problem mehr darstellen. Unser Lukullus des letzten Jahrhunderts jedoch wurde bitter enttäuscht.

### *Aprilfisch*

*(poisson d'avril: jemanden in den April schicken, Anm. d. Übersetzerin)*

Hierzu eine kleine Anekdote: Franz von Lothringen und seine Frau wurden in Nancy gefangen gehalten und suchten nach einer List, um zu entkommen. Für ihre Flucht wählten sie den 1. April. Verkleidet als Bauern, mit einer Butte voll Mist auf dem Rücken, verließen sie Nancy und schwammen über die Mosel. Sie hatten Erfolg, weil man sich am 1. April vor jeglichem Scherz fürchtet. Es hatte sie nämlich wirklich eine Frau erkannt, die ihre Entdeckung einem Garnisonsoldaten des Schlosses mitteilte. Der aber lachte nur, da er glaubte, sie wolle ihn in den April schicken. Als der befehlshabende Offizier davon erfuhr, glaubte auch der, es handle sich bestenfalls um einen Aprilscherz, und kümmerte sich nicht weiter darum. Allerdings ließ er den Gouverneur informieren, der die Sache aufklären ließ, aber zu spät. Die illustren Reisenden waren über alle Berge und entkamen dank dieses Datums jeglichen Nachstellungen.

## FISCHMILCH oder FISCHLAICH

Dies ist der Samen der Fische. Die Milch von Karpfen, Heringen und Makrelen beinhaltet viel Phosphor und schmeckt sehr delikat, wirkt jedoch erhitzend. Wir haben fast alle Zubereitungsarten genannt, denen man dieses Lebensmittel unterziehen kann. Meistens aber bäckt man es heraus oder bäckt es in einer Form, isst es in Form von gefüllten Papilloten*, als mageren Gratin, als Garnitur für Ragoûts oder als Boden für Weißwein-Pasteten.

Die Fische mit Laich sind beliebter als die Weibchen mit Eiern.

## FLADENKUCHEN oder GALETTE

Eine Art flacher, im Ofen gebackener Kuchen, dem Paul de Kock zu Ruhm verhalf, weil er ihn den süßen Mädeln aller seiner Romane zum Naschen gibt. Man kann Galettes auf verschiedene Art zubereiten.

### *Gewöhnlicher Fladenkuchen*

1,5 Liter schönes Mehl mit 375 gr frischer Butter sowie ausreichend Wasser und Salz gut verkneten. Während des Knetens so lange Wasser beifügen, bis der Teig weich wird, diesen dann in Brezelform winden, mit dem Teigroller flach ausrollen, mit Mehl bestäuben, mit Eidotter bestreichen und im Ofen backen.

### *Eierfladenkuchen*

Nachdem der Teig wie oben vorbereitet wurde und etwas Butter und Salz hinzugefügt wurden, kommen so viele Eier dazu, wie nötig. Sie verkneten und schlagen alles gut, um daraus einen Fladen zu formen, den Sie, wie bei den Vorigen beschrieben, backen.

*»Schäbiger« Fladenkuchen*

Den Teig wie bei den Vorigen zubereiten, aber vor dem Kneten Wasser, Butter und in kleine Stücke geschnittenen Gruyère hinzufügen. Wenn der Teig fertig ist, breitet man ihn auf dem Tisch aus, bemehlt ihn, formt Fladen daraus, streut Käsestückchen darüber und bäckt die Fladen eine Dreiviertelstunde im Ofen.

## FLAN

*Flan mit Mandelmasse*

Man stellt einen Rand aus Mürbteig her, garniert diesen mit Marzipan, das mit Rindermark mollig gemacht wurde, bäckt den Flan im Ofen und glaciert* ihn mit Puderzucker.

*Flan mit Früchten*

Nehmen Sie eine Form, nicht höher als 5 cm, und legen Sie sie mit ▸ Pastetenteig aus, indem sie den Teig exakt an die Form anlegen. In einer Schüssel werden entkernte Nektarinen, Zwetschken* und Marillen* mit Puderzucker geschwenkt, dann auf den Teig gelegt. Mit Sirup begießen und im heißen Ofen backen.

*Schweizer Flan*

125 gr feine Butter werden in einem halben Liter Obers* aufgekocht. Nun machen Sie einen Brandteig mit Kartoffelmehl, kneten diesen Teig mit Salz, grobkörnigem Pfeffer, 250 gr zerlassener Butter, geriebenem Gruyère, Parmesan und Neufchâtel-Käse. Mit rohem Eidotter auflockern, die Hälfte der Eiklar zu Schnee schlagen und in den Teig integrieren. Diesen mit festem gebutterten Papier umwickeln und das Papier verschnüren. Den Flan im nicht zu heißen Ofen backen und, wenn er gar ist, schön anrichten.

## FLEISCHER, FLEISCHEREI

In früheren Zeiten beinhaltete das Privileg Schlachtfleisch zu verkaufen auch den Verkauf von Schweinefleisch. Als jedoch einige Rôtisseurs und Gastwirte gebratenes Schwein und Würste anzubieten begannen, gab man ihnen den Namen »charcutiers«, weil sie »chair cuite«, gebratenes Fleisch, verkauften. Sie setzten sich durch und die Fleischermeister überließen ihnen diese Abteilung ihres Gewerbes (lesen Sie Näheres unter »Wurstmacher«).

Die Institution der Fleischhauerei und damit der Fleischermeister reicht bis in die Antike zurück: Sobald man Vieh als regelmäßige Nahrungsquelle nutzen konnte, eröffnete man eigene Läden, in denen das Volk frisches Fleisch kaufen konnte, und wo man, bevor die ersten Schlachthäuser gegründet wurden, auch das Vieh schlachtete.

Die Römer nannten ihre Schlachthäuser »lanionia« und ihre Fleischereien »macella«. Diese Einrichtungen waren zunächst getrennt voneinander in verschiedenen Stadtvierteln zu finden, allmählich aber vereinigte man sie zu einer Gesellschaft und widmete ihnen ein ganzes, »macellum magnum« genanntes, Viertel, in dem man auch den allgemeinen Markt etablierte, auf dem alle anderen Nahrungsmittel verkauft wurden. Die Bevölkerungszunahme zwang die Römer bald, zwei weitere Fleischereien zu eröffnen, die in ihrer Pracht den Bädern, den Amphitheatern und den Foren in nichts nachstanden. Die Römer hatten auch eine eigene Polizei, die dafür zuständig war, das frisch auf den Markt gelieferte Fleisch zu untersuchen. Diese Polizei hinderte die Händler unter Androhung hoher Geldstrafen daran, Fleisch anzubieten, das im Winter älter als achtundvierzig Stunden, im Sommer aber älter als vierundzwanzig Stunden war.

Seit frühester Zeit finden wir in Paris Fleischereien, die nach dem Vorbild der römischen errichtet wurden. Es existierte bereits die Zunft der Fleischer mit einem von ihnen selbst ernannten Meister. Dieser musste alle Differenzen zwischen den Zunftmitgliedern beilegen und unterstand, was berufliche Belange und die Verwaltung der Güter seiner Vereinigung anging, nur dem Vogt von Paris. Diese Güter gehörten allen Mitgliedern, ausgenommen den weiblichen, und wenn eine Familie keine männlichen Nachkommen hatte, verlor sie ihren Anteil am Besitz und dieser fiel der Gemeinschaft zu.

Trotzdem existierte in Paris lange Zeit nur eine Fleischerei, deren Standort uns heute nur noch durch den Turm »Saint-Jacques-la-Boucherie« angezeigt wird; später kam eine zweite hinzu: die »Boucherie du Parvis«, die aber 1122 von Philipp-August an den Bischof von Paris abgetreten wurde. Schließlich eröffneten auch die Templer, nach einer Charta von Philipp dem Tapferen, eine Fleischerei in der Nähe ihres Hauses. Die alte Zunft und die große Fleischerei bewahrten ihre alten Traditionen und hatten als Einzige das Privileg, ihr Patent an nachfolgende Fleischermeister weiterzugeben.

Karl VI. erließ 1481 ein Gesetz, wonach jeder Fleischergeselle, der sich in Paris als Meister niederlassen wollte, ein Mittagsmahl und ein Festbankett geben musste. Für das Mittagsmahl musste er dem Zunftmeister eine 750 gr schwere Weihkerze und einen Eierkuchen stiften, des Zunftmeisters Frau erhielt Fleisch für vier Gänge, der Vogt einen halben Liter Wein und vier Kuchen und der Wegemeister, der Vogt des Kastells Fort-l'Évêque sowie der Schlüsselwart und Portier des Parlaments erhielten je einen Viertelliter Wein und zwei Kuchen.

Für das Festbankett musste der angehende Meister Folgendes bereitstellen: für den Zunftmeister eine 500 gr schwere Weihkerze, eine Kerze aus Rollwachs, zwei Brote, einen halben Kapaun und 15,5 kg Fleisch. Die Frau des Zunftmeisters erhielt zwölf Brote, einen Liter Wein und Fleisch für vier Gänge. Der Vogt bekam einen halben Liter Wein, vier Kuchen, einen Kapaun und 30,5 kg Fleisch, davon die Hälfte Schweinefleisch, die andere Rindfleisch (zu jener Zeit verkauften die Fleischer noch Schweinefleisch, erst im 16. Jahrhundert bemächtigten sich die Wurstmacher dieses Zweigs). Dem Wegemeister, dem Vogt des Kastells, dem Schlüsselwart und Portier des Parlaments standen je ein halber Kapaun, zwei Kuchen und 15,5 kg Rindfleisch sowie 60 gr Schweinernes zu.

Diese verschiedenen Personen waren verpflichtet, dem Minnesänger, der im Saal musizierte, ein oder zwei Silberlinge zu zahlen, wenn sie die ihnen zustehenden Gaben abholen ließen.

Es war damals nicht teuer sich zu ernähren.

Als einige reich gewordene Fleischer ihre Schlachthäuser zu überhöhten Preisen vermieteten, beschloss das Parlament, einen Beamten des Hofes mit dem Vorsitz über die jährlich stattfindende Vergabe von Lizenzen und Geschäftslokale zu betrauen. Schließlich vereinigte Heinrich III. per Erlass im Februar 1587 alle Fleischermeister der Stadt zu einer einzigen Innung, die er zu einer Körperschaft mit eigenen Statuten erhob.

Mit der Revolution 1789, als in Paris etwa 310 Fleischereien existierten, brach ein großes Durcheinander über diesen Berufsstand herein. Inmitten der allgemeinen Orientierungslosigkeit begann eine Reihe von Leuten Schlachtfleisch zu verkaufen, ob es nun frisch war oder nicht. Sie boten es überall feil, ja sogar in den Kellerlöchern, was sich verheerend auf die Volksgesundheit auswirkte. Schließlich nahmen Unordnung und Verschwendung derart zu, dass die Autoritäten sich gezwungen sahen, Maßnahmen zur Unterbindung dieser Zustände zu ergreifen. Ein Erlass vom 9. Germinal im Jahr VIII bestimmte, dass »niemand den Beruf des Fleischers ausüben darf, ohne vom Polizeipräfekten dazu ermächtigt worden zu sein«. Am 8. Vendémiaire im Jahr XI regelte ein Dekret erneut den Berufsstand der Fleischer in Paris, erhob ihn zur Körperschaft, richtete einen Berufsverband ein und verlangte von jedem Fleischermeister, unabhängig von der Ermächtigung durch den Polizeipräfekten, je nach Größe des Geschäfts die Hinterlegung einer Kaution von 1.000, 2.000 oder 3.000 Francs. Noch restriktiver war das kaiserliche Dekret vom 8. Februar 1811: Es reduzierte die Zahl der in Paris zugelassenen Fleischereien auf 300, verwendete die Zinsen der Kautionen, die bei der Sparkasse von Poissy angelegt waren, zum Rückkauf der diese Zahl übersteigenden Läden und organisierte die genannte Sparkasse um: Seit einigen Jahren dient diese Bank als Bindeglied zwischen Fleischern und Viehhändlern, in dem Sinne, als sie Letzteren bis zur Fälligkeit der Kaufsummen Vorschüsse ausschüttet.

In den letzten fünfzig Jahren hat das Fleischergeschäft enorme Fortschritte gemacht. Zunächst gründete man Schlachthäuser, die die alten Schlachtereien in den engen Gässchen im Zentrum von Paris verdrängten; diese waren entsetzliche Brutstätten für Infektionen gewesen und bestanden nur aus Gewohnheit und zum Schaden der Volkshygiene. Drei große Schlachthäuser wurden eingerichtet: eines in Montmartre, ein zweites in Popincourt und das Schlachthaus Roule. Diese drei schlossen sich vor ein oder zwei Jahren zu einem Zentrum in La Villette zusammen. Hier nun, in diesem riesigen und prächtigen Etablissement, versorgen sich alle Fleischer mit Ware, um dann dem Konsumenten zu geregelten Preisen das Fleisch weiterzuverkaufen, das er für den täglichen Gebrauch benötigt. Die Verkaufszahlen steigen täglich und derzeit werden jeden Tag mehr als 400.000 kg Rind-, Kalb- oder Lammfleisch in Paris vertrieben.

Auch die Anzahl der Fleischereien ist gestiegen und man zählt nicht weniger als 300, die sich in allen Bezirken niedergelassen haben. Täglich finden sich fast alle Fleischer von Paris in La Villette ein, wo das während der Nacht getötete Schlachtvieh feilgeboten wird. Andere lassen das frisch zerlegte Fleisch um zwei oder drei Uhr morgens, lange bevor die Kundschaft aufgewacht ist, zum Laden bringen.

Es ist fast schaurig, diese schnellen Gefährte vorbeifahren zu sehen, deren Lenker ihre Ware eiligst an den Mann bringen wollen, und deren blutende, in Laken gehüllte Fracht eine lange rote Spur hinter sich herzieht; bei diesem Anblick gibt die Phantasie sich düstersten Gedanken hin.

Vor einigen Jahren gab es in Paris auch einige Pferdefleischereien. Liebhaber haben einiges dafür getan, Pferdefleisch salonfähig zu machen – man veranstaltete eigene Bankette, berichtete darüber in den Zeitungen, Prospekte wurden verteilt, in denen man dem Konsumenten Pferdefleisch als billig und doch qualitätsvoll anpries. Doch das alles nützte nichts und

langsam verschwanden diese Fleischereien wieder. Heute gibt es höchstens zwei oder drei davon in den ärmsten Vierteln und das einzige, was sie aufrechterhält, ist der niedrige Preis ihres Angebots.
Übrigens ist Pferdefleisch nicht an sich schlecht, aber es muss sehr stark gewürzt und vor allem ohne Vorurteile gegessen werden.

## FLEISCHSAFT siehe JUS

## FLÜGEL

So heißt der Teil des Vogels, den wir zwar nicht den schmackhaftesten, aber den ehrenvollsten nennen wollen. Hühner-, Fasanen- und Rebhuhnflügel bietet man üblicherweise den Frauen oder jenen Gästen an, denen man seine besondere Aufwartung machen möchte. Dieser Teil beginnt über dem Magen und reicht, schneidet man ihn am Gelenk ein, bis zum Schenkel. Bei großen Vögeln wie dem Truthahn oder der Gans besteht der Flügel aus drei Teilen: Oberteil, Unterteil und Spitze. Die Flügel junger, wohlgenährter Vögel sind delikat und nahrhaft und für alle Mägen bekömmlich. Die Flügel von alten Vögeln sind, wie auch der Rest des Körpers, mager, trocken, hart und ohne Nährwert weshalb man sie auch nicht schätzt.

## FOIE GRAS

Man weiß, dass Foie gras aus Straßburg den Ruf hat, die königlichste aller Pasteten hervorzubringen. Der Vorgang, wie man Foie gras erhält, besteht im Wesentlichen daraus, Gänse zu stopfen, bis ihre Leber tumorartig anschwillt. Die Leber einer Gans, die von den Stopfmeistern aus Straßburg dieser Prozedur unterzogen wurde, wird zehn- bis zwölfmal größer als ihre normale Leber.
Um diesen Zustand zu erreichen, werden die Tiere unerhörten Foltern ausgesetzt, wie sie nicht einmal für die ersten Christen erdacht wurden: Man nagelt ihre Füße auf Holzbretter, damit keinerlei Bewegung die Verfettung störe, sticht ihnen die Augen aus, um zu verhindern, dass äußere Reize sie ablenken, stopft sie mit Nüssen, ohne ihnen jemals zu trinken zu geben, wie laut sie auch immer vor Durst schreien mögen.
Der Comte de Courchamps, Autor der »Mémoires de la Marquise de Créqui« und einer der gelehrtesten Feinschmecker zu Beginn unseres Jahrhunderts, schenkte dem Aufschrei seines Gewissens Gehör, ließ darob die Lust, die ihm sein Magen diktierte, stille sein und schrieb im Namen der Straßburger Gänse eine Petition an das Oberhaus.

Hier nun der Text dieses Ansuchens, das trotz seiner Berechtigung keinerlei Resultat zeitigte, wie es ja so oft um solche richtigen Ansuchen bestellt ist:

»Edle Herren,

die Naturgesetze verachtend, welche von beiden Häusern grundsätzlich befolgt und durch den Codex der Menschenrechte garantiert werden, setzen die Straßburger ihre Sorgfalt darein, uns auf monströse Weise ein aus zwei unbeweglichen Lappen bestehendes Geschwür zu züchten. Dies geschieht zu Lasten unserer Herzen, die wir sensibel nennen dürfen, unseres Magens, den solches Unrecht umdreht, unserer Lunge, die uns unerlässlich ist, und unserer Milz, die nicht erblühen kann; kurz, es geschieht zum Schaden der Ehre unserer Nation, welche von dieser Grausamkeit kompromittiert wird.

Was haben wir armen Vögel nur getan? Man blendet, man erstickt und foltert uns. Was würden Sie, edle Herren, sagen, würde man Sie verspeisen, Ihnen Ihre Flügel abschneiden, mit denen Sie so hoch davonfliegen könnten, würde man Sie auf Brettern festbinden und Ihnen Ihre Füße darauf festnageln, schließlich, wenn man Ihnen die Augen ausrisse, um dann Ihre Leber anzugreifen wie der Geier von Prometheus?

›Oh Jupiter!‹, würden Sie ausrufen, ›welches Unrecht!‹ Haben wir denn, ohne es zu wissen, das heilige Feuer entwendet? Kann man denn guten Gewissens uns die Schuld dafür geben, dass man es verlor? Wir sind Französinnen, edle Herren, und wir flehen Sie an, uns an den Annehmlichkeiten teilhaben zu lassen, die dieses ruhmreiche Land zu bieten hat. Wir sind das Gespött der britischen Gänse, ein guter Witz für die Truthähne in Lincoln. Bis Irland gibt es kein Geflügel, das uns nicht mit hochnäsiger Verachtung strafen würde; die Geringste unter allen Enten der drei Königreiche ist stolzer als ein kaiserlicher Adler. ›Wir sind frei!‹, rufen sie emphatisch aus, ›niemals mussten Gänse in unserem Land die Chamber of Lords um Hilfe bitten!‹

›Ach, England!‹, ruft jedes noch so unbedeutende Federvieh, das die Ehre hat, dieser großen Weltmacht anzugehören, ›hier ist das wahre Land der Freiheit und Gleichheit.‹ Dort hält man Männer auf der Straße auf und macht aus ihnen Soldaten und Seeleute, ohne zu fragen, ob es nach ihrem oder ihrer Familien Geschmack sei. Wenn diese Soldaten oder Seeleute ihre Pflicht verletzen, peitscht man sie wie Hunde aus. Und wird ein Bauer mit seinem Gewehr in der Hand auf den Ländereien seiner Herrschaft erwischt, schickt man ihn auf die Galeeren. Ein Mann, der ein Brot stiehlt, wird gehängt. Aber die Rinder, aber die Schweine, aber die Kälber, aber jedes Vieh, das zum Essen da ist, oder vielmehr, das eben gegessen wird, hat ein Anrecht auf einen geregelten, legalen, verfassungsgemäßen Tod. 1796 hat das englische Parlament vorgeschrieben, wie Ochsen und Schweine zu töten sind: sanft und geschickt. Durch einen nachfolgenden Erlass wurde bestimmt, dass Kälber an einem Strick zum Markt geführt werden müssen. Es ist verboten, mehrere dieser Tiere auf einen Karren zu packen. Es ist darauf zu achten, dass sie nicht beengt werden und dass ihr Kopf nicht hinuntergedrückt werde, wie man es nämlich des Öfteren auf dem Kontinent beobachten kann.

Eine englische Köchin, die eine Ente, eine Henne, selbst ein Hühnchen schlachtete, würde sich selbst als Schandfleck auf der Weste der Menschlichkeit erachten. Auch sieht man an den Toren von Schlössern und in den dunkelsten Gässchen so mancher Dörfer eine Art Henker, dem das entsetzliche Geschäft vorbehalten ist, Tauben zu ersticken und Lämmer abzustechen. Er ist ein infames Geschöpf, von dem man sich mit Entsetzen abwendet, wie von den Chirurgen im alten Ägypten.

Edle Herren, wir Gänse nehmen uns die Freiheit, Ihnen dies alles mitzuteilen.

Wir flehen Sie an, ein Gesetz zu erlassen, das den Straßburgern verbietet, ihr Geflügel zu quälen und solchen Torturen auszusetzen, wo diese Leute doch ihren Tieren nichts vorzuwerfen haben. Man schreibe ihnen vor, ihr Geschäft darauf zu beschränken, die armen Gänse zu rupfen, ohne ihre Intelligenz daran zu schärfen, wie sie die Harmonie von deren Eingeweiden zerstören können. Sie sollten sich ein Beispiel an Lieferanten und Wucherern nehmen, die ihre Hühnchen rupfen, ohne sie zum Schreien zu bringen. Wenn sie uns schon unser Leben nehmen, was ohnehin nur auf Machtmissbrauch und die falsche Auslegung eines Textes in der Genesis zurückzuführen ist, dann mögen sie uns zumindest nicht unseres Augenlichts berauben, was unsägliche Melancholie in unsere Herzen senkt. Sollen sie uns rupfen und essen, da sie für uns eben feudale Tyrannen sind, sadistische Häuptlinge, weil es im Geflügelhof weder Charta noch Verfassung noch Gesetze des Habeas Corpus gibt. Es ist ein entsetzlicher Despotismus, der da herrscht. Die Unabhängigste unter uns ist dem letzten Köter ausgeliefert und im ganzen Elsass gibt es keine Kammer, die auch nur im Entferntesten einer Deputiertenkammer ähnlich wäre.

Oh bitte, erweitern Sie Ihre wohltätige Wirkung bis in die letzten Winkel des Kaiserreiches, bis zu den Enten von Toulouse, unseren unglücklichen Vettern.«

Bis zur Erfindung von Stahlfedern durch den Engländer Parry waren es die Gänse, die den Vorzug hatten, das Rohr zu liefern, durch welches die Meisterwerke menschlichen Geistes vom Gehirn aufs Papier gebracht wurden. Viele unserer großen Zeitgenossen verweigern sich dem Diktat der Stahlfeder bis zum heutigen Tag und bestehen darauf, weiterhin die Gänsefeder zu verwenden. Victor Hugo oder Chateaubriand haben sich immer gegen den Einsatz der Metallfeder gewehrt, die der Schrift ihren Schwung und ihren stolzen Charakter nehmen würde, um sie entweder in Gekritzel umzuwandeln oder in den stocksteifen Strich eines Schulmeisters oder einer englischen Miss.

## FONDUE

(nach dem Fondue-Rezept aus den Unterlagen von M. Trollet, Amtmann von Mondon im Kanton Bern)

Wägen Sie die Eier, die Sie zu verwenden gedenken, nach der vermuteten Anzahl Ihrer Gäste ab.

Dann nehmen Sie ein schönes Stück Gruyère, das ein Drittel, und ein Stück Butter, das ein Sechstel dieses Gewichts ausmachen sollte.

Die Eier werden in einer Kasserole gut geschlagen, bevor die Butter und der geriebene oder dünn geschnittene Käse hinzukommen.

Stellen Sie die Kasserole auf ein großes Feuer und rühren Sie mit einem Holzlöffel um, bis die Mischung eingedickt und sämig geworden ist. Salzen Sie wenig oder fast gar nicht, je nachdem, wie alt der Käse ist, pfeffern Sie ausgiebig, denn dies macht einen der Vorzüge dieses antiken Gerichts aus. Servieren Sie in einer leicht vorgewärmten Schüssel; lassen Sie den besten Wein kommen, den man ausgiebig genießen wird, und man wird Wunder erleben.

## FORELLE

Es gibt mehrere Arten davon: weiße, rosafarbene und verschieden große. Die Forelle ähnelt von allen Fischen dem Lachs am meisten. Die besten haben rötliches Fleisch, weshalb man sie Lachsforelle nennt. Einige Naturkundler behaupten, sie erzeugten diese Färbung selbst, indem sie Krebse fressen. In Paris schätzt man die Forellen aus der Meuse und aus der Seine am meisten; sie sind nie sehr groß, bieten jedoch perfektes Fleisch und schmecken unbeschreiblich zart. Die dicken Forellen aus dem Genfer See sind hingegen fast immer trocken und zäh. Die Forelle ist ein überraschend geschickter, kräftiger und zielstrebiger Fisch. Sie schwimmt nicht nur gegen die Strömung reißender Wildbäche, sondern springt auch die höchsten Wasserfälle empor, bis zu den Gipfeln des Mont Blanc und des großen Saint Bernard. Dieses Ausmaß an Bewegung kann als Grund dafür gelten, dass Forellen nicht nur gut schmecken, sondern auch sehr gesund sind.

### *Forelle à la montagnarde*

Wenn die Forelle eine Stunde lang in Salzwasser gelegen ist, wird sie mit einer Flasche Weißwein unter Zugabe von drei Zwiebeln, einem Bouquet garni*, Gewürznelken, zwei Knoblauchzehen, Lorbeer, Thymian, Basilikum und einem Stück mit Mehl verkneteter Butter gekocht. Lassen Sie alles auf großer Flamme kochen, entfernen Sie dann Zwiebeln und Bouquet und servieren Sie die Forelle, mit etwas blanchierter* Petersilie garniert, in ihrem Kochsud.

### *Forelle in Court-Bouillon*

Sie nehmen eine Forelle aus, waschen sie, verschnüren ihren Kopf und kochen sie in Weißwein mit Zwiebelringen, einer Hand voll Petersilie, einigen Gewürznelken, drei Lorbeerblättern, einem Zweig Thymian und Salz. Nach einer Stunde langsamen Köchelns arrangieren Sie die Forelle auf einem Bett grüner Petersilie auf einer Serviette und stellen eine Sauce aus mit Butter und Mehl gebundener, reduzierter ▸ Court-Bouillon mit auf den Tisch.

### *Forelle à la Chambord*

Sie nehmen die Forelle zunächst aus, brühen die Schuppen ab und tauchen den Fisch in kochendes Wasser. Entfernen Sie alle Haut und waschen Sie die Forelle dann in mehrfach gewechseltem Wasser. Abtropfen lassen und mit großen Trüffelstiften spicken, dann in einer guten Wein- ▸ Marinade kochen. Vor dem Servieren abtropfen lassen, auf einem großen, ovalen Teller auflegen, mit vier Stück gespicktem und glaciertem* Kalbsbries, vier Tauben sowie acht Flusskrebsen garnieren und mit einer ▸ Sauce financière übergießen.

### *Forellen à la Saint-Florentin*

(nach dem Rezept des ehemaligen »Hôtel de la Reynière«)

Sie wählen die schönsten Forellen aus, die Sie erhalten können, schuppen sie ab und nehmen sie aus, füllen den Körper mit einer Mischung aus Butter, Salz, Pfeffer und Fines Herbes*, legen die Forellen mit der zwei bis drei Flaschen entsprechenden Menge Weißwein in einen

Fischkessel, so dass sie fingerdick von Wein bedeckt sind. Mit Salz, Pfeffer, Zwiebeln, Gewürznelken, Muskat sowie einem Bouquet garni* würzen und mit Brotkrusten belegen. Den Fischkessel auf ein sehr starkes Feuer stellen, so dass der Wein sich wie Punsch entzünden kann. Wenn die Flamme kleiner wird, fügen Sie ein Stück Butter zum Fisch und schwenken den Kessel, bevor Sie die Forelle servieren.

### *Gefüllte Forellen*

Vier Forellen ausnehmen, waschen und abtropfen lassen. Mit einer Farce aus Karpfen-Nockerln*, grob gewürfelten Trüffeln und Champignons füllen, die Fischköpfe verschnüren und die Forellen in einer ▸ Court-Bouillon kochen. Wenn sie gar sind, lassen Sie die Forellen abkühlen und abtropfen, panieren sie dann zweifach in Ei und backen sie knapp vor dem Servieren heraus. Mit einer ▸ Tomatensauce servieren.

### *Forellen mit Anchovis*

Schneiden Sie die abgeschuppten und ausgenommenen Forellen seitlich ein und legen Sie die Fische dann in eine Marinade aus Salz, grob gemahlenem Pfeffer, Knoblauch, Petersilie, Schnittknoblauch*, fein gehackten Champignons, Thymian, Lorbeer, Basilikumpulver und feinem Öl. Mit der Marinade in einen Kessel legen, mit Bröseln bestreuen und im Ofen backen. Mit einer Anchovis-Sauce servieren.

### *Sautierte Forellenfilets*

Sie filetieren fünf bis sechs junge Forellen und schneiden die Filets in feine Streifen, die alle gleich groß sein sollten. Die Streifen putzen und die schuppige Haut entfernen, dann die Forellenstreifen nebeneinander in die Pfanne legen und mit fein gehackter Petersilie, Salz, grob gemahlenem Pfeffer und geriebener Muskatnuss bestreuen. In einem Pfännchen zerlassen Sie ein Stück Butter, mit der die Forellen knapp vor dem Servieren übergossen werden. Die Pfanne auf eine große Flamme stellen und die Filets umdrehen, wenn sie auf einer Seite fest sind. Lassen Sie die Filets nur kurz auf dem Feuer. Auf einem Servierteller arrangieren und mit einer ▸ Sauce italienne servieren.

### *Forellen à la hussarde*

Die Forellen putzen und mit Kräuterbutter füllen, gut würzen, marinieren, dann grillen und mit einer ▸ Sauce poivrade servieren.

*Forellen-Pâté*

Die Forellen mit Aal und Anchovis spicken, den ▸ Pastetenteig mit frischer Butter belegen; aus Forelle, Champignons, Trüffeln, Petersilie, Schnittknoblauch*, frischer Butter, Fines Herbes*, Gewürzen, Salz und Pfeffer ein ▸ Godiveau zubereiten, dieses mit Butter belegen, die Pastete backen, entfetten und mit einer ▸ Krebssauce servieren.

## FRICANDEAU

Glacierte* und gespickte Keulenschnitten, vor allem vom Kalb.

*Fricandeau nach früherer Art*

Ein altes Prinzip, besser als die Art, wie man es heute zubereitet. Die meisten Köche begießen ihr Fricandeau bestenfalls mit Bouillon, aber seien Sie mir nicht böse – das hat doch keinen Geschmack, was Beaumarchais in einem Couplet folgendermaßen anmerkte:

*Dans vos restaurants nouveaux*
*Tous vos plats sont suprêmes*
*Et pourtant vos fricandeaux*
*Sont toujours les mêmes.*

Es gibt Fricandeau und Fricandeau. Folgende Zubereitungsart wird es Ihnen näher bringen.
(nach Vuillemot)

Man schält die Nuss einer schönen weißen Kalbskeule heraus, putzt und spickt sie, legt eine Kasserole mit einer guten ▸ Sauce mirepoix, Karotten, Zwiebelringen und einem Bouquet garni* aus, buttert die Kasserole, legt die Kalbsnuss dazu, lässt diese anschwitzen, so dass alles Wasser verdampft, löscht mit einer Schale Suppe, aber so, dass der Speck nicht davon bedeckt wird. Vorsichtig mit Unter- und Oberhitze köcheln lassen und gut glacieren*, indem man ab und zu den Saft über das Fricandeau gießt. Den Fond passieren und reduzieren, um das Kalbfleisch zu glacieren; den übrigen Fond nimmt man, um Sauerampfer oder Endivien, die man als Beilage serviert, zu würzen.

*Fricandeau vom Stör, vom Hecht oder Lachs*

Den Fisch in drei Zentimeter dicke Scheiben schneiden, häuten, mit Speck spicken, bemehlen und in eine Kasserole auf zerlassenen sowie auch auf ganzen Speck legen; anbraten und vom Herd nehmen. Trüffeln, Pilze oder Mai-Schwämme fein wiegen. Die Fricandeaux darauf legen, Schinken- ▸ Jus darüber gießen, zudecken und eine Stunde lang schmoren lassen.

## FRISCHLING

Junges Wildschwein, das in der Weidmannssprache unter dem Begriff »rotes Tier« bekannt ist. Der Frischling schmeckt ausgezeichnet mit allen Saucen, in denen man auch das Wildschwein serviert, gebraten am Spieß, auf dem Grill, mit Zwiebeln. Unsere Vorfahren aßen ihn nicht, sondern kastrierten ihn und entließen ihn danach wieder in die Wälder. Deshalb nennt man auch die Sänger der Sixtinischen Kapelle so, die auf die gleiche Weise zur Perfektion gebracht wurden und dicker, zarter und weniger wild sind.

### *Frischlings-Kopf in Berliner Sauce*

Man muss die jungen Wildschweine im Alter von fünfzehn bis achtzehn Monaten essen, bis dahin kann man sie Frischlinge nennen. Da Liebhaber meist das Muskelfleisch des Nackens bevorzugen, muss man den Kopf mit dem Hals in seiner ganzen Länge bis zu den Schultern abschneiden lassen. Es bleibt natürlich auch noch das Fleisch der Hängebacken, wenig, aber sehr delikat.

Der Kopf wird abgesengt, um die Härchen abkratzen zu können.

Dann schwemmt man ihn eine Stunde lang, lässt ihn abtropfen, schneidet die Schädelhaut in der Mitte auf, von der Stirnoberseite bis zu den Augen. Um zu vermeiden, dass die Haut zerrissen wird, legt man das Fleisch um den Rüssel herum frei und sägt ein Stück Knochen auf demselben etwa drei bis vier Zentimeter quer durch. Den Kopf in ein Tuch einwickeln und verschnüren, wobei die Ohren so gebunden werden sollten, dass sie vom Kopf abstehen, damit sie gerade bleiben. Einen länglichen Kessel oder eine Wanne mit in große Streifen geschnittenen Karotten, Zwiebeln und Selleriewurzeln auslegen. Den Schweinskopf auf dieses Bett legen und ganz mit einer Mischung aus halb Wasser, halb Essig bedecken. Salz, groben Pfeffer und Gewürze, Thymian, Lorbeerblatt, Majoran, Koriander und Wacholderbeeren hinzufügen. Aufkochen lassen und dann drei Stunden lang bei mäßiger Hitze weiter kochen, wenn es sich um ein junges Tier handelt. Wir müssen hier anmerken, dass der Kopf auf jeden Fall weich gekocht sein muss, denn beim Auskühlen neigt das Muskelfleisch dazu, sich zusammenzuziehen und fest zu werden.

Sobald der Frischlingskopf die gewünschte Beschaffenheit erreicht hat, lässt man ihn in seinem Sud abkühlen, wickelt ihn dann aus

dem Tuch, putzt das Nackenfleisch zu einer geraden Oberfläche zurecht und lackiert alle Haut mit Schmalz, das mit sehr dunklem Karamel eingefärbt wurde. Nun legt man den Kopf auf eine längliche Servierplatte, maskiert* den Einschnitt auf der Stirn mit Butter, dekoriert ihn mit Trüffeln, gekochtem Eiklar und ▸ Gelée. Mit Butter formt man für jede Seite des Rüssels je einen Stoßzahn, legt den Kopf auf einen ovalen Sockel aus entrindetem Brot und maskiert diesen mit weißem Schmalz. Rundherum legt man einen Kranz aus Eichenblättern oder Blättern vom Orangenbaum und garniert alles mit Geléestückchen.
So präsentiert man den Frischlingskopf zunächst den Gästen. Um ihn zu servieren, schneidet man das Nackenfleisch in feine Streifen, garniert diese mit Gelée und lässt sie von folgender Sauce begleiten: Man bereitet eine kalte Mayonnaise aus drei Dottern und zwei Glas Olivenöl zu, die man mit zwei oder drei Esslöffeln englischem Senf und gutem Essig vervollständigt. Dann mischt man sehr festes Ribisel*-Gelée in Würfeln in die Mayonnaise, und zwar von der Menge her etwas mehr, als das Volumen der Letzteren bereits ausmacht. Die Geléewürfel sollten dabei ganz bleiben. Die Sauce wird in einer Saucière neben die Hauptspeise gestellt. Sie sieht zwar nicht schön aus, stellt aber für Liebhaber einen erheblichen Wert dar.

### *Frischlings-Viertel mit Kirschensauce*

(Dies ist das Rezept von Monsieur Urbain Dubois, dem Koch Ihrer Königlichen Majestäten von Preußen.)

Man wählt ein zartes, frisches und schwartenloses Viertel vom Frischling, entfernt den Knochen der oberen Keule und schneidet das untere Ende des Unterschenkelknochens gerade ab. Das Viertel wird gesalzen, in eine Terrine gelegt und mit einem Liter gekochter und halb ausgekühlter ▸ Marinade übergossen, in der es zwei bis drei Tage liegen sollte. Dann lässt man es abtropfen, wischt es mit einem Tuch ab und legt es mit Schmalz in eine Wanne, deckt es mit Fettpapier zu und brät es eine Dreiviertelstunde, wobei es immer wieder mit dem Schmalz übergossen werden muss. Nach dieser Garzeit fügt man einige Löffel seiner Marinade hinzu und lässt das Fleisch eine weitere halbe Stunde fertig garen, während der man es regelmäßig mit diesem Fond übergießt. Dann zieht man die Wanne aus dem Ofen, lässt das Fleisch abtropfen und maskiert* es mit einer dicken Schicht geriebenem, getrockneten, zerstampften, passierten und schließlich mit etwas Zucker und Zimt vermischten Schwarzbrot, das mit gerade so viel gutem Rotwein beträufelt wurde, dass es gebunden ist. Diese Schicht wird mit trockenen Brotbröseln bestreut, die man mit dem Fett aus der Wanne begießt. Dann legt man das Frischlings-Viertel in die Wanne zurück, um es eine weitere halbe Stunde im Rohreingang trocknen zu lassen. Vor dem Servieren zieht man es heraus, versieht den Haxen mit einer Manschette, legt es auf dem Servierteller schön auf und reicht dazu folgende Sauce in einer Saucière:

*Kirschen-Sauce*

Zwei Hand voll getrocknete schwarze Kirschen, wie man sie überall in Deutschland verkauft, also mit Kernen, aufweichen, im Mörser zerstampfen, in einem Glas Rotwein verrühren und diese Mischung in ein nicht verzinntes oder glaciertes Pfännchen gießen, ein Stück Zimt, zwei Gewürznelken, ein Körnchen Salz und ein Stückchen Zitronenrinde hinzufügen. Die Flüssigkeit zwei Minuten lang kochen lassen und mit etwas aufgelöster Stärke binden. Die Pfanne auf den Herdrand ziehen, zudecken, die Sauce eine Viertelstunde lang ziehen lassen und dann durch ein feines Sieb streichen.

## FROSCH

Es gibt viele Froscharten, die sich durch ihre Größe, Farbe oder durch den Ort, an dem sie leben, voneinander unterscheiden.
Meeresfrösche sind monströs und werden nicht gegessen, auch die Erdfrösche nicht. Nur die Süßwasserfrösche sind gut, sie müssen aber aus sehr klarem Wasser stammen und gut genährt, fett, fleischig, grün und schwarz gefleckt sein.
Im Mittelalter sprachen sich viele Ärzte gegen den Verzehr von Froschfleisch aus, obwohl es zart und weiß, leichter und weniger nahrhaft ist als anderes Fleisch. In seinem »Traité des pierres« drückt sich Bernard Palissy 1580 folgendermaßen aus: »Und zu meiner Zeit habe ich gesehen, dass sehr wenige Menschen sich dazu durchringen konnten, Frösche oder Schildkröten zu essen.«
Im 16. Jahrhundert aber wurden Frösche auf den besten Tafeln serviert und Champier beklagte sich über ihren seltsamen Geschmack; vor etwa hundert Jahren machte ein gewisser aus der Auvergne stammender Simon ein beträchtliches Vermögen mit Fröschen, die man ihm aus seiner Heimat schickte; er ließ sie fett werden und verkaufte sie dann den besten Pariser Häusern, wo sie gerade hoch in Mode waren.

In Italien und Deutschland gibt es einen großen Markt für diese Amphibien, die man überall in großen Mengen verkauft, und die Engländer, die sie verabscheuen und die deshalb vor etwa sechzig Jahren Karikaturen von froschfressenden Franzosen veröffentlichten, brauchen nur die Passage aus der Geschichte von Santo Domingo zu lesen, die von einem ihrer Landsmänner verfasst wurde: »In Martinique gibt es viele Kröten, die man isst, und Engländer wie Franzosen ziehen sie den Hühnern vor. Man macht daraus Fricassées und Suppen.«
Man bereitet Frösche auf verschiedene Weise zu und macht daraus vor allem sehr gesunde Suppen, für manche Damen sogar ein Mittel, um die Frische ihres Teints zu erhalten.

*Froschsuppe*

Sie nehmen die gewünschte Menge Frösche, waschen diese gut, enfernen die Schenkelknochen und legen die größten zur Seite, um sie zu backen, wobei sie in ▸ Kretzer, Salz, Pfeffer und Fines Herbes* mariniert werden sollten. Dann wenden Sie sie in Teig und backen sie in zerlassener, sehr heißer Butter goldbraun heraus. Diese gebackenen Frösche werden um die Suppe herum als Garnitur aufgelegt. Mit den anderen bereiten Sie ein Ragoût mit Fischmilch, Pilzen und anderen Zutaten zu, binden den Fond mit Mehl, gießen mit guter Bouillon auf, bis die Einlage davon bedeckt wird, und servieren das Ragoût mit der Garnitur aus gebackenen Fröschen.

*Frösche nach Art von ▸ Hühner-Fricassée*

Die Frösche häuten und nur die beiden Schenkel und die Wirbelsäule behalten. Aus Letzteren ein Fricassée bereiten.

## FUMET vom Rebhuhn

Man nimmt eine Flasche alten Weißwein, zwei Wildkaninchen und zwei alte Rebhühner, die man in vier Teile teilt, fügt diesem Fleisch Zwiebeln, Pastinaken, Karotten, eine Selleriewurzel, Pilze und ein Sträußchen Quatre-Épices* hinzu, legt alles in eine Kasserole, dünstet es gemeinsam, schöpft den Schaum ab, gießt einen halben Liter reduzierte Suppe darauf, lässt alles zwei Stunden lang köcheln, passiert und entfettet die Sauce, stellt sie aufs Feuer zurück und reduziert sie zur ▸ Glace. Dann fügt man etwas ▸ Espagnole hinzu und bewahrt dieses Fumet auf, um bestimmte Gerichte, vor allem pochierte Eier oder Rühreier, damit zu würzen.

## GALANTINE

Eine Galantine wird aus mehreren feinen Fleischsorten komponiert, die in Scheiben oder Schichten gemeinsam gegart werden.

### *Poularden- oder Kapaunen-Galantine*

Man nimmt zwei Poularden, entbeint und häutet sie sorgfältig, ohne Fleisch mit der Haut zu entfernen, bereitet mit dem Fleisch, etwas Speck, einem Kalbseuter, einigen Pilzen und Trüffeln, etwas in Obers* aufgeweichtem Brot und drei bis vier Eidottern sowie mit Fines Herbes*, Fines Épices*, etwas Petersilie, Schnittknoblauch*, Pfeffer und Salz, alles fein gehackt und im Mörser zerstampft, eine Farce zu. Dann breitet man die Haut der Poularden aus und belegt sie mit der Farce, breitet eine Schicht sehr weißen, gut gewürzten Specks darauf, dann eine weitere aus Rohschinken, dann wieder eine weitere Speckschicht, danach eine Lage schöner grüner Pistazien, noch eine Schicht Speck und so weiter bis zum Abschluss. Dies alles wird in die Haut gewickelt, indem man diese einrollt, in ein Tuch wickelt und verschnürt. Nun wird ein Kochtopf mit Speckscheiben und gut geklopften Rindsschnitzeln, Fines Herbes, Fines Épices, Salz, Pfeffer, Zwiebeln und Karotten garniert, die beiden Poularden darauf gelegt, darauf eine gleiche Schicht wie unten ausgebreitet und alles bei kleinem Feuer mit Unter- und Oberhitze gegart.

Wenn alles fertig ist, lässt man es gut abtropfen, entfernt die Schnur und das Tuch, schneidet die Galantine in Scheiben, legt diese in eine Schüssel und gießt ein Ragoût aus grünen Trüffeln darauf, aber so dass nur die Zwischenräume mit Trüffeln ausgefüllt werden und nicht die Galantine davon bedeckt wird. Heiß servieren.

*Kalbskopf-Galantine*

Einen Kalbskopf gut abbrennen, häuten und die Haut mit einer Poularden- ▸ Farce füllen. Mit Speckstiften, Speck, Schinken und Pistazien wie bei der Poularden-Galantine, also in abwechselnden Lagen, garnieren. Wie oben gerollt, eingewickelt und verschnürt schmoren lassen, dann in Scheiben schneiden und mit demselben Ragoût wie die Poularden servieren.

*Puten-Galantine*

Füße und Hals der Pute abschneiden, die Schenkel in den Körper stecken, die Flügel entbeinen, ohne sie vom Körper zu trennen, die Pute vom Rücken her halbieren, um die Knochen herauszunehmen, ohne die Haut zu verletzen, Brust und Keulen entnehmen, mit durchwachsenem Speck spicken und mit Salz, Pfeffer sowie Fines Épices* würzen. Eine ▸ Farce aus magerem Kalbfleisch und ebenso viel fein gehacktem fetten Speck zubereiten, kräftig salzen, pfeffern und würzen, auf der Putenhaut eine erste Lage dieser Farce ausbreiten, dann eine zweite Lage aus Speckwürfeln darauf legen, dies weiter Schicht für Schicht fortsetzen und das Rezept wie für die Truthahn-Galantine beenden (siehe unter Truthahn).

*Hühner-Galantine*

Diese wird ebenso zubereitet wie die Obige.

## GANS

Gänse wurden in Rom lange Zeit als heilig verehrt, weil eine davon, aus Gründen, welche die Geschichte uns verschweigt, wach geblieben war, als die Hunde schon schliefen, und den Lärm der Gallier hörte, die gerade dabei waren, das Kapitol zu stürmen. Die Gans weckte ihre Freundinnen auf, die vor Aufregung so laut und so gut zu schnattern begannen, dass Manlius davon erwachte. Lafosse, der das gerettete Kapitol zur Tragödie verarbeitete, war so undankbar, in den zweitausend Alexandrinern, aus denen sein Werk besteht, die Gänse mit keinem Wort zu erwähnen.

Wer noch nie gehört und gesehen hat, wie Talma folgende zwei Verse sagt –

»Ich war es, der die eitel wartenden Gallier
vom Gipfel des Kapitols hinabwarf« –,

der hat keine Ahnung davon, aus welchen Höhen das Wort eines Tragöden herunterdonnern kann.

Sobald Julius Cäsar Gallien erobert hatte, begann man in der römischen Armee Gänse zu essen. Man folgte dem Beispiel der Gallier, die keinerlei Grund hatten, den Verbündeten des Manlius, der Ursache ihrer Niederlage, Respekt zu zollen.
Bald wusste man auch in Rom, dass die Gänse aus der Picardie köstlich schmeckten, und so sah man die zum Händler geborenen Picarden, wie sie zu Fuß ihre Gänseherden nach Rom führten, die alles auf dem Weg dorthin auffraßen.
Die alten Ägypter betrachteten die Gans als besonders delikates Gericht und der lykische König Rhadamantes schätzte sie derart, dass er für sein gesamtes Reich anordnete, man möge nicht mehr bei den Göttern schwören, sondern bei den Gänsen. Diesen Schwur leistete man auch in England, als Julius Cäsar es eroberte.
Es war laut Plinius ein römischer Konsul, Metellus Scipio, der die Kunst erfand, Gänse zu stopfen und deren Leber zur Delikatesse zu entwickeln.
Der Arzt Julius Cäsar Scaliger, ein berühmter Wissenschaftler, bringt den Gänsen eine ganz besondere Zärtlichkeit entgegen: Er bewundert nicht nur ihren Körper, sondern auch ihre Seele.
Wir können nichts Besseres tun, als seine Worte über die Gans abzuschreiben:
»Die Gans«, so sagt er, »ist das schönste Wahrzeichen der Vorsicht. Gänse senken ihren Kopf, wenn sie unter einer Brücke hindurchgehen, gleich wie hoch deren Bögen auch seien. Sie sind sittsam und vernünftig genug, keinen Arzt zu brauchen, wenn sie krank sind, sondern sich das Abführmittel selbst zu verabreichen.
So umsichtig sind sie, dass eine jede bei der Überquerung des von Adlern bevölkerten Monte Taurus, wohl wissend, wie es um ihre eigene Geschwätzigkeit bestellt ist, einen Stein in den Schnabel nimmt, um sich selbst daran zu hindern, Laute zu formen, die zur Entdeckung durch den Feind führen würden.«
Gänse eignen sich für ein gewisses Maß an Erziehung. Der Chemiker Mémery hat beobachtet, wie eine Gans den Spieß drehte, auf dem ein Truthahn steckte. Sie hielt ein Ende des Spießes im Schnabel und ließ ihren Hals wie einen Arm wirken, indem sie ihn streckte und wieder zusammenzog. Nur von Zeit zu Zeit gab man ihr zu trinken.

### *Gans à la Chipolata*

Sie nehmen ein schönes junges Tier mit weißem Fett, weiden es aus, stecken ihm die Füße in den Körper, sengen leicht den Flaum ab, häuten und putzen es, umwickeln es mit Speck und binden es zusammen. Einen Schmortopf mit Speckscheiben auslegen, eine ▸ Sauce mirepoix darauf gießen und ein paar Fleischabfälle vom Rind sowie zwei Schinkenscheiben, das Gänseklein, einen Strauß Petersilie und Schnittknoblauch*, drei tournierte* Karotten sowie zwei bis drei Zwiebeln, wovon Sie eine mit Gewürznelken gespickt haben, dazulegen. Dazu kommen noch eine Knoblauchzehe, Thymian, Lorbeer, etwas Basilikum und Salz. Nun setzen Sie die Gans auf dieses Bett, begießen sie mit einem Glas guten Madeira, einer Flasche Weißwein, etwas Cognac und einem Schöpfer guter Hühnerbrühe, stellen den Topf aufs Feuer, lassen den Fond anschwitzen und garen die Gans etwa eine Stunde lang. Abtropfen lassen, auf den Servierteller legen, mit einer ▸ Chipolata maskieren* und servieren.

### *Gebratene Martinigans*

Eine schöne Gans aus der Normandie entbeinen und folgendermaßen füllen: In Bratenfett geröstete Zwiebeln pürieren, die fein gehackte Gänseleber, zwölf Chipolata-Würstchen und vierzig bis fünfzig geröstete, gut geschälte, mit Salz und Quatre-Épices* gewürzte Kastanien hinzufügen und alles gut vermischen. Servieren Sie die Gans in einer langen und breiten Wanne, in die der Bratensaft abtropfen konnte, lassen Sie das Tier den Saft gut aufnehmen und würzen Sie leicht mit grobem Pfeffer und Zitrone.

### *Junge Gans am Spieß*

Sie nehmen ein Tier mit sehr weißem Fett und zartem Fleisch, entfernen die Flügel, putzen den Vogel, sengen den Flaum ab, binden die Füße an den Körper, schneiden die Klauen ab, wischen die Füße mit einem weißen Tuch ab, legen den Vogel bratfertig zurecht, lassen die Füße außen und stecken ihn auf den Spieß. Die Gans sollte nicht ganz durchgebraten werden, so dass der Saft herausfließt, wenn man sie ansticht. Zitronensaft dazugeben und servieren. (Niemals Kresse zur Gans servieren!)

### *Gans auf englische Art*

Sie bereiten den Vogel wie oben vor. Für die Fülle hacken Sie die Leber fein, schälen drei große Zwiebeln, würfeln diese und braten sie in Butter, ohne sie braun werden zu lassen. Fügen Sie eine Messerspitze fein gewiegten Salbei, auch die Leber, Salz und fein gemahlenen Pfeffer hinzu. Sie mischen alles gut und füllen damit die Gans, nähen diese zu, stecken sie auf den Spieß, braten sie wie im vorigen Rezept angegeben und servieren mit Fleischsaft.

M. Vuillemot merkt umsichtig an, dass gefülltes Fleisch mit Zitronensaft beträufelt werden muss, wenn man es vom Spieß nimmt.

### *Gans mit Sauerkraut*

Sie braten eine Gans am Spieß, waschen die nötige Menge Sauerkraut und dünsten dieses mit durchwachsenen Speckstreifen, Cervelat und anderen Würsten, nachdem Sie mit Suppe und Gänsefett aufgegossen haben. Auf kleiner Flamme zwei Stunden garen, das gut abgetropfte Sauerkraut rund um die Gans auflegen und mit den Würsten sowie der gehäuteten und in Scheiben geschnittenen Cervelat garnieren. Mit einer Fleisch- ▸ Glace übergießen und servieren.

### *Gänseflügel und -keulen à la façon de Bayonne*

Sie trennen Flügel und Keulen mehrerer Gänse ab, entbeinen die Keulen und reiben alle Teile mit einer Mischung aus Salz und 15 gr Salpeterpulver ein. Legen Sie Flügel wie Keulen in eine Terrine und zwischen jede Lage Lorbeer, Thymian und Basilikum. Danach bedecken Sie die Terrine mit einem weißen Tuch und lassen das Fleisch vierundzwanzig Stunden in den Gewürzen liegen, nehmen es dann heraus, lassen es abtropfen, nehmen alles Fett ab und braten die Gänseteile auf moderater Flamme. Wenn sie gar sind, sollen sie abtropfen, auskühlen und so dicht wie möglich in Töpfe geschichtet werden. Darüber gießen Sie das zu drei Vierteln ausgekühlte Gänseschmalz, lassen alles einen Tag lang stehen und schließen die Töpfe dann hermetisch mit Papier oder Pergament ab. Stellen Sie sie an einen kühlen, trockenen Ort und verwenden Sie sie bei Bedarf.

### *Gänsekeulen oder -viertel à la Lyonnaise*

Erhitzen Sie vier Gänseviertel und lassen Sie diese in ihrem Schmalz etwas braten. Schneiden Sie sechs große Zwiebeln in Ringe und rösten Sie sie in einem Teil des Schmalzes. Wenn sie goldbraun sind, lassen Sie die Zwiebelringe und die Gänseviertel abtropfen, legen Zweitere auf den Servierteller, die Zwiebelringe darauf und mit jeder beliebigen Sauce servieren.

*Wildgänse*
Man bereitet sie wie junge Enten oder Wildenten zu. Man kann daraus Blutwurst, Gänsepfeffer nach alter Art und Escalopes au sang zubereiten. Wildgänse ziehen etwa zwei Monate durch unsere Regionen, außer in sehr milden Wintern, in denen sie bis zu drei Monaten bleiben.

*Wildgans-Filets*

Braten Sie drei Gänse am Spieß. Vor dem Servieren schneiden Sie die Brüste in Streifen, lassen eine ▸ Espagnole reduzieren, bis sie sehr dick ist, und gießen den Saft der Gänse dazu. Fügen Sie etwas Zitronen- oder Orangenschale hinzu und streuen Sie groben Pfeffer über die heiße, aber nicht kochende Sauce.

## GARBURE
So wird eine Suppe mit gratiniertem Fond aus der Gascogne genannt.

*Zwiebel-Garbure*

Sie halbieren etwa vierzig Zwiebeln und teilen diese Hälften wiederum in fünf bis sechs Stücke, die halbmondförmig zugeschnitten werden. Dann nehmen Sie 250 gr Butter und rösten Ihre Zwiebeln darin hellbraun an. Nun bereiten Sie eine Lage sehr dünn geschnittene Brotscheiben vor, auf die Sie eine Lage Zwiebeln schichten, auf jedes Bett kommt etwas grober Pfeffer, und Sie verfahren so, bis der Topf ganz voll ist. Dies alles wird mit guter Bouillon begossen und soll leise köcheln, bis es gratiniert, ohne anzubrennen. Die Garbure kann jetzt, begleitet von einer eigenen Schüssel mit Bouillon, ausgeschenkt werden.

*Garbure béarnaise*

Nehmen Sie vier mittelgroße Kohlköpfe und zwölf Salatköpfe; schneiden Sie das Gemüse in Streifen und schneiden Sie ein Stück Speck bis zur Schwarte ein, ohne diese abzutrennen. Legen Sie alles mit einer Wurst ohne Knoblauch, zwei marinierten Gänsekeulen und ganz wenig entsalztem Schinken in einen Schmortopf. Alle Zutaten dünsten lassen und mit guter, ungesalzener Bouillon aufgießen, dann Zwiebeln, Gewürznelken, Wurzelwerk und Petersilie dazugeben. Nachdem alles gar ist, lassen Sie Gemüse und Fleisch abtropfen, passieren den Fond, entfetten diesen und klären ihn. Schneiden Sie das Innere eines Roggenbrots in Scheiben und schichten Sie in einer tiefen feuerfesten Schüssel kranzförmig Kohl, Salat, Speck und das in den Fond getauchte Roggenbrot auf. In die Mitte des Kranzes gießen Sie Erbsenpüree, rundherum legen Sie die Wurstscheiben auf und auf das Püree den Schinken und die Gänsekeulen. Auf schwachem Feuer gratinieren und mit dem klaren und kochenden Fond servieren.

### *Garbure des Weilers von Chantilly*

(nach dem Rezept des »Vieux Cuisinier royal«)

In einen mittleren Kochtopf legen Sie drei Pfund Kalbfleisch in Scheiben, eine ganze Kalbsstelze, zwei Rebhühner und zwei Volière-Tauben. Achten Sie äußerst gut darauf, dass all das Fleisch gut verschnürt wird, damit es seine Form behält. Füllen Sie Ihren Kochtopf mit guter Suppe oder Kraftbrühe und schäumen Sie diese gut ab. Dann legen Sie Garnitur dazu, etwa Karotten, Steckrüben, Zwiebeln, Lauch, zwei Selleriewurzeln und zwei Gewürznelken. Wenn das Fleisch gut durch ist, knapp vor dem Servieren, legen Sie es in eine Servierschüssel, rund um das Fleisch kommen die Karotten, Rüben, Zwiebeln und der Lauch, schön sortiert, so dass Ihr Gemüse nicht ungeordnet durcheinander liegt. Also die Karotten beieinander, so auch die Rüben und die anderen ebenso. Für diese Garnitur tournieren* Sie 40 oder 50 Karotten in Streifen von der Dicke zweier Daumen, alle eher dicker, alle von der selben Länge, und nehmen ebenso viele Zwiebeln, Rüben sowie mittlere Lauchstangen, alle gleich dick und schön geschält, die auch nach dem Garen ganz bleiben sollen. Danach kochen Sie das Gemüse jeweils in einer Bouillon – einer anderen als die in Ihrem Kochtopf – und geben jeder dieser Sorten ein kleines Stückchen Zucker bei, um das Bittere zu mildern. Wenn das Gemüse gar ist, legen Sie es rund um Ihr Fleisch. Neben der Suppe servieren Sie zusätzlich einen Krug Bouillon, die durch ein feines Tuch oder ein Seidensieb passiert wurde, so dass sie schön klar ist. Man braucht kein Brot zu dieser Suppe und man serviert auch kein Stück Rindfleisch dazu.

### *Garbure Villeroy*

Man schneidet und zerkleinert zwanzig Karotten, zwanzig Steckrüben, zwölf Zwiebeln, sechs Selleriewurzeln, zwölf Lauchstangen, sechs Salatköpfe, eine Hand voll Kerbel, dann schwenkt man die Karotten in Butter, gibt Lauch und Zwiebeln dazu, röstet alles an, streut die Kräuter darüber und rührt gut um. Wenn das Gemüse schwitzt, begießt man es mit Bouillon, kocht es darin weich und fügt etwas Zucker hinzu. Ist das Gemüse gar, schichtet man abwechselnd eine Lage Brot und eine Lage Gemüse in eine feuerfeste Schüssel, bestreut jede Lage mit grobem Pfeffer und setzt diese Arbeit fort, bis der Topf voll ist. Schließlich gießt man den Kochsud der Wurzeln darüber, ohne diesen zu entfetten, und lässt alles köcheln, bis es gratiniert ist.

### *Garbure Polignac*

Man nimmt dreißig bis vierzig Kastanien, schält diese und legt sie in Wasser, sieht nach, ob die Haut sich ablöst, schält sie, so dass jegliche Haut entfernt wird, füllt eine Kasserole mit Speckscheiben, Kalbsscheiben, Lorbeer, Nelken, Karotten, Zwiebeln, einem Bund Selleriegrün und den Kastanien, pfeffert mit grobem Pfeffer, bedeckt alles mit Speckscheiben, begießt es mit Bouillon und lässt es etwa eine Stunde lang köcheln, bis alles gar ist. Abtropfen lassen, die Kastanien halbieren, in eine feuerfeste Schüssel abwechselnd eine Lage Kastanien und eine Lage Brot aufschichten, bis die Schüssel voll ist. Obenauf legt man bänderförmig Kastanien, passiert den Kochsud, begießt damit die Garbure und lässt diese köcheln, bis sie gratiniert ist.

### *Salat-Garbure*

Etwa dreißig ganze Salatköpfe blanchieren*, abkühlen lassen, auspressen und verschnüren. In eine Kasserole Kalbsscheiben, fette Speckscheiben und dann den Salat legen, diese wieder mit Speck, Zwiebeln, Karotten und Nelken bedecken. Bouillon darüber gießen und eineinhalb Stunden köcheln, dann abtropfen lassen und in Scheiben schneiden. In die feuerfeste Schüssel eine Lage ganz dünne Brotscheiben legen, darauf eine Lage Salat und so fort, bis zum Rand. Mit dem Salat-Kochsud begießen, den man nicht entfettet, aber passiert hat. Die Schüssel aufs Feuer stellen und die Garbure köchelnlassen, bis sich eine helle Kruste gebildet hat, groben Pfeffer darauf streuen und servieren.

## GARENNE

Hierunter versteht man ein kleines Wäldchen, eine Baumgruppe, mitten in die Ebene oder auf einen Hang geworfen, wohin sich Kaninchen in ihren heimatlichen Bau flüchten oder wo Rebhühner vorübergehend Schutz suchen.

Die Wildkaninchen der Garenne sind gewöhnlich die besten, vor allem, wenn diese auf die aufgehende oder die Mittagsssonne ausgerichtet ist. Denn das sonnen- und lichthungrige Kaninchen scheut davor zurück, seinen Bau gen Norden einzurichten. Wenn die Garenne einem Liebhaber der Jagd gehört, sollte er sie mit wilden Zwetschken*-Bäumen, Erdbeer- und Brombeersträuchern, Ginster, Ribiseln*, Rosmarin und vor allem mit Wacholdersträuchern bepflanzen, da vor allem junge Rebhühner und Drosseln die Beeren dieser Sträucher sehr lieben. Das Kaninchen braucht weder Wasser noch muss man sich um seinen Unterschlupf sorgen. Es baut sich sein Haus selbst und hasst Wasser. Es genügt, ein Dutzend trächtige Weibchen in einer Garenne auszusetzen, dann hat man nach einem Jahr fünfhundert Kaninchen, nach zwei Jahren vier- bis fünftausend.
Ich werde mich bei diesem Wort immer an eine modellhafte Garenne zurückerinnern, wo ich in Anwesenheit eines der besten Männer und der originellsten Jäger, die ich jemals gekannt habe, erstmals schießen übte.
Er wurde Abbé Fortier genannt und war Vikar und Lehrer in Béthisy bei Compiègne. Ich nannte ihn Onkel, warum, weiß ich nicht. Oft sagte er an Sonntagen oder noch eher an Samstagen zu mir: »Steh morgen früh auf, wir werden zu Monsieur de Cambronne essen gehen.«
Ich wusste, was das bedeutete, und hielt mich um sieben Uhr morgens bereit, den Abbé Fortier zu begleiten. Um acht waren wir da.
Dann ließ der Abbé Fortier die Soutane fallen, stellte sein Gewehr in die Sakristei, wo er auch seinen Hund Finot einsperrte, und erschien vor den illustren Besitzern des Schlosses la Croix um ihnen die Messe zu lesen.
Ich hatte die Ehre, dabei zu ministrieren.
Die Kirche lehnte sich aber an jenen Hügel an, auf dem sich die Garenne hinstreckte, die wir unsere Speisekammer nennen konnten, denn der Abbé Fortier kehrte nie ohne volle Jagdtasche daraus zurück.
Eines Morgens, als der Abbé die Messe las, wurde er plötzlich von zornigem Gebell aus der Garenne unterbrochen.
»Höre ich da nicht die Stimme von Finot?«, fragte er mich.
»Doch, Onkel!« »Nun, und wie ist er aus der Sakristei entwischt?« »Irgendjemand wird wohl hineingegangen sein und die Tür offen gelassen haben.« »Die Narren, er jagt gerade ein Kaninchen.« »Ja, Onkel.« »Dann gebe ich ihm einen guten Rat, entweder er ist ganz schnell still oder er wird ... geröstet.«
Mein Onkel bediente sich eines ausdrucksvolleren Wortes, das man ihm, ob seiner innigen Verbundenheit mit den himmlischen Mächten, zweifellos verzieh.

Dies war jedoch noch gar nichts, verglichen mit dem, was er am Tag der Jagderöffnung zu sagen hatte. Schon am Vorabend, während der kleinen Messe, hatte er folgende kleine Rede an seine Gemeinde gerichtet:
»Gute Freunde, Ihr wisst, dass meine einzige Unterhaltung außer euch Dummköpfen die Jagd ist. Wenn ich euch also morgen zwei Messen zur üblichen Zeit halte, eine um acht und eine um zehn, und mich gegen halb zwölf, zwölf auf die Jagd begebe, dann finde ich die Gegend völlig abgebrannt vor, denn Ihr seid alle Wilderer und Vagabunden. Ich werde euch also die erste Messe um sechs Uhr morgens lesen und lade euch alle ein, daran teilzunehmen. Diejenigen, die nicht da sein werden, merke ich mir und sie werden es mit mir zu tun kriegen. Also bis morgen um sechs.«
Um halb sechs ließ Abbé Fortier die Messe einläuten und er hatte sie schon zur Hälfte gelesen, als die Gemeinde sich um sechs einfand. Um Viertel nach sechs war die Morgenmesse gelesen. Die Gläubigen wandten sich zum Gehen, da sagte der Abbé: »Ta, ta, ta, ich sehe euch schon kommen oder noch besser gehen. Da ihr schon da seid, braucht ihr nicht um zehn wieder zu kommen, ich halte das Hochamt gleich jetzt.«
Und er las das Hochamt in einer Dreiviertelstunde.
Als dies vollbracht war, standen alle auf, um die Kirche zu verlassen.
»Ah nein«, sagte da der Abbé, »Ihr werdet doch nicht glauben, dass ich die Jagd im schönsten Augenblick, um zwei, verlassen werde, ich bin doch nicht blöd, wir werden die Vesper genauso halten wie das Hochamt und die Morgenmesse. Ich brauche nur eine Viertelstunde, kein Grund zur Sorge.«
Und tatsächlich las der Abbé seine Vesper, so dass um halb acht, der besten Zeit um sich zur Jagd zu begeben, Morgenmesse, Hochamt und Vesper samt und sonders abgehalten waren.
Armer Abbé, Gott gebe seiner Seele Frieden, nie war ein menschliches Wesen ein besserer Mensch und zugleich ein schlechterer Priester gewesen.
Er starb mit neunzig und niemand im Dorf vergaß je seine letzte Predigt.
»Ich werde euch verlassen, meine Kinder. Der liebe Gott hat euch mir dumm anvertraut und dumm gebe ich euch ihm zurück. Er kann mir keine Vorwürfe machen.«
Dies waren seine letzten Worte an seine Schäfchen.

## GARNELE

Jedermann kennt dieses kleine Krustentier, das man auf allen gut gedeckten Tischen vorfindet, wobei es eher dekorativ als nützlich zu sein scheint.

Es überlebt kaum zwei Stunden außerhalb seines Elements und muss noch lebend gekocht werden.
Nichts sieht hübscher aus, als Garnelen, die in einem Glas umherschwimmen. Das Tier ist selbst so durchsichtig wie das Kristall, in dem es eingeschlossen ist. Man sieht alle seine inneren Organe bis hin zum schlagenden Herzen. Das Fleisch der lebenden Garnele wirkt schleimig. Gekocht wird sie fest und von schönstem Weiß.
Die Garnelen an den Küsten des Ärmelkanals sind besonders berühmt, vor allem jene um Le Havre herum, die man »Bouquet« nennt. Wir laden alle jene, die in Le Havre oder Étretat wohnen, zur schönen Ernestine nach Saint-Jourt zum Garnelenessen ein, denn Ernestine ist eine schöne und weise Person von achtundzwanzig Jahren, die sich mit ihrem Hotel an der gesamten Küste einen hervorragenden Ruf verdient hat.
Hier isst man das schönste »Bouquet«, das zehn Meilen im Umkreis aus dem Meer gezogen wurde. Hier geben sich alle Feinschmecker aus Le Havre ein Stelldichein, ebenso die Maler und Dichter aus Paris, welche mit ihren Zeichnungen oder Versen Loblieder ins Album schrieben.
Es sind üblicherweise Frauen, die Garnelen fischen, indem sie ein Netz vor sich herschieben, das den Meeresgrund abkratzt und alles sammelt, was sich dort befindet.
Wenn sie vor Ort gegessen wird, wirft man die Garnele einfach in kochendes Wasser, in das man einen Schuss Essig gegossen hat. Wenn sie nach Paris transportiert werden soll, gibt man die Garnele in einen Kessel mit Süßwasser, dem man ein kg Salz für vier kg Garnelen beigemengt hat. Die Garnelen werden darin fünf Minuten gekocht, dann herausgenommen und in kaltem, ungesalzenem Wasser abgeschreckt. Auf diese Weise sehen sie ebenso gut aus wie sie schmecken werden.
Man kann die Garnele servieren wie den Flusskrebs, doch es gibt darüber hinaus eine Fülle von Möglichkeiten, die wir hier angeben wollen.
So zum Beispiel die Garnelensuppe:

### *Garnelensuppe*

Sie nehmen sechs schöne Tomaten sowie sechs weiße Zwiebeln und machen daraus ein Püree. Etwa 100 Garnelen mit Salz, Pfeffer und etwas Cayenne-Pfeffer in Weißwein kochen, dann schälen, die geschälten Garnelen auf einen Teller legen und beiseite stellen. Die Köpfe zerstoßen und im Kochsud einmal aufwallen lassen, dann durch ein Haarsieb passieren. Nun mischen Sie zu je einem Drittel gute Rindsuppe, Garnelensuppe und Tomaten-Zwiebel-Püree und lassen diese Mischung ein- bis zweimal aufkochen, so dass sich die Teile gut vermengen. Abschmecken, die Garnelenschwänze hineingeben und alles kochend heiß servieren.

### *Omelett mit Garnelenschwänzen*

Sie kochen Ihre Garnelen wie oben, schälen sie und pürieren die Köpfe. Eier aufschlagen, mit Salz und Pfeffer verrühren, das Garnelenpüree darunter mischen und wie üblich ein Omelett zubereiten.
Ebenso verfährt man für Rühreier mit Garnelen. Wenn Sie eine Hühnersuppe zur Verfügung haben, mischen Sie diese unter Ihr Garnelenpüree und gießen diese Mischung zu den Eiern, von denen ein Drittel weniger Klar als Dotter genommen werden sollte. Die Eier gut verrühren.
Sie können auch zwei- bis dreihundert Garnelen schälen, die Köpfe in Öl und Essig zerstoßen, durch ein Haarsieb passieren und dieses kalte Garnelenpüree auf gesalzenem und gepfeffertem Salat anrichten.

## GARNITUR

Alles, was ein Gericht begleitet und garniert.

### *Garnitur für Gekochtes auf bürgerliche Art*

Blanchieren* und kochen Sie Kohlköpfe wie für eine Suppe, blanchieren Sie etwa zehn tournierte* Karotten. Geben Sie alles mit einigen Esslöffeln brauner Sauce und ebenso viel Kraftbrühe in eine Kasserole. Bei kleinem Feuer köcheln lassen und einige – wie die Karotten tournierte – Rüben dazugeben. Nachdem Sie durchwachsenen Speck blanchiert haben, legen Sie ihn zum Kohl um ihn mitzudünsten. Der Kochsud, in dem das Gemüse geschmort hat, soll als Sauce zum Rindfleisch serviert werden; wenn er nicht zur ▸ Glace reduziert wurde, übergießen Sie das Fleisch damit. Wenn Sie eine Vorliebe für glacierte* Zwiebeln haben, können Sie davon einige dazulegen.

### *Tomaten-Garnitur*

Halbieren Sie Tomaten dort, wo sie am rundesten sind, und pressen Sie den Saft, die Kerne und das weiche Fleisch heraus, wobei sie nicht zu Mus werden sollten. Die Tomatenhälften werden eine neben die andere gelegt und mit fein gehackten Zwiebeln, Schalotten, Petersilie, Knoblauch und Schinken garniert. Dünsten Sie alles, nachdem Sie es mit einer Mischung aus entrindetem Brot, Eidotter, Salz und Muskat, etwas mit Piment und Anchovis verkneteter Butter, alles gut unter Beigabe von etwas Öl vermischt, bedeckt haben. Diese Farce sollte durch ein Nudelsieb getrieben werden, bevor sie auf die Tomaten kommt. Dann werden diese in Brotbröseln und etwas Parmesan geschwenkt, mit Öl beträufelt und im heißen Ofen gegart.

*Kren-Garnitur*

Sie schälen ▸ Kren, waschen ihn mehrmals und reiben ihn, dann legen Sie ihn um gekochtes oder gebratenes Fleisch auf.

*Flämische Garnitur*

Etwa dreißig Karotten und Rüben tournieren*, dann in einer mit einem Esslöffel Zucker verfeinerten Consommé blanchieren* und kochen. Etwa dreißig geschmorte Salatköpfe und drei Herzen von großen Kohlköpfen abtropfen lassen, auspressen, schneiden und kranzförmig um den Tellerrand auflegen, wobei zwischen die Salatblätter je eine Karotte und eine Rübe kommen. In die Mitte des Tellers wird das vorbereitete Fleisch gelegt. Auf den Rand jeder Karotte und jedes Salatstreifens kommt eine glacierte* Zwiebel. Wenn dieses Entrée garniert ist, wird es mit einer gut reduzierten Sauce maskiert* und mit einer ▸ Espagnole vervollständigt.

## GARZEITEN

Hier geht es um die Dauer des Kochens, Bratens oder Dünstens, die für die Zubereitung verschiedener Nahrungsmittel auf einem Holz- oder Kohlenfeuer erforderlich ist. Fleisch bildet die Grundlage für Suppen und Saft; die verschiedenen Stufen, Zucker zu karamelisieren, begründen die Kunst des Kandierens.

| | | |
|---|---|---|
| Rind | 10 kg | vier Stunden |
| | 5 kg | zweieinhalb Stunden |
| | 3 kg | zwei Stunden |
| Kalb | 5 kg | dreieinhalb Stunden |
| | 2 kg | zwei Stunden |
| Schaf | 5 kg | zwei Stunden |
| | 3 kg | eineinhalb Stunden |
| | 2 kg | eine Stunde |

| | | |
|---|---|---|
| Lamm | Rücken oder großes Stück | zwei Stunden |
| | Keule oder mittleres Stück | eine Stunde |
| Schwein, frisch | 4 kg | vier Stunden |
| | 2 kg | eine und eine Dreiviertelstunde |
| Schinken | | eine halbe Stunde pro Pfund |
| Ferkel, Spanferkel | | zweieinhalb Stunden |
| Wild | 5 kg | zweieinhalb Stunden |
| | grau | fünfundzwanzig Minuten |
| | 3 kg | eineinhalb Stunden |
| | 2 kg | eine Stunde |
| Perlhuhn | | eine Dreiviertelstunde |
| junger Pfau | | eine Stunde |
| Gans, fett | | eineinviertel Stunden |
| junge Gans | | eine Dreiviertelstunde |
| Ente | | eine Dreiviertelstunde |
| junge Ente | | fünfundzwanzig Minuten |
| Taube | | eine halbe Stunde |
| junge Taube | | zwanzig Minuten |
| Fasan | | eine Dreiviertelstunde |
| Fasanhenne | | vierzig Minuten |
| junger Fasan | | fünfundzwanzig Minuten |
| Rebhuhn, rot | | eine halbe Stunde |
| Trappe | | eineinviertel Stunden |
| Wildgans | | eine Stunde |
| Auerhahn | | eineinviertel Stunden |
| Haselhuhn | | eine halbe Stunde |
| Hase | | eineinhalb Stunden |
| junger Hase | | eine Dreiviertelstunde |
| Kaninchen | | eine Dreiviertelstunde |
| junges Kaninchen | | fünfundzwanzig Minuten |
| Schnepfe | | eine halbe Stunde |
| Schnepfenhenne | | zwanzig Minuten |
| junge Schnepfe | | eine Viertelstunde |
| Krickente | | eine Viertelstunde |
| Truthahn, gefüllt | | zwei Stunden |
| junger Truthahn (mit Papier umwickeln) | | eine Stunde |
| Regenpfeifer | | zwanzig Minuten |

| | |
|---|---|
| Wachtel | zwanzig Minuten |
| Lerche | zwanzig Minuten |
| Kapaun | eine Stunde |
| Drossel | zwanzig Minuten |
| Poularde | eineinviertel Stunden |
| Fettammer | eine Viertelstunde |
| Huhn, fett | eine Dreiviertelstunde |
| Huhn, à la reine | eine halbe Stunde |
| junger Hahn | fünfundzwanzig Minuten |
| Feigenfresser | eine Viertelstunde |
| korsische Amsel | zwanzig Minuten |
| Regenpfeifer | eine Viertelstunde |
| Rotkehlchen | zehn Minuten |

## GEFLÜGEL

Man muss den Geflügelbauern und die Köchin davor warnen, Geflügel jemals mit vollem Magen zu töten (es ist hier der Magen des Geflügels gemeint).

Um Kapaunen, Poularden usw. zu mästen, sperrt man sie in ein gut verschlossenes Gehege und gibt ihnen große Mengen Gerste und Weizen. Man wird außerdem dafür sorgen, dass immer Wasser sowie ab und zu gekochte Kleie zur Verfügung stehen. In der Normandie und in der Maine, jenen Regionen, die Paris mit den feinsten Poularden und den besten Kapaunen versorgen, gibt man das zu mästende Geflügel in mit Leinen abgedeckte Wannen, wo man es mit Hirse-, Gersten- oder Haferbrei füttert. Dieser Brei wird in Milch getaucht, damit das Fleisch der Poularden und Kapaune zart und weiß werde. Zu Beginn der Mast füttert man sie noch mäßig, um sie an diese Art Futter zu gewöhnen, von Tag zu Tag gibt man ihnen mehr und zwingt sie, so viel davon zu schlucken, wie sie nur fassen können. Man füttert ihnen den Brei dreimal täglich, morgens, mittags und abends. Ebenso werden Enten und Truthähne gemästet, mit dem Futter, das ihnen am besten schmeckt, also Maismehl oder mit Hafermehl und Buttermilch gekochte Kartoffeln.

## GELÉE

Gelée bereitet man aus dem Saft reifer Früchte vor, die man mit Zucker zur richtigen Konsistenz verkocht hat.

Frucht-Gelées erfrischen und besitzen gewisse Vorzüge für Kranke wie auch für Gesunde. Sie dienen bestens in der Rekonvaleszenz der Kranken und bilden sehr anständige Desserts.

Für die Frucht-Gelées verweisen wir auf ▸ Konfitüren, wo wir alles dazu erklärt haben; hier werden wir uns nur um Fleisch-Gelées kümmern.

### *Fleisch-Gelée*

Die Grundlage von Fleisch-Gelées besteht aus Gelatine, vor allem aus jener, die man aus Fischleim oder geriebenem Hirschhorn gewinnt.

Die Lösung dieser Substanzen erzeugt eine Gelée artige, durchsichtige Flüssigkeit. Man verwendet üblicherweise Kalbsfüße zur Gewinnung dieser Substanz, zu welchem Zwecke man sie mehr oder weniger lang mit weißem Fleisch wie Huhn oder Kalb, manchmal auch mit Fisch dünstet. Mit Hilfe von Eiklar macht man die Brühe klar; bald wird sie sich zu Gelée verwandeln und die Form des Gefäßes annehmen, in das man sie gegossen hat. Fleisch-Gelée wird gern bei Rekonvaleszenten verwendet und auch bei bestimmten chronischen Krankheiten eingesetzt, vor allem bei Darmleiden und chronischer Diarrhoe.

Zubereitung:

> Man nimmt so viele Kalbsfüße, wie man für die gewünschte Menge Gelée benötigt, und einen schönen Hahn. Nachdem alle Zutaten gut gewaschen und geputzt wurden, legt man sie in einen Kochtopf, gießt mit entsprechend viel Wasser auf, kocht das Fleisch und schäumt sorgfältig ab. Wenn das Gelée die richtige Konsistenz erreicht hat, treibt man es durch ein Tuch und entfettet es. Man fügt Zucker, Zimtstangen, zwei bis drei Gewürznelken und die Rinde von zwei bis drei Zitronen hinzu, deren Saft man aufbewahrt. Das Gelée sollte mit allen diesen Zutaten gemeinsam köcheln und dann mit dem Schnee von vier bis fünf Eiklar sowie mit Zitronensaft montiert* werden. Von Zeit zu Zeit sollte man umrühren, dann den Fond ruhen lassen, bis die Flüssigkeit über die Kasserole hinauswächst; danach gießt man das Gelée in ein Tuch und passiert es mehrmals, bis es durchsichtig ist, und serviert.

Gelée kann in verschiedenen Farben serviert werden. Man kann es naturbelassen essen, mit geriebenen Mandeln gebleicht, mit Eidotter eingefärbt usw.

## GEFÜLLTES BROT oder CHAUFROID

vom Huhn, Rebhuhn oder von Schnepfen in der Brottasche
(nach J. Rouyer)

Zarte Hühnerstücke in Butter sautieren, mit Mehl bestäuben, mit heißem Wasser begießen, mit Salz, Pfeffer, Pilzen, kleinen weißen Zwiebelchen und einem Strauß Petersilie würzen. Alle Zutaten rasch und unter ständigem Schwenken der Kasserole andünsten. Dann mit zwei bis drei Eidottern sowie Zitronensaft montieren*. Die Petersilie herausnehmen und das Fricassée in ein, durch eine sehr kleine Öffnung ausgehöhltes, rundes Brot füllen. Das Brot verschließen und gut auskühlen lassen, damit es knusprig bleibt. Beim Servieren bricht man diese Art Pastete in die gewünschten Teile.

## GEMÜSE

Hierunter versteht man alle Samen, die in einer Schote wachsen und die man mit der Hand pflücken kann. Ganz zu Unrecht gab man diesen Namen auch einer Fülle von anderen essbaren Pflanzen, von denen sich Mensch und Tier ernähren. Nicht nur hat man Früchte so genannt, sondern alle möglichen Teile von Pflanzen wie die Wurzeln, Stängel, Blätter usw.

Gemüse dürfen nur die Pflanzen aus der Familie der Leguminosen genannt werden wie Erbsen, Linsen, Bohnen, Fisolen* usw. Unter diesen Gemüsen, die dem Menschen als Nahrungsmittel dienen, gibt es gesunde und leicht verdauliche, andere wiederum erfordern bei der Verdauung große Anstrengung. Man sollte sich daher nie ausschließlich von diesen ernähren, denn sie sind schwer und werden nur von den stärksten Mägen vertragen, von Arbeitern und Bauern, die an ein arbeitsames und mühsames Leben gewöhnt sind.

Wir zeigen bei jedem entsprechenden Kapitel die angemessene Art der Zubereitung und des Verzehrs auf.

## GÉNOISE

Sehr schmackhaftes Backwerk, das üblicherweise mit Mandeln zubereitet wird.

### *Glacierte* Génoises à l'italienne*

In ein Pfännchen kommen 150 gr Zucker sowie fünf ganze Eier und werden wie für einen Biscuitteig vermischt. Dann fügt man 125 gr Mehl und ebenso viele geriebene süße Mandeln hinzu. Eine flache

Backform buttern und die Masse in der Dicke eines Fünf-Francs-Stückes darauf streichen. Bei großer Hitze im Ofen backen, bis sich eine schöne Färbung ergibt, dann halbmondförmig, rund oder in Rauten ausschneiden. Das Klar von fünf Eiern im kalten Wasserbad zu Schnee schlagen, geläuterten Zucker hinzufügen und damit eine Glasur für die Génoises zubereiten. Eine Viertelstunde trocknen lassen und servieren.

*Kleine Génoises*

Man nimmt Mandelmasse, rollt sie aus und bestreut sie mit Zucker, schneidet kleine runde Formen von der Größe von Zwei-Francs-Münzen aus und rollt den gleichen Teig tellergroß aus, wobei der Rand etwa so hoch sein sollte wie die kleinen Kreise, die man nun auf die große Fläche auflegt, bis diese voll ist. Im Ofen bei kleinem Feuer trocknen und vor dem Servieren mit verschiedenfarbigen Konfitüren füllen, so dass ein hübsches Muster entsteht.

*Orangen-Génoises*

120 gr süße Mandeln werden geschält, gerieben und mit der Hälfte eines Eiklars benetzt. Wenn sie zu Pulver zermahlen sind, gibt man sie mit 180 gr Mehl, 130 gr Zucker, von denen 75 gr mit Orangen-Zesten* vermischt sind, sechs Eidottern, zwei ganzen Eiern, einem Löffel Branntwein und etwas Salz in eine Terrine und vermischt alles gut. Dann schlägt man 180 gr weiche Butter schaumig, mischt zunächst nur etwas von der Masse, nach und nach den restlichen Teil darunter. Nun buttert man eine flache Backform oder bereitet zwei Papierschachteln vor, in die man die Génoises füllt, glaciert* diese mit einer Mischung aus 120 gr sehr feinem Zucker, Eiklar und etwas Maraschino, um sie dann bei sehr gemäßigtem Feuer zu trocknen und zu backen.

## GERSTE

Laut Fleuri war Gerste das erste Getreide, das der Mensch für seine eigene Nahrung anbaute. Das Mehl aus diesem Korn enthält so gut wie kein Gluten, aber viel Stärke, die mit einer schleimigen Substanz verbunden ist, so dass sie nur sehr schwer verdauliches, wenig schmackhaftes Brot hervorbringt.
Geschält kann Gerste den Reis ersetzen. In Deutschland verwendet man sie oft als Suppeneinlage und für Süßspeisen.

### *Suppe mit Perlgraupen*

Die Gerste muss bereits am Vorabend in kaltes Wasser eingelegt werden, dann lässt man sie abtropfen, setzt sie mit dieser Flüssigkeit zum Kochen auf und lässt sie darin aufplatzen. Man sollte das Wasser länger aufwallen lassen, damit die Suppe alle löslichen Bestandteile aufnehmen kann. Man passiert dann die Brühe durch ein Tuch und erhält eine leichte, erfrischende, für Rekonvaleszente bekömmliche Suppe.

Für Gersten-Crème in Wasser oder Milch geht man gleichermaßen vor, drückt die Flüssigkeit durch ein Tuch und süßt dann mit Zucker oder Sirup.

## GLACE

### *Kalbs-Glace*

Schneiden Sie eine Kalbskeule in vier Teile, legen Sie diese mit drei Hühnern und einer ansehnlichen Menge ganz belassenem Gemüse in eine Kasserole, schäumen Sie ab und zu ab, fügen Sie dem Schmorsud einige von ihrem Salz möglichst befreite Speckschwarten hinzu: Die Schweinsgelatine hilft mit, klares, schönes Gelée zu erhalten. Dann füllen Sie die Kasserole mit Suppe auf, lassen diese drei bis vier Stunden lang auf kleinem Feuer köcheln und treiben Ihre Glace durch ein Tuch, um sie schön klar werden zu lassen.

### *Glace vom Schmorfond*

Die Flüssigkeit eines Ragoûts wird passiert, auf Sirupdicke eingekocht und im Augenblick des Servierens mit einem Stück Butter montiert*.

## GLATTBUTT

Dieser Fisch ist rhombenförmig, seine Haut von ovalen, gleichförmigen Schuppen bedeckt. Die rechte Seite ist gelb, braun und rot gemustert, so dass man ihn in Paris oft Kachelboden nennt. Er kommt sehr zahlreich im Mittelmeer, an den Küsten Sardiniens und der Azoren vor. Glattbutt kann bis zu 10 kg schwer werden und hat festes, köstliches Fleisch, aber man sollte ihn in Maßen genießen, denn er ist eher schwer verdaulich.

Im Fluss Saint-Louis in Louisiana findet man zwei Arten Glattbutt, den großen und den kleinen. Ersterer misst 1 m bis 1,30 m, hat einen überaus dicken Kopf und einen spitz zulaufenden Schwanz und sein Körper ist nur in der Mitte mit Schuppen versehen. Sein Fleisch ähnelt dem des heimischen Kabeljaus und ist ausgezeichnet; wie Letzteren salzt man auch den großen Glattbutt ein. Der kleine misst nur 60 bis 70 cm, sein Kopf ist breit, sein Körper weniger rund als beim großen und läuft auch nicht spitz zu, aber sein Fleisch ist noch zarter.

Nehmen Sie den Glattbutt aus, waschen und putzen Sie das Innere, schneiden Sie ihn an der rechten Seite bis zur Mitte des Rückens ein, heben Sie das Fleisch beidseitig ab und entfernen Sie einen Teil des Rückgrats mit etwa drei Seitengräten, was ihn biegsamer machen wird und verhindern wird, dass er zerfällt. Setzen Sie in einem Kessel so viel Wasser zum Kochen auf, dass es den Glattbutt später vollkommen bedecken kann. Zu diesem Wasser kommen eine Hand voll Meersalz, zwei Lorbeerblätter, Thymian, Petersilie und sechs bis zehn in Scheiben geschnittene Zwiebeln. Dieser Kräutersud soll eine Viertelstunde lang kochen, durch ein Sieb passiert werden und etwas rasten. Der Glattbutt wird mit dem Bauch nach oben in den Fischkessel gelegt, sein Bauch mit Salz und Zitronensaft eingerieben, der klare Kräutersud daraufgegossen und kurz zum Aufwallen gebracht. Dann soll der Fisch eine Stunde lang köcheln ohne aufzukochen, etwas länger, wenn es sich um ein besonders großes Exemplar handelt. Im Sommer muss er auf großer Flamme zum Aufwallen gebracht werden, denn bei schwacher Hitze könnte er brechen. Während der Garzeit sollten Sie ihn mit einem Tuch oder Papier bedecken, damit er nicht schwarz wird; wenn er unter dem Druck Ihres Zeigefingers nachgibt, ist er gar. Ist dies der Fall, nehmen Sie ihn fünf Minuten vor dem Servieren heraus und lassen ihn abtropfen; richten Sie ihn mit dem Bauch nach oben auf einer Platte an und putzen Sie ihn. Schneiden Sie Flossen und Schwanz ab, maskieren* Sie die Haut, wo sie aufgeplatzt ist, mit Petersilie, mit der Sie die Platte auch rundherum garnieren. Servieren Sie dazu in einer Saucière eine Kapernsauce, in einer weiteren eine Ölsauce und weiters, wenn Sie wollen, eine ▸ Sauce hollandaise. Man kann den Glattbutt auch mit 500 gr Salz, einem Liter Milch und etwas Zitrone kochen in Wasser. Ist er nicht ganz frisch, tauchen Sie ihn in kochendes Salzwasser und lassen ihn darin eine Stunde lang köcheln, damit er fester wird.

### *Glattbutt in einer Marinade mit Tomaten oder Sauerampfer*

Nach dem Ausnehmen muss der Glattbutt am Rücken eingeschnitten werden, damit er zwei Stunden lang die Marinade aus Salz, Pfeffer, ▸ Kretzer, Schnittknoblauch* und Zitrone aufnehmen kann. Bestreuen Sie ihn mit feinen Brotkrumen und Bröseln und backen Sie ihn im Ofen in einer runden Form. Er wird auf ▸ Tomaten- oder ▸ Sauerampfer-Püree serviert.

### *Glattbutt à la Sauce Béchamel*

Lassen Sie Ihren Fischsud etwa zwanzig Minuten lang kochen und seihen Sie ihn dann durch ein Tuch. Der Glattbutt wird mit Zitrone eingerieben und mit dem Sud übergossen, der zur Hälfte aus Milch, zur anderen aus Wasser mit in Scheiben geschnittenen Zwiebeln, Salz, Lauch, Thymian, Lorbeer, Petersilie, Knoblauch, Gewürznelken und grobem Pfeffer besteht. Garen Sie den Fisch, ohne ihn aufkochen zu lassen, und servieren Sie ihn mit einer mageren ▸ Sauce Béchamel.

### *Glattbutt mit Parmesan*

Sie nehmen die Reste eines Glattbutts, nachdem man ihn vom Tisch abgetragen hat. Sie erhitzen die Fischreste in einer dicken ▸ Sauce Béchamel, arrangieren alles auf einem Servierteller, streichen es glatt, panieren mit Bröseln, bestreuen mit Parmesan, lassen das Gericht unter dem Feldofen* braun werden oder verwenden dafür eine rote Schaufel*; darüber kommen zerlassene Butter und Röstbrot-Stücke.

### *Glattbutt à la provençale*

Sie marinieren einen Glattbutt und braten ihn an, heben die Filets ab und servieren diese mit einer Anchovis-Sauce und Oliven.
Wie Rotzunge und Wittling kann man kleinen Glattbutt auch als Gratin servieren.

## GODIVEAU

So nennt man ein Gericht aus faschiertem* Fleisch, aus dem man Kugeln formt, um damit Pasteten, ▸ Vol-au-vents etc. zu garnieren.

### *Godiveau auf bürgerliche Art*

Schneiden Sie aus einer Kalbsnuss oder einer Keule Sehnen und Knorpel heraus und faschieren* Sie das Fleisch mit 500 gr Rinderfett. Vermischen Sie alles gut mit Petersilie, fein gehacktem Schnittknoblauch*, Salz und Gewürzen und zerstoßen Sie es, wobei Sie nach und nach ganze Eier hinzufügen, bis der Teig gut gebunden ist. Dann gießen Sie etwas Wasser dazu, um ihn weich zu machen, und formen aus dieser Masse Kugeln, mit denen Sie heiße Pasteten und andere Entrées garnieren.

### *Godiveau à la Richelieu*

(nach dem Rezept des Kochs von Maréchal Richelieu)

Man putze ein Pfund Kalbsnuss sowie ein Pfund und acht Unzen* festes Rinderfett. Wenn das Kalbfleisch fein gehackt ist, mischt man das Fett darunter und faschiert* alles fein, würzt mit einer Unze Kräutersalz, einer Messerspitze Muskat und vier Eiern. Die Masse einige Minuten lang weiter faschieren und das Godiveau so lange zerstampfen, bis keine Fett- oder Fleischfaser mehr sichtbar ist. Danach hebt man die Masse aus dem Mörser, um sie ein paar Stunden lang auf Eis oder an einen kühlen Ort zu legen. Später teilt man sie in zwei Hälften, um sie jeweils nochmals mit einigen gewaschenen, eigroßen Eisstückchen zu stampfen, was das Godiveau glatt werden lässt und sehr schön bindet. Es ist wichtig, das Fleisch gut zu benetzen, so dass es die Konsistenz einer Quenelle*- ▸ Farce erhält, dann legt man es in eine große Terrine und stampft den Rest auf dieselbe Weise. Wenn alles fertig ist, fügt man zwei Löffel ▸ Velouté und eine sehr fein gewiegte Jungzwiebel hinzu. Schließlich verfährt man damit weiter wie für eine Quenelle-Farce.

»Wenn ich sage, dass man Eis mit dem Fleisch zerstoßen soll«, bemerkt der Koch des Maréchal Richelieu, »dann, weil dieses Eis dem Godiveau auf besondere Weise seine glatte, gebundene Konsistenz verleiht und ihm dieses wunderbar Samtige gibt. Wenn es nämlich gärig wird, was im Sommer geschehen mag, verliert es teilweise an Qualität, denn die große Hitze verhindert, dass sich das Rinderfett vollkommen mit dem Kalbfleisch verbindet, da Letzteres feucht, Ersteres aber fett ist. Also muss man es in der sommerlichen Hitze mit Eis benetzen, während dies im Winter unnötig ist.«

### *Godiveau aus Geflügelbrust mit Trüffeln*

Man geht exakt wie für das Kalbs-Godiveau vor, nur dass man statt des Kalbfleisches ein Pfund Hühnerbrust oder Brust anderer Geflügelsorten verwendet und vier Esslöffel sehr fein gewiegte Trüffeln statt der Jungzwiebel darunter mischt.

*Wild-Godiveau mit Pilzen*

Sie gehen wie für die oben beschriebenen Rezepte vor, nehmen aber ein Pfund Brustfleisch vom grauen Rebhuhn oder ein Pfund Wildkaninchen und vier Löffel sehr weiße Champignons, die in Knoblauchbutter geschwenkt wurden.

*Fasten-Godiveau*

Sie gehen wie bei den anderen Godiveaus vor, nehmen aber ein Pfund Karpfen aus der Seine, faschieren* den Fisch fein, passieren die Masse und vermischen sie mit vier Unzen* aufgeweichtem Brot, vier Löffeln Fines Herbes* und einer Messerspitze Schalotten, Petersilie, Pilzen sowie Trüffeln.

Man kann Godiveau auch mit Hecht, Steinbutt und Aal zubereiten, aber immer mit Brot.

## GRIESS-SPEISEN

Sie sind aus einem feinkörnigen Teig, etwa vergleichbar mit Nudelteig, den man wie diesen für Suppen und Süßspeisen verwendet. Die besten kommen aus Genua, wo man zwei Sorten produziert: die weißen aus Reisgrieß und die gelben aus Weizengrieß, den man mit Safran, Koriander und Dottern färbt. Diese zweite Zubereitung empfiehlt sich besonders für Milch- und Süßspeisen.

Man kann Grießbrei mit Milch oder Zucker auch sehr gut kalt essen, wie etwa eine Crème.

## GRÜNDLING, GRUNDELFISCH

Es gibt zwei Arten: den weißgrünen Seegründling, der der Makrele ähnelt, und den weitaus mehr geschätzten aus der Seine.

*Gebratener Gründling*

Die Fische abschuppen, ausnehmen und abwischen, ohne sie zu waschen; in Milch tauchen, mit Mehl bestäuben, auf Silberspießchen stecken und in sehr heißes Bratfett legen. Herausnehmen und mit Petersilie und Zitronensaft servieren.

*Gedämpfte Gründlinge*

Wie oben vorbereiten, dann Butter, Petersilie, Schnittknoblauch*, Pilze, Schalotten, Thymian und Basilikum, alles sehr fein gewiegt, sowie Salz und Pfeffer auf die Servierplatte streuen. Auf diesem Bett die Gründlinge auflegen und mit der gleichen Gewürzmischung bedecken; mit einem Glas Weißwein benetzen, die Platte zudecken und bis zur fast vollständigen Reduktion der Sauce kochen.

## GRÜNE NUSS-HAUT

Es ist die äußere Schale von Nüssen, die der Fabel nach die Äffin dazu bringt, eine Fratze zu ziehen, weil sie in die grüne Haut gebissen hat, statt die Nuss zu schälen.

### *Nusslikör à la Sainte-Marie*

Man nimmt 2 kg grüne Nüsse, 7 gr Zimt, 3,5 gr Muskatblüte, acht Liter 50%igen Branntwein, zwei Liter Quellwasser und 2 kg Zucker. Die Nüsse sollten erst zu drei Vierteln reif und noch weich sein, so dass man leicht eine Nadel durch ihre Haut stechen kann. Sie werden im Marmormörser zerstoßen und eineinhalb Monate in den Gewürzen und im Branntwein eingelegt, dann streicht man alles durch ein Tuch und fängt die Flüssigkeit auf. Man löst im Quellwasser Zucker auf, mischt dieses Zuckerwasser mit dem Nuss-Sud und stellt es sechs Wochen lang beiseite. Nach dieser Zeit dekantiert man die Flüssigkeit durch Neigung des Gefäßes, wobei man den Likör auch filtern kann.

### *Nusslikör nach Art der Karmeliterinnen*

Man nimmt 150 grüne Nüsse, 3,5 gr Muskatnuss, 3,5 gr Gewürznelken sowie 2 kg groben Zucker und legt alles in acht Liter Branntwein, wobei die Nüsse wie oben noch weich sein sollten, damit man sie ebenso zerstoßen kann, bevor man sie zwei Monate lang im Branntwein einlegt. Dann streicht man sie über einem Gefäß durch ein Tuch, löst den Zucker in diesem Saft auf, schließt das Gefäß und lässt es weitere drei Monate stehen. Dann wird dekantiert und in Flaschen gefüllt. Dieser Likör ist als Magenbitter noch besser als der Erste.

## GURKE

Es gibt verschiedene Sorten, doch wir werden uns hier nur um die grüne kümmern, welche man am häufigsten in der Küche verwendet, wo man sie auf unterschiedlichste Weise verarbeitet.

### *Gefüllte Gurken*

Sie schälen drei bis vier Gurken, putzen diese sorgfältig und tournieren* sie. Die Spitzen auf der Stielseite sollten entfernt und die Gurken mit einer dicken Spicknadel ausgehöhlt werden, nachdem alle Kerne herausgenommen sind. Legen Sie die Gurkenhälften in Wasser mit einem Spritzer Essig, spülen Sie sie gut ab und blanchieren* Sie sie in kochendem Wasser. Abschrecken, abtropfen lassen und mit einer gekochten ▸ Farce aus Hühnerbrust füllen. Sie legen eine Kasserole mit Speckschnitten aus, die Gurken darauf, salzen, pfeffern und garnieren mit Petersilie und Schnittknoblauch*, ein Glas Weißwein darüber, Lorbeerblatt, zwei Gewürznelken und einen Schöpflöffel guter Suppe. Den Topf mit einem runden Stück Papier zudecken und die Gurken anbraten, dann auf heißer Asche dünsten. Wenn sie gar sind, abtropfen lassen, auf dem Servierteller auflegen, im Ofen glacieren*, mit einer reduzierten, kräftig gewürzten ▸ Espagnole übergießen und servieren.

### *Gurken-Ragoût als Beilage*

Die Gurken in Scheiben schneiden und in Salz, Pfeffer, etwas Essig und fein gehackten Zwiebeln marinieren, dann in einem Küchentuch auspressen, in zerlassenem Speck anbraten und die Sauce mit Fleisch- ▸ Jus, ▸ Blond de veau oder Schinken- ▸ Coulis binden.

### *Gurken à la poulette*

Die Gurken blanchieren*, in Scheiben schneiden und mit Butter in eine Kasserole legen, mit Mehl bestäuben, anbraten, mit Wasser ablöschen, salzen, pfeffern, einkochen lassen, dann fein gewiegte Petersilie, etwas Muskat dazu, mit Eidottern und Rahm* binden, ohne aufkochen zu lassen dünsten und servieren.

### *Béchamel-Gurken*

Die Gurken kochfertig vorbereiten und in einer fetten oder mageren ▸ Sauce Béchamel dünsten. Vor dem Servieren Butter und etwas geriebene Muskatnuss hinzufügen, abschmecken und servieren.

### *Gurken-Fricassée*

Wenn die Gurken in Scheiben geschnitten sind, dünstet man sie zwischen zwei Gängen mit Salz, Gewürznelken und etwas Butter, gibt Brotbrösel, Korinthen und sehr fein gehackte Pilze dazu. Sind die Gurken weich, gießt man ▸ Kretzer oder verquirlten Eidotter mit Kretzer dazu, etwas Muskat und serviert.

### *Gurkensalat*

Man nimmt ein bis zwei noch nicht vollständig reife Gurken, schält sie, kostet, ob sie nicht bitter sind, denn in diesem Falle muss man die Gurke wegwerfen, schneidet sie in sehr feine Scheiben, legt diese mit Salz, Pfeffer, Essig und gehackten Zwiebeln in eine Salatschüssel, mariniert sie darin ein bis zwei Stunden lang und serviert sie mit Rindfleisch, nachdem man einen Teil der Gewürze herausgenommen hat.